Econometria Básica

G896e Gujarati, Damodar N.

Econometria básica / Damodar N. Gujarati, Dawn C. Porter ; tradução Denise Durante, Mônica Rosemberg, Maria Lúcia G. L. Rosa ; revisão técnica Claudio D. Shikida, Ari Francisco de Araújo Júnior, Márcio Antônio Salvato. – 5. ed. – Porto Alegre : AMGH, 2011.

924 p. : il. color ; 28 cm.

ISBN 978-85-63308-32-0

1. Economia. I. Porter, Dawn C. II. Título.

CDU 330

Catalogação na publicação: Ana Paula M. Magnus – CRB-10/Prov-009/10

Econometria Básica

Quinta Edição

Damodar N. Gujarati
Professor Emérito de Economia,
United States Military Academy, West Point

Dawn C. Porter
University of Southern California

Tradução
Denise Durante
Mônica Rosemberg
Maria Lúcia G. L. Rosa

Revisão Técnica
Claudio D. Shikida
Doutor em Economia pelo PPGE-UFRGS, professor do IBMEC-MG

Ari Francisco de Araújo Júnior
Mestre em Economia pela UFMG, professor do IBMEC-MG

Márcio Antônio Salvato
Doutor em Economia pela FGV-RJ, professor do IBMEC-MG

McGraw Hill
bookman

AMGH Editora Ltda.
2011

Obra originalmente publicada sob o título
Basic Econometrics, 5th edition
ISBN 0-07-337577-2/978-0-07-337577-9

Editora sênior: *Luciana Salgado Guimarães Moreira*
Editora assistente: *Luciana Cruz*
Assistente editorial: *César Crivelaro*
Preparação do original: *Mônica de Aguiar Rocha*
Capa: *Triall Composição Editorial Ltda.*, arte sobre capa original
Diagramação: *Triall Composição Editorial Ltda*

Av. Jerônimo de Ornelas, 670 – Santana
90040-340 Porto Alegre RS
Fone (51) 3027-7000 Fax (51) 3027-7070

SÃO PAULO
Av. Embaixador Macedo Soares, 10.735 – Pavilhão 5 – Cond. Espace Center
Vila Anastácio 05095-035 São Paulo SP
Fone (11) 3665-1100 Fax (11) 3667-1333

SAC 0800 703-3444

IMPRESSO NO BRASIL
PRINTED IN BRAZIL

Para Joan Gujarati, Diane Gujarati-Chesnut,

Charles Chesnut e meus netos,

Tommy e Laura Chesnut.

—DNG

Para Judy, Lee, Brett, Bryan, Amy e Autumn Porter.

Especialmente para meu amado pai, Terry.

—DCP

Sobre os autores

Damodar N. Gujarati

Após lecionar por mais de 25 anos na Universidade da Cidade de Nova York e 17 no Departamento de Ciências Sociais da Academia Militar de West Point, Nova York, Gujarati atualmente é professor emérito de economia na Academia. Graduou-se na Universidade de Bombaim em 1960, concluiu o MBA na Universidade de Chicago em 1963 e o doutorado na Universidade de Chicago em 1965. Gujarati tem um extenso número de publicações em periódicos renomados nos Estados Unidos e internacionalmente, como *Review of Economics and Statistics*, *Economic Journal*, *Journal of Financial and Quantitative Analysis* e *Journal of Business*. Foi membro do Conselho de Editores do *Journal of Quantitative Economics*, veículo oficial da Journal of the Indian Econometric Society. Também é autor dos títulos *Pensions and the New York City fiscal crisis* (American Enterprise Institute, 1978), *Government and business* (McGraw-Hill, 1984) e *Essentials of econometrics* (McGraw-Hill, 3. ed., 2006). Seus livros sobre econometria foram traduzidos para vários idiomas.

Gujarati foi professor visitante na Universidade de Sheffield, Reino Unido (1970-1971), em Fulbright, Índia (1981-1982), na Escola de Administração da Universidade Nacional de Cingapura (1985-1986) e professor visitante de Econometria na Universidade de New South Wales, Austrália (verão de 1988). Lecionou extensivamente tópicos sobre micro e macroeconomia em países como Austrália, China, Bangladesh, Alemanha, Índia, Israel, Ilhas Mauricio e Coreia do Sul.

Dawn C. Porter

Dawn Porter é professora assistente do Departamento de Gestão de Informação e Operações da Marshall School of Business na University of Southern California desde 2006. É professora de estatística tanto no curso de graduação quanto no curso de MBA na escola de administração. Antes de juntar-se ao corpo docente da USC, de 2001-2006, foi professora assistente da McDonough School of Business na Universidade de Georgetown e anteriormente foi professora visitante do Departamento de Psicologia da Graduate School of Arts and Sciences da Universidade de Nova York (NYU). Na NYU, lecionou diversos cursos sobre métodos estatísticos avançados e foi professora da Stern School of Business, onde obteve o doutorado em Estatística.

Suas áreas de interesse em pesquisa incluem análise categórica, medidas de acordo, modelagem multivariada e aplicações no campo da psicologia. Sua pesquisa atual examina modelos de leilão on-line sob uma perspectiva estatística. Apresentou sua pesquisa na Joint Statistical Meetings, no Decision Sciences Institute, no International Conference on Information Systems, em diversas universidades incluindo a London School of Economics e a NYU, assim como em vários seminários de e-commerce e estatística. É também coautora do livro *Essentials of business statistics*, 2. ed., McGraw-Hill Irwin, 2008. Fora do mundo acadêmico, Dawn trabalha como consultora estatística para a KPMG, Inc. Atuou ainda como consultora para muitas outras grandes empresas como Ginnie Mae, Inc., Toys R Us Corporation, IBM, Cosmaire, Inc. e para o Centro Médico da NYU.

Agradecimentos

Desde a publicação da primeira edição deste livro, em 1978, recebemos valiosos conselhos, comentários, críticas e sugestões de diversas pessoas. Gostaríamos de agradecer em especial a ajuda recebida de Michael McAleer, da University of Western Australia, Peter Kennedy, da Simon Frazer University, Canadá, de Kenneth White, da University of British Columbia, George K. Zestos, da Christopher Newport University, Virginia, e de Paul Offner, da Georgetown University, Washington, D.C.

Também somos gratos àqueles que nos influenciaram por sua erudição. Gostaríamos de agradecer especialmente a Arthur Goldberger, da University of Wisconsin, William Greene, da New York University e ao falecido G. S. Maddala. Continuamos gratos aos seguintes revisores que ofereceram suas inestimáveis percepções, críticas e sugestões nas edições anteriores deste texto: Michael A. Grove, da University of Oregon, Harumi Ito, da Brown University, Ham Kim, da South Dakota University, Phanindra V. Wunnava, do Middlebury College, e Andrew Paizis, da City University of New York.

Vários autores influenciaram a redação deste texto. Em particular, somos gratos aos seguintes: Chandan Mukherjee, diretor do Centro de Estudos do Desenvolvimento, Trivandrum, Índia; Howard White e Marc Wuyts, do Institute of Social Studies, na Holanda; Badi H. Baltagi, da Texas A&M University; B. Bhaskara Rao, da University of New South Wales, Austrália; R. Carter Hill, da Louisiana University; William E. Griffiths, da University of New England; George G. Judge, University of California, Berkeley; Mamo Verbeek, do Centro de Estudos Econômicos da KU Leuven; Jeffrey Wooldridge, da Michigan State University; Kerry Patterson, da University of Reading, Reino Unido; Francis X. Diebold, da Wharton School, University of Pennsylvania; Wojciech W. Charemza e Derek F. Deadman, da University of Leicester, Reino Unido; Gary Koop, da University of Glasgow.

Diversos comentários e sugestões proporcionados pelos revisores da quarta edição trouxeram substanciais melhorias a esta edição. Gostaríamos de agradecer a:

Valerie Bencivenga
University of Texas — Austin
Andrew Economopoulos
Ursinus College
Eric Eide
Brigham Young University
Gary Ferrier
University of Arkansas — Fayetteville
David Garman
Tufts University
David Harris
Benedictine College
Don Holley
Boise State University
George Jakubson
Cornell University
Bruce Johnson
Centre College of Kentucky
Duke Kao
Syracuse University
Gary Krueger
Macalester College
Subal Kumbhakar
Binghamton University
Tae-Hwy Lee
University of California - Riverside
Solaiman Miah
West Virginia State University
Fabio Milani
University of California - Irvine
Helen Naughton
University of Oregon
Solomon Smith
Langston University
Kay Strong
Bowling Green State University
Derek Tittle
Georgia Institute of Technology
Tiemen Woutersen
Johns Hopkins University

Gostaríamos de agradecer ainda aos estudantes e professores de todo o mundo que não apenas utilizaram o livro, mas entraram em contato conosco sobre vários aspectos de seu conteúdo.

Pelo seu apoio nos bastidores da McGraw-Hill, agradecemos a Douglas Reiner, Noelle Fox e a Anne Hilbert.

George F. Watson, o editor do texto que fez maravilhoso trabalho com um manuscrito longo e exigente. Devo muito a ele.

Por fim, mas não menos importante, o dr. Gujarati gostaria de agradecer a suas filhas Joan e Diane, por seu constante apoio e incentivo na preparação desta e das edições anteriores.

Damodar N. Gujarati
Dawn C. Porter

Prefácio

Objetivos do livro

A primeira edição de *Econometria básica* foi publicada há 30 anos. Ao longo desse período, ocorreram avanços na teoria e na prática da econometria. Em cada uma das edições subsequentes, procurei incorporar os principais avanços nesta disciplina. A quinta edição manteve essa tradição.

No entanto, o que não mudou no decorrer desses anos foi minha firme convicção de que é possível ensinar econometria de maneira intuitiva e informativa sem recorrer à álgebra matricial, ao cálculo ou à estatística em níveis além do elementar. Alguns itens são inerentemente técnicos. Nesses casos, os incluí no apêndice apropriado ou indiquei fontes de referência. Mesmo assim, procurei simplificar a parte técnica para que o leitor possa desenvolver um entendimento intuitivo.

É uma surpresa agradável a longevidade deste livro, bem como o fato de que é utilizado não apenas por estudantes de economia e administração mas por alunos e pesquisadores de várias outras disciplinas, como ciências políticas, relações internacionais, agronomia e ciências da saúde. Os estudantes dessas áreas verão que o estudo expandido de vários tópicos e aplicações concretas é muito útil. Nesta nova edição dei ainda mais atenção para a relevância e a propriedade dos dados reais usados no texto. Na verdade, acrescentei cerca de 15 exemplos ilustrativos e mais de 30 exercícios de final de capítulo. Além disso, atualizei os dados de mais de 20 exemplos da edição anterior e de mais de 20 exercícios.

Embora esteja na oitava década de minha vida, não perdi o amor pela econometria e continuo empenhando esforços para me manter atualizado nos avanços desta disciplina. Para me auxiliar nesta empreitada é um prazer ter como coautora a dr[a]. Dawn Porter, professora assistente de Estatística da Escola de Administração Marshall da University of Southern California em Los Angeles. Ambos nos envolvemos profundamente na elaboração da quinta edição de *Econometria básica.*

Principais características da quinta edição

Antes de discutir mudanças específicas nos diversos capítulos, é importante ressaltar as seguintes características da nova edição.

1. Praticamente todos os dados usados nos exemplos ilustrativos foram atualizados.
2. Foram acrescentados diversos exemplos.
3. Em vários capítulos, incluímos exemplos finais estendidos que ilustram os diversos argumentos no texto.
4. Incluíram-se telas de computador de vários exemplos. A maioria desses resultados baseiam-se nos pacotes estatísticos **EViews** (versão 6) e **STATA** (versão 10), assim como **MINITAB** (versão 15).
5. Diversos diagramas e gráficos foram incluídos nos vários capítulos.
6. Diversos exercícios de bancos de dados foram introduzidos nos vários capítulos.
7. Dados de tamanho reduzido foram incluídos.
8. Em alguns capítulos, inserimos exercícios de classe em que os estudantes são encorajados a obter seus próprios dados e a implementar as várias técnicas discutidas no livro. Algumas simulações Monte Carlo também foram incluídas.

Mudanças específicas da quinta edição

Algumas mudanças específicas desta edição:

1. As hipóteses que embasam o modelo clássico de regressão linear (MCRL) apresentadas no Capítulo 3 agora fazem uma distinção cuidadosa entre regressores fixos (variáveis explanatórias) e regressores aleatórios. Discutiremos a importância dessa distinção.
2. O Apêndice do Capítulo 6 discute as propriedades dos logaritmos, as transformações Box-Cox e várias fórmulas de crescimento.
3. O Capítulo 7 agora discute não só o impacto marginal de um regressor único sobre a variável dependente, como também os impactos de mudanças simultâneas de todas as variáveis explanatórias sobre a variável dependente. Este capítulo também foi reorganizado utilizando-se a mesma estrutura das hipóteses do Capítulo 3.
4. O Capítulo 11 apresenta uma comparação entre os vários testes de heterocedasticidade.
5. Há uma nova discussão do impacto de estruturas sobre a autocorrelação no Capítulo 12.
6. Novos tópicos foram incluídos no Capítulo 13: *dados ausentes*, *termo de erro não normal* e *regressores estocásticos ou aleatórios*.
7. Um modelo de regressão não linear discutido no Capítulo 14 apresenta uma aplicação concreta da transformação Box-Cox.
8. O Capítulo 15 contém muitos exemplos novos que ilustram o uso dos modelos logit e probit em vários campos.
9. O Capítulo 16 sobre *modelos de regressão com dados em painel* foi substancialmente revisto e ilustrado com várias aplicações.
10. O Capítulo 17 agora examina extensamente o teste de causalidade de Sims e Granger.
11. Séries temporais estacionárias e não estacionárias, bem como alguns dos problemas associados aos testes de estacionariedade, agora são extensamente abordadas no Capítulo 21
12. O capítulo 22 inclui uma discussão sobre por que eliminar as primeiras diferenças de uma série temporal com a finalidade de torná-la estacionária pode não ser uma estratégia apropriada em algumas situações.

Além das mudanças específicas, erros de conteúdo e ortografia das edições anteriores foram corrigidos e a discussão sobre diversos tópicos em vários capítulos foi aprimorada.

Organização e opções

A extensa cobertura desta edição propicia ao professor grande flexibilidade na escolha dos tópicos mais adequados aos alunos. A seguir, algumas sugestões para o uso do livro.

Curso de um semestre para não especialistas: Apêndice A, Capítulos de l a 9 e uma visão geral dos Capítulos 10, 11 e 12 (omitindo todas as demonstrações).

Curso de um semestre para estudantes de economia: Apêndice A, Capítulos l a 13.

Curso de dois semestres para estudantes de economia: Apêndices A, B, C, Capítulos l a 22. Os Capítulos 14 e 16 podem ser opcionais. Alguns dos apêndices técnicos podem ser omitidos.

Estudantes de mestrado e doutorado e pesquisadores: Este livro é um manual de referência para os principais tópicos da econometria.

Sumário resumido

Sumário

CAPÍTULO 3

CAPÍTULO 4

CAPÍTULO 5

CAPÍTULO 6

Extensões do modelo de regressão linear de duas variáveis 165

CAPÍTULO 7

Análise de regressão múltipla: o problema da estimação 205

CAPÍTULO 8

Análise da regressão múltipla: o problema da inferência 246

CAPÍTULO 9

Modelos de regressão com variáveis binárias (*dummies*) 288

PARTE 2

RELAXAMENTO DAS HIPÓTESES DO MODELO CLÁSSICO 325

CAPÍTULO 10

Multicolinearidade: o que acontece se os regressores estiverem correlacionados? 329

CAPÍTULO 11

Heterocedasticidade: o que acontece se a variância do erro não é constante? 370

CAPÍTULO 12

CAPÍTULO 13

Modelagem econométrica: especificação de modelo e teste diagnóstico 466

PARTE 3

TÓPICOS EM ECONOMETRIA 521

CAPÍTULO 14

Modelos de regressão não linear 523

CAPÍTULO 15

Modelos de regressão de resposta qualitativa 538

CAPÍTULO 16

Modelos de regressão com dados em painel 587

CAPÍTULO 20

CAPÍTULO 21

CAPÍTULO 22

Econometria de séries temporais: previsão 767

APÊNDICE A 796

Revisão de alguns conceitos estatísticos 796

APÊNDICE B

Rudimentos de álgebra matricial 834

APÊNDICE C
A abordagem matricial para o modelo de regressão linear 846

APÊNDICE D
Tabelas estatísticas 874

APÊNDICE E
Telas de resultado do EViews, **MINITAB, Excel e STATA 891**

APÊNDICE F
Dadosеconômicos na Internet 897

Referências bibliográficas 899

Índice 903

Introdução

I.1 O que é econometria?

Em uma interpretação literal, *econometria* significa "medição econômica". Embora a medição seja uma parte importante da econometria, seu escopo é muito mais amplo, como mostram as seguintes citações:

A econometria, resultado de determinada perspectiva sobre o papel da economia, consiste na aplicação da estatística matemática a dados econômicos para dar suporte empírico aos modelos formulados pela economia matemática e obter resultados numéricos.[1]

[...] a econometria pode ser definida como a análise quantitativa dos fenômenos econômicos ocorridos com base no desenvolvimento paralelo da teoria e das observações e com o uso de métodos de inferência adequados.[2]

A econometria pode ser definida como a ciência social em que as ferramentas da teoria econômica, da matemática e da inferência estatística são aplicadas à análise dos fenômenos econômicos.[3]

A econometria diz respeito à determinação empírica das leis econômicas.[4]

A arte do econometrista está em encontrar o conjunto de hipóteses suficientemente específicas e realistas que lhe permitam tirar o melhor proveito dos dados de que dispõe.[5]

Os econometristas [...] são um auxílio positivo na tentativa de dissipar a imagem pública negativa da economia (seja ela quantitativa ou não) como assunto em que caixas vazias são abertas supondo-se a existência de abridores de lata para revelar conteúdos que dez economistas interpretarão de 11 maneiras distintas.[6]

O método da pesquisa econométrica visa, essencialmente, a conjugação da teoria econômica com medições concretas, usando a teoria e a técnica da inferência estatística como uma ponte.[7]

[1] TINTNER, Gerhard. *Methodology of mathematical economics and econometrics.* Chicago: The University of Chicago Press, 1968. p. 74.

[2] SAMUELSON, P. A.; KOOPMANS, T. C.; STONE, J. R. N. *Report of the evaluative committee for econometrica. Econométrica.* Abr. 1954, v. 22, n. 2, p. 141-146.

[3] GOLDBERGER, Arthur S. *Econometric theory.* Nova York: John Wiley & Sons, 1964. p. 1.

[4] THEIL, H. *Principles of econometrics.* Nova York: John Wiley & Sons, 1971. p. 1.

[5] MALINVAUD, E. *Statistical methods of econometrics.* Chicago: Rand McNally, 1966. p. 514.

[6] DARNELL, Adrian C.; EVANS, J. Lynne. *The limits of econometrics.* Rants, Inglaterra: Edward Elgar Publishing, 1990. p. 54.

[7] HAAVELMO, T. "The probability approach in econometrics". Suplemento da *Econometrica.* 1944. v. 12, prefácio p. iii.

I.2 Por que uma disciplina separada?

Como as definições apresentadas sugerem, a econometria é um amálgama de teoria econômica, economia matemática, estatística econômica e estatística matemática. Contudo, o assunto merece ser estudado de modo independente pelas seguintes razões.

A teoria econômica faz declarações ou hipóteses principalmente de natureza qualitativa. Por exemplo, a teoria microeconômica afirma que, tudo o mais permanecendo igual, uma redução no preço de uma mercadoria deve resultar no aumento da quantidade demandada por esta mercadoria. Portanto, a teoria econômica postula uma relação negativa ou inversa entre o preço e a quantidade demandada de uma mercadoria. Mas a teoria em si não oferece nenhuma medida quantitativa da relação entre as duas variáveis; ela não nos informa quanto a quantidade aumentará ou diminuirá em consequência de determinada variação no preço da mercadoria. Cabe ao econometrista oferecer essas estimativas numéricas. Em outras palavras, o econometrista proporciona conteúdo prático à maior parte da teoria econômica.

A principal preocupação da economia matemática é expressar a teoria econômica de forma matemática (equações) sem levar em conta se a teoria pode ser medida ou verificada empiricamente. A econometria, como já mencionado, está principalmente interessada na verificação da teoria econômica. Conforme veremos, o econometrista frequentemente usa as equações matemáticas formuladas pelo economista matemático, mas as aplica de forma que possam ser testadas na prática. E essa conversão de equações matemáticas em equações econométricas requer bastante engenhosidade e habilidade.

A estatística econômica busca principalmente a coleta, processamento e apresentação dos dados econômicos na forma de gráficos e tabelas. Essa é a tarefa do estatístico econômico. É ele o principal responsável por coletar dados sobre o produto nacional bruto (PNB), o emprego, o desemprego, os preços etc. As informações coletadas constituem os dados brutos do trabalho econométrico. Mas o trabalho do estatístico econômico não vai além disso; seu foco não é usar os dados para testar as teorias econômicas. É claro, se fosse, ele se tornaria um econometrista.

Embora a estatística matemática proporcione muitas das ferramentas usadas em sua atividade, os econometristas em geral precisam de métodos especiais em vista da natureza específica da maioria dos dados econômicos, isto é, por serem dados que não foram gerados por meio de experimentos controlados. O econometrista, como o meteorologista, depende em geral de dados que não podem ser controlados diretamente. Como Spanos observa corretamente:

> Na econometria, quem modela muitas vezes se depara com dados provenientes de **observações** em oposição aos dados **experimentais**. Isso tem duas implicações importantes para a modelagem empírica na econometria. Primeiro, quem modela deve dominar habilidades muito diferentes das necessárias à análise de dados experimentais [...]. Segundo, a diferença entre quem coleta dados e quem os analisa exige que quem modela esteja profundamente familiarizado com a natureza e a estrutura dos dados em questão.[8]

I.3 A metodologia econométrica

Como fazem os econometristas para analisar um problema econômico? Qual metodologia utilizam? Embora existam várias escolas de pensamento sobre metodologia econométrica, aqui apresentamos a **tradicional** ou **clássica**, que ainda domina a pesquisa na economia e em outras ciências sociais e comportamentais.[9]

---

[8] SPANOS, Aris. *Probability. Theory and statistical inference:* econometric modfling with observational data. Reino Unido: Cambridge University Press, 1999. p. 21.

[9] Para uma discussão esclarecedora, embora avançada, do método econométrico, veja HENDRY, David F. *Dynamic econometrics.* Nova York: Oxford University Press, 1995. Veja também SPANOS, Aris op. cit.

Em termos gerais, a metodologia econométrica tradicional segue os seguintes passos:

1. Exposição da teoria ou hipótese.
2. Especificação do modelo matemático da teoria.
3. Especificação do modelo estatístico ou econométrico.
4. Obtenção dos dados.
5. Estimação dos parâmetros do modelo econométrico.
6. Teste de hipóteses.
7. Projeção ou previsão.
8. Uso do modelo para fins de controle ou de política.

Para ilustrarmos esses passos, vejamos a conhecida teoria do consumo keynesiana.

1. Exposição da teoria ou hipótese

Keynes afirmou:

> A lei psicológica fundamental [...] é que os homens [as mulheres] estão dispostos, como regra e em média, a aumentar seu consumo conforme sua renda aumenta, mas não na mesma proporção que o aumento na renda.[10]

Em resumo, Keynes postulava que a **propensão marginal a consumir (PMC)**, a taxa de variação do consumo por variação de uma unidade (digamos, um dólar) de renda, é maior que zero, mas menor que 1.

2. Especificação do modelo matemático da teoria

Embora Keynes postulasse uma relação positiva entre consumo e renda, ele não especificou a forma exata da relação funcional entre as duas variáveis. Para simplificar, um economista matemático poderia sugerir a seguinte forma para a função de consumo keynesiana:

$$Y = \beta_1 + \beta_2 X \qquad 0 < \beta_2 < 1 \tag{I.3.1}$$

em que Y = despesas de consumo e X = renda, e β_1 e β_2, conhecidos como os **parâmetros** do modelo, são, respectivamente, o **intercepto** e o coeficiente **angular**.

O coeficiente angular, β_2, mede a PMC. A Figura 1.1 mostra a representação geométrica da Equação (I.3.1). Essa equação, que especifica que o consumo se relaciona linearmente à renda, é um exemplo de modelo matemático da relação entre consumo e renda e é conhecida como **função consumo** em economia. O modelo é apenas um conjunto de equações matemáticas. Se o modelo tem apenas uma equação, como no apresentado, denomina-se **modelo uniequacional**, enquanto se tiver mais de uma equação será denominado **modelo de múltiplas equações** (que veremos mais adiante).

Na Equação (I.3.1), a variável que aparece do lado esquerdo do sinal de igualdade é chamada de *variável dependente* e a(s) variável(eis) do lado direito é(são) chamada(s) de variável(eis) **independente(s)** ou **explanatória(s)**. Assim, na função consumo keynesiana, o consumo (despesa) é a variável dependente e a renda é a variável explanatória.

[10] KEYNES, John Maynard. *The general theory of employment, interest and money.* Nova York: Harcourt Brace Jovanovich, 1936. p. 96.

FIGURA I.1
Função consumo keynesiana.

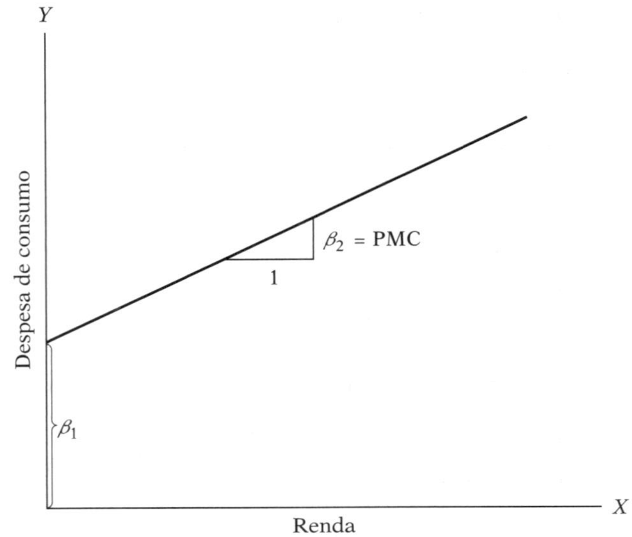

3. Especificação do modelo estatístico ou econométrico

O modelo puramente matemático da função consumo apresentado na Equação (I.3.1) é de interesse limitado para o econometrista, pois supõe que existe uma relação *exata* ou *determinística* entre o consumo e a renda. Mas as relações entre variáveis econômicas são, em geral, inexatas. Portanto, se coletarmos dados sobre despesas de consumo e renda disponível (a renda depois de descontados os impostos) de uma amostragem de, digamos, 500 famílias americanas e traçarmos um gráfico em que o eixo vertical representa as despesas de consumo e o eixo horizontal, a renda disponível, não devemos esperar que as 500 observações se situem exatamente na reta dada pela Equação (I.3.1). Isso porque, além da renda, outras variáveis afetam as despesas de consumo. O tamanho da família, a idade de seus integrantes, a religião etc., por exemplo, provavelmente exercem certa influência sobre o consumo.

Para levar em conta as relações inexatas entre as variáveis econômicas, o econometrista deve modificar a função consumo determinística da Equação (I.3.1) do seguinte modo:

$$Y = \beta_1 + \beta_2 X + u \qquad \textbf{(I.3.2)}$$

em que u, conhecido como **distúrbio**, ou **termo de erro**, é uma **variável aleatória (estocástica)** que tem propriedades probabilísticas conhecidas. O termo de erro u pode representar bem todos esses fatores que afetam o consumo, mas que não são levados em conta explicitamente.

A Equação (I.3.2) é um exemplo de modelo econométrico. Mais tecnicamente, é um exemplo de **modelo de regressão linear**, que é o principal tema deste livro. A função consumo econométrica baseia-se na hipótese de que a variável dependente Y (o consumo) se relaciona linearmente com a variável explanatória X (a renda), mas que a relação entre ambas não é exata: está sujeita a variações individuais.

O modelo econométrico da função consumo pode ser representado pelo gráfico da Figura 1.2.

4. Obtenção dos dados

Para estimarmos o modelo econométrico da Equação (I.3.2), isto é, para obtermos os valores numéricos de β_1 e β_2, precisamos de dados. Embora no próximo capítulo falaremos mais sobre a importância crítica dos dados para a análise econômica, por enquanto vamos examinar os dados apresentados na Tabela I.1, que se refere à economia dos Estados Unidos

FIGURA I.2
Modelo econométrico da função consumo keynesiana.

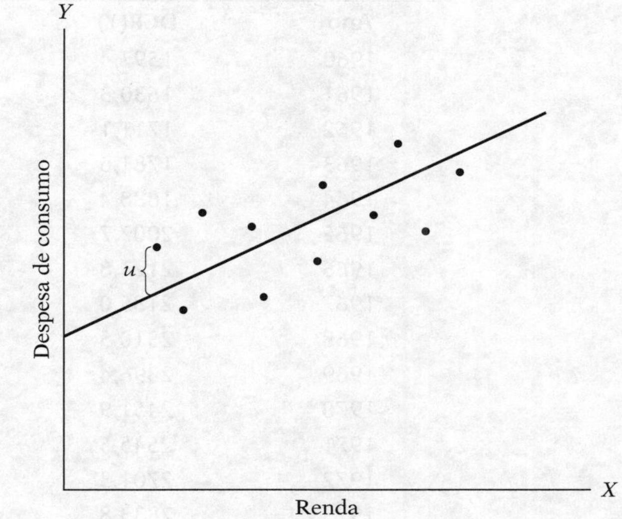

no período 1960-2005. Na tabela, a variável Y corresponde às despesas de consumo pessoal (DCP) *agregada* (isto é, para a economia como um todo) e a variável X ao produto interno bruto (PIB), um indicador de renda agregada, ambas medidas em termos de bilhões de dólares de 2000. Portanto, os dados são apresentados em termos "reais", isto é, foram medidos a preços constantes (de 2000). Os dados estão representados graficamente na Figura I.3 (compare com a Figura I.2). Por enquanto, deixemos de lado a linha traçada no gráfico.

5. Estimação dos parâmetros do modelo econométrico

Agora que temos os dados, nossa próxima tarefa é estimar os parâmetros da função consumo. A estimativa numérica dos parâmetros fornece conteúdo empírico à função consumo. O mecanismo para estimar os parâmetros será examinado no Capítulo 3. Por enquanto, note que a técnica estatística da **análise de regressão** é a principal ferramenta para obter as estimativas. Aplicando essa técnica aos dados da Tabela I.1, obtemos as seguintes estimativas de β_1 e β_2, especificamente, — 299,5913 e 0,7218. Portanto, a função consumo estimada é:

$$\hat{Y}_t = -299{,}5913 + 0{,}7218X_t \tag{I.3.3}$$

O acento circunflexo em cima do Y indica que se trata de uma estimativa.[11] A Figura I.3 mostra a função consumo estimada (isto é, a linha de regressão).

Como indica a Figura I.3, a linha de regressão ajusta-se bem aos dados, no sentido de que os pontos no gráfico que representam os dados ficam muito próximos da linha de regressão. A figura nos mostra que, para o período 1960-2005, o coeficiente angular (a **PMC**) era de quase 0,72, indicando que, no período amostrado, um aumento de um dólar na renda real levava, *em média*, a um aumento de cerca de 72 centavos nas despesas reais de consumo.[12] Dizemos *em média* porque a relação entre consumo e renda é inexata; como fica claro na Figura I.3, nem todos os pontos dos dados estão exatamente sobre a linha de regressão. Em termos simples, podemos dizer que, de acordo com nossos dados, as despesas médias de consumo aumentam cerca de 70 centavos a cada aumento real de um dólar na renda real.

---

[11] O uso de um acento circunflexo sobre uma variável ou parâmetro indica, por convenção, que se trata de um valor estimado.

[12] Por enquanto, não se preocupe sobre como esses valores foram obtidos. Como mostraremos no Capítulo 3, essas estimativas foram obtidas através do método estatístico dos **mínimos quadrados**. Também, por enquanto, não se preocupe com o valor negativo do intercepto.

TABELA I.1

Despesas de consumo pessoal (Y) e produto interno bruto (X), 1960-2005 em bilhões de dólares de 2000

Fonte: *Economics Report of the President*, 2007, Tabela B-2, p, 230.

Ano	DCP(Y)	PIB(X)
1960	1597,4	2501,8
1961	1630,3	2560,0
1962	1711,1	2715,2
1963	1781,6	2834,0
1964	1888,4	2998,6
1965	2007,7	3191,1
1966	2121,8	3399,1
1967	2185,0	3484,6
1968	2310,5	3652,7
1969	2396,4	3765,4
1970	2451,9	3771,9
1971	2545,5	3898,6
1972	2701,3	4105,0
1973	2833,8	4341,5
1974	2812,3	4319,6
1975	2876,9	4311,2
1976	3035,5	4540,9
1977	3164,1	4750,5
1978	3303,1	5015,0
1979	3383,4	5173,4
1980	3374,1	5161,7
1981	3422,2	5291,7
1982	3470,3	5189,3
1983	3668,6	5423,8
1984	3863,3	5813,6
1985	4064,0	6053,7
1986	4228,9	6263,6
1987	4369,8	6475,1
1988	4546,9	6742,7
1989	4675,0	6981,4
1990	4770,3	7112,5
1991	4778,4	7100,5
1992	4934,8	7336,6
1993	5099,8	7532,7
1994	5290,7	7835,5
1995	5433,5	8031,7
1996	5619,4	8328,9
1997	5831,8	8703,5
1998	6125,8	9066,9
1999	6438,6	9470,3
2000	6739,4	9817,0
2001	6910,4	9890,7
2002	7099,3	10048,8
2003	7295,3	10301,0
2004	7577,1	10703,5
2005	7841,2	11048,6

FIGURA I.3
Despesas de consumo pessoal (*Y*) em relação ao PIB (*X*), 1960-2005 em bilhões dólares de 2000.

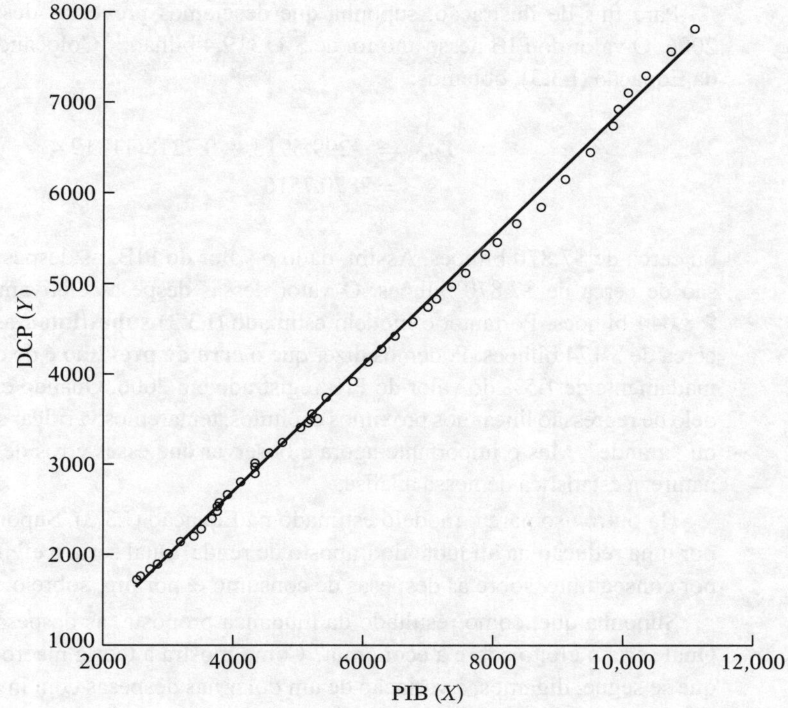

6. Teste de hipóteses

Considerando que o modelo ajustado seja uma aproximação razoavelmente boa da realidade, é preciso desenvolver critérios adequados para verificar se as estimativas obtidas, digamos, na Equação (I.3.3) estão de acordo com as expectativas da teoria que está sendo testada. Segundo economistas "positivos" como Milton Friedman, uma teoria ou hipótese que não for verificável com evidências empíricas pode não ser admissível como parte de uma pesquisa científica.[13]

Conforme observado anteriormente, Keynes esperava que a PMC fosse positiva, mas menor que 1. Em nosso exemplo, a PMC é de cerca de 0,72. Entretanto, antes de aceitarmos esse valor como uma confirmação da teoria do consumo keynesiana, precisamos nos perguntar se essa estimativa está suficientemente abaixo da unidade para nos convencer de que não é um resultado devido ao acaso ou uma peculiaridade dos dados que utilizamos. Em outras palavras, 0,72 é *estatisticamente menor que 1*? Se for, será um respaldo para a teoria de Keynes.

Tal confirmação ou refutação de teorias econômicas com base em evidências amostrais se alicerça em um ramo da teoria estatística conhecido como **inferência estatística (teste de hipóteses)**. Ao longo do livro, veremos como esse processo é conduzido na prática.

7. Projeção ou previsão

Se o modelo escolhido não refutar a hipótese ou teoria considerada, podemos utilizá-lo para prever o(s) valor(es) futuro(s) da **variável previsão** *Y*, ou variável dependente, com base no(s) valor(es) futuro(s) conhecidos ou esperados da **variável previsora** *X*, ou variável explanatória.

[13] Veja FRIEDMAN, Milton. *"The methodology of positive economics." Essays in Positive Economcs.* Chicago: University of Chicago Press, 1953.

Para fins de ilustração, suponha que desejemos prever as despesas médias de consumo para 2006. O valor do PIB nesse ano foi de $ 11319,4 bilhão.[14] Colocando o valor do PIB no lado direito da Equação (I.3.3), obtemos:

$$\begin{aligned}\hat{Y}_{2006} &= -299{,}5913 + 0{,}7218(11319{,}4)\\ &= 7870{,}7516\end{aligned} \tag{I.3.4}$$

ou cerca de $7.870 bilhões. Assim, dado o valor do PIB, as despesas de consumo médias previstas são de cerca de $7.870 bilhões. O valor dessas despesas efetivamente registrado em 2006 foi de $ 8.044 bilhões. Portanto, o modelo estimado (I.3.3) **subestimou** as despesas de consumo reais em cerca de $ 174 bilhões. Podemos dizer que o **erro de previsão** é de cerca $174 bilhões, que é aproximadamente de 1,5% do valor do PIB registrado em 2006. Quando examinarmos mais a fundo o modelo de regressão linear nos próximos capítulos, tentaremos verificar se um erro desse tipo é "pequeno" ou "grande". Mas o importante agora é observar que esses erros de previsão são inevitáveis, dada a natureza estatística de nossa análise.

Há outro uso para o modelo estimado na Equação (I.3.3). Suponha que o presidente decida propor uma redução na alíquota do imposto de renda. Qual seria o efeito dessa política sobre a renda e, por conseguinte, sobre as despesas de consumo e, por fim, sobre o emprego?

Suponha que, como resultado da mudança proposta, as despesas com investimento aumentem. Qual seria o efeito sobre a economia? Como mostra a teoria macroeconômica, a mudança na renda que se segue, digamos, à variação de um dólar nas despesas com investimento é dada pelo **multiplicador da renda** M, que é definido como:

$$M = \frac{1}{1 - \text{PMC}} \tag{I.3.5}$$

Se utilizarmos a PMC de 0,72 obtida na Equação (I.3.3), esse multiplicador será de cerca de $M = 3{,}57$. Isto é, um aumento (redução) de um dólar no investimento levará *por fim* a um aumento (redução) de mais de três vezes na renda; observe que o multiplicador demora a produzir seu efeito.

Um valor crítico nesses cálculos é a PMC, pois o multiplicador depende dela. E essa estimativa da PMC pode ser obtida por meio de modelos de regressão como o da Equação (I.3.3). As estimativas quantitativas da PMC proporcionam informações valiosas para a formulação da política econômica. Conhecendo a PMC, podemos prever o curso futuro da renda, das despesas de consumo e do emprego após uma alteração da política fiscal do governo.

8. Uso do modelo para fins de controle ou de política

Suponha que tenhamos estimada a função consumo da Equação (I.3.3). Suponha, ainda, que o governo acredite que as despesas de consumo de cerca de $ 8.750 bilhões (em dólares de 2000) manterão a taxa de desemprego em seu nível atual de cerca de 4,2% (no início de 2006) . Que nível de renda garantirá o montante almejado (meta) de despesas de consumo?

Se os resultados da regressão da Equação (I.3.3) parecem razoáveis, um cálculo aritmético simples mostrará que:

$$8.750 = -299{,}5913 + 0{,}7218\,(PIB_{2006}) \tag{I.3.6}$$

o que dá aproximadamente $X = 1.2537$. Ou seja, um nível de renda de cerca de $ 1.2537 bilhões, dada uma PMC de cerca de 0,72, gerará uma despesa de cerca de $ 8.750bilhões.

[14] Os dados do DCP e do PIB para 2006 estavam disponíveis, mas os deixamos de lado propositadamente para ilustrar o tópico examinado nesta seção. Como veremos em capítulos subsequentes, é uma boa ideia guardar uma parte dos dados para verificar como o modelo ajustado prevê as observações que estão fora da amostra.

Como esses cálculos sugerem, um modelo estimado pode ser usado para fins de controle ou de formulação de políticas. Com uma combinação apropriada de políticas fiscais e monetárias, o governo pode manejar a **variável de controle** X para gerar o nível desejado da **variável meta** Y.

A Figura I.4 resume a anatomia da modelagem econométrica clássica.

Escolha do modelo

Quando um órgão governamental (por exemplo, o Departamento de Comércio dos Estados Unidos) coleta dados como os apresentados na Tabela I.1, não tem necessariamente uma teoria econômica qualquer em mente. Como sabemos então que os dados realmente confirmam a teoria do consumo keynesiana? Seria porque a função consumo keynesiana (a linha de regressão) da Figura I.3 está extremamente próxima dos dados disponíveis? É possível que outro modelo (teoria) do consumo se ajuste igualmente bem aos dados? Por exemplo, Milton Friedman desenvolveu um modelo de consumo, chamado *hipótese da renda permanente*.[15] Robert Hall também formulou um modelo de consumo, conhecido como *hipótese da renda permanente no ciclo de vida*.[16] Algum desses modelos, ou ambos, também poderiam servir para os da Tabela I.1?

Em resumo, a dúvida com que o pesquisador se depara na prática é como escolher entre as diferentes hipóteses ou modelos para um dado fenômeno, como a relação consumo-renda. Como Miller argumenta:

> Nenhum encontro com os dados é uma etapa no sentido de confirmação autêntica a menos que a hipótese lide melhor com os dados que algum rival natural [...]. O que fortalece uma hipótese, nesse caso, é a vitória que, ao mesmo tempo, é a derrota para outra hipótese plausível.[17]

Como, então, escolher entre os diversos modelos ou hipóteses concorrentes? Vale a pena ter em mente o conselho de Clive Granger:[18]

FIGURA I.4 Anatomia da modelagem econométrica.

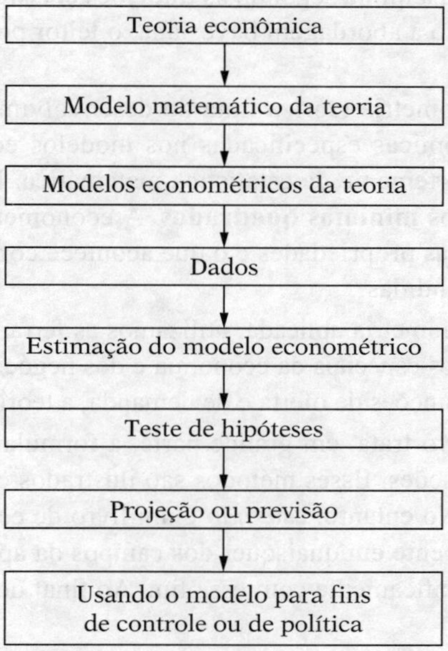

[15] FRIEDMAN, Milton. *A theory of consumption function.* Princeton: N. J.: Princeton University Press, 1957.

[16] HALL, R. "Stochastic implications of the life cycle permanent income hypothesis: theory and evidence." *Journal of Political Economy,* 1978. v. 86, p. 971-987.

[17] MILLER, R. W. *Fact and method:* Explanation, confirmation, and reality in the natural and social sciences. Princeton, N.J.: Princetor University Press, 1978. p. 176.

[18] GRANGER, Clive W. J. *Empirical modeling in economics.* Reino Unido: Cambridge University Press, 1999. p. 58.

Gostaria de sugerir que, no futuro, você faça as seguintes perguntas quando lhe apresentarem uma nova teoria ou modelo empírico:

(i) Qual o propósito disto? Para que decisão econômica contribuirá? e;

(ii) Existe alguma prova que me permita avaliar sua qualidade em comparação com teorias ou modelos alternativos?

Penso que, se for dada a devida atenção a essas perguntas, a pesquisa e a discussão econômicas serão fortalecidas.

À medida que avançarmos no livro, encontraremos várias hipóteses que concorrem para explicar os vários fenômenos econômicos. Por exemplo, os estudantes de economia conhecem bem o conceito da função de produção, que é basicamente uma relação entre produto e insumos (capital e trabalho). Na literatura, duas das mais conhecidas são as funções *Cobb-Douglas* e a da *elasticidade de substituição constante.* Precisaremos descobrir, em virtude dos dados de produção e de insumos, se alguma delas, reflete melhor os dados.

O método econométrico clássico de oito etapas apresentado anteriormente é neutro no sentido de que pode ser usado para testar qualquer uma dessas hipóteses rivais.

É possível formular uma metodologia que seja suficientemente abrangente para incluir hipóteses concorrentes? Esse é um tópico complexo e controverso que será discutido no Capítulo 13, depois que tivermos adquirido conhecimentos teóricos suficientes.

I.4 Tipos de econometria

Como sugere a estrutura classificatória da Figura I.5, a econometria pode ser divida em duas categorias amplas: **econometria teórica** e **econometria aplicada**. Em cada categoria podemos abordar a disciplina segundo as tradições **clássica** e **bayesiana**. Neste livro, damos ênfase à clássica. Quanto à abordagem bayesiana, o leitor pode consultar as referências indicadas no final do capítulo.

A econometria teórica trata do desenvolvimento de métodos adequados para medir as relações econômicas especificadas nos modelos econométricos. Sob esse aspecto, a econometria depende fortemente da estatística matemática. Por exemplo, um dos métodos mais usado neste livro é o dos **mínimos quadrados**. A econometria teórica deve deixar claras as hipóteses deste método, suas propriedades e o que acontece com elas quando uma ou mais hipóteses do método não são atendidas.

Na econometria aplicada, utilizamos as ferramentas da econometria teórica para estudar um ou mais campos especiais da economia e dos negócios, como a função de produção, a função investimento, as funções de oferta e de demanda, a teoria do portfólio etc.

Este livro trata, em grande parte, a formulação dos métodos econométricos, suas hipóteses, usos, limitações. Esses métodos são ilustrados com exemplos de várias áreas da economia e dos negócios. No entanto, este *não* é um livro de econometria aplicada, no sentido de se aprofundar particularmente em quaisquer dos campos da aplicação econômica. Essa tarefa cabe às obras escritas especificamente com esse fim. Ao final do livro, ofereceremos algumas referências bibliográficas.

FIGURA I.5
Categorias da econometria.

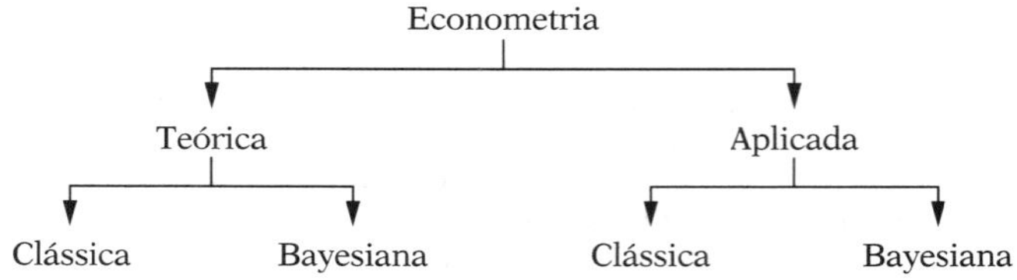

I.5 Pré-requisitos matemáticos e estatísticos

Embora este livro seja escrito em um nível elementar, o autor pressupõe que o leitor esteja familiarizado com os conceitos básicos da estimação estatística e do teste de hipóteses. O Apêndice A oferece uma visão geral e não técnica dos conceitos estatísticos básicos empregados aqui para aqueles que desejam reciclar seus conhecimentos. No que se refere à matemática, é desejável ter uma noção sobre cálculo diferencial, embora não seja essencial. Apesar de a maioria dos livros de econometria voltados à pós-graduação utilizar amplamente a álgebra matricial, quero deixar claro que ela não é necessária para tirar proveito deste livro. Estou completamente convencido de que as ideias fundamentais da econometria podem ser transmitidas sem recorrer à álgebra matricial. No entanto, para os estudantes mais inclinados à matemática, o Apêndice C apresenta um resumo da teoria básica da regressão em notação matricial e o Apêndice B oferece um resumo dos principais resultados da álgebra matricial.

I.6 O papel do computador

A análise de regressão, a principal ferramenta da econometria, é impensável nos dias de hoje sem o computador e o acesso a alguns softwares estatísticos ou pacotes estatísticos. (Acreditem em mim, sou da geração criada com a régua de cálculo!) Felizmente, vários pacotes excelentes para regressões estão disponíveis no mercado, tanto para computadores de grande porte quanto para microcomputadores, e a lista cresce a cada dia. Softwares como **ET**, **LIMDEP**, **SHAZAM**, **MICRO TSP**, **MINITAB**, **EVIEWS**, **SAS**, **SPSS**, **STATA**, **Microfit**, **PcGive** e **BMD** atendem à maioria das técnicas e testes econométricos examinados neste livro.

Ao longo do livro, o leitor será convidado vez por outra a conduzir experimentos **Monte Carlo** com auxílio de um ou mais pacotes estatísticos. Os experimentos **Monte Carlo** são "divertidos" e permitirão ao leitor apreciar as propriedades de vários métodos estatísticos utilizados aqui. Os detalhes dos experimentos Monte Carlo serão discutidos no momento apropriado.

I.7 Sugestões para leituras complementares

O tema metodologia econométrica é vasto e controverso. Para os interessados, sugiro os livros a seguir:

MARCHI, Neil de; GILBERT, Christopher. (Eds.). *History and methodology of econometrics.* Nova York: Oxford University Press, 1989. Esta coletânea de textos discute alguns trabalhos pioneiros em metodologia econométrica e examina extensamente a abordagem britânica da econometria e sua relação com séries temporais, ou seja, dados coletados ao longo do tempo.

CHAREMZA, Wojciech W.; DEADMAN, Derek F. *New directions in econometric practice*: general to specific modelling, cointegration and vector autogression. 2. ed. Hants, Inglaterra: Edward Elgar Publishing Ltd., 1997. Os autores criticam a abordagem tradicional da econometria e apresentam uma exposição detalhada das novas abordagens ao método econométrico.

DARNELL, Adrian C.; EVANS, J. Lynne. *The limits of econometrics.* Hants, Inglaterra: Edward Elgar Publishers Ltd., 1990. Este livro oferece um exame bastante equilibrado das várias abordagens metodológicas econométricas, com uma fidelidade renovada ao método tradicional.

MORGAN, Mary S. *The history of econometric ideas.* Nova York: Cambridge University Press, 1990. A autora oferece uma excelente perspectiva histórica da teoria e da prática econométricas, com um exame profundo das contribuições iniciais de Haavelmo (ganhador do Nobel de Economia de 1990) à econometria. No mesmo espírito, o livro de David F. Hendry e Mary S. Morgan, *The foundation of econometric analysis*, Reino Unido: Cambridge University Press, 1995, reúne uma seleção de textos seminais para mostrar a evolução das ideias econométricas ao longo do tempo.

COLANDER, David; BRENNER, Reuven. (Eds.). *Educating economists*. Ann Arbor, Michigan: University of Michigan Press, 1992. O livro apresenta uma visão crítica, às vezes agnóstica, do ensino e da prática econômicos.

Para os interessados em estatística e econometria bayesianas, os seguintes livros são muito úteis: DEY, John H. *Data in doubt*. Inglaterra: Basil Blackwell Ltd., Oxford University Press, 1985; Peter, M. LEE. *Bayesian statistics:* an introduction. Inglaterra: Oxford University Press, 1989; e PORIER, Dale J. *Intermediate statistics and econometrics:* a comparative approach. Cambridge, Massachusetts: MIT Press, 1995. ZELLER, Arnold. *An introduction to bayesian inference in econometrics*. Nova York: John Wiley & Sons, 1971, este é um livro de referência avançado. Outro livro de referência avançado é *Palgrave handbook of econometrics:* volume 1: *econometric theory*, editado por Terence C. Mills e Kerry Patterson, Nova York: Palgrave Macmillan, 2007.

Parte 1

Modelos de regressão com equação única

A Parte I do livro apresenta modelos de regressão com equação única. Nesses modelos, uma variável, chamada *variável dependente,* é expressa como função linear de uma ou mais variáveis, denominadas *variáveis explanatórias.* Em tais modelos, supõe-se implicitamente que as relações causais, se existirem, entre a variável dependente e as explanatórias ocorrem apenas em uma direção, especificamente, das variáveis explanatórias para a dependente.

No Capítulo l, discutimos a interpretação histórica, assim como a moderna, do termo regressão e ilustramos a diferença entre elas com vários exemplos da economia e de outros campos.

No Capítulo 2, apresentamos alguns conceitos fundamentais da análise de regressão, com auxílio de um modelo de regressão linear de duas variáveis, um modelo em que a variável dependente é expressa como função linear de uma única variável explanatória.

No Capítulo 3, continuamos abordando o modelo de duas variáveis e apresentamos o que é conhecido como o *modelo clássico de regressão linear,* um modelo que adota várias hipóteses simplificadoras. Com essas premissas, expomos o *método dos mínimos quadrados ordinários* (MQO) para estimar os parâmetros do modelo de regressão com duas variáveis. A aplicação do método dos MQO é simples e tem algumas propriedades estatísticas muito desejáveis.

No Capítulo 4, apresentamos o modelo de regressão linear clássico *normal* (com duas variáveis), um modelo que pressupõe que a variável dependente estocástica siga a distribuição de probabilidade normal. Desse modo, os estimadores de mínimos quadrados ordinários obtidos no Capítulo 3 adquirem algumas propriedades estatísticas mais fortes do que o modelo de regressão linear clássico não normal — propriedades que nos permitem realizar a inferência estatística, isto é, testar hipóteses.

O Capítulo 5 é dedicado ao tópico do teste de hipóteses. Tentamos verificar se os coeficientes de regressão estimados são compatíveis com as hipóteses feitas em relação ao valor desses coeficientes, sendo que os valores hipotéticos são sugeridos pela teoria e/ou por trabalhos empíricos anteriores.

O Capítulo 6 aborda algumas extensões do modelo de regressão com duas variáveis. Em particular, discute tópicos como: (1) regressão que passa pela origem; (2) escalas e unidades de medidas; e (3) formas funcionais dos modelos de regressão tais como log-log, semilog e modelos recíprocos.

No Capítulo 7, consideramos o modelo de regressão múltipla em que há mais de uma variável explanatória e mostramos como o método dos mínimos quadrados ordinários pode ser ampliado para estimar os parâmetros de tais modelos.

No Capítulo 8, estendemos os conceitos apresentados no Capítulo 5 ao modelo de regressão múltipla e destacamos algumas das complicações que surgem com a introdução de diversas variáveis explanatórias.

O Capítulo 9, sobre variáveis explanatórias binárias (*dummy*) ou qualitativas, conclui a primeira parte do livro. O capítulo ressalta que nem todas as variáveis explanatórias precisam ser quantitativas (isto é, ter escalas proporcionais). Variáveis como gênero, raça, religião, nacionalidade e região de residência não podem ser prontamente quantificadas, contudo desempenham um papel importante para explicar vários fenômenos econômicos.

Capítulo 1

A natureza da análise de regressão

Conforme mencionado na Introdução, a regressão é a principal ferramenta da econometria e neste capítulo examinaremos sucintamente sua natureza.

1.1 Origem histórica do termo regressão

O termo regressão foi criado por Francis Galton. Em um artigo famoso, Galton verificou que, embora existisse uma tendência de que pais altos tivessem filhos altos e pais baixos tivessem filhos baixos, a estatura média das crianças nascidas de pais com uma dada altura tendia a mover-se ou "regredir" à altura média da população como um todo.[1] Em outras palavras, a altura dos filhos de pais mais altos ou mais baixos que o padrão tende a mover-se no sentido da altura média da população. A lei da regressão universal de Galton foi confirmada por seu amigo Karl Pearson, que coletou mais de mil registros de altura de membros de grupos familiares.[2] Ele constatou que a altura média dos filhos de um grupo de pais altos era menor do que a de seus pais e que a altura média de um grupo de filhos de pais baixos era maior do que a de seus pais; portanto, filhos de pais altos e baixos "regrediam" igualmente à altura média de todos os homens. Nas palavras de Galton, isso era uma "regressão à mediocridade".

1.2 A interpretação moderna da regressão

Contudo, a interpretação moderna da regressão é bastante diferente. De modo geral, podemos dizer:

> A análise de regressão diz respeito ao estudo da dependência de uma variável, a *variável dependente*, em relação a uma ou mais variáveis, as *variáveis explanatórias*, visando estimar e/ou prever o valor médio (da população) da primeira em termos dos valores conhecidos ou fixados (em amostragens repetidas) das segundas.

A importância desta visão da análise de regressão ficará mais clara à medida que avançarmos, mas alguns exemplos simples podem esclarecer o conceito básico.

Exemplos

1. Voltemos à lei da regressão universal de Galton. Ele estava interessado em descobrir por que havia estabilidade na distribuição de alturas em uma população. Mas, na visão moderna, nossa preocupação não é essa, mas sim descobrir como a altura *média* dos filhos varia, dada a altura dos pais. Estamos interessados em prever a altura média dos filhos com base no conhecimento da altura dos pais. Para melhor entender o conceito, observe a Figura 1.1, um **diagrama de dispersão**.

[1] GALTON, Francis. "Family likeness in stature". *Proceedings of Royal Society,* Londres, 1886. v. 40, p. 42-72.
[2] PEARSON, K.; LEE, A. "On the laws of inheritance". *Biometrika,* nov. 1903. v. 2, p. 357-462.

FIGURA 1.1
Distribuição hipotética das alturas dos filhos em relação à altura dos pais.

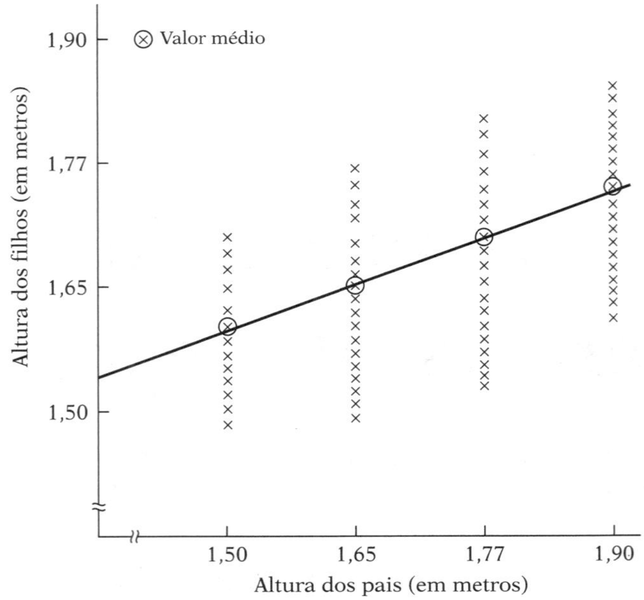

A figura mostra a distribuição das alturas dos filhos, em uma população hipotética, correspondentes aos valores dados, ou *fixos*, da altura do pai. Note que, para cada altura do pai dada, há uma *faixa* ou distribuição de alturas dos filhos. Observe que apesar da variação da altura dos filhos para um dado valor da altura dos pais, a altura média dos filhos, em geral, aumenta com o aumento da altura do pai. As cruzes assinaladas com um círculo indicam a altura *média* dos filhos correspondente a uma dada altura dos pais. Conectando essas médias, obtemos a linha mostrada na figura. Essa linha, como veremos, é conhecida como **linha de regressão**. Ela mostra como a altura *média* dos filhos aumenta com a altura dos pais.[3]

2. Consideremos o diagrama de dispersão da Figura 1.2, que apresenta a distribuição, em uma população hipotética, das alturas de meninos em idades *fixas*. Para cada idade, temos uma faixa, ou distribuição, de alturas. Obviamente, nem todos os meninos de uma mesma idade terão uma altura idêntica.

   Mas a altura, *em média,* aumenta com a idade (até certa idade, é claro), o que pode ser visto claramente se traçarmos uma linha (a de regressão) que passe pelos pontos circulados que representam a altura média em cada idade. Conhecendo a idade, podemos prever, por meio da linha de regressão, a altura média correspondente a essa idade.
3. Passando a exemplos econômicos, um economista poderia estar interessado em estudar a relação de dependência das despesas de consumo pessoal e a renda pessoal disponível, após o pagamento de impostos. Essa análise é útil para estimar a propensão marginal a consumir (PMC), isto é, a variação média nas despesas de consumo, para uma variação de um dólar na renda real.
4. Um monopolista com possibilidade de fixar o preço ou a produção (mas não ambos) pode querer descobrir a resposta da demanda por um produto perante variações nos preços. Isso nos permitiria estimar a **elasticidade-preço** (isto é, a resposta dos preços) da demanda pelo produto e contribuiria para determinar o preço mais lucrativo.
5. Um economista do trabalho pode querer estudar a relação entre a variação dos salários nominais e a taxa de desemprego. O diagrama de dispersão da Figura 1.3 mostra os dados históricos. A curva traçada é um exemplo da famosa *curva de Phillips*, que relaciona as variações nos salários

[3] Neste estágio do desenvolvimento de nosso assunto, chamaremos a linha de regressão de *linha que conecta o valor médio da variável dependente (altura dos filhos) correspondente a um dado valor da variável explanatória (altura dos pais)*. Note que essa linha tem uma inclinação positiva, mas menor que 1, o que está de acordo com a regressão à mediocridade de Galton. (Por quê?)

FIGURA 1.2
Distribuição hipotética de alturas em relação a idades selecionadas.

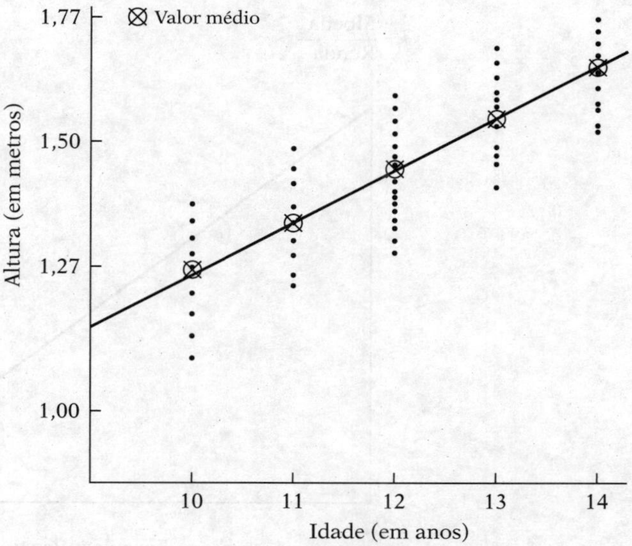

FIGURA 1.3
Curva de Phillips hipotética.

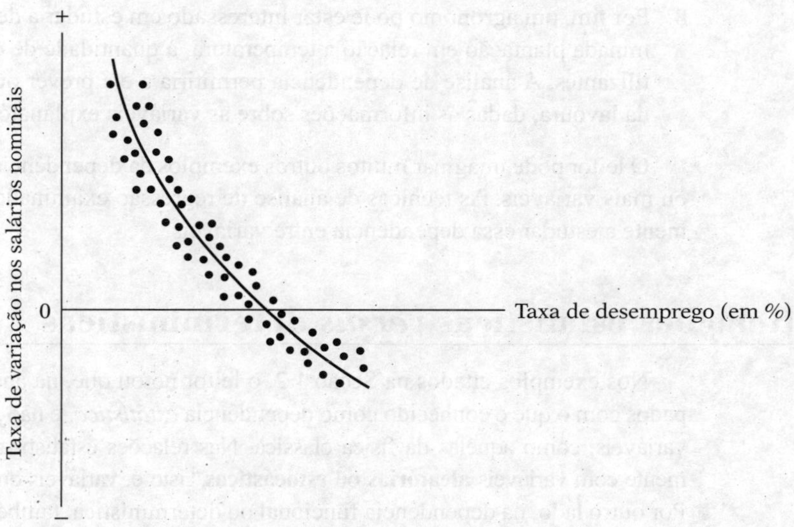

nominais com a taxa de desemprego. Esse diagrama de dispersão permitiria ao economista prever a variação média dos salários para uma dada taxa de desemprego. Tal conhecimento poderia contribuir para esclarecer o processo inflacionário de uma economia, visto que o aumento dos salários nominais tende a refletir-se em aumento de preços.

6. A economia monetária diz que, sendo tudo o mais constante, quanto mais alta a taxa de inflação, π, menor a proporção k de sua renda que as pessoas desejarão manter sob forma monetária, conforme mostra a Figura 1.4. A curva da linha representa a mudança em k em relação ao índice de inflação. Uma análise quantitativa dessa relação permitiria ao economista prever a quantidade de moeda, como proporção de sua renda, que as pessoas desejariam manter sob diferentes taxas de inflação.
7. O diretor de *marketing* de uma empresa pode querer saber como a demanda dos produtos de sua empresa relaciona-se com as despesas com publicidade. Esse estudo seria de grande utilidade para determinar a **elasticidade da demanda** em relação às despesas com publicidade, isto é, a variação percentual da demanda em resposta a uma variação de 1% nas despesas com publicidade. Essa informação pode ser útil para determinar o orçamento de publicidade "ideal".

FIGURA 1.4
Saldos monetários em relação à taxa de inflação, π.

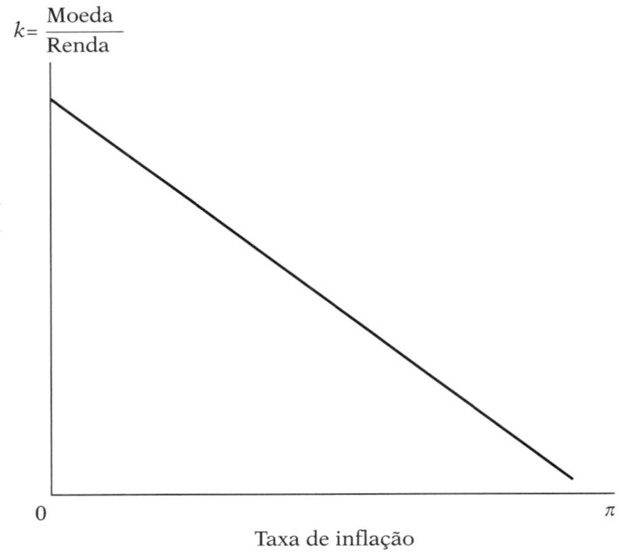

8. Por fim, um agrônomo pode estar interessado em estudar a dependência do rendimento de determinada plantação em relação à temperatura, à quantidade de chuva e de sol e à aplicação de fertilizantes. A análise de dependência permitiria a ele prever ou prognosticar o rendimento médio da lavoura, dadas as informações sobre as variáveis explanatórias.

O leitor pode imaginar muitos outros exemplos da dependência de uma variável em relação a uma ou mais variáveis. As técnicas de análise de regressão examinadas neste livro destinam-se especialmente a estudar essa dependência entre variáveis.

1.3 Relações estatísticas *versus* determinísticas

Nos exemplos citados na Seção 1.2, o leitor notou que, na análise de regressão, estamos preocupados com o que é conhecido como dependência *estatística,* e não *funcional* ou *determinística,* entre as variáveis, como aquelas da física clássica. Nas relações estatísticas entre variáveis, lidamos essencialmente com variáveis **aleatórias** ou **estocásticas,**[4] isto é, variáveis que têm distribuições probabilísticas. Por outro lado, na dependência funcional ou determinística, também lidamos com variáveis, mas estas não são aleatórias ou estocásticas.

A dependência do rendimento das lavouras em relação à temperatura, pluviosidade, luz solar ou fertilizante, por exemplo, é de natureza estatística no sentido de que as variáveis explanatórias, embora importantes, não permitirão ao agrônomo prever exatamente o rendimento devido aos erros envolvidos na medição dessas variáveis, assim como a diversos outros fatores (variáveis) que coletivamente afetam o rendimento, mas cuja identificação individual pode ser difícil. Uma variabilidade "intrínseca" ou aleatória tende a existir na variável dependente "rendimento da lavoura" que não pode ser totalmente explicada independentemente do número de variáveis explanatórias consideradas.

Por outro lado, nos fenômenos determinísticos, lidamos com relações do tipo exibido pela lei da gravidade de Newton, que diz: cada partícula do universo atrai todas as outras partículas com uma força diretamente proporcional ao produto de suas massas e inversamente proporcional ao quadrado da distância entre elas. Simbolicamente, $F = k(m_1 m_2/r^2)$, em que F = força, m_1 e m_2 são as massas das duas partículas, r é a distância entre elas e k = constante de proporcionalidade. Outro exemplo é a lei de Ohm,

[4] A palavra *estocástica* vem do grego *stokhos,* que significa "olho de boi" [ou "centro do alvo" em inglês]. O resultado do lançamento de um dardo ao alvo é um processo estocástico, isto é, um processo em que nem sempre o centro do alvo é atingido.

que diz: no caso de condutores metálicos dentro de certa faixa de temperatura, a corrente C é proporcional à voltagem V; isto é $C = (\frac{1}{k})V$, em que $\frac{1}{k}$ é a constante de proporcionalidade. Outros exemplos dessas relações determinísticas são a lei de Boyle para o gás, a lei de Kirchhoff para a eletricidade e a de Newton para o movimento.

Neste livro, não nos preocupamos com essas relações determinísticas. Obviamente, se houver erros de medição no k da lei da gravidade de Newton, a relação determinística torna-se uma relação estatística. Nessa situação, a força só pode ser prevista aproximadamente com base no valor de k (e m_1, m_2 e r), que contém erros. A variável F, nesse caso, torna-se uma variável aleatória.

1.4 Regressão *versus* causação

Embora a análise de regressão lide com a dependência de uma variável em relação a outras, isso não implica necessariamente uma causação. Nas palavras de Kendall e Stuart, "uma relação estatística, por mais forte e sugestiva que seja, nunca pode estabelecer uma conexão causal: nossas ideias de causação devem vir de fora da estatística, em última análise, de alguma teoria".[5]

No exemplo do rendimento da lavoura citado anteriormente, não há *razão estatística* para supor que a chuva não dependa do rendimento da lavoura. O fato de tratarmos o rendimento da lavoura como dependente (dentre outras coisas) da chuva decorre de considerações não estatísticas: o senso comum sugere que a relação não pode ser invertida, pois não podemos controlar a pluviosidade por meio de uma variação no rendimento da lavoura.

Em todos os exemplos citados na Seção 1.2, é importante notar que **uma relação estatística por si própria não implica logicamente uma causação**. Para atribuir causação, devemos recorrer a considerações *a priori* ou teóricas. Portanto, no terceiro exemplo citado, podemos invocar a teoria econômica para dizer que as despesas de consumo dependem da renda real.[6]

1.5 Regressão *versus* correlação

A **análise de correlação**, cujo principal objetivo é medir a *força* ou o *grau* de *associação linear* entre duas variáveis está estreitamente relacionada à análise de regressão, mas conceitualmente é muito diferente. O **coeficiente de correlação**, que estudaremos em detalhe no Capítulo 3, mede a força dessa associação (linear). Por exemplo, podemos estar interessados em determinar o coeficiente de correlação entre: fumar e câncer de pulmão; entre as notas obtidas nas provas de estatística e de matemática; entre as notas obtidas no ensino médio e na faculdade e assim por diante. Na análise de regressão, como já mencionamos, não estamos interessados prioritariamente nessa medida. Em vez disso, buscamos estimar ou prever o valor médio de uma variável com base nos valores fixos de outras variáveis. Portanto, talvez queiramos saber se é possível prever a nota média de uma prova de estatística conhecendo as notas do estudante na prova de matemática.

A regressão e a correlação têm algumas diferenças fundamentais que vale a pena mencionar. Na análise de regressão, existe uma assimetria na maneira como as variáveis dependente e explanatória são tratadas. Supomos que a variável dependente seja estatística, aleatória ou estocástica, isto é, que tenha distribuição probabilística. Por outro lado, consideramos que as variáveis explanatórias têm valores fixos (em amostras repetidas),[7] que foram explicitados na definição de regressão dada na Seção 1.2. Portanto, na Figura 1.2, supusemos que a variável "idade" foi fixada em dados níveis e

[5] KENDALL, M. G.; STUART, A. *The advanced theory of statistics.* Nova York: Charles Griffin Publishers, 1961. v. 2, cap. 26, p. 279.

[6] Mas, como veremos no Capítulo 3, a análise de regressão clássica se alicerça no pressuposto de que o modelo utilizado na análise é o correto. Portanto, a direção da causalidade pode estar implícita no modelo postulado.

[7] É fundamental observar que as variáveis explanatórias podem ser intrinsecamente estocásticas, mas, para fins de análise de regressão, pressupomos que seus valores são fixados em amostras repetidas (isto é, que X assume os mesmos valores em várias amostras), tornando-as, assim, não aleatórias ou não estocásticas. Veremos esse assunto com mais detalhes no Capítulo 3, Seção 3.2.

que as medições de altura foram obtidas nesses níveis. Na análise de correlação, por outro lado, tratamos quaisquer (duas) variáveis simetricamente; não há distinção entre as variáveis dependente e explanatória. Afinal, a correlação entre as notas nas provas de matemática e de estatística é a mesma que aquela entre as notas das provas de estatística e de matemática. Além disso, supõe-se que as duas variáveis sejam aleatórias. Como veremos, a maior parte da teoria da correlação baseia-se na premissa da aleatoriedade das variáveis, enquanto boa parte da teoria da regressão a ser exposta neste livro está condicionada à premissa de que a variável dependente é estocástica, mas as variáveis explanatórias são fixas ou não estocásticas.[8]

1.6 Terminologia e notação

Antes de prosseguirmos para a análise formal da teoria da regressão, vejamos brevemente a terminologia e a notação. Na literatura, os termos *variável dependente* e *variável explanatória* são descritos de vários modos. Uma lista representativa é:

Variável dependente	**Variável explicativa**
⇕	⇕
Variável explicada	Variável independente
⇕	⇕
Variável prevista	Previsor
⇕	⇕
Regressando	**Regressor**
⇕	⇕
Resposta	Estímulo
⇕	⇕
Variável endógena	Variável exógena
⇕	⇕
Saída	Entrada
⇕	⇕
Variável controlada	Variável de controle

Embora seja uma questão de gosto pessoal e de tradição, neste texto adotaremos a terminologia variável dependente/variável explanatória ou os termos mais neutros regressando e regressor.

Se estudamos a dependência de uma variável em relação a uma única variável explanatória, como é o caso das despesas de consumo em relação à renda real, esse estudo é conhecido como **análise de regressão simples** ou **de duas variáveis**. No entanto, se estudarmos a dependência de uma variável a mais de uma variável explanatória, como no caso da relação entre rendimento da lavoura e chuva, temperatura, luz do sol e fertilizantes, será uma **análise de regressão múltipla**. Em outras palavras, em uma regressão de duas variáveis há somente uma única variável explanatória, enquanto na regressão múltipla há mais de uma variável explanatória.

O termo **aleatório** é sinônimo de **estocástico**. Como já mencionado, uma variável aleatória, ou estocástica, é aquela que pode assumir qualquer valor, positivo ou negativo, dentro de um conjunto de valores com uma dada probabilidade.[9]

[8] No tratamento avançado da econometria, pode-se relaxar a premissa do caráter não estocástico das variáveis explanatórias (veja introdução à Parte 2).

[9] Veja o **Apêndice A** para uma definição formal e detalhes adicionais.

A menos que seja definido de outra forma, a letra Y denotará a variável dependente e os X (X_1, X_2, ..., X_k) representarão as variáveis explanatórias, sendo X_k a *k-ésima* variável explanatória; os subscritos i ou t denotarão a *i-ésima* ou *t-ésima* observação ou valor; X_{ki} (ou X_{kt}) denotará a *i-ésima* (ou *t-ésima*) observação da variável X_k; N (ou T) denotará o número total de observações ou valores da população; e n (ou t), o número total de observações de uma amostra. Por convenção, o subscrito i da observação será usado para dados de **corte transversal** (isto é, dados coletados em um ponto no tempo) e o subscrito t para os dados de **séries temporais** (isto é, dados coletados ao longo de um intervalo de tempo). A natureza dos dados de corte transversal e das séries temporais, bem como o importante tópico da natureza e das fontes de dados para a análise empírica, é examinada a seguir.

1.7 Natureza e fonte dos dados para a análise econômica[10]

O sucesso de qualquer análise econométrica depende, em última instância, da disponibilidade de dados adequados. Portanto é essencial dedicarmos algum tempo examinando a natureza, as fontes e as limitações dos dados que podem aparecer na análise empírica.

Tipos de dados

Três tipos de dados podem estar disponíveis para a análise empírica: dados de **séries temporais**, de **corte transversal** e **combinados** (isto é, a combinação de séries temporais com os dados de corte transversal).

Séries temporais

Os dados apresentados na Tabela 1.1 da Introdução são um exemplo de dados de séries temporais. Uma *série temporal* é um conjunto de observações dos valores que uma variável assume em diferentes momentos do tempo. Esses dados podem ser coletados a intervalos regulares, como **diariamente** (preços das ações, relatórios meteorológicos), **semanalmente** (informações sobre oferta de moeda), **mensalmente** (taxa de desemprego, índice de preços ao consumidor [IPC]), **trimestralmente** (PIB), **anualmente** (orçamento do governo), **quinquenalmente**, isto é, a cada cinco anos (censo industrial dos Estados Unidos), ou **decenalmente** (censo demográfico). Às vezes, os dados estão disponíveis em séries trimestrais e anuais, como no caso do PIB e das despesas de consumo. Com o advento dos computadores de alta velocidade, os dados agora podem ser coletados a intervalos extremamente curtos, como os relativos a preços das ações, obtidos de forma praticamente contínua (as chamadas *cotações em tempo real*).

Embora as séries temporais sejam muito usadas nos estudos econométricos, apresentam problemas especiais para o econometrista. Como veremos mais adiante nos capítulos sobre **econometria das séries temporais**, a maioria dos estudos empíricos embasados nesse tipo de dado pressupõe que a série temporal subjacente seja **estacionária**. Embora ainda seja muito cedo para apresentar o significado técnico preciso dessa característica, *de maneira geral, uma série é estacionária se sua média e variância não variam sistematicamente ao longo do tempo*. Para entender o que isso significa, considere a Figura 1.5, que ilustra o comportamento da oferta de moeda, no seu conceito de Ml, nos Estados Unidos de 1º de janeiro de 1959 a setembro de 1999. (Os dados numéricos são apresentados no Exercício 1.4.) Como podemos ver na figura, a oferta de moeda Ml mostra uma firme **tendência** ascendente, assim como uma variabilidade ao longo dos anos, sugerindo que a série temporal de Ml não é estacionaria.[11] Exploraremos este tópico por completo no Capítulo 21.

[10] Para um relato informativo, veja o livro de INTRILIGATOR, Michael D. *Econometric models, techniques and applications.* Englewood Cliffs, N. J.: Prentice Hall, 1978.

[11] Para melhor entendermos, dividimos os dados em quatro períodos: de janeiro de 1951 a dezembro de 1962, de janeiro de 1963 a dezembro de 1974; de janeiro de 1975 a dezembro de 1986; e de janeiro de 1987 a setembro de 1999. Os valores médios da oferta de moeda (e seus desvios padrão entre parênteses) foram de, respectivamente, 165,88 (23,27); 323,20 (72,66); 788,12 (195,43); e 1.099 (27,84), todos os dados em bilhões de dólares. Isso é uma indicação grosseira do fato de que a oferta de moeda não foi estacionária durante todo o período.

FIGURA 1.5
Oferta de moeda M1, nos Estados Unidos, janeiro de 1951 a setembro de 1999.

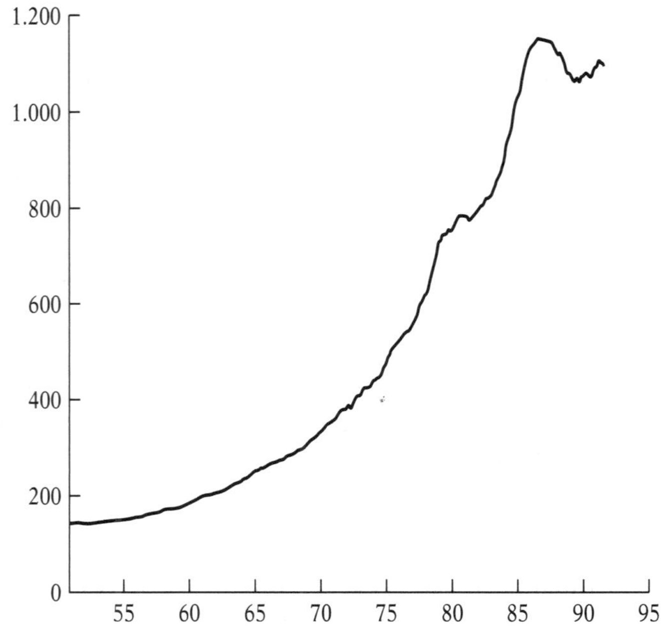

Dados em corte transversal

Estes são dados em que uma ou mais variáveis foram coletadas *no mesmo ponto do tempo,* como o censo demográfico que é feito a cada dez anos (o mais recente é de 2000), as pesquisas de despesas do consumidor conduzidas pela Universidade de Michigan e, naturalmente, as pesquisas de opinião feitas pelo Gallup e inúmeras outras organizações. A Tabela l.l apresenta um exemplo concreto de dados em corte transversal. Nela estão dados da produção e dos preços dos ovos nos 50 Estados americanos nos anos de 1990 e 1991.

Para cada ano, os dados dos 50 Estados são um corte transversal. Portanto, na Tabela 1.1 temos duas amostras em corte transversal.

Assim como as séries temporais têm problemas especiais (devido à questão do caráter estacionário), os dados em corte transversal também têm seus problemas, especificamente o da *heterogeneidade.* Nos dados da Tabela 1.1 podemos ver que alguns estados produzem uma imensa quantidade de ovos (por exemplo, a Pensilvânia) e outros, muito pouco (como o Alasca). Quando incluímos dados tão heterogêneos em uma análise estatística, o **efeito magnitude** ou **escala** deve ser levado em conta a fim de não misturarmos maçãs com laranjas. Para melhor entendermos, na Figura 1.6, plotamos os dados sobre ovos produzidos e seus preços nos 50 Estados no ano de 1990. Esta figura mostra como as observações estão dispersas. No Capítulo 11, veremos como o efeito escala pode ser um fator importante ao estimarmos relações entre variáveis econômicas.

Dados combinados

Nos dados combinados, há elementos tanto de séries temporais quanto de corte transversal. Nos dados da Tabela 1.1, há um exemplo de dados combinados. Para cada um dos anos, temos 50 observações de corte transversal e, para cada estado, duas observações de séries temporais de preços e quantidade de ovos, em um total de cem observações combinadas.

Do mesmo modo, os dados no Exercício 1.1 são dados combinados, pois o índice de Preços ao Consumidor (IPC) de cada país para o período 1980-2005 é uma série temporal, enquanto os dados do IPC para os sete países em um único ano são de corte transversal. Nos dados combinados, temos um total de 182 observações — 26 observações anuais para cada um dos sete países.

TABELA 1.1 Produção de ovos nos Estados Unidos

Estado	Y_1	Y_2	X_1	X_2	Estado	Y_1	Y_2	X_1	X_2
AL	2.206	2.186	92,7	91,4	MT	172	164	68,0	66,0
AK	0,7	0,7	151,0	149,0	NE	1.202	1.400	50,3	48,9
AZ	73	74	61,0	56,0	NV	2,2	1,8	53,9	52,7
AR	3.620	3.737	86,3	91,8	NH	43	49	109,0	104,0
CA	7.472	7.444	63,4	58,4	NJ	442	491	85,0	83,0
CO	788	873	77,8	73,0	NM	283	302	74,0	70,0
CT	1.029	948	106,0	104,0	NY	975	987	68,1	64,0
DE	168	164	117,0	113,0	NC	3.033	3.045	82,8	78,7
FL	2.586	2.537	62,0	57,2	ND	51	45	55,2	48,0
GA	4.302	4.301	80,6	80,8	OH	4.667	4.637	59,1	54,7
HI	227,5	224,5	85,0	85,5	OK	869	830	101,0	100,0
ID	187	203	79,1	72,9	OR	652	686	77,0	74,6
IL	793	809	65,0	70,5	PA	4.976	5.130	61,0	52,0
IN	5.445	5.290	62,7	60,1	RI	53	50	102,0	99,0
IA	2.151	2.247	56,5	53,0	SC	1.422	1.420	70,1	65,9
KS	404	389	54,5	47,8	SD	435	602	48,0	45,8
KY	412	483	67,7	73,5	TN	277	279	71,0	80,7
LA	273	254	115,0	115,0	TX	3.317	3.356	76,7	72,6
ME	1.069	1.070	101,0	97,0	UT	456	486	64,0	59,0
MD	885	898	76,6	75,4	VT	31	30	106,0	102,0
MA	235	237	105,0	102,0	VA	943	988	86,3	81,2
MI	1.406	1.396	58,0	53,8	WA	1.287	1.313	74,1	71,5
MN	2.499	2.697	57,7	54,0	WV	136	174	104,0	109,0
MS	1.434	1.468	87,8	86,7	WI	910	873	60,1	54,0
MO	1.580	1.622	55,4	51,5	WY	1,7	1,7	83,0	83,0

Nota: Y_1 = milhões de ovos produzidos em 1990.
Y_2 = milhões de ovos produzidos em 1991.
X_1 = preço dos ovos em 1990 (centavos de dólar por dúzia).
X_2 = preço dos ovos em 1991 (centavos de dólar por dúzia).
Fonte: *World Almanac,* 1993, p. 119. Os dados são do *Economic Research Service. U.S. Department of Agriculture.*

Dados em painel, longitudinais ou de micropainel

São um tipo especial de dados combinados nos quais a *mesma* unidade em corte transversal (por exemplo, uma família ou uma empresa) é pesquisada ao longo do tempo. Por exemplo, o Departamento de Comércio dos Estados Unidos realiza periodicamente um censo habitacional. Em cada levantamento, o mesmo domicílio (ou as pessoas que moram no mesmo endereço) é entrevistado para verificar se houve alguma alteração nas condições da residência e das finanças domiciliares desde o último levantamento. Ao entrevistarmos os mesmos domicílios periodicamente, os dados em painel proporcionam informações muito úteis sobre a dinâmica do seu comportamento, como veremos no Capítulo 16.

Como um exemplo concreto, considere os dados fornecidos na Tabela 1.2. Os dados da tabela, coletados originalmente por Y. Grunfeld, referem-se ao investimento, ao valor da empresa e ao estoque de capital reais de quatro empresas americanas – a saber: General Electric (GE), U.S. Steel (US),

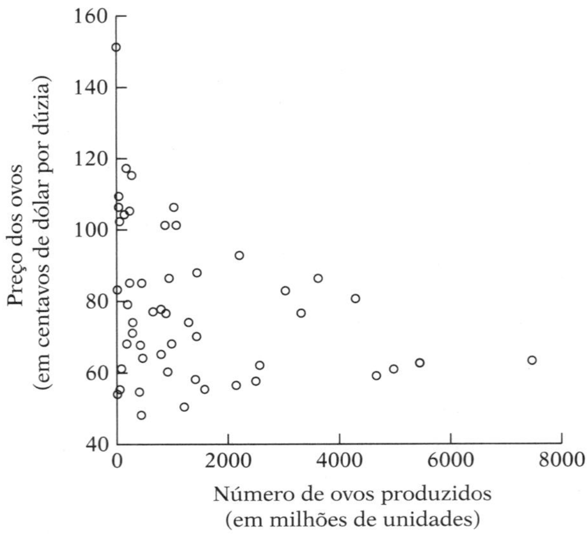

FIGURA 1.6
Relação entre quantidade e preços de ovos produzidos, 1990.

General Motors (GM) e Westinghouse (WEST) – para o período de 1935-1954.[12] Como os dados foram coletados para diversas empresas ao longo de um número de anos, este é um exemplo clássico de dados em painel. Nessa tabela, o número de observações para cada empresa é o mesmo, mas nem sempre é esse o caso. Se o número de observações for o mesmo para todas as empresas, teremos um **painel balanceado**; se o número de observações não for o mesmo para todas as empresas, teremos um **painel desbalanceado**. No Capítulo 16, "Modelos de regressão de dados em painel", examinaremos tais dados e mostraremos como estimar os modelos.

O propósito de Grunfeld ao coletar esses dados era verificar quanto o investimento bruto real (I) depende do valor real da empresa (F) no ano anterior e do estoque de capital real (C) no ano anterior. Como as empresas incluídas no exemplo operam no mesmo mercado de capital, ao estudá-las juntas, Grunfeld queria verificar se tinham as mesmas funções de investimento.

As fontes de dados[13]

Os dados utilizados para as análises empíricas podem ser coletados por órgãos do governo (por exemplo, Departamento de Comércio dos Estados Unidos), organismos internacionais (por exemplo, Fundo Monetário Internacional, FMI, ou o Banco Mundial), por organizações privadas (por exemplo, Standard & Poor's Corporation) ou por pessoas físicas. Há literalmente milhares dessas instituições coletando dados com diversas finalidades.

A Internet

A Internet causou uma verdadeira revolução na coleta de dados. Basta navegar na rede a partir de uma palavra-chave (como taxa de câmbio) que você será soterrado por todo tipo de fonte de dados. No **Apêndice E**, apresentamos uma seleção de sites frequentemente visitados que proporcionam dados econômicos e financeiros de todos os tipos. A maior parte dos dados pode ser baixada sem grande custo. Você pode incluir alguns desses sites que oferecem dados econômicos úteis em sua lista de favoritos.

Os dados coletados pelas várias instituições podem ser **experimentais** e **não experimentais**. Os experimentais referem-se, em geral, às ciências naturais e o pesquisador costuma coletá-los mantendo

[12] GRUNFELD, Y. The determinants of corporate investment. 1958. Tese (Doutorado) – Departmento de Economia da Universidade de Chicago, 1958. Trabalho não publicado. Esses dados se tornaram referência para ilustrar modelo de regressão de dados em painel.

[13] Para informações esclarecedoras, veja SOMERS, Albert T. *The U.S. economy demystified: What the major economic statistics mean and their significance for business.* Lexington, Mass.: D. C. Heath, 1985.

TABELA 1.2 Dados de investimentos para quatro empresas, 1935-1954

Observação	*I*	F_{-1}	C_{-1}	Observação	*I*	F_{-1}	C_{-1}
	GE				US		
1935	33,1	1170,6	97,8	1935	209,9	1362,4	53,8
1936	45,0	2015,8	104,4	1936	355,3	1807,1	50,5
1937	77,2	2803,3	118,0	1937	469,9	2673,3	118,1
1938	44,6	2039,7	156,2	1938	262,3	2039,7	260,2
1939	48,1	2256,2	172,6	1939	230,4	1957,3	312,7
1940	74,4	2132,2	186,6	1940	361,6	2202,9	254,2
1941	113,0	1834,1	220,9	1941	472,8	2380,5	261,4
1942	91,9	1588,0	287,8	1942	445,6	2168,6	298,7
1943	61,3	1749,4	319,9	1943	361,6	1985,1	301,8
1944	56,8	1687,2	321,3	1944	288,2	1813,9	279,1
1945	93,6	2007,7	319,6	1945	258,7	1850,2	213,8
1946	159,9	2208,3	346,0	1946	420,3	2067,7	232,6
1947	147,2	1656,7	456,4	1947	420,5	1796,7	264,8
1948	146,3	1604,4	543,4	1948	494,5	1625,8	306,9
1949	98,3	1431,8	618,3	1949	405,1	1667,0	351,1
1950	93,5	1610,5	647,4	1950	418,8	1677,4	357,8
1951	135,2	1819,4	671,3	1951	588,2	2289,5	341,1
1952	157,3	2079,7	726,1	1952	645,2	2159,4	444,2
1953	179,5	2371,6	800,3	1953	641,0	2031,3	623,6
1954	189,6	2759,9	888,9	1954	459,3	2115,5	669,7
	GM				WEST		
1935	317,6	3078,5	2,8	1935	12,93	191,5	1,8
1936	391,8	4661,7	52,6	1936	25,90	516,0	0,8
1937	410,6	5387,1	156,9	1937	35,05	729,0	7,4
1938	257,7	2792,2	209,2	1938	22,89	560,4	18,1
1939	330,8	4313,2	203,4	1939	18,84	519,9	23,5
1940	461,2	4643,9	207,2	1940	28,57	628,5	26,5
1941	512,0	4551,2	255,2	1941	48,51	537,1	36,2
1942	448,0	3244,1	303,7	1942	43,34	561,2	60,8
1943	499,6	4053,7	264,1	1943	37,02	617,2	84,4
1944	547,5	4379,3	201,6	1944	37,81	626,7	91,2
1945	561,2	4840,9	265,0	1945	39,27	737,2	92,4
1946	688,1	4900,0	402,2	1946	53,46	760,5	86,0
1947	568,9	3526,5	761,5	1947	55,56	581,4	111,1
1948	529,2	3245,7	922,4	1948	49,56	662,3	130,6
1949	555,1	3700,2	1020,1	1949	32,04	583,8	141,8
1950	642,9	3755,6	1099,0	1950	32,24	635,2	136,7
1951	755,9	4833,0	1207,7	1951	54,38	732,8	129,7
1952	891,2	4924,9	1430,5	1952	71,78	864,1	145,5
1953	1304,4	6241,7	1777,3	1953	90,08	1193,5	174,8
1954	1486,7	5593,6	2226,3	1954	68,60	1188,9	213,5

Notas: $Y = I$ = investimento bruto = adições à planta e equipamentos mais manutenção e reparos, em milhões de dólares deflacionados por P_1.

$X_2 = F$ = valor da empresa = preço das ações ordinárias e preferenciais em 31 de dezembro (ou preço médio em 31 de dezembro e 31 de janeiro do ano seguinte) multiplicado pelo número de ações preferenciais em circulação mais o valor presente total da dívida em 31 de dezembro, em milhões de dólares deflacionados por P_2.

$X_3 = C$ = estoque na planta e de equipamentos = soma acumulada das adições líquidas à planta e aos equipamentos deflacionadas por P_1 subtraída da provisão de depreciação deflacionada por P_3 nessas definições.

P_1 = deflator de preço implícito dos equipamentos duráveis do produtor (1947 = 100).

P_2 = deflator de preço implícito PIB (1947 = 100).

P_3 = deflator de despesas de depreciação = varição média em 10 anos do índice de preços no atacado dos metais e produtos metálicos (1947 = 100).

Fonte: reproduzido de VINOD, H. D.; ULLAH, Aman. *Recent advances in regression methods.* Nova York: Marcel Dekker, 1981. p. 259–261.

certos fatores constantes para avaliar o impacto de outros aspectos sobre o fenômeno. Por exemplo, para avaliar o impacto da obesidade sobre a pressão sanguínea, o pesquisador coletará dados para manter constantes os hábitos de alimentação, fumo e bebida das pessoas a fim de minimizar a influência dessas variáveis sobre a pressão sanguínea.

Nas ciências sociais, os dados encontrados em geral são de natureza não experimental, isto é, não são controlados pelo pesquisador.[14] Por exemplo, os dados relativos ao PIB, ao desemprego, aos preços das ações etc. não estão sob o controle direto do pesquisador. Como veremos, a falta de controle geralmente cria problemas para o pesquisador que busca a(s) causa(s) exata(s) que afeta(m) uma situação em particular. Por exemplo, é a oferta de moeda que determina o PIB (nominal) ou é o inverso?

A precisão dos dados[15]

Embora haja fartura de dados disponíveis para a pesquisa econômica, sua qualidade muitas vezes deixa a desejar. Há várias razões para tanto:

1. Como já foi mencionado, a maioria dos dados das ciências sociais são não experimentais por natureza. Portanto, há a possibilidade de ocorrerem erros de observação, sejam intencionais ou não.
2. Mesmo no caso dos dados experimentais, erros de medição surgem em decorrência de aproximações e arredondamentos.
3. Nos levantamentos feitos por meio de questionários, o problema da falta de respostas pode ser grave; o pesquisador terá sorte se conseguir que 40% dos questionários sejam respondidos. Análises embasadas nessas respostas parciais podem não refletir verdadeiramente o comportamento dos 60% que não responderam, levando assim ao que é conhecido como viés de seleção (da amostra). E há, ainda, o problema de que aqueles que respondem ao questionário não o fazem de forma completa, especialmente perguntas sobre tópicos financeiros delicados, levando a novo viés de seleção.
4. Os métodos de amostragem usados para a obtenção dos dados variam tanto que muitas vezes é difícil comparar os resultados obtidos em diversas amostras.
5. Os dados econômicos em geral são apresentados em um nível muito agregado. Por exemplo, a maior parte dos macrodados (por exemplo, PIB, emprego, inflação, desemprego) só estão disponíveis para a economia como um todo ou para algumas grandes regiões geográficas. Esses dados muito agregados pouco nos dizem sobre as microunidades individuais que podem ser o objetivo final do estudo.
6. Devido à confidencialidade, certos dados só são publicados em forma muito agregada. A Receita Federal, por exemplo, não pode por lei revelar dados sobre declarações individuais; só pode liberar alguns valores totais muito agregados. Quem deseja saber quanto as pessoas com dado nível de renda gastam com saúde, só pode verificar em nível muito agregado, mas essa macroanálise muitas vezes deixa de revelar a dinâmica do comportamento das microunidades. Do mesmo modo, o Departamento de Comércio, que conduz um censo das empresas a cada cinco anos, não pode revelar informações sobre produção, emprego, consumo de energia, gastos com pesquisa e desenvolvimento, etc. em nível de empresa. Portanto, é difícil estudar as diferenças entre empresas em relação a essas variáveis.

Como consequência desses e de muitos outros problemas, **o pesquisador sempre deve ter em mente que os resultados de sua pesquisa terão a mesma qualidade dos dados coletados**. Em certas situações, quando os pesquisadores concluem que os resultados de seu trabalho são "insatisfatórios", a causa pode não estar no uso do modelo errado, mas na má qualidade dos dados. Infelizmente, devido à natureza

[14] Nas ciências sociais às vezes também é possível fazer experimentos controlados. No Exercício 1.6, daremos um exemplo.

[15] Para uma revisão crítica, veja MORGENSTERN, O. *The accuracy of economic observations*. 2. ed. Princeton, N. J.: Princeton University Press, 1963.

não experimental dos dados usados na maior parte dos estudos das ciências sociais, os pesquisadores não têm outra opção senão depender daqueles disponíveis. Mas devem ter sempre em mente que os dados empregados podem não ser os melhores e devem procurar não ser muito dogmáticos quanto aos resultados obtidos em determinado estudo, especialmente quando a qualidade dos dados não é confiável.

Uma nota sobre as escalas de medição das variáveis[16]

As variáveis que geralmente encontramos enquadram-se em quatro categorias amplas: *escalas de razão, de intervalo, ordinal e nominal.* É importante entender o que cada uma delas representa.

Escala de razão

Dada uma variável X, que assume dois valores, X_1 e X_2, a razão X_1/X_2 e a distância $(X_2 - X_1)$ são quantidades significativas. Também há um ordenamento natural (ascendente ou descendente) dos valores ao longo da escala. Portanto, comparações como $X_2 \leq X_1$ ou $X_2 \geq X_1$ fazem sentido. A maioria das variáveis econômicas pertence a esta categoria. Faz sentido perguntar qual a diferença quantitativa entre o PIB deste ano e o do ano anterior. A renda pessoal, medida em dólares, é uma escala de razão. Alguém com um salário de $ 100 mil ganha duas vezes mais que alguém com um salário de $ 50 mil (sem o desconto dos impostos, é claro).

Escala de intervalo

A escala de intervalo atende às duas últimas propriedades da escala de razão, mas não à primeira. A distância entre dois períodos de tempo, por exemplo (2000-1995), é significativa, mas não a razão entre eles (2000/1995). Às 11 horas (horário local) de 11 de agosto de 2007, a cidade de Portland, em Oregon, registrava uma temperatura de 60°F enquanto que Talahasse, na Flórida, chegou a 90°F. A temperatura não é medida em uma escala de razão, pois não faz sentido afirmar que Talahasse estava 50% mais quente que Portland. Isso se deve principalmente ao fato de que a escala Fahrenheit não usa 0 grau como uma base natural.

Escala ordinal

Uma variável se enquadra nesta categoria apenas se satisfaz à terceira propriedade da escala de razão (isto é, o ordenamento natural). Como exemplos, podemos citar os sistemas de avaliação de alunos (conceitos A, B, C) ou as classes de renda (alta, média, baixa). No caso dessas variáveis, há um ordenamento, mas a distância entre as categorias não pode ser quantificada. Os estudantes de economia irão recordar-se das *curvas de indiferença* entre dois bens, em que cada curva mais elevada indica um nível mais alto de utilidade, mas não se pode quantificar quanto uma curva de indiferença é superior a outras.

Escala nominal

As variáveis desta categoria não têm nenhuma das características das variáveis da escala de razão. Variáveis como gênero (feminino, masculino) e estado civil (solteiro, casado, divorciado, separado) apenas denotam categorias. Pergunta: por que essas variáveis não podem ser expressas em nenhuma das escalas anteriores?

Como veremos, as técnicas econométricas que podem ser adequadas a variáveis com escala de razão podem não ser para as variáveis com escala nominal. É importante ter em mente os quatro tipos de escalas de medida descritas acima.

Resumo e conclusões

1. A ideia principal por trás da análise de regressão é a dependência estatística de uma variável, a dependente, a uma ou mais variáveis, as explanatórias.
2. O objetivo dessa análise é estimar e/ou prever o valor médio da variável dependente com base no valor conhecido ou fixado das variáveis explanatórias.

[16] As considerações a seguir baseiam-se em SPANOS, Aris. *Probability theory and statistical inference: econometric modeling with observational data.* Nova York: Cambridge University Press, 1999. p. 24.

3. Na prática, o sucesso da análise de regressão depende da disponibilidade de dados adequados. Este capítulo discutiu a natureza, as fontes e as limitações dos dados que em geral estão disponíveis para as pesquisas, especialmente no campo das ciências sociais.
4. Em qualquer pesquisa, o pesquisador deve explicitar claramente as fontes dos dados usados na análise, suas definições, seus métodos de coleta e quaisquer lacunas ou omissões nos dados, bem como quaisquer revisões realizadas. Não devemos esquecer que os dados macroeconômicos publicados pelo governo são revistos frequentemente.
5. Como o leitor pode não ter tempo, energia ou recursos para confirmar os dados, ele tem o direito de acreditar que os dados usados pelo pesquisador foram coletados de forma adequada e que os cálculos e análises estão corretos.

EXERCÍCIOS

1.1. A Tabela 1.3 apresenta dados relativos ao Índice de Preços ao Consumidor (IPC) de sete países industrializados. A base do índice é 1982–1984 = 100.

TABELA 1.3
IPC em sete países industrializados, 1980 – 2005 (1982 – 1984 = 100)

Fonte: *Economic Report of the President*, 2007, Tabela 108, p. 354.

Ano	EUA	Canadá	Japão	França	Alemanha	Itália	Reino Unido
1980	82,4	76,1	91,0	72,2	86,7	63,9	78,5
1981	90,9	85,6	95,3	81,8	92,2	75,5	87,9
1982	96,5	94,9	98,1	91,7	97,0	87,8	95,4
1983	99,6	100,4	99,8	100,3	100,3	100,8	99,8
1984	103,9	104,7	102,1	108,0	102,7	111,4	104,8
1985	107,6	109,0	104,2	114,3	104,8	121,7	111,1
1986	109,6	113,5	104,9	117,2	104,6	128,9	114,9
1987	113,6	118,4	104,9	121,1	104,9	135,1	119,7
1988	118,3	123,2	105,6	124,3	106,3	141,9	125,6
1989	124,0	129,3	108,0	128,7	109,2	150,7	135,4
1990	130,7	135,5	111,4	132,9	112,2	160,4	148,2
1991	136,2	143,1	115,0	137,2	116,3	170,5	156,9
1992	140,3	145,3	117,0	140,4	122,2	179,5	162,7
1993	144,5	147,9	118,5	143,4	127,6	187,7	165,3
1994	148,2	148,2	119,3	145,8	131,1	195,3	169,3
1995	152,4	151,4	119,2	148,4	133,3	205,6	175,2
1996	156,9	153,8	119,3	151,4	135,3	213,8	179,4
1997	160,5	156,3	121,5	153,2	137,8	218,2	185,1
1998	163,0	157,8	122,2	154,2	139,1	222,5	191,4
1999	166,6	160,5	121,8	155,0	140,0	226,2	194,3
2000	172,2	164,9	121,0	157,6	142,0	231,9	200,1
2001	177,1	169,1	120,1	160,2	144,8	238,3	203,6
2002	179,9	172,9	119,0	163,3	146,7	244,3	207,0
2003	184,0	177,7	118,7	166,7	148,3	250,8	213,0
2004	188,9	181,0	118,7	170,3	150,8	256,3	219,4
2005	195,3	184,9	118,3	173,2	153,7	261,3	225,6

a. Com base nos dados fornecidos, calcule a taxa de inflação de cada país.[17]

b. Represente graficamente a taxa de inflação de cada país em relação ao tempo (isto é, use o eixo horizontal para o tempo e o eixo vertical para a taxa de inflação).

c. Que conclusões gerais é possível tirar sobre a evolução da inflação nos sete países?

d. Em que país a taxa de inflação parece ser a mais flutuante? Há alguma explicação para isso?

1.2. *a.* Usando a Tabela 1.3, represente as taxas de inflação do Canadá, França, Alemanha, Itália, Japão e Reino Unido em relação à taxa de inflação dos Estados Unidos.

b. Faça um comentário geral sobre o comportamento das taxas de inflação dos seis países em relação à inflação dos Estados Unidos.

c. Se você constatar que as taxas de inflação dos seis países evoluem no mesmo sentido que a dos Estados Unidos, isso sugere que a inflação dos Estados Unidos "causa" inflação nos outros países? Justifique.

1.3. A Tabela 1.4 apresenta as taxas de câmbio em sete países industrializados, no período 1985-2006. Exceto no caso do Reino Unido, as taxas de câmbio estão definidas como unidades de moeda estrangeira por um dólar; no caso do Reino Unido, a taxa de câmbio é dada como o número de dólares por uma libra esterlina.

TABELA 1.4 Taxa de câmbio de nove países: 1985–2006

Ano	Austrália	Canadá	China	Japão	México	Coreia do Sul	Suécia	Suíça	Reino Unido
1985	0,7003	1,3659	2,9434	238,47	0,257	872,45	8,6032	2,4552	1,2974
1986	0,6709	1,3896	3,4616	168,35	0,612	884,60	7,1273	1,7979	1,4677
1987	0,7014	1,3259	3,7314	144,60	1,378	826,16	6,3469	1,4918	1,6398
1988	0,7841	1,2306	3,7314	128,17	2,273	734,52	6,1370	1,4643	1,7813
1989	0,7919	1,1842	3,7673	138,07	2,461	674,13	6,4559	1,6369	1,6382
1990	0,7807	1,1668	4,7921	145,00	2,813	710,64	5,9231	1,3901	1,7841
1991	0,7787	1,1460	5,3337	134,59	3,018	736,73	6,0521	1,4356	1,7674
1992	0,7352	1,2085	5,5206	126,78	3,095	784,66	5,8258	1,4064	1,7663
1993	0,6799	1,2902	5,7795	111,08	3,116	805,75	7,7956	1,4781	1,5016
1994	0,7316	1,3664	8,6397	102,18	3,385	806,93	7,7161	1,3667	1,5319
1995	0,7407	1,3725	8,3700	93,96	6,447	772,69	7,1406	1,1812	1,5785
1996	0,7828	1,3638	8,3389	108,78	7,600	805,00	6,7082	1,2361	1,5607
1997	0,7437	1,3849	8,3193	121,06	7,918	953,19	7,6446	1,4514	1,6376
1998	0,6291	1,4836	8,3008	130,99	9,152	1.400,40	7,9522	1,4506	1,6573
1999	0,6454	1,4858	8,2783	113,73	9,553	1.189,84	8,2740	1,5045	1,6172
2000	0,5815	1,4855	8,2784	107,80	9,459	1.130,90	9,1735	1,6904	1,5156
2001	0,5169	1,5487	8,2770	121,57	9,337	1.292,02	10,3425	1,6891	1,4396
2002	0,5437	1,5704	8,2771	125,22	9,663	1.250,31	9,7233	1,5567	1,5025
2003	0,6524	1,4008	8,2772	115,94	10,793	1.192,08	8,0787	1,3450	1,6347
2004	0,7365	1,3017	8,2768	108,15	11,290	1.145,24	7,3480	1,2428	1,8330
2005	0,7627	1,2115	8,1936	110,11	10,894	1.023,75	7,4710	1,2459	1,8204
2006	0,7535	1,1340	7,9723	116,31	10,906	954,32	7,3718	1,2532	1,8434

Fonte: *Economic Report of The President*, 2007, Table B-110, p. 356.

[17] Subtraia do IPC do ano corrente o IPC do ano anterior, divida a diferença pelo IPC do ano anterior e multiplique o resultado por 100. Assim, a taxa de inflação do Canadá em 1981 foi de [(85,6 – 76,1)/76,1] x 100 = 12,48%, aproximadamente.

a. Represente graficamente a evolução das taxas de câmbio ao longo do tempo e comente sobre o comportamento geral dessa evolução.

b. Diz-se que o dólar *apreciou-se* quando pode comprar mais unidades de moeda estrangeira. Opostamente, diz-se que se *depreciou* quando compra menos unidades da moeda estrangeira. No período 1985–2006, qual foi o comportamento geral do dólar dos Estados Unidos? Aproveite para pesquisar em algum livro de macroeconomia ou de economia internacional os fatores que determinam a apreciação ou depreciação de uma moeda.

1.4. A Tabela 1.5 apresenta os dados relativos à oferta monetária, no conceito de M1, que aparecem na Figura 1.5. Você poderia apresentar razões para o aumento da oferta de moeda no período considerado?

TABELA 1.5

Oferta monetária ajustada, no conceito de M1: janeiro de 1959 a julho de 1999 (em bilhões de dólares)

Fonte: Board of Governors, Federal Reserve Bank, Estados Unidos.

1959:01	138,8900	139,3900	139,7400	139,6900	140,6800	141,1700
1959:07	141,7000	141,9000	141,0100	140,4700	140,3800	139,9500
1960:01	139,9800	139,8700	139,7500	139,5600	139,6100	139,5800
1960:07	140,1800	141,3100	141,1800	140,9200	140,8600	140,6900
1961:01	141,0600	141,6000	141,8700	142,1300	142,6600	142,8800
1961:07	142,9200	143,4900	143,7800	144,1400	144,7600	145,2000
1962:01	145,2400	145,6600	145,9600	146,4000	146,8400	146,5800
1962:07	146,4600	146,5700	146,3000	146,7100	147,2900	147,8200
1963:01	148,2600	148,9000	149,1700	149,7000	150,3900	150,4300
1963:07	151,3400	151,7800	151,9800	152,5500	153,6500	153,2900
1964:01	153,7400	154,3100	154,4800	154,7700	155,3300	155,6200
1964:07	156,8000	157,8200	158,7500	159,2400	159,9600	160,3000
1965:01	160,7100	160,9400	161,4700	162,0300	161,7000	162,1900
1965:07	163,0500	163,6800	164,8500	165,9700	166,7100	167,8500
1966:01	169,0800	169,6200	170,5100	171,8100	171,3300	171,5700
1966:07	170,3100	170,8100	171,9700	171,1600	171,3800	172,0300
1967:01	171,8600	172,9900	174,8100	174,1700	175,6800	177,0200
1967:07	178,1300	179,7100	180,6800	181,6400	182,3800	183,2600
1968:01	184,3300	184,7100	185,4700	186,6000	187,9900	189,4200
1968:07	190,4900	191,8400	192,7400	194,0200	196,0200	197,4100
1969:01	198,6900	199,3500	200,0200	200,7100	200,8100	201,2700
1969:07	201,6600	201,7300	202,1000	202,9000	203,5700	203,8800
1970:01	206,2200	205,0000	205,7500	206,7200	207,2200	207,5400
1970:07	207,9800	209,9300	211,8000	212,8800	213,6600	214,4100
1971:01	215,5400	217,4200	218,7700	220,0000	222,0200	223,4500
1971:07	224,8500	225,5800	226,4700	227,1600	227,7600	228,3200
1972:01	230,0900	232,3200	234,3000	235,5800	235,8900	236,6200
1972:07	238,7900	240,9300	243,1800	245,0200	246,4100	249,2500
1973:01	251,4700	252,1500	251,6700	252,7400	254,8900	256,6900
1973:07	257,5400	257,7600	257,8600	259,0400	260,9800	262,8800
1974:01	263,7600	265,3100	266,6800	267,2000	267,5600	268,4400
1974:07	269,2700	270,1200	271,0500	272,3500	273,7100	274,2000
1975:01	273,9000	275,0000	276,4200	276,1700	279,2000	282,4300
1975:07	283,6800	284,1500	285,6900	285,3900	286,8300	287,0700
1976:01	288,4200	290,7600	292,7000	294,6600	295,9300	296,1600
1976:07	297,2000	299,0500	299,6700	302,0400	303,5900	306,2500

(*Continua*)

TABELA 1.5
(*Continuação*)

1977:01	308,2600	311,5400	313,9400	316,0200	317,1900	318,7100
1977:07	320,1900	322,2700	324,4800	326,4000	328,6400	330,8700
1978:01	334,4000	335,3000	336,9600	339,9200	344,8600	346,8000
1978:07	347,6300	349,6600	352,2600	353,3500	355,4100	357,2800
1979:01	358,6000	359,9100	362,4500	368,0500	369,5900	373,3400
1959:01	138,8900	139,3900	139,7400	139,6900	140,6800	141,1700
1959:07	141,7000	141,9000	141,0100	140,4700	140,3800	139,9500
1960:01	139,9800	139,8700	139,7500	139,5600	139,6100	139,5800
1960:07	140,1800	141,3100	141,1800	140,9200	140,8600	140,6900
1961:01	141,0600	141,6000	141,8700	142,1300	142,6600	142,8800
1961:07	142,9200	143,4900	143,7800	144,1400	144,7600	145,2000
1962:01	145,2400	145,6600	145,9600	146,4000	146,8400	146,5800
1962:07	146,4600	146,5700	146,3000	146,7100	147,2900	147,8200
1963:01	148,2600	148,9000	149,1700	149,7000	150,3900	150,4300
1963:07	151,3400	151,7800	151,9800	152,5500	153,6500	153,2900
1964:01	153,7400	154,3100	154,4800	154,7700	155,3300	155,6200
1964:07	156,8000	157,8200	158,7500	159,2400	159,9600	160,3000
1965:01	160,7100	160,9400	161,4700	162,0300	161,7000	162,1900
1965:07	163,0500	163,6800	164,8500	165,9700	166,7100	167,8500
1966:01	169,0800	169,6200	170,5100	171,8100	171,3300	171,5700
1966:07	170,3100	170,8100	171,9700	171,1600	171,3800	172,0300
1967:01	171,8600	172,9900	174,8100	174,1700	175,6800	177,0200
1967:07	178,1300	179,7100	180,6800	181,6400	182,3800	183,2600
1968:01	184,3300	184,7100	185,4700	186,6000	187,9900	189,4200
1968:07	190,4900	191,8400	192,7400	194,0200	196,0200	197,4100
1969:01	198,6900	199,3500	200,0200	200,7100	200,8100	201,2700
1969:07	201,6600	201,7300	202,1000	202,9000	203,5700	203,8800
1970:01	206,2200	205,0000	205,7500	206,7200	207,2200	207,5400
1970:07	207,9800	209,9300	211,8000	212,8800	213,6600	214,4100
1971:01	215,5400	217,4200	218,7700	220,0000	222,0200	223,4500
1971:07	224,8500	225,5800	226,4700	227,1600	227,7600	228,3200
1972:01	230,0900	232,3200	234,3000	235,5800	235,8900	236,6200
1972:07	238,7900	240,9300	243,1800	245,0200	246,4100	249,2500
1973:01	251,4700	252,1500	251,6700	252,7400	254,8900	256,6900
1973:07	257,5400	257,7600	257,8600	259,0400	260,9800	262,8800
1974:01	263,7600	265,3100	266,6800	267,2000	267,5600	268,4400
1974:07	269,2700	270,1200	271,0500	272,3500	273,7100	274,2000
1975:01	273,9000	275,0000	276,4200	276,1700	279,2000	282,4300
1975:07	283,6800	284,1500	285,6900	285,3900	286,8300	287,0700
1976:01	288,4200	290,7600	292,7000	294,6600	295,9300	296,1600
1976:07	297,2000	299,0500	299,6700	302,0400	303,5900	306,2500

(*Continua*)

TABELA 1.5
(*Continuação*)

1977:01	308,2600	311,5400	313,9400	316,0200	317,1900	318,7100
1977:07	320,1900	322,2700	324,4800	326,4000	328,6400	330,8700
1978:01	334,4000	335,3000	336,9600	339,9200	344,8600	346,8000
1978:07	347,6300	349,6600	352,2600	353,3500	355,4100	357,2800
1979:01	358,6000	359,9100	362,4500	368,0500	369,5900	373,3400
1979:07	377,2100	378,8200	379,2800	380,8700	380,8100	381,7700
1980:01	385,8500	389,7000	388,1300	383,4400	384,6000	389,4600
1980:07	394,9100	400,0600	405,3600	409,0600	410,3700	408,0600
1981:01	410,8300	414,3800	418,6900	427,0600	424,4300	425,5000
1981:07	427,9000	427,8500	427,4600	428,4500	430,8800	436,1700
1982:01	442,1300	441,4900	442,3700	446,7800	446,5300	447,8900
1982:07	449,0900	452,4900	457,5000	464,5700	471,1200	474,3000
1983:01	476,6800	483,8500	490,1800	492,7700	499,7800	504,3500
1983:07	508,9600	511,6000	513,4100	517,2100	518,5300	520,7900
1984:01	524,4000	526,9900	530,7800	534,0300	536,5900	540,5400
1984:07	542,1300	542,3900	543,8600	543,8700	547,3200	551,1900
1985:01	555,6600	562,4800	565,7400	569,5500	575,0700	583,1700
1985:07	590,8200	598,0600	604,4700	607,9100	611,8300	619,3600
1986:01	620,4000	624,1400	632,8100	640,3500	652,0100	661,5200
1986:07	672,2000	680,7700	688,5100	695,2600	705,2400	724,2800
1987:01	729,3400	729,8400	733,0100	743,3900	746,0000	743,7200
1987:07	744,9600	746,9600	748,6600	756,5000	752,8300	749,6800
1988:01	755,5500	757,0700	761,1800	767,5700	771,6800	779,1000
1988:07	783,4000	785,0800	784,8200	783,6300	784,4600	786,2600
1989:01	784,9200	783,4000	782,7400	778,8200	774,7900	774,2200
1989:07	779,7100	781,1400	782,2000	787,0500	787,9500	792,5700
1990:01	794,9300	797,6500	801,2500	806,2400	804,3600	810,3300
1990:07	811,8000	817,8500	821,8300	820,3000	822,0600	824,5600
1991:01	826,7300	832,4000	838,6200	842,7300	848,9600	858,3300
1991:07	862,9500	868,6500	871,5600	878,4000	887,9500	896,7000
1992:01	910,4900	925,1300	936,0000	943,8900	950,7800	954,7100
1992:07	964,6000	975,7100	988,8400	1004,340	1016,040	1024,450
1993:01	1030,900	1033,150	1037,990	1047,470	1066,220	1075,610
1993:07	1085,880	1095,560	1105,430	1113,800	1123,900	1129,310
1994:01	1132,200	1136,130	1139,910	1141,420	1142,850	1145,650
1994:07	1151,490	1151,390	1152,440	1150,410	1150,440	1149,750
1995:01	1150,640	1146,740	1146,520	1149,480	1144,650	1144,240
1995:07	1146,500	1146,100	1142,270	1136,430	1133,550	1126,730
1996:01	1122,580	1117,530	1122,590	1124,520	1116,300	1115,470
1996:07	1112,340	1102,180	1095,610	1082,560	1080,490	1081,340
1997:01	1080,520	1076,200	1072,420	1067,450	1063,370	1065,990

(*Continua*)

TABELA 1.5
(*Continuação*)

1997:07	1067,570	1072,080	1064,820	1062,060	1067,530	1074,870
1998:01	1073,810	1076,020	1080,650	1082,090	1078,170	1077,780
1998:07	1075,370	1072,210	1074,650	1080,400	1088,960	1093,350
1999:01	1091,000	1092,650	1102,010	1108,400	1104,750	1101,110
1999:07	1099,530	1102,400	1093,460			

1.5. Suponha que você quisesse desenvolver um modelo econômico de atividades criminosas, como as horas gastas nessas atividades (por exemplo, a venda de drogas ilegais). Que variáveis consideraria? Verifique se seu modelo combina com o desenvolvido pelo economista ganhador do Nobel Gary Becker.[18]

1.6. *Experimentos controlados de economia:* em 7 de abril de 2000, o presidente Clinton sancionou uma lei aprovada pelo Congresso que eliminava as restrições aos ganhos dos beneficiários da Previdência Social. Até então, os beneficiários com idade entre 65 e 69 anos que ganhassem mais de $ 17 mil ao ano perderiam o equivalente a $ 1 do benefício para cada $ 3 ganhos além daqueles $ 17 mil. Como você conceberia um estudo visando avaliar o impacto dessa mudança legal? *Nota:* na lei antiga, não havia nenhuma limitação de renda para os beneficiários com mais de 70 anos.

1.7. Os dados apresentados na Tabela 1.6 foram divulgados na edição do *The Wall Street Journal* de 1º de março de 1984. Relacionam o orçamento de publicidade (em milhões de dólares) de

TABELA 1.6
Impacto das despesas com publicidade

Fonte: Disponível em: http://lib.start.cmu. edu/DASL/Datafiles/tvadsdat.html.

Empresa	Impressão (em milhões)	Despesas (em milhões de dólares de 1983)
1. Miller Lite	32,1	50,1
2. Pepsi	99,6	74,1
3. Stroh's	11,7	19,3
4. Fed'l Express	21,9	22,9
5. Burger King	60,8	82,4
6. Coca Cola	78,6	40,1
7. McDonald's	92,4	185,9
8. MCI	50,7	26,9
9. Diet Cola	21,4	20,4
10. Ford	40,1	166,2
11. Levi's	40,8	27,0
12. Bud Lite	10,4	45,6
13. ATT/Bell	88,9	154,9
14. Calvin Klein	12,0	5,0
15. Wendy's	29,2	49,7
16. Polaroid	38,0	26,9
17. Shasta	10,0	5,7
18. Meow Mix	12,3	7,6
19. Oscar Meyer	23,4	9,2
20. Crest	71,1	32,4
21. Kibbles 'N Bits	4,4	6,1

[18] BECKER, G. S. "Crime and punishment: an economic approach". *Journal of Political Economy,* 1968. v. 76, p. 169-217.

21 empresas em 1983 com as impressões retidas, semanalmente, pelos que viram os produtos anunciados por essas empresas. Os dados foram obtidos em uma pesquisa realizada com 4 mil adultos, em que foi pedido aos usuários dos produtos que citassem um comercial da categoria do produto que tivessem assistido na semana anterior.

a. Trace um gráfico com as impressões no eixo vertical e os gastos com publicidade no eixo horizontal.

b. O que você poderia dizer sobre a natureza da relação entre as duas variáveis?

c. Examinando o gráfico, você acha que vale a pena anunciar? Pense em todos os comerciais veiculados em finais de campeonatos de esportes ou no horário nobre.

Nota: nos próximos capítulos exploraremos mais os dados da Tabela 1.6.

Capítulo 2

Análise de regressão com duas variáveis: algumas ideias básicas

No Capítulo l, examinamos o conceito de regressão em termos gerais. Neste, trataremos o assunto de maneira mais formal. Especificamente, aqui e nos três capítulos seguintes, apresentaremos ao leitor a teoria que fundamenta a análise de regressão mais simples possível, isto é, a regressão **bivariada**, ou com **duas variáveis**, na qual a variável dependente (regressando) se relaciona a uma única variável explanatória (regressor). Esse caso é considerado primeiro, não por ser mais prático, mas porque apresenta as ideias fundamentais da análise de regressão da maneira mais simples possível e alguns desses conceitos podem ser ilustrados com gráficos bidimensionais. Além disso, como veremos, a análise de regressão ***múltipla***, mais geral, em que o regressando se relaciona a um ou mais regressores é, sob muitos aspectos, uma extensão lógica do caso de duas variáveis.

2.1 Um exemplo hipotético[1]

Como observado na Seção 1.2, a análise de regressão trata, em grande parte, da estimação e/ou previsão do valor médio (para a população) da variável dependente com base nos valores conhecidos, ou fixados, da variável explanatória.[2] Para melhor entender, considere os dados da Tabela 2.1. Eles se referem a uma **população** total de 60 famílias de uma comunidade hipotética e sua renda (X) e despesas de consumo (Y) semanais, ambas medidas em dólares. As 60 famílias foram divididas em dez grupos de renda (de $ 80 a $ 260) e as despesas semanais de cada família nos vários grupos são apresentadas na tabela. Portanto, temos dez valores *fixados* de X e os valores correspondentes de Y para cada um dos valores de X. Então, podemos dizer que há dez subpopulações de Y.

Existe uma variação considerável nas despesas de consumo semanais dentro de cada grupo de renda, o que pode ser visto claramente na Figura 2.1. Mas de modo geral observa-se que, a despeito da variabilidade dos gastos semanais de consumo em cada classe de renda, as despesas aumentam, *em média,* com o aumento da renda. Para facilitarmos o entendimento, na Tabela 2.1 apresentamos o gasto de consumo médio de cada uma das dez classes de renda. Para um nível de renda semanal de $ 80, as despesas de consumo médias são de $ 65, enquanto, para um nível de renda de $ 200, são de $ 137. Ao todo, temos dez valores médios para as dez subpopulações de Y. Chamamos esses valores médios de **valores esperados condicionais**, pois dependem dos valores dados da variável condicionante X.

[1] O leitor que considera seus conhecimentos estatísticos um tanto enferrujados pode atualizá-los com a leitura do **Apêndice A** estatístico antes de ler este capítulo.

[2] O valor esperado, ou esperança, ou média populacional de uma variável aleatória Y é denotado pelo símbolo $E(Y)$. Por outro lado, o valor médio calculado com base nos valores de uma amostra da população Y é representado como $\bar{Y}$, que se lê como "Y barra".

Simbolicamente, são denotados como $E(Y/X)$, que se lê como "valor esperado de Y dado o valor de X" (veja também a Tabela 2.2).

É importante distinguir esses valores esperados condicionais dos **valores esperados incondicionais** das despesas semanais de consumo, $E(Y)$. Se somarmos as despesas de consumo semanais das 60 famílias da *população* e dividirmos esse total por 60, obteremos o número $ 121,20 ($ 7.272/60), que é a média incondicional, ou esperada, das despesas de consumo semanais, $E(Y)$; é incondicional no sentido de que, para chegar a esse total, desconsideramos a classe de renda das várias famílias.[3] Obviamente, os diversos valores esperados condicionais de Y fornecidos na Tabela 2.1 são diferentes do valor esperado incondicional de Y, $ 121,20. Quando perguntamos: "Qual o *valor esperado* das despesas de consumo semanais médias de uma família?", obtemos a resposta $ 121,20 (a média incondicional). Mas se perguntarmos: "Qual o *valor esperado* das despesas de consumo semanais de uma família cuja renda mensal é de $ 140?", a resposta será $ 101 (a média condicional). Em outras palavras, se perguntássemos: "Qual a melhor previsão (média) das despesas semanais de famílias com uma renda semanal de $ 140?", a resposta seria $ 101. Conhecer a classe de renda pode nos permitir prever melhor o valor médio das despesas de consumo do que se não tivermos esse dado.[4] Esta, provavelmente, é a essência da análise de regressão, como descobriremos ao longo do livro.

TABELA 2.1
Renda familiar semanal, X, em $

$Y \downarrow$ / $X \rightarrow$	80	100	120	140	160	180	200	220	240	260
Despesas de consumo semanais das famílias, Y, em $	55	65	79	80	102	110	120	135	137	150
	60	70	84	93	107	115	136	137	145	152
	65	74	90	95	110	120	140	140	155	175
	70	80	94	103	116	130	144	152	165	178
	75	85	98	108	118	135	145	157	175	180
	–	88	–	113	125	140	–	160	189	185
	–	–	–	115	–	–	–	162	–	191
Total	325	462	445	707	678	750	685	1043	966	1211
Médias condicionais de Y, $E(Y\|X)$	65	77	89	101	113	125	137	149	161	173

FIGURA 2.1
Distribuição condicional das despesas para vários níveis de renda (dados da Tabela 2.1).

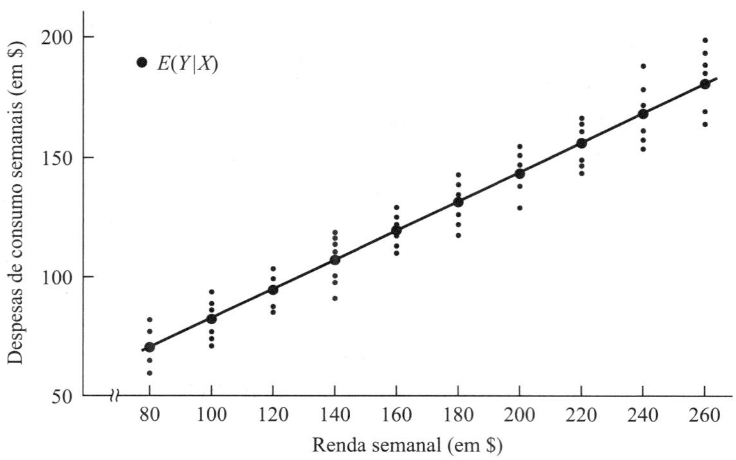

[3] Conforme mostrado no **Apêndice A**, em geral, os valores das médias condicionais e incondicionais são diferentes.

[4] Devo a James Davidson esta perspectiva. Veja DAVIDSON, James. *Econometric theory.* Oxford, R. U.: Blackwell Publishers, 2000. p. 11.

TABELA 2.2
Probabilidades condicionais $p(Y \mid X_i)$ dos dados da Tabela 2.1

$p(Y \mid X_i)$ ↓ \ X→	80	100	120	140	160	180	200	220	240	260
Probabilidades condicionais $p(Y \mid X_i)$	$\frac{1}{5}$	$\frac{1}{6}$	$\frac{1}{5}$	$\frac{1}{7}$	$\frac{1}{6}$	$\frac{1}{6}$	$\frac{1}{5}$	$\frac{1}{7}$	$\frac{1}{6}$	$\frac{1}{7}$
	$\frac{1}{5}$	$\frac{1}{6}$	$\frac{1}{5}$	$\frac{1}{7}$	$\frac{1}{6}$	$\frac{1}{6}$	$\frac{1}{5}$	$\frac{1}{7}$	$\frac{1}{6}$	$\frac{1}{7}$
	$\frac{1}{5}$	$\frac{1}{6}$	$\frac{1}{5}$	$\frac{1}{7}$	$\frac{1}{6}$	$\frac{1}{6}$	$\frac{1}{5}$	$\frac{1}{7}$	$\frac{1}{6}$	$\frac{1}{7}$
	$\frac{1}{5}$	$\frac{1}{6}$	$\frac{1}{5}$	$\frac{1}{7}$	$\frac{1}{6}$	$\frac{1}{6}$	$\frac{1}{5}$	$\frac{1}{7}$	$\frac{1}{6}$	$\frac{1}{7}$
	$\frac{1}{5}$	$\frac{1}{6}$	$\frac{1}{5}$	$\frac{1}{7}$	$\frac{1}{6}$	$\frac{1}{6}$	$\frac{1}{5}$	$\frac{1}{7}$	$\frac{1}{6}$	$\frac{1}{7}$
	–	$\frac{1}{6}$	–	$\frac{1}{7}$	$\frac{1}{6}$	$\frac{1}{6}$	–	$\frac{1}{7}$	$\frac{1}{6}$	$\frac{1}{7}$
	–	–	–	$\frac{1}{7}$	–	–	–	$\frac{1}{7}$	–	$\frac{1}{7}$
Média condicional de Y	65	77	89	101	113	125	137	149	161	173

Na Figura 2.1, os pontos pretos circulados mostram os valores médios condicionais de Y para os diversos valores de X. Se unirmos os valores médios condicionais obteremos o que é conhecido como **linha de regressão populacional (LRP)** ou, de modo mais geral, a **curva de regressão populacional**[5]. Simplificando, é a **regressão de Y contra X**. O qualificativo "populacional" expressa o fato de que neste exemplo estamos lidando com toda a população de 60 famílias. Na realidade, uma população tem muito mais famílias.

Em termos geométricos, uma curva de regressão populacional é apenas o local geométrico das médias condicionais da variável dependente para os valores fixados da(s) variável(is) explanatória(s). De modo mais simples, é a curva que conecta as médias das subpopulações de Y correspondentes aos valores dados do regressor X. A Figura 2.2 ilustra a definição.

Essa figura mostra que, para cada X (isto é, nível de renda), há uma população de valores de Y (despesas de consumo semanais) que se espalham em torno da média (condicional) desses valores de Y. Para simplificarmos, pressupomos que esses valores de Y distribuem-se simetricamente em torno de seus respectivos valores médios (condicionais) e que a linha (ou curva) passa por esses valores médios (condicionais).

FIGURA 2.2
Linha de regressão populacional (dados da Tabela 2.1).

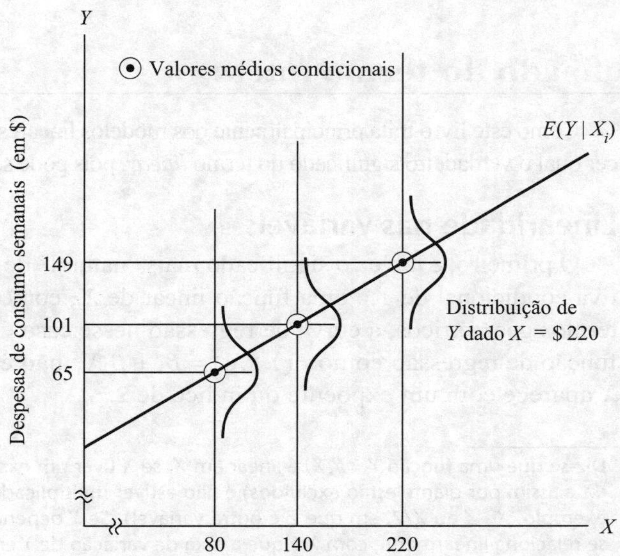

[5] No presente exemplo, a LRP é uma linha reta, mas também poderia ser uma curva (veja a Figura 2.3).

Com essa referência em mente, talvez seja interessante ao leitor reler a definição de regressão dada na Seção 1.2.

2.2 Conceito de função de regressão populacional (FRP)

Do que foi dito anteriormente e das Figuras 2.1 e 2.2, fica claro que cada média condicional $E(Y \mid X_i)$ é uma função de X_i, em que X_i é um dado valor de X. Simbolicamente,

$$E(Y \mid X_i) = f(X_i) \tag{2.2.1}$$

em que $f(X_i)$ representa uma função da variável explanatória X. Em nosso exemplo, $E(Y \mid X_i)$ é uma função linear de X_i. A Equação (2.2.1) é conhecida como a **função de esperança condicional (FEC)** ou **função de regressão populacional (FRP)** ou, resumidamente, regressão populacional (RP). Ela afirma que o valor esperado da distribuição de Y, dado X_i, tem uma relação funcional com X_i. Ou seja, a resposta média de Y varia com X.

Qual é a forma assumida pela função $f(X_i)$? Essa é uma pergunta importante, porque em situações reais não temos a população inteira disponível para examinar. A forma funcional da FRP é, portanto, uma questão empírica, embora em casos específicos a teoria tenha algo a dizer. Por exemplo, um economista poderia postular que a despesa de consumo tem uma relação linear com a renda. Como primeira aproximação, ou hipótese de trabalho, podemos supor que a FRP $E(Y \mid X_i)$ é uma função linear de X_i do tipo

$$E(Y \mid X_i) = \beta_1 + \beta_2 X_i \tag{2.2.2}$$

em que β_1 e β_2 são parâmetros desconhecidos, mas fixos, chamados de **coeficientes de regressão**; β_1 e β_2 também são conhecidos como **intercepto** e **coeficiente angular**, respectivamente. A Equação (2.2.1) é conhecida **como função linear de regressão populacional**. Algumas expressões alternativas usadas na literatura são: *modelo linear de regressão populacional* ou *regressão linear populacional*. A partir de agora, as expressões **regressão**, **equação de regressão** e **modelo de regressão** serão usadas como sinônimos.

Na análise de regressão, nosso interesse está em estimar funções de regressão populacional como a Equação (2.2.2), isto é, estimar os valores de incógnitas como β_1 e β_2 com base nas observações de Y e X. Esse tópico será visto em detalhe no Capítulo 3.

2.3 O significado do termo *linear*

Como este livro trata principalmente dos modelos lineares como a Equação (2.2.2), é essencial conhecer qual o verdadeiro significado do termo *linear*, pois pode ser interpretado de duas maneiras diferentes.

Linearidade nas variáveis

O primeiro, e talvez o significado mais "natural" de linearidade, é o caso em que a expectativa condicional de Y é uma função linear de X_i, como, por exemplo, a Equação (2.2.2).[6] Em termos geométricos, a curva de regressão nesse caso é uma reta. Sob essa interpretação, uma função de regressão como $E(Y \mid X_i) = \beta_1 + \beta_2 X_i^2$ não é uma função linear, porque a variável X aparece com um expoente ou índice de 2.

[6] Diz-se que uma função $Y = f(X)$ é linear em X, se X tiver um expoente ou índice de 1 (isto é, termos como X^2, $\sqrt{X}$ e assim por diante estão excluídos) e não estiver multiplicado ou dividido por qualquer outra variável (por exemplo, $X \cdot Z$ ou X/Z, em que Z é outra variável). Se Y depende apenas de X, outra maneira de dizer que Y se relaciona linearmente com X é que a taxa de variação de Y em relação a X (isto é, a inclinação, ou derivada, de Y com relação a X, dY/dX) independe do valor de X. Assim, se $Y = 4X$, $dY/dX = 4$, que é independente do valor de X. Mas se $Y = 4X^2$, $dY/dX = 8X$, que não é independente do valor assumido por X. Nesse caso, a função não é linear em X.

Linearidade nos parâmetros

A segunda interpretação de linearidade é que a expectativa condicional de *Y*, $E(Y \mid X_i)$, é uma função linear dos parâmetros, os β; pode, ou não, ser linear na variável *X*.[7] De acordo com essa interpretação, $E(Y \mid X_i) = \beta_1 + \beta_2 X_i^2$ é um modelo de regressão linear (nos parâmetros). Para ver isto, suponhamos que *X* assuma o valor 3. Portanto, $E(Y \mid X = 3) = \beta_1 + 9\beta_2$, que é obviamente linear em β_1 e β_2.Todos os modelos da Figura 2.3 são, portanto, modelos de regressão linear, isto é, modelos lineares nos parâmetros.

Agora considere o modelo $E(Y \mid X_i) = \beta_1 + \beta_2^2 X_i$. Suponha que $X = 3$; então teremos $E(Y \mid X_i) = \beta_1 + 3\beta_2^2$, que é não-linear no parâmetro β_2. Esse modelo é um exemplo de **modelo de regressão não-linear (nos parâmetros)**. Examinaremos tais modelos no Capítulo 14.

Das duas interpretações de linearidade, a linearidade nos parâmetros é a relevante para a formulação da teoria da regressão que apresentaremos em breve. *De agora em diante, a expressão regressão "linear" significará sempre uma regressão linear nos parâmetros; os β (isto é, os parâmetros) são elevados apenas à primeira potência. Podem ou não ser lineares nas variáveis explanatórias, os X.* Na Tabela 2.3, mostramos isso esquematicamente. Assim, $E(Y \mid X_i) = \beta_1 + \beta_2 X_i$, que é linear tanto nos parâmetros quanto na variável, é um modelo de regressão linear (MRL), assim como $E(Y \mid X_i) = \beta_1 + \beta_2 X_i^2$, que é linear nos parâmetros, mas não na variável X.

FIGURA 2.3
Funções lineares nos parâmetros.

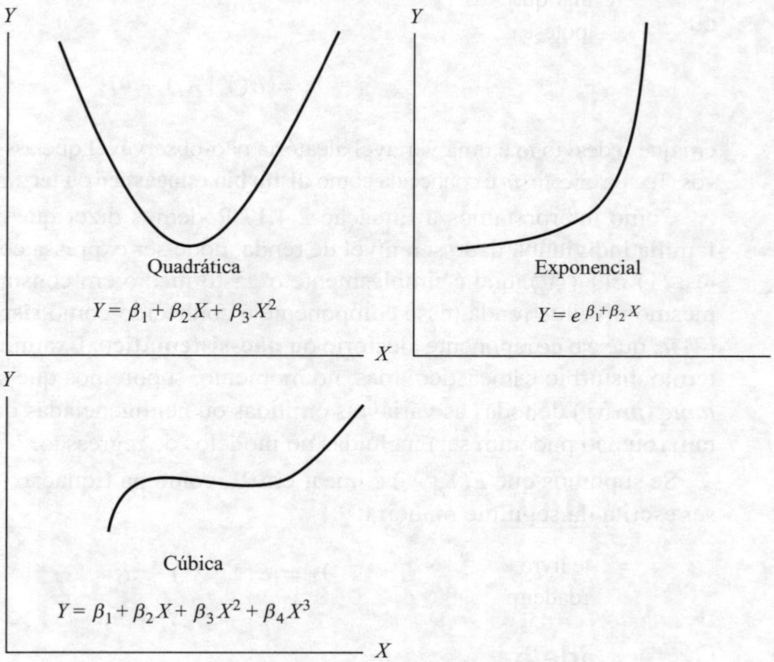

TABELA 2.3
Modelos de regressão linear

Modelo linear nos parâmetros?	Modelo linar nas variáveis?	
	Sim	**Não**
Sim	MRL	MRL
Não	MRNL	MRNL

Nota: MRL = Modelo de Regressão Linear
MRNL = Modelo de Regressão Não Linear

[7] Diz-se que uma função é linear no parâmetro β_1, se β_1 só aparece com um expoente 1 e não está multiplicado ou dividido por nenhum outro parâmetro (por exemplo, $\beta_1\beta_2$, β_2/β_1 e assim por diante).

2.4 Especificação estocástica da FRP

A Figura 2.1 deixa claro que à medida que a renda familiar aumenta, em média, as despesas de consumo das famílias aumentam. Mas o que acontece com as despesas de consumo de uma família em relação ao nível (fixado) de sua renda? A Tabela 2.1 e a Figura 2.1 mostram que as despesas de consumo de uma família não aumentam necessariamente quando aumenta seu nível de renda. Por exemplo, na Tabela 2.1, observamos que há uma família, com um nível de renda de \$ 100, cuja despesa de consumo de \$ 65 é menor que as despesas de consumo de duas outras famílias cuja renda semanal é de apenas \$ 80. Mas observe que as despesas *médias* de consumo das famílias com renda semanal de \$ 100 são maiores que as despesas médias das famílias cuja renda semanal é de \$ 80 (\$ 77 comparados a \$ 65).

O que podemos dizer sobre a relação entre as despesas de consumo de uma família e um nível de renda? Vemos na Figura 2.1 que para um nível de renda X_i as despesas médias de consumo de uma família agrupam-se em torno do consumo médio de todas as famílias deste nível X_i, isto é, em torno de sua esperança condicional. Portanto, podemos expressar o *desvio* individual de Y_i em torno de seu valor esperado como a seguir:

$$u_i = Y_i - E(Y \mid X_i)$$

ou

$$Y_i = E(Y \mid X_i) + u_i \tag{2.4.1}$$

em que o desvio u_i é uma variável aleatória não-observável que assume valores positivos ou negativos. Tecnicamente, u_i é conhecida como **distúrbio estocástico** ou **termo de erro estocástico**.

Como interpretamos a Equação 2.4.1? Podemos dizer que a despesa de consumo de uma família individual, dado seu nível de renda, pode ser expressa como a soma de dois componentes: (1) $E(Y \mid X_i)$, que é simplesmente o gasto médio em consumo de todas as famílias com o mesmo nível de renda (esse componente é conhecido como **sistemático** ou **determinístico**); e (2) u_i, que é o componente aleatório ou **não-sistemático**. Examinaremos em breve a natureza do termo distúrbio estocástico, mas, no momento, suporemos que seja um *substituto* ou *representante* (*proxy*) de todas as variáveis omitidas ou negligenciadas que podem afetar Y, mas não foram (ou não puderam ser) incluídas no modelos de regressão.

Se supomos que $E(Y \mid X_i)$ é linear em X_i, como na Equação (2.2.2), a Equação (2.4.1) pode ser escrita da seguinte maneira:

$$\begin{aligned} Y_i &= E(Y \mid X_i) + u_i \\ &= \beta_1 + \beta_2 X_i + u_i \end{aligned} \tag{2.4.2}$$

A Equação (2.4.2) informa que as despesas de consumo de uma família relacionam-se linearmente com sua renda mais o termo de erro estocástico. Assim, as despesas de consumo individuais, dado $X = \$\ 80$ (veja a Tabela 2.1), podem ser expressas como:

$$\begin{aligned} Y_1 &= 55 = \beta_1 + \beta_2(80) + u_1 \\ Y_2 &= 60 = \beta_1 + \beta_2(80) + u_2 \\ Y_3 &= 65 = \beta_1 + \beta_2(80) + u_3 \\ Y_4 &= 70 = \beta_1 + \beta_2(80) + u_4 \\ Y_5 &= 75 = \beta_1 + \beta_2(80) + u_5 \end{aligned} \tag{2.4.3}$$

Agora, se tomarmos o valor esperado de (2.4.1) nos dois lados da equação, obtemos:

$$\begin{aligned} E(Y_i \mid X_i) &= E[E(Y \mid X_i)] + E(u_i \mid X_i) \\ &= E(Y \mid X_i) + E(u_i \mid X_i) \end{aligned} \tag{2.4.4}$$

em que levamos em consideração o fato de que o valor esperado de uma constante é a própria constante.[8] Observe atentamente que, na Equação 2.4.4, tomamos a esperança condicional condicionada a um dado X.

Como $E(Y_i \mid X_i)$ é o mesmo que $E(Y \mid X_i)$, a Equação (2.4.4) implica que

$$E(u_i \mid X_i) = 0 \tag{2.4.5}$$

Assim, a suposição de que a linha de regressão passa pelas médias condicionais de Y (veja a Figura 2.2) implica que os valores médios condicionais de u_i (condicionados a um dado X) sejam iguais a zero.

Com base no que foi discutido, é claro que as Equações (2.2.2) e (2.4.2) são formas equivalentes, se $E(u_i \mid X_i) = 0$.[9] Mas a especificação estocástica na Equação (2.4.2) tem a vantagem de mostrar claramente que há outras variáveis, além da renda, que afetam as despesas de consumo e que os gastos de consumo de uma família não podem ser completamente explicados apenas pelas variáveis incluídas no modelo de regressão.

2.5 O significado do termo "erro estocástico"

Como observado na Seção 2.4, o termo de erro u_i representa todas as variáveis omitidas no modelo, mas que coletivamente afetam Y. A pergunta óbvia é: por que não introduzir essas variáveis explicitamente no modelo? Ou seja, por que não formular um modelo de regressão com o máximo de variáveis possíveis? Há muitas razões:

1. *Caráter vago da teoria:* a teoria, se existe alguma, que explica o comportamento de Y pode ser, e muitas vezes é, incompleta. Podemos saber com certeza que a renda semanal X influencia as despesas de consumo semanais Y, mas podemos desconhecer ou não ter certeza de quais são as outras variáveis que afetam Y. Portanto, u_i pode ser usado como um substituto para todas as variáveis excluídas ou omitidas do modelo.
2. *Indisponibilidade de dados:* mesmo se soubermos quais são algumas das variáveis excluídas e, portanto, considerarmos uma regressão múltipla em vez da simples, talvez não tenhamos informações quantitativas a respeito dessas variáveis. É muito comum na análise empírica que os dados que gostaríamos idealmente de incluir não estejam disponíveis. Por exemplo, em princípio poderíamos incluir a riqueza da família, além da renda, como variável explanatória para explicar as despesas de consumo, mas infelizmente essa informação não costuma estar disponível. Podemos ser obrigados a omitir a variável riqueza de nosso modelo, apesar de sua grande relevância teórica para explicar as despesas de consumo.
3. *Variáveis essenciais* versus *variáveis periféricas/secundárias:* suponha que, no nosso exemplo de consumo e renda, além da renda X_1, o número de filhos por família X_2, o gênero X_3, a religião X_4, a escolaridade X_5 e a região geográfica X_6 também afetem as despesas de consumo. Mas é bem possível que a influência conjunta de todas ou de algumas dessas variáveis seja tão pequena e seja, na melhor das hipóteses, não-sistemática ou aleatória que, em termos práticos e para consideração de custos, não compense incluí-las explicitamente no modelo. Espera-se que seu efeito combinado possa ser tratado como uma variável aleatória: u_i.[10]
4. *Caráter intrinsecamente aleatório do comportamento humano:* mesmo se conseguirmos incluir todas as variáveis relevantes no modelo, sempre haverá uma aleatoriedade "intrínseca"

---

[8] Veja o **Apêndice A**, no qual apresentamos uma breve discussão das propriedades do operador esperança E. Observe que $E(Y \mid X_i)$, uma vez que o valor de X_i é fixo, é uma constante.

[9] A propósito, no método dos mínimos quadrados que examinaremos no Capítulo 3, supõe-se explicitamente que $E(u_i|X_i) = 0$. Veja a Seção 3.2.

[10] Uma dificuldade adicional é que variáveis como gênero, escolaridade e religião são difíceis de quantificar.

nos Y individuais que não pode ser explicada por mais que nos esforcemos para tanto. Os termos de erro, os u, podem refletir bem a aleatoriedade intrínseca.

5. *Variáveis* proxy *pouco adequadas:* embora o modelo clássico de regressão (que será examinado no Capítulo 3) suponha que as variáveis Y e X sejam medidas com exatidão, na prática os dados podem estar infestados de erros de medição. Veja, por exemplo, a conhecida teoria da função consumo de Milton Friedman.[11] Ele considera o *consumo permanente* (Y^P) como uma função da *renda permanente* (X^P). Mas, como os dados relativos a essas variáveis não são diretamente observáveis, na prática, utilizamos variáveis *proxy*, como consumo corrente (Y) e renda corrente (X), que são observáveis. Como os Y e X observados podem não ser iguais aos Y^P e X^P, há um problema de erro de medição. Nesse caso, o termo de erro u também pode representar erro de medição. Como veremos em um capítulo mais à frente, se existirem tais erros de medição, eles podem ter sérias implicações na estimativa dos coeficientes da regressão, os β.
6. *Princípio da parcimônia:* de acordo com a navalha de Occam,[12] o ideal seria formular o modelo de regressão mais simples possível. Se pudermos explicar parte "substancial" do comportamento de Y com duas ou três variáveis explanatórias e se nossa teoria não for suficientemente forte para sugerir quais outras variáveis podem ser incluídas, por que adicionar mais variáveis? Melhor deixar que u_i represente todas as outras variáveis. Naturalmente, não deveríamos excluir variáveis importantes e relevantes para apenas manter o modelo de regressão simples.
7. *Forma funcional errada:* mesmo se as variáveis explanatórias de um fenômeno forem teoricamente corretas e mesmo se encontrarmos dados para essas variáveis, muitas vezes desconheceremos a forma funcional da relação entre o regressando e os regressores. As despesas de consumo serão uma função linear (invariável) da renda ou uma função não-linear (invariável)? Se for o primeiro caso, $Y_i = \beta_1 + \beta_2 X_i + u_i$ será a relação funcional apropriada entre Y e X; mas, se for o segundo, $Y_i = \beta_1 + \beta_2 X_i + \beta_3 + X_i^2 + u_i$ pode ser a forma funcional correta. Nos modelos de duas variáveis, a forma funcional da relação pode muitas vezes ser inferida do gráfico de dispersão. Mas, em um modelo de regressão múltipla, não é fácil determinar a relação funcional adequada, pois não podemos visualizar graficamente diagramas de dispersão com múltiplas dimensões.

Por todas essas razões, o termo de erro estocástico u_i assume um papel fundamental na análise de regressão, como veremos no decorrer do livro.

2.6 A função de regressão amostral (FRA)

Até agora, ao limitar nosso exame dos valores de Y correspondentes aos X fixados para a população, evitamos deliberadamente quaisquer considerações relativas à amostragem (observe que os dados da Tabela 2.1 representam a população, não uma amostra). Mas já está na hora de enfrentar os problemas nas amostras, pois, na maioria das situações práticas, o que temos é uma amostra de valores de Y correspondentes a alguns X fixados. Nossa tarefa agora é estimar a função de regressão com base em informações amostrais.

Para ilustrar, imagine que a população da Tabela 2.1 seja desconhecida e que a única informação que tenhamos seja uma amostra selecionada aleatoriamente de valores de Y para os X fixados, como na Tabela 2.4. Ao contrário da Tabela 2.1, só temos um valor de Y para cada X; cada Y (dado X_i) na Tabela 2.4 foi escolhido aleatoriamente dentre os Y correspondentes aos X_i dados para a população mostrada na Tabela 2.1.

A pergunta é: com base na amostra da Tabela 2.4, é possível prever as despesas médias de consumo semanais Y para a população como um todo correspondentes aos X escolhidos? Em outras palavras, podemos estimar a FRP com base nos dados da amostra? Como o leitor seguramente desconfia,

---

[11] FRIEDMAN, Milton. *A theory of the consumption function.* Princeton, N. J.: Princeton University Press, 1957.

[12] "As descrições devem ser mantidas o mais simples possível, até que se prove sua inadequação. NEWMAN, J. R. (Coord.). *The world of mathematics.* Nova York: Simon & Schuster, 1956. v. 2, p. 1.247. Ou "As entidades não deveriam ser multiplicadas além do necessário". *In:* MORRISON, Donald F. *Applied linear statistical methods.* Englewood Cliffs, N. J.: Prentice Hall, 1983. p. 58.

não seremos capazes de estimar “precisamente” a FRP devido a variações amostrais. Para melhor entender, suponha que selecionemos outra amostra aleatória da população da Tabela 2.1, como a que aparece na Tabela 2.5.

Representando graficamente os dados das Tabelas 2.4 e 2.5, obtemos o diagrama de dispersão apresentado na Figura 2.4. No diagrama, traçamos duas linhas de regressão amostral para “ajustar” os pontos razoavelmente: FRA_1 baseia-se na primeira amostra e FRA_2, na segunda. Qual das duas linhas de regressão representa a linha de regressão populacional “real”? Se evitarmos a tentação de olhar a Figura 2.1 que, por definição, representa a regressão populacional, não há como ter certeza absoluta de qual das linhas de regressão da Figura 2.4 representa a verdadeira linha (ou curva) de regressão populacional. As linhas de regressão da Figura 2.4 são conhecidas como **linhas de regressão amostral**. Supostamente, representam a linha de regressão populacional, mas devido às variações amostrais, elas são, no máximo, aproximações da verdadeira regressão populacional. Em geral, obtemos *N* diferentes FRAs para *N* amostras diferentes, e estas FRAs provavelmente não serão as mesmas.

Agora, tal como no caso da FRP subjacente à linha de regressão populacional, podemos formular o conceito de **função de regressão amostral** (FRA) para representar a linha de regressão da amostra. A equação correspondente à (2.2.2) para a amostra pode ser escrita como

$$\hat{Y}_i = \hat{\beta}_1 + \hat{\beta}_2 X_i \quad \textbf{(2.6.1)}$$

em que $\hat{Y}$ lê-se “*Y* chapéu”

$\hat{Y}_i$ = estimador de $E(Y \mid X_i)$

$\hat{\beta}_1$ = estimador de β_1

$\hat{\beta}_2$ = estimador de β_2

Observe que um **estimador**, também conhecido como **estatística** (amostral), é apenas uma regra ou fórmula ou método que nos diz como estimar o parâmetro da população com base nas informações oferecidas pela amostra que temos à mão. Um valor numérico em particular obtido pela aplicação do estimador é conhecido como **estimativa**.[13] Pode ser visto como aleatório, mas uma estimativa não é aleatória. (Por quê?)

Agora, assim como expressamos a FRP de duas formas equivalentes, Equação (2.2.2) e Equação (2.2.4), podemos expressar a FRA na Equação 2.6.1 em sua forma estocástica como a seguir:

$$Y_i = \hat{\beta}_1 + \hat{\beta}_2 X_i + \hat{u}_i \quad \textbf{(2.6.2)}$$

TABELA 2.4
Amostra aleatória da população da Tabela 2.1

Y	*X*
70	80
65	100
90	120
95	140
110	160
115	180
120	200
140	220
155	240
150	260

TABELA 2.5
Outra amostra aleatória da população da Tabela 2.1

Y	*X*
55	80
88	100
90	120
80	140
118	160
120	180
145	200
135	220
145	240
175	260

[13] Como mencionado na Introdução, o chapéu sobre a variável representa um estimador do valor populacional relevante.

FIGURA 2.4
Linhas de regressão baseadas em duas amostras diferentes.

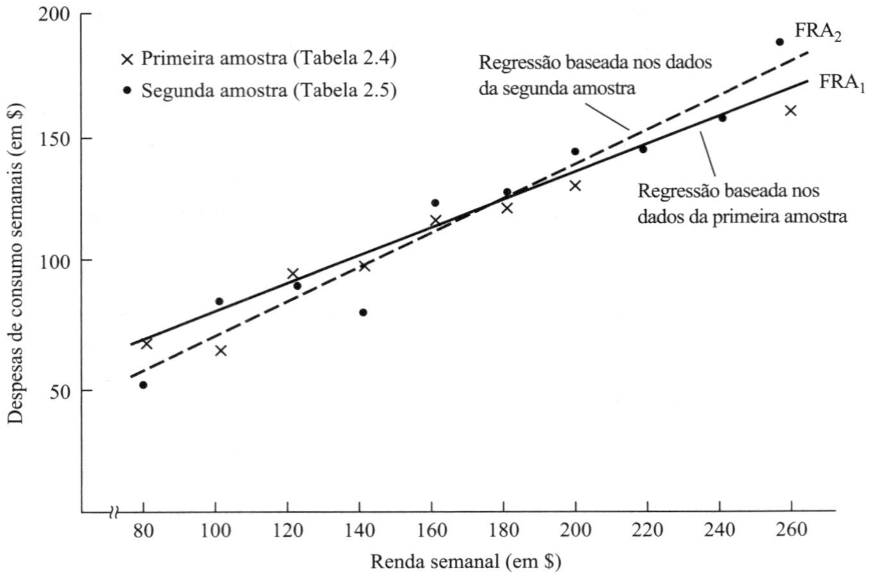

em que, além dos símbolos já definidos, $\hat{u}_i$ denota o termo **residual** (na amostra). Conceitualmente, $\hat{u}_i$, é análogo a u_i e pode ser considerado uma *estimativa* de u_i. Foi incluído na FRA pelas mesmas razões que u_i foi incluído na FRP.

Resumindo, então, verificamos que nosso objetivo primordial na análise de regressão é estimar a FRP

$$Y_i = \beta_1 + \beta_2 X_i + u_i \tag{2.4.2}$$

com base na FRA

$$Y_i = \hat{\beta}_1 + \hat{\beta} x_i + \hat{u}_i \tag{2.6.2}$$

porque frequentemente nossa análise baseia-se em uma única amostra de alguma população. Mas, devido a variações amostrais, nossas estimativas da FRP com base na FRA são, na melhor das hipóteses, apenas uma aproximação. Essa aproximação é apresentada graficamente na Figura 2.5.

Para $X = X_i$, temos uma observação (amostral) $Y = Y_i$. Em termos da FRA, o Y_i observado pode ser expresso como:

$$Y_i = \hat{Y}_i + \hat{u}_i \tag{2.6.3}$$

e em termos de FRP, como:

$$Y_i = E(Y \mid X_i) + u_i \tag{2.6.4}$$

Obviamente, na Figura 2.5, $\hat{Y}_i$ *superestima* a verdadeira $E(Y \mid X_i)$ para o X_i nela mostrado. Da mesma forma, para cada X_i à esquerda do ponto *A*, a FRA *subestimará* a verdadeira FRP. Contudo, o leitor pode ver facilmente que essas sobre e subestimações são inevitáveis devido às variações amostrais.

A pergunta crítica agora é: sabendo que a FRA não é mais do que uma aproximação da FRP, podemos formular uma regra ou um método que torne essa aproximação a mais próxima possível? Em outras palavras, como devemos formular a FRA para que $\hat{\beta}_1$ fique o mais próximo possível do verdadeiro β_1 *e* $\hat{\beta}_2$ do verdadeiro β_2, mesmo que nunca venhamos a saber quais são os verdadeiros β_1 e β_2?

FIGURA 2.5
Linhas de regressão para uma amostra e para a população.

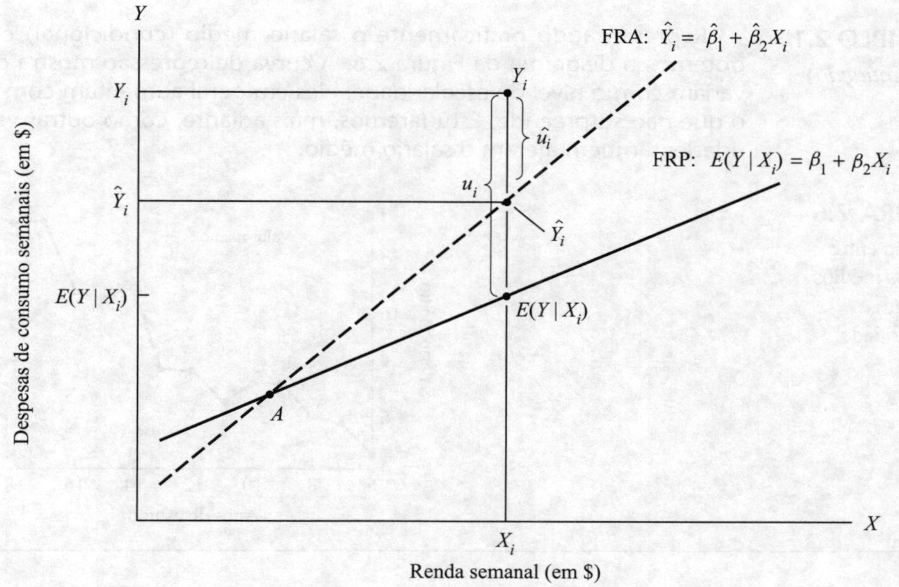

A resposta para essa pergunta ocupará grande parte de nossa atenção no Capítulo 3. Aqui destacamos que é possível desenvolver procedimentos que nos digam como formular a FRA a fim de espelhar FRP o mais fielmente possível. É fascinante considerar que isso pode ser feito mesmo que nunca determinemos a FRP real.

2.7 Exemplos ilustrativos

Concluiremos este capítulo com dois exemplos.

EXEMPLO 2.1
Salário-hora médio segundo o nível de escolaridade

A Tabela 2.6 apresenta dados relativos ao nível de escolaridade (medido pelo número de anos de frequência escolar), o salário-hora médio das pessoas em cada nível de escolaridade e o número de pessoas em cada um desses níveis. Ernst Berndt obteve originalmente os dados apresentados na tabela com base em um levantamento da população conduzido em maio de 1985.[14]

TABELA 2.6
Salário médio segundo nível de escolaridade

Fonte: Adaptado de GOLDBERGER, Arthur S. *Introductory econometrics*. Cambridge, Mass.: Harvard University Press, 1998. p. 5.

Anos de estudo	Salário médio ($/hora)	Número de pessoas
6	4,4567	3
7	5,7700	5
8	5,9787	15
9	7,3317	12
10	7,3182	17
11	6,5844	27
12	7,8182	218
13	7,8351	37
14	11,0223	56
15	10,6738	13
16	10,8361	70
17	13,6150	24
18	13,5310	31
	Total	528

[14] BERNDT, Ernst R. *The practice of econometrics:* classic and contemporary. Reading, Mass.: Addison Wesley, 1991. Convém mencionar que se trata de um livro excelente no qual o leitor poderá ver como os econometristas conduzem suas pesquisas.

EXEMPLO 2.1
(Continuação)

Representando graficamente o salário médio (condicional) em relação à educação, obtemos o diagrama da Figura 2.6. A curva de regressão mostra como os salários médios variam com o nível de escolaridade; eles em geral aumentam com o nível de escolaridade, o que não surpreende. Estudaremos, mais adiante, como outras variáveis, além da escolaridade, também afetam o salário médio.

FIGURA 2.6
Relação entre salários médios e nível de escolaridade.

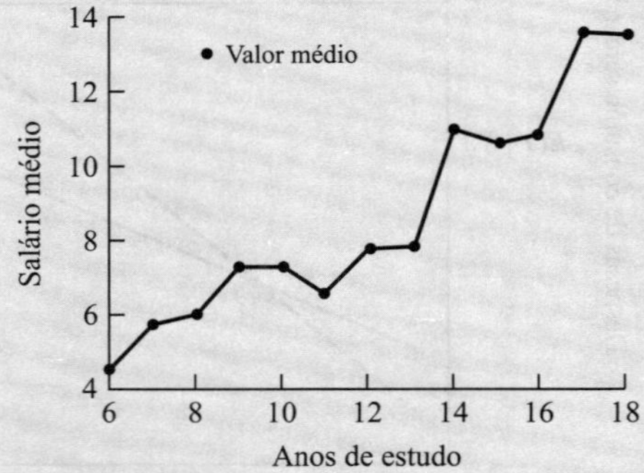

EXEMPLO 2.2
Pontuação em matemática no Teste de Aptidão Escolar segundo a renda familiar

A Tabela 2.10 no Exercício 2.17 fornece dados sobre a pontuação média no Teste de Aptidão Escolar (Scholastic Aptitude Test – SAT) em aptidão verbal, matemática e redação para alunos que estão se preparando para ingressar no ensino superior com base em 947.347 estudantes que realizaram o teste em 2007. Traçando graficamente a pontuação média em matemática com base na renda média familiar, obtivemos a Figura 2.7.

Nota: como a renda da primeira e última categorias mostrada na Tabela 2.10 tem natureza ilimitada, preconizou-se que a menor renda média familiar seria de \$ 5 mil e a maior seria de \$ 150 mil.

FIGURA 2.7
Relação entre pontuação média em matemática no SAT e renda média familiar.

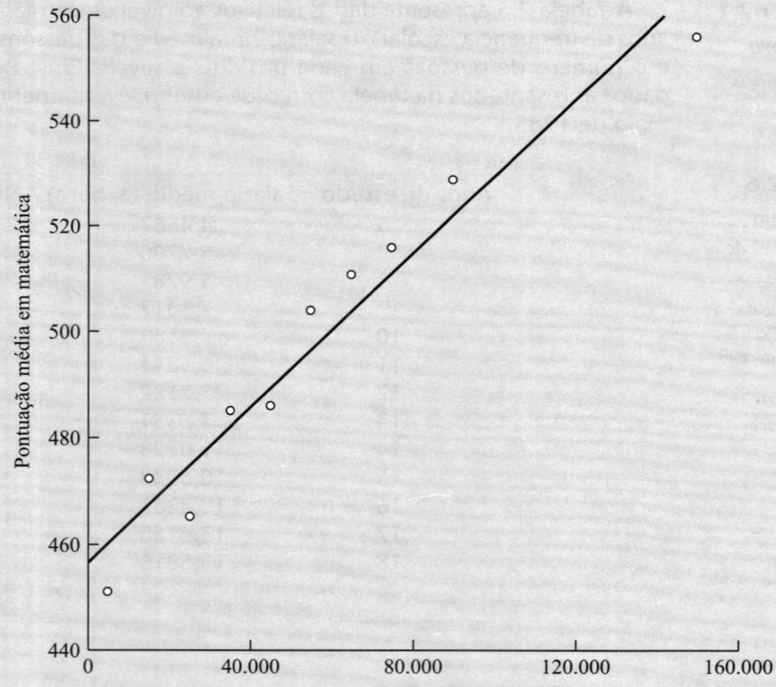

(Continua)

EXEMPLO 2.2
(Continuação)

Como a Figura 2.7 mostra, a pontuação média em matemática acompanha o aumento da renda familiar. Como o número de estudantes que realizam o exame SAT é bastante grande, provavelmente representa toda a população de alunos que fizeram o teste. Portanto, a linha de regressão traçada na Figura 2.7 provavelmente representa a linha de regressão populacional.

Pode haver várias razões para a relação positiva observada entre as duas variáveis. Por exemplo, é possível argumentar que os estudantes de famílias com maior nível de renda tenham mais condições de arcar com aulas particulares ou cursos preparatórios para o teste. Além disso, os pais dos estudantes de famílias de renda mais alta provavelmente têm escolaridade maior. Também é possível que alunos com maior pontuação em matemática venham de escolas melhores. O leitor pode fornecer outras explicações para a relação positiva observada entre as duas variáveis.

Resumo e conclusões

1. O conceito-chave subjacente à análise de regressão é o de **função de esperança condicional (FEC)** ou **função de regressão populacional (FRP)**. Nosso objetivo na análise de regressão é verificar como o valor médio da variável dependente (ou regressando) varia com o valor da variável explanatória (regressor).
2. Este livro trata principalmente de **FRPs lineares**, isto é, regressões que são lineares nos parâmetros. Elas podem ou não ser lineares no regressando ou nos regressores.
3. Para fins empíricos, o que importa é a **FRP estocástica**. O **termo de erro estocástico,** u_i desempenha um papel fundamental na estimação da FRP.
4. A FRP é um conceito idealizado, já que na prática muito raramente temos acesso a toda a população que nos interessa. Em geral, temos uma amostra de observações da população. Portanto, utilizamos as **funções estocásticas de regressão amostral (FRA)** para estimar a FRP. No Capítulo 3, veremos como fazer isso.

EXERCÍCIOS

2.1. O que é função de esperança condicional ou função de regressão populacional?

2.2. Qual a diferença entre as funções de regressão populacional e amostral? Essa distinção é indiferente?

2.3. Qual o papel do termo de erro estocástico, u_i, na análise de regressão? Qual a diferença entre o termo de erro estocástico e o resíduo, $\hat{u}_i$?

2.4. Por que precisamos da análise de regressão? Por que não usar simplesmente o valor médio do regressando como o melhor valor?

2.5. O que entendemos por modelo de regressão *linear*?

2.6. Determine se os modelos a seguir são lineares nos parâmetros ou nas variáveis ou em ambos. Quais destes modelos são modelos de regressão linear?

Modelo	Título descritivo
a. $Y_i = \beta_1 + \beta_2\left(\frac{1}{X_i}\right) + u_i$	Recíproco
b. $Y_i = \beta_1 + \beta_2 \ln X_i + u_i$	Semilogarítmico
c. $\ln Y_i = \beta_1 + \beta_2 X_i + u_i$	Semilogarítmico inverso
d. $\ln Y_i = \ln \beta_1 + \beta_2 \ln X_i + u_i$	Logarítmico ou duplo logaritmo
e. $\ln Y_i = \beta_1 - \beta_2\left(\frac{1}{X_i}\right) + u_i$	Logarítmico recíproco

Nota: ln = logaritmo natural (isto é, logaritmo de base *e*); u_i é o termo de erro estocástico. Estudaremos esses modelos no Capítulo 6.

2.7. Os modelos a seguir são modelos de regressão linear? Justifique sua resposta.

a. $Y_i = e^{\beta_1+\beta_2 X_i+u_i}$

b. $Y_i = \dfrac{1}{1+e^{\beta_1+\beta_2 X_i+u_i}}$

c. $\ln Y_i = \beta_1 + \beta_2\left(\dfrac{1}{X_i}\right) + u_i$

d. $Y_i = \beta_1 + (0{,}75 - \beta_1)e^{-\beta_2(X_i-2)} + u_i$

e. $Y_i = \beta_1 + \beta_2^3 X_i + u_i$

2.8. O que entendemos por modelo de regressão *intrinsecamente linear*? Se β_2 no Exercício 2.7d fosse 0,8, seria um modelo de regressão linear ou não-linear?

2.9. Considere os modelos não-estocásticos a seguir (isto é, modelos sem termo de erro estocástico). São modelos de regressão linear? Se não forem, é possível, por meio de manipulações algébricas adequadas, convertê-los em modelos lineares?

a. $Y_i = \dfrac{1}{\beta_1+\beta_2 X_i}$

b. $Y_i = \dfrac{X_i}{\beta_1+\beta_2 X_i}$

c. $Y_i = \dfrac{1}{1+\exp(-\beta_1-\beta_2 X_i)}$

2.10. Dados o gráfico de dispersão da Figura 2.8 e linha de regressão correspondente, que conclusão geral você tiraria do diagrama? A linha de regressão da figura é populacional ou amostral?

2.11. Com base no diagrama de dispersão da Figura 2.9, que conclusões gerais poderiam ser tiradas? Qual a teoria econômica que embasa o gráfico? (*Dica*: pesquise em um livro de economia internacional o modelo de comércio de Heckscher-Ohlin).

2.12. O que o gráfico de dispersão da Figura 2.10 revela? Você afirmaria que a legislação relativa ao salário mínimo contribui para o bem-estar econômico?

FIGURA 2.8

Taxas de crescimento das exportações e dos salários no setor industrial. Dados para 50 países em desenvolvimento, 1970-1990.

Fonte: World Bank, *World Development Report 1995*, p. 55. A fonte original reúne dados da UNIDO e do Banco Mundial.

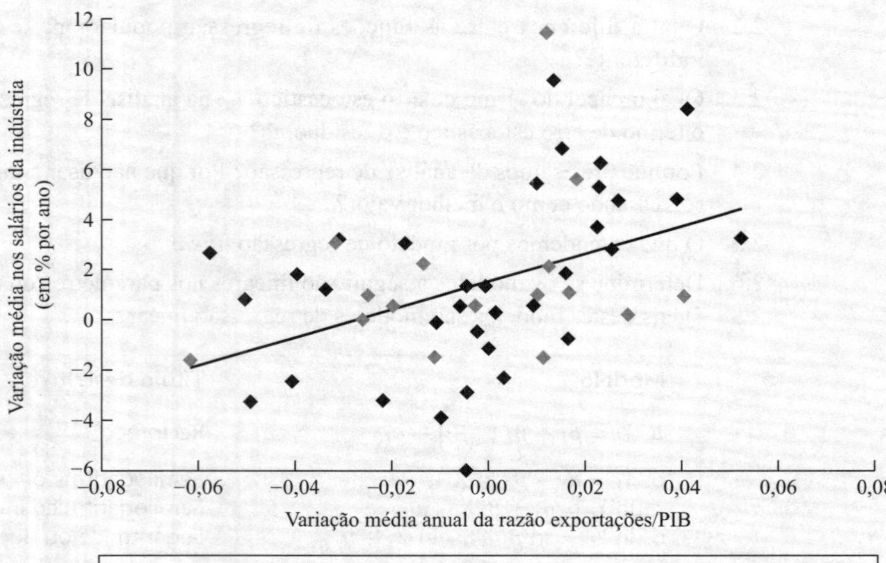

FIGURA 2.9
Intensidade de qualificação das exportações e dotação de capital humano. Os dados se referem a 126 países industrializados e em desenvolvimento em 1985. Os valores no eixo horizontal são os logaritmos da razão entre a escolaridade média do país e sua área; no eixo vertical, estão os logaritmos da razão entre exportações de matérias-primas e produtos manufaturados.

Fonte: World Bank, *World Development Report 1995*, p. 59. Fontes primárias: para as exportações, banco de dados COMTRADE das Nações Unidas; para a escolaridade, dados da UNDP, 1990; e para a terra, dados do Banco Mundial.

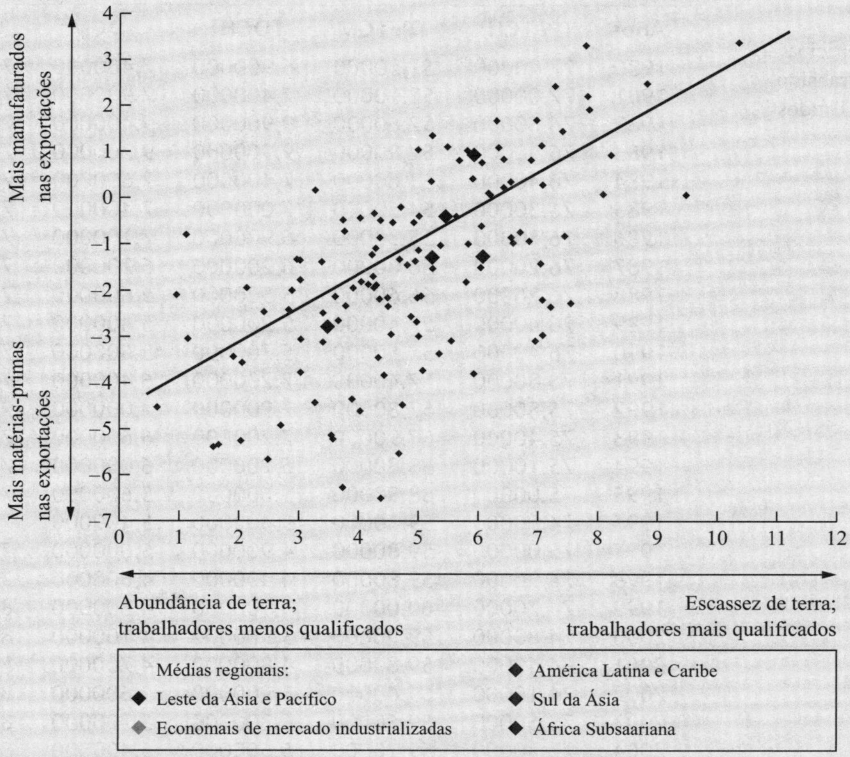

2.13 A linha de regressão apresentada na Figura 1.3 da Introdução é uma FRP ou uma FRA? Por quê? Como você interpretaria os pontos situados em torno da linha de regressão? Além do PIB, que outros fatores, ou variáveis, poderiam determinar as despesas pessoais de consumo?

FIGURA 2.10
Salário mínimo e PNB *per capita*. A amostra é formada por 17 países em desenvolvimento. Os anos variam por país no período de 1988 a 1992. Os dados estão em preços internacionais.

Fonte: World Bank, *World Development Report 1995*, p. 75.

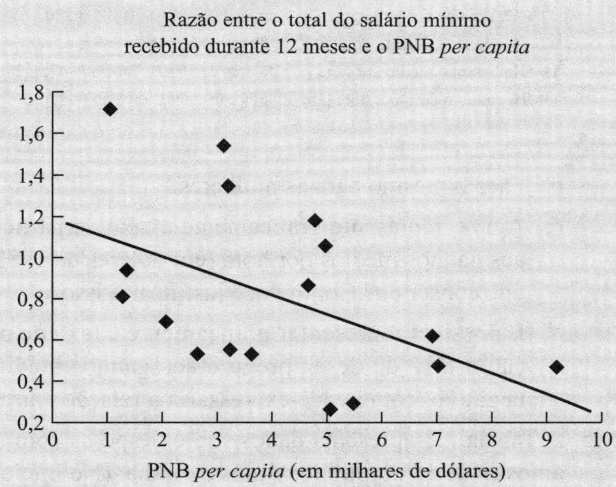

Exercícios aplicados

2.14 Com os dados da Tabela 2.7 relativos aos Estados Unidos nos período 1980-2006:

a. Represente graficamente a relação entre a taxa de participação dos homens na força de trabalho civil e a taxa de desemprego civil dos homens. Trace, a olho, uma linha de regressão que passe pelos pontos. *A priori*, qual a relação esperada entre as duas variáveis e em que teoria econômica está embasada? O diagrama de dispersão respalda essa teoria?

TABELA 2.7
Dados da participação na força de trabalho nos Estados Unidos 1980-2006

Anos	TPFTCH[1]	TPFTCM[2]	TDCH[3]	TDCM[4]	GMH82[5]	GMH[6]
1980	77,40000	51,50000	6,900000	7,400000	7,990000	6,840000
1981	77,00000	52,10000	7,400000	7,900000	7,880000	7,430000
1982	76,60000	52,60000	9,900000	9,400000	7,860000	7,860000
1983	76,40000	52,90000	9,900000	9,200000	7,950000	8,190000
1984	76,40000	53,60000	7,400000	7,600000	7,950000	8,480000
1985	76,30000	54,50000	7,000000	7,400000	7,910000	8,730000
1986	76,30000	55,30000	6,900000	7,100000	7,960000	8,920000
1987	76,20000	56,00000	6,200000	6,200000	7,860000	9,130000
1988	76,20000	56,60000	5,500000	5,600000	7,810000	9,430000
1989	76,40000	57,40000	5,200000	5,400000	7,750000	9,800000
1990	76,40000	57,50000	5,700000	5,500000	7,660000	10,190000
1991	75,80000	57,40000	7,200000	6,400000	7,580000	10,500000
1992	75,80000	57,80000	7,900000	7,000000	7,550000	10,760000
1993	75,40000	57,90000	7,200000	6,600000	7,520000	11,030000
1994	75,10000	58,80000	6,200000	6,000000	7,530000	11,320000
1995	75,00000	58,90000	5,600000	5,600000	7,530000	11,640000
1996	74,90000	59,30000	5,400000	5,400000	7,570000	12,030000
1997	75,00000	59,80000	4,900000	5,000000	7,680000	12,490000
1998	74,90000	59,80000	4,400000	4,600000	7,890000	13,000000
1999	74,70000	60,00000	4,100000	4,300000	8,000000	13,470000
2000	74,80000	59,90000	3,900000	4,100000	8,030000	14,000000
2001	74,40000	59,80000	4,800000	4,700000	8,110000	14,530000
2002	74,10000	59,60000	5,900000	5,600000	8,240000	14,950000
2003	73,50000	59,50000	6,300000	5,700000	8,270000	15,350000
2004	73,30000	59,20000	5,600000	5,400000	8,230000	15,670000
2005	73,30000	59,30000	5,100000	5,100000	8,170000	16,110000
2006	73,50000	59,40000	4,600000	4,600000	8,230000	16,730000

Fonte: *Economic Report of the President, 2007*.
As citações abaixo se referem ao documento original.
[1]TPFTCH, Taxa de participação na força de trabalho civil, homens (%), Tabela B-39, p.277.
[2]TPFTCM, Taxa de participação na força de trabalho civil, mulheres (%), Tabela B-39, p.277.
[3]TDCH, Taxa de desemprego civil, homens (%), Tabela B-42, p.280.
[4]TDCM, Taxa de desemprego civil, mulheres (%), Tabela B-42, p.280.
[5]GMH82, ganho médio por hora (em dólares de 1982), Tabela B-47, p.286.
[6]GMH, ganho médio por hora (em dólares correntes), Tabela B-47, p.286.

b. Faça o mesmo para as mulheres.

c. Agora, represente graficamente a taxa de participação de homens e mulheres em relação aos ganhos médios por hora (em dólares de 1982). (Você pode usar gráficos separados.) O que constatou? Como você justificaria isso?

d. É possível representar graficamente a taxa de participação na força de trabalho em relação à taxa de desemprego e aos ganhos médios por horas simultaneamente? Em caso negativo, como você expressaria a relação entre as três variáveis?

2.15. A Tabela 2.8 apresenta dados sobre despesas com alimentação e totais, em rupias, para uma amostra de 55 domicílios rurais da Índia. (No início de 2000, um dólar americano era equivalente a cerca de 40 rupias indianas.)

a. Represente graficamente os dados colocando no eixo vertical as despesas com alimentação e no eixo horizontal os gastos totais. Trace uma linha de regressão.

b. Que conclusões gerais você pode tirar deste exemplo?

c. Você esperaria, *a priori,* que as despesas com alimentação aumentassem linearmente com o aumento das despesas totais, independentemente do nível destas? Por quê? Utilize a despesa total como uma *proxy* para o nível de renda total.

TABELA 2.8 Despesas totais e com alimentação (em rupias)

Observação	Despesas com alimentação	Despesa total	Observação	Despesas com alimentação	Despesa total
1	217,0000	382,0000	29	390,0000	655,0000
2	196,0000	388,0000	30	385,0000	662,0000
3	303,0000	391,0000	31	470,0000	663,0000
4	270,0000	415,0000	32	322,0000	677,0000
5	325,0000	456,0000	33	540,0000	680,0000
6	260,0000	460,0000	34	433,0000	690,0000
7	300,0000	472,0000	35	295,0000	695,0000
8	325,0000	478,0000	36	340,0000	695,0000
9	336,0000	494,0000	37	500,0000	695,0000
10	345,0000	516,0000	38	450,0000	720,0000
11	325,0000	525,0000	39	415,0000	721,0000
12	362,0000	554,0000	40	540,0000	730,0000
13	315,0000	575,0000	41	360,0000	731,0000
14	355,0000	579,0000	42	450,0000	733,0000
15	325,0000	585,0000	43	395,0000	745,0000
16	370,0000	586,0000	44	430,0000	751,0000
17	390,0000	590,0000	45	332,0000	752,0000
18	420,0000	608,0000	46	397,0000	752,0000
19	410,0000	610,0000	47	446,0000	769,0000
20	383,0000	616,0000	48	480,0000	773,0000
21	315,0000	618,0000	49	352,0000	773,0000
22	267,0000	623,0000	50	410,0000	775,0000
23	420,0000	627,0000	51	380,0000	785,0000
24	300,0000	630,0000	52	610,0000	788,0000
25	410,0000	635,0000	53	530,0000	790,0000
26	220,0000	640,0000	54	360,0000	795,0000
27	403,0000	648,0000	55	305,0000	801,0000
28	350,0000	650,0000			

Fonte: MUKHERJEE, Chandan; WHITE, Howard; WUYTS, Marc. *Econometrics and data analysis for developing countries.* Nova York: Routledge, 1998. p. 457.

2.16. A Tabela 2.9 apresenta dados sobre a pontuação média do Teste de Aptidão Escolar (SAT) para os estudantes que se preparavam para ingressar no ensino superior no período 1967-1990.

a. Use o eixo horizontal para os anos e o eixo vertical para a pontuação obtida para traçar as notas nas provas de aptidão verbal e matemática obtidas por homens e mulheres, separadamente.

b. Que conclusões gerais você tirou desses gráficos?

c. Conhecendo a pontuação de homens e mulheres nos testes de aptidão verbal, você poderia prever suas notas em matemática?

d. Represente graficamente as notas de matemática das mulheres em relação às dos homens. O que você observa?

2.17. A Tabela 2.10 apresenta dados sobre a pontuação média no SAT em relação à renda para três tipos de provas: aptidão verbal, matemática e redação. No Exemplo 2.2, apresentamos a Figura 2.7, que representa graficamente a pontuação média em matemática em relação à renda média familiar.

a. Consulte a Figura 2.7 e prepare um gráfico semelhante relacionando as notas de aptidão verbal à renda média familiar. Compare seus resultados com aqueles da Figura 2.7.

b. Repita o exercício (a) relacionando as notas de redação à renda média familiar.

c. Examinando os três gráficos, que conclusões gerais você pode tirar?

TABELA 2.9

Pontuação obtida nos testes de aptidão escolar dos estudantes que se preparavam para ingressar no ensino superior, 1972-2007

Fonte: College Board, 2007.

	Aptidão verbal			Matemática		
Ano	**Homens**	**Mulheres**	**Total**	**Homens**	**Mulheres**	**Total**
1972	531	529	530	527	489	509
1973	523	521	523	525	489	506
1974	524	520	521	524	488	505
1975	515	509	512	518	479	498
1976	511	508	509	520	475	497
1977	509	505	507	520	474	496
1978	511	503	507	517	474	494
1979	509	501	505	516	473	493
1980	506	498	502	515	473	492
1981	508	496	502	516	473	492
1982	509	499	504	516	473	493
1983	508	498	503	516	474	494
1984	511	498	504	518	478	497
1985	514	503	509	522	480	500
1986	515	504	509	523	479	500
1987	512	502	507	523	481	501
1988	512	499	505	521	483	501
1989	510	498	504	523	482	502
1990	505	496	500	521	483	501
1991	503	495	499	520	482	500
1992	504	496	500	521	484	501
1993	504	497	500	524	484	503
1994	501	497	499	523	487	504
1995	505	502	504	525	490	506
1996	507	503	505	527	492	508
1997	507	503	505	530	494	511
1998	509	502	505	531	496	512
1999	509	502	505	531	495	511
2000	507	504	505	533	498	514
2001	509	502	506	533	498	514
2002	507	502	504	534	500	516
2003	512	503	507	537	503	519
2004	512	504	508	537	501	518
2005	513	505	508	538	504	520
2006	505	502	503	536	502	518
2007	504	502	502	533	499	515

Nota: para o período 1972-1986 aplicou-se uma fórmula à média original e ao desvio padrão para converter a média para a escala normatizada (*recentered scale*). Para o período 1987-1995, as notas individuais dos alunos foram convertidas para a escala normatizada e, em seguida, a média foi recalculada. No período de 1996-1999, praticamente todos os alunos receberam notas na escala normatizada. Todas as notas que ainda estavam na escala original foram convertidas para a escala normatizada antes do cálculo da média. No período 2000-2007, todas as notas foram publicadas na escala normatizada.

TABELA 2.10

Pontuação obtida nos testes de aptidão escolar classificada por renda familiar

Fonte: College Board, 2007. Alunos ingressando no ensino superior, Tabela 11.

Renda Familiar ($)	Número de alunos que realizam o teste	Aptidão verbal		Matemática		Redação	
		Média	DP	Média	DP	Média	DP
<10.000	40610	427	107	451	122	423	104
10000–20000	72745	453	106	472	113	446	102
20000–30000	61244	454	102	465	107	444	97
30000–40000	83685	476	103	485	106	466	98
40000–50000	75836	489	103	486	105	477	99
50000–60000	80060	497	102	504	104	486	98
60000–70000	75763	504	102	511	103	493	98
70000–80000	81627	508	101	516	103	498	98
80000–100000	130752	520	102	529	104	510	100
>100000	245025	544	105	556	107	537	103

Capítulo 3

Modelo de regressão de duas variáveis: o problema da estimação

Como visto no Capítulo 2, nossa primeira tarefa é estimar a função de regressão populacional (FRP) com base na função de regressão amostral (FRA) da maneira mais precisa possível. No Apêndice A, examinaremos dois métodos de estimação muito usados: (1) o dos **mínimos quadrados ordinários (MQO)**; e (2) o de **máxima verossimilhança (MV)**. Em grande parte, o primeiro método é o mais utilizado para a análise de regressão principalmente porque é intuitivamente convincente e matematicamente muito mais simples que o da máxima verossimilhança. Além disso, como mostraremos mais adiante, no contexto da regressão linear, os dois costumam proporcionar resultados similares.

3.1 Método dos mínimos quadrados ordinários

Este método é atribuído a Carl Friedrich Gauss, um matemático alemão. Sob certas hipóteses (que serão discutidas na Seção 3.2), o MQO tem algumas propriedades estatísticas muito atraentes que o tornaram um dos métodos de análise de regressão mais poderosos e difundidos. Para que você o entenda, explicaremos primeiro o princípio dos mínimos quadrados.

Recordando a FRP de duas variáveis:

$$Y_i = \beta_1 + \beta_2 X_i + u_i \tag{2.4.2}$$

No entanto, como vimos no Capítulo 2, a FRP não pode ser observada diretamente. Temos de estimá-la por meio da FRA:

$$Y_i = \hat{\beta}_1 + \hat{\beta}_2 X_i + \hat{u}_i \tag{2.6.2}$$

$$= \hat{Y}_i + \hat{u}_i \tag{2.6.3}$$

em que $\hat{Y}_i$ é o valor estimado (média condicional) de Y_i.

Mas como determinamos a FRA propriamente dita? Primeiro, expressamos (2.6.3) como

$$\begin{aligned} \hat{u}_i &= Y_i - \hat{Y}_i \\ &= Y_i - \hat{\beta}_1 - \hat{\beta}_2 X_i \end{aligned} \tag{3.1.1}$$

que mostra que $\hat{u}_i$ (os resíduos) são simplesmente as diferenças entre os valores observados e estimados de Y.

FIGURA 3.1
Critério dos mínimos quadrados.

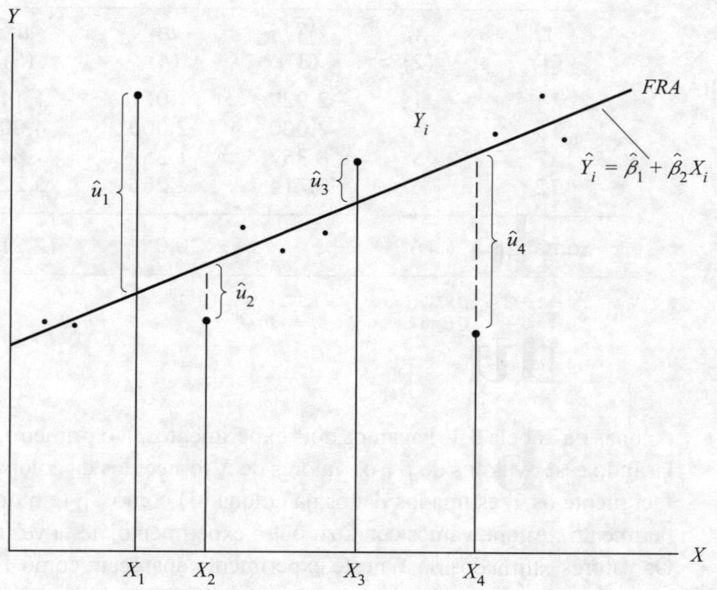

Agora, dados *n* pares de observações de *Y* e *X,* queremos determinar a FRA de maneira que fique o mais próximo possível do *Y* observado. Para tanto, podemos adotar o seguinte critério: escolher a FRA de tal forma que a soma dos resíduos $\sum \hat{u}_i = \sum (Y_i - \hat{Y}_i)$ seja a menor possível. Embora convincente, esse não é um critério muito bom, como se pode ver pelo diagrama de dispersão hipotético apresentado na Figura 3.1.

Se adotarmos o critério de minimizar o $\sum \hat{u}_i$, a Figura 3.1 mostra que os resíduos $\hat{u}_2$ e $\hat{u}_3$, bem como os resíduos $\hat{u}_1$ e $\hat{u}_4$, têm o mesmo peso na soma $(\hat{u}_1 + \hat{u}_2 + \hat{u}_3 + \hat{u}_4)$, embora os dois primeiros estejam muito mais próximos da FRA que os dois últimos. Em outras palavras, todos os resíduos recebem a mesma importância independentemente de quão próximos ou distantes estejam das observações individuais em relação à FRA. Como consequência, é bem possível que a soma algébrica dos $\hat{u}_1$ seja pequena (ou até zero) embora os $\hat{u}_1$ estejam muito dispersos em relação à FRA. Para melhor entender, atribua a $\hat{u}_1, \hat{u}_2, \hat{u}_3$ e $\hat{u}_4$ da Figura 3.1 os valores de 10, − 2, + 2 e −10, respectivamente. A soma algébrica desses resíduos é zero, embora $\hat{u}_1$ e $\hat{u}_4$ estejam bem mais afastados da FRA do que $\hat{u}_2$ e $\hat{u}_3$. Podemos evitar o problema adotando o *critério dos mínimos quadrados*, segundo o qual a FRA pode ser fixada de tal maneira que

$$\begin{aligned}\sum \hat{u}_i^2 &= \sum (Y_i - \hat{Y}_i)^2 \\ &= \sum (Y_i - \hat{\beta}_1 - \hat{\beta}_2 X_i)^2\end{aligned} \tag{3.1.2}$$

seja o menor possível, onde os $\hat{u}_i^2$ são os resíduos elevados ao quadrado. Ao elevá-los ao quadrado, este método dá mais peso aos resíduos como $\hat{u}_1$ e $\hat{u}_4$ da Figura 3.1, do que aos resíduos $\hat{u}_2$ e $\hat{u}_3$. Como já foi mencionado, sob o critério do mínimo $\sum \hat{u}_i$, o somatório pode ser pequeno embora os $\hat{u}_i$ estejam muito dispersos em relação à FRA. Mas isso não é possível sob o critério dos mínimos quadrados, porque quanto maior $\hat{u}_i$ (em valores absolutos), maior $\sum \hat{u}_i^2$. Outra justificativa para o uso do método de mínimos quadrados é que os estimadores obtidos têm algumas propriedades estatísticas muito desejáveis, como veremos em breve.

Com base na Equação (3.1.2), torna-se óbvio que:

$$\sum \hat{u}_i^2 = f(\hat{\beta}_1, \hat{\beta}_2) \tag{3.1.3}$$

isto é, a soma do quadrado dos resíduos é uma função dos estimadores $\hat{\beta}_1$ e $\hat{\beta}_2$. Para qualquer conjunto de dados, a escolha de valores diferentes para $\hat{\beta}_1$ e $\hat{\beta}_2$ resultará em $\hat{u}$ diferentes e, portanto, em valores diferentes de $\sum \hat{u}_i^2$. Considere os valores hipotéticos de *Y* e *X* apresentados nas duas primeiras

TABELA 3.1

Determinação experimental da FRA

Y_i (1)	X_t (2)	$\hat{Y}_{1i}$ (3)	$\hat{u}_{1i}$ (4)	$\hat{u}_{1i}^2$ (5)	$\hat{Y}_{2i}$ (6)	$\hat{u}_{2i}$ (7)	$\hat{u}_{2i}^2$ (8)
4	1	2,929	1,071	1,147	4	0	0
5	4	7,000	−2,000	4,000	7	2	4
7	5	8,357	−1,357	1,841	8	1	1
12	6	9,714	2,286	5,226	9	3	9
Soma: 28	16		0,0	12,214		0	14

Notas: $\hat{Y}_{1i} = 1{,}572 + 1{,}357X_i$ (isto é, $\hat{\beta}_1 = 1{,}572$ e $\hat{\beta}_2 = 1{,}357$)
$\hat{Y}_{2i} = 3.0 + 1{,}0X_i$ (isto é, $\hat{\beta}_1 = 3$ e $\hat{\beta}_2 = 1{,}0$)
$\hat{u}_{1i} = (Y_i - \hat{Y}_{1i})$
$\hat{u}_{2i} = (Y_i - \hat{Y}_{2i})$

colunas da Tabela 3.1. Façamos dois experimentos. No primeiro, considere $\hat{\beta}_1 = 1{,}572$ e $\hat{\beta}_2 = 1{,}357$.[1] Usando esses valores de $\hat{\beta}$ e os valores de X fornecidos da coluna (2) da Tabela 3.1, podemos calcular facilmente os Y_i estimados dados na coluna (3) como $\hat{Y}_{1i}$ (em que o subscrito 1 indica o primeiro experimento). Agora, vamos conduzir outro experimento, desta vez utilizando os valores $\hat{\beta}_1 = 3$ e $\hat{\beta}_2 = 1$. Os valores estimados de Y_i neste experimento aparecem como $\hat{Y}_{2i}$ na coluna (6) da Tabela 3.1. Como os valores de $\hat{\beta}$ nos dois experimentos são diferentes, obtemos valores diferentes para os resíduos estimados, como se vê na tabela; os $\hat{u}_{1i}$ são os resíduos do primeiro experimento e os $\hat{u}_{2i}$ resíduos do segundo. Os quadrados desses resíduos estão nas colunas (5) e (8). Obviamente, como poderíamos esperar da Equação (3.1.3), a soma dos quadrados desses resíduos são diferentes, já que têm como base conjuntos diferentes de valores de $\hat{\beta}$.

Que conjunto de valores de $\hat{\beta}$ devemos escolher? Como os valores de $\hat{\beta}$ do primeiro experimento nos fornecem um $\sum \hat{u}_i^2$ menor (= 12,214) do que os obtidos com os valores de $\hat{\beta}$ no segundo experimento (=14), podemos dizer que os $\hat{\beta}$ do primeiro experimento são os "melhores" valores. Mas como sabemos disso? Se tivéssemos tempo e paciência infinitos, poderíamos conduzir muitos mais experimentos desse tipo, escolhendo diferentes conjuntos de $\hat{\beta}$ a cada vez, comparando os $\sum \hat{u}_i^2$ resultantes e escolhendo o conjunto de valores de $\hat{\beta}$ que nos dessem o menor valor possível de $\sum \hat{u}_i^2$, supondo, é claro, que tivéssemos considerado todos os valores possíveis de β_1 e β_2. Mas como tempo e, certamente, paciência são, em geral, escassos, precisamos encontrar algum atalho para esse processo de tentativa e erro. Felizmente, o método dos mínimos quadrados oferece tal atalho. O princípio, ou método, dos mínimos quadrados escolhe $\hat{\beta}_1$ e $\hat{\beta}_2$ de tal forma que, para qualquer amostra ou conjunto de dados, o $\sum \hat{u}_i^2$ é o menor possível. Em outras palavras, para uma dada amostra, o método dos mínimos quadrados nos oferece estimativas únicas de β_1 e β_2 que proporcionam o menor valor possível de $\sum \hat{u}_i^2$. Como isso é feito? É um exercício direto de cálculo diferencial. Como mostra o Apêndice 3A, em sua Seção 3A.1, o processo de diferenciação resulta nas seguintes equações para estimar β_1 e β_2:

$$\sum Y_i = n\hat{\beta}_1 + \hat{\beta}_2 \sum X_i \tag{3.14}$$

$$\sum Y_i X_i = \hat{\beta}_1 \sum X_i + \hat{\beta}_2 \sum X_i^2 \tag{3.15}$$

em que n é o tamanho da amostra. Essas equações simultâneas são conhecidas como **equações normais**.

Resolvendo simultaneamente as equações normais, obtemos

[1] Estes valores foram obtidos aplicando-se o método dos mínimos quadrados que veremos em breve. Veja as Equações (3.1.6) e (3.1.7).

$$\hat{\beta}_2 = \frac{n\sum X_iY_i - \sum X_i \sum Y_i}{n\sum X_i^2 - \left(\sum X_i\right)^2} = \frac{\sum (X_i - \bar{X})(Y_i - \bar{Y})}{\sum (X_i - \bar{X})^2} = \frac{\sum x_i y_i}{\sum x_i^2} \tag{3.1.6}$$

em que $\bar{X}$ e $\bar{Y}$ são as médias amostrais de X e de Y e onde definimos $x_i = (X_i - \bar{X})$ e $y_i = (Y_i - \bar{Y})$. *Daqui em diante, usaremos letras minúsculas para indicar os desvios em relação aos valores médios.*

$$\hat{\beta}_1 = \frac{\sum X_i^2 \sum Y_i - \sum X_i \sum X_iY_i}{n\sum X_i^2 - \left(\sum X_i\right)^2} = \bar{Y} - \hat{\beta}_2\bar{X} \tag{3.1.7}$$

O último passo da Equação (3.1.7) pode ser obtido diretamente na Equação (3.1.4) com manipulações algébricas simples.

Vale notar que, fazendo uso de identidades algébricas simples, a Fórmula (3.1.6) para estimar de β_2 também pode ser expressa como:

$$\hat{\beta}_2 = \frac{\sum x_i y_i}{\sum x_i^2} = \frac{\sum x_i Y_i}{\sum X_i^2 - n\bar{X}^2} = \frac{\sum X_i y_i}{\sum X_i^2 - n\bar{X}^2} \tag{3.1.8}$$ [2]

Os estimadores obtidos anteriormente são conhecidos como **estimadores de mínimos quadrados**, pois são derivados do princípio dos mínimos quadrados. Note as seguintes **propriedades numéricas** dos estimadores obtidos por meio do método dos MQO: "Propriedades numéricas são aquelas que se sustentam em consequência do uso dos mínimos quadrados ordinários, independentemente das formas pelas quais os dados foram gerados".[3] Em breve, veremos as **propriedades estatísticas** dos estimadores de MQO, isto é, as propriedades que "se mantêm apenas sob certas hipóteses sobre a forma como os dados foram gerados".[4] (Veja o modelo clássico de regressão linear na Seção 3.2.)

I. Os estimadores de MQO são expressos unicamente em termos de quantidades observáveis (amostrais), como X e Y. Portanto, podem ser calculados com facilidade.

---

[2] *Nota 1:* $\sum x_i^2 = \sum (X_i - \bar{X})^2 = \sum X_i^2 - 2\sum X_i\bar{X} + \sum \bar{X}^2 = \sum X_i^2 - 2\bar{X}\sum X_i + \sum \bar{X}^2$, pois $\bar{X}$ é uma constante. Notando também que $\sum X_i = n\bar{X}$ e $\sum \bar{X}^2 = n\bar{X}^2$, pois $\bar{X}$ é uma constante, obtemos por fim $\sum x_i^2 = \sum \bar{X}_i^2 - n\bar{X}^2$.

Nota 2: $\sum x_i y_i = \sum x_i(Y_i - \bar{Y}) = \sum x_iY_i - \bar{Y}\sum x_i = \sum x_iY_i - \bar{Y}\sum (X_i - \bar{X}) = \sum x_iY_i$, pois $\bar{Y}$ é uma constante e já que a soma dos desvios de uma variável em relação ao seu valor médio (por exemplo, $\sum (X_i - \bar{X})$) é sempre zero. Da mesma forma, $\sum y_i = \sum (Y_i - \bar{Y}) = 0$.

[3] DAVIDSON, Russell; MACKINNON, James G. *Estimation and inference in econometrics.* Nova York: Oxford University Press, 1993. p. 3.

[4] Ibid.

II. São **estimadores pontuais**, isto é, dada a amostra, cada estimador proporciona apenas um único valor (ponto) do parâmetro populacional relevante. (No Capítulo 5, veremos os chamados **estimadores de intervalo**, que oferecem um leque de valores possíveis para os parâmetros desconhecidos da população.)

III. Uma vez obtidas as estimativas de MQO para os dados amostrais, a linha de regressão amostral (Figura 3.1) pode ser obtida facilmente. A linha de regressão assim obtida tem as seguintes propriedades:

1. Passa pelas médias amostrais de Y e X. Esse fato fica óbvio na Equação (3.1.7), porque ela pode ser escrita como $\bar{Y} = \hat{\beta}_1 + \hat{\beta}_2\bar{X}$, apresentada graficamente na Figura 3.2.
2. O valor médio estimado do $Y = \hat{Y}_i$ é igual ao valor médio do Y observado para:

$$\begin{aligned} \hat{Y}_i &= \hat{\beta}_1 + \hat{\beta}_2 X_i \\ &= (\bar{Y} - \hat{\beta}_2\bar{X}) + \hat{\beta}_2 X_i \\ &= \bar{Y} + \hat{\beta}_2(X_i - \bar{X}) \end{aligned} \tag{3.1.9}$$

Somando-se os dois lados dessa última igualdade aos valores amostrais e dividindo pelo tamanho da amostra, *n,* obtemos:

$$\bar{\hat{Y}} = \bar{Y} \tag{3.1.10}$$[5]

em que recorremos ao fato de que $\sum(X_i - \bar{X}) = 0$. (Por quê?)

3. O valor médio dos resíduos, $\hat{u}_i$ é igual a zero. Segundo a Seção 3A.1 do Apêndice 3A, a primeira equação é

$$-2\sum(Y_i - \hat{\beta}_1 - \hat{\beta}_2 X_i) = 0$$

Mas, como $\hat{u}_i = Y_i - \hat{\beta}_1 - \hat{\beta}_2\bar{X}_i$, a equação anterior reduz-se a $-2\sum\hat{u}_i = 0$, em que $\bar{\hat{u}} = 0$.[6]

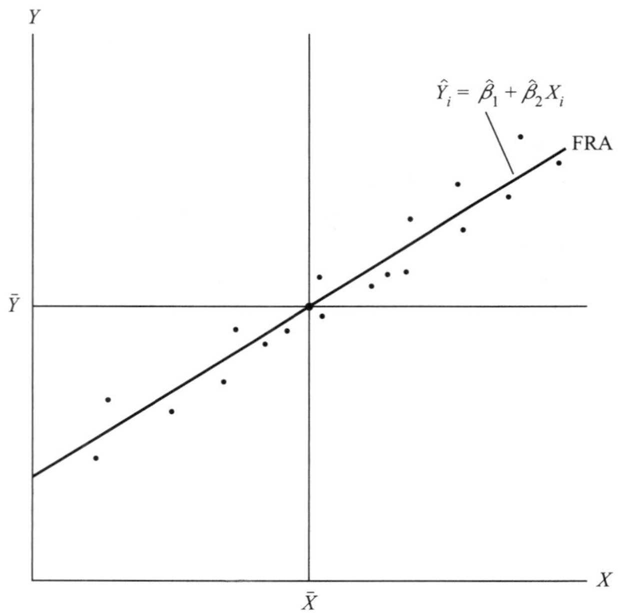

FIGURA 3.2
Gráfico que mostra que a linha de regressão da amostra passa pelos valores médios amostrais de Y e X.

[5] Note que este resultado só é válido quando o modelo de regressão apresenta o intercepto β_1. Como mostra a **Seção 6A.1** do **Apêndice 6A**, este resultado pode não se aplicar quando β_1 está ausente do modelo.

[6] Este resultado também requer que o intercepto β_1 esteja presente no modelo (veja **Seção 6A.1** do **Apêndice 6A**).

Como resultado da propriedade anterior, a regressão amostral

$$Y_i = \hat{\beta}_1 + \hat{\beta}_2 X_i + \hat{u}_i \tag{2.6.2}$$

pode ser expressa de modo que Y e X sejam considerados desvios de seus valores médios. Para ver isso, some (2.6.2) dos dois lados da equação para obter

$$\begin{aligned}\sum Y_i &= n\hat{\beta}_1 + \hat{\beta}_2 \sum X_i + \sum \hat{u}_i \\ &= n\hat{\beta}_1 + \hat{\beta}_2 \sum X_i \quad \text{já que} \sum \hat{u}_i = 0\end{aligned} \tag{3.1.11}$$

Dividindo a Equação (3.1.11) por *n,* obtemos

$$\bar{Y} = \hat{\beta}_1 + \hat{\beta}_2 \bar{X} \tag{3.1.12}$$

que é igual à Equação (3.1.7). Subtraindo a Equação (3.1.12) da Equação (2.6.2), obtemos:

$$Y_i - \bar{Y} = \hat{\beta}_2 (X_i - \bar{X}) + \hat{u}_i \tag{3.1.12}$$

ou

$$y_i = \hat{\beta}_2 x_i + \hat{u}_i \tag{3.1.13}$$

em que y_i e x_i, segundo nossa convenção, são os desvios em relação aos respectivos valores (amostrais) médios.

A Equação (3.1.13) é conhecida como **formato de desvio**. Note que o termo de intercepto $\hat{\beta}_1$ não aparece aqui. Mas ele sempre pode ser estimado pela Equação (3.1.7), isto é, devido ao fato de que a linha de regressão passa pelas médias amostrais de Y e X. Uma vantagem do formato de desvio é que ele frequentemente simplifica o cálculo das fórmulas.

Note também que, no formato de desvio, a FRA pode ser escrita como:

$$\hat{y}_i = \hat{\beta}_2 x_i \tag{3.1.14}$$

enquanto nas unidades originais de medida era $\hat{Y}_i = \hat{\beta}_1 + \hat{\beta}_2 X_i$, como vimos na Equação (2.6.1).

4. Os resíduos $\hat{u}_i$ não estão correlacionados ao Y_i previsto. Isso pode ser verificado do seguinte modo: usando o formato de desvio, podemos escrever:

$$\begin{aligned}\sum \hat{y}_i \hat{u}_i &= \hat{\beta}_2 \sum x_i \hat{u}_i \\ &= \hat{\beta}_2 \sum x_i (y_i - \hat{\beta}_2 x_i) \\ &= \hat{\beta}_2 \sum x_i y_i - \hat{\beta}_2^2 \sum x_i^2 \\ &= \hat{\beta}_2^2 \sum x_i^2 - \hat{\beta}_2^2 \sum x_i^2 \\ &= 0\end{aligned} \tag{3.1.15}$$

em que consideramos o fato de que $\hat{\beta}_2 = \sum x_i y_i / \sum x_i^2$.

5. Os resíduos $\hat{u}_i$ não estão correlacionados ao X_i; isto é, $\sum \hat{u}_i X_i = 0$. Esse fato é consequência da Equação (2) no Apêndice 3A, Seção 3A.1.

3.2 O modelo clássico de regressão linear: as hipóteses subjacentes ao método dos mínimos quadrados

Se nosso objetivo for apenas o de estimar β_1 e β_2, o método dos MQO examinado na seção anterior é suficiente. Entretanto, lembre-se, do Capítulo 2, de que, na análise de regressão, nosso objetivo não é apenas o de obter $\hat{\beta}_1$ e $\hat{\beta}_2$, mas o de tecer inferências relativas aos verdadeiros β_1 e β_2. Por exemplo, podemos estar interessados em saber quão próximos $\hat{\beta}_1$ e $\hat{\beta}_2$ estão de suas contrapartes na população ou quanto $\hat{Y}_i$ se aproxima da verdadeira $E(Y \mid X_i)$. Para isso, precisamos não apenas especificar a forma funcional do modelo, como na Equação (2.4.2), mas fazer certas hipóteses a respeito da maneira como Y_i é gerado. Veja a FRP: $Y_i = \beta_1 + \beta_2 X_i + u_i$. Ela demonstra que Y_i depende de X_i e u_i. Portanto, a menos que sejamos específicos quanto à maneira como X_i e u_i foram criados ou gerados, não há forma de fazer qualquer inferência estatística sobre Y_i, e também, como veremos, sobre β_1 e β_2. Assim, as hipóteses feitas quanto à(s) variável(is) X_i e ao termo de erro são fundamentais para a interpretação das estimativas da regressão.

O **modelo clássico de regressão linear, gaussiano** ou **padrão (MCRL),** que é a pedra angular de boa parte da teoria econométrica, parte de sete hipóteses.[7] Discutiremos primeiro essas hipóteses no contexto do modelo de regressão de duas variáveis; e, no Capítulo 7, as estenderemos ao modelo de regressão múltipla, isto é, ao modelo em que há mais de um regressor. Como será discutido no Capítulo 7, este modelo pode ser estendido para incluir mais variáveis explicativas.

HIPÓTESE 1 **Modelo de regressão linear:** o modelo de regressão é **linear nos parâmetros**, embora possa não ser linear nas variáveis. Este é o modelo de regressão como mostrado na Equação. (2.4.2):

$$Y_i = \beta_1 + \beta_2 X_i + u_i \tag{2.4.2}$$

Como será discutido no Capítulo 7, este modelo pode ser estendido para incluir mais variáveis explicativas.

Já examinamos o modelo (2.4.2) no Capítulo 2. Como os modelos de regressão linear nos parâmetros são o ponto de partida do MCRL, manteremos esta hipótese na maior parte do livro.[8] Tenha em mente que o regressando Y e o regressor X podem ser não lineares, conforme visto no Capítulo 2.

HIPÓTESE 2 **Valores de X fixos ou independentes do termo de erro:** valores assumidos pelo regressor X podem ser fixos em amostras repetidas (caso do regressor fixo) ou seus valores podem mudar de acordo com a variável dependente Y (no caso do regressor estocástico). No segundo caso, supõe-se que as variáveis X e o termo de erro são independentes, isto é, cov $(X_i, u_i) = 0$.

Isso pode ser explicado em termos do exemplo da Tabela 2. l. Considere as várias populações Y correspondentes aos níveis de renda mostrados na tabela. Mantendo fixo o valor da renda X no nível de \$ 80, podemos selecionar aleatoriamente uma família e observar suas despesas semanais de consumo Y, que são de \$ 60. Ainda considerando X igual a \$ 80, selecionamos outra família e observamos o valor Y de \$ 75. Em cada uma dessas seleções (isto é, amostra repetida), o valor de X está fixo em \$ 80. Podemos repetir o processo para todos os valores de X apresentados na Tabela 2.1. Na verdade, as amostras das Tabelas 2.4 e 2.5 foram selecionadas dessa maneira.

Por que assumimos que os valores de X não são estocásticos? Considerando que, na maioria das ciências sociais, os dados para ambas as variáveis X e Y em geral são coletados aleatoriamente,

[7] É clássico no sentido de que foi formulado primeiro por Gauss em 1821 e, desde então, serve de norma ou padrão em relação ao qual podem ser comparados os modelos que não atendem às premissas gaussianas.

[8] No entanto, no Capítulo 14, apresentaremos um breve exame dos modelos de regressão não linear nos parâmetros.

FIGURA 3.3
Distribuição condicional dos termos de erro u_i.

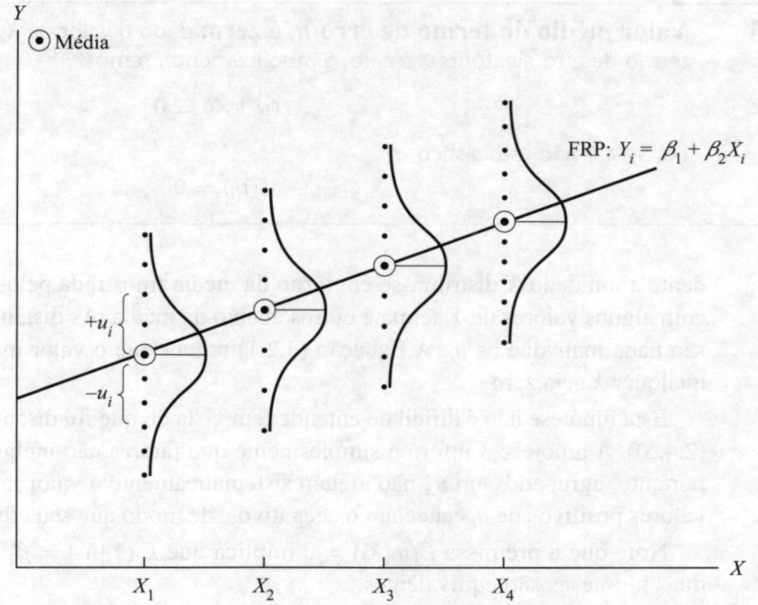

parece natural assumir o oposto – que a variável X, assim como a Y, também é aleatória ou estocástica. Mas inicialmente consideraremos a variável X não estocástica pelas seguintes razões:

Primeiro, isso é feito inicialmente para simplificar e para apresentar gradualmente ao leitor as complexidades da análise de regressão. *Segundo*, em situações experimentais talvez não seja forçado assumir que os valores de X são fixos. Por exemplo, um fazendeiro pode dividir sua terra em diversos lotes e aplicar uma quantidade de fertilizante diferente em cada lote para verificar o efeito sobre a plantação. Da mesma maneira, uma loja de departamentos pode decidir aplicar diferentes porcentuais de desconto a um produto para verificar o impacto nos consumidores. Às vezes podemos querer fixar os valores de X para uma finalidade específica. Suponha que queiramos descobrir o rendimento médio semanal dos trabalhadores (X) com diversos níveis de escolaridade (Y), como no caso dos dados fornecidos na Tabela 2.6. Desse modo, a variável X pode ser considerada fixa ou não estocástica. *Terceiro*, como mostraremos no Capítulo 13, mesmo que as variáveis X sejam estocásticas, os resultados estatísticos da regressão linear baseada no caso de regressores fixos também são válidos quando a variável X é aleatória, contanto que algumas condições sejam atendidas. Uma condição é de que o regressor X e o termo de erro u_i sejam independentes. Como observa James Davidson, "[...] este modelo [isto é, de regressores estocásticos] 'imita' o modelo de regressores fixos, e [...] muitas das propriedades estatísticas de mínimos quadrados no modelo de regressor fixo continuam válidas".[9]

Por todas essas razões, discutiremos primeiro o modelo MCRL (regressor fixo) em detalhes. No entanto, no Capítulo 13, examinaremos o caso dos regressores estocásticos e ressaltaremos as ocasiões em que é necessário considerar os modelos de regressor estocástico. Casualmente, note que, se a variável X for estocástica, o modelo resultante será chamado de **modelo neoclássico de regressão linear (MNRL)**,[10] em contraste com o MCRL, em que as variáveis X são tratadas como fixas ou não aleatórias. Para fins de discussão, chamaremos o primeiro modelo de **modelo de regressão estocástico** e o segundo de **modelo de regressão fixo**.

Esta hipótese afirma que o valor médio de u_i, condicionado a um dado X_i, é zero. Geometricamente, esta hipótese pode ser ilustrada como na Figura 3.3, que mostra alguns dos valores da variável X e das populações Y associadas a cada uma delas. Conforme mostrado, cada população Y correspon-

[9] DAVIDSON, James. *Econometric theory.* RU: Blackwell Publishers, 2000. p. 10.

[10] Um termo de GOLDBERGER, Arthur S. *A course in econometrics.* Cambridge, MA: Harvard University Press, 1991. p. 264.

HIPÓTESE 3 **Valor médio do termo de erro u_i é zero:** dado o valor de X_i, o valor médio ou esperado, do termo de erro aleatório u_i é zero. Simbolicamente, temos:

$$E(u_i \mid X_i) = 0 \tag{3.2.1}$$

ou, se X é não estocástico,

$$E(u_i) = 0$$

dente a um dado X distribui-se em torno da média (mostrada pelos pontos circulados sobre a FRP), com alguns valores de Y acima e outros abaixo da média. As distâncias acima e abaixo da média não são nada mais que os u_i. A Equação (3.2.1) requer que o valor médio desses desvios em relação a qualquer X seja zero.

Esta hipótese não é difícil de entender em vista do que foi discutido na Seção 2.4 (veja a Equação (2.4.5)). A hipótese 3 informa simplesmente que fatores não incluídos explicitamente no modelo e, portanto, agrupados em u_i, não afetam sistematicamente o valor médio de Y; em outras palavras, os valores positivos de u_i cancelam os negativos, de modo que seu efeito médio sobre Y é igual a 0.[11]

Note que a premissa $E(u_i|X_i) = 0$ implica que $E\ (Y_i|X_i) = \beta_1 + \beta_2 X_i$. (Por quê?) Portanto, as duas hipóteses são equivalentes.

É importante ressaltar que a Hipótese 3 implica que não existe **viés de especificação** ou **erro de especificação** no modelo usado na análise empírica. Em outras palavras, o modelo de regressão está especificado corretamente. Deixar de fora variáveis explanatórias importantes, incluir variáveis desnecessárias ou escolher incorretamente a forma funcional da relação entre as variáveis Y e X são alguns exemplos de erro de especificação. Discutiremos o tópico em detalhe no Capítulo 13.

Note também que, se a média condicional de uma variável aleatória dada outra variável aleatória é zero, a covariância entre as duas variáveis é zero e, portanto, as duas variáveis não são correlacionadas. Sendo assim, a Hipótese 3 implica que X_i e u_i não são correlacionadas.[12]

A razão para assumir que o termo de erro u e a(s) variável(eis) explanatória(s) X não são correlacionados é simples. Quando expressamos a FRP na Equação (2.4.2), assumimos que X e u (que representa a influência de todas as variáveis omitidas) têm influências separadas (e aditivas) sobre Y. Mas, se X e u são correlacionados, não é possível avaliar seus efeitos individuais sobre Y. Portanto, se X e u são positivamente correlacionados, X aumenta quando u aumenta e diminui quando u diminui. Da mesma forma, se X e u são negativamente correlacionados, X aumenta quando u diminui e diminui quando u aumenta. Em situações como essa, é bem possível que o termo de erro realmente inclua algumas variáveis que deveriam ser incluídas como regressores adicionais no modelo. É por esse motivo que a Hipótese 3 é outra maneira de afirmar que não existe erro de especificação no modelo de regressão escolhido.

A Equação (3.2.2) informa que a variância de u_i para cada X_i (a variância condicional de u_i) é um número positivo constante igual a σ^2. Tecnicamente, a Equação (3.2.2) representa a premissa da **homocedasticidade** ou *igual* (homo) *dispersão* (cedasticidade) ou *variância igual.* A palavra tem origem no verbo grego *skedanime*, que significa dispersar ou espalhar. Em outras palavras, a Equação (3.2.2) indica que as populações Y correspondentes aos vários valores de X têm a mesma variância. Simplificando, a variação em torno da linha de regressão (que é a linha das relações médias entre Y e X) é a mesma para todos os X; não aumenta nem diminui quando X varia. A Figura 3.4 representa isso graficamente.

---

[11] Razões mais técnicas para a necessidade da Hipótese 3 podem ser encontradas em MALINVAUD, E. *Statistical methods of econometrics.* Chicago: Rand McNally, 1966. p.75. Veja também o Exercício 3.3.

[12] O oposto, contudo, não é verdadeiro porque correlação é uma medida de associação linear apenas. Mesmo se X_i e u_i não forem correlacionadas, a média condicional de u_i dado X_i, pode não ser zero. No entanto, se X_i e u_i forem correlacionadas, $E(u_i|X_i)$ deve ser diferente de zero, o que viola a Hipótese 3. Devemos este argumento a Stock e Watson. Veja STOCK, James H.; WATSON, Mark W. *Introduction to econometrics.* Boston: Addison-Wesley, 2003. p. 104-105.

HIPÓTESE 4 **Homocedasticidade ou variância constante de u_i:** A variância do termo de erro é a mesma independentemente do valor de X. De maneira simbólica,

$$\begin{aligned}\text{var}(u_i) &= E[u_i - E(u_i|X_i)]^2 \\ &= E(u_i^2|X_i), \text{ devido à Hipótese 3} \\ &= E(u_i^2), \text{ se } X_i \text{ é não estocástica} \\ &= \sigma^2 \end{aligned} \tag{3.2.2}$$

em que var é a abreviatura de variância.

Em contrapartida, considere a Figura 3.5, em que a variância condicional da população de Y varia com X. Essa situação é conhecida, adequadamente, como **heterocedasticidade** ou *dispersão* ou *variância desigual.* Simbolicamente, nessa situação a Equação (3.2.2) pode ser representada como

$$\text{var}\,(u_i|X_i) = \sigma_i^2 \tag{3.2.3}$$

Observe o subscrito em σ^2 na Equação (3.2.3), que indica que a variância da população Y não é mais constante.

Para tornar essa diferença entre as duas situações clara, suponha que Y represente as despesas semanais de consumo e X, a renda semanal. As Figuras 3.4 e 3.5 mostram que à medida que a renda aumenta, as despesas também aumentam. Mas na Figura 3.4 a variância das despesas de consumo permanece a mesma em todos os níveis de renda, enquanto na Figura 3.5 ela aumenta com o aumento da renda. Em outras palavras, as famílias mais ricas em média consomem mais do que as famílias mais pobres, mas também há maior variabilidade nas despesas de consumo das primeiras.

Para entender a lógica por trás desta hipótese, veja a Figura 3.5. Como ela mostra, $\text{var}\,(u|X_1) < \text{var}(u|X_2), \ldots, < \text{var}(u|X_i)$. Portanto, a probabilidade de que as observações Y vindas de uma população com $X = X_1$ estarão mais próximas da FRP do que as da população que corresponde a $X = X_2$, $X = X_3$ e assim por diante. Em resumo, nem todos os valores Y correspondentes aos vários X serão igualmente confiáveis; essa confiabilidade é avaliada pela proximidade ou distância em que os valores de Y distribuem-se em torno de sua média, isto é, os pontos sobre a FRP. Se esse for de fato o caso, não seria preferível tirar a amostra de populações Y que estejam mais próximas da média do que daquelas que estão mais dispersas? Mas fazer isso pode restringir a variação que obtemos entre os valores de X.

Ao invocarmos a Hipótese 4, estamos dizendo que, neste estágio, todos os valores de Y correspondentes aos vários X são igualmente importantes. No Capítulo 11, veremos o que acontece quando não é esse o caso, isto é, quando há heterocedasticidade.

FIGURA 3.4
Homocedasticidade.

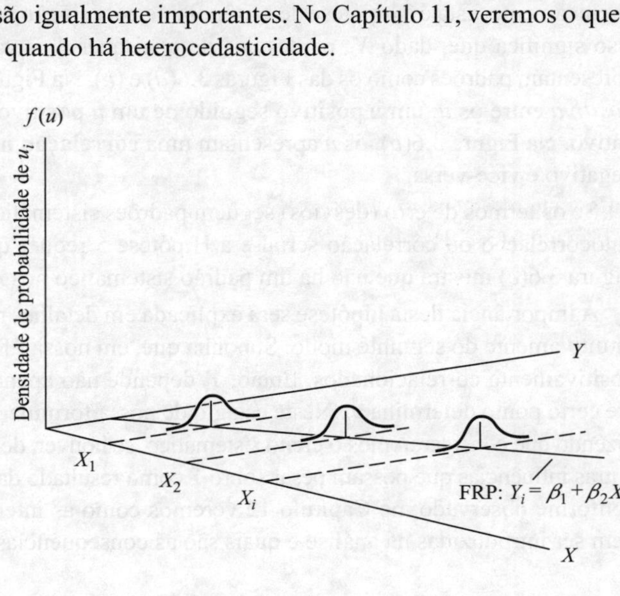

FIGURA 3.5
Heterocedasticidade.

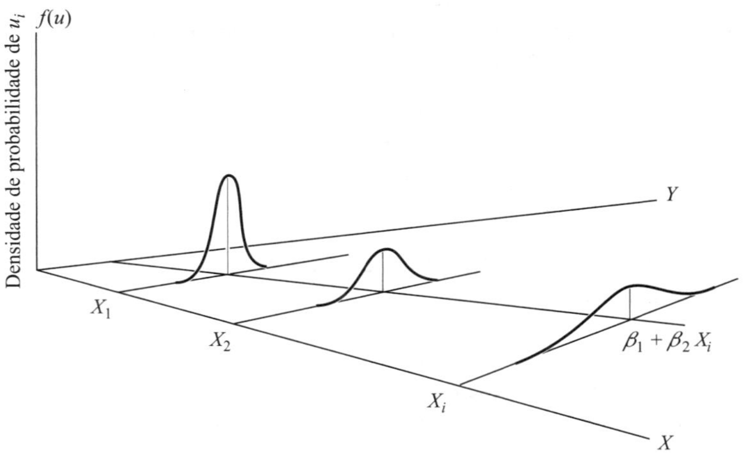

Note que a Hipótese 4 implica que as variâncias condicionais de Y_i também são homocedásticas. Isto é,

$$\text{var}\,(Y_i \mid X_i) = \sigma^2 \qquad \textbf{(3.2.4)}$$

Obviamente, a *variância incondicional* de Y é σ_Y^2. Mais adiante, veremos a importância de fazer a distinção entre as variâncias condicional e incondicional de Y (veja no **Apêndice A** detalhes das variâncias condicional e incondicional).

HIPÓTESE 5 **Não há autocorrelação entre os termos de erro:** dados quaisquer dois valores de X, X_i e X_j $(i \neq j)$, a correlação entre quaisquer dois u_i e u_j $(i \neq j)$ é zero. Simbolicamente,

$$\begin{aligned} \text{cov}(u_i, u_j \mid X_i \text{ e } X_j) &= 0 \\ \text{cov}(u_i, u_j) &= 0, \text{ se } X \text{ for não estocástica} \end{aligned} \qquad \textbf{(3.2.5)}$$

em que i e j são duas observações diferentes e cov significa covariância.

Em palavras, a Equação (3.2.5) postula que os termos de erro u_i e u_j não são correlacionados. Tecnicamente, esta é a hipótese de **ausência de correlação serial** ou de **ausência de autocorrelação**. Isso significa que, dado X_i, os desvios de quaisquer dois valores de Y em relação a sua média não apresentam padrões como os das Figuras 3.6(*a*) e (*b*). Na Figura 3.6(*a*), vemos que há uma correlação *positiva* entre os u: um u positivo seguido de um u positivo ou um u negativo seguido de outro negativo. Na Figura 3.6(*b*), os u apresentam uma **correlação negativa**: um u positivo seguido de outro negativo e vice-versa.

Se os termos de erro (desvios) seguem padrões sistemáticos, como os das Figuras 3.6(*a*) e (*b*), há autocorrelação ou correlação serial e a Hipótese 5 requer que tais correlações estejam ausentes. A Figura 3.6(*c*) mostra que não há um padrão sistemático nos u, o que indica uma correlação zero.

A importância desta hipótese será explicada em detalhes no Capítulo 12, mas é possível explicá-la intuitivamente do seguinte modo. Suponha que, em nossa FRP ($Y_t = \beta_1 + \beta_2 X_t + u_t$), u_t e u_{t-1} sejam positivamente correlacionados. Então, Y_t depende não apenas de X_t, mas também de u_{t-1}, pois u_{t-1} até certo ponto determina u_t. Neste estágio de nossa formulação, ao invocarmos a Hipótese 5 estamos dizendo que consideraremos o efeito sistemático, se houver, de X_t sobre Y_t e não nos preocuparemos com outras influências que possam pesar sobre Y como resultado da possível intercorrelação entre os u. Mas, conforme observado, no Capítulo 12 veremos como as intercorrelações entre os termos de erro podem ser introduzidas na análise e quais são as consequências.

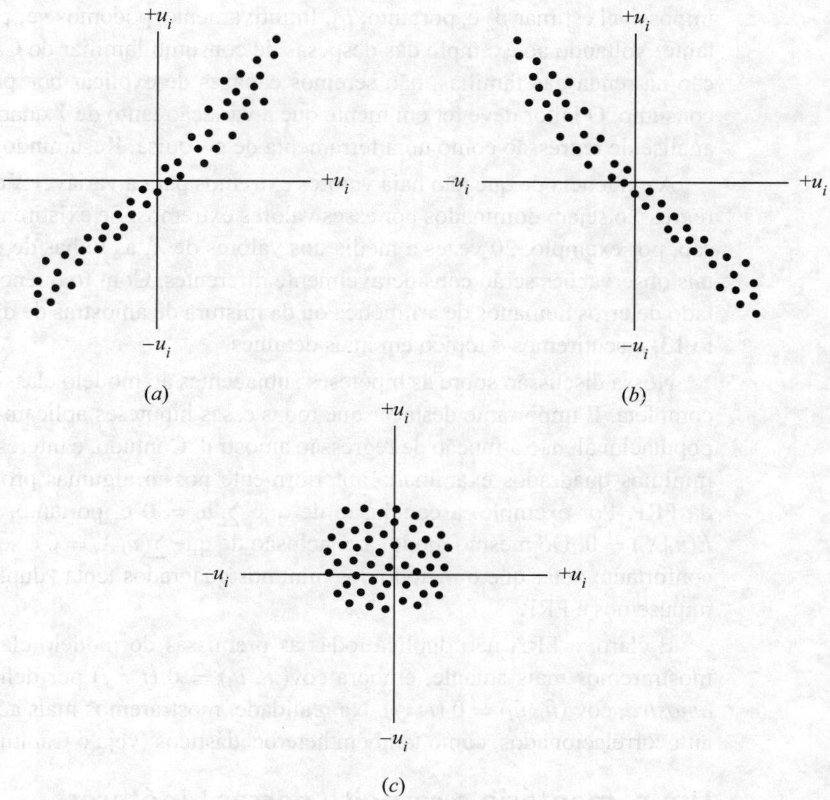

FIGURA 3.6
Padrões de correlação entre os termos de erro. (*a*) correlação serial positiva; (*b*) correlação serial negativa; (*c*) correlação zero.

Mas devemos acrescentar aqui que a justificativa para esta hipótese depende do tipo de dados usados na análise. Se os dados forem de corte transversal e forem obtidos como uma amostra aleatória da população, esta hipótese será normalmente válida. Entretanto, se os dados são de séries temporais, a hipótese de independência é difícil de manter, pois observações sucessivas de uma série temporal, como o PIB, são altamente correlacionadas. Mas trataremos desta situação quando examinarmos séries temporais mais adiante no livro.

HIPÓTESE 6 **O número de observações *n* deve ser maior que o número de parâmetros a serem estimados:** como alternativa, o número de observações *n* deve ser maior que o número de variáveis explanatórias.

HIPÓTESE 7 **Variabilidade dos valores de *X*:** os valores de *X* em uma amostra não devem ser os mesmos. Tecnicamente, var (*X*) deve ser um número positivo. Além disso, não pode haver valores extremos (*outliers*) da variável *X*, isto é, valores muito grandes ou discrepantes em relação ao resto das observações.

Esta hipótese não é tão inócua quanto parece. No exemplo hipotético da Tabela 3.1, imagine que só tivéssemos o primeiro par de observações de *Y* e *X* (4 e 1). Com base nessa única observação, não há como estimar as duas incógnitas β_1 e β_2. São necessários pelo menos dois pares de observações para estimar as duas incógnitas. Em um capítulo posterior, veremos a importância fundamental desta hipótese.

Esta hipótese também não é tão inócua quanto parece. Veja a Equação (3.1.6). Se todos os valores de *X* forem idênticos, então $X_i = \bar{X}$ (por quê?) e o denominador da equação será zero, tornando impossível estimar β_2 e, portanto, β_1. Intuitivamente, podemos ver por que esta hipótese é tão importante. Voltando ao exemplo das despesas de consumo familiar do Capítulo 2, se houver pouca variação na renda das famílias, não seremos capazes de explicar boa parte da variação dos gastos com consumo. O leitor deve ter em mente que a variação tanto de Y quanto de X é essencial para o uso da análise de regressão como uma ferramenta de pesquisa. Resumindo, as variáveis precisam variar!

A exigência de que não haja valores extremos para a variável X é para evitar que os resultados da regressão sejam dominados por esses valores extremos. Se existirem alguns poucos valores de X que são, por exemplo, 20 vezes a média dos valores de X, as linhas de regressão estimadas com ou sem tais observações serão consideravelmente diferentes. Com frequência os valores extremos são resultado de erros humanos de aritmética ou da mistura de amostras de diferentes populações. No Capítulo 13, discutiremos o tópico em mais detalhes.

Nossa discussão sobre as hipóteses subjacentes ao modelo clássico de regressão linear agora está completa. É importante destacar que todas essas hipóteses aplicam-se apenas à função de regressão populacional, não à função de regressão amostral. Contudo, é interessante observar que o método dos mínimos quadrados examinado anteriormente possui algumas propriedades similares às hipóteses da FRP. Por exemplo, a conclusão de que $\sum \hat{u}_i = 0$ e, portanto, $\bar{\hat{u}} = 0$ é semelhante à premissa $E(u_i|X_i) = 0$. Do mesmo modo, a conclusão de que $\sum \hat{u}_i X_i = 0$ é semelhante a $\text{cov}(u_i, X_i) = 0$. É reconfortante notar que o método dos mínimos quadrados tenta "duplicar" algumas das premissas que impusemos à FRP.

É claro, a FRA não duplica todas as premissas do modelo clássico de regressão linear. Como mostraremos mais adiante, embora $\text{cov}(u_i, u_j) = 0$ $(i \neq j)$ por definição, *não* é verdadeiro que, na *amostra*, $\text{cov}(\hat{u}_i, \hat{u}_j) = 0$ $(i \neq j)$. Na realidade, mostraremos mais adiante que os resíduos são não só autocorrelacionados, como também heterocedásticos (veja o Capítulo 12).

Um comentário a respeito dessas hipóteses

A pergunta fundamental é: até que ponto todas essas hipóteses são realistas? A "realidade das hipóteses" é uma questão antiga na filosofia da ciência. Alguns argumentam que não importa se são realistas; o que importa são as previsões feitas com base nelas. Um notável dentre os defensores da "tese da irrelevância das hipóteses" é Milton Friedman. Para ele, a irrealidade das premissas é uma vantagem positiva: "para ser importante [...] uma hipótese deve ser descritivamente falsa em suas premissas".[13]

Podemos não concordar plenamente com esse ponto de vista, mas lembre-se de que em qualquer estudo científico fazemos certas suposições porque facilitam o desenvolvimento do assunto em etapas graduais, e não porque sejam necessariamente realistas no sentido de replicar a realidade com exatidão.

Como um autor observa: "[...] se a simplicidade é um critério desejável da boa teoria, todas as boas teorias idealizam e simplificam exageradamente".[14]

O que planejamos fazer é, primeiro, estudar minuciosamente as propriedades do MCRL e, em capítulos posteriores, examinar com profundidade o que acontece quando as hipóteses da MCRL não são atendidas. No final deste capítulo, apresentamos na Tabela 3.4 um guia que mostra onde verificar o que acontece com o modelo clássico de regressão linear se dada hipótese não for satisfeita.

Como um colega ressaltou, quando examinamos pesquisas feitas por outras pessoas, precisamos considerar se as hipóteses feitas pelo pesquisador são adequadas aos dados e ao problema. Com muita frequência, as pesquisas publicadas se embasam em hipóteses implícitas sobre o problema e em dados que provavelmente não estão corretos e produzem estimativas baseadas nessas hipóteses. Evidentemente, o leitor atento deveria, ao perceber esse problema, adotar uma atitude cética em relação à pesquisa. As hipóteses apresentadas na Tabela 3.4 proporcionam uma lista de verificação para orientar nossas pesquisas e avaliar as de terceiros.

---

[13] FRIEDMAN, Milton. *Essays in positive economics.* Chicago: University of Chicago Press, 1953. p. 14

[14] BLAUG, Mark. *The methodology of economics:* or how economists explain. 2. ed. Nova York: Cambridge University Press, 1992. p. 92.

Com esse pano de fundo, estamos agora prontos para estudar o modelo clássico de regressão linear. Em especial, queremos verificar as **propriedades estatísticas** dos MQO em comparação com as **propriedades puramente matemáticas** que examinamos anteriormente. As propriedades estatísticas dos MQO embasam-se nas hipóteses do modelo clássico de regressão linear já examinadas e estão inseridas no famoso *teorema de Gauss-Markov.* Mas, antes de passarmos a esse teorema, que fornece a justificativa teórica para a popularidade dos MQO, precisamos, primeiro tratar da **precisão** ou dos **erros padrão** das estimativas de mínimos quadrados.

3.3 Precisão ou erros padrão das estimativas de mínimos quadrados

Ao analisarmos as Equações (3.1.6) e (3.1.7), fica evidente que as estimativas de mínimos quadrados são uma função dos dados amostrais. Mas como os dados costumam mudar de amostra para amostra, consequentemente as estimativas mudarão. Portanto, alguma medida de "confiabilidade" ou **precisão** dos estimadores $\hat{\beta}_1$ e $\hat{\beta}_2$ faz-se necessária. Em estatística, a precisão de uma estimativa é medida por seu *erro padrão* (ep).[15] Dadas as hipóteses gaussianas, a Seção 3A.3 do Apêndice 3A mostra que os erros padrão das estimativas de MQO podem ser obtidos como se segue:

$$\operatorname{var}(\hat{\beta}_2) = \frac{\sigma^2}{\sum x_i^2} \tag{3.3.1}$$

$$\operatorname{ep}(\hat{\beta}_2) = \frac{\sigma}{\sqrt{\sum x_i^2}} \tag{3.3.2}$$

$$\operatorname{var}(\hat{\beta}_1) = \frac{\sum X_i^2}{n\sum x_i^2}\sigma^2 \tag{3.3.3}$$

$$\operatorname{ep}(\hat{\beta}_1) = \sqrt{\frac{\sum X_i^2}{n\sum x_i^2}}\,\sigma \tag{3.3.4}$$

em que var = variância, ep = erro padrão e σ^2 é a variância constante ou homocedástica de u_i da Hipótese 4.

Todas as quantidades que entram nas equações anteriores, exceto σ^2, podem ser estimadas com base nos dados. Como mostra a Seção A.5 do Apêndice 3A, o próprio σ^2 é estimado pela seguinte fórmula:

$$\hat{\sigma}^2 = \frac{\sum \hat{u}_i^2}{n-2} \tag{3.3.5}$$

em que $\hat{\sigma}^2$ é o estimador de MQO do verdadeiro, mas desconhecido, σ^2, a expressão $n-2$ é conhecida como **número de graus de liberdade (gl)** e $\sum \hat{u}_i^2$ é a **soma do quadrado dos resíduos (SQR)**[16].

[15] O **erro padrão** é apenas o desvio padrão da distribuição amostral do estimador, e esta é simplesmente a probabilidade ou distribuição de frequência do estimador; isto é, uma distribuição do conjunto de valores dos estimadores obtidos de todas as amostras possíveis, do mesmo tamanho, de uma dada população. As distribuições amostrais são usadas para fazer inferências sobre os valores dos parâmetros populacionais com base nos valores calculados dos estimadores baseados em uma ou mais amostras. (Para detalhes, veja o **Apêndice A**.)

[16] A expressão **número de graus de liberdade** representa o número total de observações da amostra (= *n*) menos o número de restrições independentes (lineares) impostas a ele. Em outras palavras, é o número de observações independentes dentre um total de *n* observações. Por exemplo, antes de calcular a SQR (3.1.2), é preciso obter $\hat{\beta}_1$ e $\hat{\beta}_2$. Sendo assim, essas duas estimativas impõem duas restrições à SQR. Portanto, existem $n-2$, e não *n*, observações independentes para calcular a SQR. Seguindo essa lógica, em uma regressão com três variáveis, a SQR terá $n-3$ graus de liberdade e o modelo com *k* variáveis terá $n-k$ graus de liberdade. A **regra geral** é a seguinte: graus de liberdade = (n – número de parâmetros estimados).

Uma vez conhecida $\sum \hat{u}_i^2$, σ^2 pode ser facilmente calculado. A própria $\sum \hat{u}_i^2$ pode ser calculada por meio da Equação (3.1.2) ou da seguinte expressão (veja a prova na Seção 3.5):

$$\sum \hat{u}_i^2 = \sum y_i^2 - \hat{\beta}_2^2 \sum x_i^2 \tag{3.3.6}$$

Comparada à Equação (3.1.2), a Equação (3.3.6) é fácil de usar, pois não requer o cálculo de $\hat{u}_i$ para cada observação, embora esse cálculo possa ser útil (como veremos nos Capítulos 11 e 12).

Como

$$\hat{\beta}_2 = \frac{\sum x_i y_i}{\sum x_i^2}$$

uma expressão alternativa para calcular $\sum \hat{u}_i^2$ é:

$$\sum \hat{u}_i^2 = \sum y_i^2 - \frac{\left(\sum x_i y_i\right)^2}{\sum x_i^2} \tag{3.3.7}$$

Note que a raiz quadrada positiva de σ^2

$$\hat{\sigma} = \sqrt{\frac{\sum \hat{u}_i^2}{n-2}} \tag{3.3.8}$$

é conhecida como **erro padrão da estimativa** ou **erro padrão da regressão (ep)**. É simplesmente o desvio padrão dos valores de Y em relação à linha de regressão estimada, sendo frequentemente usada como uma medida sintética da "qualidade do ajustamento" da linha de regressão estimada, um tópico que será discutido na Seção 3.5.

Anteriormente, observamos que, dado X_i, σ^2 representa a variância (condicional) de u_i e de Y_i. Portanto, o erro padrão da estimativa pode também ser chamado de desvio padrão (condicional) de u_i e Y_i. Obviamente, como sempre, σ_Y^2 e σ_Y representam, respectivamente, a variância incondicional e o desvio padrão incondicional de Y.

Note as seguintes características das variâncias (e, portanto, dos erros padrão) de $\hat{\beta}_1$ e $\hat{\beta}_2$:

1. A variância de $\hat{\beta}_2$ é diretamente proporcional a σ^2, mas inversamente proporcional a $\sum x_i^2$. Isto é, dado σ^2, quanto maior a variação dos valores de X, menor a variância de $\hat{\beta}_2$ e, portanto, maior a precisão com que β_2 pode ser estimado. Resumindo, dado σ^2, se houver variação substancial dos valores de X, β_2 pode ser medido mais acuradamente do que quando os X_i não variam substancialmente. Também, dada $\sum x_i^2$, quanto maior a variância de σ^2, maior a variância de β_2. Note que, conforme o tamanho da amostra n aumentar, o número de termos na somatória $\sum x_i^2$ aumentará. Com o aumento de n, a precisão da estimação de β_2 também aumenta. (Por quê?)
2. A variância de $\hat{\beta}_1$ é diretamente proporcional a σ^2 e $\sum x_i^2$, mas inversamente proporcional a $\sum x_i^2$ e ao tamanho da amostra n.
3. Como $\hat{\beta}_1$ e $\hat{\beta}_2$ são estimadores, eles não só variam de amostra para amostra, como tendem a ser dependentes um do outro em determinada amostra. Essa dependência é medida pela covariância entre eles. Na Seção 3A.4 do Apêndice 3A, vemos que:

$$\begin{aligned} \operatorname{cov}(\hat{\beta}_1, \hat{\beta}_2) &= -\bar{X} \operatorname{var}(\hat{\beta}_2) \\ &= -\bar{X}\left(\frac{\sigma^2}{\sum x_i^2}\right) \end{aligned} \tag{3.3.9}$$

Como var $(\hat{\beta}_2)$ é sempre positiva, assim como a variância de qualquer variável, a natureza da covariância entre $\hat{\beta}_1$ e $\hat{\beta}_2$ depende do sinal de $\bar{X}$. Se o sinal for positivo, como mostra a fórmula, a covariância será negativa. Portanto, se o coeficiente angular β_2 for *superestimado* (se a inclinação for muito abrupta), o intercepto β_1 será *subestimado* (o intercepto será pequeno demais). Mais à frente (especialmente no Capítulo 10, sobre multicolinearidade), veremos a utilidade de examinar as covariâncias entre os coeficientes de regressão estimados.

Como as variâncias e os erros padrão dos coeficientes estimados de regressão nos permitem julgar a confiabilidade dessas estimativas? Isso é um problema de inferência estatística e será visto nos Capítulos 4 e 5.

3.4 Propriedades dos estimadores de mínimos quadrados: o teorema de Gauss-Markov[17]

Como mencionado, dadas as hipóteses do modelo clássico de regressão linear, as estimativas de mínimos quadrados possuem algumas propriedades ideais ou ótimas. Estas estão contidas no conhecido **teorema de Gauss-Markov**. Para entendê-lo, precisamos considerar a **propriedade de melhor estimador linear não viesado (ou não tendencioso):** MELNT ou BLUE de um estimador.[18] Como explicado no Apêndice A, um estimador, por exemplo, o estimador de MQO $\hat{\beta}_2$, é considerado o melhor estimador linear não viesado (ou não tendencioso) de β_2 se atender às seguintes condições:

1. É **linear**, isto é, uma função linear de uma variável aleatória, como a variável dependente Y no modelo de regressão.
2. É **não viesado (ou não tendencioso)**, isto é, seu valor médio ou esperado $E(\hat{\beta}_2)$ é igual ao verdadeiro valor β_2.
3. Tem variância mínima na classe de todos os estimadores lineares não viesados; um estimador não viesado com a menor variância é conhecido como um **estimador eficiente.**

No contexto da regressão, podemos provar que os estimadores de MQO são MELNT. Essa é a essência do famoso teorema de Gauss-Markov, que afirma o seguinte:

Teorema de Gauss-Markov	Dadas as premissas do modelo clássico de regressão linear, os estimadores de mínimos quadrados da classe dos estimadores lineares não viesados têm variância mínima, isto é, são o melhor estimador linear não viesado (MELNT).

A demonstração deste teorema está na Seção 3A.6 do Apêndice 3A. Toda a importância do teorema ficará mais clara à medida que avançarmos. Por enquanto, é suficiente notar que o teorema tem importância não só teórica como também prática.[19]

Podemos explicar o significado de tudo isso com auxílio da Figura 3.7.

Na Figura 3.7 (*a*) apresentamos a **distribuição amostral** do estimador de MQO $\hat{\beta}_2$, isto é, a distribuição dos valores assumidos por $\hat{\beta}_2$ em experimentos amostrais repetidos (lembre-se da Tabela 3.1).

[17] Embora conhecido como *teorema de Gauss-Markov*, a abordagem de Gauss (1821) aos mínimos quadrados antecede a de variância mínima de Markov (1900).

[18] O leitor encontrará no **Apêndice A** considerações sobre a importância dos estimadores lineares, bem como um exame geral das propriedades desejáveis dos estimadores estatísticos.

[19] Por exemplo, é possível demonstrar que qualquer combinação linear dos β, como $(\beta_1 - 2\beta_2)$, pode ser estimada por meio de $(\hat{\beta}_1 - 2\hat{\beta}_2)$ e que seu estimador é o melhor estimador linear não viesado. Para detalhes, veja, HENRY, Theil. *Introduction to econometrics*. Englewood Cliffs, N. J.: Prentice-Hall, 1978. p. 401-402. Uma observação técnica sobre o teorema de Gauss-Markov: ele só proporciona a condição suficiente (mas não necessária) para a eficiência dos MQO. Agradeço a Michael McAleer, da Western Australia University, por chamar nossa atenção para este ponto.

FIGURA 3.7
Distribuição amostral do estimador de MQO $\hat{\beta}_2$ de um estimador alternativo β_2^*.

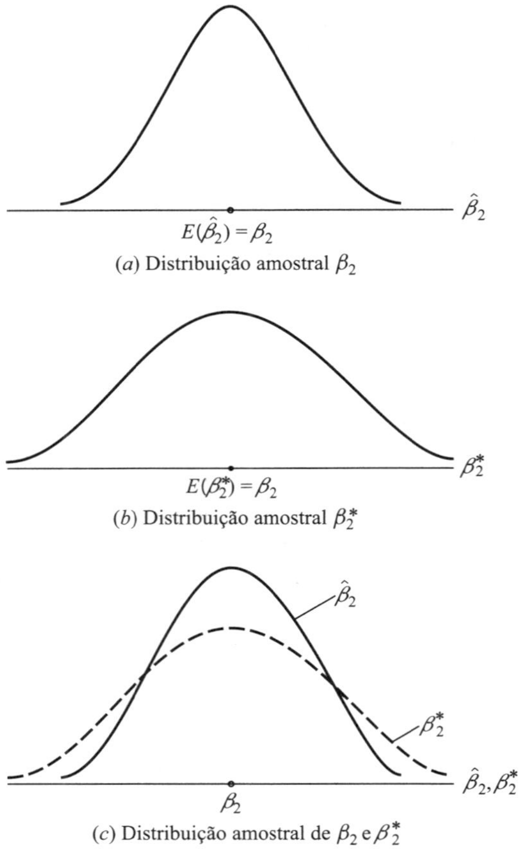

Por conveniência, supusemos que os $\hat{\beta}_2$ distribuem-se simetricamente (mas voltaremos a este ponto no Capítulo 4). Como a figura mostra, a média dos valores de $\hat{\beta}_2$, $E(\hat{\beta}_2)$, é igual ao verdadeiro β_2. Nessa situação, dizemos que $\hat{\beta}_2$ *é um estimador não viesado* de β_2. Na Figura 3.7(b), mostramos a distribuição amostral de β_2^*, um estimador alternativo de β_2 obtido usando outro método (diferente de MQO). Por conveniência, supusemos que β_2^*, assim como $\hat{\beta}_2$, é não viesado, ou seja, que seu valor médio ou esperado é igual a β_2. Vamos supor, ainda, que tanto $\hat{\beta}_2$ quanto β_2^* são estimadores lineares, isto é, que são funções lineares de Y. Qual dos estimadores, $\hat{\beta}_2$ ou β_2^*, você escolheria?

Para responder a essa pergunta, sobreponha as duas figuras, como na Figura 3.7(c). É óbvio que, embora tanto $\hat{\beta}_2$ quanto β_2^* sejam não viesados, a distribuição de β_2^* é mais difusa ou espalhada em torno da média do que a distribuição de $\hat{\beta}_2$. Em outras palavras, a variância de β_2^* é maior que a variância de $\hat{\beta}_2$. Agora, dados dois estimadores lineares e não viesados, escolhemos o estimador com menor variância a mais, porque é mais provável que esteja mais próximo de β_2 do que o estimador alternativo. Em resumo, escolhemos o melhor estimador linear não viesado (MELNT ou BLUE).

O teorema de Gauss-Markov é notável, porque não faz suposições sobre a distribuição de probabilidade da variável aleatória u_i e, portanto, de Y_i (no próximo capítulo, voltaremos ao assunto). Enquanto as hipóteses do modelo clássico de regressão linear forem atendidas, o teorema será válido. Consequentemente, não precisamos procurar outro estimador linear não viesado, pois não encontraremos um cuja variância seja menor que o estimador de mínimos quadrados ordinários. É claro, se uma ou mais dessas hipóteses não se aplicarem, o teorema deixa de ser válido. Por exemplo, se considerarmos os modelos de regressão não linear nos parâmetros (discutidos no Capítulo 14), poderemos encontrar estimadores melhores que os estimadores de MQO. Também, como veremos no capítulo sobre heterocedasticidade, se a hipótese de variância homocedástica não for satisfeita, os estimadores de MQO, embora não viesados e consistentes, deixam de ser estimadores com variância mínima mesmo na classe dos estimadores lineares.

As propriedades estatísticas que acabamos de examinar são conhecidas como **propriedades de amostras finitas**: elas são válidas independentemente do tamanho da amostra em que os estimadores se embasam. Mais adiante, teremos oportunidade de considerar as **propriedades assintóticas**, isto é, as propriedades que se mantêm apenas se o tamanho da amostra for muito grande (tecnicamente, infinito). O **Apêndice A** apresenta uma discussão geral das propriedades dos estimadores de amostras finitas e dos de grandes amostras.

3.5 O coeficiente de determinação r^2: uma medida da "qualidade do ajustamento"

Até aqui estivemos preocupados com o problema de estimar coeficientes de regressão, seus erros padrão e algumas de suas propriedades. Agora, consideraremos a **qualidade do ajustamento** da linha de regressão ajustada a um conjunto de dados; vamos descobrir quão "bem" uma linha de regressão amostral é adequada aos dados. A Figura 3.1 deixa claro que, se todas as observações fossem situadas na linha de regressão, obteríamos um ajustamento "perfeito", mas isso raramente acontece. Em geral, haverá alguns $\hat{u}_i$ positivos e outros $\hat{u}_i$ negativos. O que esperamos é que esses resíduos em torno da linha de regressão sejam os menores possíveis. O **coeficiente de determinação** r^2 (no caso de duas variáveis) ou R^2 (regressão múltipla) é uma medida resumida que diz quanto a linha de regressão amostral ajusta-se aos dados.

Antes de mostrarmos como se calcula o r^2, vejamos uma explicação heurística de r^2 em termos de um recurso gráfico conhecido como **diagrama de Venn**, ou **Ballentine**, como mostra a Figura 3.8.[20]

Nessa figura, o círculo *Y* representa a variação da variável dependente *Y* e o círculo *X*, a variação da variável explanatória *X*.[21] A sobreposição dos círculos (a área sombreada) indica a extensão em que a variação de *Y* é explicada pela variação de *X* (por exemplo, por meio de uma regressão de MQO). Quanto maior a área de sobreposição, maior a parte da variação de *Y* explicada por *X*. O r^2 é apenas a medida numérica dessa sobreposição. Na figura, à medida que nos movemos da esquerda para a direita, a área de sobreposição aumenta, isto é, uma proporção cada vez maior da variação de *Y* é explicada por *X*. Em resumo, r^2 aumenta. Quando não há sobreposição, r^2 é obviamente zero; mas, quando a sobreposição é total, r^2 é igual a l, pois 100% da variação de *Y* é explicada por *X*. Como mostraremos em breve, r^2 situa-se entre 0 e 1.

Para calcularmos r^2, procedemos do seguinte modo. Lembre-se de que:

$$Y_i = \hat{Y}_i + \hat{u}_i \tag{2.6.3}$$

FIGURA 3.8
r^2 visto no Ballentine: (a) $r^2 = 0$; (f) $r^2 = 1$.

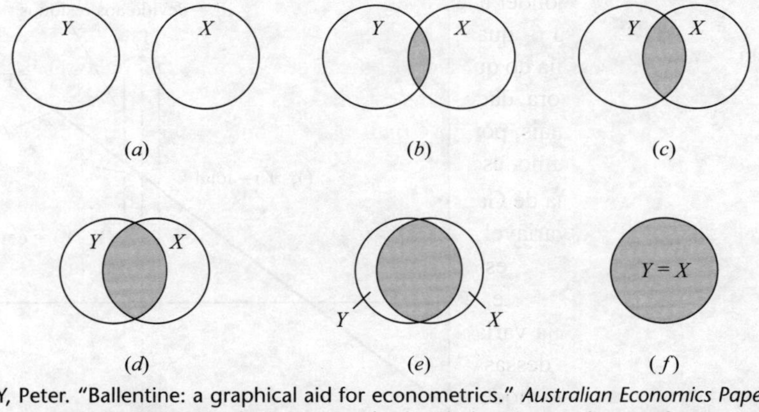

[20] Veja KENNEDY, Peter. "Ballentine: a graphical aid for econometrics." *Australian Economics Papers,* 1981. v. 20, p. 414-416. O nome Ballentine faz referência aos círculos da logomarca de uma famosa cerveja com esse nome.

[21] Os termos *variação* e *variância* indicam coisas diferentes. A variação é a soma dos quadrados dos desvios de uma variável de seu valor médio. A variância é a soma dos quadrados dividida pelos graus de liberdade adequados. Em resumo, variância = variação/gl.

ou, no formato de desvio,

$$y_i = \hat{y}_i + \hat{u}_i$$

em que se faz uso das Equações (3.1.13) e (3.1.14). Elevando ao quadrado os dois lados da Equação (3.5.1) e somando na amostra, obtemos

$$\begin{aligned}\sum y_i^2 &= \sum \hat{y}_i^2 + \sum \hat{u}_i^2 + 2\sum \hat{y}_i \hat{u}_i \\ &= \sum \hat{y}_i^2 + \sum \hat{u}_i^2 \\ &= \hat{\beta}_2^2 \sum x_i^2 + \sum \hat{u}_i^2\end{aligned} \tag{3.5.2}$$

já que $\sum \hat{y}_i \hat{u}_i = 0$ (por quê?) e $\hat{y}_i = \hat{\beta}_2 x_i$.

As várias somas de quadrados que aparecem na Equação 3.5.2 podem ser descritas como a seguir: $\sum y_i^2 = \sum (Y_i - \bar{Y})^2$ = variação total dos valores observados de Y em torno de sua média amostral, que pode ser chamada de **soma total de quadrados (STQ)**. $\sum \hat{y}_i^2 = \sum (\hat{Y}_i - \bar{\hat{Y}})^2 = \sum (\hat{Y}_i - \bar{Y})^2 = \hat{\beta}_2^2 \sum x_i^2$ = variação dos valores estimados de Y em torno de sua média ($\bar{\hat{Y}} = \bar{Y}$), que, apropriadamente, pode ser chamado de soma dos quadrados devido à regressão (isto é, devido à(s) variável(is) explanatória(s)) ou simplesmente a **soma dos quadrados explicados** pela regressão. $\sum \hat{u}_i^2$ = variação residual ou **inexplicada** dos valores de Y em relação à linha de regressão, ou simplesmente **soma dos quadrados dos resíduos (SQR)**. Portanto, a Equação (3.5.2) é

$$\text{STQ} = \text{SQE} + \text{SQR} \tag{3.5.3}$$

e mostra que a variação total dos valores observados de Y em torno de sua média pode ser dividida em duas partes, uma atribuível à linha de regressão e a outra a forças aleatórias, porque nem todas as observações efetivas de Y situam-se sobre a linha ajustada. Podemos ver isso geometricamente na Figura 3.9.

Dividindo os dois lados da Equação (3.5.3) por STQ, obtemos

$$\begin{aligned}1 &= \frac{\text{SQE}}{\text{STQ}} + \frac{\text{SQR}}{\text{STQ}} \\ &= \frac{\sum (\hat{Y}_i - \hat{Y})^2}{\sum (Y_i - \hat{Y})^2} + \frac{\sum \hat{u}_i^2}{\sum (Y_i - \hat{Y})^2}\end{aligned} \tag{3.5.4}$$

FIGURA 3.9
Separação da variação de Y_i em dois componentes.

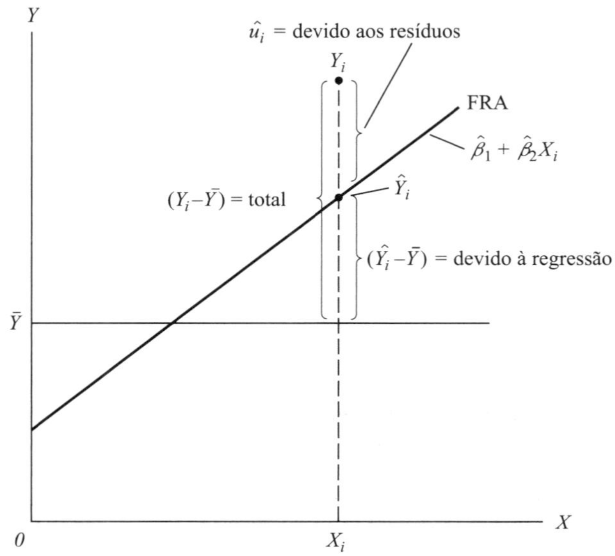

Agora definindo r^2 como

$$r^2 = \frac{\sum(\hat{Y}_i - \bar{Y})^2}{\sum(Y_i - \bar{Y})^2} = \frac{\text{SQE}}{\text{STQ}} \tag{3.5.5}$$

ou como

$$\begin{aligned} r^2 &= 1 - \frac{\sum \hat{u}_i^2}{\sum(Y_i - \bar{Y})^2} \\ &= 1 - \frac{\text{SQR}}{\text{STQ}} \end{aligned} \tag{3.5.5a}$$

O valor de r^2 assim definido é conhecido como **coeficiente de determinação** (amostral) e é o indicador mais usado para medir a qualidade do ajustamento de uma linha de regressão. Em palavras, r^2 *mede a proporção ou percentual da variação total de Y* explicada pelo modelo de regressão.

Duas propriedades de r^2 devem ser destacadas:

1. É um valor não negativo. (Por quê?)
2. Seus limites são $0 \leq r^2 \leq 1$. Um r^2 igual a 1 significa um ajustamento perfeito, isto é, $\hat{Y}_i = Y_i$ para cada *i*. Por outro lado, um r^2 igual a zero significa que não há qualquer relação entre regressando e regressor ($\hat{\beta}_2 = 0$). Nesse caso, como mostra a Equação (3.1.9), $\hat{Y}_i = \hat{\beta}_1 = \bar{Y}$, a melhor previsão para qualquer valor de *Y* é seu valor médio. Nessa situação, a linha de regressão será horizontal ao eixo dos *X*.

Embora r^2 possa ser calculado diretamente da definição da Equação (3.5.5), ele pode ser obtido mais rapidamente com a seguinte fórmula:

$$\begin{aligned} r^2 &= \frac{\text{SQE}}{\text{STQ}} \\ &= \frac{\sum \hat{y}_i^2}{\sum y_i^2} \\ &= \frac{\hat{\beta}_2^2 \sum x_i^2}{\sum y_i^2} \\ &= \hat{\beta}_2^2 \left(\frac{\sum x_i^2}{\sum y_i^2} \right) \end{aligned} \tag{3.5.6}$$

Se dividirmos o numerador e o denominador da Equação (3.5.6) pela amostra de tamanho *n* (ou por $n - 1$ se o tamanho da amostra for muito pequeno), obtemos:

$$r^2 = \hat{\beta}_2^2 \left(\frac{S_x^2}{S_y^2} \right) \tag{3.5.7}$$

em que S_y^2 e S_x^2 são as variâncias amostrais de *Y* e *X*, respectivamente.

Como $\hat{\beta}_2 = \sum x_i y_i / \sum x_i^2$, a Equação (3.5.6) também pode ser expressa como

$$r^2 = \frac{\left(\sum x_i y_i\right)^2}{\sum x_i^2 \sum y_i^2} \tag{3.5.8}$$

que pode ser fácil de calcular.

Dada a definição de r^2, podemos expressar SQE e SQR, discutidas anteriormente, como se segue:

$$\begin{aligned} \text{SQE} &= r^2 \cdot \text{STQ} \\ &= r^2 \sum y_i^2 \end{aligned} \tag{3.5.9}$$

$$\begin{aligned} \text{SQR} &= \text{STQ} - \text{STE} \\ &= \text{STQ}(1 - \text{SQE/STQ}) \\ &= \sum y_i^2 \cdot (1 - r^2) \end{aligned} \tag{3.5.10}$$

Portanto, podemos escrever

$$\begin{aligned} \text{STQ} &= \text{SQE} + \text{SQR} \\ \sum y_i^2 &= r^2 \sum y_i^2 + (1 - r^2) \sum y_i^2 \end{aligned} \tag{3.5.11}$$

uma expressão que nos será muito útil mais adiante.

Algo estreitamente relacionado, mas conceitualmente muito diferente de r^2, é o **coeficiente de correlação**, que, como foi visto no Capítulo l, é uma medida do grau de associação entre duas variáveis. Pode ser calculado tanto por

$$r = \pm \sqrt{r^2} \tag{3.5.12}$$

ou, com base em sua definição:

$$\begin{aligned} r &= \frac{\sum x_i y_i}{\sqrt{(\sum x_i^2)(\sum y_i^2)}} \\ &= \frac{n \sum X_i Y_i - (\sum X_i)(\sum Y_i)}{\sqrt{[n \sum X_i^2 - (\sum X_i)^2][n \sum Y_i^2 - (\sum Y_i)^2]}} \end{aligned} \tag{3.5.13}$$

que é conhecido como **coeficiente de correlação amostral**[22].

Estas são algumas das propriedades de r (veja a Figura 3.10):

1. Pode ser positivo ou negativo, o que dependerá do sinal do termo no numerador da Equação (3.5.13), que mede a *covariação* amostral das duas variáveis;
2. Se situa entre os limites de -1 e $+1$, isto é, $-1 \leq r \leq 1$.
3. Sua natureza é simétrica, isto é, o coeficiente de correlação entre X e Y (r_{XY}) é o mesmo que aquele entre Y e X (r_{YX}).
4. É independente da origem e da escala, isto é, se definimos $X_i^* = a X_i + C$ e $Y_i^* = b Y_i + d$, onde $a > 0$, $b > 0$ e c e d são constantes, então o r entre X^* e Y^* é o mesmo que aquele entre as variáveis originais X e Y.
5. Se X e Y são estatisticamente independentes (veja a definição no **Apêndice A**), o coeficiente de correlação entre elas é zero, mas se $r = 0$, isso não significa que as variáveis sejam independentes. Em outras palavras, **correlação zero não implica necessariamente independência** (veja Figura 3.10(*h*)).
6. É uma medida de *associação linear* ou de *dependência linear*; não é significativa para descrever relações não lineares. Assim, na Figura 3.10 (*h*), $Y = X^2$ é uma relação exata, embora r seja zero. (Por quê?)
7. Mesmo sendo uma medida de associação linear entre duas variáveis, ela não implica necessariamente qualquer relação de causa e feito, como observado no Capítulo 1.

[22] O coeficiente de correlação populacional denotado por ρ, é definido no **Apêndice A**.

No contexto da regressão, r^2 é uma medida mais significativa que r, pois a primeira nos indica a proporção da variação da variável dependente explicada pela(s) variável(is) explanatória(s) e, portanto, proporciona uma medida geral da extensão em que a variação de uma variável determina a variação de outra. Já r não tem esse valor.[23] Além disso, como veremos, a interpretação de r ($= R$) em um modelo de regressão múltiplo é de valor duvidoso. No entanto, falaremos mais de r^2 no Capítulo 7.

Note que o r^2 definido anteriormente *também pode ser calculado como o coeficiente de correlação entre o Y_i observado e o Y_i estimado elevado ao quadrado*, especificamente, $\hat{Y}_i$. Usando a Equação (3.5.13) podemos escrever

$$r^2 = \frac{\left[\sum(Y_i - \bar{Y})(\hat{Y}_i - \bar{Y})\right]^2}{\sum(Y_i - \bar{Y})^2 \sum(\hat{Y}_i - \bar{Y})^2}$$

Isto é,

$$r^2 = \frac{\left(\sum y_i \hat{y}_i\right)^2}{\left(\sum y_i^2\right)\left(\sum \hat{y}_i^2\right)} \tag{3.5.14}$$

em que $Y_i = Y$ observado, $\hat{Y}_i = Y$ estimado, e $\bar{Y} = \bar{\hat{Y}} =$ média de Y. Para uma demonstração, veja o Exercício 3.15. A Equação (3.5.14) justifica a descrição de r^2 como uma medida de qualidade de ajustamento, pois nos diz quanto os valores estimados de Y estão próximos de seus valores observados.

FIGURA 3.10

Padrões de correlação (adaptado de Theil, Henri. *Introduction to econometrics.* Englewood Cliffs, N.J.: Prentice Hall, 1978. p. 86.)

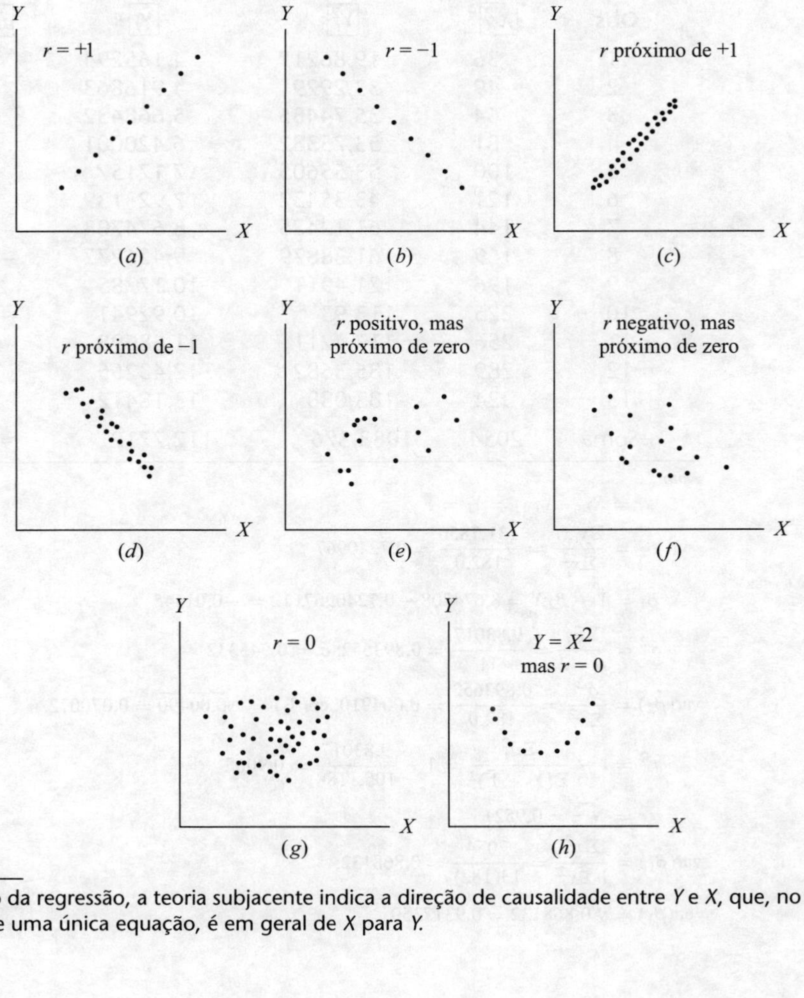

[23] No modelo da regressão, a teoria subjacente indica a direção de causalidade entre *Y* e *X*, que, no contexto dos modelos de uma única equação, é em geral de *X* para *Y*.

3.6 Um exemplo numérico

Ilustraremos a teoria econométrica apresentada até agora considerando os dados fornecidos na Tabela 2.6, que relaciona o salário-hora médio (Y) com a escolaridade (X). A teoria econômica básica do trabalho nos informa que, dentre muitas variáveis, a escolaridade é um determinante importante dos salários.

Na Tabela 3.2. fornecemos os dados brutos necessários para estimar o impacto quantitativo dos anos de estudo nos salários.

TABELA 3.2

Dados brutos com base na Tabela 2.6

Obs	Y	X	x	y	x_i^2	$y_i x_i$
1	4,4567	6	6	4,218	36	25,308
2	5,77	7	5	2,9047	25	14,5235
3	5,9787	8	4	2,696	16	10,784
4	7,3317	9	3	1,343	9	4,029
5	7,3182	10	2	1,3565	4	2,713
6	6,5844	11	1	2,0903	1	2,0903
7	7,8182	12	0	0,8565	0	0
8	7,8351	13	1	0,8396	1	0,8396
9	11,0223	14	2	2,3476	4	4,6952
10	10,6738	15	3	1,9991	9	5,9973
11	10,8361	16	4	2.1614	16	8,6456
12	13,615	17	5	4,9403	25	24,7015
13	13,531	18	6	4,8563	36	29,1378
Soma	112,7712	156	0	0	182	131,7856

Obs	X_i^2	Y_i^2	$\hat{Y}_i$	$\hat{u}_i = Y_i - \hat{Y}$	$\hat{u}_i^2$
1	36	19,86217	4,165294	0,291406	0,084917
2	49	33,2929	4,916863	0,853137	0,727843
3	64	35,74485	5,668432	0,310268	0,096266
4	81	53,75382	6,420001	0,911699	0,831195
5	100	53,55605	7,17157	0,14663	0,0215
6	121	43,35432	7,923139	−1,33874	1,792222
7	144	61,12425	8,674708	−0,85651	0,733606
8	169	61,38879	9,426277	−1,59118	2,531844
9	196	121,4911	10,17785	0,844454	0,713103
10	225	113,93	10,92941	−0,25562	0,065339
11	256	117,4211	11,68098	−0,84488	0,713829
12	289	185,3682	12,43255	1,182447	1,398181
13	324	183,088	13,18412	0,346878	0,120324
Soma	2054	1083,376	112,7712	≈0	9,83017

Nota:

$$x_i = X_i - \bar{X};\ y_i = Y_i = \bar{Y}$$

$$\hat{\beta}_2 = \frac{\Sigma y_i x_i}{\Sigma x_i^2} = \frac{131{,}7856}{182{,}0} = 0{,}7240967$$

$$\hat{\beta}_1 = \bar{Y} - \hat{\beta}_2 \bar{X} = 8{,}674708 - 0{,}7240967x\,12 = -0{,}01445$$

$$\hat{\sigma}^2 = \frac{\Sigma \hat{u}_i^2}{n-2} = \frac{9{,}83017}{11} = 0{,}893652;\ \hat{\sigma} = 0{,}945332$$

$$\text{var}(\hat{\beta}_2) = \frac{\hat{\sigma}^2}{\Sigma x_i^2} = \frac{0{,}893652}{182{,}0} = 0{,}004910;\ \text{ep}(\hat{\beta}_2) = \sqrt{0{,}00490} = 0{,}070072$$

$$r^2 = 1 - \frac{\Sigma \hat{u}_i^2}{\Sigma (Y_i - \bar{Y})^2} = 1 - \frac{9{,}83017}{105{,}1188} = 0{,}9065$$

$$r = \sqrt{r^2} = 0{,}9521$$

$$\text{var}(\hat{\beta}_1) = \frac{\Sigma x_i^2}{n \Sigma x_i^2} = \frac{2054}{13(182)} = 0{,}868132;$$

$$\text{ep}(\hat{\beta}_1) = \sqrt{0{,}868132} = 0{,}9317359$$

FIGURA 3.11

Linha de regressão estimada para os dados salário--escolaridade da Tabela 2.6.

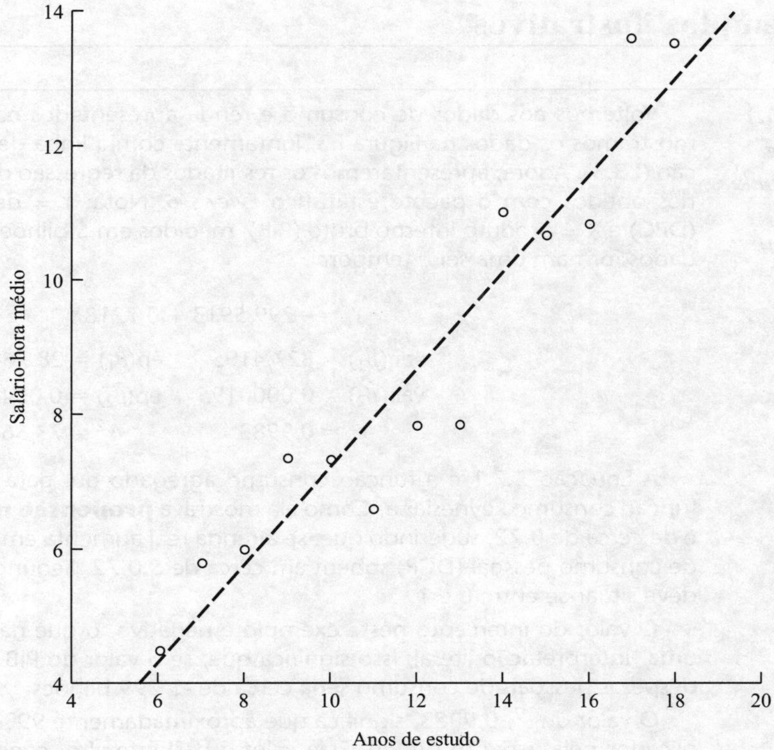

Com base nos dados dessa tabela, obtemos a linha de regressão estimada do seguinte modo:

$$\hat{Y}_i = -0{,}0144 + 0{,}7240X_i \tag{3.6.1}$$

A Figura 3.11 apresenta geometricamente a linha de regressão estimada.

Como sabemos, cada ponto da linha de regressão representa uma estimativa do valor médio de Y correspondente ao valor de X escolhido; $\hat{Y}_i$ é uma estimativa de $E(Y|X_i)$. O valor de $\hat{\beta}_2 = 0{,}7240$, que mede a inclinação da linha, mostra que, dentro da faixa amostral de X entre 6 e 18 anos de estudo, quando X aumenta em 1 ano, o aumento estimado no salário-hora médio é de cerca 0,72. Para cada ano adicional de escolaridade, em média, o salário-hora aumenta em 72 centavos de dólar.

O valor $\hat{\beta}_1 = -0{,}0144$, que é o intercepto da linha, indica o nível médio do salário semanal quando o nível de escolaridade é zero. Essa interpretação literal do intercepto nesse caso não faz sentido. Como é possível ter um salário negativo? Como veremos ao longo do livro, muitas vezes o intercepto não apresenta um significado viável no sentido prático. Além disso, o intervalo amostral não inclui um nível de escolaridade zero.

O valor de r^2, em torno de 0,90, sugere que a escolaridade explica cerca de 90% da variação no salário. Como r^2 pode ser no máximo igual a l, nossa linha de regressão ajusta-se muito bem aos dados. O coeficiente de correlação $r = 0{,}9521$ mostra que salário e anos de estudo têm uma correlação positiva e alta.

Antes de finalizarmos nosso exemplo, note que esse modelo é extremamente simples. A teoria econômica do trabalho nos informa que, além da escolaridade, variáveis como gênero, raça, local, sindicatos trabalhistas e idiomas também são fatores importantes na determinação do salário. Depois de estudarmos a regressão com múltiplas variáveis nos Capítulos 7 e 8, passaremos a considerar um modelo mais extenso para a determinação do salário.

3.7 Exemplos ilustrativos

EXEMPLO 3.1

Relação entre consumo e renda nos Estados Unidos, 1960--2005

Voltemos aos dados de consumo e renda apresentados na Tabela I.1 da Introdução. Já mostramos os dados na Figura I.3, juntamente com a linha de regressão estimada da Equação (I.3.3). Agora, apresentaremos os resultados da regressão de mínimos quadrados ordinários obtidos com o pacote estatístico *Eviews 6*. Nota: Y = despesas pessoais de consumo (DPC) e X = produto interno bruto (PIB), medidos em $ bilhões de 2000. Neste exemplo, os dados formam uma série temporal.

$$\hat{Y}_t = -299{,}5913 + 0{,}7218X_t \tag{3.7.1}$$

$$\begin{aligned} \text{var}(\hat{\beta}_1) &= 827{,}4195 & \text{ep}(\hat{\beta}_1) &= 28{,}7649 \\ \text{var}(\hat{\beta}_2) &= 0{,}0000195 & \text{ep}(\hat{\beta}_2) &= 0{,}004423 \\ r^2 &= 0{,}9983 & \hat{\sigma}^2 &= 73{,}56689 \end{aligned}$$

A Equação 3.7.1 é a função consumo agregado ou, para a economia como um todo, função consumo keynesiana. Como ela mostra, a **propensão marginal a consumir** (PMC) é de cerca de 0,72, sugerindo que, se a renda real aumenta em um dólar, as despesas médias de consumo pessoal (DCP) sobem em cerca de $ 0,72. Segundo a teoria keynesiana, a PMC deve situar-se entre 0 e 1.

O valor do intercepto neste exemplo é negativo, o que não faz sentido econômico. Em uma interpretação literal, isso significa que, se o valor do PIB fosse zero, o nível médio das despesas pessoais de consumo seria cerca de -$ 299 bilhões.

O valor de r^2, 0,9983, significa que aproximadamente 99% da variação nas DPC são explicados pela variação do PIB. Esse valor é bastante alto, considerando que r^2 pode ser no máximo igual a 1. Como veremos ao longo do livro, nas regressões que envolvem séries temporais, em geral obtemos valores altos de r^2. Veremos as razões desse fenômeno no capítulo sobre autocorrelação assim como no capítulo sobre econometria das séries temporais.

EXEMPLO 3.2

Despesas com alimentação na Índia

Volte aos dados apresentados na Tabela 2.8 do Exercício 2.15. Eles referem-se a uma amostra de 55 domicílios rurais da Índia. Neste exemplo, o regressando é a despesa com alimentos e o regressor a despesa total, uma *proxy* para a renda, ambas em rupias. Neste caso, estamos diante de dados de *corte transversal.*

Com base nos dados fornecidos, obtivemos a seguinte regressão:

$$\widehat{\text{DespAlimentação}}_i = 94{,}2087 + 0{,}4368\ \text{DespTotal}_i \tag{3.7.2}$$

$$\begin{aligned} \text{var}(\hat{\beta}_1) &= 2560{,}9401 & \text{ep}(\hat{\beta}_1) &= 50{,}8563 \\ \text{var}(\hat{\beta}_2) &= 0{,}0061 & \text{ep}(\hat{\beta}_2) &= 0{,}0783 \\ r^2 &= 0{,}3698 & \hat{\sigma}^2 &= 4469{,}6913 \end{aligned}$$

Com base na Equação (3.7.2), vemos que, se a despesa total aumenta em 1 rupia, as despesas com alimentação aumentam em média cerca de 44 paisas (1 rupia = 100 paisas). Se as despesas totais fossem iguais a zero, a despesa média com alimentação seria cerca de 94 rupias. Novamente, a interpretação mecânica do intercepto pode não ter muito sentido. Neste exemplo, pode-se argumentar que mesmo que as despesas totais fossem iguais a zero (como no caso da perda de emprego), as pessoas ainda manteriam um mínimo de gastos com alimentação, seja pedindo dinheiro emprestado ou lançando mão de economias.

O valor de r^2, cerca de 0,37, significa que apenas 37% da variação nas despesas com alimentação são explicadas pela despesa total. Esse pode parecer um valor muito baixo, mas, como veremos ao longo do livro, quando trabalhamos com dados de corte transversal, em geral, obtemos valores baixos para r^2, possivelmente em decorrência da diversidade de unidades contidas na amostra. Trataremos deste tópico no capítulo sobre heterocedasticidade (veja o Capítulo 11).

EXEMPLO 3.3

Demanda por telefones celulares e computadores pessoais em relação à renda pessoal per capita

A Tabela 3.3 mostra os dados relativos ao número de assinantes de operadoras de telefonia móvel e o número de computadores pessoais (PCs), ambos para cada 100 indivíduos, e a renda *per capita* ajustada pelo poder de compra em dólares para uma amostra de 34 países. Neste caso, temos dados de corte transversal. Eles referem-se ao ano de 2003 e foram obtidos por meio do *Statistical Abstract of the United States*, 2006.

Embora celulares e PCs sejam extensivamente usados nos Estados Unidos, isso não ocorre em muitos países. Para verificarmos se a renda *per capita* é um fator no uso de celulares e PCs, construímos uma regressão para cada um desses meios de comunicação usando como amostra 34 países. Os resultados foram os seguintes:

TABELA 3.3

Número de assinantes de operadoras de telefonia móvel e número de computadores pessoais para cada 100 indivíduos e renda *per capita* em 2003 para países selecionados.

País	Celular	PCs	Renda *per capita* (em $)
Argentina	17,76	8,2	11410
Austrália	71,95	60,18	28780
Bélgica	79,28	31,81	28920
Brasil	26,36	7,48	7510
Bulgária	46,64	5,19	75,4
Canadá	41,9	48,7	30040
China	21,48	2,76	4980
Colômbia	14,13	4,93	6410
República Tcheca	96,46	17,74	15600
Equador	18,92	3,24	3940
Egito	8,45	2,91	3940
França	69,59	34,71	27640
Alemanha	78,52	48,47	27610
Grécia	90,23	8,17	19900
Guatemala	13,15	1,44	4090
Hungria	76,88	10,84	13840
Índia	2,47	0,72	2880
Indonésia	8,74	1,19	3210
Itália	101,76	23,07	26.830
Japão	67,9	38,22	28450
México	29,47	8,3	8980
Holanda	76,76	46,66	28560
Paquistão	1,75	0,42	2040
Polônia	45,09	14,2	11210
Rússia	24,93	8,87	8950
Arábia Saudita	32,11	13,67	13230
África do Sul	36,36	7,26	10130
Espanha	91,61	19,6	22150
Suécia	98,05	62,13	26710
Suíça	84,34	70,87	32220
Tailândia	39,4	23,98	7450
Reino Unido	91,17	40,57	27690
Estados Unidos	54,58	65,98	37750
Venezuela	27,3	6,09	4750

Nota: Os dados sobre celulares e PCs são para cada 100 indivíduos.

Fonte: *Statistical Abstract of the United States*, 2006, Tabela 1.364 para dados sobre telefones celulares e computadores pessoais e Tabela 1.327 para renda *per capita* ajustada pelo poder de compra.

Demanda por telefones celulares. Sendo Y = número de assinantes de operadoras de telefonia móvel e X = renda *per capita* ajustada pelo poder de compra, obtivemos a seguinte regressão:

$$\hat{Y}_i = 14{,}4773 + 0{,}0022X_i \qquad \textbf{(3.7.3)}$$

$$\text{ep}(\hat{\beta}_1) = 6{,}1523; \quad \text{ep}(\hat{\beta}_2) = 0{,}00032$$

$$r^2 = 0{,}6023$$

(*Continua*)

EXEMPLO 3.3
(Continuação)

O coeficiente angular sugere que, se a renda *per capita* aumentar em média $ 1.000, o número de assinantes de operadoras de telefonia móvel aumentará em 2,2 para cada 100 indivíduos. O valor do intercepto de cerca de 14,47 sugere que, mesmo que a renda *per capita* seja zero, o número médio de assinantes será de 14 para cada 100 indivíduos. Novamente, essa interpretação pode não ter muito sentido, pois em nossa amostra não existe nenhum país com renda *per capita* zero. O valor de r^2 é moderadamente alto. Mas note que nossa amostra inclui uma variedade de países com diversos níveis de renda. Em uma amostra tão diversificada como esta, não poderíamos esperar um valor de r^2 muito elevado.

Após estudarmos o Capítulo 5, mostraremos como os erros padrão apresentados na Equação (3.7.3) podem ser usados para avaliar a significância estatística dos coeficientes estimados.

Demanda por computadores pessoais. Embora os preços dos computadores pessoais tenham caído substancialmente ao longo dos anos, os PCs ainda não são onipresentes. Um determinante importante da demanda por PCs é a renda pessoal. Outro determinante é o preço, mas não temos dados comparativos sobre preço de PCs para os países de nossa amostra. Sendo Y o número de PCs e X a renda *per capita*, obtivemos a seguinte demanda "parcial" por PCs (parcial porque não temos dados comparativos sobre preços ou sobre outras variáveis que podem afetar a demanda por PCs):

$$\hat{Y}_i = -6{,}5833 + 0{,}0018X_i \qquad \textbf{(3.7.4)}$$
$$\text{ep}(\hat{\beta}_1) = 2{,}7437; \qquad \text{ep}(\hat{\beta}_2) = 0{,}00014$$
$$r^2 = 0{,}8290$$

Como esses resultados sugerem, a renda pessoal *per capita* tem uma relação positiva com a demanda por PCs. Depois de estudarmos o Capítulo 5, você verá que, estatisticamente, a renda pessoal *per capita* é um determinante importante da demanda por PCs. O valor negativo do intercepto neste caso não tem significado prático. A despeito da diversidade de nossa amostra, o r^2 estimado é bastante alto. A interpretação do coeficiente angular é que, se a renda *per capita* aumentar em média $ 1.000, a demanda por computadores pessoais aumentará cerca de 2 unidades para cada 100 indivíduos.

Embora o uso de PCs esteja popularizando-se rapidamente, há muitos países que ainda usam computadores *mainframe*. Portanto, o uso total de computadores nesses países pode ser muito maior do que aquele indicado pela venda de PCs.

3.8 Uma nota sobre os experimentos de Monte Carlo

Neste capítulo, mostramos que, sob as hipóteses do modelo clássico de regressão linear, os estimadores de mínimos quadrados apresentam certas características desejáveis resumidas na propriedade de melhor estimador linear não viesado (MELNT). No Apêndice deste capítulo, demonstraremos essa propriedade de modo mais formal. Entretanto, como é possível saber na prática que a propriedade de melhor estimador linear não viesado se sustenta? Por exemplo, como verificamos se os estimadores de MQO são não viesados? A resposta é dada pelos chamados experimentos de **Monte Carlo**, que são em essência simulações de computador ou experimentos de amostragem.

Para apresentar as ideias básicas, considere nossa função de regressão populacional (FRP) com duas variáveis:

$$Y_i = \beta_1 + \beta_2 X_i + u_i \qquad \textbf{(3.8.1)}$$

Um experimento de Monte Carlos segue os seguintes passos:

1. Suponha que os verdadeiros valores dos parâmetros sejam $\beta_1 = 20$ e $\beta_2 = 0{,}6$.
2. Escolha o tamanho da amostra como, por exemplo, $n = 25$.
3. Fixe os valores de X para cada observação. Ao todo, serão 25 valores de X.

4. Suponha que você usou uma tabela de números aleatórios para escolher 25 valores e os chamou de u_i (atualmente, a maioria dos pacotes estatísticos já inclui geradores de números aleatórios).[24]
5. Como você *conhece* β_1, β_2, X_i e u_i, aplicando a Equação (3.8.1) obtemos 25 valores de Y_i.
6. Agora, com os 25 valores de Y_i gerados desse modo, fazemos a regressão deles contra os valores de X escolhidos no passo 3, obtendo $\hat{\beta}_1$ e $\hat{\beta}_2$, os estimadores de mínimos quadrados.
7. Suponha que o experimento seja repetido 99 vezes, usando, sempre, os mesmos valores de β_1, β_2 e X. Obviamente, os valores de u_i variarão de experimento para experimento. Portanto, ao todo temos 100 experimentos, gerando, assim, cem valores de β_1 e β_2 (na prática, são conduzidos muitos desses experimentos, às vezes de 1.000 a 2.000.)
8. Chame as médias daquelas cem estimativas de $\bar{\hat{\beta}}_1$ e $\bar{\hat{\beta}}_2$.
9. Se os valores estiverem muito próximos dos verdadeiros valores de β_1 e β_2 definidos no passo l, este experimento Monte Carlo "estabelece" que os estimadores de mínimos quadrados são, de fato, não viesados. Lembre-se de que, segundo o modelo clássico de regressão linear, $E(\hat{\beta}_1) = \beta_1$ e $E(\hat{\beta}_2) = \beta_2$.

Esses passos caracterizam a natureza geral dos experimentos de Monte Carlo, que são muitas vezes utilizados para estudar as propriedades estatísticas de vários métodos de estimação de parâmetros populacionais. Eles são especialmente úteis para estudar o comportamento dos estimadores em amostras pequenas ou finitas. Também são um excelente meio de destacar o conceito de **amostras repetidas**, que é a base da maior parte da inferência estatística clássica, como veremos no Capítulo 5. Apresentaremos vários exemplos de experimentos de Monte Carlo por meio de exercícios para sala de aula. (Veja o Exercício 3.27.)

Resumo e conclusões

Os tópicos e conceitos mais importantes deste capítulo podem ser resumidos da seguinte forma:

1. A estrutura básica da análise de regressão é o modelo clássico de regressão linear **(MCRL)**.
2. O MCRL baseia-se em um conjunto de hipóteses.
3. Com base nessas hipóteses, os estimadores de mínimos quadrados assumem determinadas propriedades resumidas no teorema de Gauss-Markov, que informa que, na classe dos estimadores lineares não viesados, os estimadores de mínimos quadrados têm variância mínima. Em resumo, eles são o melhor estimador linear não viesado (MELNT ou BLUE).
4. A *precisão* dos estimadores de MQO é medida por seus **erros padrão**. Nos Capítulos 4 e 5, veremos como eles nos permitem fazer inferências sobre os parâmetros populacionais: os coeficientes β.
5. A qualidade geral do ajustamento do modelo de regressão é medida pelo **coeficiente de determinação**: r^2. Ele nos indica que proporção da variação da variável dependente, ou regressando, é explicada pela variável explanatória, ou regressor. O valor de r^2 situa-se entre 0 e l; quanto mais próximo de l, melhor o ajustamento.
6. Um conceito relacionado ao coeficiente de determinação é o **coeficiente de correlação**: r. É uma medida de *associação linear* entre duas variáveis, e seu valor situa-se entre -1 e $+1$.
7. O modelo clássico de regressão linear é um construto teórico ou uma abstração, porque se apoia em um conjunto de hipóteses que pode ser rígido ou "pouco realista". Mas esse tipo de abstração é muitas vezes necessário nos estágios iniciais do estudo em qualquer área do conhecimento. Uma vez dominado o MCRL, podemos verificar o que acontece se uma ou mais das hipóteses não forem satisfeitas. A primeira parte deste livro é dedicada ao estudo do modelo clássico de regressão linear. As demais partes consideram refinamentos do MCRL. A Tabela 3.4 apresenta um roteiro do que virá mais adiante.

[24] Na prática, supõe-se que u_i siga uma certa distribuição de probabilidade normal, com certos parâmetros (como, média e variância). Uma vez especificados os valores dos parâmetros, é fácil gerar os u_i com o auxílio dos pacotes estatísticos.

TABELA 3.4

O que acontece se as hipóteses do MCRL não forem respeitadas?

Número da hipótese	Tipo de desrespeito	Onde estudar?
1	Não linearidade nos parâmetros	Capítulo 14
2	Regressor(es) estocástico(s)	Capítulo 13
3	Média de u_i diferente de zero	Introdução à Parte II
4	Heterocedasticidade	Capítulo 11
5	Termos de erros autocorrelacionados	Capítulo 12
6	Termos de observação amostrais inferiores ao número de regressores	Capíulo 10
7	Variabilidade insuficiente nos regressores	Capítulo 10
8	Multicolinearidade*	Capítulo 10
9	Viés de especificação*	Capítulos 13, 14
10**	Termos de erro não normais	Capítulo 13

*Essas hipóteses serão apresentadas no Capítulo 7, quando discutiremos o modelo de regressão múltipla.

***Notas:* a hipótese de que os termos u_i são normalmente distribuídos não faz parte do MCRl. Falaremos mais disto no Capítulo 4.

EXERCÍCIOS

3.1. Dadas as hipóteses da coluna l da tabela a seguir, demonstre que as premissas apresentadas na coluna 2 são suas equivalentes.

Hipóteses do modelo clássico

(1)	(2)
$E(u_i \mid X_i) = 0$	$E(Y_i \mid X_i) = \beta_2 + \beta_2 X_i$.
$\text{cov}\,(u_i, u_j) = 0\ (i \neq j)$	$\text{cov}\,(Y_i, Y_j) = 0\ i \neq j$
$\text{var}\,(u_i \mid X_i) = \sigma^2$	$\text{var}\,(Y_i \mid X_i) = \sigma^2$

3.2. Mostre que as estimativas $\hat{\beta}_1 = 1{,}572$ e $\hat{\beta}_2 = 1{,}357$ usadas no primeiro experimento da Tabela 3.1 são, de fato, calculadas pelos estimadores de MQO.

3.3. De acordo com Malinvaud (veja a nota de rodapé 11), a hipótese de que $E(u_i \mid X_i) = 0$ é bastante importante. Para tanto, considere a FRP: $Y = \beta_1 + \beta_2 X_i + u_i$. Agora, considere duas situações: (i) $\beta_1 = 0$, $\beta_2 = 1$ e $E(u_i) = 0$; e (ii) $\beta_1 = 1$, $\beta_2 = 0$ e $E(u_i) = (X_i - 1)$.Tome a esperança da FRP condicional a X nos dois casos anteriores e veja se concorda com Malinvaud a respeito do significado da hipótese $E(u_i \mid X_i) = 0$.

3.4. Considere a regressão amostral

$$Y_i = \hat{\beta}_1 + \hat{\beta}_2 X_i + \hat{u}_i$$

Impondo as restrições (i) $\sum \hat{u}_i = 0$ e (ii) $\sum \hat{u}_i X_i = 0$, obtenha os estimadores $\hat{\beta}_1$ e $\hat{\beta}_2$ e mostre que eles são idênticos aos estimadores de mínimos quadrados dados nas Equações (3.1.6) e (3.1.7). Esse método de obter estimadores é conhecido como **princípio da analogia**. Apresente uma justificativa intuitiva para a imposição das restrições (i) e (ii). (*Dica:* lembre-se da premissa de MCRL sobre u_i.) Note que o princípio da analogia para estimar parâmetros desconhecidos também é denominado **método dos momentos**, em que momentos amostrais (por exemplo, médias amostrais) são usados para estimar os momentos populacionais (como a média populacional). Como observado no **Apêndice A**, um **momento** é uma estatística sintética de uma distribuição de probabilidade, tal como o valor esperado e a variância.

3.5. Mostre que r^2 definido em (3.5.5) situa-se entre 0 e 1. Você pode aplicar a desigualdade de Cauchy-Schwartz, segundo a qual, para quaisquer variáveis aleatórias X e Y, a seguinte relação é válida:

$$[E(XY)]^2 \leq E(X^2)E(Y^2)$$

3.6. $\hat{\beta}_{YX}$ e $\hat{\beta}_{XY}$ representam os coeficientes angulares nas regressões de *Y* contra *X* e de *X* contra *Y*, respectivamente. Mostre que:

$$\hat{\beta}_{YX}\hat{\beta}_{XY} = r^2$$

em que *r* é o coeficiente de correlação entre *X* e *Y*.

3.7. Suponha que, no exercício anterior, $\hat{\beta}_{YX}\,\hat{\beta}_{XY} = 1$. Teria alguma importância se fizéssemos a regressão de *Y* contra *X* ou de *X* contra *Y*? Explique cuidadosamente.

3.8. O coeficiente de correlação de *rankings* (classificação) de Spearman, r_s é definido assim:

$$r_s = 1 - \frac{6\sum d^2}{n(n^2-1)}$$

em que $d =$ diferença nos *rankings* atribuídos ao mesmo indivíduo ou fenômeno e $n =$ número de indivíduos ou fenômenos ranqueados. Deduza r_s por meio de *r* definido na Equação (3.5.13). *Dica:* ordene os valores de *X* e de *Y* de 1 a *n*. Observe que a soma dos *rankings* de *X* e de *Y* é $n(n+1)/2$, para cada um, e, portanto, suas médias são $(n+1)/2$.

3.9. Considere a seguinte formulação da FRP de duas variáveis:

$$\text{Modelo I:}\quad Y_i = \beta_1 + \beta_2 X_i + u_i$$

$$\text{Modelo II:}\quad Y_i = \alpha_1 + \alpha_2(X_i - \bar{X}) + u_i$$

a. Calcule os estimadores de β_1 e α_1. São idênticos? Suas variâncias são idênticas?

b. Calcule os estimadores de β_2 e a_2. São idênticos? Suas variâncias são idênticas?

c. Qual a vantagem, se é que existe, do modelo II em relação ao modelo I?

3.10. Suponha que você execute a seguinte regressão:

$$y_i = \hat{\beta}_1 + \hat{\beta}_2 x_i + \hat{u}_i$$

em que, como de costume, y_i e x_i são desvios em relação às respectivas médias. Qual será o valor de $\hat{\beta}_1$? Por quê? $\hat{\beta}_2$ será igual ao obtido por meio da Equação (3.1.6)? Por quê?

3.11. Seja $r_1 =$ coeficiente de correlação entre *n* pares de valores (Y_i, X_i) e $r_2 =$ coeficiente de correlação entre *n* pares de valores $(aX_i + b, cY_i + d)$, em que *a*, *b*, *c* e *d* são constantes. Mostre que $r_1 = r_2$ *e estabeleça, assim, o princípio de que o coeficiente de correlação não varia em relação à mudança de escala e à mudança de origem.*

Dica: aplique a definição de *r* dada na Equação (3.5.13).

Nota: as operações aX_i, $X_i + b$ e $aX_i + b$ são conhecidas, respectivamente, como *mudança de escala, mudança de origem* e *mudança de escala e de origem.*

3.12. Se *r*, o coeficiente de correlação entre *n* pares de valores (X_i, Y_i), for positivo, determine se cada uma das seguintes afirmações é verdadeira ou falsa:

a. *r* entre $(-X_i, -Y_i)$ também é positivo.

b. *r* entre $(-X_i, Y_i)$ e entre $(X_i, -Y_i)$ pode ser positivo ou negativo.

c. Os coeficientes angulares $\hat{\beta}_{yx}\,\hat{\beta}_{xy}$ são positivos, em que $\beta_{yx} =$ coeficiente angular na regressão de *Y* contra *X* e $\beta_{xy} =$ coeficiente angular da regressão de *X* contra *Y*.

3.13. Se X_1, X_2 e X_3 são variáveis não correlacionadas tendo, cada uma delas, o mesmo desvio padrão, mostre que o coeficiente de correlação entre $X_1 + X_2$ e $X_2 + X_3$ é igual a $\frac{1}{2}$. Por que o coeficiente de correlação não é igual a zero?

3.14. Na regressão $Y_i = \beta_1 + \beta_2 X_i + u_i$, suponha que *multipliquemos* cada valor de *X* por uma constante 2. Isso alterará os resíduos e os valores ajustados de *Y*? Explique. O que aconteceria se *somássemos* um valor constante 2 a cada valor de *X*?

3.15. Mostre que a Equação (3.5.14) mede, de fato, o coeficiente de determinação. *Dica:* aplique a definição de r dada na Equação (3.5.13) e lembre-se de que $\sum y_i \hat{y}_i = \sum(\hat{y}_i + \hat{u}_i)\hat{y}_i = \sum \hat{y}_i^2$, bem como da Equação (3.5.6).

3.16. Explique, *justificando*, se as seguintes afirmações são verdadeiras, falsas ou duvidosas:

a. Como a correlação entre duas variáveis, X e Y, pode variar entre -1 e $+1$, isso significa que cov (X, Y) também se situa entre esses limites.

b. Se a correlação entre duas variáveis for zero, isso quer dizer que não há qualquer relação entre as duas variáveis.

c. Se fizermos uma regressão de Y_i contra $\hat{Y}_i$; (isto é, Y observado contra Y estimado), os valores do intercepto e do coeficiente angular serão 0 e 1, respectivamente.

3.17. *Regressão sem qualquer regressor:* imagine o modelo $Y_i = \beta_1 + u_i$. Aplique os mínimos quadrados ordinários para encontrar o estimador de β_1. Qual a variância e a SQR da regressão? O β_1 estimado tem qualquer sentido intuitivo? Agora, pense no modelo de duas variáveis $Y_i = \beta_1 + \beta_2 X_i + u_i$. Vale a pena acrescentar X_i ao modelo? Em caso negativo, por que se preocupar com a análise de regressão?

Exercícios aplicados

3.18. Na Tabela 3.5 está a classificação de dez estudantes nas provas parcial e final de estatística. Calcule o coeficiente de correlação de *rankings* de Spearman e interprete os resultados.

TABELA 3.5

	Estudante									
Ranking	**A**	**B**	**C**	**D**	**E**	**F**	**G**	**H**	**I**	**J**
Prova parcial	1	3	7	10	9	5	4	8	2	6
Prova Final	3	2	8	7	9	6	5	10	1	4

3.19. *A relação entre a taxa de câmbio nominal e os preços relativos.* Com base nas observações anuais de 1985 a 2005, obteve-se a seguinte regressão, em que Y = taxa de câmbio do dólar canadense em relação ao dólar americano (DC/\$) e X = razão do IPC americano pelo IPC canadense, isto é, X representa os preços relativos dos dois países:

$$\begin{aligned}\hat{Y}_t &= \ 0{,}912 + 2{,}250X_t \qquad r^2 = 0{,}440\\ \text{ep} &= \qquad\qquad 0{,}096\end{aligned}$$

a. Interprete a regressão. Como você interpretaria r^2?

b. O valor positivo de X_t faz sentido econômico? Qual a teoria econômica em que se embasa?

c. Suponha que X seja redefinido como a razão entre o IPC canadense e o IPC americano. Isso mudaria o sinal de X? Por quê?

3.20. A Tabela 3.6 apresenta dados relativos a índices de produção por hora (X) e remuneração real por hora (Y) para os setores empresarial e empresarial não agrícola da economia dos Estados Unidos no período 1960-2005. O ano-base dos índices é 1992 = 100 e os índices foram ajustados sazonalmente.

a. Represente graficamente Y contra X para os dois setores da economia separadamente.

b. Qual a teoria econômica que embasa a relação entre as duas variáveis? O gráfico de dispersão confirma a teoria?

c. Estime uma regressão de MQO de Y contra X. Guarde os resultados para examiná-los novamente depois de estudar o Capítulo 5.

TABELA 3.6

Produtividade e dados relacionados, setor empresarial 1960--2005 (números-índice, 1992 = 100; dados trimestrais sazonalmente ajustados)

Fonte: *Economic Report of the President*, 2007, Tabela 49.

Ano	Produção por hora de todas as pessoas[1]		Remuneração real por Hora[2,3]	
	Setor empresarial	Setor empresarial não agrícola	Setor empresarial	Setor empresarial não agrícola
1960	48,9	51,9	60,8	63,3
1961	50,6	53,5	62,5	64,8
1962	52,9	55,9	64,6	66,7
1963	55,0	57,8	66,1	68,1
1964	56,8	59,6	67,7	69,3
1965	58,8	61,4	69,1	70,5
1966	61,2	63,6	71,7	72,6
1967	62,5	64,7	73,5	74,5
1968	64,7	66,9	76,2	77,1
1969	65,0	67,0	77,3	78,1
1970	66,3	68,0	78,8	79,2
1971	69,0	70,7	80,2	80,7
1972	71,2	73,1	82,6	83,2
1973	73,4	75,3	84,3	84,7
1974	72,3	74,2	83,3	83,8
1975	74,8	76,2	84,1	84,5
1976	77,1	78,7	86,4	86,6
1977	78,5	80,0	87,6	88,0
1978	79,3	81,0	89,1	89,6
1979	79,3	80,7	89,3	89,7
1980	79,2	80,6	89,1	89,6
1981	80,8	81,7	89,3	89,8
1982	80,1	80,8	90,4	90,8
1983	83,0	84,5	90,3	90,9
1984	85,2	86,1	90,7	91,1
1985	87,1	87,5	92,0	92,2
1986	89,7	90,2	94,9	95,2
1987	90,1	90,6	95,2	95,5
1988	91,5	92,1	96,5	96,7
1989	92,4	92,8	95,0	95,1
1990	94,4	94,5	96,2	96,1
1991	95,9	96,1	97,4	97,4
1992	100,0	100,0	100,0	100,0
1993	100,4	100,4	99,7	99,5
1994	101,3	101,5	99,0	99,1
1995	101,5	102,0	98,7	98,8
1996	104,5	104,7	99,4	99,4
1997	106,5	106,4	100,5	100,3
1998	109,5	109,4	105,2	104,9
1999	112,8	112,5	108,0	107,5
2000	116,1	115,7	112,0	111,5
2001	119,1	118,6	113,5	112,8
2002	124,0	123,5	115,7	115,1
2003	128,7	128,0	117,7	117,1
2004	132,7	131,8	119,0	118,2
2005	135,7	134,9	120,2	119,3

[1]A produção se refere ao PIB real do setor.
[2]Salários e ordenados dos empregados mais contribuição dos empregadores à seguridade social e aos planos de aposentadoria privados.
[3]Remuneração por hora dividida pelo IPC para todos os consumidores urbanos nos trimestres recentes.

3.21. Os seguintes resultados foram obtidos com base em uma amostra de 10 observações:

$$\sum Y_i = 1.110 \qquad \sum X_i = 1.700 \qquad \sum X_i Y_i = 205.500$$

$$\sum X_i^2 = 322.000 \qquad \sum Y_i^2 = 132.100$$

com coeficiente de correlação $r = 0{,}9758$. Mas, ao conferir esses dados, verificou-se que dois pares de observações tinham sido registrados como:

Y	*X*		*Y*	*X*
90	120	em vez de	80	110
140	220		150	210

Qual será o efeito desse erro sobre *r*? Calcule o *r* correto.

3.22. A Tabela 3.7 apresenta dados relativos a preços do ouro, índice de preços ao consumidor (IPC) e o índice NYSE da Bolsa de Valores de Nova York para o período 1974-2006. O índice NYSE inclui mais de 1.500 ações negociadas nessa bolsa.

a. Assinale, em um mesmo diagrama de dispersão, os preços do ouro, o IPC e o índice NYSE.

TABELA 3.7
Preço do ouro, índice Nyse e IPC para os Estados Unidos no período 1974-2006

Ano	Preço do Ouro	Índice NYSE	IPC
1974	159,2600	463,5400	49,30000
1975	161,0200	483,5500	53,80000
1976	124,8400	575,8500	56,90000
1977	157,7100	567,6600	60,60000
1978	193,2200	567,8100	65,20000
1979	306,6800	616,6800	72,60000
1980	612,5600	720,1500	82,40000
1981	460,0300	782,6200	90,90000
1982	375,6700	728,8400	96,50000
1983	424,3500	979,5200	99,60000
1984	360,4800	977,3300	103,9000
1985	317,2600	1142,970	107,6000
1986	367,6600	1438,020	109,6000
1987	446,4600	1709,790	113,6000
1988	436,9400	1585,140	118,3000
1989	381,4400	1903,360	124,0000
1990	383,5100	1939,470	130,7000
1991	362,1100	2181,720	136,2000
1992	343,8200	2421,510	140,3000
1993	359,7700	2638,960	144,5000
1994	384,0000	2687,020	148,2000
1995	384,1700	3078,560	152,4000
1996	387,7700	3787,200	156,9000
1997	331,0200	4827,350	160,5000
1998	294,2400	5818,260	163,0000
1999	278,8800	6546,810	166,6000
2000	279,1100	6805,890	172,2000
2001	274,0400	6397,850	177,1000
2002	309,7300	5578,890	179,9000
2003	363,3800	5447,460	184,0000
2004	409,7200	6612,620	188,9000
2005	444,7400	7349,000	195,3000
2006	603,4600	8357,990	201,6000

b. Supõe-se que um investimento funcione como proteção contra a inflação se seu preço e/ou sua taxa de retorno acompanha, pelo menos, a taxa de inflação. Para testar essa hipótese, ajuste o seguinte modelo, supondo que o diagrama de dispersão elaborado no item (*a*) sugiria que isso seja adequado:

$$\text{Preço do ouro}_t = \beta_1 + \beta_2 \, \text{IPC}_t + u_t$$
$$\text{Índice NYSE}_t = \beta_1 + \beta_2 \, \text{IPC}_t + u_t$$

Se a hipótese estiver correta, qual o valor da β_2 que você esperava?

c. Qual é a melhor proteção contra a inflação, o ouro ou o mercado de ações?

3.23. A Tabela 3.8 apresenta dados do produto interno bruto (PIB) dos Estados Unidos no período 1959-2005.

a. Represente graficamente os dados do PIB em dólares correntes e em dólares constantes (de 2000) em relação ao tempo.

b. Denotando o PIB por Y e o tempo por X (medido em uma sequência cronológica em que 1 represente 1959, 2, 1960 e assim por diante até 47 para 2005), veja se o seguinte modelo ajusta-se aos dados do PIB:

$$Y_t = \beta_1 + \beta_2 X_t + u_t$$

Estime este modelo para o PIB nominal e para o PIB real.

c. Como você interpretaria β_2?

d. Se existe diferença entre o β_2 estimado para o PIB nominal e para o β_2 estimado para o PIB real, o que explica essa diferença?

e. Com base nos resultados obtidos, o que se pode dizer sobre a natureza da inflação americana durante o período da amostra?

TABELA 3.8

PIB nominal e real, 1959-2005 (em bilhões de dólares, exceto se notificado; dados anuais sazonalmente ajustados com base em valores trimestrais; PIB real em bilhões de dólares encadeados de 2000.)

Ano	PIB nominal	PIB real	Ano	PIB nominal	PIB real
1959	506,6	2.441,3	1983	3.536,7	5.423,8
1960	526,4	2.501,8	1984	3.933,2	5.813,6
1961	544,7	2.560,0	1985	4.220,3	6.053,7
1962	585,6	2.715,2	1986	4.462,8	6.263,6
1963	617,7	2.834,0	1987	4.739,5	6.475,1
1964	663,6	2.998,6	1988	5.103,8	6.742,7
1965	719,1	3.191,1	1989	5.484,4	6.981,4
1966	787,8	3.399,1	1990	5.803,1	7.112,5
1967	832,6	3.484,6	1991	5.995,9	7.100,5
1968	910,0	3.652,7	1992	6.337,7	7.336,6
1969	984,6	3.765,4	1993	6.657,4	7.532,7
1970	1.038,5	3.771,9	1994	7.072,2	7.835,5
1971	1.127,1	3.898,6	1995	7.397,7	8.031,7
1972	1.238,3	4.105,0	1996	7.816,9	8.328,9
1973	1.382,7	4.341,5	1997	8.304,3	8.703,5
1974	1.500,0	4.319,6	1998	8.747,0	9.066,9
1975	1.638,3	4.311,2	1999	9.268,4	9.470,3
1976	1.825,3	4.540,9	2000	9.817,0	9.817,0
1977	2.030,9	4.750,5	2001	10.128,0	9.890,7
1978	2.294,7	5.015,0	2002	10.469,6	10.048,8
1979	2.563,3	5.173,4	2003	10.960,8	10.301,0
1980	2.789,5	5.161,7	2004	11.712,5	10.703,5
1981	3.128,4	5.291,7	2005	12.455,8	11.048,6
1982	3.255,0	5.189,3			

Fonte: *Economic Report of the President,* 2007. Tabelas B-1 e B-2.

3.24. Utilizando os dados da Tabela I.1, verifique a Equação (3.7.1).

3.25. Com base no exemplo do SAT fornecido no Exercício 2.16, faça o seguinte:

a. Represente graficamente a relação entre as notas de homens e mulheres nas provas de aptidão verbal.

b. Se o diagrama de dispersão sugerir que uma relação linear entre as duas variáveis é apropriada, calcule a regressão da aptidão verbal das mulheres contra a dos homens.

c. Se houver uma relação entre as duas variáveis acima, ela é *causal?*

3.26. Repita o exercício anterior para as notas de aptidão matemática.

3.27. Estudo de Monte Carlo *para sala de aula*: consulte os 10 valores de X apresentados na Tabela 3.2. Seja $\beta_1 = 25$ e $\beta_2 = 0{,}5$. Suponha que $u_i \approx N(0, 9)$, isto é, u_i, está distribuído normalmente com média 0 e variância 9. Gere 100 amostras usando esses valores a fim de obter 100 estimativas de β_1 e β_2. Represente graficamente as estimativas. Que conclusões você pode tirar do estudo de Monte Carlo? *Nota:* a maioria dos pacotes estatísticos permite gerar variáveis aleatórias por meio de distribuições de probabilidade conhecidas. Peça ajuda a seu professor caso tenha dificuldade em gerar tais variáveis.

3.28. Usando os dados da Tabela 3.3, represente graficamente o número de assinantes de operadoras de telefonia móvel contra o número de computadores pessoais em uso. Há alguma relação discernível entre os dois? Se existe, como você justifica essa relação?

Apêndice 3A

3A.1 Derivação dos estimadores de mínimos quadrados

Derivando parcialmente a Equação (3.1.2) em relação a $\hat{\beta}_1$ e $\hat{\beta}_2$, obtemos:

$$\frac{\partial\left(\sum \hat{u}_i^2\right)}{\partial \hat{\beta}_1} = -2\sum(Y_i - \hat{\beta}_1 - \hat{\beta}_2 X_i) = -2\sum \hat{u}_i \tag{1}$$

$$\frac{\partial\left(\sum \hat{u}_i^2\right)}{\partial \hat{\beta}_2} = -2\sum(Y_i - \hat{\beta}_1 - \hat{\beta}_2 X_i)X_i = -2\sum \hat{u}_i X_i \tag{2}$$

Igualando essas equações a zero, depois de simplificação e manipulação algébricas, obtemos os estimadores dados pelas Equações (3.1.6) e (3.1.7).

3A.2 Propriedades de linearidade e não tendenciosidade dos estimadores de mínimos quadrados

Com base em (3.1.8), temos:

$$\hat{\beta}_2 = \frac{\sum x_i Y_i}{\sum x_i^2} = \sum k_i Y_i \tag{3}$$

em que:

$$k_i = \frac{x_i}{\left(\sum x_i^2\right)}$$

que mostra que $\hat{\beta}_2$ é um **estimador linear** porque é função linear de Y; na verdade, é uma média ponderada de Y_i, em que os k_i são os pesos. Também pode ser demonstrado que $\hat{\beta}_1$ é um estimador linear.

As propriedades dos pesos k_i são as seguintes:

1. Como os X_i são considerados não estocásticos, os k_i também são não estocásticos.
2. $\sum k_i = 0$.
3. $\sum k_i^2 = 1 \big/ \sum x_i^2$.
4. $\sum k_i x_i = \sum k_i X_i = 1$. Essas propriedades decorrem diretamente da definição de k_i.

Por exemplo,

$$\begin{aligned}\sum k_i = \sum \left(\frac{x_i}{\sum x_i^2} \right) &= \frac{1}{\sum x_i^2} \sum x_i, && \text{uma vez que, para uma dada amostra, } \sum x_i^2 \text{ é conhecida} \\ &= 0, && \text{já que } \sum x_i \text{, a soma dos desvios em relação à média, é sempre zero.}\end{aligned}$$

Agora substitua a FRP $Y_i = \beta_1 + \beta_2 X_i + u_i$, na Equação (3) para obter

$$\begin{aligned}\hat{\beta}_2 &= \sum k_i(\beta_1 + \beta_2 X_i + u_i) \\ &= \beta_1 \sum k_i + \beta_2 \sum k_i X_i + \sum k_i u_i \\ &= \beta_2 + \sum k_i u_i\end{aligned} \tag{4}$$

em que se usam as propriedades de k_i mencionadas anteriormente.

Agora, tomando a esperança da Equação (4) dos dois lados da equação e observando que os k_i, sendo não estocásticos, podem ser tratados como constantes, obtemos:

$$\begin{aligned}E(\hat{\beta}_2) &= \beta_2 + \sum k_i E(u_i) \\ &= \beta_2\end{aligned} \tag{5}$$

Já que $E(u_i) = 0$ por hipótese. Portanto, $\hat{\beta}_2$ é um estimador não viesado de β_2. Do mesmo modo, é possível provar que $\hat{\beta}_1$ também é um estimador não viesado de β_1.

3A.3 Variâncias e erros padrão dos estimadores de mínimos quadrados

Agora, segundo a definição de variância, podemos escrever

$$\begin{aligned}\text{var}\,(\hat{\beta}_2) &= E[\hat{\beta}_2 - E(\hat{\beta}_2)]^2 \\ &= E(\hat{\beta}_2 - \beta_2)^2 && \text{uma vez que } E(\hat{\beta}_2) = \beta_2 \\ &= E\left(\sum k_i u_i\right)^2 && \text{usando a Equação (4) acima} \\ &= E\left(k_1^2 u_1^2 + k_2^2 u_2^2 + \cdots + k_n^2 u_n^2 + 2k_1 k_2 u_1 u_2 + \cdots + 2k_{n-1} k_n u_{n-1} u_n\right)\end{aligned} \tag{6}$$

Da hipótese $E(u_i^{\ 2}) = \sigma^2$ para cada i e $E(u_i, u_j) = 0$, $i \neq j$, segue-se que

$$\begin{aligned}\text{var}\,(\hat{\beta}_2) &= \sigma^2 \sum k_i^2 \\ &= \frac{\sigma^2}{\sum x_i^2} && \text{(usando a definição de } k_i^2\text{)} \\ &= \text{Equação (3.3.1)}\end{aligned} \tag{7}$$

A variância de $\hat{\beta}_1$ pode ser obtida seguindo a mesma linha de raciocínio já apresentada. Uma vez obtidas as variâncias de $\hat{\beta}_1$ e $\hat{\beta}_2$, suas raízes quadradas positivas proporcionam os erros padrão correspondentes.

3A.4 Covariância entre $\hat{\beta}_1$ e $\hat{\beta}_2$

Por definição,

$$\begin{aligned}
\text{cov}(\hat{\beta}_1, \hat{\beta}_2) &= E\{[\hat{\beta}_1 - E(\hat{\beta}_1)][\hat{\beta}_2 - E(\hat{\beta}_2)]\} \\
&= E(\hat{\beta}_1 - \beta_1)(\hat{\beta}_2 - \beta_2) \qquad \text{(Por quê?)} \\
&= -\bar{X}E(\hat{\beta}_2 - \beta_2)^2 \\
&= -\bar{X}\,\text{var}(\hat{\beta}_2) \\
&= \text{Equação (3.3.9)}
\end{aligned} \tag{8}$$

em que usamos o fato de que $\hat{\beta}_1 = \bar{Y} - \hat{\beta}_2\bar{X}$ e $E(\hat{\beta}_1) = \bar{Y} - \beta_2\bar{X}$, o que resulta em $\hat{\beta}_1 - E(\hat{\beta}_1) = -\bar{X}(\hat{\beta}_2 - \beta_2)$. *Nota:* var $(\hat{\beta}_2)$ é dada na Equação (3.3.1).

3A.5 Estimador de mínimos quadrados de σ^2

Lembre-se de que:

$$Y_i = \beta_1 + \beta_2 X_i + u_i \tag{9}$$

Portanto,

$$\bar{Y} = \beta_1 + \beta_2\bar{X} + \bar{u} \tag{10}$$

Subtraindo (10) de (9), obtemos:

$$y_i = \beta_2 x_i + (u_i - \bar{u}) \tag{11}$$

Lembre-se também de que:

$$\hat{u}_i = y_i - \hat{\beta}_2 x_i \tag{12}$$

Portanto, substituindo a Equação (11) na Equação (12), obtemos:

$$\hat{u}_i = \beta_2 x_i + (u_i - \bar{u}) - \hat{\beta}_2 x_i \tag{13}$$

Reunindo os termos, elevando ao quadrado e somando os dois lados, obtemos

$$\sum \hat{u}_i^2 = (\hat{\beta}_2 - \beta_2)^2 \sum x_i^2 + \sum (u_i - \bar{u})^2 - 2(\hat{\beta}_2 - \beta_2)\sum x_i(u_i - \bar{u}) \tag{14}$$

Considerando a esperança dos dois lados, temos

$$\begin{aligned}
E\left(\sum \hat{u}_i^2\right) &= \sum x_i^2 E(\hat{\beta}_2 - \beta_2)^2 + E\left[\sum (u_i - \bar{u})^2\right] - 2E\left[(\hat{\beta}_2 - \beta_2)\sum x_i(u_i - \bar{u})\right] \\
&= \sum x_i^2\,\text{var}(\hat{\beta}_2) + (n-1)\,\text{var}(u_i) - 2E\left[\sum k_i u_i(x_i u_i)\right] \\
&= \sigma^2 + (n-1)\sigma^2 - 2E\left[\sum k_i x_i u_i^2\right] \\
&= \sigma^2 + (n-1)\sigma^2 - 2\sigma^2 \\
&= (n-2)\sigma^2
\end{aligned} \tag{15}$$

em que, no penúltimo passo, fazemos uso da definição de k_i, dada na Equação (3) e da relação dada na Equação (4). Note também que

$$
\begin{aligned}
E \sum (u_i - \bar{u})^2 &= E\left[\sum u_i^2 - n\bar{u}^2\right] \\
&= E\left[\sum u_i^2 - n\left(\frac{\sum u_i}{n}\right)^2\right] \\
&= E\left[\sum u_i^2 - \frac{1}{n}\sum \left(u_i^2\right)\right] \\
&= n\sigma^2 - \frac{n}{n}\sigma^2 = (n-1)\sigma^2
\end{aligned}
$$

que se embasa no fato de os u_i serem não correlacionados e de que a variância de cada u_i é σ^2.

Assim, obtemos

$$
E\left(\sum \hat{u}_i^2\right) = (n-2)\sigma^2 \tag{16}
$$

Portanto, se definirmos

$$
\hat{\sigma}^2 = \frac{\sum \hat{u}_i^2}{n-2} \tag{17}
$$

seu valor esperado é

$$
E(\hat{\sigma}^2) = \frac{1}{n-2} E\left(\sum \hat{u}_i^2\right) = \sigma^2 \quad \text{usando a Equação (16)} \tag{18}
$$

o que mostra que $\hat{\sigma}^2$ é um estimador não viesado do verdadeiro σ^2.

3A.6 Propriedade da variância mínima dos estimadores de mínimos quadrados

Mostramos na Seção 3A.2 do Apêndice 3A que o estimador de mínimos quadrados $\hat{\beta}_2$ é linear e não viesado (o que também se aplica a $\hat{\beta}_1$). Para mostrar que esses estimadores também apresentam variância mínima dentro da classe de todos os estimadores lineares não viesados, considere o estimador de mínimos quadrados $\hat{\beta}_2$:

$$
\hat{\beta}_2 = \sum k_i Y_i
$$

Onde

$$
k_i = \frac{X_i - \bar{X}}{\sum (X_i - \bar{X})^2} = \frac{x_i}{\sum x_i^2} \quad \text{(veja Apêndice 3A.2)} \tag{19}
$$

que mostra que $\hat{\beta}_2$ é uma média ponderada de todos os Y, com peso k_i.

Vamos definir um estimador linear alternativo de β_2 do seguinte modo:

$$
\beta_2^* = \sum w_i Y_i \tag{20}
$$

onde w_i, também são pesos, não necessariamente iguais a k_i. Agora,

$$
\begin{aligned}
E(\beta_2^*) &= \sum w_i E(Y_i) \\
&= \sum w_i(\beta_1 + \beta_2 X_i) \\
&= \beta_1 \sum w_i + \beta_2 \sum w_i X_i
\end{aligned} \tag{21}
$$

Portanto, para que β_2^* seja não viesado, é preciso que

$$
\sum w_i = 0 \tag{22}
$$

e

$$\sum w_i X_i = 1 \tag{23}$$

Também podemos escrever

$$\begin{aligned}
\operatorname{var}(\beta_2^*) &= \operatorname{var} \sum w_i Y_i \\
&= \sum w_i^2 \operatorname{var} Y_i \qquad (\textit{Nota:} \operatorname{var} Y_i = \operatorname{var} u_i = \sigma^2) \\
&= \sigma^2 \sum w_i^2 \qquad (\textit{Nota:} \operatorname{cov}(Y_i, Y_j) = 0 \, (i \neq j)) \\
&= \sigma^2 \sum \left(w_i - \frac{x_i}{\sum x_i^2} + \frac{x_i}{\sum x_i^2} \right)^2 \qquad \text{(Observe o truque matemático)} \\
&= \sigma^2 \sum \left(w_i - \frac{x_i}{\sum x_i^2} \right)^2 + \sigma^2 \frac{\sum x_i^2}{\left(\sum x_i^2\right)^2} + 2\sigma^2 \sum \left(w_i - \frac{x_i}{\sum x_i^2} \right) \left(\frac{x_i}{\sum x_i^2} \right) \\
&= \sigma^2 \sum \left(w_i - \frac{x_i}{\sum x_i^2} \right)^2 + \sigma^2 \left(\frac{1}{\sum x_i^2} \right)
\end{aligned} \tag{24}$$

porque o último termo desaparece no penúltimo passo. (Por quê?)

Como o último termo da Equação (24) é constante, a variância de (β_2^*) pode ser minimizada apenas pela manipulação do primeiro termo. Se fizermos

$$w_i = \frac{x_i}{\sum x_i^2}$$

a Equação (24) reduz-se a

$$\begin{aligned}
\operatorname{var}(\beta_2^*) &= \frac{\sigma^2}{\sum x_i^2} \\
&= \operatorname{var}(\hat{\beta}_2)
\end{aligned} \tag{25}$$

Em palavras, com pesos $w_i = k_i$, que são as ponderações de mínimos quadrados, a variância do estimador linear β_2^* é igual à variância do estimador de mínimos quadrados, senão, var (β_2^*) > var$(\hat{\beta}_2)$. Dito de outro modo, se houver um estimador linear não viesado de variância mínima de β_2, deve ser o estimador de mínimos quadrados. Do mesmo modo, pode-se demonstrar que é um estimador linear não viesado de variância mínima de β_1.

3A.7 Consistência dos estimadores de mínimos quadrados

Demonstramos que, na estrutura do modelo clássico de regressão linear, os estimadores de mínimos quadrados são não viesados (e eficientes) em qualquer tamanho de amostra: grande ou pequena. Mas às vezes, como foi visto no **Apêndice A**, um estimador pode não satisfazer uma ou mais propriedades estatísticas desejáveis no caso das amostras pequenas. Mas à medida que o tamanho da amostra aumenta indefinidamente, os estimadores apresentam propriedades estatísticas desejáveis. Essas propriedades são conhecidas como **propriedades das amostras grandes** ou **propriedades assintóticas**. Neste Apêndice, examinaremos uma propriedade das amostras grandes, especificamente, a **consistência**, discutida em mais detalhes no **Apêndice A**. Já mostramos que, no caso do modelo de duas variáveis, o estimador de MQO $\hat{\beta}_2$ é um estimador não viesado do verdadeiro β_2. Agora, veremos que $\hat{\beta}_2$ também é um estimador consistente de β_2. Como apresentado no Apêndice A, uma condição suficiente para a consistência é que $\hat{\beta}_2$ seja não viesado e que sua variância tenda para zero à medida que o tamanho da amostra n, tende para o infinito.

Como já demonstramos a propriedade sem viés, agora precisamos apenas mostrar que a variância de $\hat{\beta}_2$ tende a zero quando n aumenta indefinidamente. Sabemos que

$$\operatorname{var}(\hat{\beta}_2) = \frac{\sigma^2}{\sum x_i^2} = \frac{\sigma^2/n}{\sum x_i^2/n} \tag{26}$$

Dividindo o numerador e o denominador por n, não alteramos a igualdade.

Assim,

$$\underbrace{\lim \text{var}(\hat{\beta}_2)}_{n\to\infty} = \underbrace{\lim \left(\frac{\sigma^2/n}{\sum x_i^2/n}\right)}_{n\to\infty} = 0 \tag{27}$$

já que (1) o limite de um quociente é o limite do numerador dividido pelo limite do denominador (o que pode ser visto em qualquer manual de cálculo); (2) como n tende para o infinito, σ^2/n tende a zero, pois σ^2 é um número finito; e $[(\sum x_i^2)/n] \neq 0$, porque a variância de X tem um limite finito em decorrência da Hipótese 7 do modelo clássico de regressão linear.

Do que foi visto, conclui-se que o estimador de MQO $\hat{\beta}_2$ é um estimador consistente do verdadeiro β_2. Da mesma forma, é possível verificar que $\hat{\beta}_1$ também é um estimador consistente. Assim, em (pequenas) amostras repetidas, os estimadores de MQO são não viesados e, à medida que o tamanho da amostra cresce indefinidamente, os estimadores de MQO são consistentes. Como veremos mais adiante, mesmo se algumas das hipóteses do modelo clássico de regressão linear não forem atendidas, podemos obter estimadores consistentes dos coeficientes de regressão em várias situações.

Capítulo 4

Modelo clássico de regressão linear normal (MCRLN)

O que é conhecido como **teoria clássica da inferência estatística** consiste em dois ramos: a **estimação** e o **teste de hipóteses**. Até agora, abordamos o tema da estimação dos parâmetros do modelo de regressão linear (com duas variáveis). Utilizando o método dos MQO, conseguimos estimar os parâmetros β_1, β_2 e σ^2. Sob as hipóteses do *modelo clássico de regressão linear,* demonstramos que os estimadores desses parâmetros, $\hat{\beta}_1, \hat{\beta}_2$ e $\hat{\sigma}^2$, satisfazem várias propriedades estatísticas desejáveis, como a de não viés, variância mínima etc. (Lembre-se da propriedade de melhor estimador linear não viesado [ou não tendencioso]: MELNT ou BLUE). Note que, como são estimadores, seus valores mudarão de amostra para amostra. Portanto, esses estimadores são *variáveis aleatórias.*

Mas a estimação é metade do caminho. A outra metade é o teste de hipóteses. Lembre-se de que, na análise de regressão, nosso objetivo é não apenas estimar a função de regressão amostral (FRA), mas também usá-la para fazer inferências sobre a função de regressão populacional (FRP), como enfatizamos no Capítulo 2. Então, queremos saber até que ponto $\hat{\beta}_1$ aproxima-se de β_1 ou quanto $\hat{\sigma}^2$ está próximo do verdadeiro σ^2. Por exemplo, no Exemplo 3.2 estimamos a FRA apresentada na Equação (3.7.2). Mas como essa regressão está baseada em uma amostra de 55 famílias, como saberemos se a PMC estimada de 0,4368 representa a (verdadeira) PMC da população como um todo?

Portanto, como $\hat{\beta}_1$, $\hat{\beta}_2$ e $\hat{\sigma}^2$ são variáveis aleatórias, precisamos descobrir suas distribuições de probabilidade, pois, sem esse conhecimento, não seremos capazes de relacioná-las a seus verdadeiros valores.

4.1 A distribuição de probabilidade dos termos de erro u_i

Para descobrir as distribuições de probabilidade dos estimadores de mínimos quadrados ordinários, procedemos como a seguir. Especificamente, considere $\hat{\beta}_2$. Como mostramos no Apêndice 3A.2,

$$\hat{\beta}_2 = \sum k_i Y_i \tag{4.1.1}$$

em que $k_i = x_i / \sum x_i^2$. Mas, como supomos que os X são fixos, ou não estocásticos, porque nossa análise de regressão é condicional, ou seja, condicionada aos valores fixos de X_i, a Equação (4.1.1) mostra que $\hat{\beta}_2$ é uma função *linear* de Y_i, que é aleatória por hipótese. Devido ao fato de $Y_i = \beta_1 + \beta_2 X_i + u_i$, podemos escrever a Equação (4.1.1) como

$$\hat{\beta}_2 = \sum k_i(\beta_1 + \beta_2 X_i + u_i) \tag{4.1.2}$$

Como k_i, os betas e X_i são todos fixos, $\hat{\beta}_2$ é, em última análise, uma função *linear* da variável aleatória u_i, que é aleatória por hipótese. Portanto, a distribuição de probabilidade de $\hat{\beta}_2$ (e também de $\hat{\beta}_1$) dependerá da hipótese adotada sobre a distribuição de probabilidade de u_i. E, por ser necessário conhecer as distribuições de probabilidade dos estimadores de mínimos quadrados ordinários para fazer inferências sobre seus valores populacionais, a natureza da distribuição de probabilidade de u_i assume um papel muito importante no teste de hipóteses.

O método dos mínimos quadrados ordinários não faz qualquer suposição sobre a natureza probabilística de u_i; ele é de pouca ajuda para inferências sobre a função de regressão populacional com base nos resultados da função de regressão amostral, apesar do teorema de Gauss-Markov. Esse hiato pode ser preenchido se nos dispusermos a aceitar que os u seguem alguma distribuição de probabilidade. Por motivos explicados em breve, no contexto da regressão em geral supõe-se que os u sigam a distribuição normal. Acrescentando a hipótese da normalidade para u_i às hipóteses do modelo clássico de regressão linear examinado no Capítulo 3, obtemos o que se conhece por **modelo clássico de regressão linear normal (MCRLN)**.

4.2 A hipótese de normalidade de u_i

O modelo clássico de regressão linear normal supõe que cada u_i seja distribuído *normalmente* com

$$\textit{Média:} \quad E(u_i) = 0 \tag{4.2.1}$$

$$\textit{Variância:} \quad E[u_i - E(u_i)]^2 = E\left(u_i^2\right) = \sigma^2 \tag{4.2.2}$$

$$\textit{cov}\,(u_i, u_j)\text{:} \quad E\{[(u_i - E(u_i))][u_j - E(u_j)]\} = E(u_i\, u_j) = 0 \quad i \neq j \tag{4.2.3}$$

Essas hipóteses podem ser representadas de modo mais compacto como

$$u_i \sim N(0, \sigma^2) \tag{4.2.4}$$

em que o símbolo $\sim$ significa *distribuído como* e N representa a *distribuição normal*, os termos entre parênteses são os dois parâmetros da distribuição normal: a média e a variância.

Conforme observado no **Apêndice A**, no caso de **duas variáveis com distribuição normal, covariância ou correlação iguais a zero significam independência das duas variáveis**. Dada a hipótese de normalidade, a Equação (4.2.4) indica que u_i e u_j não estão correlacionados e são distribuídos independentemente.

Dessa forma, podemos escrever a Equação (4.2.4) como

$$u_i \sim \text{NID}\,(0, \sigma^2) \tag{4.2.5}$$

em que **NID** representa normal e independentemente *distribuído*.

Por que utilizamos a hipótese de normalidade?

Por que utilizamos a hipótese de normalidade? Existem diversas razões:

1. De acordo com a Seção 2.5, u_i representa a influência combinada (sobre a variável dependente) de um grande número de variáveis não incluídas explicitamente no modelo de regressão. Esperamos que a influência dessas variáveis omitidas ou negligenciadas seja pequena e, na melhor das hipóteses, aleatória. O conhecido **teorema central do limite (TCL)** da estatística (veja o **Apêndice A** para maiores detalhes) permite demonstrar que, se há um grande número de variáveis aleatórias independentes e com distribuição idêntica, então, com poucas exceções, a distribuição de suas somas

tende à distribuição normal conforme o número dessas variáveis aumenta indefinidamente.[1] É o TCL que oferece uma justificativa teórica para a hipótese de normalidade de u_i.

2. Uma variante do TCL informa que, mesmo que o número de variáveis não seja muito grande ou que essas variáveis não sejam estritamente independentes, sua soma ainda pode ser normalmente distribuída.[2]

3. Dada a hipótese de normalidade, a distribuição de probabilidade dos estimadores de mínimos quadrados ordinários pode ser facilmente derivada, porque, segundo o **Apêndice A**, uma das propriedades da distribuição normal é que **qualquer função linear de variáveis com distribuição normal também é normalmente distribuída**. Como já discutimos, os estimadores de mínimos quadrados ordinários $\hat{\beta}_1$ e $\hat{\beta}_2$ são funções lineares de u_i. Portanto, se os u_i estiverem normalmente distribuídos, $\hat{\beta}_1$ e $\hat{\beta}_2$ também estarão, o que facilita muito nossa tarefa de testar as hipóteses.

4. A distribuição normal é comparativamente simples, envolvendo apenas dois parâmetros (média e variância); é muito conhecida e suas propriedades teóricas já foram extensamente estudadas na estatística matemática. Além disso, muitos fenômenos parecem seguir a distribuição normal.

5. Se estivermos lidando com uma amostra pequena, ou finita, por exemplo, com menos de 100 observações, a hipótese de normalidade assume um papel fundamental. Ela não só nos auxilia a derivar a distribuição de probabilidade exata dos estimadores de mínimos quadrados ordinários, mas também nos permite usar os testes estatísticos, t, F e χ^2, para modelos de regressão. As propriedades estatísticas desses testes são discutidas no **Apêndice A**. Como mostraremos a seguir, se o tamanho da amostra for suficientemente grande, podemos relaxar a hipótese de normalidade.

6. Por fim, em *amostras grandes*, as estatísticas de t e F têm aproximadamente as distribuições probabilísticas de t e F de forma que os testes de t e F que se baseiam na hipótese de que o erro padrão tem distribuição normal ainda possam ser aplicados validamente.[3] Hoje, há muita informação sobre corte transversal e temporais que possuem um número razoavelmente grande de observações. Portanto, a hipótese de normalidade pode não ser muito relevante em grandes conjuntos de dados.

Uma advertência: como estamos "impondo" a hipótese de normalidade, devemos verificar em aplicações práticas envolvendo dados de amostras pequenas se ela é adequada. Mais à frente, apresentaremos alguns testes que se destinam a isso e também veremos situações em que a hipótese de normalidade pode ser inadequada. Por enquanto continuaremos trabalhando com a hipótese de normalidade pelos motivos examinados anteriormente.

4.3 Propriedades dos estimadores de MQO sob a hipótese de normalidade

Dada a hipótese de que u_i segue a distribuição normal como na Equação (4.2.5), os estimadores de mínimos quadrados ordinários têm as seguintes propriedades (o **Apêndice A** apresenta uma discussão geral sobre as propriedades estatísticas desejáveis dos estimadores):

1. São não viesados.
2. Têm variância mínima. Combinado ao item l, isso significa que eles são **estimadores não viesados com variância mínima** ou **estimadores eficientes**.

[1] Para uma discussão relativamente simples e objetiva deste teorema, veja ROSS, Sheldon M. *Introduction to probability and statistics for engineers and scientists*. 2. ed. Nova York: Harcourt Academic Press, 2000. p. 193--194. Uma exceção ao teorema é a distribuição de Cauchy, que não tem média ou momentos mais elevados. Veja KENDALL, M. G.; STUART, A. *The advanced theory of statistics*. Londres: Charles Griffin & Co., 1960. v.1, p. 248-249.

[2] Para as várias formas do TCL, veja CRAMER, Harald. *Mathematical methods of statistics*. Princeton, NJ: Princeton University Press, 1946. cap. 17.

[3] Para uma discussão técnica sobre este tema, veja HEIJ, Christiaan et al. *Econometric methods with applications in business and economics*. Oxford: Oxford University Press, 2004. p. 197.

3. São **consistentes;** à medida que o tamanho da amostra aumenta indefinidamente, os estimadores convergem para os verdadeiros valores da população.
4. $\hat{\beta}_1$ (que é uma função linear de u_i) apresenta *distribuição normal* com

$$\text{Média:} \quad E(\hat{\beta}_1) = \beta_1 \tag{4.3.1}$$

$$\text{var}(\hat{\beta}_1): \quad \sigma^2_{\hat{\beta}_1} = \frac{\sum X_i^2}{n \sum x_i^2}\sigma^2 \quad = (3.3.3) \tag{4.3.2}$$

Ou de modo mais compacto,

$$\hat{\beta}_1 \sim N\left(\beta_1, \sigma^2_{\hat{\beta}_1}\right)$$

Pelas propriedades da distribuição normal, a variável Z, que é definida como

$$Z = \frac{\hat{\beta}_1 - \beta_1}{\sigma_{\hat{\beta}_1}} \tag{4.3.3}$$

segue a **distribuição normal padrão**; uma distribuição normal com média zero e variância unitária (= 1) ou

$$Z \sim N(0, 1)$$

5. Como $\hat{\beta}_2$ (sendo uma função linear de u_i) tem distribuição *normal* com

$$\text{Média:} \quad E(\hat{\beta}_2) = \beta_2 \tag{4.3.4}$$

$$\text{var}(\hat{\beta}_2): \quad \sigma^2_{\hat{\beta}_2} = \frac{\sigma^2}{\sum x_i^2} \quad = (3.3.1) \tag{4.3.5}$$

Ou, de modo mais compacto,

$$\hat{\beta}_2 \sim N\left(\beta_2, \sigma^2_{\hat{\beta}_2}\right)$$

Como na Equação (4.3.3),

$$Z = \frac{\hat{\beta}_2 - \beta_2}{\sigma_{\hat{\beta}_2}} \tag{4.3.6}$$

também segue a distribuição normal padrão. A Figura 4.1 apresenta geometricamente as distribuições de probabilidades de $\hat{\beta}_1$ e $\hat{\beta}_2$.

6. $(n-2)(\hat{\sigma}^2/\sigma^2)$ segue a distribuição de χ^2 (qui-quadrado) com $(n-2)$ graus de liberdade.[4] Essa informação nos ajuda a fazer inferências a respeito do verdadeiro σ^2 com base em σ^2 estimado, como mostraremos no Capítulo 5. (A distribuição de qui-quadrado e suas propriedades são discutidas no Apêndice A.)

[4] A demonstração desta afirmação é um pouco complexa. Um fonte acessível é HOGG, Robert V.; CRAIG, Allen T. *Introduction to mathematical statistics.* 2. ed. Nova York: Mcmillan, 1965. p. 144.

FIGURA 4.1
Distribuição das probabilidades de $\hat{\beta}_1$ e $\hat{\beta}_2$.

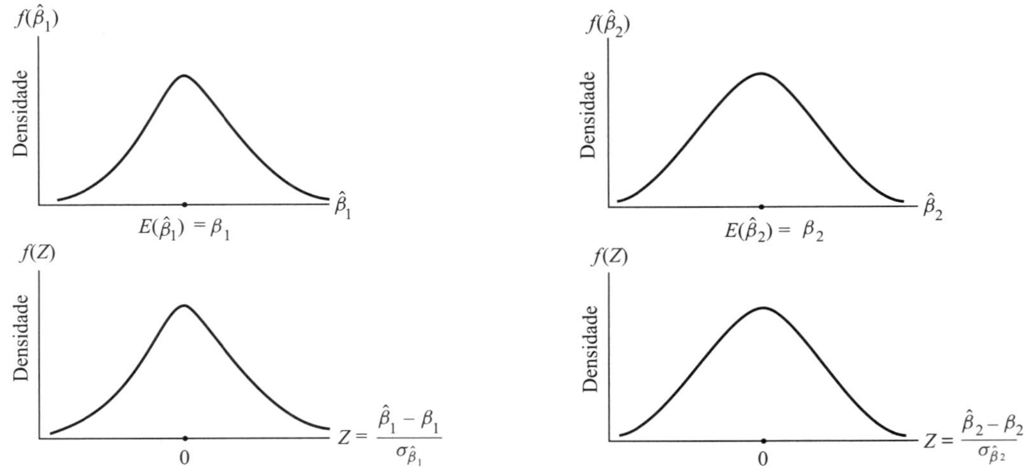

7. A distribuição de $(\hat{\beta}_1, \hat{\beta}_2)$ é independente de $\hat{\sigma}^2$. A importância disso será explicada no próximo capítulo.

8. $\hat{\beta}_1$ e $\hat{\beta}_2$ *possuem a variância mínima dentro da classe dos estimadores não viesados, sejam lineares ou não.* Esse resultado, formulado por Rao, é muito pertinente, pois, diferentemente do teorema de Gauss-Markov, não se limita apenas à classe dos estimadores lineares.[5] Podemos dizer que os estimadores de mínimos quadrados ordinários são os **melhores estimadores não viesados (MELNT)**; eles têm a variância mínima na classe inteira de estimadores não viesados.

Resumindo: o importante a observar é que a hipótese de normalidade nos permite deduzir as distribuições de probabilidade, ou amostrais, de $\hat{\beta}_1$ e $\hat{\beta}_2$ (ambas normais) e de $\hat{\sigma}^2$ (relacionada à qui-quadrado). Como veremos no próximo capítulo, isso simplifica a tarefa de estabelecer intervalos de confiança e de testar (estatisticamente) as hipóteses.

Note também que, dada a hipótese de que $u_i \sim N(0, \sigma^2)$, Y_i, sendo uma função linear de u_i, também está distribuído normalmente com média e variância dadas por

$$E(Y_i) = \beta_1 + \beta_2 X_i \tag{4.3.7}$$

$$\text{var}(Y_i) = \sigma^2 \tag{4.3.8}$$

Ou, de modo mais elegante,

$$Y_i \sim N(\beta_1 + \beta_2 X_i, \sigma^2) \tag{4.3.9}$$

4.4 O método da máxima verossimilhança (MV)

Um método de estimação pontual com algumas propriedades teóricas mais fortes que as do método dos mínimos quadrados ordinários é o da **máxima verossimilhança (MV)**. Tratando-se de um método um tanto intrincado, será discutido no apêndice deste capítulo. Para o leitor em geral, é suficiente observar que, se considerarmos a distribuição de u_i normal, como fizemos pelas razões já examinadas, os estimadores de máxima verossimilhança e de mínimos quadrados ordinários dos coeficientes de regressão, os β, serão idênticos e isso é válido tanto para as regressões simples quanto para as múltiplas. O estimador de máxima verossimilhança (MV) para σ^2 é $\sum \hat{u}_i^2/n$. Esse estimador é viesado, enquanto o estimador de mínimos quadrados ordinários de $\sigma^2 = \sum \hat{u}_i^2/(n-2)$ é, como

[5] RAO, C. R. *Linear statistical inference and its applications.* Nova York: John Wiley & Sons, 1965. p. 258.

vimos, não viesado. Mas, comparando esses dois estimadores de σ^2, vemos que, à medida que o tamanho da amostra n aumenta, os dois estimadores de σ^2 tendem a se igualarem. Dessa forma, assintoticamente (quando n aumenta indefinidamente), o estimador de máxima verossimilhança de σ^2 também é não viesado.

Como o método dos mínimos quadrados acrescido da hipótese de normalidade de u_i nos oferece todas as ferramentas necessárias tanto para a estimação quanto para o teste de hipóteses dos modelos de regressão linear, não há perda para os leitores que não se interessarem pelo método da máxima verossimilhança em função de sua possível complexidade matemática.

Resumo e conclusões

1. Este capítulo abordou o modelo clássico de regressão linear normal (MCRLN).
2. A diferença entre este modelo e o modelo clássico de regressão linear (MCRL) é que o primeiro supõe especificamente que o termo de erro u_i do modelo de regressão tem distribuição normal. O modelo de regressão linear clássico não requer qualquer hipótese sobre a distribuição de probabilidade u_i; apenas exige que o valor médio de u_i seja igual a zero e sua variância seja uma constante finita.
3. A justificativa teórica da hipótese de normalidade é o **teorema central do limite**.
4. Sem a hipótese de normalidade, sob as demais hipóteses examinadas no Capítulo 3, o teorema de Gauss-Markov mostrou que os estimadores de MQO são os melhores estimadores lineares não viesados (MELNT ou BLUE).
5. Com a hipótese adicional de normalidade, os estimadores de MQO não são apenas **melhores estimadores não viesados (MENT ou BUE)**, mas também seguem distribuições de probabilidade conhecidas. Os estimadores de mínimos quadrados ordinários do intercepto e do coeficiente angular são eles próprios normalmente distribuídos e o estimador de MQO da variância de u_i $(= \hat{\sigma}^2)$ relaciona-se à distribuição qui-quadrado.
6. Nos Capítulos 5 e 8 mostraremos como este conhecimento é útil para inferências sobre os valores dos parâmetros populacionais.
7. Uma alternativa ao método dos mínimos quadrados é o da **máxima verossimilhança (MV)**. No entanto, para aplicar esse método, é preciso fazer uma suposição sobre a distribuição de probabilidade do termo de erro u_i. No contexto da regressão, a suposição mais empregada é de que u_i segue a distribuição normal.
8. Sob a hipótese de normalidade, os estimadores de MV e de MQO dos parâmetros do intercepto e do coeficiente angular do modelo de regressão são idênticos. No entanto, os estimadores de MQO e os de MV da variância de u_i são diferentes. Em grandes amostras, os dois estimadores convergem.
9. O método de máxima verossimilhança é conhecido como *método de amostras grandes*. Ele tem uma aplicação mais ampla, já que também pode ser usado para modelos de regressão não lineares nos parâmetros. Neste último caso, o método dos MQO em geral não é usado. Para mais detalhes, veja o Capítulo 14.
10. Neste livro, usaremos muito o método dos mínimos quadrados ordinários por questões práticas: (*a*) comparado ao método da máxima verossimilhança, o dos mínimos quadrados é fácil de aplicar; (*b*) os estimadores de máxima verossimilhança e os de mínimos quadrados ordinários de β_1 e β_2 são idênticos (o que também é válido para as regressões múltiplas); e (*c*) mesmo em amostras relativamente grandes, os estimadores de σ^2 dos dois métodos citados não diferem demasiadamente.

No entanto, para os leitores com mais inclinação à matemática, apresentamos uma breve introdução ao método da máxima verossimilhança no apêndice a seguir e também no **Apêndice A**.

Apêndice 4A

4A.1 Estimação de máxima verossimilhança de um modelo de regressão com duas variáveis

Suponha que no modelo de duas variáveis $Y_i = \beta_1 + \beta_2 X_i + u_i$ os Y_i sejam normal e independentemente distribuídos, com média = $\beta_1 + \beta_2 X_i$ e variância = σ^2. (Veja a Equação (4.3.9). Em consequência, a função de densidade de probabilidade conjunta de $Y_1, Y_2, \ldots, Y_n$, dadas a média e a variância anteriores, pode ser escrita como

$$f(Y_1, Y_2, \ldots, Y_n \mid \beta_1 + \beta_2 X_i, \sigma^2)$$

Mas, tendo em vista a independência dos Y, essa função de densidade de probabilidade conjunta pode ser expressa como um produto de n funções de densidade individuais

$$\begin{aligned} &f(Y_1, Y_2, \ldots, Y_n \mid \beta_1 + \beta_2 X_i, \sigma^2) \\ &\quad = f(Y_1 \mid \beta_1 + \beta_2 X_i, \sigma^2) f(Y_2 \mid \beta_1 + \beta_2 X_i, \sigma^2) \cdots f(Y_n \mid \beta_1 + \beta_2 X_i, \sigma^2) \end{aligned} \tag{1}$$

em que

$$f(Y_i) = \frac{1}{\sigma\sqrt{2\pi}} \exp\left\{-\frac{1}{2}\frac{(Y_i - \beta_1 - \beta_2 X_i)^2}{\sigma^2}\right\} \tag{2}$$

que é a função de densidade de uma variável com distribuição normal, dadas a média e a variância.

(*Nota:* exp significa *e* elevado à potência da expressão indicada por {}.)

Substituindo a Equação (2) por cada Y_i na Equação (1) obtemos

$$f(Y_i, Y_2, \ldots, Y_n \mid \beta_1 + \beta_2 X_i, \sigma^2) = \frac{1}{\sigma^n\left(\sqrt{2\pi}\right)^n} \exp\left\{-\frac{1}{2}\sum\frac{(Y_i - \beta_1 - \beta_2 X_i)^2}{\sigma^2}\right\} \tag{3}$$

Se $Y_1, Y_2, \ldots, Y_n$ são conhecidos ou dados, mas β_1, β_2 e σ^2 não são, a função na Equação (3) é chamada de **função de verossimilhança**, denotada por FV(β_1, β_2 e σ^2), e expressa como[1]

$$\text{FV}(\beta_1, \beta_2, \sigma^2) = \frac{1}{\sigma^n\left(\sqrt{2\pi}\right)^n} \exp\left\{-\frac{1}{2}\sum\frac{(Y_i - \beta_1 - \beta_2 X_i)^2}{\sigma^2}\right\} \tag{4}$$

O **método da máxima verossimilhança**, como o nome indica, consiste em estimar os parâmetros desconhecidos de maneira que a probabilidade de observar os dados Y seja a maior (ou a máxima) possível. Precisamos encontrar o máximo da função na Equação (4). Isso é um exercício direto de cálculo diferencial. Para derivar, é mais fácil expressar a Equação (4) na forma logarítmica, como a seguir.[2] (*Nota:* ln = log natural.)

$$\begin{aligned} \ln \text{FV} &= -n \ln \sigma - \frac{n}{2}\ln(2\pi) - \frac{1}{2}\sum\frac{(Y_i - \beta_1 - \beta_2 X_i)^2}{\sigma^2} \\ &= -\frac{n}{2}\ln\sigma^2 - \frac{n}{2}\ln(2\pi) - \frac{1}{2}\sum\frac{(Y_i - \beta_1 - \beta_2 X_i)^2}{\sigma^2} \end{aligned} \tag{5}$$

Derivando a Equação (5) parcialmente em relação a β_1, β_2 e σ^2, obtemos

$$\frac{\partial \ln \text{FV}}{\partial \beta_1} = -\frac{1}{\sigma^2}\sum(Y_i - \beta_1 - \beta_2 X_i)(-1) \tag{6}$$

[1] Obviamente, se β_1, β_2 e σ^2 forem conhecidos, mas os Y_i forem desconhecidos, a Equação (4) representa a função de densidade de probabilidade conjunta — a probabilidade de observar conjuntamente os Y_i.

[2] Como uma função log é uma função monotônica, ln FV atingirá seu valor máximo no mesmo ponto que FV.

$$\frac{\partial \ln \text{FV}}{\partial \beta_2} = -\frac{1}{\sigma^2} \sum (Y_i - \beta_1 - \beta_2 X_i)(-X_i) \tag{7}$$

$$\frac{\partial \ln \text{FV}}{\partial \sigma^2} = -\frac{n}{2\sigma^2} + \frac{1}{2\sigma^4} \sum (Y_i - \beta_1 - \beta_2 X_i)^2 \tag{8}$$

Igualando essas equações a zero (condição de primeira ordem para a otimização) e denotando os estimadores de máxima verossimilhança por $\tilde{\beta}_1, \tilde{\beta}_2$ e $\tilde{\sigma}^2$ obtemos[3]

$$\frac{1}{\tilde{\sigma}^2} \sum (Y_i - \tilde{\beta}_1 - \tilde{\beta}_2 X_i) = 0 \tag{9}$$

$$\frac{1}{\tilde{\sigma}^2} \sum (Y_i - \tilde{\beta}_1 - \tilde{\beta}_2 X_i) X_i = 0 \tag{10}$$

$$-\frac{n}{2\tilde{\sigma}^2} + \frac{1}{2\tilde{\sigma}^4} \sum (Y_i - \tilde{\beta}_1 - \tilde{\beta}_2 X_i)^2 = 0 \tag{11}$$

Após a simplificação, as Equações (9) e (10) ficam como

$$\sum Y_i = n\tilde{\beta}_1 + \tilde{\beta}_2 \sum X_i \tag{12}$$

$$\sum Y_i X_i + \tilde{\beta}_1 \sum X_i + \tilde{\beta}_2 \sum X_i^2 \tag{13}$$

que são exatamente as *equações normais* da teoria dos mínimos quadrados obtidas nas Equações (3.1.4) e (3.1.5). Portanto, os estimadores de máxima verossimilhança, os $\tilde{\beta}$, são idênticos aos estimadores de MQO, os $\hat{\beta}$, dados nas Equações (3.1.6) e (3.1.7). Essa igualdade não é acidental. Examinando a verossimilhança (5), vemos que o último termo entra com sinal negativo. Maximizar a Equação (5) é o mesmo que minimizar esse termo, que é justamente o que faz a abordagem dos mínimos quadrados, como se pode ver na Equação (3.1.2).

Substituindo na Equação (11) os estimadores de máxima verossimilhança (= MQO) e simplificando, obtemos o estimador de máxima verossimilhança para $\tilde{\sigma}^2$ como

$$\begin{aligned} \tilde{\sigma}^2 &= \frac{1}{n} \sum (Y_i - \tilde{\beta}_1 - \tilde{\beta}_2 X_i)^2 \\ &= \frac{1}{n} \sum (Y_i - \hat{\beta}_1 - \hat{\beta}_2 X_i)^2 \\ &= \frac{1}{n} \sum \hat{u}_i^2 \end{aligned} \tag{14}$$

Com base na Equação (14) fica óbvio que o estimador de máxima verossimilhança $\tilde{\sigma}^2$ difere do estimador de MQO $\hat{\sigma}^2 = [1/(n-2)] \sum \hat{u}_i^2$, que como já foi demonstrado no Apêndice 3A é um estimador não viesados de σ^2. Assim, o estimador de máxima verossimilhança de σ^2 é viesado. A magnitude desse viés pode ser determinada com facilidade do seguinte modo:

Tomando-se a esperança matemática da Equação (14) de ambos os lados, obtemos

$$\begin{aligned} E(\tilde{\sigma}^2) &= \frac{1}{n} E\left(\sum \hat{u}_i^2\right) \\ &= \left(\frac{n-2}{n}\right)\sigma^2 \qquad \text{usando a Equação (16) da Seção 3A.5 do Apêndice 3A} \\ &= \sigma^2 - \frac{2}{n}\sigma^2 \end{aligned} \tag{15}$$

que mostra que $\tilde{\sigma}^2$ é viesado para baixo (isto é, subestima o verdadeiro σ^2) em amostras pequenas. Note que quando n, o tamanho da amostra, aumenta indefinidamente, o segundo termo na Equação (15), o fator de viés,

[3] Usamos ~ (til) para denotar os estimadores de MV e ^ (circunflexo) para os estimadores de MQO.

tende a zero. Portanto, *assintoticamente* (em amostras muito grandes), $\tilde{\sigma}^2$ também é *não viesado*, ou seja, lim $E(\tilde{\sigma}^2) = \sigma^2$ quando $n \to \infty$. Pode-se demonstrar adicionalmente que $\tilde{\sigma}^2$ é também um estimador **consistente**[4]; conforme n aumenta indefinidamente, $\tilde{\sigma}^2$ converge para seu valor verdadeiro σ^2.

4A.2 Estimação de máxima verossimilhança das despesas com alimentação na Índia

Volte ao Exemplo 3.2 e à Equação (3.7.2), que mostram a regressão das despesas com alimentação contra as despesas totais em 55 domicílios rurais na Índia. Como, sob a hipótese de normalidade, os estimadores dos coeficientes da regressão são os mesmos nos métodos dos mínimos quadrados ordinários e da máxima verossimilhança, obtemos os estimadores de MV como = $\tilde{\beta}_1 = \hat{\beta}_1$ 94,2087 e $\tilde{\beta}_2 = \hat{\beta}_2 =$ 0,4386. O estimador de MQO de σ^2 é $\hat{\sigma}^2 = 4.469{,}6913$, mas o estimador de MV, $\tilde{\sigma}^2 = 4.407{,}1563$, que é menor que o estimador de MQO. Como observado, em amostras pequenas, o estimador de máxima verossimilhança é viesado para baixo; subestima em média a verdadeira variância de σ^2. Naturalmente, como seria de esperar, quando o tamanho da amostra aumenta, a diferença entre os dois estimadores estreita-se. Inserindo os valores dos estimadores na função logarítmica de verossimilhança, obtemos o valor de –308,1625. Se quiser o valor máximo da MV, basta encontrar o antilogaritmo de –308,1625. Nenhum outro valor dos parâmetros proporcionará uma probabilidade maior de obter a amostra utilizada na análise.

Apêndice 4A Exercícios

4.1. "Se duas variáveis aleatórias são estatisticamente independentes, o coeficiente de correlação entre elas é igual a zero. Mas o inverso não é necessariamente verdadeiro, isto é, correlação zero não implica independência estatística. Contudo, se duas variáveis têm distribuição normal, correlação igual a zero implica necessariamente independência estatística." Verifique essa afirmação para a seguinte função de densidade de probabilidade conjunta de duas variáveis, Y_1 e Y_2, normalmente distribuídas (essa função de densidade de probabilidade conjunta é conhecida como **função de densidade de probabilidade normal bivariada**):

$$f(Y_1, Y_2) = \frac{1}{2\pi\sigma_1\sigma_2\sqrt{1-\rho^2}} \exp\left\{-\frac{1}{2(1-\rho^2)}\right.$$
$$\left.\times \left[\left(\frac{Y_1-\mu_1}{\sigma_1}\right)^2 - 2\rho\frac{(Y_1-\mu_1)(Y_2-\mu_2)}{\sigma_1\sigma_2} + \left(\frac{Y_2-\mu_2}{\sigma^2}\right)^2\right]\right\}$$

em que μ_1 = média de Y_1
μ_2 = média de Y_2
σ_1 = desvio padrão de Y_1
σ_2 = desvio padrão de Y_2
ρ = coeficiente de correlação entre Y_1 e Y_2

4.2. Aplicando as condições de segunda ordem para a otimização (teste da derivada segunda), mostre que o estimador de máxima verossimilhança de β_1, β_2 e σ^2 obtidos pela solução das Equações (9), (10) e (11) maximizam, de fato, a função de verossimilhança na Equação (4).

[4] Veja no **Apêndice A** uma discussão geral das propriedades dos estimadores de máxima verossimilhança, bem como a distinção entre propriedade assintótica de ausência de viés e propriedade de consistência. Grosso modo, na propriedade assintótica de ausência de viés, tentamos encontrar o lim ($\tilde{\sigma}_n^2$) quando n tende ao infinito, em que n é o tamanho da amostra em que se embasa o estimador, enquanto na consistência, procuramos verificar como $\tilde{\sigma}_n^2$ se comporta quando n aumenta indefinidamente. Note que a propriedade de não viés é de amostragem repetida de um estimador baseado em uma amostra de dado tamanho, enquanto na consistência estamos preocupados com o comportamento de um estimador à medida que a amostra aumenta indefinidamente.

4.3. Uma variável aleatória X segue a **distribuição exponencial** se tem a seguinte função de densidade de probabilidade:

$$f(X) = (1/\theta)e^{-X/\theta} \qquad \text{para } X > 0$$
$$= 0 \qquad \text{nos demais casos}$$

em que $\theta > 0$ é o parâmetro da distribuição. Usando o método de máxima verossimilhança, mostre que o estimador de MV de θ é $\hat{\theta} = \sum X_i/n$, em que n é o tamanho da amostra. Ou seja, mostre que o estimador de máxima verossimilhança de θ é a média amostral $\bar{X}$.

4.4. Suponha que o resultado de um experimento seja classificado apenas como um sucesso ou um fracasso. Nomeando $X = 1$ quando o resultado é um sucesso e $X = 0$ quando é um fracasso, a função de densidade de probabilidade, ou massa, de X é dada por

$$p(X = 0) = 1 - p$$
$$p(X = 1) = p, 0 \leq p \leq 1$$

Qual o mais provável estimador de p, a probabilidade de sucesso?

Capítulo 5

A regressão de duas variáveis: estimação de intervalo e teste de hipóteses

Cuidado para não testar hipóteses demais; quanto mais você tortura os dados, maior a probabilidade de que confessem, mas tal confissão pode não ser admissível no tribunal da opinião científica.[1]

Como destacado no Capítulo 4, a estimação e o teste de hipóteses são os dois ramos principais da estatística clássica. A teoria da estimação consiste em duas partes: a estimação pontual e a de intervalo. Nos dois capítulos anteriores, abordamos em detalhes a estimação pontual quando apresentamos os métodos dos mínimos quadrados ordinários e da máxima verossimilhança da estimação pontual. Neste capítulo, abordaremos primeiro a estimação de intervalo e então examinaremos o teste de hipóteses, um tópico estreitamente relacionado à estimação de intervalo.

5.1 Pré-requisitos estatísticos

Antes de demonstrar a mecânica do estabelecimento de intervalos de confiança e o teste estatístico de hipóteses, supõe-se que o leitor esteja familiarizado com os conceitos fundamentais de probabilidade e de estatística. Embora não seja um substituto de um curso básico de estatística, o **Apêndice A** apresenta os conceitos estatísticos essenciais que o leitor deveria conhecer bem. Conceitos fundamentais, como **probabilidade, distribuições de probabilidade, erro do tipo I e II, nível de significância, potência dos testes estatísticos e intervalos de confiança**, são imprescindíveis para entender o conteúdo deste e dos próximos capítulos.

5.2 Estimativa de intervalo: algumas ideias básicas

Para fixar as ideias, considere novamente o exemplo da relação entre salário e escolaridade do Capítulo 3. A Equação (3.6.1) mostra que o aumento médio no salário-hora em relação ao aumento de um ano na escolaridade ($\hat{\beta}_2$) é de 0,7240, que representa uma única estimativa (pontual) do valor desconhecido da população β_2. Até que ponto essa estimativa é confiável? Conforme observado no Capítulo 3, devido a variações amostrais, uma única estimativa provavelmente será diferente do

[1] STIGLER, Stephen M. "Testing hypothesis or fitting models? Another look at mass extinctions". In: NITECKI, Matthew H.; HOFFMAN, Antoni (Coord.). *Neutral models in biology.* Oxford: Oxford University Press, 1987. p. 148.

verdadeiro valor, embora em amostras repetidas espera-se que seu valor médio seja igual ao valor verdadeiro. (*Nota:* $E(\hat{\beta}_2) = \beta_2$) Na estatística, a confiabilidade de um estimador pontual é medida por seu erro padrão. Em vez de tomarmos como base apenas a estimativa pontual, podemos construir um intervalo em torno de um estimador pontual por exemplo, de dois ou três erros padrão de cada lado do estimador pontual, de modo que esse intervalo tenha, por exemplo, 95% de probabilidade de incluir o verdadeiro valor do parâmetro. Essa é a ideia que está por trás da **estimação de intervalo**.

Para ser mais específico, suponha que queiramos verificar quanto $\hat{\beta}_2$ está "próximo" de β_2. Para tanto, tentamos encontrar dois números positivos δ e α, este último situado entre 0 e 1, tais que a probabilidade de que o **intervalo aleatório** $(\hat{\beta}_2 - \delta, \hat{\beta}_2 + \delta)$ contenha o verdadeiro β_2 seja $1 - \alpha$. Simbolicamente,

$$\Pr(\hat{\beta}_2 - \delta \leq \beta_2 \leq \hat{\beta}_2 + \delta) = 1 - \alpha \quad \textbf{(5.2.1)}$$

Esse intervalo, quando existe, é conhecido como **intervalo de confiança**; $1 - \alpha$, como **coeficiente de confiança**; e α $(0 < \alpha < 1)$, como **nível de significância**.[2] Os pontos extremos do intervalo de confiança são os **limites de confiança** (ou valores *críticos*). $\hat{\beta}_2 - \delta$ é o **limite inferior de confiança** e $\hat{\beta}_2 + \delta$ é o **limite superior de confiança**. Note que, na prática, α e $1 - \alpha$ muitas vezes são expressos em percentuais, como 100α e $100(1 - \alpha)$%.

A Equação (5.2.1) mostra que um **estimador de intervalo**, ao contrário do pontual, é um intervalo construído de tal modo que tem uma probabilidade especificada $1 - \alpha$ de incluir em seus limites o verdadeiro valor do parâmetro. Por exemplo, se $\alpha = 0{,}05$, ou 5%, leremos a Equação (5.2.1) como "a probabilidade de que o intervalo (aleatório) mostrado nela inclua o verdadeiro β_2 é de 0,95 ou 95%". Assim, o estimador de intervalo proporciona uma faixa dentro da qual o verdadeiro β_2 pode se situar.

É muito importante conhecer os seguintes aspectos da estimação de intervalo:

1. A Equação (5.2.1) não indica que a probabilidade de β_2 que se situa entre os limites dados seja de $1 - \alpha$. Pelo fato de supormos que β_2, embora desconhecida, seja algum número fixo, ou está dentro do intervalo ou não está. A Equação (5.2.1) informa que, para o método descrito neste capítulo, a probabilidade de estabelecer um intervalo que contenha β_2 é de $1 - \alpha$.
2. O intervalo na Equação (5.2.l) é um **intervalo aleatório**, isto é, variará de amostra para amostra, porque se baseia em $\hat{\beta}_2$, que é aleatório. (Por quê?)
3. Como o intervalo de confiança é aleatório, as probabilidades relacionadas a ele devem ser entendidas a longo prazo, isto é, sob amostras repetidas. Mais especificamente, a Equação (5.2.1) significa: se, em amostras repetidas, intervalos de confiança semelhantes forem estabelecidos muitas vezes com base na probabilidade de $1 - \alpha$, então, a longo prazo, em média, esses intervalos incluirão, em $1 - \alpha$ dos casos, o verdadeiro valor do parâmetro.
4. Como mencionado no item 2, o intervalo na Equação (5.2.1) é aleatório enquanto $\hat{\beta}_2$ for desconhecido. Mas, uma vez que contarmos com uma amostra específica e tivermos o valor numérico específico de $\hat{\beta}_2$, o intervalo na Equação (5.2.1) deixa de ser aleatório; está fixado. Nesse caso, **não podemos** fazer a afirmação probabilística na Equação (5.2.1); não podemos dizer que há uma probabilidade de $1 - \alpha$ de que um dado intervalo *fixado* inclua o verdadeiro β_2. Nessa situação, β_2 ou está dentro do intervalo fixado ou fora dele. Portanto, a probabilidade será de 1 ou 0. Para nosso exemplo salário-escolaridade, se o intervalo de confiança de 95% fosse calculado como $(0{,}5700 \leq \beta_2 \leq 0{,}8780)$, como faremos a seguir na Equação (5.3.9), **não poderíamos** afirmar que haveria uma probabilidade de 95% de que esse intervalo incluísse o verdadeiro β_2. A probabilidade seria de l ou de 0.

[2] Também conhecido como **probabilidade de cometer um erro do Tipo I**. Este erro consiste em rejeitar uma hipótese verdadeira, enquanto o erro de Tipo II representa a aceitação de uma hipótese falsa. (Este tópico é discutido com mais detalhe no **Apêndice A**.) O símbolo α é também conhecido como **tamanho do teste (estatístico)**.

Como são estabelecidos os intervalos de confiança? Com base na discussão anterior, pode-se esperar que se as **distribuições amostrais ou de probabilidade** dos estimadores forem conhecidas, é possível fazer afirmações sobre intervalos de confiança como a Equação (5.2.1). No Capítulo 4, vimos que, sob a hipótese de normalidade dos termos de erro u_i, os estimadores de MQO de $\hat{\beta}_1$ e $\hat{\beta}_2$ são eles próprios normalmente distribuídos e que o estimador de MQO de $\hat{\sigma}_2$ relaciona-se à distribuição χ^2 (qui-quadrado). Parece então que a tarefa de estabelecer intervalos de confiança é simples. E é mesmo!

5.3 Intervalos de confiança para os coeficientes β_1 e β_2 da regressão

Intervalo de confiança para β_2

Na Seção 4.3 do Capítulo 4 mostramos que, dada a hipótese de normalidade para u_i, os estimadores de mínimos quadrados ordinários $\hat{\beta}_1$ e $\hat{\beta}_2$ são eles próprios normalmente distribuídos com médias e variâncias dadas. Portanto, por exemplo, a variável

$$\begin{aligned} Z &= \frac{\hat{\beta}_2 - \beta_2}{\text{ep}\,(\hat{\beta}_2)} \\ &= \frac{(\hat{\beta}_2 - \beta_2)\sqrt{\sum x_i^2}}{\sigma} \end{aligned} \tag{5.3.1}$$

de acordo com a Equação (4.3.6), é uma variável normal padronizada. Parece que podemos empregar a distribuição normal para afirmações probabilísticas sobre β_2 contanto que a verdadeira variância da população, σ^2, seja conhecida. Se σ^2 for conhecida, uma propriedade importante de uma variável normalmente distribuída com média μ e variância σ^2 é que a área sob a curva normal entre $\mu \pm \sigma^2$ corresponde a cerca de 68%, aquela entre os limites de $\mu \pm 2\sigma$ é de cerca de 95% e a que está entre $\mu \pm 3\sigma$ é de cerca de 99,7%.

Mas σ^2 raramente é conhecida e, na prática, é determinada pelo estimador não viesado $\hat{\sigma}^2$. Se substituírmos σ por $\hat{\sigma}$, a Equação (5.3.1) poderá ser escrita como

$$\begin{aligned} t &= \frac{\hat{\beta}_2 - \beta_2}{\text{ep}(\hat{\beta}_2)} = \frac{\text{Estimador} - \text{Parâmetro}}{\text{Erro padrão estimado do estimador}} \\ &= \frac{(\hat{\beta}_2 - \beta_2)\sqrt{\sum x_i^2}}{\hat{\sigma}} \end{aligned} \tag{5.3.2}$$

em que o ep $(\hat{\beta}_2)$ agora se refere ao erro padrão estimado. Pode-se demonstrar (veja a Seção 5A.2 do Apêndice 5A) que a variável t assim definida segue a distribuição t com $n - 2$ graus de liberdade. (Note a diferença entre as Equações (5.3.1) e (5.3.2).) Em vez de usarmos a distribuição normal, podemos usar a distribuição t para estabelecer um intervalo de confiança para β_2 como a seguir:

$$\Pr\,(-t_{\alpha/2} \leq t \leq t_{\alpha/2}) = 1 - \alpha \tag{5.3.3}$$

em que o valor t entre a dupla desigualdade é o valor t dado pela Equação (5.3.2) e $t_{\alpha/2}$ é o valor da variável t obtido na distribuição t para um nível de significância $\alpha/2$ e $n - 2$ graus de liberdade; muitas vezes é chamado de valor **crítico** de t em um nível de significância de $\alpha/2$. Substituindo a Equação (5.3.2) na Equação (5.3.3), obtemos

$$\Pr\left[-t_{\alpha/2} \leq \frac{\hat{\beta}_2 - \beta_2}{\text{ep}\,(\hat{\beta}_2)} \leq t_{\alpha/2}\right] = 1 - \alpha \tag{5.3.4}$$

Reorganizando a Equação (5.3.4), obtemos

$$\Pr\,[\hat{\beta}_2 - t_{\alpha/2}\,\text{ep}\,(\hat{\beta}_2) \le \beta_2 \le \hat{\beta}_2 + t_{\alpha/2}\,\text{ep}\,(\hat{\beta}_2)] = 1 - \alpha \tag{5.3.5}$$[3]

A Equação 5.3.5 oferece um **intervalo de confiança** de $100(1-\alpha)\%$ para β_2, que pode ser escrito de modo mais compacto como:

Intervalo de confiança $100(1-\alpha)\%$ para β_2:

$$\hat{\beta}_2 \pm t_{\alpha/2}\,\text{ep}\,(\hat{\beta}_2) \tag{5.3.6}$$

Com um argumento análogo e usando as Equações (4.3.1) e (4.3.2), podemos escrever:

$$\Pr\,[\hat{\beta}_1 - t_{\alpha/2}\,\text{ep}\,(\hat{\beta}_1) \le \beta_1 \le \hat{\beta}_1 + t_{\alpha/2}\,\text{ep}\,(\hat{\beta}_1)] = 1 - \alpha \tag{5.3.7}$$

ou, de modo mais compacto:

Intervalo de confiança $100(1-\alpha)\%$ para β_1:

$$\hat{\beta}_1 \pm t_{\alpha/2}\,\text{ep}\,(\hat{\beta}_1) \tag{5.3.8}$$

Observe uma característica importante dos intervalos de confiança dados nas Equações (5.3.6) e (5.3.8): nos dois casos a *amplitude do intervalo de confiança é proporcional ao erro padrão do estimador*. Quanto maior o erro padrão, maior a amplitude do intervalo de confiança. Em outras palavras, quanto maior o erro padrão do estimador, maior é a incerteza da estimação do verdadeiro valor do parâmetro desconhecido. O erro padrão de um estimador é muitas vezes descrito como uma medida da **precisão** do estimador (da exatidão com que o estimador mede o verdadeiro valor da população).

Voltando a nosso exemplo de regressão no Capítulo 3 (Seção 3.6) da relação entre salário médio por hora (Y) e escolaridade (X), lembre-se de que verificamos na Tabela 3.2 que $\hat{\beta}_2 = 0{,}7240$, ep $(\hat{\beta}_2) = 0{,}0700$. Como há 13 observações, os graus de liberdade são 11. Supondo que $\alpha = 5\%$, ou seja, um coeficiente de confiança de 95%, a tabela t mostra que para 11 graus de liberdade, o valor **crítico** $t_{\alpha/2} = 2{,}201$. Substituindo esses valores na Equação (5.3.5), o leitor verificará que o intervalo de confiança de 95% para β_2 é o seguinte:[4]

$$0{,}5700 \le \beta_2 \le 0{,}8780 \tag{5.3.9}$$

Ou, usando a Equação (5.3.6), é

$$0{,}7240 \pm 2{,}201\ (0{,}0700)$$

isto é,

$$0{,}7240 \pm 0{,}1540 \tag{5.3.10}$$

[3] Alguns autores preferem escrever a Equação (5.3.5) indicando explicitamente os graus de liberdade. Assim, teríamos:

$$\Pr\,[\hat{\beta}_2 - t_{(n-2),\alpha/2}\,\text{ep}\,(\hat{\beta}_2) \le \beta_2 \le \hat{\beta}_2 + t_{(n-2)\alpha/2}\,\text{ep}\,(\hat{\beta}_2)] = 1 - \alpha$$

Mas, para simplificarmos, manteremos nossa notação; o contexto esclarece os graus de liberdade envolvidos.

[4] Devido ao arredondamento dos erros na Tabela3.2, as respostas dadas podem não corresponder exatamente às respostas obtidas do pacote estatístico.

A interpretação desse intervalo de confiança é: dado o coeficiente de confiança de 95%, a longo prazo, em 95 de cada 100 casos, os intervalos como a Equação (5.3.9) conterão o verdadeiro β_2. Mas, como advertimos, não podemos dizer que existe uma probabilidade de 95% de que o intervalo específico na Equação (5.3.9) contenha o verdadeiro β_2, porque agora o intervalo está fixado e deixou de ser aleatório; portanto, ou β_2 está dentro dele ou não está: a probabilidade de que o intervalo fixado especificado inclua o verdadeiro β_2 é de 1 ou 0.

Seguindo a Equação (5.3.7) e os dados da Tabela 3.2, o leitor verificará facilmente que o intervalo de confiança de 95% para o β_1 de nosso exemplo é

$$-1{,}8871 < \beta_1 < 1{,}8583 \tag{5.3.11}$$

Novamente, é preciso estar atento ao interpretar esse intervalo de confiança. Em 95 de cada 100 casos, intervalos como a Equação 5.3.11 conterão o verdadeiro β_1; a probabilidade de que esse intervalo fixado inclua o verdadeiro β_1 é de 1 ou 0.

Intervalos de confiança simultâneos para β_1 e β_2

Há ocasiões em que é preciso estabelecer um *intervalo de confiança conjunto* para β_1 e β_2, de tal modo que, com um coeficiente de confiança $(1 - \alpha)$ de, por exemplo, 95%, esse intervalo inclua β_1 e β_2 simultaneamente. Como este tópico é complexo, o leitor interessado pode querer consultar uma bibliografia adequada.[5] Discutiremos este assunto rapidamente nos Capítulos 8 e 10.

5.4 Intervalo de confiança para σ^2

Como destacado na Seção 4.3 do Capítulo 4, sob a hipótese de normalidade, a variável

$$\chi^2 = (n-2)\frac{\hat{\sigma}^2}{\sigma^2} \tag{5.4.1}$$

segue a distribuição de χ^2 com $n - 2$ graus de liberdade.[6] Portanto, podemos usar a distribuição de χ^2 para estabelecer um intervalo de confiança para σ^2:

$$\Pr\left(\chi^2_{1-\alpha/2} \le \chi^2 \le \chi^2_{\alpha/2}\right) = 1 - \alpha \tag{5.4.2}$$

FIGURA 5.1
O intervalo de confiança de χ^2 com 95% (11 graus de liberdade).

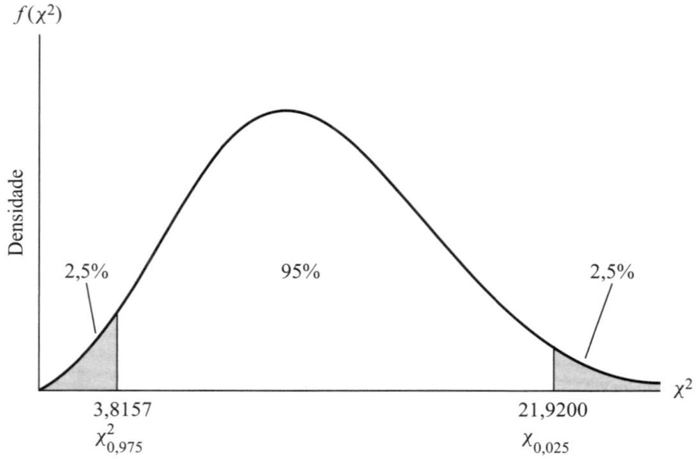

[5] Uma discussão acessível pode ser encontrada em NETER, John; WASSERMAN, William; KUTNER, Michael H. *Applied linear regression models.* Homewood, 111: Richard D. Irwin, 1983. cap. 5.

[6] Para uma demonstração veja HOGG, Robert V.; CRAIG, Allen T. *Introduction to mathematical statistics.* 2. ed. Nova York: Macmillan, 1965. p. 144.

em que o valor da distribuição de χ^2 no meio dessa dupla desigualdade é dado pela Equação (5.4.1) onde $\chi^2_{1-\alpha/2}$ e $\chi^2_{\alpha/2}$ são dois valores de χ^2 (os valores **críticos** de χ^2) obtidos na tabela de qui-quadrado para $n-2$ graus de liberdade, de modo que eles excluem $100(\alpha/2)\%$ das áreas caudais da distribuição de qui-quadrado, como mostra a Figura 5.1.

Substituindo χ^2 da Equação (5.4.1) na Equação (5.4.2) e reorganizando os termos, obtemos:

$$\Pr\left[(n-2)\frac{\hat{\sigma}^2}{\chi^2_{\alpha/2}} \leq \sigma^2 \leq (n-2)\frac{\hat{\sigma}^2}{\chi^2_{1-\alpha/2}}\right] = 1-\alpha \tag{5.4.3}$$

o que nos dá o intervalo de confiança $100(1-\alpha)\%$ para σ^2.

Continuando com nosso exemplo salários-escolaridade, encontramos na Tabela 3.2 que para nossa base de dados temos $\hat{\sigma}^2 = 0{,}8936$. Se escolhermos α de 5%, a tabela de qui-quadrado para 11 graus de liberdade fornece-nos os seguintes valores críticos: $\chi^2_{0{,}025} = 21{,}9200$ e $\chi^2_{0{,}975} = 3{,}8157$. Esses valores mostram que a probabilidade de que um valor de qui-quadrado seja superior a 21,9200 é de 2,5% e a 3,8157 é de 97,5%. Portanto, o intervalo entre esses dois valores é o intervalo de confiança de 95% para χ^2, como mostra a Figura 5.1. (Note a característica assimétrica da distribuição de qui-quadrado.)

Substituindo os dados de nosso exemplo na Equação (5.4.3), o leitor verificará que o intervalo de confiança de 95% para σ^2 é o seguinte:

$$0{,}4484 \leq \sigma^2 \leq 2{,}5760 \tag{5.4.4}$$

A interpretação desse intervalo é: se estabelecermos limites de confiança de 95% em σ^2 e se mantivermos *a priori* que esses limites incluem o verdadeiro σ^2, estaremos certos 95% das vezes a longo prazo.

5.5 Teste de hipóteses: comentários gerais

Depois de discutirmos o problema das estimações pontuais e de intervalos, consideraremos o teste de hipóteses. Nesta seção, discutiremos rapidamente certos aspectos gerais; o **Apêndice A** apresenta alguns detalhes adicionais.

O problema do teste estatístico de hipóteses pode ser resumido da seguinte maneira: *determinada observação ou resultado é ou não compatível com alguma hipótese feita?* A palavra "compatível" aqui significa "suficientemente próxima" do valor pressuposto, de modo que não rejeitamos a hipótese feita. Se alguma teoria ou experimento anterior levar-nos a acreditar que o verdadeiro coeficiente angular β_2 do exemplo salário-escolaridade seja igual a unidade, esse $\hat{\beta}_2 = 0{,}724$ obtido da amostra da Tabela 3.2 será consistente com a hipótese feita? Se for, não rejeitamos a hipótese; caso contrário, podemos rejeitá-la.

Na linguagem da estatística, a hipótese estabelecida é denominada **hipótese nula** e é denotada pelo símbolo H_0. A hipótese nula é, em geral, testada contra uma **hipótese alternativa** (também conhecida como **hipótese mantida**), denotada por H_1, que pode afirmar, por exemplo, que o verdadeiro β_2 é diferente da unidade. A hipótese alternativa pode ser **simples** ou **composta**.[7] Por exemplo, H_1: $\beta_2 = 1{,}5$ é uma hipótese simples; mas H_1: $\beta_2 \neq 1{,}5$ é uma hipótese composta.

A teoria do teste de hipóteses trata da formulação de regras ou procedimentos a serem adotados para decidir se a hipótese nula deve ser rejeitada ou não. Há duas abordagens *mutuamente comple-*

[7] Uma hipótese estatística é chamada de **hipótese simples** se especifica o(s) valor(es) exato(s) dos parâmetros de uma função de densidade de probabilidade; caso contrário, é chamada de **hipótese composta**. Por exemplo, na FDP normal $(1/\sigma\sqrt{2\pi})\exp\{-0{,}5[(X-\mu)/\sigma]^2\}$, se afirmamos que H_1: $\mu = 15$ e $\sigma = 2$, trata-se de uma hipótese simples; mas se H_1: $\mu = 15$ e $\sigma > 15$, trata-se de uma hipótese composta, porque o desvio padrão não tem um valor específico.

mentares para a elaboração dessas regras, especificamente, **intervalo de confiança** e **teste de significância**. Ambas postulam que a variável (estatística ou estimador) sendo considerada tem alguma distribuição de probabilidade e que o teste de hipóteses envolve a formulação de declarações ou afirmações sobre o(s) valor(es) do(s) parâmetro(s) dessa distribuição. Por exemplo, sabemos que, de acordo com a hipótese de normalidade, $\hat{\beta}_2$ distribui-se normalmente com média igual a β_2 e variância dada pela Equação (4.3.5). Se propomos a hipótese de que $\beta_2 = 1$, estamos fazendo uma afirmação sobre um dos parâmetros da distribuição normal, a saber, a média. A maioria das hipóteses estatísticas apresentadas neste livro será deste tipo — afirmações sobre um ou mais dos parâmetros de alguma distribuição de probabilidade determinada tal como a normal, a *F,* a *t,* ou χ^2. As duas seções a seguir mostrarão como isso é feito.

5.6 Teste de hipóteses: a abordagem do intervalo de confiança

Teste bilateral ou bicaudal

Para ilustrarmos a abordagem do intervalo de confiança, voltaremos mais uma vez ao exemplo do salário-escolaridade. Com base nos resultados da Equação (3.6.1), sabemos que o coeficiente angular é 0,7240. Postulemos que

$$H_0\colon \beta_2 = 0{,}5$$
$$H_1\colon \beta_2 \neq 0{,}5$$

isto é, que o verdadeiro coeficiente angular é 0,5 sob a hipótese nula, mas menor ou maior que 0,5 sob a hipótese alternativa. A hipótese nula é uma hipótese simples, enquanto a hipótese alternativa é composta; o que é conhecido como **hipótese bilateral**. Muitas vezes essas hipóteses alternativas bilaterais refletem o fato de que não temos uma expectativa forte *a priori* ou teórica sobre a direção em que a hipótese alternativa deveria diferenciar-se da hipótese nula.

O $\hat{\beta}_2$ observado é compatível com H_0? Para respondermos a essa pergunta, voltemos ao intervalo de confiança na Equação (5.3.9). Sabemos que a longo prazo intervalos como (0,5700, 0,8780) conterão, com 95% de probabilidade, o verdadeiro valor de β_2. Consequentemente, a longo prazo (em amostras repetidas), esses intervalos proporcionam faixas ou limites dentro dos quais o verdadeiro β_2 pode situar-se com um coeficiente de confiança de, por exemplo, 95%. O intervalo de confiança oferece um conjunto de hipóteses nulas plausíveis. Se β_2 sob H_0 cair no intervalo de confiança de $100(1-\alpha)\%$, não rejeitaremos a hipótese nula; se estiver situada fora desse intervalo, poderemos rejeitá-la.[8] Essa faixa é ilustrada esquematicamente na Figura 5.2.

FIGURA 5.2
Intervalo de confiança de $100(1-\alpha)\%$ para β_2.

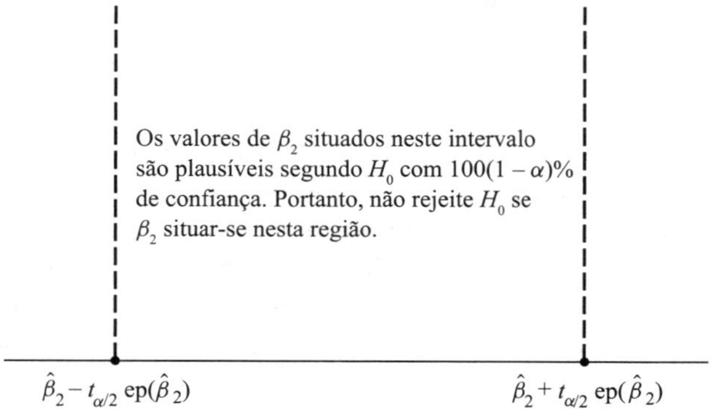

[8] Tenha sempre em mente que há uma chance de $100\alpha\%$ de que o intervalo de confiança não contenha β_2 sob H_0 mesmo que a hipótese seja correta. Em resumo, há uma chance de $100\alpha\%$ de cometer um **erro do Tipo I**. Assim, se α for igual a 0,05, há 5% de chances de que possamos rejeitar a hipótese nula mesmo que ela seja correta.

Regra de decisão	Estabeleça um intervalo de confiança de 100(1 − α)% para β_2. Se β_2 sob H_0 situar-se no intervalo de confiança, não rejeite H_0, mas, se cair fora desse intervalo, rejeite H_0.

Seguindo essa regra, no caso de nosso exemplo hipotético, H_0: $\beta_2 = 0{,}5$ claramente está fora do intervalo de confiança de 95% dado na Equação (5.3.9). Portanto, podemos rejeitar a hipótese de que a verdadeira inclinação é de 0,5 com 95% de confiança. Se a hipótese nula fosse verdadeira, a probabilidade de obtermos um valor de inclinação de pelo menos 0,7240 por puro acaso ou sorte seria de no máximo 5%, uma probabilidade pequena.

Em estatística, quando rejeitamos a hipótese nula, dizemos que nossos resultados foram **estatisticamente significativos**. Por outro lado, quando não rejeitamos a hipótese nula, dizemos que nossos resultados **não são estatisticamente significativos**.

Alguns autores usam a expressão "alta significância estatística". Com isso, em geral querem dizer que, quando rejeitam a hipótese nula, a probabilidade de cometer um erro do Tipo I (isto é, α) é um número pequeno; em geral, 1%. Mas como nossa discussão sobre o **valor p**, na Seção 5.8 mostrará, é melhor deixar que o pesquisador decida se um resultado estatístico é "significativo", "moderadamente significativo" ou "muito significativo".

Teste unilateral ou unicaudal

Às vezes, temos uma forte expectativa *a priori* ou teórica (ou expectativas embasadas em algum trabalho empírico anterior) de que a hipótese alternativa seja unilateral ou unidirecional em vez de bilateral, como acabamos de ver. Para nosso exemplo salário-escolaridade, seria possível postular que:

$$H_0\!: \beta_2 \leq 0{,}5 \qquad \text{e} \qquad H_1\!: \beta_2 > 0{,}5$$

Talvez a teoria econômica ou trabalhos empíricos anteriores sugiram que a inclinação seja maior que 0,5. Embora o procedimento para testar essa hipótese seja facilmente deduzido a partir da Equação (5.3.5), a mecânica talvez seja melhor explicada em termos da abordagem do teste de significância examinado a seguir.[9]

5.7 Teste de hipóteses: a abordagem do teste de significância

Teste de significância dos coeficientes de regressão: o teste *t*

Uma *abordagem alternativa, mas complementar*, ao método do intervalo de confiança para o teste de hipóteses estatísticas é **a abordagem do teste de significância** formulado segundo texto de R. A. Fisher e texto conjunto de Neyman e Pearson.[10] **Em termos gerais, um teste de significância é um procedimento em que os resultados amostrais são usados para verificar a veracidade ou a falsidade de uma hipótese nula**. A ideia fundamental por trás dos testes de significância é a de um **teste estatístico** (estimador) e a distribuição amostral dessa estatística sob a hipótese nula. A decisão de aceitar ou rejeitar H_0 é tomada com base no valor do teste estatístico dos dados disponíveis.

Para ilustrar, lembre-se de que, sob a hipótese de normalidade, a variável

$$\begin{aligned} t &= \frac{\hat{\beta}_2 - \beta_2}{\text{ep}\,(\hat{\beta}_2)} \\ &= \frac{(\hat{\beta}_2 - \beta_2)\sqrt{\sum x_i^2}}{\hat{\sigma}} \end{aligned} \tag{5.3.2}$$

[9] Se desejar usar a abordagem do intervalo de confiança, use um teste *unilateral* ou *unicaudal* de 100(l − α)% para β_2. Por quê?

[10] Detalhes podem ser encontrados em LEHMAN, E. L. *Testing statistical hypotheses.* Nova York: John Wiley & Sons, 1959.

segue a distribuição t com $n - 2$ graus de liberdade. Se o valor do verdadeiro β_2 é especificado sob a hipótese nula, o valor t na Equação (5.3.2) pode ser facilmente calculado para a amostra disponível e, portanto, pode servir como teste estatístico. E, como o teste estatístico segue a distribuição t, podemos fazer afirmações de intervalo de confiança como a seguinte:

$$\Pr\left[-t_{\alpha/2} \leq \frac{\hat{\beta}_2 - \beta_2^*}{\text{ep}(\hat{\beta}_2)} \leq t_{\alpha/2}\right] = 1 - \alpha \tag{5.7.1}$$

em que β_2^* é o valor de β_2 sob H_0 e $-t_{a/2}$ e $t_{a/2}$ são os valores de t (os valores **críticos** *de t*) obtidos na tabela t para o nível de significância ($\alpha/2$) e $n - 2$ graus de liberdade (Equação (5.3.4)). A tabela t consta do Apêndice D.

Reorganizando a Equação (5.7.1), obtemos

$$\Pr[\beta_2^* - t_{\alpha/2}\,\text{ep}(\hat{\beta}_2) \leq \hat{\beta}_2 \leq \beta_2^* + t_{\alpha/2}\,\text{ep}(\hat{\beta}_2)] = 1 - \alpha \tag{5.7.2}$$

que nos fornece o intervalo em que $\hat{\beta}_2$ cairá dentro da probabilidade $1 - a$, dado $\beta_2 = \beta_2^*$. Na linguagem do teste de hipóteses, o intervalo de confiança de $100(1 - \alpha)\%$ estabelecido na Equação (5.7.2) é conhecido como **região de aceitação** (da hipótese nula) e a(s) *região(ões)* fora do intervalo de confiança é (são) chamada(s) de **região(ões) de rejeição** (de H_0) ou de **região(ões) crítica(s)**. Como observado, os limites de confiança, os pontos extremos do intervalo de confiança, também são chamados de **valores críticos**.

A estreita conexão entre as abordagens de intervalo de confiança e de teste de significância para o teste de hipóteses pode agora ser vista comparando a Equação (5.3.5) com a Equação (5.7.2). No procedimento de intervalo de confiança tentamos estabelecer uma faixa ou intervalo com certa probabilidade de incluir o valor verdadeiro, mas desconhecido, de β_2, enquanto na abordagem do teste de significância supusemos o valor de β_2 e tentamos ver se o $\hat{\beta}_2$ calculado está dentro de limites razoáveis (confiáveis) em torno desse valor hipotético.

Mais uma vez voltemos ao exemplo de salário-escolaridade. Sabemos que $\hat{\beta}_2 = 0{,}7240$, ep $(\hat{\beta}_2) = 0{,}0700$ e graus de liberdade (gl) $= 11$. Se supusermos $\alpha = 5\%$, $t_{a/2} = 2{,}201$.

Se considerarmos H_0: $\beta_2 = \beta_2^* = 0{,}5$ e H_1: $\beta_2 \neq 0{,}5$, a Equação (5.7.2) torna-se

$$\Pr(0{,}3460 \leq \hat{\beta}_2 \leq 0{,}6540) \tag{5.7.3}$$ [11]

conforme o diagrama da Figura 5.3.

Na prática, não há necessidade de estimar a Equação (5.7.2) explicitamente. Podemos calcular o valor t no meio da dupla desigualdade dada pela Equação (5.7.1) e verificar se ele se situa entre os valores críticos de t ou fora deles. No nosso exemplo,

$$t = \frac{0{,}7240 - 0{,}5}{0{,}0700} = 3{,}2 \tag{5.7.4}$$

Que claramente se situa na região crítica da Figura 5.4. A conclusão permanece a mesma; rejeitamos H_0.

Note que, se o β_2 estimado ($= \hat{\beta}_2$) for igual ao β_2 hipotético, o valor t na Equação (5.7.4) será zero. Pelo fato de o valor estimado de β_2 ser diferente do valor hipotético de β_2, $|t|$ (o valor absoluto de t. *Nota:* t pode ser tanto positivo quanto negativo) será cada vez maior. *Portanto, um valor $|t|$ "grande" será uma evidência contra a hipótese nula.* Obviamente, sempre podemos usar a tabela t para determinar se determinado valor t é grande ou pequeno; a resposta depende dos graus de liberdade, assim

[11] Na Seção 5.2, item 4, afirmamos que *não podemos* dizer que haja uma probabilidade de 95% de que o intervalo fixado (0,5700, 0,8780) inclua o verdadeiro β_2. Mas podemos fazer a afirmação probabilística dada na Equação (5.7.3), porque $\hat{\beta}_2$, sendo um estimador, é uma variável aleatória.

FIGURA 5.3
Intervalo de confiança de 95% para $\hat{\beta}_2$ sob a hipótese de que $\beta_2 = 0{,}5$.

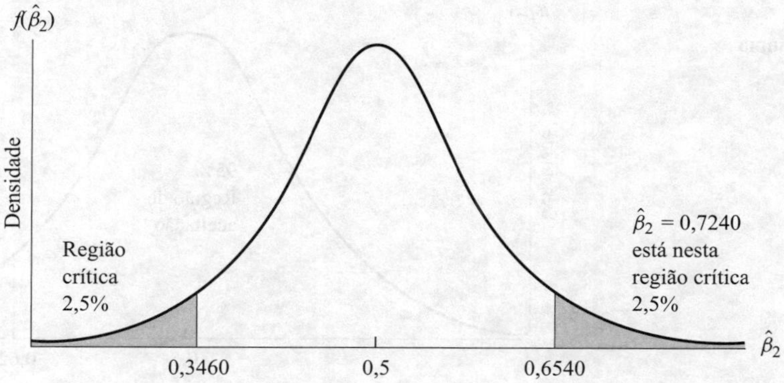

FIGURA 5.4
O intervalo de confiança de 95% para t (11 gl).

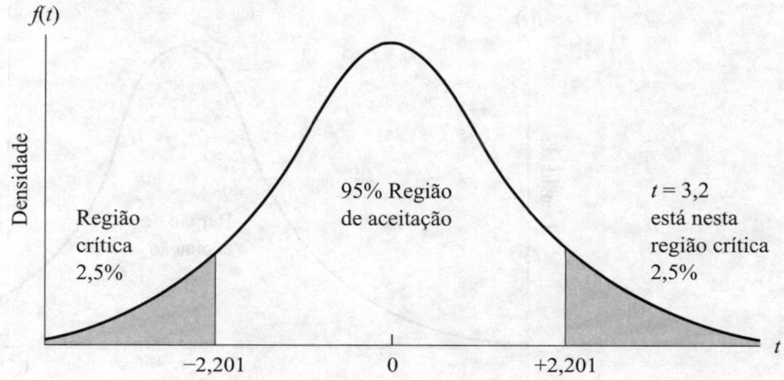

como da probabilidade de um erro de Tipo I que estamos dispostos a aceitar. Se você examinar a tabela t do **Apêndice D**, verá que, para cada valor dado dos graus de liberdade, a probabilidade de obter um valor $|t|$ cada vez maior torna-se progressivamente menor. Assim, para 20 graus de liberdade, a probabilidade de obter um valor $|t|$ de 1,725 ou maior é de 0,10% ou 10%, mas, para os mesmos graus de liberdade, a probabilidade de obter um valor $|t|$ de 3,552 ou maior é de apenas 0,002% ou 0,2%.

Como usamos a distribuição t, o procedimento de verificação é chamado de **teste *t*. Na linguagem dos testes de significância, uma estatística é dita significativa se o valor do teste estatístico situar-se na região crítica. Nesse caso, a hipótese nula é rejeitada. Do mesmo modo, um teste é considerado estatisticamente insignificante (ou não significativo) se o valor do teste estatístico situar-se na região de aceitação**. Nesse caso, a hipótese nula não é rejeitada. Em nosso exemplo, o teste t é significativo e, portanto, rejeitamos a hipótese nula.

Antes de concluirmos nossa discussão sobre teste de hipóteses, note que os procedimentos que acabamos de delinear são conhecidos como testes de significância **bilaterais** ou **bicaudais**, pois consideramos os dois extremos da distribuição de probabilidade relevantes, as regiões de rejeição, e rejeitamos a hipótese nula se esta situar-se em qualquer das caudas. Isso acontece, porque nossa H_1 era uma hipótese composta bilateral; $\beta_2 \neq 0{,}5$ significa que β_2 é maior ou menor que 0,5. Mas suponha que uma experiência anterior sugerisse que a inclinação deveria ser maior que 0,5. Nesse caso, temos H_0: $\beta_2 \leq 0{,}5$ e H_1: $\beta_2 > 0{,}5$. Embora H_1 ainda seja uma hipótese composta, agora é unilateral. Para testá-la, recorremos a um **teste unicaudal** (a cauda direita), como mostra a Figura 5.5. (Veja também a Seção 5.6.)

O procedimento de teste é o mesmo que o anterior, exceto o limite de confiança superior ou valor crítico, que agora corresponde a $t_a = t_{0,5}$, isto é, o nível de 5%. Como a Figura 5.5 mostra, neste caso não precisamos considerar a cauda inferior da distribuição t. Usar um teste de significância unicaudal ou bicaudal dependerá de como a hipótese alternativa é formulada, a qual, por sua vez, pode depender de alguma consideração *a priori* ou de uma experiência empírica anterior. (Veremos mais a respeito disso na Seção 5.8.)

FIGURA 5.5
Teste de significância unicaudal.

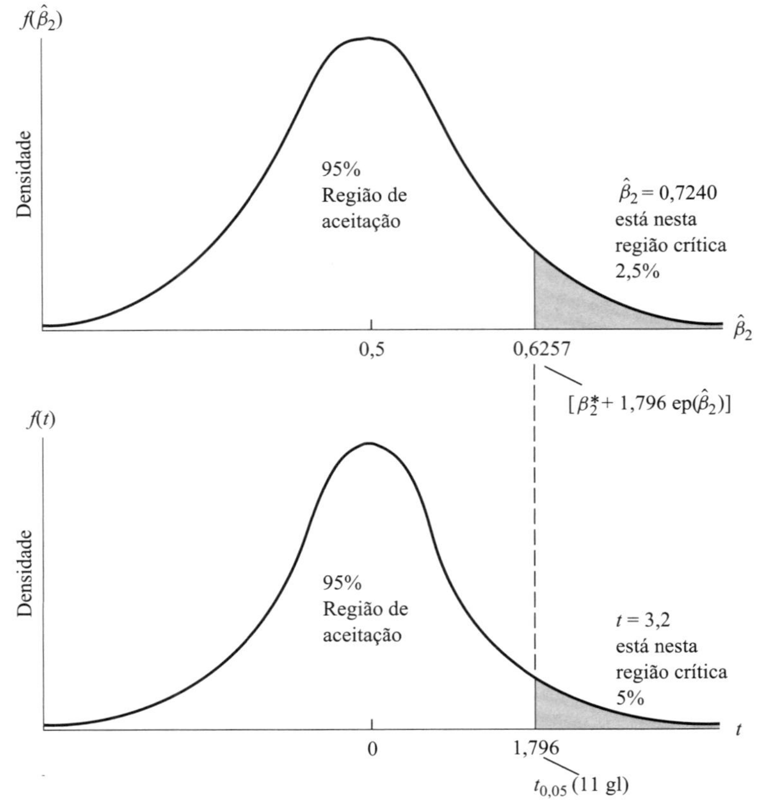

Podemos resumir a abordagem do teste t de significância nos testes de hipóteses conforme mostra a Tabela 5.1.

TABELA 5.1
Regras de decisão para o teste t de significância

Tipo de Hipótese	H_0: hipótese nula	H_1: Hipótese Alternativa	Regra de decisão: rejeitar H_0 se
Bicaudal	$\beta_2 = \beta_2^*$	$\beta_2 \neq \beta_2^*$	$\lvert t\rvert > t_{\alpha/2,\text{gl}}$
Cauda direita	$\beta_2 \leq \beta_2^*$	$\beta_2 > \beta_2^*$	$t > t_{\alpha,\text{gl}}$
Cauda esquerda	$\beta_2 \geq \beta_2^*$	$\beta_2 < \beta_2^*$	$t < -t_{\alpha,\text{gl}}$

Notas: β_2^* é o valor numérico hipotético de β_2.
$|t|$ é o valor absoluto de t.
t_α ou $t_{\alpha/2}$ representa o valor crítico t no nível de significância α ou $\alpha/2$.
gl: graus de liberdade: $(n-2)$ para o modelo de duas variáveis, $(n-3)$ para o modelo de três variáveis e assim por diante.
O mesmo procedimento aplica-se ao teste de hipóteses para β_1.

Teste de significância para σ^2: o teste de qui-quadrado (χ^2)

Para ilustrar de outro modo a metodologia dos testes de significância, considere a seguinte variável:

$$\chi^2 = (n-2)\frac{\hat\sigma^2}{\sigma^2} \tag{5.4.1}$$

que, como mencionado, segue a distribuição de χ^2 com $n-2$ graus de liberdade. Tomemos o exemplo hipotético $\hat\sigma^2 = 0{,}8937$ e gl $= 11$. Se postulamos que H_0: $\sigma^2 = 0{,}6$ *versus* H_1: $\sigma^2 \neq 0{,}6$, a Equação (5.4.1) oferece o teste estatístico para H_0. Substituindo pelos valores adequados na Equação (5.4.1), verificamos que, para H_0, $\chi^2 = 16{,}3845$. Se supusermos que $\alpha = 5\%$, os valores críticos de χ^2 são 3,81575 e 21,9200. Como o χ^2 calculado situa-se nesses limites, os dados sustentam a hipótese nula e

TABELA 5.2
Um resumo do teste χ^2

H_0: hipótese nula	H_1: hipótese alternativa	Regra de decisão: rejeitar H_0 se
$\sigma^2 = \sigma_0^2$	$\sigma^2 > \sigma_0^2$	$\dfrac{\text{gl}(\hat{\sigma}^2)}{\sigma_0^2} > \chi^2_{\alpha,\text{gl}}$
$\sigma^2 = \sigma_0^2$	$\sigma^2 < \sigma_0^2$	$\dfrac{\text{gl}(\hat{\sigma}^2)}{\sigma_0^2} < \chi^2_{(1-\alpha),\text{gl}}$
$\sigma^2 = \sigma_0^2$	$\sigma^2 \neq \sigma_0^2$	$\dfrac{\text{gl}(\hat{\sigma}^2)}{\sigma_0^2} > \chi^2_{\alpha/2,\text{gl}}$ ou $< \chi^2_{(1-\alpha/2),\text{gl}}$

Nota: $\hat{\sigma}_0^2$, é o valor de σ^2 sob a hipótese nula. O primeiro subscrito de χ^2 na última coluna é o nível de significância e o segundo refere-se aos graus de liberdade. Esses são os valores críticos de χ^2. Observe que os graus de liberdade são $(n-2)$ para o modelo de regressão de duas variáveis, $(n-3)$ para o modelo de regressão de três variáveis e assim por diante.

não a rejeitamos. (Veja a Figura 5.1.) Esse procedimento de teste é chamado de **teste de significância qui-quadrado**. A abordagem do teste χ^2 de significância para o teste de hipóteses está resumida na Tabela 5.2.

5.8 Teste de hipóteses: alguns aspectos práticos

O sentido de "aceitar" ou "rejeitar" uma hipótese

Se, com base em um teste de significância, por exemplo, o teste *t*, decidirmos "aceitar" a hipótese nula, tudo o que estamos dizendo é que, com base na evidência amostral, não temos razões para rejeitá-la; não estamos dizendo que a hipótese nula é sem sombra de dúvida verdadeira. Por quê? Para responder, volte ao nosso exemplo de salários-escolaridade e suponha que H_0: $\beta_2 = 0{,}70$. Agora, o valor estimado da inclinação é $\hat{\beta}_2 = 0{,}7241$, com um erro padrão de $(\hat{\beta}_2) = 0{,}0701$. Com base no teste *t*, verificamos que $t = \dfrac{(0{,}7241 - 0{,}7)}{0{,}0701} = 0{,}3438$, que é insignificante a $\alpha = 5\%$. Portanto, decidimos "aceitar" H_0. Mas suponhamos que H_0: $\beta_2 = 0{,}6$. Aplicando o teste *t* novamente, obtemos $t = \dfrac{(0{,}7241 - 0{,}6)}{0{,}0701} = 1{,}7703$, que também é estatisticamente insignificante. Então, podemos "aceitar" essa H_0. Qual das duas hipóteses nulas é "verdadeira"? Não sabemos. Ao aceitarmos a hipótese nula, devemos sempre ter em mente que outra hipótese nula pode ser igualmente compatível com os dados. É preferível dizermos que é *possível* aceitar a hipótese nula em vez de dizer que a aceitamos. Melhor ainda,

> [...] tal como um júri emite um veredicto de "não culpado" em vez de "inocente", a conclusão de um teste estatístico é "não rejeitamos" em vez de "aceitamos".[12]

A hipótese nula "zero" e a regra prática "2-*t*"

Uma hipótese nula muito testada empiricamente é H_0: $\beta_2 = 0$, ou seja, o coeficiente angular é igual a zero. Essa hipótese nula "zero" é uma espécie de testa de ferro, cujo objetivo é descobrir se *Y* está relacionado de alguma forma a *X*, a variável explanatória. Se a princípio não existe nenhuma relação entre *Y* e *X*, testar uma hipótese como $\beta_2 = 0{,}3$ ou qualquer outro valor não faz nenhum sentido.

[12] KMENTA, Jan. *Elements of econometrics.* Nova York: Macmillan, 1971. p. 114.

Essa hipótese nula pode ser testada facilmente pelas abordagens do intervalo de confiança ou do teste *t*, vistas na seção anterior. Mas muitas vezes o teste formal pode ser contornado adotando-se a regra " 2-*t*" de significância, que pode ser expressa como:

Regra prática "2-t"	Se o número de graus de liberdade for de 20 ou mais e se α, o nível de significância, for definido em 0,05, a hipótese nula $\beta_2 = 0$ pode ser rejeitada se o valor *t* calculado por meio da Equação (5.3.2) for maior que 2 em valor absoluto.

A lógica dessa regra não é difícil de entender. Da Equação (5.7.1), sabemos que rejeitaremos H_0: $\beta_2 = 0$ se:

$$t = \hat{\beta}_2/\text{ep}(\hat{\beta}_2) > t_{\alpha/2} \quad \text{quando } \hat{\beta}_2 > 0$$

ou:

$$t = \hat{\beta}_2/\text{ep}(\hat{\beta}_2) < -t_{\alpha/2} \quad \text{quando } \hat{\beta}_2 < 0$$

ou quando

$$|t| = \left|\frac{\hat{\beta}_2}{\text{ep}\,(\hat{\beta}_2)}\right| > t_{\alpha/2} \tag{5.8.1}$$

para graus de liberdade apropriados.

Agora, se examinarmos a tabela *t* apresentada no **Apêndice D**, veremos que, para todos os graus de liberdade de 20 ou mais, um valor *t* calculado maior que 2 (em termos absolutos) é estatisticamente significativo no nível de 5%, implicando a rejeição da hipótese nula. Se verificarmos que com 20 ou mais graus de liberdade o valor de *t* será de 2,5 ou 3, não precisaremos nem mesmo consultar a tabela *t* para avaliar a significância dos coeficientes angulares calculados. É claro que sempre podemos consultar a tabela *t* para obter o nível exato de significância, e devemos consultá-la sempre que os graus de liberdade forem menores que, por exemplo, 20.

Note que, se estamos testando a hipótese unilateral $\beta_2 = 0$ contra $\beta_2 > 0$ ou $\beta_2 < 0$, devemos rejeitar a hipótese nula se:

$$|t| = \left|\frac{\hat{\beta}_2}{\text{ep}(\hat{\beta}_2)}\right| > t_{\alpha} \tag{5.8.2}$$

Se fixarmos α em 0,05, verificaremos na tabela *t* que, com 20 ou mais graus de liberdade, um valor *t* superior a 1,73 é estatisticamente significativo no nível de 5% de significância (unilateral). Sempre que um valor *t* for maior que, por exemplo, 1,8 (em termos absolutos) e os graus de liberdade forem 20 ou mais, não será necessário consultar a tabela para verificar a significância do coeficiente observado. É claro, se escolhermos α em 0,01 ou qualquer outro nível, teremos de decidir sobre o valor adequado de *t* como marco de referência. Mas, a esta altura, o leitor já está apto para isso.

Elaboração das hipóteses nula e alternativa[13]

Dadas as hipóteses nula e alternativa, testar sua significância estatística já não deve ser um mistério. Mas como formulá-las? Não há regras rigorosas. Muitas vezes o fenômeno estudado sugere a natureza das hipóteses nula e alternativa. Por exemplo, considere a linha do mercado de capitais (LMC) da teoria do portfólio que postula que $E_i = \beta_1 + \beta_2\sigma_i$, em que E = retorno esperado sobre o portfólio e σ = desvio padrão do retorno, uma medida de risco. Pelo fato de esperar-se que exista

[13] Para uma discussão interessante sobre a formulação de hipóteses veja LONG, J. Bradford; LANG, Kevin. "Are all economic hipotheses false?" *Journal of Political Economy*, 1992. v. 100, n. 6, p. 1.257-1272.

uma relação positiva entre retorno e risco — quanto mais alto o risco, maior o retorno —, a hipótese alternativa natural à hipótese nula $\beta_2 = 0$ seria $\beta_2 > 0$. Ou seja, não se consideraria os valores de β_2 menores que zero.

Mas suponha o caso da demanda por moeda. Como mostraremos mais adiante, um dos determinantes importantes da demanda por moeda é a renda. Estudos anteriores sobre as funções de demanda por moeda mostram que a elasticidade renda da demanda (a variação percentual da demanda por moeda decorrente do aumento de 1% na renda), em geral, situa-se entre 0,7 e 1,3. Em um novo estudo da demanda por moeda, se postularmos que o coeficiente elasticidade-renda β_2 é 1, a hipótese alternativa será $\beta_2 \neq 1$, uma hipótese alternativa bilateral.

Assim, é possível basear-se em expectativas teóricas ou trabalhos empíricos anteriores, ou em ambos, para formular as hipóteses. Mas qualquer que seja o modo de formulação das hipóteses, *é da maior importância que o pesquisador defina essas hipóteses antes de levar adiante a pesquisa empírica.* Caso contrário, será acusado de raciocínio evasivo ou de profecias autorrealizáveis. Se as hipóteses forem formuladas depois de examinar os resultados empíricos, pode-se cair na tentação de elaborar hipóteses que justifiquem os resultados obtidos. Essa prática deve ser evitada a todo custo, no mínimo, em prol da objetividade científica. Tenha em mente a citação de Stigler que abre o capítulo!

Escolhendo α, o nível de significância

Do que foi dito até aqui, deve estar claro que rejeitar ou não a hipótese nula depende fundamentalmente de α, o nível de significância ou a *probabilidade de cometer um erro do **Tipo I*** — a probabilidade de rejeitar a hipótese verdadeira. No **Apêndice A**, discutiremos em detalhe a natureza de um erro do Tipo I, sua relação com um *erro do **Tipo II*** (a probabilidade de aceitarmos a hipótese falsa) e por que a estatística clássica concentra-se, de modo geral, no erro do Tipo I. Mas, mesmo assim, por que α é em geral fixado nos níveis de probabilidade de 1%, 5% ou no máximo 10%? Na realidade, não há nada de especial nesses valores, quaisquer outros funcionariam igualmente bem.

Em um livro introdutório como este, não é possível examinar em profundidade os motivos pelos quais escolhemos níveis de significância de 1%, 5% ou 10%, pois levaria-nos ao campo da tomada de decisão estatística, que é uma disciplina em si. No entanto, podemos oferecer um breve resumo. Como discutiremos no **Apêndice A**, para um dado tamanho de amostra, se tentamos reduzir um *erro do Tipo I*, o *erro do Tipo II* aumenta e vice-versa. Dado o tamanho da amostra, se tentamos reduzir a probabilidade de rejeitar a hipótese verdadeira, estamos, ao mesmo tempo, aumentando a possibilidade de aceitar a falsa. Portanto, há um *trade-off* (dilema ou escolha conflitiva) entre esses dois tipos de erro, dado o tamanho da amostra.

A única forma de resolver o dilema é descobrir o custo relativo dos dois tipos de erro. Então,

> ...Se o erro de rejeitar a hipótese nula, que na verdade é verdadeira (erro do Tipo I), for custoso em relação ao erro de não a rejeitar quando ela for de fato falsa (erro do Tipo II), será racional definir uma probabilidade baixa para o primeiro tipo de erro. Se, por outro lado, o custo de cometer um erro do Tipo I for baixo em relação ao custo de cometer um erro do Tipo II, compensará definir uma probabilidade alta para o primeiro tipo de erro (tornando baixa a probabilidade do segundo tipo de erro)...[14]

Obviamente, a questão é que raramente conhecemos o custo de cometer os dois tipos de erros. Na econometria aplicada, em geral segue-se a prática de definir o valor de α em 1%, 5% ou no máximo 10% e escolher um teste estatístico que torne a probabilidade de cometer um erro do Tipo II a menor possível. Como 1 menos a probabilidade de cometer um erro do Tipo II é conhecido como a **potência do teste**, esse procedimento equivale a maximizar a potência do teste. (Veja o **Apêndice A** para uma discussão sobre a potência dos testes.)

Felizmente, o dilema de escolher um valor de α adequado pode ser evitado usando o que é conhecido como ***valor p*** do teste estatístico, que será discutido a seguir.

[14] KMENTA, Jan. *Elements of econometrics.* Nova York: Macmillan, 1971. p. 126-127.

O nível de significância exato: o valor *p*

Como acabamos de mencionar, o calcanhar de Aquiles do teste de hipóteses é a arbitrariedade na seleção de α. Uma vez obtido o teste estatístico (por exemplo, o teste t) em um dado exemplo, por que não simplesmente consultar a tabela estatística adequada e verificar a probabilidade efetiva de obter um valor do teste estatístico tão grande ou maior que o obtido no exemplo? Essa probabilidade é denominada **valor *p*** (o **valor da probabilidade**), também conhecida como **nível de significância exato** ou **observado** ou **probabilidade exata de cometer um erro do Tipo I**. Mais tecnicamente, o valor p é definido como **o menor nível de significância em que uma hipótese nula pode ser rejeitada**.

Para ilustrarmos, voltemos ao nosso exemplo da relação salários-escolaridade. Dada a hipótese nula de que o verdadeiro coeficiente de escolaridade é de 0,5, obtivemos um valor t de 3,2 na Equação (5.7.4). Qual é o valor p de obter um valor t igual ou maior que 3,2? Consultando a tabela de t do **Apêndice D**, observamos que, com 11 graus de liberdade, a probabilidade de obter tal valor t deve ser menor que 0,005 (unilateral) ou 0,0010 (bilateral). Se usar os pacotes estatísticos Stata ou EViews, verá que o valor p de obtenção de um valor t de 3,2 ou maior é de cerca de 0,0001, ou seja, é extremamente pequeno. Esse é o valor p da estatística t observada. O nível exato de significância observado da estatística t é muito menor que o nível de significância fixado de maneira convencional, e arbitrária, como 1 %, 5% ou 10%. Na realidade, se fôssemos usar o valor p que acabamos de calcular e rejeitar a hipótese nula de que o verdadeiro coeficiente de educação é de 0,5, a probabilidade de cometermos um erro de Tipo I seria de apenas 1 em 100.000!

Como observado, se os dados não sustentam a hipótese nula, o $|t|$ obtido sob a hipótese nula será "grande" e, portanto, o valor p da obtenção de tal valor $|t|$ será "pequeno". Em outras palavras, para determinado tamanho de amostra, quando $|t|$ aumenta, o valor p diminui, e, por conseguinte, é possível rejeitar a hipótese nula com maior confiança.

Qual a relação entre o valor p e o nível de significância α? Se nos acostumarmos a fixar α igual ao valor p de um teste estatístico (como a estatística t), não haverá conflito entre os dois valores. Em outras palavras, **é melhor abrir mão de fixar α arbitrariamente em algum nível e apenas escolher o valor *p* do teste estatístico**.

É preferível deixar ao leitor a decisão de rejeitar ou não a hipótese nula a um dado valor p. Se, em uma aplicação, o valor p em um teste estatístico for de 0,145% ou 14,5% e se o leitor desejar rejeitar a hipótese nula neste (exato) nível de significância, que assim seja. Não há nada de mau em arriscar estar errado em 14,5% das vezes se você rejeitar a hipótese nula verdadeira. Do mesmo modo, como em nosso exemplo salários-escolaridade, não há nada de errado se o pesquisador escolher um valor p de 0,02% e não correr o risco de estar errado mais do que 2 em 10 mil vezes. Afinal, alguns pesquisadores podem ser adeptos ao risco e outros avessos a ele.

No restante do livro, citaremos o valor p de determinado teste estatístico. Alguns leitores preferirão fixar α em algum nível e rejeitar a hipótese nula se o valor p for menor que α. A escolha é deles.

Significância estatística *versus* significância prática

Volte ao Exemplo 3.1 e aos resultados da regressão da Equação (3.7.1). Essa regressão relaciona as despesas pessoais de consumo (DPC) e o PIB nos Estados Unidos para o período 1960-2005, ambas as variáveis medidas em bilhões de dólares de 2000.

Com base nessa regressão, vemos que a propensão marginal a consumir (PMC), isto é, o consumo adicional como resultado de 1 dólar adicional de renda (conforme medido pelo PIB) é de cerca de 0,72, ou aproximadamente de 72 centavos. Com os dados da Equação (3.7.1), o leitor pode verificar que o intervalo de confiança de 95% para o PMC é (0,7129, 0,7306). (*Nota*: como há 44 gl neste problema, não temos um valor t crítico preciso para tal grau de liberdade. Consequentemente, você pode usar a regra prática $2 - t$ para calcular o intervalo de confiança de 95%.)

Suponha que alguém afirme que a verdadeira PMC seja de 0,74. Esse número é diferente de 0,72? Será se nos ativermos estritamente ao intervalo de confiança definido anteriormente.

Mas qual a significância prática ou substantiva de nossa conclusão? Que diferença faz dizer que assumimos que a PMC é de 0,74 não de 0,72? Essa diferença de 0,02 entre as duas PMC é tão importante na prática?

A resposta depende do que pretendemos fazer com as estimativas. Por exemplo, a macroeconomia nos ensina que o multiplicador da renda é $1/(1 - \text{PMC})$. Portanto, se a PMC é de 0,72, o multiplicador é de 3,57, mas será de 3,84 se a PMC for de 0,74. Assim, se o governo resolvesse aumentar seus gastos em $ 1 para tirar a economia de uma recessão, a renda acabaria aumentando em $ 3,57, se a PMC fosse de 0,72, mas aumentaria em $ 3,84, se a PMC fosse de 0,74. E essa diferença poderia ser fundamental para a recuperação da economia.

O importante nessas considerações é que não devemos confundir significância estatística com significância prática ou econômica. Como observa Goldberger:

> ...Quando uma hipótese nula, digamos $\beta_j = 1$, é especificada, o que se quer dizer é que β_j está *próximo* de 1, tão próximo que para todos os fins pode ser tratado *como se fosse* 1. Mas o fato de 1,1 ser ...'praticamente a mesma coisa que'... 1,0 é uma questão econômica, não estatística. Não é possível decidir a questão baseando-se em um teste de hipóteses, porque o teste estatístico mede o coeficiente estimado em unidades de erro padrão, que não se prestam à medição do parâmetro econômico $\beta_j - 1$. Talvez seja uma boa ideia reservar o termo "significância" para o conceito estatístico e adotar ..."substancial"... para o conceito econômico...[15]

A questão levantada por Goldberger é importante. À medida que o tamanho da amostra torna-se muito grande, a significância estatística perde importância, mas os aspectos de significância econômica passam a ser fundamentais. De fato, com amostras muito grandes praticamente nenhuma hipótese nula será rejeitada, haverá casos em que a grandeza das estimativas pontuais será o único ponto a discutir.

A escolha entre as abordagens do intervalo de confiança e do teste de significância no teste de hipóteses

Na maioria das análises de economia aplicada, a hipótese nula é definida como testa de ferro e o objetivo da análise empírica é derrubá-la, ou seja, rejeitar a hipótese nula. No exemplo da relação entre consumo e renda, a hipótese nula de que a PMC $\beta_2 = 0$ é obviamente absurda, mas muitas vezes recorremos a ela para aumentar o impacto dos resultados empíricos. Aparentemente, os editores de periódicos famosos não consideram empolgante publicar artigos empíricos em que a hipótese nula não seja rejeitada. Parece que a verificação de que a PMC é estatisticamente diferente de zero é mais digna de manchetes do que a constatação de que ela é igual, por exemplo, a 0,7.

Assim, J. Bradford De Long e Kevin Lang argumentam que é melhor para os economistas

> [...] concentrarem-se na grandeza dos coeficientes e informar os níveis de confiança em vez dos testes de significância. Se todas ou quase todas as hipóteses nulas são falsas, faz pouco sentido especular se uma estimativa pode ser distinguida ou não do seu valor previsto sob a hipótese nula. Em vez disso, queremos lançar luz sobre quais modelos são boas aproximações, o que requer que conheçamos as faixas de valores dos parâmetros excluídas das estimativas empíricas.[16]

Em resumo, esses autores preferem a abordagem do intervalo de confiança à do teste de significância. Talvez o leitor deva manter esse conselho em mente.[17]

---

[15] GOLDBERGER, Arthur S. *A course in econometrics.* Cambridge, Massachusetts: Harvard University Press, 1991. p. 240. Note que b_j é o estimador de MQO para β_j e $\hat{\sigma}_{bj}$ é seu erro padrão. Para uma opinião neste mesmo sentido, veja MCCLOSKEY, D. N. "The loss function has been mislaid: the rhetoric of significance tests." *American Economic Review,* 1985. v. 75, p. 201-205. Veja também MCCLOSKEY, D. N.; ZILIAK, S. T. "The standard error of regression." *Journal of Economic Literature,* 1996. v. 37, p. 97-114.

[16] Veja o artigo dos autores citado na nota de rodapé 13, p. 1.271.

[17] Para uma perspectiva diferente, veja HILL, Carter; GRIFFITHS, William; JUDGE, George. *Undergraduate econometrics.* Nova York: Wiley & Sons, 2001. p. 108.

5.9 Análise de regressão e análise de variância

Nesta seção estudaremos a análise de regressão sob o ponto de vista da análise de variância e apresentaremos ao leitor uma forma esclarecedora e complementar de examinar o problema da inferência estatística.

Na Seção 3.5 do Capítulo 3, formulamos a seguinte identidade:

$$\sum y_i^2 = \sum \hat{y}_i^2 + \sum \hat{u}_i^2 = \hat{\beta}_2^2 \sum x_i^2 + \sum \hat{u}_i^2 \tag{3.5.2}$$

ou seja, STQ = SQE + SQR, que decompõe a soma total dos quadrados (STQ) em dois componentes: soma dos quadrados explicados pela regressão (SQE) e soma do quadrado dos resíduos (SQR). Um estudo desses elementos da STQ é conhecido como **análise de variância** (ANOVA) do ponto de vista da regressão.

Associados a qualquer soma de quadrados estão seus graus de liberdade, o número de observações independentes em que se embasa. A STQ tem $n - 1$ gl, porque perdemos 1 gl ao calcular a média da amostra $\bar{Y}$. A SQR tem $n - 2$ gl. (Por quê?) (*Nota:* isso é verdadeiro apenas para o modelo de regressão com duas variáveis com o intercepto β_1 presente.) A SQE tem 1 gl (novamente, isso é válido apenas no caso de duas variáveis), que resulta do fato de que SQE $= \hat{\beta}_2^2 \sum x_i^2$ é uma função apenas de $\sum x_i^2$, visto que $\hat{\beta}_2$ é conhecida.

Vamos organizar as várias somas de quadrados e os graus de liberdade correspondentes na Tabela 5.3, que é a forma padrão de uma tabela de análise de regressão, muitas vezes chamada **tabela ANOVA**. Dadas as entradas da Tabela 5.3, consideremos agora a seguinte variável:

$$\begin{aligned} F &= \frac{\text{MSQ de SQE}}{\text{MSQ de SQR}} \\ &= \frac{\hat{\beta}_2^2 \sum x_i^2}{\sum \hat{u}_i^2/(n-2)} \\ &= \frac{\hat{\beta}_2^2 \sum x_i^2}{\hat{\sigma}^2} \end{aligned} \tag{5.9.1}$$

Se supormos que os termos de erro u_i sejam normalmente distribuídos, como fazemos no modelo clássico de regressão linear normal, e se a hipótese nula (H_0) é $\beta_2 = 0$, pode-se demonstrar que a variável F da Equação (5.9.1) segue a distribuição F com 1 gl no numerador e $(n - 2)$ gl no denominador. (Veja a demonstração na Seção 5A.3 do Apêndice 5A. As propriedades gerais da distribuição F são discutidas no **Apêndice A**.)

Como podemos usar a razão F? Podemos demonstrar[18] que:

$$E\left(\hat{\beta}_2^2 \sum x_i^2\right) = \sigma^2 + \beta_2^2 \sum x_i^2 \tag{5.9.2}$$

TABELA 5.3

Tabela ANOVA para o modelo de regressão de duas variáveis

Fonte da Variação	SQ*	gl	MSQ†
Devido à regressão (SQE)	$\sum \hat{y}_i^2 = \hat{\beta}_2^2 \sum x_i^2$	1	$\hat{\beta}_2^2 \sum x_i^2$
Devido aos resíduos (SQR)	$\sum \hat{u}_i^2$	$n - 2$	$\frac{\sum \hat{u}_i^2}{n-2} = \hat{\sigma}^2$
STQ	$\sum y_i^2$	$n - 1$	

*SQ significa soma dos quadrados.

†Média da soma dos quadrados, obtida dividindo-se SQ pelos graus de liberdade correspondentes.

[18] Para uma demonstração, veja BROWNLEE, K. A. *Statistical theory and methodology in science and engineering.* Nova York: John Wilev & Sons, 1960. p. 278-280.

TABELA 5.4
Tabela ANOVA para o exemplo de consumo e renda

Fonte de variação	SQ	gl	MSQ	
Devido à regressão (SQE)	95,4255	1	95,4255	$F = \frac{95{,}4255}{0{,}8811}$
Devido aos resíduos (SQR)	9,6928	11	0,8811	$= 108{,}3026$
STQ	105,1183	12		

e

$$E\frac{\sum \hat{u}_i^2}{n-2} = E(\hat{\sigma}^2) = \sigma^2 \tag{5.9.3}$$

(Note que β_2 e σ^2, no lado direito dessas equações, são os verdadeiros parâmetros.) Portanto, se β_2 for de fato zero, as Equações (5.9.2) e (5.9.3) proporcionarão estimativas idênticas do verdadeiro σ^2. Nesta situação, a variável explanatória X não tem nenhuma influência linear sobre Y e toda a variação de Y é explicada pelos distúrbios aleatórios u_i. Se, por outro lado, β_2 não for zero, as Equações (5.9.2) e (5.9.3) serão diferentes e parte da variação de Y será atribuída a X. Portanto, a razão F da Equação (5.9.1) proporciona um teste da hipótese nula H_0: $\beta_2 = 0$. Como todas as quantidades que entram nessa equação podem ser obtidas por meio da amostra disponível, essa razão F oferece um teste estatístico para verificar a hipótese nula de que o verdadeiro β_2 é igual a zero. Tudo o que precisamos fazer é calcular a razão F e compará-la com o valor crítico de F apresentado nas tabelas F ao nível de significância escolhido ou obter o ***valor p*** da estatística F calculada.

Para ilustrar, vamos continuar com nosso exemplo. A Tabela 5.4 apresenta a tabela ANOVA para este exemplo. O valor de F calculado é de 108,3026. O valor p dessa estatística F correspondente a 1 e 11 graus de liberdade não pode ser encontrado na tabela F do **Apêndice D**, mas, usando tabelas estatísticas eletrônicas, verificamos que o valor p é 0,0000001, de fato, uma probabilidade extremamente baixa. Se você optar pela abordagem do nível de significância para o teste de hipóteses e fixar α em 0,01, ou um nível de 1%, verá que o valor F calculado de 108,3026 é obviamente significativo nesse nível. Portanto, se rejeitarmos a hipótese nula de que $\beta_2 = 0$, a probabilidade de cometer um erro do Tipo I será muito pequena. Para todos os fins práticos, nossa amostra não poderia ser proveniente de uma população com um valor de β_2 igual a zero e podemos concluir com grande confiança que X, a escolaridade, afeta Y, o salário médio.

Consulte o Teorema 5.7 do Apêndice 5A.1 que informa que o quadrado do valor t com k graus de liberdade corresponde a um valor F com 1 grau de liberdade no numerador e k graus de liberdade no denominador. Para nosso exemplo, se supormos que H_0: $\beta_2 = 0$, podemos verificar facilmente pela Equação (5.3.2) que o valor estimado de t é 10,41. Esse valor t tem 11 graus de liberdade. Sob a mesma hipótese nula, o valor de F era 108,3026, com 1 e 11 graus de liberdade. Portanto, $(10{,}3428)^2 =$ valor F, salvo erros de arredondamento.

Assim, os testes t e F oferecem duas formas alternativas, mas complementares, de testar a hipótese nula de que $\beta_2 = 0$. Sendo esse o caso, por que não nos basearmos apenas no teste t e deixarmos de lado o teste F e a análise de variância que o acompanha? Para o modelo com duas variáveis não há realmente necessidade de recorrermos ao teste F, mas quando tratarmos do tema regressões múltiplas, veremos que o teste F tem várias aplicações interessantes que o tornam muito útil e poderoso para verificar hipóteses estatísticas.

5.10 Aplicação da análise de regressão: o problema da previsão

Com base nos dados amostrais da Tabela 3.2, obtivemos a seguinte regressão amostral:

$$\hat{Y}_i = -0{,}0144 + 0{,}7240X_i \tag{3.6.1}$$

em que $\hat{Y}_i$ é o estimador da verdadeira $E(Y_i)$ correspondente a X. Que usos podemos dar a essa **regressão histórica**? Um deles seria "prever" ou "projetar" os futuros salários médios Y correspondentes a algum nível de escolaridade X. Há dois tipos de previsão: (1) previsão do valor médio condicional de Y correspondente a um X selecionado, por exemplo, X_0, que é o próprio ponto da linha de regressão da população (veja a Figura 2.2); e (2) previsão de um valor individual de Y correspondente a X_0. Chamaremos essas duas previsões de **previsão média** e **previsão individual**.

Previsão média[19]

Para consolidarmos essas ideias, suponhamos que $X_0 = 20$ e que desejamos prever $E(Y \mid X_0 = 20)$. Pode-se mostrar que a regressão histórica (3.6.1) proporciona a estimativa pontual dessa previsão média do seguinte modo:

$$\begin{aligned}\hat{Y}_0 &= \hat{\beta}_1 + \hat{\beta}_2 X_0 \\ &= -0{,}0144 + 0{,}7240(20) \\ &= 14{,}4656\end{aligned} \tag{5.10.1}$$

em que $\hat{Y}_0 =$ estimador de $E(Y \mid X_0)$. É possível demonstrar que esse previsor pontual é um melhor estimador linear não viesado (ou não tendencioso): MELNT ou, do inglês, BLUE.

Como $\hat{Y}_0$ é um estimador, é possível que seja diferente de seu verdadeiro valor. A diferença entre os dois valores dará alguma ideia sobre o erro de previsão ou projeção. Para avaliá-lo, precisamos verificar a distribuição amostral de $\hat{Y}_0$. Na Seção 5A.4 do Apêndice 5A, mostramos que $\hat{Y}_0$ na Equação (5.10.1) tem distribuição normal com média $(\beta_1 + \beta_2 X_0)$ e variância dada pela seguinte fórmula:

$$\operatorname{var}(\hat{Y}_0) = \sigma^2 \left[\frac{1}{n} + \frac{(X_0 - \bar{X})^2}{\sum x_i^2}\right] \tag{5.10.2}$$

Substituindo o σ^2 desconhecido por seu estimador não viesado $\hat{\sigma}^2$, vemos que a variável

$$t = \frac{\hat{Y}_0 - (\beta_1 + \beta_2 X_0)}{\operatorname{ep}(\hat{Y}_0)} \tag{5.10.3}$$

segue a distribuição t com $n - 2$ graus de liberdade. Portanto, a distribuição t pode ser utilizada para obter intervalos de confiança para a verdadeira $E(Y_0 \mid X_0)$ e testar hipóteses da maneira habitual, a saber:

$$\Pr[\hat{\beta}_1 + \hat{\beta}_2 X_0 - t_{\alpha/2}\operatorname{ep}(\hat{Y}_0) \le \beta_1 + \beta_2 X_0 \le \hat{\beta}_1 + \hat{\beta}_2 X_0 + t_{\alpha/2}\operatorname{ep}(\hat{Y}_0)] = 1 - \alpha \tag{5.10.4}$$

em que o erro padrão de $(\hat{Y}_0)$ é obtido por meio de (5.10.2).

Para nossos dados (veja a Tabela 3.2),

$$\begin{aligned}\operatorname{var}(\hat{Y}_0) &= 0{,}8936 \left[\frac{1}{13} + \frac{(20 - 12)^2}{182}\right] \\ &= 0{,}3826\end{aligned}$$

e

$$\operatorname{ep}(\hat{Y}_0) = 0{,}6185$$

[19] Para a demonstração das várias afirmações feitas, veja a Seção 5A.4 do **Apêndice 5A**.

FIGURA 5.6
Intervalos de confiança (bandas) para *Y* médio e para valores individuais de *Y*.

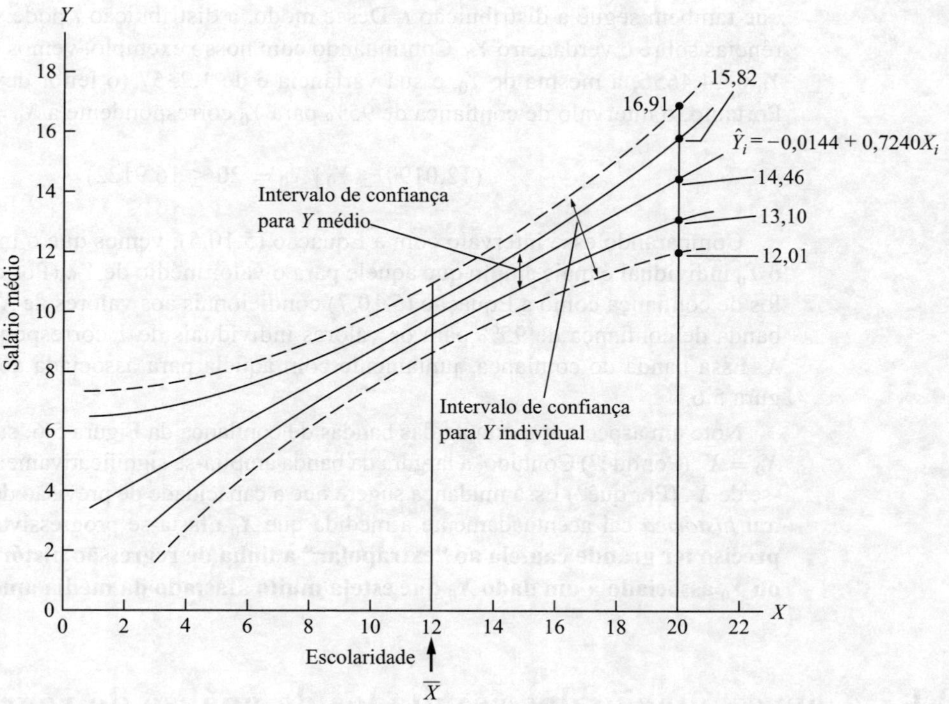

Portanto, o intervalo de confiança com 95% de probabilidade da verdadeira $E(Y \mid X_0) = \beta_1 + \beta_2 X_0$ é dado por:

$$14{,}4656 - 2{,}201(0{,}6185) \leq E(Y_0 \mid X) = 20) \leq 14{,}4656 + 2{,}20(0{,}6185)$$

isto é,

$$13{,}1043 \leq E(Y \mid X = 20) \leq 15{,}8260 \qquad \textbf{(5.10.5)}$$

Assim, dado $X_0 = 20$, em amostras repetidas, 95 de cada 100 intervalos como a Equação (5.10.5) incluirão o verdadeiro valor médio; a melhor estimativa individual do verdadeiro valor médio é, obviamente, a estimativa pontual 14,4656.

Se obtivermos intervalos de confiança de 95% como a Equação (5.10.5) para cada um dos valores de *X* dados na Tabela 3.2, obteremos o que é conhecido como o **intervalo de confiança** ou **banda de confiança**, para a função de regressão da população da Figura 5.6.

Previsão individual

Se estivermos interessados em prever um valor individual de *Y*, Y_0, correspondente a um valor de *X*, por exemplo, X_0, então, como mostra a Seção 5A.3 do Apêndice 5A, o melhor estimador linear não viesado de Y_0 também será dado por (5.10.1), mas sua variância será a seguinte:

$$\text{var}\,(Y_0 - \hat{Y}_0) = E[Y_0 - \hat{Y}_0]^2 = \sigma^2 \left[1 + \frac{1}{n} + \frac{(X_0 - \bar{X})^2}{\sum x_i^2}\right] \qquad \textbf{(5.10.6)}$$

É possível demonstrar ainda que Y_0 também segue a distribuição normal com média e variância dadas pelas Equações (5.10.1) e (5.10.6), respectivamente. Substituindo $\hat{\sigma}^2$ pelo desconhecido σ^2, temos:

$$t = \frac{Y_0 - \hat{Y}_0}{\text{ep}\,(Y_0 - \hat{Y}_0)}$$

que também segue a distribuição *t*. Desse modo, a distribuição *t* pode ser usada para fazer inferências sobre o verdadeiro Y_0. Continuando com nosso exemplo, vemos que a previsão pontual de Y_0 é 14,4656, a mesma de $\hat{Y}_0$, e sua variância é de 1,2357 (o leitor deve verificar este cálculo). Portanto, o intervalo de confiança de 95% para Y_0 correspondente a $X_0 = 100$ é:

$$(12{,}0190 \leq Y_0 \mid X_0 = 20 \leq 16{,}9122) \tag{5.10.7}$$

Comparando esse intervalo com a Equação (5.10.5), vemos que o intervalo de confiança para o Y_0 individual é mais amplo que aquele para o valor médio de Y_0. (Por quê?) Calculando intervalos de confiança como a Equação (5.10.7) condicionais aos valores de *X* da Tabela 3.2, obtemos a banda de confiança de 95% para os valores individuais de *Y* correspondentes a esses valores de *X*. Essa banda de confiança, juntamente com aquela para associada aos mesmos *X* estão na Figura 5.6.

Note um aspecto importante das bandas de confiança da Figura 5.6: sua largura é menor quando $X_0 = \bar{X}$. (Por quê?) Contudo, a largura da banda amplia-se significativamente à medida que X_0 afasta-se de $\bar{X}$. (Por quê?) Essa mudança sugere que a capacidade de previsão da linha de regressão amostral *histórica* cai acentuadamente à medida que X_0 afasta-se progressivamente de $\bar{X}$. **Portanto, é preciso ter grande cautela ao "extrapolar" a linha de regressão histórica para prever $E(Y \mid X_0)$ ou Y_0 associado a um dado X_0 que esteja muito afastado da média amostral.**

5.11 A apresentação dos resultados da análise de regressão

Há várias maneiras de apresentarmos os resultados da análise de regressão, mas neste livro usaremos o formato a seguir, empregando o exemplo salários-escolaridade do Capítulo 3 para ilustrar.

$$\begin{aligned}
\hat{Y}_i &= -0{,}0144 &&+ \quad 0{,}7240X_i && \\
\text{ep} &= (0{,}9317) && \quad (0{,}0700) && r^2 = 0{,}9065 \\
t &= (-0{,}0154) && \quad (10{,}3428) && \text{gl} = 11 \\
p &= (0{,}987) && \quad (0{,}000) && F_{1,11} = 108{,}30
\end{aligned} \tag{5.11.1}$$

Na Equação (5.11.1), os números do primeiro conjunto de parênteses são os erros padrão estimados dos coeficientes de regressão; os do segundo conjunto são os valores *t* estimados, calculados por meio de (5.3.2) sob a hipótese nula de que o verdadeiro valor populacional de cada coeficiente de regressão individual é zero (por exemplo, $10{,}3428 = \frac{0{,}7240}{0{,}0700}$); e os números do terceiro conjunto são os valores *p* estimados. Com 11 graus de liberdade, a probabilidade de obter um valor *t* de 10,3428 ou mais é de praticamente zero. Além disso, para 11 graus de liberdade a probabilidade de obter um valor *t* de 10,3428 ou mais é 0,00009, o que é praticamente nula. Lembre-se de que quanto menor o valor *p*, menor a probabilidade de cometer um erro se rejeitarmos a hipótese nula.

Apresentando os valores *p* para os coeficientes estimados *t* percebemos de imediato o nível de importância de cada valor *t* estimado. Além disso, sob a hipótese nula que o verdadeiro valor da curva populacional é zero, a probabilidade exata de obter um valor de *t* igual ou maior de 10,3428 é praticamente zero.

Mostramos anteriormente a estreita relação entre as estatísticas *F* e *t*, especificamente, $F_{1,k} = t_k^2$. Sob a hipótese nula de que o verdadeiro $\beta_2 = 0$, a Equação (5.11.1) mostra que o valor *F* é de 108,30 (para 1 grau de liberdade no numerador e 11 no denominador) e o valor *t* é cerca de 10,34 (11 gl); conforme esperado, o primeiro valor é o quadrado do segundo valor, exceto pelos erros de arredondamento. A tabela ANOVA para esse problema já foi discutida.

5.12 Avaliando os resultados da análise de regressão

Na Figura 1.4 da Introdução, traçamos a anatomia da modelagem econométrica. Agora que apresentamos os resultados da análise de regressão do exemplo salários-escolaridade na Equação (5.11.1), gostaríamos de questionar a adequação do modelo ajustado. Qual a "qualidade" dele? Precisamos de alguns critérios para responder a essa pergunta.

Primeiro, os sinais dos coeficientes estimados estão de acordo com as expectativas teóricas ou os resultados de estudos anteriores? *A priori*, β_2, no exemplo salários-escolaridade, deveria ser positivo. No caso, é. Segundo, se a teoria diz que a relação deve ser não apenas positiva, mas também estatisticamente significante, isso ocorre nessa aplicação? Como discutimos na Seção 5.11, o coeficiente de escolaridade não só é positivo como também difere significativamente de zero em termos estatísticos; o valor p do valor t estimado é extremamente pequeno. Os mesmos comentários aplicam-se ao coeficiente do intercepto. Terceiro, até que ponto o modelo de regressão explica as variações no nosso exemplo? Podemos usar r^2 para responder a essa pergunta. Neste exemplo, r^2 é cerca de 0,90, o que é um valor muito alto, considerando-se que r^2 pode chegar, no máximo, a 1.

O modelo que escolhemos para explicar os salários médios parece bastante bom. Mas antes de passarmos a outro tópico, gostaríamos de verificar se o modelo satisfaz as hipóteses do modelo clássico de regressão linear normal. Não examinaremos agora as várias hipóteses, porque o modelo é extremamente simples. Contudo, há uma hipótese que merece ser verificada: a normalidade do termo de erro u_i. Lembre-se de que os testes t e F usados anteriormente exigem que o termo de erro siga uma distribuição normal. Caso contrário, o procedimento de teste não será válido para amostras pequenas ou finitas.

Testes de normalidade

Embora a literatura específica examine vários testes de normalidade, consideraremos apenas de três: (1) histograma de resíduos; (2) representação de probabilidade normal, um artifício gráfico; e (3) o teste **Jarque-Bera**.

Histograma de resíduos

O histograma de resíduos é um dispositivo gráfico simples usado para conhecer algo sobre a forma da função de densidade de probabilidade (FDP) de uma variável aleatória. No eixo horizontal, dividimos os valores da variável de interesse (no caso, os resíduos de MQO) em intervalos adequados e, em cada intervalo de classe, traçamos retângulos com altura correspondente ao número de observações (sua frequência) nesse intervalo de classe. Sobrepondo mentalmente a curva em forma de sino da distribuição normal ao histograma, você poderá ver se a aproximação normal (FDP) é adequada. A Figura 5.7 mostra o histograma de resíduos para a regressão salários-escolaridade.

FIGURA 5.7
Histograma de resíduos da regressão salários-escolaridade.

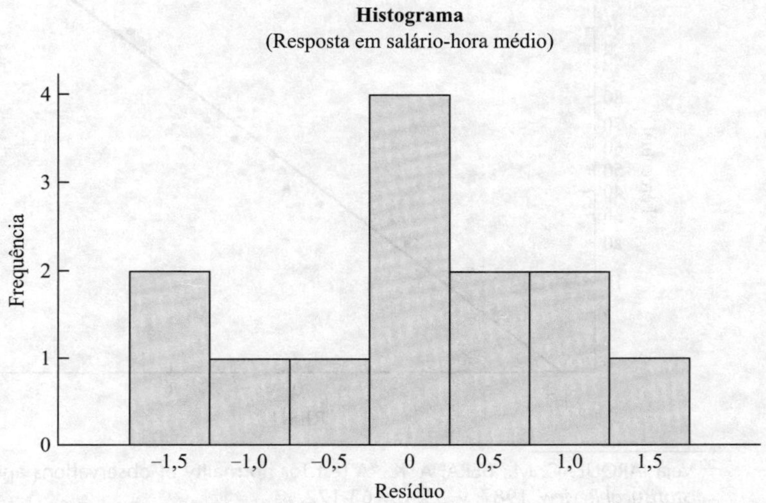

Esse diagrama indica que os resíduos não têm uma distribuição normal perfeita; para uma variável normalmente distribuída, a assimetria (uma medida de simetria) deve ser zero e a curtose (que mede quão alta ou atarracada é a distribuição normal) deve ser 3.

Mas é sempre uma boa prática traçar o histograma dos resíduos de qualquer regressão como um método rústico e rápido de testar a premissa de normalidade.

Gráfico de probabilidade normal

Um artifício gráfico comparativamente simples para estudar a forma da função de densidade de probabilidade de uma variável aleatória é o **gráfico de probabilidade normal** (GPN), em que usamos o *papel de probabilidade normal*, um papel especial para gráficos. No eixo horizontal, ou dos X, marcamos os valores da variável de interesse (no caso, os resíduos de MQO, $\hat{u}_i$) e no eixo vertical, ou dos Y, representamos o valor esperado para essa variável caso estivesse normalmente distribuída. Se a variável provém de fato de uma população normal, o GPN será aproximadamente uma linha reta. A Figura 5.8 mostra um gráfico desse tipo para nossa regressão salários-escolaridade, elaborada com o *software* MINITAB, versão 15. Como observado, se a linha ajustada do GPN for aproximadamente uma reta, podemos concluir que a variável está normalmente distribuída. Na Figura 5.8, vemos que os resíduos de nosso exemplo apresentam uma distribuição aproximadamente normal, porque a linha reta parece ajustar-se bastante bem aos dados.

O MINITAB também gera o **teste de normalidade Anderson-Darling**, conhecido como **estatística A^2**. A hipótese nula subjacente é que a variável considerada é em geral distribuída. De acordo com a Figura 5.8, para nosso exemplo, a estatística A^2 calculada é 0,289. O valor p da obtenção desse valor de A^2 é 0,558, que é razoavelmente alto. Portanto, não rejeitamos a hipótese de que os resíduos da regressão de nosso exemplo distribuem-se normalmente. De maneira casual, a Figura 5.8 mostra os parâmetros da distribuição (normal), a média de aproximadamente 0 e o desvio padrão de cerca de 0,8987.

Teste de normalidade Jarque-Bera (JB).[20]

O teste de normalidade JB é um teste *assintótico* ou de amostra grande. Também se baseia nos resíduos de MQO. Ele calcula, primeiro, a **assimetria** e a **curtose** (examinadas no **Apêndice A**) dos resíduos de MQO e usa o seguinte teste estatístico:

$$\text{JB} = n\left[\frac{S^2}{6} + \frac{(K-3)^2}{24}\right] \tag{5.12.1}$$

FIGURA 5.8
Resíduos da regressão salários-escolaridade.

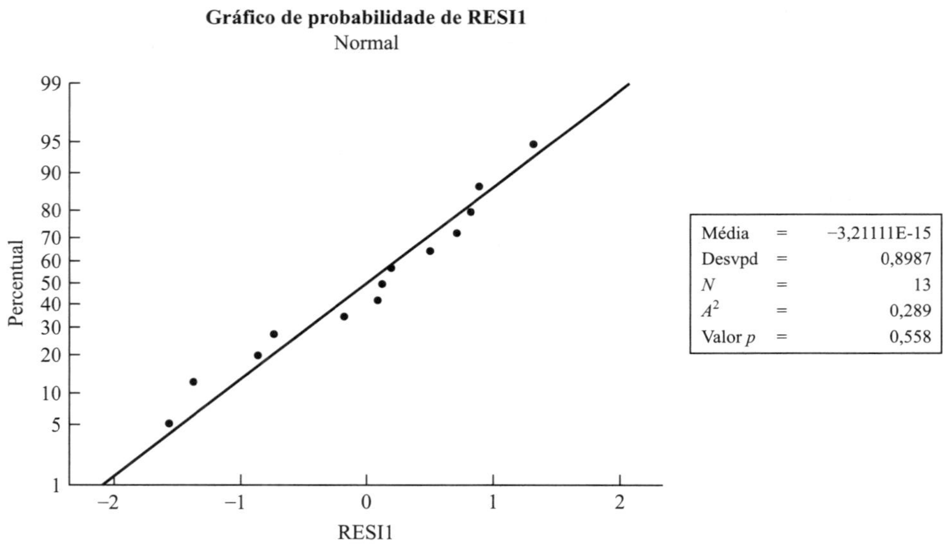

[20] Veja JARQUE, C. M.; BERA, A. K. "A test for normality of observations and regression residuals." *International Statistical Review*, 1987. v. 55, p. 163-172.

em que n = tamanho da amostra, S = coeficiente de assimetria e K = coeficiente de curtose. Para uma variável normalmente distribuída, $S = 0$ e $K = 3$. Portanto, o teste JB de normalidade é um teste da hipótese conjunta de que S e K são iguais a 0 e 3, respectivamente. Nesse caso, espera-se que o valor da estatística JB seja igual a 0.

Sob a hipótese nula de que os resíduos são normalmente distribuídos, Jarque e Bera demonstraram que, *assintoticamente (isto é, em amostras grandes), a estatística JB dada na Equação (5.12.1) segue a distribuição de qui-quadrado com 2 graus de liberdade.* Se o valor p calculado para a estatística JB em uma aplicação for suficientemente baixo, o que acontece quando o valor da estatística é muito diferente de zero, podemos rejeitar a hipótese de que a distribuição dos resíduos é normal. Mas se o valor p for razoavelmente alto, o que acontece quando o valor da estatística está próximo de zero, não rejeitaremos a hipótese de normalidade.

A estatística JB estimada para nosso exemplo salários-escolaridade é de 0,8286. A hipótese nula de que os resíduos neste exemplo estão normalmente distribuídos não pode ser rejeitada, pois o valor p de obtermos uma estatística JB de 0,8286 ou maior é de cerca de 0,66% ou 66%. Essa probabilidade é bastante alta. Note que embora nossa regressão tenha 13 observações, elas foram obtidas de uma amostra de 528 observaçoes, o que parece razoavelmente alto.

Outros testes da adequação do modelo

Lembre-se de que o modelo clássico de regressão linear normal estabelece muito mais hipóteses além da normalidade do termo de erro (ou termo de distúrbio). À medida que avançarmos no exame da teoria econométrica, veremos vários testes da adequação do modelo (veja o Capítulo 13). Até lá, tenha em mente que a formulação de modelos de regressão baseia-se em várias hipóteses simplificadoras que podem não se sustentar em cada caso específico.

Um exemplo final

Voltemos ao Exemplo 3.2 sobre despesas com alimentos na Índia. Usando os dados fornecidos na Equação (3.7.2) e adotando o formato da Equação (5.11.1), obtemos a seguinte equação de despesas:

$$\begin{aligned} \widehat{\text{DespAlimentação}}_i &= 94{,}2087 \quad + \quad 0{,}4368\ \text{TotalExp}_i \\ \text{ep} &= (50{,}8563) \quad (0{,}0783) \\ t &= (1{,}8524) \quad (5{,}5770) \\ p &= (0{,}0695) \quad (0{,}0000)^* \\ r^2 &= 0{,}3698; \quad \text{gl} = 53 \\ F_{1,53} &= 31{,}1034 \quad (\text{valor } p = 0{,}0000)^* \end{aligned} \tag{5.12.2}$$

em que "*" denota extremamente pequeno.

Primeiro, vamos interpretar a regressão. Como esperado, existe uma relação positiva entre despesas com alimentos e despesa total. Se a despesa total aumentar em uma rupia, em média, a despesa com alimentação aumentará em cerca de 44 países. Se a despesa total for zero, em média a despesa com alimentação será de 94 rupias. Obviamente, essa interpretação mecânica do intercepto pode não fazer muito sentido econômico. O valor de r^2, cerca de 0,37, significa que 37% da variação na despesa com alimentos é explicada pela despesa total, uma *proxy* para a renda.

Suponha que queiramos testar a hipótese nula de que não há relação entre despesa com alimentação e despesa total, que o coeficiente angular verdadeiro $\beta_2 = 0$. O valor estimado de β_2 é 0,4368. Se a hipótese nula fosse verdadeira, qual seria a probabilidade de obter um valor de 0,4368? Sob a hipótese nula, observamos na Equação (5.12.2) que o valor t é 5,5770 e o valor p de obter esse valor t é praticamente igual a zero. Em outras palavras, podemos rejeitar totalmente a hipótese nula. Mas suponha que a hipótese nula seja $\beta_2 = 0{,}5$. E agora? Recorrendo ao teste t, obtemos:

$$t = \frac{0{,}4368 - 0{,}5}{0{,}0783} = -\ 0{,}8071$$

(*Continua*)

Um exemplo final (Continuação)

A probabilidade de obter um $|t|$ de 0,8071 é de mais de 20%. Portanto, não rejeitamos a hipótese de que o verdadeiro β_2 seja 0,5.

Note que, sob a hipótese nula, o coeficiente angular verdadeiro é zero, o valor F é 31,1034, como mostra a Equação (5.12.2). Sob a mesma hipótese nula, obtivemos um valor t de 5,5770. Se elevarmos ao quadrado esse valor, obteremos 31,1029 que é quase o mesmo valor de F, mostrando novamente a estreita relação entre as estatísticas t e F. (*Nota:* o gl no numerador da estatística F deve ser 1, como ocorre neste caso.)

Usando os resíduos estimados da regressão, o que podemos dizer sobre a distribuição de probabilidade do termo de erro? Essa informação está na Figura 5.9. Como a Figura 5.9 indica, os resíduos da regressão da despesa com alimentos parecem ter uma distribuição simétrica. A aplicação do teste Jarque-Bera mostra que a estatística JB é de cerca de 0,2576, e que a probabilidade de obter esse número, sob uma premissa de distribuição normal, é de cerca de 88%. Portanto, não rejeitamos a hipótese de que os termos de erro se distribuam normalmente. Mas tenha em mente que o tamanho da amostra de 55 observações pode não ser suficientemente grande.

FIGURA 5.9
Resíduos da regressão das despesas com alimentação.

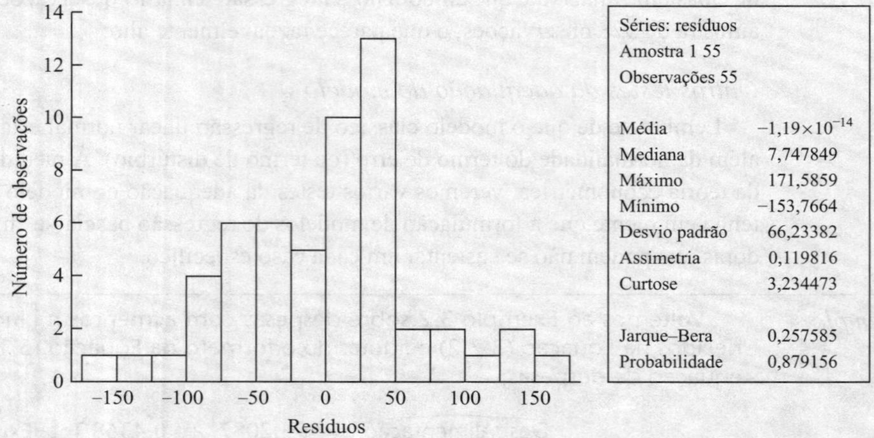

Deixamos para o leitor a tarefa de estabelecer intervalos de confiança para os dois coeficientes de regressão, assim como a de representar graficamente a probabilidade normal e fazer previsões para a média e individual.

Resumo e conclusões

1. A estimação e o teste de hipóteses são os dois ramos principais da estatística clássica. Depois de discutirmos o problema da estimação nos Capítulos 3 e 4, dedicamos este capítulo ao problema do teste de hipóteses.
2. O teste de hipóteses responde à seguinte pergunta: um resultado obtido é compatível com a hipótese feita ou não?
3. Há duas abordagens mutuamente complementares para a resposta à pergunta feita: o **intervalo de confiança** e o **teste de significância**.
4. Por trás da abordagem do intervalo de confiança está o conceito da **estimação de intervalo**. Um estimador de intervalo é um intervalo ou faixa elaborada de tal modo que tenha uma probabilidade específica de incluir entre seus limites o verdadeiro valor de um parâmetro desconhecido. O intervalo assim construído é conhecido como **intervalo de confiança**, que muitas vezes é apresentado em forma de porcentagem, como 90% ou 95%. O intervalo de confiança oferece um conjunto de hipóteses plausíveis sobre o valor do parâmetro desconhecido. Se o valor proposto na hipótese nula estiver dentro do intervalo de confiança, a hipótese não será rejeitada; se estiver fora do intervalo, a hipótese nula poderá ser rejeitada.

5. No procedimento do **teste de significância,** desenvolvemos um **teste estatístico** e examinamos sua distribuição amostral sob a hipótese nula. Os testes estatísticos costumam seguir uma distribuição de probabilidade bem definida, como a normal, a *t*, a *F* ou a qui-quadrado. Uma vez calculado o teste estatístico (por exemplo, a estatística *t*) com base nos dados disponíveis, seu valor *p* pode ser facilmente obtido. O valor *p* fornece a probabilidade exata de obter o teste estatístico calculado sob a hipótese nula. Se esse valor *p* for pequeno, podemos rejeitar a hipótese nula, mas, se for grande, talvez não seja possível rejeitá-la. Cabe ao pesquisador definir o que constitui um *p* grande ou pequeno. Ao escolher o valor *p*, o pesquisador deve ter em mente as probabilidades de cometer os **erros do Tipo I** ou do **Tipo II**.
6. Na prática, é preciso ter cuidado ao fixar α, a probabilidade de cometer um **erro do Tipo I**, em valores arbitrários como 1%, 5% ou 10%. É melhor recorrer ao **valor *p*** do teste estatístico. Além disso, a significância estatística de um indicador não deve ser confundida com sua significância prática.
7. Obviamente, o teste de hipóteses presume que o modelo escolhido para a análise empírica seja adequado no sentido de que não desrespeite uma ou mais das hipóteses que embasam o modelo clássico de regressão linear normal. Os testes da adequação do modelo devem preceder o teste de hipóteses. Este capítulo apresentou um desses testes, o **teste de normalidade**, para verificar se o termo de erro segue a distribuição normal. Como em amostras pequenas, ou finitas, os testes *t*, *F* e qui-quadrado requerem a hipótese de normalidade, é importante que essa hipótese seja testada formalmente.
8. Se o modelo é considerado praticamente adequado, pode ser usado para fins de previsão. Mas, ao prever os valores futuros do regressando, é preciso não se afastar demais da faixa de valores do regressor. Caso contrário, os erros de previsão podem aumentar de modo impressionante.

EXERCÍCIOS

5.1. Verifique, explicando, se as seguintes afirmações são verdadeiras, falsas ou duvidosas. Seja preciso.

a. O teste *t* de significância discutido neste capítulo requer que as distribuições amostrais dos estimadores $\hat{\beta}_1$ e $\hat{\beta}_2$ sigam a distribuição normal.

b. Mesmo que o termo de erro do modelo clássico de regressão linear não seja normalmente distribuído, os estimadores de mínimos quadrados ordinários continuam sendo não viesados.

c. Se não há intercepto no modelo de regressão, a soma dos u_i estimados ($= \hat{u}_i$) não totalizará zero.

d. O valor *p* e o tamanho de um teste estatístico significam a mesma coisa.

e. Em um modelo de regressão que contém o intercepto, a soma dos resíduos é sempre igual a zero.

f. Se uma hipótese nula não é rejeitada, ela é verdadeira.

g. Quanto mais alto o valor de σ^2, maior a variância de $\hat{\beta}_2$ dada na Equação (3.3.1).

h. As médias condicional e não condicional de uma variável aleatória são a mesma coisa.

i. Na FRP de duas variáveis, se o coeficiente angular β_2 é zero, o intercepto β_1 é estimado pela média amostral $\bar{Y}$.

j. A variância condicional, var $(Y_i \mid X_i) = \sigma^2$ e a variância não condicional de *Y*, var $(Y) = \sigma_Y^2$, serão iguais se *X* não influenciar *Y*.

5.2. Monte uma tabela ANOVA semelhante à Tabela 5.4 para o modelo de regressão da Equação (3.7.2) e teste a hipótese de que na Índia não há relação entre a despesa com alimentos e a despesa total.

5.3. Consulte a regressão da demanda por telefones celulares na Equação (3.7.3).

a. O coeficiente de intercepto estimado é significativo no nível de 5% de significância? Qual é a hipótese nula subjacente?

b. O coeficiente angular estimado é significativo no nível de 5% de significância? Qual a hipótese nula subjacente?

c. Estabeleça uma confiança de 95% para o verdadeiro coeficiente angular.

d. Qual o valor médio estimado para a demanda de telefones celulares se a renda *per capita* for de $ 9.000? Qual o intervalo de confiança de 95% para o valor previsto?

5.4. Seja ρ^2 o verdadeiro coeficiente de determinação populacional. Suponha que você queira testar a hipótese $\rho^2 = 0$. Explique verbalmente como seria possível testar essa hipótese. *Dica:* use a Equação (3.5.11). Veja também o Exercício 5.7.

5.5. O que se conhece por **linha característica** na análise moderna de investimentos nada mais é do que a regressão obtida por meio do seguinte modelo:

$$r_{it} = \alpha_i + \beta_i r_{mt} + u_t$$

em que r_{it} = taxa de retorno do i-ésimo ativo no período t

r_{mt} = taxa de retorno do portfólio de mercado no período t

u_t = termo de erro estocástico

Neste modelo, β_i é conhecido como o **coeficiente beta** do i-ésimo ativo, uma medida do risco de mercado (ou risco sistêmico) de um ativo.*

Com base em 240 taxas de retorno mensais do período 1956-1976, Fogler e Ganapathy obtiveram a seguinte linha característica para as ações da IBM em relação ao índice de portfólio de mercado calculado pela Universidade de Chicago:†

$$\begin{aligned} \hat{r}_{it} &= 0{,}7264 + 1{,}0598 r_{mt} & r^2 &= 0{,}4710 \\ \text{ep} &= (0{,}3001)\ (0{,}0728) & \text{gl} &= 238 \\ & & F_{1.238} &= 211{,}896 \end{aligned}$$

a. Diz-se que um ativo cujo coeficiente beta é maior que um é um papel volátil ou agressivo. As ações da IBM foram voláteis durante o período estudado?

b. O coeficiente do intercepto é significativamente diferente de zero? Se for, qual o significado prático disso?

5.6. A Equação (5.3.5) também pode ser escrita como:

$$\Pr[\hat{\beta}_2 - t_{\alpha/2}\text{ep}(\hat{\beta}_2) < \beta_2 < \hat{\beta}_2 + t_{\alpha/2}\text{ep}(\hat{\beta}_2)] = 1 - \alpha$$

Em outras palavras, a desigualdade fraca ($\leq$) pode ser substituída pela desigualdade forte ($<$). Por quê?

5.7. R. A. Fisher derivou a distribuição amostral do coeficiente de correlação definido na Equação (3.5.13). Se supusermos que as variáveis X e Y não apresentam uma distribuição normal conjunta, isto é, elas provêm de distribuição normal bivariada (veja o Apêndice 4A, Exercício 4.1), então, sob a hipótese de que o coeficiente de correlação populacional ρ é zero, pode-se demonstrar que $t = r\sqrt{n-2}/\sqrt{1-r^2}$ segue a distribuição t de Student com $n - 2$ graus de liberdade.‡ Mostre que esse valor de t é idêntico ao valor t da Equação (5.3.2) sob a hipótese nula de que $\beta_2 = 0$. Então, estabeleça que, sob a mesma hipótese nula, $F = t^2$. (Veja a Seção 5.9.)

* Veja LEVY, Haim; SARNAT, Marshall. *Portfolio and investment Selection:* theory and practice. Englewood Cliffs, N. J.: Prentice-Hall International, 1984. cap. 12.

† FOGLER, H. Russell; GANAPATHY, Sundaram. *Financial econometrics.* Englewood Cliffs, N. J.: Prentice-Hall International, 1982. p. 13.

‡ Se ρ for, de fato, zero, Fisher mostrou que r seguirá a mesma distribuição t, contanto que X ou Y seja normalmente distribuído. Mas, se ρ não for igual a zero, as duas variáveis deverão ser normalmente distribuídas. Veja ANDERSON, R. L.; BRANCROFT, T. A. *Statistical theory in research.* Nova York: McGraw-Hill, 1952. p. 87-88.

5.8. Considere os seguintes resultados de uma regressão:*

$$\hat{Y}_i = 0{,}2033 + 0{,}6560X_t$$
$$\text{ep} = (0{,}0976) \quad (0{,}1961)$$
$$r^2 = 0{,}397 \qquad \text{SQR} = 0{,}0544 \qquad \text{SQE} = 0{,}0358$$

em que $Y =$ taxa de participação das mulheres na força de trabalho em 1972 e $X =$ taxa de participação das mulheres na força de trabalho em 1968. A regressão foi feita com uma amostra de 19 cidades americanas.

a. Como você interpreta esta regressão?

b. Teste as hipóteses H_0: $\beta_2 = 1$ e H_1: $\beta_2 > 1$. Qual teste você usa? Por quê? Quais são as premissas que embasam o(s) teste(s) usado(s)?

c. Suponha que a taxa de participação das mulheres na força de trabalho em 1968 tenha sido de 0,58 (ou 58%). Com base nos resultados da regressão anterior, qual a taxa média de participação das mulheres em 1972? Adote um intervalo de confiança de 95% para prever a média.

d. Como você testaria a hipótese de que o termo de erro na regressão da população se distribui normalmente? Mostre os cálculos necessários.

Exercícios aplicados

5.9. A Tabela 5.5 apresenta dados sobre a remuneração anual (salário médio em dólares) dos professores e as despesas por aluno das escolas (em dólares) no ano de 1985 em 50 Estados e no distrito de Columbia.

TABELA 5.5

Salário médio anual dos professores e despesa média por aluno (em dólares), 1985

Fonte: National Education Association, citado em reportagem do *Albuquerque Tribune*, 7 nov. 1986.

Observação	Salário	Despesa	Observação	Salário	Despesa
1	19.583	3346	27	22.795	3366
2	20.263	3114	28	21.570	2920
3	20.325	3554	29	22.080	2980
4	26.800	4642	30	22.250	3731
5	29.470	4669	31	20.940	2853
6	26.610	4888	32	21.800	2533
7	30.678	5710	33	22.934	2729
8	27.170	5536	34	18.443	2305
9	25.853	4168	35	19.538	2642
10	24.500	3547	36	20.460	3124
11	24.274	3159	37	21.419	2752
12	27.170	3621	38	25.160	3429
13	30.168	3782	39	22.482	3947
14	26.525	4247	40	20.969	2509
15	27.360	3982	41	27.224	5440
16	21.690	3568	42	25.892	4042
17	21.974	3155	43	22.644	3402
18	20.816	3059	44	24.640	2829
19	18.095	2967	45	22.341	2297
20	20.939	3285	46	25.610	2932
21	22.644	3914	47	26.015	3705
22	24.624	4517	48	25.788	4123
23	27.186	4349	49	29.132	3608
24	33.990	5020	50	41.480	8349
25	23.382	3594	51	25.845	3766
26	20.627	2821			

* Adaptado de CHATTERJEE, Samprit; HADI, Ali S.; PRICE, Bertram. *Regression analysis by example*. 3. ed. Nova York: Wiley Interscience, 2000. p. 46-47.

Para verificar se há alguma relação entre a remuneração dos professores e as despesas por aluno nas escolas públicas, sugeriu-se o seguinte modelo: $\text{Rem}_i = \beta_1 + \beta_2 \text{ Gast}_i + u_i$, em que Rem representa o salário dos professores e Gast, as despesas por aluno.

a. Represente graficamente os dados e trace uma linha de regressão a olho.

b. Suponha que, com base em (*a*), você decida estimar o modelo de regressão anterior. Obtenha as estimativas dos parâmetros, os erros padrão, r^2, SQR e SQE.

c. Interprete os resultados da regressão. Faz sentido do ponto de vista econômico?

d. Estabeleça um intervalo de confiança de 95% para β_2.Você rejeitaria a hipótese de que o verdadeiro coeficiente angular é 3,0?

e. Obtenha a média e o valor individual previsto de Rem se as despesas por aluno forem de $ 5.000. Estabeleça também intervalos de confiança para a média real e para o valor individual de Rem para a despesa dada.

f. Como você testaria a hipótese de normalidade do termo de erro? Mostre o(s) teste(s) que usou.

5.10. Consulte os dados do Exercício 3.20 e monte as tabelas ANOVA e teste a hipótese de que não há relação entre produtividade e salário real. Faça isso para o setor empresarial e para o empresarial não agrícolas.

5.11. Volte ao Exercício 1.7.

a. Trace um gráfico dos dados com as impressões no eixo vertical e as despesas com publicidade no horizontal. Que tipo de relação você observa?

b. Seria apropriado ajustar um modelo de regressão linear bivariada a esses dados? Justifique sua resposta. Em caso negativo, que tipo de modelo você usaria para ajustar os dados? Temos as ferramentas necessárias para fazê-lo?

c. Suponha que você não tenha representado graficamente os dados e apenas os ajuste a um modelo de regressão bivariada. Obtenha os resultados costumeiros. Guarde os resultados para voltar mais adiante a este problema.

5.12. Volte ao Exercício 1.1.

a. Trace um gráfico com os dados do Índice de Preços ao Consumidor (IPC) dos Estados Unidos em um eixo e os do IPC canadense no outro. O que o gráfico mostra?

b. Suponha que você queira prever o IPC dos Estados Unidos com base no IPC do Canadá. Desenvolva um modelo adequado.

c. Teste a hipótese de que não há relação entre os IPCs dos dois países. Use $\alpha = 5\%$. Se você rejeitar a hipótese nula, isso significa que o IPC canadense "causa" o IPC dos Estados Unidos? Justifique sua resposta.

5.13. Volte ao Exercício 3.22.

a. Estime as duas regressões dadas lá, calculando os erros padrão e os demais resultados habituais.

b. Teste a hipótese de que os termos de erro dos dois modelos de regressão distribuem-se normalmente.

c. Na regressão do preço do ouro, teste a hipótese de que $\beta_2 = 1$, ou seja, de que há uma relação de um para um entre os preços do ouro e o IPC (o ouro é um *hedge* perfeito). Qual o valor *p* da estatística *t* estimada?

d. Repita o item (*c*), agora com a regressão do índice NYSE. O investimento no mercado de ações é um hedge perfeito contra a inflação? Que hipótese nula você está testando? Qual seu valor *p*?

e. Entre o ouro e as ações, qual investimento você escolheria? Em que se baseia sua decisão?

5.14. A Tabela 5.6 apresenta dados sobre o PNB e quatro definições do estoque de moeda dos Estados Unidos no período 1970-1983. Fazendo as regressões do PNB contra as várias definições de moeda, obtemos os resultados apresentados na Tabela 5.7.

Os monetaristas ou adeptos da teoria quantitativa afirmam que a renda nominal (o PNB nominal) é determinada, em grande parte, pela variação na quantidade ou estoque de moeda, embora não haja consenso quanto à definição "certa" de moeda. De acordo com os resultados na tabela, responda às seguintes perguntas:

a. Que definição de moeda parece apresentar relação mais estreita com o PNB nominal?

b. Como os r^2 são todos elevados, isso significa que a escolha da definição de moeda não tem importância?

c. Se o FED (Banco Central dos Estados Unidos) quer controlar a oferta de moeda, qual desses indicadores de moeda seria o melhor objetivo para esse fim? Isso pode ser dito com base nos resultados da regressão?

5.15. Imagine que a equação de uma **curva de indiferença** entre dois bens seja:

$$X_i Y_i = \beta_1 + \beta_2 X_i$$

TABELA 5.6
PNB e estoque de moeda segundo quatro conceitos

Fonte: *Economic Report of the President,* 1985, dados do PNB, Quadro B-1, p. 232; e estoque de moeda, Quadro B-61, p. 303.

Ano	PNB (bilhões de $)	Medida de estoque de moeda, bilhões de $			
		M_1	M_2	M_3	L
1970	992,70	216,6	628,2	677,5	816,3
1971	1.077,6	230,8	712,8	776,2	903,1
1972	1.185,9	252,0	805,2	886,0	1.023,0
1973	1.326,4	265,9	861,0	985,0	1.141,7
1974	1.434,2	277,6	908,5	1.070,5	1.249,3
1975	1.549,2	291,2	1.023,3	1.174,2	1.367,9
1976	1.718,0	310,4	1.163,6	1.311,9	1.516,6
1977	1.918,3	335,4	1.286,7	1.472,9	1.704,7
1978	2.163,9	363,1	1.389,1	1.647,1	1.910,6
1979	2.417,8	389,1	1.498,5	1.804,8	2.117,1
1980	2.631,7	414,9	1.632,6	1.990,0	2.326,2
1981	2.957,8	441,9	1.796,6	2.238,2	2.599,8
1982	3.069,3	480,5	1.965,4	2.462,5	2.870,8
1983	3.304,8	525,4	2.196,3	2.710,4	3.183,1

Definição:
M_1 = Papel moeda + depósitos à vista + cheques de viagem e outros depósitos sacáveis por cheque.
M_2 = M_1 + depósitos no *overnight* e eurodólares + fundos do mercado monetário + depósitos a prazo fixo + contas de poupança e pequenos depósitos.
M_3 = M_2 + grandes depósitos a prazo fixo + depósitos a prazo + fundos do mercado monetário institucionais.
L = M_3 + outros ativos líquidos.

TABELA 5.7
Regressões PNB-Estoque de moeda, 1970-1983

1) $\widehat{PNB}_t = 787{,}4723 + 8{,}0863\, M_{1t} \qquad r^2 = 0{,}9912$
$\qquad\qquad (77{,}9664) \quad (0{,}2197)$

2) $\widehat{PNB}_t = 44{,}0626 + 1{,}5875\, M_{2t} \qquad r^2 = 0{,}9905$
$\qquad\qquad (61{,}0134) \quad (0{,}0448)$

3) $\widehat{PNB}_t = 159{,}1366 + 1{,}2034\, M_{3t} \qquad r^2 = 0{,}9943$
$\qquad\qquad (42{,}9882) \quad (0{,}0262)$

4) $\widehat{PNB}_t = 164{,}2071 + 1{,}0290\, L_t \qquad r^2 = 0{,}9938$
$\qquad\qquad (44{,}7658) \quad (0{,}0234)$

Nota: os números entre parênteses são os erros padrão estimados.

Como você estimaria os parâmetros desse modelo? Aplique o modelo anterior aos dados da Tabela 5.8 e comente os resultados.

5.16. Desde 1986, a revista *The Economist* publica o índice Big Mac, uma tentativa pouco refinada, mas engraçada, de avaliar se as taxas de câmbio das diversas moedas estão "corretas", de acordo com os preceitos da teoria da **paridade do poder de compra (PPC)**. Essa teoria afirma que uma unidade monetária deveria poder comprar a mesma cesta de produtos em todas as economias. Seus proponentes argumentam que, a longo prazo, as moedas tendem a convergir para a PPC. A revista *The Economist* adota o Big Mac do McDonald's como cesta de produtos representativa e apresenta as informações da Tabela 5.9.

TABELA 5.8

Consumo do bem X:	1	2	3	4	5
Consumo do bem Y:	4	3,5	2,8	1,9	0,8

Considere o seguinte modelo de regressão:

$$Y_i = \beta_1 + \beta_2 X_i + u_i$$

em que Y é a taxa de câmbio vigente e $X =$ PPC implícita do dólar.

a. Se a PPC estiver certa, que valores de β_1 e β_2 você poderia esperar *a priori*?

b. Os resultados da regressão confirmam suas expectativas? Que testes formais você empregaria para testar suas hipóteses?

c. A revista *The Economist* deveria continuar divulgando o índice Big Mac? Justifique.

5.17. Volte aos dados das provas SAT apresentados no Exercício 2.16. Suponha que você queira prever a pontuação dos homens nas provas de matemática (Y) com base na pontuação das mulheres (X), usando a seguinte regressão:

$$Y_t = \beta_1 + \beta_2 X_t + u_t$$

a. Estime esse modelo.

b. Com base nos resíduos estimados, verifique se a hipótese de normalidade sustenta-se.

c. Agora teste a hipótese de que $\beta_2 = 1$, isto é, de que existe uma correspondência de um para um entre as notas de matemática de homens e mulheres.

d. Monte uma tabela ANOVA para este problema.

5.18. Repita o exercício anterior, agora com as notas de aptidão verbal.

5.19. A Tabela 5.10 apresenta os dados anuais relativos ao Índice de Preços ao Consumidor (IPC) e ao Índice de Preço no Atacado (IPA), também conhecido como Índice de Preços ao Produtor (IPP), para a economia americana no período 1980-2006.

a. Trace um gráfico com o IPC no eixo vertical e o IPP no eixo horizontal. *A priori,* que tipo de relação você espera encontrar entre os dois índices. Por quê?

b. Suponha que você deseja prever um desses índices com base no outro. Qual deles usaria como regressando e qual como regressor? Por quê?

c. Estime a regressão de acordo com o estabelecido no item (*b*). Mostre os resultados habituais. Teste a hipótese de que existe uma relação de um para um entre os dois índices.

d. Com base nos resíduos obtidos na regressão calculada, é possível cogitar a hipótese de que o verdadeiro termo de erro está normalmente distribuído? Mostre os testes usados.

5.20. A Tabela 5.11 apresenta dados sobre o índice de mortalidade por câncer de pulmão (100 = média) e o índice de consumo de fumo (100 = média) para 25 grupos ocupacionais.

a. trace o gráfico do índice de mortalidade por câncer de pulmão em relação ao índice de fumo. Que padrão geral você observa?

TABELA 5.9

O padrão hambúrguer

Fonte: McDonald´s; *The Economist*, 1 fev. 2007.

	Preços do Big Mac				
	Em moeda local	Em dólares	PPC* implícita do dólar	Taxa de câmbio em 31-1-2007	Super (+) ou sub (−) valorização em relação ao dólar
Estados Unidos†	Dólar americano 3,22	3,22			
Argentina	Peso argentino 8,25	2,65	2,56	3,11	−18
Austrália	Dólar australiano 3,45	2,67	1,07	1,29	−17
Brasil	Real 6,4	3,01	1,99	2,13	−6
Grã-Bretanha	Libra esterlina1,99	3,90	1,62‡	1,96‡	+21
Canadá	Dólar canadense 3,63	3,08	1,13	1,18	−4
Chile	Peso chileno 1.670	3,07	519	544	−5
China	Yuan 11,0	1,41	3,42	7,77	−56
Colômbia	Peso colombiano 6.900	3,06	2.143	2.254	−5
Costa Rica	Cólon 1.130	2,18	351	519	−32
República Tcheca	Coroa tcheca 52,1	2,41	16,2	21,6	−25
Dinamarca	Coroa dinamarquesa 27,75	4,84	8,62	5,74	+50
Egito	Libra egípicia 9,09	1,60	2,82	5,70	−50
Estônia	Kroon 30	2,49	9,32	12,0	−23
Zona do Euro	Euro 2,94	3,82	1,10**	1,30**	+19
Hong Kong	Dólar de Hong Kong 12,0	1,54	3,73	7,81	−52
Hungria	Florim 590	3,00	183	197	−7
Islândia	Nova Coroa islandesa 509	7,44	158	68,4	+131
Indonésia	Rupia 15.900	1,75	4.938	9.100	−46
Japão	Iene 280	2,31	87,0	121	−28
Letônia	Lats 1,35	2,52	0,42	0,54	−22
Lituânia	Litas 6,50	2,45	2,02	2,66	−24
Malásia	Ringgit 5,50	1,57	1,71	3,50	−51
México	Peso mexicano 29,0	2,66	9,01	10,9	−17
Nova Zelândia	Dólar neozelandês 4,60	3,16	1,43	1,45	−2
Noruega	Kroner 41,5	6,63	12,9	6,26	+106
Paquistão	Rupia paquistanesa 140	2,31	43,5	60,7	−28
Paraguai	Guarani 10.000	1,90	3.106	5.250	−41
Peru	Sol Novo 9,50	2,97	2,95	3,20	−8
Filipinas	Peso filipino 85,0	1,74	26,4	48,9	−46
Polônia	Zloty 6,90	2,29	2,14	3,01	−29
Rússia	Rublo 49,0	1,85	15,2	26,5	−43
Arábia Saudita	Rial saudita 9,00	2,40	2,80	3,75	−25
Cingapura	Dólar de Cingapura 3,60	2,34	1,12	1,54	−27
Eslováquia	Coroa 57,98	2,13	18,0	27,2	−34
África do Sul	Rand 15,5	2,14	4,81	7,25	−34
Coreia do Sul	Won 2.900	3,08	901	942	−4
Sri Lanka	Rupia 190	1,75	59,0	109	−46
Suécia	Coroa sueca 32,0	4,59	9,94	6,97	+43
Suíça	Franco suíço 6,30	5,05	1,96	1,25	+57
Taiwan	Novo dólar de Taiwan 75,0	2,28	23,3	32,9	−29
Tailândia	Baht 62,0	1,78	19,3	34,7	−45
Turquia	Lira turca 4,55	3,22	1,41	1,41	nil
Emirados Árabes	Unidos Dirrã 10,0	2,72	3,11	3,67	−15
Ucrânia	Hrivna 9,00	1,71	2,80	5,27	−47
Uruguai	Peso uruguaio 55,0	2,17	17,1	25,3	−33
Venezuela	Bolívar 6.800	1,58	2.112	4.307	−51

*Paridade do poder de compra: preço local dividido pelo preço nos Estados Unidos.

**Dólares por euro.

†Média dos preços em Nova York, Chicago, São Francisco e Atlanta.

‡ Dólares por libra.

TABELA 5.10

IPC e IPP, Estados Unidos, 1980-2006

Fonte: *Economic Report of the President,* 2007, Tabelas B-62 e B-65.

Ano	IPC Total	IPP (Total dos bens acabados)
1980	82,4	88,0
1981	90,9	96,1
1982	96,5	100,0
1983	99,6	101,6
1984	103,9	103,7
1985	107,6	104,7
1986	109,6	103,2
1987	113,6	105,4
1988	118,3	108,0
1989	124,0	113,6
1990	130,7	119,2
1991	136,2	121,7
1992	140,3	123,2
1993	144,5	124,7
1994	148,2	125,5
1995	152,4	127,9
1996	156,9	131,3
1997	160,5	131,8
1998	163,0	130,7
1999	166,6	133,0
2000	172,2	138,0
2001	177,1	140,7
2002	179,9	138,9
2003	184,0	143,3
2004	188,9	148,5
2005	195,3	155,7
2006	201,6	160,3

TABELA 5.11

Fumo e câncer de pulmão

Fonte: disponível em: http://lib.stat.cmu.edu/DASL/Datafiles/smokingandcancer.html

Ocupação	Fumo	Câncer
Fazendeiro, profissionais de atividades florestais, pescador	77	84
Minerador, cavouqueiro	137	116
Operários da produção de combustíveis, coque e produtos químicos	117	123
Vidraceiro e ceramista	94	128
Fundidor	116	155
Operários da fabricação de eletroeletrônicos	102	101
Profissionais de engenharia e atividades associadas	111	118
Madereiros, marceneiros	93	113
Curtidores em confecção de artigos de couro	88	104
Operários da fabricação de artigos têxtis	102	88
Operários da confecção de vestuário	91	104
Profissionais da produção de alimentos, bebidas e tabaco	104	129
Operários da fabricação de papel e atividades gráficas	107	86
Operários da fabricação de outros produtos	112	96
Operários da construção civil	113	144
Pintores e decoradores	110	139
Operadores de máquinas, guindastes etc.	125	113
Operários não incluídos nestas categorias	113	146
Profissionais de transportes e comunicações	115	128
Estoquistas em armazéns, depósitos e lojas, almoxarifes, etc.	105	115
Escreventes, escriturários, funcionários de escritórios	87	79
Vendedores	91	85
Profisisonais de seviços, esportes e recreadores	100	120
Administradores e gerentes	76	60
Artistas e proissionais e técnicos em geral	66	51

b. Considerando $Y =$ índice de mortalidade por câncer de pulmão e $X =$ índice de fumo, estime um modelo de regressão linear e obtenha as estatísticas de regressão habituais.

c. Teste a hipótese de que o fumo não tem influência sobre o câncer de pulmão com $\alpha = 5\%$.

d. Quais as ocupações de maior risco em termos de mortalidade por câncer de pulmão? Você pode apresentar algumas razões para isso?

e. Existe alguma maneira de incluir a categoria de ocupação na análise de regressão?

Apêndice 5A

5A.1 Distribuições de probabilidade relacionadas à distribuição normal

As distribuições de probabilidade ***t*, qui-quadrado** (χ^2) e ***F***, cujas características mais destacadas são discutidas no **Apêndice A**, estão estreitamente relacionadas à distribuição normal. Como faremos grande uso dessas distribuições de probabilidade nos capítulos seguintes, resumiremos sua relação com a distribuição normal nos teoremas a seguir; as demonstrações, que estão além do escopo deste livro, podem ser encontradas na bibliografia.[1]

Teorema 5.1. Se $Z_1, Z_2, ..., Z_n$ são variáveis normal e independentemente distribuídas tais que $Z_i \sim N(\mu_i, \sigma_i^2)$, então, a soma $Z = \sum k_i Z_i$, em que os k_i são constantes diferentes de zero, também se distribui normalmente com média $\sum k_i \mu_i$ e variância $\sum k_i^2 \sigma_i^2$; isto é, $Z \sim N(\sum k_i \mu_i, \sum k_i^2 \sigma_i^2)$. *Nota:* μ denota o valor médio.

Resumindo, combinações lineares de variáveis normais são normalmente distribuídas. Por exemplo, se Z_1, e Z_2 têm distribuição normal e independente, como $Z_1 \sim N(10, 2)$ e $Z_2 \sim N(8, 1{,}5)$, a combinação linear $Z = 0{,}8 Z_1 + 0{,}2 Z_2$ também se distribui normalmente com média $= 0{,}8(10) + 0{,}2(8) = 9{,}6$ e variância $= 0{,}64(2) + 0{,}04(1{,}5) = 1{,}34$, isto é, $Z \sim (9{,}6, 1{,}34)$.

Teorema 5.2. Se $Z_1, Z_2, ..., Z_n$ são variáveis aleatórias com distribuição normal, mas não independentes, a soma $Z = \sum k_i Z_i$, em que os k_i são constantes diferentes de zero, também se distribui normalmente com média $\sum k_i \mu_i$ e variância $[\sum k_i^2 \sigma_i^2 + 2 \sum k_i k_j \operatorname{cov}(Z_i, Z_j), i \neq j]$.

Assim, se $Z_1 \sim N(6, 2)$ e $Z_2 \sim N(7, 3)$ e cov $(Z_1, Z_2) = 0{,}8$, a combinação linear $0{,}6\, Z_1 + 0{,}4\, Z_2$ também tem distribuição normal com média $= 0{,}6(6) + 0{,}4(7) = 6{,}4$ e variância $= [0{,}36(2) + 0{,}16(3) + 2\,(0{,}6)\,(0{,}4)\,(0{,}8)] = 1{,}584$.

Teorema 5.3. Se $Z_1, Z_2, ..., Z_n$ são variáveis aleatórias normal e independentemente distribuídas, tais que $Z_1 \sim N(0,1)$, isto é, uma variável normal padronizada, então $\sum Z_i^2 = Z_1^2 + Z_2^2 + \cdots + Z_n^2$ segue a distribuição qui-quadrado com *n* gl. Simbolicamente, $\sum Z_i^2 \sim \chi_n^2$, em que *n* denota os graus de liberdade.

Resumindo, "a soma dos quadrados de variáveis normais padrão independentes tem uma distribuição qui--quadrado com um número de graus de liberdade igual ao dos termos do somatório".[2]

Teorema 5.4. Se $Z_1, Z_2, ..., Z_n$ são variáveis aleatórias com distribuição independente, todas elas seguindo a distribuição qui-quadrado com k_i graus de liberdade, a soma $\sum Z_i = Z_1 + Z_2 + \cdots + Z_n$ também segue uma distribuição qui-quadrado com $k = \sum k_i$ gl.

Assim, se Z_1 e Z_2 são variáveis independentes χ^2 com k_1 e k_2 graus de liberdade, respectivamente, então $Z = Z_1 + Z_2$ também é uma variável χ^2 com $(k_1 + k_2)$ graus de liberdade. Esta é a chamada **propriedade reprodutiva** da distribuição χ^2.

[1] Para demonstrações dos vários teoremas, veja MOOD, Alexander M.; GRAYBILL, Franklin A.; BOSE, Duane C. *Introduction to the theory of statistics*. 3. ed. Nova York: McGraw-Hill, 1974. p. 239-249.

[2] Ibid, p. 243.

Teorema 5.5. Se Z_1 é uma variável normal padronizada [$Z_1 \sim N(0,1)$] e outra variável Z_2 segue a distribuição qui-quadrado com k graus de liberdade e é independente de Z_1, então a variável definida como

$$t = \frac{Z_1}{\sqrt{Z_2}/\sqrt{k}} = \frac{Z_1\sqrt{k}}{\sqrt{Z_2}} = \frac{\text{variável normal padronizada}}{\sqrt{\text{variável quiquadrado independente/gl}}} \sim t_k$$

segue a distribuição t de Student com k graus de liberdade. *Nota:* essa distribuição é discutida no **Apêndice A** e ilustrada no Capítulo 5.

Casualmente, note que quando k, os graus de liberdade, aumenta indefinidamente (quando $k \to \infty$), a distribuição t de Student aproxima-se da distribuição normal padrão.[3] Por convenção, a notação t_k representa a variável ou distribuição t de Student com k graus de liberdade.

Teorema 5.6. Se Z_1 e Z_2 são variáveis qui-quadrado independentemente distribuídas com k_1 e k_2 graus de liberdade, respectivamente, então a variável

$$F = \frac{Z_1/k_1}{Z_2/k_2} \sim F_{k_1,k_2}$$

tem distribuição F com k_1 e k_2 graus de liberdade, em que k_1 é conhecida como **graus de liberdade do numerador** e k_2, como **graus de liberdade do denominador.**

Mais uma vez, por convenção, a notação $F_{k1,k2}$ representa uma variável F com k_1 e k_2 graus de liberdade, e os graus do numerador são citados primeiro.

Em outras palavras, o Teorema 5.6 informa que a variável F é apenas a razão entre duas variáveis qui-quadrado com distribuições independentes divididas pelos respectivos graus de liberdade.

Teorema 5.7. O quadrado da variável t (de Student) com k graus de liberdade segue uma distribuição F com $k_1 = 1$ gl no numerador e $k_2 = k$ gl no denominador.[4] Isto é,

$$F_{1,k} = t_k^2$$

Note que, para que esta igualdade se mantenha, o grau de liberdade do numerador da variável F deve ser igual a 1. Assim, $F_{1,4} = t_4^2$ ou $F_{1,23} = t_{23}^2$ e assim por diante.

Teorema 5.8. Quando os graus de liberdade do numerador são altos, os gl do numerador multiplicados pelo valor de F são aproximadamente iguais ao valor da quiquadrado com os graus de liberdade do numerador. Assim,

$$m\ F_{m,n} = \chi_m^2 \qquad \text{quando} \quad n \to \infty$$

Teorema 5.9. Com um número suficientemente grande de gl, a distribuição qui-quadrado pode ser aproximada pela distribuição normal padrão da seguinte forma:

$$Z = \sqrt{2\chi^2} - \sqrt{2k - 1} \sim N(0, 1)$$

em que k denota os graus de liberdade.

5A.2 Derivação da equação (5.3.2)

Seja

$$Z_1 = \frac{\hat{\beta}_2 - \beta_2}{\text{ep}(\hat{\beta}_2)} = \frac{(\hat{\beta}_2 - \beta_2)\sqrt{x_i^2}}{\sigma} \tag{1}$$

e

$$Z_2 = (n - 2)\frac{\hat{\sigma}^2}{\sigma^2} \tag{2}$$

[3] Uma demonstração é encontrada em THEIL, Henri. *Introduction to econometrics.* Englewood Cliffs, N. J.: Prentice Hall, 1978. p. 237-245.

[4] Para uma demonstração, veja as Equações (5.3.2) e (5.9.1).

Desde que σ seja conhecido, Z_1 segue a distribuição normal padronizada, isto é, $Z_1 \sim N(0, 1)$. (Por quê?) Z_2 segue a distribuição χ^2 com $(n - 2)$ graus de liberdade.[5] Além disso, é possível mostrar que Z_2 tem distribuição independente de Z_1.[6] Portanto, dado o Teorema 5.5, a variável

$$t = \frac{Z_1\sqrt{n-2}}{\sqrt{Z_2}} \tag{3}$$

segue a distribuição t com $n - 2$ graus de liberdade. Substituindo as Equações (1) e (2) na Equação (3), obtemos (5.3.2).

5A.3 Derivação da equação (5.9.1)

A Equação (1) mostra que $Z_1 \sim N(0, 1)$. Portanto, de acordo com o Teorema 5.3, o valor anterior

$$Z_1^2 = \frac{(\hat{\beta}_2 - \beta_2)^2 \sum x_i^2}{\sigma^2}$$

segue a distribuição χ^2 com 1 grau de liberdade. Como mencionado na Seção 5A1,

$$Z_2 = (n-2)\frac{\hat{\sigma}^2}{\sigma^2} = \frac{\sum \hat{u}_i^2}{\sigma^2}$$

também segue a distribuição χ^2 com $n - 2$ gl. Além disso, como mencionado na Seção 4.3, Z_2 tem distribuição independente de Z_1. Então, do Teorema 5.6 segue-se que

$$F = \frac{Z_1^2/1}{Z_2/(n-2)} = \frac{(\hat{\beta}_2 - \beta_2)^2\left(\sum x_i^2\right)}{\sum \hat{u}_i^2/(n-2)}$$

segue a distribuição F com 1 e $n - 2$ graus de liberdade, respectivamente. Sob a hipótese nula H_0: $\beta_2 = 0$, a razão F anterior reduz-se à Equação (5.9.1).

5A.4 Derivação das equações (5.10.2) e (5.10.6)

Variância da previsão média

Com $X_i = X_0$, a verdadeira previsão média $E(Y_0 \mid X_0)$ é dada por:

$$E(Y_0 \mid X_0) = \beta_1 + \beta_2 X_0 \tag{1}$$

Estimamos a Equação (1) por meio de:

$$\hat{Y}_0 = \hat{\beta}_1 + \hat{\beta}_2 X_0 \tag{2}$$

Tomando o valor esperado da Equação (2), dado X_0, obtemos:

$$\begin{aligned} E(\hat{Y}_0) &= E(\hat{\beta}_1) + E(\hat{\beta}_2)X_0 \\ &= \beta_1 + \beta_2 X_0 \end{aligned}$$

porque e $\hat{\beta}_1$ são $\hat{\beta}_2$ estimadores não viesados. Portanto,

$$E(\hat{Y}_0) = E(Y_0 \mid X_0) = \beta_1 + \beta_2 X_0 \tag{3}$$

---

[5] Uma demonstração pode ser encontrada em HOGG, Robert V.; CRAIG, Allen T. *Introduction to mathematical statistics*. 2. ed. Nova York: Macmillan, 1965. p. 144.

[6] Veja JOHNSTON, J. *Econometric methods*. 3. ed. Nova York: McGraw-Hill, 1984. p. 181-182. (Para acompanhar a demonstração, é necessário ter conhecimentos de álgebra matricial.)

Isto é, $\hat{Y}_0$ é um previsor não viesado de $E(Y_0 \mid X_0)$.

Agora, usando a propriedade de que var $(a + b)$ = var (a) + var (b) + 2 cov (a, b), obtemos:

$$\text{var}(\hat{Y}_0) = \text{var}(\hat{\beta}_1) + \text{var}(\hat{\beta}_2)X_0^2 + 2\,\text{cov}(\hat{\beta}_1\hat{\beta}_2)X_0 \tag{4}$$

Empregando as fórmulas das variâncias e da covariância de $\hat{\beta}_1$ e $\hat{\beta}_2$ dadas nas Equações (3.3.1), (3.3.3) e (3.3.9) e reorganizando os termos, obtemos

$$\text{var}(\hat{Y}_0) = \sigma^2\left[\frac{1}{n} + \frac{(X_0 - \bar{X})^2}{\sum x_i^2}\right] \tag{5.10.2}$$

Variância da previsão individual

Queremos prever um Y individual correspondente a $X = X_0$; isto é, desejamos obter:

$$Y_0 = \beta_1 + \beta_2 X_0 + u_0 \tag{5}$$

Prevemos isso como:

$$\hat{Y}_0 = \hat{\beta}_1 + \hat{\beta}_2 X_0 \tag{6}$$

O erro de previsão $Y_0 - \hat{Y}_0$ é:

$$\begin{aligned} Y_0 - \hat{Y}_0 &= \beta_1 + \beta_2 X_0 + u_0 - (\hat{\beta}_1 + \hat{\beta}_2 X_0) \\ &= (\beta_1 - \hat{\beta}_1) + (\beta_2 - \hat{\beta}_2)X_0 + u_0 \end{aligned} \tag{7}$$

Portanto,

$$\begin{aligned} E(Y_0 - \hat{Y}_0) &= E(\beta_1 - \hat{\beta}_1) + E(\beta_2 - \hat{\beta}_2)X_0 - E(u_0) \\ &= 0 \end{aligned}$$

porque $\hat{\beta}_1$ e $\hat{\beta}_2$ são não viesados, X_0 é um número fixo e $E(u_0)$ é igual a zero por hipótese.

Elevando os dois lados ao quadrado e subtraindo os valores esperados, obtemos: var $(Y_0 - \hat{Y}_0)$ = var $(\hat{\beta}_1)$ + X_0^2 var $(\hat{\beta}_2)$ + $2X_0$ cov (β_1, β_2) + var (u_0). Usando as fórmulas de variância e covariância para $\hat{\beta}_1$ e $\hat{\beta}_2$ dadas anteriormente e observando que var$(u_0) = \sigma^2$, obtemos:

$$\text{var}(Y_0 - \hat{Y}_0) = \sigma^2\left[1 + \frac{1}{n} + \frac{(X_0 - \bar{X})^2}{\sum x_i^2}\right] \tag{5.10.6}$$

Capítulo 6

Extensões do modelo de regressão linear de duas variáveis

Alguns dos aspectos da análise de regressão linear podem ser facilmente apresentados no âmbito da estrutura do modelo de regressão linear de duas variáveis que discutimos até o momento. Primeiro, consideraremos o caso da **regressão que passa pela origem**, em que o intercepto β_1 está ausente do modelo. Depois, passaremos para a questão das **unidades de medida**, ou seja, como as variáveis Y e X são medidas e se uma mudança nessas unidades afeta os resultados da regressão. Por fim, levaremos em questão a **forma funcional** do modelo de regressão linear. Até agora, consideramos modelos lineares nos parâmetros e nas variáveis. Mas lembre-se de que a teoria da regressão vista nos capítulos anteriores requer que apenas os parâmetros sejam lineares; as variáveis podem, ou não, entrar linearmente no modelo. Ao considerarmos modelos lineares nos parâmetros, mas não necessariamente nas variáveis, mostraremos neste capítulo como os modelos de duas variáveis podem lidar com alguns problemas práticos interessantes.

Uma vez assimiladas essas ideias, sua extensão para modelos de regressão múltipla será bem direta, como veremos nos Capítulos 7 e 8.

6.1 A regressão que passa pela origem

Há ocasiões em que a função de regressão populacional com duas variáveis assume a seguinte forma:

$$Y_i = \beta_2 X_i + u_i \tag{6.1.1}$$

Nesse modelo, o intercepto está ausente ou é igual a zero, daí a denominação **regressão que passa pela origem**.

Para ilustrar, considere o modelo de formação de preços de ativos (do inglês, CAPM) da teoria moderna de portfólio, que, na sua forma de prêmio de risco, pode ser expresso como:[1]

$$(\text{ER}_i - r_f) = \beta_i(\text{ER}_m - r_f) \tag{6.1.2}$$

em que ER_i = taxa esperada de retorno do ativo i.

ER_m = taxa esperada de retorno sobre o portfólio de mercado representado, por exemplo, pelo índice de ações composto S&P 500.

[1] Veja LEVY, Haim; SARNET, Marshall. *Portfolio and investment selection:* theory and practice. Englewood Cliffs, N. J.: Prentice-Hall International, 1984. cap. 14.

r_f = taxa de retorno livre de risco, por exemplo, o retorno das letras do Tesouro dos Estados Unidos para 90 dias.

β_i = coeficiente beta, uma medida de risco sistemático; risco que não pode ser eliminado por meio da diversificação. Também uma medida da extensão em que a taxa de retorno do i-ésimo ativo acompanha o mercado. Um $\beta_i > 1$ implica título volátil ou agressivo, ao passo que um $\beta_i < 1$ é um título defensivo ou conservador. (*Nota:* não confunda este β_i com o coeficiente angular da regressão de duas variáveis, β_2.)

Se o mercado de capitais funcionar com eficiência, o modelo de formação de preços de ativos postula que o prêmio de risco esperado do i-ésimo ativo (= $\text{ER}_i - r_f$) é igual ao coeficiente β desse ativo multiplicado pelo prêmio de risco esperado de mercado (= $\text{ER}_m - r_f$). Se o CAPM for válido, teremos a situação da Figura 6.1. A linha mostrada é conhecida como **linha do mercado de ativos**.

Para fins práticos, a Equação (6.1.2) muitas vezes é expressa como:

$$R_i - r_f = \beta_i(R_m - r_f) + u_i \tag{6.1.3}$$

ou

$$R_i - r_f = \alpha_i + \beta_i(R_m - r_f) + u_i \tag{6.1.4}$$

Esse último modelo é conhecido como **Modelo do Mercado**.[2] Se o CAPM for válido, espera-se que α_i seja zero. (Veja a Figura 6.2.)

Note que na Equação (6.1.4) a variável dependente Y é $(R_i - r_f)$ e a variável explanatória X é β_i, o coeficiente de volatilidade, e *não* $(R_m - r_f)$. Portanto, para executar a regressão da Equação (6.1.4), é preciso estimar primeiro β_i, que, em geral, é obtido por meio da **linha característica**, como descreve o Exercício 5.5. (Para mais detalhes, veja o Exercício 8.28.)

Como o exemplo mostra, às vezes a teoria subjacente determina que o termo de intercepto esteja ausente do modelo. Outros casos em que o modelo com intercepto zero é mais adequado são o da hipótese da renda permanente de Milton Friedman, que afirma que o consumo permanente é proporcional à renda permanente; a teoria da análise de custo, em que se postula que o custo variável de produção é proporcional ao produto; e algumas versões da teoria monetarista que consideram que a taxa de variação dos preços (a taxa de inflação) é proporcional à taxa de variação da oferta de moeda.

FIGURA 6.1
Risco sistemático.

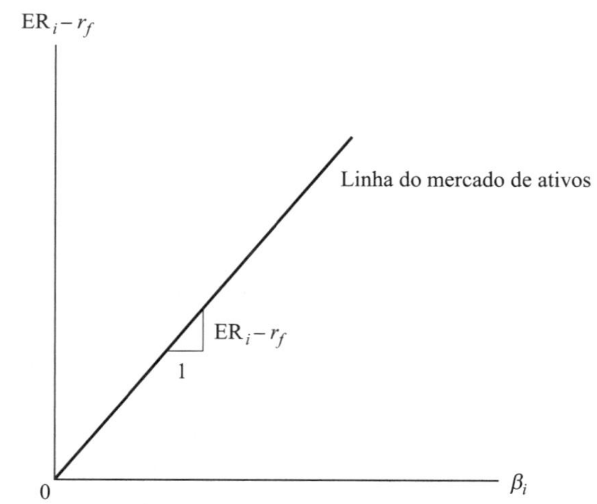

[2] Veja, por exemplo, HARRINGTON, Diana R. *Modern portfolio theory and the capital asset pricing model:* a users guide. Englewood Cliffs, N. J.: Prentice-Hall, 1983. p. 71.

FIGURA 6.2
Modelo do mercado da teoria de portfólio (supondo-se $\alpha_i = 0$).

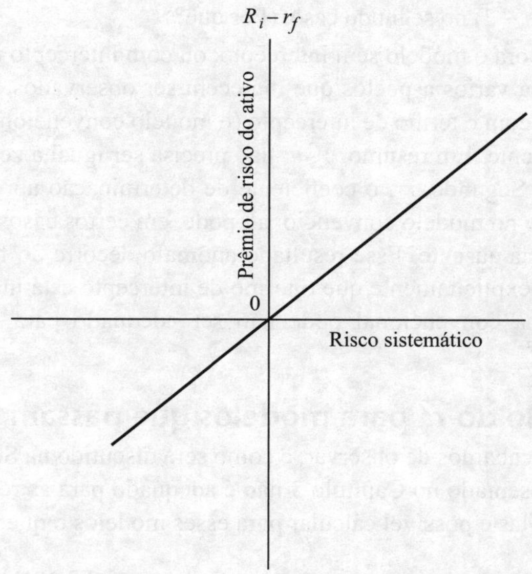

De que maneira estimamos modelos como a Equação (6.1.1) e que problemas especiais eles implicam? Para responder a essas perguntas, passemos à função de regressão amostral (FRA) da Equação (6.1.1),

$$Y_i = \hat{\beta}_2 X_i + \hat{u}_i \tag{6.1.5}$$

Aplicando o método dos MQO na Equação (6.1.5), obtemos as seguintes fórmulas para $\hat{\beta}_2$ e sua variância (na Seção 6A.1 do Apêndice 6A, encontramos as demonstrações):

$$\hat{\beta}_2 = \frac{\sum X_i Y_i}{\sum X_i^2} \tag{6.1.6}$$

$$\text{var}(\hat{\beta}_2) = \frac{\sigma^2}{\sum X_i^2} \tag{6.1.7}$$

em que σ^2 é estimado por:

$$\hat{\sigma}^2 = \frac{\sum \hat{u}_i^2}{n-1} \tag{6.1.8}$$

É interessante comparar essas fórmulas com as obtidas quando o termo de intercepto está incluso no modelo:

$$\hat{\beta}_2 = \frac{\sum x_i y_i}{\sum x_i^2} \tag{3.1.6}$$

$$\text{var}(\hat{\beta}_2) = \frac{\sigma^2}{\sum x_i^2} \tag{3.3.1}$$

$$\hat{\sigma}^2 = \frac{\sum \hat{u}_i^2}{n-2} \tag{3.3.5}$$

As diferenças entre os dois conjuntos de fórmulas são óbvias: no modelo em que o termo de intercepto está ausente, usamos somas **brutas** de quadrados e multiplicações entre variáveis, mas, no modelo em que o intercepto está presente, usamos somas ajustadas (por meio da média) de quadrados e multiplicações entre variáveis. Além disso, os graus de liberdade para o cálculo de $\hat{\sigma}^2$ são $(n-1)$ no primeiro caso e $(n-2)$ no segundo caso. (Por quê?)

Embora o modelo sem intercepto, ou com intercepto igual a zero, possa ser adequado em alguns casos, há vários aspectos que merecem ser observados. Primeiro, $\sum \hat{u}_i$, que é sempre zero para o modelo com o termo de intercepto (o modelo convencional), não precisa ser zero quando esse termo está ausente. Em resumo, $\sum \hat{u}_i$ não precisa ser igual a zero no caso das regressões que passam pela origem. Segundo, r^2, o coeficiente de determinação apresentado no Capítulo 3, que é sempre não negativo no modelo convencional, pode, em certos casos, ser *negativo* nos modelos em que o intercepto está ausente. Esse resultado anômalo decorre do fato de que o r^2 apresentado no Capítulo 3 assume explicitamente que o termo de intercepto está incluído no modelo. Portanto, o r^2 calculado de forma convencional pode não ser adequado para modelos em que a regressão passa pela origem.[3]

Cálculo do r^2 para modelos que passam pela origem

Como acabamos de observar, e como será discutido na Seção 6A.1 do Apêndice 6A, o r^2 convencional apresentado no Capítulo 3 não é adequado para as regressões que não contêm o termo de intercepto. Mas é possível calcular para esses modelos o que é conhecido como **r^2 bruto** e definido por:

$$r^2 \text{ bruto} = \frac{\left(\sum X_i Y_i\right)^2}{\sum X_i^2 \sum Y_i^2} \tag{6.1.9}$$

Nota: essa soma dos quadrados e essa multiplicação de variáveis são brutas (não foram corrigidas pela média).

Embora esse r^2 bruto atenda à relação $0 < r^2 < 1$, não pode ser comparado diretamente ao valor do r^2 convencional. Por esse motivo, alguns autores não informam o valor do r^2 no caso dos modelos de regressão em que o intercepto é zero.

Devido às características especiais desse modelo, é preciso ter muito cuidado ao usá-lo. *A menos que exista uma expectativa* a priori *muito forte,* seria aconselhável ater-se ao modelo convencional em que o intercepto está presente. Isso tem uma dupla vantagem. Primeiro, se o termo de intercepto estiver incluído no modelo, mas revelar-se estatisticamente desprezível (isto é, estatisticamente igual a zero), para todos os fins práticos, teremos uma regressão que passa pela origem.[4] Segundo, e mais importante, se de fato existir um intercepto no modelo, mas insistirmos em ajustar uma regressão que passa pela origem, estaremos cometendo um **erro de especificação**. Falaremos mais sobre isso no Capítulo 7.

EXEMPLO 6.1 A Tabela 6.1 apresenta dados relativos às taxas do excesso de retorno Y_t (%) de um índice de 104 ações do setor de bens de consumo cíclico e o excesso de retorno X_t (%) do índice do mercado de ações como um todo no Reino Unido durante o período 1980-1999, para um total de 240 observações.[5] Excesso de retorno refere-se ao excedente de retorno em relação a um ativo livre de risco (Veja o modelo CAPM).

(Continua)

[3] Para uma discução adicional veja AIGNER, Dennis, J. *Basic econometrics.* Englewood Cliffs, N. J.: Prentice Hall, 1971. p. 85-88.

[4] Henri Theil destaca que, se o intercepto estiver de fato ausente, o coeficiente angular pode ser estimado com precisão muito maior do que quando o intercepto está incluído. Veja sua *Introduction to econometrics.* Englewood Cliffs, N. J.: Prentice Hall, 1978. p. 76. Veja também o exemplo numérico a seguir.

[5] Esses dados, obtidos originalmente a partir do banco de dados DataStream, foram reproduzidos por HEI, J Christian *et al. Econometrics methods with applications in business and economics.* Oxford, Reino Unido: Oxford University Press, 2004.

TABELA 6.1

OBS	*Y*	*X*	OBS	*Y*	*X*
1980:01	6,08022852	7,263448404	1984:12	3,52786616	3,191554763
1980:02	−0,924185461	6,339895504	1985:01	4,554587707	3,907838688
1980:03	−3,286174252	−9,285216834	1985:02	5,365478677	−1,708567484
1980:04	5,211976571	0,793290771	1985:03	4,525231564	0,435218492
1980:05	−16,16421111	−2,902420985	1985:04	2,944654344	0,958067845
1980:06	−1,054703649	8,613150875	1985:05	−0,268599528	1,095477375
1980:07	11,17237699	3,982062848	1985:06	−3,661040481	−6,816108909
1980:08	−11,06327551	−1,150170907	1985:07	−4,540505062	2,785054354
1980:09	−16,77699609	3,486125868	1985:08	9,195292816	3,900209023
1980:10	−7,021834032	4,329850278	1985:09	−1,894817019	−4,203004414
1980:11	−9,71684668	0,936875279	1985:10	12,00661274	5,60179802
1980:12	5,215705717	−5,202455846	1985:11	1,233987382	1,570093976
1981:01	−6,612000956	−2,082757509	1985:12	−1,446329607	−1,084427121
1981:02	4,264498443	2,728522893	1986:01	6,023618851	0,778669473
1981:03	4,916710821	0,653397106	1986:02	10,51235756	6,470651262
1981:04	22,20495946	6,436071962	1986:03	13,40071024	8,953781192
1981:05	−11,29868524	−4,259197932	1986:04	−7,796262998	−2,387761685
1981:06	−5,770507783	0,543909707	1986:05	0,211540446	−2,873838588
1981:07	−5,217764717	−0,486845933	1986:06	6,471111064	3,440269098
1981:08	16,19620175	2,843999508	1986:07	−9,037475168	−5,891053375
1981:09	−17,16995395	−16,4572142	1986:08	−5,47838091	6,375582004
1981:10	1,105334728	4,468938171	1986:09	−6,756881852	−5,734839396
1981:11	11,6853367	5,885519658	1986:10	−2,564960223	3,63088408
1981:12	−2,301451728	−0,390698164	1986:11	2,456599468	−1,31606687
1982:01	8,643728679	2,499567896	1986:12	1,476421303	3,521601216
1982:02	−11,12907503	−4,033607075	1987:01	17,0694004	8,673412896
1982:03	1,724627956	3,042525777	1987:02	7,565726727	6,914361923
1982:04	0,157879967	0,734564665	1987:03	−3,239325817	−0,460660854
1982:05	−1,875202616	2,779732288	1987:04	3,662578335	4,295976077
1982:06	−10,62481767	−5,900116576	1987:05	7,157455113	7,719692529
1982:07	−5,761135416	3,005344385	1987:06	4,774901623	3,039887622
1982:08	5,481432596	3,954990619	1987:07	4,23770166	2,510223804
1982:09	−17,02207459	2,547127067	1987:08	−0,881352219	−3,039443563
1982:10	7,625420708	4,329008106	1987:09	11,49688416	3,787092018
1982:11	−6,575721646	0,191940594	1987:10	−35,56617624	−27,86969311
1982:12	−2,372829861	−0,92167555	1987:11	−14,59137369	−9,956367094
1983:01	17,52374936	3,394682577	1987:12	14,87271664	7,975865948
1983:02	1,354655809	0,758714353	1988:01	1,748599294	3,936938398
1983:03	16,26861049	1,862073664	1988:02	−0,606016446	−0,32797064
1983:04	−6,074547158	6,797751341	1988:03	−6,078095523	−2,161544202
1983:05	−0,826650702	−1,699253628	1988:04	3,976153828	2,721787842
1983:06	3,807881996	4,092592402	1988:05	−1,050910058	−0,514825422
1983:07	0,57570091	−2,926299262	1988:06	3,317856956	3,128796482
1983:08	3,755563441	1,773424306	1988:07	0,407100105	0,181502075
1983:09	−5,365927271	−2,800815667	1988:08	−11,87932524	−7,892363786
1983:10	−3,750302815	−1,505394995	1988:09	−8,801026046	3,347081899
1983:11	4,898751703	4,18696284	1988:10	6,784211277	3,158592144
1983:12	4,379256151	1,201416981	1988:11	−10,20578119	−4,816470363
1984:01	16,56016188	6,769320788	1988:12	−6,73805381	−0,008549997
1984:02	1,523127464	−1,686027417	1989:01	12,83903643	13,46098219
1984:03	1,0206078	5,245806105	1989:02	3,302860922	−0,764474692
1984:04	−3,899307684	1,728710264	1989:03	−0,155918301	2,298491097
1984:05	−14,32501615	−7,279075595	1989:04	3,623090767	0,762074588
1984:06	3,056627177	−0,77947067	1989:05	−1,167680873	−0,495796117
1984:07	−0,02153592	−2,439634487	1989:06	−1,221603303	1,206636013
1984:08	3,355102212	8,445977813	1989:07	5,262902744	4,637026116
1984:09	0,100006778	1,221080129	1989:08	4,845013219	2,680874116
1984:10	1,691250318	2,733386772	1989:09	−5,069564838	−5,303858035
1984:11	8,20075301	5,12753329	1989:10	−13,57963526	−7,210655599

(*Continua*)

TABELA 6.1 (*Continuação*)

OBS	*Y*	*X*	OBS	*Y*	*X*
1989:11	1,100607603	5,350185944	1994:12	−4,225370964	0,264280259
1989:12	4,925083189	4,106245855	1995:01	−6,302392617	−2,420388431
1990:01	−2,532068851	−3,629547374	1995:02	1,27867637	0,138795213
1990:02	−6,601872876	−5,205804299	1995:03	10,90890516	3,231656585
1990:03	−1,023768943	−2,183244863	1995:04	2,497849434	2,215804682
1990:04	−7,097917266	−5,408563794	1995:05	2,891526594	3,856813589
1990:05	6,376626925	10,57599169	1995:06	−3,773000069	−0,952204306
1990:06	1,861974711	−0,338612099	1995:07	8,776288715	4,020036363
1990:07	−5,591527585	−2,21316202	1995:08	2,88256097	1,423600345
1990:08	−15,31758975	−8,476177427	1995:09	2,14691333	−0,037912571
1990:09	−10,17227358	−7,45941471	1995:10	−4,590104662	−1,17655329
1990:10	−2,217396045	−0,085887763	1995:11	−1,293255187	3,760277356
1990:11	5,974205798	5,034770534	1995:12	−4,244101531	0,434626357
1990:12	−0,857289036	−1,767714908	1996:01	6,647088904	1,906345103
1991:01	−3,780184589	0,189108456	1996:02	1,635900742	0,301898961
1991:02	20,64721437	10,38741504	1996:03	7,8581899	−0,314132324
1991:03	10,94068018	2,921913827	1996:04	0,789544896	3,034331741
1991:04	−3,145639589	0,971720188	1996:05	−0,907725397	−1,497346299
1991:05	−3,142887645	−0,4317819	1996:06	−0,392246948	−0,894676854
1991:06	−1,960866141	−3,342924986	1996:07	−1,035896351	−0,532816274
1991:07	7,330964031	5,242811509	1996:08	2,556816005	3,863737088
1991:08	7,854387926	2,880654691	1996:09	3,131830038	2,118254897
1991:09	2,539177843	−1,121472224	1996:10	−0,020947358	−0,853553262
1991:10	−1,233244642	−3,969577956	1996:11	−5,312287782	1,770340939
1991:11	−11,7460404	−5,707995062	1996:12	−5,196176326	1,702551635
1991:12	1,078226286	1,502567049	1997:01	−0,753247124	3,465753348
1992:01	5,937904622	2,599565094	1997:02	−2,474343938	1,115253221
1992:02	4,113184542	0,135881087	1997:03	2,47647802	−2,057818461
1992:03	−0,655199392	−6,146138064	1997:04	−1,119104196	3,57089955
1992:04	15,28430278	10,45736831	1997:05	3,352076269	1,953480438
1992:05	3,994517585	1,415987046	1997:06	−1,910172239	2,458700404
1992:06	−11,94450998	−8,261109424	1997:07	0,142814607	2,992341297
1992:07	−2,530701327	−3,778812167	1997:08	10,50199263	−0,457968038
1992:08	−9,842366221	−5,386818488	1997:09	12,98501943	8,111278967
1992:09	18,11573724	11,19436372	1997:10	−4,134761655	−6,967124504
1992:10	0,200950206	3,999870038	1997:11	−4,148579856	−0,155924791
1992:11	1,125853097	3,620674752	1997:12	−1,752478236	3,853283433
1992:12	7,639180786	2,887222251	1998:01	−3,349121498	7,379466014
1993:01	2,919569408	1,336746091	1998:02	14,07471304	4,299097886
1993:02	−1,062404105	1,240273846	1998:03	7,791650968	3,410780517
1993:03	1,29264140 9	0,407144312	1998:04	5,154679109	−0,081494993
1993:04	0,420241384	−1,734930047	1998:05	3,293686179	−1,613131159
1993:05	−2,514080553	1,111533687	1998:06	−13,25461802	−0,397288954
1993:06	0,419362276	1,354127742	1998:07	−7,714205916	−2,237365283
1993:07	4,374024535	1,943061568	1998:08	−15,26340483	−12,4631993
1993:08	1,733528075	4,961979827	1998:09	−15,22865141	−5,170734985
1993:09	−3,659808969	−1,618729936	1998:10	15,96218038	11,70544788
1993:10	5,85690764	4,215408608	1998:11	−8,684089113	−0,380200223
1993:11	−1,365550294	1,880360165	1998:12	17,13842369	4,986705187
1993:12	−1,346979017	5,826352413	1999:01	−1,468448611	2,493727994
1994:01	12,89578758	2,973540693	1999:02	8,5036	0,937105259
1994:02	−5,346700561	−5,479858563	1999:03	10,8943073	4,280082506
1994:03	−7,614726564	−5,784547088	1999:04	13,03497394	3,960824402
1994:04	10,22042923	1,157083438	1999:05	−5,654671597	−4,499198079
1994:05	−6,928422261	−6,356199493	1999:06	8,321969316	3,656745699
1994:06	−5,065919037	−0,843583888	1999:07	0,507652273	−2,503971473
1994:07	7,483498556	5,779953224	1999:08	−5,022980561	−0,121901923
1994:08	1,828762662	3,298130184	1999:09	−2,305448839	−5,388032432
1994:09	−5,69293279	−7,110010085	1999:10	−1,876879466	4,010989716
1994:10	−2,426962489	2,968005597	1999:11	1,348824769	6,265312975
1994:11	2,125100668	−1,531245158	1999:12	−2,64164938	4,045658427

EXEMPLO 6.1
(*Continuação*)

Primeiro, ajustamos o modelo (6.1.3) aos dados. Usando o software Eviews6, obtivemos os seguintes resultados da regressão, apresentados no formato padrão do Eviews:

Variável dependente = Y
Método: mínimos quadrados
Amostra: 1980M01 1999M12
Observações incluídas: 240

	Coeficiente	Erro Padrão	*t*-estatístico	Probabilidade
X	1,155512	0,074396	15,53200	0,0000

R^2	0,500309	Var. dependente padrão	0,499826
R^2 ajustado†	0,500309	Var. dependente S.D.	7,849594
Regressão de S.E.	5,548786	Stat. Durbin-Watson*	1,972853
Soma dos resíduos²	7358,578		

*Discutiremos esta estatística no Capítulo 12.
†Veja Capítulo 7.

Como esses resultados mostram, o coeficiente angular, que é o coeficiente beta, é altamente significativo, pois seu valor p é extremamente pequeno. A interpretação aqui é que, se o excesso de retorno do mercado aumentar em um 1 ponto percentual, o excesso de retorno do índice do setor de bens de consumo aumenta em cerca de 1,15 ponto percentual. O coeficiente angular não é apenas significativo, mas também é significativamente maior que 1 (você consegue verificar isso?). Se um coeficiente Beta é maior que 1, diz-se que um ativo como esse (aqui um portfólio de 104 ações) é volátil; varia mais do que proporcionalmente ao índice do mercado de ações como um todo. Mas essa conclusão não deve surpreender, pois neste exemplo consideramos ações do setor de bens de consumo cíclico como eletrodomésticos, automóveis, produtos têxteis e equipamentos esportivos.

Se ajustarmos o modelo (6.1.4), obteremos os seguintes resultados:

Variável dependente = Y
Método: mínimos quadrados
Amostra: 1980M01 1999M12
Observações incluídas: 240

	Coeficiente	Erro Padrão	*t*-estatístico	Probabilidade
C	−0,447481	0,362943	−1,232924	0,362943
X	1,171128	0,075386	15,53500	0,0000

R^2	0,503480	Var. dependente padrão	0,499826
R^2 ajustado	0,501394	Var. dependente S.D.	7,849594
Regressão de S.E.	5,542759	Estat. Durbin-Watson	1,972853
Soma dos resíduos²	7311,877	Prob. (Estatística F)	
f-estatística	241,3363		

Com base nesses resultados, vemos que o intercepto não é estatisticamente diferente de zero, embora o coeficiente angular (o coeficiente beta) seja altamente significativo em termos estatísticos. Isso sugere que o modelo de regressão que passa pela origem ajusta-se bem aos dados. Além disso, estatisticamente, não existe diferença no valor do coeficiente angular nos dois modelos. Note que o erro padrão do coeficiente angular no modelo de regressão que passa pela origem é ligeiramente menor do que aquele no modelo em que o intercepto está presente, o que sustenta o argumento de Theil mencionado na nota de rodapé 4. Mesmo assim, o coeficiente angular é estatisticamente maior que 1, mais uma vez confirmando que os retornos das ações do setor de bens de consumo cíclico são voláteis.

A propósito, note que o valor de r^2 para o modelo de regressão que passa pela origem deve ser visto com certa reserva, pois a fórmula tradicional de r^2 não se aplica a esses modelos. No entanto, o pacote estatístico EViews apresenta rotineiramente o valor padrão de r^2, inclusive para esses modelos.

6.2 Escalas e unidades de medida

Para entender as ideias desenvolvidas nesta seção, considere os dados da Tabela 6.2, que se referem ao investimento interno privado bruto dos Estados Unidos (IIPB) e ao produto interno bruto (PIB), em bilhões e em milhões de dólares (encadeados) de 2000.

Suponha que, na regressão do IIPB contra o PIB, um pesquisador use dados em bilhões de dólares, enquanto outro expressa as mesmas variáveis em milhões de dólares. Os resultados da regressão serão iguais nos dois casos? E, se não forem, que resultados deveriam ser usados? Resumindo, as unidades em que o regressando e o(s) regressor(es) são medidos influenciam os resultados da regressão? Em caso afirmativo, qual o caminho sensato a seguir para escolher as unidades de medida na análise de regressão? Para responder a essas perguntas, procederemos sistematicamente. Seja:

$$Y_i = \hat{\beta}_1 + \hat{\beta}_2 X_i + \hat{u}_i \tag{6.2.1}$$

em que Y = IIPB e X = PIB. Definindo:

$$Y_i^* = w_1 Y_i \tag{6.2.2}$$

$$X_i^* = w_2 X_i \tag{6.2.3}$$

em que w_1 e w_2 são constantes denominadas **fatores de escala**; w_1 pode ser igual ou diferente de w_2.

As Equações (6.2.2) e (6.2.3) deixam claro que Y_i^* e X_i^* são Y_i e X_i com *outra escala.* Se Y_i e X_i forem medidos em bilhões de dólares e desejarmos expressá-los em milhões de dólares, teremos $Y_i^* = 1.000\ Y_i$ e $X_i^* = 1.000\ X_i$; em que $w_1 = w_2 = 1.000$.

Considere agora a regressão que utiliza as variáveis Y_i^* e X_i^*:

$$Y_i^* = \hat{\beta}_1^* + \hat{\beta}_2^* X_i^* + \hat{u}_i^* \tag{6.2.4}$$

em que $Y_i^* = w_1 Y_i$, $X_i^* = w_2 X_i$, e $\hat{u}_i^* = w_1 \hat{u}_i$. (Por quê?)

TABELA 6.2

Investimento interno privado bruto e PIB dos Estados Unidos, 1990–2005 (bilhões de dólares encadeados de 2000, exceto quando notificado; dados trimestrais ajustadas sazonalmente)

Fonte: *Economic Report of the President, Tabela B-2, p.328*

Ano	IIPBBL	IIPBM	PIBB	PIBM
1990	886,6	886.600,0	7.112,5	7.112.500,0
1991	829,1	829.100,0	7.100,5	7.100.500,0
1992	878,3	878.300,0	7.336,6	7.336.600,0
1993	953,5	953.500,0	7.532,7	7.532.700,0
1994	1.042,3	1.042.300,0	7.835,5	7.835.500,0
1995	1.109,6	1.109.600,0	8.031,7	8.031.700,0
1996	1.209,2	1.209.200,0	8.328,9	8.328.900,0
1997	1.320,6	1.320.600,0	8.703,5	8.703.500,0
1998	1.455,0	1.455.000,0	9.066,9	9.066.900,0
1999	1.576,3	1.576.300,0	9.470,3	9.470.300,0
2000	1.679,0	1.679.000,0	9.817,0	9.817.000,0
2001	1.629,4	1.629.400,0	9.890,7	9.890.700,0
2002	1.544,6	1.544.600,0	10.048,8	10.048.800,0
2003	1.596,9	1.596.900,0	10.301,0	10.301.000,0
2004	1.713,9	1.713.900,0	10.703,5	10.703.500,0
2005	1.842,0	1.842.000,0	11.048,6	11.048.600,0

Nota: IIPBBL = investimento interno privado bruto, em bilhões de dólares de 2000.
IIPBM = investimento interno privado bruto, em milhões de dólares de 2000.
PIBB = produto interno bruto, em bilhões de dólares de 2000.
PIBM = produto interno bruto, em milhões de dólares de 2000.

Queremos encontrar a relação entre os seguintes pares:

1. $\hat{\beta}_1$ e $\hat{\beta}_1^*$
2. $\hat{\beta}_2$ e $\hat{\beta}_2^*$
3. $\text{var}(\hat{\beta}_1)$ e $\text{var}(\hat{\beta}_1^*)$
4. $\text{var}(\hat{\beta}_2)$ e $\text{var}(\hat{\beta}_2^*)$
5. $\hat{\sigma}^2$ e $\hat{\sigma}^{*2}$
6. r_{xy}^2 e $r_{x^*y^*}^2$

Da teoria dos mínimos quadrados, sabemos (veja o Capítulo 3) que:

$$\hat{\beta}_1 = \bar{Y} - \hat{\beta}_2\bar{X} \tag{6.2.5}$$

$$\hat{\beta}_2 = \frac{\sum x_i y_i}{\sum x_i^2} \tag{6.2.6}$$

$$\text{var}(\hat{\beta}_1) = \frac{\sum X_i^2}{n\sum x_i^2} \cdot \sigma^2 \tag{6.2.7}$$

$$\text{var}(\hat{\beta}_2) = \frac{\sigma^2}{\sum x_i^2} \tag{6.2.8}$$

$$\hat{\sigma}^2 = \frac{\sum \hat{u}_i^2}{n-2} \tag{6.2.9}$$

Aplicando o método dos MQO à Equação (6.2.4), obtemos, de forma similar:

$$\hat{\beta}_1^* = \bar{Y}^* - \hat{\beta}_2^*\bar{X}^* \tag{6.2.10}$$

$$\hat{\beta}_2^* = \frac{\sum x_i^* y_i^*}{\sum x_i^{*2}} \tag{6.2.11}$$

$$\text{var}(\hat{\beta}_1^*) = \frac{\sum X_i^{*2}}{n\sum x_i^{*2}} \cdot \sigma^{*2} \tag{6.2.12}$$

$$\text{var}(\hat{\beta}_2^*) = \frac{\sigma^{*2}}{\sum x_i^{*2}} \tag{6.2.13}$$

$$\hat{\sigma}^{*2} = \frac{\sum \hat{u}_i^{*2}}{(n-2)} \tag{6.2.14}$$

Com base nesses resultados, é fácil estabelecer as relações entre os dois conjuntos de estimativas dos parâmetros. Tudo o que precisamos é recordar as seguintes definições: $Y_i^* = w_1 Y_i$ (ou $y_i^* = w_1 y_i$); $X_i^* = w_2 X_i$ (ou $x_i^* = w_2 x_i$); $\hat{u}_i^* = w_1\hat{u}_i$; $\bar{Y}^* = w_1\bar{Y}$; e $\bar{X}^* = w_2\bar{X}$. Usando essas definições, é fácil verificar que:

$$\hat{\beta}_2^* = \left(\frac{w_1}{w_2}\right)\hat{\beta}_2 \tag{6.2.15}$$

$$\hat{\beta}_1^* = w_1\hat{\beta}_1 \tag{6.2.16}$$

$$\hat{\sigma}^{*2} = w_1^2\hat{\sigma}^2 \tag{6.2.17}$$

$$\text{var}(\hat{\beta}_1^*) = w_1^2\,\text{var}(\hat{\beta}_1) \tag{6.2.18}$$

$$\text{var}(\hat{\beta}_2^*) = \left(\frac{w_1}{w_2}\right)^2 \text{var}(\hat{\beta}_2) \quad (6.2.19)$$

$$r_{xy}^2 = r_{x^*y^*}^2 \quad (6.2.20)$$

Esses resultados deixam claro que, dados os resultados da regressão baseados em uma escala de medida, é possível derivar resultados baseados em outra escala de medida uma vez que os fatores de escala, os w, sejam conhecidos. Entretanto, na prática, deve-se escolher as unidades de medida com bom senso; não faz muito sentido trabalhar com todos aqueles zeros ao expressar números em milhões ou bilhões de dólares.

Os resultados de (6.2.15) a (6.2.20) permitem deduzir com facilidade alguns casos especiais. Por exemplo, se $w_1 = w_2$, isto é, se os fatores de escala são idênticos, o coeficiente angular e seu erro padrão não são afetados quando passamos da escala (Y_i, X_i) para (Y_i^*, X_i^*), o que deveria ser óbvio. Contudo, o intercepto e seu erro padrão são ambos multiplicados por w_1. Mas, se a escala de X não é alterada ($w_2 = 1$) e a escala de Y for alterada por um fator w_1, o coeficiente angular e o do intercepto e seus respectivos erros padrão são multiplicados pelo mesmo fator w_1. Por fim, se a escala de Y permanece inalterada ($w_2 = 1$) enquanto a escala de X é alterada pelo fator w_2, o coeficiente angular e seu erro padrão são multiplicados pelo fator $(1/w_2)$, mas o coeficiente do intercepto e seu erro padrão não são afetados.

No entanto, é preciso observar que a transformação da escala (Y, X) para a (Y^*, X^*) não afeta as propriedades dos estimadores de MQO examinadas nos capítulos anteriores.

EXEMPLO 6.2

Relação entre IIPB e PIB nos Estados Unidos, 1990-2005

Para reforçarmos os resultados teóricos que acabamos de apresentar, voltemos aos dados da Tabela 6.2 e examinemos os seguintes resultados (os números entre parênteses são os erros padrão estimados).

As duas variáveis estão expressas em bilhões de dólares.

$$\begin{aligned} \widehat{\text{IIPB}}_t &= -926{,}090 + 0{,}2535\ \text{PIB}_t \\ \text{ep} &= \quad (116{,}358) \quad (0{,}0129) \qquad r^2 = 0{,}9648 \end{aligned} \quad (6.2.21)$$

As duas variáveis expressas em milhões de dólares:

$$\begin{aligned} \widehat{\text{IIPB}}_t &= -926.090 + 0{,}2535\ \text{PIB}_t \\ \text{ep} &= \quad (116.358) \quad (0{,}0129) \qquad r^2 = 0{,}9648 \end{aligned} \quad (6.2.22)$$

Note que o intercepto, assim como o erro padrão, são 1.000 vezes o valor correspondente na regressão (6.2.21) (note que $w_1 = 1.000$ quando passamos de bilhões para milhões de dólares), mas o coeficiente angular e seu erro padrão não se alteram, conforme a teoria.

IIPB em bilhões de dólares e PIB em milhões de dólares:

$$\begin{aligned} \widehat{\text{IIPB}}_t &= -926{,}090 + 0{,}0002535\ \text{PIB}_t \\ \text{ep} &= \quad (116{,}358) \quad (0{,}0000129) \qquad r^2 = 0{,}9648 \end{aligned} \quad (6.2.23)$$

Como esperado, o coeficiente angular, assim como o erro padrão, é 1/1.000 seu valor na Equação (6.2.21), já que somente a escala de X, ou PIB foi alterada.

IIPB em milhões de dólares e PIB em bilhões:

$$\begin{aligned} \widehat{\text{IIPB}}_t &= -926.090 + 253{,}524\ \text{PIB}_t \\ \text{ep} &= \quad (116.358) \quad (12{,}9465) \qquad r^2 = 0{,}9648 \end{aligned} \quad (6.2.24)$$

Observe mais uma vez que tanto o intercepto quanto o coeficiente angular e seus respectivos erros padrão são 1.000 vezes seus valores na Equação (6.2.21), de acordo com nossos resultados teóricos.

(*Continua*)

EXEMPLO 6.2 (*Continuação*) Note que em todas as regressões apresentadas, o valor de r^2 permaneceu o mesmo, o que não surpreende, porque esse valor *não varia* com alterações na unidade de medida, uma vez que é um número puro ou sem dimensão.

Uma palavra sobre a interpretação

Como o coeficiente angular β_2 é apenas a taxa de variação, ele é medido nas unidades da razão:

$$\frac{\text{Unidades da variável dependente}}{\text{Unidades da variável esplanatória}}$$

Na regressão (6.2.21), a interpretação do coeficiente angular 0,2535 dá-se da seguinte maneira: se o PIB varia em uma unidade, de um bilhão de dólares, o investimento interno privado bruto vai variar, em média, 0,2535 bilhão de dólares. Na regressão (6.2.23), uma variação de uma unidade no PIB, de um milhão de dólares, levará a uma variação média de 0,0002535 bilhão de dólares no IIPB. Obviamente, os dois resultados são idênticos quanto aos efeitos do PIB sobre o IIPB; apenas estão expressos em unidades de medida diferentes.

6.3 Regressão com variáveis padronizadas

Na seção anterior, vimos que as unidades em que regressando e regressor(es) estão expressas afetam a interpretação dos coeficientes de regressão. Isso pode ser evitado se nos dispusermos a expressar regressando e regressor como *variáveis padronizadas*. Diz-se que uma variável é padronizada se subtrairmos o valor médio da variável de seus valores individuais e dividirmos a diferença pelo desvio padrão dessa variável.

Assim, na regressão de Y contra X, se redefinirmos essas variáveis como:

$$Y_i^* = \frac{Y_i - \bar{Y}}{S_Y} \tag{6.3.1}$$

$$X_i^* = \frac{X_i - \bar{X}}{S_X} \tag{6.3.2}$$

em que $\bar{Y}$ = média amostral de Y, S_Y = desvio padrão amostral de Y, $\bar{X}$ = média amostral de X, S_X é desvio padrão amostral de X; as variáveis e Y_i^* e X_i^* são chamadas **variáveis padronizadas**.

Uma propriedade interessante das variáveis padronizadas é que sua média é sempre zero e seu desvio padrão é sempre 1. (Para uma demonstração, veja a Seção 6A.2 do Apêndice 6.)

Em consequência, não importa em que unidades expressem-se o regressando e os regressores. Portanto, em vez de calcularmos a regressão padrão (bivariada):

$$Y_i = \beta_1 + \beta_2 X_i + u_i \tag{6.3.3}$$

podemos estimar a regressão em termos de variáveis padronizadas como

$$Y_i^* = \beta_1^* + \beta_2^* X_i^* + u_i^* \tag{6.3.4}$$

$$= \beta_2^* X_i^* + u_i^* \tag{6.3.5}$$

uma vez que é fácil mostrar que, em uma regressão envolvendo regressando e regressor(es) padronizados, o termo de intercepto é sempre zero.[6] Os coeficientes de regressão das variáveis padronizadas,

[6] Lembre-se da Equação (3.1.7) que o intercepto = valor médio da variável dependente — coeficiente angular × o valor médio do regressor. Mas, para as variáveis padronizadas, os valores médios da variável dependente e do regressor são zero. Portanto, o valor do intercepto é zero.

denotados por β_1^* e β_2^*, são conhecidos na literatura específica como **coeficientes beta**.[7] Casualmente, note que (6.3.5) é uma regressão que passa pela origem.

Como interpretamos os coeficientes beta? A interpretação é a seguinte: se o regressor (padronizado) aumenta, em média, em um desvio padrão, o regressando (padronizado) aumenta em β_2^* unidades de desvio padrão. Ao contrário do modelo tradicional na Equação (6.3.3), medimos o efeito não nos termos das unidades originais em que Y e X foram expressos, mas em unidades de desvio padrão.

Para mostrarmos a diferença entre as Equações (6.3.3) e (6.3.5), voltemos ao exemplo do IIPB e do PIB examinado na seção anterior. Os resultados de (6.2.21) são repetidos aqui por conveniência.

$$\begin{aligned} \widehat{\text{IIPB}}_t &= -\ 926{,}090 \ + \ 0{,}2535\ \text{PIB}_t \\ \text{ep} &= \ (116{,}358) \quad (0{,}0129) \qquad r^2 = 0{,}9648 \end{aligned} \tag{6.3.6}$$

em que IIPB e PIB são medidos em bilhões de dólares.

Os resultados correspondentes à Equação (6.3.5) são apresentados a seguir (as variáveis marcadas por um asterisco são variáveis padronizadas):

$$\begin{aligned} \widehat{\text{IIPB}}_t^* &= \ 0{,}9822\ \text{PIB}_t^* \\ \text{ep} &= \ (0{,}0485) \end{aligned} \tag{6.3.7}$$

Sabemos como interpretar a Equação (6.3.6): se o PIB aumentar em média em um dólar, o IIPB aumentará em média cerca de 25 centavos. E a Equação (6.3.7)? Nesse caso, a interpretação é que se o PIB (padronizado) aumentar em um desvio padrão, em média, o IIPB (padronizado) aumentará em cerca de 0,98 desvio padrão.

Qual a vantagem do modelo padronizado de regressão em relação ao tradicional? A vantagem é mais evidente quando há mais de um regressor, um tópico que será abordado no Capítulo 7. Ao padronizarmos os regressores, colocamos todos em uma mesma base e, portanto, podemos compará-los diretamente. Se o coeficiente de um regressor padronizado for maior que o de outro regressor padronizado que consta do mesmo modelo, o segundo contribui mais em relação à explicação do regressando do que o primeiro. Em outras palavras, podemos usar os coeficientes beta como medida da força relativa dos vários regressores. Isso será aprofundado nos próximos dois capítulos.

Antes de deixarmos este tópico, façamos duas observações. Primeiro, no caso da regressão padronizada (6.3.7), não apresentamos o valor de r^2, porque esta é uma regressão que passa pela origem para a qual não se aplica o habitual r^2, como destacamos na Seção 6.1. Segundo, há uma relação interessante entre os coeficientes β do modelo convencional e os coeficientes beta.

Para o caso bivariado, a relação é a seguinte:

$$\hat{\beta}_2^* = \hat{\beta}_2\left(\frac{S_x}{S_y}\right) \tag{6.3.8}$$

em que S_x = desvio padrão amostral do regressor X e S_y = desvio padrão amostral do regressando.

Portanto, é possível fazer cruzamentos entre os coeficientes β e beta se conhecermos o desvio padrão (amostral) do regressor e do regressando. Veremos no próximo capítulo que essa relação também é válida no caso da regressão múltipla. Deixamos ao leitor a tarefa de verificar o que ocorre com a Equação (6.3.8) em nosso exemplo ilustrativo.

6.4 Formas funcionais dos modelos de regressão

Como mencionado no Capítulo 2, este livro trata principalmente de modelos lineares nos parâmetros; eles podem, ou não, ser lineares nas variáveis. Nas próximas seções, trataremos alguns modelos de

[7] Não confunda estes coeficientes beta com o coeficiente beta da teoria financeira.

regressão bastante usados que podem ser não lineares nas variáveis, mas o são nos parâmetros, ou que podem ser tornados lineares por meio de transformações das variáveis. Em particular, discutiremos os seguintes modelos de regressão:

1. Modelo log-linear
2. Modelos semilogarítmicos
3. Modelos recíprocos
4. Modelo recíproco logarítmico

Examinaremos os aspectos especiais de cada modelo, quando seu uso é adequado e como são estimados. Cada modelo será ilustrado por exemplos.

6.5 Como medir a elasticidade: o modelo log-linear

Considere o seguinte modelo conhecido como **modelo de regressão exponencial**:

$$Y_i = \beta_1 X_i^{\beta_2} e^{u_i} \tag{6.5.1}$$

que também pode ser expresso como:[8]

$$\ln Y_i = \ln \beta_1 + \beta_2 \ln X_i + u_i \tag{6.5.2}$$

em que ln = logaritmo natural (logaritmo com base *e*, em que $e = 2{,}718$).[9]

Se escrevermos a Equação (6.5.2) como

$$\ln Y_i = \alpha + \beta_2 \ln X_i + u_i \tag{6.5.3}$$

em que $\alpha = \ln \beta_1$, este modelo é linear nos parâmetros α e β_2, linear nos logaritmos das variáveis *Y* e *X*, e pode ser estimado mediante uma regressão de MQO. Devido a essa linearidade, tais modelos são denominados modelos **log-log**, **duplo-log** ou **log-lineares**.

Se as hipóteses do modelo clássico de regressão linear forem atendidas, os parâmetros da Equação (6.5.3) podem ser estimados pelo método dos mínimos quadrados ordinários sendo:

$$Y_i^* = \alpha + \beta_2 X_i^* + u_i \tag{6.5.4}$$

em que e $Y_i^* = \ln Y_i$ e $X_i^* = \ln X_i$. Os estimadores de MQO $\hat{\alpha}$ e $\hat{\beta}_2$ obtidos serão os melhores estimadores lineares não viesados de α e β_2, respectivamente.

FIGURA 6.3
Modelo de elasticidade constante.

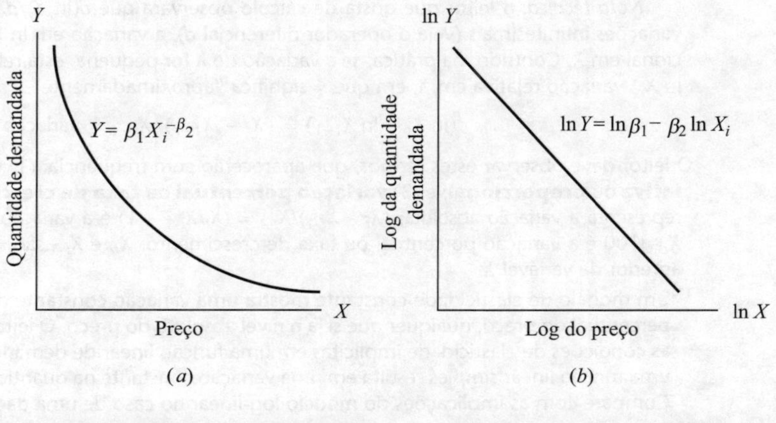

[8] Observe estas propriedades dos logaritmos: (1) $\ln(AB) = \ln A + \ln B$; (2) $\ln(A/B) = \ln A - \ln B$; e (3) $\ln(A^k) = k \ln A$, supondo que *A* e *B* sejam positivos e *k* uma constante.

[9] Na prática, podemos usar logaritmos comuns, isto é, logaritmos de base 10. A relação entre logaritmo natural e logaritmo comum é: $\ln_e X = 2{,}3026 \log_{10} X$. Por convenção, ln significa logaritmo natural e log, logaritmo de base 10; não há necessidade de explicitar os subscritos *e* e 10.

Um aspecto atraente do modelo log-log, que o tornou muito difundido nos trabalhos aplicados, é que o coeficiente angular β_2 mede a **elasticidade** de Y em relação a X, isto é, a variação percentual de Y correspondente a uma dada variação percentual (pequena) em X.[10] Se Y representa a quantidade demandada de um bem e X seu preço unitário, β_2 mede a elasticidade preço da demanda, um parâmetro de considerável interesse econômico. Se a relação entre quantidade demandada e preço for como a da Figura 6.3*a*, a transformação log-log da Figura 6.3*b* mostrará a elasticidade preço estimada ($-\beta_2$).

Podemos observar dois aspectos especiais do modelo log-linear: ele pressupõe que o coeficiente da elasticidade entre Y e X, β_2, permaneça constante (por quê?), daí o nome alternativo **modelo de elasticidade constante**.[11] Em outras palavras, como mostra a Figura 6.3*b*, a variação em $\ln Y$ por unidade de variação em $\ln X$ (isto é, a elasticidade, β_2) permanece a mesma com qualquer $\ln X$ utilizado para medir a elasticidade. Outro aspecto desse modelo é que, embora $\hat{\alpha}$ e $\hat{\beta}_2$ sejam estimativas não viesadas de α e β_1, β_2 (o parâmetro que entra no modelo original), ao ser estimado como $\hat{\beta}_1$ = antilog ($\hat{\alpha}$), é um estimador viesado. Contudo, na maioria dos problemas práticos, o termo de intercepto é de importância secundária e não é necessário preocupar-se em obter sua estimativa não viesada.[12]

No modelo de duas variáveis, o modo mais simples de decidir se o modelo log-linear ajusta-se aos dados é traçar o diagrama de dispersão de $\ln Y_i$ contra $\ln X_i$ e ver se os pontos aproximam-se de uma reta, como na Figura 6.3*b*.

Atenção: o leitor deve saber a diferença entre variação percentual e variação de pontos percentuais. Por exemplo, a taxa de desemprego normalmente é expressa na forma percentual, por exemplo, de 6%. Se essa taxa for para 8% dizemos que a variação em pontos percentuais na taxa de desemprego é 2, enquanto a variação percentual na taxa de desemprego será de (8 – 6)/6, ou cerca de 33%. Cuidado ao lidar com variações percentuais e de pontos percentuais, pois são dois conceitos muito diferentes.

EXEMPLO 6.3
Despesas com bens duráveis em relação às despesas totais de consumo pessoal

A Tabela 6.3 apresenta dados relativos às despesas totais de consumo pessoal (DESPTCP), despesas com bens duráveis (DESPDUR), com bens não duráveis (DESPNAODUR) e despesas com serviços (DESPSERV), todas medidas em bilhões de dólares de 2000.[13]

(Continua)

---

[10] O coeficiente de elasticidade, em notação de cálculo, é definido como $(dY/Y)/(dX/X) = [(dY/dX)(X/Y)]$. Os leitores familiarizados com o cálculo diferencial verão prontamente que β_2 é, de fato, o coeficiente de elasticidade.

Nota técnica: o leitor que gosta de cálculo observará que $d(\ln X)/dX = 1/X$ ou $d(\ln X) = dX/X$, isto é, para variações infinitesimais (veja o operador diferencial d), a variação em $\ln X$ é igual à variação relativa ou proporcional em X. Contudo, na prática, se a variação de X for pequena, esta relação poderá ser escrita como: variação $\ln X \doteq$ variação relativa em X, em que $\doteq$ significa "aproximadamente". Para pequenas variações:

$$(\ln X_t - \ln X_{t-1}) \doteq (X_t - X_{t-1})/X_{t-1} = \text{variação relativa em } X$$

O leitor deve observar estes termos, que aparecerão com frequência: (1) **variação absoluta**; (2) **variação relativa** ou **proporcional**; e (3) **variação percentual** ou **taxa de crescimento percentual**. Assim, $(X_t - X_{t-1})$ representa a variação absoluta; $(X_t - X_{t-1})/X_{t-1} = (X_t/X_{t-1} - 1)$ é a variação relativa ou proporcional; e $[(X_t - X_{t-1})/X_{t-1}]100$ é a variação porcentual ou taxa de crescimento. X_t, e X_{t-1} são, respectivamente, os valores corrente e anterior da variável X.

[11] Um modelo de elasticidade constante mostra uma variação constante da receita total para uma dada variação percentual do preço, qualquer que seja o nível absoluto do preço. O leitor deveria comparar este resultado com as condições de elasticidade implícitas em uma função linear de demanda simples, $Y_i = \beta_1 + \beta_2 X_i + u_i$. Contudo, uma função linear simples resulta em uma variação constante na quantidade por unidade de variação no preço. Compare com as implicações do modelo log-linear no caso de uma dada variação no preço.

[12] Em relação à natureza do viés e o que pode ser feito a respeito dele, veja GOLDBERGER, Arthur S. *Topics in regression analysis.* Nova York: Macmillan, 1978. p. 120.

[13] Os bens duráveis incluem veículos motorizados e suas peças, móveis e eletrodomésticos; os bens não duráveis incluem alimentação, vestuário, combustível automotivo, óleo combustível e carvão; e os serviços incluem gastos com moradia, luz e gás, transporte e saúde.

EXEMPLO 6.3
(Continuação)

Suponha que queiramos encontrar a elasticidade das despesas com bens duráveis em relação às despesas totais de consumo pessoal. Representando graficamente o ln das despesas com bens duráveis contra o ln das despesas totais de consumo, você verá que a relação entre as duas variáveis é linear. Portanto, o modelo log-log pode ser apropriado. Os resultados da regressão são os seguintes:

$$\widehat{\ln \text{DESPDUR}}_t = -7{,}5417 + 1{,}6266 \ln \text{DESPTCP}_t$$
$$\text{ep} = (0{,}7161) \quad (0{,}0800) \tag{6.5.5}$$
$$t = (-10{,}5309)^* \quad (20{,}3152)^* \quad r^2 = 0{,}9695$$

em que * indica que o valor *p* é extremamente pequeno.

TABELA 6.3
Despesa pessoal total e categorias (em bilhões de dólares encadeados de 2000)

Fonte: *Economic Report of the President,* 1999, Quadro B-17, p. 34

Ano-Trimestre	DESPSERV	DESPDUR	DESPNAODUR	DESPTCP
2003-I	4.143,3	971,4	2.072,5	7.184,9
2003-II	4.161,3	1.009,8	2.084,2	7.249,3
2003-III	4.190,7	1.049,6	2.123,0	7.352,9
2003-IV	4.220,2	1.051,4	2.132,5	7.394,3
2004-I	4.268,2	1.067,0	2.155,3	7.479,8
2004-II	4.308,4	1.071,4	2.164,3	7.534,4
2004-III	4.341,5	1.093,9	2.184,0	7.607,1
2004-IV	4.377,4	1.110,3	2.213,1	7.687,1
2005-I	4.395,3	1.116,8	2.241,5	7.739,4
2005-II	4.420,0	1.150,8	2.268,4	7.819,8
2005-III	4.454,5	1.175,9	2.287,6	7.895,3
2005-IV	4.476,7	1.137,9	2.309,6	7.910,2
2006-I	4.494,5	1.190,5	2.342,8	8.003,8
2006-II	4.535,4	1.190,3	2.351,1	8.055,0
2006-III	4.566,6	1.208,8	2.360,1	8.111,2

Nota: DESPSERV = despesas com serviços.
DESPDUR = despesas com bens duráveis.
DESPNAODUR = despesas com bens não duráveis.
DESPTCP = despesas totais de consumo pessoal.

Como esses resultados sugerem, a elasticidade de DESPDUR em relação à DESPTCP é de cerca de 1,63, sugerindo que quando as despesas totais aumentam em 1% as despesas com bens duráveis aumentam em cerca de 1,63%, em média. As despesas com bens duráveis são muito sensíveis a variações nas despesas totais de consumo pessoal. Essa é uma das razões pelas quais os produtores de bens duráveis acompanham atentamente as variações na renda e nas despesas de consumo pessoal. No Exercício 6.18 pede-se que o leitor faça um estudo semelhante para as despesas com bens não duráveis e com serviços.

6.6 Modelos semilogarítmicos: log-lin e lin-log

Como medir a taxa de crescimento: o modelo log-lin

Economistas, homens de negócios e governos frequentemente estão interessados em conhecer a taxa de crescimento de algumas variáveis econômicas como a população, o PNB, a oferta de moeda, o emprego, a produtividade e o déficit comercial.

Suponha que queiramos conhecer a taxa de crescimento das despesas pessoais com serviços para os dados fornecidos na Tabela 6.3. Denotemos por Y_t as despesas reais com serviços no período t e por Y_0 o valor inicial dessas despesas (o valor ao fim do quarto trimestre de 2002). Recordando a conhecida fórmula dos juros compostos, temos:

$$Y_t = Y_0(1 + r)^t \tag{6.6.1}$$

em que r é a taxa de crescimento composta ou geométrica (ao longo do tempo) de Y. Usando o logaritmo natural da Equação (6.6.1), podemos escrever:

$$\ln Y_t = \ln Y_0 + t \ln(1 + r) \tag{6.6.2}$$

Agora, considerando

$$\beta_1 = \ln Y_0 \tag{6.6.3}$$

$$\beta_2 = \ln(1 + r) \tag{6.6.4}$$

podemos escrever a Equação (6.6.2) como:

$$\ln Y_t = \beta_1 + \beta_2 t \tag{6.6.5}$$

Incluindo o termo de erro na Equação (6.6.5), obtemos:[14]

$$\ln Y_t = \beta_1 + \beta_2 t + u_t \tag{6.6.6}$$

Esse modelo é semelhante a qualquer outro de regressão linear no sentido de os parâmetros β_1 e β_2 serem lineares. A única diferença é que o regressando é o logaritmo de Y e o regressor é o "tempo", que assumirá os valores l, 2, 3 etc.

Modelos como a Equação (6.6.6) são chamados de **modelos semilogarítmicos**, porque apenas uma das variáveis (neste caso, o regressando) está em forma logarítmica. Para fins de descrição, um modelo em que o regressando aparece em forma logarítmica é chamado de **modelo log-lin**. Mais adiante, veremos um modelo em que o regressando é linear, mas o(s) regressor(es) é (são) logarítmico(s), e é conhecido como **modelo lin-log**.

Antes de apresentarmos os resultados da regressão, examinemos as propriedades do modelo (6.6.5). Neste, *o coeficiente angular mede a variação proporcional ou relativa constante em Y para uma dada variação absoluta no valor do regressor* (neste caso, a variável t), isto é,[15]

$$\beta_2 = \frac{\text{variação relativa no regressando}}{\text{variação absoluta no regressor}} \tag{6.6.7}$$

Se multiplicarmos a variação relativa de Y por 100, a Equação (6.6.7) nos dará a variação percentual ou a *taxa de crescimento* de Y para uma variação absoluta em X, o regressor. Isto é, 100 multiplicado por β_2 nos dá a taxa de crescimento de Y; 100 multiplicado por β_2 é conhecido na literatura específica como a **semielasticidade** de Y em relação a X. (Pergunta: para obter a elasticidade, o que devemos fazer?)[16]

EXEMPLO 6.4

A taxa de crescimento das despesas com serviços

Para ilustrar o modelo de crescimento (6.6.6), considere os dados relativos a despesas com serviços da Tabela 6.3. Os resultados da regressão são os seguintes:

$$\begin{aligned} \widehat{\ln \text{DESPSERV}}_t &= 8{,}3226 \quad + \quad 0{,}00705t \\ \text{ep} &= (0{,}0016) \quad (0{,}00018) \qquad r^2 = 0{,}9919 \\ t &= (5201{,}625)^* \quad (39{,}1667)^* \end{aligned} \tag{6.6.8}$$

Nota: DESPSERV representa os gastos com serviços e * indica que o valor p é extremamente pequeno.

(Continua)

[14] Acrescentamos o termo de erro, porque a fórmula dos juros compostos não funciona com precisão. Na Seção 6.8 explicaremos por que se acrescenta o termo de erro após a transformação logarítmica.

[15] Usando cálculo diferencial, podemos demonstrar que $\beta_2 = d(\ln Y)/dX = (1/Y)(dY/dX) = (dY/Y)/dX$, que não é outra coisa senão a Eq+uação (6.6.7). Para pequenas variações em Y e X, esta relação pode ser aproximada por:

$$\frac{(Y_t - Y_{t-1})/Y_{t-1}}{(X_t - X_{t-1})}$$

Nota: aqui, $X = t$.

[16] Veja no Apêndice 6A.4 diversas fórmulas de crescimento.

EXEMPLO 6.4
(*Continuação*)

A interpretação da Equação (6.6.8), em um período que vai do 1° trimestre de 2003 ao 3° trimestre de 2006, implica que as despesas com serviços aumentaram a uma taxa (trimestral) de 0,705%, aproximadamente igual a uma taxa de crescimento anual de 2,82%. Como 8,3226 = log de DESPSERV no início do período estudado, ao tomarmos seu antilogaritmo, obtemos 4.115,96 (bilhões de $) como o valor inicial de DESPSERV (o valor ao fim do quarto trimestre de 2003). A linha de regressão da Equação (6.6.8) está esboçada na Figura 6.4.

FIGURA 6.4

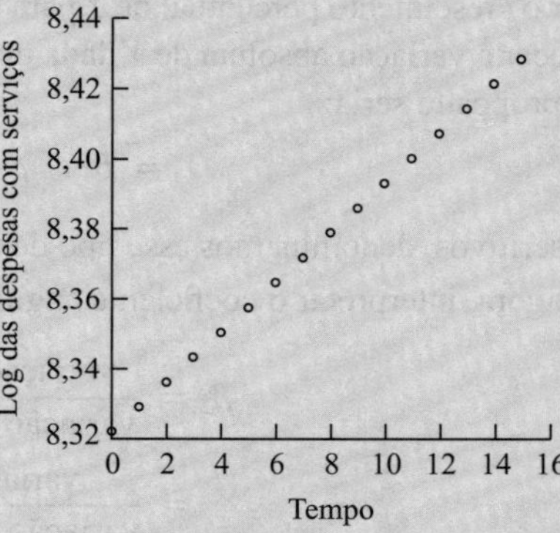

Taxas de crescimento instantâneas versus taxas compostas

O coeficiente da variável de tendência do modelo de crescimento (6.6.6), β_2, dá a taxa de crescimento **instantânea** (em um ponto do tempo), não a **composta** (ao longo de um período de tempo). Mas esta última pode ser obtida com facilidade a partir da Equação (6.6.4) tomando-se o antilogaritmo do β_2 estimado, subtraindo-o de um e multiplicando a diferença por 100. Em nosso exemplo, o coeficiente angular estimado é 0,00705. Portanto, [antilog (0,00705) − 1] = 0,00708 ou 0,708%. Logo, neste exemplo, a *taxa de crescimento composta* das despesas com serviços foi de cerca de 0,708% por trimestre, que é ligeiramente mais alta do que a de crescimento instantânea de 0,705%. A diferença obviamente se deve ao efeito da composição.

Modelo de tendência linear

Em vez de estimarem o modelo (6.6.6), os pesquisadores às vezes estimam o seguinte modelo:

$$Y_t = \beta_1 + \beta_2 t + u_t \tag{6.6.9}$$

Ou seja, em vez de fazerem a regressão do log de Y contra o tempo, fazem a regressão de Y contra o tempo, em que Y é o regressando em questão. Esse modelo é conhecido como **modelo de tendência linear**, e a variável de tempo t é conhecida como *variável de tendência.* Se o coeficiente angular na Equação (6.6.9) for positivo, Y apresentará uma **tendência crescente**; se for negativo, Y terá **tendência decrescente**.

No caso das despesas com serviços que vimos anteriormente, o resultado do ajustamento do modelo de tendência linear (6.6.9) é o seguinte:

$$\begin{aligned} \widehat{\text{DESPSERV}}_t &= 4111{,}545 \quad + \quad 30{,}674t \\ t &= (655{,}5628) \quad (44{,}4671) \qquad r^2 = 0{,}9935 \end{aligned} \tag{6.6.10}$$

Em contraste com a Equação (6.6.8), a interpretação da Equação (6.6.10) é a seguinte: entre o primeiro trimestre de 2003 e o terceiro trimestre de 2006, as despesas com serviços aumentaram em média à taxa absoluta (*atenção:* não taxa relativa) de cerca de $30 bilhões por trimestre. As despesas com serviços registraram uma tendência crescente.

A escolha entre um modelo de taxa de crescimento (6.6.8) e modelo de tendência linear (6.6.10) dependerá de estarmos interessados na variação relativa ou absoluta das despesas com serviços, embora, para fins de comparação, em geral, é a variação relativa que apresenta maior relevância. Note que *não podemos comparar os valores de r^2 dos modelos (6.6.8) e (6.6.10), porque os regressandos dos dois modelos são diferentes.* Mostraremos no Capítulo 7 como comparar os r^2 de modelos como (6.6.8) e (6.6.10).

O modelo lin-log

Diferentemente do modelo de crescimento que acabamos de discutir, no qual estávamos interessados em conhecer o crescimento percentual de Y para uma variação absoluta de X, suponha agora que queiramos conhecer a variação absoluta de Y dada uma variação percentual de X. Um modelo que poderia atingir esse propósito seria:

$$Y_i = \beta_1 + \beta_2 \ln X_i + u_i \tag{6.6.11}$$

Para fins descritivos, denominamos esse tipo de **modelo lin-log**.

Vamos, agora, interpretar o coeficiente angular β_2[17]. Como sempre,

$$\begin{aligned}\beta_2 &= \frac{\text{variação de } Y}{\text{variação de } \ln X}\\ &= \frac{\text{variação de } Y}{\text{variação relativa de } X}\end{aligned}$$

A segunda expressão segue-se do fato de que *uma variação no logaritmo de um número é uma variação relativa.*

Simbolicamente, temos:

$$\beta_2 = \frac{\Delta Y}{\Delta X/X} \tag{6.6.12}$$

em que, como de costume, Δ denota uma pequena variação. A Equação (6.6.12) pode ser escrita de modo equivalente como:

$$\Delta Y = \beta_2(\Delta X/X) \tag{6.6.13}$$

Essa equação indica que a variação absoluta de $Y (= \Delta Y)$ é igual ao coeficiente angular multiplicado pela variação relativa em X. Se esta última for multiplicada por 100, a Equação (6.6.13) fornecerá a variação absoluta de Y para uma variação percentual de X. Se $(\Delta X/X)$ variar em 0,01 unidade (ou 1%), a variação absoluta de Y será de $0{,}01(\beta_2)$; se, em uma aplicação, obtermos $\beta_2 = 500$, a variação absoluta de Y será de (0,01) (500) = 5,0. Portanto, quando estimar a regressão (6.6.11) por meio dos MQO, não se esqueça de multiplicar o coeficiente angular estimado por 0,01, ou de dividi-lo por 100. *Se você não tiver isso em mente, a interpretação dos resultados de uma aplicação será tremendamente equivocada.*

A questão é: quando um modelo lin-log, como a Equação (6.6.11), é útil? Uma aplicação interessante são os chamados modelos de **despesas de Engel**, assim denominados em homenagem ao estatístico alemão Ernst Engel (1821-1896). (Veja o Exercício 6.10.) Engel postulou que "o total das despesas com alimentação tende a aumentar em progressão aritmética enquanto as despesas totais aumentam em progressão geométrica".[18]

---

[17] Novamente, usando o cálculo diferencial, temos:

$$\frac{dY}{dX} = \beta_2\left(\frac{1}{X}\right)$$

portanto,

$$\beta_2 = \frac{dY}{\frac{dX}{X}} = (6.6.12)$$

[18] Veja MUKHERJEE, Chandan; WHITE, Howard; WUYTS, Marc. *Econometrics and data analisys for developing countries.* Londres: Routledge, 1998. p. 158. Esta citação é atribuída a WORKING, H. "Statistical laws of family expenditure." *Journal of lhe American Slatistical Associalion,* 1943. v. 38, p. 43-56.

EXEMPLO 6.5

Para ilustrar o modelo lin-log, voltemos às despesas com alimentação na Índia, o Exemplo 3.2. Lá ajustamos um modelo linear nas variáveis como primeira aproximação. Mas, se representarmos os dados graficamente, obteremos o diagrama de dispersão da Figura 6.5. Como a figura sugere, as despesas com alimentação aumentam mais lentamente do que as despesas totais, o que parece confirmar a lei de Engel. Os resultados do ajustamento de um modelo lin-log a estes dados são os seguintes:

$$\begin{aligned} \widehat{\text{DespAlimentação}}_i &= -\ 1283{,}912 \quad + 257{,}2700 \ \ln \text{DespTot}_i \\ t &= \quad (-4{,}3848)^* \qquad (5{,}6625)^* \qquad r^2 = 0{,}3769 \end{aligned} \tag{6.6.14}$$

Nota: * denota um *valor p* extremamente pequeno.

FIGURA 6.5

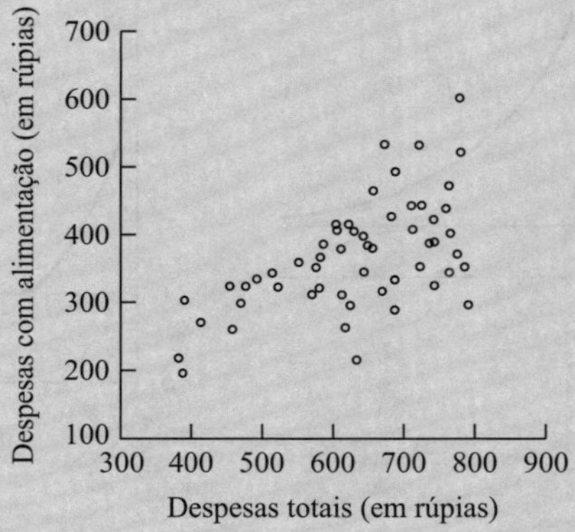

Interpretado como anteriormente, o coeficiente angular de cerca de 257 significa que um aumento de 1%, em média, nas despesas totais leva a um aumento de cerca de 2,57 rupias nas despesas com alimentos das 55 famílias incluídas na amostra. (*Nota*: dividimos o coeficiente estimado por 100.)

Antes de prosseguir, note que, se você quiser calcular o coeficiente de elasticidade dos modelos log-lin ou lin-log, deve fazê-lo com base no coeficiente de elasticidade apresentado anteriormente, ou seja,

$$\text{Elasticidade} = \frac{dY}{dX}\frac{X}{Y}$$

Evidentemente, uma vez conhecida a forma funcional de um modelo, podemos calcular as elasticidades aplicando a definição anterior. (Mais adiante, a Tabela 6.6 resumirá os coeficientes de elasticidade dos vários modelos.)

Deve-se ressaltar que, às vezes, a transformação logarítmica é usada para reduzir a heterocedasticidade assim como a assimetria (*skewness*). (Veja o Capítulo 11.) Uma característica comum de muitas variáveis econômicas é que elas são assimétricas positivas (por exemplo, a distribuição de tamanho das empresas ou a distribuição da renda ou da riqueza) e heterocedásticas. Uma transformação logarítmica de tais variáveis reduz tanto a assimetria quanto a heterocedasticidade. É por esse motivo que economistas do trabalho usam logaritmos dos salários na regressão dos salários, por exemplo, contra escolaridade, medida em anos de estudo.

6.7 Modelos recíprocos

Os modelos do tipo a seguir são conhecidos como **recíprocos**:

$$Y_i = \beta_1 + \beta_2\left(\frac{1}{X_i}\right) + u_i \tag{6.7.1}$$

Embora este modelo seja não linear na variável X, porque entra de modo inverso ou recíproco, o modelo é linear em β_1 e β_2 e, portanto, é um modelo de regressão linear.[19]

Este modelo apresenta os seguintes aspectos: quando X aumenta indefinidamente, o termo $\beta_2(1/X)$ tende a zero (*nota:* β_2 é uma constante) e Y aproxima-se do valor-limite ou *assintótico* β_1.

Portanto, modelos como (6.7.1) trazem embutido um valor **assíntota** ou limite que a variável dependente assumirá quando o valor da variável X aumentar indefinidamente.[20]

A Figura 6.6 apresenta algumas das formas prováveis da curva correspondente à Equação (6.7.1).

FIGURA 6.6
O modelo recíproco:
$Y = \beta_1 + \beta_2\left(\frac{1}{X}\right)$.

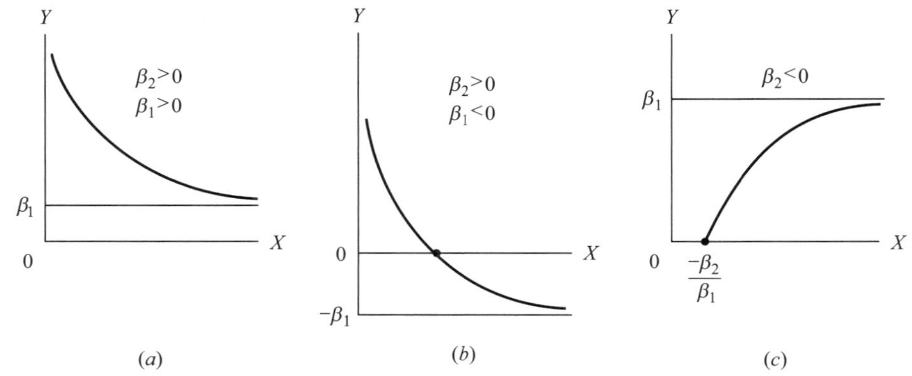

EXEMPLO 6.6 Para ilustrar a Figura 6.6*a*, considere os dados da Tabela 6.4. São dados de corte transversal relativos à mortalidade infantil e algumas outras variáveis em 64 países. Por enquanto, vamos examinar as variáveis mortalidade infantil (MI) e PNB *per capita,* que estão representadas graficamente na Figura 6.7.

Como se vê, essa figura assemelha-se à Figura 6.6*a*: à medida que o PNB *per capita* aumenta, seria de esperar uma redução da mortalidade infantil, porque as pessoas podem ter maiores gastos com saúde, mantendo tudo o mais constante. Mas essa relação não é uma linha reta: quando o PNB *per capita* aumenta, inicialmente há uma redução substancial da mortalidade infantil, mas a queda ameniza-se com o aumento contínuo do PNB *per capita.*

FIGURA 6.7
Relação entre mortalidade infantil e PNB *per capita* em 64 países.

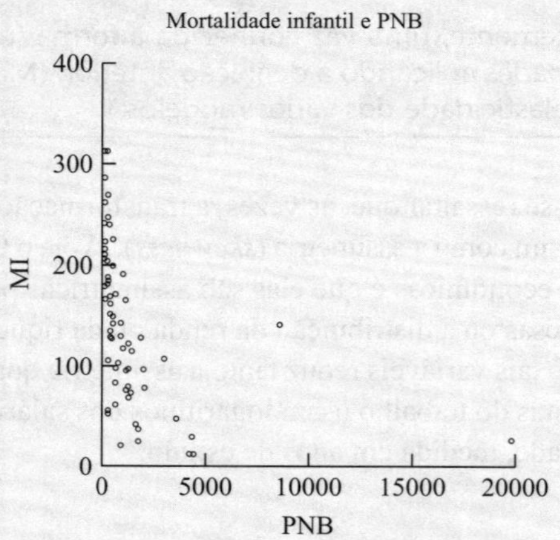

(Continua)

[19] Se considerarmos $X_i^* = (1/x_i)$, então a Equação (6.7.1) é linear nos parâmetros, bem como as variáveis Y_i e X_i^*.

[20] O coeficiente angular de (6.7.1) é: $dY/dX = -\beta_2(1/X^2)$, implicando que, se β_2 for positivo, o coeficiente angular é sempre negativo; e se β_2 for negativo, o coeficiente angular será sempre positivo. Veja as Figuras 6.6*a* e 6.6*c*, respectivamente.

EXEMPLO 6.6
(*Continuação*)

TABELA 6.4
Fecundidade e outras informações para 64 países

Observação	MI	TAF	PNBpc	TFT	Observação	MI	TAF	PNBpc	TFT
1	128	37	1870	6,66	33	142	50	8640	7,17
2	204	22	130	6,15	34	104	62	350	6,60
3	202	16	310	7,00	35	287	31	230	7,00
4	197	65	570	6,25	36	41	66	1620	3,91
5	96	76	2050	3,81	37	312	11	190	6,70
6	209	26	200	6,44	38	77	88	2090	4,20
7	170	45	670	6,19	39	142	22	900	5,43
8	240	29	300	5,89	40	262	22	230	6,50
9	241	11	120	5,89	41	215	12	140	6,25
10	55	55	290	2,36	42	246	9	330	7,10
11	75	87	1180	3,93	43	191	31	1010	7,10
12	129	55	900	5,99	44	182	19	300	7,00
13	24	93	1730	3,50	45	37	88	1730	3,46
14	165	31	1150	7,41	46	103	35	780	5,66
15	94	77	1160	4,21	47	67	85	1300	4,82
16	96	80	1270	5,00	48	143	78	930	5,00
17	148	30	580	5,27	49	83	85	690	4,74
18	98	69	660	5,21	50	223	33	200	8,49
19	161	43	420	6,50	51	240	19	450	6,50
20	118	47	1080	6,12	52	312	21	280	6,50
21	269	17	290	6,19	53	12	79	4430	1,69
22	189	35	270	5,05	54	52	83	270	3,25
23	126	58	560	6,16	55	79	43	1340	7,17
24	12	81	4240	1,80	56	61	88	670	3,52
25	167	29	240	4,75	57	168	28	410	6,09
26	135	65	430	4,10	58	28	95	4370	2,86
27	107	87	3020	6,66	59	121	41	1310	4,88
28	72	63	1420	7,28	60	115	62	1470	3,89
29	128	49	420	8,12	61	186	45	300	6,90
30	27	63	19830	5,23	62	47	85	3630	4,10
31	152	84	420	5,79	63	178	45	220	6,09
32	224	23	530	6,50	64	142	67	560	7,20

Nota: MI = mortalidade infantil: número anual de óbitos de crianças menores de 5 anos por 1.000 nascidos vivos.
TAF = taxa de alfabetização feminina (em %).
PNBpc = PNB *per capita* em 1980.
TFT = taxa de fecundidade total, 1980-1985: número médio de filhos por mulher, com base em taxas de fecundidade segundo a idade, em determinado ano.

Fonte: MUKHERJEE, Chandan; WHITE, Howard; WHYTE, Mark. *Econometrics and data analysis for developing countries.* Londres: Routledge, 1998. p. 456.

Se ajustarmos o modelo recíproco (6.7.1), obteremos os seguintes resultados da regressão:

$$\begin{aligned} \widehat{MI}_i &= 81{,}79436 + 27.237{,}17\left(\frac{1}{PNB_i}\right) \\ ep &= (10{,}8321) \qquad (3759{,}999) \\ t &= (7{,}5511) \qquad (7{,}2535) \qquad r^2 = 0{,}4590 \end{aligned} \tag{6.7.2}$$

Na medida em que o PNB *per capita* aumenta indefinidamente, a mortalidade infantil aproxima-se de seu valor assintótico de cerca de 82 óbitos por mil. Como explicado na nota de rodapé 20, o valor positivo do coeficiente de $(1/PNB_t)$ implica que a taxa de variação de mortalidade infantil em relação ao PNB *per capita* seja negativa.

(*Continua*)

EXEMPLO 6.6
(Continuação)

FIGURA 6.8
Curva de Phillips.

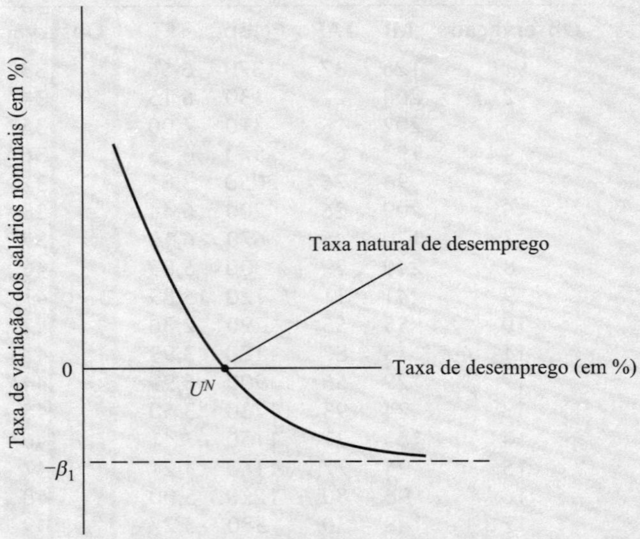

Uma das aplicações importantes da Figura 6.6*b* é a famosa curva de Phillips da macroeconomia. Com os dados de variação percentual dos salários nominais (*Y*) e a taxa de desemprego (*X*) do Reino Unido no período de 1861 a 1957, Phillips obteve uma curva cuja forma geral se assemelha à da Figura 6.6*b* (Figura 6.8). [21]

Como a Figura 6.8 mostra, há uma assimetria na reação das variações salariais ao nível da taxa de desemprego: os salários aumentam mais rapidamente por unidade de variação no desemprego se esta taxa situa-se abaixo de U^N, que é denominada pelos economistas como *taxa natural de desemprego* (definida como a taxa de desemprego necessária para a manutenção da inflação [dos salários] constante), e depois caem para uma variação equivalente quando a taxa de desemprego está acima de sua taxa natural U^N, indicando o piso assintótico, ou $-\beta_1$, para a variação dos salários. Esse aspecto específico da curva de Phillips pode ser decorrente de fatores institucionais, como o poder de barganha dos sindicatos, o salário mínimo, o auxílio desemprego etc.

Desde a publicação do artigo de Phillips, muito foi pesquisado sobre o assunto, tanto em termos teóricos quanto práticos. O espaço não nos permite aprofundar nos detalhes da controvérsia que cerca a curva de Phillips e a própria curva já passou por várias *encarnações*. Uma formulação relativamente recente é oferecida por Olivier Blanchard.[22] Seja π_t a taxa de inflação no período *t*, que é definida como a variação percentual do nível de preços medida por um índice representativo como o índice de Preços ao Consumidor (IPC), e UN_t a taxa de desemprego no período *t*. Então, a versão moderna da curva de Phillips pode ser expressa da seguinte forma:

$$\pi_t - \pi_t^e = \beta_2(UN_t - U^N) + u_t \tag{6.7.3}$$

em que π_t = taxa de inflação vigente no período *t*

π_t^e = taxa de inflação esperada para o período *t*, com expectativa formada no ano $(t-1)$

(Continua)

[21] PHILLIPS, A. W. "The relationship between unemployment and the rate of change of money wages in the United Kingdom, 1861-1957." *Economica*, nov. 1958. v. 15. p. 283-299. Note que a curva original não corta o eixo da taxa de desemprego, mas a Figura 6.8 apresenta uma versão posterior da curva.

[22] Veja BLANCHARD, Olivier. *Macroeconomics*. Englewood Cliffs, N. J.: Prentice Hall, 1997. cap. 17. (Traduzido para o português pela editora Campus sob o título *Macroeconomia*.)

EXEMPLO 6.6
(*Continuação*)

UN_t = taxa de desemprego vigente no período t

U^N = taxa natural de desemprego

u_t = termo de erro estocástico[23]

Como π_t^e não pode ser observado diretamente, podemos, como ponto de partida, fazer a hipótese simplificadora de que $\pi_t^e = \pi_{t-1}$, isto é, a inflação esperada para este ano é a taxa de inflação vigente no ano anterior; obviamente, é possível postular hipóteses mais complexas para a formação de expectativas e discutiremos este tópico no Capítulo 17, sobre modelos com defasagens distribuídas.

Substituindo essa hipótese na Equação (6.7.3) e escrevendo o modelo de regressão no formato padrão, obtemos a seguinte equação de estimativa:

$$\pi_t - \pi_{t-1} = \beta_1 + \beta_2 \text{UN}_t + u_t \qquad \textbf{(6.7.4)}$$

em que $\beta_1 = -\beta_2 U^N$. A Equação (6.7.4) indica que a variação da taxa de inflação entre dois períodos relaciona-se linearmente com a taxa de desemprego corrente. *A priori,* espera-se que β_2 seja negativo (por quê?) e β_1, positivo (não surpreende, pois β_2 é negativo e U^N, positivo).

A relação de Phillips da Equação (6.7.3) é conhecida na literatura específica como **curva de Phillips modificada** ou **curva de Phillips com expectativas** (para indicar que π_{t-1} representa a inflação esperada) ou a **curva aceleracionista de Phillips** (para sugerir que uma taxa de desemprego baixa provoca um aumento da taxa de inflação e, em consequência, uma *aceleração* na variação do nível de preços).

EXEMPLO 6.7

Para ilustrar a curva de Phillips modificada, apresentamos na Tabela 6.5 dados relativos à inflação medida pela variação anual do índice de preços ao consumidor (IPC) e a taxa de desemprego durante o período 1960-2006. A taxa de desemprego refere-se ao desemprego civil. Com base nesses dados, obtivemos a variação da taxa de inflação ($\pi_t - \pi_{t-1}$), a qual representamos graficamente contra a taxa de desemprego civil; usamos o IPC dos Estados Unidos como medida da inflação. A Figura 6.9 mostra o gráfico.

Como esperado, a relação entre a variação da taxa de inflação e a taxa de desemprego é negativa — uma taxa de desemprego baixa leva a um aumento na taxa de inflação e, portanto, a uma aceleração no nível de preços, daí o nome de curva aceleracionista de Phillips.

Observando a Figura 6.9, não fica óbvio se um modelo de regressão linear (linha reta) ou um modelo recíproco seria mais adequado aos dados; pode haver uma relação curvilínea entre as duas variáveis. A seguir apresentamos os resultados de regressões baseadas em ambos os modelos. Tenha em mente que, no modelo recíproco, espera-se um intercepto negativo e um coeficiente angular positivo, como observamos na nota de rodapé 20.

Modelo linear:

$$\widehat{(\pi_t - \pi_{t-1})} = 3{,}7844 - 0{,}6385\ \text{UN}_t$$
$$t = (4{,}1912) \quad (-4{,}2756) \qquad r^2 = 0{,}2935 \qquad \textbf{(6.7.5)}$$

Modelo recíproco:

$$\widehat{(\pi_t - \pi_{t-1})} = -\ 3{,}0684 + 17{,}2077\left(\frac{1}{\text{UN}_t}\right)$$
$$t = (-3{,}1635) \quad (3{,}2886) \qquad r^2 = 0{,}1973 \qquad \textbf{(6.7.6)}$$

Todos os coeficientes estimados nos dois modelos são, *individualmente*, estatisticamente significativos, pois todos os valores p são inferiores ao nível de 0,005.

(*Continua*)

[23] Os economistas consideram que este termo de erro representa algum tipo de choque de oferta, como os embargos do petróleo da OPEP de 1973 e 1979.

EXEMPLO 6.7
(*Continuação*)

TABELA 6.5
Taxa de inflação e taxa de desemprego nos Estados Unidos, 1960–2006 (para todos os consumidores urbanos; 1982–1984 = 100, exceto quando notificado)

Fonte: *Economic Report of the President*, 2007, Quadro B-60, p. 399, para o IPC; e Quadro B-42, p. 376, para a taxa de desemprego

Ano	TAXINFL	TAXDES	Ano	TAXINFL	TAXDES
1960	1,718	5,5	1984	4,317	7,5
1961	1,014	6,7	1985	3,561	7,2
1962	1,003	5,5	1986	1,859	7,0
1963	1,325	5,7	1987	3,650	6,2
1964	1,307	5,2	1988	4,137	5,5
1965	1,613	4,5	1989	4,818	5,3
1966	2,857	3,8	1990	5,403	5,6
1967	3,086	3,8	1991	4,208	6,8
1968	4,192	3,6	1992	3,010	7,5
1969	5,460	3,5	1993	2,994	6,9
1970	5,722	4,9	1994	2,561	6,1
1971	4,381	5,9	1995	2,834	5,6
1972	3,210	5,6	1996	2,953	5,4
1973	6,220	4,9	1997	2,294	4,9
1974	11,036	5,6	1998	1,558	4,5
1975	9,128	8,5	1999	2,209	4,2
1976	5,762	7,7	2000	3,361	4,0
1977	6,503	7,1	2001	2,846	4,7
1978	7,591	6,1	2002	1,581	5,8
1979	11,350	5,8	2003	2,279	6,0
1980	13,499	7,1	2004	2,663	5,5
1981	10,316	7,6	2005	3,388	5,1
1982	6,161	9,7	2006	3,226	4,6
1983	3,212	9,6			

Nota: a taxa de inflação é a variação anual do IPC. A taxa de desemprego refere-se aos trabalhadores civis.

FIGURA 6.9
Curva de Phillips modificada.

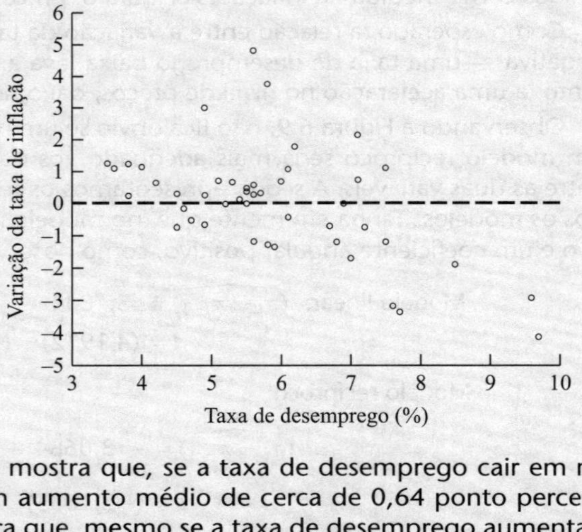

O modelo (6.7.5) mostra que, se a taxa de desemprego cair em média 1%, a taxa de inflação registrará um aumento médio de cerca de 0,64 ponto percentual e vice-versa. O modelo (6.7.6) mostra que, mesmo se a taxa de desemprego aumentar indefinidamente, a inflação cairá no máximo em torno de 3,07 pontos percentuais. É interessante observarmos que por meio da Equação (6.7.5) podemos calcular a taxa natural de desemprego subjacente como:

$$U^N = \frac{\hat{\beta}_1}{-\hat{\beta}_2} = \frac{3{,}7844}{0{,}6385} = 5{,}9270 \quad \textbf{(6.7.7)}$$

A taxa natural de desemprego é de cerca de 5,93%. Os economistas situam a taxa natural entre 5% e 6%, embora recentemente a taxa de desemprego vigente nos Estados Unidos tenha sido bem inferior.

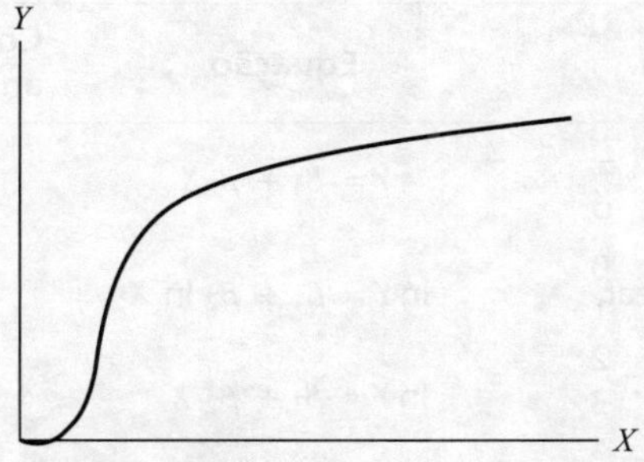

FIGURA 6.10
O modelo logarítmico recíproco.

Modelo da hipérbole logarítmica ou modelo recíproco logarítmico

Concluiremos nossa discussão sobre os modelos recíprocos considerando o modelo recíproco logarítmico, que assume a seguinte forma:

$$\ln Y_i = \beta_1 - \beta_2 \left(\frac{1}{X_i}\right) + u_i \tag{6.7.8}$$

Sua forma é apresentada na Figura 6.10. Como a figura mostra, inicialmente Y aumenta a uma taxa crescente (a curva é inicialmente convexa) e então aumenta a uma taxa decrescente (torna-se côncava).[24] Portanto, esse modelo pode ser adequado a uma função de produção de curto prazo. Lembre-se da microeconomia que, se trabalho e capital são os insumos em uma função de produção e se o capital for mantido constante enquanto se aumenta a quantidade de trabalho, a relação produto-trabalho será semelhante à Figura 6.10. (Veja o Exemplo 7.3 do Capítulo 7.)

6.8 A escolha da forma funcional

Neste capítulo discutimos as várias formas funcionais que um modelo prático pode assumir, mesmo dentro dos limites dos modelos de regressão linear nos parâmetros. A escolha de uma forma funcional específica é comparativamente simples no caso de duas variáveis, porque podemos representá-las graficamente e ter uma ideia aproximada do modelo adequado. A escolha torna-se muito mais complexa quando consideramos modelos de regressão múltipla envolvendo mais de um regressor, como veremos ao tratar desse assunto nos próximos dois capítulos.

Não há como negar que é necessário bastante conhecimento e experiência para escolher o modelo adequado às estimativas empíricas. Mas é possível oferecer algumas orientações:

1. A teoria subjacente (por exemplo, a curva de Phillips) pode sugerir uma forma funcional em particular.
2. Uma boa prática é descobrir a taxa de variação (o coeficiente angular) do regressando em relação ao regressor, bem como calcular a elasticidade do regressando em relação ao regressor. Na Tabela 6.6 a seguir, fornecemos as fórmulas dos coeficientes angulares e de elasticidade para os vários modelos apresentados neste capítulo. O conhecimento dessas fórmulas nos ajudará a comparar os vários modelos.

---

[24] Recorrendo ao cálculo, podemos demonstrar que:

$$\frac{d}{dX}(\ln Y) = -\beta_2\left(-\frac{1}{X^2}\right) = \beta_2\left(\frac{1}{X^2}\right)$$

Mas

$$\frac{d}{dX}(\ln Y) = \frac{1}{Y}\frac{dY}{dX}$$

Fazendo essa substituição, obtemos:

$$\frac{dY}{dX} = \beta_2 \frac{Y}{X^2}$$

que é o coeficiente angular de Y em relação a X.

TABELA 6.6

Modelo	Equação	Coeficiente angular $\left(= \frac{dY}{dX}\right)$	Elasticidade $\left(= \frac{dY}{dX}\frac{X}{Y}\right)$
Linear	$Y = \beta_1 + \beta_2 X$	β_2	$\beta_2\left(\frac{X}{Y}\right)^*$
Log–linear	$\ln Y = \beta_1 + \beta_2 \ln X$	$\beta_2\left(\frac{Y}{X}\right)$	β_2
Log–lin	$\ln Y = \beta_1 + \beta_2 X$	$\beta_2\,(Y)$	$\beta_2\,(X)^*$
Lin–log	$Y = \beta_1 + \beta_2 \ln X$	$\beta_2\left(\frac{1}{X}\right)$	$\beta_2\left(\frac{1}{Y}\right)^*$
Recíproco	$Y = \beta_1 + \beta_2\left(\frac{1}{X}\right)$	$-\beta_2\left(\frac{1}{X^2}\right)$	$-\beta_2\left(\frac{1}{XY}\right)^*$
Log recíproco	$\ln Y = \beta_1 - \beta_2\left(\frac{1}{X}\right)$	$\beta_2\left(\frac{Y}{X^2}\right)$	$\beta_2\left(\frac{1}{X}\right)^*$

Nota: o * indica que a elasticidade varia dependendo do valor assumido por X ou Y ou por ambos. Quando não se especificam os valores de X e de Y, na prática, muitas vezes essas elasticidades são medidas pelos valores médios das variáveis, a saber, $\bar{X}$ e $\bar{Y}$.

3. Os coeficientes do modelo escolhido devem satisfazer certas expectativas *a priori*. Se estivermos considerando a demanda por automóveis como função do preço e outras variáveis, deveríamos esperar um coeficiente negativo para a variável preço.
4. Às vezes, mais de um modelo pode ajustar-se muito bem a determinado conjunto de dados. No caso da curva de Phillips modificada, ajustamos os modelos linear e recíproco aos mesmos dados. Nos dois casos, os coeficientes estavam de acordo com expectativas prévias e eram estatisticamente significativos. Uma das principais diferenças era que o valor de r^2 do modelo linear era maior que o do recíproco. Pode-se, portanto, dar preferência ao primeiro. *Mas ao comparar os dois valores de r^2 esteja certo de que a variável dependente, ou regressando, dos dois modelos é a mesma; o(s) regressor(es) pode(m) assumir qualquer forma.* No próximo capítulo, explicaremos a razão disso.
5. Em geral, *não se deve dar excessiva importância ao r^2*, no sentido de que, quanto mais elevado o r^2, melhor o modelo. Como veremos no próximo capítulo, r^2 aumenta à medida que acrescentamos mais regressores ao modelo. Muito importante é a base teórica do modelo escolhido, os sinais dos coeficientes estimados e sua significância estatística. Se um modelo for bom segundo esses critérios, um r^2 menor pode ser aceitável. Voltaremos a este tópico relevante em mais detalhe no Capítulo 13.
6. Em algumas situações, pode não ser fácil estabelecer uma forma funcional em particular, caso em que podemos usar as chamadas transformações Box-Cox. Como é um tópico bastante técnico, discutiremos o procedimento Box-Cox no Apêndice 6A.5.

*6.9 Um comentário sobre a natureza do termo de erro estocástico: termo aditivo *versus* termo multiplicativo

Considere o seguinte modelo de regressão, que é igual à Equação (6.5.1), exceto pela ausência do termo de erro:

$$Y_i = \beta_1 X_i^{\beta_2} \tag{6.9.1}$$

*Opcional

Para fins de estimação, podemos expressá-lo de três maneiras diferentes:

$$Y_i = \beta_1 X_i^{\beta_2} u_i \tag{6.9.2}$$

$$Y_i = \beta_1 X_i^{\beta_2} e^{u_i} \tag{6.9.3}$$

$$Y_i = \beta_1 X_i^{\beta_2} + u_i \tag{6.9.4}$$

Aplicando logaritmos nos dois lados dessas equações, obtemos

$$\ln Y_i = \alpha + \beta_2 \ln X_i + \ln u_i \tag{6.9.2a}$$

$$\ln Y_i = \alpha + \beta_2 \ln X_i + u_i \tag{6.9.3a}$$

$$\ln Y_i = \ln\left(\beta_1 X_i^{\beta_2} + u_i\right) \tag{6.9.4a}$$

em que $\alpha = \ln \beta_1$.

Modelos como a Equação (6.9.2) são *modelos de regressão intrinsecamente linear* (*nos parâmetros*) no sentido de que, com a transformação logarítmica adequada, podem ser transformados em modelos lineares nos parâmetros α e β_2 (*Nota:* esses modelos são não lineares em β_1.) Mas o modelo (6.9.4) é *intrinsecamente não linear nos parâmetros*. Não há um modo simples de aplicar os logaritmos da Equação (6.9.4), porque $\ln(A + B) \neq \ln A + \ln B$.

Embora as Equações (6.9.2) e (6.9.3) sejam modelos de regressão linear e possam ser estimados por mínimos quadrados ordinários (MQO) ou máxima verossimilhança (MV), devemos ter cuidado com as propriedades do termo de erro estocástico que entra nesses modelos. Lembre-se de que a propriedade de melhor estimador linear não viesado do método de MQO exige que o valor da média de u_i tenha média zero, variância constante e autocorrelação nula. Para o teste de hipóteses supomos ainda que u_i siga a distribuição normal com os valores da média e da variância que acabamos de mencionar. Em resumo, supomos que $u_i \sim N(0, \sigma^2)$.

Considere agora o modelo (6.9.2). Sua contrapartida estatística é dada em (6.9.2*a*). Para usar o modelo clássico de regressão linear normal (MCRLN), precisamos supor que:

$$\ln u_i \sim N(0, \sigma^2) \tag{6.9.5}$$

Quando calculamos a regressão (6.9.2*a*), temos de aplicar os testes de normalidade discutidos no Capítulo 5 aos resíduos da regressão. Note que, se $\ln u_i$ segue a distribuição normal com média zero e variância constante, a teoria estatística mostra que u_i na Equação (6.9.2) deve seguir a **distribuição log-normal**, com média $e^{\sigma^2/2}$ e variância $e^{\sigma^2}(e^{\sigma^2} - 1)$.

Como a análise anterior mostra, é preciso estar muito atento ao termo de erro ao transformar um modelo para fins de análise de regressão. Quanto à Equação (6.9.4), trata-se de um modelo de regressão *não linear nos parâmetros* e deverá ser resolvido por alguma rotina computacional iterativa. O modelo (6.9.3) não deve apresentar problemas de estimação.

Em resumo, preste muita atenção ao termo de erro quando transformar um modelo para a análise de regressão. Caso contrário, uma aplicação às cegas de MQO ao modelo transformado não resultará em um modelo com as propriedades estatísticas desejáveis.

Resumo e conclusões

Este capítulo apresentou vários detalhes do modelo clássico de regressão linear.

1. Às vezes, um modelo de regressão não contém um termo de intercepto explícito. Estes são chamados de **modelos de regressão que passa pela origem**. Embora a álgebra de sua estimação seja simples, tais modelos devem ser usados com cautela. A soma de seus resíduos $\sum \hat{u}_i$ é diferente de zero, além disso, o r^2 calculado da maneira convencional pode não fazer muito sentido. A menos que exista uma forte razão teórica, é preferível introduzir o termo de intercepto explicitamente no modelo.

2. As unidades e a escala em que expressamos o regressando e o(s) regressor(es) são muito importantes, porque a interpretação dos coeficientes de regressão depende fundamentalmente deles. Na prática, o pesquisador deve não só citar as fontes dos dados, mas também mostrar explicitamente como as variáveis são medidas.
3. A forma funcional da relação entre regressando e regressor(es) é igualmente importante. Algumas formas funcionais relevantes discutidas neste capítulo são: (*a*) o modelo log-linear ou de elasticidade constante; (*b*) os modelos de regressão semilogarítmicos; e (*c*) os recíprocos.
4. No modelo log-linear tanto o regressando quanto o(s) regressor(es) são expressos em forma logarítmica. O coeficiente de regressão correspondente ao logaritmo de um regressor é interpretado como a elasticidade do regressando em relação ao regressor.
5. No modelo semilogarítmico, ou o regressando ou o(s) regressor(es) está(ão) em forma logarítmica. No modelo semilogarítmico em que o regressando é logarítmico e o regressor X é o tempo, o coeficiente angular estimado (multiplicado por 100) mede a taxa de crescimento (instantâneo) do regressando. Esses modelos são usados com frequência para medir a taxa de crescimento dos fenômenos econômicos. No modelo semilogarítmico em que o regressor é logarítmico, seu coeficiente mede a taxa de variação absoluta do regressando para uma dada variação percentual no valor do regressor.
6. Nos modelos recíprocos, ou o regressando ou o regressor é expresso em forma recíproca, ou inversa, para capturar as relações não lineares entre variáveis econômicas, como no caso da famosa curva de Phillips.
7. Ao escolher as várias formas funcionais, deve-se dar grande atenção ao termo de erro estocástico u_i. Como observado no Capítulo 5, o modelo clássico de regressão linear assume explicitamente que o termo de erro apresenta média igual a zero, variância constante (homocedástica) e não é correlacionado ao(s) regressor(es). É sob essas hipóteses que os estimadores de mínimos quadrados ordinários são o melhor estimador linear não viesado. Além disso, no modelo clássico de regressão linear normal, os estimadores de MQO também estão normalmente distribuídos. É preciso verificar se essas hipóteses sustentam-se na forma funcional escolhida para a análise empírica. Depois de estimar a regressão, o pesquisador precisa aplicar testes de diagnóstico, como o teste de normalidade discutido no Capítulo 5. Esse ponto é de máxima importância, pois os testes de hipótese clássicos, como o t, o F e χ^2, baseiam-se na hipótese de normalidade do termo de erro. Isso é especialmente crítico se o tamanho da amostra for pequeno.
8. Embora a discussão até o momento tenha limitado-se aos modelos de regressão com duas variáveis, os próximos capítulos mostrarão que, em muitos casos, a extensão para modelos de regressão múltipla envolve apenas mais álgebra sem necessariamente incluir mais conceitos fundamentais. É por isso que é tão importante que o leitor domine o modelo de regressão de duas variáveis.

EXERCÍCIOS

6.1. Considere o seguinte modelo de regressão:

$$y_i = \beta_1 + \beta_2 x_i + u_i$$

em que $y_i = (Y_i - \bar{Y})$ e $x_i = (X_i - \bar{X})$. Neste caso, a linha de regressão deve passar pela origem. Verdadeiro ou falso? Mostre seus cálculos.

6.2. Os seguintes resultados de uma regressão tomaram como base dados mensais do período janeiro de 1978 a dezembro de 1987:

$$\begin{aligned} \hat{Y}_t &= \quad 0{,}00681 \qquad + \; 0{,}75815X_t \\ \text{ep} &= (0{,}02596) \qquad (0{,}27009) \\ t &= (0{,}26229) \qquad (2{,}80700) \\ \text{valor } p &= (0{,}7984) \qquad (0{,}0186) \qquad r^2 = 0{,}4406 \end{aligned}$$

$$
\begin{aligned}
\hat{Y}_t &= 0{,}76214X_t \\
\text{ep} &= (0{,}265799) \\
t &= (2{,}95408) \\
\text{valor } p &= (0{,}0131) \qquad\qquad r^2 = 0{,}43684
\end{aligned}
$$

em que Y = taxa mensal de retorno das ações ordinárias da Texaco, em %, e X = taxa mensal de retorno do mercado, em %.*

a. Qual a diferença entre os dois modelos de regressão?

b. Dados os resultados obtidos, você manteria o termo de intercepto no primeiro modelo? Justifique sua resposta.

c. Como interpretar os coeficientes angulares dos dois modelos?

d. Qual a teoria que embasa os dois modelos?

e. Você pode comparar os r^2 dos dois modelos? Justifique.

f. A estatística Jarque-Bera de normalidade para o primeiro destes modelos é igual a 1,1167 e para o segundo modelo, 1,1170. Que conclusões você pode tirar dessas estatísticas?

g. O valor t do coeficiente angular do modelo com intercepto zero é de cerca de 2,95, enquanto o do modelo com intercepto presente é de 2,81. Há alguma lógica por trás desse resultado?

6.3. Considere o seguinte modelo de regressão:

$$\frac{1}{Y_i} = \beta_1 + \beta_2\left(\frac{1}{X_i}\right) + u_i$$

Nota: nem Y nem X assumem valor zero.

a. É um modelo de regressão linear?

b. Como você estimaria este modelo?

c. O que ocorre com Y quando X tende ao infinito?

d. Você pode dar um exemplo em que este tipo de modelo seria adequado?

6.4. Considere o seguinte modelo log-linear:

$$\ln Y_i = \beta_1 + \beta_2 \ln X_i + u_i$$

Represente graficamente as curvas que mostram a relação entre Y (no eixo vertical) e X (no eixo horizontal) quando $\beta_2 = 1$, $\beta_2 > 1$ e $\beta_2 < 1$.

6.5. Considere os modelos:

$$\text{Modelo I:} \quad Y_i = \beta_1 + \beta_2 X_i + u_i$$

$$\text{Modelo II:} \quad Y_i^* = \alpha_1 + \alpha_2 X_i^* + u_i$$

em que Y^* e X^* são variáveis padronizadas. Mostre que $\hat{\alpha}_2 = \hat{\beta}_2\,(S_x/S_y)$ e, portanto, *estabeleça que, embora os coeficientes angulares da regressão sejam independentes da mudança da origem, não são independentes da mudança de escala.*

6.6. Considere os seguintes modelos:

$$\ln Y_i^* = \alpha_1 + \alpha_2 \ln X_i^* + u_i^*$$

$$\ln Y_i = \beta_1 + \beta_2 \ln X_i + u_i$$

em que $Y_i^* = w_1 Y_i$ e $X_i^* = w_2 X_i$, sendo os w constantes.

a. Estabeleça as relações entre os dois conjuntos de coeficientes de regressão e seus erros padrão.

b. Há diferença entre os r^2 dos dois modelos?

* Os dados básicos foram extraídos do disquete de dados que acompanha BERNDT, Ernst R. *The pratice of econometrics:* classic and contemporary. Reading, Mass.: Addison-Wesley, 1991.

6.7. Entre as regressões (6.6.8) e (6.6.10), qual dos modelos você prefere? Por quê?

6.8. Para a regressão (6.6.8), teste a hipótese de que o coeficiente angular não difere significativamente de 0,005.

6.9. Com base na curva de Phillips da Equação (6.7.3), é possível estimar a taxa natural de desemprego? Como?

6.10. A curva de despesas de Engel relaciona as despesas de um consumidor com um bem a sua renda total. Sendo Y = despesas de consumo com um bem e X = renda do consumidor, considere os seguintes modelos:

$$
\begin{aligned}
Y_i &= \beta_1 + \beta_2 X_i + u_i \\
Y_i &= \beta_1 + \beta_2 (1/X_i) + u_i \\
\ln Y_i &= \ln \beta_1 + \beta_2 \ln X_i + u_i \\
\ln Y_i &= \ln \beta_1 + \beta_2 (1/X_i) + u_i \\
Y_i &= \beta_1 + \beta_2 \ln X_i + u_i
\end{aligned}
$$

Qual desse(s) modelo(s) você escolheria para representar a curva de despesas de Engel e por quê? (*Dica:* interprete os vários coeficientes angulares, descubra as expressões da elasticidade das despesas em relação à renda etc.)

6.11. Considere o seguinte modelo:

$$Y_i = \frac{e^{\beta_1 + \beta_2 X_i}}{1 + e^{\beta_1 + \beta_2 X_i}}$$

Trata-se de um modelo de regressão linear? Em caso negativo, que "truque" você pode usar para transformá-lo em um modelo de regressão linear? Como você interpretaria o modelo resultante? Sob que circunstâncias seria adequado usá-lo?

6.12. Represente graficamente os seguintes modelos (para facilitar, omitimos o subscrito i da variável):

a. $Y = \beta_1 X^{\beta_2}$, para $\beta_2 > 1, \beta_2 = 1, 0 < \beta_2 < 1, \ldots$

b. $Y = \beta_1 e^{\beta_2 X}$, para $\beta_2 > 0$ e $\beta_2 < 0$.

Explique em que casos seria adequado o uso desses modelos.

6.13. Considere a seguinte regressão:*

$$
\begin{aligned}
\text{ISP}_i &= -\ 17{,}8 + 33{,}2\ \text{Gini}_i \\
\text{ep} &= \quad (4{,}9) \quad (11{,}8) \qquad r^2 = 0{,}16
\end{aligned}
$$

Em que ISP = índice de instabilidade sociopolítica, média para o período 1960-1985 e Gini = coeficiente Gini para 1975 ou o ano mais próximo dentro do período 1970-1980. A amostra consiste em 40 países.

O coeficiente Gini é uma medida de desigualdade de renda e situa-se entre 0 e 1. Quanto mais próximo de 0, maior a igualdade de renda e, quanto mais próximo de 1, maior a desigualdade de renda.

a. Como você interpreta esta regressão?

b. Suponha que o coeficiente Gini aumente de 0,25 para 0,55. Em quanto o ISP aumentará?

c. O coeficiente angular é estatisticamente significativo no nível de 5%? Demonstre os cálculos necessários.

d. Com base na regressão anterior, é possível argumentar que os países com maior desigualdade de renda são politicamente instáveis?

* Veja WEIL, David N. *Economic growth*. Boston: Addison Wesley, 2005. p. 392.

Exercícios aplicados

6.14. Com base na Tabela 6.7* ajuste o seguinte modelo aos dados e obtenha as estatísticas de regressão habituais. Interprete os resultados.

$$\frac{100}{100 - Y_i} = \beta_1 + \beta_2\left(\frac{1}{X_i}\right)$$

TABELA 6.7

Y_i	86	79	76	69	65	62	52	51	51	48
X_i	3	7	12	17	25	35	45	55	70	120

6.15. Para estudarem a relação entre taxa de investimento (despesas com investimento como uma proporção do PIB) e a taxa de poupança (poupança como uma proporção do PIB), Martin Feldstein e Charles Horioka obtiveram dados para uma amostra de 21 países (veja a Tabela 6.8). A taxa de investimento para cada país é a taxa média para o período 1960-1974 e a taxa de poupança é a taxa média de poupança para o mesmo período. A taxa de investimento é representada pela variável Taxainv e a taxa de poupança pela variável Taxapoup.†

a. Represente graficamente a relação entre taxa de investimento e taxa de poupança.

b. Com base neste gráfico, você acha que os modelos a seguir se ajustam-se igualmente bem aos dados?

$$\text{Taxainv}_i = \beta_1 + \beta_2\,\text{Taxapoup}_i + u_i$$

$$\ln \text{Taxainv}_i = \alpha_1 + \alpha_2 \ln \text{Taxapoup}_i + u_i$$

TABELA 6.8

	TAXAINV	TAXAPOUP
Austrália	0,250	0,270
Áustria	0,285	0,282
Bélgica	0,235	0,224
Canadá	0,219	0,231
Dinamarca	0,202	0,224
Finlândia	0,288	0,305
França	0,254	0,260
Alemanha	0,271	0,264
Grécia	0,219	0,248
Irlanda	0,190	0,218
Itália	0,235	0,224
Japão	0,372	0,368
Luxemburgo	0,313	0,277
Holanda	0,273	0,266
Nova Zelândia	0,232	0,249
Noruega	0,278	0,299
Espanha	0,235	0,241
Suécia	0,241	0,242
Suíça	0,297	0,297
Reino Unido	0,184	0,192
Estados Unidos	0,186	0,186

Nota: TAXAINV = investimento como uma proporção do PIB.

TAXAPOUP = poupança como uma proporção do PIB.

* Adaptado de JOHNSTON, J. *Econometric methods.* 3. ed. Nova YorK: McGraw-Hill, 1984. p. 87. Na verdade, estes dados foram extraídos de uma prova de econometria da Universidade de Oxford, de 1975.

† FELDSTEIN, Martin; HORIOKA, Charles. "Domestic saving and international capital flows. *Economic Journal.* Jun. 1980. v. 20, p. 314-329. Dados reproduzidos de MURRAY, Michael P. *Econometrics:* a modern introduction. Boston: Addison Wesley, 2006.

c. Calcule ambos os modelos e obtenha as estatísticas habituais.

d. Como você interpretaria o coeficiente angular no modelo linear? E no modelo log-linear? Existe alguma diferença nas interpretações?

e. Como você interpretaria os interceptos dos dois modelos? Existe alguma diferença nas interpretações?

f. Há alguma diferença entre os coeficientes r^2? Por que ou por que não?

g. Suponha que você queira calcular a elasticidade da taxa de investimento em relação à taxa de poupança. De que maneira você obtém a elasticidade para o modelo linear? E para o modelo log-linear ? Note que a elasticidade é definida como a variação porcentual na taxa de investimento para uma variação percentual na taxa de poupança.

h. Dados os resultados dos dois modelos de regressão, qual deles você prefere? Por quê?

6.16. A Tabela 6.9* apresenta as definições de variáveis para diversos tipos de despesas, despesas totais, renda, idade do chefe da família e número de filhos para uma amostra de 1.519 famílias extraídas do British Family Expenditures Surveys (Censo das Despesas Familiares na Inglaterra) no período 1980-1982.

Os dados amostrais estão disponíveis no site deste livro. Eles incluem apenas famílias com um ou mais filhos que residem na Grande Londres. A amostra não inclui famílias cujo chefe é autônomo ou aposentado.

a. Usando os dados sobre despesas com alimentação em relação a despesas totais, determine qual dos modelos resumidos na Tabela 6.6 é adequado aos dados.

b. Com base nos resultados da regressão obtidos em (*a*) qual modelo parece mais apropriado à situação presente.

Nota: guarde os dados para uma análise futura no próximo capítulo sobre regressão múltipla.

6.17. Consulte a Tabela 6.3. Verifique qual é a taxa de crescimento das despesas com bens duráveis. Qual a *semielasticidade* estimada? Interprete os resultados. Faria sentido estimar uma regressão log-log tendo como regressando a despesa com bens duráveis e o tempo como regressor? Como você interpretaria o coeficiente angular neste caso?

6.18. Com os dados da Tabela 6.3 calcule a taxa de crescimento das despesas com bens não duráveis e compare esses resultados com os obtidos no Exercício 6.17.

TABELA 6.9

Lista de variáveis:

waliment = parcela do orçamento para despesas com alimentação
wcombust = parcela do orçamento para despesas com combustível
wvest = parcela do orçamento para despesas com vestuário
walc = parcela do orçamento para despesas com álcool
wtrans = parcela do orçamento para despesas com transporte
desptot = despesa total do domicílio (arredondada para a dezena mais próxima de libras esterlinas)
renda = renda líquida total do domicílio (arredondada para a dezena mais próxima de libras esterlinas)
idade = idade do chefe da família
nf = número de filhos

A parcela no orçamento de um bem, por exemplo, alimentação é definica como:

$$waliment = \frac{\text{despesas com alimentação}}{\text{despesas totais}}$$

* Os dados são de BLUNDELL, Richard; PENDAKUR, Krishna. "Semiparametric estimation and consumer demand." *Journal of Applied Econometrics,* 1998. v 13, n. 5, p. 435-462. Dados reproduzidos de HILL, R. Carter; GRIFFITHS, William E.; JUDGE, George G. *Undergraduate econometrics*. 2. ed. Nova York: John Wiley & Sons, 2001.

6.19. A Tabela 6.10 fornece dados sobre despesas totais de consumo (em milhões de libras) e despesas com publicidade (em milhões de libras) para 29 categorias de produtos* no Reino Unido.

a. Considerando as várias formas funcionais que abordamos no capítulo, qual delas ajusta-se ao dados fornecidos na Tabela 6.10?

b. Estime os parâmetros do modelo de regressão escolhido e interprete seus resultados.

c. Tomando a razão das despesas com publicidade em relação às despesas totais de consumo, o que você observa? Há alguma categoria de produto para a qual esta razão é excepcionalmente alta? Existe algo de especial sobre essas categorias de produtos que possa explicar a despesa relativamente alta com publicidade?

6.20. Consulte o Exemplo 3.3 no Capítulo 3 para responder o seguinte:

a. Represente graficamente a demanda por telefones celulares em relação à renda *per capita* ajustada pela paridade do poder de compra.

b. Represente graficamente o log da demanda por telefones celulares em relação ao log da renda *per capita*.

c. Qual a diferença entre os dois gráficos?

TABELA 6.10

Despesas com publicidade e despesas totais (em milhões de libras) para 29 categorias de produtos no Reino Unido

Obs	DESPUB	DESCON	RAZÃO
1	87957,00	13599,00	0,006468
2	23578,00	4699,000	0,005018
3	16345,00	5473,000	0,002986
4	6550,000	6119,000	0,001070
5	10230,00	8811,000	0,001161
6	9127,000	1142,000	0,007992
7	1675,000	143,0000	0,011713
8	1110,000	138,0000	0,008043
9	3351,000	85,00000	0,039424
10	1140,000	108,0000	0,010556
11	6376,000	307,0000	0,020769
12	4500,000	1545,000	0,002913
13	1899,000	943,0000	0,002014
14	10101,00	369,0000	0,027374
15	3831,000	285,0000	0,013442
16	99528,00	1052,000	0,094608
17	15855,00	862,0000	0,018393
18	8827,000	84,00000	0,105083
19	54517,00	1174,000	0,046437
20	49593,00	2531,000	0,019594
21	39664,00	408,0000	0,097216
22	327,0000	295,0000	0,001108
23	22549,00	488,0000	0,046207
24	416422,0	19200,00	0,021689
25	14212,00	94,00000	0,151191
26	54174,00	5320,000	0,010183
27	20218,00	357,0000	0,056633
28	11041,00	159,0000	0,069440
29	22542,00	244,0000	0,092385

Fonte: http://www.economicswebinstitute.org/ecdata.htm.

DESPUB = despesa com publicidade (£, milhões)

DESCON = despesa total de consumo (£, milhões)

* Estes dados são do *Advertising Year Book*, 1996. Disponíveis em: http://www.economicswebinstitute.org/ecdata.htm.

d. Com base nesses gráficos, você acredita que um modelo log-log pode ajustar-se melhor aos dados do que um modelo linear? Estime o modelo log-log.

e. Como você interpreta o coeficiente angular no modelo log-log?

f. O coeficiente angular estimado no modelo log-log é estatisticamente significativo no nível de 5%?

g. Como você estimaria a elasticidade da demanda por telefones celulares em relação à renda para o modelo linear da Equação (3.7.3)? De que informações adicionais você precisa? Chame a elasticidade ajustada de *elasticidade da renda*.

h. Existe alguma diferença entre a elasticidade da renda estimada no modelo log-log e a estimada no modelo linear? Se houver, qual modelo você escolheria?

6.21 Repita o Exercício 6.20, mas consulte a demanda por computadores pessoais fornecida na Equação (3.7.4). Existe alguma diferença entre as elasticidades da renda estimadas para telefones celulares e computadores pessoais? Se houver, que fatores podem responder pela diferença?

6.22 Consulte os dados da Tabela 3.3. Para descobrir se pessoas que possuem PC também possuem telefone celular, calcule a seguinte regressão:

$$\text{Telcel}_i = \beta_1 + \beta_2 \text{PC}_i + u_i$$

a. Estime os parâmetros desta regressão.

b. O coeficiente angular estimado é estatisticamente significativo?

c. Faz diferença se você calcular a seguinte regressão?

$$\text{PC}_i = \alpha_1 + \alpha_2 \text{Telcel}_i + u_i$$

d. Calcule a regressão anterior e teste o significado estatístico do coeficiente angular estimado.

e. Baseado em que você decidiria entre usar a primeira e a segunda regressão?

Apêndice 6A

6A.1 Derivação de estimadores de mínimos quadrados para regressões que passam pela origem

Desejamos minimizar

$$\sum \hat{u}_i^2 = \sum (Y_i - \hat{\beta}_2 X_i)^2 \tag{1}$$

em relação a $\hat{\beta}_2$.

Diferenciando (1) em relação a $\hat{\beta}_2$, obtemos:

$$\frac{d \sum \hat{u}_i^2}{d\hat{\beta}_2} = 2 \sum (Y_i - \hat{\beta}_2 X_i)(-X_i) \tag{2}$$

Igualando a Equação (2) a zero e simplificando, obtemos:

$$\hat{\beta}_2 = \frac{\sum X_i Y_i}{\sum X_i^2} \qquad (6.1.6) = (3)$$

Agora, substituindo a FRP: $Y_i = \beta_2 X_i + u_i$ nesta equação, obtemos:

$$\begin{aligned} \hat{\beta}_2 &= \frac{\sum X_i(\beta_2 X_i + u_i)}{\sum X_i^2} \\ &= \beta_2 + \frac{\sum X_i u_i}{\sum X_i^2} \end{aligned} \tag{4}$$

(*Nota:* $E(\hat{\beta}_2) = \beta_2$.) Portanto,

$$E(\hat{\beta}_2 - \beta_2)^2 = E\left[\frac{\sum X_i u_i}{\sum X_i^2}\right]^2 \tag{5}$$

Expandindo o lado direito da Equação (5) e observando que os X_i são não estocásticos e os u_i são homocedásticos e não correlacionados, obtemos:

$$\text{var}(\hat{\beta}_2) = E(\hat{\beta}_2 - \beta_2)^2 = \frac{\sigma^2}{\sum X_i^2} \qquad \textbf{(6.1.7) = (6)}$$

Note que por meio da Equação (2), obtemos, depois de igualá-la a zero,

$$\sum \hat{u}_i X_i = 0 \tag{7}$$

Na Seção 3A.1 do Apêndice 3A, vimos que, quando o termo de intercepto está presente no modelo, temos, além de (7), a condição $\sum \hat{u}_i = 0$. Com base na matemática que acabamos de ver deve ficar claro por que no modelo de regressão que passa pela origem a soma dos erros, $\sum \hat{u}_i$, pode não ser igual a zero.

Suponha que queremos impor a condição de que $\sum \hat{u}_i = 0$. Neste caso, teríamos

$$\begin{aligned}\sum Y_i &= \hat{\beta}_2 \sum X_i + \sum \hat{u}_i \\ &= \hat{\beta}_2 \sum X_i, \qquad \text{como } \sum \hat{u}_i = 0 \text{ por construção}\end{aligned} \tag{8}$$

Esta expressão nos dá, então,

$$\begin{aligned}\hat{\beta}_2 &= \frac{\sum Y_i}{\sum X_i} \\ &= \frac{\bar{Y}}{\bar{X}} = \frac{\text{valor médio de } Y}{\text{valor médio de } X}\end{aligned} \tag{9}$$

Mas esse estimador não é o mesmo que a Equação (3) ou a Equação (6.1.6). E, como o $\hat{\beta}_2$ da Equação (3) não é viesado (por quê?), o $\hat{\beta}_2$ da Equação (9) não pode ser não viesado.

O surpreendente é que, nas regressões que passam pela origem, não podemos ter simultaneamente $\sum \hat{u}_i X_i$ e $\sum \hat{u}_i$ iguais a zero, como no modelo convencional de regressão. A única condição que se sustenta é que $\sum \hat{u}_i X_i$ é igual a zero.

Lembre-se de que:

$$Y_i = \hat{Y}_i + \hat{u}_i \tag{2.6.3}$$

Somando os dois lados dessa equação e dividindo por N, o tamanho da amostra, obtemos:

$$\bar{Y} = \bar{\hat{Y}} + \bar{\hat{u}} \tag{10}$$

Como no modelo com intercepto igual a zero $\sum \hat{u}_i$ e $\bar{\hat{u}}$, portanto, não precisam ser zero, segue-se que:

$$\bar{Y} \neq \bar{\hat{Y}} \tag{11}$$

isto é, a média dos valores efetivos de Y não precisa ser igual à média dos valores estimados de Y; as duas médias são idênticas no caso do modelo em que o intercepto está presente, como se vê na Equação (3.1.10).

Já mencionamos que, no modelo com intercepto zero, r^2 pode ser negativo, enquanto no modelo convencional, ele nunca pode ser. Essa condição pode ser demonstrada como a seguir.

Usando a Equação (3.5.5*a*), podemos escrever

$$r^2 = 1 - \frac{\text{SQR}}{\text{STQ}} = 1 - \frac{\sum \hat{u}_i^2}{\sum y_i^2} \tag{12}$$

Agora, no modelo convencional, ou com o intercepto presente, a Equação (3.6.6) mostra que

$$\text{SQR} = \sum \hat{u}_i^2 = \sum y_i^2 - \hat{\beta}_2^2 \sum x_i^2 \leq \sum y_i^2 \tag{13}$$

a menos que $\hat{\beta}_2$ seja zero (X não influencie Y de forma alguma). No modelo convencional, SQR $\leq$ STQ ou r^2 nunca pode ser negativo.

Para o modelo com intercepto zero, pode-se demonstrar analogamente que

$$\text{SQR} = \sum \hat{u}_i^2 = \sum Y_i^2 - \hat{\beta}_2^2 \sum X \tag{14}$$

(*Nota:* as somas dos quadrados de Y e X não são ajustadas à média.) Não há garantia de que essa SQR será sempre menor que $\sum y_i^2 = \sum Y_i^2 - N\bar{Y}^2$ (a STQ), o que sugere que a SQR pode ser maior que a STQ implicando que r^2, tal como convencionalmente definido, pode ser negativo. Note que nesse caso a SQR será maior que a STQ se $\hat{\beta}_2^2 \sum X_i^2 < N\bar{Y}^2$.

6A.2 Demonstração de que uma variável padronizada tem média zero e variância igual a um

Considere a variável aleatória Y com valor médio (amostral) de $\bar{Y}$ e desvio padrão (amostral) de S_y. Definindo

$$Y_i^* = \frac{Y_i - \bar{Y}}{S_y} \tag{15}$$

Portanto, Y_i^* é uma variável padronizada. Note que a padronização envolve uma operação dupla: (1) mudança da origem, que é o numerador da Equação (15); e (2) mudança da escala, que é o denominador. Assim, a padronização envolve tanto uma mudança da origem, quanto da escala. Agora

$$\bar{Y}_i^* = \frac{1}{S_y} \frac{\sum (Y_i - \bar{Y})}{n} = 0 \tag{16}$$

Dado que a soma dos desvios de uma variável em relação a seu valor médio é sempre igual a zero. Portanto, a média do valor padronizado é zero. (*Nota:* podemos excluir o termo S_y da somatória porque seu valor é conhecido.) Agora,

$$\begin{aligned} S_{y^*}^2 &= \sum \frac{(Y_i - \bar{Y})^2/(n-1)}{S_y^2} \\ &= \frac{1}{(n-1)S_y^2} \sum (Y_i - \bar{Y})^2 \\ &= \frac{(n-1)S_y^2}{(n-1)S_y^2} = 1 \end{aligned} \tag{17}$$

Note que

$$S_y^2 = \frac{\sum (Y_i - \bar{Y})^2}{n-1}$$

que é a variância amostral de Y.

6A.3 Logaritmos

Considere os números 5 e 25. sabemos que

$$25 = 5^2 \tag{18}$$

Dizemos que o *expoente* 2 é o *logaritmo* de 25 para a *base* 5. Mais formalmente, o logaritmo de um número (por exemplo, 25) para determinada base (por exemplo, 5) é a potência (2) à qual a base (5) deve ser elevada para obter essa dado número (25).

De modo mais geral, se

$$Y = b^X \; (b > 0) \tag{19}$$

então

$$\log_b Y = X \tag{20}$$

Em matemática, a função (19) é chamada de *função exponencial* e a função (20) de *função logarítmica*. Como ficou claro nas Equações (19) e (20), uma função é o inverso da outra.

Embora qualquer base (positiva) possa ser usada, na prática, as duas bases mais comumente usadas são 10 e o número matemático $e = 2{,}71828\ldots$.

Logaritmos de base 10 são chamados de *logaritmos comuns*. Assim,

$$\log_{10} 100 = 2 \quad \log_{10} 30 \approx 1{,}48$$

isto é, no primeiro caso, $100 = 10^2$ e no segundo $30 \approx 10^{1{,}48}$

Logaritmos na base e são chamados de *logaritmos naturais*. Assim,

$$\log_e 100 \approx 4{,}6051 \quad \text{e} \quad \log_e 30 \approx 3{,}4012$$

Todos esses cálculos podem ser feitos rotineiramente em uma calculadora.

Por convenção, o logaritmo na base 10 é denotado por log e na base e por ln. No exemplo anterior, podemos escrever log 100 ou log 30 ou ln 100 ou ln 30.

Há uma relação fixa entre o log comum e o log natural, que é

$$\ln X = 2{,}3026 \log X \tag{21}$$

O log natural para o número X é igual a 2,3026 vezes o log X na base 10. Assim,

$$\ln 30 = 2{,}3026 \log 30 = 2{,}3026(1.48) = 3{,}4012 \text{ (aprox.)}$$

como antes. Portanto, não importa se usamos log comum ou natural. Mas em matemática, a base preferida é a e, o logaritmo natural. Todos os logs usados neste livro são naturais, a menos que explicitado de maneira diferente. Obviamente, podemos converter o log de um número de uma base para a outra usando a Equação (21).

Tenha em mente que logaritmos de números negativos não são definidos. Portanto, o log de (−5) ou o ln de (−5) não é definido.

Algumas propriedades dos logaritmos: se A e B são números positivos quaisquer, podemos demonstrar que:

1. $$\ln (A \times B) = \ln A + \ln B \tag{22}$$

   O log do produto de dois números (positivos) é igual à soma de seus logs.

2. $$\ln (A/B) = \ln A - \ln B \tag{23}$$

   O log da razão de dois números (positivos) é igual à diferença de seus logs.

3. $$\ln (A \pm B) \neq \ln A \pm \ln B \tag{24}$$

   O log da soma ou da diferença de A e B não é igual à soma ou à diferença de seus logs.

4. $$\ln (A^k) = k \ln A \tag{25}$$

   O log de A elevado à potência k é igual a k multiplicado pelo log de A.

5. $$\ln e = 1 \tag{26}$$

   O log de e tendo ele mesmo como base é igual a 1 (assim como o log de 10 na base 10).

6. $$\ln 1 = 0 \tag{27}$$

   O log natural do número 1 é zero (assim como o log comum do número 1).

7. Se $Y = \ln X$,

$$\frac{dY}{dX} = \frac{1}{X} \tag{28}$$

A taxa de mudança (ou seja, a derivada) de Y em relação a X é 1 sobre X. As funções logarítmicas exponenciais (e naturais) estão na Figura 6A.1.

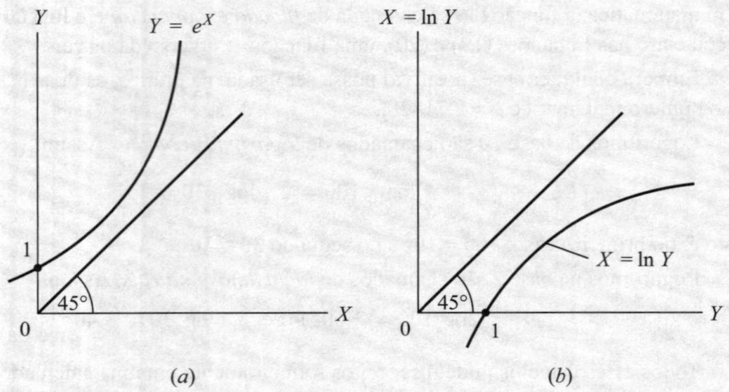

FIGURA 6A.1 Funções exponencial e logarítmica: (*a*) função exponencial (*b*) função logarítmica.

Embora o número para o qual se obtém o log seja sempre positivo, o logaritmo deste número pode ser tanto positivo quanto negativo. É possível verificar facilmente que se

$$0 < Y < 1 \quad \text{então} \quad \ln Y < 0$$
$$Y = 1 \quad \text{então} \quad \ln Y = 0$$
$$Y > 1 \quad \text{então} \quad \ln Y > 0$$

Note também que, embora a curva logarítmica da Figura 6A.1(*b*) tenha inclinação positiva, implicando que quanto maior o número, maior será seu logaritmo, a curva aumenta em uma razão decrescente (matematicamente, a segunda derivada da função é negativa). Assim, ln(10) = 2,3026 (aprox) e ln(20) = 2,99576 (aprox). Se um número é dobrado, seu logaritmo não dobra.

É por essa razão que a transformação logarítmica é chamada de não linear. Tal fato também pode ser visto por meio da Equação (28), que ressalta que se $Y = \ln X$, $dX/dX = 1/X$. Isso significa que a inclinação da função logarítmica depende do valor de X; ou seja, não é constante (lembre-se da definição de linearidade na variável).

Logaritmos e porcentagens: como $\frac{d(\ln X)}{dX} = \frac{1}{X}$, ou $d(\ln X) = \frac{dX}{X}$, para variações muito pequenas, a variação em ln X é igual à variação relativa ou proporcional em X. Na prática, se a variação em X é razoavelmente pequena, essa relação pode ser escrita como a variação em ln $X \approx$ à variação relativa em X, em que $\approx$ significa aproximadamente.

Para variações pequenas,

$$(\ln X_t - \ln X_{t-1}) \approx \frac{(X_t - X_{t-1})}{X_{t-1}} = \text{variação relativa em } X$$

6A.4 Fórmulas de taxa de crescimento

Seja a variável Y uma função de tempo $Y = f(t)$, em que t denota o tempo. A taxa instantânea (por exemplo, um ponto no tempo) de crescimento de Y, g_Y é definida como

$$g_Y = \frac{dY/dt}{Y} = \frac{1}{Y}\frac{dY}{dt} \tag{29}$$

Note que, se multiplicarmos g_Y por 100, obteremos a taxa percentual de crescimento, em que $\frac{dY}{dt}$ é a taxa de variação de Y em relação ao tempo.

Agora, seja $\ln Y = \ln f(t)$, em que ln representa o logaritmo natural, então

$$\frac{d \ln Y}{dt} = \frac{1}{Y}\frac{dY}{dt} \tag{30}$$

Isso é igual à Equação (29).

Portanto, transformações logarítmicas são muito úteis para calcular taxas de crescimento, especialmente se Y for uma função de outras variáveis dependentes do tempo, como o exemplo a seguir mostrará. Seja

$$Y = X \cdot Z \tag{31}$$

em que Y é o PIB nominal, X o PIB real e Z é o deflator de preço (do PIB). Em palavras, o PIB nominal é o PIB real multiplicado pelo deflator de preço (do PIB). Todas essas variáveis são funções de tempo, já que variam ao longo do tempo.

Agora aplicando logs na Equação (31) obtemos:

$$\ln Y = \ln X + \ln Z \tag{32}$$

Derivando a Equação (32) em relação ao tempo, obtemos

$$\frac{1}{Y}\frac{dY}{dt} = \frac{1}{X}\frac{dX}{dt} + \frac{1}{Z}\frac{dZ}{dt} \tag{33}$$

ou seja, $g_Y = g_X + g_Z$, em que g denota a taxa de crescimento.

Em palavras, a taxa instantânea de crescimento de Y é igual à soma da taxa instantânea de crescimento de X com a taxa instantânea de crescimento de Z. Neste exemplo, a taxa instantânea de crescimento do PIB nominal é igual à soma da taxa instantânea de crescimento do PIB real com a taxa instantânea de crescimento do deflator de preço do PIB.

De modo mais geral, a taxa instantânea de crescimento de um produto é a soma das taxas instantâneas de crescimento de seus componentes. Isso pode ser generalizado para o produto de mais de duas variáveis.

De maneira semelhante, se tivermos

$$Y = \frac{X}{Z} \tag{34}$$

$$\frac{1}{Y}\frac{dY}{dt} = \frac{1}{X}\frac{dX}{dt} - \frac{1}{Z}\frac{dZ}{dt} \tag{35}$$

ou seja, $g_Y = g_X - g_Z$. Em outras palavras, a taxa instantânea de crescimento Y é igual à diferença entre a taxa instantânea de crescimento de X e a taxa instantânea de crescimento de Z. Se Y = renda *per capita*, X = PIB e Z = população, a taxa instantânea de crescimento da renda *per capita* é igual à taxa instantânea de crescimento do PIB menos a taxa instantânea de crescimento da população.

Agora, seja $Y = X + Z$. Qual a taxa de crescimento de Y? Seja Y = emprego total, X = empregos na produção e Z = empregos administrativos. Como

$$\ln(X + Z) \neq \ln X + \ln Y,$$

não é fácil calcular a taxa de crescimento de Y, mas com alguma álgebra, podemos demonstrar que

$$g_Y = \frac{X}{X + Z} g_X + \frac{Z}{X + Z} g_Z \tag{36}$$

A taxa de crescimento de uma soma é a média ponderada das taxas de crescimento de seus componentes. Por exemplo, a taxa de crescimento do emprego total é a média ponderada das taxas de crescimento de empregos na produção e empregos administrativos, sendo os pesos a parcela de cada componente no emprego total.

6A.5 O modelo de regressão Box-Cox

Considere o seguinte modelo de regressão

$$Y_i^\lambda = \beta_1 + \beta_2 X_i + u_i \quad Y > 0 \tag{37}$$

em que λ (a letra grega lambda) é um parâmetro, que pode ser negativo, zero ou positivo. Como Y está elevado à potência λ, teremos várias transformações de Y, dependendo do valor desse parâmetro.

A Equação (37) é conhecida como modelo de regressão Box-Cox, em homenagem aos estatísticos Box e Cox.[1] Dependendo do valor de λ, temos os seguintes modelos de regressão, apresentados na tabela a seguir:

[1] BOX, G. E. P.; COX, D. R. "An analysis of transformations." *Journal of the Royal Statistical Society,* 1964. B26, p. 211-243.

Valor de λ	Modelo de regressão
1	$Y_i = \beta_1 + \beta_2 X_i + u_i$
2	$Y_i^2 = \beta_1 + \beta_2 X_i + u_i$
0,5	$\sqrt{Y_i} = \beta_1 + \beta_2 X_i + u_i$
0	$\ln Y_i = \beta_1 + \beta_2 X_i + u_i$
−0,5	$\frac{1}{\sqrt{Y_i}} = \beta_1 + \beta_2 X_i + u_i$
−1,0	$\frac{1}{Y_i} = \beta_1 + \beta_2 X_i + u_i$

Como você pode ver, os modelos linear e log-linear são casos especiais na família de transformações Box--Cox.

Obviamente, podemos aplicar essas transformações às variáveis *X* também. É interessante notar que quando λ é zero, obtemos a transformação log de *Y*. A demonstração disso é um tanto complexa e é melhor deixá-la para as consultas. (Leitores que apreciam cálculo deverão recordar a regra do l'Hopital.)

Mas de que maneira determinamos o valor adequado de λ em determinada situação? Não podemos estimar a Equação (37) diretamente, pois ela envolve não só os parâmetros de regressão β_1 e β_2 como também λ, que entra não linearmente. Mas podemos usar o método de máxima verossimilhança para estimar todos esses parâmetros. Existem pacotes de regressão apenas para fazer isso.

Não abordaremos esse tópico aqui, porque o procedimento é um tanto complexo.

No entanto, podemos recorrer à tentativa e erro. Escolha diversos valores para λ, transforme *Y* de acordo, calcule a regressão (37) e obtenha o soma dos quadrados dos resíduos (SQR) para cada regressão transformada. Escolha o valor de λ que oferece o menor SQR.[2]

[2] Para uma discussão acessível, consulte NETER, John; KUTNER, Michael; NACHTSHEIM, Cristopher; WASSERMAN, William. *Applied regression models.* 3. ed. Chicago: Richard D. Irving, 1996.

Capítulo 7

Análise de regressão múltipla: o problema da estimação

O modelo de duas variáveis estudado extensamente nos capítulos anteriores muitas vezes é inadequado na prática. No exemplo de consumo e renda (Exemplo 3.1), assumiu-se implicitamente que apenas a renda X afeta o consumo Y. No entanto, raramente a teoria econômica é tão simples; além da renda, há diversas outras variáveis que possivelmente afetam as despesas de consumo. Um exemplo óbvio é a riqueza do consumidor. Outro, a demanda por um bem depende não só de seu preço, mas também do preço de outros bens substitutos ou complementares, da renda do consumidor, do *status* social etc. Portanto, precisamos ampliar nosso modelo de regressão simples com duas variáveis para abranger casos que envolvem mais de duas variáveis. Adicionar mais variáveis leva-nos à discussão dos modelos de regressão múltipla em que a variável dependente, ou regressando, Y, depende de duas ou mais variáveis explanatórias, ou regressores.

O modelo de regressão múltipla mais simples possível é o de três variáveis, uma dependente e duas explanatórias. Neste e no próximo capítulo, estudaremos esse modelo. De modo geral, estamos interessados em modelos de regressão linear múltipla, isto é, modelos lineares nos parâmetros, podendo ou não ser lineares nas variáveis.

7.1 O modelo de três variáveis: notação e hipóteses

Generalizando a função de regressão populacional com duas variáveis (FRP), Equação (2.4.2), podemos escrever a FRP com três variáveis do seguinte modo:

$$Y_i = \beta_1 + \beta_2 X_{2i} + \beta_3 X_{3i} + u_i \tag{7.1.1}$$

em que Y é a variável dependente, X_2 e X_3, as variáveis explanatórias (ou regressores), u o termo de erro estocástico e i, o indicador da i-ésima observação: no caso em que os dados são séries temporais, o subscrito t denota a observação de ordem t.[1]

Na Equação (7.1.1), β_1 é o intercepto. Como de costume, ele dá o efeito médio sobre Y de todas as variáveis excluídas do modelo, embora sua interpretação mecânica seja do valor médio de Y quando X_2 e X_3 são iguais a zero. Os coeficientes β_2 e β_3 são denominados **coeficientes parciais de regressão** e seus significados serão explicados em breve.

[1] Para fins de simetria da notação, a Equação (7.1.1) também pode ser escrita como:

$$Y_i = \beta_1 X_{1i} + \beta_2 X_{2i} + \beta_3 X_{3i} + u_i$$

desde que $X_{1i} = 1$ para todos os i.

Continuaremos operando dentro da estrutura do modelo clássico de regressão linear (MCRL) apresentado no Capítulo 3. Especificamente, estamos considerando o seguinte:

HIPÓTESES

1. Modelo de regressão linear, ou *linear nos parâmetros.* **(7.1.2)**
2. Valores fixos de X ou valores de X independentes do termo de erro. Aqui, isso significa que é necessário covariância igual a zero entre u_i e cada variável X.
$$\text{cov}\,(u_i, X_{2i}) = \text{cov}\,(u_i, X_{3i}) = 0 \qquad \textbf{(7.1.3)}^2$$
3. O termo de erro u_i tem valor médio zero.
$$E(u_i \mid X_{2i}, X_{3i}) = 0 \quad \text{para cada } i \qquad \textbf{(7.1.4)}$$
4. Homocedasticidade ou variância constante de u_i.
$$\text{var}\,(u_i) = \sigma^2 \qquad \textbf{(7.1.5)}$$
5. Ausência de autocorrelação, ou de correlação serial, entre os termos de erro.
$$\text{cov}\,(u_i, u_j) = 0 \qquad i \neq j \qquad \textbf{(7.1.6)}$$
6. O número de observações n deve ser maior que o número de parâmetros a serem estimados, neste caso, 3. **(7.1.7)**
7. Deve haver variação nos valores das variáveis X. **(7.1.8)**

Trataremos também de outros dois requisitos.

8. Não há colinearidade exata entre as variáveis X.

Não há **relação linear exata** entre X_2 e X_3 **(7.1.9)**

Na Seção 7.7 dedicaremos mais tempo discutindo a última hipótese.

9. Ausência de *viés de especificação.*

O modelo está corretamente especificado. **(7.1.10)**

A lógica das Hipóteses (7.1.2) a (7.1.6) é a mesma que foi discutida na Seção 3.2. A Hipótese (7.1.9), ausência de relação linear exata entre X_2 e X_3, é conhecida tecnicamente como *ausência de colinearidade* ou **ausência de multicolinearidade**, se estiverem envolvidas mais de uma relação linear exata.

Informalmente, a ausência de colinearidade significa que nenhum dos regressores pode ser expresso como uma combinação linear *exata* dos demais regressores do modelo.

Formalmente, a ausência de colinearidade significa que não existe um conjunto de números, λ_2 e λ_3, que não sejam os dois iguais a zero, tais que:

$$\lambda_2 X_{2i} + \lambda_3 X_{3i} = 0 \qquad \textbf{(7.1.11)}$$

Se essa relação linear exata existe, diz-se que X_2 e X_3 são **colineares** ou linearmente dependentes. Por outro lado, se a Equação (7.1.11) só é verdadeira quando $\lambda_2 = \lambda_3 = 0$, diz-se que X_2 e X_3 são *linearmente independentes.*

Assim, se

$$X_{2i} = -\,4X_{3i} \quad \text{ou} \quad X_{2i} + 4X_{3i} = 0 \qquad \textbf{(7.1.12)}$$

as duas variáveis são linearmente dependentes, e, se ambas forem incluídas em um modelo de regressão, haverá colinearidade perfeita ou relação linear exata entre os dois regressores.

Embora consideremos o problema da colinearidade a fundo no Capítulo 10, a lógica por trás da hipótese de ausência de colinearidade exata não é difícil de entender. Suponha que, na Equação (7.1.1), Y, X_2 e X_3 representem despesa de consumo, renda e riqueza do consumidor, respectivamente. Ao postular que a despesa de consumo relaciona-se linearmente com a renda e a riqueza, a teoria

[2] Esta hipótese será atendida automaticamente se X_2 e X_3 forem não estocásticos e a Equação (7.1.4) for válida.

econômica presume que a riqueza e a renda podem ter uma influência independente sobre o consumo. Caso contrário, não faz sentido incluir as duas variáveis no modelo. No extremo, se houver uma relação linear exata entre renda e riqueza, só teremos uma variável independente, não duas, e não haverá forma de avaliar a influência *separada* da renda e da riqueza sobre o consumo. Para melhor entendermos, seja $X_{3i} = 2X_{2i}$ na regressão de consumo-renda-riqueza. A regressão (7.1.1) torna-se

$$\begin{aligned} Y_i &= \beta_1 + \beta_2 X_{2i} + \beta_3(2X_{2i}) + u_i \\ &= \beta_1 + (\beta_2 + 2\beta_3)X_{2i} + u_i \\ &= \beta_1 + \alpha X_{2i} + u_i \end{aligned} \tag{7.1.13}$$

em que $\alpha = (\beta_2 + 2\beta_3)$. Temos na verdade uma regressão com duas, e não três, variáveis. Além disso, se calcularmos a regressão (7.1.13) e obtivermos α, não haverá como estimar a influência separada de X_2 ($= \beta_2$) e X_3 ($= \beta_3$) sobre Y, pois α dá a *influência combinada* de X_2 e X_3 sobre Y.[3]

Em resumo, a hipótese de ausência de multicolinearidade perfeita exige que se inclua na função de regressão populacional apenas aquelas variáveis que não sejam funções lineares exatas de uma ou mais variáveis do modelo. Embora este tópico seja abordado em maior profundidade no Capítulo 10, cabe aqui fazer algumas observações.

Primeiro, a hipótese da ausência de multicolinearidade é parte de nosso modelo teórico (a FRP). Na prática, quando coletamos dados para análises, nada garante que não existirá correlação entre os regressores. Na verdade, na maior parte do trabalho aplicado, é quase impossível encontrar duas ou mais variáveis (econômicas) que não tenham alguma correlação, como mostraremos mais adiante nos exemplos ilustrativos deste capítulo. O necessário é que não haja uma relação linear exata entre os regressores, como na Equação (7.1.12).

Segundo, tenha em mente que estamos falando apenas de relações *lineares* perfeitas entre duas ou mais variáveis. A multicolinearidade não exclui relações *não lineares exatas* entre variáveis. Suponha que $X_{3i} = X_{2i}^2$. Isso não contradiz a hipótese de ausência de colinearidade perfeita, já que nesse caso a relação entre as variáveis é não linear.

7.2 Interpretação da equação de regressão múltipla

Dadas as hipóteses do modelo clássico de regressão, segue-se que, ao tomar a esperança condicional de Y nos dois lados da Equação (7.1.1), obtemos

$$E(Y_i \mid X_{2i}, X_{3i}) = \beta_1 + \beta_2 X_{2i} + \beta_{3i} X_{3i} \tag{7.2.1}$$

Em palavras, a Equação (7.2.1) fornece o **valor esperado ou a média de *Y* condicional aos valores dados ou fixados de** X_2 e X_3. Assim como no caso de duas variáveis, a análise de regressão múltipla está condicionada aos valores fixados dos regressores e o que obtemos é o valor médio de Y ou a resposta média de Y para os valores dos regressores.

7.3 O significado dos coeficientes parciais de regressão

Como já mencionado, os coeficientes de regressão β_2 e β_3 são conhecidos como **coeficientes parciais de regressão** ou **coeficientes parciais angulares**. Seu significado é o seguinte: β_2 mede a *variação* no valor médio de Y, $E(Y)$, por unidade de variação em X_2, mantendo-se o valor de X_3 constante. Em outras palavras, ele nos dá o efeito "direto" ou "líquido" de uma unidade de variação em X_2 sobre o valor médio de Y, excluídos os efeitos que X_3 possa ter sobre a média de Y. De modo análogo, β_3

[3] Em termos matemáticos, $\alpha = (\beta_2 + 2\beta_3)$ é uma equação com duas incógnitas e não há uma forma *única* de estimar β_2 e β_3 com base no α estimado.

mede a variação do valor médio de Y por unidade de variação em X_3, mantendo-se constante o valor de X_2.[4] Ele nos dá o efeito "direto" ou "líquido" de uma unidade de variação de X_3 sobre o valor médio de Y, excluídos quaisquer efeitos que X_2 possa ter sobre o valor médio de Y.[5]

Como mantemos, constante na realidade a, influência de um regressor? Para explicar isso, voltemos ao exemplo da mortalidade infantil (Exemplo 6.6). Lembre-se de que nesse exemplo, Y = mortalidade infantil (MI), X_2 = PNB *per capita* (PNB*pc*) e X_3 = taxa de alfabetização feminina (TAF). Suponha que queiramos manter constante a influência de TAF. Como TAF pode ter algum efeito sobre a MI, assim como o PNB*pc* em qualquer caso concreto, o que podemos fazer é remover a influência (linear) da TAF da MI e do PNB*pc* calculando a regressão de MI contra a TAF e a do PNB*pc* contra a TAF separadamente e examinando os resíduos obtidos nessas regressões. Usando os dados da Tabela 6.4, obtemos as seguintes regressões:

$$\begin{aligned} \widehat{\text{MI}}_i &= 263{,}8635 - 2{,}3905\ \text{TAF}_i + \hat{u}_{1i} \\ \text{ep} &= (12{,}2249) \quad (0{,}2133) \qquad r^2 = 0{,}6695 \end{aligned} \tag{7.3.1}$$

em que $\hat{u}_{1i}$ representa o termo residual da regressão.

$$\begin{aligned} \widehat{\text{PNB}pc_i} &= -39{,}3033 + 28{,}1427\ \text{TAF}_i + \hat{u}_{2i} \\ \text{ep} &= (734{,}9526) \quad (12{,}8211) \qquad r^2 = 0{,}0721 \end{aligned} \tag{7.3.2}$$

em que $\hat{u}_{2i}$ representa o termo residual dessa regressão.

Agora

$$\hat{u}_{1i} = (\text{MI}_i - 263{,}8635 + 2{,}3905\ \text{TAF}_i) \tag{7.3.3}$$

representa a parte da MI que resta após removermos da expressão a influência (linear) de TAF. Do mesmo modo,

$$\hat{u}_{2i} = (\text{PNB}pc_i + 39{,}3033 - 28{,}1427\ \text{TAF}_i) \tag{7.3.4}$$

representa a parte do PNB*pc* que sobra após remover a influência (linear) de TAF.

Portanto, se agora fizermos uma regressão de $\hat{u}_{1i}$ contra $\hat{u}_{2i}$, que foram "purificados" da influência linear de TAF, não obteremos o efeito líquido do PNB*pc* sobre a MI? E é justamente isso o que ocorre (veja a Seção 7A.2 do Apêndice 7A). Os resultados da regressão são os seguintes:

$$\begin{aligned} \hat{\hat{u}}_{1i} &= -0{,}0056\hat{u}_{2i} \\ \text{ep} &= (0{,}0019) \qquad r^2 = 0{,}1152 \end{aligned} \tag{7.3.5}$$

Nota: essa regressão não tem termo de intercepto, porque o valor médio dos resíduos de MQO, $\hat{u}_{1i}$ e $\hat{u}_{2i}$, é igual a zero. (Por quê?)

O coeficiente angular de −0,0056 dá, agora, o efeito "verdadeiro" ou líquido de uma variação unitária do PNB*pc* sobre a MI ou a inclinação verdadeira da MI em relação ao PNB*pc*. Ou seja, proporciona o coeficiente parcial de regressão da MI com relação ao PNB*pc*, β_2.

Os leitores que quiserem obter o coeficiente parcial de regressão da MI em relação à TAF podem replicar o procedimento anterior, calculando primeiro a regressão da MI contra o PNB*pc* e obtendo

[4] O leitor afeito ao cálculo observará logo que β_2 e β_3 são derivadas parciais de $E(Y\,|\,X_2, X_3)$ em relação a X_2 e X_3.

[5] Note que as expressões *mantendo constante, controlando, levando em conta a influência de, corrigindo a influência de* e *excluindo a influência de* são sinônimos e serão usados de modo intercambiável neste livro.

os resíduos dessa regressão ($\hat{u}_{1i}$), depois calculando a regressão da TAF contra o PNB*pc* e obtendo os resíduos dessa regressão ($\hat{u}_{2i}$) e, então, fazendo a regressão de $\hat{u}_{1i}$ contra $\hat{u}_{2i}$. Tenho certeza de que os leitores entenderam a ideia.

Será que é preciso repetir todas essas etapas cada vez que desejarmos obter os verdadeiros coeficientes parciais de regressão? Felizmente, não é necessário, pois o procedimento de MQO que veremos na próxima seção permite fazer a mesma coisa de modo rápido e rotineiro. O procedimento que acabamos de descrever teve apenas o propósito didático de propiciar o entendimento do sentido do coeficiente "parcial" de regressão.

7.4 Estimação dos coeficientes parciais de regressão por meio dos métodos de mínimos quadrados ordinários e de máxima verossimilhança

Para estimarmos os parâmetros do modelo de regressão com três variáveis (7.1.1), primeiro consideramos o método dos mínimos quadrados ordinários (MQO) apresentado no Capítulo 3 e depois consideraremos brevemente o método da máxima verossimilhança (MV) visto no Capítulo 4.

Estimadores de MQO

Para encontrarmos os estimadores de MQO, vejamos primeiro a função de regressão amostral (FRA) correspondente à função de regressão populacional (FRP) da Equação (7.1.1) que é a seguinte:

$$Y_i = \hat{\beta}_1 + \hat{\beta}_2 X_{2i} + \hat{\beta}_3 X_{3i} + \hat{u}_i \tag{7.4.1}$$

em que $\hat{u}_i$ é o termo residual, a contrapartida amostral do termo de erro estocástico u_i.

Como observamos no Capítulo 3, o procedimento de MQO consiste na escolha dos valores dos parâmetros desconhecidos de forma que a soma dos quadrados dos resíduos (SQR) $\sum \hat{u}_i^2$ seja a menor possível. Simbolicamente,

$$\min \sum \hat{u}_i^2 = \sum (Y_i - \hat{\beta}_1 - \hat{\beta}_2 X_{2i} - \hat{\beta}_3 X_{3i})^2 \tag{7.4.2}$$

em que a expressão da SQR é obtida por simples manipulação algébrica da Equação (7.4.1).

O procedimento mais objetivo para obter estimadores que minimizem a Equação (7.4.2) é derivar em relação à incógnita (betas), igualar a zero as expressões resultantes e resolvê-las simultaneamente. Como mostra a Seção 7A.1 do Apêndice 7A, esse procedimento dá as seguintes *equações normais* (veja as Equações (3.1.4) e (3.1.5)):

$$\bar{Y} = \hat{\beta}_1 + \hat{\beta}_2 \bar{X}_2 + \hat{\beta}_3 \bar{X}_3 \tag{7.4.3}$$

$$\sum Y_i X_{2i} = \hat{\beta}_1 \sum X_{2i} + \hat{\beta}_2 \sum X_{2i}^2 + \hat{\beta}_3 \sum X_{2i} X_{3i} \tag{7.4.4}$$

$$\sum Y_i X_{3i} = \hat{\beta}_1 \sum X_{3i} + \hat{\beta}_2 \sum X_{2i} X_{3i} + \hat{\beta}_3 \sum X_{3i}^2 \tag{7.4.5}$$

Com base na Equação (7.4.3), verificamos de imediato que

$$\hat{\beta}_1 = \bar{Y} - \hat{\beta}_2 \bar{X}_2 - \hat{\beta}_3 \bar{X}_3 \tag{7.4.6}$$

que é o estimador de MQO do intercepto populacional β_1.

Seguindo a convenção de denotar por minúsculas os desvios dos valores médios amostrais, podemos deduzir as seguintes fórmulas com base nas equações normais (7.4.3) a (7.4.5):

$$\hat{\beta}_2 = \frac{(\sum y_i x_{2i})(\sum x_{3i}^2) - (\sum y_i x_{3i})(\sum x_{2i}x_{3i})}{(\sum x_{2i}^2)(\sum x_{3i}^2) - (\sum x_{2i}x_{3i})^2} \quad (7.4.7)^6$$

$$\hat{\beta}_3 = \frac{(\sum y_i x_{3i})(\sum x_{2i}^2) - (\sum y_i x_{2i})(\sum x_{2i}x_{3i})}{(\sum x_{2i}^2)(\sum x_{3i}^2) - (\sum x_{2i}x_{3i})^2} \quad (7.4.8)$$

que nos dão os estimadores de MQO dos coeficientes parciais de regressão populacional β_2 e β_3, respectivamente.

Note o seguinte: (1) as Equações (7.4.7) e (7.4.8) são de natureza simétrica, porque uma pode ser obtida por meio da outra pela troca dos papéis de X_2 e X_3; (2) os denominadores dessas duas equações são idênticos; e (3) o caso de três variáveis é uma extensão natural do caso de duas variáveis.

Variâncias e erros padrão dos estimadores de MQO

Após obtermos os estimadores de MQO dos coeficientes parciais de regressão, podemos deduzir as variâncias e os erros-padrão desses estimadores da maneira indicada no Apêndice 3A.3. Como no caso de duas variáveis, precisamos dos erros-padrão para dois propósitos principais: estabelecer intervalos de confiança e testar hipóteses estatísticas. As fórmulas relevantes são as seguintes:[7]

$$\text{var}(\hat{\beta}_1) = \left[\frac{1}{n} + \frac{\bar{X}_2^2 \sum x_{3i}^2 + \bar{X}_3^2 \sum x_{2i}^2 - 2\bar{X}_2\bar{X}_3 \sum x_{2i}x_{3i}}{\sum x_{2i}^2 \sum x_{3i}^2 - (\sum x_{2i}x_{3i})^2}\right] \cdot \sigma^2 \quad (7.4.9)$$

$$\text{ep}(\hat{\beta}_1) = +\sqrt{\text{var}(\hat{\beta}_1)} \quad (7.4.10)$$

$$\text{var}(\hat{\beta}_2) = \frac{\sum x_{3i}^2}{(\sum x_{2i}^2)(\sum x_{3i}^2) - (\sum x_{2i}x_{3i})^2}\sigma^2 \quad (7.4.11)$$

ou, de modo equivalente,

$$\text{var}(\hat{\beta}_2) = \frac{\sigma^2}{\sum x_{2i}^2 (1 - r_{23}^2)} \quad (7.4.12)$$

em que r_{23} é o coeficiente de correlação amostral entre X_2 e X_3 como definido no Capítulo 3.[8]

$$\text{ep}(\hat{\beta}_2) = +\sqrt{\text{var}(\hat{\beta}_2)} \quad (7.4.13)$$

$$\text{var}(\hat{\beta}_3) = \frac{\sum x_{2i}^2}{(\sum x_{2i}^2)(\sum x_{3i}^2) - (\sum x_{2i}x_{3i})^2}\sigma^2 \quad (7.4.14)$$

ou, de modo equivalente,

$$\text{var}(\hat{\beta}_3) = \frac{\sigma^2}{\sum x_{3i}^2 (1 - r_{23}^2)} \quad (7.4.15)$$

[6] Este estimador é igual ao da Equação (7.3.5), como mostra a Seção 7A.2 do Apêndice 7A.

[7] As deduções destas fórmulas são mais fáceis quando se usa notação matricial. Os leitores avançados podem consultar o **Apêndice C**.

[8] Usando a definição de r dada no Capítulo 3, temos:

$$r_{23}^2 = \frac{(\sum x_{2i}x_{3i})^2}{\sum x_{2i}^2 \sum x_{3i}^2}$$

$$\text{ep}(\hat{\beta}_3) = +\sqrt{\text{var}(\hat{\beta}_3)} \tag{7.4.16}$$

$$\text{cov}(\hat{\beta}_2, \hat{\beta}_3) = \frac{-r_{23}\sigma^2}{(1 - r_{23}^2)\sqrt{\sum x_{2i}^2}\sqrt{\sum x_{3i}^2}} \tag{7.4.17}$$

Em todas essas fórmulas, σ^2 é a variância (homocedástica) dos termos de erro da população, u_i.

Segundo o argumento da Seção 3A.5 do Apêndice 3A, o leitor pode verificar que um estimador não viesado de σ^2 é dado por:

$$\hat{\sigma}^2 = \frac{\sum \hat{u}_i^2}{n - 3} \tag{7.4.18}$$

Observe a semelhança entre esse estimador de σ^2 e sua contrapartida de duas variáveis $[\hat{\sigma}^2 = (\sum \hat{u}_i^2)/(n-2)]$. Os graus de liberdade agora são $(n - 3)$, porque, ao calcularmos $\sum \hat{u}_i^2$, precisamos estimar primeiro β_1, β_2 e β_3, o que consome 3 graus de liberdade. (O argumento é bem geral. No caso de quatro variáveis, os graus de liberdade serão iguais a $n - 4$.)

O estimador de $\hat{\sigma}^2$ pode ser calculado com base na Equação (7.4.18) quando os resíduos estão disponíveis, mas também pode ser obtido mais prontamente usando a seguinte relação (para a demonstração, veja a Seção 7A.3 do Apêndice 7A):

$$\sum \hat{u}_i^2 = \sum y_i^2 - \hat{\beta}_2 \sum y_i x_{2i} - \hat{\beta}_3 \sum y_i x_{3i} \tag{7.4.19}$$

que é a contrapartida de três variáveis à relação dada na Equação (3.3.6).

Propriedades dos estimadores de MQO

As propriedades dos estimadores de mínimos quadrados ordinários (MQO) no modelo de regressão múltipla são semelhantes às do modelo de duas variáveis. Especificamente:

1. A linha (superfície) de regressão de três variáveis passa pelas médias $\bar{Y}, \bar{X}_2$ e $\bar{X}_3$ o que fica evidente por meio da Equação (7.4.3) (veja a Equação (3.1.7) do modelo com duas variáveis). Essa propriedade é válida de modo geral. No modelo de regressão linear com k variáveis (um regressando e $(k - 1)$ regressores)

$$Y_i = \beta_1 + \beta_2 X_{2i} + \beta_3 X_{3i} + \cdots + \beta_k X_{ki} + u_i \tag{7.4.20}$$

temos

$$\hat{\beta}_1 = \bar{Y} - \beta_2 \bar{X}_2 - \beta_3 \bar{X}_3 - \cdots - \beta_k \bar{X}_k \tag{7.4.21}$$

2. O valor médio estimado de Y_i $(= \hat{Y}_i)$ é igual à média do Y_i efetivo, o que é fácil de demonstrar:

$$\begin{aligned}
\hat{Y}_i &= \hat{\beta}_1 + \hat{\beta}_2 X_{2i} + \hat{\beta}_3 X_{3i} \\
&= (\bar{Y} - \hat{\beta}_2 \bar{X}_2 - \hat{\beta}_3 \bar{X}_3) + \hat{\beta}_2 X_{2i} + \hat{\beta}_3 X_{3i} \qquad \text{(Por quê?)} \\
&= \bar{Y} + \hat{\beta}_2 (X_{2i} - \bar{X}_2) + \hat{\beta}_3 (X_{3i} - \bar{X}_3) \\
&= \bar{Y} + \hat{\beta}_2 x_{2i} + \hat{\beta}_3 x_{3i}
\end{aligned} \tag{7.4.22}$$

em que, como sempre, as letras minúsculas indicam os valores das variáveis em termos de desvios das respectivas médias.

Somando os valores amostrais de ambos os lados da Equação (7.4.22) e dividindo pelo tamanho da amostra n, obtemos $\hat{Y} = \bar{Y}$. (*Nota* $\sum x_{2i} = \sum x_{3i} = 0$. Por quê?) Observe que, devido à Equação (7.4.22), podemos escrever:

$$\hat{y}_i = \hat{\beta}_2 x_{2i} + \hat{\beta}_3 x_{3i} \tag{7.4.23}$$

em que $\hat{y}_i = (\hat{Y}_i - \bar{Y})$.

Portanto, a função de regressão amostral pode ser expressa *na forma de desvios* como

$$y_i = \hat{y}_i + \hat{u}_i = \hat{\beta}_2 x_{2i} + \hat{\beta}_3 x_{3i} + \hat{u}_i \tag{7.4.24}$$

3. $\sum \hat{u}_i = \bar{\hat{u}} = 0$, que pode ser verificada com base na Equação (7.4.24). (*Dica*: some os dois lados da Equação (7.4.24) para todos os valores da amostra.)
4. Os resíduos $\hat{u}_i$ não estão correlacionados com X_{2i} e X_{3i}, isto é, $\sum \hat{u}_i X_{2i} = \sum \hat{u}_i X_{3i} = 0$ (veja a demonstração no Apêndice 7.A.l).
5. Os resíduos $\hat{u}_i$ não estão correlacionados com $\hat{Y}_i$, isto é, $\sum \hat{u}_i \hat{Y}_i = 0$. (Por quê?) (*Dica:* multiplique os dois lados da Equação (7.4.23) por $\hat{u}_i$ e some para todos os valores amostrais.)
6. Das Equações (7.4.12) e (7.4.15), fica evidente que, quando r_{23}, o coeficiente de correlação entre X_2 e X_3, aumenta aproximando-se de 1, as variâncias de $\hat{\beta}_2$ e $\hat{\beta}_3$ aumentam para valores dados de σ^2 e $\sum x_{2i}^2$ ou $\sum x_{3i}^2$. No limite, quando $r_{23} = 1$ (ou seja, a colinearidade for perfeita), essas variâncias tornam-se infinitas. As implicações disso serão exploradas a fundo no Capítulo 10, mas o leitor pode perceber que, à medida que r_{23} aumenta, fica cada vez mais difícil saber quais são os valores verdadeiros de β_2 e β_3. (Falaremos mais no próximo capítulo, mas veja a Equação (7.1.13).)
7. Também fica claro, por meio das Equações (7.4.12) e (7.4.15), que, para valores dados de r_{23} e $\sum x_{2i}^2$ ou $\sum x_{3i}^2$, as variâncias dos estimadores de MQO são diretamente proporcionais a σ^2; ou seja, eles aumentam à medida que σ^2 aumenta. Do mesmo modo, para valores dados de σ^2 e r_{23}, a variância de $\hat{\beta}_2$ é inversamente proporcional a $\sum x_{2i}^2$, isto é, quanto maior a variância dos valores amostrais de X_2, menor a variância de $\hat{\beta}_2$ e, portanto, de β_2. Pode-se dizer o mesmo da variância de $\hat{\beta}_3$.
8. Dadas as hipóteses do modelo clássico de regressão linear, especificadas na Seção 7.1, pode-se demonstrar que os estimadores de MQO dos coeficientes parciais de regressão não são apenas lineares e não viesados, mas também têm a variância mínima dentro da classe de todos os estimadores lineares não viesados (ou não tendenciosos). Em resumo, *são MELNT ou BLUE.* Dito de forma diferente, eles atendem ao teorema de Gauss-Markov. (A demonstração é semelhante àquela do caso das duas variáveis da Seção 3A.6 do Apêndice 3A e será apresentada de modo mais resumido no **Apêndice C** usando notação matricial.)

Estimadores de máxima verossimilhança

Mencionamos no Capítulo 4 que, sob a hipótese de que u_i, o termo de erro da população, segue a distribuição normal com média zero e variância constante σ^2, os estimadores de máxima verossimilhança (MV) e os de mínimos quadrados ordinários (MQO) dos coeficientes de regressão do modelo de duas variáveis são idênticos. Essa igualdade estende-se aos modelos com qualquer número de variáveis. (Na Seção 7A.4 do Apêndice 7A é apresentada a demonstração.) Contudo, isso não é verdade no caso do estimador de σ^2. É possível demonstrar que o estimador de MV de σ^2 é $\sum \hat{u}_i^2/n$ independentemente do número de variáveis do modelo, enquanto o estimador de MQO para σ^2 é $\sum \hat{u}_i^2/(n-2)$ no caso de duas variáveis, $\sum \hat{u}_i^2/(n-3)$ no caso de três variáveis e $\sum \hat{u}_i^2/(n-k)$ no caso do modelo com k variáveis (7.4.20). Em resumo, o estimador de MQO para σ^2 leva em conta o número de graus de liberdade, enquanto o estimador de máxima verossimilhança não. É claro, se n for muito grande, os estimadores de MV e de MQO para σ^2 tenderão a aproximar-se. (Por quê?)

7.5 O coeficiente de determinação múltiplo, R^2, e o coeficiente de correlação múltiplo, R

No caso de duas variáveis, vimos que r^2, tal como definido na Equação (3.5.5), mede a qualidade do ajustamento da equação de regressão, isto é, fornece a proporção ou percentual da variação total da variável dependente Y que é explicada pela variável explanatória (única) X. Essa notação de r^2 pode ser facilmente estendida aos modelos com mais de duas variáveis. No caso de modelos com três variáveis, queremos conhecer a proporção da variação de Y que é explicada, conjuntamente, pelas variáveis X_2 e X_3. A medida que nos oferece essa informação é o **coeficiente de determinação múltiplo**, denotado por R^2; conceitualmente, é semelhante ao r^2.

Para deduzirmos R^2, podemos seguir o procedimento adotado no caso de r^2 e apresentado na Seção 3.5. Lembre-se de que:

$$\begin{aligned} Y_i &= \hat{\beta}_1 + \hat{\beta}_2 X_{2i} + \hat{\beta}_3 X_{3i} + \hat{u}_i \\ &= \hat{Y}_i + \hat{u}_i \end{aligned} \tag{7.5.1}$$

em que $\hat{Y}_i$ é o valor estimado de Y_i dado pela linha de regressão ajustada e é um estimador da verdadeira $E(Y_i \mid X_{2i}, X_{3i})$. Passando a usar as letras minúsculas para indicar os desvios em relação à média, a Equação (7.5.1) pode ser escrita como:

$$\begin{aligned} y_i &= \hat{\beta}_2 x_{2i} + \hat{\beta}_3 x_{3i} + \hat{u}_i \\ &= \hat{y}_i + \hat{u}_i \end{aligned} \tag{7.5.2}$$

Elevando ao quadrado os dois lados dessa expressão e somando os valores amostrais, obtemos

$$\begin{aligned} \sum y_i^2 &= \sum \hat{y}_i^2 + \sum \hat{u}_i^2 + 2 \sum \hat{y}_i \hat{u}_i \\ &= \sum \hat{y}_i^2 + \sum \hat{u}_i^2 \qquad \text{(Por quê?)} \end{aligned} \tag{7.5.3}$$

Em palavras, a Equação (7.5.3) nos informa que a soma total dos quadrados (STQ) é igual à soma dos quadrados explicados pela regressão (SQE) mais a soma dos quadrados dos resíduos (SQR). Substituindo por $\sum \hat{u}_i^2$ sua expressão na Equação (7.4.19), obtemos

$$\sum y_i^2 = \sum \hat{y}_i^2 + \sum y_i^2 - \hat{\beta}_2 \sum y_i x_{2i} - \hat{\beta}_3 \sum y_i x_{3i}$$

que reorganizada fica

$$\text{SQE} = \sum \hat{y}_i^2 = \hat{\beta}_2 \sum y_i x_{2i} + \hat{\beta}_3 \sum y_i x_{3i} \tag{7.5.4}$$

Por definição,

$$\begin{aligned} R^2 &= \frac{\text{SQE}}{\text{STQ}} \\ &= \frac{\hat{\beta}_2 \sum y_i x_{2i} + \hat{\beta}_3 \sum y_i x_{3i}}{\sum y_i^2} \end{aligned} \tag{7.5.5}$$[9]

(compare a Equação (7.5.5) com a Equação (3.5.6)).

Como os números que entram na Equação (7.5.5) são calculados rotineiramente, é fácil obter o R^2. Note que R^2, assim como r^2, se situa entre 0 e 1. Se for l, a linha de regressão ajustada explicará

[9] Note que R^2 também pode ser calculado do seguinte modo:

$$R^2 = 1 - \frac{\text{SQR}}{\text{STQ}} = 1 - \frac{\sum \hat{u}_i^2}{\sum y_i^2} = 1 - \frac{(n-3)\hat{\sigma}^2}{(n-1)S_y^2}$$

100% da variação de Y. Por outro lado, se for 0, o modelo não explicará nada da variação de Y. De modo geral, R está entre esses valores extremos. Diz-se que a qualidade do ajustamento é "melhor" quanto mais próximo R^2 situar-se de 1.

Lembre-se de que, no caso de duas variáveis, definimos r como o coeficiente de correlação e dissemos que ele mede o grau de associação (linear) entre duas variáveis. O coeficiente análogo a r para três ou mais variáveis é o coeficiente de **correlação múltipla**, denotado por R e que mede o grau de associação entre Y e todas as variáveis explanatórias em conjunto. Embora r possa ser positivo ou negativo, R sempre será positivo. Contudo, na prática, R tem pouca importância. O indicador mais representativo é R^2.

Antes de prosseguirmos, vejamos a seguinte relação entre R^2 e a variância de um coeficiente parcial de regressão no modelo de regressão múltipla com k variáveis dado na Equação (7.4.20):

$$\operatorname{var}(\hat{\beta}_j) = \frac{\sigma^2}{\sum x_j^2}\left(\frac{1}{1 - R_j^2}\right) \tag{7.5.6}$$

em que $\hat{\beta}_j$ é o coeficiente parcial de regressão do regressor X_j e R_j^2 é o R^2 da regressão de X_j contra os restantes (k — 2) regressores. (*Nota:* há [k — 1] regressores no modelo com k variáveis.) Embora a utilidade da Equação (7.5.6) fique evidente no Capítulo 10, sobre multicolinearidade, note que essa equação é apenas uma extensão da fórmula da Equação (7.4.12) ou da Equação (7.4.15) para o modelo de regressão com três variáveis, um regressando e dois regressores.

7.6 Exemplo ilustrativo

EXEMPLO 7.1
Mortalidade infantil em relação ao PNB per capita *e à taxa de alfabetização feminina*

No Capítulo 6, consideramos o comportamento da mortalidade infantil (MI) em relação ao PNB *per capita* (PNB*pc*) e verificamos que essa variável tinha um impacto negativo na mortalidade infantil, como seria de esperar. Agora, vejamos a alfabetização das mulheres, medida pela taxa de alfabetização feminina (TAF). *A priori*, esperamos que a TAF também tenha uma influência negativa sobre a MI. Quando incluímos as duas variáveis no modelo, precisamos isolar a influência de cada um dos regressores. Precisamos estimar os coeficientes (parciais) de regressão de cada regressor.

Nosso modelo é:

$$\text{MI}_i = \beta_1 + \beta_2\text{PNB}pc_i + \beta_3\text{TAF}_i + u_i \tag{7.6.1}$$

Os dados necessários são os da Tabela 6.4. Tenha em mente que a MI é o número de óbitos de crianças com menos de 5 anos por mil nascidos vivos, PNBpc é o PNB *per capita* em 1980 e a TAF é medida em porcentagem. Nossa amostra é constituída de 64 países.

Usando o programa estatístico EViews6, obtivemos os seguintes resultados

$$\begin{aligned}\widehat{\text{MI}}_i &= 263{,}6416 - 0{,}0056\ \text{PNB}pc_i - 2{,}2316\ \text{TAF}_i\\ \text{ep} &= (11{,}5932)\quad (0{,}0019)\qquad (0{,}2099)\qquad R^2 = 0{,}7077\\ &\qquad\qquad\qquad\qquad\qquad\qquad\qquad \bar{R}^2 = 0{,}6981^*\end{aligned} \tag{7.6.2}$$

em que os números entre parênteses são os erros padrão estimados. Antes de interpretar essa regressão, observe o coeficiente parcial angular do PNB*pc*, especificamente, −0,0056. Não é exatamente o mesmo que o obtido por meio do processo em três etapas examinado na seção anterior (veja a Equação (7.3.5))? Mas isso deveria surpreender você? Não, mas os dois erros padrão são exatamente iguais, o que também não deveria surpreender. Fizemos isso sem aquele trabalhoso procedimento em três etapas.

* Veja a Seção 7.8

(*Continua*)

EXEMPLO 7.1 (*Continuação*)

Agora vamos interpretar os coeficientes da regressão: −0,0056 é o coeficiente parcial de regressão do PNB*pc* e diz que, mantida constante a influência da TAF, quando o PNB*pc* aumenta, por exemplo, em um dólar, a mortalidade infantil reduz-se, em média, de 0,0056 unidade. Para facilitarmos a interpretação econômica, podemos dizer que se o PNB *per capita* aumenta em $1.000, o número de óbitos de crianças com menos de 5 anos cai, em média, de cerca de 5,6 por mil nascimentos vivos. O coeficiente −2,2316 indica que, mantida constante a influência do PNBpc, o número de óbitos de crianças de menos de 5 anos reduz-se, em média, em cerca de 2,23 por mil nascidos vivos quando a taxa de alfabetização feminina aumenta em um ponto percentual. O valor do intercepto de cerca de 263, interpretado mecanicamente, significa que, se os valores do PNB*pc* e da TAF fossem fixados em zero, a mortalidade infantil média seria de cerca de 263 óbitos por mil nascidos vivos. Obviamente, essa interpretação deve ser vista com certa reserva. Tudo o que podemos inferir é que, se os dois regressores fossem fixados em zero, a mortalidade infantil seria bastante alta, o que faz sentido prático. O valor de R^2, de aproximadamente 0,71, significa que cerca de 71% da variação da mortalidade infantil pode ser explicada por PNB*pc* e TAF, um valor bastante alto considerando que R^2 pode chegar no máximo a 1. Enfim, os resultados da regressão fazem sentido.

E quanto à significância estatística dos coeficientes estimados? Trataremos desse assunto no Capítulo 8. Como veremos, sob muitos aspectos este capítulo será uma extensão do Capítulo 5, que tratou o modelo com duas variáveis. Como mostraremos também, existem algumas diferenças importantes na inferência estatística (no teste de hipóteses) entre os modelos de duas variáveis e os de regressão múltipla.

Regressão com variáveis padronizadas

No capítulo anterior, apresentamos o tópico sobre regressão com variáveis padronizadas e afirmamos que a análise pode ser estendida a regressões com muitas variáveis. Lembre-se de que uma variável é considerada padronizada se estiver expressa em termos de desvios em relação à média e dividida por seu desvio padrão.

No exemplo da mortalidade infantil, os resultados são os seguintes:

$$\begin{aligned} \widehat{\text{MI}}^* &= -\ 0{,}2026\ \text{PNB}^*_{pc} - 0{,}7639\ \text{TAF}^* \\ \text{ep} &= \quad (0{,}0713) \qquad\quad (0{,}0713) \qquad R^2 = 0{,}7077 \end{aligned} \tag{7.6.3}$$

Nota: as variáveis com asterisco são variáveis padronizadas. Observe também que nesse modelo não há intercepto pelas razões expostas no capítulo anterior.

Como você pode ver nessa regressão, com a TAF mantida constante, o aumento de um desvio padrão no PNB*pc* leva, em média, a uma redução de 0,2026 desvio padrão na MI. Do mesmo modo, se o PNB*pc* for mantido constante, o aumento de um desvio padrão na TAF levará, em média, a uma redução de 0,7639 desvio padrão na MI. Em termos relativos, a alfabetização feminina tem mais influência sobre a mortalidade infantil do que o PNB *per capita.* Aqui você pode ver a importância de usar variáveis padronizadas, pois a padronização permite dispor todas as variáveis em pé de igualdade, todas as variáveis padronizadas têm média zero e variância unitária.

Impacto sobre a variável dependente da variação de uma unidade em mais de um regressor

Antes de prosseguir, suponha que você queira descobrir o que aconteceria com a taxa de mortalidade infantil se aumentássemos o PNB*pc* e a TAF simultaneamente. Suponha que o PNB aumentasse em 1 dólar e ao mesmo tempo a alfabetização feminina aumentasse em um ponto percentual. Qual seria o impacto dessa variação simultânea sobre a taxa de mortalidade infantil? Para descobrirmos, tudo o que precisamos fazer é multiplicar os coeficientes do PNBpc e da TAF pelas variações propostas e adicionar os termos resultantes. Em nosso exemplo isso dá:

$$-0{,}0056(1) - 2{,}2316(1) = 2{,}2372$$

Como resultado dessa variação simultânea no PNB*pc* e na TAF, o número de óbitos de crianças com menos de 5 anos cairia em cerca de 2,24 mortes.

De modo mais geral, se quisermos verificar o impacto total sobre a variável dependente da variação de uma unidade em mais de um regressor, só precisaremos multiplicar os coeficientes desses regressores pela variação proposta e somar os produtos. Note que o termo de intercepto não entra nesses cálculos. (Por quê?)

7.7 Regressão simples no contexto da regressão múltipla: uma introdução ao viés de especificação

Lembre-se de que a Hipótese (7.1.10) do modelo clássico de regressão linear afirma que o modelo de regressão utilizado na análise está "corretamente" especificado, não há **viés de especificação ou erro de especificação** (veja no Capítulo 3 algumas observações iniciais). Embora o tópico sobre erro de especificação seja visto com mais detalhes no Capítulo 13, o exemplo da seção anterior nos oferece ótima oportunidade não apenas de reforçar a importância da Hipótese (7.1.10), mas também de lançar mais luz sobre o significado do coeficiente parcial de regressão e proporcionar uma introdução um tanto informal ao tópico do viés de especificação.

Suponha que a Equação (7.6.1) seja o modelo que explica "verdadeiramente" o comportamento da mortalidade infantil em relação ao PNB *per capita* e à taxa de alfabetização feminina (TAF). Mas suponha que deixemos de lado a TAF e estimemos a seguinte regressão simples:

$$Y_i = \alpha_1 + \alpha_2 X_{2i} + u_{1i} \tag{7.7.1}$$

em que $Y =$ MI e $X_2 =$ PNB*pc*

Como a Equação (7.6.1) é o verdadeiro modelo, estimar a Equação (7.7.1) constituiria um erro de especificação, sendo o erro a *omissão* da variável X_3, a taxa de alfabetização feminina. Note que estamos usando símbolos diferentes para os parâmetros (os alfas) na Equação (7.7.1) para distingui-los dos verdadeiros parâmetros (os betas) dados na Equação (7.6.1).

Será que α_2 oferecerá uma estimativa não viesada da verdadeira influência do PNB*pc*, dada por β_2 no modelo (7.6.1)? Será $E = (\hat{\alpha}_2) = \beta_2$, em que $\hat{\alpha}_2$ é o valor estimado de α_2? Em outras palavras, o coeficiente do PNB*pc* na Equação (7.7.1) fornecerá uma estimativa não viesada da verdadeira influência do PNB*pc* sobre a MI, sabendo-se que omitimos a variável X_3 (TAF) do modelo? Como você suspeita, *de modo geral*, $\hat{\alpha}_2$ não será um estimador não viesado do verdadeiro β_2. Para termos uma ideia do viés, calculamos a regressão (7.7.1), que obteve os seguintes resultados:

$$\begin{aligned} \widehat{\text{MI}}_i &= 157{,}4244 \quad - \quad 0{,}0114\ \text{PNB}_{pc} \\ \text{ep} &= \quad (9{,}8455) \qquad (0{,}0032) \qquad r^2 = 0{,}1662 \end{aligned} \tag{7.7.2}$$

Observe alguns detalhes na comparação entre esta regressão e a regressão múltipla "verdadeira" (7.6.1):

1. Em termos absolutos (desconsiderando o sinal), o coeficiente do PNBpc aumentou de 0,0056 para 0,0114, um aumento de quase duas vezes.
2. Os erros padrão são diferentes.
3. Os valores do intercepto são diferentes.
4. Os valores de r^2 divergem substancialmente, embora em geral seja normal que, à medida que o número de regressores no modelo aumenta, o valor de r^2 também aumente.

Agora, suponha que você calcule a regressão da mortalidade infantil contra a taxa de alfabetização feminina, desconsiderando a influência do PNB*pc*. Os resultados obtidos foram os seguintes:

$$\widehat{\text{MI}}_i = 263{,}8635 \;-\; 2{,}3905\,\text{TAF}_i \tag{7.7.3}$$
$$\text{ep} = (21{,}2249) \quad (0{,}2133) \qquad r^2 = 0{,}6696$$

Comparando novamente os resultados desta regressão (mal especificada) com os da regressão múltipla "verdadeira", você verá que os resultados são diferentes, embora neste caso as diferenças não sejam tão notáveis quanto no caso da regressão (7.7.2).

Um aspecto importante a observar é que uma especificação equivocada do modelo pode ter graves consequências. Veremos isso mais a fundo no Capítulo 13, sobre erros de especificação.

7.8 R^2 e R^2 ajustado

Uma propriedade importante do R^2 é que ele é uma função não decrescente do número de variáveis explanatórias ou regressores presentes no modelo, a menos que a variável adicionada seja perfeitamente colinear com os outros regressores. À medida que o número de regressores aumenta, quase invariavelmente R^2 aumenta e nunca diminui. Dito de outra forma, uma variável X adicional não reduz o valor de R^2. Compare, por exemplo, a regressão (7.7.2) ou a (7.7.3) com a (7.6.2). Para ver isso, lembre-se de que a definição dos coeficientes de determinação:

$$\begin{aligned} R^2 &= \frac{\text{SQE}}{\text{STQ}} \\ &= 1 - \frac{\text{SQR}}{\text{STQ}} \\ &= 1 - \frac{\sum \hat{u}_i^2}{\sum y_i^2} \end{aligned} \tag{7.8.1}$$

Agora, $\sum y_i^2$ é independente do número de variáveis X do modelo porque é apenas $\sum(Y_i - \bar{Y})^2$. A SQR, $\sum \hat{u}_i^2$, no entanto, depende do número de regressores do modelo. Intuitivamente, fica claro que à medida que a quantidade de variáveis X aumenta, $\sum \hat{u}_i^2$ tende a diminuir (ou pelo menos não aumenta); assim R^2, tal como definido na Equação (7.8.1), aumentará. Em vista disso, ao compararmos dois modelos de regressão com a *mesma variável dependente*, mas com número diferente de variáveis X, poderíamos ser levados a escolher o modelo com o R^2 mais alto.

Para comparar dois termos R^2, é preciso levar em conta o número de variáveis X do modelo. Isso pode ser feito se considerarmos um coeficiente de determinação alternativo, que é o seguinte:

$$\bar{R}^2 = 1 - \frac{\sum \hat{u}_i^2/(n-k)}{\sum y_i^2/(n-1)} \tag{7.8.2}$$

em que k = número de parâmetros do modelo, *incluindo o termo de intercepto*. (Na regressão com três variáveis, $k = 3$. Por quê?) O R^2 assim definido é conhecido como o **R^2 ajustado**, denotado por $\bar{R}^2$. O termo *ajustado* significa ajustado pelos graus de liberdade associados à soma de quadrados que entra na Equação (7.8.1): $\sum \hat{u}_i^2$ tem $n - k$ graus de liberdade envolvendo k parâmetros, o que inclui o termo de intercepto, e $\sum y_i^2$ tem $n - 1$ graus de liberdade. (Por quê?) Para o caso de três variáveis, sabemos que $\sum \hat{u}_i^2$ tem $n - 3$ graus de liberdade.

A Equação (7.8.2) também pode ser escrita como

$$\bar{R}^2 = 1 - \frac{\hat{\sigma}^2}{S_Y^2} \tag{7.8.3}$$

em que $\hat{\sigma}^2$ é a variância residual, um estimador não viesado do verdadeiro σ^2, e S_Y^2 é a variância amostral de *Y*.

É fácil verificar que $\bar{R}^2$ e R^2 relacionam-se, porque, substituindo a Equação (7.8.1) na Equação (7.8.2), obtemos:

$$\bar{R}^2 = 1 - (1 - R^2)\frac{n - 1}{n - k} \tag{7.8.4}$$

Com base na Equação (7.8.4) fica imediatamente claro que: (1) para $k > 1$, $\bar{R}^2 < R^2$, o que implica que, à medida que o número de variáveis *X* aumenta, o R^2 ajustado aumenta menos que o R^2 não ajustado; e (2) $\bar{R}^2$ pode ser negativo, embora R^2 seja necessariamente não negativo.[10] Se em uma aplicação $\bar{R}^2$ for negativo, seu valor será tomado como zero.

Qual R^2 deveria ser empregado na prática? Como Theil observa:

> [...] é uma boa prática usar $\bar{R}^2$ em vez de R^2, porque este tende a oferecer um quadro otimista do ajustamento da regressão, principalmente quando o número de variáveis explanatórias não é muito pequeno em relação ao número de observações.[11]

Mas a opinião de Theil não é compartilhada amplamente, pois ele não ofereceu nenhuma justificativa teórica geral para a "superioridade" do $\bar{R}^2$. Por exemplo, Goldberger argumenta que o R^2 a seguir, que chama de R^2 **modificado**, funcionará igualmente bem:[12]

$$R^2 \text{ Modificado} = (1 - k/n)R^2 \tag{7.8.5}$$

Seu conselho é relatar o R^2, o *n* e o *k* e deixar ao leitor decidir como fazer o ajustamento de R^2 levando em conta *n* e *k*.

A despeito dessa advertência, é o R^2 ajustado, tal como dado na Equação (7.8.4), que é adotado pela maior parte dos programas de estatística juntamente com o R^2 convencional. O leitor é aconselhado a tratar $\bar{R}^2$ como mais uma estatística sintética.

Vale mencionar que, no caso da regressão da mortalidade infantil (7.6.2), seria conveniente ao leitor verificar se $\bar{R}^2$ é 0,6981, mantendo em mente que, neste exemplo, $(n - 1) = 63$ e $(n - k) = 60$. Como esperado, o $\bar{R}^2$ de 0,6981 é menor que o R^2 de 0,7077.

Além do emprego do R^2 e do R^2 ajustado como medidas da qualidade do ajustamento, muitas vezes são usados outros critérios para avaliar a adequação de um modelo de regressão. Dois deles são o **critério de informação de Akaike** e o **critério de previsão de Amemiya**, utilizados para fazer a seleção entre modelos substitutos. Falaremos desses critérios quando considerarmos em mais detalhes o problema da seleção de modelos em capítulo mais à frente (veja o Capítulo 13.)

Comparação de dois valores de R^2

É fundamental observar que, ao comparar dois modelos com base no coeficiente de determinação, ajustado ou não, *o tamanho da amostra n e a variável dependente devem ser os mesmos*; as variáveis explanatórias podem assumir qualquer forma. No caso dos modelos

$$\ln Y_i = \beta_1 + \beta_2 X_{2i} + \beta_3 X_{3i} + u_i \tag{7.8.6}$$

$$Y_i = \alpha_1 + \alpha_2 X_{2i} + \alpha_3 X_{3i} + u_i \tag{7.8.7}$$

---

[10] Note, contudo, que, se $R^2 = 1$, $\bar{R}^2 = R^2 = 1$. Quando $R^2 = 0$, $\bar{R}^2 = \frac{(1 - k)}{(n - k)}$, caso em que $\bar{R}^2$ pode ser negativo se $k > 1$.

[11] THEIL, Henry. *Introduction to econometrics.* Englewood Clifs, N. J.: Prentice Hall, 1978. p. 135.

[12] GOLDBERGER, Arthur S. *A course in econometrics.* Cambridge, Mass: Harvard University Press, 1991. p. 178. Para uma opinião mais crítica do R^2, *veja* CAMERON, S. "Why is the *R* squared adjusted reported?" *Journal of Quantitative Economics,* jan. 1993. v. 9, n. I, p. 183-186. O autor argumenta que: "Ele [R^2] NÃO é um teste estatístico e parece não haver uma justificativa intuitiva clara para seu uso como estatística descritiva. Por fim, deveria ser claro para nós que não é uma ferramenta eficaz para prevenir a garimpagem de dados" (p. 186).

os R^2 obtidos não podem ser comparados. A razão é a seguinte: por definição, R^2 mede a proporção da variação da variável dependente explicada pelo(s) regressor(es). Na Equação (7.8.6), R^2 mede a proporção da *variação* em ln Y explicada por X_2 e X_3, enquanto na Equação (7.8.7) ele mede a proporção da *variação* em Y, e os dois não são a mesma coisa: como visto no Capítulo 6, uma variação em ln Y dá uma variação relativa ou proporcional em Y, enquanto uma variação em Y dá uma variação absoluta. Portanto, var $\hat{Y}_i$/var Y_i não é igual a var$(\widehat{\ln Y_i})$/var$(\ln Y_i)$, isto é, os dois coeficientes de determinação não são o mesmo.[13]

Como é possível comparar os R^2 de dois modelos quando o regressando não está expresso do mesmo modo? Para responder a isso, consideremos um exemplo numérico.

EXEMPLO 7.2

Consumo de café nos Estados Unidos, 1970-1980

Considere os dados da Tabela 7.1. Eles dizem respeito ao consumo de xícaras de café por dia (Y) e o preço real do café no varejo (X), nos Estados Unidos, no período 1970-1980. Aplicando o método dos mínimos quadrados ordinários aos dados, obtemos os seguintes resultados da regressão:

$$\begin{aligned}\hat{Y}_t &= 2{,}6911 \ - \ 0{,}4795X_t \\ \text{ep} &= (0{,}1216) \quad (0{,}1140) \qquad \text{SQR} = 0{,}1491;\ r^2 = 0{,}6628\end{aligned} \tag{7.8.8}$$

Esses resultados fazem sentido do ponto de vista econômico. À medida que os preços do café aumentam, em média, o consumo de café diminui cerca de meia xícara por dia. O valor de r^2, de cerca de 0,66, indica que o preço do café explica cerca de 66% da variação do consumo de café. O leitor pode verificar facilmente que o coeficiente angular é estatisticamente significativo.

TABELA 7.1

Consumo de café nos Estados Unidos (Y) em relação ao preço médio no varejo (X),* 1970-1980

Ano	Y, Xícaras por pessoa/dia	X, \$ por lb (peso)
1970	2,57	0,77
1971	2,50	0,74
1972	2,35	0,72
1973	2,30	0,73
1974	2,25	0,76
1975	2,20	0,75
1976	2,11	1,08
1977	1,94	1,81
1978	1,97	1,39
1979	2,06	1,20
1980	2,02	1,17

**Nota:* O preço nominal foi dividido pelo IPC de alimentos e bebidas, 1967 = 100.

Fonte: Os dados relativos a Y foram extraídos de *Summary of National Coffee Drinking Study*, Data Group, Elkins Park, Penn., 1981; e os dados relativos a X nominal (preços correntes do café) são de *Nielsen Food Index*, A. C. Nielsen, Nova York, 1981.

Agradeço a Scott E. Sandberg pela coleta dos dados.

(*Continua*)

[13] Da definição de R^2, sabemos que:

$$1 - R^2 = \frac{\text{SQR}}{\text{STQ}} = \frac{\sum \hat{u}_i^2}{\sum (Y_i - \bar{Y})^2}$$

para o modelo linear e

$$1 - R^2 = \frac{\sum \hat{u}_i^2}{\sum (\ln Y_i - \overline{\ln Y})^2}$$

para o modelo logarítmico. Como os denominadores do lado direito dessas expressões são diferentes, não podemos comparar os dois R^2 diretamente.

Como mostra o Exemplo 7.2, para a especificação linear, a SQR = 0,1491 (a soma dos quadrados dos resíduos do consumo de café) e, para o modelo log-linear, a SQR = 0,0226 (a soma dos quadrados dos resíduos do logaritmo do consumo de café). Esses resíduos são de ordens diferentes de magnitude e, portanto, não podem ser comparados diretamente.

EXEMPLO 7.2
(Continuação)

Com os mesmos dados, pode-se estimar o seguinte modelo log-log ou de elasticidade constante:

$$\widehat{\ln Y_t} = 0{,}7774 - 0{,}2530 \ln X_t$$
$$\text{ep} = (0{,}0152) \quad (0{,}0494) \qquad \text{SQR} = 0{,}0226;\ r^2 = 0{,}7448 \tag{7.8.9}$$

Como este é um modelo log-log, o coeficiente angular oferece uma estimativa direta do coeficiente da elasticidade-preço. Neste caso, diz que, se o preço do café por libra (de peso) aumentar em 1%, o consumo diário de café cairá, em média, cerca de 0,25%. Lembre-se de que, no modelo linear (7.8.8), o coeficiente angular só nos mostra a taxa de variação do consumo de café em relação ao preço. (Como você estimará a elasticidade-preço no caso do modelo linear?) O valor de r^2 de cerca de 0,74 significa que cerca de 74% da variação do logaritmo da demanda por café é explicada pela variação no logaritmo do preço do café.

Como o valor de r^2 no modelo linear, de 0,6628, é menor que o do modelo log-linear, de 0,7448, você pode ficar tentado a escolher o segundo modelo em função desse r^2 mais alto. Mas, pelas razões já expostas, não é possível proceder desse modo. Se quiser comparar os dois valores de r^2, você deve fazer o seguinte:

1. Calcular $\widehat{\ln Y_t}$ com base na Equação (7.8.9) para cada observação, isto é, obter o valor estimado, em logaritmo, de cada observação deste modelo. Tomar o antilogaritmo correspondente a esses valores e calcular r^2 entre esses valores do antilogaritmo e o Y_t efetivo da forma indicada pela Equação (3.5.14). Esse valor de r^2 é comparável ao valor de r^2 do modelo linear (7.8.8).
2. *Como alternativa*, supondo que todos os valores de Y sejam positivos, obtenha os logaritmos dos valores de Y, $\ln Y$. Obter os valores estimados de Y, $\hat{Y}_t$ de acordo com o modelo linear (7.8.8), tomar os logaritmos desses valores estimados de Y (isto é, $\ln \hat{Y}_t$) e calcular o r^2 entre $(\ln Y_t)$ e $(\ln \hat{Y}_t)$ conforme indicado na Equação (3.5.14). Esse valor de r^2 é comparável com o valor obtido na Equação (7.8.9).

Apresentamos, para este exemplo de consumo de café, os dados brutos necessários para o cálculo dos r^2 comparáveis com base na Tabela 7.2. Para compararmos o valor do r^2 do modelo linear (7.8.8) com aquele de (7.8.9), primeiro obtemos o log de $(\hat{Y}_t)$ (dado na coluna (6) da Tabela 7.2), então obtemos os logaritmos dos valores efetivos de Y (dados na coluna (5) da tabela) e por fim calculamos o r^2 entre esses dois conjuntos de valores usando a Equação (3.5.14). O resultado é um r^2 de 0,6779, que agora podemos comparar com o valor de r^2 obtido no modelo log-linear, 0,7448. A diferença entre os dois valores de r^2 é de cerca de 0,07.

TABELA 7.2
Dados brutos para comparação dos dois valores de R^2

				Antilogaritmo de		
Ano	Y_t (1)	$\hat{Y}_t$ (2)	$\widehat{\ln Y_t}$ (3)	$\widehat{\ln Y_t}$ (4)	$\ln Y_t$ (5)	$\ln(\hat{Y}_t)$ (6)
1970	2,57	2,321887	0,843555	2,324616	0,943906	0,842380
1971	2,50	2,336272	0,853611	2,348111	0,916291	0,848557
1972	2,35	2,345863	0,860544	2,364447	0,854415	0,852653
1973	2,30	2,341068	0,857054	2,356209	0,832909	0,850607
1974	2,25	2,326682	0,846863	2,332318	0,810930	0,844443
1975	2,20	2,331477	0,850214	2,340149	0,788457	0,846502
1976	2,11	2,173233	0,757943	2,133882	0,746688	0,776216
1977	1,94	1,823176	0,627279	1,872508	0,662688	0,600580
1978	1,97	2,024579	0,694089	2,001884	0,678034	0,705362
1979	2,06	2,115689	0,731282	2,077742	0,722706	0,749381
1980	2,02	2,130075	0,737688	2,091096	0,703098	0,756157

Notas: Coluna (1): valores efetivos de Y constantes da Tabela 7.1.
Coluna (2): valores de Y estimados com o modelo linear (7.8.8).
Coluna (3): logaritmos de Y estimados com o modelo log-log (7.8.9).
Coluna (4): antilogaritmos dos valores constantes da coluna (3).
Coluna (5): logaritmos dos valores de Y, constantes da coluna (1).
Coluna (6): logaritmos dos valores de Y, constantes da coluna (2).

(Continua)

EXEMPLO 7.2 (*Continuação*)

Por outro lado, se quisermos comparar o valor do r^2 obtido no modelo log-linear com o do modelo linear, precisaremos obter $\widehat{\ln Y_t}$ para cada observação da Equação (7.8.9) (dada na coluna (3) da tabela), obter os antilogaritmos correspondentes (dados na coluna (4) da tabela) e por fim calcular o r^2 entre esses antilogaritmos e os valores efetivos de Y, usando a Fórmula (3.5.14). Isso nos dará um valor de r^2 igual a 0,7187, que é ligeiramente mais alto que aquele obtido no modelo linear (7.8.8), ou seja, 0,6628.

Qualquer que seja o método empregado, parece que o modelo log-linear proporciona um melhor ajustamento.

Distribuição de R^2 entre os regressores

Voltemos ao exemplo da mortalidade infantil. Vimos na Equação (7.6.2) que os dois regressores PNB*pc* e TAF explicam 0,7077 ou 70,77% da variação da mortalidade infantil. Mas considere agora a regressão (7.7.2), em que excluímos a variável TAF e como resultado o valor do r^2 caiu para 0,1662. Isso quer dizer que a diferença de 0,5415 (0,7077 — 0,1662) pode ser atribuída à variável excluída, TAF? Por outro lado, se você considerar a regressão (7.7.3), em que excluímos a variável PNBpc, o valor do r^2 cairá para 0,6696. Será que isso indica que a diferença de 0,0381 (0,7077 — 0,6696) no valor do r^2 deve-se à exclusão da variável PNB*pc*?

A pergunta então é: podemos distribuir o valor de R^2, 0,7077, entre os dois regressores, PNB*pc* e TAF, desse modo? Infelizmente, não podemos fazer isso, pois a alocação depende da ordem em que os regressores entram, como acabamos de ilustrar. Parte do problema está no fato de que os dois regressores estão correlacionados, sendo o coeficiente de correlação de 0,2685 (verifique na Tabela 6.4). Na maioria das aplicações com vários regressores, a correlação entre eles é um problema comum. Obviamente, o problema será muito grave se houver perfeita colinearidade entre os regressores.

A melhor orientação prática é que há pouco sentido em tentar distribuir o valor de R^2 entre os regressores que o determinam.

O "jogo" da maximização de $\bar{R}^2$

Antes de concluirmos esta seção, cabe uma advertência. Às vezes os pesquisadores entram no jogo da maximização do $\bar{R}^2$: escolhem o modelo que fornece o maior $\bar{R}^2$. Mas isso pode ser perigoso, pois na análise de regressão nosso objetivo não é obter um $\bar{R}^2$ alto *per se*, mas, em vez disso, obter estimativas confiáveis dos verdadeiros coeficientes de regressão para a população e fazer inferências estatísticas a respeito deles. Na análise prática não é raro obter um $\bar{R}^2$ muito elevado e verificar que alguns dos coeficientes de regressão são estatisticamente não significativos ou apresentam sinais contrários aos esperados. Portanto, o pesquisador deve preocupar-se mais com a relevância lógica ou teórica das variáveis explanatórias em relação à variável dependente e em sua significância estatística. Se nesse processo obtivermos um $\bar{R}^2$ alto, ótimo; por outro lado, se o $\bar{R}^2$ for baixo, não significa que o modelo seja necessariamente ruim.[14]

A propósito, Goldberger tem uma visão muito crítica do papel do R^2. Ele disse:

> Em nosso ponto de vista, R^2 tem um papel muito modesto na análise de regressão, sendo uma medida da qualidade do ajustamento de uma regressão linear de mínimos quadrados amostrais em um conjunto de dados.

[14] Alguns autores preferem relativizar o uso de R^2 como medida de qualidade do ajustamento, bem como seu uso para comparar dois ou mais valores de R^2. Veja ACHEN, Christopher H. *Interpreting and using regression.* Beverty Hills, Calif.: Sage Publications, 1982. p. 58-67; e GRANGER, C.; NEWBOLD, F. "R^2 and the transformation of regression variables." *Journal of Econometrics,* 1976. v. 4, p. 205-210. Casualmente, note que a prática da escolha de um modelo com base no R^2 mais elevado, uma espécie de garimpagem de dados, introduz o que é conhecido como **viés do pré-teste**, que pode destruir algumas das propriedades dos estimadores de MQO do modelo clássico de regressão linear. Sobre esse tópico, o leitor pode consultar JUDGE, George G.; HILL, Carter R.; GRIFFITHS, William E.; LÜTKEPOHL, Helmuth; LEE, Tsuong-Chao. *Introduction to the theory and practice of econometrics.* Nova York: John Wiley, 1982. cap. 21.

> Nada no modelo clássico de regressão exige que R^2 seja alto. Logo, um R^2 elevado não é uma evidência favorável ao modelo, tampouco um R^2 baixo constitui prova desfavorável.
>
> Na verdade, o mais importante do R^2 é que ele não tem importância no modelo clássico de regressão. O modelo clássico de regressão trata de parâmetros da população, não da qualidade do ajustamento da amostra. [...] Quando se insiste em uma medida de sucesso de previsão (ou melhor, de fracasso), talvez σ^2 seja suficiente: afinal, ele é o quadrado do erro de previsão esperado que resultaria se a população [FRP] fosse usada como previsor. Como alternativa, o erro padrão da previsão elevado ao quadrado [...] para valores relevantes de $\mathbf{x}$ [regressores] pode ser bastante informativo.[15]

7.9 A função de produção Cobb-Douglas: mais sobre formas funcionais

Na Seção 6.4, mostramos como, com transformações adequadas, podemos converter relações não lineares em relações lineares para trabalharmos dentro do marco de referência do modelo clássico de regressão linear. As várias transformações examinadas no contexto do caso de duas variáveis podem ser facilmente estendidas aos modelos de regressão múltipla. Nesta seção, demonstramos tais transformações partindo do modelo log-linear; outras transformações serão encontradas nos exercícios e nos exemplos apresentados ao longo do livro. O exemplo específico a ser discutido agora é a famosa **função de produção Cobb-Douglas** da teoria da produção.

A função de produção Cobb-Douglas, em sua forma estocástica, pode ser expressa como:

$$Y_i = \beta_1 X_{2i}^{\beta_2} X_{3i}^{\beta_3} e^{u_i} \tag{7.9.1}$$

em que $Y =$ produção
$X_2 =$ insumo trabalho
$X_3 =$ insumo capital
$u =$ termo de erro estocástico
$e =$ logaritmo de base natural

Com base na Equação (7.9.1) fica claro que a relação entre a produção e os dois insumos não é linear. Contudo, se transformarmos logaritmicamente este modelo, obteremos:

$$\begin{aligned} \ln Y_i &= \ln \beta_1 + \beta_2 \ln X_{2i} + \beta_3 \ln X_{3i} + u_i \\ &= \beta_0 + \beta_2 \ln X_{2i} + \beta_3 \ln X_{3i} + u_i \end{aligned} \tag{7.9.2}$$

em que $\beta_0 = \ln \beta_1$.

Escrito desse modo, o modelo é linear nos parâmetros β_0, β_2 e β_3 e, portanto, é um modelo de regressão linear. Note, porém, que é não linear nas variáveis Y e X, mas é linear nos logaritmos dessas variáveis. Em resumo, a Equação (7.9.2) é um *modelo log-log, duplo log* ou *log linear*, a contrapartida do modelo log-linear (6.5.3) de duas variáveis, agora em termos de regressão múltipla.

As propriedades da função de produção Cobb-Douglas são bem conhecidas:

1. β_2 é a elasticidade (parcial) do produto em relação ao insumo trabalho; mede a variação percentual da produção quando se verifica, por exemplo, uma variação de 1 % no insumo trabalho, enquanto o capital é mantido constante (veja o Exercício 7.9).
2. Do mesmo modo, β_3 é a elasticidade (parcial) do produto em relação ao insumo capital, mantido constante o trabalho.
3. A soma $(\beta_2 + \beta_3)$ informa a respeito dos *retornos de escala*; a resposta do produto a uma variação proporcional nos insumos. Se essa soma for igual a 1, haverá *retornos constantes de escala*, isto é, se dobrarmos os insumos, a produção dobrará, se os triplicarmos, a produção triplicará e assim por

[15] GOLDBERGER, Arthur S. Op. cit. p. 177–178.

diante. Se a soma for menor que l, haverá *retornos decrescentes de escala* — se dobramos os insumos, a produção aumenta menos que o dobro. Por fim, se a soma for maior que 1, haverá *retornos crescentes de escala* — quando dobramos os insumos, a produção crescerá mais de duas vezes.

Antes de prosseguir, note que sempre que temos um modelo de regressão log-linear envolvendo qualquer número de variáveis, o coeficiente de cada variável X mede a elasticidade (parcial) da variável dependente Y em relação àquela variável. Em um modelo log-linear com k variáveis:

$$\ln Y_i = \beta_0 + \beta_2 \ln X_{2i} + \beta_3 \ln X_{3i} + \cdots + \beta_k \ln X_{ki} + u_i \tag{7.9.3}$$

cada um dos coeficientes (parciais) de regressão, de β_2 a β_k, é a elasticidade (parcial) de Y em relação às variáveis de X_2 a X_k.[16]

EXEMPLO 7.3
Valor agregado, horas de trabalho e insumo capital no setor de transformação

Para ilustrar a função de produção Cobb-Douglas, apresentamos os dados da Tabela 7.3, que se referem ao setor de transformação para todos os 50 Estados e a capital, Washington, DC, dos Estados Unidos em 2005.

Supondo que o Modelo (7.9.2) atenda às hipóteses do modelo clássico de regressão linear,[17] obtivemos a seguinte regressão pelo método dos MQO (veja na Seção 7A.5 do Apêndice 7A a tela do computador com o resultado):

TABELA 7.3
Valor agregado, horas de trabalho e insumo capital no setor de transformação

Área	Produto Valor agregado (em milhares de $) *Y*	Insumo trabalho Horas trabalhadas (em milhares) *X2*	Insumo capital Despesa de capital (em milhares de $) *X3*
Alabama	38.372.840	424.471	2.689.076
Alasca	1.805.427	19.895	57.997
Arizona	23.736.129	206.893	2.308.272
Arkansas	26.981.983	304.055	1.376.235
Califórnia	217.546.032	1.809.756	13.554.116
Colorado	19.462.751	180.366	1.790.751
Connecticut	28.972.772	224.267	1.210.229
Delaware	14.313.157	54.455	421.064
Distrito de Colúmbia	159.921	2.029	7.188
Flórida	47.289.846	471.211	2.761.281
Geórgia	63.015.125	659.379	3.540.475
Havaí	1.809.052	17.528	146.371
Idaho	10.511.786	75.414	848.220
Illinois	105.324.866	963.156	5.870.409
Indiana	90.120.459	835.083	5.832.503
Iowa	39.079.550	336.159	1.795.976
Kansas	22.826.760	246.144	1.595.118
Kentucky	38.686.340	384.484	2.503.693
Louisiana	69.910.555	216.149	4.726.625
Maine	7.856.947	82.021	415.131

(*Continua*)

[16] Para melhor entender, derive parcialmente (7.9.3) com relação ao log de cada variável X. Assim, $\partial \ln Y/\partial \ln X_2 = (\partial Y/X_2)(X_2/Y) = \beta_2$, que é, por definição, a elasticidade de Y em relação a X_2 e $\partial \ln Y/\partial \ln X_3 = (\partial Y/X_3)(X_3/Y) = \beta_3$, que é a elasticidade de Y em relação a X_3 e assim por diante.

[17] Observe que, na função de produção Cobb-Douglas (7.9.1), incluímos o termo de erro estocástico de forma especial para que a transformação logarítmica resultante entre na forma linear habitual. A esse respeito, veja a Seção 6.9.

EXEMPLO 7.3
(Continuação)

TABELA 7.3
(Continuação)

Maryland	21.352.966	174.855	1.729.116
Massachusetts	46.044.292	355.701	2.706.065
Michigan	92.335.528	943.298	5.294.356
Minnesota	48.304.274	456.553	2.833.525
Mississippi	17.207.903	267.806	1.212.281
Missouri	47.340.157	439.427	2.404.122
Montana	2.644.567	24.167	334.008
Nebraska	14.650.080	163.637	627.806
Nevada	7.290.360	59.737	522.335
Nova Hampshire	9.188.322	96.106	507.488
Nova Jersey	51.298.516	407.076	3.295.056
Novo México	20.401.410	43.079	404.749
Nova York	87.756.129	727.177	4.260.353
Carolina do Norte	101.268.432	820.013	4.086.558
Dakota do Norte	3.556.025	34.723	184.700
Ohio	124.986.166	1.174.540	6.301.421
Oklahoma	20.451.196	201.284	1.327.353
Oregon	34.808.109	257.820	1.456.683
Pensilvânia	104.858.322	944.998	5.896.392
Rhode Island	6.541.356	68.987	297.618
Carolina do Sul	37.668.126	400.317	2.500.071
Dakota do Sul	4.988.905	56.524	.311.251
Tennessee	62.828.100	582.241	4.126.465
Texas	172.960.157	1.120.382	11.588.283
Utah	15.702.637	150.030	762.671
Vermont	5.418.786	48.134	276.293
Virgínia	49.166.991	425.346	2.731.669
Washington	46.164.427	313.279	1.945.860
Oeste de Virgínia	9.185.967	89.639	685.587
Wisconsin	66.964.978	694.628	3.902.823
Wyoming	2.979.475	15.221	361.536

Fonte: *2005 Annual Survey of Manufacturers, Setor 31: Supplemental Statistics for U.S.*

$$\begin{aligned}\widehat{\ln Y_i} &= 3{,}8876 + 0{,}4683 \ln X_{2i} + 0{,}5213 \ln X_{3i} \\ &\quad\ (0{,}3962) \quad\ (0{,}0989) \qquad\quad (0{,}0969) \\ t &= (9{,}8115) \quad (4{,}7342) \qquad\quad (5{,}3803) \\ & R^2 = 0{,}9642 \qquad \text{gl} = 48 \\ & \bar{R}^2 = 0{,}9627\end{aligned} \tag{7.9.4}$$

Com base na Equação (7.9.4) vemos que, no setor de transformação dos Estados Unidos em 2005, as elasticidades da produção em relação ao trabalho e ao capital foram de 0,4683 e 0,5213, respectivamente. Em outras palavras, nos 50 Estados americanos e no Distrito de Columbia, mantido constante o capital, um aumento de 1% no insumo trabalho levou, em média, a um aumento de cerca de 0,47% na produção. Da mesma forma, mantidas constantes as horas trabalhadas, um aumento de 1% no insumo capital levou, em média, a um aumento de 0,52% na produção. Somando as duas elasticidades, obtemos 0,99, que é o valor do parâmetro dos retornos de escala. Como fica evidente, durante o período estudado, o setor de transformação para os 50 Estados americanos e o Distrito de Columbia caracterizava-se pelos retornos constantes de escala.

Sob um ponto de vista puramente estatístico, a linha de regressão estimada ajusta-se muito bem aos dados. O valor de R^2, 0,9642, significa que cerca de 96% da variação do logaritmo da produção é explicada por logaritmos do trabalho e do capital. No Capítulo 8, veremos como podemos usar os erros padrão estimados para testar hipóteses sobre os "verdadeiros" valores dos parâmetros da função de produção Cobb-Douglas aplicada ao setor de transformação dos Estados Unidos.

7.10 Modelos de regressão polinomial

Agora consideraremos uma classe de modelos de regressão múltipla, os **modelos polinomiais**, que têm sido muito usados nas pesquisas econométricas relativas a funções de custo e de produção. Ao apresentarmos estes modelos, ampliamos a gama de especificações às quais o modelo clássico de regressão linear pode ser facilmente aplicado.

Para fixar a ideia, considere a Figura 7.1, que relaciona o custo marginal (CM) de produção de curto prazo (Y) de um bem com o nível de sua produção (X). A curva de CM traçada a olho na figura é a curva em U dos manuais e mostra que a relação entre o CM e a produção não é linear. Se fôssemos quantificar essa relação com base nos pontos de dispersão, como faríamos? Em outras palavras, que tipo de modelo econométrico captaria a natureza, primeiro decrescente e depois crescente, dos custos marginais?

Sob o aspecto geométrico, a curva de CM da Figura 7.1 representa uma *parábola.* Matematicamente, a parábola é representada pela seguinte equação:

$$Y = \beta_0 + \beta_1 X + \beta_2 X^2 \tag{7.10.1}$$

que é conhecida *como função quadrática* ou, de modo mais geral, *polinômio de segundo grau* na variável X — o expoente mais alto de X representa o grau do polinômio (se acrescentássemos X^3 à função anterior, teríamos um polinômio de terceiro grau e assim por diante).

A versão estocástica de (7.10.1) pode ser representada como

$$Y_i = \beta_0 + \beta_1 X_i + \beta_2 X_i^2 + u_i \tag{7.10.2}$$

e é denominada regressão *polinomial de segundo grau.*

A forma geral da *regressão polinomial de k-ésimo grau* pode ser escrita como

$$Y_i = \beta_0 + \beta_1 X_i + \beta_2 X_i^2 + \cdots + \beta_k X_i^k + u_i \tag{7.10.3}$$

Observe que nesses tipos de regressão polinomial só há uma variável explanatória do lado direito, mas ela aparece elevada a várias potências, o que a torna um modelo de regressão múltipla. Casualmente, note que, se considerarmos que X_i seja fixo ou não estocástico, os termos de X_i elevados a uma potência também se tornam fixos ou não estocásticos.

Será que esses modelos apresentam algum problema especial de estimação? Como o polinômio de segundo grau (7.10.2) ou de k-ésimo grau (7.10.3) é linear nos parâmetros, os β podem ser estimados pelo método de mínimos quadrados ordinários ou da máxima verossimilhança.

Mas o que podemos dizer sobre o problema da colinearidade? As diversas variáveis X não estarão altamente correlacionadas, já que são potências de X? Sim, mas lembre-se de que termos como X^2, X^3, X^4 etc. são todos funções não lineares de X e, portanto, estritamente falando, não desrespeitam a

FIGURA 7.1
A curva em U de custo marginal.

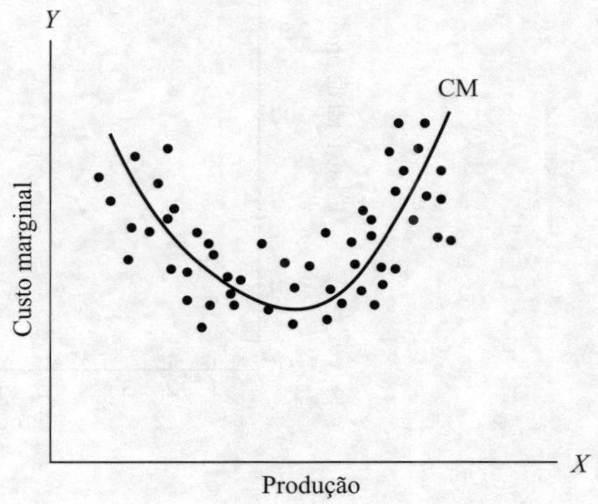

hipótese da ausência de multicolinearidade. Em resumo, os modelos de regressão polinomial podem ser estimados com as técnicas deste capítulo e não apresentam novos problemas de estimação.

EXEMPLO 7.4

Estimativa da função de custo total

Como um exemplo da regressão polinomial, considere os dados sobre produção e custo total de um bem no curto prazo apresentados na Tabela 7.4. Que tipo de modelo de regressão se ajustaria a esses dados? Para este propósito, vejamos primeiro o diagrama de dispersão da Figura 7.2.

Com base na figura, fica claro que a relação entre custo total e produção assemelha-se a uma curva em S alongado; note como a curva de custo total primeiro aumenta gradualmente e depois, aceleradamente, como previsto pela famosa lei dos *rendimentos decrescentes.* A forma de *S* da curva de custo total pode ser capturada pelo seguinte modelo cúbico ou *polinômio de terceiro grau:*

$$Y_i = \beta_0 + \beta_1 X_i + \beta_2 X_i^2 + \beta_3 X_i^3 + u_i \quad \textbf{(7.10.4)}$$

em que $Y =$ custo total e $X =$ produção.

Com base nos dados da Tabela 7.4, podemos aplicar o método dos MQO para estimar os parâmetros da Equação (7.10.4). Mas, antes, vejamos o que a teoria econômica diz a respeito da função cúbica de custos a curto prazo (7.10.4). A teoria elementar dos preços mostra que, a curto prazo, as curvas de custo marginal (CM) e de custo médio (CMe) apresentam, de modo geral, forma de U — e inicialmente, tanto o CM quanto o CMe caem, mas depois de atingir determinado nível de produção, as duas curvas voltam-se para cima em consequência da já mencionada lei dos rendimentos decrescentes. Isso pode ser visto na Figura 7.3 (veja também a Figura 7.1). E como as curvas de custos marginal e médio derivam da curva de custo total, a natureza dessa forma de U impõe algumas restrições aos parâmetros da curva de custo total (7.10.4).

TABELA 7.4

Custo total (Y) e produção (X)

Produção	Custo total (em $)
1	193
2	226
3	240
4	244
5	257
6	260
7	274
8	297
9	350
10	420

FIGURA 7.2

Curva de custo total. Custo total da produção/produção.

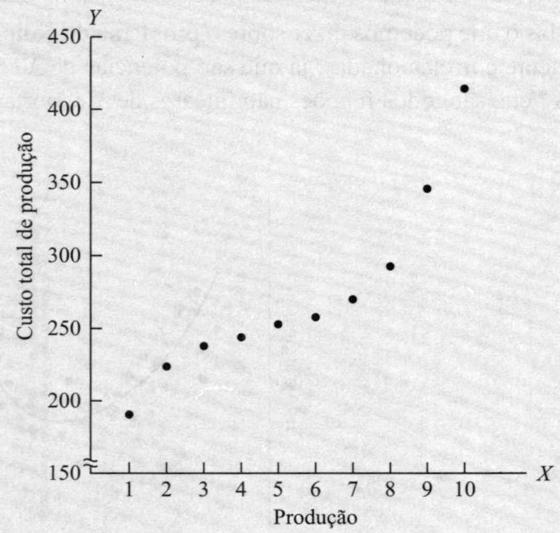

(*Continua*)

EXEMPLO 7.4
(*Continuação*)

FIGURA 7.3
de custo a curto prazo.

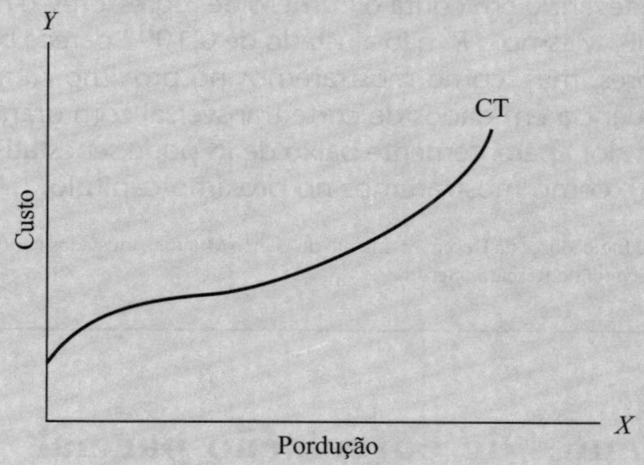

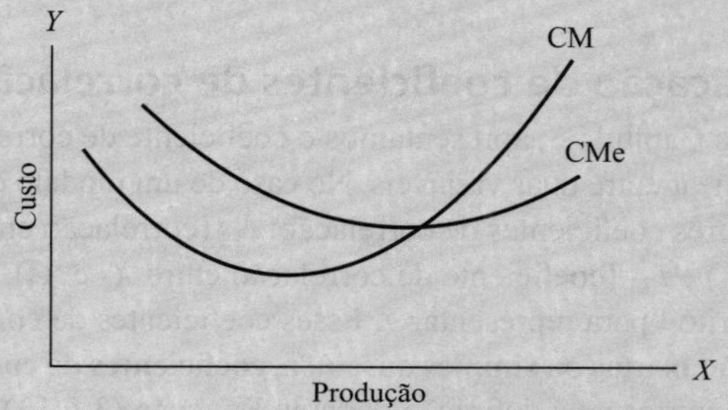

Na verdade, é possível demonstrar que os parâmetros de (7.10.4) devem atender às seguintes restrições para que se observe a típica forma de U das curvas de custo marginal e médio de curto prazo:[18]

$$\begin{aligned} &1.\ \beta_0, \beta_1, \text{ e } \beta_3 > 0 \\ &2.\ \beta_2 < 0 \\ &3.\ \beta_2^2 < 3\beta_1\beta_3 \end{aligned} \tag{7.10.5}$$

Toda essa discussão teórica pode parecer um tanto tediosa. Mas este conhecimento é extremamente útil para o exame de resultados práticos, pois, se eles não estiverem de acordo com as expectativas, supondo que não tenhamos cometido um erro de especificação (escolhido o modelo errado), teremos de modificar a teoria ou procurar uma nova teoria e recomeçar toda a investigação. Mas, como observado na introdução, essa é a natureza de qualquer investigação.

Resultados práticos. Ajustando uma regressão polinomial de terceiro grau aos dados da Tabela 7.4, obtemos os seguintes resultados:

$$\begin{aligned} \hat{Y}_i = {} & 141{,}7667 + 63{,}4776X_i - 12{,}9615X_i^2 + 0{,}9396X_i^3 \\ & (6{,}3753) \quad (4{,}7786) \quad (0{,}9857) \quad (0{,}0591) \quad R^2 = 0{,}9983 \end{aligned} \tag{7.10.6}$$

(*Nota*: os números entre parênteses são os erros padrão estimados.) Embora examinaremos a significância estatística desses resultados no próximo capítulo, o leitor pode verificar desde já que eles estão em conformidade com as expectativas teóricas listadas na Equação (7.10.5). Como um exercício, deixamos ao leitor a interpretação da regressão (7.10.6).

Mais um exemplo econômico do modelo de regressão polinomial é dado pelos seguintes resultados: $\text{TCPIB}_i = 5{,}5347 - 5{,}5788\ \text{PIBPCR} + 2{,}8378\ \text{PIBPCR}^2$

$$\begin{aligned} \widehat{\text{TCPIB}}_i = {} & 5{,}5347 - 5{,}5788\ \text{PIBPCR} + 2{,}8378\ \text{PIBPCR}^2 \\ \text{ep} = {} & (0{,}2435) \quad (1{,}5995) \quad (1{,}4391) \\ R^2 = {} & 0{,}1092 \qquad R^2\text{aj} = 0{,}0996 \end{aligned} \tag{7.10.7}$$

[18] Veja CHIANG, Alpha C. *Fundamental methods of mathematical economics*. 3. ed. Nova York: McGraw-Hill, 1984. p. 250-252.

EXEMPLO 7.5 *Taxa de crescimento do PIB e PIB* per capita *relativo para 2007 em 190 países em desenvolvimento (em bilhões de dólares de 2000)*

Em que TCPIB = taxa de crescimento do PIB, % em 2007, e PIBPCR = TCP *per capita* relativo, em 2007 (como % do PIB *per capita* dos Estados Unidos, 2007). O R^2 ajustado (R^2 aj) informa que, levando em conta o número de regressores, o modelo explica apenas 9,96% da variação da TCPIB. Mesmo o R^2 não ajustado de 0,1092 parece baixo. Esses valores podem parecer desapontadores, mas, como mostraremos no próximo capítulo, esses R^2 baixos são encontrados com frequência em dados de corte transversal com grande número de observações. Além disso, até um valor aparentemente baixo de R^2 pode ser estatisticamente significativo (isto é, diferente de zero), como mostraremos no próximo capítulo.

Fonte: Indicadores de Desenvolvimento do Banco Mundial, ajustados para a base de 2000 e valores estimados, projetados e desenvolvidos pelo Economic Research Service.

*7.11 Coeficientes de correlação parcial

Explicação de coeficientes de correlação simples e parcial

No Capítulo 3, apresentamos o coeficiente de correlação r como uma medida do grau de associação linear entre duas variáveis. No caso de um modelo de regressão com três variáveis, podemos computar três coeficientes de correlação: r_{12} (correlação entre Y e X_2), r_{13} (coeficiente de correlação entre Y e X_3) e r_{23} (coeficiente de correlação entre X_2 e X_3). Note que por conveniência estamos usando o subscrito 1 para representar Y. Esses coeficientes de correlação são denominados **coeficientes de correlação brutos** ou **simples** ou, ainda, **coeficientes de correlação de ordem zero**. Eles podem ser calculados conforme a definição dada na Equação (3.5.13).

Mas agora considere esta pergunta: será que, digamos, r_{12}, mede de fato o "verdadeiro" grau de associação (linear) entre Y e X_2 quando uma terceira variável, X_3, pode estar associada às outras duas? Essa pergunta é análoga à seguinte: suponha que o verdadeiro modelo de regressão seja (7.1.1), mas que omitimos a variável X_3 do modelo e apenas calculamos a regressão de Y contra X_2, obtendo o coeficiente angular de, por exemplo, b_{12}. Esse coeficiente será igual ao verdadeiro coeficiente β_2 que teríamos obtido ao estimarmos o modelo (7.1.1)? A resposta deve ser evidente com base no que foi dito na Seção 7.7. Em geral, r_{12} não refletirá o verdadeiro grau de associação entre Y e X_2 na presença de X_3. Na verdade, tende a dar uma impressão falsa da natureza da associação entre Y e X_2, como mostraremos em breve. O que precisamos é de um coeficiente de correlação independente da influência, se é que ela existe, de X_3 sobre Y e X_2. Esse coeficiente de correlação pode ser obtido e é conhecido como **coeficiente de correlação parcial**. Conceitualmente, é semelhante ao coeficiente parcial de regressão. Definimos

$r_{12,3}$ = coeficiente de correlação parcial entre Y e X_2, mantendo X_3 constante
$r_{13,2}$ = coeficiente de correlação parcial entre Y e X_3, mantendo X_2 constante
$r_{23,1}$ = coeficiente de correlação parcial entre X_2 e X_3, mantendo Y constante

Esses coeficientes de correlação parcial podem ser facilmente obtidos por meio do coeficiente de correlação simples ou de ordem zero (para uma demonstração, veja os exercícios):[19]

$$r_{12,3} = \frac{r_{12} - r_{13}r_{23}}{\sqrt{\left(1 - r_{13}^2\right)\left(1 - r_{23}^2\right)}} \qquad \textbf{(7.11.1)}$$

*Opcional.

[19] Muitos programas de computador para análise de regressão múltipla calculam rotineiramente os coeficientes de correlação simples; a partir daí, é fácil obter os coeficientes de correlação parcial.

$$r_{13,2} = \frac{r_{13} - r_{12}r_{23}}{\sqrt{\left(1 - r_{12}^2\right)\left(1 - r_{23}^2\right)}} \tag{7.11.2}$$

$$r_{23,1} = \frac{r_{23} - r_{12}r_{13}}{\sqrt{\left(1 - r_{12}^2\right)\left(1 - r_{13}^2\right)}} \tag{7.11.3}$$

As correlações parciais dadas pelas Equações (7.11. l) a (7.11.3) são chamadas de **coeficientes de correlação de primeira ordem**. Por *ordem* entendemos o número de subscritos secundários. Assim, $r_{1\,2,34}$ seria o coeficiente de correlação de segunda ordem, $r_{12,34\,5}$ seria o coeficiente de correlação de terceira ordem e assim por diante. Como observado, $r_{1\,2}$, $r_{1\,3}$ e assim por diante são denominados coeficientes de *correlação simples* ou *de ordem zero.* A interpretação de, por exemplo, $r_{1\,2,34}$ é que ele nos dá o coeficiente de correlação entre Y e X_2, mantendo X_3 e X_4 constantes.

Interpretação dos coeficientes de correlação simples e parcial

No caso de duas variáveis, o r simples tem um significado objetivo: mede o grau de associação (linear) entre a variável dependente Y e a única variável explanatória, X. Mas, quando vamos além do caso de duas variáveis, precisamos estar muito atentos à interpretação dos coeficientes de correlação simples. Na Equação (7.11.1), por exemplo, observamos o seguinte:

1. Mesmo se $r_{1\,2} = 0$, $r_{12,3}$ não será igual a zero a menos que r_{13} ou r_{23}, ou ambos, sejam iguais a zero.
2. Se $r_{12} = 0$ e r_{13} e r_{23} forem diferentes de zero e apresentarem o mesmo sinal, $r_{12,3}$ será negativo, mas, se apresentarem sinais contrários, será positivo. Um exemplo esclarecerá isso. Seja Y = rendimento da colheita, X_2 = precipitação pluviométrica e X_3 = temperatura. Suponha que $r_{12} = 0$, ou seja, que não haja associação entre rendimento da colheita e chuva. Suponha, ainda, que r_{13} seja positivo e r_{23}, negativo. Como mostra a Equação (7.11.1), $r_{12,3}$ será positivo, isto é, mantendo a temperatura constante, há uma associação positiva entre rendimento e chuva. Esse resultado aparentemente paradoxal não é surpreendente. Como a temperatura, X_3, afeta tanto o rendimento Y quanto a precipitação pluviométrica X_2, para encontrarmos a relação líquida entre rendimento da colheita e chuva, precisamos remover a influência da variável "incômoda" temperatura. Esse exemplo mostra como podemos ser enganados pelo coeficiente de correlação simples.
3. Os termos $r_{12,3}$ e r_{12} (e comparações semelhantes) não precisam ter o mesmo sinal.
4. No caso de duas variáveis, vimos que r^2 situa-se entre 0 e 1. A mesma propriedade é válida para o quadrado dos coeficientes de correlação parcial. Usando esse fato, o leitor pode verificar que é possível obter a seguinte expressão por meio da Equação (7.11.1):

$$0 \leq r_{12}^2 + r_{13}^2 + r_{23}^2 - 2r_{12}r_{13}r_{23} \leq 1 \tag{7.11.4}$$

   que nos dá as inter-relações entre os três coeficientes de correlação de ordem zero. Expressões semelhantes podem ser obtidas com base nas Equações (7.11.2) e (7.11.3).
5. Suponha que $r_{13} = r_{23} = 0$. Isso significa que r_{12} também é zero? A resposta é óbvia a partir da Equação (7.11.4). O fato de Y, X_3, X_2 e X_3 não serem correlacionados, não significa que Y e X_2 não são correlacionados.

   Note que a expressão $r_{12,3}^2$ pode ser denominada **coeficiente de determinação parcial** e pode ser interpretada como a proporção da variação de Y não explicada pela variável X_3 que foi explicada pela inclusão de X_2 no modelo (veja o Exercício 7.5). Conceitualmente, é semelhante a R^2.

   Antes de prosseguir, observe as seguintes relações entre o R^2, os coeficientes de correlação simples e os coeficientes de correlação parcial:

$$R^2 = \frac{r_{12}^2 + r_{13}^2 - 2r_{12}r_{13}r_{23}}{1 - r_{23}^2} \tag{7.11.5}$$

$$R^2 = r_{12}^2 + \left(1 - r_{12}^2\right) r_{13,2}^2 \quad (7.11.6)$$

$$R^2 = r_{13}^2 + \left(1 - r_{13}^2\right) r_{12,3}^2 \quad (7.11.7)$$

Ao concluirmos esta seção, pensemos no seguinte: afirmamos anteriormente que R^2 não diminui quando se inclui uma variável explanatória no modelo, o que pode ser visto com base na Equação (7.11.6). Essa equação informa que a proporção da variação de Y explicada conjuntamente por X_2 e X_3 é a soma de duas partes: a parte explicada apenas por X_2 ($= r_{12}^2$) e a parte não explicada por X_2 ($= 1 - r^2{}_{12}$) multiplicada pela proporção explicada por X_3 depois de manter a influência de X_2 constante. Agora, $R^2 > r_{12}^2$ desde que $r_{13,2}^2 > 0$. Na pior das hipóteses será igual a zero, caso em que $R^2 = r_{12}^2$.

Resumo e conclusões

1. Este capítulo apresentou o mais simples dos modelos de regressão múltipla, especificamente, o modelo de regressão de três variáveis. Entende-se que o termo *linear* refere-se à linearidade dos parâmetros, e não necessariamente à das variáveis.
2. Embora, sob muitos aspectos, o modelo de regressão com três variáveis seja uma extensão do modelo de duas variáveis, há alguns conceitos novos envolvidos, tais como os *coeficientes parciais de regressão*, os *coeficientes de correlação parcial*, o *coeficiente de correlação múltipla*, os R^2 *ajustados e não ajustados (pelos graus de liberdade)*, *a multicolinearidade* e *o viés de especificação.*
3. Este capítulo também considerou a forma funcional do modelo de regressão múltipla, como a *função de produção Cobb-Douglas* e o *modelo de regressão polinomial.*
4. Embora o R^2 e o R^2 ajustado sejam medidas gerais da qualidade do ajustamento do modelo a um dado conjunto de dados, sua importância não deve ser exagerada. O fundamental são as expectativas teóricas subjacentes sobre o modelo em termos de sinais *a priori* dos coeficientes das variáveis que entram no modelo e, como mostraremos no próximo capítulo, sua significância estatística.
5. Os resultados apresentados neste capítulo podem ser facilmente generalizados para um modelo de regressão linear múltipla com qualquer número de regressores. Mas a álgebra torna-se muito tediosa. Esse tédio pode ser evitado recorrendo-se à álgebra matricial. Para o leitor interessado, a extensão para o modelo de regressão com k variáveis usando álgebra matricial é apresentada no **Apêndice C**, que é opcional. Mas o leitor em geral pode ler o restante do livro sem conhecer muita álgebra matricial.

EXERCÍCIOS

7.1. Considere os dados da Tabela 7.5.

TABELA 7.5

Y	X_2	X_3
1	1	2
3	2	1
8	3	−3

Com base nesses dados, estime as seguintes regressões:

$$Y_i = \alpha_1 + \alpha_2 X_{2i} + u_{1i} \quad (1)$$

$$Y_i = \lambda_1 + \lambda_3 X_{3i} + u_{2i} \quad (2)$$

$$Y_i = \beta_1 + \beta_2 X_{2i} + \beta_3 X_{3i} + u_i \quad (3)$$

Nota: estime apenas os coeficientes, não os erros padrão.

a. $\alpha_2 = \beta_2$? Justifique sua resposta.

b. $\lambda_3 = \beta_3$? Justifique sua resposta.

Que conclusão importante você tira deste exercício?

7.2. Com base nos dados a seguir, estime os coeficientes parciais de regressão, seus erros padrão e os valores de R^2 ajustado e não ajustado:

$$\bar{Y} = 367{,}693 \qquad \bar{X}_2 = 402{,}760 \qquad \bar{X}_3 = 8{,}0$$

$$\sum(Y_i - \bar{Y})^2 = 66042{,}269 \qquad \sum(X_{2i} - \bar{X}_2)^2 = 84855{,}096$$

$$\sum(X_{3i} - \bar{X}_3)^2 = 280{,}000 \qquad \sum(Y_i - \bar{Y})(X_{2i} - \bar{X}_2) = 74778{,}346$$

$$\sum(Y_i - \bar{Y})(X_{3i} - \bar{X}_3) = 4250{,}900 \qquad \sum(X_{2i} - \bar{X}_2)(X_{3i} - \bar{X}_3) = 4796{,}000$$

$$n = 15$$

7.3. Mostre que a Equação (7.4.7) também pode ser expressa como:

$$\hat{\beta}_2 = \frac{\sum y_i(x_{2i} - b_{23}x_{3i})}{\sum(x_{2i} - b_{23}x_{3i})^2}$$

$$= \frac{\text{covariação líquida (de } x_3\text{) entre } y \text{ e } x_2}{\text{variação líquida (de } x_3\text{) em } x_2}$$

Onde b_{23} é o coeficiente angular da regressão de X_2 contra X_3. (*Dica:* lembre-se de que $b_{23} = \sum x_{2i}x_{3i} / \sum x_{3i}^2$.)

7.4 Sabendo que, em um modelo de regressão múltipla, o termo de erro u_i tem a distribuição de probabilidade $u_i \sim N(0, 4)$, como você montaria um experimento de *Monte Carlo* para verificar que a variância verdadeira é de fato igual a 4?

7.5 Mostre que $r_{12,3}^2 = (R^2 - r_{13}^2)/(1 - r_{13}^2)$ e interprete a equação.

7.6 Se a relação $\alpha_1 X_1 + \alpha_2 X_2 + \alpha_3 X_3 = 0$ for válida para todos os valores de X_1, X_2 e X_3, obtenha os valores dos três coeficientes de correlação parcial.

7.7. É possível obter os seguintes resultados a partir de um conjunto de dados?

a. $r_{23} = 0{,}9$, $r_{13} = -0{,}2$, $r_{12} = 0{,}8$

b. $r_{12} = 0{,}6$, $r_{23} = -0{,}9$, $r_{31} = -0{,}5$

c. $r_{21} = 0{,}01$, $r_{13} = 0{,}66$, $r_{23} = -0{,}7$

7.8. Considere o seguinte modelo:

$$Y_i = \beta_1 + \beta_2 \text{Escolaridade}_i + \beta_2 \text{Anos de experiência} + u_i$$

Suponha que você deixe de fora do cálculo a variável anos de experiência. Que tipos de problemas ou vieses você esperaria encontrar? Explique verbalmente.

7.9. Mostre que, em (7.9.2), β_2 e β_3 representam, de fato, as elasticidades do produto em relação ao trabalho e ao capital. (Esta pergunta pode ser respondida sem recorrer ao cálculo; basta recordar a definição do coeficiente de elasticidade e lembrar que a variação do logaritmo de uma variável é uma mudança relativa, supondo que as variações sejam bem pequenas.)

7.10. Considere o modelo de regressão com três variáveis discutido neste capítulo.

a. Suponha que você multiplique todos os valores de X_2 por 2. Qual será o efeito dessa mudança de escala, se existir algum, sobre a estimativa dos parâmetros e seus erros padrão?

b. Agora, em vez de (a), suponha que todos os valores de Y sejam multiplicados por 2. Qual será o efeito dessa mudança de escala, se existir algum, sobre a estimativa dos parâmetros e seus erros padrão?

7.11 Em geral, $R^2 \neq r_{12}^2 + r_{13}^2$, mas isso só acontece se $r_{23} = 0$. Comente e destaque a importância deste resultado. (*Dica:* veja a Equação (7.11.5).)

7.12 Considere os seguintes modelos:*

$$\text{Modelo A:} \quad Y_t = \alpha_1 + \alpha_2 X_{2t} + \alpha_3 X_{3t} + u_{1t}$$

$$\text{Modelo B:} \quad (Y_t - X_{2t}) = \beta_1 + \beta_2 X_2 + \beta_3 X_{3t} + u_{2t}$$

a. As estimativas de MQO de α_1 e β_1 serão as mesmas? Por quê?

b. As estimativas de MQO de α_3 e β_3 serão as mesmas? Por quê?

c. Qual é a relação entre α_2 e β_2?

d. Você pode comparar os R^2 dos dois modelos? Justifique sua resposta.

7.13. Suponha que você estime a função consumo†

$$Y_i = \alpha_1 + \alpha_2 X_i + u_{1i}$$

e a função poupança

$$Z_i = \beta_1 + \beta_2 X_i + u_{2i}$$

onde Y = consumo, Z = poupança, X = renda e $X = Y + Z$, isto é, a renda é igual a consumo mais poupança.

a. Qual é a relação, se existir, entre α_2 e β_2? Mostre seus cálculos.

b. A soma dos quadrados dos resíduos, SQR, será igual nos dois modelos? Explique.

c. Você pode comparar o R^2 dos dois modelos? Explique.

7.14. Suponha que você expresse o modelo Cobb-Douglas dado na Equação (7.9.1) da seguinte forma:

$$Y_i = \beta_1 X_{2i}^{\beta_2} X_{3i}^{\beta_3} u_i$$

Aplicando a este modelo a transformação logarítmica, você terá ln u_i como termo de erro do lado direito da equação.

a. Que hipóteses probabilísticas você deve fazer a respeito de ln u_i para poder aplicar o modelo clássico normal de regressão linear? Como você testaria isso em relação aos dados da Tabela 7.3?

b. As mesmas hipóteses se aplicam a u_i? Justifique sua resposta.

7.15. *Regressão que passa pela origem.* Considere a seguinte regressão que passa pela origem:

$$Y_i = \hat{\beta}_2 X_{2i} + \hat{\beta}_3 X_{3i} + \hat{u}_i$$

a. O que é necessário fazer para estimar as incógnitas?

b. Para este modelo, $\sum \hat{u}_i$ será zero? Justifique sua resposta.

c. Para este modelo, $\sum \hat{u}_i X_{2i} = \sum \hat{u}_i X_{3i} = 0$?

d. Em que caso você usaria este modelo?

e. É possível generalizar os resultados para um modelo com k variáveis? (*Dica:* reveja a discussão sobre duas variáveis no Capítulo 6.)

Exercícios aplicados

7.16. A *demanda por rosas.*‡ A Tabela 7.6 apresenta dados trimestrais relativos às seguintes variáveis:

* Adaptado de CHAREMZA, Wojciech W.; DEADMAN, Derek F. *Econometric practice:* general to specific modelling cointegration and vector autogression. Brookfield, Vermont: Edward Elgar, 1992. p. 18.

† Adaptado de KENNEDY, Peter. *A guide to econometrics.* 3. ed. Cambridge, Massachusetts: The MIT Press, 1992, p. 308, pergunta n. 9.

‡ Agradeço a Joe Walsh pela coleta destes dados com um grande atacadista da área metropolitana de Detroit e pelo subseqente processamento das informações.

Y = quantidade de rosas vendidas, em dúzias

X_2 = preço médio das rosas no atacado, \$/dúzia

X_3 = preço médio dos cravos no atacado, \$/dúzia

X_4 = renda média familiar disponível, \$/semana

X_5 = variável de tendência, com valores de l, 2 e assim por diante, para o período entre o terceiro trimestre de 1971 e o segundo trimestre de 1975 na área metropolitana de Detroit.

Considere as seguintes funções de demanda:

$$Y_i = \alpha_1 + \alpha_2 X_{2t} + \alpha_3 X_{3t} + \alpha_4 X_{4t} + \alpha_5 X_{5t} + u_t$$

$$\ln Y_t = \beta_1 + \beta_2 \ln X_{2t} + \beta_3 \ln X_{3t} + \beta_4 \ln X_{4t} + \beta_5 X_{5t} u_t$$

a. Estime os parâmetros do modelo linear e interprete os resultados.

b. Estime os parâmetros do modelo log-linear e interprete os resultados

c. β_2, β_3 e β_4 dão, respectivamente, as *elasticidades-preço própria*, *preço cruzada* e *renda* da demanda. Quais seus sinais *a priori*? Os resultados obtidos confirmam as expectativas *a priori*?

d. Como você calcularia as elasticidades-preço própria, preço cruzada e renda do modelo linear?

e. Com base em sua análise, qual dos modelos escolheria e por quê?

TABELA 7.6

Demanda trimestral por rosas na área metropolitana de Detroit de 1971-III a 1975-II

Ano	Y	X_2	X_3	X_4	X_5
1971–III	11.484	2,26	3,49	158,11	1
–IV	9.348	2,54	2,85	173,36	2
1972–I	8.429	3,07	4,06	165,26	3
–II	10.079	2,91	3,64	172,92	4
–III	9.240	2,73	3,21	178,46	5
–IV	8.862	2,77	3,66	198,62	6
1973–I	6.216	3,59	3,76	186,28	7
–II	8.253	3,23	3,49	188,98	8
–III	8.038	2,60	3,13	180,49	9
–IV	7.476	2,89	3,20	183,33	10
1974–I	5.911	3,77	3,65	181,87	11
–II	7.950	3,64	3,60	185,00	12
–III	6.134	2,82	2,94	184,00	13
–IV	5.868	2,96	3,12	188,20	14
1975–I	3.160	4,24	3,58	175,67	15
–II	5.872	3,69	3,53	188,00	16

7.17. *Atividades de prospecção de petróleo.* Os poços experimentais são perfurados para encontrar e extrair petróleo e/ou gás em uma área expandida ou para encontrar novos reservatórios em áreas conhecidas como produtivas ou para ampliar os limites de reservatórios existentes. A Tabela 7.7 apresenta dados relativos às seguintes variáveis:*

Y = número de poços experimentais perfurados

X_2 = preço do petróleo na boca do poço no período anterior (em dólares constantes, 1972 = 100)

X_3 = produção interna

X_4 = PNB (em dólares constantes 1972 = 100)

X_5 = variável de tendência, 1948 = l, 1949 = 2,. . . , 1978 = 31

Verifique se o seguinte modelo ajusta-se aos dados:

$$Y_t = \beta_1 + \beta_2 X_{2t} + \beta_3 \ln X_{3t} + \beta_4 X_{4t} + \beta_5 X_{5t} + u_t$$

* Agradeço a Raymond Savino pela coleta e processamento dos dados.

TABELA 7.7

Prospecção de poços experimentais

Fonte: Energy Information Administration, 1978 Report to Congress.

Milhares de poços experimentais (Y)	Preço do barril (em $ constante) (X_2)	Produção interna (milhões de barris/dia) (X_3)	PNB (em bilhões de $ constantes) (X_4)	Tempo (X_5)
8,01	4,89	5,52	487,67	1948 = 1
9,06	4,83	5,05	490,59	1949 = 2
10,31	4,68	5,41	533,55	1950 = 3
11,76	4,42	6,16	576,57	1951 = 4
12,43	4,36	6,26	598,62	1952 = 5
13,31	4,55	6,34	621,77	1953 = 6
13,10	4,66	6,81	613,67	1954 = 7
14,94	4,54	7,15	654,80	1955 = 8
16,17	4,44	7,17	668,84	1956 = 9
14,71	4,75	6,71	681,02	1957 = 10
13,20	4,56	7,05	679,53	1958 = 11
13,19	4,29	7,04	720,53	1959 = 12
11,70	4,19	7,18	736,86	1960 = 13
10,99	4,17	7,33	755,34	1961 = 14
10,80	4,11	7,54	799,15	1962 = 15
10,66	4,04	7,61	830,70	1963 = 16
10,75	3,96	7,80	874,29	1964 = 17
9,47	3,85	8,30	925,86	1965 = 18
10,31	3,75	8,81	980,98	1966 = 19
8,88	3,69	8,66	1.007,72	1967 = 20
8,88	3,56	8,78	1.051,83	1968 = 21
9,70	3,56	9,18	1.078,76	1969 = 22
7,69	3,48	9,03	1.075,31	1970 = 23
6,92	3,53	9,00	1.107,48	1971 = 24
7,54	3,39	8,78	1.171,10	1972 = 25
7,47	3,68	8,38	1.234,97	1973 = 26
8,63	5,92	8,01	1.217,81	1974 = 27
9,21	6,03	7,78	1.202,36	1975 = 28
9,23	6,12	7,88	1.271,01	1976 = 29
9,96	6,05	7,88	1.332,67	1977 = 30
10,78	5,89	8,67	1.385,10	1978 = 31

a. Você pode mostrar a lógica *a priori* deste modelo?

b. Supondo que o modelo seja aceitável, estime os parâmetros do modelo e seus erros padrão e obtenha R^2 e $\bar{R}^2$.

c. Comente os resultados obtidos em relação a suas expectativas prévias.

d. Que outra especificação você sugeriria para explicar a atividade de prospecção? Por quê?

7.18. *Gastos orçamentários com defesa, Estados Unidos, 1962-1981.* Para explicar o orçamento com defesa dos Estados Unidos, você deve examinar o seguinte modelo:

$$Y_t = \beta_1 + \beta_2 X_{2t} + \beta_3 X_{3t} + \beta_4 X_{4t} + \beta_5 X_{5t} + u_t$$

em que $Y_t =$ Gastos orçamentários com defesa no ano *t*, em bilhões de $

$X_{2t} =$ PNB do ano *t*, em bilhões de $

$X_{3t} =$ vendas/assistência militar dos Estados Unidos no ano *t*, em bilhões de $

$X_{4t} =$ vendas da indústria aeroespacial, em bilhões de $

$X_{5t} =$ conflitos militares envolvendo mais de 100 mil soldados. Esta variável assume o valor 1 quando 100 mil ou mais soldados estão envolvidos e é igual a 0 quando esse número é inferior a 100 mil.

Para testar o modelo, use os dados da Tabela 7.8.

a. Estime os parâmetros do modelo e seus erros padrão e obtenha R^2, R^2 modificado e $\bar{R}^2$.

b. Comente os resultados levando em conta quaisquer expectativas *a priori* que tenha quanto a relação entre Y e as diversas variáveis X.

c. Que outra(s) variável(is) você incluiria no modelo e por quê?

TABELA 7.8

Gastos orçamentários com defesa 1962--1981

Ano	Gastos orçamentários com defesa (Y)	PNB (X_2)	Vendas/assistência militar dos Estados Unidos (X_3)	Vendas da indústria aeroespacial (X_4)	Conflitos, 100 mil e mais + (X_5)
1962	51,1	560,3	0,6	16,0	0
1963	52,3	590,5	0,9	16,4	0
1964	53,6	632,4	1,1	16,7	0
1965	49,6	684,9	1,4	17,0	1
1966	56,8	749,9	1,6	20,2	1
1967	70,1	793,9	1,0	23,4	1
1968	80,5	865,0	0,8	25,6	1
1969	81,2	931,4	1,5	24,6	1
1970	80,3	992,7	1,0	24,8	1
1971	77,7	1.077,6	1,5	21,7	1
1972	78,3	1.185,9	2,95	21,5	1
1973	74,5	1.326,4	4,8	24,3	0
1974	77,8	1.434,2	10,3	26,8	0
1975	85,6	1.549,2	16,0	29,5	0
1976	89,4	1.718,0	14,7	30,4	0
1977	97,5	1.918,3	8,3	33,3	0
1978	105,2	2.163,9	11,0	38,0	0
1979	117,7	2.417,8	13,0	46,2	0
1980	135,9	2.633,1	15,3	57,6	0
1981	162,1	2.937,7	18,0	68,9	0

Fonte: os dados, de diversas publicações do governo, foram coletados por Albert Lucchino.

7.19. *Demanda por frangos nos Estados Unidos, 1960-1982.* Para estudar o consumo *per capita* de frango nos Estados Unidos, use os dados da Tabela 7.9,

em que $Y =$ consumo *per capita* de frango em libras (peso)

$X_2 =$ renda real disponível *per capita*, em \$

$X_3 =$ preço real do frango no varejo, em centavos de dólar por libra (peso) ¢

$X_4 =$ preço real da carne suína no varejo, em centavos de dólar por libra (peso) ¢

$X_5 =$ preço real da carne bovina no varejo, em centavos de dólar por libra (peso) ¢

$X_6 =$ preço real dos substitutos da carne de frango, em centavos de dólar por libra (peso), ¢, que é uma média ponderada dos preços reais das carnes suína e bovina, usando como pesos o consumo relativo de cada uma dessas carnes em relação ao consumo total delas.

Agora, considere as seguintes funções de demanda:

$$\ln Y_t = \alpha_1 + \alpha_2 \ln X_{2t} + \alpha_3 \ln X_{3t} + u_t \tag{1}$$

$$\ln Y_t = \gamma_1 + \gamma_2 \ln X_{2t} + \gamma_3 \ln X_{3t} + \gamma_4 \ln X_{4t} + u_t \tag{2}$$

$$\ln Y_t = \lambda_1 + \lambda_2 \ln X_{2t} + \lambda_3 \ln X_{3t} + \lambda_4 \ln X_{5t} + u_t \tag{3}$$

$$\ln Y_t = \theta_1 + \theta_2 \ln X_{2t} + \theta_3 \ln X_{3t} + \theta_4 \ln X_{4t} + \theta_5 \ln X_{5t} + u_t \tag{4}$$

$$\ln Y_t = \beta_1 + \beta_2 \ln X_{2t} + \beta_3 \ln X_{3t} + \beta_4 \ln X_{6t} + u_t \tag{5}$$

Da teoria microeconômica, sabe-se que a demanda por um bem depende, em geral, da renda real do consumidor, do preço real do bem e dos preços reais de bens complementares ou substitutos. Tendo em vista esses aspectos, responda às seguintes perguntas:

TABELA 7.9

Demanda por frangos nos Estados Unidos, 1960-1982

Fonte: os dados relativos a Y são da *Citibase* e os relativos às variáveis de X_2 a X_6 são do Departamento de Agricultura dos Estados Unidos. Agradeço a Robert J. Fisher pela coleta dos dados e pela análise estatística.

Ano	Y	X_2	X_3	X_4	X_5	X_6
1960	27,8	397,5	42,2	50,7	78,3	65,8
1961	29,9	413,3	38,1	52,0	79,2	66,9
1962	29,8	439,2	40,3	54,0	79,2	67,8
1963	30,8	459,7	39,5	55,3	79,2	69,6
1964	31,2	492,9	37,3	54,7	77,4	68,7
1965	33,3	528,6	38,1	63,7	80,2	73,6
1966	35,6	560,3	39,3	69,8	80,4	76,3
1967	36,4	624,6	37,8	65,9	83,9	77,2
1968	36,7	666,4	38,4	64,5	85,5	78,1
1969	38,4	717,8	40,1	70,0	93,7	84,7
1970	40,4	768,2	38,6	73,2	106,1	93,3
1971	40,3	843,3	39,8	67,8	104,8	89,7
1972	41,8	911,6	39,7	79,1	114,0	100,7
1973	40,4	931,1	52,1	95,4	124,1	113,5
1974	40,7	1.021,5	48,9	94,2	127,6	115,3
1975	40,1	1.165,9	58,3	123,5	142,9	136,7
1976	42,7	1.349,6	57,9	129,9	143,6	139,2
1977	44,1	1.449,4	56,5	117,6	139,2	132,0
1978	46,7	1.575,5	63,7	130,9	165,5	132,1
1979	50,6	1.759,1	61,6	129,8	203,3	154,4
1980	50,1	1.994,2	58,9	128,0	219,6	174,9
1981	51,7	2.258,1	66,4	141,0	221,6	180,8
1982	52,9	2.478,7	70,4	168,2	232,6	189,4

Nota: os preços reais foram obtidos dividindo-se os preços nominais pelo IPC para alimentos.

a. Qual das funções de demanda dentre as apresentadas você escolheria e por quê?

b. Como interpretaria os coeficientes de $\ln X_{2t}$ e $\ln X_{3t}$ nesses modelos?

c. Qual a diferença entre as especificações (2) e (4)?

d. Quais os problemas você prevê se adotasse a especificação (4)? (*Dica:* os preços das carnes suína e bovina estão incluídos no preço do frango.)

e. Como a especificação (5) inclui o preço ponderado das carnes bovina e suína, seria preferível usar a função de demanda (5) em lugar da (4)? Por quê?

f. As carnes suína e/ou bovina substituem ou concorrem com a de frango? Como você sabe?

g. Suponha que a função (5) é a função de demanda "correta". Estime os parâmetros desse modelo, calcule seus erros padrão, R^2, $\bar{R}^2$ e R^2 modificado. Interprete os resultados.

h. Suponha agora que você calculou o modelo "incorreto" (2). Avalie as consequências desse erro de especificação considerando os valores de γ_2 e γ_3 em relação a β_2 e β_3, respectivamente. (*Dica:* preste atenção na discussão da Seção 7.7.)

7.20. Em um estudo sobre a rotatividade no mercado de trabalho, James F. Ragan, Jr. obteve os seguintes resultados para a economia norte-americana no período que vai do primeiro trimestre de 1950 ao quarto trimestre de 1979.* (Os dados entre parênteses são a estatística t estimada.)

$$\begin{aligned}\widehat{\ln Y_t} = {} & \underset{(4{,}28)}{4{,}47} - \underset{(-5{,}31)}{0{,}34 \ln X_{2t}} + \underset{(3{,}64)}{1{,}22 \ln X_{3t}} + \underset{(3{,}10)}{1{,}22 \ln X_{4t}} \\ & + \underset{(1{,}10)}{0{,}80 \ln X_{5t}} - \underset{(-3{,}09)}{0{,}0055\, X_{6t}} \qquad \bar{R}^2 = 0{,}5370\end{aligned}$$

* *Fonte:* veja o artigo de Ragan: "Turnover in the labor market: a study of quit and layoff rates." Economic Review, Federal Reserve Bank de Kansas City, maio 1981, p. 13-22, pág 223.

Nota: discutiremos a estatística *t* no próximo capítulo.

em que $Y =$ taxa de saída no setor de transformação, definida como o número de pessoas que saem voluntariamente da empresa por 100 empregados

$X_2 =$ variável instrumental ou *proxy* para a taxa de desemprego masculino

$X_3 =$ percentual de empregados com menos de 25 anos

$X_4 = N_{t-1}/N_{t-4} =$ razão do emprego no setor no trimestre $(t - 1)$ em relação aos do trimestre $(t - 4)$

$X_5 =$ percentual de mulheres empregadas

$X_6 =$ tendência temporal (1º trimestre de 1950 = 1)

a. Interprete os resultados anteriores.

b. A relação negativa observada entre os logaritmos de *Y* e de X_2 é justificável *a priori*?

c. Por que o coeficiente de ln X_3 é positivo?

d. Como o coeficiente de tendência é negativo, há um declínio secular na taxa percentual de saída do emprego e, em caso afirmativo, por que há esse declínio?

e. O $\bar{R}^2$ é baixo "demais"?

f. Você pode estimar os erros padrão dos coeficientes por meio dos dados disponíveis? Justifique sua resposta.

7.21. Considere a seguinte função de demanda por moeda dos Estados Unidos no período 1980-1998:

$$M_t = \beta_1 Y_t^{\beta_2} r_t^{\beta_3} e^{u_t}$$

em que $M =$ demanda real por moeda, usando M2 como definição de moeda

$Y =$ PIB real

$r =$ taxa de juros

Essa função de demanda por moeda pode ser estimada por meio dos dados da Tabela 7.10.

TABELA 7.10
Demanda por moeda nos Estados Unidos, 1980-1998

Fonte: *Economic Report of the President,* 2000, Tabelas B-1, B-58, B-67 e B-71.

Ano	PIB	M2	IPC	TJLP	TJCP
1980	2795,6	1600,4	82,4	11,27	11,506
1981	3131,3	1756,1	90,9	13,45	14,029
1982	3259,2	1911,2	96,5	12,76	10,686
1983	3534,9	2127,8	99,6	11,18	8,630
1984	3932,7	2311,7	103,9	12,41	9,580
1985	4213,0	2497,4	107,6	10,79	7,480
1986	4452,9	2734,0	109,6	7,78	5,980
1987	4742,5	2832,8	113,6	8,59	5,820
1988	5108,3	2995,8	118,3	8,96	6,690
1989	5489,1	3159,9	124,0	8,45	8,120
1990	5803,2	3279,1	130,7	8,61	7,510
1991	5986,2	3379.8	136,2	8,14	5,420
1992	6318,9	3434,1	140,3	7,67	3,450
1993	6642,3	3487,5	144,5	6,59	3,020
1994	7054,3	3502,2	148,2	7,37	4,290
1995	7400,5	3649,3	152,4	6,88	5,510
1996	7813,2	3824,2	156,9	6,71	5,020
1997	8300,8	4046,7	160,5	6,61	5,070
1998	8759,9	4401,4	163,0	5,58	4,810

Notas: PIB: produto interno bruto, em bilhões de $.

M_2: oferta de moeda no conceito de M_2.

IPC: Índice de Preços ao Consumidor dos Estados Unidos (1982-1984 = 100).

TJLP: taxa de juros de longo prazo (Títulos do Tesouro de 30 anos).

TJCP: taxa das Letras do Tesouro de três meses (% ao ano).

Nota: para converter os valores nominais em valores reais, divida M e o PIB pelo IPC (índice de preços ao consumidor dos Estados Unidos). Não há necessidade de dividir a variável "taxa de juros" pelo IPC. Note, ainda, que apresentamos duas taxas de juros: uma de curto prazo, medida pela taxa das Letras do Tesouro de três meses, e uma de longo prazo, medida pelo rendimento dos Títulos do Tesouro de 30 anos, pois estudos anteriores empregaram esses dois tipos de taxas de juros.

a. Com base nos dados, estime a função de demanda. Quais as elasticidades renda e taxa de juros da demanda por moeda?

b. Suponha que, em vez de estimar a função de demanda, você tivesse de ajustar a função $(M/Y)_t = \alpha_1 r_t^{\alpha_2} e^{u_t}$. Interprete os resultados. Mostre os cálculos necessários.

c. Como você decidiria qual a melhor especificação? (*Nota:* um teste estatístico formal será visto no Capítulo 8.)

7.22. A Tabela 7.11 apresenta dados relativos ao setor de transformação grego no período 1961-1987.

a. Verifique se a função de produção Cobb-Douglas ajusta-se aos dados da tabela e interprete os resultados. Que conclusão geral você tira?

b. Agora, considere o seguinte modelo:

$$\text{Produto/trabalho} = A(K/L)^{\beta}\, e^{u}$$

em que o regressando representa a produtividade do trabalho e o regressor a relação capital/trabalho. Qual o significado econômico dessa relação, se existe algum? Estime os parâmetros desse modelo e interprete os resultados.

TABELA 7.11

Setor industrial grego

Fonte: agradeço a George K. Zestos, da Christopher Newport University, Virgínia, pelos dados.

Observação	Produção*	Capital	Trabalho†	Relação capital/trabalho
1961	35,858	59,600	637,0	0,0936
1962	37,504	64,200	643,2	0,0998
1963	40,378	68,800	651,0	0,1057
1964	46,147	75,500	685,7	0,1101
1965	51,047	84,400	710,7	0,1188
1966	53,871	91,800	724,3	0,1267
1967	56,834	99,900	735,2	0,1359
1968	65,439	109,100	760,3	0,1435
1969	74,939	120,700	777,6	0,1552
1970	80,976	132,000	780,8	0,1691
1971	90,802	146,600	825,8	0,1775
1972	101,955	162,700	864,1	0,1883
1973	114,367	180,600	894,2	0,2020
1974	101,823	197,100	891,2	0,2212
1975	107,572	209,600	887,5	0,2362
1976	117,600	221,900	892,3	0,2487
1977	123,224	232,500	930,1	0,2500
1978	130,971	243,500	969,9	0,2511
1979	138,842	257,700	1006,9	0,2559
1980	135,486	274,400	1020,9	0,2688
1981	133,441	289,500	1017,1	0,2846
1982	130,388	301,900	1016,1	0,2971
1983	130,615	314,900	1008,1	0,3124
1984	132,244	327,700	985,1	0,3327
1985	137,318	339,400	977,1	0,3474
1986	137,468	349,492	1007,2	0,3470
1987	135,750	358,231	1000,0	0,3582

*Bilhões de dracmas a preços constantes de 1970.

†Milhares de trabalhadores/ano.

7.23. *Experimento de Monte Carlo.* Considere o seguinte modelo:

$$Y_i = \beta_1 + \beta_2 X_{2i} + \beta_3 X_{3i} + u_i$$

Sabendo que $\beta_1 = 262$, $\beta_2 = -0{,}006$, $\beta_3 = -2{,}4$, $\sigma^2 = 42$ e $u_i \sim N(0, 42)$, gere dez conjuntos de 64 observações sobre u_i da distribuição normal dada e use as 64 observações da Tabela 6.4, em que $Y =$ MI, $X_2 =$ PNB*pc* e $X_3 =$ TAF, para gerar dez conjuntos de coeficientes β (cada conjunto deve ter os três parâmetros estimados). Tome as médias de cada coeficiente β estimado e relacione-as aos verdadeiros valores dos coeficientes. Que conclusões gerais você tira daí?

7.24. A Tabela 7.12 apresenta dados sobre despesa real de consumo, renda real, riqueza real e taxas reais de juros para os Estados Unidos no período 1947-2000. Esses dados serão utilizados novamente no Exercício 8.35.

a. Com os dados da tabela, estime a função consumo linear usando as variáveis renda, riqueza e a taxa de juros. Qual a equação ajustada?

b. O que os coeficientes estimados indicam sobre a relação entre as variáveis e as despesas de consumo?

TABELA 7.12

Despesa real de consumo, renda real, riqueza real e taxas reais de juros para os Estados Unidos no período 1947-2000.

Fonte: C, RD e índices de preços encadeados trimestrais e anuais (1996 = 100): Bureau of Economic Analysis, Departamento de Comércio dos EUA (http://www.bea.doc.gov/bea/dn1.htm).

Rendimento nominal anual dos Títulos do Tesouro de três meses: *Economic Report of the President*, 2002.

Riqueza nominal = valor líquido nominal de domicílios (pessoas físicas) e organizações sem fins lucrativos no fim do ano (de fluxo de fundos do Federal Reserve (http://www.federalreserve.gov).

Ano	C	RD	Riqueza nominal	Taxa de juros
1947	976,4	1035,2	5166,8	–10,351
1948	998,1	1090,0	5280,8	–4,720
1949	1025,3	1095,6	5607,4	1,044
1950	1090,9	1192,7	5759,5	0,407
1951	1107,1	1227,0	6086,1	–5,283
1952	1142,4	1266,8	6243,9	–0,277
1953	1197,2	1327,5	6355,6	0,561
1954	1221,9	1344,0	6797,0	–0,138
1955	1310,4	1433,8	7172,2	0,262
1956	1348,8	1502,3	7375,2	–0,736
1957	1381,8	1539,5	7315,3	–0,261
1958	1393,0	1553,7	7870,0	–0,575
1959	1470,7	1623,8	8188,1	2,296
1960	1510,8	1664,8	8351,8	1,511
1961	1541,2	1720,0	8971,9	1,296
1962	1617,3	1803,5	9091,5	1,396
1963	1684,0	1871,5	9436,1	2,058
1964	1784,8	2006,9	10003,4	2,027
1965	1897,6	2131,0	10562,8	2,112
1966	2006,1	2244,6	10522,0	2,020
1967	2066,2	2340,5	11312,1	1,213
1968	2184,2	2448,2	12145,4	1,055
1969	2264,8	2524,3	11672,3	1,732
1970	2314,5	2630,0	11650,0	1,166
1971	2405,2	2745,3	12312,9	–0,712
1972	2550,5	2874,3	13499,9	–0,156
1973	2675,9	3072,3	13081,0	1,414
1974	2653.7	3051,9	11868,8	–1,043
1975	2710,9	3108,5	12634,4	–3,534
1976	2868,9	3243,5	13456,8	–0,657
1977	2992,1	3360,7	13786,3	–1,190
1978	3124,7	3527,5	14450,5	0,113
1979	3203,2	3628,6	15340,0	1,704
1980	3193,0	3658,0	15965,0	2,298

(*Continua*)

TABELA 7.12
(*Continuação*)

Ano	C	RD	Riqueza nominal	Taxa de juros
1981	3236,0	3741,1	15965,0	4,704
1982	3275,5	3791,7	16312,5	4,449
1983	3454,3	3906,9	16944,8	4,691
1984	3640,6	4207,6	17526,7	5,848
1985	3820,9	4347,8	19068,3	4,331
1986	3981,2	4486,6	20530,0	3,768
1987	4113,4	4582,5	21235,7	2,819
1988	4279,5	4784,1	22332,0	3,287
1989	4393,7	4906,5	23659,8	4,318
1990	4474,5	5014,2	23105,1	3,595
1991	4466,6	5033,0	24050,2	1,803
1992	4594,5	5189,3	24418,2	1,007
1993	4748,9	5261,3	25092,3	0,625
1994	4928,1	5397,2	25218,6	2,206
1995	5075,6	5539,1	27439,7	3,333
1996	5237,5	5677,7	29448,2	3,083
1997	5423,9	5854,5	32664,1	3,120
1998	5683,7	6168,6	35587,0	3,584
1999	5968,4	6320,0	39591,3	3,245
2000	6257,8	6539,2	38167,7	3,576

Notas: Ano = calendário civil
C = despesas reais de consumo, em bilhões de dólares encadeados de 1996
RD = renda pessoal disponível real, em bilhões de dólares encadeados de 1996.
Riqueza = riqueza real, em bilhões de dólares encadeados de 1996
Juros = rendimento nominal anual dos Títulos do Tesouro americano de três meses – taxa de inflação (medida pela variação porcentual no índice de preços anual encadeado).
A variável riqueza nominal convertida em termos reais foi criada com dados da medição feita pelo Federal Reserve Board do valor líquido nominal no fim do ano de domicílios (pessoas físicas) e organizações sem fins lucrativos nas contas de fluxo dos fundos. O índice de preços utilizado para converter esta variável de riqueza nominal em real foi a média do índice de preços encadeado do quarto trimestre do ano corrente e do primeiro trimestre do ano subsequente.

7.25. *Estimação dos preços da ação da Qualcomm.* Como exemplo da regressão polinomial, considere os dados sobre os preços semanais da ação da Qualcomm, Inc., uma empresa que projeta e produz equipamentos de telecomunicação digital sem fio no período de 1995 a 2000. Os dados completos podem ser encontrados na Tabela 7.13 no *site* do livro. Durante o final da década de 1990, as ações do setor de tecnologia foram particularmente lucrativas, mas que tipo de modelo de regressão deve se ajustar melhor a esses dados? A Figura 7.4 mostra um gráfico básico dos dados durante esse período.

O gráfico não parece assemelhar-se a uma curva em S alongado; parece haver um ligeiro aumento no preço médio da ação, mas depois a taxa aumenta drasticamente em direção à extrema direita do gráfico. À medida que a demanda por telefones especializados aumentou e o *boom* tecnológico ganhou força, o preço das ações acompanhou em um ritmo muito mais rápido.

a. Estime um modelo linear para prever o *preço de fechamento da ação* baseado no *tempo*. Esse modelo parece ajustar-se bem aos dados?

b. Agora, estime um modelo quadrático usando tanto o *tempo* como o *quadrado do tempo*. Esse modelo tem melhor ajustamento que o de (*a*)?

c. Por fim, ajuste o seguinte polinômio cúbico ou de *terceiro grau*:

$$Y_i = \beta_0 + \beta_1 X_i + \beta_2 X_i^2 + \beta_3 X_i^3 + u_i$$

em que Y = preços da ação e X = tempo. Qual modelo parece ser o melhor estimador para os preços das ações?

FIGURA 7.4
Preços da ação ao longo do tempo.

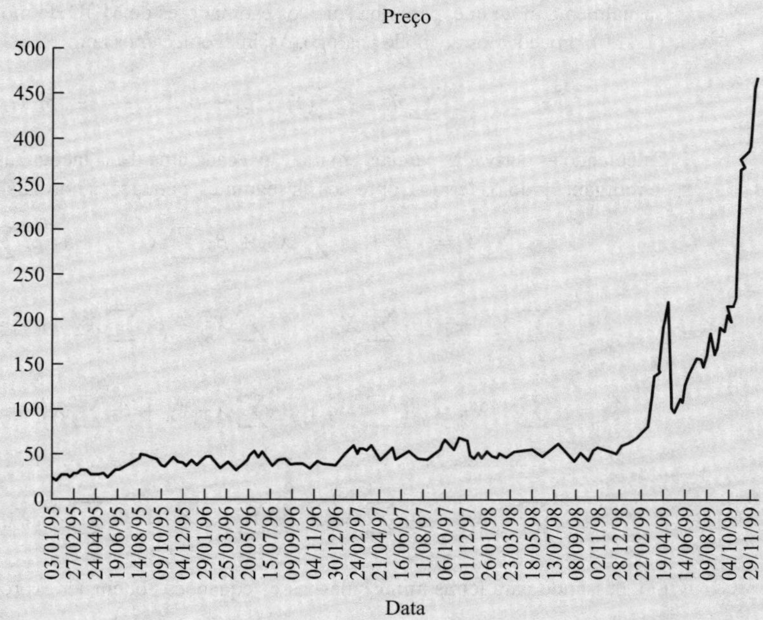

Apêndice 7A

7A.1 Derivação dos estimadores de MQO dados nas Equações (7.4.3) a (7.4.5)

Derivando a equação

$$\sum \hat{u}_i^2 = \sum (Y_i - \hat{\beta}_1 - \hat{\beta}_2 X_{2i} - \hat{\beta}_3 X_{3i})^2 \tag{7.4.2}$$

parcialmente em relação às três incógnitas e igualando a zero as três equações resultantes, obtemos

$$\frac{\partial \sum \hat{u}_i^2}{\partial \hat{\beta}_1} = 2\sum (Y_i - \hat{\beta}_1 - \hat{\beta}_2 X_{2i} - \hat{\beta}_3 X_{3i})(-1) = 0$$

$$\frac{\partial \sum \hat{u}_i^2}{\partial \hat{\beta}_2} = 2\sum (Y_i - \hat{\beta}_1 - \hat{\beta}_2 X_{2i} - \hat{\beta}_3 X_{3i})(-X_{2i}) = 0$$

$$\frac{\partial \sum \hat{u}_i^2}{\partial \hat{\beta}_3} = 2\sum (Y_i - \hat{\beta}_1 - \hat{\beta}_2 X_{2i} - \hat{\beta}_3 X_{3i})(-X_{3i}) = 0$$

Simplificando, obtemos as Equações (7.4.3) a (7.4.5).

Note que as três equações podem ser escritas como

$$\sum \hat{u}_i = 0$$

$$\sum \hat{u}_i X_{2i} = 0 \qquad \text{(Por quê?)}$$

$$\sum \hat{u}_i X_{3i} = 0$$

que mostram as propriedades do ajustamento de mínimos quadrados; especificamente, que a soma dos resíduos é igual a zero e que eles não estão correlacionados com as variáveis X_2 e X_3.

Casualmente, note que, para obtermos os estimadores de MQO do modelo de regressão linear com k variáveis (7.4.20), procedemos de modo análogo. Assim, começamos com

$$\sum \hat{u}_i^2 = \sum (Y_i - \hat{\beta}_1 - \hat{\beta}_2 X_{2i} - \cdots - \hat{\beta}_k X_{ki})^2$$

Calculando as derivadas parciais em relação a cada uma das k incógnitas, igualando as equações resultantes a zero e reorganizando os termos, obtemos as seguintes k equações normais para as k incógnitas:

$$\sum Y_i = n\hat{\beta}_1 + \hat{\beta}_2 \sum X_{2i} + \hat{\beta}_3 \sum X_{3i} + \cdots + \hat{\beta}_k \sum X_{ki}$$

$$\sum Y_i X_{2i} = \hat{\beta}_1 \sum X_{2i} + \hat{\beta}_2 \sum X_{2i}^2 + \hat{\beta}_3 \sum X_{2i} X_{3i} + \cdots + \hat{\beta}_k \sum X_{2i} X_{ki}$$

$$\sum Y_i X_{3i} = \hat{\beta}_1 \sum X_{3i} + \hat{\beta}_2 \sum X_{2i} X_{3i} + \hat{\beta}_3 \sum X_{3i}^2 + \cdots + \hat{\beta}_k \sum X_{3i} X_{ki}$$

$$\cdots\cdots\cdots\cdots\cdots\cdots\cdots\cdots\cdots\cdots\cdots\cdots\cdots\cdots\cdots\cdots\cdots\cdots$$

$$\sum Y_i X_{ki} = \hat{\beta}_1 \sum X_{ki} + \hat{\beta}_2 \sum X_{2i} X_{ki} + \hat{\beta}_3 \sum X_{3i} X_{ki} + \cdots + \hat{\beta}_k \sum X_{ki}^2$$

Ou, passando para letras minúsculas, essas equações podem ser expressas como

$$\sum y_i x_{2i} = \hat{\beta}_2 \sum x_{2i}^2 + \hat{\beta}_3 \sum x_{2i} x_{3i} + \cdots + \hat{\beta}_k \sum x_{2i} x_{ki}$$

$$\sum y_i x_{3i} = \hat{\beta}_2 \sum x_{2i} x_{3i} + \hat{\beta}_3 \sum x_{3i}^2 + \cdots + \hat{\beta}_k \sum x_{3i} x_{ki}$$

$$\cdots\cdots\cdots\cdots\cdots\cdots\cdots\cdots\cdots\cdots\cdots\cdots\cdots\cdots$$

$$\sum y_i x_{ki} = \hat{\beta}_2 \sum x_{2i} x_{ki} + \hat{\beta}_3 \sum x_{3i} x_{ki} + \cdots + \hat{\beta}_k \sum x_{ki}^2$$

Cabe ainda notar que o modelo com k variáveis também satisfaz estas equações:

$$\sum \hat{u}_i = 0$$

$$\sum \hat{u}_i X_{2i} = \sum \hat{u}_i X_{3i} = \cdots = \sum \hat{u}_i X_{ki} = 0$$

7A.2 Igualdade dos coeficientes de PNBpc em (7.3.5) e (7.6.2)

Seja $Y = \text{MI}$, $X_2 = \text{PNBpc}$ e $X_3 = \text{TAF}$ e usando a forma do desvio, temos

$$y_i = b_{13} x_{3i} + \hat{u}_{1i} \tag{1}$$

$$x_{2i} = b_{23} x_{3i} + \hat{u}_{2i} \tag{2}$$

Fazendo a regressão de $\hat{u}_1$ contra $\hat{u}_2$ obtemos:

$$a_1 = \frac{\sum \hat{u}_{1i} \hat{u}_{2i}}{\hat{u}_{2i}^2} = -0{,}0056 \qquad \text{(para nosso exemplo)} \tag{3}$$

Note que, como os $\hat{u}$ são resíduos, suas médias são zero. Usando (1) e (2), podemos escrever (3) como

$$a_1 = \frac{\sum (y_i - b_{13} x_{3i})(x_{2i} - b_{23} x_{3i})}{\sum (x_{2i} - b_{23} x_{3i})^2} \tag{4}$$

Expandindo a expressão e observando que

$$b_{23} = \frac{\sum x_{2i}x_{3i}}{\sum x_{3i}^2} \tag{5}$$

e

$$b_{13} = \frac{\sum y_i x_{3i}}{\sum x_{3i}^2} \tag{6}$$

Fazendo as substituições em (4), obtemos

$$\begin{aligned}\hat{\beta}_2 &= \frac{(\sum y_i x_{2i})(\sum x_{3i}^2) - (\sum y_i x_{3i})(\sum x_{2i}x_{3i})}{(\sum x_{2i}^2)(\sum x_{3i}^2) - (\sum x_{2i}x_{3i})^2} \\ &= -0{,}0056 \qquad \text{(para nosso exemplo)}\end{aligned} \tag{7.4.7}$$

7A.3 Derivação da Equação (7.4.19)

Lembre-se de que:

$$\hat{u}_i = Y_i - \hat{\beta}_1 - \hat{\beta}_2 X_{2i} - \hat{\beta}_3 X_{3i}$$

que também pode ser escrito como

$$\hat{u}_i = y_i - \hat{\beta}_2 x_{2i} - \hat{\beta}_3 x_{3i}$$

em que as letras minúsculas, como sempre, indicam desvios em relação aos valores médios. Agora,

$$\begin{aligned}\sum \hat{u}_i^2 &= \sum (\hat{u}_i \hat{u}_i) \\ &= \sum \hat{u}_i (y_i - \hat{\beta}_2 x_{2i} - \hat{\beta}_3 x_{3i}) \\ &= \sum \hat{u}_i y_i\end{aligned}$$

em que se faz uso do fato de que $\sum \hat{u}_i x_{2i} = \sum \hat{u}_i x_{3i} = 0$. (Por quê?) Também:

$$\sum \hat{u}_i y_i = \sum y_i \hat{u}_i = \sum y_i (y_i - \hat{\beta}_2 x_{2i} - \hat{\beta}_3 x_{3i})$$

isto é,

$$\sum \hat{u}_i^2 = \sum y_i^2 - \hat{\beta}_2 \sum y_i x_{2i} - \hat{\beta}_3 \sum y_i x_{3i} \tag{7.4.19}$$

que é o resultado desejado.

7A.4 Estimação de máxima verossimilhança do modelo de regressão múltipla

Estendendo as ideias apresentadas no Apêndice 4A do Capítulo 4, podemos escrever a função de verossimilhança logarítmica do modelo de regressão linear com k variáveis (7.4.20) como

$$\ln L = -\frac{n}{2}\ln \sigma^2 - \frac{n}{2}\ln(2\pi) - \frac{1}{2}\sum \frac{(Y_i - \beta_1 - \beta_2 X_{2i} - \cdots - \beta_k X_{ki})^2}{\sigma^2}$$

Calculando as derivadas parciais dessa função em relação a $\beta_1, \beta_2, \cdots, \beta_k$ e σ^2, obtemos as seguintes $(K+1)$ equações:

$$\frac{\partial \ln L}{\partial \beta_1} = -\frac{1}{\sigma^2}\sum (Y_i - \beta_1 - \beta_2 X_{2i} - \cdots - \beta_k X_{ki})(-1) \tag{1}$$

$$\frac{\partial \ln L}{\partial \beta_2} = -\frac{1}{\sigma^2}\sum(Y_i - \beta_1 - \beta_2 X_{2i} - \cdots - \beta_k X_{ki})(-X_{2i}) \quad (2)$$

$$\cdots\cdots\cdots\cdots\cdots\cdots\cdots\cdots\cdots\cdots\cdots\cdots$$

$$\frac{\partial \ln L}{\partial \beta_k} = -\frac{1}{\sigma^2}\sum(Y_i - \beta_1 - \beta_2 X_{2i} - \cdots - \beta_k X_{ki})(-X_{ki}) \quad (K)$$

$$\frac{\partial \ln L}{\partial \sigma^2} = -\frac{n}{2\sigma^2} + \frac{1}{2\sigma^4}\sum(Y_i - \beta_1 - \beta_2 X_{2i} - \cdots - \beta_k X_{ki})^2 \quad (K+1)$$

Igualando essas equações a zero (condição de primeira ordem para a otimização) e denotando os estimadores de MV como $\tilde{\beta}_1, \tilde{\beta}_2, \ldots, \tilde{\beta}_k$ e $\tilde{\sigma}^2$, obtemos, depois de algumas manipulações algébricas simples:

$$\sum Y_i = n\tilde{\beta}_1 + \tilde{\beta}_2 \sum X_{2i} + \cdots + \tilde{\beta}_k \sum X_{ki}$$

$$\sum Y_i X_{2i} = \tilde{\beta}_1 \sum X_{2i} + \tilde{\beta}_2 \sum X_{2i}^2 + \cdots + \tilde{\beta}_k \sum X_{2i} X_{ki}$$

$$\cdots\cdots\cdots\cdots\cdots\cdots\cdots\cdots\cdots\cdots\cdots\cdots$$

$$\sum Y_i X_{ki} = \tilde{\beta}_1 \sum X_{ki} + \tilde{\beta}_2 \sum X_{2i} X_{ki} + \cdots + \tilde{\beta}_k \sum X_{ki}^2$$

que são exatamente as equações normais da teoria dos mínimos quadrados, como mostra a Seção 7A.1 do Apêndice 7A. Portanto, os estimadores de máxima verossimilhança, os $\tilde{\beta}$ são semelhantes aos estimadores de MQO, os $\hat{\beta}$, apresentados anteriormente. Mas, como observado no Apêndice 4A do Capítulo 4, essa igualdade não é acidental.

Substituindo os estimadores de MV (= MQO) na equação $(K+1)$, obtemos, após simplificar o estimador de MV para σ^2, que é:

$$\begin{aligned}\tilde{\sigma}^2 &= \frac{1}{n}\sum(Y_i - \tilde{\beta}_1 - \tilde{\beta}_2 X_{2i} - \cdots - \tilde{\beta}_k X_{ki})^2 \\ &= \frac{1}{n}\sum \hat{u}_i^2\end{aligned}$$

Como observado, esse estimador difere do estimador de MQO $\hat{\sigma}^2 = \sum \hat{u}_i^2/(n-k)$. E como este último é um estimador não viesado de σ^2, tal conclusão implica que o estimador de MV, $\tilde{\sigma}^2$, é um estimador viesado. Mas, como pode ser prontamente verificado, assintoticamente $\tilde{\sigma}^2$ também é não viesado (ou não tendencioso).

7A.5 Tela do resultado do EViews para a função de produção Cobb-Douglas (7.9.4)

Dependent Variable: Y1
Method: Least Squares
Included observations: 51

	Coefficient	Std. Error	*t*-Statistic	Prob.
C	3.887600	0.396228	9.811514	0.0000
Y2	0.468332	0.098926	4.734170	0.0000
Y3	0.521279	0.096887	5.380274	0.0000

R-squared	0.964175	Mean dependent var.	16.94139
Adjusted R-squared	0.962683	S.D. dependent var.	1.380870
S.E. of regression	0.266752	Akaike info criterion	0.252028
Sum squared resid.	3.415520	Schwarz criterion	0.365665
Log likelihood	– 3.426721	Hannan-Quinn criterion	0.295452
F-statistic	645.9311	Durbin-Watson stat.	1.946387
Prob. (*F*-statistic)	0.000000		

Covariance of Estimates

	C	Y2	Y3
C	0.156997	0.010364	– 0.020014
Y2	0.010364	0.009786	– 0.009205
Y3	– 0.020014	– 0.009205	0.009387

Y	X2	X3	Y1	Y2	Y3	Y1HAT	Y1RESID
38,372,840	424,471	2,689,076	17.4629	12.9586	14.8047	17.6739	−0.2110
1,805,427	19,895	57,997	14.4063	9.8982	10.9681	14.2407	0.1656
23,736,129	206,893	2,308,272	16.9825	12.2400	14.6520	17.2577	−0.2752
26,981,983	304,055	1,376,235	17.1107	12.6250	14.1349	17.1685	−0.0578
217,546,032	1,809,756	13,554,116	19.1979	14.4087	16.4222	19.1962	0.0017
19,462,751	180,366	1,790,751	16.7840	12.1027	14.3981	17.0612	−0.2771
28,972,772	224,267	1,210,229	17.1819	12.3206	14.0063	16.9589	0.2229
14,313,157	54,455	421,064	16.4767	10.9051	12.9505	15.7457	0.7310
159,921	2,029	7,188	11.9824	7.6153	8.8802	12.0831	−0.1007
47,289,846	471,211	2,761,281	17.6718	13.0631	14.8312	17.7366	−0.0648
63,015,125	659,379	3,540,475	17.9589	13.3991	15.0798	18.0236	−0.0647
1,809,052	17,528	146,371	14.4083	9.7716	11.8939	14.6640	−0.2557
10,511,786	75,414	848,220	16.1680	11.2307	13.6509	16.2632	−0.0952
105,324,866	963,156	5,870,409	18.4726	13.7780	15.5854	18.4646	0.0079
90,120,459	835,083	5,832,503	18.3167	13.6353	15.5790	18.3944	−0.0778
39,079,550	336,159	1,795,976	17.4811	12.7253	14.4011	17.3543	0.1269
22,826,760	246,144	1,595,118	16.9434	12.4137	14.2825	17.1465	−0.2030
38,686,340	384,484	2,503,693	17.4710	12.8597	14.7333	17.5903	−0.1193
69,910,555	216,149	4,726,625	18.0627	12.2837	15.3687	17.6519	0.4109
7,856,947	82,021	415,131	15.8769	11.3147	12.9363	15.9301	−0.0532
21,352,966	174,855	1,729,116	16.8767	12.0717	14.3631	17.0284	−0.1517
46,044,292	355,701	2,706,065	17.6451	12.7818	14.8110	17.5944	0.0507
92,335,528	943,298	5,294,356	18.3409	13.7571	15.4822	18.4010	−0.0601
48,304,274	456,553	2,833,525	17.6930	13.0315	14.8570	17.7353	−0.0423
17,207,903	267,806	1,212,281	16.6609	12.4980	14.0080	17.0429	−0.3820
47,340,157	439,427	2,404,122	17.6729	12.9932	14.6927	17.6317	0.0411
2,644,567	24,167	334,008	14.7880	10.0927	12.7189	15.2445	−0.4564
14,650,080	163,637	627,806	16.5000	12.0054	13.3500	16.4692	0.0308
7,290,360	59,737	522,335	15.8021	10.9977	13.1661	15.9014	−0.0993
9,188,322	96,106	507,488	16.0334	11.4732	13.1372	16.1090	−0.0756
51,298,516	407,076	3,295,056	17.7532	12.9168	15.0079	17.7603	−0.0071
20,401,410	43,079	404,749	16.8311	10.6708	12.9110	15.6153	1.2158
87,756,129	727,177	4,260,353	18.2901	13.4969	15.2649	18.1659	0.1242
101,268,432	820,013	4,086,558	18.4333	13.6171	15.2232	18.2005	0.2328
3,556,025	34,723	184,700	15.0842	10.4552	12.1265	15.1054	−0.0212
124,986,166	1,174,540	6,301,421	18.6437	13.9764	15.6563	18.5945	0.0492
20,451,196	201,284	1,327,353	16.8336	12.2125	14.0987	16.9564	−0.1229
34,808,109	257,820	1,456,683	17.3654	12.4600	14.1917	17.1208	0.2445
104,858,322	944,998	5,896,392	18.4681	13.7589	15.5899	18.4580	0.0101
6,541,356	68,987	297,618	15.6937	11.1417	12.6036	15.6756	0.0181
37,668,126	400,317	2,500,071	17.4443	12.9000	14.7318	17.6085	−0.1642
4,988,905	56,524	311,251	15.4227	10.9424	12.6484	15.6056	−0.1829
62,828,100	582,241	4,126,465	17.9559	13.2746	15.2329	18.0451	−0.0892
172,960,157	1,120,382	11,588,283	18.9686	13.9292	16.2655	18.8899	0.0786
15,702,637	150,030	762,671	16.5693	11.9186	13.5446	16.5300	0.0394
5,418,786	48,134	276,293	15.5054	10.7817	12.5292	15.4683	0.0371
49,166,991	425,346	2,731,669	17.7107	12.9607	14.8204	17.6831	0.0277
46,164,427	313,279	1,945,860	17.6477	12.6548	14.4812	17.3630	0.2847
9,185,967	89,639	685,587	16.0332	11.4035	13.4380	16.2332	−0.2000
66,964,978	694,628	3,902,823	18.0197	13.4511	15.1772	18.0988	−0.0791
2,979,475	15,221	361,536	14.9073	9.6304	12.7981	15.0692	−0.1620

Nota: Y1 = ln Y; Y2 = ln X2; Y3 = ln X3

Os autovalores são 3,7861 e 187,5269, que serão usados no Capítulo 10.

Capítulo 8

Análise da regressão múltipla: o problema da inferência

Este capítulo desenvolve as ideias de estimação de intervalos e teste de hipóteses tratadas no Capítulo 5 para os modelos que envolvem três ou mais variáveis. Embora, sob muitos aspectos, os conceitos desenvolvidos no Capítulo 5 possam ser aplicados diretamente ao modelo de regressão múltipla, algumas características adicionais são exclusivas a tais modelos, e são elas que receberão mais atenção neste capítulo.

8.1 Novamente a hipótese da normalidade

Já sabemos até aqui que, se o nosso único objetivo é a estimação pontual dos parâmetros dos modelos de regressão, o método dos mínimos quadrados ordinários (MQO), que não faz nenhuma suposição sobre a distribuição da probabilidade dos termos de erro u_i, será suficiente. Mas, se a meta é a estimação e a inferência, como discutido nos Capítulos 4 e 5, precisaremos supor que os u_i seguem alguma distribuição de probabilidade.

Pelos motivos já claramente explicados, pressupomos que os u_i seguem a distribuição normal com média zero e variância constante σ^2. Manteremos essa hipótese nos modelos de regressão múltipla. Com a hipótese da normalidade, e seguindo a discussão dos Capítulos 4 e 7, descobrimos que os estimadores de MQO dos coeficientes parciais de regressão, idênticos aos estimadores de máxima verossimilhança (MV), são os melhores estimadores lineares não viesados (ou não tendenciosos) — MELNT ou, do inglês, BLUE[1]. Os estimadores $\hat{\beta}_2$, $\hat{\beta}_3$ e $\hat{\beta}_1$ estão distribuídos normalmente com médias iguais aos verdadeiros β_2, β_3 e β_1 e as variâncias apresentadas no Capítulo 7. Além disso, $(n - 3)\hat{\sigma}^2/\sigma^2$ segue a distribuição χ^2 com $n - 3$ graus de liberdade e os três estimadores de MQO são distribuídos independentemente de $\hat{\sigma}^2$. A demonstração acompanha o caso de duas variáveis discutido no Apêndice 3A, Seção 3A. Como resultado, de acordo com o Capítulo 5, podemos mostrar que, ao substituirmos σ^2 por seu estimador $\hat{\sigma}^2$ não viesado no cálculo dos erros padrão, cada uma das variáveis a seguir segue a distribuição t com $n - 3$ graus de liberdade

[1] Sob a hipótese de normalidade, os estimadores de MQO, $\hat{\beta}_2$, $\hat{\beta}_3$ e $\hat{\beta}_1$ são os estimadores com variância mínima dentro de toda a classe de estimadores não viesados (ou não tendenciosos), sejam lineares ou não. Em síntese, eles são os melhores estimadores não viesados (ou não tendenciosos) — MELNT ou, do inglês, BLUE. Veja RAO, C. R. *Linear statistical inference and its applications.* Nova York: John Wiley & Sons, 1965. p. 258.

$$t = \frac{\hat{\beta}_1 - \beta_1}{\text{ep}(\hat{\beta}_1)} \tag{8.1.1}$$

$$t = \frac{\hat{\beta}_2 - \beta_2}{\text{ep}(\hat{\beta}_2)} \tag{8.1.2}$$

$$t = \frac{\hat{\beta}_3 - \beta_3}{\text{ep}(\hat{\beta}_3)} \tag{8.1.3}$$

Observe que os graus de liberdade agora são $n - 3$, porque, ao calcularmos $\sum \hat{u}_i^2$ e, portanto, $\hat{\sigma}^2$, precisamos estimar primeiro os três coeficientes parciais de regressão, o que, portanto, coloca três restrições à soma do quadrado dos resíduos (SQR) (segundo essa lógica, no caso de quatro variáveis deverá ser $n - 4$ graus de liberdade e assim por diante). Além disso, a distribuição t pode ser empregada para estabelecer intervalos de confiança, bem como testar hipóteses estatísticas sobre os verdadeiros coeficientes parciais de regressão da população. Do mesmo modo, a distribuição do χ^2 pode ser usada para testar hipóteses relativas ao verdadeiro σ^2. Para demonstrarmos a mecânica efetiva, utilizamos o exemplo a seguir.

EXEMPLO 8.1
Retomando o exemplo da mortalidade infantil

No Capítulo 7, fizemos a regressão da mortalidade infantil (MI) contra o PNB *per capita* (PNB*pc*) e a taxa de alfabetização feminina (TAF) para uma amostra de 64 países. Os resultados da regressão dada na Equação (7.6.2) são reproduzidas abaixo com informações adicionais:

$$\begin{aligned}
\widehat{\text{MI}}_i &= 263{,}6416 \quad - \quad 0{,}0056\ \text{PNBpc}_i \quad - \quad 2{,}2316\ \text{TAF}_i \\
\text{ep} &= (11{,}5932) \qquad (0{,}0019) \qquad (0{,}2099) \\
t &= (22{,}7411) \qquad (-2{,}8187) \qquad (-10{,}6293) \\
\text{valor } p &= (0{,}0000)^* \qquad (0{,}0065) \qquad (0{,}0000)^* \\
& R^2 = 0{,}7077 \qquad \bar{R}^2 = 0{,}6981
\end{aligned} \tag{8.1.4}$$

em que * indica um valor extremamente baixo.

Na Equação (8.1.4), seguimos o primeiro formato apresentado na Equação (5.11.1), em que as cifras do primeiro conjunto de parênteses são os erros padrão estimados, os do segundo conjunto são os valores t relativos à hipótese nula de que o coeficiente populacional relevante tem valor zero e os do terceiro são os valores p estimados. Os valores de R^2 e R^2 ajustados, também são dados. Já interpretamos essa regressão no Exemplo 7.1.

E quanto à significância estatística dos resultados observados? Considere, por exemplo, o coeficiente de PNB*pc*, −0,0056. Esse coeficiente é estatisticamente significativo, ou seja, estatisticamente diferente de zero? Da mesma forma, o coeficiente de TAF, −2,2316, é estatisticamente significativo? Ambos os coeficientes são estatisticamente significativos? Para responder a essas e outras questões relacionadas, consideremos primeiro os tipos de testes de hipóteses que podemos encontrar no contexto de um modelo de regressão múltipla.

8.2 Teste de hipóteses na regressão múltipla: comentários gerais

Uma vez que fomos além do básico do modelo de regressão linear de duas variáveis, os testes de hipóteses assumem várias formas interessantes:

1. Testar as hipóteses relativas a um coeficiente individual parcial de regressão (Seção 8.3)
2. Testar a significância geral do modelo de regressão múltipla estimado, ou seja, descobrir se todos os coeficientes angulares parciais são simultaneamente iguais a zero (Seção 8.4)

3. Testar se dois ou mais coeficientes são iguais entre si (Seção 8.5).
4. Testar se os coeficientes parciais de regressão satisfazem certas restrições (Seção 8.6)
5. Testar a estabilidade do modelo de regressão estimado ao longo do tempo ou em diferentes unidades de corte transversal (Seção 8.7).
6. Testar a forma funcional dos modelos de regressão (Seção 8.8).

Pelo fato de os testes de um ou mais desses tipos ocorrerem normalmente na análise prática, dedicaremos uma seção a cada tipo.

8.3 Testes de hipótese relativos aos coeficientes individuais de regressão

Se aceitarmos a hipótese de que $u_i \sim N(0, \sigma^2)$ segue distribuição nornal com média zero e variância constante, então, como observado na Seção 8.1, poderemos usar o teste t para verificar uma hipótese sobre qualquer dos coeficientes parciais *individuais* da regressão. Considere a regressão da mortalidade infantil, Equação (8.1.4), para ilustrar a mecânica. Podemos postular que:

$$H_0\colon \beta_2 = 0 \qquad \text{e} \qquad H_1\colon \beta_2 \neq 0$$

A hipótese nula afirma que, quando X_3 (taxa de alfabetização feminina) é mantido constante, X_2 (PNB*pc*) não exerce influência (linear) sobre Y (mortalidade infantil)[2]. Para testarmos a hipótese nula, usamos o teste t dado na Equação (8.1.2). De acordo com o Capítulo 5 (veja a Tabela 5.1), se o valor de t calculado exceder o valor crítico de t no nível de significância escolhido, poderemos rejeitar a hipótese nula; sob outras circunstâncias, não poderemos rejeitá-la. Em nosso exemplo ilustrativo, usando (8.1.2) e observando que $\beta_2 = 0$ sob a hipótese nula, obtemos:

$$t = \frac{-0{,}0056}{0{,}0020} = -2{,}8187 \tag{8.3.1}$$

conforme mostra a Equação (8.1.4).

Note que temos 64 observações. Nesse exemplo, são 61 graus de liberdade (Por quê?). Se consultarmos a Tabela t do **Apêndice D**, não encontraremos dados correspondentes a 61 gl. O mais próximo são 60 gl. Se usarmos esses graus de liberdade, e assumirmos um α, o nível de significância (ou seja, a probabilidade de cometer um erro do tipo I) de 5%, o valor t crítico será de 2,0 para um teste bicaudal (procure $t_{\alpha/2}$ para 60 gl) ou 1,671 para um teste unicaudal (procure t_α para 60 gl).

Em nosso exemplo, a hipótese alternativa é bilateral. Usamos o valor t bilateral. Uma vez que o valor t calculado, 2,8187 (em termos absolutos), excede o valor t crítico, 2, podemos rejeitar a hipótese nula de que o PNB*pc* não afeta a mortalidade infantil. Em outras palavras, mantida constante a alfabetização feminina, o PNB *per capita* (PNB*pc*) tem um efeito (negativo) significativo na mortalidade infantil e, como seria de esperar, *a priori*. Graficamente, a situação é a da Figura 8.1.

Na prática, não é preciso pressupor qualquer valor específico de α para conduzir o teste de hipóteses. Podemos simplesmente usar o valor p da Equação (8.1.4) que, neste caso, é 0,0065. A interpretação desse valor p (o nível exato de significância) é a de que, se a hipótese nula fosse verdadeira, a probabilidade de obter um valor t igual a 2,8187 ou maior (em termos absolutos) seria de apenas

[2] Na maioria das pesquisas empíricas, utiliza-se esta forma para a hipótese nula, ou seja, adota-se a posição extrema de que não há qualquer relação entre a variável dependente e a variável explanatória em consideração. A ideia aqui é verificar, de início, se a relação entre as duas é trivial.

0,0065 ou 0,65%, que é, de fato, uma probabilidade pequena, muito menor que o valor adotado artificialmente de $\alpha = 5\%$.

Esse exemplo oferece uma oportunidade de decidir se queremos usar um teste *t* uni ou bicaudal. Como, *a priori*, esperamos que a relação entre a mortalidade infantil e o PNB *per capita* seja negativa (por quê?), deveríamos usar o teste unicaudal. A hipótese nula e a alternativa deveriam ser:

$$H_0: \beta_2 \geq 0 \qquad \text{e} \qquad H_1: \beta_2 < 0$$

Como o leitor já sabe, podemos rejeitar a hipótese nula com base no teste *t* unicaudal. Se pudermos rejeitar a hipótese nula em um teste bilateral, teremos evidências suficientes para rejeitá-la no cenário unilateral enquanto a estatística estiver na mesma direção que o teste.

No Capítulo 5, vimos a estreita conexão entre o teste de hipóteses e a estimação de intervalos de confiança. Em nosso exemplo, o intervalo de confiança de 95% para β_2 é:

$$\hat{\beta}_2 - t_{\alpha/2}\,\text{ep}(\hat{\beta}_2) \leq \beta_2 \leq \hat{\beta}_2 + t_{\alpha/2}\,\text{ep}(\hat{\beta}_2)$$

que em nosso exemplo, resulta em:

$$-0{,}0056 - 2(0{,}0020) \leq \beta_2 \leq -0{,}0056 + 2(0{,}0020)$$

isto é,

$$-0{,}0096 \leq \beta_2 \leq -0{,}0016 \qquad \textbf{(8.3.2)}$$

ou seja, o intervalo, −0,0096, a −0,0016, inclui o verdadeiro coeficiente β_2 com um nível de confiança de 95%. Assim, se 100 amostras de tamanho 64 forem selecionadas e 100 intervalos de confiança como na Equação (8.3.2) forem formulados, esperamos que 95 deles incluam o verdadeiro parâmetro populacional β_2. Devido ao intervalo (8.3.2) não incluir o valor proposto como hipótese nula (zero), podemos rejeitar a hipótese nula (zero) de que o verdadeiro β_2 seja zero com 95% de confiança.

Assim, se usarmos o teste *t* de significância como em (8.3.1) ou a estimação de intervalos de confiança, como em (8.3.2), chegamos à mesma conclusão. No entanto, isso não deveria ser surpreendente em vista da estreita relação entre estimação de intervalos de confiança e teste de hipóteses.

De acordo com o processo que acabamos de descrever, podemos testar hipóteses relativas aos outros parâmetros da regressão do nosso exemplo. Os dados necessários já foram fornecidos na Equação (8.1.4). Por exemplo, imagine que desejamos testar a hipótese de que, mantida constante a influência do PNB*pc*, a taxa de alfabetização feminina não tem nenhum efeito sobre a mortalidade

FIGURA 8.1
Intervalo de confiança de 95% para *t* (60 gl).

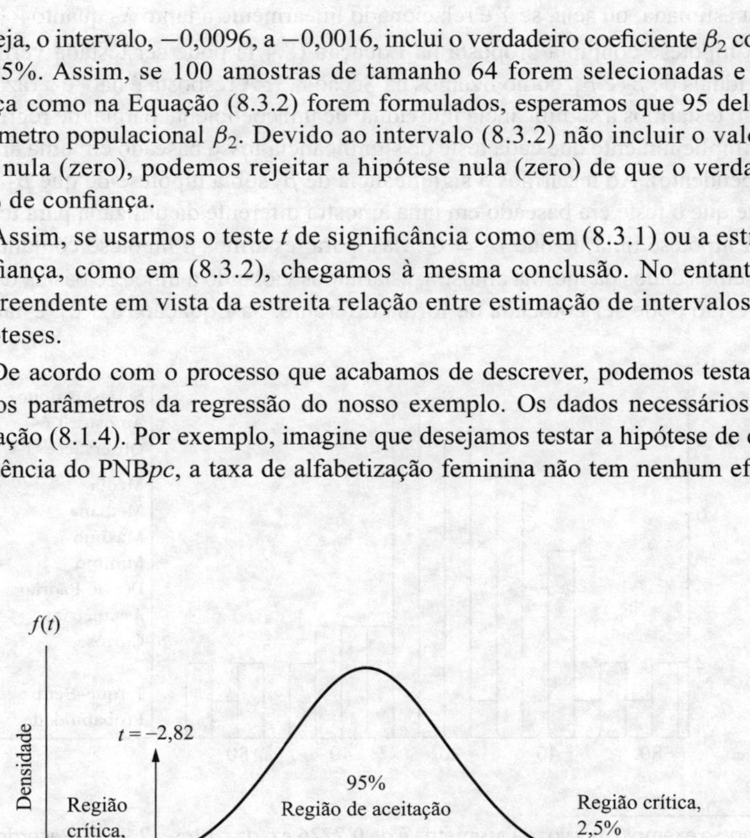

infantil. Podemos rejeitar tal hipótese, pois, sob a hipótese nula, o valor p da obtenção de um valor t absoluto igual ou maior que 10,6 é praticamente zero.

Antes de avançar, lembre-se de que o procedimento do teste t baseia-se na hipótese de que o termo de erro, u_i, segue a distribuição normal. Embora não possamos observar diretamente u_i, podemos observar sua *proxy*, $\hat{u}_i$, ou seja, os resíduos. No caso da mortalidade infantil, o histograma dos resíduos é apresentado na Figura 8.2.

Segundo o histograma, parece que os resíduos são normalmente distribuídos. Podemos também calcular o teste **Jarque-Bera (JB)** de normalidade, como mostrado na Equação (5.12.1). No nosso caso, o valor JB é 0,5594 com um valor p de 0,76[3]. Parece que o termo de erro do exemplo segue a distribuição normal. Naturalmente, lembre-se de que o teste JB é para grandes amostras e que nossa amostra, com 64 observações, pode não ser suficientemente grande.

8.4 Teste da significância geral da regressão amostral

Na seção anterior, estávamos preocupados em testar a significância dos coeficientes parciais individuais da regressão estimada, ou seja, sob a hipótese separada de que cada coeficiente parcial de regressão populacional verdadeiro era igual a zero. Mas, considere agora a seguinte hipótese:

$$H_0: \beta_2 = \beta_3 = 0 \tag{8.4.1}$$

Essa hipótese nula propõe que β_2 e β_3 sejam, conjunta ou simultaneamente, iguais a zero. Para testá-la, recorremos ao que chamamos de *teste da* **significância geral** da linha de regressão observada ou estimada, ou seja, se Y é relacionado linearmente a tanto X_2 quanto X_3.

A hipótese conjunta proposta na Equação (8.4.1) pode ser testada verificando as significâncias individuais de $\hat{\beta}_2$ e $\hat{\beta}_3$, como fizemos na Seção 8.3? A resposta é não, e a razão é a seguinte: na Seção 8.3, ao testarmos a significância individual de um coeficiente parcial de regressão observado, supusemos implicitamente que cada teste de significância fosse baseado em uma amostra diferente (ou seja, independente). Ao testarmos a significância de $\hat{\beta}_2$ sob a hipótese de que $\beta_3 = 0$, presumimos tacitamente que o teste era baseado em uma amostra diferente da utilizada para testar a significância de $\hat{\beta}_3$ sob a hipótese nula de que $\beta_3 = 0$. Mas, para testarmos a hipótese conjunta da Equação (8.4.1), se usássemos dados da mesma amostra, estaríamos violando a hipótese básica do procedimento de teste[4]. A questão pode ser colocada de forma diferente: na Equação (8.3.2), estabelecemos um intervalo

FIGURA 8.2
Histograma de resíduos da regressão.

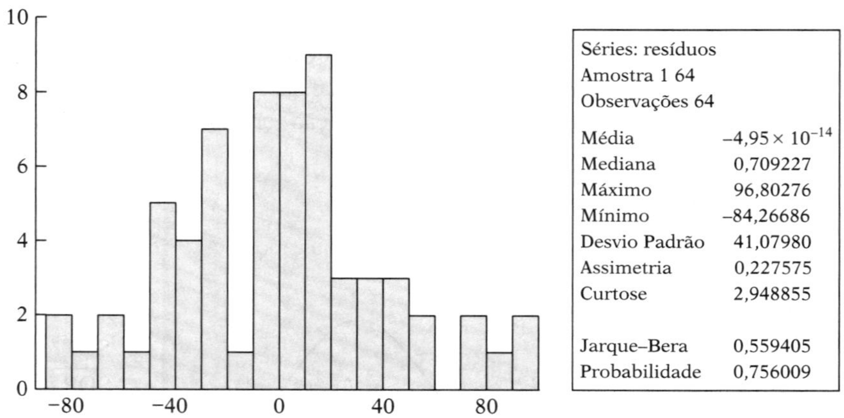

[3] No nosso exemplo, o valor da assimetria é de 0,2276 e o da curtose, 2,9488. Recorde-se de que, no caso de uma variável com distribuição normal, os valores da assimetria e da curtose são de 0 e 3, respectivamente.

[4] Em qualquer amostra dada, a cov ($\hat{\beta}_2$, $\hat{\beta}_3$) pode não ser zero, isto é, $\hat{\beta}_2$ e $\hat{\beta}_3$ podem estar correlacionados. Veja a Equação (7.4.17).

de confiança de 95% para β_2. Mas, se usarmos os mesmos dados para estabelecer um intervalo de confiança para β_3, com um coeficiente de confiança de 95%, não poderemos ter certeza de que β_2 e β_3 estão nos seus respectivos intervalos de confiança com uma probabilidade de $(1-\alpha)(1-\alpha) = (0{,}95)(0{,}95)$.

Em outras palavras, apesar das afirmações

$$\Pr[\hat{\beta}_2 - t_{\alpha/2}\,\text{ep}(\hat{\beta}_2) \leq \beta_2 \leq \hat{\beta}_2 + t_{\alpha/2}\,\text{ep}(\hat{\beta}_2)] = 1-\alpha$$

$$\Pr[\hat{\beta}_3 - t_{\alpha/2}\,\text{ep}(\hat{\beta}_3) \leq \beta_3 \leq \hat{\beta}_3 + t_{\alpha/2}\,\text{ep}(\hat{\beta}_3)] = 1-\alpha$$

serem individualmente verdadeiras, *não é verdade* que a probabilidade de que os intervalos

$$[\hat{\beta}_2 \pm t_{\alpha/2}\,\text{ep}(\hat{\beta}_2),\ \hat{\beta}_3 \pm t_{\alpha/2}\,\text{ep}(\hat{\beta}_3)]$$

incluam simultaneamente β_2 e β_3 seja $(1-\alpha)^2$, porque os intervalos podem não ser independentes quando usamos os mesmos dados para obtê-los. Dito de forma diferente,

> [...] testar uma série de hipóteses singulares (individuais) *não* é equivalente a testar essas mesmas hipóteses em conjunto. A razão intuitiva para isso é que, em um teste conjunto de várias hipóteses, qualquer uma delas é "afetada" pela informação relativa às outras hipóteses.[5]

A conclusão do argumento anterior é que, para um exemplo dado (amostra), apenas um intervalo de confiança ou um teste de significância pode ser obtido. Como podemos, então, testar a hipótese nula simultânea $\beta_2 = \beta_3 = 0$? A resposta está a seguir.

A abordagem da análise de variância para teste de significância geral de uma regressão múltipla observada: o teste *F*

Como já foi explicado, não podemos empregar o conhecido teste *t* para verificar a hipótese conjunta de que os verdadeiros coeficientes parciais angulares são simultaneamente iguais a zero. No entanto, essa hipótese conjunta pode ser verificada pela técnica da **análise de variância** (ANOVA), apresentada na Seção 5.9, que pode ser demonstrada como se segue.

Recordemos a identidade

$$\begin{aligned} \sum y_i^2 &= \hat{\beta}_2 \sum y_i x_{2i} + \hat{\beta}_3 \sum y_i x_{3i} + \sum \hat{u}_i^2 \\ \text{STQ} &= \qquad\qquad \text{SQE} \qquad\qquad + \text{SQR} \end{aligned} \tag{8.4.2}$$

STQ, a soma total dos quadrados, tem, como de costume, $n-1$ graus de liberdade e SQE, soma dos quadrados explicados, tem $n-3$ por razões já discutidas. SQR, a soma do quadrado dos resíduos, tem 2 graus de liberdade uma vez que é uma função de $\hat{\beta}_2$ e $\hat{\beta}_3$. Seguindo os procedimentos da ANOVA discutidos na Seção 5.9, podemos montar a Tabela 8.1.

Agora podemos demonstrar[6] que, sob a hipótese de normalidade para u_i e a hipótese nula $\beta_2 = \beta_3 = 0$, a variável

$$F = \frac{\left(\hat{\beta}_2 \sum y_i x_{2i} + \hat{\beta}_3 \sum y_i x_{3i}\right)/2}{\sum \hat{u}_i^2/(n-3)} = \frac{\text{SQE/gl}}{\text{SQR/gl}} \tag{8.4.3}$$

---

[5] FOMBY, Thomas B; HILL, R. Carter; JOHNSON, Stanley R. *Advanced econometric methods.* Nova York: Springer-Verlag, 1984. p.37.

[6] Veja BROWNLEE, K. A. *Statistical theory and methodology in science and engineering.* Nova York: John Wiley & Sons, 1960. p. 278-280.

TABELA 8.1
Tabela ANOVA para regressão com três variáveis

Fonte de variação	SQ	gl	MSQ
Devido à regressão (SQE)	$\hat{\beta}_2 \sum y_i x_{2i} + \hat{\beta}_3 \sum y_i x_{3i}$	2	$\dfrac{\hat{\beta}_2 \sum y_i x_{2i} + \hat{\beta}_3 \sum y_i x_{3i}}{2}$
Devido aos residuais (SQR)	$\sum \hat{u}_i^2$	$n-3$	$\hat{\sigma}^2 = \dfrac{\sum \hat{u}_i^2}{n-3}$
Total	$\sum y_i^2$	$n-1$	

está distribuída como a distribuição F, com 2 e $n-3$ graus de liberdade.

Como podemos utilizar a razão F anterior? Podemos provar[7] que, sob a hipótese de que os $u_i \sim N(0, \sigma^2)$ seguem distribuição normal com média zero e variância constante,

$$E\frac{\sum \hat{u}_i^2}{n-3} = E(\hat{\sigma}^2) = \sigma^2 \tag{8.4.4}$$

Com a hipótese adicional de que $\beta_2 = \beta_3 = 0$, podemos demonstrar que:

$$\frac{E\left(\hat{\beta}_2 \sum y_i x_{2i} + \hat{\beta}_3 \sum y_i x_{3i}\right)}{2} = \sigma^2 \tag{8.4.5}$$

Portanto, se a hipótese nula for verdadeira, ambas as Equações (8.4.4) e (8.4.5) darão estimativas idênticas do verdadeiro σ^2. Essa afirmação não deveria surpreender, porque, se há uma relação trivial entre Y e X_2 e X_3, a única fonte de variação de Y deve-se a forças aleatórias representadas por u_i. Se, contudo, a hipótese nula for falsa, ou seja, se X_2 e X_3 influenciam definitivamente Y, a igualdade entre as Equações (8.4.4) e (8.4.5) não se sustentará. Nesse caso, a SQE será relativamente maior do que a SQR, levando em conta os respectivos graus de liberdade. Portanto, o valor F da Equação (8.4.3) fornece um teste para a hipótese nula de que os verdadeiros coeficientes angulares são simultaneamente iguais a zero. Se o valor F calculado de acordo com a Equação (8.5.3) superar o valor F crítico da Tabela de F ao nível de significância, rejeitamos H_0; caso contrário, não a rejeitamos. Como alternativa, se o valor p do F observado for suficientemente baixo, podemos rejeitar H_0.

A Tabela 8.2 resume o teste F. Voltando ao nosso exemplo ilustrativo, podemos obter a tabela ANOVA, como mostra a Tabela 8.3.

TABELA 8.2
Resumo da estatística F

Hipótese nula H_0	Hipótese alternativa H_1	Região crítica Rejeitar H_0 se
$\sigma_1^2 = \sigma_2^2$	$\sigma_1^2 > \sigma_2^2$	$\dfrac{S_1^2}{S_2^2} > F_{\alpha,ngl,dgl}$
$\sigma_1^2 = \sigma_2^2$	$\sigma_1^2 \neq \sigma_2^2$	$\dfrac{S_1^2}{S_2^2} > F_{\alpha/2,ngl,dgl}$ ou $< F_{(1-\alpha/2),ngl,dgl}$

Notas:

1. σ_1^2 e σ_2^2 são as duas variâncias populacionais.
2. S_1^2 e S_2^2 são as duas variâncias amostrais.
3. $n$gl e $d$gl denotam, respectivamente, os graus de liberdade do numerador e do denominador.
4. Ao calcular a razão F, coloque o S^2 de valor mais elevado no numerador.
5. Os valores críticos de F aparecem na última coluna. O primeiro subscrito de F refere-se ao nível de significância e o segundo aos graus de liberdade do numerador e do denominador.
6. Note que $F_{(1-\alpha/2),ngl,dgl} = 1/F_{\alpha/2,dgl,ngl}$.

[7] Ibid.

TABELA 8.3
Tabela ANOVA para o exemplo de mortalidade infantil

Fonte de variação	SQ	gl	MSQ
Devido à regressão	257.362,4	2	128.681,2
Devido aos residuais	106.315,6	61	1742,88
Total	363.678	63	

Recorrendo à Equação (8.4.3), obtemos:

$$F = \frac{128.681,2}{1742,88} = 73,8325 \tag{8.4.6}$$

O valor de p da obtenção de um valor F igual a 73,8325 ou mais é quase zero, levando a rejeição da hipótese de que PNB*pc* e TAF, em conjunto, não exercem efeito sob a mortalidade infantil. Se fôssemos usar o valor convencional do nível de significância de 5%, o valor crítico de F, com 2 graus de liberdade no numerador e 60 no denominador (os graus de liberdade efetivos são 61), é de quase 3,15 ou cerca de 4,98 se usarmos o nível de significância de 1%. Evidentemente, o F observado de cerca de 74 é muito superior a qualquer um desses valores críticos de F. Podemos generalizar os procedimentos anteriores para a realização do teste F como se segue.

Verificação da significância geral de uma regressão múltipla: o teste *F*

Regra. Dado o modelo de regressão com k variáveis:

$$Y_i = \beta_1 + \beta_2 X_{2i} + \beta_3 X_{3i} + \cdots + \beta_k X_{ki} + u_i$$

Para testar a hipótese

$$H_0: \beta_2 = \beta_3 = \cdots = \beta_k = 0$$

(ou seja, todos os coeficientes angulares são simultaneamente iguais a zero) *versus*

H_1: nem todos os coeficientes angulares são simultaneamente iguais a zero

calcule

$$F = \frac{\text{SQE/gl}}{\text{SQR/gl}} = \frac{\text{SQE}/(k-1)}{\text{SQR}/(n-k)} \tag{8.4.7}$$

Se $F > F_\alpha(k-1, n-k)$, rejeite H_0; caso contrário, não o rejeite, em que $F_\alpha(k-1, n-k)$ é o valor *crítico* de F no nível α de significância; $(k-1)$, os graus de liberdade do numerador; e $(n-k)$, os graus de liberdade do denominador. Como alternativa, se o valor p de F obtido por meio da Equação (8.4.7) for suficientemente baixo, poderemos rejeitar H_0.

Desnecessário dizer que, no caso de três variáveis (Y e X_2, X_3), k é igual a 3; no caso de quatro variáveis k é igual a 4 e assim por diante.

Observe que a maioria dos programas para cálculo de regressão calcula rotineiramente o valor de F (dado na tabela de análise de variância) com os demais resultados de regressão, como os coeficientes estimados, seus erros padrão, os valores de t etc. A hipótese nula para o cálculo de t é, em geral, considerada $\beta_i = 0$.

Teste de hipóteses conjunto versus *individual*

Na Seção 8.3 discutimos o teste de significância de um único coeficiente de regressão e, na Seção 8.4, discutimos o teste de significância geral ou conjunto da regressão estimada (ou seja, todos os coeficientes angulares simultaneamente iguais a zero). **Reiteramos que esses testes são diferentes.**

Com base no teste t ou no intervalo de confiança (da Seção 8.3), é possível aceitar a hipótese de que dado coeficiente angular, β_k, é igual a zero e, ainda assim, rejeitar a hipótese conjunta de que todos os coeficientes angulares são iguais a zero.

> A lição a ser aprendida é que a "mensagem" conjunta dos intervalos de confiança individuais não substitui uma região de confiança conjunta (inferida do *teste F*) quando se trata de testes conjuntos de hipóteses e afirmações conjuntas de confiança.[8]

Uma relação importante entre R^2 e F

Há uma relação estreita entre o coeficiente de determinação R^2 e o teste F empregado na análise de variância. Supondo uma distribuição normal dos termos de erro u_i e a hipótese nula $\beta_2 = \beta_3 = 0$, vimos que

$$F = \frac{\text{SQE}/2}{\text{SQR}/(n-3)} \tag{8.4.8}$$

é distribuída como a distribuição F com 2 e $n - 3$ graus de liberdade.

Em geral, no caso de k variáveis (incluindo o intercepto), se assumirmos que os termos de erro são normalmente distribuídos e que a hipótese nula é

$$H_0: \beta_2 = \beta_3 = \cdots = \beta_k = 0 \tag{8.4.9}$$

então

$$F = \frac{\text{SQE}/(k-1)}{\text{SQR}/(n-k)} \qquad (8.4.7) = (8.4.10)$$

segue a distribuição F com $k - 1$ e $n - k$ graus de liberdade. (*Nota:* o número total de parâmetros a serem estimados é k, dos quais 1 é o intercepto.)

Manipulando a Equação (8.4.10):

$$\begin{aligned} F &= \frac{n-k}{k-1}\frac{\text{SQE}}{\text{SQR}} \\ &= \frac{n-k}{k-1}\frac{\text{SQE}}{\text{STQ}-\text{SQE}} \\ &= \frac{n-k}{k-1}\frac{\text{SQE}/\text{STQ}}{1-(\text{SQE}/\text{STQ})} \\ &= \frac{n-k}{k-1}\frac{R^2}{1-R^2} \\ &= \frac{R^2/(k-1)}{(1-R^2)/(n-k)} \end{aligned} \tag{8.4.11}$$

em que se faz uso da definição $R^2 = \text{SQE/STQ}$. A Equação (8.4.11) mostra de que forma F e R^2 estão relacionados. Os dois variam diretamente. Quando $R^2 = 0$, F é zero *ipso facto*. Quanto maior R^2, maior o valor de F. No limite, quando $R^2 = 1$, F é infinito. *Assim o teste F, que é uma medida de significância geral da regressão estimada, é também um teste de significância de R^2.* Em outras palavras, testar a hipótese nula na Equação (8.4.9) é equivalente a testar a hipótese nula de que o R^2 (da população) é igual a zero.

[8] FOMBY et al., op.cit. p.42.

No caso de três variáveis, a Equação (8.4.11) torna-se:

$$F = \frac{R^2/2}{(1 - R^2)/(n - 3)} \tag{8.4.12}$$

Em virtude da estreita relação entre F e R^2, a Tabela 8.1 ANOVA pode agora ser reformulada como Tabela 8.4.

Em nosso exemplo ilustrativo, usando (8.4.12), obtemos

$$F = \frac{0{,}7077/2}{(1 - 0{,}7077)/61} = 73{,}8726$$

que é quase o mesmo obtido anteriormente, exceto pelos erros de arredondamento.

Uma vantagem do *teste F* expresso em termos de R^2 é sua facilidade de cálculo: tudo o que precisamos saber é o valor de R^2. Portanto, o teste geral de significância F dado na Equação (8.4.7) pode ser reformulado em termos de R^2, como mostra a Tabela 8.4.

TABELA 8.4
Tabela ANOVA em termos de R^2

Fonte de variação	SQ	gl	MSQ*
Devido à regressão	$R^2(\sum y_i^2)$	2	$R^2(\sum y_i^2)/2$
Devido aos resíduos	$(1 - R^2)(\sum y_i^2)$	$n - 3$	$(1 - R^2)(\sum y_i^2)/(n - 3)$
Total	$\sum y_i^2$	$n - 1$	

*Observe que, ao calcular o valor F não há necessidade de multiplicar R^2 e $(1 - R^2)$ por $\sum y_i^2$, porque eles desaparecem, como mostra a Equação (8.4.12).

Teste de significância geral, em termos de R^2, para uma regressão múltipla

Regra Teste da significância geral de uma regressão em termos de R^2: é uma alternativa equivalente ao teste dado pela Equação (8.4.7).

Dado o modelo de regressão com k variáveis:

$$Y_i = \beta_i + \beta_2 X_{2i} + \beta_3 X_{3i} + \cdots + \beta_x X_{ki} + u_i$$

Para testar a hipótese

$$H_0: \beta_2 = \beta_3 = \cdots = \beta_k = 0$$

versus

H_1: nem todos os coeficientes angulares são simultaneamente iguais a zero

Calcule

$$F = \frac{R^2/(k - 1)}{(1 - R^2)/(n - k)} \tag{8.4.13}$$

Se $F > F_{\alpha(k-1,\,n-k)}$, rejeita-se H_0; caso contrário, pode-se aceitar H_0, em que $F_{\alpha(k-1,\,n-k)}$ é o valor F crítico ao nível de significância α e $(k - 1)$ graus de liberdade no numerador e $(n - k)$ graus de liberdade no denominador. Como alternativa, se o valor p de F obtido por meio da Equação (8.4.13) é suficientemente baixo, rejeita-se H_0.

Antes de continuarmos, voltemos ao Exemplo 7.5 do Capítulo 7. Na regressão (7.10.7), observamos que o PIB*pcr* (PIB *per capita* relativo) e o PIB*pcr* ao quadrado explicam apenas 10,92% da variação da TCPIB (taxa de crescimento do PIB) dada uma amostra de 190 países. Esse R^2 de 0,1092 parece um valor "baixo". Será de fato estatisticamente diferente de zero? Como descobrimos isso?

Recordemos a discussão anterior denominada "uma importante relação entre R^2 e F", sobre a relação entre os dois valores dados na Equação (8.4.11) ou (8.4.12) no caso específico de dois regressores. Como observamos, se R^2 for zero, automaticamente, F será zero, o que ocorre quando os regressores não influenciam de forma alguma o regressando. Se inserirmos $R^2 = 0{,}1092$ na Fórmula (8.4.12), obtemos:

$$F = \frac{0{,}1092/2}{(1 - 0{,}1092)/187} = 11{,}4618 \qquad \textbf{(8.4.13)}$$

Sob a hipótese nula de que $R^2 = 0$, o valor de F acima segue a distribuição F com 2 e 187 graus de liberdade no numerador e no denominador, respectivamente. (*Nota:* existem 190 observações e dois regressores.) Verificamos na tabela de F que esse valor é significativo ao nível de 5%; na verdade, o valor p é de 0,00002. Podemos rejeitar a hipótese nula de que os dois regressores não influenciam o regressando, apesar de R^2 ser de apenas 0,1092.

Esse exemplo destaca a importante observação de que, com dados de corte transversal que envolvem várias observações, em geral obtemos valores baixos de R^2 em virtude da diversidade das unidades de corte transversal. Não deveríamos ficar surpresos ou preocupados ao encontrar R^2 baixos em regressões de corte transversal. O que é relevante é a especificação correta do modelo, o sinal correto dos regressores (aqueles sinais teoricamente esperados) e espera-se que os coeficientes de regressão sejam estatisticamente significativos. O leitor deve verificar se os regressores da Equação (7.10.7) são, *individualmente*, significativos do ponto de vista estatístico no nível de 5% ou melhor (menor do que 5%).

A contribuição "incremental" ou "marginal" de uma variável explanatória

No Capítulo 7, afirmamos que, geralmente, não podemos distribuir o valor de R^2 entre os vários regressores. No nosso exemplo de mortalidade infantil, verificamos que R^2 era de 0,7077, mas não podemos dizer qual parte desse valor deve-se ao regressor PNB*pc* e qual deve-se à taxa de alfabetização feminina (TAF) em virtude da possível correlação entre os dois regressores na amostra disponível. Podemos esclarecer um pouco mais essa questão recorrendo à técnica de variância.

Verificamos, no nosso exemplo ilustrativo, que X_2 (PNB*pc*) e X_3 (TAF) apresentavam, *individualmente*, significância estatística com base em *testes t* (*separados*). Também descobrimos que, com base no *teste F*, os dois regressores tinham, *conjuntamente*, um efeito significativo sobre o regressando Y (mortalidade infantil).

Imaginemos agora que façamos a inclusão *sequencial* de PNB*pc* e TAF; ou seja, primeiro fazemos a regressão da mortalidade infantil contra o PNB*pc* e avaliamos sua significância e acrescentamos TAF ao modelo para verificar se este contribui com algo (obviamente, a ordem em que as variáveis entram no modelo pode ser invertida). Por "contribuição" queremos dizer que desejamos saber se a inclusão/adição da variável no modelo aumenta a SQE (e, por conseguinte, R^2) "significativamente", em relação a SQR. Essa contribuição pode ser chamada, com propriedade, de contribuição **incremental** ou **marginal** de uma variável explanatória.

A questão da contribuição marginal é importante na prática. Na maioria das pesquisas, o pesquisador pode não estar totalmente convencido de que vale a pena acrescentar uma variável X ao modelo sabendo que várias outras variáveis X já estão presentes. Não se quer incluir variáveis que aumentem relativamente pouco a SQE. Mas como decidir se uma variável X reduz significativamente a SQR? A técnica da análise de variância pode ser empregada para responder a essa pergunta.

Imagine que façamos inicialmente a regressão da mortalidade infantil contra PNBpc e obtenhamos a seguinte regressão:

$$\begin{aligned} \widehat{\text{MI}}_i &= 157{,}4244 \quad - \quad 0{,}0114\,\text{PNB}pc && && \textbf{(8.4.14)} \\ t &= (15{,}9894) \quad (-3{,}5156) && r^2 = 0{,}1662 \\ \text{valor } p &= (0{,}0000) \qquad (0{,}0008) && \text{ajus } r^2 = 0{,}1528 \end{aligned}$$

Como mostram os resultados, o PNB*pc* influencia significativamente a MI. A Tabela 8.5 apresenta a ANOVA correspondente a essa regressão.

TABELA 8.5
Tabela ANOVA para a regressão (8.4.14)

Fonte de variação	SQ	gl	MSQ
SQE (em virtude do PNBpc)	60.449,5	1	60.449,5
SQR	303.228,5	62	4890,7822
Total	363.678	63	

Supondo que os termos de erro u_i sejam distribuídos normalmente e com a hipótese de que o PNBpc não influencia diretamente MI, obtemos o valor F de

$$F = \frac{60.449,5}{4890,7822} = 12,3598 \tag{8.4.15}$$

que segue a distribuição F com 1 e 62 graus de liberdade. Esse valor de F é altamente significativo, assim como o valor de p calculado de 0,0008. Como anteriormente, rejeitamos a hipótese de que PNB*pc* não influencia a MI. Observe que $t^2 = (-3,5156)^2 = 12,3594$, que é aproximadamente igual ao valor F da Equação (8.4.14), em que o valor t é obtido por meio da Equação (8.5.14). Mas isso não surpreende, tendo em vista que o quadrado da estatística t com n graus de liberdade é igual ao valor F com 1 gl no numerador e n gl no denominador, uma relação que estabelecemos no Capítulo 5. Neste exemplo, n é igual a 64.

Tendo calculado a regressão (8.4.14), vamos supor que decidimos acrescentar a TAF ao modelo e obter a regressão múltipla (8.1.4). As questões que queremos responder são:

1. Qual a contribuição marginal da TAF, sabendo que o PNB*pc* já está no modelo e que se relaciona significativamente com MI?
2. A contribuição incremental da TAF é estatisticamente significativa?
3. Qual o critério para acrescentar variáveis ao modelo?

Essas perguntas podem ser respondidas com a técnica ANOVA. Para tanto, elaboremos a Tabela 8.6. Nesta, X_2 refere-se ao PNBpc e X_3, à TAF.

Para avaliar a contribuição *incremental* de X_3, depois de levar em conta a contribuição de X_2, fazemos:

$$F = \frac{Q_2/\text{gl}}{Q_4/\text{gl}}$$

$$= \frac{(\text{SQE}_{\text{novo}} - \text{SQE}_{\text{velho}})/\text{ número de novos regressores}}{\text{SQR}_{\text{novo}}/\text{gl}(= n - \text{número de parâmetros no novo modelo})}$$

$$= \frac{Q_2/1}{Q_4/61} \text{ para o nosso exemplo} \tag{8.4.16}$$

TABELA 8.6
Tabela ANOVA para avaliação da contribuição incremental de variáveis

Fonte de variação	SQ	gl	MSQ
SQE devido apenas a X_2	$Q_1 = \hat{\beta}_{12}^2 \sum x_2^2$	1	$\frac{Q_1}{1}$
SQE devido ao acréscimo de X_3	$Q_2 = Q_3 - Q_1$	1	$\frac{Q_2}{1}$
SQE devido ao acréscimo de X_2, X_3	$Q_3 = \hat{\beta}_2 \sum y_i x_{2i} + \hat{\beta}_3 \sum y_i x_{3i}$	2	$\frac{Q_3}{2}$
SQR	$Q_4 = Q_5 - Q_3$	$n - 3$	$\frac{Q_4}{n-3}$
Total	$Q_5 = \sum y_i^2$	$n - 1$	

em que SQE_{novo} = SQE sob o novo modelo (ou seja, após adicionar os novos regressores = Q_3), SQE_{velho} = SQE no modelo velho (= Q_1) e SQR_{novo} = SQR no novo modelo (ou seja, levando em conta todos os regressores = Q_4). No nosso exemplo, os resultados são apresentados na Tabela 8.7.

Agora aplicando (8.4.16), obtemos:

$$F = \frac{196.912{,}9}{1742{,}8786} = 112{,}9814 \tag{8.4.17}$$

Sob as hipóteses habituais, esse valor de F segue a distribuição de F com 1 e 62 graus de liberdade. O leitor deve verificar se esse valor de F é altamente significativo a ponto de sugerir que o acréscimo da TAF ao modelo aumente significativamente o valor de SQE e, por conseguinte, de R^2. Portanto, a TAF deve ser adicionada ao modelo. Novamente, observe que, se você elevar o valor do coeficiente da TAF da regressão múltipla (8.1.4), que é$(-10{,}6293)^2$, obteremos o valor de F da Equação (8.4.17), exceto os erros de arredondamento.

A propósito, a razão de F na Equação (8.4.16) pode ser reformulada utilizando-se apenas os valores de R^2, como fizemos na Equação (8.4.13). Como o exercício 8.2 mostra, a razão F da Equação (8.4.16) é *equivalente* à seguinte razão F:[9]

$$\begin{aligned} F &= \frac{(R^2_{novo} - R^2_{velho})/\text{gl}}{(1 - R^2_{novo})/\text{gl}} \\ &= \frac{(R^2_{novo} - R^2_{velho})/\text{ número de novos regressores}}{(1 - R^2_{novo})/\text{gl}(= n - \text{ número de parâmetros no novo modelo})} \end{aligned} \tag{8.4.18}$$

Essa razão de F segue a distribuição de F com os graus de liberdade correspondentes no numerador e no denominador, 1 e 61 no nosso exemplo ilustrativo.

Assim, em nosso exemplo, $R^2_{novo} = 0{,}7077$ (da Equação (8.1.4)) e $R^2_{velho} = 0{,}1662$ (da Equação (8.4.14)). Portanto,

$$F = \frac{(0{,}7077 - 0{,}1662)/1}{(1 - 0{,}7077)/61} = 113{,}05 \tag{8.4.19}$$

que é aproximadamente igual ao obtido na Equação (8.4.17), exceto pelos erros de arredondamento. Esse F é altamente significativo, reforçando nossa descoberta anterior de que a variável TAF pertence ao modelo.

Uma advertência: ao empregar a versão do R^2 para o *teste F* apresentado em (8.4.11), certifique-se de que a variável dependente dos modelos novos e antigos seja a mesma. Se forem diferentes, use o *teste F* da Equação (8.4.16).

TABELA 8.7
Tabela ANOVA para o exemplo: análise incremental

Fonte de variação	SQ	gl	MSQ
SQE devido apenas ao PNB*pc*	60.449,5	1	60.449,5
SQE devido ao acréscimo da TAF	196.912,9	1	196.912,9
SQE devido tanto a PNB*pc* quanto à TAF	257.362,4	2	128.681,2
SQR	106.315,6	61	1742,8786
Total	363.678	63	

[9] O teste *F* a seguir é um caso especial do teste *F* mais geral da Equação (8.6.9) ou (8.6.10) na Seção 8.6.

Quando acrescentar uma nova variável

O procedimento apresentado para o *teste F* fornece um método formal para decidir se devemos adicionar uma variável ao modelo de regressão. Frequentemente, os pesquisadores são confrontados com a tarefa de escolher entre vários modelos que **envolvem a mesma variável dependente**, mas diferentes variáveis explanatórias. Ao fazerem uma escolha *ad hoc* (porque com muita frequência o fundamento teórico da análise é fraco), esses pesquisadores escolhem o modelo que proporciona o R^2 ajustado mais alto. Se a inclusão de uma variável aumenta $\bar{R}^2$, ela é mantida no modelo mesmo que não reduza significativamente, no sentido estatístico, a soma dos quadrados do resíduo. A questão é: quando o R^2 ajustado aumenta? Pode-se demonstrar que *$\bar{R}^2$ aumenta se o valor absoluto do coeficiente da nova variável incluída for maior que 1*, e o valor de t for calculado sob a hipótese de que o valor do referido coeficiente na população seja zero (o valor de t calculado por meio da Equação (5.3.2) sob a hipótese de que o verdadeiro β seja igual a zero)[10]. Esse critério também pode ser expresso de forma diferente: *$\bar{R}^2$ aumentará com o acréscimo de uma nova variável explanatória apenas se o valor* de *$F(=t^2)$ for superior a 1.*

Sob qualquer dos critérios aplicados, a variável TAF do exemplo da mortalidade infantil com valor t de $-10{,}6293$ ou um valor F de 112,9814 deverá aumentar o $\bar{R}^2$, como de fato ocorre – quando TAF é acrescentado ao modelo, $\bar{R}^2$ aumenta de 0,1528 para 0,6981.

Quando acrescentar um grupo de variáveis

Podemos formular uma regra semelhante para decidir se vale a pena adicionar (ou excluir) um grupo de variáveis ao modelo? A resposta deveria ser clara por meio da Equação (8.4.18): *se incluir (excluir) um grupo de variáveis ao modelo resulta em um valor F maior (menor) que 1, R^2 aumentará (diminuirá)*. Naturalmente, com a Equação (8.4.18), podemos verificar facilmente se o acréscimo (exclusão) de um grupo de variáveis aumenta (reduz) significativamente o poder explanatório de um modelo de regressão.

8.5 Teste da igualdade para dois coeficientes de regressão

Imaginemos que, na regressão múltipla

$$Y_i = \beta_1 + \beta_2 X_{2i} + \beta_3 X_{3i} + \beta_4 X_{4i} + u_i \tag{8.5.1}$$

desejamos testar as hipóteses

$$\begin{aligned} H_0&: \beta_3 = \beta_4 \quad \text{ou} \quad (\beta_3 - \beta_4) = 0 \\ H_1&: \beta_3 \neq \beta_4 \quad \text{ou} \quad (\beta_3 - \beta_4) \neq 0 \end{aligned} \tag{8.5.2}$$

ou seja, testar se os dois coeficientes angulares, β_3 e β_4, são iguais.

Essa hipótese nula é de importância prática. Por exemplo, seja a Equação (8.5.1) a função demanda de um bem, em que $Y =$ quantidade demandada do bem; $X_2 =$ preço do bem; $X_3 =$ renda do consumidor; e $X_4 =$ riqueza do consumidor. Neste caso, a hipótese nula significa que os coeficientes da renda e da riqueza são os mesmos. Ou, se Y_i e os X forem expressos em forma logarítmica, a hipótese nula na Equação (8.5.2) implica que as elasticidades renda e riqueza do consumo são iguais. (Por quê?)

Como testamos uma hipótese nula desse tipo? Sob as hipóteses clássicas, podemos demonstrar que:

$$t = \frac{(\hat{\beta}_3 - \hat{\beta}_4) - (\beta_3 - \beta_4)}{\text{ep}(\hat{\beta}_3 - \hat{\beta}_4)} \tag{8.5.3}$$

[10] Para uma demonstração, veja AIGNER, Dennis J. *Basic econometrics*. Englewood Cliffs, N.J.: Prentice Hall, 1971. p. 91-92.

segue a distribuição t com $(n - 4)$ graus de liberdade, porque a Equação (8.5.1) é um modelo com quarto variáveis ou, de forma mais geral, com $(n - k)$ graus de liberdade, em que k é o número total de parâmetros estimados, incluindo o termo constante. O erro padrão $\text{ep}(\hat{\beta}_3 - \hat{\beta}_4)$ é obtido por meio da seguinte fórmula bem conhecida (veja detalhes no **Apêndice A**):

$$\text{ep}(\hat{\beta}_3 - \hat{\beta}_4) = \sqrt{\text{var}(\hat{\beta}_3) + \text{var}(\hat{\beta}_4) - 2\,\text{cov}(\hat{\beta}_3, \hat{\beta}_4)} \tag{8.5.4}$$

Se substituirmos a hipótese nula e a expressão para $(\hat{\beta}_3 - \hat{\beta}_4)$, na Equação (8.5.3), nosso teste estatístico torna-se:

$$t = \frac{\hat{\beta}_3 - \hat{\beta}_4}{\sqrt{\text{var}(\hat{\beta}_3) + \text{var}(\hat{\beta}_4) - 2\,\text{cov}(\hat{\beta}_3, \hat{\beta}_4)}} \tag{8.5.5}$$

Agora o processo de teste envolve os seguintes passos:

1. Estimamos $\hat{\beta}_3$ e $\hat{\beta}_4$. Qualquer programa padrão de computador faz isso.
2. A maioria dos programas calcula rotineiramente as variâncias e covariâncias dos parâmetros estimados[11]. Com base nessas estimativas, é fácil obter o erro padrão do denominador para a Equação (8.5.5).
3. Obtemos a razão t por meio da Equação (8.5.5). Observe que a hipótese nula, neste caso, é $(\beta_3 - \beta_4) = 0$.
4. Se a variável t calculada por meio da Equação (8.5.5) for maior que o valor crítico de t no nível de significância proposto para dados graus de liberdade, poderemos rejeitar a hipótese nula; caso contrário, não a rejeitaremos. Como alternativa, se o valor p da estatística t da Equação (8.5.5) for razoavelmente baixo, poderemos rejeitar a hipótese nula. Portanto, quando dizemos que o valor p é baixo ou razoavelmente baixo, queremos dizer que é inferior ao nível de significância, seja 10%, 5% ou 1%.

Essa decisão envolve certa avaliação pessoal.

EXEMPLO 8.2
Retornando à função cúbica

Recordemos a função cúbica de custo total estimada no Exemplo 7.4, Seção 7.10, que, por conveniência, é reproduzida a seguir:

$$\begin{aligned} \hat{Y}_i &= 141{,}7667 + 63{,}4777X_i - 12{,}9615X_i^2 + 0{,}9396X_i^3 \\ \text{ep} &= \quad (6{,}3753) \quad (4{,}7786) \quad (0{,}9857) \quad (0{,}0591) \\ &\text{cov}(\hat{\beta}_3, \hat{\beta}_4) = -0{,}0576; \qquad R^2 = 0{,}9983 \end{aligned} \tag{7.10.6}$$

em que Y é o custo total e X a produção, e os números entre parênteses são os erros padrão estimados.

Suponha que queiramos testar a hipótese de que os coeficientes dos termos X_2 e X_3 da função cúbica de custo são iguais, ou seja, $\beta_3 = \beta_4$ ou $(\beta_3 - \beta_4) = 0$. Na regressão (7.10.6) temos todos os resultados necessários para conduzir o teste t da Equação (8.5.5). A mecânica envolvida é a seguinte:

$$\begin{aligned} t &= \frac{\hat{\beta}_3 - \hat{\beta}_4}{\sqrt{\text{var}(\hat{\beta}_3) + \text{var}(\hat{\beta}_4) - 2\,\text{cov}(\hat{\beta}_3, \hat{\beta}_4)}} \\ &= \frac{-12{,}9615 - 0{,}9396}{\sqrt{(0{,}9867)^2 + (0{,}0591)^2 - 2(-0{,}0576)}} \\ &= \frac{-13{,}9011}{1{,}0442} = -13{,}3130 \end{aligned} \tag{8.5.6}$$

(*Continua*)

[11] A expressão algébrica da fórmula da covariância é bastante complicada. No **Apêndice C**, oferecemos uma expressão compacta, mas que usa notação matricial.

EXEMPLO 8.2 (*Continuação*) O leitor pode verificar que, com 6 graus de liberdade (por quê?), o valor *t* observado é superior ao valor *t* crítico mesmo ao nível de significância de 0,002 (ou 0,2%) considerando-se um teste bicaudal; o valor *p* é extremamente pequeno, 0,000006. Portanto, podemos rejeitar a hipótese de que os coeficientes de X_2 e X_3 da função cúbica de custo sejam idênticos.

8.6 Mínimos quadrados restritos: teste de restrições de igualdade linear

Há ocasiões em que a teoria econômica sugere que os coeficientes de um modelo de regressão estão sujeitos a algum tipo de restrição de igualdade linear. Por exemplo, considere a função de produção Cobb-Douglas:

$$Y_i = \beta_1 X_{2i}^{\beta_2} X_{3i}^{\beta_3} e^{u_i} \qquad \textbf{(7.9.1) = (8.6.1)}$$

em que $Y =$ produção, $X_2 =$ insumo trabalho e $X_3 =$ insumo capital. Na sua forma logarítmica, a equação torna-se

$$\ln Y_i = \beta_0 + \beta_2 \ln X_{2i} + \beta_3 \ln X_{3i} + u_i \qquad \textbf{(8.6.2)}$$

em que $\beta_0 = \ln \beta_1$.

Agora, se houver retornos constantes de escala (variação equiproporcional da produção para uma variação equiproporcional nos insumos), a teoria econômica sugere que:

$$\beta_2 + \beta_3 = 1 \qquad \textbf{(8.6.3)}$$

que é um exemplo de restrição de igualdade linear.[12]

Como podemos descobrir se existem retornos constantes de escala, ou seja, se a restrição (8.6.3) é válida? Há duas abordagens.

A abordagem do teste *t*

O processo mais simples é estimar a Equação (8.6.2) da maneira habitual, sem levar em conta explicitamente as restrições de (8.6.3). Isso é chamado de **regressão sem restrições** ou **irrestrita**. Tendo estimado β_2 e β_3 (por exemplo, por meio dos mínimos quadrados ordinários), um teste de hipótese ou restrição (8.6.3) pode ser conduzido pelo teste *t* apresentado na Equação (8.5.3), a saber,

$$\begin{aligned} t &= \frac{(\hat{\beta}_2 + \hat{\beta}_3) - (\beta_2 + \beta_3)}{\text{ep}(\hat{\beta}_2 + \hat{\beta}_3)} \\ &= \frac{(\hat{\beta}_2 + \hat{\beta}_3) - 1}{\sqrt{\text{var}(\hat{\beta}_2) + \text{var}(\hat{\beta}_3) + 2\,\text{cov}(\hat{\beta}_2, \hat{\beta}_3)}} \end{aligned} \qquad \textbf{(8.6.4)}$$

em que $(\beta_2 + \beta_3)$ é a hipótese nula e o denominador é o erro padrão de $(\hat{\beta}_2 + \hat{\beta}_3)$. Então, de acordo com a Seção 8.5, se o valor *t* calculado na Equação (8.6.3) for maior que o valor *t* crítico no nível de significância escolhido, rejeitaremos a hipótese de retornos constantes de escala; caso contrário, não o rejeitaremos.

[12] Se tivéssemos $\beta_2 + \beta_3 < 1$, essa relação seria um exemplo de restrição de desigualdade linear. Para lidar com essas restrições, é preciso recorrer a técnicas de programação matemática.

A abordagem do *teste F*: mínimos quadrados restritos

O teste *t* apresentado é uma espécie de exame *post mortem*, porque tentamos verificar se a restrição linear é satisfeita depois de estimar a regressão "sem restrições". Uma abordagem direta seria incorporar, desde o início, a restrição (8.6.3) ao procedimento de estimação. No exemplo em pauta, isso poderia ser feito facilmente. Por meio de (8.6.3), vemos que:

$$\beta_2 = 1 - \beta_3 \tag{8.6.5}$$

ou

$$\beta_3 = 1 - \beta_2 \tag{8.6.6}$$

Ao empregarmos qualquer uma dessas igualdades, podemos eliminar um dos coeficientes β na Equação (8.6.2) e estimar a equação resultante. Se usarmos a Equação (8.6.5), podemos escrever a função de produção Cobb-Douglas como:

$$\begin{aligned} \ln Y_i &= \beta_0 + (1 - \beta_3)\ln X_{2i} + \beta_3 \ln X_{3i} + u_i \\ &= \beta_0 + \ln X_{2i} + \beta_3(\ln X_{3i} - \ln X_{2i}) + u_i \end{aligned}$$

ou

$$(\ln Y_i - \ln X_{2i}) = \beta_0 + \beta_3(\ln X_{3i} - \ln X_{2i}) + u_i \tag{8.6.7}$$

ou

$$\ln(Y_i/X_{2i}) = \beta_0 + \beta_3 \ln(X_{3i}/X_{2i}) + u_i \tag{8.6.8}$$

em que (Y_i/X_{2i}) = razão produção/trabalho e (X_{3i}/X_{2i}) = razão capital/trabalho, indicadores de grande importância econômica.

Observe a transformação da Equação original (8.6.2). Como estimamos β_3 por meio da Equação (8.6.7) ou (8.6.8), β_2 pode ser calculado facilmente com base na relação (8.6.5). É desnecessário dizer que esse procedimento garante que a soma dos coeficientes estimados dos dois insumos será igual a 1. O procedimento esboçado na Equação (8.6.7) ou (8.6.8) é conhecido como **mínimos quadrados restritos (MQR)** e pode ser generalizado para modelos com qualquer número de variáveis explanatórias e mais de uma restrição linear de igualdade. A generalização pode ser encontrada em Theil.[13] (Veja também o *teste F* geral a seguir.)

Como comparamos as regressões com mínimos quadrados irrestritos e restritos? Em outras palavras, como sabemos que a restrição, por exemplo, (8.6.3) é válida? A pergunta pode ser respondida aplicando-se o *teste F* apresentado a seguir. Seja

$\sum \hat{u}^2_{SR}$ = SQR da regressão sem restrições (8.6.2)
$\sum \hat{u}^2_{R}$ = SQR da regressão com restrições (8.6.7)
m = número de restrições lineares (neste exemplo, 1)
k = número de parâmetros da regressão sem restrições
n = número de observações

Então,

$$\begin{aligned} F &= \frac{(\text{SQR}_R - \text{SQR}_{SR})/m}{\text{SQR}_{SR}/(n-k)} \\ &= \frac{\left(\sum \hat{u}^2_R - \sum \hat{u}^2_{SR}\right)/m}{\sum \hat{u}^2_{SR}/(n-k)} \end{aligned} \tag{8.6.9}$$

[13] THEIL, Henri. *Principles of econometrics*. Nova York: John Wiley & Sons, 1971. p. 43-45.

segue a distribuição F com m e $(n - k)$ graus de liberdade. (*Nota:* SR e R representam as regressões sem restrições e com restrições, respectivamente.)

Esse teste F também pode ser expresso em termos de R^2:

$$F = \frac{(R^2_{\text{SR}} - R^2_{\text{R}})/m}{(1 - R^2_{\text{SR}})/(n - k)} \tag{8.6.10}$$

em que R^2_{SR} e R^2_{R} são, respectivamente, os valores de R^2 obtidos nas regressões sem e com restrições, ou seja, das regressões (8.6.2) e (8.6.7). Deve-se observar que:

$$R^2_{\text{SR}} \geq R^2_{\text{R}} \tag{8.6.11}$$

e

$$\sum \hat{u}^2_{\text{SR}} \leq \sum \hat{u}^2_{\text{R}} \tag{8.6.12}$$

No Exercício 8.4, será pedido a você que justifique essas afirmações.

Uma advertência: ao empregar a Equação (8.6.10), lembre-se de que, se a variável dependente nos modelos com e sem restrição não for a mesma, R^2_{SR} e R^2_{R} não poderão ser comparados diretamente. Nesse caso, deve-se empregar o procedimento descrito no Capítulo 7 para tornar os valores de R^2 comparáveis (veja Exemplo 8.3) ou usar o teste F apresentado na Equação (8.6.9).

EXEMPLO 8.3

Função de produção Cobb-Douglas para a economia mexicana, 1955-1974

Para ilustrar a discussão anterior, considere as informações da Tabela 8.8. Tentamos ajustar a elas a função de produção Cobb-Douglas, o que produziu os seguintes resultados:

$$\begin{aligned} \widehat{\ln \text{PIB}}_t &= -1{,}6524 + 0{,}3397 \ln \text{Trabalho}_t + 0{,}8460 \ln \text{Capital}_t \\ t &= (-2{,}7259) \quad (1{,}8295) \quad (9{,}0625) \\ \text{valor } p &= (0{,}0144) \quad (0{,}0849) \quad (0{,}0000) \\ & R^2 = 0{,}9951 \quad \text{SQR}_{\text{SR}} = 0{,}0136 \end{aligned} \tag{8.6.13}$$

TABELA 8.8

México – PIB real, trabalho e capital fixo real

Fonte: ELIAS, Victor J. *Sources of growth*: a study of seven Latin American economies. International Center for Economic Growth, San Francisco: ICS Press, 1992. Dados das Tabelas E5, E12, E14.

Ano	PIB*	Trabalho†	Capital fixo‡
1955	114043	8310	182113
1956	120410	8529	193749
1957	129187	8738	205192
1958	134705	8952	215130
1959	139960	9171	225021
1960	150511	9569	237026
1961	157897	9527	248897
1962	165286	9662	260661
1963	178491	10334	275466
1964	199457	10981	295378
1965	212323	11746	315715
1966	226977	11521	337642
1967	241194	11540	363599
1968	260881	12066	391847
1969	277498	12297	422382
1970	296530	12955	455049
1971	306712	13338	484677
1972	329030	13738	520553
1973	354057	15924	561531
1974	374977	14154	609825

*Milhões de pesos mexicanos de 1960.

†Milhares de pessoas.

‡Milhões de pesos mexicanos de 1960.

(*Continua*)

EXEMPLO 8.3 (*Continuação*)

em que SQR_{SR} é a SQR sem restrições, já que não impusemos quaisquer restrições na estimativa da Equação (8.6.13).

Já vimos no Capítulo 7 como interpretar os coeficientes da função da produção Cobb-Douglas. Como você pode ver, a elasticidade produção-trabalho é de cerca de 0,34 e a da relação produção-capital é de cerca de 0,85. Se somarmos esses coeficientes, obteremos 1,19 sugerindo que é possível que a economia mexicana registrasse retornos crescentes de escala no período estudado. Obviamente, não sabemos se 1,19 difere estatisticamente de 1.

Para verificar se esse é o caso, vamos impor a restrição de retornos de escala constantes, o que resulta na seguinte regressão:

$$\widehat{\ln(\text{PIB/Trabalho})_t} = -0{,}4947 + 1{,}0153 \ln(\text{Capital/Trabalho})_t \qquad \textbf{(8.7.14)}$$

$$t = (-4{,}0612) \quad (28{,}1056)$$

$$\text{valor } p = \quad (0{,}0007) \quad (0{,}0000)$$

$$R_R^2 = 0{,}9777 \qquad SQR_R = 0{,}0166$$

em que SQR_R é a SQR com restrições, uma vez que impusemos a condição de que existem retornos constantes de escala.

Como nas duas regressões anteriores as variáveis dependentes são diferentes, precisamos empregar o *teste F* da Equação (8.6.9). Temos os dados necessários à obtenção do valor *F*.

$$F = \frac{(SQR_R - SQR_{SR})/m}{SQR_{SR}/(n-k)}$$

$$= \frac{(0{,}0166 - 0{,}0136)/1}{(0{,}0136)/(20-3)}$$

$$= 3{,}75$$

Observe que, neste caso, $m = 1$, já que impusemos apenas uma restrição e $(n - k) = 17$, uma vez que temos 20 observações e três parâmetros na regressão sem restrições.

Este valor de *F* segue a distribuição de *F* com 1 grau de liberdade no numerador e 17 no denominador. O leitor poderá verificar facilmente que este *F* não é significativo no nível de significância de 5%. (Veja o **Apêndice D**, Tabela D.3)

A conclusão é de que a economia mexicana provavelmente caracterizou-se por retornos constantes de escala no período estudado, portanto, não há prejuízo em empregar a regressão com restrições da Equação (8.6.14). Como ela mostra, se a razão capital/trabalho aumentar 1%, em média, o aumento da produtividade do trabalho provavelmente será de 1%.

Teste *F* geral[14]

O *teste F* da Equação (8.6.10) ou seu equivalente da Equação (8.6.9) fornece um método para teste de hipóteses sobre um ou mais parâmetros do modelo de regressão com *k* variáveis:

$$Y_i = \beta_1 + \beta_2 X_{2i} + \beta_3 X_{3i} + \cdots + \beta_k X_{ki} + u_i \qquad \textbf{(8.6.15)}$$

O teste de *F* da Equação (8.4.16) ou o teste *t* da Equação (8.5.3) é apenas uma aplicação específica da Equação (8.6.10). Assim, hipóteses tais como

$$H_0\colon \beta_2 = \beta_3 \qquad \textbf{(8.6.16)}$$

$$H_0\colon \beta_3 + \beta_4 + \beta_5 = 3 \qquad \textbf{(8.6.17)}$$

[14] Quando se emprega a abordagem de máxima verossimilhança para a estimação, um teste semelhante ao examinado é o **teste da razão de verossimilhança**, que é algo complicado e, portanto, será tratado no apêndice do capítulo. Mais detalhes podem ser encontrados em THEIL, op.cit, p. 179-184.

que envolvem alguma restrição linear aos parâmetros do modelo com k variáveis, ou hipóteses como

$$H_0: \beta_3 = \beta_4 = \beta_5 = \beta_6 = 0 \tag{8.6.18}$$

que implicam ausência de alguns dos regressores do modelo, podem ser todas testadas pelo teste de F da Equação (8.6.10).

Do que foi discutido nas Seções 8.4 e 8.6, o leitor terá observado que a estratégia do uso do *teste F* é esta: há um modelo maior, *o modelo sem restrições* (8.6.15), e há um modelo menor, *o modelo com restrições*, que é obtido eliminando-se algumas variáveis do maior, ou seja, pela Equação (8.6.18), ou pela imposição de algumas restrições lineares a um ou mais coeficientes do modelo maior, isto é, pela Equação (8.6.16) ou na (8.6.17).

Então, ajustamos os modelos, com restrições e sem restrições, aos dados e obteremos os respectivos coeficientes de determinação, a saber, R^2_{SR} e R^2_{R}. Observamos os graus de liberdade do modelo sem restrições ($= n - k$) e os do modelo com restrições ($= m$), sendo m o número de restrições lineares (ou seja, 1 na Equação (8.6.16) ou na (8.6.18)) ou o número de regressores omitidos do modelo (por exemplo, $m = 4$ se adotamos a Equação (8.6.18), já que quatro regressores foram omitidos do modelo). Então, calculamos a razão F como indicado na Equação (8.6.9) ou na (8.6.10) e adotamos a seguinte *regra: se o F calculado é maior que $F_\alpha(m, n-k)$, em que $F_\alpha(m, n-k)$ é o F crítico ao nível de significância α, rejeitamos a hipótese nula; caso contrário, não a rejeitamos.*

Vamos ilustrar:

EXEMPLO 8.4

Demanda de frango nos Estados Unidos, 1960-1982

No Exercício 7.9, dentre outras coisas, você a considerou a seguinte função de demanda por frango:

$$\ln Y_t = \beta_1 + \beta_2 \ln X_{2t} + \beta_3 \ln X_{3t} + \beta_4 \ln X_{4t} + \beta_5 \ln X_{5t} + u_i \tag{8.6.19}$$

em que Y = consumo *per capita* de frango, em libras-peso; X_2 = renda real disponível *per capita*, em \$; X_3 = preço real do frango no varejo, em centavos de dólar por libra-peso; X_4 = preço real da carne suína no varejo, em centavos de dólar por libra-peso; e X_5 = preço da carne bovina no varejo, em centavos de dólar por libra-peso.

Nesse modelo, β_2, β_3, β_4 e β_5 são, respectivamente, as elasticidades renda, preço próprio, preço cruzado (carne suína), preço cruzado (carne bovina). (Por quê?) Segundo a teoria econômica,

$$\begin{aligned}
&\beta_2 > 0 \\
&\beta_3 < 0 \\
&\beta_4 > 0, && \text{se as carnes de frango e suína forem produtos substitutos} \\
&\quad\;\; < 0, && \text{se as carnes forem produtos complementares} \\
&\quad\;\; = 0, && \text{se as carnes de frango e suína não tiverem substitutos} \\
&\beta_5 > 0, && \text{se as carnes de frango e bovina forem produtos substitutos} \\
&\quad\;\; < 0, && \text{se as carnes forem produtos complementares} \\
&\quad\;\; = 0, && \text{se as carnes de frango e bovina não tivrem relação}
\end{aligned} \tag{8.6.20}$$

Suponha que alguém afirme que as carnes de frango, suína e bovina são produtos sem qualquer relação no sentido de que o consumo de frango não é afetado pelo preço das carnes suína e bovina. Em resumo,

$$H_0: \beta_4 = \beta_5 = 0 \tag{8.6.21}$$

Portanto, a regressão com restrições será:

$$\ln Y_t = \beta_1 + \beta_2 \ln X_{2t} + \beta_3 \ln X_{3t} + u_t \tag{8.6.22}$$

(*Continua*)

EXEMPLO 8.4 (*Continuação*)

A Equação (8.6.19) é, obviamente, a regressão sem restrições.

Com os dados do Exercício 7.19, obtemos os seguintes resultados:

Regressão sem restrições:

$$\widehat{\ln Y_t} = \underset{(0,1557)}{2,1898} + \underset{(0,0833)}{0,3425} \ln X_{2t} - \underset{(0,1109)}{0,5046} \ln X_{3t} + \underset{(0,0997)}{0,1485} \ln X_{4t} + \underset{(0,1007)}{0,0911} \ln X_{5t}$$

$$R^2_{SR} = 0,9823 \qquad \textbf{(8.6.23)}$$

Regressão com restrições:

$$\widehat{\ln Y_t} = \underset{(0,1162)}{2,0328} + \underset{(0,0247)}{0,4515} \ln X_{2t} - \underset{(0,0635)}{0,3772} \ln X_{3t} \qquad \textbf{(8.6.24)}$$

$$R^2_R = 0,9801$$

em que os números entre parênteses são os erros padrão estimados. *Nota*: os valores de R^2 das Equações (8.6.23) e (8.6.24) são comparáveis, já que a variável dependente dos dois modelos é a mesma.

Agora a razão F para testar a hipótese da Equação (8.6.21) é

$$F = \frac{(R^2_{SR} - R^2_R)/m}{(1 - R^2_{SR})/(n-k)} \qquad \textbf{(8.6.10)}$$

O valor de m neste caso é 2, pois há duas restrições envolvidas: $\beta_4 = 0$ e $\beta_5 = 0$. Os graus de liberdade do denominador, $(n - k)$, são 18, já que $n = 23$ e $k = 5$ (5 coeficientes β).

Portanto a razão de F é:

$$F = \frac{(0,9823 - 0,9801)/2}{(1 - 0,9823)/18} = 1,1224 \qquad \textbf{(8.6.25)}$$

que tem distribuição F com 2 e 18 graus de liberdade.

A 5%, é claro que esse valor de F não tem significância estatística [$F_{0,5}(2,18) = 3,55$]. O valor p é 0,3472. Não há razão para rejeitar a hipótese nula — a demanda por frango não depende dos preços das carnes suínas e bovinas. Em resumo, podemos aceitar a regressão com restrições (8.6.24) como representativa da função demanda de frango.

Observe que a função demanda satisfaz as expectativas econômicas *a priori*, já que a elasticidade preço própria é negativa e a elasticidade renda é positiva. Contudo, a elasticidade-preço estimada, em valor absoluto, é estatisticamente menor que um, implicando que a demanda por frango é inelástica em relação ao preço. (Por quê?) Também a elasticidade renda, embora positiva, é estatisticamente menor que um, o que sugere que o frango não é um bem de luxo; por convenção, considera-se que bens de luxo são aqueles cuja elasticidade renda é maior que 1.

8.7 Teste da estabilidade estrutural ou dos parâmetros nos modelos de regressão: o teste de Chow

Quando utilizamos um modelo de regressão que envolve o uso de séries temporais, pode acontecer que se verifique uma **mudança estrutural** na relação entre o regressando e os regressores.

Por mudança estrutural entendemos que os valores dos parâmetros do modelo não se mantêm iguais durante todo o período de tempo. Às vezes, a mudança estrutural decorre de forças externas (por exemplo, os embargos do petróleo impostos pela Opep em 1973 e 1979 ou a Guerra do Golfo de

1990–1991) ou por mudanças na política econômica (como a passagem de um sistema de câmbio fixo para outro de taxa flutuante por volta de 1973) ou por ações tomadas pelo Congresso (como as mudanças tributárias promovidas pelo presidente Reagan ou alterações do salário mínimo) ou várias outras causas.

Como podemos verificar que ocorreu, de fato, uma mudança estrutural? Para ser específico, vejamos os dados apresentados na Tabela 8.9. Essa Tabela apresenta os dados sobre a renda pessoal disponível e as poupanças pessoais, em bilhões de $, dos Estados Unidos no período 1970 a –1995. Suponha que queiramos estimar uma função poupança simples que relacione a poupança (Y) com a renda pessoal disponível, RPD (X). Uma vez que temos os dados, podemos calcular uma regressão de Y contra X usando os mínimos quadrados ordinários. Mas, ao fazermos isso, estamos sustentando que a relação entre poupança e renda pessoal disponível não mudou muito nesse período de 26 anos. Essa pode ser uma hipótese muito forte. Por exemplo, sabe-se que, em 1982, os Estados Unidos registraram sua pior recessão em tempos de paz. A taxa de desemprego civil atingiu 9,7% nesse ano, a mais alta desde 1948. Um evento dessa grandeza poderia perturbar a relação entre poupança e renda. Para verificarmos se isso aconteceu, podemos dividir os dados da amostra em dois períodos: 1970-1981 e 1982-1995, ou seja, os períodos anterior e posterior à recessão de 1982.

Temos agora três possíveis regressões:

$$\text{Período de 1970–1981: } Y_t = \lambda_1 + \lambda_2 X_t + u_{1t} \qquad n_1 = 12 \tag{8.7.1}$$

$$\text{Período de 1982–1995: } Y_t = \gamma_1 + \gamma_2 X_t + u_{2t} \qquad n_2 = 14 \tag{8.7.2}$$

$$\text{Período de 1970–1995: } Y_t = \alpha_1 + \alpha_2 X_t + u_t \qquad n = (n_1 + n_2) = 26 \tag{8.7.3}$$

A regressão (8.7.3) pressupõe que não há diferença entre os dois períodos e estima a relação entre poupança e renda pessoal para todo o período, que consiste em 26 observações.

Em outras palavras, essa regressão considera que o intercepto e o coeficiente angular da regressão permanecem os mesmos durante todo o período, ou seja, não se verifica mudança estrutural. Se esta for, de fato, a situação, então $\alpha_1 = \lambda_1 = \gamma_1$ e $\alpha_2 = \lambda_2 = \gamma_2$.

As regressões (8.7.1) e (8.7.2) pressupõem que as regressões dos dois períodos sejam diferentes; o intercepto e os coeficientes angulares diferem, como indicado pelos parâmetros com subscritos. Nas regressões, os u representam os termos de erro e os n, o número de observações.

Para os dados apresentados na Tabela 8.9, as contrapartidas das três regressões anteriores são as seguintes:

$$\begin{aligned} \hat{Y}_t &= \ 1{,}0161 + \ 0{,}0803\, X_t \\ t &= (0{,}0873) \quad (9{,}6015) \\ R^2 = 0{,}9021 & \qquad \text{SQR}_1 = 1785{,}032 \qquad \text{gl} = 10 \end{aligned} \tag{8.7.1a}$$

TABELA 8.9
Estados Unidos – poupança e renda pessoal disponível (em bilhões de $), 1970-1995
Fonte: *Economic Report of the President,*

Observação	Poupança	Renda	Observação	Poupança	Renda
1970	61,0	727,1	1983	167,0	2522,4
1971	68,6	790,2	1984	235,7	2810,0
1972	63,6	855,3	1985	206,2	3002,0
1973	89,6	965,0	1986	196,5	3187,6
1974	97,6	1054,2	1987	168,4	3363,1
1975	104,4	1159,2	1988	189,1	3640,8
1976	96,4	1273,0	1989	187,8	3894,5
1977	92,5	1401,4	1990	208,7	4166,8
1978	112,6	1580,1	1991	246,4	4343,7
1979	130,1	1769,5	1992	272,6	4613,7
1980	161,8	1973,3	1993	214,4	4790,2
1981	199,1	2200,2	1994	189,4	5021,7
1982	205,5	2347,3	1995	249,3	5320,8

$$\hat{Y}_t = 153{,}4947 + 0{,}0148X_t$$
$$t = \quad (4{,}6922) \quad (1{,}7707) \tag{8.7.2a}$$
$$R^2 = 0{,}2971 \qquad \text{SQR}_2 = 10.005{,}22 \qquad \text{gl} = 12$$

$$\hat{Y}_t = 62{,}4226 + 0{,}0376\,X_t$$
$$t = \quad (4{,}8917) \quad (8{,}8937)$$
$$R^2 = 0{,}7672 \qquad \text{SQR}_3 = 23.248{,}30 \qquad \text{gl} = 24 \tag{8.7.3a}$$

Nas regressões anteriores, a SQR indica a soma do quadrado dos resíduos e os números entre parênteses são os valores t estimados.

A observação das regressões estimadas sugere que a relação entre a poupança e a renda pessoal disponível não é a mesma nos dois subperíodos. O coeficiente angular das regressões de poupança contra renda representa a **propensão marginal a poupar (PMP)**, ou seja, a variação (média) das poupanças decorrentes do aumento de um dólar na renda pessoal disponível. No período 1970--1981, a PMP era de cerca de 0,08, enquanto no período 1982-1995, era de cerca de 0,02. É difícil dizer se essa mudança foi decorrente das políticas econômicas implementadas pelo presidente Reagan. Mas isso sugere que a **regressão combinada** (8.7.3a) – aquela que reúne todas as 26 observações em uma regressão comum, desconsiderando possíveis diferenças nos dois períodos – pode não ser adequada. Obviamente, a afirmação anterior deve ser apoiada pelos testes estatísticos pertinentes. A propósito, o diagrama de dispersão e as linhas de regressão estimadas são apresentados na Figura 8.3.

Agora as possíveis diferenças, ou seja, as mudanças estruturais, podem ser provocadas por diferenças no intercepto ou no coeficiente angular, ou em ambos. Como descobrimos isso? Uma impressão visual pode ser obtida na Figura 8.3. Mas seria útil ter um teste formal.

Este é o lugar em que o **teste de Chow** vem a calhar.[15] Ele pressupõe que:

1. $u_{1t} \sim N(0, \sigma^2)$ e $u_{2t} \sim N(0, \sigma^2)$. Isto é, os termos de erro nas regressões dos subperíodos distribuem-se normalmente com a mesma variância (homocedástica) σ^2.
2. Os dois termos de erro, u_{1t} e u_{2t}, têm distribuições independentes.

FIGURA 8.3

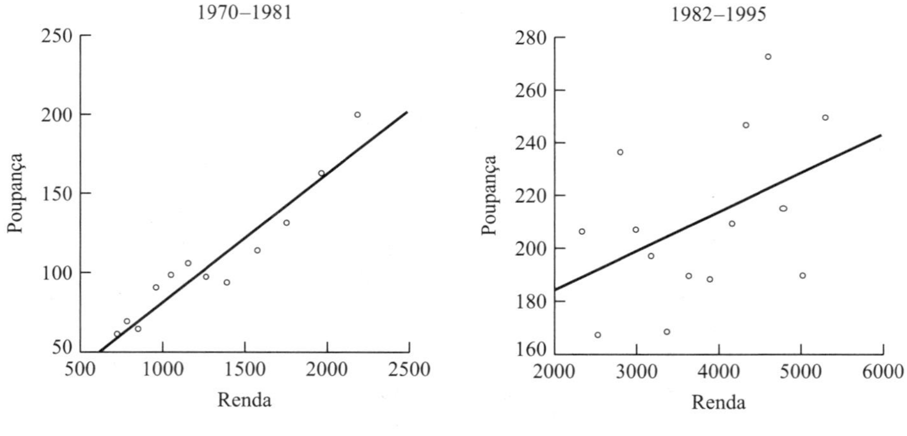

[15] CHOW, Gregory C. "Tests of equality between sets of coefficients in two linear regressions". *Econometrica*, v. 28, n. 3, 1960. p. 591-605.

A mecânica do teste de Chow é a seguinte:

1. Estima-se a regressão (8.7.3), que será adequada se não houver instabilidade dos parâmetros, e obtém-se SQR com $(n_1 + n_2 - k)$ graus de liberdade, em que k é o número de parâmetros estimados, 2 neste caso. Em nosso exemplo, $SQR_3 = 23.248{,}30$. Chamamos SQR_3 de **soma restrita dos quadrados dos resíduos (SQR_R)** porque é obtida pela imposição da restrição de que $\lambda_1 = \gamma_1$ e $\lambda_2 = \gamma_2$, ou seja, as regressões dos subperíodos não são diferentes.

2. Estima-se a Equação (8.7.1) e obtém-se a soma dos quadrados dos resíduos SQR_1, com $(n_1 - k)$ graus de liberdade. Em nosso exemplo, $SQR_1 = 1.785{,}032$ e 10 graus de liberdade.

3. Estima-se a Equação (8.7.2) e obtém-se a soma dos quadrados dos resíduos, SQR_2, com $(n_2 - k)$ graus de liberdade. Em nosso exemplo, $SQR_2 = 10.005{,}22$ e 12 graus de liberdade.

4. Já que consideramos que os dois conjuntos de amostras são independentes, podemos somar SQR_1 e SQR_2 para obter o que podemos chamar de **soma sem restrições dos quadrados dos resíduos** (SQR_{SR}), que é:

$$SQR_{SR} = SQR_1 + SQR_2 \qquad \text{com gl} = (n_1 + n_2 - 2k)$$

Neste caso,

$$SQR_{SR} = (1785{,}032 + 10.005{,}22) = 11.790{,}252$$

5. Agora, a ideia subjacente ao teste de Chow é que, se não há mudança estrutural, (ou seja, se as regressões (8.7.1) e (8.7.2) são essencialmente iguais), então a SQR_R e a SQR_{SR} não deveriam ser estatisticamente diferentes. Portanto, tomando a razão

$$F = \frac{(SQR_R - SQR_{SR})/k}{(SQR_{SR})/(n_1 + n_2 - 2k)} \sim F_{[k,(n_1+n_2-2k)]} \tag{8.7.4}$$

Chow mostrou que, sob a hipótese nula, as regressões (8.7.1) e (8.7.2) são (estatisticamente) iguais (não há mudança ou quebra estrutural) e a razão F anterior segue a distribuição F com k e $(n_1 + n_2 - 2k)$ graus de liberdade no numerador e no denominador, respectivamente.

6. Portanto, não rejeitaremos a hipótese nula de *estabilidade dos parâmetros* (ausência de mudança estrutural) se o valor de F calculado em uma aplicação não for superior ao valor de F crítico registrado na tabela F no nível de significância (ou valor p) escolhido. Nesse caso, o uso da regressão combinada (restrita?) (8.7.3) pode ser justificado. Contrariamente, se o valor de F calculado for superior ao valor de F crítico, rejeitaremos a hipótese de estabilidade dos parâmetros e concluiremos que as regressões (8.7.1) e (8.7.2) são diferentes e, desse modo, o emprego da regressão combinada (8.7.3) seria, no mínimo, de valor dúbio.

Voltando ao nosso exemplo, verificamos que:

$$\begin{aligned} F &= \frac{(23.248{,}30 - 11.790{,}252)/2}{(11.790{,}252)/22} \\ &= 10{,}69 \end{aligned} \tag{8.7.5}$$

Na tabela F, descobrimos que, com 2 e 22 graus de liberdade, o valor crítico de F para um nível de significância de 1% é igual a 5,72. A probabilidade de obter um valor F igual ou maior que 10,69 é muito menor que 1%; na realidade, o valor p é de apenas 0,00057.

O teste de Chow, portanto, parece apoiar a nossa ideia inicial de que a relação entre a poupança e a renda nos Estados Unidos sofreu uma mudança estrutural ao longo do período 1970-1995, supondo que as hipóteses que embasam o teste estejam válidas. Em breve, falaremos mais sobre esse assunto.

Observe, a propósito, que o teste de Chow pode ser facilmente generalizado para lidar com casos em que há mais de uma quebra estrutural. Por exemplo, se acreditamos que a relação poupança-renda mudou depois da posse do presidente Clinton em janeiro de 1992, podemos dividir a amostra em três subperíodos: 1970-1981; 1982-1991; 1992-1995 e aplicar o teste de Chow.

Obviamente, teríamos quatro termos SQR, um para cada período e um para os dados combinados, mas a lógica do teste permanece a mesma. Hoje, os dados disponíveis já chegam a 2007, de modo que o último subperíodo poderia ser estendido.

Há algumas ressalvas sobre o teste de Chow que devem ser lembradas:

1. As hipóteses que embasam o teste devem estar válidas. Por exemplo, é preciso verificar se as variâncias dos erros das regressões (8.7.1) e (8.7.2) são as mesmas. Discutiremos este ponto em breve.

2. O teste de Chow apenas indicará se as duas regressões (8.7.1) e (8.7.2) são diferentes, sem informar se a diferença é por conta dos interceptos, dos coeficientes angulares ou de ambos. No Capítulo 9, sobre variáveis binárias, veremos como podemos responder a questão.

3. O teste de Chow pressupõe que conhecemos o(s) ponto(s) de quebra estrutural. No exemplo, presumimos que ela seria em 1982. Se não for possível determinar o momento em que realmente aconteceu a mudança estrutural, talvez tenhamos de usar outros métodos.[16]

Antes de deixarmos o teste de Chow e a regressão poupança-renda, examinaremos uma das hipóteses que embasam o teste de Chow, a de que as variâncias dos erros são iguais nos dois períodos. Como não podemos observar as verdadeiras variâncias dos erros nos dois períodos, obtemos suas estimativas por meio das SQR das regressões (8.7.1a) e (8.7.2a), a saber:

$$\hat{\sigma}_1^2 = \frac{\text{SQR}_1}{n_1 - 2} = \frac{1785{,}032}{10} = 178{,}5032 \tag{8.7.6}$$

$$\hat{\sigma}_2^2 = \frac{\text{SQR}_2}{n_2 - 2} = \frac{10.005{,}22}{14 - 2} = 833{,}7683 \tag{8.7.7}$$

Observe que, uma vez que existem dois parâmetros estimados em cada equação, subtraímos 2 do número de observações para obter os graus de liberdade. Dadas as hipóteses subjacentes ao teste de Chow, $\hat{\sigma}_1^2$ e $\hat{\sigma}_2^2$ são estimadores não viesados das verdadeiras variâncias dos dois subperíodos. Como resultado, podemos demonstrar que, se $\hat{\sigma}_1^2 = \hat{\sigma}_2^2$, ou seja, as variâncias das duas subpopulações são iguais (como pressupõe o teste de Chow), então podemos demonstrar que

$$\frac{\left(\hat{\sigma}_1^2/\sigma_1^2\right)}{\left(\hat{\sigma}_2^2/\sigma_2^2\right)} \sim F_{(n_1-k),(n_2-k)} \tag{8.7.8}$$

segue a distribuição F com $(n_1 - k)$ e $(n_2 - k)$ graus de liberdade no numerador e no denominador, respectivamente; em nosso exemplo, $k = 2$, visto que existem apenas dois parâmetros em cada sub-regressão.

Obviamente, se $\sigma_1^2 = \sigma_2^2$, o teste de F anterior reduz-se ao cálculo de:

$$F = \frac{\hat{\sigma}_1^2}{\hat{\sigma}_2^2} \tag{8.7.9}$$

Nota: por convenção, colocamos a maior das duas variâncias estimadas no numerador. (Veja no **Apêndice A** os detalhes de F e outras distribuições de probabilidade.)

Calculando esses F em uma aplicação e comparando-os ao valor crítico de F com os graus de liberdade apropriados, podemos decidir rejeitar ou não a hipótese nula de que as variâncias das duas subpopulações são iguais. Se a hipótese nula não for rejeitada, poderemos usar o teste de Chow.

Voltando à regressão poupança-renda, obtemos o seguinte resultado:

$$F = \frac{833{,}7683}{178{,}5032} = 4{,}6701 \tag{8.7.10}$$

[16] Em GREENE, William H. *Econometric analysis*. 4. ed. Englewood Cliffs, N.J.: Prentice Hall, 2000, p. 293-297, encontra-se um exame detalhado da questão.

Sob a hipótese nula de igualdade das variâncias das duas subpopulações, esse valor de F segue a distribuição F com 12 e 10 graus de liberdade no numerador e denominador, respectivamente. (*Nota:* colocamos a maior das duas variâncias estimadas no numerador). Vemos, nas tabelas de F do **Apêndice D**, que os valores críticos de F a 5% e 1%, com 12 e 10 graus de liberdade, respectivamente, são 2,91 e 4,71. O valor de F calculado é significativo ao nível de 5% e quase significativo ao nível de 1%. Podemos concluir que as variâncias das duas subpopulações não são as mesmas e, na realidade, não deveríamos aplicar o teste de Chow.

Nosso propósito aqui foi o de demonstrar a mecânica do teste de Chow, muito usado em trabalhos aplicados. Se as variâncias dos erros das duas subpopulações forem heterocedásticas, o teste de Chow poderá ser modificado. Mas esse procedimento está além do escopo deste livro.[17]

Outro ponto que mencionamos anteriormente foi o de que o teste de Chow é sensível à escolha do período em que os parâmetros de regressão podem ter registrado a mudança. No exemplo, presumimos que a mudança provavelmente ocorreu no ano de recessão, 1982. Se tivéssemos suposto que se trata de 1981, quando Ronald Reagan assumiu a Presidência, o valor calculado de F poderia ser diferente. Como, aliás, no Exercício 8.34, o leitor será convidado a verificar isso.

Se não quisermos escolher o ponto em que a quebra da relação subjacente ocorreu, podemos recorrer a métodos alternativos, como o **teste residual recursivo**. Retomaremos a questão no Capítulo 13, que trata a análise de especificação do modelo.

8.8 Previsão com regressão múltipla

Na Seção 5.10, mostramos como o modelo de regressão com duas variáveis pode ser usado para (1) fazer previsões médias, ou seja, prever o ponto na função de regressão populacional (FRP), bem como para (2) previsões individuais, ou seja, prever um valor individual de Y dado o valor do regressor $X = X_0$, em que X_0 é o valor numérico especificado de X.

A regressão múltipla estimada também pode ser usada para propósitos semelhantes e o procedimento para tal é uma extensão direta do caso de duas variáveis, exceto que as fórmulas para estimar as variâncias e os erros padrão do valor previsto (comparáveis às Equações (5.10.2) e (5.10.6) do modelo de duas variáveis) são muito complicadas e melhor tratadas pelos métodos matriciais examinados no **Apêndice C**. Com certeza, a maioria dos programas de regressão pode fazer isso rotineiramente, então não é necessário procurar a formulação matricial. Ela é apresentada no **Apêndice C** beneficiando os estudantes com inclinações matemáticas; nele encontramos, também, um exemplo plenamente elaborado.

*8.9 A trinca dos testes de hipótese: a razão de verossimilhança (RV), o teste de Wald (W) e o multiplicador de Lagrange (ML)[18]

Neste e no capítulo anterior, empregamos de modo geral os *teste t*, F e qui-quadrado para testar várias hipóteses no contexto de modelos de regressão lineares (nos parâmetros). Mas, uma vez que vamos além do mundo confortável dos modelos de regressão linear, precisamos de métodos para testar hipóteses que possam tratar modelos de regressão lineares ou não.

A conhecida trindade **dos testes de verossimilhança, de Wald e do multiplicador de Lagrange** pode cumprir esse objetivo. O interessante é observar que *assintoticamente* (no caso de amostras

[17] Um exame do teste de Chow sob condições de heterocedasticidade é encontrado em GREENE, William H. *Econometric analysis*. 4. ed. Englewood Cliffs, N.J.: Prentice Hall, 2000, p. 292-293, e em DARNELL, Adrian C. *A dictionary of econometrics*. Reino Unido: Edward Elgar, 1994, p. 51.

*Opcionais.

[18] Uma apresentação acessível pode ser encontrada em BUSE, A. "The likelihood ratio, Wald and Langrange multiplier tests: an expository note." *American Statistician*, 1982. v. 36, p. 153-157.

grandes) todos os três são equivalentes e que o teste estatístico associado a cada um deles segue a distribuição de qui-quadrado.

Embora examinemos o **teste de verossimilhança** no apêndice deste capítulo, de modo geral não empregamos esses testes neste livro pela simples razão de que, em amostras pequenas ou finitas, que infelizmente são aquelas com que lida a maioria dos pesquisadores, o teste F que utilizamos até aqui será suficiente. Como Davidson e MacKinnon observam:

> No caso de modelos de regressão linear, com e sem erros normais, não há a necessidade de examinarmos a razão de verossimilhança (RV), o teste de Wald (W) e o multiplicador de Lagrange (ML), já que não nos proporcionam informações maiores do que as já presentes em F.[19]

*8.10 Teste da forma funcional da regressão: escolha entre modelos de regressão lineares e log-lineares

A escolha entre um modelo de regressão linear (o regressando é uma função linear dos regressores) ou um modelo log-linear (o logaritmo do regressando é uma função dos logaritmos dos regressores) é um dilema perpétuo da análise empírica. Podemos recorrer a um teste proposto por MacKinnon, White e Davidson, que chamaremos, para abreviar, teste MWD, para a escolha entre dois modelos.[20]

Para ilustrar esse teste, imaginemos o seguinte:

H_0: *modelo linear*: Y é uma função linear dos regressores, os X.
H_1: *modelo log-linear*: $\ln Y$ é uma função linear dos regressores, os logaritmos dos X.

em que, como de costume, H_0 e H_1 denotam as hipóteses nula e alternativa.

O teste MWD envolve as seguintes etapas:[21]

Etapa I: estimação do modelo linear e obtenção dos valores estimados de Y, que chamaremos de Yf (ou seja $\hat{Y}$);

Etapa II: estimação do modelo log-linear e obtenção dos valores estimados de $\ln Y$, que chamaremos de $\ln f$ (ou seja, $\widehat{\ln Y}$);

Etapa III: cálculo de $Z_1 = (\ln Yf - \ln f)$;

Etapa IV: regressão de Y contra X e o Z_1 obtido na Etapa III. Rejeita-se H_0 se o coeficiente de Z_1 é estatisticamente significativo segundo o teste t habitual;

Etapa V: cálculo de $Z_2 =$ (antilogaritmo de $\ln f - Yf$);

Etapa VI: regressão do logaritmo de Y contra os logaritmos dos X e Z_2. Rejeita-se H_1 se o coeficiente de Z_2 é estatisticamente significativo segundo o teste t habitual.

Embora o teste MWD pareça complicado, sua lógica é bastante simples. Se o modelo linear for de fato o modelo correto, a variável construída Z_1 não deve ser estatisticamente significativa na Etapa IV, pois nesse caso os valores estimados de Y com base no modelo linear e aqueles estimados com base

[19] DAVIDSON, Russel; MACKINNON, James G. *Estimation and inference in econometrics*. Nova York: Oxford University Press, 1993. p. 456.

*Opcionais.

[20] Mackinnon, J.; WHITE, H.; DAVIDSON, R. "Tests for model specification in the presence of alternative hypothesis: some further results." *Journal of Econometrics*, v. 21, p. 53-70, 1983. Um teste semelhante é proposto em BERA, A. K.; JARQUE, C. M. "Model specification tests: a simultaneous approach."*Journal of Econometrics*, v. 20, p. 59-82, 1982.

[21] Esta apresentação embasa-se em GREENE, William H. *ET. the econometrics toolkit version* 3. Econometrics Software. Nova York: Bellport, 1992. p. 245-246.

no modelo log-linear (depois de obtidos seus antilogaritmos para fins de comparação) não devem ser diferentes. O mesmo comentário aplica-se à hipótese alternativa H_1.

EXEMPLO 8.5
A demanda por rosas

Voltemos ao Exercício 7.16, em que apresentamos dados relativos à demanda por rosas na área metropolitana de Detroit no período que vai do segundo trimestre de 1971 ao segundo trimestre de 1975. Para fins de ilustração, consideraremos que a demanda por rosas seja função apenas dos preços das rosas e dos preços dos cravos, deixando de lado, por enquanto, a variável renda. Agora vejamos os seguintes modelos:

$$\text{Modelo linear:} \quad Y_t = \alpha_1 + \alpha_2 X_{2t} + \alpha_3 X_{3t} + u_t \tag{8.10.1}$$

$$\text{Modelo log-linear:} \quad \ln Y_t = \beta_1 + \beta_2 \ln X_{2t} + \beta_3 \ln X_{3t} + u_t \tag{8.10.2}$$

em que Y é a quantidade de rosas, em dúzias, X_2 é o preço médio das rosas no atacado, em \$/dúzia, e X_3 é o preço médio dos cravos no atacado, em \$/ dúzia. *A priori*, espera-se que α_2 e β_2 seja negativo e β_3 e β_3 seja positivo (por quê?). Como sabemos, os coeficientes angulares no modelo log-linear dão as elasticidades.

Os resultados da regressão são os seguintes:

$$\begin{aligned} \hat{Y}_t &= 9734{,}2176 - 3782{,}1956X_{2t} + 2815{,}2515X_{3t} \\ t &= \quad (3{,}3705) \qquad (-6{,}6069) \qquad (2{,}9712) \\ & F = 21{,}84 \qquad R^2 = 0{,}77096 \end{aligned} \tag{8.10.3}$$

$$\begin{aligned} \widehat{\ln Y_t} &= 9{,}2278 - 1{,}7607 \ln X_{2t} + 1{,}3398 \ln X_{3t} \\ t &= (16{,}2349) \quad (-5{,}9044) \qquad (2{,}5407) \\ & F = 17{,}50 \qquad R^2 = 0{,}7292 \end{aligned} \tag{8.10.4}$$

Como os resultados mostram, os dois modelos parecem ajustar-se muito bem aos dados: os parâmetros apresentam os sinais esperados e os valores de t e de R^2 são estatisticamente significativos.

Para escolhermos um desses modelos com base no **teste MWD**, primeiro testamos a hipótese de que o verdadeiro modelo é o linear. De acordo com a Etapa IV do teste, calculamos a seguinte regressão:

$$\begin{aligned} \hat{Y}_t &= 9727{,}5685 - 3783{,}0623X_{2t} + 2817{,}7157X_{3t} + 85{,}2319Z_{1t} \\ t &= \quad (3{,}2178) \qquad (-6{,}3337) \qquad (2{,}8366) \qquad (0{,}0207) \\ & F = 13{,}44 \qquad R^2 = 0{,}7707 \end{aligned} \tag{8.10.5}$$

Como o coeficiente de Z_1 não é estatisticamente significativo (o valor p do t estimado é 0,98), não rejeitamos a hipótese de que o verdadeiro modelo seja linear.

Suponha, agora, que mudemos de opinião e consideremos que o verdadeiro modelo seja o log-linear. De acordo com a Etapa VI do teste MWD, obtemos os seguintes resultados da regressão:

$$\begin{aligned} \widehat{\ln Y_t} &= 9{,}1486 - 1{,}9699 \ln X_t + 1{,}5891 \ln X_{2t} - 0{,}0013Z_{2t} \\ t &= (17{,}0825) \quad (-6{,}4189) \qquad (3{,}0728) \qquad (-1{,}6612) \\ & F = 14{,}17 \qquad R^2 = 0{,}7798 \end{aligned} \tag{8.10.6}$$

O coeficiente de Z_2 é estatisticamente significativo a cerca de 12% (valor p igual a 0,1225). Portanto, podemos rejeitar a hipótese de que o verdadeiro modelo seja o log-linear neste nível de significância. Obviamente, se mantivermos os níveis de significância convencionais, de 1% ou 5%, não poderemos rejeitar a hipótese de que o verdadeiro modelo seja log-linear. Como este exemplo mostra, é bem possível que, em certas situações, não possamos rejeitar nenhuma das especificações.

Resumo e Conclusões

1. Este capítulo estendeu e refinou as ideias de estimação de intervalos e teste de hipóteses apresentadas inicialmente no Capítulo 5, no contexto de um modelo de regressão com duas variáveis.
2. Em uma regressão múltipla, o teste da *significância individual* de um coeficiente parcial de regressão (utilizando o teste t) e o teste de *significância geral* da regressão (isto é, H_0: todos os coeficientes parciais angulares são zero ou $R^2 = 0$) não são a mesma coisa.
3. Em especial, a verificação de que um ou mais coeficientes parciais de regressão são não significativos estatisticamente com base no teste *t individual* não indica que todos os coeficientes parciais de regressão também sejam (coletivamente) não significativos estatisticamente. Essa hipótese só pode ser testada com auxílio do teste F.
4. O **teste *F*** é versátil no sentido de que pode testar uma grande variedade de hipóteses, como verificar se (1) um coeficiente individual de regressão é estatisticamente significativo; (2) todos os coeficientes parciais angulares são iguais a zero; (3) dois ou mais coeficientes são estatisticamente iguais; (4) os coeficientes satisfazem alguma restrição linear; e (5) o modelo de regressão apresenta estabilidade estrutural.
5. Como no caso de duas variáveis, o modelo de regressão múltipla pode ser usado para fins de previsão média e/ ou individual.

EXERCÍCIOS

8.1. Imagine que você deseja estudar o comportamento das vendas de um produto, por exemplo, automóveis, ao longo de alguns anos e suponha que alguém lhe sugira testar os seguintes modelos:

$$Y_t = \beta_0 + \beta_1 t$$
$$Y_t = \alpha_0 + \alpha_1 t + \alpha_2 t^2$$

em que $Y_t =$ vendas no ano e $t =$ tempo, medido em anos. O primeiro modelo postula que as vendas são uma função linear do tempo, enquanto o segundo considera que sejam uma função quadrática do tempo.

a. Discuta as propriedades desses modelos.

b. Como você decidiria entre os dois modelos?

c. Em que situações o modelo quadrático seria útil?

d. Procure dados sobre as vendas de automóveis nos Estados Unidos nos últimos 20 anos e verifique qual dos modelos ajusta-se melhor aos dados.

8.2. Demonstre que a razão F da Equação (8.4.16) é igual à razão F da Equação (8.4.18). (*Dica:* SQE/SQT $= R^2$.)

8.3. Mostre que os testes F das Equações (8.4.18) e (8.6.10) são equivalentes.

8.4. Estabeleça as afirmações (8.6.11) e (8.6.12).

8.5. Considere a função de produção Cobb-Douglas

$$Y = \beta_1 L^{\beta_2} K^{\beta_3} \tag{1}$$

em que $Y =$ produto, $L =$ insumo trabalho e $K =$ insumo capital. Dividindo (1) por K, obtemos:

$$(Y/K) = \beta_1 (L/K)^{\beta_2} K^{\beta_2 + \beta_3 - 1} \tag{2}$$

Tomando o logaritmo natural de (2) e acrescentando o termo de erro, obtemos:

$$\ln(Y/K) = \beta_0 + \beta_2 \ln(L/K) + (\beta_2 + \beta_3 - 1)\ln K + u_i \tag{3}$$

em que $\beta_0 = \ln \beta_1$

a. Imagine que você tenha os dados para calcular a regressão (3). Como testaria a hipótese de retornos constantes de escala, isto é, $(\beta_2 + \beta_3) = 1$?

b. Se os retornos de escala forem constantes, como você interpretará a regressão (3)?

c. Faz diferença dividir (1) por L no lugar de K?

8.6. **Valores críticos de R^2 quando o verdadeiro $R^2 = 0$.** A Equação (8.4.11) fornece a relação entre F e R^2 sob a hipótese de que todos os coeficientes parciais angulares são simultaneamente iguais a zero (isto é, $R^2 = 0$). Do mesmo modo que podemos encontrar o valor crítico de F no nível de significância α na tabela F, podemos encontrar o valor crítico de R^2 por meio da seguinte relação:

$$R^2 = \frac{(k-1)F}{(k-1)F + (n-k)}$$

em que k é o número de parâmetros do modelo de regressão, incluindo o intercepto, e F é o valor crítico de F no nível de significância α. Se o R^2 observado exceder o R^2 crítico obtido por meio da fórmula anterior, poderemos rejeitar a hipótese de que o verdadeiro R^2 seja zero.

Demonstre a fórmula anterior e encontre o valor crítico de R^2 para $\alpha = 5\%$ no caso da regressão (8.1.4).

8.7. Os resultados abaixo correspondem a uma regressão calculada com dados anuais do período 1968–1987:

$$\hat{Y}_t = -\ 859{,}92 + 0{,}6470X_{2t} - 23{,}195X_{3t} \qquad R^2 = 0{,}9776 \tag{1}$$

$$\hat{Y}_t = -\ 261{,}09 + 0{,}2452X_{2t} \qquad R^2 = 0{,}9388 \tag{2}$$

em que Y = gastos dos Estados Unidos com importação de bens, em bilhões de \$ de 1982; X_2 = renda pessoal disponível, em bilhões de \$ de 1982; e X_3 = variável de tendência.

Verdadeiro ou falso: o erro padrão de X_3 em (1) é 4,2750. Mostre seus cálculos. (*Dica*: recorra à relação entre R^2, F e t.)

8.8. Imagine que na regressão

$$\ln(Y_i/X_{2i}) = \alpha_1 + \alpha_2 \ln X_{2i} + \alpha_3 \ln X_{3i} + u_i$$

os valores dos coeficientes de regressão e seus erros padrão são conhecidos.* Sabendo isso, como poderíamos estimar os parâmetros e os erros padrão do seguinte modelo de regressão?[22]

$$\ln Y_i = \beta_1 + \beta_2 \ln X_{2i} + \beta_3 \ln X_{3i} + u_i$$

8.9. Suponha que:

$$Y_i = \beta_1 + \beta_2 X_{2i} + \beta_3 X_{3i} + \beta_4 X_{2i} X_{3i} + u_i$$

em que Y são as despesas pessoais de consumo, X_2 é a renda pessoal e X_3 é a riqueza pessoal.† O termo $(X_{2i}X_{3i})$ é conhecido como **termo de interação**. O que queremos dizer com essa

* Adaptado de KENNEDY, Peter. *A guide to econometrics*. 3. ed. Cambridge, Mass: The MIT Press, 1992. p.310.

† Ibid., p. 327.

expressão? Como seria possível testar a hipótese de que a propensão marginal a consumir (PMC), isto é, β_2, é independente da riqueza do consumidor?

8.10. Dados os seguintes resultados de uma regressão:

$$\begin{aligned} \hat{Y}_t &= 16.899 \quad - 2978{,}5X_{2t} && R^2 = 0{,}6149 \\ t &= (8{,}5152) \quad (-4{,}7280) \\ \hat{Y}_t &= 9734{,}2 \quad - 3782{,}2X_{2t} + 2815X_{3t} && R^2 = 0{,}7706 \\ t &= (3{,}3705) \quad (-6{,}6070) \quad (2{,}9712) \end{aligned}$$

É possível descobrir qual o tamanho da amostra que gerou esses resultados? (*Dica:* lembre-se da relação entre os valores de R^2, F e t.)

8.11. Com base no que dissemos sobre o uso dos testes t e F para testar hipóteses, *individual e conjuntamente*, quais das seguintes situações seriam possíveis?

1. Rejeição da hipótese nula com base na estatística F, sem, contudo, rejeitar cada hipótese nula isolada com base no *teste t* individual.
2. Rejeitar a hipótese nula conjunta com base na estatística F, rejeitar uma hipótese individual com base no teste t e não rejeitar as demais hipóteses individuais com base no mesmo teste t.
3. Rejeitar a hipótese nula conjunta com base na estatística F, rejeitar uma das hipóteses individuais com base nos testes t individuais.
4. Não rejeitar a hipótese nula conjunta com base na estatística F, rejeitar uma das hipóteses nulas individuais com base nos testes t.
5. Não rejeitar a hipótese nula conjunta com base na estatística F, rejeitar uma das hipóteses individuais com base no teste t e não rejeitar as demais com base no mesmo teste.
6. Não rejeitar a hipótese nula conjunta com base na estatística F, mas rejeitar todas as hipóteses nulas individuais com base nos testes t.*

Exercícios aplicados

8.12. Voltemos ao Exercício 7.21.

a. Quais as elasticidades renda real e taxa de juros dos saldos monetários reais?

b. Essas estatísticas têm, individualmente, significância estatística?

c. Teste a significância geral da regressão estimada.

d. A elasticidade renda da demanda por saldos monetários reais é significativamente diferente da unidade?

e. A variável "taxa de juros" deveria permanecer no modelo? Por quê?

8.13. Com dados relativos a 46 Estados dos Estados Unidos para o ano de 1992, Baltagi obteve os seguintes resultados de uma regressão:†

$$\begin{aligned} \widehat{\log C} &= 4{,}30 \; - \; 1{,}34 \log P \; + \; 0{,}17 \log Y \\ \text{ep} &= (0{,}91) \quad (0{,}32) \qquad (0{,}20) \qquad \bar{R}^2 = 0{,}27 \end{aligned}$$

em que C = consumo de cigarros, em maços/ano

P = preço real do maço

Y = renda real disponível *per capita*

* Extraído de BERNDT, Ernst R. *The pratice of econometrics:* classic and contemporary. Reading, Mass.: Addison-Wesley, 1991. p. 79.

† Veja BALTAGI, Badi H. *Econometrics*. Nova York: Springer-Verlag, 1998.. p.111.

a. Qual a elasticidade-preço da demanda por cigarros em relação ao preço? É estatisticamente significativa? É estatisticamente diferente de 1?

b. Qual a elasticidade-preço da demanda por cigarros? É estatisticamente significativa? Se não for, qual seria(m) a(s) razão(ões)?

c. Como poderíamos obter R^2 com base no R^2 *ajustado* acima?

8.14. Com base uma amostra de 209 empresas, Wooldridge obteve os seguintes resultados de regressão:*

$$\log(\widehat{\text{salário}}) = 4{,}32 + 0{,}280 \log(\text{vendas}) + 0{,}0174\, \text{roe} + 0{,}00024\, \text{ros}$$

$$\text{ep} = (0{,}32) \quad (0{,}035) \quad (0{,}0041) \quad (0{,}00054)$$

$$R^2 = 0{,}283$$

em que salário = salário do CEO

vendas = vendas anuais da empresa

roe = retorno sobre o patrimônio, em %

ros = retorno sobre as ações da empresa

e os números entre parênteses são os erros padrão estimados.

a. Interprete a regressão anterior levando em conta quaisquer expectativas *a priori* que você poderia ter sobre os sinais dos vários coeficientes.

b. Qual dos coeficientes é, *individualmente*, significativo do ponto de vista estatístico no nível de 5%?

c. Qual a significância geral da regressão? Que testes você aplicou? Por quê?

d. Poderíamos interpretar os coeficientes de roe e ros como coeficientes de elasticidade? Justifique sua resposta.

8.15. Supondo que Y e $X_2, X_3, \ldots, X_k$ apresentem, em conjunto, distribuição normal e que a hipótese nula seja a de que as correlações parciais da população sejam individualmente iguais a zero, R. A. Fisher demonstrou que

$$t = \frac{r_{1\,2,3\,4\ldots k}\sqrt{n-k-2}}{\sqrt{1-r^2_{1\,2,3\,4\ldots k}}}$$

segue a distribuição t com $n - k - 2$ graus de liberdade, em que k é o k-ésimo coeficiente de correlação parcial e n é o número total de observações. (*Nota*: $r_{12,3}$ é um coeficiente de correlação parcial de primeira ordem; $r_{12,34}$ é um coeficiente de correlação parcial de segunda ordem e assim por diante.) Voltemos ao Exercício 7.2. Supondo que Y, X_2 e X_3 registrem conjuntamente uma distribuição normal, calcule as três correlações parciais $r_{12,3}$, $r_{13,2}$ e $r_{23,1}$ e teste sua significância na hipótese de que as correlações populacionais correspondentes são, individualmente, iguais a zero.

8.16. Ao estudar a demanda de tratores agrícolas dos Estados Unidos, nos períodos 1921–1941 e 1948–1957, Griliches† obteve os seguintes resultados:

$$\widehat{\log Y_t} = \text{constante} - \underset{(0{,}231)}{0{,}519} \log X_{2t} - \underset{(0{,}477)}{4{,}933} \log X_{3t} \qquad R^2 = 0{,}793$$

* See Jeffrey M. Wooldridge, *Introductory Econometrics*, South-Western Publishing Co., 2000, pp. 154-155.

† GRILICHES, Z. "The demand for a durable input: farm tractors in the United States, 1921-1957." In: HARBERGER, Arnold C. (Ed.). *The demand for durable goods*. Chicago: The University of Chicago Press, 1960. p. 192, tabela 1.

em que Y_t = valor do estoque de tratores existentes nos estabelecimentos agrícolas em 1º de janeiro, em dólares de 1935–39; X_2 = índice de preços dos tratores dividido por um índice dos preços recebidos por todos os produtos agrícolas no período $t-1$; X_3 = taxa de juros vigente no ano $t-1$. Os números entre parênteses são os erros padrão.

a. Interprete a regressão anterior.

b. Os coeficientes angulares estimados apresentam, individualmente, significância estatística? São significativamente diferentes de 1?

c. Aplique a técnica de análise de variância para testar a significância da regressão geral. *Dica*: use a variante R^2 da técnica ANOVA.

d. Como seria possível calcular a elasticidade da demanda por tratores agrícolas em relação à taxa de juros?

e. Como seria possível testar a significância do R^2 estimado?

8.17. Considere a seguinte equação de determinação dos salários para a economia britânica* no período 1950-1969:

$$\hat{W}_t = \underset{(1{,}129)}{8{,}582} + \underset{(0{,}080)}{0{,}364(\text{PF})_t} + \underset{(0{,}072)}{0{,}004(\text{PF})_{t-1}} - \underset{(0{,}658)}{2{,}560U_t}$$

$$R^2 = 0{,}873 \qquad \text{gl} = 15$$

em que W = salários e ordenados por funcionário

PF = preços do produto final a custo de fatores

U = taxa de desemprego na Grã-Bretanha, em % do total de empregados do país

t = anos

(Os números entre parênteses são os erros-padrão estimados.)

a. Interprete a regressão acima.

b. Os coeficientes estimados são, individualmente, significativos?

c. Qual é a lógica do uso da variável $(\text{PF})_{t-1}$?

d. A variável $(\text{PF})_{t-1}$ deveria ser excluída do modelo? Por quê?

e. Como poderíamos calcular a elasticidade dos salários e ordenados por funcionário em relação à taxa de desemprego, U?

8.18. A equação a seguir é uma variante daquela dada no Exercício 8.17:†

$$\hat{W}_t = \underset{(0{,}797)}{1{,}073} + \underset{(0{,}812)}{5{,}288V_t} - \underset{(0{,}111)}{0{,}116X_t} + \underset{(0{,}022)}{0{,}054M_t} + \underset{(0{,}019)}{0{,}046M_{t-1}}$$

$$R^2 = 0{,}934 \quad \text{gl} = 14$$

em que W = salários e ordenados por funcionário

V = vagas abertas na Grã-Bretanha como percentual do número de empregados do país

X = produto interno bruto por pessoa empregada

M = preço das importações

M_{t-1} = preços das importações no ano anterior (ou defasado)

(Os números entre parênteses são os erros padrão estimados.)

a. Interprete a equação acima.

---

* Extraído de *Prices and earnings in 1951-1969:* an econometric assessment. Dept. of Employment, HMSO, Equação (19), 1971. p. 35.

† Ibid, Equação (67), p. 37.

b. Quais dos coeficientes estimados são, do ponto de vista estatístico, individualmente significativos?

c. Qual é a lógica da inclusão da variável *X*? *A priori*, seria de esperar que seu sinal fosse negativo?

d. Qual o objetivo da inclusão de M_t e M_{t-1} no modelo?

e. Qual das variáveis poderia ser excluída do modelo? Por quê?

f. Teste a significância geral da regressão observada.

8.19. No caso da função de demanda por carne de frango estimada na Equação (8.6.24), a elasticidade renda estimada é igual a 1? A elasticidade preço é igual a -1?

8.20. No caso da função de demanda na Equação (8.6.24), como seria possível testar a hipótese de que o valor da elasticidade renda é igual ao da elasticidade preço, mas seus sinais são contrários? Mostre os cálculos necessários. (*Nota:* cov $[\hat{\beta}_2, \hat{\beta}_3] = -0{,}00142$.)

8.21. Volte à função de demanda por rosas do Exercício 7.16 e restrinja suas considerações à especificação logarítmica.

a. Qual a elasticidade preço própria estimada (isto é, a elasticidade com respeito ao preço das rosas)?

b. É estatisticamente significativa?

c. Em caso positivo, é significativamente diferente da unidade?

d. *A priori*, quais seriam os sinais esperados de X_3 (preço dos cravos) e X_4 (renda)? Os resultados empíricos estão de acordo com essas expectativas?

e. Se os coeficientes de X_3 e X_4 forem não significativos estatisticamente, quais poderiam ser as razões disso?

8.22. Volte ao Exercício 7.17 que trata das atividades de prospecção de petróleo.

a. Cada um dos coeficientes angulares estimados é estatisticamente significativo no nível de 5%?

b. Você rejeitaria a hipótese de que $R^2 = 0$?

c. Qual a taxa de crescimento instantânea das atividades de prospecção de petróleo no período 1948-1978? E a taxa de crescimento geométrica no mesmo período?

8.23. Volte à regressão dos gastos militares dos Estados Unidos, estimada no Exercício 7.18.

a. Comente os resultados gerais da regressão estimada.

b. Monte uma tabela ANOVA e teste a hipótese de que todos os coeficientes parciais angulares são iguais a zero.

8.24. A função a seguir é conhecida como **função de produção transcendental ou translog (FPT)**, uma generalização da função de produção Cobb-Douglas:

$$Y_i = \beta_1 L^{\beta_2} k^{\beta_3} e^{\beta_4 L + \beta_5 K}$$

em que Y = produto, L = insumo trabalho e K = insumo capital.

Depois de aplicar logaritmos e acrescentar um termo de erro estocástico, obtemos a FPT:

$$\ln Y_i = \beta_0 + \beta_2 \ln L_i + \beta_3 \ln K_i + \beta_4 L_i + \beta_5 K_i + u_i$$

em que $\beta_0 = \ln \beta_1$.

a. Quais as propriedades dessa função?

b. Para que a FTP reduza-se a uma função de produção Cobb-Douglas, quais deveriam ser os valores de β_4 e β_5?

c. Se tivéssemos os dados em mãos, como poderíamos verificar se a FTP reduz-se a uma função de produção Cobb-Douglas? Que procedimentos de teste deveríamos aplicar?

d. Verifique se a FTP ajusta-se aos dados da Tabela 8.8. Mostre seus cálculos.

8.25. *Preços da energia e formação de capital*: Estados Unidos, 1948-1978. Para testar a hipótese de que um aumento nos preços da energia em relação ao produto provoca uma queda de produtividade dos recursos de capital e trabalho existentes, John A. Tatom estimou a seguinte função de produção para os Estados Unidos no período que vai do primeiro trimestre de 1948 ao segundo trimestre de 1978:*

$$\widehat{\ln(y/k)} = \underset{(16,33)}{1,5492} + \underset{(21,69)}{0,7135} \ln(h/k) - \underset{(-6,42)}{0,1081} \ln(P_e/P)$$

$$+ \underset{(15,86)}{0,0045t} \qquad R^2 = 0,98$$

em que $y =$ produção real do setor privado

$k =$ indicador do fluxo de serviços de capital

$h =$ horas/homens trabalhadas no setor privado

$P_e =$ índice de preços ao produtor para combustíveis e produtos correlatos

$P =$ deflator de preços para o setor privado

$t =$ tempo (em trimestres)

Os números entre parênteses são as estatísticas *t*.

a. Os resultados confirmam a hipótese do autor?

b. Entre 1972 e 1977, o preço relativo da energia, (P_e/P), aumentou 60%. Com base na regressão estimada, qual foi a perda de produtividade?

c. Depois de levar em conta as alterações de (h/k) e (P_e/P), qual foi a taxa de crescimento tendencial da produtividade durante o período de amostragem?

d. Como você interpretaria o valor de 0,7135 para o coeficiente?

e. O fato de que cada um dos coeficientes angulares parciais é estatisticamente significativo (por quê?) quer dizer que podemos rejeitar a hipótese $R^2 = 0$? Justifique sua resposta.

8.26. *A demanda por cabos*. A Tabela 8.10 fornece dados usados por um fabricante de cabos telefônicos para prever as vendas a um de seus principais clientes no período 1968-1983.†

As variáveis do quadro são assim definidas:

$Y =$ vendas anuais em milhões de pés de pares (MPP)

$X_2 =$ produto nacional bruto (PNB), em bilhões de \$

$X_3 =$ construção de moradias, milhares de unidades

$X_4 =$ taxa de desemprego, %

$X_5 =$ taxa de juros preferencial com defasagem de 6 meses

$X_6 =$ ganhos de clientes por linha, %.

Considere o seguinte modelo:

$$Y_i = \beta_1 + \beta_2 X_{2t} + \beta_3 X_{3t} + \beta_4 X_{4t} + \beta_5 X_{5t} + \beta_6 X_{6t} + u_t$$

a. Estime a regressão acima.

b. Quais os sinais esperados para os coeficientes deste modelo?

c. Os resultados empíricos estão de acordo com as expectativas?

d. Os coeficientes parciais estimados são, do ponto de vista estatístico, individualmente significativos no nível de 5%?

* Veja deste autor, "Energy Prices and Capital Formation: 1972-1977". *Review, Federal Reserve Bank of St. Louis*, v. 61, n. 5, p. 4, 5 de maio 1979.

† Agradeço a Daniel J. Reardon pela coleta e processamento de dados.

TABELA 8.10 Variáveis da regressão

Ano	X_2, PNB	X_3, Construção de moradias	X_4, Desemprego, %	X_5, Taxa de juros, 6 meses	X_6, Ganhos de clientes por linha, %	Y, Vendas anuais (MPP)
1968	1051,8	1503,6	3,6	5,8	5,9	5873
1969	1078,8	1486,7	3,5	6,7	4,5	7852
1970	1075,3	1434,8	5,0	8,4	4,2	8189
1971	1107,5	2035,6	6,0	6,2	4,2	7497
1972	1171,1	2360,8	5,6	5,4	4,9	8534
1973	1235,0	2043,9	4,9	5,9	5,0	8688
1974	1217,8	1331,9	5,6	9,4	4,1	7270
1975	1202,3	1160,0	8,5	9,4	3,4	5020
1976	1271,0	1535,0	7,7	7,2	4,2	6035
1977	1332,7	1961,8	7,0	6,6	4,5	7425
1978	1399,2	2009,3	6,0	7,6	3,9	9400
1979	1431,6	1721,9	6,0	10,6	4,4	9350
1980	1480,7	1298,0	7,2	14,9	3,9	6540
1981	1510,3	1100,0	7,6	16,6	3,1	7675
1982	1492,2	1039,0	9,2	17,5	0,6	7419
1983	1535,4	1200,0	8,8	16,0	1,5	7923

e. Suponha que você primeiro faça apenas a regressão de Y contra X_2, X_3 e X_4 e, então, decida incluir as variáveis X_5 e X_6. Como poderíamos verificar se vale a pena o acréscimo destas novas variáveis? Que teste poderia ser usado? Demonstre os cálculos necessários.

8.27. Marc Nerlove estimou a seguinte função de custo para a geração de energia elétrica:*

$$Y = AX^{\beta} P_1^{\alpha_1} P_2^{\alpha_2} P_3^{\alpha_3} u \tag{1}$$

em que $Y =$ custo total de produção

$X =$ produção em quilowatts/hora

$P_1 =$ preço do trabalho

$P_2 =$ preço do capital

$P_3 =$ preço do combustível

$u =$ termo de erro

Teoricamente, espera-se que a soma das elasticidades preço seja igual à unidade, ou seja, $(\alpha_1 + \alpha_2 + \alpha_3)$. Ao impor essa restrição, a função anterior pode ser escrita como:

$$(Y/P_3) = AX^{\beta}(P_1/P_3)^{\alpha_1}(P_2/P_3)^{\alpha_2} u \tag{2}$$

Em outras palavras, (1) é uma função de custo sem restrições enquanto (2) é uma função restrita.

Com base em uma amostra de 29 empresas de tamanho médio e após efetuar uma transformação logarítmica, Nerlove obteve os seguintes resultados de regressão:

$$\begin{aligned} \widehat{\ln Y_i} &= -4{,}93 \quad + \quad 0{,}94 \ln X_i + \quad 0{,}31 \ln P_1 \\ \text{ep} &= \quad (1{,}96) \qquad\quad (0{,}11) \qquad\quad (0{,}23) \\ & \quad - 0{,}26 \ln P_2 + \quad 0{,}44 \ln P_3 \\ & \qquad (0{,}29) \qquad\quad (0{,}07) \qquad\qquad \text{SQR} = 0{,}336 \end{aligned} \tag{3}$$

* NERLOVE, Marc. Returns to scale in eletric supply. In: CHRIST, Carl (Ed.). *Measurement in economics*. Palo Alto, Calif.: Stanford University Press, 1963. A notação foi alterada.

$$\widehat{\ln(Y/P_3)} = -\ 6{,}55 + 0{,}91 \ln X + 0{,}51 \ln(P_1/P_3) + 0{,}09 \ln(P_2/P_3)$$
$$\text{ep} = (0{,}16)\ (0{,}11)\quad (0{,}19)\quad (0{,}16)\qquad \text{SQR} = 0{,}364 \qquad \textbf{(4)}$$

a. Interprete as equações (3) e (4).

b. Como seria possível verificar se a restrição $(\alpha_1 + \alpha_2 + \alpha_3)$ é válida? Mostre seus cálculos.

8.28. *Estimação do modelo de formação de preços de ativos* (*CAPM*). Na Seção 6.1, consideramos rapidamente esse modelo conhecido da teoria moderna do portfólio. Na análise empírica, a sua estimativa é feita em duas etapas.

Etapa I: (Regressão de série temporal). Para cada um dos N títulos incluídos na amostra, calculamos a seguinte regressão:

$$R_{it} = \hat{\alpha}_i + \hat{\beta}_i R_{mt} + e_{it} \qquad \textbf{(1)}$$

em que R_{it} e R_{mt} são as taxas de retorno do i-ésimo título e do portfólio de mercado (por exemplo, do índice S&P 500) no ano t; β_i, como já mencionado, é o coeficiente beta ou coeficiente de volatilidade de mercado do i-ésimo título; e e_{it} é o resíduo. Ao todo, são N regressões deste tipo, uma para cada título, com o que temos N estimativas de β_i.

Etapa II: (Regressão de corte transversal). Nesta etapa, calculamos a seguinte regressão para os N títulos:

$$\bar{R}_i = \hat{\gamma}_1 + \hat{\gamma}_2 \hat{\beta}_i + u_i \qquad \textbf{(2)}$$

em que $\bar{R}_i$ é a taxa média de retorno do título i calculada para o período coberto pela amostra da Etapa I; $\hat{\beta}_i$ é o coeficiente beta estimado na regressão da primeira etapa; e u_i é o termo residual.

Comparando a regressão (2) obtida na segunda etapa com a Equação do CAPM (6.1.2), escrita como

$$\text{ER}_i = r_f + \beta_i(\text{ER}_m - r_f) \qquad \textbf{(3)}$$

em que r_f é a taxa de retorno livre de risco, vemos que $\hat{\gamma}_1$ é uma estimativa de r_f e $\hat{\gamma}_2$ é uma estimativa de $(\text{ER}_m - r_f)$, o prêmio de risco do mercado.

Assim, ao testar empiricamente o CAPM, $\bar{R}_i$ e $\hat{\beta}_i$ são usados como estimadores de ER_i e $\hat{\beta}_i$, respectivamente. Agora, se o CAPM for válido, estatisticamente,

$$\hat{\gamma}_1 = r_f$$
$$\hat{\gamma}_2 = R_m - r_f, \text{ o estimador de } (\text{ER}_m - r_f)$$

Considere, agora um modelo alternativo

$$\bar{R}_i = \hat{\gamma}_1 + \hat{\gamma}_2 \hat{\beta}_i + \hat{\gamma}_3 s^2_{e_i} + u_i \qquad \textbf{(4)}$$

em que s^2_{ei} é a variância residual do i-ésimo título da regressão estimada na primeira etapa. Então, se o CAPM for válido, $\hat{\gamma}_3$ não deve ser significativamente diferente de zero.

Para testar o modelo, Levy estimou as regressões (2) e (4) usando uma amostra de 101 ações para o período 1948-1968 e obteve os seguintes resultados:*

* LEVY, H. "Equilibrium in an imperfect market: a constraint on the number of securities in the portfolio." *American Economic Review*, set. 1978. v. 68, n. 4, p. 643-658.

$$\hat{\bar{R}}_i = \underset{(0{,}009)}{0{,}109} + \underset{(0{,}008)}{0{,}037\beta_i} \qquad (2)'$$
$$t = (12{,}0) \quad (5{,}1) \qquad R^2 = 0{,}21$$

$$\hat{\bar{R}}_i = \underset{(0{,}008)}{0{,}106} + \underset{(0{,}007)}{0{,}0024\hat{\beta}_i} + \underset{(0{,}038)}{0{,}201 s^2_{e_i}} \qquad (4)'$$
$$t = (13{,}2) \quad (3{,}3) \quad (5{,}3) \qquad R^2 = 0{,}39$$

a. Estes resultados confirmam o CAPM?

b. Vale a pena acrescentar a variável $s^2_{e_i}$ ao modelo? Justifique.

c. Se o modelo CAPM for válido, $\hat{\gamma}_1$ em (2)' deveria aproximar-se do valor médio da taxa livre de risco, r_f. O valor estimado é 10,9%. Isso parece uma estimativa razoável da taxa de retorno livre de risco no período observado, 1948-1968? (Podemos considerar a taxa de retorno das letras do Tesouro dos Estados Unidos ou outro ativo comparativamente livre de risco.)

d. Se o modelo CAPM for válido, o prêmio de risco de mercado ($\bar{R}_m - r_f$) da Equação (2)' é de cerca de 3,7%. Se supusermos que r_f é 10,9%, isso implica que $\bar{R}_m$ para o período da amostra é de cerca de 14,6%. Essa estimativa parece razoável?

e. O que podemos dizer sobre o CAPM em geral?

8.29. Voltemos ao Exercício 7.21*c*. Agora que temos em mãos as ferramentas necessárias, que teste(s) deveria(m) ser usado(s) para escolher um dos modelos? Mostre os cálculos necessários. Vale observar que as variáveis dependentes dos dois modelos são diferentes.

8.30. Voltemos ao Exemplo 8.3. Empregue o teste *t* como apresentado na Equação (8.6.4) para descobrir se a economia mexicana registrou retornos constantes de escala no período estudado.

8.31. Voltemos ao exemplo da mortalidade infantil. Na regressão (7.6.2), estimamos a regressão da mortalidade infantil (MI) contra o PNB *per capita* (PNB*pc*) e a taxa de alfabetização feminina (TAF). Agora vamos ampliar esse modelo incluindo a taxa de fecundidade total (TFT). Os dados sobre essas variáveis constam da Tabela 6.4. Reproduzimos a seguir a regressão (7.6.2) e mostramos os resultados do modelo de regressão ampliado:

1. $\widehat{CM}_i = 263{,}6416 - 0{,}0056\,\text{PNB}pc_i - 2{,}2316\,\text{TAF}_i \qquad (7.6.2)$
$$\text{ep} = (11{,}5932) \quad (0{,}0019) \quad (0{,}2099) \qquad R^2 = 0{,}7077$$

2. $\widehat{CM}_i = 168{,}3067 - 0{,}0055\,\text{PNB}pc_i - 1{,}7680\,\text{TAF}_i + 12{,}8686\,\text{TFT}_i$
$$\text{ep} = (32{,}8916) \quad (0{,}0018) \quad (0{,}2480) \quad (?)$$
$$R^2 = 0{,}7474$$

a. Interprete o coeficiente de TFT. *A priori*, deveríamos esperar uma relação positiva ou negativa entre MI e TFT? Justifique sua resposta.

b. Os valores dos coeficientes de PNBpc e de TAF alteraram-se com o cálculo da nova regressão? Em caso afirmativo, qual(is) poderia(m) ser a(s) razão(ões)? A diferença observada é estatisticamente significativa? Que teste você usou e por quê?

c. Como faria para escolher entre os modelos 1 e 2? Que testes estatísticos aplicaria para responder a essa pergunta? Mostre os cálculos necessários.

d. Não apresentamos o erro padrão do coeficiente de TFT. É possível verificar qual é? (*Dica*: reveja as relações entre as distribuições *t* e *F*.)

8.32. Voltemos ao Exercício 1.7, em que encontramos dados sobre impressões retidas e orçamento publicitário em uma amostra de 21 empresas. No Exercício 5.11, representamos esses dados graficamente e escolhemos um modelo adequado para relacionar as duas variáveis.

Tomando Y como impressões retidas e X como gastos com publicidade, calculamos duas regressões com os seguintes resultados:

$$\text{Modelo I:}\quad \hat{Y}_i = 22{,}163 + 0{,}3631X_i$$
$$\text{ep} = (7{,}089)\quad (0{,}0971)\qquad r^2 = 0{,}424$$

$$\text{Modelo II:}\quad \hat{Y}_i = 7{,}059 + 1{,}0847X_i - 0{,}0040X_i^2$$
$$\text{ep} = (9{,}986)\quad (0{,}3699)\quad (0{,}0019)\qquad R^2 = 0{,}53$$

a. Interprete os dois modelos.

b. Qual o melhor? Por quê?

c. Que testes estatísticos você usaria para escolher um dos modelos?

d. Os gastos com publicidade apresentam "retornos decrescentes", ou seja, após certo nível de gastos (nível de saturação) a publicidade deixa de compensar? Poderíamos verificar qual é esse nível? Mostre os cálculos necessários.

8.33. Na regressão (7.9.4), apresentamos os resultados da função de produção Cobb-Douglas ajustada ao setor de manufatura dos 50 Estados e do Distrito de Washington, para 2005. Com base nessa regressão, verifique se o setor registrou retornos constantes de escala empregando:

a. O teste t dado na Equação (8.6.4). A covariância entre os dois estimadores dos coeficientes angulares é igual a – 0,03843.

b. O teste F dado na Equação (8.6.9).

c. Há diferenças entre os dois resultados? E qual a conclusão que podemos tirar em relação aos retornos de escala no setor de manufatura dos 50 Estados e do distrito de Washington no período da amostra?

8.34. Consideremos a regressão da poupança contra a renda dada na Seção 8.7. Imagine que dividimos a amostra em dois períodos, de 1970 a 1982 e de 1983 a 1995. Verifique, aplicando a teste de Chow, se houve uma mudança estrutural na relação poupança-renda nos dois períodos. Comparando os resultados obtidos agora com os apresentados na Seção 8.7, que conclusões gerais podem ser tiradas a respeito da sensibilidade do teste de Chow à escolha do ponto de quebra que divide uma amostra em dois (ou mais) períodos?

8.35. Votando ao Exercício 7.24 e aos dados na Tabela 7.12 com relação às quatro variáveis econômicas nos Estados Unidos entre 1947-2000.

a. Com base na regressão de gastos de consumo sob a renda real, riqueza real e taxa real de juros, verifique quais dos coeficientes de regressão são, do ponto de vista estatístico, individualmente significativos no nível de significância de 5%. Os sinais dos coeficientes estimados estão de acordo com a teoria econômica?

b. Com base nos resultados de (*a*) como você estimaria a elasticidade-preço, riqueza e taxa de juros? Que informação adicional, se houver, é necessária para calcular as elasticidades?

c. Como você testaria a hipótese de que a elasticidade-renda e riqueza são as mesmas? Mostre os cálculos necessários.

d. Suponha que, em vez da função linear de consumo estimada, você faça a regressão do logaritmo do consumo contra os logaritmos da renda, riqueza e taxa de juros. Mostre os resultados da regressão. Como você interpreta os resultados?

e. Quais as elasticidades-renda e riqueza estimadas em (*d*)? Como você interpreta o coeficiente da taxa de juros estimada em (*d*)?

f. Você poderia ter utilizado, na regressão em (*d*), o logaritmo da taxa de juros em vez da taxa de juros? Por quê?

g. Como você compara as elasticidades estimadas em (*b*) e em (*d*)?

h. Entre os modelos de regressão estimados em (*a*) e (*d*), qual você prefere? Por quê?

i. Suponha que, em vez de estimar o modelo dado em (*d*), você apenas faça a regressão do logaritmo do consumo contra o logaritmo da renda. Como você decide se vale a pena acrescentar o logaritmo da riqueza ao modelo? E como você decide se vale a pena acrescentar tanto o logaritmo de riqueza quanto a taxa de juros no modelo? Mostre os cálculos necessários.

8.36. Consulte a Seção 8.8 e os dados na Tabela 8.9 relativos à renda pessoal disponível e poupança para o período 1970-1995. Nesse ponto, o teste de Chow foi introduzido para verificar se ocorreu uma mudança estrutural com os dados entre os dois períodos. A Tabela 8.11 inclui dados contendo os valores atualizados de 1970-2005. De acordo com o *National Bureau of Economic Research*, o ciclo mais recente de contratação dos Estados Unidos terminou no final de 2001. Divida os dados em três seções:

(1) 1970-1981, (2) 1982-2001 e (3) 2002-2005.

a. Calcule os dois modelos para o total de dados (anos 1970-2005) e da terceira secção (após 2002). Determine se há uma quebra significativa entre o terceiro período e todo o conjunto de dados, utilizando o teste de Chow.

TABELA 8.11

Poupança e rendimento pessoal disponível (bilhões de dólares) Estados Unidos, 1970-2005 (bilhões de dólares, exceto conforme indicado; dados trimestrais ajustados sazonalmente para frequência anual)

Fonte: Department of Commerce, Bureau of Economic Analysis.

Ano	Poupança	Renda
1970	69,5	735,7
1971	80,6	801,8
1972	77,2	869,1
1973	102,7	978,3
1974	113,6	1.071,6
1975	125,6	1.187,4
1976	122,3	1.302,5
1977	125,3	1.435,7
1978	142,5	1.608,3
1979	159,1	1.793,5
1980	201,4	2.009,0
1981	244,3	2.246,1
1982	270,8	2.421,2
1983	233,6	2.608,4
1984	314,8	2.912,0
1985	280,0	3.109,3
1986	268,4	3.285,1
1987	241,4	3.458,3
1988	272,9	3.748,7
1989	287,1	4.021,7
1990	299,4	4.285,8
1991	324,2	4.464,3
1992	366,0	4.751,4
1993	284,0	4.911,9
1994	249,5	5.151,8
1995	250,9	5.408,2
1996	228,4	5.688,5
1997	218,3	5.988,8
1998	276,8	6.395,9
1999	158,6	6.695,0
2000	168,5	7.194,0
2001	132,3	7.486,8
2002	184,7	7.830,1
2003	174,9	8.162,5
2004	174,3	8.681,6
2005	34,8	9.036,1

b. Com os dados novos da Tabela 8.11, determine se existe uma diferença significativa entre o primeiro conjunto de anos (1970-1981) e o conjunto de dados completo, agora que há um maior número de observações disponíveis.

c. Faça o teste de Chow no período intermediário (1982-2001) *versus* aquele com o total de dados para ver se os dados nesse período comportaram-se de modo significativamente diferente do que o resto dos dados.

*Apêndice 8A2

Teste da razão de verossimilhança (RV)

O **teste RV** está embasado no princípio da máxima verossimilhança (MV) examinado no Apêndice 4A, em que mostramos como obter os estimadores de MV para o modelo de regressão com duas variáveis. O princípio pode ser aplicado diretamente ao modelo de regressão múltipla. Sob a hipótese de que os termos de erro u_i são distribuídos normalmente, mostramos que, para o modelo de regressão com duas variáveis, os estimadores dos coeficientes de regressão de MQO e os de MV eram idênticos, mas a variância dos erros estimados eram diferentes. O estimador de MQO de σ^2 é $\sum \hat{u}_i^2/(n-2)$, mas o estimador de MV é $\sum \hat{u}_i^2/n$, sendo o primeiro não viesado e o segundo viesado, embora, no caso de amostras grandes, o viés tenda a desaparecer. O mesmo é válido para o caso de regressão múltipla. Para ilustrarmos, vejamos um modelo de regressão com três variáveis:

$$Y_i = \beta_1 + \beta_2 X_{2i} + \beta_3 X_{3i} + u_i \tag{1}$$

Correspondendo à Equação (5) do Apêndice 4A, a função de verossimilhança (FV) logarítmica do modelo (1) pode ser escrita como:

$$\ln \text{LF} = -\frac{n}{2}\ln(\sigma^2) - \frac{n}{2}\ln(2\pi) - \frac{1}{2\sigma^2}\sum(Y_i - \beta_1 - \beta_2 X_{2i} - \beta_3 X_{3i})^2 \tag{2}$$

Como mostrou o Apêndice 4A, diferenciando esta função em relação a $\beta_1, \beta_2, \beta_3$ e σ^2, igualando as expressões resultantes a zero e resolvendo, obtemos os estimadores de MV destes parâmetros. Os estimadores de MV para β_1, β_2 e β_3 são idênticos aos estimadores de MQO que já foram dados nas Equações (7.4.6) a (7.4.8), mas a variância do erro será diferente, já que a soma dos quadrados dos resíduos (SQR) será dividida por n em lugar de $(n-3)$, como no caso dos mínimos quadrados ordinários.

Agora, imaginemos que a hipótese nula H_0 seja que β_3, o coeficiente de X_3, é igual a zero. Neste caso, o logaritmo da FV dado em (2) se tornará:

$$\ln \text{LF} = -\frac{n}{2}\ln(\sigma^2) - \frac{n}{2}\ln(2\pi) - \frac{1}{2\sigma^2}\sum(Y_i - \beta_1 - \beta_2 X_{2i})^2 \tag{3}$$

A Equação (3) é conhecida como **função de verossimilhança logarítmica com restrições (FVLCR)**, porque é estimada com a restrição *a priori* de que β_3 é igual a zero, enquanto a Equação (1) é conhecida como a **função de verossimilhança logarítmica sem restrições (FVLSR)**, porque não são impostas restrições *a priori* sobre os parâmetros. Para testar a validade da restrição *a priori* de que β_3 é igual a zero, o teste da razão de verossimilhança gera a seguinte estatística:

$$\lambda = 2(\text{FVLSR} - \text{FVLCR}) \tag{4}^{\dagger}$$

em que FVLSR e FVLCR são, respectivamente, a função de verossimilhança logarítmica sem restrições (Equação (2)) e a função de verossimilhança logarítmica com restrições (Equação (3)). Se o tamanho da amostra for grande, pode-se demonstrar que o teste estatístico λ dado na Equação (4) segue a distribuição de qui-quadrado (χ^2) com números de graus de liberdade iguais ao número de restrições impostas pela hipótese nula, 1 neste caso.

A ideia básica por trás do teste de RV é simples: se uma ou mais restrições *a priori* forem válidas, os FV (logarítmicos) restrito e sem restrições não deveriam ser diferentes e, assim, λ na Equação (4) seria igual a zero. Mas, se esse não for o caso, os dois FV divergirão. Como sabemos que, para grandes amostras, λ segue a

* Opcional

† Esta expressão também pode ser escrita nas formas −2(FVLCR − FVLSR) ou −2 ln (FVCR/FVSR).

distribuição de qui-quadrado, podemos verificar se a divergência é estaticamente significativa em 1% ou 5%. Ou podemos encontrar o valor *p* do λ estimado.

Ilustraremos o teste de RV recorrendo ao exemplo da mortalidade infantil. Se fizermos a regressão da mortalidade infantil (MI) contra o PNB *per capita* (PNB*pc*) e a taxa de alfabetização feminina (TAF), como fizemos na Equação (8.1.4), obteremos uma FVLSR de −328,1012, mas, se fizermos a regressão apenas contra o PNB*pc*, a FVLCR será de −361,6396. Em termos de valor absoluto (desconsiderando o sinal), o primeiro é maior que o segundo, o que faz sentido, pois há uma variável adicional no primeiro modelo.

A questão agora é saber se vale a pena acrescentar a variável TAF. Se não valer a pena, as funções logarítmicas de verossimilhança com e sem restrições não serão muito diferentes, mas, em caso positivo, elas serão diferentes. Para verificarmos se a diferença é estatisticamente significativa, empregamos agora o teste de RV dado na Equação (4), que nos dá:

$$\lambda = 2[-328{,}1012 - (-361{,}6396)] = 67{,}0768$$

Isso é distribuído assintoticamente segundo a distribuição qui-quadrado com 1 grau de liberdade (porque só impusemos uma restrição ao omitir a variável TAF do modelo). O valor *p* da obtenção de tal valor de qui-quadrado com um grau de liberdade está muito próximo de zero, levando-nos à conclusão de que a variável TAF *não* deveria ser excluída do modelo. Em outras palavras, a regressão restrita, neste caso, não é válida.

Vamos permitir que SRQR e SSRQR denote a soma, restrita e não restrita, dos quadrados dos resíduos, a Equação (4) pode também ser expressa como:

$$-2\ln\lambda = n(\ln \text{SRQR} - \ln \text{SSRQR}) \tag{5}$$

que é distribuída como χ^2 com *r* graus de liberdade, em que *r* é o número de restrições impostas ao modelo (o número de coeficientes *r* omitidos do modelo original). Contudo, não entraremos em detalhes sobre os testes de Wald e ML; eles podem ser implementados como se segue:

$$\text{Estatística de Wald (W)} = \frac{(n-k)(\text{SRQR} - \text{SSRQR})}{\text{SSRQR}} \sim \chi_r^2 \tag{6}$$

$$\text{Estatística do Multiplicador de Langrage (LM)} = \frac{(n-k+r)(\text{SRQR} - \text{SSRQR})}{\text{SRQR}} \sim \chi_r^2 \tag{7}$$

em que *k* é o número de regressores no modelo sem restrições e *r* é o número de restrições.

Como você pode observar nas equações anteriores, todos os três testes são assintoticamente equivalentes, ou seja, fornecem respostas semelhantes. Entretanto, em amostras pequenas as respostas podem divergir.

Há uma relação interessante entre estas estatísticas em que se pode demonstrar que:

$$\text{W} \geq \text{RV} \geq \text{ML}$$

Contudo, em amostras pequenas, uma hipótese pode ser rejeitada pela estatística Wald, mas *não* pela estatística ML.*

Como observado no texto, para a maioria dos nossos objetivos, os testes de *t* e *F* serão suficientes. Mas, os três testes discutidos são de aplicação geral e podem ser usados para verificar hipóteses não lineares em modelos lineares, ou verificar restrições em matrizes de variância-covariância. Eles também podem ser aplicados em situações em que a hipótese de que os erros são normalmente distribuídos não é defensável.

Dada a complexidade matemática dos testes de Wald e da máxima verossimilhança, não os examinaremos aqui. Mas, como já mencionamos, assintoticamente, os testes ML, de Wald e de RV dão respostas idênticas, de modo que a escolha depende da conveniência de cálculo.

* Pra uma explicação, veja MADALLA, G. S. *Introduction to econometrics*, 3. ed. Nova York: John Wiley & Sons, New York, 2001. p. 177.

Capítulo 9

Modelos de regressão com variáveis binárias (*dummies*)

No Capítulo1 discutimos brevemente os quatro tipos de variáveis que em geral encontram-se em análise empírica. São eles: **variáveis proporcionais, de intervalo, ordinais e nominais.** Os tipos de variáveis que encontramos nos capítulos anteriores eram essencialmente *proporcionais*, mas isso não deveria dar a impressão de que os modelos de regressão só podem lidar com variáveis proporcionais. Os modelos de regressão também trabalham com os outros tipos de variáveis mencionadas anteriormente. Neste capítulo, consideraremos modelos que podem envolver não só variáveis **proporcionais**, mas também variáveis de **escala nominal**. Tais variáveis são conhecidas ainda como **variáveis indicadoras, de categoria, qualitativas ou binárias** (**dummies**).[1]

9.1 A natureza das variáveis dummies

Em análise de regressão a variável dependente, ou regressando, é influenciada com frequência não só pelas variáveis proporcionais (renda, produto, preços, custos, altura, temperatura), mas pelas variáveis que são de natureza essencialmente qualitativa, ou escala nominal, como gênero, raça, cor, religião, nacionalidade, região geográfica, movimentos políticos e afiliação partidária. Por exemplo, mantendo os demais fatores constantes, verificou-se que as mulheres ganham menos que os homens ou que trabalhadores não brancos ganham menos que os brancos.[2] Esse padrão pode resultar de discriminação de gênero ou racial; qualquer que seja a razão, as variáveis qualitativas como gênero e raça parecem influenciar o regressando e deveriam, claramente, ser incluídas entre as variáveis explanatórias ou os regressores.

Tais variáveis em geral indicam a presença ou ausência de uma "qualidade" ou atributo, como homens ou mulheres, negros ou brancos, católicos ou não católicos, democratas ou republicanos, elas são essencialmente *variáveis nominais*. Poderíamos "quantificar" tais atributos formulando variáveis artificiais que assumem valores de 1 ou 0, em que 1 indica a presença (ou posse) daquele atributo e 0, a ausência dele. Por exemplo, 1 pode indicar que uma pessoa é mulher e 0 designar que é homem; ou 1 pode indicar que uma pessoa tem grau superior completo e 0, que não tem e assim por diante.

[1] Discutiremos variáveis de escala ordinal no Capítulo 15.

[2] Para uma revisão deste assunto, veja KAUFMAN, Bruce E.; HOTCHKISS, Julie L. *The economics of labor markets*. 5. ed. Nova York: Dryden Press, 2000.

Variáveis que assumem esses valores 0 e 1 são chamadas **variáveis binárias (*dummies*)**.[3] *Portanto, elas são essencialmente um dispositivo para classificar dados em categorias mutuamente exclusivas como homem ou mulher.*

As variáveis dummies podem ser incorporadas aos modelos de regressão com tanta facilidade quanto as quantitativas. De fato, um modelo de regressão pode conter regressores de natureza exclusivamente dummy ou qualitativa. Estes são os chamados **modelos de análise de variância (ANOVA)**[4]

9.2 Modelos ANOVA

Para ilustrar os modelos ANOVA, considere o seguinte exemplo:

EXEMPLO 9.1
Salários de professores da rede pública por região geográfica

A Tabela 9.1 apresenta dados sobre o salário médio (em dólares) de professores de escolas públicas em 50 Estados e no Distrito de Colúmbia para o ano escolar de 2005–2006. Essas 51 áreas são classificadas em três regiões geográficas: (1) Nordeste e Centro-Norte (21 Estados no total), (2) Sul (17 Estados no total) e (3) Oeste (13 Estados no total). Por ora, não se preocupe com o formato da tabela e outras informações especificadas.

Vamos verificar se o salário anual médio de professores da rede pública difere entre as três regiões geográficas do país. Se tomarmos a média aritmética simples dos salários médios dos professores nas três regiões, veremos que essas médias para as três regiões são as seguintes: \$ 49.538,71 (Nordeste e Centro-Norte), \$ 46.293,59 (Sul) e \$ 48.104,62 (Oeste). Esses números parecem diferentes, mas seriam estatisticamente diferentes uns dos outros? Há várias técnicas estatísticas para comparar dois ou mais valores médios, que em geral são chamadas **análise de variância.**[5]

No entanto, o mesmo objetivo pode ser alcançado dentro do marco de referência da análise de regressão. Para tanto, imaginemos o seguinte modelo:

$$Y_i = \beta_1 + \beta_2 D_{2i} + \beta_{3i} D_{3i} + u_i \qquad \textbf{(9.2.1)}$$

em que Y_i = salário (médio) de professor da rede pública no Estado *i*

D_{2i} = 1 se o Estado for do Nordeste ou do Norte Central

= 0 se não for (se for situado em outras regiões do país)

D_{3i} = 1 se o Estado pertencer à região Sul

= 0 se não pertencer (se for localizado em outras regiões)

Note que a Equação (9.2.1) é como qualquer modelo de regressão múltipla considerado anteriormente, exceto que, em vez de regressores quantitativos, temos apenas regressores qualitativos ou binários, assumindo o valor 1 se a observação pertencer a determinada categoria e 0 se não pertencer àquela categoria ou grupo. *Daí em diante, designaremos todas as variáveis dummies pela letra D.* A Tabela 9.1 mostra as variáveis dummies assim construídas.

(*Continua*)

[3] Não é absolutamente essencial que as variáveis dummies assumam os valores de 0 e 1. O par (0,1) pode ser transformado em qualquer outro par por uma função linear tal que $Z = a + bD$ ($b \neq 0$), em que *a* e *b* são constantes e $D = 1$ ou 0. Quando $D = 1$, temos $Z = a + b$, e quando $D = 0$, temos $Z = a$. Assim, o par (0, 1) torna-se $(a, a + b)$. Por exemplo, se $a = 1$ e $b = 2$, as variáveis dummies serão (1, 3). *Esta expressão mostra que variáveis qualitativas, ou dummies, não têm uma escala natural de medida.* Por isso são descritas como variáveis de escala nominal.

[4] Os modelos ANOVA devem ser usados para avaliar o significado estatístico da relação entre um regressando quantitativo e regressores binários ou qualitativos. Eles são usados com frequência para comparar as diferenças nos valores médios de dois ou mais grupos ou categorias e são, portanto, mais gerais que o teste *t*, que pode ser usado para comparar as médias de apenas dois grupos ou categorias.

[5] Para um tratamento aplicado, veja FOX, John. *Applied regression analysis, linear models, and related methods.* Sage Publications, 1997. cap. 8.

(*Continuação*)

TABELA 9.1 Salário médio de professores de escolas da rede pública por estado, 2005–2006

	Salário	Gastos	D_2	D_3		Salário	Gastos	D_2	D_3
Connecticut	60.822	12.436	1	0	Geórgia	49.905	8.534	0	1
Illinois	58.246	9.275	1	0	Kentucky	43.646	8.300	0	1
Indiana	47.831	8.935	1	0	Louisiana	42.816	8.519	0	1
Iowa	43.130	7.807	1	0	Maryland	56.927	9.771	0	1
Kansas	43.334	8.373	1	0	Mississippi	40.182	7.215	0	1
Maine	41.596	11.285	1	0	Carolina do Norte	46.410	7.675	0	1
Massachusetts	58.624	12.596	1	0	Oklahoma	42.379	6.944	0	1
Michigan	54.895	9.880	1	0	Carolina do Sul	44.133	8.377	0	1
Minnesota	49.634	9.675	1	0	Tennessee	43.816	6.979	0	1
Missouri	41.839	7.840	1	0	Texas	44.897	7.547	0	1
Nebraska	42.044	7.900	1	0	Virgínia	44.727	9.275	0	1
New Hampshire	46.527	10.206	1	0	West Virginia	40.531	9.886	0	1
Nova Jersey	59.920	13.781	1	0	Alaska	54.658	10.171	0	0
Nova York	58.537	13.551	1	0	Arizona	45.941	5.585	0	0
Dakota do Norte	38.822	7.807	1	0	Califórnia	63.640	8.486	0	0
Ohio	51.937	10.034	1	0	Colorado	45.833	8.861	0	0
Pensilvânia	54.970	10.711	1	0	Havaí	51.922	9.879	0	0
Rhode Island	55.956	11.089	1	0	Idaho	42.798	7.042	0	0
Dakota do Sul	35.378	7.911	1	0	Montana	41.225	8.361	0	0
Vermont	48.370	12.475	1	0	Nevada	45.342	6.755	0	0
Wisconsin	47.901	9.965	1	0	Novo México	42.780	8.622	0	0
Alabama	43.389	7.706	0	1	Oregon	50.911	8.649	0	0
Arkansas	44.245	8.402	0	1	Utah	40.566	5.347	0	0
Delaware	54.680	12.036	0	1	Washington, D.C.	47.882	7.958	0	0
Distrito de Colúmbia	59.000	15.508	0	1	Wyoming	50.692	11.596	0	0
Flórida	45.308	7.762	0	1					

Nota: $D_2 = 1$ para Estados no Nordeste e Centro-Norte; 0 para Estados de outras regiões.
$D_3 = 1$ para Estados no Sul; 0 para Estados em outras regiões.

Fonte: National Educational Association, como relatado em 2007.

O que o modelo (9.2.1) nos diz? Pressupondo que o termo de erro satisfaça os pressupostos usuais de MQO, ao tomar a esperança ou valor esperado da Equação (9.2.1) em ambos os lados, obtemos:

Salário médio de professores da rede pública no Nordeste e Centro Norte

$$E(Y_i \mid D_{2i} = 1, D_{3i} = 0) = \beta_1 + \beta_2 \qquad \textbf{(9.2.2)}$$

Salário médio de professores da rede pública de ensino no Sul:

$$E(Y_i \mid D_{2i} = 0, D_{3i} = 1) = \beta_1 + \beta_3 \qquad \textbf{(9.2.3)}$$

Poderíamos desejar saber como descobrimos o salário médio de professores no Oeste. Se supuséssemos que este é igual ao β_1, estaríamos absolutamente certos, pois:

Salário médio de professores da rede pública de ensino no Oeste:

$$E(Y_i \mid D_{2i} = 0, D_{3i} = 0) = \beta_1 \qquad \textbf{(9.2.4)}$$

(*Continua*)

EXEMPLO 9.1
(*Continuação*)

Em outras palavras, o salário médio de professores da rede pública de ensino no Oeste é dado pelo intercepto, β_1, na regressão múltipla (9.2.1), e os coeficientes "angulares" β_2 e β_3 dizem quanto os salários médios de professores no Nordeste e Centro-Norte e no Sul diferem do salário médio de professores no Oeste. Mas como sabemos se essas diferenças são estatisticamente significativas? Antes de respondermos, vamos apresentar os resultados com base na regressão (9.2.1) com os dados da Tabela 9.1:

$$\begin{aligned} \hat{Y}_i &= 48.014{,}615 \quad + \quad 1.524{,}099D_{2i} - \quad 1.721{,}027D_{3i} \\ \text{ep} &= \quad (1857{,}204) \qquad (2363{,}139) \qquad (2467{,}151) \\ t &= \quad (25{,}853) \qquad (0{,}645) \qquad (-0{,}698) \\ & \quad (0{,}0000)^* \qquad (0{,}5220)^* \qquad (0{,}4888)^* \qquad R^2 = 0{,}0440 \end{aligned} \tag{9.2.5}$$

em que * indica os valores *p*.

Como esses resultados de regressão mostram, o salário médio de professores no Oeste é cerca de \$ 48.015, o dos professores do Nordeste e Centro-Norte é cerca de \$ 1.524 mais alto e o de professores no Sul é cerca de \$ 1.721 mais baixo. Os salários médios reais nas duas últimas regiões podem ser facilmente obtidos adicionando esses salários diferenciais ao salário médio de professores no Oeste, como mostram as Equações (9.2.3) e (9.2.4). Desse modo, verificaremos que os salários médios nas duas últimas regiões são de aproximadamente \$ 49,539 e \$ 46,294.

Mas como sabemos que esses salários médios são estatisticamente diferentes do salário médio de professores no Oeste, a categoria de comparação? Fácil. Basta descobrir se cada um dos coeficientes "angulares" na Equação (9.2.5) é estatisticamente significativos. Como podemos ver dessa regressão, o coeficiente angular estimado para o Nordeste e Centro-Norte não é estatisticamente significativo, uma vez que seu valor *p* é 52%, e aquele do Sul também não é estatisticamente significativo, visto que o valor *p* é cerca de 49%. Portanto, a conclusão geral é que estatisticamente os salários médios dos professores de escola pública no Oeste, no Nordeste, no Centro-Norte e no Sul são iguais. A situação é representada graficamente na Figura 9.1.

Convém fazer uma advertência quanto à interpretação dessas diferenças. As variáveis dummies apenas apontarão as diferenças, se existirem, mas não sugerem as razões para as diferenças. Diferenças em níveis educacionais, índices de custo de vida, gênero e raça podem ter efeito nas diferenças observadas. Portanto, se não considerarmos todas as demais variáveis que podem afetar o salário de um professor, não seremos capazes de identificar as causas das diferenças.

Da discussão anterior, fica claro que basta verificar se os coeficientes ligados às diversas variáveis dummies são individualmente significativos, do ponto de vista estatístico. Este exemplo também mostra como é fácil incorporar regressores qualitativos ou binários nos modelos de regressão.

FIGURA 9.1
Salário médio (em dólares) de professores de escola pública nos Estados Unidos em três regiões.

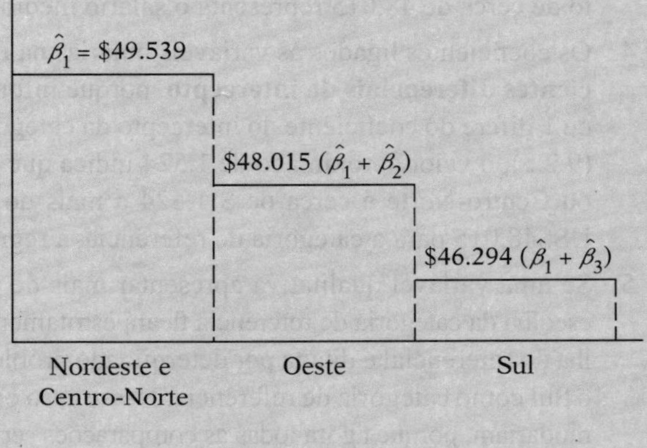

Advertência quanto ao uso de variáveis dummies

Embora seja fácil incorporá-las aos modelos de regressão, deve-se usar as variáveis dummies com cautela. Em particular, considere os seguintes aspectos:

1. No Exemplo 9.1, para distinguir as três regiões, usamos apenas duas variáveis dummies, D_2 e D_3. Por que não usamos três variáveis dummies para distinguir as três regiões? Suponha que façamos isso e escrevamos o modelo (9.2.1) como:

$$Y_i = \alpha + \beta_1 D_{1i} + \beta_2 D_{2i} + \beta_3 D_{3i} + u_i \tag{9.2.6}$$

em que D_{1i} assume o valor de 1 para Estados no Oeste e 0 para as demais regiões. Agora temos uma variável dummy para cada uma das três regiões geográficas. Usando os dados da Tabela 9.1, se você tivesse de fazer a regressão (9.2.6), o computador se "recusaria" a efetuá-la (experimente).[6] Por quê? A razão é que, na montagem da Equação (9.2.6), na qual há uma variável dummy para cada categoria ou grupo e também um intercepto, existe um caso de **colinearidade perfeita**, isto é, relações lineares exatas entre as variáveis. Por quê? Consulte a Tabela 9.1. Imagine que agora acrescentemos a coluna D_1, assumindo o valor de 1 sempre que um Estado estiver no Oeste e 0 nas demais regiões. Agora, se você acrescentar as três colunas D horizontalmente, obterá uma coluna que tem 51 uns nela. Mas, como o valor do intercepto α é (implicitamente) 1 para cada observação, você terá uma coluna que também conterá 51 uns. Em outras palavras, a soma das três colunas D apenas reproduzirá a coluna intercepto, levando à colinearidade perfeita. Neste caso, a estimação do modelo (9.2.6) é impossível.

A mensagem aqui é: **se uma variável qualitativa tem *m* categorias, introduza apenas (*m* − 1) variáveis binárias.** Em nosso exemplo, uma vez que a variável qualitativa "região" tem três categorias, introduzimos apenas duas variáveis binárias. Se você não seguir essa regra, cairá no que é chamado de **armadilha da variável binária**: a situação de colinearidade perfeita ou multicolinearidade perfeita, se houver mais de uma relação exata entre as variáveis. Essa regra também se aplica se temos mais de uma variável qualitativa no modelo, caso exemplificado mais adiante. Deveríamos reformular a regra anterior como: **para cada regressor qualitativo, o número de variáveis binárias introduzidas deve ser um a menos que as categorias daquela variável.** Se no Exemplo 9.1. tínhamos informação sobre o gênero do professor, usaríamos uma variável binária adicional (mas não duas) assumindo um valor de 1 para mulheres e 0 para homens ou vice-versa.

2. A categoria para a qual nenhuma variável binária é atribuída é conhecida como **categoria-base, de controle, de comparação, de referência** ou **categoria omitida**. Todas as comparações são feitas em relação à categoria de referência.
3. O valor do intercepto (β_1) representa o *valor médio* da categoria de referência. No Exemplo 9.1, a categoria de referência é a região Oeste. Daí, na regressão (9.2.5), o valor do intercepto de cerca de 48.015 representa o salário médio de professores nos Estados do Oeste.
4. Os coeficientes ligados às variáveis binárias na Equação (9.2.1) são conhecidos como **coeficientes diferenciais de intercepto**, porque informam quanto a categoria que recebe o valor de 1 difere do coeficiente do intercepto da categoria de referência. Por exemplo, na Equação (9.2.5), o valor aproximado de 1.524 indica que o salário médio de professores no Nordeste ou Centro-Norte é cerca de \$ 1.524 a mais do que o salário médio de aproximadamente US\$48.015 para a categoria de referência, a região Oeste.
5. Se uma variável qualitativa apresentar mais de uma categoria, como em nosso exemplo, a escolha da categoria de referência ficará estritamente a critério do pesquisador. Às vezes a escolha do referencial é ditada por determinado problema. No exemplo, poderíamos ter escolhido o Sul como categoria de referência. Nesse caso os resultados de regressão da Equação (9.2.5) mudariam, porque agora todas as comparações seriam feitas em relação ao Sul. Evidentemente,

[6] Na realidade você receberá uma mensagem informando que a matriz de dados é singular.

isso não mudaria a conclusão geral do exemplo (por quê?). O valor do intercepto seria de aproximadamente $ 4 6.294, que é o salário médio de professores no Sul.

6. Fizemos uma advertência quanto à armadilha da variável binária. Há uma forma de contornar essa armadilha introduzindo tantas variáveis binárias quanto o número de categorias daquela variável, *contanto que não seja introduzido o intercepto em tal modelo.* Se excluirmos o termo de intercepto da Equação (9.2.6) e considerarmos o modelo a seguir,

$$Y_i = \beta_1 D_{1i} + \beta_2 D_{2i} + \beta_3 D_{3i} + u_i \tag{9.2.7}$$

não cairemos na armadilha da variável dummy, pois não há mais colinearidade perfeita. *Mas, ao calcular essa regressão, assegure-se de que você usou a opção sem intercepto do programa de regressão.*

Como interpretamos a regressão (9.2.7)? Se tomarmos o valor esperado da Equação (9.2.7), constataremos que:

β_1 = salário médio de professores no Oeste

β_2 = salário médio de professores no Nordeste e Centro-Norte

β_3 = salário médio de professores no Sul

Em outras palavras, *suprimindo o intercepto e permitindo uma variável binária para cada categoria, obtemos diretamente os valores médios das diversas categorias.* Os resultados da Equação (9.2.7) para nosso exemplo são os seguintes:

$$\begin{aligned}
\hat{Y}_i &= 48.014{,}62D_{1i} + 49.538{,}71D_{2i} + 46.293{,}59D_{3i} \\
\text{ep} &= \quad (1857{,}204) \qquad (1461{,}240) \qquad (1624{,}077) \\
t &= \quad (25{,}853)^* \qquad (33{,}902)^* \qquad (28{,}505)^* \\
& \qquad\qquad\qquad\qquad R^2 = 0{,}044
\end{aligned} \tag{9.2.8}$$

em que * indica que os valores p dessas razões t são muito pequenos.

Como você pode ver, os coeficientes da variável binária dão diretamente os valores médios (salário) nas três regiões, Oeste, Nordeste e Centro-Norte e Sul.

7. Qual o melhor método de introduzir uma variável binária: (1) introduzir uma variável binária para cada categoria e omitir o termo de intercepto ou (2) incluir o termo de intercepto e introduzir apenas variáveis binárias $(m - 1)$, em que m é o número de categorias da variável binária? Como observa Kennedy:

> A maioria dos pesquisadores acredita que a equação com um intercepto seja mais conveniente, porque lhes permite tratar com mais facilidade as questões em que geralmente têm mais interesse, ou seja, se a categorização faz diferença e, se fizer, de quanto é essa diferença. Se a categorização faz diferença, essa é medida diretamente por estimativas do coeficiente da variável binária. Podemos verificar se a categorização é ou não relevante efetuando um teste t de um coeficiente da variável binária contra zero (ou, para ser mais geral, um teste F do conjunto adequado de estimativas do coeficiente da variável binária).[7]

9.3 Modelos ANOVA com duas variáveis qualitativas

Na seção anterior consideramos o modelo ANOVA com uma variável qualitativa com três categorias. Nesta seção consideraremos outro modelo ANOVA, mas com duas variáveis qualitativas e apresentaremos alguns pontos adicionais sobre variáveis binárias.

[7] KENNEDY, Peter. *A guide to econometrics.* 4. ed. Cambridge, Mass.: MIT Press, 1998. p. 223.

EXEMPLO 9.2

Ganho por hora em relação a estado civil e região de residência

De uma amostra de 528 pessoas de maio de 1985, os seguintes resultados de regressão foram obtidos:[8]

$$
\begin{aligned}
\hat{Y}_i = {} & 8{,}8148 + 1{,}0997D_{2i} - 1{,}6729D_{3i} \\
\text{ep} = {} & (0{,}4015) \quad (0{,}4642) \quad (0{,}4854) \\
t = {} & (21{,}9528) \quad (2{,}3688) \quad (-3{,}4462) \\
& (0{,}0000)^* \quad (0{,}0182)^* \quad (0{,}0006)^* \\
& R^2 = 0{,}0322
\end{aligned}
\tag{9.3.1}
$$

em que $Y =$ salário por hora (\$)

$D_2 =$ estado civil; 1 = casado, 0 = outros

$D_3 =$ região de residência; 1 = Sul, 0 = outras regiões

e * denota os valores *p*.

Neste exemplo temos dois regressores qualitativos, cada um com duas categorias. Desse modo atribuímos uma única variável binária para cada categoria.

Qual a categoria de referência aqui? Obviamente, é não casado, não residente no Sul. Em outras palavras, pessoas não casadas que não moram no Sul são a categoria omitida. Todas as comparações são feitas em relação a esse grupo. O ganho médio/salário médio por hora nessa referência é de aproximadamente \$ 8,81. Comparado com este, o ganho médio/salário médio por hora daqueles que são casados é cerca de \$ 1,10 mais alto, ganho médio real por hora de \$ 9,91 (= 8,81 + 1,10). Em contrapartida, para aqueles que moram no Sul, o salário médio por hora é de cerca de \$ 1,67 mais baixo, um ganho médio real por hora de \$ 7,14.

Os ganhos médios por hora são estatisticamente diferentes em comparação à categoria-base? São, pois todos os interceptos diferenciais são estatisticamente significativos, já que seus valores *p* são bastante baixos.

Deve-se observar o seguinte neste exemplo: *depois de irmos além da variável qualitativa, precisamos prestar atenção à categoria-base, uma vez que todas as comparações são feitas em relação àquela categoria. Isso é importante principalmente quando temos vários regressores qualitativos, cada um com diversas categorias.* Mas, a essa altura, o procedimento de introdução de diversas variáveis qualitativas deve estar claro.

9.4 Regressão com uma mistura de regressores quantitativos e qualitativos: os modelos ANCOVA

Os modelos ANOVA discutidos nas duas seções anteriores, embora sejam comuns em áreas como sociologia, psicologia, educação e pesquisa de mercado, não são tão comuns em economia. Tipicamente, na maioria das pesquisas econômicas, um modelo de regressão contém algumas variáveis explanatórias quantitativas e algumas qualitativas. Os modelos de regressão com uma mistura de variáveis quantitativas e qualitativas são chamados de **modelos de análise de covariância (ANCOVA)**. Eles são uma extensão dos modelos ANOVA no sentido de que fornecem um método de controle estatístico dos efeitos de regressores quantitativos, chamados **covariáveis** ou **variáveis de controle**, em um modelo que inclui tanto regressores quantitativos quanto qualitativos ou binários. Agora ilustraremos os modelos ANCOVA.

[8] Esses valores provêm do disco de dados de GOLDBERGER, Arthur S. *Introductory econometrics*. Cambridge, Mass.: Harvard University Press, 1998. Já consideramos esses dados no Capítulo 2.

EXEMPLO 9.3

Salário de professores em relação à região e a gastos em escolas públicas por aluno

Para motivar a análise, reconsideremos o Exemplo 9.1. Contudo, suponhamos que o salário médio de professores da rede pública não seja diferente nas três regiões, se levarmos em consideração quaisquer variáveis que não podem ser padronizadas. Considere, por exemplo, a *variável gastos das autoridades locais com a escola pública*, já que a educação pública é basicamente uma questão local e estadual. Para ver se é esse o caso, desenvolvemos o modelo a seguir:

$$Y_i = \beta_1 + \beta_2 D_{2i} + \beta_3 D_{3i} + \beta_4 X_i + u_i \tag{9.4.1}$$

em que $Y_i =$ salário médio anual de professores da rede pública do Estado ($)

$X_i =$ gastos com escolas públicas por aluno ($)

$D_{2i} =$ 1 se o Estado for do Nordeste ou do Centro-norte;

$=$ 0, caso contrário;

$D_{3i} =$ 1, se o Estado for da região Sul;

$=$ 0, caso contrário.

Os dados sobre X estão na Tabela 9.1. Lembre-se de que estamos considerando o Oeste como a categoria de referência. Note também que, além dos dois regressores qualitativos, temos uma variável quantitativa, X, que no contexto dos modelos ANCOVA é conhecida como **covariável**.

Dos dados da Tabela 9.1, os resultados do modelo (9.4.1) são os seguintes:

$$\begin{aligned} \hat{Y}_i &= 28.694{,}918 \quad - 2.954{,}127 D_{2i} - 3.112{,}194 D_{3i} + \quad 2{,}3404 X_i \\ \text{ep} &= (3262{,}521) \quad (1862{,}576) \quad (1819{,}873) \quad (0{,}3592) \\ t &= \quad (8{,}795)^* \quad (-1{,}586)^{**} \quad (-1{,}710)^{**} \quad (6{,}515)^* \\ & \qquad\qquad\qquad\qquad\qquad\qquad R^2 = 0{,}4977 \end{aligned} \tag{9.4.2}$$

em que * indica valores *p* menores que 5% e ** indica valores *p* maiores que 5%.

Como esses resultados sugerem, *ceteris paribus*, quando os gastos públicos sobem 1 dólar, em média, o salário de um professor da rede pública aumenta cerca de $ 2.34. Controlando os gastos com educação, agora vemos que o coeficiente do intercepto diferencial não é significativo para a região Nordeste, Centro-Norte nem para a região Sul. Esses resultados são diferentes daqueles da Equação (9.2.5). Mas isso não deveria surpreender, pois na Equação (9.2.5) não consideramos as diferenças da covariável gastos públicos com educação, por aluno. Temos a situação representada graficamente na Figura 9.2.

Note que, embora tenhamos mostrado três linhas de regressão para as três regiões, estatisticamente as linhas de regressão são as mesmas para todas as três regiões. Observe ainda que as três linhas de regressão são traçadas paralelamente. (Por quê?)

FIGURA 9.2

Salário do professor em escola pública nos Estados Unidos (Y) em relação a gasto com educação por aluno (X).

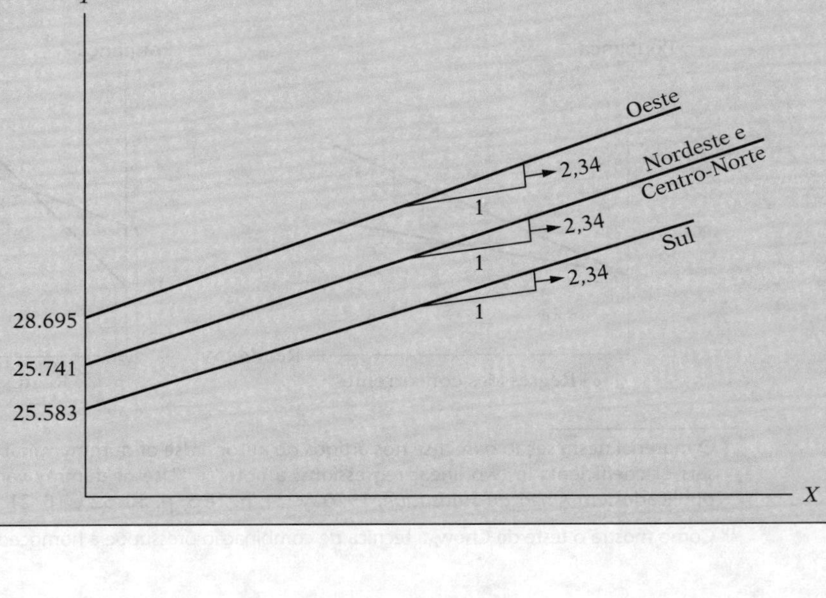

9.5 A variável binária alternativa ao teste de Chow[9]

Na Seção 8.7 discutimos o teste de Chow para examinar a estabilidade estrutural de um modelo de regressão. O exemplo referia-se à relação entre poupança e renda nos Estados Unidos, no período de 1970-1995. Dividimos o período da amostra em dois, 1970-1981 e 1982-1995, e mostramos com base no teste de Chow que havia uma diferença na regressão da poupança sobre a renda entre os dois períodos.

Entretanto, não podíamos apontar se a diferença nos dois regressores devia-se às diferenças nos termos de intercepto ou aos coeficientes angulares, ou a ambos. Com muita frequência esse conhecimento é muito útil. Quanto às Equações (8.7.1) e (8.7.2), vemos que há quatro possibilidades, que ilustraremos na Figura 9.3:

1. Tanto o intercepto quanto os coeficientes angulares são iguais nas duas regressões. Este caso de **regressões coincidentes** é apresentado na Figura 9.3*a*.
2. Somente os interceptos nas duas regressões são diferentes, mas os coeficientes angulares são iguais. Este é o caso de **regressões paralelas**, apresentado na Figura 9.3*b*.
3. Os interceptos nas duas regressões são iguais, mas os coeficientes angulares são diferentes. Esta é a situação das **regressões concorrentes** (Figura 9.3*c*).
4. Ambos os interceptos e coeficientes angulares nas duas regressões são diferentes. Este é o caso de **regressões dissimilares**, apresentado na Figura 9.3*d*.

O procedimento do teste de Chow, que envolve várias etapas, discutido na Seção 8.7, informa apenas se duas (ou mais) regressões são diferentes sem dizer qual a origem da diferença. A origem da diferença, se houver, pode ser identificada combinando-se todas as observações (26 ao todo) e efetuando-se apenas uma regressão múltipla, como apresentado a seguir:[10]

$$Y_t = \alpha_1 + \alpha_2 D_t + \beta_1 X_t + \beta_2 (D_t X_t) + u_t \tag{9.5.1}$$

FIGURA 9.3
Regressões poupança-renda plausíveis.

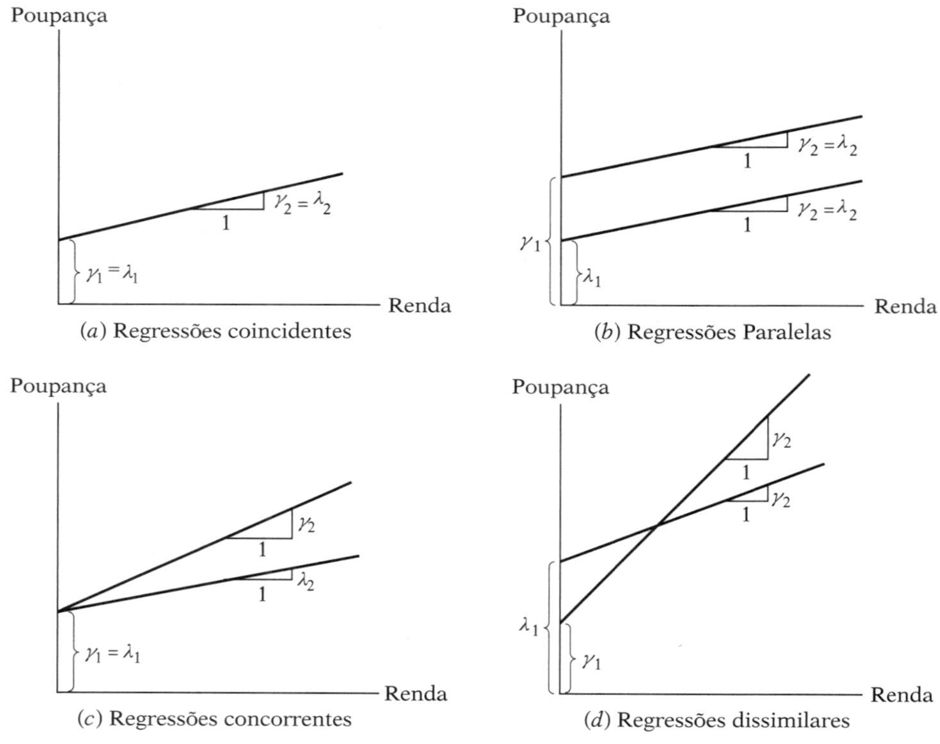

[9] O material desta seção baseia-se nos artigos do autor, "Use of dummy variables in testing for equality between sets of coefficients in two linear regressions: a note" e "Use of dummy variables... a generalization", ambos publicados em *American Statistician,* 1970. v. 24, n. 1e 5, p. 50–52 e 18–21.

[10] Como mostra o teste de Chow, a técnica de combinação pressupõe a homocedasticidade, isto é, $\sigma_1^2 = \sigma_2^2 = \sigma^2$.

em que $Y =$ poupança

$X =$ renda

$t =$ tempo

$D = 1$, para observações em 1982–1995

$= 0$, caso contrário (para observações em 1970–1981)

A Tabela 9.2 mostra a estrutura da matriz de dados. Para ver as implicações da Equação (9.5.1), e, supondo, como usual, que $E(u_i) = 0$, obtemos:

Função poupança média para 1970–1981:

$$E(Y_t \mid D_t = 0, X_t) = \alpha_1 + \beta_1 X_t \tag{9.5.2}$$

Função poupança média para 1982–1995:

$$E(Y_t \mid D_t = 1, X_t) = (\alpha_1 + \alpha_2) + (\beta_1 + \beta_2) X_t \tag{9.5.3}$$

TABELA 9.2

Dados sobre poupança e renda, Estados Unidos, 1970–1995

Observação	Poupança	Renda	Variável dummy
1970	61	727,1	0
1971	68,6	790,2	0
1972	63,6	855,3	0
1973	89,6	965	0
1974	97,6	1054,2	0
1975	104,4	1159,2	0
1976	96,4	1273	0
1977	92,5	1401,4	0
1978	112,6	1580,1	0
1979	130,1	1769,5	0
1980	161,8	1973,3	0
1981	199,1	2200,2	0
1982	205,5	2347,3	1
1983	167	2522,4	1
1984	235,7	2810	1
1985	206,2	3002	1
1986	196,5	3187,6	1
1987	168,4	3363,1	1
1988	189,1	3640,8	1
1989	187,8	3894,5	1
1990	208,7	4166,8	1
1991	246,4	4343,7	1
1992	272,6	4613,7	1
1993	214,4	4790,2	1
1994	189,4	5021,7	1
1995	249,3	5320,8	1

Nota: variável dummy = 1 para observações iniciadas em 1982; 0 para outras datas. Os dados sobre poupança e renda estão em bilhões de dólares.

Fonte: *Economic Report of the President,* 1997, Tabela B-28,

O leitor notará que estas são as mesmas funções que as Equações (8.7.1) e (8.7.2), com $\lambda_1 = \alpha_1$, $\lambda_2 = \beta_1$, $\gamma_1 = (\alpha_1 + \alpha_2)$, e $\gamma_2 = (\beta_1 + \beta_2)$. Portanto, calcular a Equação (9.5.1) equivale a estimar as duas funções de poupança individuais nas Equações (8.7.1) e (8.7.2).

Na Equação (9.5.1), α_2 é o **intercepto diferencial**, como anteriormente, e β_2 é o **coeficiente angular diferencial** (também chamado de **deslocador do coeficiente angular**), indicando quanto o coeficiente angular da função poupança do segundo período (a categoria que recebe o valor binário de 1) difere daquele do primeiro período. Note quanto a introdução da variável binária D na forma **interativa** ou **multiplicativa** (D multiplicado por X) permite diferenciar entre os coeficientes angulares dos dois períodos, assim como a introdução da variável binária na **forma aditiva** permitiu distinguir entre os interceptos dos dois períodos.

EXEMPLO 9.4

Diferenças estruturais na regressão poupança-renda nos Estados Unidos, a abordagem da variável binária

Antes de prosseguirmos, vamos apresentar os resultados da regressão do modelo (9.5.1) aplicado aos dados de poupança-renda dos Estados Unidos.

$$\begin{aligned} \hat{Y}_t &= 1{,}0161 + 152{,}4786D_t + 0{,}0803X_t - 0{,}0655(D_tX_t) \\ \text{ep} &= (20{,}1648) \quad (33{,}0824) \quad (0{,}0144) \quad (0{,}0159) \\ t &= (0{,}0504)^{**} \quad (4{,}6090)^{*} \quad (5{,}5413)^{*} \quad (-4{,}0963)^{*} \\ & \qquad R^2 = 0{,}8819 \end{aligned} \tag{9.5.4}$$

em que * indica valores *p* menores que 5% e ** indica valores *p* superiores a 5%.

Como mostram esses resutados da regressão, tanto o intercepto diferencial quanto os coeficientes angulares são estatisticamente significativos, sugerindo que as regressões poupança-renda para os dois períodos de tempo são diferentes, como na Figura 9.3*d*.

Da Equação (9.5.4), podemos derivar as Equações (9.5.2) e (9.5.3), que são:

Regressão poupança-renda, 1970–1981

$$\hat{Y}_t = 1{,}0161 + 0{,}0803X_t \tag{9.5.5}$$

Regressão poupança-renda, 1982–1995

$$\begin{aligned} \hat{Y}_t &= (1{,}0161 + 152{,}4786) + (0{,}0803 - 0{,}0655)X_t \\ &= 153{,}4947 + 0{,}0148X_t \end{aligned} \tag{9.5.6}$$

Estes são exatamente os resultados obtidos nas Equações (8.7.1a) e (8.7.2a), que não deveriam surpreender. Estas regressões já são mostradas na Figura 8.3.

As vantagens do método de variáveis binárias (estimar a Equação (9.5.1)) sobre o teste de Chow (estimar as três regressões (8.7.1), (8.7.2), e (8.7.3)) agora podem ser vistas diretamente:

1. Precisamos efetuar apenas uma regressão porque as regressões individuais podem ser derivadas facilmente dela, da maneira indicada pelas equações (9.5.2) e (9.5.3).
2. A regressão simples (9.5.1) pode ser usada para testar diversas hipóteses. Se o coeficiente do *intercepto diferencial* α_2 for não significativo estatisticamente, podemos aceitar a hipótese de que as duas regressões têm o mesmo intercepto; as duas regressões são concorrentes (veja a Figura 9.3*c*). Da mesma forma, se o *coeficiente diferencial angular* β_2 for não significativo estatisticamente, mas α_2 for significativo, podemos não rejeitar a hipótese de que as duas regressões têm a mesma inclinação; as duas retas de regressão são paralelas (veja a Figura 9.3*b*). O teste da estabilidade de toda a regressão ($\alpha_2 = \beta_2 = 0$, simultaneamente) pode ser feito pelo teste *F* usual (lembre-se do teste *F* de mínimos quadrados restritos). Se essa hipótese não for rejeitada, as retas de regressão serão coincidentes, como mostra a Figura 9.3*a*.
3. O teste de Chow não nos diz explicitamente *quais* coeficientes, o intercepto ou os angulares (como no exemplo), ou ambos, são diferentes nos dois períodos. Ou seja, pode-se obter um teste de Chow significativo, porque apenas o coeficiente angular é diferente ou apenas o intercepto é diferente ou ambos são diferentes. Em outras palavras, não podemos dizer, pelo teste de Chow, qual das quatro possibilidades descritas na Figura 9.3 ocorre em determinado exemplo. Nesse sentido, a abordagem da variável binária tem uma vantagem distinta, pois ela não só diz se os dois são diferentes, mas identifica as origens da diferença — seja ela devida ao intercepto ou ao coeficiente angular ou a ambos. Na prática, saber que as duas regressões diferem neste ou naquele coeficiente é tão importante quanto, se não for mais, saber que eles são diferentes.
4. Por fim, uma vez que a combinação (incluir todas as observações em uma regressão) aumenta os graus de liberdade, ela pode melhorar a exatidão relativa aos parâmetros estimados. Evidentemente, lembre-se de que toda adição de uma variável binária consumirá um grau de liberdade.

9.6 Efeitos de interação usando variáveis dummies

As variáveis binárias são uma ferramenta flexível que pode lidar com uma variedade de problemas interessantes. Para tanto, considere o seguinte modelo:

$$Y_i = \alpha_1 + \alpha_2 D_{2i} + \alpha_3 D_{3i} + \beta X_i + u_i \tag{9.6.1}$$

em que $Y =$ salário por hora em dólares

$X =$ escolaridade (anos de estudo)

$D_2 = 1$ se for mulher, 0 se for homem

$D_3 = 1$ se for não branco e não hispânico, 0 nos demais casos

Neste modelo, gênero e raça são regressores qualitativos e a escolaridade é um regressor quantitativo.[11] No modelo está implícito o pressuposto de que o efeito diferencial da variável binária D_2 é constante nas categorias de raça e o efeito diferencial da raça D_3 também é constante entre os dois gêneros. Em outras palavras, se o salário médio for mais alto para homens que para mulheres, tal fato acontecerá independentemente de serem não brancos/não hispânicos. Da mesma forma, se, por exemplo, não brancos e não hispânicos tiverem salários médios mais baixos, isso acontecerá independentemente de serem homens ou mulheres.

Em muitas aplicações esse pressuposto pode não ser respeitado. Uma mulher não branca/não hispânica pode ganhar salários mais baixos que um homem não branco/não hispânico. Pode haver **interação** entre as duas variáveis qualitativas D_2 e D_3. O efeito delas sobre Y médio pode não ser **aditivo** como na Equação (9.6.1), mas também multiplicativo, como no modelo a seguir:

$$Y_i = \alpha_1 + \alpha_2 D_{2i} + \alpha_3 D_{3i} + \alpha_4 (D_{2i} D_{3i}) + \beta X_i + u_i \tag{9.6.2}$$

em que as variáveis são como definidas para o modelo (9.6.1).

Da Equação (9.6.2), obtemos:

$$E(Y_i \mid D_{2i} = 1, D_{3i} = 1, X_i) = (\alpha_1 + \alpha_2 + \alpha_3 + \alpha_4) + \beta X_i \tag{9.6.3}$$

que é a função salário médio por hora para mulher não branca/não hispânica. Observe que

$\alpha_2 =$ efeito diferencial de ser uma mulher

$\alpha_3 =$ efeito diferencial de ser não branco/não hispânico

$\alpha_4 =$ efeito diferencial de ser mulher não branca/não hispânica

o que mostra que os salários médios por hora de mulheres não brancas/não hispânicas é diferente (por α_4) dos salários médios por hora de mulheres ou não brancos/não hispânicos. Se, por exemplo, todos os três coeficientes binários diferenciais forem negativos, isso implicaria que mulheres não brancas/não hispânicas que trabalham ganham salários médios por hora muito mais baixos comparados à categoria-base, o que no exemplo são homens brancos ou hispânicos.

Agora o leitor pode entender como a interação binária (o produto de duas variáveis binárias ou qualitativas) modifica o efeito dos dois atributos considerados individualmente (aditivamente).

[11] Se tivéssemos de definir escolaridade como primeiro grau incompleto, primeiro grau completo e acima de primeiro grau, poderíamos usar duas variáveis binárias para representar as três classes.

EXEMPLO 9.5

Ganhos médios por hora em relação à escolaridade, gênero e raça

Primeiro vamos apresentar os resultados de regressão baseados no modelo (9.6.1). Usando os dados empregados para estimar a regresão (9.3.1), obtivemos os seguintes resultados:

$$\begin{aligned} \hat{Y}_i &= -0{,}2610 - 2{,}3606D_{2i} - 1{,}7327D_{3i} + 0{,}8028X_i \\ t &= (-0{,}2357)^{**} \quad (-5{,}4873)^{*} \quad (-2{,}1803)^{*} \quad (9{,}9094)^{*} \\ & R^2 = 0{,}2032 \quad n = 528 \end{aligned} \tag{9.6.4}$$

em que * indica os valores p menores que 5% e ** indica os valores p maiores que 5%.

O leitor pode verificar que os coeficientes diferencias de intercepto são estatisticamente significativos, se têm os sinais esperados (por quê?) e se a escolaridade apresenta um forte efeito positivo no salário por hora, uma constatação não surpreendente.

Como mostra a Equação (9.6.4), *ceteris paribus*, os ganhos médios por hora de mulheres são cerca de \$ 2,36 mais baixos, e os ganhos médios por hora de trabalhadores não brancos/não hispânicos também são cerca de \$ 1,73 mais baixos.

Agora considere os resultados do modelo (9.6.2), que incluem a variável binária de interação:

$$\begin{aligned} \hat{Y}_i &= -0{,}26100 - 2{,}3606D_{2i} - 1{,}7327D_{3i} + 2{,}1289D_{2i}D_{3i} + 0{,}8028X_i \\ t &= (-0{,}2357)^{**} \quad (-5{,}4873)^{*} \quad (-2{,}1803)^{*} \quad (1{,}7420)^{**} \quad (9{,}9095)^{**} \\ & R^2 = 0{,}2032 \quad n = 528 \end{aligned} \tag{9.6.5}$$

em que * indica valores p inferiores a 5% e ** indica valores p superiores a 5%.

Como se pode ver, as duas variáveis binárias aditivas ainda são estatisticamente significativas, mas a variável binária interativa não está no nível convencional de 5%; o valor p real da variável binária de interação é de cerca de 8%. Se consideramos que essa é uma probabilidade suficientemente baixa, os resultados da Equação (9.6.5) podem ser interpretados como se segue: mantendo o nível de escolaridade constante, se acrescentarmos os três coeficientes de variável dummy, obteremos: $-1{,}964$ ($= -2{,}3605 - 1{,}7327 + 2{,}1289$), o que significa que os salários médios por hora de mulheres não brancas/não hispânicas é inferior em cerca de \$ 1,96, que está entre o valor de $-2{,}3605$ (apenas a diferença de gênero) e $-1{,}7327$ (apenas a diferença de raça).

O exemplo anterior revela claramente o papel das variáveis binárias de interação quando dois ou mais regressores são incluídos no modelo. É importante notar que no modelo (9.6.5) estamos pressupondo que a taxa de aumento dos ganhos por hora com respeito à escolaridade (de cerca de 80 centavos por ano adicional de escolaridade) permanece constante entre gênero e raça, mas pode não ser esse o caso. Se quisermos testar isso, teremos de introduzir coeficientes angulares diferenciais (veja o Exercício 9.25).

9.7 O uso de variáveis dummies na análise sazonal

Muitas séries temporais baseadas em dados mensais ou trimestrais exibem padrões sazonais (movimentos oscilatórios regulares). Exemplos são as vendas de lojas de departamentos no Natal ou em outros dias importantes, a demanda por dinheiro (ou saldos) pelas famílias em datas comemorativas, a demanda de sorvete e refrigerantes durante o verão, preços das safras logo depois da temporada de colheita, a demanda por viagens aéreas etc. Com frequência, é desejável remover o fator sazonal, ou componente, de uma série temporal de modo que se possa concentrar nos demais componentes, como a tendência.[12] O processo de remover o componente sazonal de uma série temporal é conhecido como **dessazonalização** ou **ajustamento sazonal**, e a série temporal assim obtida é chamada série temporal **dessazonalizada**, ou **ajustada sazonalmente**. Séries temporais importantes economicamente,

[12] Uma série temporal pode conter quatro componentes: (1) **sazonal,** (2) **cíclico,** (3) **tendência** e (4) estritamente aleatório.

como a taxa de desemprego, o índice de preços ao consumidor (IPC), o índice de preços do produtor (IPP) e o índice de produção industrial, em geral são publicadas na forma sazonal ajustada.

Existem vários métodos para dessazonalizar uma série temporal, mas consideraremos apenas um deles: o *método de variáveis binárias*.[13] Para ilustrar como as variáveis binárias podem ser usadas para dessazonalizar séries temporais econômicas, considere os dados da Tabela 9.3. Nela são apresentados dados trimestrais para os anos de 1978-1995 sobre a venda de quatro eletrodomésticos: lavadoras de pratos, trituradores de lixo, lavadoras de roupas e geladeiras, todos em milhares de unidades. A tabela também apresenta dados sobre despesa com bens duráveis em bilhões de $ de 1982.

TABELA 9.3 *Dados trimestrais sobre vendas de eletrodomésticos (em milhares) e despesas com bens duráveis (1º trimestre de 1978 ao 4º trimestre de 1985)*

LAV	TRIT	GEL	ROUP	DUR	LAV	TRIT	GEL	ROUP	DUR
841	798	1317	1271	252,6	480	706	943	1036	247,7
957	837	1615	1295	272,4	530	582	1175	1019	249,1
999	821	1662	1313	270,9	557	659	1269	1047	251,8
960	858	1295	1150	273,9	602	837	973	918	262
894	837	1271	1289	268,9	658	867	1102	1137	263,3
851	838	1555	1245	262,9	749	860	1344	1167	280
863	832	1639	1270	270,9	827	918	1641	1230	288,5
878	818	1238	1103	263,4	858	1017	1225	1081	300,5
792	868	1277	1273	260,6	808	1063	1429	1326	312,6
589	623	1258	1031	231,9	840	955	1699	1228	322,5
657	662	1417	1143	242,7	893	973	1749	1297	324,3
699	822	1185	1101	248,6	950	1096	1117	1198	333,1
675	871	1196	1181	258,7	838	1086	1242	1292	344,8
652	791	1410	1116	248,4	884	990	1684	1342	350,3
628	759	1417	1190	255,5	905	1028	1764	1323	369,1
529	734	919	1125	240,4	909	1003	1328	1274	356,4

Nota: LAV = lavadora de pratos; TRIT = triturador de lixo; REFR = refrigerador; ROUP = lavadora de roupas; DUR = despesas com bens duráveis, bilhões de dólares de 1982.

Fonte: *Business Statistics and Survey of Current Business,* Department of Commerce (vários números).

Para ilustrar a técnica das variáveis binárias, consideremos apenas as vendas de geladeiras no período de amostra; mas primeiro vamos examinar os dados da Figura 9.4. Ela sugere que talvez haja um padrão sazonal nos dados associados aos vários trimestres. Para tanto, considere o modelo a seguir:

$$Y_t = \alpha_1 D_{1t} + \alpha_2 D_{2t} + \alpha_{3t} D_{3t} + \alpha_4 D_{4t} + u_t \tag{9.7.1}$$

em que Y_t = vendas de geladeiras (em milhares) e os D são as variáveis binárias, assumindo o valor de 1 no trimestre relevante e 0 nos demais. *Observe que, para evitar a armadilha das variáveis dummies, estamos atribuindo uma variável dummy para cada trimestre do ano, mas omitindo o termo de intercepto*. Se houver qualquer efeito sazonal em dado trimestre, isso será indicado por um valor t estatisticamente significativo do coeficiente binário associado a esse trimestre.[14]

Note que na Equação (9.7.1) estamos fazendo a regressão de Y efetivamente contra um intercepto, exceto que permitimos um intercepto diferente em cada temporada (trimestre). Como resultado, o coeficiente binário de cada trimestre dará as vendas médias de geladeiras em cada trimestre ou temporada (por quê?).

[13] Sobre os vários métodos de ajuste sazonal, veja, por exemplo, DIEBOLD, Francis X. *Elements of forecasting*. 2. ed. South-Western Publishing, 2001. cap. 5.

[14] Vale fazer referência a um aspecto técnico. Este método de atribuir uma variável dummy a cada trimestre supõe que o fator sazonal, se presente, é determinístico e não estocástico. Voltaremos a esse ponto quando discutirmos econometria de séries temporais na Parte 5 do livro.

FIGURA 9.4
Vendas de geladeiras, 1978-1985 (trimestrais).

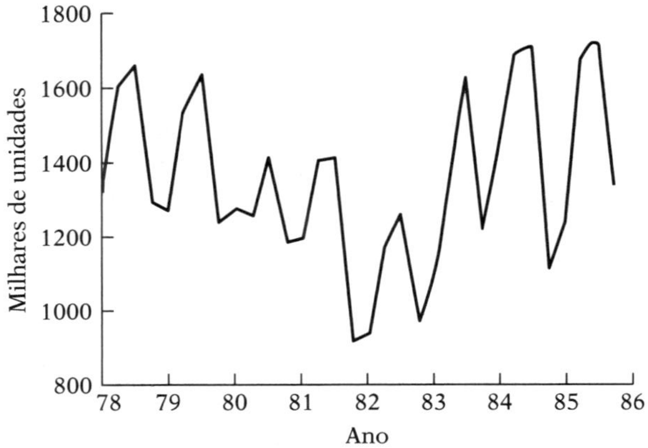

EXEMPLO 9.6
Sazonalidade na venda de geladeiras

Dos dados sobre venda de geladeira apresentados na Tabela 9.4, obtemos os seguintes resultados:

$$\hat{Y}_t = 1.222{,}125D_{1t} + 1.467{,}500D_{2t} + 1.569{,}750D_{3t} + 1.160{,}000D_{4t}$$
$$t = \quad (20{,}3720) \quad (24{,}4622) \quad (26{,}1666) \quad (19{,}3364) \qquad \textbf{(9.7.2)}$$
$$R^2 = 0{,}5317$$

Nota: não apresentamos os erros padrão dos coeficientes estimados, já que cada erro padrão é igual a 59,9904, porque todas as variáveis binárias assumem apenas um valor de 1 ou zero.

Os coeficientes α estimados na Equação (9.7.2) representam as vendas *médias* de refrigeradores (em milhares de unidades) em cada temporada (trimestre). A venda média de refrigeradores no primeiro trimestre, em milhares de unidades, é cerca de 1.222, no segundo trimestre é de aproximadamente 1.468, no terceiro trimestre é cerca de 1.570 e no quarto, aproximadamente 1.160.

TABELA 9.4
Venda (trimestrais) de refrigeradores (em milhares de unidades), 1978-1985

REFR	DUR	D_2	D_3	D_4	REFR	DUR	D_2	D_3	D_4
1317	252,6	0	0	0	943	247,7	0	0	0
1615	272,4	1	0	0	1175	249,1	1	0	0
1662	270,9	0	1	0	1269	251,8	0	1	0
1295	273,9	0	0	1	973	262,0	0	0	1
1271	268,9	0	0	0	1102	263,3	0	0	0
1555	262,9	1	0	0	1344	280,0	1	0	0
1639	270,9	0	1	0	1641	288,5	0	1	0
1238	263,4	0	0	1	1225	300,5	0	0	1
1277	260,6	0	0	0	1429	312,6	0	0	0
1258	231,9	1	0	0	1699	322,5	1	0	0
1417	242.7	0	1	0	1749	324,3	0	1	0
1185	248,6	0	0	1	1117	333,1	0	0	1
1196	258,7	0	0	0	1242	344,8	0	0	0
1410	248,4	1	0	0	1684	350,3	1	0	0
1417	255,5	0	1	0	1764	369.1	0	1	0
919	240,4	0	0	1	1328	356,4	0	0	1

Nota: REFR = Refrigeradores.
DUR = despesas com bens duráveis.
D_2 = 1 para o segundo trimestre, 0 nos demais.
D_3 = 1 para o terceiro trimestre, 0 nos demais.
D_4 = 1 para o quarto trimestre, 0 nos demais.

(*Continua*)

EXEMPLO 9.6
(Continuação)

Em vez de atribuirmos uma variável dummy para cada trimestre e suprimir o termo de intercepto a fim de evitar a armadilha das variáveis binárias, poderíamos atribuir apenas três variáveis e incluir o termo de intercepto. Suponhamos que o primeiro trimestre seja tomado como referência e que sejam atribuídas variáveis binárias ao segundo, terceiro e quarto trimestre. Isso levará aos resultados da regressão (veja a Tabela 9.4):

$$\begin{aligned}\hat{Y}_t &= 1.222{,}1250 \;+\; 245{,}3750D_{2t} + 347{,}6250D_{3t} - 62{,}1250D_{4t}\\ t &= \quad (20{,}3720)^{*} \qquad (2{,}8922)^{*} \qquad (4{,}0974)^{*} \qquad (-0{,}7322)^{**}\\ &\qquad R^2 = 0{,}5318\end{aligned} \tag{9.7.3}$$

em que * indica valores menores que 5% e ** indica valores maiores que 5%.

Já que estamos considerando o primeiro trimestre como referência, os coeficientes ligados às diversas variáveis binárias agora são *interceptos diferenciais*, mostrando quanto o *valor médio* de Y no trimestre cuja variável binária recebe o valor 1 difere do trimestre de referência. Em outras palavras, os coeficientes das variáveis binárias sazonais darão aumento ou diminuição sazonal ao valor médio de Y em relação ao período de base. Se acrescentarmos os diversos valores do intercepto diferencial ao valor médio referencial de 1.222,125, será obtido o valor médio para os diversos trimestres. Desse modo, reproduziremos exatamente a Equação (9.7.2), desprezando os erros de arredondamento.

Mas agora veremos que vale tratar um trimestre como referência, pois a Equação (9.7.3) mostra que o valor médio de Y para o quarto trimestre não é estatisticamente diferente do valor médio para o primeiro trimestre; o coeficiente da variável binária para o quarto trimestre não é estatisticamente significativo. É claro que a resposta mudará, dependendo do trimestre tratado como referência, mas a conclusão geral não mudará. Como obtemos a série dessazonalizada das vendas de refrigeradores? Isso pode ser feito facilmente. Estimamos, com base no modelo (9.7.2) (ou (9.7.3)) os valores de Y para cada observação e subtraímos deles os valores efetivos de Y, ou seja, obtemos $(Y_t - \hat{Y}_t)$ que são apenas os resíduos da regressão (9.7.2). Eles estão na Tabela 9.5.[15]
A esses resíduos, temos de adicionar a média da série Y a fim de obtermos os valores previstos.

O que esses resíduos representam? Os componentes restantes da série temporal de refrigeradores: os componentes de tendência, cíclicos e aleatórios (mas deve-se considerar a advertência feita na nota de rodapé 15).

Uma vez que os modelos (9.7.2) e (9.7.3) não contêm covariáveis, o quadro mudará se incluirmos um regressor quantitativo no modelo? Como os gastos com bens duráveis têm uma influência importante sobre a demanda por refrigeradores, expandiremos nosso modelo (9.7.3) para incluir essa variável. Os dados para gastos com bens duráveis em bilhões de dólares de 1982 já são apresentados na Tabela 9.3. Esta é nossa variável (quantitativa) X no modelo. Os resultados da regressão são os seguintes:

$$\begin{aligned}\hat{Y}_t &= 456{,}2440 \;+\; 242{,}4976D_{2t} + 325{,}2643D_{3t} - 86{,}0804D_{4t} + 2{,}7734X_t\\ t &= \quad (2{,}5593)^{*} \qquad (3{,}6951)^{*} \qquad (4{,}9421)^{*} \qquad (-1{,}3073)^{**} \qquad (4{,}4496)^{*}\\ &\qquad R^2 = 0{,}7298\end{aligned} \tag{9.7.4}$$

em que * indica valores menores que 5% e ** indica valores maiores que 5%.

(Continua)

[15] Evidentemente, isto pressupõe que a técnica das variáveis binárias seja um método apropriado de dessazonalizar uma série temporal (ST) e que esta ST pode ser representada por ST = $s + c + t + u$, em que s, representa o componente sazonal, c, o cíclico, t, o de tendência e u, o componente aleatório. Contudo, se a série temporal for da forma ST = $(s)(c)(t)(u)$, em que os quatro componentes entram de forma multiplicaiva, o método de dessazonalização que acabamos de apresentar será inadequado, pois pressupõe que os componentes da série temporal sejam aditivos. Falaremos mais sobre o assunto nos capítulos a respeito de econometria das séries temporais.

EXEMPLO 9.6 (*Continuação*)

TABELA 9.5 Regressão de vendas de refrigeradores: valores observados, ajustados e resíduos (Equação 9.7.3)

	Observados	Ajustados	Resíduos
1978–I	1317	1222,12	94,875
1978–II	1615	1467,50	147,500
1978–III	1662	1569,75	92,250
1978–IV	1295	1160,00	135,000
1979–I	1271	1222,12	48,875
1979–II	1555	1467,50	87,500
1979–III	1639	1569,75	69,250
1979–IV	1238	1160,00	78,000
1980–I	1277	1222,12	54,875
1980–II	1258	1467,50	−209,500
1980–III	1417	1569,75	−152,750
1980–IV	1185	1160,00	25,000
1981–I	1196	1222,12	−26,125
1981–II	1410	1467,50	−57,500
1981–III	1417	1569,75	−152,750
1981–IV	919	1160,00	−241,000
1982–I	943	1222,12	−279,125
1982–II	1175	1467,50	−292,500
1982–III	1269	1569,75	−300,750
1982–IV	973	1160,00	−187,000
1983–I	1102	1222,12	−120,125
1983–II	1344	1467,50	−123,500
1983–III	1641	1569,75	71,250
1983–IV	1225	1160,00	65,000
1984–I	1429	1222,12	206,875
1984–II	1699	1467,50	231,500
1984–III	1749	1569,75	179,250
1984–IV	1117	1160,00	−43,000
1985–I	1242	1222,12	19,875
1985–II	1684	1467,50	216,500
1985–III	1764	1569,75	194,250
1985–IV	1328	1160,00	168,000

Gráfico dos resíduos

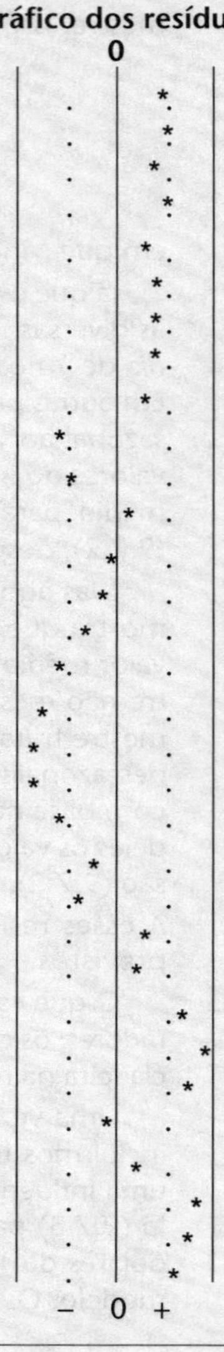

Novamente, deve-se lembrar que estamos tratando o primeiro trimestre como base. Como na Equação (9.7.3), vemos que os coeficientes de intercepto diferenciais para o segundo e o terceiro trimestres são estatisticamente diferentes daquele do primeiro trimestre, mas os interceptos do quarto e primeiro trimestres são estatisticamente iguais. O coeficiente de X (gastos com bens duráveis) de aproximadamente 2,77 diz que, descontando os efeitos sazonais, se os gastos com bens duráveis aumentam em um dólar, em média, as vendas de refrigeradores sobem em cerca de 2,77 unidades, aproximadamente 3 unidades; lembre-se de que os refrigeradores estão em mil unidades e X está em bilhões de dólares (1982).

(*Continua*)

EXEMPLO 9.6
(Continuação)

Cabe, aqui, fazer uma pergunta: visto que as vendas de refrigeradores exibem padrões sazonais, os gastos com bens duráveis exibiriam também padrões sazonais? Como levamos em conta a sazonalidade em *X*? O interessante na Equação (9.7.4) é que as variáveis binárias naquele modelo não só removem a sazonalidade em *Y*, mas também a sazonalidade em *X*, se houver. (Isso decorre de um teorema de estatística conhecido como **teorema de Frisch-Waugh**.[16] Podemos dizer que matamos (dessazonalizamos) dois coelhos (duas séries) com uma cajadada só (a técnica de variáveis binárias).

Para apresentarmos uma demonstração informal dessa afirmação, sigamos estas etapas: (1) efetuamos a regressão de *Y* contra as variáveis binárias como na Equação (9.7.2) ou na (9.7.3) e guardamos os resíduos, por exemplo, S_1; estes representam *Y* dessazonalizado; (2) efetuamos uma regressão similar para *X* e obtemos os resíduos dela, por exemplo, S_2; esses resíduos representam *X* dessazonalizado; e (3) calculamos a regressão de S_1 contra S_2. Veremos que o coeficiente angular nessa regressão é exatamente o coeficiente de *X* na regressão (9.7.4).

9.8 Regressão linear segmentada

Para ilustrar mais um emprego das variáveis binárias, considere a Figura 9.5, que mostra como uma empresa hipotética remunera seus representantes de vendas. Ela paga comissões com base em vendas de modo que até certo nível, o nível *meta*, ou *limiar*, X^*, há uma estrutura estocástica de comissões, e, para vendas acima desse ponto, paga outra comissão. (*Nota*: além das vendas, outros fatores afetam a comissão. Suponha que esses outros fatores sejam representados pelo termo de erro estocástico.) Especificamente, pressupõe-se que a comissão de vendas aumente linearmente com as vendas até o limiar X^*, após o qual continua a aumentar linearmente com as vendas, mas a uma taxa muito mais acentuada. Temos uma **regressão linear segmentada** consistindo em dois segmentos ou trechos, rotulados I e II na Figura 9.5, e a função de comissão muda sua inclinação no valor limiar. Tendo os dados sobre comissão, vendas e o valor do limiar X^*, a técnica de variáveis binárias pode ser usada para estimar os coeficientes angulares (diferentes) dos dois segmentos da regressão linear segmentada da Figura 9.5. Procedemos da seguinte forma:

$$Y_i = \alpha_1 + \beta_1 X_i + \beta_2 (X_i - X^*) D_i + u_i \tag{9.8.1}$$

FIGURA 9.5
Relação hipotética entre comissão e volume de vendas. (*Nota:* o intercepto no eixo *Y* denota comissão mínima garantida.)

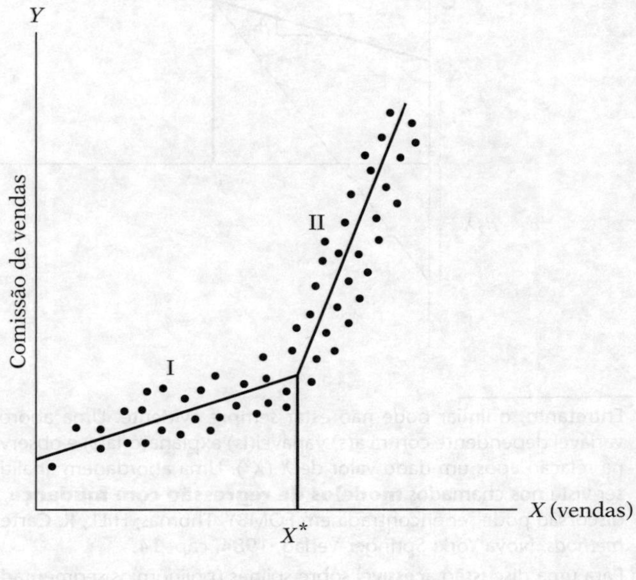

[16] Para ver a demonstração, consulte DARNELL, adrian C. *A dictionary of econometrics*. Lyme, reino unido: Edqard Elgar, 1995. p. 150-152.

em que Y_i = comissão de vendas

X_i = volume de vendas geradas pelo vendedor

X^* = limiar de vendas, também chamado de **nó** (conhecido de antemão)[17]

$D = 1$ se $X_i > X^*$

$= 0$ se $X_i < X^*$

Supondo $E(u_i) = 0$, vemos imediatamente que

$$E(Y_i \mid D_i = 0, X_i, X^*) = \alpha_1 + \beta_1 X_i \tag{9.8.2}$$

que dá a comissão média de vendas até o nível meta X^* e

$$E(Y_i \mid D_i = 1, X_i, X^*) = \alpha_1 - \beta_2 X^* + (\beta_1 + \beta_2) X_i \tag{9.8.3}$$

que dá a comissão média de vendas além do nível meta X^*.

Assim, β_1 dá o coeficiente angular da linha de regressão no segmento I e $\beta_1 + \beta_2$, o coeficiente angular no segmento II da regressão linear segmentada da Figura 9.5. Um teste da hipótese de que não há quebra na regressão ao valor limiar X^* pode ser conduzido facilmente, notando-se a significância estatística do coeficiente angular diferencial estimado $\hat{\beta}_2$ (veja a Figura 9.6).

A propósito, a regressão linear fragmentada que acabamos de discutir é o exemplo de uma classe mais geral de funções conhecidas como **funções spline**.[18]

FIGURA 9.6
Parâmetros da regressão linear segmentada.

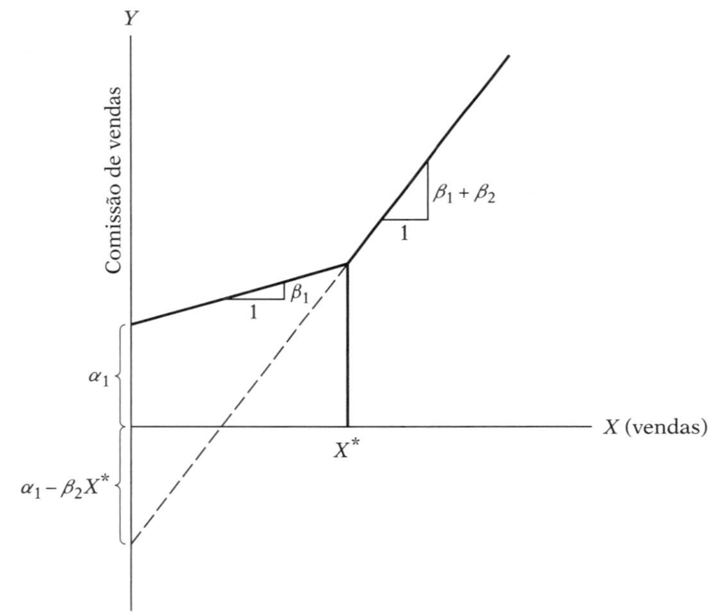

[17] Entretanto, o limiar pode não estar sempre evidente. Uma abordagem *ad hoc* é representar graficamente a variável dependente contra a(s) variável(is) explanatória(s) e observar se parece haver uma mudança acentuada na relação após um dado valor de X (X^*). Uma abordagem analítica para encontrar o ponto de quebra pode ser vista nos chamados **modelos de regressão com mudança**, mas esse ainda é um tópico avançado. Essa discussão pode ser encontrada em FOMBY, Thomas; HILL, R. Carter; JOHNSON, Stanley. *Advanced econometric methods.* Nova York: Springer-Verlag, 1984. cap. 14.

[18] Para uma discussão acessível sobre splines (polinômios segmentados de ordem *k*), veja Montgomery, Douglas C.; Peck, Elizabeth A.; VINING, G. Geoffrey. *Introduction to linear regression analysis.* 3. ed. Nova York: John Wiley & Sons, 2001. p. 228-230.

EXEMPLO 9.7

Custo total em relação à produção

Como exemplo da aplicação da regressão linear segmentada, considere a relação hipotética entre custo total e produção dada na Tabela 9.6. Sabe-se que o custo total pode mudar seu coeficiente angular quando a produção atinge 5.500 unidades.

Seja *Y*, na Equação (9.8.4), o custo total e *X* a produção total, obtemos os seguintes resultados:

$$\begin{aligned} \hat{Y}_i &= -145{,}72 \quad + 0{,}2791 X_i + 0{,}0945(X_i - X_i^*)D_i \\ t &= \quad (-0{,}8245) \quad (6{,}0669) \quad (1{,}1447) \\ & \qquad R^2 = 0{,}9737 \qquad X^* = 5{,}500 \end{aligned} \tag{9.8.4}$$

Como mostram os resultados, o custo marginal de produção é cerca de 28 centavos de dólar por unidade, e, embora atinja 37 centavos (28 + 9) para uma produção de 5.500 unidades, a diferença entre os dois não é estatisticamente significativa, porque a variável binária não é significativa, por exemplo, no nível de 5%. Para fins práticos, podemos fazer a regressão do custo total sobre a produção total, excluindo a variável binária.

TABELA 9.6

Dados hipotéticos sobre produção e custo total

Dólares, custo total	Unidades, produção
256	1.000
414	2.000
634	3.000
778	4.000
1.003	5.000
1.839	6.000
2.081	7.000
2.423	8.000
2.734	9.000
2.914	10.000

9.9 Modelos de regressão com dados em painel

Lembre-se de que no Capítulo 1 discutimos diversos dados que estão disponíveis para análise empírica, como *cortes transversais, séries temporais, dados combinados* (combinação de série temporal e corte transversal) e *dados em painel*. A técnica de variáveis binárias pode ser facilmente estendida aos dados combinados e em painel. Uma vez que o uso de dados em painel está tornando-se cada vez mais comum nos trabalhos aplicados, consideraremos este tópico em detalhes no Capítulo 16.

9.10 Alguns aspectos técnicos do modelo de variáveis dummies

A interpretação de variáveis dummies em regressões semilogarítmicas

No Capítulo 6 discutimos os modelos log-lineares, em que o regressando é logarítmico e os regressores são lineares. Em tais modelos, os coeficientes angulares dos regressores dão a *semielasticidade*, a variação percentual no regressando para uma variação unitária do regressor. *Isso só se aplica se o regressor for quantitativo*. O que acontece se um regressor for uma variável binária? Para sermos específicos, considere o seguinte modelo:

$$\ln Y_i = \beta_1 + \beta_2 D_i + u_i \tag{9.10.1}$$

em que Y = salário-hora em \$ e $D = 1$ para mulheres e 0 para homens.

Como interpretamos tal modelo? Supondo que $E(u_i) = 0$, obtemos:

Função salário para os homens

$$E(\ln Y_i \mid D_i = 0) = \beta_1 \tag{9.10.2}$$

Função salário para as mulheres

$$E(\ln Y_i \mid D_i = 1) = \beta_1 + \beta_2 \tag{9.10.3}$$

Portanto, o intercepto β_1 dá o *logaritmo médio do salário-hora* e o coeficiente "angular" dá a diferença no logaritmo médio dos ganhos por hora de homens e mulheres. Essa é uma afirmação bastante esquisita, mas, se tomarmos o antilogaritmo de β_1, o que obtemos *não* são os salários médios por hora recebidos pelos homens, e sim seus salários *medianos*. Como sabemos, *média, mediana* e *moda* são as três medidas de tendência central de uma variável aleatória. Se tomarmos o antilogaritmo de $(\beta_1 + \beta_2)$, obtemos os salários medianos das mulheres.

EXEMPLO 9.8
Logaritmo de salários-hora em relação a gênero

Para ilustrar a Equação (9.10.1), usamos os dados do Exemplo 9.2. A regressão resulta com base em 528 observações, como se segue:

$$\begin{aligned} \widehat{\ln Y_i} &= 2{,}1763 - 0{,}2437D_i \\ t &= (72{,}2943)^* \quad (-5{,}5048)^* \\ R^2 &= 0{,}0544 \end{aligned} \tag{9.10.4}$$

em que * indica que os valores *p* são praticamente nulos.

Tomando o antilogaritmo de 2,1763, encontramos 8,8136 ($), que corresponde aos ganhos medianos por hora de homens, e tomando o antilogaritmo de [(2,1763 − 0,2437) = 1,92857], obtemos 6,879 ($), que são os ganhos medianos por hora recebidos pelas mulheres. Os ganhos medianos por hora das mulheres são cerca de 21,94% mais baixos, comparados aos dos homens (8,8136 − 6,879)/ 8,8136.

É interessante notar que podemos obter a semielasticidade para um regressor binário diretamente pelo dispositivo sugerido por Halvorsen e Palmquist.[19] *Tomamos o antilogaritmo (para base e) do coeficiente binário estimado, subtraímos 1 dele e multiplicamos a diferença por 100.* (Veja o Apêndice 9.A.1. para entender a lógica do procedimento.) Portanto, se tomarmos o antilogaritmo de −0,2437, obteremos 0,78366. Subtraindo 1 disso, temos −0,2163. Depois de multiplicarmos por 100, obtemos −21,63%, sugerindo que o salário mediano das mulheres ($D = 1$) é 21,63% mais baixo que aquele de sua contraparte masculina, o mesmo que obtivemos anteriormente, salvo erros de arredondamento.

Variáveis dummies e heterocedasticidade

Retomemos nossa regressão de poupança-renda nos Estados Unidos, para os períodos de 1970-1981, 1982-1995 e para todo o período de 1970-1995. Ao testarmos a estabilidade estrutural usando a técnica das variáveis dummies, supusemos que a var (u_{1i}) = var $(u_{2i}) = \sigma^2$, isto é, as variâncias dos erros nos dois períodos eram iguais. Essa também era a premissa do teste de Chow. Se essa premissa não for válida — se as variâncias dos erros nos dois subperíodos forem diferentes —, é bem possível tirar conclusões equivocadas. Primeiro deve-se checar se as variâncias no subperíodo são iguais, usando técnicas estatísticas adequadas. Discutiremos esse tópico com mais detalhes no capítulo sobre heterocedasticidade, mas, no Capítulo 8, já descrevemos como o

[19] HALVORSEN, Robert; PALMQUIST, Raymond. "The interpretation of dummy variables in semilogarithmic equations." *American Economic Review*, v. 70, n. 3, p. 474-475.

teste *F* pode ser usado com essa finalidade.[20] (Veja nossa discussão do teste de Chow no Capítulo 8.) Como mostramos, parece que as variâncias de erro nos dois períodos não são as mesmas. Daí, os resultados tanto do teste de Chow quanto do método de variáveis binárias apresentados podem não ser totalmente confiáveis. Evidentemente, nosso propósito aqui é ilustrar as várias técnicas que podem ser usadas para lidar com um problema (o da estabilidade estrutural). Essas técnicas podem não ser válidas em qualquer aplicação, mas isso se aplica à maioria das técnicas estatísticas. Obviamente, podem-se tomar as ações adequadas para resolver o problema, como faremos no capítulo sobre heterocedasticidade (mesmo assim, veja o Exercício 9.28).

Variáveis binárias e autocorrelação

Além da homocedasticidade, o modelo de regressão linear clássico supõe que os termos de erro nos modelos de regressão não estejam correlacionados. Mas o que acontece se esse não for o caso, principalmente em modelos envolvendo regressores binários? Como nos aprofundaremos na discussão sobre a autocorrelação, adiaremos a resposta a essa questão.

O que acontece se a variável dependente for uma variável dummy?

Até aqui consideramos modelos em que o regressando é quantitativo e os regressores são quantitativos ou qualitativos ou ambos, mas há ocasiões em que o regressando pode ser qualitativo ou binário. Considere-se, por exemplo, a decisão de um trabalhador de participar da força de trabalho. A decisão de participar é do tipo sim ou não. Portanto, a variável participação da força de trabalho é uma variável binária. A decisão de participar da força de trabalho depende de vários fatores, como o salário inicial, grau de escolaridade e condições no mercado de trabalho (medidas pela taxa de desemprego).

Ainda podemos usar os mínimos quadrados ordinários (MQO) para estimar modelos de regressão em que o regressando é binário? Sim, mecanicamente, podemos, mas há vários problemas estatísticos que se encontram em tais modelos uma vez que há alternativas para a estimação dos MQO, discutiremos o assunto no Capítulo 15 (sobre modelos logit e probit). Naquele capítulo também discutiremos modelos em que o regressando tem mais de duas categorias; por exemplo, a decisão de ir para o trabalho de carro, ônibus ou trem, ou a decisão de trabalhar meio período, período integral ou não trabalhar. Tais modelos são chamados modelos de **variáveis dependentes politômicas**, em contraste com os **modelos de variáveis dependentes dicotômicas**, em que a variável dependente só tem duas categorias.

9.11 Tópicos para estudos avançados

Vários tópicos relacionados às variáveis binárias discutidos na literatura específica são bastante avançados, entre eles (1) **modelos com parâmetros aleatórios** ou **variáveis**; (2) **modelos de regressão com mudança**; e (3) **modelos de desequilíbrio.**

Nos modelos de regressão considerados neste texto, supõe-se que os parâmetros, os β, sejam desconhecidos mas fixos. Os modelos de coeficientes aleatórios — e há várias versões deles — supõem que os β também sejam aleatórios. Um importante trabalho de referência nessa área é o de Swamy.[21]

[20] O procedimento do teste de Chow pode ser realizado mesmo na presença de heterocedasticidade, mas depois se terá de usar o **teste de Wald**. Os cálculos matemáticos envolvidos no teste são complexos. No capítulo sobre heterocedasticidade, retomaremos o assunto.

[21] SWAMY, P.A.V. B. *Statistical inference in random coefficient regression models*. Berlim: Springer-Verlag, 1971.

No modelo com variáveis binárias usando tanto interceptos quanto coeficientes angulares diferenciais, pressupõe-se implicitamente que saibamos qual é o ponto de quebra. Assim, no exemplo da poupança-renda para 1970-1995, dividimos o período em 1970-1981 e 1982-1995, os períodos pré e pós-recessão, acreditando que a recessão em 1982 mudou a relação entre poupança e renda. Às vezes não é fácil identificar quando ocorre a quebra. A técnica dos **modelos de regressão com mudança** (SRM, do inglês *switching regression models*) foi desenvolvida para tais situações. O SRM trata o ponto de quebra como uma variável aleatória e, por meio de um processo iterativo, determina quando a quebra pode ter acontecido realmente. O trabalho seminal nessa área é o de Goldfeld e Quandt.[22]

Técnicas especiais de estimação são exigidas para lidar com o que é conhecido como **situações de desequilíbrio**, situações em que mercados não se ajustam (a demanda não é igual à oferta). O exemplo clássico é aquele da demanda e da oferta de um bem. A demanda de um bem é a função de seu preço e outras variáveis, e a oferta dele é a função de seu preço e outras variáveis, algumas das quais são diferentes daquelas que entram na função de demanda. A quantidade de bens comprados e vendidos de fato pode não ser necessariamente igual à obtida igualando-se a demanda à oferta, levando, assim, ao desequilíbrio. Para uma discussão completa de **modelos de desequilíbrio**, o leitor pode consultar Quandt.[23]

9.12 Um exemplo para concluir

Terminamos este capítulo com um exemplo que ilustra alguns pontos apresentados. A Tabela 9.7 fornece dados em uma amostra de 261 trabalhadores em uma cidade industrial no sul da Índia, em 1990.

As variáveis são definidas como se segue:

RS = renda semanal em rúpias

Idade = idade em anos

D_{gen} = 0 para homem e 1 para mulher

DE_2 = uma variável binária assumindo o valor de 1 para trabalhadores com primeiro grau completo

DE_3 = uma variável binária tomando o valor de 1 para trabalhadores com segundo grau completo

DE_4 = uma variável binária assumindo o valor de 1 para trabalhadores com escolaridade superior ao segundo grau

DPT = uma variável binária assumindo o valor de 1 para trabalhadores contratados com tempo indeterminado e o valor de 0 para trabalhadores temporários

A categoria de referência são trabalhadores do gênero masculino com primeiro grau incompleto e trabalho temporário. Outro interesse é descobrir como os salários semanais estão relacionados à idade, gênero, nível de escolaridade e tempo no emprego. Com essa finalidade, estimamos o seguinte modelo de regressão:

$$\ln \text{RS}_i = \beta_1 + \beta_2 \text{Idade}_i + \beta_3 D_{\text{gen}} + \beta_4 DE_2 + \beta_5 DE_3 + \beta_6 DE_4 + \beta_7 DPT + u_i$$

Seguindo a literatura de Economia do Trabalho, estamos expressando o logaritmo (natural) de salários como uma função das variáveis explanatórias. Como observamos no Capítulo 6, a distribuição de

[22] GOLDFELD, S.; QUANDT, R. *Nonlinear methods in econometrics*. Amsterdã: North Holland, 1972.

[23] QUANDT, Richard E. *The econometrics of disequilibrium*. Nova York: Basil Blackwell, 1988.

TABELA 9.7 Salários de trabalhadores em rupias indianas, 1990

RS	Idade	DE_2	DE_3	DE_4	*DPT*	D_{gen}	RS	Idade	DE_2	DE_3	DE_4	*DPT*	D_{gen}
120	57	0	0	0	0	0	120	21	0	0	0	0	0
224	48	0	0	1	1	0	25	18	0	0	0	0	1
132	38	0	0	0	0	0	25	11	0	0	0	0	1
75	27	0	1	0	0	0	30	38	0	0	0	1	1
111	23	0	1	0	0	1	30	17	0	0	0	1	1
127	22	0	1	0	0	0	122	20	0	0	0	0	0
30	18	0	0	0	0	0	288	50	0	1	0	1	0
24	12	0	0	0	0	0	75	45	0	0	0	0	1
119	38	0	0	0	1	0	79	60	0	0	0	0	0
75	55	0	0	0	0	0	85,3	26	1	0	0	0	1
324	26	0	1	0	0	0	350	42	0	1	0	1	0
42	18	0	0	0	0	0	54	62	0	0	0	1	0
100	32	0	0	0	0	0	110	23	0	0	0	0	0
136	41	0	0	0	0	0	342	56	0	0	0	1	0
107	48	0	0	0	0	0	77,5	19	0	0	0	1	0
50	16	1	0	0	0	1	370	46	0	0	0	0	0
90	45	0	0	0	0	0	156	26	0	0	0	1	0
377	46	0	0	0	1	0	261	23	0	0	0	0	0
150	30	0	1	0	0	0	54	16	0	1	0	0	0
162	40	0	0	0	0	0	130	33	0	0	0	0	0
18	19	1	0	0	0	0	112	27	1	0	0	0	0
128	25	1	0	0	0	0	82	22	1	0	0	0	0
47,5	46	0	0	0	0	1	385	30	0	1	0	1	0
135	25	0	1	0	0	0	94,3	22	0	0	1	1	1
400	57	0	0	0	1	0	350	57	0	0	0	1	0
91,8	35	0	0	1	1	0	108	26	0	0	0	0	0
140	44	0	0	0	1	0	20	14	0	0	0	0	0
49,2	22	0	0	0	0	0	53,8	14	0	0	0	0	1
30	19	1	0	0	0	0	427	55	0	0	0	1	0
40,5	37	0	0	0	0	1	18	12	0	0	0	0	0
81	20	0	0	0	0	0	120	38	0	0	0	0	0
105	40	0	0	0	0	0	40,5	17	0	0	0	0	0
200	30	0	0	0	0	0	375	42	1	0	0	1	0
140	30	0	0	0	1	0	120	34	0	0	0	0	0
80	26	0	0	0	0	0	175	33	1	0	0	1	0
47	41	0	0	0	0	1	50	26	0	0	0	0	1
125	22	0	0	0	0	0	100	33	1	0	0	1	0
500	21	0	0	0	0	0	25	22	0	0	0	1	1
100	19	0	0	0	0	0	40	15	0	0	0	1	0
105	35	0	0	0	0	0	65	14	0	0	0	1	0
300	35	0	1	0	1	0	47,5	25	0	0	0	1	1
115	33	0	1	0	1	1	163	25	0	0	0	1	0
103	27	0	0	1	1	1	175	50	0	0	0	1	1
190	62	1	0	0	0	0	150	24	0	0	0	1	1
62,5	18	0	1	0	0	0	163	28	0	0	0	1	0
50	25	1	0	0	0	0	163	30	1	0	0	1	0
273	43	0	0	1	1	1	50	25	0	0	0	1	1
175	40	0	1	0	1	0	395	45	0	1	0	1	0
117	26	1	0	0	1	0	175	40	0	0	0	1	1
950	47	0	0	1	0	0	87,5	25	1	0	0	0	0
100	30	0	0	0	0	0	75	18	0	0	0	0	0
140	30	0	0	0	0	0	163	24	0	0	0	1	0
97	25	0	1	0	0	0	325	55	0	0	0	1	0
150	36	0	0	0	0	0	121	27	0	1	0	0	0
25	28	0	0	0	0	1	600	35	1	0	0	0	0
15	13	0	0	0	0	1	52	19	0	0	0	0	0
131	55	0	0	0	0	0	117	28	1	0	0	0	0

variáveis como salários tende a ser assimétrica; transformações logarítmicas de tais variáveis reduzem tanto a assimetria quanto a heterocedasticidade.

Usando o EViews6, obtemos os seguintes resultados de regressão.

```
Dependent Variable: Ln(RS)
Method: Least Squares
Sample: 1 261
Included observations: 261
```

	Coefficient	Std. Error	*t*-Statistic	Prob.
C	3.706872	0.113845	32.56055	0.0000
AGE	0.026549	0.003117	8.516848	0.0000
D_{gen}	-0.656338	0.088796	-7.391529	0.0000
DE_2	0.113862	0.098542	1.155473	0.2490
DE_3	0.412589	0.096383	4.280732	0.0000
DE_4	0.554129	0.155224	3.569862	0.0004
DPT	0.558348	0.079990	6.980248	0.0000

R-squared	0.534969	Mean dependent var.	4.793390
Adjusted R-squared	0.523984	S.D. dependent var.	0.834277
S.E. of regression	0.575600	Akaike info criterion	1.759648
Sum squared resid.	84.15421	Schwarz criterion	1.855248
Log likelihood	-222.6340	Hannan-Quinn criter.	1.798076
F-statistic	48.70008	Durbin-Watson stat.	1.853361
Prob(*F*-statistic)	0.000000		

Esses resultados mostram que o logaritmo de salários está positivamente relacionado à idade, educação e permanência no emprego, mas negativamente relacionado ao gênero, um achado não surpreendente. Embora pareça não haver diferença prática nos salários semanais de trabalhadores com graus de escolaridade primário ou menor, os salários semanais são mais altos para trabalhadores com segundo grau e muito mais altos para trabalhadores com educação superior.

Os coeficientes das variáveis binárias devem ser interpretados como valores diferenciais da categoria de referência. O coeficiente da variável *DPT* sugere que aqueles trabalhadores com contratos por tempo indeterminado ganham, em média, mais dinheiro que aqueles cujos trabalhos são temporários.

Como sabemos do Capítulo 6, em um modelo log-linear (variáveis dependentes em forma de logaritmo e variáveis explanatórias em forma linear), o coeficiente angular de uma variável explanatória representa semielasticidade, ele fornece a variação percentual ou relativa na variável dependente para uma variação de unidade no valor da variável explanatória. Mas, como foi observado no texto, quando a variável explanatória é uma variável dummy, temos de ser cuidadosos. Aqui temos de tomar o antilogaritmo do coeficiente binário estimado, subtrair 1 dele e multiplicar o resultado por 100. Para descobrirmos a variação percentual em salários semanais para aqueles trabalhadores que têm empregos por tempo indeterminado *versus* aqueles que têm empregos temporários, tomamos o antilogaritmo do coeficiente *DPT* de 0,558348, subtraímos 1 e então multiplicamos a diferença por 100. Para nosso exemplo, isso resulta $(e^{0,558348} - 1) = (1,74778 - 1) = 0,74778$ ou cerca de 75%. O leitor é aconselhado a calcular tais variações percentuais para as outras variáveis binárias incluídas no modelo.

Nossos resultados mostram que o gênero e a escolaridade têm efeitos diferenciais nos ganhos semanais. É possível que haja uma interação entre gênero e o nível educacional? Os trabalhadores do gênero masculino com graus de escolaridades mais altos ganham salários mais altos que as mulheres com graus de escolaridade mais altos? Para examinarmos essa possibilidade, podemos estender a regressão anterior de salários pela interação do gênero com educação. Os resultados da regressão são os seguintes:

Dependent Variable: Ln(RS)
Method: Least Squares
Sample: 1 261
Included observations: 261

	Coefficient	Std. Error	t-Statistic	Prob.
C	3.717540	0.114536	32.45734	0.0000
AGE	0.027051	0.003133	8.634553	0.0000
D_{gen}	−0.758975	0.110410	−6.874148	0.0000
DE_2	0.088923	0.106827	0.832402	0.4060
DE_3	0.350574	0.104309	3.360913	0.0009
DE_4	0.438673	0.186996	2.345898	0.0198
$D_{gen}*DE_2$	0.114908	0.275039	0.417788	0.6765
$D_{gen}*DE_3$	0.391052	0.259261	1.508337	0.1327
$D_{gen}*DE_4$	0.369520	0.313503	1.178681	0.2396
DPT	0.551658	0.080076	6.889198	0.0000

R-squared	0.540810	Mean dependent var.	4.793390
Adjusted R-squared	0.524345	S.D. dependent var.	0.834277
S.E. of regression	0.575382	Akaike info criterion	1.769997
Sum squared resid.	83.09731	Schwarz criterion	1.906569
Log likelihood	−220.9847	Hannan-Quinn criter.	1.824895
F-statistic	32.84603	Durbin-Watson stat.	1.856488
Prob (F-statistic)	0.000000		

Embora as variáveis binárias de interação mostrem que haja algumas interações entre gênero e o grau de escolaridade, o efeito não é estatisticamente significativo, pois nenhum dos coeficientes de interação são estatisticamente significativos, considerados individualmente.

É interessante notar que, se excluirmos as variáveis binárias de educação, mas mantivermos as variáveis binárias de interação, obteremos os seguintes resultados:

Dependent Variable: Ln(RS)
Method: Least Squares
Sample: 1 261
Included observations: 261

	Coefficient	Std. Error	t-Statistic	Prob.
C	3.836483	0.106785	35.92725	0.0000
AGE	0.025990	0.003170	8.197991	0.0000
D_{gen}	−0.868617	0.106429	−8.161508	0.0000
$D_{gen}*DE_2$	0.200823	0.259511	0.773851	0.4397
$D_{gen}*DE_3$	0.716722	0.245021	2.925140	0.0038
$D_{gen}*DE_4$	0.752652	0.265975	2.829789	0.0050
DPT	0.627272	0.078869	7.953332	0.0000

R-squared	0.514449	Mean dependent var.	4.793390
Adjusted R-squared	0.502979	S.D. dependent var.	0.834277
S.E. of regression	0.588163	Akaike info criterion	1.802828
Sum squared resid.	87.86766	Schwarz criterion	1.898429
Log likelihood	−228.2691	Hannan-Quinn criter.	1.841257
F-statistic	44.85284	Durbin-Watson stat.	1.873421
Prob (F-statistic)	0.000000		

Agora parece que as variáveis binárias para escolaridade não têm efeito nos salários semanais, mas introduzidas em um formato interativo parecem ter. Como mostra o exercício, deve-se ter cautela no uso de variáveis binárias. É deixado como exercício para o leitor descobrir se as variáveis binárias para escolaridade interagem com a *DPT*.

Resumo e conclusões

1. As variáveis binárias, tomando valores de 1 e zero (ou suas transformações lineares), são um meio de introduzir regressores qualitativos em modelos de regressão.
2. As variáveis binárias são um instrumento de classificação de dados por dividirem uma amostra em vários subgrupos com base nas qualidades ou atributos (gênero, estado civil, raça, religião etc.) e *implicitamente* permitem que se calculem regressões para cada subgrupo. Se há diferenças na resposta do regressando à variação nas variáveis qualitativas nos vários subgrupos, elas se refletirão nas diferenças nos interceptos ou coeficientes angulares, ou ambos, dos vários subgrupos de regressões.
3. Embora seja uma ferramenta versátil, a técnica das variáveis binárias precisa ser aplicada com cuidado. *Primeiro*, se a regressão contém um termo constante, o número de variáveis binárias deve ser menor que o número de classificações de cada variável qualitativa. Em *segundo* lugar, o coeficiente ligado às variáveis binárias deve ser interpretado sempre em relação ao grupo-base, ou referência —o grupo que recebe o valor de zero. A base escolhida dependerá do propósito de pesquisa. *Por fim*, se um modelo tem várias variáveis qualitativas com várias classes, a introdução de variáveis binárias pode consumir um grande número de graus de liberdade. Deve-se sempre ponderar o número de variáveis binárias a serem introduzidas em função do número total de observações disponíveis para análise.
4. Entre suas várias aplicações, este capítulo considerou algumas. Estas incluíram (1) comparar duas (ou mais) regressões, (2) dessazonalizar dados de série temporal, (3) variáveis interativas, (4) interpretação de variáveis binárias em modelos semilogarítmicos e (5) modelos de regressão linear segmentada.
5. Também fizemos advertências quanto ao uso de variáveis binárias em situações de heterocedasticidade e autocorrelação. Mas, uma vez que trataremos desses assuntos detalhadamente nos capítulos subsequentes, retomaremos esses tópicos.

EXERCÍCIOS

9.1. Tendo-se dados mensais ao longo de vários anos, quantas variáveis binárias podem ser introduzidas para testar as seguintes hipóteses:

a. Todos os 12 meses do ano mostram padrões sazonais.

b. Apenas fevereiro, abril, junho, agosto, outubro e dezembro mostram padrões sazonais.

9.2. Considere os resultados (as razões *t* estão entre parênteses) da regressão a seguir:*

$$\begin{aligned}\hat{Y}_i &= 1286 \quad + 104{,}97X_{2i} - 0{,}026X_{3i} + 1{,}20X_{4i} + 0{,}69X_{5i}\\ t &= (4{,}67) \quad (3{,}70) \quad (-3{,}80) \quad (0{,}24) \quad (0{,}08)\\ &\quad -19{,}47X_{6i} + 266{,}06X_{7i} \quad - 118{,}64X_{8i} - 110{,}61X_{9i}\\ &\quad (-0{,}40) \quad (6{,}94) \quad (-3{,}04) \quad (-6{,}14)\\ &\quad R^2 = 0{,}383 \quad n = 1543\end{aligned}$$

em que Y = horas de trabalho por ano desejadas pela esposa, calculadas como horas de trabalho por ano, mais semanas em que se procurava emprego

* LEUTHOLD, Jane. "The effect of taxation on the hours worked by married women." *Industrial and Labor Relations Review*, jul. 1978. n. 4, p. 520-526. (Notação mudada para ajustar-se ao nosso formato.)

X_2 = ganhos reais médios por hora da esposa, descontados os impostos

X_3 = ganhos reais do marido no ano anterior, descontados os impostos

X_4 = idade da esposa em anos

X_5 = anos de escolaridade completados pela esposa

X_6 = variável atitude: 1 = se a informante acha que não há problema em trabalhar, desde que ela e o marido concordem, 0 = caso contrário

X_7 = variável atitude: 1 = se o marido da informante está de acordo com o trabalho da esposa, 0 = caso contrário

X_8 = número de filhos com menos de 6 anos de idade

X_9 = número de filhos com idades entre 6 e 13 anos

a. Os sinais dos coeficientes de vários regressores não binários fazem sentido do ponto de vista econômico? Justifique sua resposta.

b. Como poderíamos interpretar as variáveis binárias X_6 e X_7? Essas variáveis são estatisticamente significativas? Como a amostra é bastante grande, é possível recorrer à regra prática "2-*t*" para responder a esta pergunta.

c. Por que se pode considerar que as variáveis de idade e escolaridade não sejam fatores significativos neste estudo, na decisão de uma mulher em trabalhar?

TABELA 9.8

Matriz dos dados para regressão, no Exercício 9.3

Fonte: GUJARATI, Damodar. "The behavior of unemployment and unfilled vacancies: Great Britain, 1958-1971." *The Economic Journal*, v. 82, p. 202, mar. 1972.

Ano e trimestre	Taxa de desemprego, TD, %	Vagas em aberto, %	*D*	*DV*	Ano e trimestre	Taxa de desemprego, TD, %	Vagas em aberto, %	*D*	*DV*
1958–IV	1,915	0,510	0	0	1965–I	1,201	0,997	0	0
1959–I	1,876	0,541	0	0	–II	1,192	1,035	0	0
–II	1,842	0,541	0	0	–III	1,259	1,040	0	0
–III	1,750	0,690	0	0	–IV	1,192	1,086	0	0
–IV	1,648	0,771	0	0	1966–I	1,089	1,101	0	0
1960–I	1,450	0,836	0	0	–II	1,101	1,058	0	0
–II	1,393	0,908	0	0	–III	1,243	0,987	0	0
–III	1,322	0,968	0	0	–IV	1,623	0,819	1	0,819
–IV	1,260	0,998	0	0	1967–I	1,821	0,740	1	0,740
1961–I	1,171	0,968	0	0	–II	1,990	0,661	1	0,661
–II	1,182	0,964	0	0	–III	2,114	0,660	1	0,660
–III	1,221	0,952	0	0	–IV	2,115	0,698	1	0,698
–IV	1,340	0,849	0	0	1968–I	2,150	0,695	1	0,695
1962–I	1,411	0,748	0	0	–II	2,141	0,732	1	0,732
–II	1,600	0,658	0	0	–III	2,167	0,749	1	0,749
–III	1,780	0,562	0	0	–IV	2,107	0,800	1	0,800
–IV	1,941	0,510	0	0	1969–I	2,104	0,783	1	0,783
1963–I	2,178	0,510	0	0	–II	2,056	0,800	1	0,800
–II	2,067	0,544	0	0	–III	2,170	0,794	1	0,794
–III	1,942	0,568	0	0	–IV	2,161	0,790	1	0,790
–IV	1,764	0,677	0	0	1970–I	2,225	0,757	1	0,757
1964–I	1,532	0,794	0	0	–II	2,241	0,746	1	0,746
–II	1,455	0,838	0	0	–III	2,366	0,739	1	0,739
–III	1,409	0,885	0	0	–IV	2,324	0,707	1	0,707
–IV	1,296	0,978	0	0	1971–I	2,516*	0,583*	1	0,583*
					–II	2,909*	0,524*	1	0,524*

* Estimativas preliminares.

9.3. Considere os seguintes resultados de regressão.* (Os dados estão na Tabela 9.8.)

$$\widehat{\text{UN}}_t = 2{,}7491 + 1{,}1507D_t - 1{,}5294V_t - 0{,}8511(D_tV_t)$$
$$t = (26{,}896) \quad (3{,}6288) \quad (-12{,}5552) \quad (-1{,}9819)$$
$$R^2 = 0{,}9128$$

em que TD = taxa de desemprego, %

V = vagas em aberto, %

D = 1 para o período iniciado no quarto trimestre de 1966

= 0 para o período anterior ao quarto trimestre de 1966

t = tempo, medido em trimestres

Nota: no quarto trimestre de 1966, o (então) governo trabalhista liberalizou a Lei de Seguridade, substituindo o sistema de seguro-desemprego baseado em um percentual fixo por um sistema que combinava o percentual fixo aos benefícios relacionados aos ganhos (recebidos pelo funcionário), o que aumentou o nível de benefícios aos desempregados.

a. Quais suas expectativas sobre a relação entre desemprego e vagas em aberto?

b. Mantendo a taxa de vagas em aberto constante, qual a taxa média de desemprego no período que se inicia no quarto trimestre de 1966? Ela é estatisticamente diferente do período anterior ao quarto trimestre de 1966? Como você sabe?

c. Os coeficientes angulares nos dois períodos anteriores diferem estatisticamente? Como verificamos isso?

d. Podemos concluir deste estudo que os generosos benefícios de desemprego levam a taxas mais altas de desemprego? Isso faz sentido em termos econômicos?

9.4. Dos dados anuais para 1972-1979, William Nordhaus estimou o modelo a seguir para explicar o comportamento dos preços do petróleo determinados pela Opep (os erros padrão estão entre parênteses).†

$$\hat{y}_t = 0{,}3x_{1t} + 5{,}22x_{2t}$$
$$\text{ep} = (0{,}03) \quad (0{,}50)$$

em que y = diferença entre os preços atuais e os do ano anterior ($ por barril)

x_1 = diferença entre o preço *spot* do ano corrente e o preço da Opep no ano anterior

x_2 = 1 para 1974 e 0 para os demais anos

Interprete esse resultado e mostre os resultados graficamente. O que esses resultados sugerem sobre o poder de monopólio da Opep?

9.5. Considere o seguinte modelo:

$$Y_i = \alpha_1 + \alpha_2 D_i + \beta X_i + u_i$$

em que Y = salário anual de um professor universitário

X = anos de experiência de ensino

D = variável dummy para gênero

Considere três maneiras de definir a variável dummy:

a. $D = 1$ para homens, 0 para mulheres

b. $D = 1$ para mulheres, 2 para homens.

c. $D = 1$ para mulheres, -1 para homens.

* GUJARATI, Damodar. "The behaviour of unemployment and unfilled vacancies: reat Britain, 1958-1971." *The Economic Journal*, mar. 1972. v. 82, p. 195-202.

† "Oil and economic performance in industrial countries." *Brookings Papers on Economic Activity*, 1980. p. 341-388.

Interprete o modelo de regressão anterior para cada definição de variável dummy. Um método é preferível a outro? Justifique sua resposta.

9.6. Retome a regressão (9.7.3). Como seria possível testar a hipótese de que os coeficientes de D_2 e D_3 são iguais? E que os coeficientes de D_2 e D_4 são iguais? Se o coeficiente de D_3 for estatisticamente diferente daquele de D_2 e o coeficiente de D_4 for diferente de D_2, isso significa que os coeficientes de D_3 e D_4 também são diferentes?

Dica: $\text{var}(A \pm B) = \text{VAR}(A) + \text{var}(B) \pm 2\,\text{cov}(A, B)$

9.7. Volte ao exemplo de poupança-renda nos Estados Unidos, discutido na Seção 9.5.

a. Como se obteriam os erros padrão dos coeficientes de regressão dados nas Equações (9.5.5) e (9.5.6), obtidos da regressão combinada (9.5.4)?

b. Para respostas numéricas, que informações adicionais, se houver, são necessárias?

9.8. Em seu estudo sobre horas de trabalho gastas pela FDIC (*Federal Deposit Insurance Corporation*) em 91 auditorias bancárias, R. J. Miller estimou as seguintes funções:*

$$\begin{aligned}\widehat{\ln Y} = {} & \underset{}{2{,}41} + \underset{(0{,}0477)}{0{,}3674 \ln X_1} + \underset{(0{,}0628)}{0{,}2217 \ln X_2} + \underset{(0{,}0287)}{0{,}0803 \ln X_3} \\ & \underset{(0{,}2905)}{-0{,}1755D_1} + \underset{(0{,}1044)}{0{,}2799D_2} + \underset{(0{,}1657)}{0{,}5634D_3} - \underset{(0{,}0787)}{0{,}2572D_4} \\ & R^2 = 0{,}766\end{aligned}$$

em que Y = horas trabalhadas pelos auditores da FDIC

X_1 = ativos totais do banco

X_2 = número total de agências do banco

X_3 = razão de empréstimos duvidosos em relação ao total dos empréstimos concedidos pelo banco

D_1 = 1 se a administração do banco foi classificada como "ótima"

D_2 = 1 se a administração do banco foi classificada como "boa"

D_3 = 1 se a administração do banco foi classificada como "satisfatória"

D_4 = 1 se o exame foi conduzido em conjunto com órgão estadual

Os dados entre parênteses são os erros padrão estimados.

a. Interprete esses resultados.

b. Há algum problema em interpretar as variáveis binárias neste modelo uma vez que Y está em forma logarítmica?

c. Como você interpretaria os coeficientes binários?

9.9. Para avaliar o efeito da política do Fed de desregulamentar as taxas de juros a começar em julho de 1979, Sidney Langer, um aluno meu, estimou o seguinte modelo para o período que vai do terceiro trimestre de 1975 ao segundo trimestre de 1983.†

$$\begin{aligned}\hat{Y}_t = {} & 8{,}5871 - 0{,}1328P_t - 0{,}7102\text{Un}_t - 0{,}2389M_t \\ \text{ep} = {} & (1{,}9563) \quad (0{,}0992) \quad (0{,}1909) \quad (0{,}0727) \\ & + 0{,}6592Y_{t-1} + 2{,}5831\text{Dum}_t \quad R^2 = 0{,}9156 \\ & \quad (0{,}1036) \qquad (0{,}7549)\end{aligned}$$

* "Examination of man hour cost for independent, join and divided examination programs." *Journal of Bank Research*, 1980. v. 11, p. 28-35. *Nota*: as notações foram alteradas para se ajustarem aos padrões deste livro.

† LANGER, Sidney. "Interest rate deregulation and short-term interest rates." Não publicado.

em que Y = taxa de juros das Letras do Tesouro dos Estados Unidos de 3 meses

P = taxa de inflação esperada

TD = taxa de desemprego ajustada sazonalmente

M = variações da base monetária

Dum = variável binária, levando em conta o valor de 1 para observações a começar em 1º de julho de 1979

a. Interprete esses resultados.

b. Qual foi o efeito da desregulamentação da taxa de juros? Os resultados fazem sentido do ponto de vista econômico?

c. Os coeficientes de P_t, TD_t e M_t são negativos. Qual seria a lógica econômica disso?

9.10. Retome a regressão segmentada discutida no texto. Suponha que não haja apenas uma mudança no coeficiente angular de X^*, mas que a linha de regressão também dê um salto, como mostra a Figura 9.7. Como você modificaria a Equação (9.8.1) para levar em conta o salto na linha de regressão em X^*?

FIGURA 9.7
Regressão linear segmentada descontínua.

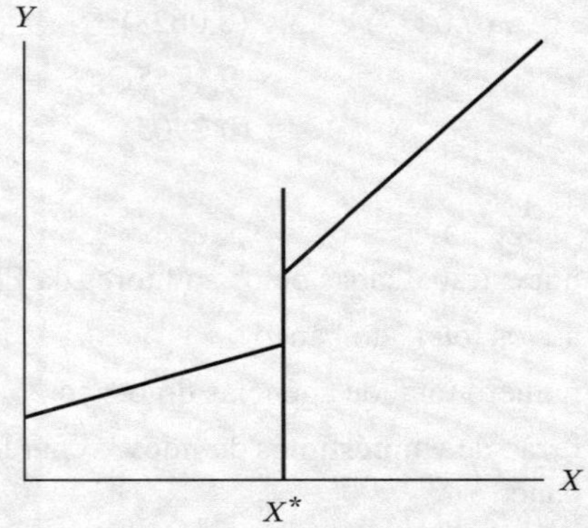

9.11. *Determinantes de preço por onça de refrigerante*. Cathy Schaefer, uma de minhas alunas, estimou a seguinte regressão usando 77 observações:*

$$P_i = \beta_0 + \beta_1 D_{1i} + \beta_2 D_{2i} + \beta_3 D_{3i} + \mu_i$$

em que P_i = preço por onça de refrigerante

D_{1i} = 001 se comprado em loja de descontos

= 010 se comprado em loja de rede

= 100 se comprado em loja de conveniência

D_{2i} = 10 se for de marca

= 01 se não for de marca

D_{3i} = 0001 se tiver 67,6 onças (dois litros)

= 0010 se tiver 28-33 onças (um litro)

= 0100 se tiver 16 onças (meio litro)

= 1000 se tiver 12 onças (330 ml)

Os resultados foram os seguintes:

$$\hat{P}_i = 0{,}0143 - 0{,}000004D_{1i} + 0{,}0090D_{2i} + 0{,}00001D_{3i}$$
$$\text{ep} = \quad (0{,}00001) \quad (0{,}00011) \quad (0{,}00000)$$
$$t = \quad (-0{,}3837) \quad (8{,}3927) \quad (5{,}8125)$$
$$R^2 = 0{,}6033$$

* SCHAEFER, Cathy. "Price per ounce of cola beverage as a function of place of purchase, size of container, and branded or unbranded product." Trabalho semestral não publicado.

Nota: os erros padrão são mostrados apenas até cinco casas decimais.

a. Comente a respeito da forma como as variáveis binárias foram incluídas no modelo.

b. Supondo que a forma de inclusão das variáveis binárias seja aceitável, como poderíamos interpretar os resultados?

c. O coeficiente de D_3 é positivo e estatisticamente significativo. Como você racionalizaria este resultado?

9.12. Com base nos dados para 101 países sobre a renda *per capita* em dólares (X) e da expectativa de vida em anos (Y) no início da década de 1970, Sen e Srivastava obtiveram os seguintes resultados de regressão:*

$$\hat{Y}_i = -\ 2{,}40 \ +\ 9{,}39 \ln X_i -\ 3{,}36\ [D_i(\ln X_i -\ 7)]$$
$$\text{ep} = \quad (4{,}73) \qquad (0{,}859) \qquad (2{,}42) \qquad\qquad R^2 = 0{,}752$$

em que $D_i = 1$ se $\ln X_i > 7$ e $D_i = 0$ nos demais casos. *Nota*: quando $\ln X_i = 7$, $X = \$1.097$ aproximadamente.

a. Quais poderiam ser as razões para introduzir a forma logarítmica da variável renda?

b. Como poderíamos interpretar o coeficiente 9,39 de $\ln X_i$?

c. Qual seria a razão da inclusão do regressor $D_i(\ln X_i - 7)$? Como podemos explicar verbalmente esse regressor? E como podemos interpretar o coeficiente –3,36 desse regressor (*Dica*: regressão linear segmentada)?

d. Supondo uma renda *per capita* de \$ 1,097 como sendo a linha divisória entre os países mais pobres e mais ricos, de que maneira derivaríamos a regressão para países cuja renda *per capita* seja inferior a \$ 1,097 e a regressão para países cuja renda *per capita* seja maior que \$ 1,097?

e. Que conclusões gerais você tira do resultado de regressão apresentado neste problema?

9.13. Considere o seguinte modelo:

$$Y_i = \beta_1 + \beta_2 D_i + u_i$$

em que $D_i = 0$ para as 20 primeiras observações e $D_i = 1$ para as 30 observações remanescentes. Sabe-se que var $(u_i^2) = 300$.

a. Como interpretamos β_1 e β_2?

b. Quais os valores médios dos dois grupos?

c. Como calcularíamos a variância de $(\hat{\beta}_1 + \hat{\beta}_2)$? *Nota*: a cov $(\hat{\beta}_1, \hat{\beta}_2) = -15$.

9.14. Para avaliar o efeito das leis estaduais do direito ao trabalho (que não exigem a filiação a um sindicato como pré-condição de emprego) sobre filiação a sindicatos, são obtidos os seguintes resultados de regressão, dos dados para 50 Estados nos Estados Unidos, para 1982:†

$$\widehat{\text{PES}}_i = \ 19{,}8066 \ -\ 9{,}3917\,\text{DAT}_i$$
$$t = (17{,}0352) \quad (-5{,}1086)$$
$$r^2 = 0{,}3522$$

em que PES = percentual de funcionários de empresas privadas sindicalizados, em 1982; e DAT = 1 se existe legislação de direito ao trabalho, 0 se não existe. *Nota*: Em 1982, 20 Estados tinham leis de direito ao trabalho.

a. *A priori*, qual a relação esperada entre PES e DAT?

b. Os resultados da regressão apoiam as expectativas anteriores?

c. Interprete os resultados de regressão.

---

* SEN, Ashish; SRIVASTAVA, Muni. *Regression analysis:* theory, methods and applications. Nova York: Springer--Verlag, 1990. p. 92. Notação alterada.

† Os dados usados nos resultados de regressão foram obtidos de MELTZ, N. M. "Interstate and interprovincial differences in union density." *Industrial Relations*, 1989. v. 28, n. p. 142-158.

d. Qual foi o percentual médio dos empregados sindicalizados do setor privado nos Estados que não tinham leis de direito ao trabalho?

9.15. No modelo de regressão a seguir:

$$Y_i = \beta_1 + \beta_2 D_i + u_i$$

Y representa o salário por hora em \$ e D a variável dummy, tomando o valor de 1 para um aluno com curso universitário e o valor de 0 para um aluno de segundo grau. Usando as fórmulas de MQO dadas no Capítulo 3, mostre que $\hat{\beta}_1 = \bar{Y}_{sg}$ e $\hat{\beta}_2 = \bar{Y}_{cs} - \bar{Y}_{sg}$, em que os subscritos têm os significados: sg = segundo grau e cs = curso superior. No total, há n_1 pessoas com segundo grau e n_2 pessoas com segundo grau completo, para uma amostra de $n = n_1 + n_2$.

9.16. Para estudar a taxa de crescimento da população em Belize no período de 1970-1992, Mukherjee et al. estimaram os seguintes modelos:*

$$\text{Modelo I:} \quad \widehat{\ln(\text{Pop})_t} = \underset{(781{,}25)}{4{,}73} + \underset{(54{,}71)}{0{,}024t} \qquad t =$$

$$\text{Modelo II:} \quad \widehat{\ln(\text{Pop})_t} = \underset{(2477{,}92)}{4{,}77} + \underset{(34{,}01)}{0{,}015t} - \underset{(-17{,}03)}{0{,}075D_t} + \underset{(25{,}54)}{0{,}011(D_t t)} \qquad t =$$

em que Pop = população em milhões; t = variável de tendência; $D_t = 1$ para observações iniciadas em 1978 e 0 antes de 1978; e ln = logaritmo natural.

a. No Modelo I, qual a taxa de crescimento da população de Belize no período de amostra?

b. As taxas de crescimento da população são estatisticamente diferentes dos períodos anteriores e posteriores a 1978? Como podemos saber? Se forem diferentes, quais as taxas de crescimento para 1972-1977 e para 1978-1992?

Exercícios aplicados

9.17. Usando os dados da Tabela 9.8., teste a hipótese de que as variâncias dos erros no 4º trimestre de 1958 ao 3º trimestre de 1966 e do 4º trimestre de 1966 ao 2º trimestre de 1971 são as mesmas.

9.18. Usando a metodologia discutida no Capítulo 8, compare as regressões sem restrição (9.7.3) e restrita (9.7.4); isto é, teste a validade das restrições impostas.

9.19. Na regressão poupança-renda para os Estados Unidos (9.5.4) discutida neste capítulo, suponha que, em vez de usar valores 1 e 0 para a variável binária, seja usado $Z_i = a + bD_i$, em que $D_i = 1$ e 0, $a = 2$ e $b = 3$. Compare os resultados obtidos.

9.20. Continuando com a regressão poupança-renda (9.5.4), suponha que você tivesse de atribuir $D_i = 0$ para observações no segundo período e $D_i = 1$ para observações no primeiro período. Como os resultados da Equação (9.5.4) mudariam?

9.21. Use os dados da Tabela 9.2 e considere o modelo a seguir:

$$\ln \text{Poupanças}_i = \beta_1 + \beta_2 \ \ln \text{Renda}_i \ \beta_3 + \ln Di + u_i$$

em que ln é o logaritmo natural e $D_i = 1$ para 1970-1981 e 10 para 1982-1995.

a. Qual a lógica de atribuir valores binários como sugerido?

b. Estime o modelo precedente e interprete os resultados obtidos.

c. Quais são os valores do intercepto da função poupança nos dois subperíodos e como você os interpretaria?

9.22. Retomando os dados de vendas trimestrais de eletrodomésticos da Tabela 9.3, considere o modelo a seguir:

$$\text{Vendas}_i = \alpha_1 + \alpha_2 D_{2i} + \alpha_3 D_{3i} + \alpha_4 D_{4i} + u_i$$

* MUKHERJEE, Chandan; WHITE, Howard; Marc WUYTS, Howard. *Econometrics and data analysis for developing countries*. Londres: Routledge, 1998. p. 372-375. Notações adaptadas.

em que os D são variáveis binárias que assumem os valores 1 e 0 para o período que vai do segundo ao quarto trimestre.

a. Calcule o modelo anterior para lavadoras de pratos, trituradores de lixo e lavadoras de roupas, separadamente.

b. Como os coeficientes angulares estimados seriam interpretados?

c. Como seriam usados os α estimados para dessazonalizar os dados de vendas para cada eletrodoméstico?

9.23. Estime novamente o modelo no Exercício 9.22 adicionando ao regressor gastos com bens duráveis.

a. Há diferença nos resultados da regressão obtidos no Exercício 9.22 e os deste exercício? Se houver, o que explica a diferença?

b. Se há sazonalidade nos gastos com bens duráveis, como poderíamos explicá-la?

9.24. A Tabela 9.9 apresenta dados sobre eleições presidenciais nos Estados Unidos, realizadas a cada quatro anos, de 1916 a 2004.*

TABELA 9.9
Eleições presidenciais dos Estados Unidos, 1916-2004

Obs.	Ano	*V*	*W*	*D*	*C*	*R*	*N*	*P*
1	1916	0,5168	0	1	2,229	1	3	4,252
2	1920	0,3612	1	0	−11,46	1	5	16,535
3	1924	0,4176	0	−1	−3,872	−1	10	5,161
4	1928	0,4118	0	0	4,623	−1	7	0,183
5	1932	0,5916	0	−1	−14,9	−1	4	7,069
6	1936	0,6246	0	1	11,921	1	9	2,362
7	1940	0,55	0	1	3,708	1	8	0,028
8	1944	0,5377	1	1	4,119	1	14	5,678
9	1948	0,5237	1	1	1,849	1	5	8,722
10	1952	0.446	0	0	0,627	1	6	2,288
11	1956	0,4224	0	−1	−1,527	−1	5	1,936
12	1960	0,5009	0	0	0,114	−1	5	1,932
13	1964	0,6134	0	1	5,054	1	10	1,247
14	1968	0,496	0	0	4.836	1	7	3,215
15	1972	0,3821	0	−1	6,278	−1	4	4,766
16	1976	0,5105	0	0	3,663	−1	4	7,657
17	1980	0,447	0	1	−3,789	1	5	8,093
18	1984	0,4083	0	−1	5,387	−1	7	5,403
19	1988	0,461	0	0	2,068	−1	6	3,272
20	1992	0,5345	0	−1	2,293	−1	1	3,692
21	1996	0,5474	0	1	2,918	1	3	2,268
22	2000	0,50265	0	0	1,219	1	8	1,605
23	2004	0,51233	0	1	2,69	−1	1	2,325

Notas:

Ano = ano das eleições
V = participação dos democratas na votação bipartidária
W = variável indicador (1 se as eleições forem de 1920, 1944 e 1948; e 0 para outros casos)
D = variável indicador (1 se um candidato democrata estiver disputando a eleição; –1 se o candidato for republicano)
C = taxa de crescimento do PIB *per capita* real nos 3 primeiros trimestres do ano de eleição.
R = variável indicador (1 se houver democrata candidato a reeleição; –1 se o candidato for republicano
N = número de trimestres nos 15 primeiros trimestres da administração em que a taxa de crescimento do PIB *per capita* real for superior a 3,2%
P = valor absoluto da taxa de crescimento do deflator do PIB nos 15 primeiros trimestres da administração.

* Estes dados foram compilados originalmente por Ray Fair da Universidade de Yale, que faz previsões dos resultados das eleições presidenciais há vários anos. Os dados são reproduzidos de CHATTERJEE, Samprit; HADI, Ali S.; PRICE, Bertram. *Regression analysis by example*. 3. ed. Nova York: John Wiley & Sons, 2000, p. 150-151, e atualizados de http://fairmodel.econ.yale.edu/rayfair/pdf/2006CHTM.HTM.

a. Usando os dados da Tabela 9.9, desenvolva um modelo adequado para prever a participação dos democratas nos votos presidenciais, que envolvem dois partidos.

b. Como usaríamos este modelo para prever o resultado de uma eleição presidencial?

c. Chatterjee et al. sugeriram considerar o modelo a seguir como modelo experimental para prever as eleições presidenciais:

$$V = \beta_0 + \beta_1 I + \beta_2 D + \beta_3 W + \beta_4 (GI) + \beta_5 P + \beta_6 N + u$$

Estime este modelo e comente os resultados em relação aos obtidos no modelo que você escolheu.

9.25. Retome a regressão (9.6.4). Teste a hipótese de que a taxa de aumento dos ganhos médios por hora com relação à escolaridade difere por gênero e raça. (*Dica*: use variáveis binárias multiplicativas.)

9.26. Retome a regressão (9.3.1). Como poderíamos modificar o modelo para descobrir se há interação entre as variáveis binárias para o gênero e para a região de residência? Apresente os resultados com base neste modelo e compare-os com os da Equação (9.3.1).

9.27. No modelo $Y_i = \beta_1 + \beta_2 D_i + u_i$, seja $D_i = 0$ para as 40 primeiras observações e $D_i = 1$ para as 60 observações remanescentes. Sabe-se que u_i tem média zero e uma variância de 100. Quais os valores médios e as variâncias dos dois conjuntos de observações?*

9.28. Retome a regressão de poupança-renda dos Estados Unidos discutida neste capítulo. Como alternativa à Equação (9.5.1), considere o modelo a seguir:

$$\ln Y_t = \beta_1 + \beta_2 D_t + \beta_3 X_t + \beta_4 (D_t X_t) + u_t$$

em que Y é a poupança e X, a renda.

Calcule o modelo anterior e compare os resultados com os da Equação (9.5.4). Qual o melhor modelo?

b. Como você interpretaria o coeficiente binário neste modelo?

c. Como veremos no capítulo sobre heterocedasticidade, muito frequentemente uma transformação logarítmica da variável dependente reduz a heterocedasticidade nos dados. Veja se é esse o caso no exemplo, efetuando a regressão de ln de Y contra X para os dois períodos e veja se as variâncias dos erros estimados dos dois períodos são iguais, do ponto de vista estatístico. Em caso afirmativo, o teste de Chow pode ser usado para combinar os dados da maneira indicada neste capítulo.

9.29. Retome o exemplo dos assalariados indianos (Seção 9.12) e os dados da Tabela 9.7.† Lembre-se de que as variáveis são definidas como se segue:

RS = renda semanal em rupias

Idade = em anos

D_{gen} = 0 para homem e 1 para mulher

DE_2 = uma variável binária com o valor de 1 para trabalhadores com primeiro grau completo

DE_3 = uma variável binária com o valor de 1 para trabalhadores com segundo grau completo

DE_4 = uma variável binária com o valor de 1 para trabalhadores com escolaridade superior ao segundo grau

DPT = uma variável binária com o valor de 1 para trabalhadores com empregos permanentes e um valor de 0 para trabalhadores temporários

* Este exemplo é adaptado de KENNEDY, Peter. *A guide to econometrics*. 4th ed. Cambridge, Mass.: MIT Press, 1998. p. 347.

† Dados extraídos de MUKHERJEE, Chandan; WHITE, Howard; WUYTS Marc. *Econometrics and data analysis for developing countries*. Londres: Toutledge Press, 1998. Apêndice.

A categoria de referência são trabalhadores do sexo feminino com primeiro grau incompleto e empregos temporários.

Na Seção 9.12, os termos de interação foram criados entre as variáveis escolaridade (DE_2, DE_3 e DE_4) e a variável gênero (D_{gen}). O que acontece se criamos termos de interação entre as variáveis binárias escolaridade e a variável binária funcionário permanente (DPT)?

a. Calcule o modelo prevendo ln RS contendo as variáveis binárias idade, gênero, escolaridade e os três novos termos de interação: $DE_2 \times DPT$, $DE_3 \times DPT$ e $DE_4 \times DPT$. Parece haver um efeito de interação significativo entre os novos termos?

b. Há diferença significativa entre trabalhadores com nível de escolaridade até o primário e aqueles sem primeiro grau completo? Avalie isso com relação à variável binária escolaridade quanto ao termo de interação e explique os resultados. O que dizer da diferença entre trabalhadores com segundo grau completo e aqueles com primeiro grau incompleto? Qual a diferença entre os que têm mais que o grau secundário comparados aos que não têm o primeiro grau?

c. Agora avalie os resultados de retirarem-se as variáveis binárias de escolaridade do modelo. Os termos de interação têm significância alterada?

Apêndice 9A

Regressão semilogarítmica com regressor binário

Na Seção 9.10 notamos que nos modelos do tipo

$$\ln Y_i = \beta_1 + \beta_2 D_i \tag{1}$$

a variação relativa de Y (isto é, sua semielasticidade), com relação ao regressor binário que toma valores de 1 ou 0, pode ser obtida como (antilogaritmo de β_2) $-$ 1 vezes 100, ou seja

$$(e^{\hat{\beta}_2} - 1) \times 100 \tag{2}$$

A prova é a seguinte: uma vez que ln e exp ($= e$) são funções inversas, podemos escrever a Equação (1) como:

$$\ln Y_i = \beta_1 + \ln(e^{\beta_2 D_i}) \tag{3}$$

Agora, quando $D = 0$, $e^{\beta_2 D_i} = 1$ e quando $D = 1$, $e^{\beta_2 D_i} = e^{\beta_2}$. Portanto, ao passar do estado 0 para o estado 1, ln Y_i varia de ($e^{\beta_2} - 1$). Mas uma variação no ln de uma variável é uma variação relativa, a qual, após a multiplicação por 100 torna-se uma variação percentual. Portanto, a variação percentual é ($e^{\beta_2} - 1$) $\times$ 100, como se afirmou. (*Nota:* $\ln_e e = 1$, isto é, o logaritmo de e na base e é 1, assim como o logaritmo de 10 na base 10 é 1. Lembre-se de que o logaritmo na base e é chamado *logaritmo natural* e que o log na base 10 é chamado de *logaritmo comum*.

Parte 2

Relaxamento das hipóteses do modelo clássico

Na Parte I, realizamos uma discussão aprofundada do modelo de regressão linear normal clássico e mostramos como ele pode ser usado para lidar com problemas gêmeos de inferência estatística, a saber, a estimação e o teste de hipóteses, bem como os problemas de previsão. Mas lembre-se de que esse modelo baseia-se nas diversas hipóteses simplificadoras, indicadas a seguir:

Hipótese 1. O modelo de regressão é linear nos parâmetros.

Hipótese 2. Os valores dos regressores, os X, são fixos, ou valores de X são independentes do termo de erro. Aqui, isso significa que exigimos covariância zero entre u_i e cada variável X.

Hipótese 3. Para os X dados, o valor médio do erro u_i é zero.

Hipótese 4. Para os X dados, a variância de u_i é constante ou homocedástica.

Hipótese 5. Para os X dados, não há autocorrelação, nem correlação serial, entre os termos de erro.

Hipótese 6. O número de observações n deve ser maior que o número de parâmetros a serem estimados.

Hipótese 7. Deve haver variação suficiente nos valores das variáveis X.

Incluímos também as três hipóteses a seguir, nesta parte do texto:

Hipótese 8. Não há colinearidade exata entre as variáveis X.

Hipótese 9. O modelo está especificado corretamente, logo não há viés de especificação.

Hipótese 10. O termo estocástico (de erro) u_i é distribuído normalmente.

Antes de prosseguirmos, observemos que a maioria dos livros-texto apresenta menos de 10 hipóteses. Por exemplo, as hipóteses 6 e 7 são presumidas, sem serem apresentadas explicitamente. Decidimos incluí-las, porque distinguir as condições exigidas para que os mínimos quadrados ordinários (MQO) tenham propriedades estatísticas desejáveis (como ser MELNT) e as condições exigidas para que os MQO sejam úteis faz sentido. Por exemplo, os estimadores de MQO são MELNT (melhores estimadores lineares não tendenciosos) mesmo que a hipótese 7 não seja satisfeita. Mas, nesse caso, os erros padrão dos estimadores de MQO serão grandes em relação a seus coeficientes (as razões t serão pequenas), dificultando a avaliação da contribuição de um ou mais regressores à soma dos quadrados explicados.

Como nota Wetherill, na prática, dois grandes tipos de problemas surgem ao aplicar o modelo de regressão linear clássico: (1) aqueles que se devem a hipóteses sobre a especificação do modelo e sobre os termos de erro u_i; e (2) aqueles que se devem a suposições sobre os dados.[1] Na primeira

[1] WETHERILL, G. Barrie. *Regression analysis with applications.* Nova York: Chapman and Hall, Nova York, 1986. p. 14-15.

categoria estão as Hipóteses 1, 2, 3, 4, 5, 9 e 10. Na segunda incluem-se as Hipóteses 6, 7 e 8. Além disso, problemas relativos aos dados, como *outliers* (observações atípicas ou incomuns) e erros de medida nos dados também se incluem na segunda categoria.

Com relação aos problemas decorrentes das hipóteses sobre termos de erro e às especificações de modelo, surgem três questões importantes: (1) Quanto podemos nos afastar de uma hipótese antes que isto venha causar um problema sério? Por exemplo, se u_i não tiverem uma distribuição normal exata, que nível de afastamento dessa hipótese podemos aceitar antes que a propriedade MELNT dos estimadores de MQO seja invalidada? (2) Como descobrimos se determinada hipótese é, de fato, violada em um caso concreto? Assim, como verificamos se os termos de erro estão normalmente distribuídos em uma aplicação? Já discutimos os testes de normalidade **estatística A^2 de Anderson--Darling** e o de **Jarque-Bera**. (3) Que medidas podemos tomar se uma ou mais hipóteses forem falsas? Por exemplo, se for constatado que a hipótese de homocedasticidade é falsa em uma aplicação, o que fazemos então?

Com relação aos problemas atribuídos às hipóteses sobre os dados, também enfrentamos questões semelhantes. (1) Em que medida determinado problema é sério? Por exemplo, a muticolinearidade é um problema tão grave que torna a estimação e a inferência muito difíceis? (2) Como descobrimos a gravidade do problema com os dados? Por exemplo, como decidimos se a inclusão ou exclusão de uma observação ou observações que podem representar discrepâncias farão diferença relevante na análise? (3) Alguns dos problemas com dados podem ser facilmente corrigidos? Pode-se ter acesso aos dados originais para descobrir de onde surgem os erros de medida nos dados?

Infelizmente, não se pode dar respostas satisfatórias a todas essas perguntas. No restante da Parte 2, examinaremos algumas das hipóteses mais detalhadamente, mas nem todas serão examinadas por completo. Em particular, não apresentaremos uma discussão aprofundada das Hipóteses 2, 3 e 10, pelas seguintes razões:

Hipótese 2: Regressores fixos versus *estocásticos*

Lembre-se de que nossa análise de regressão baseia-se na hipótese de que os regressores não são estocásticos e assumem valores fixos em amostragem repetida. Há uma boa razão para essa estratégia. Ao contrário de pesquisadores nas ciências exatas, como observado no Capítulo 1, os economistas em geral não têm controle sobre os dados que usam. Com mais frequência, os economistas dependem de dados secundários, ou seja, dados coletados por terceiros, como o governo e organizações privadas. A estratégia prática a seguir é pressupor que, para o problema em questão, os valores das variáveis explanatórias são dados, embora as próprias variáveis possam ser intrinsecamente estocásticas ou aleatórias. Logo, os resultados da análise de regressão são condicionados a esses valores dados.

Mas suponha que não possamos considerar os X como verdadeiramente não estocásticos ou fixos. É esse o caso de **regressores aleatórios** ou **estocásticos**. Agora, temos uma situação complicada: os u_i são, por definição, estocásticos. Se os X também forem estocásticos, deveremos especificar como os X e os u_i são distribuídos. Se nos dispusermos a aceitar a Hipótese 2 (isto é, os X, embora aleatórios, são distribuídos independentemente, ou pelo menos não correlacionados a u_i), então, para todos os fins práticos, poderemos continuar a operar como se os X fossem não estocásticos. Como observa Kmenta:

> *Assim, o relaxamento da hipótese de que X é não estocástico e a substituição dela pela hipótese de que X é estocástico, mas independente de* [u], *não muda as propriedades desejáveis e a viabilidade da estimação dos mínimos quadrados.*[2]

[2] KMENTA, Jan. *Elements of econometrics*. 2. Ed. Nova York: Macmillan, 1986. p. 338. (Grifo do original.)

Portanto, manteremos a Hipótese 2 até lidarmos com modelos de equações simultâneas na Parte 4.[3] Também, faremos uma breve discussão de regressores não estocásticos no Capítulo 13.

Hipótese 3: Valor médio zero de u_i

Lembre-se do modelo de regressão linear com k variáveis:

$$Y_i = \beta_1 + \beta_2 X_{2i} + \beta_3 X_{3i} + \cdots + \beta_k X_{ki} + u_i \tag{1}$$

Agora suponhamos que

$$E(u_i | X_{2i}, X_{3i}, \ldots, X_{ki}) = w \tag{2}$$

em que w é uma constante; note no modelo padrão que $w = 0$, mas agora consideraremos qualquer constante.

Utilizando a expectativa condicional da Equação (1), obtemos

$$\begin{aligned} E(Y_i | X_{2i}, X_{3i}, \ldots, X_{ki}) &= \beta_1 + \beta_2 X_{2i} + \beta_3 X_{3i} + \cdots + \beta_k X_{ki} + w \\ &= (\beta_1 + w) + \beta_2 X_{2i} + \beta_3 X_{3i} + \cdots + \beta_k X_{ki} \\ &= \alpha + \beta_2 X_{2i} + \beta_3 X_{3i} + \cdots + \beta_k X_{ki} \end{aligned} \tag{3}$$

em que $\alpha = (\beta_1 + w)$ e que, ao utilizarmos as expectativas, é preciso observar que os X são tratados como constantes. (Por quê?)

Portanto, se a Hipótese 3 não for satisfeita, veremos que não podemos estimar o intercepto original β_1; o que obtemos é α, que contém β_1 e $E(u_i) = w$. Em resumo, obtemos uma estimativa viesada de β_1.

Mas, como observamos em várias ocasiões, em muitas situações o termo de intercepto, β_1, é de pouca importância; mais significativos são os coeficientes angulares, que permanecem não afetados mesmo quando a Hipótese 3 é violada.[4] Além disso, em muitas aplicações, o termo de intercepto não tem interpretação física.

Hipótese 10: normalidade de u

Esta hipótese não é essencial se nosso objetivo for apenas a estimação. Como visto no Capítulo 3, os estimadores de MQO são MELNT, independentemente de os u_i serem distribuídos normalmente ou não. Com a hipótese da normalidade, no entanto, fomos capazes de estabelecer que os estimadores de MQO dos coeficientes de regressão seguem a distribuição normal, que $(n - k)\,\hat{\sigma}^2/\sigma^2$ tem a distribuição χ^2 e que se pode usar os testes t e F para verificar várias hipóteses estatísticas, independentemente do tamanho da amostra.

---

[3] Um aspecto técnico pode ser notado aqui. Em vez da forte hipótese de que os X e os u são independentes, podemos usar a hipótese mais fraca de que os valores das variáveis X e u não são correlacionados contemporaneamente (isto é, no mesmo ponto no tempo). Nesse caso, os estimadores de MQO podem ser viesados (ou tendenciosos) mas são **consistentes**, isto é, à medida que o tamanho da amostra aumenta indefinidamente, os estimadores convergem para seus verdadeiros valores. Se, no entanto, os X e u são correlacionados contemporaneamente, os estimadores de MQO são viesados e inconsistentes. No Capítulo 17 mostraremos como o método de **variáveis instrumentais** às vezes pode ser usado para obter estimadores consistentes nessa situação.

[4] É muito importante notar que essa afirmação só será verdadeira se $E(u_i) = w$ para cada i. Entretanto, se $E(u_i) = w_i$, ou seja, uma constante diferente para cada i, os coeficientes angulares parciais podem ser viesados bem como inconsistentes. Nesse caso, a violação da Hipótese 3 será crítica. Para mais demonstrações e detalhes, veja SCHMIDT, Peter. *Econometrics*. Nova York: Marcel Dekker, 1976. p. 36-39.

Mas, o que acontece se os u_i não forem distribuídos normalmente? Contamos com a seguinte extensão do teorema do limite central; lembre-se de que recorremos ao teorema do limite central para justificar a hipótese de normalidade:

> Se os termos de erro [u_i] forem independentes e distribuídos identicamente com média zero e variância [constante] σ^2 e se as variáveis explanatórias forem constantes em amostras repetidas, os coeficientes dos estimadores de MQ[O] serão assintoticamente normalmente distribuídos com médias iguais aos β correspondentes.[5]

Portanto, os procedimentos usuais de teste — os testes t e F — serão válidos *assintoticamente*, isto é, em grandes amostras, mas não em pequenas ou finitas.

Saber que, se os termos de erro não forem distribuídos normalmente, mesmo assim os estimadores de MQO serão normalmente distribuídos assintoticamente (sob a hipótese de variância homocedástica e X fixos) é de pouca serventia para os economistas, que com frequência não se dão ao luxo de terem dados obtidos em grandes amostras. Portanto, a hipótese de normalidade torna-se extremamente importante para fins de teste de hipóteses e previsão. Logo, com os problemas gêmeos de estimação e do teste de hipóteses em mente, e dado o fato de que pequenas amostras são a regra e não a exceção na maioria das análises econômicas, continuaremos a usar a hipótese da normalidade.[6] (Veja a Seção 13.12 do Capítulo 13.)

Evidentemente, isso significa que quando lidamos com uma amostra finita, devemos testar explicitamente a hipótese da normalidade. Já consideramos os testes de normalidade de **Anderson-Darling** e **Jarque-Bera**. O leitor é fortemente incentivado a aplicar estes e outros testes de normalidade aos resíduos de regressão. Lembre-se de que, nas amostras finitas sem a hipótese de normalidade, as estatísticas habituais t e F podem não seguir as distribuições t e F.

Ficamos, então, com as Hipóteses 1, 4, 5, 6, 7, 8 e 9. As Hipóteses 6, 7 e 8 estão intimamente relacionadas e serão discutidas no Capítulo 10, sobre multicolinearidade; a Hipótese 4 é vista no Capítulo 11, sobre heterocedasticidade; a Hipótese 5 é examinada no Capítulo 12, sobre autocorrelação; e a Hipótese 9 é apresentada no Capítulo 13, sobre especificação de modelo e teste de diagnóstico. Devido à natureza especializada e às exigências matemáticas, a Hipótese 1 é discutida como tópico especial na Parte 3 (Capítulo 14).

Por motivos pedagógicos, em cada um desses capítulos seguimos um formato comum, a saber: (1) identificamos a natureza do problema; (2) examinamos suas consequências; (3) sugerimos métodos para detectar o problema; e (4) apresentamos medidas corretivas que possam gerar estimadores que possuam as propriedades estatísticas desejáveis, discutidas na Parte 1.

Cabe uma advertência: como ressaltamos antes, não dispomos de respostas satisfatórias a todos os problemas que surgem da violação de hipóteses do modelo clássico de regressão linear. Além disso, pode haver mais de uma solução a determinado problema, e com frequência não está claro qual é o melhor método. Assim, viés da especificação, multicolinearidade e heterocedasticidade podem coexistir em uma aplicação, e não há um teste único, onipotente, que resolva todos os problemas ao mesmo tempo.[7] Além disso, um teste que tenha sido usado em determinada época pode não ser mais empregado hoje, por ter sido encontrada alguma falha. É assim que a ciência progride e a econometria não é exceção.

---

[5] THEIL, Henri. *Introduction to econometrics*. Englewood Cliffs, NJ: Prentice-Hall, 1978. p. 240. Deve-se notar que a hipótese de X fixos e a constante σ^2 são cruciais para este resultado.

[6] A propósito, observe que os efeitos do afastamento da normalidade e tópicos relacionados são discutidos com frequência sob o tópico de **estimação robusta** na literatura específica, um assunto que vai além do escopo deste livro.

[7] Isto não é por falta de tentativas. Veja BERA, A. K.; JARQUE, C. M. "Efficient tests for normality, homocedasticity and serial independence of regression residuals: Monte Carlo evidence". *Economic Letters*, 1981. v. 7, p. 313-318.

Capítulo 10

Multicolinearidade: o que acontece se os regressores estiverem correlacionados?

Não há expressão mais inadequada, tanto em textos de econometria quanto na literatura aplicada, do que "problema de multicolinearidade". É inegável que muitas variáveis explanatórias são altamente colineares. E está absolutamente claro que há experimentos projetados **X'X** [a matriz de dados] que seriam preferíveis aos naturais que nos são oferecidos [a amostra que temos em mãos]. Mas, reclamar da aparente maldade da natureza não é algo de todo construtivo, e as correções *ad hoc* do projeto, como a regressão por etapas (*stepwise*) ou a regressão *ridge* podem ser inadequadas, com resultados desastrosos. Melhor seria aceitarmos o fato de que nossos não experimentos [os dados não coletados de acordo com experimentos planejados] às vezes não nos dão muitas informações sobre os parâmetros de interesse.[1]

A Hipótese 8 do *modelo clássico de regressão linear* afirma que não há **multicolinearidade** entre os regressores incluídos no modelo de regressão. Neste capítulo examinaremos essa hipótese buscando respostas às seguintes perguntas:

1. Qual a natureza da multicolinearidade?
2. A multicolinearidade é realmente um problema?
3. Quais são suas consequências práticas?
4. Como é detectada?
5. Que medidas podem ser tomadas para atenuar o problema da multicolinearidade?

Neste capítulo também discutiremos a Hipótese 6 do modelo clássico de regressão linear: não importa qual seja, o número de observações na amostra deve ser superior ao número de regressores; e examinaremos a Hipótese 7, que exige variabilidade suficiente nos valores dos regressores, pois estão intimamente relacionados às hipóteses de inexistência de multicolinearidade. Arthur Goldberger batizou a Hipótese 6 de problema da **micronumerosidade**,[2] que simplesmente significa amostra pequena.

[1] LEARNER, Edward E. "Model choice and specification analysis." In: GRILICHES, Zvi; INTRILIGATOR, Michael D. (Eds.). *Handbook of econometrics.* Amsterdã: North Holland Publishing Company, 1983. v. I, p. 330-301.

[2] Veja seu livro *A course in econometrics.* Cambridge, Mass.: Harvard University Press, 1991. p. 249.

10.1 A natureza da multicolinearidade

O termo *multicolinearidade* deve-se a Ragnar Frisch.[3] Originalmente, significava a existência de uma relação linear "perfeita" ou exata entre algumas ou todas as variáveis explanatórias do modelo de regressão.[4] No caso de regressão com k variáveis explanatórias $X_1, X_2, ..., X_k$ (em que $X_1 = 1$ para todas as observações, de modo que permita o termo de intercepto), diz-se existir uma relação linear exata se a seguinte condição for satisfeita:

$$\lambda_1 X_1 + \lambda_2 X_2 + \cdots + \lambda_k X_k = 0 \tag{10.1.1}$$

em que $\lambda_1, \lambda_2, ..., \lambda_k$ são constantes tais que nem todas são simultaneamente zero.[5]

Hoje, no entanto, o termo multicolinearidade é usado em um sentido mais amplo, para incluir o caso de multicolinearidade perfeita, como mostra a Equação (10.1.1), bem como o caso em que as variáveis X estão intercorrelacionadas, mas não perfeitamente, como se segue:[6]

$$\lambda_1 X_1 + \lambda_2 X_2 + \cdots + \lambda_2 X_k + v_i = 0 \tag{10.1.2}$$

em que v_i é um termo de erro estocástico.

Para entender a diferença entre multicolinearidade *perfeita* e *menos que perfeita*, suponha, por exemplo, que $\lambda_2 \neq 0$. Então, a Equação (10.1.1) pode ser escrita como

$$X_{2i} = -\frac{\lambda_1}{\lambda_2} X_{1i} - \frac{\lambda_3}{\lambda_2} X_{3i} - \cdots - \frac{\lambda_k}{\lambda_2} X_{ki} \tag{10.1.3}$$

a qual mostra como X_2 tem uma relação linear exata com outras variáveis ou como pode ser derivado de uma combinação linear de outras variáveis X. Nessa situação, o coeficiente de correlação entre a variável X_2 e a combinação linear do lado direito da Equação (10.1.3) será a unidade.

Do mesmo modo, se $\lambda_2 \neq 0$, a Equação (10.1.2) pode ser escrita como

$$X_{2i} = -\frac{\lambda_1}{\lambda_2} X_{1i} - \frac{\lambda_3}{\lambda_2} X_{3i} - \cdots - \frac{\lambda_k}{\lambda_2} X_{ki} - \frac{1}{\lambda_2} v_i \tag{10.1.4}$$

que mostra que X_2 não é uma combinação linear exata de outras variáveis X, porque também é determinado pelo termo de erro estocástico v_i.

Como exemplo numérico, vejamos os seguintes dados hipotéticos:

X_2	X_3	X_3^*
10	50	52
15	75	75
18	90	97
24	120	129
30	150	125

[3] FRISCH, Ragnar. *Statistical confluence analysis by means of complete regression systems*. Institute of Economics, Oslo University, publ. n. 5, 1934.

[4] Falando estritamente, a *multicolinearidade* refere-se à existência de uma relação linear única. Mas essa distinção raramente é mantida na prática, e a multicolinearidade refere-se a ambos os casos.

[5] As chances de obtermos uma amostra de valores em que os regressores estão relacionados desta forma são, de fato, muito pequenas na prática, exceto quando propositado, em que, por exemplo, o número de observações é menor que o de regressores ou se um deles cai na "armadilha da variável binária" como discutido no Capítulo 9. Veja o Exercício 10.2.

[6] Se há apenas duas variáveis explanatórias, a intercorrelação pode ser medida pelo coeficiente de correlação simples ou de primeira ordem. Mas, se houver mais de duas variáveis X, a intercorrelação pode ser medida pelos coeficientes de correlação parcial ou pelo coeficiente de correlação múltipla R de uma variável X com todas as outras variáveis X tomadas em conjunto.

É evidente que $X_{3i} = 5X_{2i}$. Portanto, há uma colinearidade perfeita entre X_2 e X_3, pois o coeficiente de correlação r_{23} é igual à unidade. A variável X_3^* foi criada a partir de X_3, simplesmente somando a ela os seguintes números, tirados de uma tabela de números aleatórios: 2, 0, 7, 9, 2. Nesse caso, já não há colinearidade perfeita entre X_2 e X_3^*. Contudo, as duas variáveis estão altamente correlacionadas, porque os cálculos mostrarão que o coeficiente de correlação entre elas é 0,9959.

A abordagem algébrica à multicolinearidade pode ser descrita sucintamente pelo diagrama de Ballentine (lembre-se da Figura 3.8, reproduzida na Figura 10.1). Nesta, os círculos Y, X_2 e X_3 representam, respectivamente, as variações de Y (variável dependente) e X_2 e X_3 (as variáveis explanatórias). O grau de colinearidade pode ser medido pela extensão da sobreposição (área sombreada) dos círculos X_2 e X_3. Na Figura 10.1*a* não há sobreposição de X_2 e X_3; não há colinearidade. Na Figura 10.1*b* até 10.1*e*, há um grau de colinearidade que vai de "baixo" a "alto" — quanto maior a sobreposição entre X_2 e X_3 (isto é, maior a área sombreada), maior o grau de colinearidade. No extremo, se X_2 e X_3 estivessem totalmente sobrepostos (ou se X_2 estivesse totalmente dentro de X_3, ou vice-versa), a colinearidade seria perfeita.

A propósito, note que a multicolinearidade, como a definimos, refere-se apenas às relações lineares entre as variáveis X. Ela não descarta relações não lineares entre elas. Por exemplo, considere o seguinte modelo de regressão:

$$Y_i = \beta_0 + \beta_1 X_i + \beta_2 X_i^2 + \beta_3 X_i^3 + u_i \tag{10.1.5}$$

em que, por exemplo, Y = custo total de produção e X = produção. As variáveis X_i^2 (produção ao quadrado) e X_i^3 (produção ao cubo) são, obviamente, relacionadas funcionalmente a X_i, mas a relação é não linear. Em termos estritos, modelos como a Equação (10.1.5) não violam a hipótese de não multicolinearidade. Entretanto, em aplicações concretas, o coeficiente de correlação medido em termos convencionais mostrará X_i, X_i^2 e X_i^3 como altamente correlacionados, o que, como mostraremos, dificultará a estimação dos parâmetros da Equação (10.1.5) com maior precisão (isto é, com erros padrão menores).

FIGURA 10.1
Visão da multicolinearidade segundo o diagrama de Ballentine.

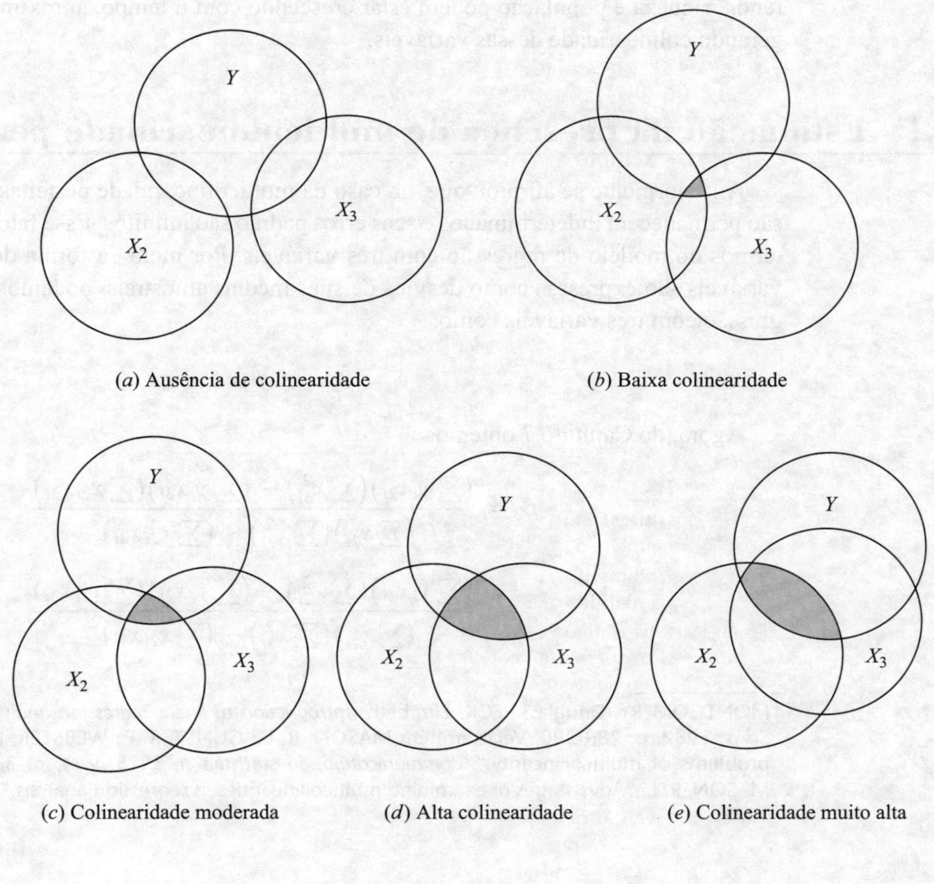

(*a*) Ausência de colinearidade (*b*) Baixa colinearidade

(*c*) Colinearidade moderada (*d*) Alta colinearidade (*e*) Colinearidade muito alta

Por que o modelo clássico de regressão linear pressupõe que não há multicolinearidade entre os *X*? O raciocínio é o seguinte: **se a multicolinearidade for perfeita no sentido da Equação (10.1.1), os coeficientes de regressão das variáveis *X* serão indeterminados e seus erros padrão, infinitos. Se a multicolinearidade for menos que perfeita, como na Equação (10.1.2), os coeficientes de regressão, embora determinados, possuirão grandes erros padrão (em relação aos próprios coeficientes), o que significa que os coeficientes não podem ser estimados com grande precisão ou exatidão.** As demonstrações dessas afirmações estão nas seções seguintes.

Há várias fontes de multicolinearidade. Como observam Montgomery e Peck, a multicolinearidade pode ocorrer devido aos seguintes fatores:[7]

1. *O método de coleta de dados empregado.* Por exemplo, a amostragem de uma faixa limitada de valores pelos regressores da população.
2. *Restrições ao modelo ou à população que está sendo amostrada.* Por exemplo, na regressão do consumo de eletricidade contra renda (X_2) e o tamanho da casa (X_3), há uma restrição física na população, no sentido de que famílias com rendas mais altas em geral têm casas maiores que as com rendas mais baixas.
3. *Especificação do modelo.* Por exemplo, adicionando termos polinomiais a um modelo de regressão, especialmente quando a amplitude da variável *X* é pequena.
4. *Um modelo sobredeterminado.* Isto acontece quando o modelo tem mais variáveis explanatórias que o número de observações. Poderia ocorrer em pesquisa médica na qual pode haver um número pequeno de pacientes sobre os quais são coletadas informações a respeito de um grande número de variáveis.

Outra razão para a multicolinearidade, principalmente nos dados de séries temporais, pode ser que os regressores incluídos no modelo tenham uma *tendência comum*: todos aumentam ou diminuem ao longo do tempo. Na regressão de gastos de consumo sobre renda, riqueza e população, os regressores renda, riqueza e população podem estar crescendo com o tempo, aproximadamente na mesma taxa, gerando colinearidade dessas variáveis.

10.2 Estimação na presença de multicolinearidade perfeita

Anteriormente se afirmou que, no caso da multicolinearidade perfeitas os coeficientes de regressão permanecem indeterminados e seus erros padrão são infinitos. Esse fato pode ser demonstrado em termos do modelo de regressão com três variáveis. Por meio da forma do desvio, em que todas as variáveis são expressas como desvios de suas médias amostrais, podemos escrever o modelo de regressão com três variáveis como:

$$y_i = \hat{\beta}_2 x_{2i} + \hat{\beta}_3 x_{3i} + \hat{u}_i \tag{10.2.1}$$

Agora, do Capítulo 7 obtemos

$$\hat{\beta}_2 = \frac{\left(\sum y_i x_{2i}\right)\left(\sum x_{3i}^2\right) - \left(\sum y_i x_{3i}\right)\left(\sum x_{2i} x_{3i}\right)}{\left(\sum x_{2i}^2\right)\left(\sum x_{3i}^2\right) - \left(\sum x_{2i} x_{3i}\right)^2} \tag{7.4.7}$$

$$\hat{\beta}_3 = \frac{\left(\sum y_i x_{3i}\right)\left(\sum x_{2i}^2\right) - \left(\sum y_i x_{2i}\right)\left(\sum x_{2i} x_{3i}\right)}{\left(\sum x_{2i}^2\right)\left(\sum x_{3i}^2\right) - \left(\sum x_{2i} x_{3i}\right)^2} \tag{7.4.8}$$

[7] MONTGOMERY, Douglas; PECK, Elizabeth. *Introduction to linear regression analysis*. Nova York: John Wiley & Sons, 1982. p. 289-290. Veja também MASON, R. L.; GUNST, R. F.; WEBSTER, J. T. "Regression analysis and problems of multicollinearity." *Communications in statistics A*, 1975. v. 4, n. 3, p. 227-292.; GUNST, R. F.; MASON, R. L. "Advantages of examining multicollinearities in regression analysis." *Biometrics*, v. 33, p. 249-260, 1977.

Suponha que $X_{3i} = \lambda X_{2i}$, em que λ é uma constante diferente de zero (como 2, 4, 1, 8 etc.). Substituindo na Equação (7.4.7), obtemos

$$\hat{\beta}_2 = \frac{\left(\sum y_i x_{2i}\right)\left(\lambda^2 \sum x_{2i}^2\right) - \left(\lambda \sum y_i x_{2i}\right)\left(\lambda \sum x_{2i}^2\right)}{\left(\sum x_{2i}^2\right)\left(\lambda^2 \sum x_{2i}^2\right) - \lambda^2 \left(\sum x_{2i}^2\right)^2} = \frac{0}{0} \tag{10.2.2}$$

que é uma expressão indeterminada. O leitor pode desejar verificar se $\hat{\beta}_3$ também é indeterminado.[8]

Por que obtemos o resultado mostrado na Equação (10.2.2)? Lembre-se do significado de $\hat{\beta}_2$. Ele nos dá a variação do valor médio de Y quando X_2 varia por uma unidade, mantendo X_3 constante. Mas, se X_3 e X_2 forem perfeitamente colineares, não haverá como manter X_3 constante: à medida que X_2 muda, X_3 também muda pelo fator λ. Isso significa que não há como distinguir as influências de X_2 e X_3 de uma forma separada na amostra dada: para fins práticos, X_2 e X_3 são indistinguíveis. Em econometria aplicada, esse problema é gravíssimo, visto que nossa intenção é isolar os efeitos parciais de cada X sobre a variável dependente.

Para ver isso de outro modo, substituamos $X_{3i} = \lambda X_{2i}$ na Equação (10.2.1) e obteremos o seguinte (veja também a Equação (7.1.12)):

$$\begin{aligned} y_i &= \hat{\beta}_2 x_{2i} + \hat{\beta}_3(\lambda x_{2i}) + \hat{u}_i \\ &= (\hat{\beta}_2 + \lambda\hat{\beta}_3)x_{2i} + \hat{u}_i \\ &= \hat{\alpha} x_{2i} + \hat{u}_i \end{aligned} \tag{10.2.3}$$

em que

$$\hat{\alpha} = (\hat{\beta}_2 + \lambda\hat{\beta}_3) \tag{10.2.4}$$

Aplicando a fórmula dos MQO conhecida à Equação (10.2.3), obtemos:

$$\hat{\alpha} = (\hat{\beta}_2 + \lambda\hat{\beta}_3) = \frac{\sum x_{2i} y_i}{\sum x_{2i}^2} \tag{10.2.5}$$

Portanto, embora possamos estimar um único valor para α, não há como estimar um único valor para β_2 e β_3; em termos matemáticos

$$\hat{\alpha} = \hat{\beta}_2 + \lambda\hat{\beta}_3 \tag{10.2.6}$$

dá apenas uma equação com duas incógnitas (note que λ é dado) e há uma infinidade de soluções para a Equação (10.2.6) para os valores dados de $\hat{\alpha}$ e λ. Em termos mais concretos, seja $\hat{\alpha} = 0{,}8$ e $\lambda = 2$. Então, temos

$$0{,}8 = \hat{\beta}_2 + 2\hat{\beta}_3 \tag{10.2.7}$$

ou

$$\hat{\beta}_2 = 0{,}8 - 2\hat{\beta}_3 \tag{10.2.8}$$

[8] Outra forma de ver isto é a seguinte: por definição, o coeficiente de correlação entre X_2 e X_3, r_{23} é $\sum x_{2i}x_{3i}/\sqrt{\sum x_{2i}^2 \sum x_{3i}^2}$. Se $r_{23}^2 = 1$, isto é, se houver colinearidade perfeita entre X_2 e X_3, o denominador da Equação (7.4.7) será zero, tornando impossível estimar β_2 (ou de β_3).

Agora, escolhendo um valor arbitrário de $\hat{\beta}_3$, teremos uma solução para $\hat{\beta}_2$. Escolhendo outro valor para $\hat{\beta}_3$ teremos outra solução para $\hat{\beta}_2$. Não importa quanto se tente, não há um valor único de $\hat{\beta}_2$.

Conclui-se da discussão anterior que, no caso de multicolinearidade perfeita, não se pode obter uma única solução para os coeficientes de regressão individuais. Mas observe que é possível obter uma única solução para combinações lineares desses coeficientes. A combinação linear de $(\beta_2 + \lambda\beta_3)$ tem um valor único estimado por α, dado o valor de λ.[9]

Vale notar que, no caso da multicolinearidade perfeita, as variâncias e os erros padrão de $\hat{\beta}_2$ e $\hat{\beta}_3$, tomados individualmente, são infinitos. (veja o Exercício 10.2.1.)

10.3 Estimação na presença de multicolinearidade "alta", mas "imperfeita"

A situação de multicolinearidade perfeita é uma situação patológica extrema. Em geral, não há relação linear exata entre as variáveis X, principalmente em dados envolvendo séries temporais econômicas. Voltando ao modelo de três variáveis no formato de desvio dado na Equação (10.2.1), em vez da multicolinearidade exata, podemos ter

$$x_{3i} = \lambda x_{2i} + v_i \tag{10.3.1}$$

em que $\lambda \neq 0$ e v_i é um termo de erro estocástico tal que $\sum x_{2i} v_i = 0$. (Por quê?)

Por sinal, o diagrama de Ballentines mostrado na Figura 10.1*b* a 10.1*e* representa situações de colinearidade imperfeita.

Neste caso, a estimação dos coeficientes de regressão β_2 e β_3 pode ser possível. Por exemplo, substituindo a Equação (10.3.1) na Equação (7.4.7), obtemos

$$\hat{\beta}_2 = \frac{\sum(y_i x_{2i})\left(\lambda^2 \sum x_{2i}^2 + \sum v_i^2\right) - \left(\lambda \sum y_i x_{2i} + \sum y_i v_i\right)\left(\lambda \sum x_{2i}^2\right)}{\sum x_{2i}^2\left(\lambda^2 \sum x_{2i}^2 + \sum v_i^2\right) - \left(\lambda \sum x_{2i}^2\right)^2} \tag{10.3.2}$$

na qual se usa $\sum x_{2i} v_i = 0$. Uma expressão semelhante pode ser derivada para $\hat{\beta}_3$.

Agora, diferentemente da Equação (10.2.2), não há razão para acreditar *a priori* que a Equação (10.3.2) não pode ser estimada. Evidentemente, se v_i for suficientemente pequeno, por exemplo, muito próximo de zero, a Equação (10.3.1) indicará colinearidade quase perfeita e estaremos de volta ao caso indeterminado da Equação (10.2.2).

10.4 Multicolinearidade: muito barulho por nada? Consequências teóricas da multicolinearidade

Lembre-se de que, se as hipóteses do modelo clássico forem satisfeitas, os estimadores de MQO dos estimadores da regressão serão MELNT (melhores estimadores lineares não viesados) ou MENT (melhores estimadores não viesados) se a hipótese da normalidade for acrescentada. Agora podemos mostrar que, mesmo se a multicolinearidade for muito alta, como no caso da *quase multicolinearidade*, os estimadores de MQO ainda conservarão a propriedade de melhores estimadores lineares não viesados.[10] Por que toda essa confusão por causa da multicolinearidade? Como Christopher Achen ressalta (veja também a citação de Leamer no início deste capítulo):

[9] Na literatura econométrica, uma função como $(\beta_2 + \lambda\beta_3)$ é conhecida como uma **função estimável**.

[10] Uma vez que a quase multicolinearidade em si não viola as outras hipóteses listadas no Capítulo 7, os estimadores de MQO são os melhores estimadores lineares não tendenciosos, como indicado lá.

> Os alunos que estão começando a estudar metodologia às vezes se preocupam com a correlação de suas variáveis independentes — o chamado problema da multicolinearidade. Mas esta não viola nenhuma das hipóteses de regressão. Estimativas consistentes, não viesadas, resultarão, e seus erros padrão serão estimados corretamente. O único efeito da multicolinearidade é dificultar a obtenção de estimativas dos coeficientes com erros padrão pequenos. Mas ter um pequeno número de observações também gera esse efeito, como ter variáveis independentes com pequenas variâncias. (Na verdade, teoricamente, a multicolinearidade, poucas observações e pequenas variâncias das variáveis independentes são essencialmente o mesmo problema.) Perguntar "O que devo fazer com a multicolinearidade?" é como perguntar "O que devo fazer se não tenho muitas observações?". Não há resposta estatística para essa pergunta.[11]

Para reforçar a importância do tamanho da amostra, Goldberger criou o termo **micronumerosidade**, para contrapor à polissílaba *multicolinearidade*. De acordo com Goldberger, a **micronumerosidade exata** (a contraparte da multicolinearidade exata) surge quando *n*, o tamanho da mostra, é zero, caso em que qualquer tipo de estimação é impossível. A *quase micronumerosidade*, como a quase multicolinearidade, surge quando o número de observações mal excede o número de parâmetros a serem estimados.

Leamer, Achen e Goldberger estão certos em reclamar da falta de atenção dada ao problema do tamanho da amostra, e da atenção indevida ao problema da multicolinearidade. Infelizmente, no trabalho aplicado que envolve dados secundários (dados coletados por algum órgão, como os dados do PNB coletados pelo governo), um pesquisador pode não ser capaz de fazer muito com o tamanho da amostra e pode ter de enfrentar "problemas de estimação importantes que merecem ser tratados [a multicolinearidade] como violação do modelo de regressão linear clássico".[12]

Em primeiro lugar, é verdade que, mesmo no caso de quase multicolinearidade, os estimadores de MQO são não viesados, mas a não viesidade é uma propriedade de amostragem repetida ou de multiamostragem. Em outras palavras, mantendo fixos os valores das variáveis *X*, se obtivermos amostras repetidas e calcularmos os estimadores de MQO para cada uma dessas amostras, a média dos valores da amostra convergirá para os verdadeiros valores populacionais dos estimadores à medida que o número das amostras aumenta. Mas isso não diz nada sobre as propriedades dos estimadores em qualquer amostra dada.

Em segundo lugar, também é verdade que a colinearidade não destrói a propriedade de variância mínima: na classe de todos os estimadores não viesados, os estimadores de MQO têm variância mínima; são eficientes. Contudo não significa que a variância de um estimador de MQO será necessariamente pequena (em relação ao valor do estimador) em qualquer amostra dada, como demonstraremos em breve.

Terceiro, *a multicolinearidade é essencialmente um fenômeno amostral* (*da regressão*) no sentido de que, mesmo que as variáveis *X* não estejam relacionadas linearmente na população, elas podem estar relacionadas na amostra em questão: quando postulamos a função de regressão populacional ou teórica (FRP), acreditamos que todas as variáveis *X* incluídas no modelo tenham uma influência separada ou independente sobre a variável dependente *Y*. Mas pode acontecer que, em qualquer amostra dada que seja usada para testar a FRP, algumas ou todas as variáveis *X* sejam tão colineares que não podemos isolar sua influência sobre *Y*. É como se disséssemos que nossa amostra nos decepcionou, embora a teoria informe que todas as variáveis *X* são importantes. Em resumo, nossa amostra pode não ser "rica" o suficiente para acomodar todas as variáveis *X* na análise.

Para ilustrar, retome o exemplo de consumo e renda do Capítulo 3 (Exemplo 3.1). Os economistas inferem teoricamente que, além da renda, a riqueza do consumidor também é um determinante importante nos gastos de consumo. Assim, podemos escrever

$$\text{Consumo}_i = \beta_1 + \beta_2 \text{ Renda}_i + \beta_3 \text{ Riqueza}_i + u_i$$

[11] ACHEN, Christopher H. *Interpreting and using regression.* Beverly Hills, Califórnia: Sage Publications, 1982. p. 82-83.

[12] KENNEDY, Peter. *A guide to econometrics.* 3. ed. Cambridge, Mass.:The MIT Press, 1992. p. 177.

Mas pode acontecer de, quando obtemos dados sobre renda e riqueza, as duas variáveis terem correlação alta, senão perfeitas: pessoas mais ricas em geral tendem a ter rendas mais altas. Embora teoricamente renda e riqueza sejam candidatos lógicos para explicar o comportamento dos gastos de consumo, na prática (na amostra) pode ser difícil separar as influências da renda e da riqueza sobre os gastos de consumo.

Em termos ideais, para avaliarmos os efeitos individuais da riqueza e da renda sobre os gastos de consumo, precisamos de um número suficiente de observações de amostra dos indivíduos ricos com baixa renda e de indivíduos com alta renda e pouca riqueza (lembre-se da Hipótese 7). Embora isso possa ser possível em estudos de corte transversal (aumentando-se o tamanho da amostra), é muito difícil de ser obtido no trabalho com séries temporais agregadas.

Por todas essas razões, o fato de os estimadores de MQO serem MELNT apesar da multicolinearidade, pouco ajuda na prática. Devemos ver o que acontece ou é provável que aconteça em qualquer amostra dada, um tópico discutido a seguir.

10.5 Consequências práticas da multicolinearidade

Em casos de quase ou de alta multicolinearidade, é muito provável nos depararmos com as seguintes consequências:

1. Embora sejam os melhores estimadores lineares não viesados, os estimadores de MQO têm grandes variâncias e covariâncias, tornando difícil uma estimação precisa.
2. Devido à consequência 1, os intervalos de confiança tendem a ser muito mais amplos, levando à aceitação imediata da "hipótese nula igual a zero" (isto é, o verdadeiro coeficiente populacional igual a zero).
3. Também, devido à consequência 1, a razão t de um ou mais coeficientes tende a ser estatisticamente insignificante.
4. Embora a razão t de um ou mais coeficientes seja estatisticamente insignificante, R^2, a medida geral da qualidade do ajustamento, pode ser muito alto.
5. Os estimadores de MQO e seus erros padrão podem ser sensíveis a pequenas alterações nos dados.

As consequências anteriores podem ser demonstradas como a seguir.

Grandes variâncias e covariâncias dos estimadores de MQO

Para ver grandes variâncias e covariâncias, lembre-se de que, para o modelo (10.2.1), as variâncias e covariâncias de $\hat{\beta}_2$ e $\hat{\beta}_3$ são dadas por

$$\operatorname{var}(\hat{\beta}_2) = \frac{\sigma^2}{\sum x_{2i}^2 \left(1 - r_{23}^2\right)} \tag{7.4.12}$$

$$\operatorname{var}(\hat{\beta}_3) = \frac{\sigma^2}{\sum x_{3i}^2 \left(1 - r_{23}^2\right)} \tag{7.4.15}$$

$$\operatorname{cov}(\hat{\beta}_2, \hat{\beta}_3) = \frac{-r_{23}\sigma^2}{\left(1 - r_{23}^2\right)\sqrt{\sum x_{2i}^2 \sum x_{3i}^2}} \tag{7.4.17}$$

em que r_{23} é o coeficiente de correlação entre X_2 e X_3.

É evidente por meio das Equações (7.4.12) e (7.4.15) que, quando r_{23} tende a 1, isto é, quando a colinearidade aumenta, as variâncias dos dois estimadores aumentam, e, no limite, quando $r_{23} = 1$, elas são infinitas. Torna-se igualmente claro pela Equação (7.4.17) que, quando r_{23} aumenta para 1, a covariância dos dois estimadores também aumenta em valor absoluto. (*Nota*: cov $(\hat{\beta}_2, \hat{\beta}_3) \equiv$ cov $(\hat{\beta}_3, \hat{\beta}_2)$.)

A velocidade com a qual as variâncias e covariâncias aumentam pode ser vista com o **fator de inflação da variância (FIV)**, definido como

$$\text{FIV} = \frac{1}{(1 - r_{23}^2)} \tag{10.5.1}$$

O FIV mostra como a variância de um estimador é *inflada* pela presença da multicolinearidade. Quando r_{23}^2 aproxima-se de 1, o FIV aproxima-se do infinito. Ou seja, quando a colinearidade aumenta, a variância de um estimador aumenta e, no limite, pode tornar-se infinita. Se não houver colinearidade entre X_2 e X_3, o FIV será 1. Usando esta definição, podemos expressar as Equações (7.4.12) e (7.4.15) como

$$\text{var}(\hat{\beta}_2) = \frac{\sigma^2}{\sum x_{2i}^2}\text{FIV} \tag{10.5.2}$$

$$\text{var}(\hat{\beta}_3) = \frac{\sigma^2}{\sum x_{3i}^2}\text{FIV} \tag{10.5.3}$$

que mostra que as variâncias de $\hat{\beta}_2$ e $\hat{\beta}_3$ são diretamente proporcionais ao FIV.

Para ter uma ideia da rapidez com que as variâncias e covariâncias aumentam quando r_{23} aumenta, considere a Tabela 10.1, que dá essas variâncias e covariâncias para valores selecionados de r_{23}. Como mostra a tabela, aumentos em r_{23} têm um efeito notável nas variâncias e covariâncias estimadas dos estimadores de MQO. Quando $r_{23} = 0{,}50$, a var $(\hat{\beta}_2)$ é 1,33 vezes a variância quando r_{23} é zero, mas, quando r_{23} atinge 0,95, ela é cerca de dez vezes mais alta do que quando não há colinearidade. E, de repente, um aumento de r_{23} de 0,95 para 0,995 torna a variância estimada 100 vezes aquela verificada quando a colinearidade é igual a zero. O mesmo efeito marcante é visto na covariância estimada. Tudo isto pode ser visto na Figura 10.2.

Os resultados discutidos podem ser facilmente estendidos ao modelo com k variáveis. Em tal modelo, a variância do k-ésimo coeficiente, como notado na Equação (7.5.6), pode ser expressa como:

$$\text{var}(\hat{\beta}_j) = \frac{\sigma^2}{\sum x_j^2}\left(\frac{1}{1 - R_j^2}\right) \tag{7.5.6}$$

em que $\hat{\beta}_j =$ coeficiente parcial (estimado) de regressão do regressor X_j

$R_j^2 = R^2$ na regressão de X_j sobre as $(k - 2)$ regressores remanescentes (*Nota*: há $[k - 1]$ regressores no modelo de regressão com k variáveis.)

$\sum x_j^2 = \sum(X_j - \bar{X}_j)^2$

Também podemos escrever a Equação (7.5.6) como

$$\text{var}(\hat{\beta}_j) = \frac{\sigma^2}{\sum x_j^2}\text{FIV}_j \tag{10.5.4}$$

Como podemos ver desta expressão, a var $(\hat{\beta}_j)$ é proporcional a σ^2 e FIV, mas inversamente proporcional a $\sum x_j^2$. Assim, var $(\hat{\beta}_j)$ será grande ou pequena de acordo com três elementos: (1) σ^2; (2) FIV; e (3) $\sum x_j^2$. Este último, que se relaciona à Hipótese 8 do modelo clássico, informa que, quanto maior a variabilidade de um regressor, menor a variância de seu coeficiente, supondo que os outros dois elementos sejam constantes e, portanto, maior a precisão com a qual esse coeficiente pode ser estimado.

Antes de prosseguirmos, podemos notar que o inverso de FIV é chamado de **tolerância** (TOL). Ou seja,

$$\text{TOL}_j = \frac{1}{\text{FIV}_j} = (1 - R_j^2) \tag{10.5.5}$$

TABELA 10.1
Efeito de aumentos de r_{23} na var $(\hat{\beta}_2)$ e na cov $(\hat{\beta}_2, \hat{\beta}_3)$

Valor de r_{23} (1)	FIV (2)	var $(\hat{\beta}_2)$ (3)*	$\dfrac{\text{var}(\hat{\beta}_2)(r_{23} \neq 0)}{\text{var}(\hat{\beta}_2)(r_{23} = 0)}$ (4)	cov $(\hat{\beta}_2, \hat{\beta}_3)$ (5)
0,00	1.00	$\dfrac{\sigma^2}{\sum x_{2i}^2} = A$	—	0
0,50	1,33	1,33 × A	1,33	0,67 × B
0,70	1,96	1,96 × A	1,96	1,37 × B
0,80	2,78	2,78 × A	2,78	2,22 × B
0,90	5,76	5,26 × A	5,26	4,73 × B
0,95	10,26	10,26 × A	10,26	9,74 × B
0,97	16,92	16,92 × A	16,92	16,41 × B
0,99	50,25	50,25 × A	50,25	49,75 × B
0,995	100,00	100,00 × A	100,00	99,50 × B
0,999	500,00	500,00 × A	500,00	499,50 × B

Nota: $A = \dfrac{\sigma^2}{\sum x_{2i}^2}$

$B = \dfrac{-\sigma^2}{\sqrt{\sum x_{2i}^2 \sum x_{3i}^2}}$

× = vezes

*Para verificar o efeito do aumento de r_{23} sobre a var $(\hat{\beta}_3)$, note que $A = \sigma^2 / \sum x_{3i}^2$ quando $r_{23} = 0$, mas os fatores de aumento da variância e da covariância permanecem os mesmos.

FIGURA 10.2
Comportamento da var $(\hat{\beta}_2)$ como função de r_{23}.

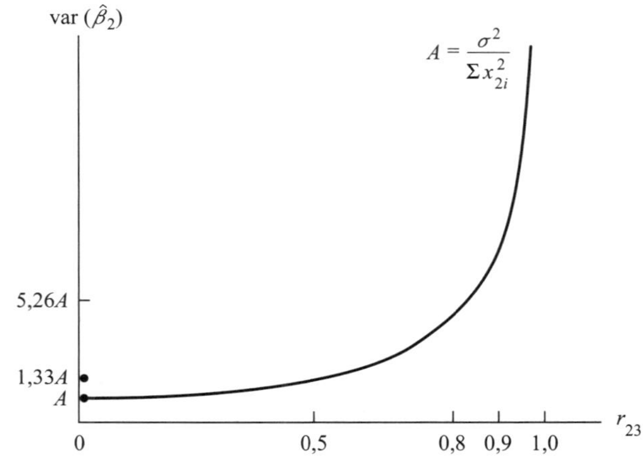

Quando $R_j^2 = 1$ (colinearidade perfeita), $\text{TOL}_j = 0$ e $R_j^2 = 0$ (não há colinearidade nenhuma), TOL_j é 1. Devido à ligação estreita entre FIV e TOL, eles podem ser usados indistintamente.

Intervalos de confiança mais amplos

Dados os erros padrão grandes, os intervalos de confiança dos parâmetros populacionais relevantes tendem a ser maiores, como podemos ver na Tabela 10.2. Por exemplo, quando $r_{23} = 0{,}95$, o intervalo de confiança para β_2 é maior que quando $r_{23} = 0$ por um fator de $\sqrt{10{,}26}$, ou cerca de 3.

Portanto, em casos de alta multicolinearidade, os dados da amostra podem ser compatíveis com um conjunto diverso de hipóteses. A probabilidade de aceitar uma hipótese falsa (erro tipo II) aumenta.

Razões *t* "insignificantes"

Lembre-se: para testar a hipótese nula que, por exemplo, $\beta_2 = 0$, usamos a razão t, isto é, $\hat{\beta}_2/\text{ep}(\hat{\beta}_2)$, e comparamos o valor de t estimado com o valor crítico de t na tabela t. Mas, como vimos, em casos

TABELA 10.2
O efeito da colinearidade crescente no intervalo de confiança de 95% para β_2: $\hat{\beta}_2 \pm 1{,}96$ ep $(\hat{\beta}_2)$

Valor de r_{23}	Intervalo de confiança de 95% para β_2
0,00	$\hat{\beta}_2 \pm 1{,}96\sqrt{\dfrac{\sigma^2}{\sum x_{2i}^2}}$
0,50	$\hat{\beta}_2 \pm 1{,}96\sqrt{(1{,}33)}\sqrt{\dfrac{\sigma^2}{\sum x_{2i}^2}}$
0,95	$\hat{\beta}_2 \pm 1{,}96\sqrt{(10{,}26)}\sqrt{\dfrac{\sigma^2}{\sum x_{2i}^2}}$
0,995	$\hat{\beta}_2 \pm 1{,}96\sqrt{(100)}\sqrt{\dfrac{\sigma^2}{\sum x_{2i}^2}}$
0,999	$\hat{\beta}_2 \pm 1{,}96\sqrt{(500)}\sqrt{\dfrac{\sigma^2}{\sum x_{2i}^2}}$

Nota: estamos usando a distribuição normal, porque supomos, por conveniência, que σ^2 seja conhecida. Daí o uso de 1,96, o fator de confiança de 95% para distribuição normal.

Os erros padrão correspondentes aos diversos valores r_{23} são obtidos na Tabela 10.1.

de alta colinearidade, os erros padrão estimados aumentam acentuadamente, tornando os valores t menores. Em tais casos, aceita-se cada vez mais a hipótese nula de que o verdadeiro valor populacional relevante é zero.[13]

Alto valor de R^2, mas poucas razões t significativas

Considere o modelo de regressão linear com k variáveis:

$$Y_i = \beta_1 + \beta_2 X_{2i} + \beta_3 X_{3i} + \cdots + \beta_k X_{ki} + u_i$$

Em casos de alta colinearidade, é possível constatar, como acabamos de notar, que um ou mais coeficientes angulares parciais são insignificantes individualmente, com base no teste t. Nessas situações, R^2 pode ser tão alto, por exemplo, superior a 0,9, que de acordo com o teste F podemos rejeitar convincentemente a hipótese de que $\beta_2 = \beta_3 = \cdots = \beta_k = 0$. De fato, esse é um dos indícios de multicolinearidade: valores t insignificantes, mas um R^2 geral alto (e um valor F significativo).

Demonstraremos esse sinal na próxima seção, mas tal resultado não deveria ser surpreendente, tendo em vista nossa discussão sobre testes individuais e conjuntos apresentados no Capítulo 8. Como podemos lembrar, o problema real aqui são as covariâncias entre os estimadores, que, como a fórmula (7.4.17) indica, estão relacionadas às correlações entre os regressores.

Sensibilidade dos estimadores de MQO e de seus erros padrão a pequenas alterações nos dados

Contanto que a multilinearidade não seja perfeita, é possível estimar os coeficientes de regressão, mas as estimativas e seus erros padrão tornam-se muito sensíveis até mesmo à menor alteração nos dados.

Para comprovar isso, considere a Tabela 10.3. Com base nesses dados, obtemos a seguinte regressão múltipla:

$$\begin{aligned}\hat{Y}_i &= 1{,}1939 + 0{,}4463X_{2i} + 0{,}0030X_{3i}\\ &\quad\ (0{,}7737)\quad (0{,}1848)\qquad (0{,}0851)\\ t &= (1{,}5431)\quad (2{,}4151)\qquad (0{,}0358)\\ R^2 &= 0{,}8101 \qquad r_{23} = 0{,}5523\\ \operatorname{cov}(\hat{\beta}_2, \hat{\beta}_3) &= -\ 0{,}00868 \qquad \text{gl} = 2\end{aligned} \tag{10.5.6}$$

[13] Em termos de intervalos de confiança, o valor de $\beta_2 = 0$ pertencerá cada vez mais à região de aceitação quando o grau de colinearidade aumentar.

TABELA 10.3 Dados hipotéticos em Y, X_2 e X_3

Y	X_2	X_3
1	2	4
2	0	2
3	4	12
4	6	0
5	8	16

TABELA 10.4 Dados hipotéticos em Y, X_2 e X_3

Y	X_2	X_3
1	2	4
2	0	2
3	4	0
4	6	12
5	8	16

A regressão (10.5.6) mostra que nenhum dos coeficientes de regressão é individualmente significativo aos níveis convencionais de 1% ou 5% de significância, embora $\hat{\beta}_2$ seja significativo ao nível de 10% com base em um teste t unicaudal.

Agora, considere a Tabela 10.4. A única diferença entre as Tabelas 10.3 e 10.4 é que o terceiro e o quarto valores de X_3 foram trocados. Usando os dados da Tabela 10.4, agora obtemos

$$\begin{aligned} \hat{Y}_i &= 1{,}2108 + 0{,}4014X_{2i} + 0{,}0270X_{3i} \\ &\quad (0{,}7480) \quad (0{,}2721) \quad (0{,}1252) \\ t &= (1{,}6187) \quad (1{,}4752) \quad (0{,}2158) \\ &\qquad R^2 = 0{,}8143 \qquad r_{23} = 0{,}8285 \\ &\qquad \text{cov}(\hat{\beta}_2, \hat{\beta}_3) = -0{,}0282 \qquad \text{gl} = 2 \end{aligned} \tag{10.5.7}$$

Como resultado de uma ligeira alteração nos dados, vemos que $\hat{\beta}_2$, que era estatisticamente significativo ao nível de 10% de significância, deixou de sê-lo até em termos de nível. Note ainda que na Equação (10.5.6), a cov $(\hat{\beta}_2, \hat{\beta}_3) = -0{,}00868$ enquanto na Equação (10.5.7) ela é de $-0{,}0282$, mais de três vezes maior. Todas essas alterações podem ser atribuídas a um aumento na multicolinearidade: em (10.5.6), $r_{23} = 0{,}5523$, enquanto em (10.5.7) é 0,8285.

Da mesma forma, os erros padrão de $\hat{\beta}_2$ e $\hat{\beta}_3$ aumentam entre as duas regressões, um sintoma comum de colinearidade.

Observamos anteriormente que, na presença de alta colinearidade, não podemos estimar os coeficientes de regressão individuais com precisão, mas que combinações lineares desses coeficientes podem ser estimadas com maior precisão. Esse fato pode ser validado por meio das regressões (10.5.6) e 10.5.7). Na primeira delas, a soma dos dois coeficientes angulares parciais é 0,4493 e na segunda é 0,4284, praticamente o mesmo. Não só isso, seus erros padrão também são praticamente os mesmos, 0,1550 em um caso e 0,1823 no outro.[14] Note, no entanto, que o coeficiente de X_3 mudou radicalmente, de 0,003 para 0,027.

Consequências da micronumerosidade

Em uma paródia das consequências da multicolinearidade, e com certa ironia, Goldberger cita consequências semelhantes da micronumerosidade, ou seja, análise baseada em uma amostra de tamanho pequeno.[15] O leitor é aconselhado a ler a análise de Goldberger para entender por que ele considera a micronumerosidade importante como multicolinearidade.

[14] Esses erros padrão são obtidos da fórmula

$$\text{ep}(\hat{\beta}_2 + \hat{\beta}_3) = \sqrt{\text{var}(\hat{\beta}_2) + \text{var}(\hat{\beta}_3) + 2\,\text{cov}(\hat{\beta}_2, \hat{\beta}_3)}$$

Note que uma colinearidade crescente aumenta as variâncias de $\hat{\beta}_2$ e $\hat{\beta}_3$, mas essas variâncias podem ser compensadas se houver alta covariância negativa entre as duas, como indicam nossos resultados.

[15] GOLDBERGER, op. cit., p. 248-250.

10.6 Um exemplo ilustrativo

EXEMPLO 10.1
Gastos de consumo em relação à renda e à riqueza

Para ilustrar os vários pontos destacados até aqui, consideremos o exemplo de consumo-renda da introdução. A Tabela 10.5 contém dados hipotéticos sobre consumo, renda e riqueza. Se pressupormos que os gastos de consumo estejam linearmente relacionados à renda e à riqueza, então, da Tabela 10.5, obteremos a seguinte regressão:

$$\begin{aligned} \hat{Y}_i &= 24{,}7747 + 0{,}9415X_{2i} - 0{,}0424X_{3i} \\ &\quad\ (6{,}7525) \quad (0{,}8229) \quad\quad (0{,}0807) \\ t &= \ (3{,}6690) \quad (1{,}1442) \quad\quad (-0{,}5261) \\ R^2 &= 0{,}9635 \qquad \bar{R}^2 = 0{,}9531 \qquad \text{gl} = 7 \end{aligned} \tag{10.6.1}$$

TABELA 10.5
Dados hipotéticos sobre gastos de consumo Y, renda X_2 e riqueza X_3

Y, \$	X_2, \$	X_3, \$
70	80	810
65	100	1009
90	120	1273
95	140	1425
110	160	1633
115	180	1876
120	200	2052
140	220	2201
155	240	2435
150	260	2686

TABELA 10.6
Tabela ANOVA para o exemplo de consumo-renda-riqueza

Fonte de variação	SQ	gl	QM
Devido à regressão	8.565,5541	2	4.282,7770
Devido aos resíduos	324,4459	7	46,3494

A regressão (10.6.1) mostra que renda e riqueza juntas explicam cerca de 96% da variação na despesa de consumo, e nenhum dos coeficientes angulares é, individualmente, estatisticamente significativo. Além disso, a variável riqueza não só é estatisticamente insignificante, mas também tem o sinal errado. *A priori*, pode-se esperar uma relação positiva entre consumo e riqueza. Embora $\hat{\beta}_2$ e $\hat{\beta}_3$ sejam individualmente insignificantes, do ponto de vista estatístico, se testarmos a hipótese de que $\beta_2 = \beta_3 = 0$ simultaneamente, essa hipótese poderá ser rejeitada, como mostra a Tabela 10.6. Sob o pressuposto usual, obtemos

$$F = \frac{4282{,}7770}{46{,}3494} = 92{,}4019 \tag{10.6.2}$$

Esse valor de F, obviamente, é altamente significativo.

É interessante examinar esse resultado geometricamente. (Veja a Figura 10.3). Com base na regressão (10.6.1), estabelecemos intervalos de confiança individuais com 95% de probabilidade para β_2 e β_3, seguindo o procedimento usual discutido no Capítulo 8. Como mostram esses intervalos, cada um deles inclui o valor de zero. *Individualmente*, podemos aceitar a hipótese de que os dois coeficientes angulares parciais são zero. Mas, quando estabelecemos o intervalo de confiança conjunto para testar a hipótese de que $\beta_2 = \beta_3 = 0$, esta não pode ser aceita, já que o intervalo de confiança conjunto, que na realidade é uma elipse, não inclui a origem.[16] Como já ressaltamos, quando a colinearidade é alta, os testes dos regressores individuais não são confiáveis; em tais casos, é o teste F geral que indicará se Y está relacionado aos vários regressores.

(*Continua*)

[16] Como observado na Seção 5.3, o intervalo de confiança conjunto é bastante complicado. O leitor interessado pode consultar a referência citada naquele capítulo.

EXEMPLO 10.1
(Continuação)

Nosso exemplo mostra claramente o que a multicolinearidade faz. O fato de o teste F ser significativo, mas os valores t de X_2 e X_3 serem individualmente insignificantes significa que as duas variáveis estão tão correlacionadas que é impossível identificar o impacto individual da renda ou da riqueza sobre o consumo. Naturalmente, se fizermos a regressão de X_3 contra X_2, obteremos:

$$\begin{aligned} \hat{X}_{3i} &= 7{,}5454 + 10{,}1909X_{2i} \\ &\quad (29{,}4758) \quad (0{,}1643) \\ t &= (0{,}2560) \quad (62{,}0405) \qquad R^2 = 0{,}9979 \end{aligned} \tag{10.6.3}$$

o que mostra que há uma colinearidade quase perfeita entre X_3 e X_2.

Agora, vejamos o que acontece se fizermos a regressão de Y contra X_2 apenas:

$$\begin{aligned} \hat{Y}_i &= 24{,}4545 + 0{,}5091X_{2i} \\ &\quad (6{,}4138) \quad (0{,}0357) \\ t &= (3{,}8128) \quad (14{,}2432) \qquad R^2 = 0{,}9621 \end{aligned} \tag{10.6.4}$$

Na Equação (10.6.1) a variável renda era estatisticamente insignificante, mas agora ela é altamente significativa. Se, em vez de fazer a regressão de Y contra X_2, efetuarmos a regressão contra X_3, obteremos:

$$\begin{aligned} \hat{Y}_i &= 24{,}411 + 0{,}0498X_{3i} \\ &\quad (6{,}874) \quad (0{,}0037) \\ t &= (3{,}551) \quad (13{,}2900) \qquad R^2 = 0{,}9567 \end{aligned} \tag{10.6.5}$$

FIGURA 10.3
Intervalos de confiança individuais para β_2 e β_3 e intervalo de confiança conjunto (elipse) para β_2 e β_3.

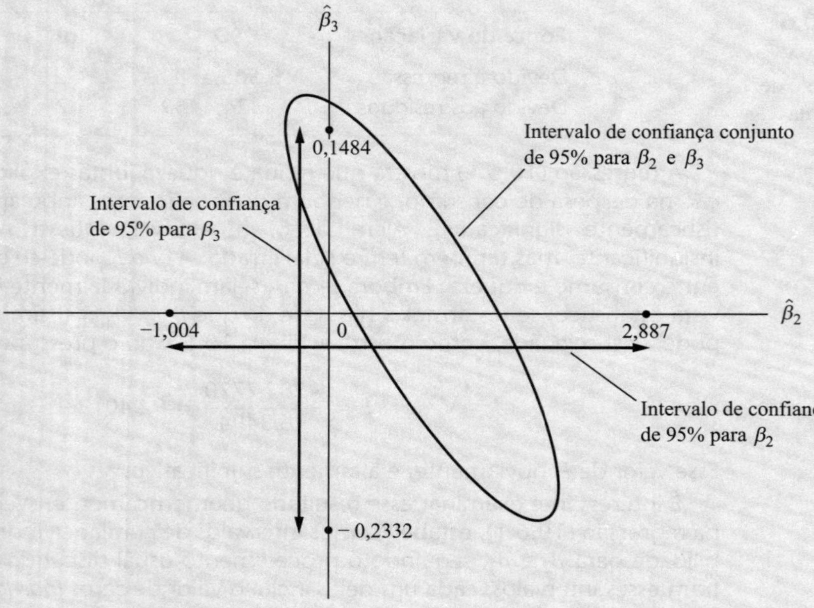

Vemos que a riqueza agora tem um impacto significativo na despesa de consumo, enquanto na Equação (10.6.1) não tinha efeito.

As regressões (10.6.4) e (10.6.5) mostram claramente que, em situações de extrema multicolinearidade, excluir a variável altamente colinear com frequência tornará a outra variável X estatisticamente significativa. Esse resultado sugere que uma forma de escapar da extrema colinearidade é excluir a variável colinear, mas falaremos mais a respeito na Seção 10.8.

EXEMPLO 10.2

Função consumo para os Estados Unidos, 1947-2000

Agora vamos considerar um conjunto concreto de dados sobre gastos reais de consumo (C), renda pessoal real disponível (Yd), riqueza real (W) e taxa de juros real (I) para os Estados Unidos, no período de 1947-2000. Os dados brutos são apresentadados na Tabela 10.7.

TABELA 10.7

Despesa de consumo nos Estados Unidos para o período de 1947-2000

Fonte: veja a Tabela 7.12.

Ano	C	Yd	W	I
1947	976,4	1035,2	5166,815	−10,35094
1948	998,1	1090	5280,757	−4,719804
1949	1025,3	1095,6	5607,351	1,044063
1950	1090,9	1192,7	5759,515	0,407346
1951	1107,1	1227	6086,056	−5,283152
1952	1142,4	1266,8	6243,864	−0,277011
1953	1197,2	1327,5	6355,613	0,561137
1954	1221,9	1344	6797,027	−0,138476
1955	1310,4	1433,8	7172,242	0,261997
1956	1348,8	1502,3	7375,18	−0,736124
1957	1381,8	1539,5	7315,286	−0,260683
1958	1393	1553,7	7869,975	−0,57463
1959	1470,7	1623,8	8188,054	2,295943
1960	1510,8	1664,8	8351,757	1,511181
1961	1541,2	1720	8971,872	1,296432
1962	1617,3	1803,5	9091,545	1,395922
1963	1684	1871,5	9436,097	2,057616
1964	1784,8	2006,9	10003,4	2,026599
1965	1897,6	2131	10562,81	2,111669
1966	2006,1	2244,6	10522,04	2,020251
1967	2066,2	2340,5	11312,07	1,212616
1968	2184,2	2448,2	12145,41	1,054986
1969	2264,8	2524,3	11672,25	1,732154
1970	2317,5	2630	11650,04	1,166228
1971	2405,2	2745,3	12312,92	−0,712241
1972	2550,5	2874,3	13499,92	−0,155737
1973	2675,9	3072,3	13080,96	1,413839
1974	2653,7	3051,9	11868,79	−1,042571
1975	2710,9	3108,5	12634,36	−3,533585
1976	2868,9	3243,5	13456,78	−0,656766
1977	2992,1	3360,7	13786,31	−1,190427
1978	3124,7	3527,5	14450,5	0,113048
1979	3203,2	3628,6	15340	1,70421
1980	3193	3658	15964,95	2,298496
1981	3236	3741,1	15964,99	4,703847
1982	3275,5	3791,7	16312,51	4,449027
1983	3454,3	3906,9	16944,85	4,690972
1984	3640,6	4207,6	17526,75	5,848332
1985	3820,9	4347,8	19068,35	4,330504
1986	3981,2	4486,6	20530,04	3,768031
1987	4113,4	4582,5	21235,69	2,819469
1988	4279,5	4784,1	22331,99	3,287061
1989	4393,7	4906,5	23659,8	4,317956
1990	4474,5	5014,2	23105,13	3,595025

(*Continua*)

EXEMPLO 10.2
(*Continuação*)

TABELA 10.7
(*Continuação*)

Ano	C	Yd	W	I
1991	4466,6	5033	24050,21	1,802757
1992	4594,5	5189,3	24418,2	1,007439
1993	4748,9	5261,3	25092,33	0,62479
1994	4928,1	5397,2	25218,6	2,206002
1995	5075,6	5539,1	27439,73	3,333143
1996	5237,5	5677,7	29448,19	3,083201
1997	5423,9	5854,5	32664,07	3,12
1998	5683,7	6168,6	35587,02	3,583909
1999	5968,4	6320	39591,26	3,245271
2000	6257,8	6539,2	38167,72	3,57597

Usamos o seguinte modelo para análise

$$\ln C_t = \beta_1 + \beta_2 \ln Yd_t + \beta_3 \ln W_t + \beta_4 I_t + u_t \qquad \textbf{(10.6.6)}$$

em que ln representa logaritmo.

Nesse modelo, os coeficientes β_2 e β_3 dão as elasticidades de renda e riqueza, respectivamente (por quê?) e β_4 a semielasticidade (por quê?). Os resultados da regressão (10.6.6) são apresentados na tabela a seguir.

```
Dependent Variable: LOG (C)
Method: Least Squares
Sample: 1947-2000
Included observations: 54
```

	Coefficient	Std. Error	*t*-Statistic	Prob.
C	-0.467711	0.042778	-10.93343	0.0000
LOG (YD)	0.804873	0.017498	45.99836	0.0000
LOG (WEALTH)	0.201270	0.017593	11.44060	0.0000
INTEREST	-0.002689	0.000762	-3.529265	0.0009

R-squared	0.999560	Mean dependent var.	7.826093
Adjusted *R*-squared	0.999533	S.D. dependent var.	0.552368
S.E. of regression	0.011934	Akaike info criterion	-5.947703
Sum squared resid.	0.007121	Schwarz criterion	-5.800371
Log likelihood	164.5880	Hannan-Quinn cariter.	-5.890883
F-statistic	37832.59	Durbin-Watson stat.	1.289219
Prob(*F*-statistic)	0.000000		

Note: LOG stands for natural log.

Os resultados mostram que todos os coeficientes estimados são altamente significativos, do ponto de vista estatístico, pois seus *valores p* são extremamente pequenos. Os coeficientes estimados são interpretados como segue. A elasticidade da renda é $\approx$ 0,80, sugerindo que, mantendo as outras variáveis constantes, se a renda sobe em 1%, os gastos médios de consumo sobem cerca de 0,8%. O coeficiente de riqueza é $\approx$ 0,20, o que significa que, se a riqueza sobe em 1%, o consumo médio sobe apenas 0,2%, novamente mantendo-se as demais variáveis constantes. O coeficiente da variável taxa de juros diz que, quando esta sobe em um ponto percentual, a despesa de consumo cai em 0,26%, *ceteris paribus*.

Todos os regressores têm sinais que atendem às expectativas anteriores, isto é, renda e riqueza têm ambas um impacto positivo no consumo, mas a taxa de juros tem impacto negativo.

(*Continua*)

EXEMPLO 10.2
(Continuação)

Temos de nos preocupar com o problema da multicolinearidade neste caso? Aparentemente não, porque todos os coeficientes têm os sinais certos, cada coeficiente sendo individualmente significativo, do ponto de vista estatístico, e o valor de *F* também é altamente significativo do ponto de vista estatístico, sugerindo que, coletivamente, todas as variáveis têm um impacto significativo na despesa de consumo. O valor R^2 também é bem alto.

Evidentemente, em geral há certo grau de colinearidade entre as variáveis econômicas. Contanto que ele não seja exato, ainda podemos estimar os parâmetros do modelo. Por ora, tudo o que podemos dizer é que, neste exemplo, a colinearidade, se houver, não parece ser tão acentuada. Mas na Seção 10.7 forneceremos testes diagnósticos para detectar a colinearidade e reexaminar a função consumo nos Estados Unidos, a fim de determinar se ela é afetada pelo problema da colinearidade.

10.7 Detecção da multicolinearidade

Tendo estudado a natureza e as consequências da multicolinearidade, a pergunta natural é: como saber se a colinearidade está presente em qualquer situação dada, principalmente em modelos envolvendo mais de duas variáveis explanatórias? Aqui convém relembrar a advertência de Kmenta:

> **1.** A multicolinearidade é uma questão de grau e não de tipo. A distinção significativa não é entre a presença e a ausência de multicolinearidade, mas entre seus vários graus.
>
> **2.** Uma vez que a multicolinearidade refere-se à condição das variáveis explanatórias que se supõe não serem estocásticas, ela é uma característica da amostra, e não da população.
>
> Portanto, não "fazemos testes para multicolinearidade", mas, se quisermos, medimos seu grau em qualquer amostra específica.[16]

Uma vez que a multicolinearidade é essencialmente um fenômeno amostral decorrente de grande quantidade de dados não experimentais coletados basicamente em ciências sociais, não temos um método único para detectá-la ou para medir sua força. O que temos são regras práticas; algumas informais e outras formais, mas, ainda assim regras práticas. Consideremos algumas delas.

1. **R^2 alto, mas poucas razões *t* significativas**. Como notado, este é o sintoma "clássico" da multicolinearidade. Se R^2 for alto, por exemplo, superior a 0,8, o teste *F* na maioria dos casos rejeitará a hipótese de que os coeficientes angulares parciais são simultaneamente iguais a zero, mas os testes *t* individuais mostrarão que nenhum dos coeficientes angulares parciais ou poucos deles são estatisticamente diferentes de zero. Esse fato foi demonstrado claramente por nosso exemplo de consumo-renda-riqueza.

Embora esse diagnóstico seja sensato, sua desvantagem está no fato de ser "forte demais, no sentido de que a multicolinearidade é considerada prejudicial somente quando todas as influências das variáveis explanatórias sobre *Y* não puderem ser distintas".[17]

2. **Altas correlações entre pares de regressores**. Outra regra sugerida é que se o coeficiente de correlação entre dois regressores for alto, por exemplo, maior que 0,8, a multicolinearidade será um problema sério. O problema desse critério é que, embora altas correlações de ordem zero possam sugerir colinearidade, não é necessário que sejam altas para que exista colinearidade em qualquer caso específico. De um modo mais técnico, dizemos que *altas correlações de ordem zero são condição suficiente, mas não necessária, para a existência da multicolinearidade, porque ela pode existir embora as correlações de ordem zero ou simples sejam comparativamente baixas* (por exemplo, menores que 0,50). Para entender essa relação, suponhamos o modelo de quatro variáveis:

$$Y_i = \beta_1 + \beta_2 X_{2i} + \beta_3 X_{3i} + \beta_4 X_{4i} + u_i$$

[16] KMENTA, Jan. *Elements of econometrics*. 2. Ed. Nova York: Macmillan, 1986. p. 431.

[17] Ibid., p. 439.

e imaginemos que

$$X_{4i} = \lambda_2 X_{2i} + \lambda_3 X_{3i}$$

em que λ_2 e λ_3 são constantes, e não ambas iguais a zero. Obviamente, X_4 é uma combinação linear exata de X_2 e X_3, dando $R^2_{4,23} = 1$, o coeficiente de determinação na regressão de X_4, sobre X_2 e X_3.

Considerando a fórmula (7.11.5) do Capítulo 7, podemos escrever

$$R^2_{4,23} = \frac{r^2_{42} + r^2_{43} - 2r_{42}r_{43}r_{23}}{1 - r^2_{23}} \tag{10.7.1}$$

Mas, já que $R^2_{4,23} = 1$ devido à colinearidade perfeita, obtemos

$$1 = \frac{r^2_{42} + r^2_{43} - 2r_{42}r_{43}r_{23}}{1 - r^2_{23}} \tag{10.7.2}$$

Não é difícil entender que a Equação (10.7.2) é satisfeita por $r_{42} = 0{,}5$, $r_{43} = 0{,}5$ e $r_{23} = -0{,}5$, que não são valores muito altos.

Em modelos que envolvam mais de duas variáveis explanatórias, a correlação simples ou de ordem zero não fornecerá uma orientação infalível para a presença de multicolinearidade. Evidentemente, se houver apenas duas variáveis explanatórias, as correlações de ordem zero serão suficientes.

3. **Exame de correlações parciais**. Devido ao problema de contar-se com correlações de ordem zero, Farrar e Glauber sugeriram que se devem examinar os coeficientes de correlação parcial.[18] Assim, na regressão de Y sobre X_2, X_3 e X_4, um resultado em que $r^2_{1,234}$ é muito elevado, mas $r^2_{12,34}$, $r^2_{13,24}$ e $r^2_{14,23}$ são comparativamente baixos, pode sugerir que as variáveis X_2, X_3 e X_4 são estreitamente intercorrelacionadas e que pelo menos uma dessas variáveis é supérflua.

Embora um estudo das correlações parciais possa ser útil, não há garantia de que elas fornecerão uma orientação infalível à multicolinearidade, pois pode acontecer que tanto R^2 quanto as correlações parciais sejam suficientemente altas. Mas o mais importante é que o teste de correlação parcial de Farrar-Glauber, conforme mostrou C. Robert Wichers,[19] é ineficaz, uma vez que uma dada correlação parcial pode ser compatível com diferentes padrões de multicolinearidade. O teste de Farrar-Glauber também foi severamente criticado por T. Krishna Kumar[20] e por John O'Hagan e Brendam McCabe.[21]

4. **Regressões auxiliares**. Uma vez que a multicolinearidade surge, porque um ou mais regressores são combinações lineares aproximadas ou exatas dos outros regressores, uma forma de descobrir qual variável X está relacionada a outras variáveis X é fazer a regressão de cada X_i contra as demais variáveis X e calcular o R^2 correspondente, que designamos como R^2_i; cada uma dessas regressões é chamada **regressão auxiliar**, auxiliar em relação à principal regressão de Y contra os X. Seguindo a relação entre F e R^2 estabelecida na Equação (8.4.11), a variável

$$F_i = \frac{R^2_{x_i \cdot x_2 x_3 \cdots x_k} / (k-2)}{\left(1 - R^2_{x_i \cdot x_2 x_3 \cdots x_k}\right) / (n - k + 1)} \tag{10.7.3}$$

segue a distribuição F com $k - 2$ e $n - k + 1$ graus de liberdade. Na Equação (10.7.3) n representa o tamanho da amostra, k representa o número de variáveis explanatórias que incluem o termo do inter-

[18] FARRAR, D. E.; GLAUBER, R. R. "Multicolinearity in regression analysis: the problem revisited." *Review of Economics and Statistics*, v. 49, p. 92-107.

[19] "The detection of multicolinearity: a comment." *Review of Economics and Statistics*, 1975. v. 57, p. 365-366.

[20] "Multicolinearity in regression analysis." *Review of Economics and Statistics*, 1975. v. 57, p. 366-368.

[21] "Tests for the severity of multicolinearity in regression analysis: a comment." *Review of Economics and Statistics*, 1975. v. 57, p. 368-370.

cepto e $R^2_{x_i,\, x_2x_3\ldots x_k}$ é o coeficiente de determinação na regressão da variável X_i contra as variáveis X remanescentes.[22]

Se o F calculado excede o F_i crítico no nível de significância escolhido, considera-se que o X_i é colinear com os outros X; se não exceder o F_i crítico, diremos que não é colinear aos outros X e, neste caso, mantemos a variável no modelo. Se F_i for estatisticamente significativo, ainda teremos de decidir se o X_i em questão deve ser excluído do modelo. Essa questão será retomada na Seção 10.8.

Mas, este método tem suas desvantagens, pois

> [...] se a multicolinearidade envolve apenas algumas variáveis de modo que as regressões auxiliares não demonstrem multicolinearidade extensa, os coeficientes estimados podem revelar a natureza da dependência linear entre os regressores. Infelizmente, se há várias associações lineares complexas, esse exercício de ajustamento de curvas pode não ter muito valor, pois será difícil identificar as inter-relações isoladas.[23]

Em vez de testar formalmente os valores auxiliares de R^2, podemos adotar a *regra prática de Klein*, que sugere que a multicolinearidade só será um problema complicado se o R^2 obtido de uma regressão auxiliar for maior que o R^2 geral, aquele obtido da regressão de Y contra todos os regressores.[24] Obviamente, como todas as demais regras práticas, esta deve ser usada com critério.

5. **Autovalores e índice condicional**. De EViews e *Stata*, podemos encontrar *autovalores* e o *índice condicional* para diagnosticar a multicolinearidade. Não discutiremos os autovalores aqui, pois nos faria entrar em tópicos de álgebra matricial que estão além do escopo deste livro. Desses autovalores, no entanto, podemos derivar o que é conhecido como o **número condicional *k***, definido como

$$k = \frac{\text{Máximo autovalor}}{\text{Mínimo autovalor}}$$

e o **índice condicional (IC)** definido como

$$\text{IC} = \sqrt{\frac{\text{Máximo autovalor}}{\text{Mínimo autovalor}}} = \sqrt{k}$$

Então temos esta regra prática: se k está entre 100 e 1.000, há multicolinearidade de moderada a forte; e, se for maior que 1.000, haverá multicolinearidade grave. Por outro lado, se o IC $(= \sqrt{k})$ estiver entre 10 e 30, a multicolinearidade será de moderada a forte e, se for maior que 30, será grave.

No exemplo do Apêndice 7A.5, o menor autovalor é 3,786 e o maior é 187,5269, em que $k = 187{,}5269/3{,}786$ ou aproximadamente 49,53. Portanto, IC $= \sqrt{49{,}53} = 7{,}0377$. Tanto k quanto IC sugerem que não temos um problema grave de colinearidade. Note que um autovalor baixo (em relação ao autovalor máximo) em geral indica dependências quase lineares nos dados.

Alguns autores acreditam que o índice condicional é o melhor diagnóstico disponível da multicolinearidade, mas essa opinião não é geral. Para nós, o IC é apenas uma regra, talvez um pouco mais sofisticada. Mas, para maiores detalhes, o leitor pode consultar as referências.[25]

6. **Tolerância e fator de inflação da variância.** Já introduzimos TOL e FIV. Quando R_j^2, o coeficiente de determinação na regressão do regressor X_j contra os regressores remanescentes no modelo, aumenta no sentido da unidade, isto é, quando a colinearidade de X_j com os outros regressores aumenta, FIV também aumenta e, no limite, pode ser infinito.

---

[22] Por exemplo, $R^2_{x_2}$ pode ser obtido efetuando-se a regressão de X_{2i} como se segue: $X_{2i} = a_1 + X_{3i} + a_4X_{4i} + \cdots + a_kX_{ki} + u_i$.

[23] JUDGE, George G.; HILL, R. Carter; GRIFFITHS, William E.; LÜKEPOHL, Helmut; LEE, Tsoung-Chao. *Introduction to the theory and practice of econometrics.* Nova York: John Wiley & Sons, 1982. p. 621.

[24] KLEIN, Lawrence R. *An introduction to econometrics.* Englewood Cliffs, NJ: Prentice-Hall, 1962. p. 101.

[25] Veja especialmente BELSLEY, D. A. KUH, E.; WELSCH, R. E. *Regression diagnostics:* identifying influential data and sources of collinearity. Nova York: John Wiley & Sons, 1980. cap. 3. (Este não é um livro para iniciantes.)

Alguns autores, portanto, usam o FIV como indicador de multicolinearidade. Quanto maior for o valor de FIV_j, mais "problemática" ou colinear será a variável X_j. **Como regra prática**, se o FIV_j de uma variável for maior que 10 (o que acontecerá se R_j^2 for maior que 0,90), essa variável será tida como altamente colinear.[26]

Obviamente, TOL_j poderia ser usado como medida de multicolinearidade tendo em vista a conexão estreita com FIV_j. Quanto mais próximo TOL_j for de zero, maior o grau de colinearidade daquela variável com os outros regressores. Por outro lado, quanto mais próximo TOL_j for de 1, maior a evidência de que X_j não é colinear com os outros regressores.

Há quem critique o FIV (ou tolerância) como medida de colinearidade. Como mostra a Equação (10.5.4), a var $(\hat{\beta}_j)$ depende de três fatores: σ^2, $\sum x_j^2$ e FIV_j. Um FIV alto pode ser compensado por um σ^2 baixo ou um $\sum x_j^2$ alto. Em outras palavras, um FIV alto não é necessário nem suficiente para obter variâncias e erros padrão altos. Portanto, a alta multicolinearidade, medida por um FIV alto, pode não necessariamente causar erros padrão altos. Durante toda essa discussão, os termos *alto* e *baixo* são usados no sentido relativo.

7. **Diagrama de dispersão**. É uma boa prática usar um diagrama de dispersão para verificar como as diversas variáveis estão relacionadas em um modelo de regressão. A Figura 10.4 apresenta o diagrama de dispersão para o exemplo de consumo discutido na seção anterior (Exemplo 10.2). Esse é um diagrama com quatro por quatro campos, porque temos quatro variáveis no modelo, uma variável dependente (C) e as variáveis explanatórias: renda pessoal disponível (Yd), riqueza real (W) e taxa de juros real (I).

Primeiro considere a diagonal principal, indo do canto esquerdo superior para o canto direito inferior. Não há pontos de dispersão nesses campos situados sobre a diagonal principal. Se houvesse, teriam um coeficiente de correlação igual a 1, porque os pontos seriam de uma dada variável contra ela mesma. Os campos fora da diagonal mostram intercorrelações entre as variáveis. Tomemos, por exemplo, o campo da riqueza (W). Ele mostra que a riqueza e a renda estão altamente correlacionadas (o coeficiente de correlação entre as duas é 0,97), mas não perfeitamente. Se fossem perfeitamente correlacionadas (isto é, se tivessem um coeficiente de correlação de 1), não teríamos sido capazes de estimar a regressão (10.6.6), porque teríamos uma relação linear exata entre riqueza e renda. O diagrama de dispersão mostra que a taxa de juros não está altamente correlacionada com as outras três variáveis.

FIGURA 10.4
Diagrama de dispersão para os dados do Exemplo 10.2.

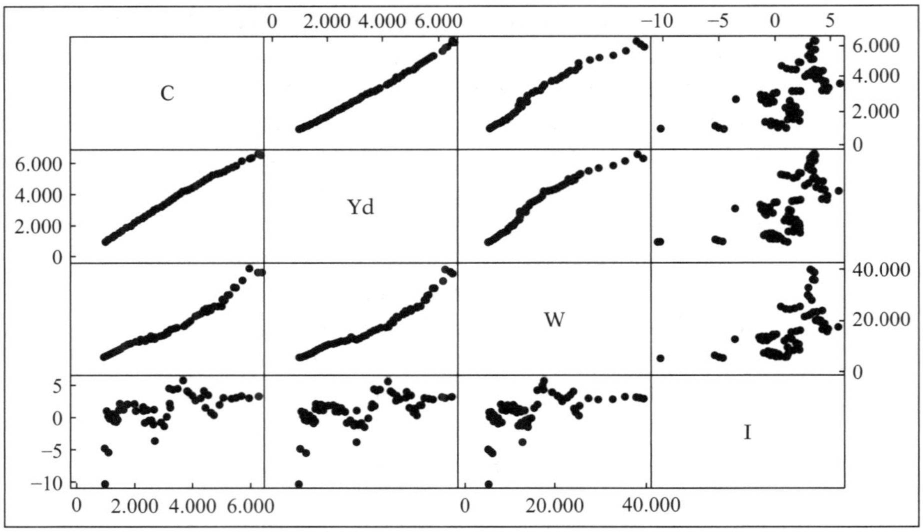

[26] Veja KLEINBAUM, David G.; KUPPER, Lawrence L.; MULLER, Keith E. *Applied regression analysis and other multivariate methods*. 2. Ed. Boston, Mass.: PWS-Kent, 1988. p. 210.

Uma vez que a função do diagrama de dispersão agora é incluída em vários programas de estatística, esse diagnóstico deveria ser considerado com os discutidos anteriormente. Mas lembre-se de que correlações simples entre pares de variáveis podem não ser um indicador definitivo de colinearidade, como indicado anteriormente.

Para concluirmos nossa discussão sobre como detectar a multicolinearidade, ressaltamos que os vários métodos que discutimos têm essencialmente uma natureza de "pescarias", pois não podem dizer qual desses métodos funcionará em determinada aplicação. Aliás, não se pode fazer muito a respeito, pois a multicolinearidade é específica a determinada amostra sobre a qual o pesquisador pode não ter muito controle, principalmente se os dados forem de natureza não experimental — que é a sina dos pesquisadores no campo das ciências sociais.

Novamente, como paródia da multicolinearidade, Goldberger cita inúmeras formas de detectar a micronumerosidade, como desenvolver valores críticos do tamanho da amostra, n^*, de tal modo que a micronumerosidade só será um problema se o tamanho real da amostra, n, for menor que n^*. A paródia de Goldberger tem o objetivo de enfatizar que amostras pequenas e a falta de variabilidade nas variáveis explanatórias podem causar problemas que são, pelo menos, tão sérios quanto aqueles devidos à multicolinearidade.

10.8 Medidas corretivas

O que podemos fazer se a multicolinearidade for grave? Temos duas opções: (1) não fazer nada; ou (2) seguir alguns procedimentos.

Não fazer nada

A escola do "deixa pra lá" é expressa por Blanchard, como se segue:[27]

> Quando estudantes calculam sua primeira regressão dos mínimos quadrados ordinários (MQO), em geral o primeiro problema que encontram é o da multicolinearidade. Muitos deles concluem que há algo errado no MQO; alguns recorrem a técnicas novas e frequentemente criativas de resolver o problema. Mas, dizemos a eles, isso é um erro. A multicolinearidade é da vontade divina (algo foge ao nosso controle) e não um problema com os MQO ou com uma técnica estatística de modo geral.

O que Blanchard está dizendo é que a multicolinearidade é essencialmente um problema de deficiência de dados (de novo, a micronumerosidade) e às vezes não temos escolha sobre os dados disponíveis para análise empírica.

Também não podemos dizer que todos os coeficientes em um modelo de regressão sejam estatisticamente insignificantes. Além disso, mesmo que não possamos estimar um ou mais coeficientes de regressão com maior precisão, uma combinação linear deles (função estimável) pode ser estimada com relativa eficiência. Como vimos na Equação (10.2.3), é possível estimar α de modo único, mesmo que não estimemos seus dois componentes individualmente. Às vezes é o melhor que podemos fazer com um dado conjunto de dados.[28]

Procedimentos

Podemos tentar seguir as regras práticas para resolver o problema da multicolinearidade; o sucesso dependerá da gravidade do problema de colinearidade.

1. **Uma informação *a priori*.** Suponha que o modelo

$$Y_i = \beta_1 + \beta_2 X_{2i} + \beta_3 X_{3i} + u_i$$

[27] BLANCHARD, O. J. "Comment." *Journal of Business and Economics Statistics*, v. 5, p. 449-451, 1967.

[28] Para uma discussão interessante sobre isso, veja CONISK, J. "When collinearity is desirable." *Western Economic Journal*, v. 9, p. 393-407, 1971.

esteja sendo considerado, em que Y = consumo, X_2 = renda e X_3 = riqueza. Como observado anteriormente, as variáveis de renda e riqueza tendem a ser altamente colineares. Mas suponha *a priori* que acreditemos que $\beta_3 = 0{,}10\beta_2$; isto é, a taxa de variação do consumo com relação à riqueza é de um décimo da taxa correspondente com respeito à renda. Podemos, então, efetuar a seguinte regressão:

$$\begin{aligned} Y_i &= \beta_1 + \beta_2 X_{2i} + 0{,}10\,\beta_2 X_{3i} + u_i \\ &= \beta_1 + \beta_2 X_i + u_i \end{aligned}$$

em que $X_i = X_{2i} + 0{,}1X_{3i}$. Após obtermos $\hat{\beta}_2$, podemos estimar $\hat{\beta}_3$ da relação postulada entre β_2 e β_3.

Como obtemos uma informação *a priori*? Ela poderia vir de trabalho empírico feito anteriormente, em que o problema da colinearidade é menos grave, ou da teoria relevante de nossa área de estudo. Por exemplo, na função de produção do tipo Cobb-Douglas (7.9.1), se esperarmos retornos constantes de escala, então $(\beta_2 + \beta_3) = 1$, e nesse caso poderíamos efetuar a regressão (8.6.14), fazendo a regressão da razão produção-trabalho contra a razão capital-trabalho. Se houver colinearidade entre trabalho e capital, como em geral é o caso na maioria dos dados de amostra, tal transformação pode reduzir ou eliminar o problema de colinearidade. Mas cabe uma advertência a respeito de impor essas restrições *a priori*: "[...] uma vez que em geral desejaremos testar as previsões *a priori* da teoria econômica e não apenas as impor a dados para os quais podem não ser verdadeiras".[29] Entretanto, sabemos da Seção 8.6 como testar a validade de tais restrições explicitamente.

2. **Combinando dados de corte transversal e de séries temporais.** Uma variante da técnica de informações externas ou *a priori* é a *combinação de dados*. Suponha que desejemos estudar a demanda por automóveis nos Estados Unidos e pressupomos que tenhamos dados de uma série temporal do número de carros vendidos, do preço médio do carro e da renda do consumidor. Suponha também que

$$\ln Y_t = \beta_1 + \beta_2 \ln P_t + \beta_3 \ln R_t + u_t$$

em que Y = número de carros vendidos, P = preço médio, R = renda e t = tempo. Nosso objetivo é estimar a elasticidade preço, β_2, e a elasticidade renda, β_3.

Em séries temporais, as variáveis preço e renda em geral tendem a ser altamente colineares. Se efetuarmos a regressão anterior, enfrentaremos o problema usual da multicolinearidade. Uma forma de evitarmos isso tem sido sugerida por Tobin.[30] Ele diz que, se temos dados de corte transversal (por exemplo, dados gerados por pesquisa de consumo ou por estudos de orçamentos familiares conduzidos por instituições privadas ou públicas), podemos chegar a uma estimativa bastante confiável da elasticidade renda β_3, porque nesses dados, coletados em um ponto no tempo, os preços não variam muito. Seja $\hat{\beta}_3$ a elasticidade renda estimada por corte transversal. Usando essa estimativa, podemos escrever a regressão de série temporal anterior como

$$Y_t^* = \beta_1 + \beta_2 \ln P_t + u_t$$

em que $Y^* = \ln Y - \hat{\beta}_3 \ln R$, isto é, Y^* representa o valor de Y depois de removermos o efeito renda. Agora podemos obter uma estimativa da elasticidade preço β_2 por meio da regressão anterior.

Embora seja uma técnica interessante, a combinação de dados de séries temporais e de corte transversal que acabamos de sugerir pode criar problemas de interpretação, porque estamos supondo implicitamente que a elasticidade renda estimada por corte transversal seja a mesma que a obtida de uma análise de série temporal pura.[31] Não obstante, a técnica tem sido usada em várias aplicações e merece ser considerada em situações em que as estimativas por corte transversal não variem substancialmente de um corte transversal para outro. Um exemplo dessa técnica é fornecido no Exercício 10.26.

---

[29] STEWART, Mark B.; WALLIS, Kenneth F. *Introductory econometrics*. 2. Ed. Nova York: John Wiley & Sons, A Halstead Press Book, 1981. p. 154.

[30] TOBIN, J. "A statistical demand function for food in the USA." *Journal of the Royal Statistical Society*, Ser. A, 1950. p. 113-114.

[31] Para uma discussão completa e aplicação da técnica da combinação, veja KUH, Edwin. *Capital stock growth*: a micro-econometric approach. Amsterdã: North-Holland Publishing Company, 1963. cap. 5 e 6.

3. **Exclusão de variável(is) e viés de especificação**. Quando nos deparamos com uma multicolinearidade grave, uma das coisas mais "simples" a fazer é excluir uma das variáveis colineares. Assim, em nossa ilustração de consumo-renda-riqueza, quando excluímos a variável riqueza, obtemos a regressão (10.6.4), que mostra que, enquanto no modelo original a variável renda era estatisticamente insignificante, ela agora é "altamente" significativa.

Mas, ao excluirmos uma variável do modelo, podemos cometer um **viés de especificação** ou **erro de especificação**. Este surge de uma especificação incorreta do modelo usado na análise. Se a teoria econômica informa que a renda e a riqueza deveriam, ambas, ser incluídas no modelo que explica gastos de consumo, excluir a variável riqueza constituiria viés de especificação.

Discutiremos o assunto no Capítulo 13, mas já tratamos rapidamente dele na Seção 7.7. Se, por exemplo, o verdadeiro modelo é

$$Y_i = \beta_1 + \beta_2 X_{2i} + \beta_3 X_{3i} + u_i$$

mas ajustamos equivocadamente o modelo

$$Y_i = b_1 + b_{12} X_{2i} + \hat{u}_i \tag{10.8.1}$$

pode-se mostrar que (veja o Apêndice 13A.1)

$$E(b_{12}) = \beta_2 + \beta_3 b_{32} \tag{10.8.2}$$

em que b_{32} = coeficiente angular na regressão de X_3 contra X_2. Portanto, é obvio, da Equação (10.8.2), que b_{12} será uma estimativa viesada de β_2 enquanto b_{32} for diferente de zero (supõe-se que β_3 seja diferente de zero; caso contrário não há sentido em incluir X_3 no modelo original).[32] Evidentemente, se b_{32} for zero, não teremos problema de multicolinearidade. Também fica claro, da Equação (10.8.2), que se b_{32} e β_3 forem positivos (ou ambos forem negativos), $E(b_{12})$ será maior que β_2; daí, em média, b_{12} superestimará β_2, provocando um viés positivo. De modo semelhante, se o produto $b_{32}\beta_3$ for negativo, em média b_{12} subestimará β_2, causando um viés negativo.

Da discussão anterior fica claro que excluir uma variável do modelo para atenuar o problema de multicolinearidade pode levar ao viés de especificação. Logo, em algumas situações o remédio pode ser pior que a doença, porque, enquanto a multicolinearidade pode impedir a estimação exata dos parâmetros do modelo, omitir uma variável pode causar sérios equívocos quanto aos verdadeiros valores dos parâmetros. Lembre-se de que os estimadores de MQO são MELNT apesar da quase colinearidade.

4. **Transformação de variáveis**. Suponha uma série temporal sobre gastos de consumo, renda e riqueza. Uma razão para a alta multicolinearidade entre renda e riqueza em tais dados é que com o tempo ambas as variáveis tendem a mover-se na mesma direção. Uma forma de minimizar essa dependência é proceder da maneira a seguir.

Se a relação

$$Y_t = \beta_1 + \beta_2 X_{2t} + \beta_3 X_{3t} + u_t \tag{10.8.3}$$

for válida no tempo t, ela também o será no tempo $t - 1$, porque a origem do tempo é arbitrária de qualquer maneira. Portanto, temos

$$Y_{t-1} = \beta_1 + \beta_2 X_{2,t-1} + \beta_3 X_{3,t-1} + u_{t-1} \tag{10.8.4}$$

Se subtrairmos a Equação (10.8.4) da Equação (10.8.3), obtemos

$$Y_t - Y_{t-1} = \beta_2 (X_{2t} - X_{2,t-1}) + \beta_3 (X_{3t} - X_{3,t-1}) + v_t \tag{10.8.5}$$

em que $v_t = u_t - u_{t-1}$. A Equação (10.8.5) é conhecida como **forma de primeira diferença**, porque não efetuamos a regressão com as variáveis originais, mas com as diferenças de valores sucessivos das variáveis.

[32] Note, ainda, que se b_{32} não se aproxima de zero quando o tamanho da amostra está aumentando indefinidamente, então b_{12} será não só tendencioso, mas inconsistente.

A regressão de primeira diferença frequentemente reduz a gravidade da multicolinearidade, porque, embora os níveis de X_2 e X_3 possam ser altamente correlacionados, não há, *a priori*, razão para acreditar que suas diferenças também estarão altamente correlacionadas.

Como veremos nos capítulos sobre **econometria de séries temporais**, uma vantagem secundária da transformação de primeira diferença é que ela pode tornar estacionária uma série temporal não estacionária. Nesses capítulos veremos a importância de séries temporais estacionárias. Como observado no Capítulo 1, falando em termos não exatos, uma série temporal, por exemplo, Y_t, é estacionária se sua média e sua variância não mudam sistematicamente ao longo do tempo.

Outra transformação muito usada na prática é a **transformação proporcional**. Considere o modelo:

$$Y_t = \beta_1 + \beta_2 X_{2t} + \beta_3 X_{3t} + u_t \qquad \textbf{(10.8.6)}$$

em que Y é a despesa de consumo em \$, X_2 é o PIB e X_3 é a população total. Uma vez que o PIB e a população crescem ao longo do tempo, é provável que estejam correlacionados. Uma "solução" para esse problema é expressar o modelo em base *per capita*, isto é, dividindo a Equação (10.8.4) por X_3, para obter:

$$\frac{Y_t}{X_{3t}} = \beta_1\left(\frac{1}{X_{3t}}\right) + \beta_2\left(\frac{X_{2t}}{X_{3t}}\right) + \beta_3 + \left(\frac{u_t}{X_{3t}}\right) \qquad \textbf{(10.8.7)}$$

Essa transformação pode reduzir a colinearidade nas variáveis originais.

Mas a transformação de primeira diferença ou a proporcional não estão isentas de problemas. Por exemplo, o termo de erro v_t na Equação (10.8.5) pode não satisfazer uma das hipóteses do modelo clássico de regressão linear, a de que não há correlação serial entre os termos de erro. Como veremos no Capítulo 12, se o termo de erro original u_t não registrar correlação serial, o termo de erro vt obtido anteriormente não estará correlacionado serialmente na maioria dos casos. Portanto, o remédio pode ser pior que a doença. Além disso, há perda de uma observação devido ao procedimento de tomar a diferença, e, portanto, os graus de liberdade são reduzidos em uma unidade. Em uma amostra pequena, este poderia ser um fator que se desejaria pelo menos levar em consideração. Além disso, o procedimento de primeira diferença pode não ser adequado a dados de corte transversal, já que não há um ordenamento lógico das observações.

De modo semelhante, no modelo proporcional (10.8.7), o termo de erro

$$\left(\frac{u_t}{X_{3t}}\right)$$

será heterocedástico se o termo de erro original u_t for homocedástico, como veremos no Capítulo 11. Novamente, o remédio pode piorar a doença (a colinearidade).

Em resumo, deve-se ter cautela em usar o método da primeira diferença ou da transformação proporcional para resolver o problema da multicolinearidade.

5. **Dados adicionais ou novos**. Como a multicolinearidade é um aspecto da amostra, é possível que, em outra amostra envolvendo as mesmas variáveis, a colinearidade possa não ser tão grave quanto na primeira. Às vezes aumentar o tamanho da amostra (se possível) pode atenuar o problema da colinearidade. Por exemplo, no modelo de três variáveis vimos que

$$\text{var}(\hat{\beta}_2) = \frac{\sigma^2}{\sum x_{2i}^2(1 - r_{23}^2)}$$

Agora, quando a amostra aumenta, $\sum x_{2i}^2$ em geral aumentará. (Por quê?) Portanto, para qualquer r_{23} dado, a variância de $\hat{\beta}_2$ diminuirá, diminuindo assim o erro padrão, o que nos permitirá estimar β_2 com mais precisão.

Como ilustração, considere a seguinte regressão de gastos de consumo Y contra renda X_2 e riqueza X_3, com base em 10 observações:[33]

[33] Agradeço ao falecido Albert Zucker por fornecer os resultados dados nas regressões a seguir.

$$\begin{aligned}\hat{Y}_i &= 24{,}377 + 0{,}8716X_{2i} - 0{,}0349X_{3i} \\ t &= (3{,}875) \quad (2{,}7726) \quad (-1{,}1595) \qquad R^2 = 0{,}9682\end{aligned} \tag{10.8.8}$$

O coeficiente de riqueza nessa regressão não só tem o sinal errado, mas é estatisticamente insignificante ao nível de 5%. Quando o tamanho da amostra aumentou para 40 observações (micronumerosidade?), os seguintes resultados foram obtidos:

$$\begin{aligned}\hat{Y}_i &= 2{,}0907 + 0{,}7299X_{2i} + 0{,}0605X_{3i} \\ t &= (0{,}8713) \quad (6{,}0014) \quad (2{,}0014) \qquad R^2 = 0{,}9672\end{aligned} \tag{10.8.9}$$

Agora, o coeficiente de riqueza não só tem o sinal correto, mas é estatisticamente significativo ao nível de 5%.

Nem sempre é fácil obter dados adicionais ou "melhores", pois, como observam Judge et al.:

> Infelizmente, os economistas raramente podem obter dados adicionais sem arcar com altos custos, muito menos podem escolher os valores das variáveis explanatórias que desejam. Além disso, ao acrescentarmos novas variáveis em situações não controladas, devemos ter ciência de que estamos adicionando observações geradas por um processo que não aquele associado aos dados originais; isto é, devemos ter certeza de que a estrutura econômica associada às novas observações é a mesma que a original.[34]

6. **Reduzindo a colinearidade em regressões polinomiais**. Na Seção 7.10 discutimos modelos de regressão polinomial. Um aspecto especial desses modelos é que a variável explanatória aparece com vários expoentes. Na função cúbica de custo total envolvendo a regressão do custo total contra a produção, a produção ao quadrado e a produção ao cubo, como na Equação (7.10.4), os vários termos de produção serão correlacionados, dificultando a estimação precisa dos vários coeficientes angulares.[35] No entanto, na prática tem-se verificado que, se a(s) variável(is) explanatória(s) são expressas na forma de desvios (desvios em relação à média), a multicolinearidade reduz-se substancialmente. Mesmo assim o problema pode persistir,[36] caso em que se pode querer considerar técnicas como os **polinômios ortogonais**.[37]

7. **Outros métodos de remediar a multicolinearidade**. Técnicas estatísticas multivariadas como a **análise de fator** e **componentes principais** ou técnicas como a regressão ridge são empregadas com frequência para "resolver" o problema da multicolinaridade. Infelizmente, estão além do escopo deste livro, pois não podem ser discutidas com competência sem recorrermos à álgebra matricial.[38]

10.9 A multicolinearidade é um mal necessário? Talvez não, se o objetivo for apenas a previsão

Já foi dito que, se o único propósito da análise de regressão for a previsão ou o prognóstico, a multicolinearidade não é um problema grave, porque, quanto mais alto for o R^2, melhor a previsão.[39] Mas isso pode acontecer "[...] enquanto os valores das variáveis explanatórias para as quais se deseja fazer as previsões obedecerem às mesmas dependências lineares quase exatas que a matriz projetada X

[34] JUDGE et al., op. cit., p. 625. Veja também a Seção 10.9.

[35] Como observado, uma vez que a relação entre X, X^2 e X^3 é não linear, as regressões polinomiais não violam a hipótese de ausência de multicolinearidade do modelo clássico, falando em termos estritos.

[36] Veja BRADLEY, R. A.; SRIVASTAVA, S. S. "Correlation and polynomial regression." *American Statistician*, v. 33, p. 11-14, 1979.

[37] Veja DRAPER, Norman; SMITH, Harry. *Applied regression analysis*. 2. Ed. Nova York: John Wiley & Sons, 1981. p. 266-274.

[38] Essas técnicas são abordadas de um ponto de vista aplicado em CHATTERJEE, Samprit; PRICE, Bertram. *Regression analysis by example*. Nova York: John Wiley & Sons, 1977. Cap. 7 e 8. Veja também VINOD, H. D. "A survey of ridge regression and related techniques for improvements over ordinary least squares." *Review of Economics and Statistics*, v. 60, p. 121-131, fev. 1978.

[39] Veja GEARY, R. C. "Some results about relations between stochastic variables: a discussion document." *Review of International Statistical Institute*, v. 31, p. 163-181, 1963.

[de dados] original".[40] Assim, se em uma regressão estimada descobrir-se que $X_2 = 2X_3$ aproximadamente, então em uma amostra futura usada para prever Y, X_2 também deverá ser aproximadamente igual a $2X_3$, uma condição difícil de atender na prática (veja a nota de rodapé 35), caso em que a previsão se tornará cada vez mais incerta.[41] Além disso, se o objetivo da análise não for apenas a previsão, mas também a estimação confiável dos parâmetros, uma multicolinearidade acentuada será um problema, porque vimos que isso leva a erros padrão maiores dos estimadores.

Em uma situação, no entanto, a multicolinearidade pode não impor um problema grave. É o caso quando R^2 for alto e os coeficientes de regressão individualmente significativos, como revelado pelos valores t mais altos. No entanto, os diagnósticos de multicolinearidade, por exemplo, o índice condicional, indicam que há grave colinearidade nos dados. Quando essa situação pode surgir? Como observa Johnston:

> Isto pode ocorrer se os coeficientes individuais forem numericamente bem superiores ao verdadeiro valor, de modo que o efeito ainda aparecerá, apesar dos erros padrão inflados e/ou porque o verdadeiro valor em si é tão grande que mesmo uma estimativa para baixo ainda se mostra significativa.[42]

10.10 Um exemplo ampliado: os dados de Longley

Concluímos este capítulo analisando os dados coletados por Longley.[43] Embora coletados originalmente para avaliar a exatidão computacional das estimativas dos mínimos quadrados em vários programas de computador, os dados de Longley tornaram-se o instrumento para ilustrar vários problemas econométricos, inclusive a multicolinearidade. Os dados são reproduzidos na Tabela 10.8. Eles são séries temporais para os anos de 1947-1962 e referem-se a Y = número de pessoas empregadas, em milhares; X_1 = deflator implícito dos preços no PNB; X_2 = PNB, em milhões de $; X_3 = número de pessoas desempregadas, em milhares; X_4 = número de pessoas nas forças armadas; X_5 = população não institucionalizada com mais de 14 anos de idade; e X_6 = ano, igual a 1 em 1947, 2 em 1948 e 16 em 1962.

TABELA 10.8
Dados de Longley

Fonte: LONGLEY, J. "An appraisal of least-square programs from the point of user." *Journal of the American Statistical Association*, v. 62, p. 819-841,1967

Observação	Y	X_1	X_2	X_3	X_4	X_5	Tempo
1947	60.323	830	234.289	2.356	1.590	107.608	1
1948	61.122	885	259.426	2.235	1.456	108.632	2
1949	60.171	882	258.054	3.682	1.616	109.773	3
1950	61.187	895	284.599	3.351	1.650	110.929	4
1951	63.221	962	328.975	2.099	3.099	112.075	5
1952	63.639	981	346.999	1.932	3.594	113.270	6
1953	64.989	990	365.385	1.870	3.547	115.094	7
1954	63.761	1.000	363.112	3.578	3.350	116.219	8
1955	66.019	1.012	397.469	2.904	3.048	117.388	9
1956	67.857	1.046	419.180	2.822	2.857	118.734	10
1957	68.169	1.084	442.769	2.936	2.798	120.445	11
1958	66.513	1.108	444.546	4.681	2.637	121.950	12
1959	68.655	1.126	482.704	3.813	2.552	123.366	13
1960	69.564	1.142	502.601	3.931	2.514	125.368	14
1961	69.331	1.157	518.173	4.806	2.572	127.852	15
1962	70.551	1.169	554.894	4.007	2.827	130.081	16

[40] JUDGE et al., op. cit., p. 619. Nesta página, o leitor também encontrará a demonstração de por que, apesar da colinearidade, pode-se obter melhores previsões médias se a estrutura de colinearidade existente também continuar nas amostras futuras.

[41] Para uma excelente discussão, veja MALINVAUD, E. *Statistical methods of econometrics*. 2. ed. Amsterdã: North-Holland Publishing Company, 1970. p. 220-221.

[42] JOHNSTON, J. *Econometric methods*. 3. ed. Nova York: McGraw-Hill, 1984. p. 249.

[43] LONGLEY, J. "An appraisal of least-squares programs from the point of the user." *Journal of the American Statistical Association*, 1967. v. 62, p. 819-841.

Suponha que nosso objetivo seja prever *Y* com base nas seis variáveis *X*. Usando EViews6, obtemos os seguintes resultados de regressão:

```
Dependent Variable: Y
Sample: 1947-1962
```

Variable	Coefficient	Std. Error	t-Statistic	Prob.
C	-3482259.	890420.4	-3.910803	0.0036
X_1	15.06187	84.91493	0.177376	0.8631
X_2	-0.035819	0.033491	-1.069516	0.3127
X_3	-2.020230	0.488400	-4.136427	0.0025
X_4	-1.033227	0.214274	-4.821985	0.0009
X_5	-0.051104	0.226073	-0.226051	0.8262
X_6	1829.151	455.4785	4.015890	0.0030

R-squared	0.995479	Mean dependent var.	65317.00
Adjusted R-squared	0.992465	S.D. dependent var.	3511.968
S.E. of regression	304.8541	Akaike info criterion	14.57718
Sum squared resid.	836424.1	Schwarz criterion	14.91519
Log likelihood	-109.6174	F-statistic	330.2853
Durbin-Watson stat.	2.559488	Prob(F-statistic)	0.000000

Um exame rápido desses resultados sugeriria que temos o problema de colinearidade, pois o valor de R^2 é muito alto, mas algumas poucas variáveis são estatisticamente insignificantes (X_1, X_2 e X_5), um sintoma clássico de multicolinearidade. Para melhor entendermos o assunto, mostramos na Tabela 10.9 as intercorrelações entre os seis regressores.

Esta tabela fornece o que é chamado de **matriz de correlação**. As entradas na diagonal principal (aquelas que vão do canto esquerdo superior para o canto direito inferior) mostram a correlação de uma variável com ela mesma, o que é sempre 1, por definição, e as entradas fora da diagonal principal são as correlações entre pares de variáveis *X*. Se você tomar a primeira linha desta tabela, terá a correlação de X_1 com as outras variáveis *X*. Por exemplo, 0,991589 é a correlação entre X_1 e X_2, 0,620633 é a correlação entre X_1 e X_3, e assim por diante.

Como se pode ver, várias dessas correlações são muito altas, sugerindo que pode haver um problema grave de colinearidade. Obviamente, não podemos esquecer a advertência apresentada anteriormente de que essas correlações entre pares de variáveis podem ser uma condição suficiente, mas não necessária, para a existência de multicolinearidade.

Para entendermos a natureza do problema da multicolinearidade, efetuemos as regressões auxiliares, que são as regressão de cada variáveis *X* contra as variáveis *X* remanescentes. Para pouparmos espaço, apresentaremos apenas os valores de R^2 obtidos dessas regressões, apresentados na Tabela 10.10. Uma vez que os valores de R^2 dessas regressões auxiliares são muito altos (com a possível exceção da regressão de X_4) nas variáveis *X* remanescentes, parece que temos um grave problema de colinearidade. A mesma informação é obtida dos fatores de tolerância. Como notamos, quanto mais próximo o fator de tolerância estiver de zero, maior será a evidência de colinearidade.

TABELA 10.9
Intercorrelações

	X_1	X_2	X_3	X_4	X_5	X_6
X_1	1,000000	0,991589	0,620633	0,464744	0,979163	0,991149
X_2	0,991589	1,000000	0,604261	0,446437	0,991090	0,995273
X_3	0,620633	0,604261	1,000000	−0,177421	0,686552	0,668257
X_4	0,464744	0,446437	−0,177421	1,000000	0,364416	0,417245
X_5	0,979163	0,991090	0,686552	0,364416	1,000000	0,993953
X_6	0,991149	0,995273	0,668257	0,417245	0,993953	1,000000

TABELA 10.10

Valores de R^2 das regressões auxiliares

Variável dependente	Valor de R^2	Tolerância (TOL) = 1 − R^2
X_1	0,9926	0,0074
X_2	0,9994	0,0006
X_3	0,9702	0,0298
X_4	0,7213	0,2787
X_5	0,9970	0,0030
X_6	0,9986	0,0014

Aplicando a regra prática de Klein, vemos que os valores de R^2 obtidos das regressões auxiliares excedem o valor do R^2 geral (aquele obtido na regressão de Y contra todas as variáveis X), 0,9954 em 3 de 6 regressões auxiliares, novamente sugerindo que de fato os dados de Longley são afetados pelo problema da multicolinearidade. Por sinal, aplicando o teste F dado na Equação (10.7.3), o leitor deveria verificar se os valores de R^2 dados nas tabelas precedentes são todos significativamente diferentes de zero, do ponto de vista estatístico.

Observamos que os estimadores de MQO e seus erros padrão são sensíveis a pequenas alterações nos dados. No Exercício 10.32 o leitor é solicitado a refazer a regressão de Y contra todas as seis variáveis X, mas excluindo as últimas observações de dados, ou seja, efetuando a regressão para o período de 1947-1961. Você verá como os resultados da regressão mudam ao excluir as observações de apenas um ano.

Agora que constatamos um problema de multicolinearidade, que ações "corretivas" podemos tomar? Vamos reconsiderar nosso modelo original. Antes de mais nada, poderíamos expressar o PNB não em termos nominais, mas em termos reais, o que podemos fazer dividindo o PNB nominal pelo deflator implícito dos preços. Em segundo lugar, uma vez que a população não institucionalizada de mais de 14 anos aumenta ao longo do tempo devido ao crescimento populacional natural, ela estará altamente correlacionada com o tempo, a variável X_6 de nosso modelo. Em vez de mantermos ambas as variáveis, manteremos a variável X_5 e excluiremos X_6. Em terceiro lugar, não há razão contundente para incluir X_3, o número de pessoas desempregadas; talvez a taxa de desemprego tivesse sido uma medida melhor das condições do mercado de trabalho. Mas não temos dados sobre elas. Logo, excluiremos a variável X_3. Efetuando essas alterações, obtemos os seguintes resultados de regressão (PNBR = PNB real).[44]

Dependent Variable: *Y*
Sample: 1947-1962

Variable	Coefficient	Std. Error	*t*-Statistic	Prob.
C	65720.37	10624.81	6.185558	0.0000
RGNP	9.736496	1.791552	5.434671	0.0002
X_4	-0.687966	0.322238	-2.134965	0.0541
X_5	-0.299537	0.141761	-2.112965	0.0562

R-squared	0.981404	Mean dependent var.	65317.00
Adjusted *R*-squared	0.976755	S.D. dependent var.	3511.968
S.E. of regression	535.4492	Akaike info criterion	15.61641
Sum squared resid.	3440470.	Schwarz criterion	15.80955
Log likelihood	-120.9313	*F*-statistic	211.0972
Durbin-Watson stat.	1.654069	Prob(*F*-statistic)	0.000000

[44] O coeficiente de correlação entre X_5 e X_6 é de aproximadamente 0,9939, uma correlação realmente muito alta.

Embora o valor de R^2 tenha declinado ligeiramente em comparação ao R^2 original, ainda é muito alto. Agora, todos os coeficientes estimados são significativos e os sinais dos coeficientes fazem sentido, do ponto de vista econômico.

Deixamos para o leitor a criação de modelos alternativos e ver como os resultados mudam. Lembre-se também da advertência feita sobre o uso do método de transformação proporcional dos dados para atenuar o problema da colinearidade. Retomaremos essa questão no Capítulo 11.

Resumo e conclusões

1. Uma das hipóteses do modelo clássico de regressão linear é que não há multicolinearidade entre as variáveis explanatórias, os X. Interpretada em sentido amplo, a multicolinearidade refere-se à situação em que há uma relação linear exata ou aproximadamente exata entre as variáveis X.
2. As consequências da multicolinearidade são as seguintes: se existe colinearidade perfeita entre os X, seus coeficientes de regressão são indeterminados e seus erros padrão não são definidos; se a colinearidade for alta, mas não perfeita, a estimação dos coeficientes de regressão será possível, mas seus erros padrão tendem a ser grandes. Como resultado, os valores populacionais dos coeficientes não poderão ser estimados com precisão. Entretanto, se o objetivo for estimar combinações lineares desses coeficientes, *as funções estimáveis*, pode-se fazer até mesmo na presença de multicolinearidade perfeita.
3. Embora não haja métodos seguros para detectar a colinearidade, há vários indicadores:
   (*a*) O sinal mais claro de multicolinearidade é quando R^2 é muito alto, mas nenhum dos coeficientes de regressão é estatisticamente significativo com base no teste t convencional. Este é um caso extremo, evidentemente.
   (*b*) Em modelos envolvendo apenas duas variáveis explanatórias, pode-se ter uma ideia boa da colinearidade examinando-se o coeficiente de correlação simples, ou de ordem zero, entre as duas variáveis. Se a correlação for alta, em geral esta é atribuída à multicolinearidade.
   (*c*) Entretanto, os coeficientes de correlação de ordem zero podem ser enganosos em modelos que envolvem mais de duas variáveis X, uma vez que é possível ter correlações baixas de ordem zero e, no entanto, encontrar alta multicolinearidade. Em situações como essas, pode ser preciso examinar os coeficientes de correlação parcial.
   (*d*) Se R^2 é alto, mas as correlações parciais são baixas, a multicolinearidade é uma possibilidade. Nesse caso, uma ou mais variáveis podem ser supérfluas. Mas, se R^2 for alto e as correlações parciais também, a multicolinearidade pode não ser detectável imediatamente. Além disso, como C. Robert Wichers, Krishna Kumar, John O'Hagan e Brendan McCabe ressaltaram, há alguns problemas estatísticos com o teste de correlação parcial sugerido por Farrar e Glauber.
   (*e*) Portanto, pode-se efetuar a regressão de cada uma das variáveis X_i contra as variáveis X remanescentes do modelo e descobrir os coeficientes de determinação correspondentes, R^2_i. Um elevado R^2_i sugere que X_i está estreitamente correlacionado com o restante dos X. Assim, podemos excluir esse X_i do modelo, contanto que ele não leve a um grave viés de especificação.
4. Detectar a multicolinearidade é meio caminho andado. A outra metade diz respeito a como se livrar do problema. Novamente, não há métodos seguros, apenas algumas regras: (1) usar informações externas ou obtidas *a priori*; (2) combinar dados de corte transversal com séries temporais; (3) omitir uma variável altamente colinear; (4) transformar dados; e (5) obter dados adicionais ou novos. Obviamente, qual dessas regras funcionará na prática dependerá da natureza dos dados e da gravidade do problema de colinearidade.
5. Notamos o papel da multicolinearidade na previsão e ressaltamos que, se a estrutura de colinearidade continuar na amostra futura, será arriscado empregar, para fins de previsão, a regressão estimada afetada pela multicolinearidade.
6. Embora a multicolinearidade tenha recebido muita (alguns diriam excessiva) atenção na literatura específica, um problema igualmente importante que ocorre na pesquisa empírica é a micronumerosi-

dade, o pequeno tamanho da amostra. De acordo com Goldberger, "ao ler um artigo de pesquisa que reclama da multicolinearidade, o leitor deveria ver se as reclamações seriam convincentes se o termo "multicolinearidade" fosse substituído por "micronumerosidade".[45] Ele sugere que o leitor decida quanto o n, o número de observações, é pequeno antes de considerar que se trata de um problema de amostra pequena, e que verifique quanto o valor de R^2 é alto em uma regressão auxiliar antes de afirmar que o problema da colinearidade é muito grave.

EXERCÍCIOS

10.1. No modelo de regressão linear com k variáveis, há k equações normais para estimar as k incógnitas. Essas equações normais são dadas no **Apêndice C**. Imagine que X_k seja uma combinação linear perfeita das variáveis X restantes. Como poderíamos mostrar que nesse caso é impossível estimar os coeficientes de regressão k?

TABELA 10.11

Y	X_2	X_3
−10	1	1
−8	2	3
−6	3	5
−4	4	7
−2	5	9
0	6	11
2	7	13
4	8	15
6	9	17
8	10	19
10	11	21

10.2 Considere o conjunto de dados hipotéticos na Tabela 10.11. Suponha que se queira ajustar o modelo

$$Y_i = \beta_1 + \beta_2 X_{2i} + \beta_3 X_{3i} + u_i$$

aos dados.

a. É possível estimar as três incógnitas? Por quê?

b. Em caso negativo, quais funções lineares desses parâmetros, as funções estimáveis, você pode estimar? Mostre os cálculos necessários.

10.3 Retome o exemplo de mortalidade infantil discutido no Capítulo 8 (Exemplo 8.1). O exemplo envolvia a regressão da taxa de mortalidade infantil (CM) contra o PNB *per capita* (PNB*pc*) e a taxa de alfabetização feminina (FLR). Imagine, agora, que seja incluída a variável taxa de fertilidade total (TFR) ao modelo. Isto dá os seguintes resultados de regressão:

Dependent Variable: CM

Variable	Coefficient	Std. Error	*t*-Statistic	Prob.
C	168.3067	32.89165	5.117003	0.0000
PGNP	-0.005511	0.001878	-2.934275	0.0047
FLR	-1.768029	0.248017	-7.128663	0.0000
TFR	12.86864	4.190533	3.070883	0.0032

R-squared	0.747372	Mean dependent var.	141.5000
Adjusted *R*-squared	0.734740	S.D. dependent var.	75.97807
S.E. of regression	39.13127	Akaike info criterion	10.23218
Sum squared resid.	91875.38	Schwarz criterion	10.36711
Log likelihood	-323.4298	*F*-statistic	59.16767
Durbin-Watson stat.	2.170318	Prob(*F*-statistic)	0.000000

[45] GOLDBERGER, op. cit., p. 250.

a. Compare esses resultados com os da Equação (8.1.4). Que mudanças você vê? E como as explica?

b. Vale a pena adicionar a variável TFR ao modelo? Por quê?

c. Uma vez que todos os coeficientes individuais *t* são estatisticamente significativos, podemos dizer que não temos um problema de colinearidade neste caso?

10.4. Se a relação $\lambda_1 X_{1i} + \lambda_2 X_{2i} + \lambda_3 X_{3i} = 0$ for verdadeira para todos os valores de λ_1, λ_2 e λ_3, estime $r_{12,3}$, $r_{13,2}$ e $r_{23,1}$. Obtenha, também, $R^2_{1,23}$, $R^2_{2,13}$ e $R^2_{3,12}$. Qual o grau de multicolinearidade nesta situação? *Nota:* $R^2_{1,23}$ é o coeficiente de determinação na regressão de Y contra X_2 e X_3. Outros valores de R^2 devem ser interpretados de modo semelhante.

10.5. Considere o seguinte modelo:

$$Y_t = \beta_1 + \beta_2 X_t + \beta_3 X_{t-1} + \beta_4 X_{t-2} + \beta_5 X_{t-3} + \beta_6 X_{t-4} + u_t$$

em que Y = consumo, X = renda e t = tempo. O modelo anterior postula que a despesa de consumo no tempo t é uma função não só da renda no tempo t, mas também da renda através dos períodos anteriores. Assim, a despesa de consumo no primeiro trimestre de 2000 é uma função da renda naquele trimestre e no quarto trimestre de 1999. Tais modelos são chamados de **modelos com defasagens distribuídas** e serão examinados em um dos próximos capítulos.

a. Você esperaria multicolinearidade em tais modelos e por quê?

b. Se a colinearidade é esperada, como você resolveria o problema?

10.6. Considere o exemplo da Seção 10.6 (Exemplo 10.1). Como conciliaria a diferença na propensão marginal ao consumo obtida das Equações (10.6.1) e (10.6.4)?

10.7. Nos dados envolvendo séries temporais econômicas como PNB, oferta de moeda, preços, renda, desemprego etc., em geral suspeita-se de multicolinearidade. Por quê?

10.8. Suponha o modelo

$$Y_i = \beta_1 + \beta_2 X_{2i} + \beta_3 X_{3i} + u_i$$

em que r_{23}, o coeficiente de correlação entre X_2 e X_3, seja zero. Portanto, alguém sugere que você faça as seguintes regressões:

$$Y_i = \alpha_1 + \alpha_2 X_{2i} + u_{1i}$$

$$Y_i = \gamma_1 + \gamma_3 X_{3i} + u_{2i}$$

a. $\hat{\alpha}_2 = \hat{\beta}_2$ e $\hat{\gamma}_3 = \hat{\beta}_3$? Por quê?

b. $\hat{\beta}_2$ será igual a $\hat{\alpha}_1$ ou a $\hat{\gamma}_1$ ou a alguma combinação deles?

c. A var $(\hat{\beta}_2)$ = var $(\hat{\alpha}_2)$ e a var $(\hat{\beta}_3)$ = var $(\hat{\gamma}_3)$?

10.9. Retome o exemplo do Capítulo 7 em que ajustamos a função de produção Cobb-Douglas ao setor de manufatura de todos os 50 Estados e o Distrito de Colúmbia para 2005. Os resultados da regressão da Equação (7.9.4) mostram que tanto os coeficientes do trabalho quanto do capital são, individualmente, significativos do ponto de vista estatístico.

a. Descubra se as variáveis do trabalho e do capital estão altamente correlacionadas.

b. Se a sua resposta a (*a*) for afirmativa, você excluiria a variável trabalho, do modelo e faria a regressão da variável produção apenas contra a variável capital?

c. Se você fizer isso, que tipo de viés de especificação será cometido? Descubra a natureza desse viés.

10.10. Retome o Exemplo 7.4. Para este problema, a matriz de correlação é a seguinte:

	X_i	X_i^2	X_i^3
X_i	1	0,9742	0,9284
X_i^2		1,0	0,9872
X_i^3			1,0

a. "Uma vez que as correlações de ordem zero são muito altas, deve haver multicolinearidade grave." Comente.

b. Você excluiria as variáveis X_i^2 e X_i^3 do modelo?

c. Se as excluir, o que acontecerá com o valor do coeficiente de X_i?

10.11. *Regressão por etapas* (*stepwise*). Ao decidir qual é o "melhor" conjunto de variáveis explanatórias para um modelo de regressão, os pesquisadores seguem frequentemente o método de regressão por etapas. Nesse modelo, as variáveis X são introduzidas uma por vez (*stepwise forward regression*) ou todas as variáveis X possíveis são incluídas em uma regressão múltipla e, em seguida, rejeitadas uma a uma (*stepwise backward regression*). A decisão de acrescentar ou excluir uma variável em geral é tomada com base na contribuição daquela variável à soma dos quadrados explicados, de acordo com o teste F. De acordo com seus conhecimentos sobre multicolinearidade, você recomendaria esse procedimento? Justifique sua resposta.*

10.12. Informe, justificando, se as seguintes afirmações são verdadeiras, falsas ou incertas:

a. Apesar da multicolinearidade perfeita, os estimadores de MQO são os melhores estimadores lineares não viesados.

b. Em casos de alta multicolinearidade, não é possível avaliar o significado individual de um ou mais coeficientes parciais de regressão.

c. Se uma regressão auxiliar mostra que determinado R_i^2 é alto, há evidências incontestáveis de elevada colinearidade.

d. As altas correlações de pares de variáveis não sugere que haja multicolinearidade.

e. A multicolinearidade é inofensiva se o objetivo da análise for apenas de previsão.

f. *Ceteris paribus*, quanto mais alto for o FIV, maior a variância dos estimadores de MQO.

g. A tolerância (TOL) é uma medida melhor de multicolinearidade que o FIV.

h. Não obteremos um valor alto de R^2 em uma regressão múltipla se todos os coeficientes angulares parciais forem *individualmente* insignificantes, do ponto de vista estatístico, com base no teste t usual.

i. Na regressão de Y contra X_2 e X_3, suponha que haja pouca variabilidade nos valores de X_3. Isso aumentaria a var $(\hat{\beta}_3)$. No extremo, se todos os X_3 forem idênticos, a var $(\hat{\beta}_3)$ será infinita.

10.13 *a.* Mostre que se $r_{1i} = 0$ para todo $i = 2, 3, \ldots, k$ então

$$R_{1,23..k} = 0$$

b. Qual a importância desse achado para a regressão da variável X_1 $(= Y)$ contra $X_2, X_3, ..., X_k$?

10.14. Suponha que todos os coeficientes de correlação de ordem zero de $X_1 (= Y), X_2, ..., X_k$ sejam iguais a r.

a. Qual o valor de $R^2_{1,2,3\ldots k}$?

b. Quais os valores dos coeficientes de correlação de primeira ordem?

** 10.15. Na notação matricial pode-se mostrar (veja o **Apêndice C**) que

$$\hat{\boldsymbol{\beta}} = (\mathbf{X'X})^{-1}\mathbf{X'y}$$

a. O que acontece com $\hat{\boldsymbol{\beta}}$ quando há colinearidade perfeita entre os X?

b. Como podemos saber se existe colinearidade perfeita?

** 10.16. Usando a notação matricial, podemos mostrar

$$\text{var-cov}\,(\hat{\boldsymbol{\beta}}) = \sigma^2(\mathbf{X'X})^{-1}$$

O que acontece a essa matriz var-cov:

a. Quando há multicolinearidade perfeita?

b. Quando a colinearidade é alta, mas não perfeita?

---

* Verifique se seu raciocínio está de acordo com o de GOLDBERGER, Arthur S.; JOCHEMS, D. B. "Note on stepwise least-squares." *Journal of the American Statistical Association*, mar. 1961. v. 56, p. 105-110.

** Opcional.

*10.17. Considere a seguinte **matriz de correlação**:

$$\mathbf{R} = \begin{array}{c} \\ X_2 \\ X_3 \\ \\ X_k \end{array} \begin{array}{c} \begin{array}{cccc} X_2 & X_3 & \cdots & X_k \end{array} \\ \begin{bmatrix} 1 & r_{23} & \cdots & r_{2k} \\ r_{32} & 1 & \cdots & r_{3k} \\ \cdots & \cdots & \cdots & \\ r_{k2} & r_{k3} & \cdots & 1 \end{bmatrix} \end{array}$$

Com base nessa matriz, como você verificaria se: (*a*) há colinearidade perfeita; (*b*) há colinearidade menos que perfeita; e (*c*) os *X* não são correlacionados.

Dica: Pode-se usar |**R**| para responder a essas questões, em que |**R**| denota o determinante de **R**.

*10.18. *Variáveis explanatórias ortogonais*. Suponha no modelo

$$Y_i = \beta_1 + \beta_2 X_{2i} + \beta_3 X_{3i} + \cdots + \beta_k X_{ki} + u_i$$

que X_2 a X_k sejam todos não correlacionados. Tais variáveis são chamadas **variáveis ortogonais**. Se esse for o caso:

a. Qual a estrutura da matriz ($\mathbf{X}'\mathbf{X}$)?

b. Como poderíamos obter $\hat{\boldsymbol{\beta}} = (\mathbf{X}'\mathbf{X})^{-1}\mathbf{X}'\mathbf{y}$?

c. Qual a natureza da matriz de variância-covariância de $\hat{\boldsymbol{\beta}}$?

d. Suponha que você tenha efetuado a regressão e depois queira introduzir outra variável ortogonal, por exemplo, X_{k+1} no modelo. Você tem de recalcular todos os coeficientes anteriores de $\hat{\beta}_1$ a $\hat{\beta}_k$? Por quê?

10.19. Considere o modelo a seguir:

$$\text{PNB}_t = \beta_1 + \beta_2 \text{M}_t + \beta_3 \text{M}_{t-1} + \beta_4(\text{M}_t - \text{M}_{t-1}) + u_t$$

em que PNB_t = PNB no período *t*, M_t = oferta de moeda no período *t*, M_{t-1} = oferta de moeda no período $(t - 1)$ e $(\text{M}_t - \text{M}_{t-1})$ = variação na oferta de moeda entre os períodos *t* e $(t - 1)$. Este modelo postula que o nível de PNB no período *t* é uma função da oferta de moeda nos períodos *t* e $(t - 1)$, bem como da variação da oferta de moeda entre esses períodos.

a. Supondo que tenhamos os dados para estimar o modelo anterior, conseguiríamos estimar todos os coeficientes desse modelo? Por quê?

b. Em caso negativo, que coeficientes podem ser estimados?

c. Suponha que os termos $\beta_3\text{M}_{t-1}$ estivessem ausentes do modelo. Sua resposta para (*a*) seria a mesma?

d. Repita (*c*), supondo que os termos $\beta_2\text{M}_t$ estivessem ausentes do modelo.

10.20. Mostre que as Equações (7.4.7) e (7.4.8) também podem ser expressas como

$$\hat{\beta}_2 = \frac{\left(\sum y_i x_{2i}\right)\left(\sum x_{3i}^2\right) - \left(\sum y_i x_{3i}\right)\left(\sum x_{2i}x_{3i}\right)}{\left(\sum x_{2i}^2\right)\left(\sum x_{3i}^2\right)\left(1 - r_{23}^2\right)}$$

$$\hat{\beta}_3 = \frac{\left(\sum y_i x_{3i}\right)\left(\sum x_{2i}^2\right) - \left(\sum y_i x_{2i}\right)\left(\sum x_{2i}x_{3i}\right)}{\left(\sum x_{2i}^2\right)\left(\sum x_{3i}^2\right)\left(1 - r_{23}^2\right)}$$

em que r_{23} é o coeficiente de correlação entre X_2 e X_3.

10.21. Usando as Equações (7.4.12) e (7.4.15), mostre que, quando há colinearidade perfeita, as variâncias de $\hat{\beta}_2$ e $\hat{\beta}_3$ são infinitas.

10.22. Verifique se os erros padrão das somas desses coeficientes angulares estimados das Equações (10.5.6) e (10.5.7) são, respectivamente, 0,1549 e 0,1825. (Veja a Seção 10.5.)

10.23. Para o modelo de regressão com *k* variáveis, pode-se mostrar que a variância do *k*-ésimo coeficiente de regressão parcial ($k = 2, 3, \ldots, K$) dado em (7.5.6) também pode ser expresso como[†]

---

[*] Opcional.

† Esta fórmula é dada por STONE, R. "The analysis of market demand." *Journal of the Royal Statistical Society*, vl. B7, p. 297, 1945. Lembre-se também da Equação (7.5.6). Para aprofundar a discussão, veja KENNEDY, Peter. *A guide to econometrics*. 2. ed. Cambridge, Mass.: The MIT Press, 1985. p. 156.

$$\text{var}(\hat{\beta}_k) = \frac{1}{n-k}\frac{\sigma_y^2}{\sigma_k^2}\left(\frac{1-R^2}{1-R_k^2}\right)$$

em que σ_y^2 = variância de Y, σ_k^2 = variância da k-ésima variável explanatória, $R_k^2 = R^2$ do regressor de X_k contra as variáveis X remanescentes, e R^2 = coeficiente de determinação da regressão múltipla, ou seja, a regressão de Y em todas as variáveis X.

Tudo o mais permanecendo constante, se σ_k^2 aumenta, o que acontece com a variância de $\hat{\beta}_k$? Quais as implicações em termos do problema da multicolinearidade?

b. O que acontece com a fórmula anterior quando a colinearidade é perfeita?

c. Verdadeiro ou falso: "A variância de $\hat{\beta}_k$ diminui quando R^2 aumenta, de modo que o efeito de um R_k^2 alto pode ser compensado por um R^2 alto"?

10.24. Dos dados anuais para o setor de manufatura dos Estados Unidos para 1899–1922, Dougherty obteve os seguintes resultados de regressão:*

$$\begin{aligned}\widehat{\log Y} &= 2{,}81 - 0{,}53 \log K + 0{,}91 \log L + 0{,}047t \\ \text{ep} &= (1{,}38) \quad (0{,}34) \qquad (0{,}14) \qquad (0{,}021) \\ & \qquad R^2 = 0{,}97 \qquad F = 189{,}8\end{aligned} \tag{1}$$

em que Y = índice da produção real, K = índice do uso de capital real, L = índice de uso real de mão de obra, t = tempo ou tendência.

Usando os mesmos dados, ele também obteve a seguinte regressão:

$$\begin{aligned}\widehat{\log(Y/L)} &= -0{,}11 + 0{,}11 \log(K/L) + 0{,}006t \\ \text{ep} &= (0{,}03) \quad (0{,}15) \qquad (0{,}006) \\ & \qquad R^2 = 0{,}65 \qquad F = 19{,}5\end{aligned} \tag{2}$$

a. Há muticolinearidade na regressão (1)? Como podemos saber?

b. Na regressão (1), o que é o sinal *a priori* de log K? Os resultados correspondem a essa expectativa? Por quê?

c. Como justificaríamos a forma funcional de regressão (1)? (*Dica:* função de produção Cobb-Douglas.)

d. Interprete a regressão (1). Qual o papel da variável de tendência nesta regressão?

e. Qual a lógica que está por trás da regressão (2)?

f. Se havia multicolinearidade na regressão (1), ela foi reduzida na regressão (2)? Como sabemos?

g. Se a regressão (2) é uma versão restrita da regressão (1), qual é a restrição imposta pelo autor? (*Dica:* retornos de escala.) Como poderíamos saber se essa restrição é válida? Que teste usamos? Mostre todos os cálculos.

h. Os valores de R^2 das duas regressões são comparáveis? Por quê? Como poderíamos torná-los comparáveis?

10.25. Avalie criticamente as seguintes afirmações:

a. "De fato, a multicolinearidade não é um erro de modelagem. É uma condição de dados deficientes.[†]

b. "Se não for viável obter mais dados, então deve-se aceitar o fato de que os dados que se tem contêm uma quantidade limitada de informações e devem simplificar o modelo de acordo. Tentar estimar modelos que sejam complicados demais é um dos erros mais comuns entre econometristas inexperientes."[‡]

---

* DOUGHERTY, Christopher. *Introduction to econometrics.* Nova York: Oxford University Press, 1992. p. 159-160.

† CHATTERJEE, Samprit; HADI, Ali S.; PRICE, Bertram. *Regression analysis by example.* 3. ed. Nova York: John Wiley & Sons, 2000. p. 226.

‡ DAVIDSON, Russel; MACKINNON, James G. *Estimation and inference in econometrics.* Nova York: Oxford University Press, 1993. p. 186.

c. "É comum os pesquisadores afirmarem que a multicolinearidade está presente sempre que os sinais esperados não aparecerem nos resultados da regressão, quando as variáveis que eles sabem, *a priori*, que são importantes têm valores *t* insignificantes ou quando vários resultados de regressão são substancialmente alterados sempre que uma variável explanatória é suprimida. Infelizmente, nenhuma dessas situações é necessária ou suficiente para a existência de colinearidade e, além disso, nenhuma prevê sugestões úteis quanto ao tipo de informações adicionais que podem ser necessárias para resolver o problema de estimação que apresentam."*

d. "[...] qualquer regressão de séries temporais que contenha mais de quatro variáveis independentes resulta em lixo."†

Exercícios aplicados

10.26. Klein e Goldberger tentaram ajustar o seguinte modelo de regressão para a economia dos Estados Unidos:

$$Y_i = \beta_1 + \beta_2 X_{2i} + \beta_3 X_{3i} + \beta_4 X_{4i} + u_i$$

em que Y = consumo, X_2 = renda salarial, X_3 = renda não agrícola, excluídos os salários, e X_4 = renda agrícola. Mas desde que se espera que X_2, X_3 e X_4 sejam altamente colineares, eles obtiveram estimativas de β_3 e β_4 com base nos dados de corte transversal, como se segue:

TABELA 10.12

Fonte: KLEIN, L. R.; Goldberger, A. S. *An economic model in the United States*, 1929-1952. Amsterdã: North Holland Publishing Company, 1964. p. 131.

Ano	Y	X_2	X_3	X_4	Ano	Y	X_2	X_3	X_4
1936	62,8	43,41	17,10	3,96	1946	95,7	76,73	28,26	9,76
1937	65,0	46,44	18,65	5,48	1947	98,3	75,91	27,91	9,31
1938	63,9	44,35	17,09	4,37	1948	100,3	77,62	32,30	9,85
1939	67,5	47,82	19,28	4,51	1949	103,2	78,01	31,39	7,21
1940	71,3	51,02	23,24	4,88	1950	108,9	83,57	35,61	7,39
1941	76,6	58,71	28,11	6,37	1951	108,5	90,59	37,58	7,98
1945*	86,3	87,69	30,29	8,96	1952	111,4	95,47	35,17	7,42

* Os dados para o período de guerra 1942-1944 estão faltando; os relativos aos outros anos são em bilhões de dólares de 1939.

$\beta_3 = 0{,}75\beta_2$ e $\beta_4 = 0{,}625\beta_2$. Usando essas estimativas, eles reformularam sua função de consumo da seguinte forma:

$$Y_i = \beta_1 + \beta_2(X_{2i} + 0{,}75X_{3i} + 0{,}625X_{4i}) + u_i = \beta_1 + \beta_2 Z_i +$$

em que $Z_i = X_{2i} + 0{,}75X_{3i} + 0{,}625X_{4i}$.

a. Adapte o modelo modificado para os dados da Tabela 10.12 e obtenha estimativas de β_1 para β_4.

b. Como você interpreta a variável Z?

10.27. A Tabela 10.13 apresenta dados sobre as importações, PIB, e Índice de Preços ao Consumidor (IPC) para os Estados Unidos durante o período 1975-2005. Pede-se para considerar o seguinte modelo:

$$\ln \text{Importações}_t = \beta_1 + \beta_2 \ln \text{PIB}_t + \beta_3 \ln \text{IPC}_t + u_t$$

a. Estime os parâmetros do modelo utilizando os dados apresentados na tabela.

b. Você acredita que há multicolinearidade nos dados?

c. Faça a regressão: (1) $\ln \text{Importações}_t = A_1 + A_2 \ln \text{PIB}$

(2) $\ln \text{Importações}_t = B_1 + B_2 \ln \text{IPC}_t$

(3) $\ln \text{PIB}_t = C_1 + C_2 \ln \text{IPC}_t$

* Esta citação é atribuída ao econometrista, Zvi Griliches. O trecho foi retirado de BERNDT, Ernst. *The practice of econometrics: classic and contemporary*. Reading, Mass.: Addison Wesley, 1991. p. 224.

† GRENBERG, D. H.; KOSTERS, M. *Income guarantees and the working poor*. Rand Corporation, R-579-OEO, dez. 1970.

TABELA 10.13

Estados Unidos – Importações, PIB e IPC, 1975-2005 (para todos os consumidores urbanos; 1982-1984 = 100, exceto quando informado o contrário)

Fonte: *Department of Labor, Bureau of Labor Statistics.*

Ano	IPC	PIB	Importações	Ano	IPC	PIB	Importações
1975	53,8	1.638,3	98185	1991	136,2	5.995,9	491020
1976	56,9	1.825,3	124228	1992	140,3	6.337,7	536528
1977	60,6	2.030,9	151907	1993	144,5	6.657,4	589394
1978	65,2	2.294,7	176002	1994	148,2	7.072,2	668690
1979	72,6	2.563,3	212007	1995	152,4	7.397,7	749374
1980	82,4	2.789,5	249750	1996	156,9	7.816,9	803113
1981	90,9	3.128,4	265067	1997	160,5	8.304,3	876470
1982	96,5	3.225,0	247642	1998	163,0	8.747,0	917103
1983	99,6	3.536,7	268901	1999	166,6	9.268,4	1029980
1984	103,9	3.933,2	332418	2000	172,2	9.817,0	1224408
1985	107,6	4.220,3	338088	2001	177,1	10.128,0	1145900
1986	109,6	4.462,8	368425	2002	179,9	10.469,6	1164720
1987	113,6	4.739,5	409765	2003	184,0	10.960,8	1260717
1988	118,3	5.103,8	447189	2004	188,9	11.712,5	1472926
1989	124,0	5.484,4	477665	2005	195,3	12.455,8	1677371
1990	130,7	5.803,1	498438				

Com base nessas regressões, o que se pode dizer sobre a natureza da multicolinearidade nos dados?

d. Suponha que haja multicolinearidade nos dados, mas $\hat{\beta}_2$ e $\hat{\beta}_3$ sejam individualmente significativos no nível de 5% e que o teste F geral também seja significativo. Nesse caso, deveríamos ficar preocupados com o problema da colinearidade?

10.28. Retome o Exercício 7.19 sobre a função demanda de frango nos Estados Unidos.

a. Usando o modelo log linear, ou o log-log, estime as várias regressões auxiliares. Quantas são?

b. Dessas regressões auxiliares, como você decide quais regressores são altamente colineares? Qual teste podemos usar? Mostre os detalhes do cálculo.

c. Se há colinearidade significativa nos dados, quais variáveis podem ser excluídas para reduzir a gravidade do problema da colinearidade? Se você fizer isso, que problemas econométricos enfrentará?

d. Você tem sugestões, além de excluir variáveis, para atenuar o problema da colinearidade? Explique.

10.29. A Tabela 10.14 apresenta dados sobre novos veículos de passageiros vendidos nos Estados Unidos como função de diversas variáveis.

a. Desenvolva um modelo linear ou log linear adequado para estimar uma função de demanda para automóveis nos Estados Unidos.

b. Se decidir incluir todos os regressores apresentados na tabela como variáveis explanatórias, como você espera enfrentar o problema da multicolinearidade? Por quê?

c. Se espera enfrentar o problema da multicolinearidade, como pretende resolvê-lo? Formule suas hipóteses com clareza e mostre todos os cálculos explicitamente.

10.30. Para avaliar a viabilidade de um salário anual garantido (imposto de renda negativo), a Rand Corporation conduziu um estudo a fim de medir a resposta da oferta de trabalho (média de horas trabalhadas) a salários-hora crescentes.* Os dados para este estudo foram extraídos de uma amostra nacional de 6 mil domicílios chefiados por homens que ganhavam menos de $15 mil ao ano. Os dados foram divididos em 39 grupos demográficos para análise (veja a Tabela 10.15). Uma vez que os dados referentes a quatro grupos desses estavam incompletos, na tabela só aparecem 35 grupos demográficos. As definições das diversas variáveis usadas na análise estão no final da tabela.

a. Faça a regressão das horas trabalhadas durante o ano contra as variáveis dadas na tabela e interprete sua regressão.

* GREENBERG, D. H.; Kosters, M. *Income garantees and the working poor.* Rand Corporation, R-579-OEO, dez. 1970.

TABELA 10.14

Dados de veículos de passageiros

Fonte: *Business Statistics, 1986.* Suplemento do *Current Survey of Business,* U.S. Department of Commerce. 1971 10.227 112,0 121,3 776,8 4,89 79.367

Ano	Y	X_2	X_3	X_4	X_5	X_6
1971	10.227	112,0	121,3	776,8	4,89	79.367
1972	10.872	111,0	125,3	839,6	4,55	82.153
1973	11.350	111,1	133,1	949,8	7,38	85.064
1974	8.775	117,5	147,7	1.038,4	8,61	86.794
1975	8.539	127,6	161,2	1.142,8	6,16	85.846
1976	9.994	135,7	170,5	1.252,6	5,22	88.752
1977	11.046	142,9	181,5	1.379,3	5,50	92.017
1978	11.164	153,8	195,3	1.551,2	7,78	96.048
1979	10.559	166,0	217,7	1.729,3	10,25	98.824
1980	8.979	179,3	247,0	1.918,0	11,28	99.303
1981	8.535	190,2	272,3	2.127,6	13,73	100.397
1982	7.980	197,6	286,6	2.261,4	11,20	99.526
1983	9.179	202,6	297,4	2.428,1	8,69	100.834
1984	10.394	208,5	307,6	2.670,6	9,65	105.005
1985	11.039	215,2	318,5	2.841,1	7,75	107.150
1986	11.450	224,4	323,4	3.022,1	6,31	109.597

Y = veículos de passageiros novos vendidos (milhares), não ajustados sazonalmnente.
X_2 = veículos novos, Índice de Preços ao Consumidor, 1967 = 100, não ajustado sazonalmente.
X_3 = Índice de Preços ao Consumidor, todos os itens, todos os consumidores urbanos, 1967 = 100, não ajustados sazonalmente.
X_4 = renda pessoal disponível (RPD), em bilhões de dólares, não ajustado para variação sazonal.
X_5 = taxa de juros, percentual, dos títulos colocados diretamente pelas instituições financeiras.
X_6 = força de trabalho empregada (em milhares), não ajustada para variação sazonal.

b. Há evidência de multicolinearidade nos dados? Como podemos saber?
c. Calcule os fatores de inflação da variância (FIV) e a TOL para os vários regressores.
d. Se há problema da multicolinearidade, que ação corretiva, se houver, pode ser tomada?
e. O que este estudo informa sobre a viabilidade de um imposto de renda negativo?

10.31. A Tabela 10.16 apresenta dados sobre a taxa de criminalidade em 45 Estados dos Estados Unidos para 1960. Tente desenvolver um modelo adequado para explicar a taxa de criminalidade em relação às 14 variáveis socioeconômicas apresentadas na tabela. Atente, principalmente, ao problema da colinearidade ao desenvolver seu modelo.

10.32. Retome os dados de Longley da Seção 10.10. Repita a regressão da tabela, omitindo os dados para 1962; ou seja, faça a regressão para o período de 1947-1961. Compare as duas regressões. A que conclusão geral você chega com este exercício?

10.33. *Dados de Longley atualizados*. Ampliamos o número de dados apresentados na Seção 10.10 para incluir as observações de 1959-2005. Os novos dados estão na Tabela 10.17. Eles estão ligados a: Y = número de pessoas empregadas, em milhares; X_1 = deflator implícito do PNB; X_2 = PNB, em milhares de dólares; X_3 = número de pessoas desempregadas, em milhares; X_4 = número de pessoas nas forças armadas, em milhares; X_5 = população não institucionalizada com mais de 16 anos; X_6 = ano, igual a 1 em 1959, 2 em 1960 e 47 em 2005.

a. Crie diagramas de dispersão como sugerido no capítulo para avaliar as relações entre as variáveis independentes. As relações são fortes? Elas parecem lineares?
b. Crie uma matriz de correlação. Quais variáveis parecem ser as mais relacionadas entre si, sem incluir a variável dependente?
c. Faça uma regressão MQO padrão para prever o número de pessoas empregadas em milhares. Os coeficientes das variáveis independentes comportam-se como esperado?
d. Com base nos resultados, podemos acreditar que eles apresentam multicolinearidade?

*10.34. À medida que o queijo envelhece, vários processos químicos ocorrem, determinando o sabor do produto final. Os dados apresentados na Tabela 10.18 pertencem a concentrações de vários produtos químicos em uma amostra de 30 queijos cheddar maduros e medidas subjetivas de paladar para cada amostra. As variáveis ácido acético e H_2S são o logaritmo natural de

* Opcional.

concentração de ácido acético e ácido sulfídrico, respectivamente. A variável ácido lático não foi transformada em logaritmo.

a. Trace um diagrama de dispersão das quatro variáveis.

b. Faça uma regressão bivariada do paladar contra o ácido acético e H_2S e interprete os resultados obtidos.

c. Faça uma regressão bivariada do paladar contra o ácido lático e H_2S e interprete os resultados obtidos.

d. Faça uma regressão múltipla do paladar contra o ácido acético, H_2S e ácido lático. Interprete os resultados obtidos.

e. Dados os seus conhecimentos sobre multicolinearidade, como decidiria entre essas regressões?

f. Que conclusões gerais você pode tirar de sua análise?

TABELA 10.15

Horas de trabalho e outros dados para 35 grupos

Fonte: GREENBERG, D. H.; KOSTERS, M. *Income garantees and the working poor*. Rand Corporation, R-579-OEO, dez. 1970.

Observação	Horas	Taxa	GE	GOM	RNPT	Ativos	Idade	DEP	Escolaridade
1	2157	2,905	1121	291	380	7250	38,5	2,340	10,5
2	2174	2,970	1128	301	398	7744	39,3	2,335	10,5
3	2062	2,350	1214	326	185	3068	40,1	2,851	8,9
4	2111	2,511	1203	49	117	1632	22,4	1,159	11,5
5	2134	2,791	1013	594	730	12710	57,7	1,229	8,8
6	2185	3,040	1135	287	382	7706	38,6	2,602	10,7
7	2210	3,222	1100	295	474	9338	39,0	2,187	11,2
8	2105	2,493	1180	310	255	4730	39,9	2,616	9,3
9	2267	2,838	1298	252	431	8317	38,9	2,024	11,1
10	2205	2,356	885	264	373	6789	38,8	2,662	9,5
11	2121	2,922	1251	328	312	5907	39,8	2,287	10,3
12	2109	2,499	1207	347	271	5069	39,7	3,193	8,9
13	2108	2,796	1036	300	259	4614	38,2	2,040	9,2
14	2047	2,453	1213	297	139	1987	40,3	2,545	9,1
15	2174	3,582	1141	414	498	10239	40,0	2,064	11,7
16	2067	2,909	1805	290	239	4439	39,1	2,301	10,5
17	2159	2,511	1075	289	308	5621	39,3	2,486	9,5
18	2257	2,516	1093	176	392	7293	37,9	2,042	10,1
19	1985	1,423	553	381	146	1866	40,6	3,833	6,6
20	2184	3,636	1091	291	560	11240	39,1	2,328	11,6
21	2084	2,983	1327	331	296	5653	39,8	2,208	10,2
22	2051	2,573	1194	279	172	2806	40,0	2,362	9,1
23	2127	3,262	1226	314	408	8042	39,5	2,259	10,8
24	2102	3,234	1188	414	352	7557	39,8	2,019	10,7
25	2098	2,280	973	364	272	4400	40,6	2,661	8,4
26	2042	2,304	1085	328	140	1739	41,8	2,444	8,2
27	2181	2,912	1072	304	383	7340	39,0	2,337	10,2
28	2186	3,015	1122	30	352	7292	37,2	2,046	10,9
29	2188	3,010	990	366	374	7325	38,4	2,847	10,6
30	2077	1,901	350	209	95	1370	37,4	4,158	8,2
31	2196	3,009	947	294	342	6888	37,5	3,047	10,6
32	2093	1,899	342	311	120	1425	37,5	4,512	8,1
33	2173	2,959	1116	296	387	7625	39,2	2,342	10,5
34	2179	2,971	1128	312	397	7779	39,4	2,341	10,5
35	2200	2,980	1126	204	393	7885	39,2	2,341	10,6

Notas: Horas = horas médias trabalhadas durante o ano.
Taxa = salário médio por hora, em dólares.
GE = ganhos anuais médios da esposa, em dólares.
GOM = ganhos anuais médios de outros membros da família, em dólares.
RNPT = renda não proveniente de trabalho, média anual.
Ativos = ativos médios da família (poupança etc.), em dólares.
Idade = idade média dos entrevistados.
DEP = número médio de dependentes.
Escolaridade = número médio de anos de estudo.

TABELA 10.16 Dados da taxa de criminalidade para 47 Estados dos Estados Unidos em 1960

Observação	T	Idade	S	ESCO	$DESP_0$	$DESP_1$	FT	H	POP_1	NB	D_1	D_2	VBAT	X
1	79,1	151	1	91	58	56	510	950	33	301	108	41	394	261
2	163,5	143	0	113	103	95	583	1012	13	102	96	36	557	194
3	57,8	142	1	89	45	44	533	969	18	219	94	33	318	250
4	196,9	136	0	121	149	141	577	994	157	80	102	39	673	167
5	123,4	141	0	121	109	101	591	985	18	30	91	20	578	174
6	68,2	121	0	110	118	115	547	964	25	44	84	29	689	126
7	96,3	127	1	111	82	79	519	982	4	139	97	38	620	168
8	155,5	131	1	109	115	109	542	969	50	179	79	35	472	206
9	85,6	157	1	90	65	62	553	955	39	286	81	28	421	239
10	70,5	140	0	118	71	68	632	1029	7	15	100	24	526	174
11	167,4	124	0	105	121	116	580	966	101	106	77	35	657	170
12	84,9	134	0	108	75	71	595	972	47	59	83	31	580	172
13	51,1	128	0	113	67	60	624	972	28	10	77	25	507	206
14	66,4	135	0	117	62	61	595	986	22	46	77	27	529	190
15	79,8	152	1	87	57	53	530	986	30	72	92	43	405	264
16	94,6	142	1	88	81	77	497	956	33	321	116	47	427	247
17	53,9	143	0	110	66	63	537	977	10	6	114	35	487	166
18	92,9	135	1	104	123	115	537	978	31	170	89	34	631	165
19	75,0	130	0	116	128	128	536	934	51	24	78	34	627	135
20	122,5	125	0	108	113	105	567	985	78	94	130	58	626	166
21	74,2	126	0	108	74	67	602	984	34	12	102	33	557	195
22	43,9	157	1	89	47	44	512	962	22	423	97	34	288	276
23	121,6	132	0	96	87	83	564	953	43	92	83	32	513	227
24	96,8	131	0	116	78	73	574	1038	7	36	142	42	540	176
25	52,3	130	0	116	63	57	641	984	14	26	70	21	486	196
26	199,3	131	0	121	160	143	631	1071	3	77	102	41	674	152
27	34,2	135	0	109	69	71	540	965	6	4	80	22	564	139
28	121,6	152	0	112	82	76	571	1018	10	79	103	28	537	215
29	104,3	119	0	107	166	157	521	938	168	89	92	36	637	154
30	69,6	166	1	89	58	54	521	973	46	254	72	26	396	237
31	37,3	140	0	93	55	54	535	1045	6	20	135	40	453	200
32	75,4	125	0	109	90	81	586	964	97	82	105	43	617	163
33	107,2	147	1	104	63	64	560	972	23	95	76	24	462	233
34	92,3	126	0	118	97	97	542	990	18	21	102	35	589	166
35	65,3	123	0	102	97	87	526	948	113	76	124	50	572	158
36	127,2	150	0	100	109	98	531	964	9	24	87	38	559	153
37	83,1	177	1	87	58	56	638	974	24	349	76	28	382	254
38	56,6	133	0	104	51	47	599	1024	7	40	99	27	425	225
39	82,6	149	1	88	61	54	515	953	36	165	86	35	395	251
40	115,1	145	1	104	82	74	560	981	96	126	88	31	488	228
41	88,0	148	0	122	72	66	601	998	9	19	84	20	590	144
42	54,2	141	0	109	56	54	523	968	4	2	107	37	489	170
43	82,3	162	1	99	75	70	522	996	40	208	73	27	496	224
44	103,0	136	0	121	95	96	574	1012	29	36	111	37	622	162
45	45,5	139	1	88	46	41	480	968	19	49	135	53	457	249
46	50,8	126	0	104	106	97	599	989	40	24	78	25	593	171
47	84,9	130	0	121	90	91	623	1049	3	22	113	40	588	160

Definições das variáveis:

T = taxa de criminalidade, número de delitos relatados à polícia por milhão de pessoas.
Idade = número de homens com 14 a 24 anos por 1.000 pessoas
S = variável indicador para Estados do Sul (0 = não, 1 = sim)
ESCO = número médio de anos de escolaridade vezes 10 para pessoas acima de 25 anos
$DESP_0$ = despesas *per capita* de 1960 com polícia por Estado e governo local
$DESP_1$ = despesa *per capita* de 1959 com polícia por Estado e governo local.
FT = participação na força de trabalho por 1.000 homens civis urbanos com 14-24 anos de idade
H = número de homens por 1.000 mulheres
POP_1 = tamanho da população do Estado em centenas de milhares
NB = número de não brancos por população de 1.000
D_1 = taxa de desemprego de homens urbanos por 1.000 com 14-24 anos
D_2 = taxa de desemprego de homens urbanos por 1.000 com 35-39 anos
$VBAT$ = valor médio de bens e ativos transferíveis ou renda familiar em dezenas de $
X = número de famílias por 1.000 com ganhos ½ da renda média
Observação = Estado (47 Estados para o ano de 1960)

Fonte: VANDAELE, W. "Participation in illegitimate activities: Erlich revisted". In: BLUMSTEIN, A.; COHEN, J.; NAGIN, D. (Eds.). *Deterrence and incapacitation.* National Academy of Sciences, 1978. p. 270–335.

TABELA 10.17

Dados atualizados de Longley, 1959–2005

Fonte: *Department of Labor, Bureau of Labor Statistics* e http://siadapp.dmdc.osd.mil/personnel/MILITARY/Miltop. htm.

Observação	Y	X_1	X_2	X_3	X_4	X_5	X_6
1959	64.630	82,908	509.300	3.740	2552	120.287	1
1960	65.778	84,074	529.500	3.852	2514	121.836	2
1961	65.746	85,015	548.200	4.714	2573	123.404	3
1962	66.702	86,186	589.700	3.911	2827	124.864	4
1963	67.762	87,103	622.200	4.070	2737	127.274	5
1964	69.305	88,438	668.500	3.786	2738	129.427	6
1965	71.088	90,055	724.400	3.366	2722	131.541	7
1966	72.895	92,624	792.900	2.875	3123	133.650	8
1967	74.372	95,491	838.000	2.975	3446	135.905	9
1968	75.920	99,56	916.100	2.817	3535	138.171	10
1969	77.902	104,504	990.700	2.832	3506	140.461	11
1970	78.678	110,046	1.044.900	4.093	3188	143.070	12
1971	79.367	115,549	1.134.700	5.016	2816	145.826	13
1972	82.153	120,556	1.246.800	4.882	2449	148.592	14
1973	85.064	127,307	1.395.300	4.365	2327	151.476	15
1974	86.794	138,82	1.515.500	5.156	2229	154.378	16
1975	85.846	151,857	1.651.300	7.929	2180	157.344	17
1976	88.752	160,68	1.842.100	7.406	2144	160.319	18
1977	92.017	170,884	2.051.200	6.991	2133	163.377	19
1978	96.048	182,863	2.316.300	6.202	2117	166.422	20
1979	98.824	198,077	2.595.300	6.137	2088	169.440	21
1980	99.303	216,073	2.823.700	7.637	2102	172.437	22
1981	100.397	236,385	3.161.400	8.273	2142	174.929	23
1982	99.526	250,798	3.291.500	10.678	2179	177.176	24
1983	100.834	260,68	3.573.800	10.717	2199	179.234	25
1984	105.005	270,496	3.969.500	8.539	2219	181.192	26
1985	107.150	278,759	4.246.800	8.312	2234	183.174	27
1986	109.597	284,895	4.480.600	8.237	2244	185.284	28
1987	112.440	292,691	4.757.400	7.425	2257	187.419	29
1988	114.968	302,68	5.127.400	6.701	2224	189.233	30
1989	117.342	314,179	5.510.600	6.528	2208	190.862	31
1990	118.793	326,357	5.837.900	7.047	2167	192.644	32
1991	117.718	337,747	6.026.300	8.628	2118	194.936	33
1992	118.492	345,477	6.367.400	9.613	1966	197.205	34
1993	120.259	353,516	6.689.300	8.940	1760	199.622	35
1994	123.060	361,026	7.098.400	7.996	1673	201.970	36
1995	124.900	368,444	7.433.400	7.404	1579	204.420	37
1996	126.708	375,429	7.851.900	7.236	1502	207.087	38
1997	129.558	381,663	8.337.300	6.739	1457	209.846	39
1998	131.463	385,881	8.768.300	6.210	1423	212.638	40
1999	133.488	391,452	9.302.200	5.880	1380	215.404	41
2000	136.891	399,986	9.855.900	5.692	1405	218.061	42
2001	136.933	409,582	10.171.600	6.801	1412	220.800	43
2002	136.485	416,704	10.500.200	8.378	1425	223.532	44
2003	137.736	425,553	11.017.600	8.774	1423	226.223	45
2004	139.252	437,795	11.762.100	8.149	1411	228.892	46
2005	141.730	451,946	12.502.400	7.591	1378	231.552	47

TABELA 10.18

Químicos em queijos

Fonte: disponível em: http://lib.stat.cmu.edu/ DASL/Datafiles/Cheese.html.

Obs.	Paladar	Ácido Acético	H_2S	Ácido Lático
1	12,30000	4,543000	3,135000	0,860000
2	20,90000	5,159000	5,043000	1,530000
3	39,00000	5,366000	5,438000	1,570000
4	47,90000	5,759000	7,496000	1,810000
5	5,600000	4,663000	3,807000	0,990000
6	25,90000	5,697000	7,601000	1,090000
7	37,30000	5,892000	8,726000	1,290000
8	21,90000	6,078000	7,966000	1,780000
9	18,10000	4,898000	3,850000	1,290000
10	21,00000	5,242000	4,174000	1,580000
11	34,90000	5,740000	6,142000	1,680000
12	57,20000	6,446000	7,908000	1,900000
13	0,700000	4,477000	2,996000	1,060000
14	25,90000	5,236000	4,942000	1,300000
15	54,90000	6,151000	6,752000	1,520000
16	40,90000	3,365000	9,588000	1,740000
17	15,90000	4,787000	3,912000	1,160000
18	6,400000	5,142000	4,700000	1,490000
19	18,00000	5,247000	6,174000	1,630000
20	38,90000	5,438000	9,064000	1,990000
21	14,00000	4,564000	4,949000	1,150000
22	15,20000	5,298000	5,220000	1,330000
23	32,00000	5,455000	9,242000	1,440000
24	56,70000	5,855000	10,19900	2,010000
25	16,80000	5,366000	3,664000	1,310000
26	11,60000	6,043000	3,219000	1,460000
27	26,50000	6,458000	6,962000	1,720000
28	0,700000	5,328000	3,912000	1,250000
29	13,40000	5,802000	6,685000	1,080000
30	5,500000	6,176000	4,787000	1,250000

Capítulo 11

Heterocedasticidade: o que acontece se a variância do erro não é constante?

Uma hipótese importante do modelo clássico de regressão linear (Hipótese 4) é que os termos de erro u_i que aparecem na função de regressão populacional são homocedásticos; ou seja, todos têm a mesma variância. Neste capítulo, examinaremos a validade dessa hipótese e descobriremos o que acontece quando ela não é constatada. Como no Capítulo 10, buscamos respostas às seguintes questões:

1. Qual a natureza da heterocedasticidade?
2. Quais suas consequências?
3. Como é detectada?
4. Quais as medidas corretivas?

11.1 A natureza da heterocedasticidade

Como observado no Capítulo 3, uma das hipóteses importantes do modelo clássico de regressão linear é que a variância de cada termo de erro u_i, condicional aos valores selecionados das variáveis explanatórias, é um número constante igual a σ^2. Essa é a hipótese da **homocedasticidade**, ou seja, *igual* ou *homogêneo* (homo) *espalhamento* (cedasticidade), isto é, *variância igual*. Simbolicamente,

$$E\left(u_i^2\right) = \sigma^2 \qquad i = 1, 2, \ldots, n \tag{11.1.1}$$

A homocedasticidade do modelo de regressão com duas variáveis pode ser mostrada como o gráfico da Figura 3.4, o qual, por conveniência, é reproduzido como Figura 11.1. Nessa figura, a variância condicional de Y_i (que é igual à de u_i), condicionada ao X_i dado, permanece a mesma, independentemente dos valores assumidos pela variável X.

Em contrapartida, considere a Figura 11.2, que mostra que a variância condicional de Y_i aumenta à medida que X aumenta. Nesse caso, as variâncias de Y_i não são as mesmas. Portanto, há heterocedasticidade. Simbolicamente,

$$E\left(u_i^2\right) = \sigma_i^2 \tag{11.1.2}$$

Note o subscrito de σ^2, que nos lembra que as variâncias condicionais de u_i (= variâncias condicionais de Y_i) não são mais constantes.

Para deixar clara a diferença entre homocedasticidade e heterocedasticidade, suponha que, no modelo de duas variáveis $Y_i = \beta_1 + \beta_2 X_i + u_i$, Y represente poupança e X represente renda. As Figuras 11.1 e 11.2 mostram que à medida que a renda aumenta, as poupanças também aumentam. Mas na Figura 11.1 a variância das poupanças permanece a mesma em todos os níveis de renda, enquanto

FIGURA 11.1
Erros homocedásticos.

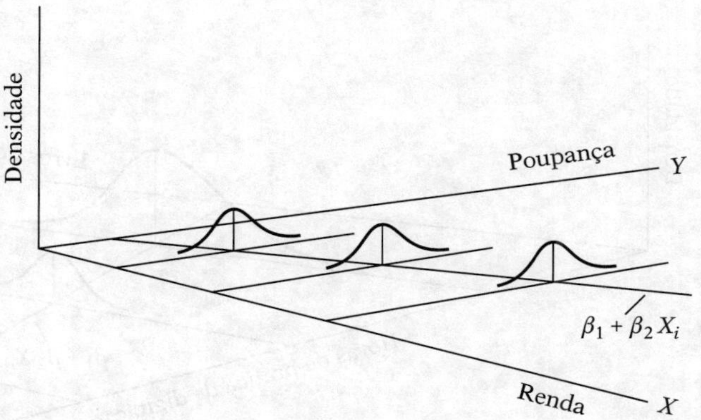

FIGURA 11.2
Erros heterocedásticos.

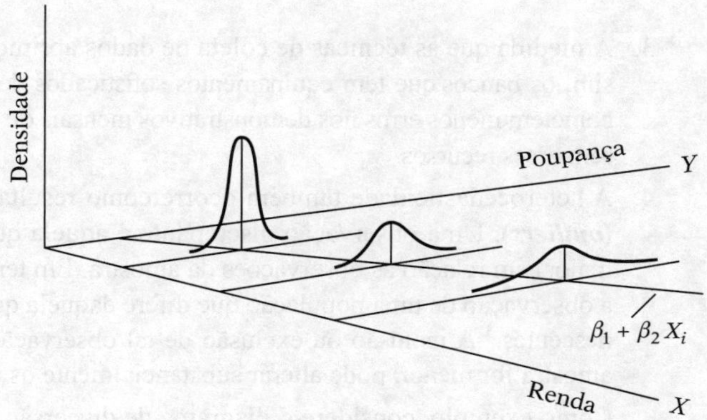

na Figura 11.2 ela aumenta com a renda. Parece que na Figura 11.2 as famílias com rendas mais altas poupam, em média, mais do que as famílias com rendas mais baixas, mas também há mais variabilidade em suas poupanças.

Várias são as razões para as variâncias de u_i poderem ser variáveis, algumas das quais são dadas a seguir.[1]

1. Seguindo os *modelos de erro-aprendizagem*, comportamentos incorretos das pessoas diminuem com o tempo ou o número de erros torna-se mais consistente. Neste caso, espera-se que σ_i^2 diminua. Como exemplo, considere a Figura 11.3, que relaciona o número de erros de digitação cometidos em um dado período de tempo em um teste com as horas de prática de digitação. Como mostra a Figura 11.3, quando o número de horas de digitação aumenta, o número médio de erros de digitação, bem como suas variâncias, diminui.
2. À medida que a renda aumenta, as pessoas têm mais *renda discricionária*[2] e, portanto, mais opções para escolher como aplicarão sua renda. Por isso, é provável que σ_i^2 aumente com a renda. Assim, na regressão de poupanças contra a renda é provável que se verifique que σ_i^2 aumenta com a renda (como na Figura 11.2), porque as pessoas têm mais opção sobre como irão dispor de suas poupanças. Do mesmo modo, em geral se espera que as empresas com lucros maiores mostrem maior variabilidade em suas políticas de dividendos que aquelas com lucros mais baixos. Além disso, as empresas em crescimento provavelmente mostram mais variabilidade em suas políticas de distribuição de dividendos do que as já estabelecidas.

[1] Veja VALAVANIS, Stefan. Econometrics. Nova York: McGraw-Hiull, 1959. p. 48.

[2] Como Valavanis (Ibid. p. 48) afirma, "A renda cresce, e as pessoas agora mal diferenciam dólares enquanto anteriormente elas diferenciavam centavos".

FIGURA 11.3
Ilustração de heterocedasticidade.

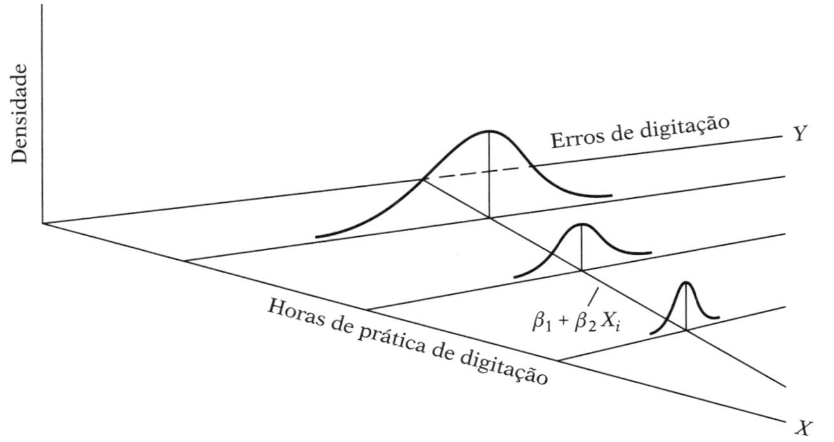

3. À medida que as técnicas de coleta de dados aprimoram-se, é provável que σ_i^2 diminua. Assim, os bancos que têm equipamentos sofisticados de processamento de dados provavelmente cometem menos erros nos demonstrativos mensais ou trimestrais de seus clientes do que bancos sem esses recursos.
4. A heterocedasticidade também ocorre como resultado da presença de **dados discrepantes (*outliers*)**. Uma observação discrepante é aquela que difere muito (muito menor ou muito maior) em relação às observações da amostra. Em termos mais exatos, um dado discrepante é a observação de uma população que difere daquela que gera as observações amostradas remanescentes.[3] A inclusão ou exclusão de tal observação, principalmente quando o tamanho da amostra for menor, pode alterar substancialmente os resultados da análise de regressão.

   Como exemplo, considere o diagrama de dispersão dado na Figura 11.4. Com base nos dados da Tabela 11.9, no Exercício 11.22, este gráfico traça a taxa de variação percentual dos preços das ações (*Y*) e dos preços ao consumidor (*X*) para o período que vai do pós-guerra (1945) até 1969 para 20 países. Nessa figura, a observação em *Y* e *X* para o Chile pode ser considerada um dado discrepante, porque os valores apresentados para *Y* e *X* são muito maiores do que para os demais países. Em situações como essa, seria difícil manter a hipótese da homocedasticidade. No Exercício 11.22, pedem-se para descobrir o que acontece com os resultados da regressão quando as observações para o Chile são excluídas da análise.
5. Outra fonte de heterocedasticidade surge da violação da Hipótese 9 do modelo clássico de regressão linear (MCRL), a saber, que o modelo de regressão deve ser especificado corretamente. Discutiremos os erros de especificação com mais detalhes no Capítulo 13; mas vale dizer, por ora, que muitas vezes algumas variáveis importantes são omitidas do modelo e isso nos dá a impressão de tratar-se de heterocedasticidade. Assim, na função demanda de um produto, se deixamos de incluir os preços de produtos complementares ou concorrentes (o viés da variável omitida), os resíduos obtidos da regressão podem dar a impressão nítida de que a variância do erro não é constante. Mas, uma vez incluídas as variáveis omitidas no modelo, esse equívoco desfaz-se.

   Para um exemplo concreto, voltemos ao nosso estudo sobre a retenção de lembranças de anúncios em relação às despesas com publicidade (*X*). (Veja o Exercício 8.32.) Se você fizer a regressão apenas de *Y* contra *X* e observa os resíduos dessa regressão, verá um padrão, mas, se você regridir *Y* contra *X* e X^2, verá outro padrão, que pode ser identificado claramente na Figura 11.5. Já vimos que X^2 pertence ao modelo. (Veja o Exercício 8.32.)
6. Outra fonte de heterocedasticidade é a **assimetria** na distribuição de um ou mais regressores incluídos no modelo. Exemplos são variáveis econômicas como renda, riqueza e educação. Sabe-se que a distribuição de renda e riqueza na maioria das sociedades é desigual, cabendo o grosso da renda e riqueza a uma parcela mínima da população.

[3] Sou grato a Michael McAleer por ter apontado este aspecto.

FIGURA 11.4
Relação entre os preços das ações e preços ao consumidor.

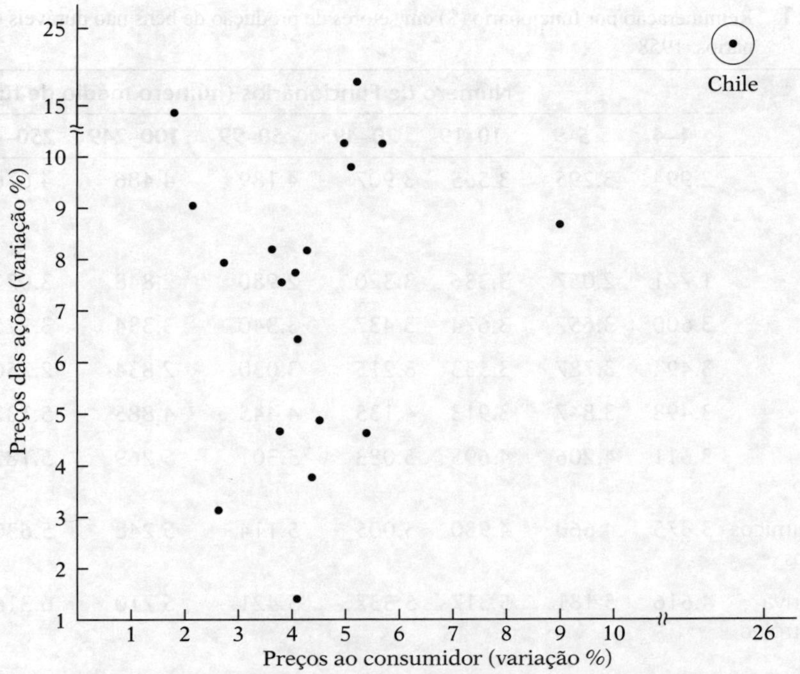

7. Outras fontes de heterocedasticidade: como David Hendry observa, a heterocedasticidade também pode surgir (1) da transformação incorreta de dados (por exemplo, transformações proporcionais ou de primeira diferença) e (2) da forma funcional incorreta (por exemplo, modelos lineares *versus* log-lineares).[4]

Note que o problema da heterocedasticidade provavelmente é mais comum nos dados de corte transversal do que nas séries temporais. Nos primeiros, em geral se lida com membros de uma população em determinado ponto no tempo, como consumidores individuais ou suas famílias, empresas, setores industriais ou subdivisões geográficas como Estado, país, cidade etc. Além disso, esses integrantes podem ser de diferentes tamanhos, como empresas pequenas, médias ou grandes ou renda baixa, média ou alta. Nas séries temporais, por outro lado, as variáveis tendem a ser de ordens de magnitude similares, porque os dados costumam ser coletados para a mesma entidade em um período de tempo. Exemplos: o produto nacional bruto (PNB), gastos com consumo, poupança ou emprego nos Estados Unidos, para um período, por exemplo, de 1955-2005.

Para ilustrar a heterocedasticidade que provavelmente será encontrada na análise de corte transversal, veja a Tabela 11.1. Esta apresenta dados sobre a remuneração por funcionário em 10 ramos de bens não duráveis, classificados pelo número de funcionários da empresa ou estabelecimento no ano de 1958. A tabela também dá a produtividade média para nove categorias de emprego.

FIGURA 11.5
Resíduos da regressão de (*a*) percepções sobre despesas com publicidade e (*b*) percepções sobre despesas de publicidade e o quadrado de despesas com publicidade.

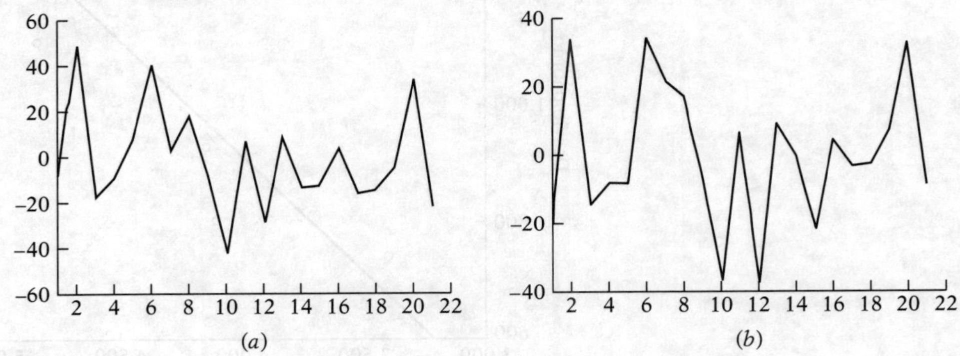

[4] HENDRY, David F. *Dynamic econometrics*. Nova York: Oxford University Press, 1995. p. 45.

TABELA 11.1 Remuneração por funcionário ($) em setores de produção de bens não duráveis de acordo com o número de funcionários, 1958

	Número de Funcionários (número médio de funcionários)								
Setor	**1–4**	**5–9**	**10–19**	**20–49**	**50–99**	**100–249**	**250–499**	**500–999**	**1.000–2.499**
Alimentos e produtos alimentícios	2.994	3.295	3.565	3.907	4.189	4.486	4.676	4.968	5.342
Fumo	1.721	2.057	3.336	3.320	2.980	2.848	3.072	2.969	3.822
Têxtil	3.600	3.657	3.674	3.437	3.340	3.334	3.225	3.163	3.168
Vestuário	3.494	3.787	3.533	3.215	3.030	2.834	2.750	2.967	3.453
Papelaria	3.498	3.847	3.913	4.135	4.445	4.885	5.132	5.342	5.326
Gráfica e editoração	3.611	4.206	4.695	5.083	5.301	5.269	5.182	5.395	5.552
Produtos químicos e derivados	3.875	4.660	4.930	5.005	5.114	5.248	5.630	5.870	5.876
Produtos derivados de petróleo e carvão	4.616	5.181	5.317	5.337	5.421	5.710	6.316	6.455	6.347
Derivados de borracha e plástico	3.538	3.984	4.014	4.287	4.221	4.539	4.721	4.905	5.481
Couro e derivados	3.016	3.196	3.149	3.317	3.414	3.254	3.177	3.346	4.067
Remuneração média	3.396	3.787	4.013	4.104	4.146	4.241	4.388	4.538	4.843
Desvio padrão	742,2	851,4	727,8	805,06	929,9	1.080,6	1.241,2	1.307,7	1.110,7
Produtividade média	9.355	8.584	7.962	8.275	8.389	9.418	9.795	10.281	11.750

Fonte: *The Census of Manufactures*, U.S. Department of Commerce, 1958 (elaborado pelo autor).

FIGURA 11.6

Desvio padrão da remuneração e remuneração média.

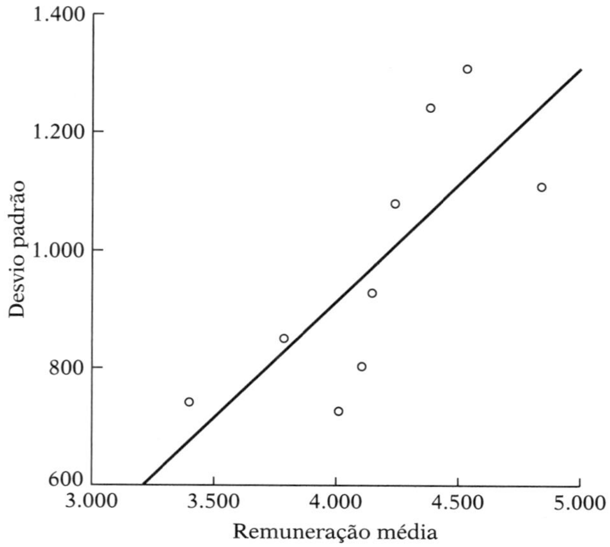

Embora os setores difiram na composição de seus produtos, a Tabela 11.1 mostra claramente que em média as empresas grandes pagam mais do que as pequenas. Por exemplo, empresas com um a quatro funcionários pagavam em média $ 3.396, enquanto aquelas que empregavam de 1.000 a 2.499 funcionários pagavam em média cerca de $ 4.843. Note que há uma variabilidade considerável na remuneração entre várias categorias, como indicado pelos desvios padrão estimados das remunerações. Isso pode ser observado também na Figura 11.6, que mostra o gráfico do desvio padrão da remuneração e a remuneração média em cada categoria de emprego. Como podemos ver claramente, em média o desvio padrão da remuneração aumenta com o valor médio da remuneração.

11.2 Estimativa dos MQO na presença da heterocedasticidade

O que acontece com os mínimos quadrados ordinários (MQO) e suas variâncias se introduzirmos a heterocedasticidade fazendo $E(u_i^2) = \sigma_i^2$, mas mantivermos todas as demais hipóteses do modelo clássico? Para responder a essa pergunta, tomamos o modelo de duas variáveis:

$$Y_i = \beta_1 + \beta_2 X_i + u_i$$

Aplicando a fórmula usual, o estimador de MQO de β_2 é:

$$\begin{aligned}\hat{\beta}_2 &= \frac{\sum x_i y_i}{\sum x_i^2} \\ &= \frac{n \sum X_i Y_i - \sum X_i \sum Y_i}{n \sum X_i^2 - (\sum X_i)^2}\end{aligned} \tag{11.2.1}$$

mas a variância agora é dada pela expressão a seguir (veja o Apêndice 11A, Seção 11A.1):

$$\operatorname{var}(\hat{\beta}_2) = \frac{\sum x_i^2 \sigma_i^2}{\left(\sum x_i^2\right)^2} \tag{11.2.2}$$

que obviamente é diferente da fórmula usual de variância obtida, supondo-se a homocedasticidade, a saber:

$$\operatorname{var}(\hat{\beta}_2) = \frac{\sigma^2}{\sum x_i^2} \tag{11.2.3}$$

Evidentemente, se $\sigma_i^2 = \sigma^2$ para cada i, as duas fórmulas serão idênticas. (Por quê?)

Lembre-se de que $\hat{\beta}_2$ será o melhor estimador linear não tendencioso (MELNT) se as hipóteses do modelo clássico, que incluem a homocedasticidade, forem válidas. Ele ainda será MELNT quando excluirmos a hipótese da homocedasticidade e substituirmos pela da heterocedasticidade? É fácil provar que $\hat{\beta}_2$ conserva-se linear e não tendencioso. Na verdade, como mostra o Apêndice 3A, Seção 3A.2, para estabelecer a não tendenciosidade de $\hat{\beta}_2$, não é necessário que os termos de erro (u_i) sejam homocedásticos. De fato, a variância de u_i, homoscedástica ou heteroscedástica, não desempenha papel na determinação da propriedade da tendência. Lembre-se de que, no Apêndice 3A, Seção 3A.7, mostramos que $\hat{\beta}_2$ é um estimador consistente sob as hipóteses do modelo clássico de regressão linear. Apesar da heterocedasticidade, pode-se indicar que $\hat{\beta}_2$ é um estimador consistente, embora não façamos a prova disso; ou seja, quando o tamanho da amostra aumenta indefinidamente, o β_2 estimado converge para seu verdadeiro valor. Além do mais, também pode ser mostrado que, sob certas condições (chamadas condições de regularidade), $\hat{\beta}_2$ é *assintoticamente normalmente distribuído*. O que dissemos sobre $\hat{\beta}_2$ também é válido para outros parâmetros de modelo de regressão múltipla.

Admitindo-se que $\hat{\beta}_2$ ainda seja linear, não tendencioso e consistente, ele é "eficiente" ou "melhor"? Isto é, ele tem a variância mínima na classe dos estimadores não tendenciosos? E essa variância mínima é dada pela Equação (11.2.2)? A resposta é *não* a ambas as perguntas: $\hat{\beta}_2$ deixa de ser o melhor e a variância mínima não é dada pela Equação (11.2.2). Então, qual é o estimador MELNT na presença da heterocedasticidade? A resposta é dada na seção a seguir.

11.3 O método dos mínimos quadrados generalizados (MQG)

Por que o estimador comum MQO de β_2 apresentado na Equação (11.2.1) não é mais o melhor, embora não seja tendencioso? Intuitivamente, podemos entender a razão para isso por meio da Tabela 11.1. Como a tabela mostra, há variabilidade considerável na remuneração dos assalariados. Se tivéssemos de fazer a regressão da remuneração por funcionário contra o número de funcionários, pensaríamos em levar em consideração a existência de uma variabilidade considerável entre as categorias, em termos de vencimentos. Em termos ideais, gostaríamos de sugerir um esquema de estimação de modo que as observações vindas de populações com maior variabilidade recebam menos peso do que aquelas provenientes de populações com menor variabilidade. Examinando a Tabela 11.1, gostaríamos de atribuir maior peso às observações vindas das categorias de emprego 10-19 e 20-49 do que às vindas de categorias de emprego como 5-9 e 250-499, pois as primeiras agrupam-se mais em torno de seus valores médios do que as últimas, e dessa forma nos permitem estimar a função de regressão da população (FRP) com mais precisão.

Infelizmente o método dos MQO de emprego não segue essa estratégia e, portanto, não usa as "informações" contidas na variabilidade desigual da variável dependente Y, ou seja, na remuneração dos funcionários da Tabela 11.1, ela atribui pesos ou importâncias iguais a cada observação. Mas um método de estimação, conhecido como **mínimos quadrados generalizados (MQG)**, leva tais informações em consideração explicitamente e, portanto, é capaz de produzir estimadores MELNT. Para ver como isso é feito, voltemos ao modelo conhecido de duas variáveis:

$$Y_i = \beta_1 + \beta_2 X_i + u_i \tag{11.3.1}$$

que, para facilitar o cálculo algébrico, escrevemos como:

$$Y_i = \beta_1 X_{0i} + \beta_2 X_i + u_i \tag{11.3.2}$$

em que $X_{0i} = 1$ para cada i. O leitor pode ver que essas duas formulações são idênticas.

Agora suponha que as variâncias heterocedásticas σ_i^2 sejam conhecidas. Dividimos a Equação (11.3.2) por σ_i para obter

$$\frac{Y_i}{\sigma_i} = \beta_1\left(\frac{X_{0i}}{\sigma_i}\right) + \beta_2\left(\frac{X_i}{\sigma_i}\right) + \left(\frac{u_i}{\sigma_i}\right) \tag{11.3.3}$$

que, para facilitar a exposição, escrevemos como:

$$Y_i^* = \beta_1^* X_{0i}^* + \beta_2^* X_i^* + u_i^* \tag{11.3.4}$$

em que as variáveis com asterisco, ou transformadas, são as variáveis originais divididas por σ_i. Usamos a notação β_1^* e β_2^*, para indicar os parâmetros do modelo transformado e distingui-los dos parâmetros normais MQO, β_1 e β_2.

Qual o propósito de transformar o modelo original? Para entender isso, note que o aspecto do termo de erro transformado u_i^*:

$$
\begin{aligned}
\operatorname{var}(u_i^*) &= E(u_i^*)^2 = E\left(\frac{u_i}{\sigma_i}\right)^2 && \text{já que } E(u_i^*) = 0 \\
&= \frac{1}{\sigma_i^2} E\left(u_i^2\right) && \text{já que } \sigma_i^2 \text{ é conhecido} \\
&= \frac{1}{\sigma_i^2}\left(\sigma_i^2\right) && \text{já que } E\left(u_i^2\right) = \sigma_i^2 \\
&= 1
\end{aligned}
\tag{11.3.5}
$$

que é uma constante. A variância do termo de erro transformado u_i^* agora é homoscedástica. Uma vez que ainda estejamos conservando as outras hipóteses do modelo clássico, a constatação de que u^* é homocedástico sugere que, se aplicarmos o MQO ao modelo transformado (11.3.3), ele produzirá estimadores MELNT. Em suma, os β_1^* e β_2^* estimados agora são MELNT e não os estimadores de MQO, $\hat{\beta}_1$ e $\hat{\beta}_2$.

O procedimento de transformar as variáveis originais de forma que as transformadas satisfaçam as hipóteses do modelo clássico e então aplicar os MQO a elas é conhecido como o método de mínimos quadrados generalizados (MQG). *Em síntese, os MQG são os MQO nas variáveis transformadas que satisfazem as hipóteses padrão de mínimos quadrados*. Os estimadores assim obtidos são conhecidos como **estimadores MQG** que são MELNT.

O mecanismo para estimar β_1^* e β_2^*, é apresentado a seguir. Primeiro, escrevemos a função de regressão amostral (FRA) da Equação (11.3.3)

$$
\frac{Y_i}{\sigma_i} = \hat{\beta}_1^*\left(\frac{X_{0i}}{\sigma_i}\right) + \hat{\beta}_2^*\left(\frac{X_i}{\sigma_i}\right) + \left(\frac{\hat{u}_i}{\sigma_i}\right)
$$

ou

$$
Y_i^* = \hat{\beta}_1^* X_{0i}^* + \hat{\beta}_2^* X_i^* + \hat{u}_i^* \tag{11.3.6}
$$

Agora, para obter os estimadores MQG, minimizamos

$$
\sum \hat{u}_i^{2*} = \sum (Y_i - \hat{\beta}_1^* X_{0i}^* - \hat{\beta}_2^* X_i^*)^2
$$

ou seja,

$$
\sum \left(\frac{\hat{u}_i}{\sigma_i}\right)^2 = \sum \left[\left(\frac{Y_i}{\sigma_i}\right) - \hat{\beta}_1^*\left(\frac{X_{0i}}{\sigma_i}\right) - \hat{\beta}_2^*\left(\frac{X_i}{\sigma_i}\right)\right]^2 \tag{11.3.7}
$$

O mecanismo real para minimizar a Equação (11.3.7) segue as técnicas de cálculo usadas como padrão e é apresentado no Apêndice 11A, Seção 11A.2. Como mostrado, o estimador de MQG para β_2^* é

$$
\hat{\beta}_2^* = \frac{\left(\sum w_i\right)\left(\sum w_i X_i Y_i\right) - \left(\sum w_i X_i\right)\left(\sum w_i Y_i\right)}{\left(\sum w_i\right)\left(\sum w_i X_i^2\right) - \left(\sum w_i X_i\right)^2} \tag{11.3.8}
$$

e sua variância é dada por

$$
\operatorname{var}(\hat{\beta}_2^*) = \frac{\sum w_i}{\left(\sum w_i\right)\left(\sum w_i X_i^2\right) - \left(\sum w_i X_i\right)^2} \tag{11.3.9}
$$

em que $w_i = 1/\sigma_i^2$.

Diferença entre os MQO e os MQG

Lembre-se, do Capítulo 3, que, nos MQO, minimizamos

$$\sum \hat{u}_i^2 = \sum (Y_i - \hat{\beta}_1 - \hat{\beta}_2 X_i)^2 \tag{11.3.10}$$

mas nos MQG minimizamos a expressão (11.3.7), que também pode ser escrita como

$$\sum w_i \hat{u}_i^2 = \sum w_i (Y_i - \hat{\beta}_1^* X_{0i} - \hat{\beta}_2^* X_i)^2 \tag{11.3.11}$$

em que $w_i = 1/\sigma_i^2$, (note que a Equação (11.3.11) e a Equação (11.3.7) são idênticas).

Assim, nos MQG minimizamos a *soma ponderada dos quadrados dos resíduos* com $w_i = 1/\sigma_i^2$ funcionando como pesos, mas nos MQO minimizamos uma soma dos quadrados dos resíduos (SQR) não ponderada ou (o que resulta no mesmo) igualmente ponderada. Como mostra a Equação (11.3.7), nos MQG o peso atribuído a cada observação é inversamente proporcional a seu σ_i, ou seja, observações vindas de uma população com σ_i maior obterão peso relativamente menor e aquelas de uma população com σ_i menor terão peso proporcionalmente maior na minimização da SQR (11.3.11). Para entender a diferença entre os MQO e os MQG, observe o diagrama de dispersão hipotético apresentado na Figura 11.7.

Nos MQO (não ponderados), cada $\hat{u}_i^2$ associado aos pontos *A*, *B* e *C* receberá o mesmo peso quando a SQR for minimizada. É claro que, nesse caso, a $\hat{u}_i^2$ associada ao ponto *C* dominará a SQR. Mas, nos MQG, a observação extrema *C* receberá um peso relativamente menor que as outras duas observações. Como comentado, essa é a estratégia certa, pois ao estimarmos a função de regressão populacional (FRP) de uma forma mais confiável, gostaríamos de dar mais peso às observações agrupadas em torno de sua média (populacional) do que àquelas que estão bastante dispersas.

Como a Equação (11.3.11) minimiza uma SQR ponderada, ela é conhecida como **mínimos quadrados ponderados (MQP)** e os estimadores assim obtidos e apresentados nas Equações (11.3.8) e (11.3.9) são conhecidos como **estimadores MQP**. Mas os MQP são apenas um caso especial da técnica mais geral de estimação, os MQG. No contexto da heterocedasticidade, pode-se considerar os dois termos MQP e MQG como intercambiáveis. Em capítulos posteriores trataremos de outros casos especiais de MQG.

A propósito, observe que, se $w_i = w$, uma constante para todo *i*, $\hat{\beta}_2^*$ é idêntico a $\hat{\beta}_2$ e a var $(\hat{\beta}_2^*)$ é idêntica à var $(\hat{\beta}_2)$ usual (isto é, homoscedástica) dada na Equação (11.2.3), o que não deveria surpreender. (Por quê?) (Veja o Exercício 11.8.)

FIGURA 11.7
Diagrama de dispersão hipotético.

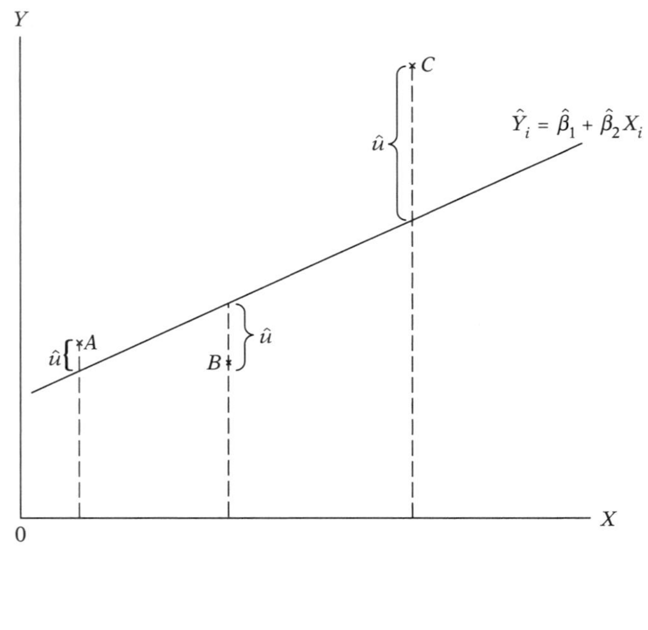

11.4 Consequências de usar MQO na presença de heterocedasticidade

Como vimos, $\hat{\beta}_2^*$ e $\hat{\beta}_2$ são estimadores (lineares) não tendenciosos: na amostragem repetida, em média, $\hat{\beta}_2^*$ e $\hat{\beta}_2$ serão iguais ao verdadeiro β_2; ou seja, ambos são estimadores não tendenciosos. Mas, sabemos que $\hat{\beta}_2^*$ é eficiente, ou seja, tem a menor variância. O que acontece com nosso intervalo de confiança, testes de hipóteses e outros procedimentos, se continuarmos a usar o estimador de MQO, $\hat{\beta}_2$? Distinguiremos dois casos.

Estimação de MQO admitindo-se a heterocedasticidade

Suponha que usemos $\hat{\beta}_2$ e a fórmula de variância da Equação (11.2.2), que considera explicitamente a heterocedasticidade. Usando essa variância, e supondo que σ_i^2 seja conhecido, podemos estabelecer intervalos de confiança e testar hipóteses com os testes habituais t e F? A resposta, em geral, é *não*, porque é possível mostrar que a var$(\hat{\beta}_2^*) \leq var(\hat{\beta}_2)$,[5] o que significa que os intervalos de confiança baseados nos últimos serão desnecessariamente maiores. Como resultado, os testes t e F provavelmente nos darão resultados imprecisos, pois a var$(\hat{\beta}_2)$ é excessivamente grande e o que parece ser um coeficiente estatisticamente insignificante (porque o valor t é menor que o adequado) pode, de fato, ser significativo, se os intervalos corretos de confiança forem estabelecidos com base no procedimento MQG.

Estimação de MQO desconsiderando a heterocedasticidade

A situação pode tornar-se séria não só se usarmos $\hat{\beta}_2$, mas também se continuarmos a usar a fórmula de variância da Equação (11.2.3) diante da presença ou suspeita de heterocedasticidade: observe que esse é o caso mais provável dos dois discutidos aqui, porque usar o programa padrão de cálculo de regressões de MQO e desprezar (ou não saber da existência de) a heterocedasticidade fornece a variância de $\hat{\beta}_2$ como na Equação (11.2.3). Em primeiro lugar, a var $(\hat{\beta}_2)$ da Equação (11.2.3) é um estimador *tendencioso* da var $(\hat{\beta}_2)$ dada na Equação (11.2.2), ou seja, na média ele sobreestima ou subestima a variância, e, *em geral*, não podemos dizer se o viés é positivo (sobreestimação) ou negativo (subestimação), porque depende da natureza da relação entre σ_i^2 e os valores assumidos pela variável explanatória X, como pode ser observado na Equação (11.2.2) (veja o Exercício 11.9). O viés surge do fato de que $\hat{\sigma}^2$, o estimador convencional de σ^2, a saber, $\sum \hat{u}_i^2/(n-2)$, não é mais um estimador **não tendencioso** deste último quando a heterocedasticidade está presente (veja o Apêndice 11A.3). Como resultado, não podemos contar com os intervalos de confiança calculados da maneira convencional e com os testes t e F empregados normalmente.[6] **Em suma, se persistirmos no uso dos procedimentos comuns de teste apesar da heterocedasticidade, quaisquer que sejam as conclusões a que chegarmos ou as inferências que fizermos poderão ser equivocadas.**

Para melhor entendermos este assunto, citamos um estudo de **Monte Carlo** conduzido por Davidson e MacKinnon.[7] Eles consideram o seguinte modelo simples, que em nossa notação é

$$Y_i = \beta_1 + \beta_2 X_i + u_i \tag{11.4.1}$$

Eles supõem que $\beta_1 = 1$, $\beta_2 = 1$ e $u_i \sim N(0, X_i^\alpha)$. Como mostra a última expressão, os autores supõem que a variância de erro seja heteroscedástica e relacionada ao valor do regressor X com poder α. Se, por exemplo, $\alpha = 1$, a variância do erro é proporcional ao valor de X; se $\alpha = 2$, a variância do erro é proporcional ao quadrado do valor de X e assim por diante. Na Seção 11.6, iremos considerar a

[5] Uma prova formal pode ser encontrada em DHYRMES, Phoebus J. *Introductory econometrics*. Nova York: Springer-Verlag, 1978. p. 110-111. Observe que a perda da eficiência de $\hat{\beta}_2$ (isto é, de quanto a var[$\hat{\beta}_2$*] excede a var[$\hat{\beta}_2$*] depende dos valores da amostra das variáveis X e do valor de σ_i^2.

[6] Da Equação (5.3.6) sabemos que o intervalo de confiança de 100 $(1 - \alpha)$% para β_2 é $[\hat{\beta}_2 \pm t_\alpha/2 \text{ ep } (\hat{\beta}_2)]$. Mas, se o desvio padrão de $\hat{\beta}_2$ não pode ser estimado de uma forma não tendenciosa, como podemos crer no intervalo de confiança calculado do modo convencional?

[7] DAVIDSON, Russell; MACKINNON, James G. *Estimation and inference in econometrics*. Nova York: Oxford University Press, 1993. p. 549-550.

lógica que envolve tal procedimento. Com base em 20 mil réplicas e permitindo vários valores para α, eles obtêm os erros padrão dos dois coeficientes de regressão usando os MQO (veja a Equação (11.2.3)), MQO permitindo heterocedasticidade (veja Equação (11.2.2)), e MQG (veja a Equação (11.3.9)). A seguir apresentamos os resultados para valores selecionados de α:

	Erro padrão de $\hat{\beta}_1$			Erro padrão de $\hat{\beta}_2$		
Valor de α	**MQO**	**MQO_{het}**	**MQG**	**MQO**	**MQO_{het}**	**MQG**
0,5	0,164	0,134	0,110	0,285	0,277	0,243
1,0	0,142	0,101	0,048	0,246	0,247	0,173
2,0	0,116	0,074	0,0073	0,200	0,220	0,109
3,0	0,100	0,064	0,0013	0,173	0,206	0,056
4,0	0,089	0,059	0,0003	0,154	0,195	0,017

Nota: MQO_{het} são MQO levando em conta a heterocedasticidade.

A característica mais marcante desses resultados é que MQO, com ou sem correção para heterocedasticidade, consistentemente sobreestima o verdadeiro erro padrão obtido pelo procedimento (correto) dos MQG, principalmente para valores grandes de α, estabelecendo, dessa forma, a superioridade dos MQG. Os resultados também mostram que, se não usamos os MQG e confiarmos nos MQO — permitindo ou não a heterocedasticidade —, teremos um quadro confuso. Os erros padrão de MQG são grandes demais (para o intercepto) ou em geral pequenos demais (para o coeficiente angular) em relação aos obtidos pelos MQO, permitindo a heterocedasticidade. A mensagem é clara: na presença de heterocedasticidade, use os MQG. Contudo, por razões que explicaremos mais adiante, na prática nem sempre é fácil aplicá-los. Também, como discutiremos mais frente, se a heterocedasticidade for muito acentuada, não se pode substituir os MQO por MQG ou por MQP.

Da discussão anterior, fica claro que a heterocedasticidade é potencialmente um problema grave e o pesquisador precisa saber se ela está presente em determinada situação. Se ela for detectada, podem-se adotar medidas corretivas, como a regressão de mínimos quadrados ponderados ou alguma outra técnica. Antes de examinarmos os vários procedimentos corretivos, devemos descobrir se a heterocedasticidade está presente ou se provavelmente irá apresentar-se em algum caso. Esse tópico é discutido na seção a seguir.

Uma nota técnica

Embora tenhamos afirmado que, em casos de heterocedasticidade, são os MQG, e não os MQO, que são MELNT, há exemplos em que os MQO podem ser MELNT, apesar da heterocedasticidade.[8] Mas tais exemplos não são frequentes na prática.

11.5 Detecção da heterocedasticidade

Como acontece com a multicolinearidade, a questão prática importante é: como saber se a heterocedasticidade está presente em uma situação específica? Novamente, como no caso da multicolinearidade, não há regras estabelecidas para detectar a heterocedasticidade, apenas alguns procedimentos. Mas essa situação é inevitável, porque só podemos conhecer σ_i^2 se tivermos toda a população Y correspondente aos X's selecionados, como a população mostrada na Tabela 2.1 ou na Tabela 11.1. Mas tais dados são uma exceção e não a regra na maioria das investigações econômicas. Nesse sentido, os

[8] A razão para isto é que o teorema de Gauss-Markov fornece condição suficiente (mas não necessária) para que os MQO sejam eficientes. A condição necessária e suficiente para os MQO é dada pelo **teorema de Kruskal**. Mas esse tópico está além do escopo deste livro. Sou grato a Michael McAleer por chamar minha atenção para esse aspecto. Mais detalhes podem ser encontrados em BARTELS, Michael McAleer. "Proprieties of ordinary least squares estimators in regression models with nonspherical disturbances." *Journal of Econometrics*, v. 54, n. 1-3, p. 321-334, out./dez. 1992, p. 321-334. Para o estudante interessado em matemática, esse tópico é discutido em mais detalhes no **Apêndice C**, usando álgebra matricial.

econometristas diferem dos cientistas que investigam áreas como agricultura e biologia, em que os pesquisadores têm bastante controle sobre seus dados. Com frequência, em estudos econômicos há apenas um valor amostral Y correspondente a determinado valor de X e não há como se conhecer σ_i^2 com base em uma única observação de Y. Portanto, na maioria dos casos que envolvem investigações econométricas, a heterocedasticidade pode ser uma questão de intuição, inferências baseadas em informações, experiência empírica anterior ou pura especulação.

Tendo-se em mente essa advertência, examinemos alguns dos métodos informais e formais para detectar a heterocedasticidade. Como a discussão a seguir revelará, a maioria desses métodos baseia-se no exame dos resíduos dos MQO, $\hat{u}_i$, visto que estes é que são observados, e não os termos de erro u_i. Espera-se que sejam boas estimativas de u_i, o que só poderá ser concretizado se o tamanho da amostra for muito grande.

Métodos informais

Natureza do problema

Com muita frequência, a natureza do problema em consideração sugere a probabilidade de encontrarmos heterocedasticidade. Por exemplo, seguindo o trabalho pioneiro de Prais e Houthakker sobre estudos de orçamentos familiares, em que verificaram que a variância residual em torno da regressão de consumo sobre a renda aumentava com a renda, agora se supõe, de modo geral, que em estudos semelhantes pode-se esperar variâncias desiguais entre os termos de erro.[9] Na verdade, em dados de corte transversal envolvendo unidades heterogêneas, a heterocedasticidade pode ser a regra e não a exceção. Em uma análise de corte transversal que envolve despesas com investimento em relação a vendas, taxa de juros etc., em geral espera-se encontrar heterocedasticidade se empresas de tamanho pequeno, médio e grande fizerem parte da amostra.

Na realidade, já demos exemplos disso. No Capítulo 2 discutimos a relação entre salários médios por hora em relação a anos de escolaridade nos Estados Unidos. Naquele capítulo também discutimos a relação entre gastos com alimentação e despesas totais para 55 famílias na Índia (veja o Exercício 11.16).

Método gráfico

Se não há informações *a priori* ou empíricas sobre a natureza da heterocedasticidade, na prática pode-se fazer a análise de regressão supondo-se que não há heterocedasticidade e então fazer um exame *post mortem* dos resíduos elevados ao quadrado $\hat{u}_i^2$ para ver se exibem um padrão sistemático. Embora $\hat{u}_i^2$ não sejam o mesmo que u_i^2, podem ser substitutos um do outro, principalmente se o tamanho da amostra for suficientemente grande.[10] Um exame do $\hat{u}_i^2$ pode revelar padrões como os da Figura 11.8.

A Figura 11.8 apresenta gráficos de $\hat{u}_i^2$ contra $\hat{Y}_i$, o Y_i estimado pela linha de regressão, para descobrir se o valor médio estimado de Y está sistematicamente relacionado aos resíduos elevados ao quadrado. Na Figura 11.8*a* vemos que não há padrão sistemático entre as duas variáveis, o que sugere que talvez não haja heterocedasticidade nos dados. As Figuras 11.8*b* até *e*, no entanto, mostram padrões definidos. Por exemplo, a Figura 11.8*c* sugere uma relação linear enquanto as Figuras 11.8*d* e *e* indicam uma relação quadrática entre $\hat{u}_i^2$ e $\hat{Y}_i$. Usando tal conhecimento, embora informal, pode-se transformar os dados de modo que, como resultado, não mostrem heterocedasticidade. Na Seção 11.6 examinaremos várias transformações como essas.

Em vez de traçar o gráfico de $\hat{u}_i^2$ contra $\hat{Y}_i$, pode-se traçá-los contra uma das variáveis explanatórias, principalmente se traçar $\hat{u}_i^2$ a $\hat{Y}_i$ resultar no padrão mostrado na Figura 11.8*a*. Tal representação gráfica, apresentada na Figura 11.9, pode revelar padrões semelhantes aos vistos na Figura 11.8. (No caso do modelo de duas variáveis, traçar o gráfico de $\hat{u}_i^2$ contra $\hat{Y}_i$ equivale a traçá-lo contra X_i, e, portanto, a Figura 11.9 é semelhante à Figura 11.8. Quando consideramos um modelo que envolve duas ou mais variáveis X, temos uma situação diferente; nesse caso, $\hat{u}_i^2$ pode ser traçado contra qualquer variável X incluída no modelo.)

[9] PRAIS; S. J.; HOUTHAKKER, H. S. *The analysis of family budgets*. Nova York: Cambridge University Press, 1955.

[10] Para a relação entre $\hat{u}_i$ e u_i, veja MALINVAUD, E. *Statistical methods of econometrics*. Amsterdã: North Holland Publishing Company, 1970. p. 88-89.

FIGURA 11.8
Padrões hipotéticos de resíduos quadráticos estimados.

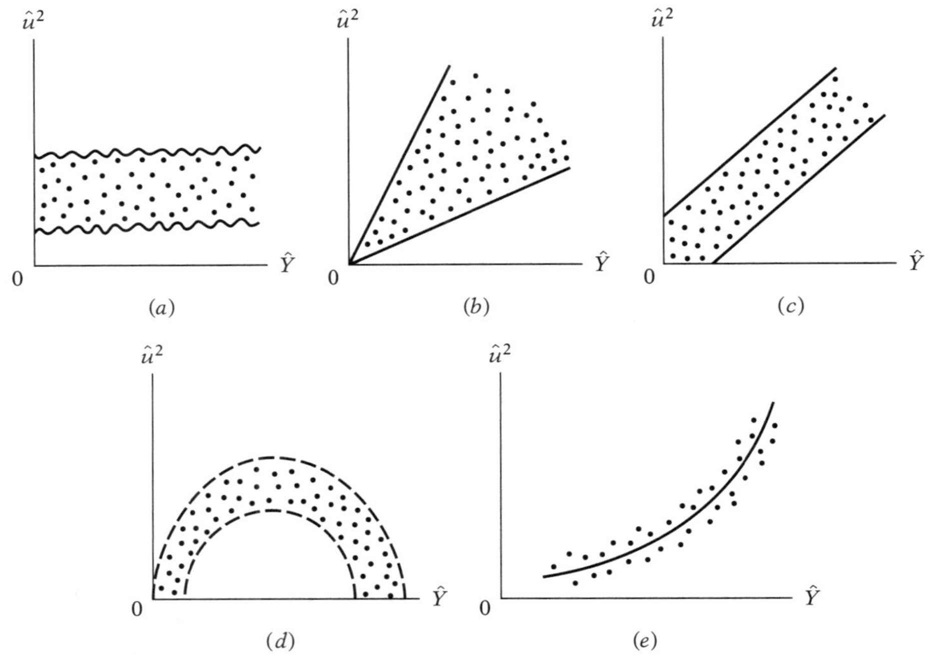

Um padrão como o da Figura 11.9*c*, por exemplo, sugere que a variância do termo de erro está relacionada linearmente com a variável *X*. Se na regressão das poupanças contra a renda encontra-se um padrão como o da Figura 11.9*c*, este sugere que a variância heterocedástica pode ser *proporcional* ao valor da variável renda. Tal conhecimento pode ajudar a transformar nossos dados de maneira que, na regressão com os dados transformados, a variância do termo de erro seja homocedástica. Voltaremos a tratar do assunto na próxima seção.

FIGURA 11.9
Diagrama de dispersão dos resíduos estimados ao quadrado contra *X*.

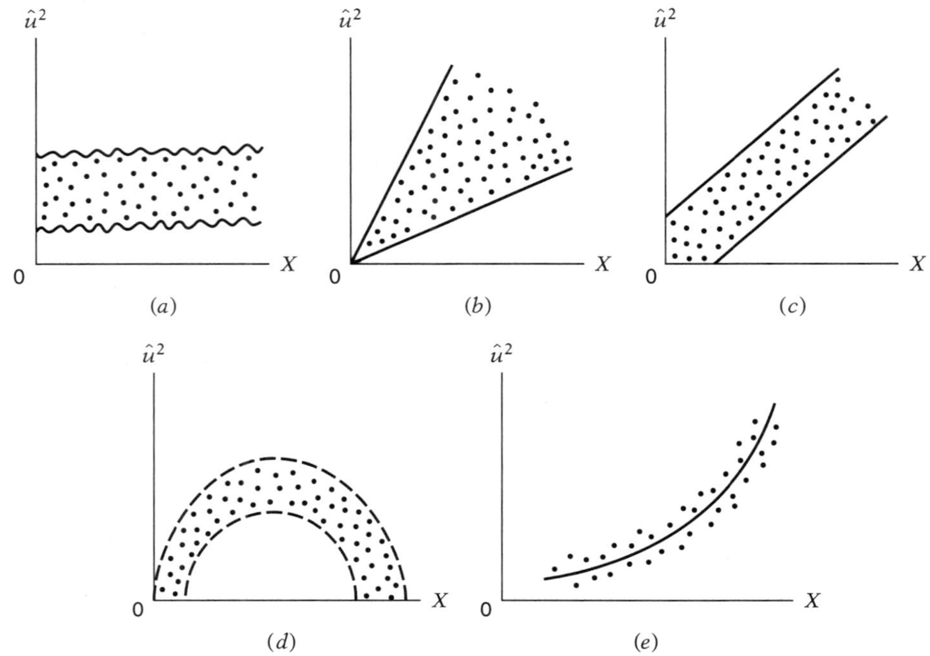

Métodos formais

Teste de Park[11]

Park formaliza o método gráfico sugerindo que σ_i^2 seja uma função da variável explanatória X_i. A forma funcional sugerida por ele é

$$\sigma_i^2 = \sigma^2 X_i^\beta e^{vi}$$

ou

$$\ln \sigma_i^2 = \ln \sigma^2 + \beta \ln X_i + v_i \tag{11.5.1}$$

em que v_i é o termo de erro estocástico.

Uma vez que σ_i^2 em geral não é conhecido, Park sugere usar $\hat{u}_i^2$ como *proxy* e calcular a seguinte regressão:

$$\begin{aligned} \ln \hat{u}_i^2 &= \ln \sigma^2 + \beta \ln X_i + v_i \\ &= \alpha + \beta \ln X_i + v_i \end{aligned} \tag{11.5.2}$$

Se β for significativo estatisticamente, isso sugere que a heterocedasticidade está presente nos dados. Se for insignificante, podemos aceitar a hipótese da homocedasticidade. O teste de Park é um procedimento que envolve duas etapas. Na primeira fazemos a regressão de MQO desconsiderando a questão da heterocedasticidade. Obtemos $\hat{u_i}$ dessa regressão, e então na segunda etapa fazemos a regressão (11.5.2).

Embora seja interessante do ponto de vista empírico, o teste de Park apresenta alguns problemas. Goldfeld e Quandt alegaram que o termo de erro v_i que entra na Equação (11.5.2) pode não satisfazer as pressuposições dos MQO e ele mesmo pode ser heterocedástico.[12] No entanto, pode-se usar o teste de Park como um método estritamente exploratório.

EXEMPLO 11.1
Relação entre remuneração e produtividade

Para ilustrarmos a abordagem de Park, usamos os dados da Tabela 11.1 no cálculo da seguinte regressão:

$$Y_i = \beta_1 + \beta_2 X_i + u_i$$

em que Y = remuneração média em milhares de dólares, X = produtividade média em milhares de dólares e i = i-ésimo tamanho do emprego de estabelecimento. Os resultados da regressão são os seguintes:

$$\begin{aligned} \hat{Y}_i &= 1992{,}3452 + 0{,}2329X_i \\ \text{ep} &= (936{,}4791) \quad (0{,}0998) \\ t &= (2{,}1275) \quad (2{,}333) \qquad R^2 = 0{,}4375 \end{aligned} \tag{11.5.3}$$

Os resultados revelam que o coeficiente angular estimado é significante no nível de 5%, com base no teste t unicaudal. A equação mostra que, quando a produtividade no trabalho aumenta em, por exemplo, um dólar, a remuneração da mão de obra aumenta em média 23 centavos.

(*Continua*)

[11] PARK, R. E. "Estimation with heterocedastic error terms." *Econometrica*, v. 34, n. 4, p. 888, out. 1966. O teste de Park é um caso especial do teste geral proposto por A. C. HARVEY, A. C. em "Estimating regression models with multiplicative Heteroscedasticity." *Econometrica*, 1976. v. 44, n. 3, p. 461-465.

[12] GOLDFELD, Stephen M.; QUANDT, Richard E. *Nonlinear methods in econometrics*. Amsterdã: North Holland Publishing Company, 1972. p. 93-94.

EXEMPLO 11.1
(Continuação)

Então, calcula-se a regressão dos resíduos obtidos na regressão (11.5.3) contra X_i, como sugerido na Equação (11.5.2), dando os resultados a seguir:

$$\widehat{\ln \hat{u}_i^2} = 35{,}817 - 2{,}8099 \ln X_i$$
$$\text{ep} = (38{,}319) \quad (4{,}216)$$
$$t = (0{,}934) \quad (-0{,}667) \qquad R^2 = 0{,}0595 \tag{11.5.4}$$

Obviamente, não há relação estatisticamente significativa entre as duas variáveis. Seguindo o teste de Park, pode-se concluir que não há heterocedasticidade na variância dos erros.[13]

Teste de Glejser[14]

O teste de Glejser tem um espírito semelhante ao de Park. Depois de obter os resíduos $\hat{u}_i$, da regressão de MQO, Glejser sugere a regressão dos valores absolutos de $\hat{u}_i$ contra a variável X que se considera estreitamente associada a σ_i^2. Em seus experimentos, Glejser usa as seguintes fórmulas funcionais:

$$|\hat{u}_i| = \beta_1 + \beta_2 X_i + v_i$$

$$|\hat{u}_i| = \beta_1 + \beta_2 \sqrt{X_i} + v_i$$

$$|\hat{u}_i| = \beta_1 + \beta_2 \frac{1}{X_i} + v_i$$

$$|\hat{u}_i| = \beta_1 + \beta_2 \frac{1}{\sqrt{X_i}} + v_i$$

$$|\hat{u}_i| = \sqrt{\beta_1 + \beta_2 X_i} + v_i$$

$$|\hat{u}_i| = \sqrt{\beta_1 + \beta_2 X_i^2} + v_i$$

em que v_i é o termo de erro.

Novamente, como uma questão prática ou empírica, pode-se usar a abordagem de Glejser. Mas Goldfeld e Quandt ressaltam que o termo de erro v_i tem alguns problemas, uma vez que se espera que seu valor seja diferente de zero, esteja correlacionado serialmente (veja o Capítulo 12) e, ironicamente, seja heterocedástico.[15] Uma dificuldade adicional com o método de Glejser é que modelos como

$$|\hat{u}_i| = \sqrt{\beta_1 + \beta_2 X_i} + v_i$$

e

$$|\hat{u}_i| = \sqrt{\beta_1 + \beta_2 X_i^2} + v_i$$

são não lineares nos parâmetros e, portanto, não podem ser estimados com o procedimento usual de MQO.

Glejser constatou que, para amostras grandes, os quatro primeiros modelos anteriores em geral apresentam resultados satisfatórios quanto à detecção da heterocedasticidade. Como questão prática, a técnica de Glejser pode ser usada para amostras grandes e, nas pequenas, usa-se estritamente como um artifício qualitativo, para ter-se uma ideia da heterodasticidade.

[13] A forma funcional escolhida por Park é apenas sugestiva. Uma forma funcional diferente pode revelar relações significativas. Por exemplo, pode-se usar $\hat{u}_i^2$ em lugar de $\ln \hat{u}_i^2$ como a variável dependente.

[14] GLEISER, H. "A new test for heterocedasticity." *Journal of the American Statistical Association*, 1969. v. 64, p. 316-323.

[15] Para detalhes, veja GOLDFELD e QUANDT, op. cit., cap. 3.

EXEMPLO 11.2
Relação entre remuneração e produtividade: o teste de Glejser

Continuando com o Exemplo 11.1, o valor absoluto dos resíduos obtidos da regressão (11.5.3) foram usados no cálculo da regressão contra a produtividade média (*X*), dando os seguintes resultados:

$$\widehat{|\hat{u}_i|} = 407{,}2783 - 0{,}0203X_i \qquad \textbf{(11.5.5)}$$
$$\text{ep} = (633{,}1621) \quad (0{,}0675) \qquad r^2 = 0{,}0127$$
$$t = (0{,}6432) \quad (-0{,}3012)$$

Como você pode ver dessa regressão, não há relação entre o valor absoluto dos resíduos e o regressor, a produtividade média. Tal fato reforça a conclusão com base no teste de Park.

Teste de correlação por ordem de Spearman

No Exercício 3.8 definimos o coeficiente de correlação por ordem como

$$r_s = 1 - 6\left[\frac{\sum d_i^2}{n(n^2 - 1)}\right] \qquad \textbf{(11.5.6)}$$

em que d_i = diferença nas classificações atribuídas a duas características diferentes do *i*-ésimo indivíduo ou fenômeno e n = número de indivíduos ou fenômenos classificados. O coeficiente de correlação de ordem precedente pode ser usado para detectar a heterocedasticidade como se segue: suponha $Y_i = \beta_0 + \beta_1 X_i + u_i$.

Etapa 1. Ajuste a regressão aos dados em *Y* e *X* e obtenha os resíduos $\hat{u}_i$;

Etapa 2. Ignorando o sinal de $\hat{u}_i$, ou seja, tomando o seu valor absoluto $|\hat{u}_i|$, ordene tanto $|\hat{u}_i|$ quanto X_i (ou $\hat{Y}_i$) de acordo com uma ordem ascendente ou descendente e calcule o coeficiente de correlação pela ordem apresentada anteriormente;

Etapa 3. Supondo que o coeficiente de correlação por ordem da população ρ_s seja zero e $n > 8$, a significância de r_s na amostra pode ser verificada pelo teste *t* como a seguir:[16]

$$t = \frac{r_s\sqrt{n-2}}{\sqrt{1 - r_s^2}} \qquad \textbf{(11.5.7)}$$

com graus de liberdade iguais a $n - 2$.

Se o valor *t* calculado excede o valor crítico *t*, podemos aceitar a hipótese da heterocedasticidade; caso contrário, rejeitamos. Se o modelo de regressão envolver mais de uma variável *X*, r_s poderá ser calculado entre $|\hat{u}_i|$ e cada uma das variáveis *X* separadamente e poderá ser testado quanto à significância estatística pelo teste *t* da Equação (11.5.7).

EXEMPLO 11.3
Ilustração do teste de correlação por ordem

Para ilustrar o teste de correlação por ordem, considere os dados da Tabela 11.2. Eles pertencem ao retorno anual médio (*E*, %) e ao desvio padrão do retorno anual (σ_i, %) de 10 fundos mútuos.

(*Continua*)

[16] Veja YULE, G. Udny; KENDALL, M. G. *An introduction to the theory of statistics*. Londres: Charles Criffin & Company, 1953. p. 455.

EXEMPLO 11.3
(Continuação)

TABELA 11.2 Teste de correlação por ordem para a heterocedasticidade

Nome do fundo mútuo	E_i, Retorno anual médio, %	σ_i, Desvio padrão do retorno anual, %	$\hat{E}_i$*	$\lvert\hat{u}_i\rvert$† Resíduos, $\lvert(E_i - \hat{E}_i)\rvert$	Ordem de $\lvert\hat{u}_i\rvert$	Ordem de σ_i	d, Diferença entre as duas classificações	d^2
Boston Fund	12,4	12,1	11,37	1,03	9	4	5	25
Delaware Fund	14,4	21,4	15,64	1,24	10	9	1	1
Equity Fund	14,6	18,7	14,40	0,20	4	7	−3	9
Fundamental Investors	16,0	21,7	15,78	0,22	5	10	−5	25
Investors Mutual	11,3	12,5	11,56	0,26	6	5	1	1
Loomis-Sales Mutual Fund	10,0	10,4	10,59	0,59	7	2	5	25
Massachusetts Investors Trust	16,2	20,8	15,37	0,83	8	8	0	0
New England Fund	10,4	10,2	10,50	0,10	3	1	2	4
Putnam Fund of Boston	13,1	16,0	13,16	0,06	2	6	−4	16
Wellington Fund	11,3	12,0	11,33	0,03	1	3	−2	4
Total							0	110

*Obtido da regressão: $\hat{E}_i = 5{,}8194 + 0{,}4590\,\sigma_i$.
†Valor absoluto dos resíduos.
Nota: classificação por ordem ascendente de valores.

A linha de mercado de capitais da teoria do portfólio postula uma relação linear entre o retorno esperado (E_i) e o risco (medido pelo desvio padrão, σ) de um portfólio:

$$E_i = \beta_i + \beta_2\sigma_i$$

Usando os dados na Tabela 11.2, o modelo anterior foi estimado e seus resíduos, calculados. Uma vez que os dados são referentes a 10 fundos mútuos de tamanhos e objetivos de investimento diferentes, *a priori* pode-se esperar heterodasticidade. Para verificarmos essa hipótese, aplicamos o teste de correlação por ordem. Os cálculos necessários estão na Tabela 11.2.

Aplicando a fórmula (11.5.6), obtemos

$$\begin{aligned} r_s &= 1 - 6\frac{110}{10(100-1)} \\ &= 0{,}3333 \end{aligned} \tag{11.5.8}$$

Aplicando o teste dado na Equação (11.5.7), obtemos

$$\begin{aligned} t &= \frac{(0{,}3333)(\sqrt{8})}{\sqrt{1-0{,}1110}} \\ &= 0{,}9998 \end{aligned} \tag{11.5.9}$$

Para os 8 graus de liberdade, esse valor t não é significativo nem mesmo ao nível de significância de 10%; o *p*-valor é 0,17. Não há evidência de uma relação sistemática entre a variável explanatória e os valores absolutos dos resíduos, o que poderia sugerir que não há heterocedasticidade.

Teste de Goldfeld-Quandt[17]

Este método popular é aplicável quando se supõe que a variância heterocedástica, σ_i^2, relaciona-se positivamente com *uma* das variáveis explanatórias no modelo de regressão. Para simplificarmos, consideramos o modelo usual de duas variáveis:

$$Y_i = \beta_1 + \beta_2 X_i + u_i$$

[17] GOLDFELD e QUANDT, op. cit., cap. 3.

Suponha que σ_i^2 relacione-se positivamente a X_i como

$$\sigma_i^2 = \sigma^2 X_i^2 \tag{11.5.10}$$

em que σ^2 é uma constante.[18]

A hipótese (11.5.10) postula que σ_i^2 é proporcional ao quadrado da variável X. Tal hipótese foi considerada muito útil por Prais e Houthakker, no estudo sobre orçamentos de famílias. (Veja na Seção 11.5 o tópico Métodos informais.)

Se a Equação (11.5.10) for adequada, significa que σ_i^2 será maior quanto maiores forem os valores de X_i. Se este for o caso, a heterodasticidade muito provavelmente estará presente no modelo. Para teste, Goldfeld e Quandt sugerem as seguintes etapas:

Etapa 1. Ordene ou classifique as observações de acordo com os valores de X_i, a começar pelo valor mais baixo de X.

Etapa 2. Omita c observações centrais, em que c é especificado *a priori*, e divida as observações remanescentes em dois grupos com observações $(n - c)/2$ em cada um.

Etapa 3. Ajuste as regressões MQO separadas, para as primeiras observações $(n - c)/2$ e para as últimas $(n - c)/2$, e obtenha as respectivas somas dos quadrados dos resíduos, SQR_1 e SQR_2, em que SQR_1 representa a soma dos quadrados dos resíduos a partir da regressão correspondente aos valores menores de X_i (o grupo de pequena variância) e SQR_2 a partir do conjunto com maiores valores de X_i (o grupo com variância maior). Essas somas têm, cada uma

$$\frac{(n-c)}{2} - k \quad \text{ou} \quad \left(\frac{n-c-2k}{2}\right) \text{ graus de liberdade}$$

em que k é o número de parâmetros a serem estimados, incluindo o intercepto. (Por quê?) Para o caso de duas variáveis, evidentemente k é igual a 2.

Etapa 4. Calcule a razão

$$\lambda = \frac{\text{SQR}_2/\text{gl}}{\text{SQR}_1/\text{gl}} \tag{11.5.11}$$

Se pressupormos que os u_i sejam distribuídos normalmente (o que em geral acontece), e *se a hipótese da homocedasticidade for válida*, então poderemos mostrar que λ da Equação (11.5.10) segue a distribuição F, tendo o numerador e o denominador $(n - c - 2k)/2$ graus de liberdade.

Se, em uma aplicação, λ $(= F)$ calculado for maior que o F crítico ao nível de significância escolhido, poderemos rejeitar a hipótese da homocedasticidade poderemos dizer que a heterocedasticidade é muito provável.

Antes de apresentarmos uma ilustração do teste, examinemos a omissão das c observações centrais. Essas observações são omitidas para ressaltar ou acentuar a diferença entre o grupo com variâncias pequenas (SQR_1) e o de grandes variâncias (SQR_2). Mas o sucesso dos resultados obtidos com o teste Goldfeld-Quandt dependerá de como c é escolhido.[19] Para o modelo de duas variáveis, os experimentos de Monte Carlo feitos por Goldfeld e Quandt sugerem que c seja cerca de 8, se o tamanho da amostra for de aproximadamente 30, e que seja cerca de 16, se o tamanho aproximado for de 60. Mas Judge et al observam que $c = 4$, se $n = 30$, e $c = 10$, se n for cerca de 60, são valores satisfatórios na prática.[20]

[18] Esta é apenas uma pressuposição plausível. Na realidade, exige-se que σ_i^2 esteja monotonicamente relacionada a X_i.

[19] Tecnicamente, a **potência** do teste depende de como c é escolhido. Em estatística, a potência de um teste é medida pela probabilidade de rejeitar a hipótese nula quando ela é falsa (isto é, por 1 – Prob [erro de tipo II]). Aqui a hipótese nula é que as variâncias dos dois grupos são as mesmas, ou seja, homocedasticidade. Para outras discussões, veja ALI, M. M.; GIACCOTTO, C. "A study of several new and existing tests for heteroscedasticity in the general linear model." *Journal of Econometrics*, 1984. v. 26, p. 335-373.

[20] JUDGE, George G.; HILL, R. Carter; GRIFFITHS, William E.; LUKEPOHL, Helmut; LEE, Tsoyng-Chao. *Introduction to the theory and practice of econometrics.* Nova York: John Wiley & Sons, 1982. p. 422.

Antes de prosseguirmos, podemos notar que, quando há mais de uma variável X no modelo, a classificação das observações, o primeiro passo do teste, pode ser feito de acordo com qualquer uma delas. Assim, no modelo: $Y_i = \beta_1 + \beta_2 X_{2i} + \beta_3 X_{3i} + \beta_4 X_{4i} + u_i$, podemos ordenar os dados de acordo com qualquer um desses X. Se *a priori* não estamos certos de qual variável X é adequada, podemos conduzir o teste para cada uma das variáveis X, ou por meio do teste de Park, para cada X.

EXEMPLO 11.4 *Teste de Goldfeld-Quandt*

Para ilustrar o teste de Goldfeld-Quandt, apresentamos na Tabela 11.3 dados sobre gastos de consumo em relação à renda para um corte transversal de 30 famílias. Supõe-se que postulamos que os gastos de consumo tenham uma relação de linearidade com a renda, mas que a heterocedasticidade esteja presente nos dados. Postulamos ainda que a natureza da heterocedasticidade seja aquela dada na Equação (11.5.10). O reordenamento necessário dos dados para a aplicação do teste também está presente na Tabela 11.3.

Eliminando as 4 observações do meio, as regressões de MQO para as 13 primeiras e para as 13 últimas observações e suas somas dos quadrados dos resíduos associadas são mostradas a seguir (erros padrão entre parênteses).

TABELA 11.3 Dados hipotéticos sobre gastos de consumo Y($) e renda X($) para ilustrar o teste de Goldfeld-Quandt

		Dados ordenados por valores de *X*		
Y	*X*	*Y*	*X*	
55	80	55	80	
65	100	70	85	
70	85	75	90	
80	110	65	100	
79	120	74	105	
84	115	80	110	
98	130	84	115	
95	140	79	120	
90	125	90	125	
75	90	98	130	
74	105	95	140	
110	160	108	145	
113	150	113	150	
125	165	110	160	4 observações do meio
108	145	125	165	4 observações do meio
115	180	115	180	4 observações do meio
140	225	130	185	4 observações do meio
120	200	135	190	
145	240	120	200	
130	185	140	205	
152	220	144	210	
144	210	152	220	
175	245	140	225	
180	260	137	230	
135	190	145	240	
140	205	175	245	
178	265	189	250	
191	270	180	260	
137	230	178	265	
189	250	191	270	

(Continua)

EXEMPLO 11.4 (*Continuação*)

Regressão baseada nas 13 primeiras observações:

$$\hat{Y}_i = 3{,}4094 + 0{,}6968X_i$$
$$(8{,}7049) \quad (0{,}0744) \quad r^2 = 0{,}8887 \quad SQR_1 = 377{,}17 \quad gl = 11$$

Regressão baseada nas 13 últimas observadas:

$$\hat{Y}_i = -\ 28{,}0272 + 0{,}7941X_i$$
$$(30{,}6421) \quad (0{,}1319) \quad r^2 = 0{,}7681 \quad SQR_2 = 1536{,}8 \quad gl = 11$$

Desses resultados, obtemos

$$\lambda = \frac{SQR_2/gl}{SQR_1/gl} = \frac{1536{,}8/gl}{377{,}17/gl}$$
$$\lambda = 4{,}07$$

O valor crítico de F para 11 graus de liberdade no numerador e no denominador no nível de 5% é 2,82. Uma vez que o F (= λ) estimado excede o valor crítico, podemos concluir que há heterocedasticidade na variância de erro. Entretanto, se o nível de significância for fixado em 1%, não podemos rejeitar a suposição de homocedasticidade. (Por quê?) Note que o *p valor* do λ observado é 0,014.

Teste de Breusch-Pagan-Godfrey[21]

O sucesso do teste de Goldfeld-Quandt depende não só do valor de c (o número de observações centrais omitidas), mas também de identificar a variável X correta com a qual se colocam as observações em ordem. Essa limitação do teste pode ser evitada se considerarmos o teste de Breusch-Pagan-Godfrey (BPG).

Para ilustrá-lo, considere um modelo de regressão linear com k variáveis explicativas

$$Y_i = \beta_1 + \beta_2 X_{2i} + \cdots + \beta_k X_{ki} + u_i \tag{11.5.12}$$

Suponha que a variância do erro σ_i^2 seja descrita como

$$\sigma_i^2 = f(\alpha_1 + \alpha_2 Z_{2i} + \cdots + \alpha_m Z_{mi}) \tag{11.5.13}$$

ou seja, σ_i^2 é uma função das variáveis não estocásticas Z; alguns ou todos os X's podem servir como Z's. Especificamente, suponha que

$$\sigma_i^2 = \alpha_1 + \alpha_2 Z_{2i} + \cdots + \alpha_m Z_{mi} \tag{11.5.14}$$

ou seja, σ_i^2 é uma função linear dos Z. Se $\alpha_2 = \alpha_3 = \ldots = \alpha_m = 0$, $\sigma_i^2 = \alpha_1$, que é uma constante. Portanto, para testarmos se σ_i^2 é homocedástico, podemos testar a hipótese de que $\alpha_2 = \alpha_3 = \ldots = \alpha_m = 0$. Essa é a ideia básica do teste de Breusch-Pagan-Godfrey. Segue o procedimento para o teste:

Etapa 1. Calcule a Equação (11.5.12) por MQO e obtenha os resíduos $\hat{u}_1, \hat{u}_2, \ldots, \hat{u}_n$.

Etapa 2. Obtenha $\tilde{\sigma}^2 = \sum \hat{u}_i^2/n$. Lembre-se, do Capítulo 4, que este é o estimador de máxima verossimilhança (MV) de σ^2. (Nota: o estimador de MQO é $\sum \hat{u}_i^2/[n-k]$.)

Etapa 3. Construa variáveis p_i definidas como:

$$p_i = \hat{u}_i^2 / \tilde{\sigma}^2$$

que são simplesmente cada resíduo elevado ao quadrado dividido por $\tilde{\sigma}^2$.

Etapa 4. Faça a regressão de p_i assim construída sobre os Z's como

$$p_i = \alpha_1 + \alpha_2 Z_{2i} + \cdots + \alpha_m Z_{mi} + v_i \tag{11.5.15}$$

em que v_i é o termo residual dessa regressão;

[21] BREUSCH, T.; PAGAN, A. "A simple test for heteroscedasticidade and random coefficient variation." *Econometrica*, 1979. v. 47, p. 1.287-1.294. Veja também GODFREY, L. "Testing for multiplicative heteroscedasticity." *Journal of Econometrics*, v. 8, p. 227-236, 1978. Devido à similaridade, esses testes são conhecidos como testes de Breusch-Pagan-Godfrey para heterocedasticidade.

Etapa 5. Obtenha SQE (soma dos quadrados explicados) da Equação (11.5.15) e defina

$$\Theta = \frac{1}{2}(\text{SQE}) \tag{11.5.16}$$

Supondo que os u_i sejam normalmente distribuídos, pode-se mostrar que se há homocedasticidade e se o tamanho da amostra n aumenta indefinidamente, então

$$\Theta \underset{\text{ass}}{\sim} \chi^2_{m-1} \tag{11.5.17}$$

ou seja, Θ segue a distribuição de qui-quadrado com $(m - 1)$ graus de liberdade. (*Nota*: *ass* significa *assintoticamente*).

Portanto, se em uma aplicação o Θ $(= \chi^2)$ calculado for maior que o valor crítico χ^2 no nível escolhido de significância, poderemos rejeitar a hipótese de homocedasticidade; caso contrário, esta não será rejeitada.

O leitor pode desejar saber por que BPG (Breusch-Pagan-Godfrey) escolheu ½ SQE como a estatística de teste. A lógica é ligeiramente complexa, sendo deixada para as referências.[22]

EXEMPLO 11.5
Teste de Breusch-Pagan-Godfrey (BPG)

Como exemplo, retomemos os dados (Tabela 11.3) usados para ilustrar o teste de heterocedasticidade de Godfeld-Quandt. Fazendo a regressão de Y contra X, obtemos o seguinte:

Etapa 1.

$$\begin{aligned} \hat{Y}_i &= 9{,}2903 + 0{,}6378X_i \\ \text{ep} &= (5{,}2314) \quad (0{,}0286) \qquad \text{SQR} = 2361{,}153 \qquad R^2 = 0{,}9466 \end{aligned} \tag{11.5.18}$$

Etapa 2.

$$\tilde{\sigma}^2 = \sum \hat{u}_i^2/30 = 2361{,}153/30 = 78{,}7051$$

Etapa 3. Divida os resíduos elevados ao quadrado $\hat{u}_i$ obtidos da regressão (11.5.18) por 78,7051 para construir a variável p_i.

Etapa 4. Supondo que os p_i sejam linearmente relacionados a X_i $(= Z_i)$ como na Equação (11.5.14), obtemos a regressão

$$\begin{aligned} \hat{p}_i &= -\ 0{,}7426 + 0{,}0101X_i \\ \text{ep} &= (0{,}7529) \quad (0{,}0041) \qquad \text{SQE} = 10{,}4280 \qquad R^2 = 0{,}18 \end{aligned} \tag{11.5.19}$$

Etapa 5.

$$\Theta = \frac{1}{2}(\text{SQE}) = 5{,}2140 \tag{11.5.20}$$

Sob os pressupostos do teste BPG, Θ, na Equação (11.5.20), segue assintoticamente a distribuição qui-quadrado com 1 grau de liberdade. (Nota: Há apenas um regressor na Equação (11.5.19). Agora, da tabela do qui-quadrado, verificamos que, para 1 grau de liberdade, o valor crítico de qui-quadrado a 5% é 3,8414 e o valor de χ^2 a 1% é de 6,6349. Dessa forma, o valor observado do qui-quadrado de 5,2140 é significativo ao nível de 5%, mas não ao nível de 1%. Portanto, chegamos à mesma conclusão que o teste de Goldfeld-Quandt. Mas lembre-se de que, falando estritamente, o teste BPG é assintótico, de grandes amostras e, no exemplo em questão, 30 observações podem não constituir uma amostra grande. Também é preciso ressaltar que em amostras pequenas o teste é sensível à hipótese de que erros u_i sejam normalmente distribuídos. Evidentemente, podemos testar o pressuposto de normalidade aplicando os testes discutidos no Capítulo 5.[23]

[22] Veja DARNELL, Adrian C. *A dictionary of econometrics*. Cheltenham, U.K.: Edward Elgar, 1994. p. 178-179.

[23] Sobre o assunto, veja KOENKER, R. "A note on studentizing a test for heteroscedasticity." *Journal of Econometrics*, 1981. v. 17, p. 1.180-1.200.

Teste geral de heterocedasticidade de White

Ao contrário do teste de Goldfeld-Quandt, que requer a reordenação das observações com respeito à variável X que supostamente causa heterocedasticidade, ou o teste de BPG, que é sensível à hipótese da normalidade, o teste geral da heterocedasticidade proposto por White não requer a hipótese da normalidade e é facilmente implementado.[24] Para ilustrar a ideia, considere o modelo de regressão a seguir, com três variáveis (a generalização para o modelo com k variáveis é direta):

$$Y_i = \beta_1 + \beta_2 X_{2i} + \beta_3 X_{3i} + u_i \tag{11.5.21}$$

Para realizar o teste de White, procede-se da seguinte forma:

Etapa 1. Com os dados, calculamos a Equação (11.5.21) e obtemos os resíduos, $\hat{u}_i$.

Etapa 2. Então, fazemos a seguinte regressão (auxiliar):

$$\hat{u}_i^2 = \alpha_1 + \alpha_2 X_{2i} + \alpha_3 X_{3i} + \alpha_4 X_{2i}^2 + \alpha_5 X_{3i}^2 + \alpha_6 X_{2i} X_{3i} + v_i \qquad \text{(11.5.22)}^{25}$$

Ou seja, os resíduos ao quadrado da regressão original são calculados por regressão contra as variáveis ou regressores X originais, seus valores elevados ao quadrado e os produtos cruzados dos regressores. Também podem ser incluídos regressores com expoentes mais altos. Observe que há um termo constante nessa equação, embora a regressão original possa ou não contê-lo. Obtenha o R^2 dessa regressão (auxiliar).

Etapa 3. Sob a hipótese nula de que não há heterocedasticidade, pode-se mostrar que o tamanho da amostra (n) multiplicado pelo R^2 da regressão auxiliar segue assintoticamente a distribuição de qui-quadrado com graus de liberdade iguais ao número de regressores (excluindo-se o termo constante) na regressão auxiliar. Isto é,

$$n \cdot R^2 \underset{\text{ass}}{\sim} \chi^2_{\text{gl}} \tag{11.5.23}$$

em que os graus de liberdade são definidos como anteriormente. Em nosso exemplo, há 5 graus de liberdade uma vez que há 5 regressores na regressão auxiliar.

Etapa 4. Se o valor do qui-quadrado obtido na Equação (11.5.23) excede o valor crítico do qui-quadrado ao nível escolhido de significância, a conclusão é de que há heterocedasticidade. Se ele não exceder o valor crítico do qui-quadrado, não haverá heterocedasticidade, indicando que, na regressão auxiliar (11.5.22), $\alpha_2 = \alpha_3 = \alpha_4 = \alpha_5 = \alpha_6 = 0$ (veja a nota de rodapé 25).

EXEMPLO 11.6
Teste de heterocedasticidade de White

Com os dados do corte transversal de 41 países, Stephen Lewis estimou o modelo de regressão a seguir:[26]

$$\ln Y_i = \beta_1 + \beta_2 \ln X_{2i} + \beta_3 \ln X_{3i} + u_i \tag{11.5.24}$$

em que Y = valor proporcional dos impostos (de importação e exportação) no total da receita do governo, X_2 = valor proporcional da soma de exportações mais importações relativas ao PIB, e X_3 = PIB *per capita*; e ln representa o logaritmo natural. Sua hipótese foi de que Y e X_2 estariam positivamente correlacionados (quanto mais alto o volume de transações comerciais, mais alta a receita tributária gerada) e que Y e X_3 estariam negativamente relacionadas (quando a renda aumenta, o governo acha mais fácil cobrar impostos diretos — por exemplo, imposto de renda — do que contar com impostos incidentes sobre transações comerciais).

(Continua)

[24] WHITE, H. "A heteroscedasticity consistent covariance matrix estimator and a direct test of heteroscedasticity." *Econometrica*, 1980. v. 48, p. 817-818.

[25] Implícita neste procedimento está a hipótese de que a variância do erro de u_i, σ_i^2 está funcionalmente relacionada a regressores, seus quadrados e seus produtos cruzados. Se todos os coeficientes angulares parciais nessa regressão são simultaneamente iguais a zero, então a variância do erro é a constante de homocedasticidade igual α_1.

[26] LEWIS, Stephen R. "Government revenue from foreign trade." *Manchester School of Economics and Social Studies*, 1963. v. 31, p. 39-47.

EXEMPLO 11.6 *(Continuação)*

Os resultados empíricos corroboraram as hipóteses. Para nossos fins, o importante é se há heterocedasticidade nos dados. Uma vez que os dados provêm de corte transversal envolvendo países heterogêneos, *a priori* se esperaria heterocedasticidade na variância dos erros. Ao aplicar o teste de heterocedasticidade de White aos resíduos obtidos da regressão (11.5.24), foram obtidos os seguintes resultados:[27]

$$\begin{aligned}\widehat{u_i^2} = & -5{,}8417 + 2{,}5629 \ln \text{Trade}_i + 0{,}6918 \ln \text{PIB}_i \\ & -0{,}4081(\ln \text{Trade}_i)^2 - 0{,}0491(\ln \text{PIB}_i)^2 \\ & +0{,}0015(\ln \text{Trade}_i)(\ln \text{PIB}_i) \qquad R^2 = 0{,}1148\end{aligned} \tag{11.5.25}$$

Nota: os erros padrão não são apresentados, pois não são pertinentes para nossos fins. Agora $n \cdot R^2 = 41\ (0{,}1148) = 4{,}7068$ tem, assintoticamente, uma distribuição quiquadrado com 5 graus de liberdade (por quê?). O valor crítico de 5% graus de liberdade para o qui-quadrado e nível de significância de 5% é de 11,0705 e com significância de 10% é de 9,2363 e com 25% é de 6,62568. Para fins práticos, podemos concluir, com base no teste de White, que não há heterocedasticidade.

Vale fazer um comentário sobre o teste de White. Se um modelo tem vários regressores, introduzir todos os regressores, seus termos ao quadrado (ou a potências mais elevadas) e seus pontos cruzados pode consumir rapidamente os graus de liberdade. Portanto, deve-se ter cautela para usar o teste.[28]

Em casos em que o teste estatístico de White apresentado em (11.5.25) é estatisticamente significante, a heterocedasticidade pode não ser necessariamente a causa, mas os erros de especificação, sobre os quais discorreremos mais detalhadamente no Capítulo 13 (veja o item 5 da Seção 11.1). Em outras palavras, **o teste de White pode ser um teste de heterocedasticidade (pura) ou de erro de especificação ou ambos.** Já afirmamos que, se não houver termos de produtos cruzados, ele será um teste de heterocedasticidade pura. Se tais termos estão presentes, trata-se de um teste tanto de heterocedastocidade quanto de viés de especificação.[29]

Outros testes de heterocedasticidade

Há vários outros testes de heterocedasticidade, cada qual baseado em certas hipóteses. O leitor interessado poderá desejar consultar as referências.[30] Mencionamos apenas um desses testes, devido à sua simplicidade. É o **teste de Koenker-Bassett (KB)**. Como os testes de Park, de Breusch-Pagan-Godfrey e de White, o teste KB baseia-se nos resíduos elevados ao quadrado, $\hat{u}_i^2$, mas, em vez de se fazer a regressão com um ou mais regressores, os resíduos elevados ao quadrado são regredidos contra os valores estimados do regressando elevados ao quadrado. Especificamente, se o modelo original é:

$$Y_i = \beta_1 + \beta_2 X_{2i} + \beta_3 X_{3i} + \cdots + \beta_k X_{ki} + u_i \tag{11.5.26}$$

estimamos esse modelo, obtemos os $\hat{u}_i$ e então estimamos

$$\hat{u}_i^2 = \alpha_1 + \alpha_2 (\hat{Y}_i)^2 + v_i \tag{11.5.27}$$

[27] Estes resultados, com a mudança na notação, são reproduzidos de LOTT, William F.; RAY, Subhash C. *Applied econometrics: problems with data sets. Instructor's Manual.* cap. 22, p. 137-140.

[28] Às vezes o teste pode ser modificado para conservar graus de liberdade. Veja o Exercício 11.18.

[29] Veja HARRIS, Richard. *Using cointegration analysis in econometrics modelling.* Reino Unido: Prentice Hall & Harvester Wheatsheaf, 1995. p. 68.

[30] Veja HARRISON, M. J.; MCCABE, B. P. "A test for heteroscedasticity based on ordinary least squares Residuals." *Journal of the American Statistical Association*, v. 74, p. 494-499. SZROETER, J. "A class of parametric tests for heteroscedasticity in linear econometric models." *Econometrica*, v. 46, p. 1.311-1.327, 1978. EVANS, M. A.; KING, M. L. "A further class of tests for heteroscedasticity." *Journal of Econometrics*, v. 37, p. 265-276, 1988. KOENLER R.; BASSETT, G. "Robust tests for heteroscedastividy based on regression quantiles." *Econometrica*, 1982. v. 50, p. 43-61.

em que $\hat{Y}_i$ são os valores estimados do modelo (11.5.26). A hipótese nula é de que $\alpha_2 = 0$. Se esta não for rejeitada, então se poderia concluir que não há heterocedasticidade. A hipótese nula pode ser testada pelo teste usual t ou pelo teste F. (Note que $F_{1,k} = t_k^2$.) Se o modelo (11.5.26) for log-log, faz-se a regressão de $(\log \hat{Y}_i)^2$ contra os quadrados dos resíduos. Outra vantagem do teste de KB é que ele é aplicável mesmo quando o termo de erro no modelo original (11.5.26) não é distribuído normalmente. Se aplicarmos o teste de KB ao Exemplo 11.1, veremos que o coeficiente angular da regressão dos quadrados dos resíduos obtidos na Equação (11.5.3) sobre o $\hat{Y}_i^2$ estimado da Equação (11.5.3) não difere estatisticamente de zero, reforçando, assim, o teste de Park. Esse resultado não deveria surpreender, uma vez que no caso só temos um regressor. Mas o teste de KB é aplicável com um ou mais regressores.

Uma observação a respeito dos testes de heterocedasticidade

Discutimos vários testes de heterocedasticidade nesta seção. De que maneira decidimos qual é o melhor? Esta não é uma questão fácil, pois esses testes baseiam-se em vários pressupostos. Ao compararmos os testes, precisamos prestar atenção ao seu tamanho (ou nível de significância), potência (a probabilidade de rejeitar uma hipótese falsa) e a sensibilidade a discrepâncias (*outliers*).

Já apontamos algumas das limitações do teste de White para heterocedasticidade, que é fácil de aplicar. Em decorrência dessas limitações, pode-se ter uma baixa potência contra as alternativas. Além disso, o teste ajuda pouco na identificação dos fatores ou variáveis que causam heterocedasticidade.

Da mesma forma, o teste de Breusch-Pagan-Godfrey é sensível à hipótese da normalidade. Em contrapartida, o de Koenker-Bassett não conta com a hipótese da normalidade e pode, portanto, ser mais potente.[31] No teste de Goldfeld-Quandt, se omitimos muitas observações, podemos diminuir sua performance.

Apresentar análise comparativa dos vários testes de heterocedasticidade é algo que vai além do escopo deste livro. Mas o leitor interessado pode consultar o artigo de John Lyon e Chin-Ling Tsai para ter ideia dos pontos fortes e fracos de vários testes de heterocedasticidade.[32]

11.6 Medidas corretivas

Como vimos, a heterocedasticidade não destrói as propriedades de não tendenciosidade e consistência dos estimadores de MQO, mas eles deixam de ser eficientes, mesmo assintoticamente (em grandes amostras). A falta de eficiência torna duvidoso o valor dos procedimentos usuais de teste de hipóteses. Portanto, medidas corretivas podem ser necessárias. Há duas abordagens para a correção: quando σ_i^2 é conhecido e quando não é conhecido.

Quando σ_i^2 é conhecido: o método de mínimos quadrados ponderados

Como vimos na seção 11.3, se σ_i^2 é conhecido, o método mais prático para corrigir heterocedasticidade é por meio dos mínimos quadrados ponderados, pois os estimadores obtidos são MELNT.

EXEMPLO 11.7
Ilustração do método de mínimos quadrados ponderados

Para ilustrarmos o método, suponha que desejemos estudar a relação entre remuneração e o número de funcionários para os dados apresentados na Tabela 11.1. Para simplificarmos, medimos o número de funcionários por 1 (1-4 funcionários), 2 (5-9 funcionários), ..., 9 (1.000-2.499 funcionários), embora também pudéssemos medi-lo pelo ponto médio das várias classes apresentadas no quadro.

(*Continua*)

[31] Para detalhes, veja GREEN, William H. *Econometric analysis*. 6. ed. Nova Jersey: Pearson/Prentice-Hall, 2008. p. 165-167.

[32] Veja o artigo deles, "A comparison of tests of heteroscedasticity." *The Statician*, 1996. v. 45, n. 3, p. 337-349.

EXEMPLO 11.7 *(Continuação)*

Agora, representando a remuneração média por funcionário, em $, por *Y* e o número de funcionários por X, calculamos a regressão conforme mostra a

$$Y_i/\sigma_i = \hat{\beta}_1^*(1/\sigma_i) + \hat{\beta}_2^*(X_i/\sigma_i) + (\hat{u}_i/\sigma_i) \quad \textbf{(11.6.1)}$$

em que σ_i é o desvio padrão da remuneração, conforme mostrado na Tabela 11.1. Os dados necessários para avaliar esta regressão são fornecidos na Tabela 11.4.

TABELA 11.4

Ilustração de uma regressão de mínimos quadrados ponderados

Fonte: os dados de *Y* e σ_i (desvio padrão da remuneração) são da Tabela 11.1. Número de funcionários: 1 = 1 a 4; 2 = 5 a 9 etc. Esses dados também foram extraídos da Tabela 11.1.

Recomunicação, *Y*	Número de funcionários, *X*	σ_i	Y_i/σ_i	X_i/σ_i
3.396	1	742,2	4,5664	0,0013
3.787	2	851,4	4,4480	0,0023
4.013	3	727,8	5,5139	0,0041
4.104	4	805,06	5,0978	0,0050
4.146	5	929,9	4,4585	0,0054
4.241	6	1.080,6	3,9247	0,0055
4.387	7	1.241,2	3,5288	0,0056
4.538	8	1.307,7	3,4702	0,0061
4.843	9	1.110,7	4,3532	0,0081

Nota: na regressão (11.6.2), a variável dependente é (Y_i/σ_i) e as variáveis independentes são $(1/\sigma_i)$ e (X_i/σ_i)

Antes de passar para os resultados da regressão, note que a Equação (11.6.1) não possui termo de intercepto. (Por quê?) Teremos de usar o modelo de regressão que passa pela origem para estimar β_1^* e β_2^*, assunto discutido no Capítulo 6. Mas a maioria dos programas de computador atuais tem uma opção para suprimir o termo de intercepto (como ocorre com o *Minitab* ou o EViews). Vale ressaltar outro aspecto importante da Equação (11.6.1): ela tem duas variáveis explanatórias $(1/\sigma_i)$ e (X_i/σ_i), enquanto, se tivéssemos de usar os MQO, o cálculo de regressão da remuneração contra o número de funcionários teria uma única variável explanatória, X_i. (Por quê?)

Os resultados de regressão com MQP são os seguintes:

$$\begin{aligned} \widehat{(Y_i/\sigma_i)} &= 3406{,}639(1/\sigma_i) + 154{,}153(X_i/\sigma_i) \\ &\quad\ (80{,}983) \qquad\qquad (16{,}959) \\ t &= \ (42{,}066) \qquad\qquad (9{,}090) \\ R^2 &= 0{,}9993^{33} \end{aligned} \quad \textbf{(11.6.2)}$$

Por comparação, damos os resultados usuais ou não ponderados de MQO:

$$\begin{aligned} \hat{Y}_i &= 3417{,}833 + 148{,}767\,X_i \\ &\quad\ (81{,}136) \qquad (14{,}418) \\ t &= \ (42{,}125) \qquad (10{,}318) \qquad R^2 = 0{,}9383 \end{aligned} \quad \textbf{(11.6.3)}$$

No Exercício 11.7, pede-se para comparar essas duas regressões.

Quando σ_i^2 não é conhecido

Como notado anteriormente, se os verdadeiros σ_i^2 forem conhecidos, poderemos empregar o método dos MQP para obter estimadores MELNT. Uma vez que os verdadeiros σ_i^2 raramente são conhe-

[33] De acordo com a nota de rodapé 3 do Capítulo 6, a regressão de R^2 através da origem não é diretamente comparável com a R^2 do atual modelo intercepto. O R^2 avaliado de 0,9993 considera esta diferença. (Veja os vários programas para mais detalhes sobre como o R^2 está correto ao considerar a ausência do termo intercepto. Veja também o Apêndice 6A, Seção 6A1.)

cidos, haverá uma forma de obter estimativas *consistentes* (no sentido estatístico) das variâncias e covariâncias dos estimadores de MQO, mesmo quando há heterocedasticidade? A resposta é sim.

Variâncias e erros padrão consistentes para heterocedasticidade de White

White mostrou que esta estimativa pode ser realizada de modo que inferências estatísticas válidas *assintoticamente* (i.e., para amostras grandes) possam ser feitas sobre os verdadeiros valores dos parâmetros.[34] Não apresentaremos os detalhes matemáticos, pois estão além do escopo deste livro. No entanto, o Apêndice 11 A.4 delineia o procedimento de White. Hoje, vários programas apresentam as variâncias de heterocedasticidade de White e erros padrão com as variâncias dos MQO e erros padrão usuais.[35] A propósito, os erros padrão corrigidos para a heterocedasticidade de White também são conhecidos como **erros padrão robustos**.

EXEMPLO 11.8
Ilustração de procedimento de White

Como exemplo, vejamos os resultados de Greene:[36]

$$\begin{aligned}
\hat{Y}_i &= 832{,}91 \quad - \quad 1834{,}2\,(\text{Renda}) \; + \; 1587{,}04\,(\text{Renda})^2 \\
\text{ep MQO} &= (327{,}3) \qquad (829{,}0) \qquad\qquad (519{,}1) \\
t &= (2{,}54) \qquad (2{,}21) \qquad\qquad (3{,}06) \\
\text{ep White} &= (460{,}9) \qquad (1243{,}0) \qquad\qquad (830{,}0) \\
t &= (1{,}81) \qquad (-1{,}48) \qquad\qquad (1{,}91)
\end{aligned} \tag{11.6.4}$$

em que Y = gastos *per capita* com escolas públicas por estado em 1979 e Renda = renda *per capita* por estado em 1979. A amostra consistia em 50 Estados mais Washington, DC.

Como os resultados anteriores mostram, os erros padrão corrigidos para heterocedasticidade são consideravelmente maiores que os obtidos pelos MQO. Com base nos últimos, ambos os regressores são estatisticamente significantes no nível de 5%; com base nos estimadores de White eles não são. Deve-se destacar que os erros padrão corrigidos para heterocedasticidade de White podem ser maiores ou menores que os não corrigidos.

Uma vez que os estimadores consistentes para heterocedasticidade de White agora estão disponíveis em programas de regressão, recomenda-se que o leitor os indique. Como Wallace e Silver observam:

> Em termos gerais, provavelmente é uma boa ideia usar a opção de WHITE [disponível em programas de regressão] como rotina, talvez comparando o resultado com resultados obtidos regularmente com os MQO como verificação, para ver se a heterocedasticidade é um problema grave em determinado conjunto de dados.[37]

Hipóteses plausíveis sobre o padrão de heterocedasticidade

Além de ser usado para amostras amplas, uma desvantagem do procedimento de White é que os estimadores obtidos podem não ser tão eficientes quanto os obtidos pelos métodos que transformam dados, para refletir tipos específicos de heterocedasticidade. Para ilustrar isso, voltemos ao modelo de regressão de duas variáveis:

$$Y_i = \beta_1 + \beta_2 X_i + u_i$$

Agora consideramos várias pressuposições sobre o padrão de heterocedasticidade.

[34] Veja H. White, op. cit.

[35] Tecnicamente, eles são conhecidos como **estimadores consistentes da matriz de covariância para heterocedasticidade**.

[36] GREENE, William H. *Econometric analysis*. 2. ed. Nova York: Macmillan, 1993. p. 385.

[37] WALLACE, T. Dudley; SILVER, J. Lew. *Econometrics:* an introduction. Reading, Mass.: Addison-Wesley, 1988. p. 265.

HIPÓTESE 1 A variância do erro é proporcional a X_i^2.

$$E(u_i^2) = \sigma^2 X_i^2 \tag{11.6.5}$$[38]

Se, em função de métodos gráficos "especulativos" ou das abordagens de Park e Glejser, acreditamos que a variância de u_i é proporcional ao quadrado da variável explanatória X (veja a Figura 11.10), pode-se transformar o modelo original como se segue. Dividimos o modelo original por X_i:

$$\begin{aligned} \frac{Y_i}{X_i} &= \frac{\beta_1}{X_i} + \beta_2 + \frac{u_i}{X_i} \\ &= \beta_1 \frac{1}{X_i} + \beta_2 + v_i \end{aligned} \tag{11.6.6}$$

em que v_i é o termo de erro transformado, igual a u_i/X_i. Agora é fácil verificar que

$$\begin{aligned} E(v_i^2) &= E\left(\frac{u_i}{X_i}\right)^2 = \frac{1}{X_i^2} E(u_i^2) \\ &= \sigma^2 \qquad \text{usando (11.6.5)} \end{aligned}$$

Por isso a variância de v_i agora é homocedástica e pode-se proceder aplicando os MQO à equação transformada (11.6.6), fazendo a regressão Y_i/X_i contra $1/X_i$.

Note que na regressão transformada o termo de intercepto β_2 é o coeficiente angular na equação original e o coeficiente angular β_1 é o termo de intercepto no modelo original. Para voltarmos ao modelo original, temos de multiplicar a equação estimada (11.6.6) por X_i. Uma aplicação dessa transformação está no Exercício 11.20.

HIPÓTESE 2 A variância de erro é proporcional a X_i. A **transformação raiz quadrada:**

$$E(u_i^2) = \sigma^2 X_i \tag{11.6.7}$$

FIGURA 11.10
Variância do erro proporcional a X^2.

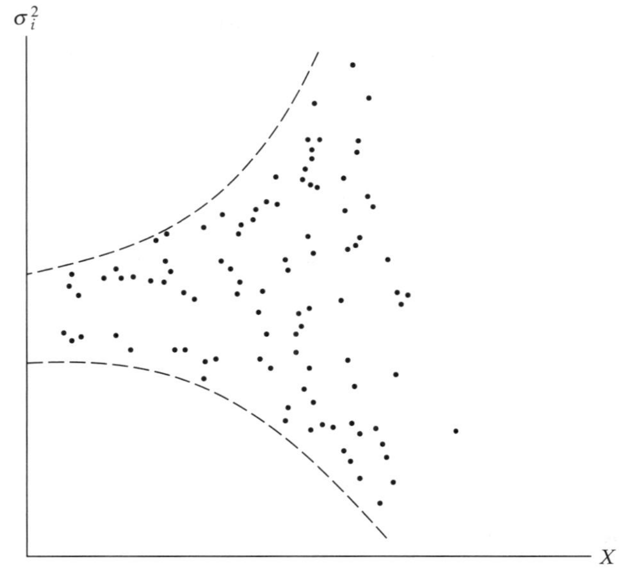

[38] Lembre-se de que já encontramos essa hipótese em nossa discussão do teste de Goldfeld-Quandt.

Se acreditamos que a variância de u_i, em vez de ser proporcional ao X_i elevado ao quadrado, é proporcional ao próprio X_i, o modelo original pode ser transformado da seguinte maneira (veja a Figura 11.11):

$$\begin{aligned}\frac{Y_i}{\sqrt{X_i}} &= \frac{\beta_1}{\sqrt{X_i}} + \beta_2\sqrt{X_i} + \frac{u_i}{\sqrt{X_i}} \\ &= \beta_1\frac{1}{\sqrt{X_i}} + \beta_2\sqrt{X_i} + v_i\end{aligned} \tag{11.6.8}$$

em que $v_i = u_i/\sqrt{X_i}$ e $X_i > 0$.

Dada a Hipótese 2, pode-se verificar prontamente que $E(v_i^2) = \sigma^2$, uma situação homocedástica. Portanto, pode-se prosseguir e aplicar os MQO a (11.6.8), fazendo a regressão de $Y_i/\sqrt{X_i}$ contra $1/\sqrt{X_i}$ e $\sqrt{X_i}$.

Note um importante aspecto do modelo transformado: não há o termo intercepto. Portanto, é necessário utilizar o modelo regressão através da origem para estimar β_i e β_2. Pela Equação (11.6.8), obtém-se o modelo original simplesmente multiplicando a Equação (11.6.8) por $\sqrt{X_i}$.

Um caso interessante é o modelo de intercepto zero, a saber, $Y_i = \beta_2 X_i + u_i$. Neste caso, a Equação (11.6.8) torna-se:

$$\frac{Y_i}{\sqrt{X_i}} = \beta_2\sqrt{X_i} + \frac{u_i}{\sqrt{X_i}} \tag{11.6.8a}$$

E pode-se mostrar que

$$\hat{\beta}_2 = \frac{\bar{Y}}{\bar{X}} \tag{11.6.8b}$$

Ou seja, o estimador de mínimos quadrados ponderados é apenas a relação entre as variáveis dependente e explanatória. (Para provar a Equação (11.6.8b), aplique a fórmula de regressão que passa pela origem dada na Equação (6.1.6).)

HIPÓTESE 3 A variância do erro é proporcional ao quadrado do valor médio de Y.

$$E\left(u_i^2\right) = \sigma^2[E(Y_i)]^2 \tag{11.6.9}$$

FIGURA 11.11
Variância do erro proporcional a X.

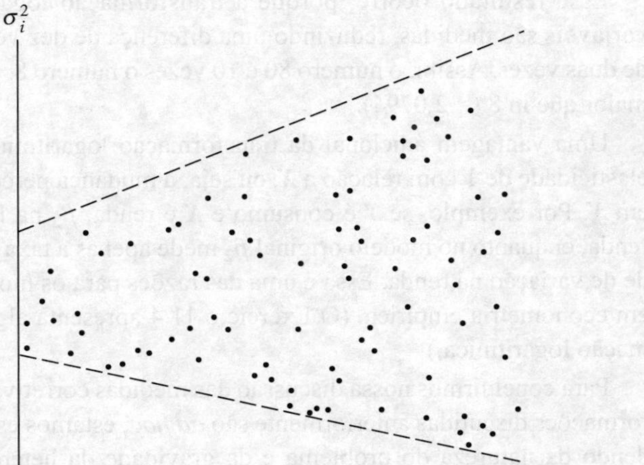

A Equação (11.6.9) postula que a variância de u_i é proporcional ao quadrado do valor esperado de Y (veja a Figura 11.8e). Agora

$$E(Y_i) = \beta_1 + \beta_2 X_i$$

Portanto, se transformamos a equação original como se segue,

$$\begin{aligned}\frac{Y_i}{E(Y_i)} &= \frac{\beta_1}{E(Y_i)} + \beta_2 \frac{X_i}{E(Y_i)} + \frac{u_i}{E(Y_i)} \\ &= \beta_1 \left(\frac{1}{E(Y_i)}\right) + \beta_2 \frac{X_i}{E(Y_i)} + v_i\end{aligned} \tag{11.6.10}$$

em que $v_i = u_i / E(Y_i)$, pode-se ver que $E(v_i^2) = \sigma^2$; isto é, os termos de erro v_i são homocedásticos. A regressão (11.6.10) irá satisfazer a hipótese da homocedasticidade do modelo clássico de regressão linear.

A transformação (11.6.10) é, no entanto, inoperante, porque $E(Y_i)$ depende de β_1 e β_2, que são desconhecidos. Evidentemente, sabemos que $\hat{Y}_i = \hat{\beta}_1 + \hat{\beta}_2 X_i$, que é um estimador de $E(Y_i)$. Podemos prosseguir em duas etapas: primeiro, fazemos a regressão usual de MQO, sem levar em consideração o problema da heterocedasticidade, e obtemos $\hat{Y}_i$. Então, usando o $\hat{Y}_i$ estimado, transformamos nosso modelo da seguinte maneira:

$$\frac{Y_i}{\hat{Y}_i} = \beta_1 \left(\frac{1}{\hat{Y}_i}\right) + \beta_2 \left(\frac{X_i}{\hat{Y}_i}\right) + v_i \tag{11.6.11}$$

em que $v_i = (u_i / \hat{Y}_i)$. Na segunda etapa, calculamos a regressão (11.6.11). Embora $\hat{Y}_i$ não seja exatamente $E(Y_i)$, *eles são estimadores consistentes*; isto é, quando o tamanho da amostra aumenta indefinidamente, eles convergem para os verdadeiros $E(Y_i)$. Desse modo, a transformação (11.6.11) terá um desempenho satisfatório na prática se o tamanho da amostra for razoavelmente grande.

HIPÓTESE 4 Uma transformação logarítmica como

$$\ln Y_i = \beta_1 + \beta_2 \ln X_i + u_i \tag{11.6.12}$$

muito frequentemente reduz a heterocedasticidade quando comparada com a regressão $Y_i = \beta_1 + \beta_2 X_i + u_i$.

Esse resultado ocorre, porque a transformação logarítmica comprime as escalas em que as variáveis são medidas, reduzindo uma diferença de dez vezes entre dois valores para uma diferença de duas vezes. Assim, o número 80 é 10 vezes o número 8, mas ln 80 (= 4,3280) é cerca de duas vezes maior que ln 8 (= 2,0794).

Uma vantagem adicional da transformação logarítmica é que o coeficiente angular β_2 mede a elasticidade de Y com relação a X, ou seja, a mudança percentual em Y para uma mudança percentual em X. Por exemplo, se Y é consumo e X é renda, β_2 na Equação (11.6.12) mede a elasticidade da renda, enquanto no modelo original β_2 mede apenas a taxa de variação do consumo médio por unidade de variação na renda. Essa é uma das razões para os modelos logarítmicos serem muito populares em econometria empírica. (O Exercício 11.4 apresenta alguns dos problemas associados à transformação logarítmica.)

Para concluirmos nossa discussão das medidas corretivas, voltamos a enfatizar que todas as transformações discutidas anteriormente são *ad hoc*; estamos especulando sobre a natureza do σ_i^2. Dependendo da natureza do problema e da gravidade da heterocedasticidade, determinaremos qual das transformações discutidas funcionará. Há alguns problemas adicionais com as transformações consideradas que deveríamos ter em mente:

1. Quando vamos além do modelo de duas variáveis, podemos não saber *a priori* qual das variáveis X e Y deverá ser escolhida para transformar os dados.[39]
2. A transformação logarítmica, conforme discutido na Hipótese 4, não é aplicável se alguns dos valores de X e Y forem zero ou negativos.[40]
3. Há o problema de **correlação espúria.** Esse termo, atribuído a Karl Pearson, refere-se à situação em que se encontra correlação nas razões das variáveis, mesmo que as variáveis originais não estejam correlacionadas ou sejam aleatórias.[41] Assim, no modelo $Y_i = \beta_1 + \beta_2 X_i + u_i$, Y e X podem não estar correlacionados, mas no modelo transformado $Y_i/X_i = \beta_1(1/X_i) + \beta_2$, Y_i/X_i e $1/X_i$ estão frequentemente correlacionados.
4. Quando os σ_i^2 não são conhecidos diretamente e são estimados com base em uma ou mais transformações discutidas anteriormente, todos os nossos procedimentos de uso dos testes t, testes F etc. são, *falando em termos estritos, válidos somente para amostras maiores*. É preciso ser cuidadoso para interpretar os resultados com base nas várias transformações em amostras pequenas ou finitas.[42]

11.7 Exemplos finais

Para concluirmos nossa discussão sobre heterocedasticidade, apresentamos três exemplos ilustrando os principais pontos abordados neste capítulo.

EXEMPLO 11.9
Mortalidade infantil revisitada

Retornemos ao exemplo da mortalidade infantil, considerado em várias ocasiões. Dos dados para 64 países, obtemos os resultados de regressão mostrados na Equação (8.1.4). Uma vez que temos dados de corte transversal, envolvendo diversos países com diferentes experiências de mortalidade, é provável que possamos encontrar heterocedasticidade. Para descobrir isso, vamos primeiro considerar os resíduos obtidos na Equação (8.1.4). Esses resíduos são traçados graficamente na Figura 11.12. Dessa figura, parece que os resíduos não mostram qualquer padrão distinto que possa sugerir heterocedasticidade. No entanto, as aparências enganam. Vamos aplicar os testes de Park, Glejser e White para verificar se há qualquer evidência de heterocedasticidade.

Teste de Park. Como há dois regressores, o PNB e o TAF, podemos fazer a regressão dos resíduos elevados ao quadrado por meio da regressão (8.1.4) em qualquer uma das variáveis. Ou, então, podemos fazer a regressão deles contra os valores estimados de MI (= $\widehat{\text{MI}}$) obtidos na regressão (8.2.1). Com esta última, obtivemos os seguintes resultados:

$$\begin{aligned} \widehat{u_i^2} &= 854{,}4006 + 5{,}7016\ \widehat{\text{MI}}_i \\ t &= \quad (1{,}2010) \qquad (1{,}2428) \qquad r^2 = 0{,}024 \end{aligned} \tag{11.7.1}$$

Nota: $\hat{u}_i$ são resíduos obtidos da regressão (8.1.4) e MI são os valores estimados de $\widehat{\text{MI}}$, da regressão (8.1.4).

(*Continua*)

[39] Entretanto, por praticidade, pode-se plotar $\hat{u}_i^2$ contra cada variável e decidir qual variável X pode ser usada para transformar os dados. (Veja a Figura 11.9.)

[40] Às vezes podemos usar ln $(Y_i + k)$ ou ln $(X_i + k)$, em que k é um número positivo escolhido de tal maneira que todos os valores de Y e X tornem-se positivos.

[41] Por exemplo, se X_1, X_2 e X_3 são mutuamente não correlacionadas, $r_{12} = r_{13} = r_{23} = 0$ e constatamos que os valores das razões X_1/X_3 e X_2/X_3 são correlacionados, então há uma correlação espúria. "Em termos mais gerais, a correlação poderá ser descrita como espúria se for induzida pelo método de condução dos dados e não estiver presente no material original." KENDALL, M. G.; BUCKLAND, W. R. *A dictionary of statistical terms.* Nova York: Hafner Publishing, 1972. p. 143.

[42] Para maiores detalhes, veja JUDGE, George G. et al., op. cit., seção 14.4, p. 415-420.

EXEMPLO 11.9
(Continuação)

Como mostra essa regressão, não há relação sistemática entre os resíduos elevados ao quadrado e os valores estimados de MI (por quê?), sugerindo que a hipótese de homocedasticidade pode ser válida. Por sinal, regressar o logaritmo dos valores de resíduos elevados ao quadrado no logaritmo de $\widehat{MI}$ não mudou a conclusão.

Teste de Glejser. Os valores absolutos dos resíduos obtidos na Equação (8.1.4), quando regredidos contra o valor estimado de MI da mesma regressão, deram os seguintes resultados:

$$|\hat{u}_i| = 22{,}3127 + 0{,}0646\ \widehat{MI}_i \qquad (11.7.2)$$
$$t = (2{,}8086) \quad (1{,}2622) \qquad r^2 = 0{,}0250$$

Novamente, não há uma relação muito sistemática entre os valores absolutos dos resíduos e os valores estimados de MI, na medida em que o coeficiente angular t não é significativo estatisticamente.

Teste de White. Aplicando o teste de heterocedasticidade de White com e sem os termos dos produtos cruzados, não encontramos evidências de heterocedasticidade. Também estimamos novamente a Equação (8.1.4) para obter os erros padrão e os valores de t consistentes com a heterocedasticidade de White, mas os resultados foram semelhantes aos da Equação (8.1.4), o que não deveria surpreender, tendo em vista os vários testes de heterocedasticidade conduzidos anteriormente.

Em resumo, parece que nossa regressão de mortalidade infantil (8.1.4) não sofre de heterocedasticidade.

FIGURA 11.12
Resíduos da regressão (8.1.4).

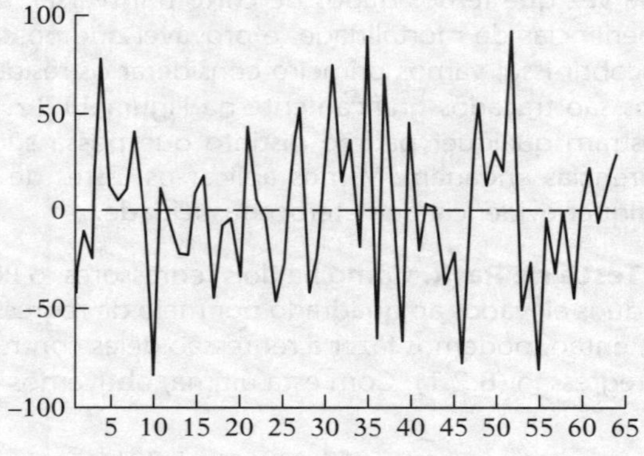

EXEMPLO 11.10
Despesas com P&D, vendas e lucro em 14 segmentos industriais nos Estados Unidos, 2005

A Tabela 11.5 apresenta dados sobre gastos com pesquisa e desenvolvimento (P&D), vendas e lucro para 14 segmentos industriais nos Estados Unidos (em milhões de dólares). Uma vez que os dados de corte transversal desta tabela são bastante heterogêneos, em uma regressão de P&D contra as vendas, a heterocedasticidade é provável. Os resultados de regressão são os seguintes:

$$\widehat{P\&D}_i = 1338 + 0{,}0437\ \text{Vendas}_i$$
$$\text{ep} = (5015) \quad (0{,}0277) \qquad (11.7.3)$$
$$t = (0{,}27) \quad (1{,}58) \qquad r^2 = 0{,}172$$

Não é de surpreender que haja uma relação positiva entre P&D e vendas, embora não seja estatisticamente positiva, nos níveis tradicionais.

(Continua)

EXEMPLO 11.10 (*Continuação*)

TABELA 11.5 Vendas e emprego para empresas com desempenho industrial de P&D nos Estados Unidos, por setor, 2005 (valores em milhões de dólares)

	Setor	Vendas	P&D	Lucros
1	Alimentos	374.342	2.716	234.662
2	Têxteis, roupas e couro	51.639	816	53.510
3	Químicos básicos	109.899	2.277	75.168
4	Resina, borracha sintética, fibra e filamentos	132.934	2.294	34.645
5	Farmacêuticos e remédios	273.377	34.839	127.639
6	Plásticos e produtos de borracha	90.176	1.760	96.162
7	Produtos fabricados de metal	174.165	1.375	155.801
8	Maquinário	230.941	8.531	143.472
9	Computadores e periféricos	91.010	4.955	34.004
10	Semicondutores e outros componentes eletrônicos	176.054	18.724	81.317
11	Instrumentos de navegação, de mensuração, aparelhos médicos e de controles	118.648	15.204	73.258
12	Equipamentos elétrico, aparelhos e componentes	101.398	2.424	54.742
13	Produtos e peças aeroespaciais	227.271	15.005	72.090
14	Equipamentos médicos e suprimentos	56.661	4.374	52.443

Fonte: National Science Foundation, Division of Science Resources Statistics, Survey of Industrial Research and Development: 2005 e o U.S. Census Bureau Annual Survey of Manufactures, 2005.

Para ver se a regressão (11.7.3) sofre de heterocedasticidade, obtemos os resíduos, $\hat{u}_i$, e os resíduos elevados ao quadrado, $\hat{u}_i^2$, do modelo e plotamos contra vendas, como mostra a Figura 11.13. Observando essa figura, parece haver um padrão sistemático entre os resíduos e os resíduos elevados ao quadrado e vendas, sugerindo heterocedasticidade. Para testarmos formalmente, empregamos os testes de Park, Glejser e White, que deram os resultados a seguir:

FIGURA 11.13 (*a*) e resíduos ao quadrado (*b*) contra vendas.

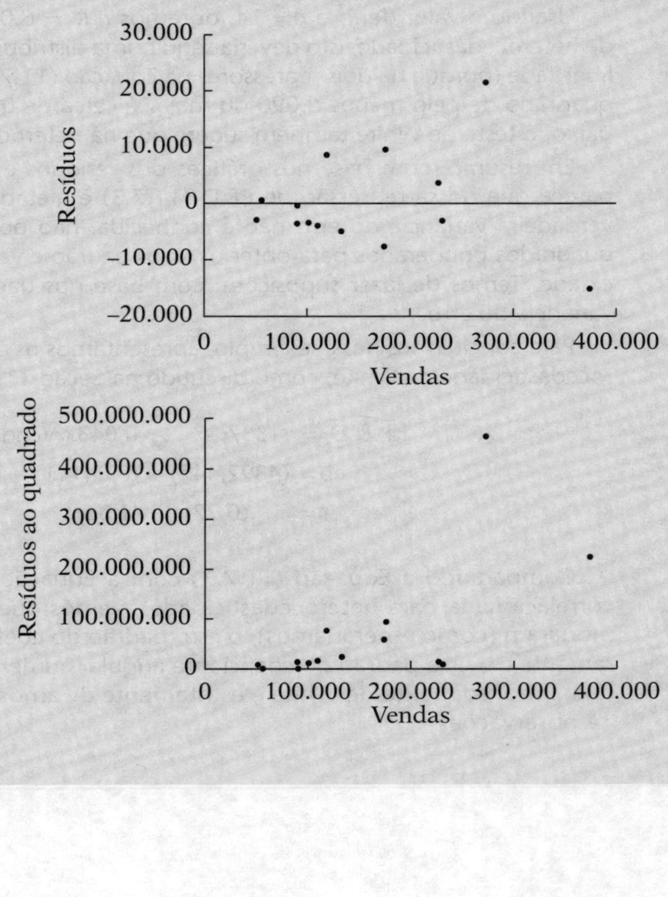

(*Continua*)

EXEMPLO 11.10
(Continuação)

Teste de Park

$$\widehat{u_i^2} = -\,72.493.719 + 916{,}1\ \text{Vendas}_i$$
$$\text{ep} = \ (54.940.238) \quad (303{,}9)$$
$$t = \ (-1{,}32) \quad (3{,}01) \qquad r^2 = 0{,}431 \tag{11.7.4}$$

O teste de Park sugere que há uma relação significativa positiva entre os resíduos elevados ao quadrado e as vendas.

Teste de Glejser

$$\widehat{|u_i|} = -\,1003 + 0{,}04639\ \text{Vendas}_i$$
$$\text{ep} = \ (2316) \quad (0{,}0128)$$
$$t = \ (-0{,}43) \quad (3{,}62) \qquad r^2 = 0{,}522 \tag{11.7.5}$$

O teste de Glejser também sugere que há uma relação sistemática entre os valores absolutos dos resíduos e vendas, levantando a possibilidade de que a regressão (11.7.3) seja afetada pela heterocedasticidade.

Teste de White

$$\widehat{u_i^2} = -\,46.746.325 + 578\ \text{Vendas}_i + 0{,}000846\ \text{Vendas}_i^2$$
$$\text{ep} = \ (112.224.348) \quad (1308) \quad (0{,}003171)$$
$$t = \ (-0{,}42) \quad (0{,}44) \quad (0{,}27)$$
$$R^2 = 0{,}435 \tag{11.7.6}$$

Usando o valor de R^2 e $n = 14$, obtemos $n\,R^2 = 6{,}090$. Sob a hipótese nula de ausência de heterocedasticidade, isto deveria seguir uma distribuição de qui-quadrado com 2 graus de liberdade (porque há dois regressores na Equação (11.7.6)). O ρ-valor de obter um valor qui-quadrado de pelo menos 6,090 ou maior é cerca de 0,0476. Uma vez que esse é um valor baixo, o teste de White também sugere que há heterocedasticidade.

Em resumo, com base nos gráficos dos resíduos e dos testes de Park, Glejser e White, parece que nossa regressão de P&D (11.7.3) é afetada pela heterocedasticidade. Como a verdadeira variância do erro não é conhecida, não podemos usar o método dos mínimos quadrados ponderados para obter os erros padrão e valores t corrigidos para heterocedasticidade. Temos de fazer suposições, com base nos dados disponíveis, sobre a natureza da variância do erro.

Para concluirmos nosso exemplo, apresentamos os erros padrão consistentes com a heterocedasticidade de White, como discutido na Seção 11.6.

$$\widehat{\text{P \& D}_i} = 1337{,}87 + 0{,}0437\ \text{Vendas}_i$$
$$\text{ep} = \ (4892{,}447) \quad (0{,}0411)$$
$$t = \ (0{,}27) \quad (1{,}06) \qquad r^2 = 0{,}172 \tag{11.7.7}$$

Comparando a Equação (11.7.7) com a Equação (11.7.3) (a última não tendo sido correlacionada para heterocedasticidade), vemos que as estimativas dos parâmetros não mudaram (como esperaríamos), o erro padrão do coeficiente de intercepto diminuiu ligeiramente e o erro padrão do coeficiente angular aumentou ligeiramente. Mas lembre-se de que o procedimento de White é estritamente de amostra grande, enquanto temos apenas 14 observações.

EXEMPLO 11.11 A Tabela 11.16 no site do livro fornece salário e dados relacionados em 94 distritos escolares no noroeste de Ohio. Inicialmente, a regressão a seguir foi estimada com base nesses dados:

$$\ln(\text{Salário})_i = \beta_1 + \beta_2 \ln(\text{RendaFam}) + \beta_3 \ln(\text{ValorProp}) + u_i$$

em que Salário = salário médio dos professores (\$), RendaFam = renda familiar média no distrito (\$) e ValorProp = valor médio da propriedade no distrito (\$).

Como este é um modelo log-log, todos os coeficientes angulares são elasticidades. Com base nos vários testes de heterocedasticidade discutidos no texto, verificou-se que o modelo anterior foi afetado pela heterocedasticidade. Portanto, obtivemos os erros padrão robustos (de White). A tabela a seguir apresenta os resultados da regressão anterior com e sem erros padrão robustos.

Variável	Coeficiente	ep MQO	ep robusto
Intercepto	7,0198	0,8053	0,7721
		(8,7171)	(9,0908)
ln(RendaFam)	0,2575	0,0799	0,1009
		(3,2230)	(2,5516)
ln(ValorProp)	0,0704	0,0207	0,0460
		(3,3976)	(1,5311)
R^2	0,2198		

Nota: dados entre parênteses são os valores estimados das razões *t*.

Embora os valores de coeficientes e de R^2 permaneçam os mesmos quer usemos o método dos MQO ou o de White, os erros padrão mudaram; a mudança mais acentuada está no erro padrão do coeficiente de ln(ValorProp). O método dos MQO sugeriria que o coeficiente estimado dessa variável é altamente significativo do ponto de vista estatístico, enquanto o erro padrão robusto de White sugere que esse coeficiente não é significativo nem mesmo ao nível de 10%. Este exemplo mostra que, se há heterocedasticidade, deveríamos levá-la em conta ao estimarmos um modelo.

11.8 Uma advertência sobre reações exageradas à heterocedasticidade

Retomando o exemplo de P&D discutido na seção anterior, vimos que, quando usamos a transformação raiz quadrada para corrigir a heterocedasticidade no modelo original (11.7.3), o erro padrão do coeficiente angular diminuiu e seu valor *t* aumentou. A mudança é tão significativa que seria preocupante na prática? Em outras palavras, quando devemos ficar preocupados com o problema da heterocedasticidade? Como defende um autor, "a heterocedasticidade nunca foi razão para descartar-se um modelo que, sob outros aspectos, é considerado bom".[43]

Neste ponto, pode ser útil ter em mente a advertência feita por John Fox:

> [...] vale corrigir variâncias desiguais do erro somente quando o problema for grave.
>
> O impacto da variância do erro não constante sobre a eficiência do estimador de mínimos quadrados e na validade da eficiência dos mínimos quadrados depende de vários fatores, inclusive do tamanho da amostra, do grau de variação no σ_i^2, da configuração dos valores de X [regressor] e da relação entre a variância dos erros e os X. Portanto, não é possível chegar a conclusões gerais aplicáveis a respeito dos danos produzidos pela heterocedasticidade.[44]

[43] MANKIW, N. Gregory. "A quick refresher course in macroeconomics." *Journal of Economic Literature*, dez. 1990. v. XXVIII, p. 1.648.

[44] FOX, John. *Applied regression analysis, linear models, and related methods*. Califórnia: Sage Publications, 1997. p. 306.

Voltando ao modelo (11.3.1), vimos que a variância do estimador angular, var($\hat{\beta}_2$), é dada pela fórmula comum mostrada em (11.2.3). Sob os MQG, a variância do estimador angular, var($\hat{\beta}_2^*$) é dada por (11.3.9). Sabemos que a última é mais eficiente que a primeira. Mas quanto a variância de MQO deve ser maior em relação a de MQG antes de tornar-se preocupante? Como regra prática, Fox sugere que esse problema merece atenção "[...] quando a maior variância do erro for mais de dez vezes a menor".[45] Assim, voltando aos resultados das simulações de Monte Carlo de Davidson e MacKinnon apresentadas na Seção 11.4, considere o valor de $\alpha = 2$. A variância de β_2 estimado é 0,04 sob MQO e 0,012 sob MQG, sendo a razão entre a primeira e a última cerca de 3,33.[46] De acordo com a regra de Fox, a gravidade da heterocedasticidade nesse caso pode não ser grande o suficiente para gerar preocupação.

Devemos lembrar também que, apesar da heterocedasticidade, os estimadores de MQO são lineares, não tendenciosos e (em condições gerais) têm distribuição normal assintoticamente (i. e., em grandes amostras).

Como veremos ao discutirmos outras violações das suposições do modelo clássico de regressão linear, a advertência nesta seção parece ser adequada como regra geral. Caso contrário, podemos exagerar.

Resumo e conclusões

1. Uma hipótese fundamental do modelo clássico de regressão linear é que os termos de erro u_i têm, todos, a mesma variância, σ^2. Se essa hipótese não for satisfeita, haverá heterocedasticidade.
2. A heterocedasticidade não invalida as propriedades de consistência e não tendenciosidade dos estimadores de MQO.
3. Esses estimadores, no entanto, não têm mais variância mínima nem são eficientes. Ou seja, não são MELNT.
4. Os estimadores MELNT são fornecidos pelo método de mínimos quadrados ponderados, contanto que as variâncias heterocedásticas dos erros, σ_i^2, sejam conhecidas.
5. Na presença de heterocedasticidade, as variâncias dos estimadores de MQO não são fornecidas pelas fórmulas usuais de MQO. Mas, se persistirmos em usar as fórmulas MQO usuais, os testes t e F baseados nelas podem ser altamente enganosos, resultando em conclusões incorretas.
6. Documentar as consequências da heterocedasticidade é mais fácil que detectá-la. Há vários testes disponíveis para diagnósticos, mas não se pode dizer com certeza qual deles funcionará em determinada situação.
7. Mesmo que a heterocedasticidade seja suspeita e detectada, não é fácil corrigir o problema. Se a amostra é grande, pode-se obter os erros padrão ajustados para heterocedasticidade de White com base nos estimadores de MQO e conduzir inferência estatística com base nesses erros padrão.
8. Caso contrário, com base nos resíduos dos MQO, pode-se fazer inferências baseadas em informações do provável padrão da heterocedasticidade e transformar os dados originais de tal forma que, nos dados transformados, não haja heterocedasticidade.

EXERCÍCIOS

11.1. Diga se as afirmações a seguir são verdadeiras, falsas ou incertas e apresente uma breve justificativa:

a. Na presença da heterocedasticidade, os estimadores de MQO são tendenciosos, bem como ineficientes.

b. Se a heterocedasticidade estiver presente, os testes t e F convencionais serão inválidos.

c. Na presença de heterocedasticidade, o método usual de MQO sempre estima os erros padrão dos estimadores para mais.

[45] Ibid., p. 306.

[46] Note que elevamos os erros padrão ao quadrado para obter as variâncias.

d. Se os resíduos estimados de uma regressão MQO exibirem um padrão sistemático, significa que a heterocedasticidade está presente nos dados.

e. Não há teste geral de heterocedasticidade que seja livre de qualquer pressuposto a respeito de qual variável o termo de erro está correlacionado.

f. Se um modelo de regressão for mal especificado (isto é, uma variável importante é omitida), os resíduos de MQO mostrarão um padrão distinto.

g. Se o regressor que tem uma variância não constante for (incorretamente) omitido de um modelo, os resíduos (MQO) serão heterocedásticos.

11.2. Em uma regressão de salários médios (*W*, $) contra o número de funcionários (*N*), para uma amostra randômica de 30 empresas, foram obtidos os seguintes resultados da regressão:*

$$\widehat{W} = 7{,}5 + 0{,}009N$$
$$t = \text{n.a.} \quad (16{,}10) \qquad R^2 = 0{,}90 \tag{1}$$

$$\widehat{W}/N = 0{,}008 + 7{,}8(1/N)$$
$$t = (14{,}43) \quad (76{,}58) \qquad R^2 = 0{,}99 \tag{2}$$

a. Como se interpreta as duas regressões?

b. O que o autor está supondo ao passar da Equação (1) para a Equação (2)? Ele estaria preocupado com a heterocedasticidade? Como se pode saber?

c. É possível relacionar os coeficientes angulares e os interceptos dos dois modelos?

d. Pode-se comparar os valores R^2 dos dois modelos? Por quê?

11.3. *a.* É possível estimar os parâmetros dos modelos

$$|\hat{u}_i| = \sqrt{\beta_1 + \beta_2 X_i} + v_i$$

$$|\hat{u}_i| = \sqrt{\beta_1 + \beta_2 X_i^2} + v_i$$

pelo método dos mínimos quadrados ordinários? Por quê?

b. Se não for, é possível sugerir um método, informal ou formal, de estimar os parâmetros de tais modelos? (Veja o Capítulo 14.)

11.4. Embora os modelos logarítmicos mostrados na Equação (11.6.12) reduzam com frequência a heterocedasticidade, é preciso estar atento às propriedades do termo de erro de tais modelos. Por exemplo, o modelo

$$Y_i = \beta_1 X_i^{\beta_2} u_i \tag{1}$$

pode ser escrito como

$$\ln Y_i = \ln \beta_1 + \beta_2 \ln X_i + \ln u_i \tag{2}$$

a. Se $\ln u_i$ precisa ter expectativa zero, qual deverá ser a distribuição de u_i?

b. Se $E(u_i) = 1$, $E(\ln u_i) = 0$? Por quê?

c. Se $E(\ln u_i)$ não for zero, o que deve ser feito para que se torne zero?

11.5 Mostre que β_2^* da Equação (11.3.8) também pode ser expresso como

$$\beta_2^* = \frac{\sum w_i y_i^* x_i^*}{\sum w_i x_i^{2*}}$$

* Veja SALVATORE, Dominick. *Managerial Economics*, McGraw-Hill, New York, 1989, p. 157.

e a var (β_2^*) dada na Equação (11.3.9) também pode ser expressa como

$$\text{var}\,(\beta_2^*) = \frac{1}{\sum w_i x_i^{2*}}$$

em que $y_i^* = Y_i - \bar{Y}^*$ e $x_i^* = X_i - \bar{X}^*$ representam desvios das médias ponderadas $\bar{Y}^*$ e $\bar{X}^*$ definidas como

$$\bar{Y}^* = \sum w_i Y_i \Big/ \sum w_i$$

$$\bar{X}^* = \sum w_i X_i \Big/ \sum w_i$$

11.6 Para fins pedagógicos, Hanushek e Jackson estimaram o seguinte modelo:

$$C_t = \beta_1 + \beta_2 \text{PNB}_t + \beta_3 D_t + u_i \tag{1}$$

em que C_t = despesa agregada privada de consumo no ano t, PNB_t = produto nacional bruto no ano t e D = despesas com defesa nacional no ano t, sendo o objetivo da análise estudar o efeito das despesas com defesa contra outras despesas na economia.

Postulando que $\sigma_t^2 = \sigma^2 (\text{PNB}_t)^2$, eles transformam (1) e estimam

$$C_t/\text{PNB}_t = \beta_1 (1/\text{PNB}_t) + \beta_2 + \beta_3 (D_t/\text{PNB}_t) + u_t/\text{PNB}_t \tag{2}$$

Os resultados empíricos baseados nos dados para 1946–1975 foram os seguintes (erros padrão entre parênteses):*

$$\begin{aligned}
\hat{C}_t &= 26{,}19 \qquad + 0{,}6248\ \text{PNB}_t - \ 0{,}4398\ D_t \\
&\quad (2{,}73) \qquad\quad (0{,}0060) \qquad\quad (0{,}0736) \qquad\quad R^2 = 0{,}999 \\
\widehat{C_t/\text{PNB}_t} &= 25{,}92\,(1/\text{GNP}_t) + 0{,}6246 \qquad - \ 0{,}4315\,(D_t/\text{GNP}_t) \\
&\quad (2{,}22) \qquad\quad (0{,}0068) \qquad\quad (0{,}0597) \qquad\quad R^2 = 0{,}875
\end{aligned}$$

a. O que os autores pressupõem sobre a natureza da heterocedasticidade? É possível justificá-la?

b. Compare os resultados das duas regressões. A transformação do modelo original contribuiu para os resultados, isto é, reduziu os erros padrão estimados? Por quê?

c. É possível comparar os dois valores R^2? Por quê? (*Sugestão:* examine as variáveis dependentes.)

11.7. Consulte a regressão estimada nas Equações (11.6.2) e (11.6.3). Os resultados da regressão são bem semelhantes. O que explicaria esse resultado?

11.8 Prove que, se $w_i = w$, uma constante, para cada i, β_2^* e $\hat{\beta}_2$, bem como suas variâncias são idênticas.

11.9 Consulte as fórmulas (11.2.2) e (11.2.3). Suponha que

$$\sigma_i^2 = \sigma^2 k_i$$

em que σ^2 é uma constante e k_i são pesos conhecidos, não necessariamente todos iguais.

Usando esse pressuposto, mostre que a variância da Equação (11.2.2) pode ser expressa como

$$\text{var}\,(\hat{\beta}_2) = \frac{\sigma^2}{\sum x_i^2} \cdot \frac{\sum x_i^2 k_i}{\sum x_i^2}$$

* HANUSHEK, Eric A. e JACKSON, John E., *Statistical Methods for Social Scientists*, Academic, New York, 1977, p. 160.

O primeiro termo no lado direito é a fórmula de variância dada na Equação (11.2.3), isto é, var ($\hat{\beta}_2$) sob homocedasticidade. O que se pode dizer sobre a natureza da relação entre var ($\hat{\beta}_2$) sob heterocedasticidade e sob homocedasticidade? (*Sugestão:* examine o segundo termo no lado direito da fórmula anterior.) É possível tirar qualquer conclusão geral sobre a relação entre as Equações (11.2.2) e (11.2.3)?

11.10. No modelo

$$Y_i = \beta_2 X_i + u_i \quad (\textit{Nota:} \text{ não há intercepto})$$

informa-se que a var (u_i) = $\sigma^2 X_i^2$. Mostre que

$$\text{var}(\hat{\beta}_2) = \frac{\sigma^2 \sum X_i^4}{\left(\sum X_i^2\right)^2}$$

Exercícios aplicados

11.11. Para os dados da Tabela 11.1, calcule a regressão da remuneração média Y contra a produtividade média X, tratando o número de funcionários como a unidade de observação. Interprete seus resultados e veja se estão de acordo com os da Equação (11.5.3).

a. Da regressão anterior, obtenha os resíduos $\hat{u}_i$.

b. Seguindo o teste de Park, faça a regressão ln $\hat{u}_i^2$ contra ln X_i e verifique a regressão (11.5.4).

c. Seguindo a abordagem de Glejser, faça a regressão $|\hat{u}_i|$ contra X_i e depois faça a regressão $|\hat{u}_i|$ contra $\sqrt{X_i}$ e comente seus resultados.

d. Encontre a correlação por ordem entre $|\hat{u}_i|$ e X_i e comente sobre a natureza da heterocedasticidade, se houver, presente nos dados.

11.12. A Tabela 11.6 apresenta dados relativos à razão vendas/dinheiro em caixa de indústrias de manufatura norte-americanas classificadas pelo tamanho do ativo para o 1º trimestre de 1971 ao 4º trimestre de 1974. (Dados trimestrais.) A razão vendas/dinheiro em caixa pode ser considerada uma medida da velocidade da renda no setor empresarial, isto é, o número de vezes que um dólar gira.

a. Para cada tamanho de ativo, calcule a média e o desvio padrão da razão vendas/dinheiro em caixa.

b. Trace graficamente o valor médio contra o desvio padrão como calculado em (*a*), usando o tamanho do ativo como unidade de observação.

TABELA 11.6

Tamanho do ativo (milhões de dólares)

Fonte: *Quartely Financial Report for Manufacturing Corporations*, Federal Trade Commission and the Securities and Exchange Commission, U.S. govermment, vários números.

Ano e Trimestre	1–10	10–25	25–50	50–100	100–250	250–1.000	1.000 +
1971–I	6,696	6,929	6,858	6,966	7,819	7,557	7,860
–II	6,826	7,311	7,299	7,081	7,907	7,685	7,351
–III	6,338	7,035	7,082	7,145	7,691	7,309	7,088
–IV	6,272	6,265	6,874	6,485	6,778	7,120	6,765
1972–I	6,692	6,236	7,101	7,060	7,104	7,584	6,717
–II	6,818	7,010	7,719	7,009	8,064	7,457	7,280
–III	6,783	6,934	7,182	6,923	7,784	7,142	6,619
–IV	6,779	6,988	6,531	7,146	7,279	6,928	6,919
1973–I	7,291	7,428	7,272	7,571	7,583	7,053	6,630
–II	7,766	9,071	7,818	8,692	8,608	7,571	6,805
–III	7,733	8,357	8,090	8,357	7,680	7,654	6,772
–IV	8,316	7,621	7,766	7,867	7,666	7,380	7,072

c. Por meio de um modelo de regressão adequado, decida se o desvio padrão da razão aumenta com o valor médio. Se não for esse o caso, como o resultado poderia ser explicado?

d. Se há uma relação estatisticamente significativa entre os dois, como se transformariam os dados de modo que não haja heterocedasticidade?

11.13. *Teste de homogeneidade da variância de Bartlett.** Suponha que haja k variâncias amostrais independentes $s_1^2, s_2^2, \ldots s_k^2$ com $f_1, f_2, \ldots f_k$ graus de liberdade, cada uma de populações distribuídas normalmente com média μ e variância σ_i^2. Suponha ainda que desejemos testar a hipótese nula H_0: $\sigma_1^2 = \sigma_2^2 = \cdots \sigma_k^2 = \sigma^2$; isto é, cada variância da amostra é uma estimativa da mesma variância populacional σ^2.

Se a hipótese nula for verdadeira, então

$$s^2 = \frac{\sum_{i=1}^{k} f_i s_i^2}{\sum f_i} = \frac{\sum f_i s_i^2}{f}$$

fornece uma estimativa da estimativa comum (combinada) da variância populacional σ^2, em que $f_i = (n_i - 1)$, sendo n_i o número de observações no i-ésimo grupo e $f = \sum_{i=1}^{k} f_i$.

Bartlett mostrou que a hipótese nula pode ser testada por meio da razão A/B, distribuída aproximadamente como a distribuição χ^2 com $k - 1$ graus de liberdade, em que

$$A = f \ln s^2 - \sum \left(f_i \ln s_i^2 \right)$$

e

$$B = 1 + \frac{1}{3(k-1)} \left[\sum \left(\frac{1}{f_i} \right) - \frac{1}{f} \right]$$

Aplique o teste de Bartlett aos dados da Tabela 11.1 e verifique se a hipótese de que as variâncias populacionais da remuneração de funcionários são as mesmas para cada tamanho de estabelecimento não pode ser rejeitada no nível de 5% de significância.

Nota: f_i, o grau de liberdade de cada variância amostral, é 9, uma vez que n_i para cada amostra (classe de emprego) é 10.

11.14. Considere o seguinte modelo de regressão que passa pela origem:

$$Y_i = \beta X_i + u_i, \quad \text{para } i = 1, 2$$

Foi informado que $u_1 \sim N(0, \sigma^2)$ e $u_2 \sim N(0, 2\sigma^2)$ e que eles são estatisticamente independentes. Se $X_1 = +1$ e $X_2 = -1$, obtenha a estimativa de mínimos quadrados *ponderados* (MQP) de β e de sua variância. Se nesta situação for pressuposto incorretamente que as duas variâncias do erro são iguais (digamos, iguais a σ^2), qual será o estimador de MQO de β? E sua variância? Compare as estimativas com as obtidas pelo método dos MQP. À que conclusão geral pode-se chegar?†

11.15. A Tabela 11.7 apresenta dados de 81 carros sobre MPG (milhas por galão de combustível), HP (potência do motor), VOL (espaço interno em metros cúbicos), PV (velocidade máxima, milhas por hora), e PV (peso do veículo em 100 libras).

a. Considere o modelo a seguir:

$$\text{MPG}_i = \beta_1 + \beta_2 \text{VM}_i + \beta_3 \text{HP}_i + \beta_4 \text{PV}_i + u_i$$

Estime os parâmetros desse modelo e interprete os resultados. Eles fazem sentido economicamente?

b. Seria de esperar que a variância do erro no modelo anterior seja heterocedástica? Por quê?

---

* Veja "Properties of Sufficiency and Satatistical Tests," *Proceeding of the Royal Society of London A*, vol. 160, 1937, p. 268.

† Adaptado de SEBER, F. A. F. *Linear regression analysis*. Nova York: John Wiley & Sons, 1977. p. 64.

c. Use o teste de White para descobrir se a variância de erro é heterocedástica.

d. Obtenha os erros padrão consistentes com a heterocedasticidade e valores *t*, e compare seus resultados com aqueles obtidos pelos MQO.

e. Se a heterocedasticidade for comprovada, como os dados seriam transformados para que a variância seja homocedástica? Mostre os cálculos necessários.

TABELA 11.7

Observação	MPG	VM	HP	VOL	PV	Observação	MPG	VM	HP	VOL	PV
1	65,4	96	49	89	17,5	42	32,2	106	95	106	30,0
2	56,0	97	55	92	20,0	43	32,2	109	102	92	30,0
3	55,9	97	55	92	20,0	44	32,2	106	95	88	30,0
4	49,0	105	70	92	20,0	45	31,5	105	93	102	30,0
5	46,5	96	53	92	20,0	46	31,5	108	100	99	30,0
6	46,2	105	70	89	20,0	47	31,4	108	100	111	30,0
7	45,4	97	55	92	20,0	48	31,4	107	98	103	30,0
8	59,2	98	62	50	22,5	49	31,2	120	130	86	30,0
9	53,3	98	62	50	22,5	50	33,7	109	115	101	35,0
10	43,4	107	80	94	22,5	51	32,6	109	115	101	35,0
11	41,1	103	73	89	22,5	52	31,3	109	115	101	35,0
12	40,9	113	92	50	22,5	53	31,3	109	115	124	35,0
13	40,9	113	92	99	22,5	54	30,4	133	180	113	35,0
14	40,4	103	73	89	22,5	55	28,9	125	160	113	35,0
15	39,6	100	66	89	22,5	56	28,0	115	130	124	35,0
16	39,3	103	73	89	22,5	57	28,0	102	96	92	35,0
17	38,9	106	78	91	22,5	58	28,0	109	115	101	35,0
18	38,8	113	92	50	22,5	59	28,0	104	100	94	35,0
19	38,2	106	78	91	22,5	60	28,0	105	100	115	35,0
20	42,2	109	90	103	25,0	61	27,7	120	145	111	35,0
21	40,9	110	92	99	25,0	62	25,6	107	120	116	40,0
22	40,7	101	74	107	25,0	63	25,3	114	140	131	40,0
23	40,0	111	95	101	25,0	64	23,9	114	140	123	40,0
24	39,3	105	81	96	25,0	65	23,6	117	150	121	40,0
25	38,8	111	95	89	25,0	66	23,6	122	165	50	40,0
26	38,4	110	92	50	25,0	67	23,6	122	165	114	40,0
27	38,4	110	92	117	25,0	68	23,6	122	165	127	40,0
28	38,4	110	92	99	25,0	69	23,6	122	165	123	40,0
29	46,9	90	52	104	27,5	70	23,5	148	245	112	40,0
30	36,3	112	103	107	27,5	71	23,4	160	280	50	40,0
31	36,1	103	84	114	27,5	72	23,4	121	162	135	40,0
32	36,1	103	84	101	27,5	73	23,1	121	162	132	40,0
33	35,4	111	102	97	27,5	74	22,9	110	140	160	45,0
34	35,3	111	102	113	27,5	75	22,9	110	140	129	45,0
35	35,1	102	81	101	27,5	76	19,5	121	175	129	45,0
36	35,1	106	90	98	27,5	77	18,1	165	322	50	45,0
37	35,0	106	90	88	27,5	78	17,2	140	238	115	45,0
38	33,2	109	102	86	30,0	79	17,0	147	263	50	45,0
39	32,9	109	102	86	30,0	80	16,7	157	295	119	45,0
40	32,3	120	130	92	30,0	81	13,2	130	236	107	55,0
41	32,2	106	95	113	30,0						

Nota: VOL = espaço interno em pés cúbicos
HP = potência do motor
MPG = milhas por galão
VM = velocidade máxima, milhas por hora
PV = peso do veículo, em 100 libras
Observação = número da observação (as marcas dos carros não foram reveladas)

Fonte: U.S. Environmental Protection Agency, 1991, Relatório EPA/AA;CTAB/91-02.

11.16. *Gastos com alimentação na Índia*. Na Tabela 2.8 temos os dados sobre gastos com alimentação e despesas totais para 55 famílias indianas.

a. Faça a regressão dos gastos em alimentação contra as despesas totais, e examine os resíduos obtidos dessa regressão.

b. Faça um gráfico dos resíduos obtidos em (*a*) contra as despesas totais e veja se há qualquer padrão sistemático.

c. Se o gráfico em (*b*) sugerir heterocedasticidade, aplique os testes de Park, Glejser e White para verificar se as impressões de heterocedasticidade observadas em (*b*) são confirmadas pelos testes.

d. Obtenha os erros padrão consistentes para heterocedasticidade de White e compare-os com os dos MQP. Decida se vale a pena corrigir a heterocedasticidade neste exemplo.

11.17. Repita o Exercício 11.16, mas dessa vez faça a regressão do logaritmo de gastos com alimentação contra o logaritmo de despesas totais. Se é observada heterocedasticidade no modelo linear do Exercício 11.16, mas não no modelo de logaritmo linear, a que conclusão é possível chegar? Mostre todos os cálculos necessários.

11.18. *Um atalho para o teste de White*. Como notado no texto, o teste de White pode consumir graus de liberdade se houver vários regressores e se introduzirmos todos os regressores, seus termos elevados ao quadrado e seus produtos cruzados. Em vez de estimar regressões como a Equação (11.5.22), por que simplesmente não efetuar a seguinte regressão:

$$\hat{u}_i^2 = \alpha_1 + \alpha_2 \hat{Y}_i + \alpha_2 \hat{Y}_i^2 + v_i$$

em que $\hat{Y}_i$ são os valores estimados Y (regressandos) do modelo que você está estimando? Afinal, $\hat{Y}_i$ é apenas a média ponderada dos regressores, com os coeficientes de regressão estimados servindo como pesos.

Obtenha o valor de R^2 da regressão anterior e use a Equação (11.5.22) para testar a hipótese de que não há heterocedasticidade.

Aplique o teste anterior para o exemplo de gastos com alimentação do Exercício 11.16.

11.19. Retorne ao exemplo de P&D discutido na Seção 11.7 (Exercício 11.10). Repita o exemplo usando lucros como regressor. *A priori*, você esperaria que seus resultados fossem diferentes daqueles que usam vendas como o regressor? Por quê?

11.20. A Tabela 11.8 apresenta dados sobre salários médios de professores de estatística em tempo integral em universidades de pesquisa nos Estados Unidos para o ano acadêmico de 2007.

a. Trace um gráfico dos salários médios contra os anos de exercício da atividade (como uma medida dos anos de experiência). Para traçar o gráfico, suponha que os salários médios referem-se ao ponto médio dos anos em ordem. Assim, o salário de $ 124.578 na ordem 4-5 refere-se aos 4,5 anos na ordem e assim por diante. Para o último grupo, suponha que a ordem seja 31-33.

TABELA 11.8 Salários médios de professores de estatística em tempo integral, 2007.

Fonte: Americal Statistical Association, "2007 Salary Report".

Anos no cargo	Contagem	Salário médio em (US$)
0 a 1	40	$101.478
2 a 3	24	102.400
4 a 5	35	124.578
6 a 7	34	122.850
8 a 9	33	116.900
10 a 14	73	119.465
15 a 19	69	114.900
20 a 24	54	129.072
25 a 30	44	131.704
31 ou mais	25	143.000

b. Considere os seguintes modelos de regressão:

$$Y_i = \alpha_1 + \alpha_2 X_i + u_i \tag{1}$$

$$Y_i = \beta_1 + \beta_2 X_i + \beta_3 X_i^2 + v_i \tag{2}$$

em que Y = salário médio, X = anos no cargo (medidos no ponto médio do intervalo) e u e v são os termos de erro. Que argumentos poderiam ser usados para defender por que o modelo (2) poderia ser preferível ao modelo (1)? Por meio dos dados, calcule os modelos.

c. Se for observada heterocedasticidade no modelo (1), mas não no modelo (2), a que conclusão se poderia chegar? Mostre os cálculos necessários.

d. Se a heterocedasticidade é observada no modelo (2), como transformaríamos os dados de modo que no modelo transformado não houvesse heterocedasticidade?

11.21. Tendo os dados:

SQR_1 com base nas 30 primeiras observações = 55, graus de liberdade = 25

SQR_2 com base nas 30 últimas observações = 140, graus de liberdade = 25

Efetue o teste Goldfeld-Quandt de heterocedasticidade no nível de 5% de significância.

11.22. A Tabela 11.9 apresenta dados sobre a mudança percentual por ano para preços de ações (Y) e preços (X) de consumo, para um corte transversal de 20 países.

a. Trace os dados em um diagrama de dispersão.

b. Faça a regressão de Y contra X e examine os resíduos dessa regressão. O que você observa?

c. Uma vez que os dados para o Chile parecem atípicos (discrepantes?), repita a regressão em (*b*) excluindo os dados do Chile. Agora examine os resíduos dessa regressão. O que se observa?

d. Se, com base nos resultados em (*b*), conclui-se que havia heterocedasticidade na variância do erro, mas com base nos resultados em (*c*) essa conclusão é invalidada, a que conclusões gerais você pode chegar?

TABELA 11.9

Preços das ações e ao consumidor, período pós-Segunda Guerra Mundial (através de 1969).

Fonte: CAGAN, Philip. *Common stock values and inflation:* the historical record of many countries. National Bureau of Economic Research, Supl., mar. 1974, Tabela 1, p. 4.

	Variação anual, %	
	Preços das ações	**Preços ao consumidor**
País	***Y***	***X***
1. Austrália	5,0	4,3
2. Áustria	11,1	4,6
3. Bélgica	3,2	2,4
4. Canadá	7,9	2,4
5. Chile	25,5	26,4
6. Dinamarca	3,8	4,2
7. Finlândia	11,1	5.5
8. França	9,9	4,7
9. Alemanha	13,3	2,2
10. Índia	1,5	4,0
11. Irlanda	6,4	4,0
12. Israel	8,9	8,4
13. Itália	8,1	3,3
14. Japão	13,5	4,7
15. México	4,7	5,2
16. Países Baixos	7,5	3,6
17. Nova Zelândia	4,7	3,6
18. Suécia	8,0	4,0
19. Reino Unido	7,5	3,9
20. Estados Unidos	9,0	2,1

11.23 A Tabela 11.10 do site apresenta dados sobre salário e dados relacionados a 447 executivos das 500 das melhores empresas segundo a revista *Fortune*. Os dados incluem salário = salário e bonificações para 1999; tot rem = remuneração total do CEO para 1999; gestão = número de anos como CEO (0 se for menos que 6 meses); idade = idade do CEO; vendas = receita total de vendas da empresa para 1998; lucro = lucro para 1998 para a empresa; e ativos = ativo total da empresa em 1998.

a. Estime a regressão a seguir desses dados e obtenha a estatística de Breusch-Pagan-Godfrey para verificar a heterocedasticidade:

$$\text{salário}_i = \beta_1 + \text{gestão}_i\,\beta_2 + \text{idade}_i\,\beta_3 + \text{vendas}_i\,\beta_4 + \text{lucros}_i\,\beta_5 + \text{ativos}_i\,\beta_6 + u_i$$

Parece haver um problema com a heterocedasticidade?

b. Agora crie um segundo modelo usando o ln (salário) como variável dependente. Há qualquer aprimoramento na heterocedasticidade?

c. Crie diagramas de dispersão do salário contra cada uma das variáveis independentes. É possível discernir qual(is) variável(is) está(ão) contribuindo para o problema? Que sugestões poderiam ser dadas para resolver isso? Qual seria o modelo final?

Apêndice 11A

11A.1 Prova da Equação (11.2.2)

Do Apêndice 3A, Seção 3A.3, temos

$$\begin{aligned}\text{var}(\hat\beta_2) &= E\left(k_1^2u_1^2 + k_2^2u_2^2 + \cdots + k_n^2u_n^2 + 2 \text{ termos de produtos cruzados}\right)\\ &= E\left(k_1^2u_1^2 + k_2^2u_2^2 + \cdots + k_n^2u_n^2\right)\end{aligned}$$

uma vez que as expectativas dos termos do produto cruzado são zero, pois pressupõe-se que não haja correlação serial,

$$\text{var}(\hat\beta_2) = k_1^2E\left(u_1^2\right) + k_2^2E\left(u_2^2\right) + \cdots + k_n^2E\left(u_n^2\right)$$

visto que k_i são conhecidos. (Por quê?)

$$\text{var}(\hat\beta_2) = k_1^2\sigma_1^2 + k_2^2\sigma_2^2 + \cdots + k_n^2\sigma_n^2$$

visto que $E(\hat u_i^2) = \sigma_i^2$

$$\begin{aligned}\text{var}(\hat\beta_2) &= \sum k_i^2\sigma_i^2\\ &= \sum\left[\left(\frac{x_i}{\sum x_i^2}\right)^2\sigma_i^2\right] \text{ desde que } k_i = \frac{x_i}{\sum x_i^2} \qquad (11.2.2)\\ &= \frac{\sum x_i^2\sigma_i^2}{\left(\sum x_i^2\right)^2}\end{aligned}$$

11A.2 O método de mínimos quadrados ponderados

Para ilustrar o método, usamos o modelo de duas variáveis $Y_i = \beta_1 + \beta_2X_i + u_i$. O método de mínimos quadrados não ponderados minimiza

$$\sum \hat u_i^2 = \sum(Y_i - \hat\beta_1 - \hat\beta_2X_i)^2 \qquad (1)$$

para obtermos as estimativas, enquanto o método de mínimos quadrados ponderados minimiza a soma ponderada dos resíduos elevados ao quadrado:

$$\sum w_i \hat{u}_i^2 = \sum w_i (Y_i - \hat{\beta}_1^* - \hat{\beta}_2^* X_i)^2 \tag{2}$$

em que β_1^* e β_2^* são estimadores dos números quadrados ponderados e os pesos w_i são tais que

$$w_i = \frac{1}{\sigma_i^2} \tag{3}$$

isto é, os pesos são inversamente proporcionais à variância de u_i ou Y_i condicional ao X_i dado, entendendo-se que var $(u_i|X_i)$ = var $(Y_i|X_i) = \sigma_i^2$.

Diferenciando a Equação (2) com relação a $\hat{\beta}_1^*$ e $\hat{\beta}_2^*$ obtemos

$$\frac{\partial \sum w_i \hat{u}_i^2}{\partial \beta_1^*} = 2 \sum w_i (Y_i - \hat{\beta}_1^* - \hat{\beta}_2^* X_i)(-1)$$

$$\frac{\partial \sum w_i \hat{u}_i^2}{\partial \beta_2^*} = 2 \sum w_i (Y_i - \hat{\beta}_1^* - \hat{\beta}_2^* X_i)(-X_i)$$

Igualando as expressões anteriores a zero, obtemos as duas equações normais a seguir:

$$\sum w_i Y_i = \hat{\beta}_1^* \sum w_i + \hat{\beta}_2^* \sum w_i X_i \tag{4}$$

$$\sum w_i X_i Y_i = \hat{\beta}_1^* \sum w_i X_i + \hat{\beta}_2^* \sum w_i X_i^2 \tag{5}$$

Note a semelhança entre essas equações normais e as equações normais dos quadrados mínimos não ponderados.

Resolvendo essas equações simultaneamente, obtemos

$$\hat{\beta}_1^* = \overline{Y}^* - \hat{\beta}_2^* \overline{X}^* \tag{6}$$

e

$$\hat{\beta}_2^* = \frac{\left(\sum w_i\right)\left(\sum w_i X_i Y_i\right) - \left(\sum w_i X_i\right)\left(\sum w_i Y_i\right)}{\left(\sum w_i\right)\left(\sum w_i X_i^2\right) - \left(\sum w_i X_i\right)^2} \tag{(11.3.8) = (7)}$$

A variância de $\hat{\beta}_2^*$ da Equação (11.3.9) pode ser obtida tal como a variância de $\hat{\beta}_2$ do Apêndice 3A, Seção 3A.3.

Nota: $\overline{Y}^* = \sum w_i Y_i / \sum w_i$ e $\overline{X}^* = \sum w_i X_i / \sum w_i$. Como se pode verificar prontamente, essas médias ponderadas coincidem com as médias usuais e não ponderadas $\overline{Y}$ e $\overline{X}$ quando $w_i = w$, uma constante, para todo i.

11A.3 Prova que E$(\hat{\sigma}^2) \neq \sigma^2$ na presença de heterocedasticidade

Considere o modelo de duas variáveis:

$$Y_i = \beta_1 + \beta_2 X_i + u_i \tag{1}$$

em que var $(u_i) = \sigma_i^2$

Agora

$$\hat{\sigma}^2 = \frac{\sum \hat{u}_i^2}{n-2} = \frac{\sum (Y_i - \hat{Y}_i)^2}{n-2} = \frac{\sum [\beta_1 + \beta_2 X_i + u_i - \hat{\beta}_1 - \hat{\beta}_2 X_i]^2}{n-2}$$
$$= \frac{\sum [-(\hat{\beta}_1 - \beta_1) - (\hat{\beta}_2 - \beta_2) X_i + u_i]^2}{n-2} \tag{2}$$

Notando que $(\hat{\beta}_1 - \beta_1) = -(\hat{\beta}_2 - \beta_2)\overline{X} + \bar{u}$, e, substituindo isto na Equação (2) e subtraindo as expectativas dos dois lados, obtemos:

$$E(\hat{\sigma}^2) = \frac{1}{n-2}\left\{-\sum x_i^2 \operatorname{var}(\hat{\beta}_2) + E\left[\sum(u_i - \bar{u})^2\right]\right\}$$
$$= \frac{1}{n-2}\left[-\frac{\sum x_i^2\sigma_i^2}{\sum x_i^2} + \frac{(n-1)\sum\sigma_i^2}{n}\right] \tag{3}$$

em que é usada a Equação (11.2.2).

Como você pode ver da Equação (3), se há homocedasticidade, ou seja, $\sigma_i^2 = \sigma^2$ para cada i, $E(\hat{\sigma}^2) = \sigma^2$. Portanto, o valor esperado calculado da forma convencional $\hat{\sigma}^2 = \sum \hat{u}^2/(n-2)$ não será igual ao verdadeiro σ^2 na presença de heterocedasticidade.*

11A.4 Erros padrão robustos de White

Para ter uma ideia dos erros padrão de White, corrigidos para heterocedascidade, considere o modelo de regressão de duas variáveis:

$$Y_i = \beta_1 + \beta_2 X_i + u_i \qquad \operatorname{var}(u_i) = \sigma_i^2 \tag{1}$$

Como mostra a Equação (11.2.2),

$$\operatorname{var}(\hat{\beta}_2) = \frac{\sum x_i^2\sigma_i^2}{\left(\sum x_i^2\right)^2} \tag{2}$$

Como os σ_i^2 não são diretamente observáveis, White sugere que se use $\hat{u}_i^2$, o resíduo elevado ao quadrado para cada i, em lugar de σ_i^2, e calcule-se a var $(\hat{\beta}_2)$ como se segue:

$$\operatorname{var}(\hat{\beta}_2) = \frac{\sum x_i^2\hat{u}_i^2}{\left(\sum x_i^2\right)^2} \tag{3}$$

White mostrou que a Equação (3) é um estimador consistente da Equação (2), isto é, quando o tamanho da amostra aumenta indefinidamente, a Equação (3) converge para a Equação (2).†

Por sinal, note que, se o seu software não contém procedimento de cálculo do erro padrão robusto de White, é possível fazer isso como mostrado na Equação (3), efetuando-se a regressão usual MQO, obtendo-se os resíduos dessa regressão e então usando-se a fórmula (3).

O procedimento de White pode ser generalizado para o modelo de regressão com k variáveis

$$Y_i = \beta_1 + \beta_2 X_{2i} + \beta_3 X_{3i} + \cdots + \beta_k X_{ki} + u_i \tag{4}$$

A variância de qualquer coeficiente de regressão parcial, por exemplo, $\hat{\beta}_j$, é obtida como se segue:

$$\operatorname{var}(\hat{\beta}_j) = \frac{\sum \hat{w}_{ji}^2\hat{u}_i^2}{\left(\sum \hat{w}_{ji}^2\right)^2} \tag{5}$$

em que $\hat{u}_i$ são os resíduos obtidos da regressão (original) (4) e $\hat{w}_j$ são os resíduos obtidos da regressão (auxiliar) do regressor X_j contra os regressores remanescentes na Equação (4).

Obviamente, esse é um procedimento que consome tempo, pois você terá de estimar a Equação (5) para cada variável X. É claro que todo esse trabalho pode ser evitado se você tiver um programa de estatística que faça isso. Programas como PC-GIVE, EViews, MICROFIT, SHAZAM, STATA e LIMDEP agora obtêm os erros padrão robustos para heterocedasticidade de White com facilidade.

---

* Mais detalhes podem ser obtidos em KMENTA, Jan. *Elements of econometrics*. 2. ed. Nova York: Macmillan, 1986. p. 276-278.

† Para ser mais exato, n vezes a Equação (3) converge em probabilidade para $E[(X_i - \mu_X)^2 u_i^2]/(\sigma_X^2)^2$, que é o limite da probabilidade de n vezes a Equação (2), em que n é o tamanho da amostra, μ_x é o valor esperado de X e σ_X^2 é a variância (da população) de X. Para mais detalhes, veja WOOLDRIDGE, Jeffrey M. *Introductory econometrics*: a modern approach. South-Western Publishing, 2000. p. 250.

Capítulo 12

Autocorrelação: o que acontece se os termos de erro são correlacionados?

O leitor recordará que, de modo geral, há três tipos de dados disponíveis para a análise aplicada: (1) corte transversal; (2) séries temporais; e (3) combinações de corte transversal e séries temporais, conhecidos como dados combinados. Ao desenvolvermos o modelo clássico de regressão linear (MCRL) na Parte 1, elaboramos várias hipóteses que foram examinadas na Seção 7.1. Contudo, nem todas essas hipóteses seriam válidas para qualquer tipo de dados. Na verdade, vimos no capítulo anterior que a hipótese da homocedasticidade, ou igual variância do erro, nem sempre é sustentável em dados de corte transversal. Em outras palavras, os dados de corte transversal muitas vezes são afetados pelo problema da heterocedasticidade.

Em estudos de corte transversal os dados muitas vezes são coletados por meio de amostras aleatórias de unidades, como domicílios (para análise da função de consumo) ou empresas (para análise de estudos relativos ao investimento), de modo que não há razões *a priori* para considerar que o termo de erro pertencente a um domicílio ou empresa seja correlacionado ao termo de erro de outro domicílio ou empresa. Se, por acaso, tal correlação é observada nas unidades do corte transversal, ela é denominada **autocorrelação espacial** – correlação no espaço e não ao longo do tempo. Contudo, é importante recordar que, na análise de corte transversal, o ordenamento dos dados deve ter alguma lógica, ou interesse econômico, para poder determinar se a autocorrelação (espacial) está ou não presente.

A situação tende a ser muito diferente se estivermos lidando com séries temporais, pois as observações de tais dados seguem um ordenamento natural, de modo que observações sucessivas costumam apresentar intercorrelações, especialmente se o intervalo de tempo entre observações sucessivas for curto, como um dia, uma semana ou um mês, e não um ano. Quando observamos índices de preços de ações, como o Dow Jones ou o S&P 500, durante dias sucessivos, não é raro verificar que esses índices sobem ou descem por vários dias seguidos. Obviamente, em situações como essa, a hipótese de **ausência de autocorrelação ou ausência de correlação serial** nos termos de erro que embasa o modelo clássico de regressão linear não será respeitada.

Neste capítulo, examinaremos criticamente essa hipótese para podermos responder às seguintes perguntas:

1. Qual a natureza da autocorrelação?
2. Quais suas consequências teóricas e práticas?
3. Como a hipótese da ausência de autocorrelação relaciona-se com os termos de erro, u_t, não observáveis, como saber se ela está presente em dada situação? Observe que agora empregamos o subscrito *t* para destacar que estamos lidando com séries temporais.
4. Como corrigir o problema da autocorrelação?

O leitor verá que este capítulo assemelha-se, sob muitos aspectos, ao anterior, sobre heterocedasticidade, em que **nas duas situações os estimadores de MQO habituais, embora lineares, não tendenciosos e assintoticamente (ou seja, em grandes amostras) distribuídos de modo normal,[1] não mais apresentam variância mínima entre todos os estimadores lineares não tendenciosos. Em resumo, eles não são eficientes em relação a outros estimadores lineares e não tendenciosos. Em outras palavras, não são MELNT (Melhores Estimadores Lienares Não Tendenciosos). Em consequência, os testes *t*, *F* e χ^2 podem não ser válidos.**

12.1 A natureza do problema

A **autocorrelação** pode ser definida como "correlação entre integrantes de séries de observações ordenadas no tempo [como as séries temporais] ou no espaço [como nos dados de corte transversal]".[2] No contexto da regressão, o modelo clássico de regressão linear pressupõe que essa autocorrelação não existe nos termos de erro u_i. Simbolicamente

$$\operatorname{cov}(u_i, u_j | x_i, x_j) = E(u_i u_j) = 0 \qquad i \neq j \tag{3.2.5}$$

Em outras palavras, o modelo clássico pressupõe que o termo de erro relacionado a qualquer uma das observações não é influenciado pelo termo de erro de qualquer outra observação. Por exemplo, se estamos lidando com uma série temporal trimestral para estimação da regressão da produção contra a mão de obra e o capital e se uma greve afeta a produção de um trimestre, não há razão para acreditar que essa perturbação prolongue-se, afetando o trimestre seguinte. Ou seja, se a produção for menor neste trimestre, não há razão para supor que será menor no trimestre seguinte. Do mesmo modo, se estamos empregando dados de corte transversal em uma regressão das despesas de uma família sobre a renda familiar, o efeito de um aumento da renda da família nesses gastos não deverá afetar as despesas de outra família.

Contudo, se for verificada essa dependência, teremos autocorrelação. Simbolicamente,

$$E(u_i u_j) \neq 0 \qquad i \neq j \tag{12.1.1}$$

Em tal situação, a perturbação provocada por uma greve neste trimestre pode afetar a produção do próximo, ou os aumentos da despesa de uma família podem levar outra a aumentar seu consumo para não ficar para trás.

Antes de entender por que a autocorrelação existe, é fundamental esclarecer algumas questões terminológicas. Embora hoje seja uma prática comum tratar os termos **autocorrelação** e **correlação serial** como sinônimos, alguns autores preferem fazer distinção entre eles. Por exemplo, Tintner define autocorrelação como "uma correlação defasada entre determinada série com ela mesma, com uma defasagem de algumas unidades de tempo", enquanto reserva o termo correlação serial para "correlação defasada entre duas séries diferentes".[3] Assim, a correlação entre séries temporais como $u_1, u_2, \ldots, u_{10}$, e $u_2, u_3, \ldots, u_{11}$, em que a primeira é a segunda defasada em um período, é *autocorrelação*, enquanto a correlação entre séries temporais como $u_1, u_2, \ldots, u_{10}$ e $v_2, v_3, \ldots, v_{11}$, em que u e v são duas séries temporais distintas, é chamada de *correlação serial*. Embora a distinção entre os dois termos possa ser útil, neste livro trataremos como sinônimos.

A Figura 12.1 apresenta alguns padrões plausíveis de presença e de ausência de autocorrelação. As Figuras 12.1*a* a *d* mostram que há alguns padrões discerníveis entre os u. A Figura 12.1*a* mostra um padrão cíclico; as Figuras *b* e *c* sugerem tendências lineares, ascendentes e descendentes, nos

---

[1] Veja GREENE, William H. *Econometric analysis*. 4. ed. N.J.: Prentice Hall, 2000, cap. 11; e RUDD, Paul A. *An introduction to classical econometric theory*. Oxford University Press, 2000, cap. 19.

[2] KENDALL, Maurice G.; BUCKLAND, William R. *A dictionary of statistical terms*. Nova York: Hafner Publishing Company, 1971. p.8.

[3] TINTNER, Gerhard. *Econometrics*. Nova York: John Wiley & Sons, 1965.

FIGURA 12.1

Padrões de presença e ausência de autocorrelação.

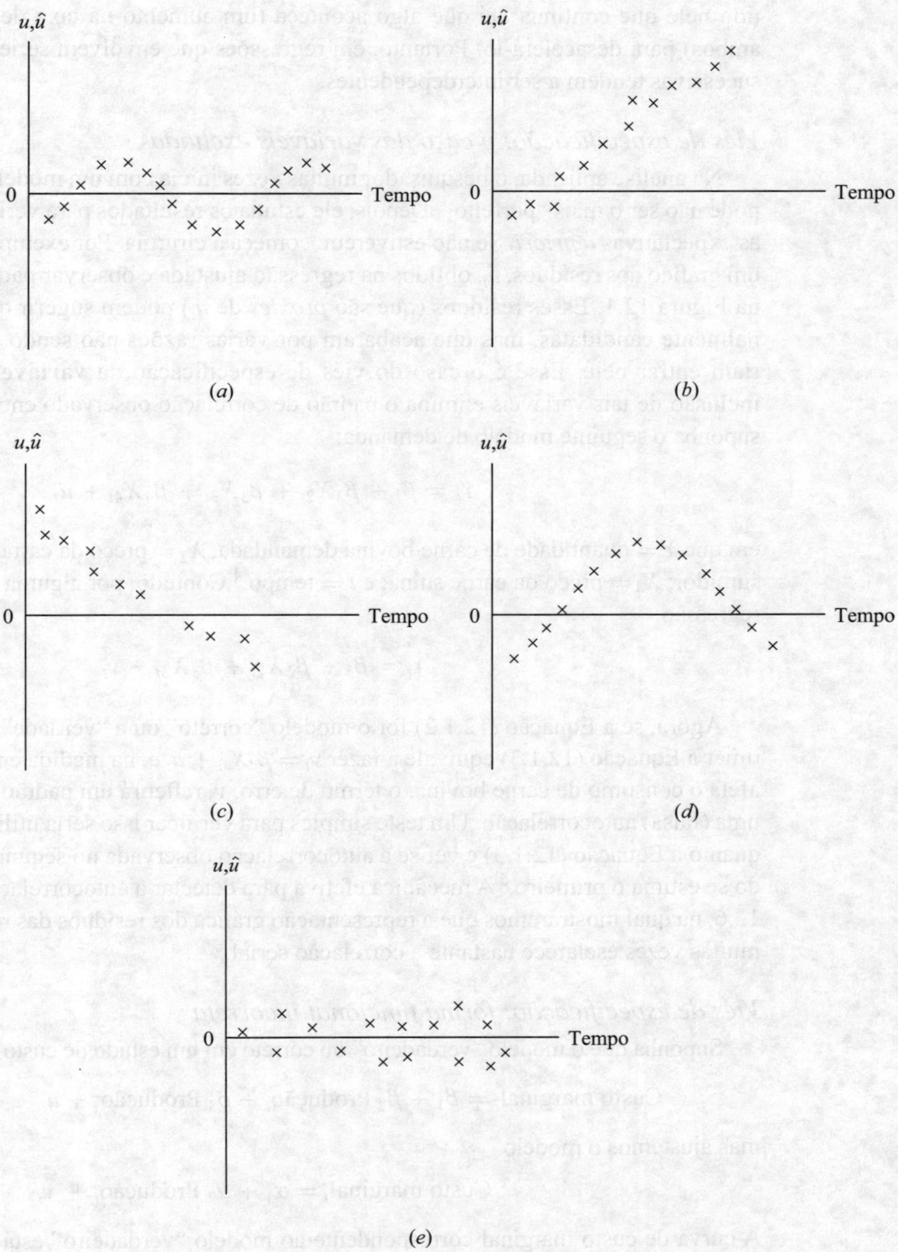

termos de erro; enquanto a Figura 12.1d indica que termos de tendência linear e quadrática estão presentes. Somente a Figura 12.1e indica ausência de padrão sistemático, confirmando a hipótese de ausência de autocorrelação do modelo de regressão linear clássico.

A questão que se apresenta é: por que ocorre correlação serial? As razões são várias, e a seguir trataremos de algumas delas:

Inércia

Uma característica marcante da maioria das séries temporais econômicas é a inércia ou lentidão. Como sabemos, séries temporais como o PNB, os índices de preços, a produção, o emprego e o desemprego registram ciclos (econômicos). Partindo do fundo da recessão, quando tem início a recuperação econômica, a maioria dessas séries começam a mover-se em um sentido ascendente. Nesse movimento, o valor da série em um ponto do tempo é maior que o anterior. Há um "impulso" embutido nele que continua até que algo aconteça (um aumento na taxa de juros, nos impostos ou em ambos) para desacelerá-lo. Portanto, em regressões que envolvem séries temporais, as observações sucessivas tendem a ser interdependentes.

Viés de especificação: o caso das variáveis excluídas

Na análise aplicada, o pesquisador muitas vezes inicia com um modelo de regressão plausível que pode não ser o mais "perfeito". Depois, ele estuda os resultados para verificar se estão de acordo com as expectativas *a priori*. Se não estiverem, começa a cirurgia. Por exemplo, o pesquisador pode fazer um gráfico dos resíduos, $\hat{u}_i$, obtidos na regressão ajustada e observar padrões como os que aparecem na Figura 12.1. Esses resíduos (que são *proxies* de u_i) podem sugerir que algumas variáveis originalmente candidatas, mas que acabaram por várias razões não sendo incluídas no modelo, deveriam entrar nele. Esse é o caso do viés de especificação da **variável excluída**. Muitas vezes a inclusão de tais variáveis elimina o padrão de correlação observado entre os resíduos. Por exemplo, suponha o seguinte modelo de demanda:

$$Y_t = \beta_1 + \beta_2 X_{2t} + \beta_3 X_{3t} + \beta_4 X_{4t} + u_t \tag{12.1.2}$$

em que Y = quantidade de carne bovina demandada; X_2 = preço da carne bovina; X_3 = renda do consumidor; X_4 = preço da carne suína; e t = tempo.[4] Contudo, por alguma razão, estimamos a seguinte regressão:

$$Y_t = \beta_1 + \beta_2 X_{2t} + \beta_3 X_{3t} + v_t \tag{12.1.3}$$

Agora, se a Equação (12.1.2) for o modelo "correto" ou a "verdade" ou a relação verdadeira, estimar a Equação (12.1.3) equivale a fazer $v_t = \beta_4 X_{4t} + u_t$ e, na medida em que o preço da carne suína afeta o consumo de carne bovina, o termo de erro, v, refletirá um padrão sistemático, criando, assim, uma (falsa) autocorrelação. Um teste simples para verificar isso seria utilizar tanto a Equação (12.1.2) quanto a Equação (12.1.3) e ver se a autocorrelação observada no segundo modelo desaparece quando se estima o primeiro.[5] A mecânica efetiva para detectar a autocorrelação será examinada na Seção 12.6, na qual mostraremos que a representação gráfica dos resíduos das regressões (12.1.2) e (12.1.3) muitas vezes esclarece bastante a correlação serial.

Viés de especificação: forma funcional incorreta

Suponha que o modelo "verdadeiro" ou correto em um estudo de custo e produção seja o seguinte:

$$\text{Custo marginal}_i = \beta_1 + \beta_2 \text{ Produção}_i + \beta_3 \text{ Produção}_i^2 + u_i \tag{12.1.4}$$

mas ajustemos o modelo

$$\text{Custo marginal}_i = \alpha_1 + \alpha_2 \text{ Produção}_i + v_i \tag{12.1.5}$$

A curva de custo marginal correspondente ao modelo "verdadeiro" está na Figura 12.2 junto com a curva linear de custo "incorreta".

Como vemos na Figura 12.2, entre os pontos A e B, a curva linear de custo marginal superestimará de forma consistente o verdadeiro custo marginal, enquanto fora desses pontos ela o subestimará também de modo consistente. Esse resultado é esperado, porque o termo de erro, v_i, é, de fato, igual a produção^2 + u_i e, portanto, estará incluindo sistematicamente o efeito do termo produção^2 sobre o custo marginal. Nesse caso, v_i refletirá a autocorrelação devido ao uso de uma forma funcional incorreta. No Capítulo 13, consideraremos vários métodos para detectar o viés de especificação.

---

[4] Por uma questão de convenção, usaremos o subscrito t para denotar séries temporais e i para dados de corte transversal.

[5] Se for verificado que o verdadeiro problema é o viés de especificação, e não a autocorrelação, então, como será demonstrado no Capítulo 13, os estimadores de MQO dos parâmetros da Equação (12.1.3) poderão ser tendenciosos e inconsistentes.

FIGURA 12.2
Viés de especificação: forma funcional incorreta.

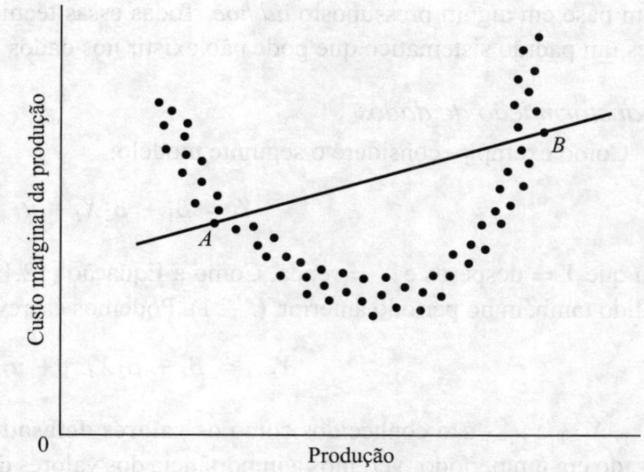

O fenômeno da teia de aranha

A oferta de muitos produtos agrícolas reflete o chamado fenômeno da teia de aranha, em que a oferta reage ao preço com a defasagem de um período, porque as decisões de oferta levam tempo para serem implementadas (período de gestação). No início do plantio da safra deste ano, os agricultores estão influenciados pelo preço vigente no ano anterior, de modo que sua função de oferta é

$$\text{Oferta}_t = \beta_1 + \beta_2 P_{t-1} + u_t \tag{12.1.6}$$

Imagine que, no final do período t, o preço P_t é menor que P_{t-1}. Portanto, no período $t + 1$, os agricultores podem decidir produzir menos que em t. Obviamente, nessa situação não se pode esperar que os termos de erro u_t sejam aleatórios, porque, se os agricultores produzem demais no ano t, eles tenderão a reduzir a produção em $t + 1$ e assim por diante, gerando o padrão da teia de aranha.

Defasagens

Em uma regressão de despesas sobre renda cujos dados são séries temporais, verificamos não poucas vezes que as despesas do período atual dependem, dentre outras coisas, das despesas do período anterior. Isto é,

$$\text{Consumo}_t = \beta_1 + \beta_2 \text{ renda}_t + \beta_3 \text{ Consumo}_{t-1} + u_t \tag{12.1.7}$$

Uma regressão desse tipo é conhecida como **autorregressão**, porque uma das variáveis explanatórias é o valor defasado da variável dependente. (Examinaremos esses modelos no Capítulo 17.) A lógica desses modelos é simples. Os consumidores não alteram facilmente seus hábitos de consumo por motivos psicológicos, tecnológicos ou institucionais. Agora, se negligenciarmos o termo defasado na Equação (12.1.7), o termo de erro resultante refletirá um padrão sistemático decorrente da influência do consumo defasado sobre o consumo atual.

"Manipulação" dos dados

Na análise aplicada, os dados brutos muitas vezes são "manipulados". Por exemplo, em regressões de séries temporais que envolvem dados trimestrais, muitas vezes os dados são obtidos somando três observações mensais e dividindo a soma por três. Essas médias suavizam os dados amenizando as flutuações dos dados mensais. Portanto, a representação gráfica dos dados trimestrais é muito menos irregular que a dos dados mensais e essa mesma regularidade pode gerar um padrão sistemático nos termos de erro, introduzindo a autocorrelação. Outra fonte de manipulação é a **interpolação** ou a **extrapolação** de dados. Por exemplo, nos Estados Unidos, o Censo Demográfico é realizado a cada dez anos, o mais recente é o de 2000 e o anterior foi em 1990. Agora, se houver necessidade de obter dados para algum ano no período intercensitário 1990-2000, a prática comum é fazer a interpolação com base em algum pressuposto *ad hoc*. Todas essas técnicas de "massagem" dos dados impõem a eles um padrão sistemático que pode não existir nos dados originais.[6]

Transformação de dados

Como exemplo, considere o seguinte modelo:

$$Y_t = \beta_1 + \beta_2 X_t + u_t \tag{12.1.8}$$

em que Y = despesas e X = renda. Como a Equação (12.1.8) aplica-se em todos os períodos, isso é válido também no período anterior, $(t - 1)$. Podemos escrever a Equação (12.1.8) como

$$Y_{t-1} = \beta_1 + \beta_2 X_{t-1} + u_{t-1} \tag{12.1.9}$$

Y_{t-1}, X_{t-1} e u_{t-1} são conhecidos como os **valores defasados** de Y, X e u, respectivamente, aqui defasado em um período. Veremos a importância dos valores defasados mais adiante neste capítulo, bem como em diversas partes do livro.

Agora, se subtrairmos a Equação (12.1.9) da Equação (12.1.8), obteremos

$$\Delta Y_t = \beta_2 \Delta X_t + \Delta u_t \tag{12.1.10}$$

em que Δ, conhecido como **operador de primeira diferença**, indica que devemos tomar sucessivas diferenças das variáveis em questão. Assim, $\Delta Y_t = (Y_t - Y_{t-1})$, $\Delta X_t = (X_t - X_{t-1})$, e $\Delta u_t = (u_t - u_{t-1})$. Para fins práticos, escrevemos a Equação (12.1.10) como

$$\Delta Y_t = \beta_2 \Delta X_t + v_t \tag{12.1.11}$$

em que $v_t = \Delta u_t = (u_t - u_{t-1})$.

Equação (12.1.9) é conhecida como **forma de nível** e a Equação (12.1.10) é conhecida como a **forma de (primeira) diferença**. Ambas são frequentemente utilizadas na análise aplicada. Por exemplo, se na Equação (12.1.9) Y e X representam os logaritmos das despesas de consumo e renda, então, na Equação (12.1.10) ΔY e ΔX representarão mudanças nos logaritmos das despesas de consumo e renda. Como sabemos, uma alteração no logaritmo de uma variável é uma mudança relativa ou uma variação percentual se a primeira é multiplicada por 100. Em vez de estudarmos as relações entre as variáveis da forma de nível, podemos concentrar-nos em suas relações na forma de crescimento.

Se o termo de erro na Equação (12.1.8) satisfizer as hipóteses padrão dos MQO, principalmente a de ausência de autocorrelação, é possível provar que o termo de erro v_t na Equação (12.1.11) é autocorrelacionado. (Veja o Apêndice 12A, Seção 12A.1.) Pode-se notar aqui que modelos similares à Equação (12.1.11) são conhecidos como **modelos de regressão dinâmicos**, modelos que envolvem regressandos defasados. Estudaremos esses modelos de forma aprofundada no Capítulo 17.

O sentido do exemplo anterior é que, às vezes, a autocorrelação pode ser induzida como um resultado da transformação do modelo original.

Ausência de estacionariedade

Mencionamos no Capítulo 1 que, ao lidarmos com séries temporais, podemos ter a necessidade de descobrir se alguma delas é estacionária. Embora tratemos do tópico das séries temporais não estacionárias em mais detalhes nos capítulos sobre econometria de séries temporais na **Parte 5** do livro, em termos gerais, uma série temporal é estacionária se suas características (por exemplo, a média, variância e covariância) *não variam ao longo do tempo*. Se esse não for o caso, temos uma série não estacionária.

---

[6] Veja GREENE, William H. op. cit., p. 526.

Como veremos na **Parte 5**, em um modelo de regressão, como a Equação (12.1.8), é perfeitamente possível que tanto Y quanto X sejam não estacionários e, portanto, o erro, u, também seja não estacionário.[7] Nesse caso, o termo de erro apresentará autocorrelação.

Em síntese, há várias razões pelas quais o termo de erro em um modelo de regressão pode ser autocorrelacionado. No restante do capítulo, procuraremos investigar com alguns detalhes os problemas provocados pela autocorrelação e o que pode ser feito para serem resolvidos.

Convém notar também que a autocorrelação pode ser tanto positiva (Figura 12.3*a*) quanto negativa, embora a maior parte das séries temporais econômicas em geral apresente autocorrelação positiva, pois, em sua maioria, evolui para cima ou para baixo por longos períodos e não apresenta oscilações constantes, tais como a da Figura 12.3*b*.

FIGURA 12.3
Autocorrelação positiva (*a*) e negativa (*b*).

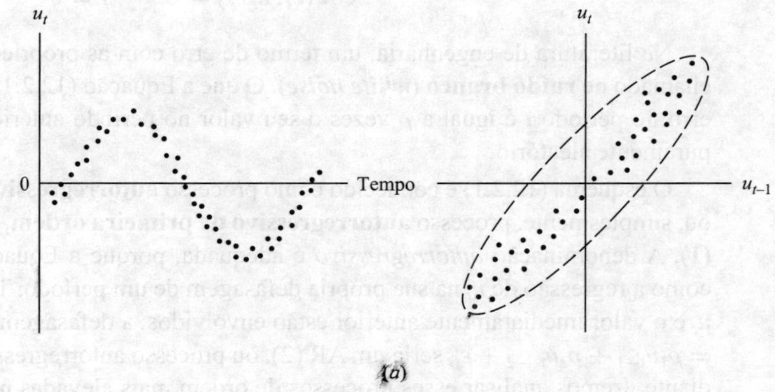

(*a*)

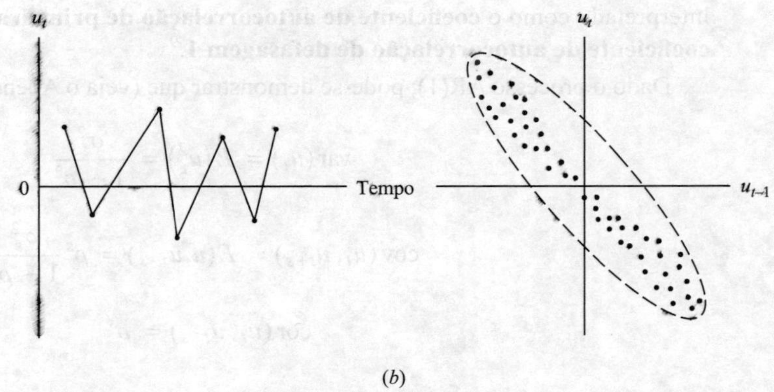

(*b*)

12.2 Estimativa de MQO na presença de autocorrelação

O que acontecerá aos estimadores de MQO e suas variâncias se introduzirmos autocorrelação nos termos de erro, supondo que $E(u_t u_{t+s}) \neq 0$ $(s \neq 0)$, mas mantivermos todas as outras hipóteses do modelo clássico?[8] Observe novamente que estamos usando agora o subscrito t nos termos de erro para destacar que lidamos com séries temporais.

Voltemos ao modelo de regressão de duas variáveis para explicar as ideias básicas envolvidas, a saber, $Y_t = \beta_1 + \beta_2 X_t + u_t$. Para avançar, precisamos imaginar que o mecanismo que gera u_t para

[7] Como veremos na **Parte 5**, mesmo que Y e X não sejam estacionários, é possível que u seja. Exploraremos as implicações de tal situação mais adiante.

[8] Se $s = 0$, obtemos $E(u_t^2)$. Como $E(u_t) = 0$ por hipótese, $E(u_t^2)$ representa a variância do termo de erro, o que obviamente é diferente de zero (por quê?).

$E(u_t u_{t+s}) \neq 0$ $(s \neq 0)$ é um pressuposto demasiado geral para ter utilidade prática. Como ponto de partida ou primeira aproximação, podemos supor que os termos de erro são gerados pelo seguinte mecanismo:

$$u_t = \rho u_{t-1} + \varepsilon_t \qquad -1 < \rho < 1 \tag{12.2.1}$$

em que ρ é conhecido como **coeficiente de autocovariância** e ε_t é o termo de erro estocástico, tal que atenda à hipótese padrão dos MQO:

$$\begin{aligned} E(\varepsilon_t) &= 0 \\ \text{var}(\varepsilon_t) &= \sigma_\varepsilon^2 \\ \text{cov}(\varepsilon_t, \varepsilon_{t+s}) &= 0 \qquad s \neq 0 \end{aligned} \tag{12.2.2}$$

Na literatura de engenharia, um termo de erro com as propriedades anteriores é frequentemente chamado de **ruído branco (*white noise*)**. O que a Equação (12.2.1) postula é que o valor do termo de erro no período t é igual a ρ vezes o seu valor no período anterior, acrescido de um termo de erro puramente aleatório.

O esquema (12.2.1) é conhecido como processo **autorregressivo de primeira ordem de Markov** ou, simplesmente, processo **autorregressivo de primeira ordem**, normalmente designado como **AR (1).** A denominação *autorregressivo* é adequada, porque a Equação (12.2.1) pode ser interpretada como a regressão de u_t na sua própria defasagem de um período. Trata-se de primeira ordem, porque u_t e o valor imediatamente anterior estão envolvidos; a defasagem máxima é 1. Se o modelo fosse $u_t = \rho_1 u_{t-1} + \rho_2 u_{t-2} + \varepsilon_t$, seria um AR (2), ou processo autorregressivo de segunda ordem e assim por diante. Iremos analisar esses processos de ordem mais elevadas nos capítulos sobre econometria de séries temporais na **Parte 5**.

Vale mencionar que ρ, coeficiente de autocovariância na Equação (12.2.1), também pode ser interpretado como o **coeficiente de autocorrelação de primeira ordem**, ou mais precisamente, o **coeficiente de autocorrelação de defasagem 1**.[9]

Dado o processo AR(1), pode-se demonstrar que (veja o Apêndice 12A, Seção 12A.2):

$$\text{var}(u_t) = E(u_t^2) = \frac{\sigma_\varepsilon^2}{1-\rho^2} \tag{12.2.3}$$

$$\text{cov}(u_t, u_{t+s}) = E(u_t u_{t-s}) = \rho^s \frac{\sigma_\varepsilon^2}{1-\rho^2} \tag{12.2.4}$$

$$\text{cor}(u_t, u_{t+s}) = \rho^s \tag{12.2.5}$$

em que $\text{cov}(u_t, u_{t+s})$ representa a covariância entre termos de erro separados por s períodos e $\text{cor}(u_t, u_{t+s})$ é a correlação entre termos de erro separados por s períodos. Note que, devido à propriedade de simetria das covariâncias e correlações, $\text{cov}(u_t, u_{t+s}) = \text{cov}(u_t, u_{t-s})$ e $\text{cor}(u_t, u_{t+s}) = \text{cor}(u_t, u_{t-s})$.

[9] Esta denominação pode ser facilmente justificada. Por definição, o coeficiente (populacional) de correlação entre u_t e u_{t-1} é

$$\begin{aligned} \rho &= \frac{E\{[u_t - E(u_t)][u_{t-1} - E(u_{t-1})]\}}{\sqrt{\text{var}(u_t)}\sqrt{\text{var}(u_{t-1})}} \\ &= \frac{E(u_t u_{t-1})}{\text{var}(u_{t-1})} \end{aligned}$$

uma vez que $E(u_t) = 0$ para cada t e $\text{var}(u_t) = \text{var}(u_{t-1})$, porque estamos mantendo a hipótese de homocedasticidade. O leitor pode ver que ρ é também o coeficiente angular de regressão de u_t contra $\text{var}(u_{t-1})$.

Como ρ é uma constante com valor entre -1 e $+1$, a Equação (12.2.3) mostra que, sob o processo AR(1), a variância de u_t *ainda é homocedástica*, mas u_t está correlacionado não só com o seu valor passado imediato, mas também com os valores de vários períodos atrás. É *fundamental* salientar que $|\rho| < 1$, ou seja, o valor absoluto de ρ é inferior a 1. Se, por exemplo, ρ for 1, as variâncias e covariâncias listadas não estarão definidas. Se $|\rho| < 1$, dizemos que o processo AR(1) dado na Equação (12.2.1) é *estacionário*; a média, variância e covariância de u_t não variam ao longo do tempo. Se $|\rho|$ for inferior a 1, é evidente pela Equação (12.2.4) que o valor da covariância diminuirá à medida que retrocedermos ao passado distante. Veremos a utilidade dos resultados anteriores em breve.

Uma razão para usar o processo AR(1) não está apenas em sua simplicidade em comparação com processos AR de ordem mais elevada, mas também porque, em muitas aplicações, tem sido bastante útil. Além disso, uma quantidade considerável de trabalhos teóricos e práticos já foram feitos usando o processo AR(1).

Agora retornaremos ao nosso modelo de regressão de duas variáveis: $Y_t = \beta_1 + \beta_2 X_t + u_t$. Vimos no Capítulo 3 que o estimador do coeficiente angular obtido pelo método dos MQO é:

$$\hat{\beta}_2 = \frac{\sum x_t y_t}{\sum x_t^2} \tag{12.2.6}$$

e sua variância é dada por:

$$\operatorname{var}(\hat{\beta}_2) = \frac{\sigma^2}{\sum x_i^2} \tag{12.2.7}$$

em que as letras minúsculas, como de costume, denotam desvios em relação à média.

Agora sob o processo AR(1), podemos demonstrar que a variância deste estimador é:

$$\operatorname{var}(\hat{\beta}_2)_{\text{AR1}} = \frac{\sigma^2}{\sum x_t^2}\left[1 + 2\rho\frac{\sum x_t x_{t-1}}{\sum x_t^2} + 2\rho^2\frac{\sum x_t x_{t-2}}{\sum x_t^2} + \cdots + 2\rho^{n-1}\frac{x_1 x_n}{\sum x_t^2}\right] \tag{12.2.8}$$

em que $\operatorname{var}(\hat{\beta}_2)_{\text{AR1}}$ significa a variância de $\hat{\beta}_2$ sob um processo autorregressivo de primeira ordem.

Uma comparação da Equação (12.2.8) com a Equação (12.2.7) mostra que a primeira é igual à segunda multiplicada por um termo que depende de ρ, bem como das autocorrelações amostrais entre os valores assumidos pelo regressor X com várias defasagens.[10] E, em geral, não podemos dizer se $\operatorname{var}(\hat{\beta}_2)$ é menor ou maior que $\operatorname{var}(\hat{\beta}_2)_{\text{AR1}}$ (veja a Equação (12.4.1)). Obviamente, se ρ for igual a zero, as duas fórmulas coincidirão (por quê?). Além disso, se as correlações entre os valores sucessivos do regressor forem muito pequenas, a variância habitual do estimador angular calculado segundo o método dos MQO não será seriamente tendenciosa. Mas, como princípio geral, as duas variâncias não serão iguais.

Para uma ideia sobre a diferença entre as variâncias das Equações (12.2.7) e (12.2.8), suponha que o regressor X também siga o esquema autorregressivo de primeira ordem, com um coeficiente de autocorrelação de r. Então, podemos demonstrar que a Equação (12.2.8) reduz-se a:

$$\operatorname{var}(\hat{\beta}_2)_{\text{AR1}} = \frac{\sigma^2}{\sum x_t^2}\left(\frac{1 + r\rho}{1 - r\rho}\right) = \operatorname{var}(\hat{\beta}_2)_{\text{MQO}}\left(\frac{1 + r\rho}{1 - r\rho}\right) \tag{12.2.9}$$

Se por exemplo, $r = 0{,}6$ e $\rho = 0{,}8$, empregando a Equação (12.2.9) podemos verificar que $\operatorname{var}(\hat{\beta}_2)_{\text{AR1}} = 2{,}8461 \operatorname{var}(\hat{\beta}_2)_{\text{MQO}}$. Em outras palavras, $\operatorname{var}(\hat{\beta}_2)_{\text{MQO}} = \frac{1}{2{,}8461}\operatorname{var}(\hat{\beta}_2)_{\text{AR1}} = 0{,}3513 \operatorname{var}(\hat{\beta}_2)_{\text{AR1}}$. A fórmula de MQO (12.2.7) subestimará a variância de $(\hat{\beta}_2)_{\text{AR1}}$ em cerca de 65%. Como você perceberá, essa resposta é específica para determinado valor de r e ρ. Entretanto, o importante neste exercício é mostrar que uma aplicação cega das fórmulas habituais de MQO para calcular as variâncias e erros padrão dos estimadores de MQO poderia conduzir a resultados profundamente equivocados.

[10] Observe que o termo $r = \sum x_t x_{t+1} / \sum x_t^2$ é a correlação entre X_t e X_{t+1} (ou X_{t-1}, já que o coeficiente de correlação é simétrico); $r^2 = \sum x_t x_{t+2} / \sum x_t^2$ é a correlação entre os X defasados de dois períodos e assim por diante.

Suponhamos que continuemos empregando o estimador de MQO, $\hat{\beta}_2$, e que ajustemos a variância habitual levando em conta o processo AR(1). Ou seja, empregamos $\hat{\beta}_2$ da Equação (12.2.6), mas usamos a fórmula de variância da Equação (12.2.8). Quais são, agora, as propriedades de $\hat{\beta}_2$? É fácil provar que $\hat{\beta}_2$ ainda é linear e não tendencioso. De fato, como mostra o Apêndice 3A, Seção 3A.2, a hipótese de ausência de correlação serial, como a ausência de heterocedasticidade, não é exigida para provar que $\hat{\beta}_2$ é não tendencioso. Mas, será que $\hat{\beta}_2$ ainda é MELNT? Infelizmente, não; na classe de estimadores lineares não tendenciosos, ele não tem variância mínima. Em suma, $\hat{\beta}_2$, embora linear e não tendencioso, não é eficiente (em termos relativos). O leitor notará que esse resultado é bastante semelhante à conclusão de que $\hat{\beta}_2$ é menos eficiente na presença de heterocedasticidade. Vimos que o estimador de mínimos quadrados ponderados $\hat{\beta}_2^*$, da Equação (11.3.8), é um caso especial de estimador de mínimos quadrados generalizados (MQG), que se mostrou eficiente. No caso de autocorrelação podemos encontrar um estimador que seja MELNT? A resposta é sim, como pode ser visto na seção seguinte.

12.3 O estimador BLUE na presença de autocorrelação

Continuando com o modelo de duas variáveis e supondo o processo AR(1), podemos mostrar que o estimador BLUE de β_2 é fornecido pela seguinte expressão:[11]

$$\hat{\beta}_2^{\text{MQG}} = \frac{\sum_{t=2}^{n}(x_t - \rho x_{t-1})(y_t - \rho y_{t-1})}{\sum_{t=2}^{n}(x_t - \rho x_{t-1})^2} + C \tag{12.3.1}$$

em que C é um fator de correção que pode ser desconsiderado na prática. Observe que o subscrito t agora se estende de $t = 2$ a $t = n$ e sua variância é dada por:

$$\text{var}\,\hat{\beta}_2^{\text{MQG}} = \frac{\sigma^2}{\sum_{t=2}^{n}(x_t - \rho x_{t-1})^2} + D \tag{12.3.2}$$

em que D também é um fator de correção que pode ser desconsiderado na prática. (Veja o Exercício 12.18).

O estimador $\hat{\beta}_2^{\text{MQG}}$, como sugere o sobrescrito, é obtido pelo método MQG. Como mencionado no Capítulo 11, em MQG incorporamos qualquer informação adicional disponível (por exemplo, a natureza da heterocedasticidade ou da autocorrelação) diretamente no processo de estimação mediante a transformação de variáveis, enquanto no método dos MQO, essas informações não são levadas em conta diretamente. Como o leitor pode ver, o estimador de GLS β_2 dado na Equação (12.3.1) incorpora o parâmetro de autocorrelação ρ à fórmula de estimação, enquanto a fórmula de MQO da Equação (12.2.6) apenas o ignora. De maneira intuitiva, essa é a razão pela qual o estimador de MQG é BLUE e não o estimador de MQO; o estimador de MQG aproveita mais as informações disponíveis.[12] Nem é tão importante acrescentar que, se $\rho = 0$, não existe qualquer informação adicional a ser considerada e, por conseguinte, tanto os estimadores de MQG quanto os de MQO são idênticos.

Em suma, com a autocorrelação, é o estimador da Equação (12.3.1) que é BLUE, e a variância mínima é dada agora pela Equação (12.3.2) e não pela (12.2.8) e, obviamente, não pela Equação (12.2.7).

---

[11] Uma demonstração é encontrada em KMENTA, Jan. *Elements of econometrics*. Nova York: Macmillan, 1971, p. 274-275. O fator de correção C pertence à primeira observação, (Y_1, X_1). Sobre esse ponto, veja o Exercício 12.18.

[12] A demonstração formal de que à $\hat{\beta}_2^{\text{MQG}}$ é BLUE pode ser encontrada em KMENTA, ibid, mas a cansativa demonstração algébrica pode ser consideravelmente simplificada usando a notação matricial. Veja JOHNSTON, J. *Econometric methods*. 3. ed. Nova York: McGraw-Hill, 1984. p. 291-293.

Uma observação técnica

Como já salientado no capítulo anterior, o teorema de Gauss-Markov fornece apenas a condição suficiente para que o MQO seja MELNT. As condições necessárias e suficientes para tanto estão no **teorema de Kruskal**, mencionado no capítulo anterior. Em alguns casos, pode ocorrer de MQO ser MELNT, apesar da autocorrelação. Na prática esses casos são pouco frequentes.

O que acontece se insistirmos em trabalhar com os procedimentos habituais de MQO, apesar da autocorrelação? A resposta é dada na próxima seção.

12.4 Consequências do uso dos MQO na presença de autocorrelação

Como no caso da heterocedasticidade, na presença de autocorrelação, os estimadores de MQO ainda são lineares e não tendenciosos, bem como consistentes e com distribuição normal assintótica, mas deixam de ser eficientes (de ter variância mínima). O que acontece então com os procedimentos habituais de teste de hipóteses se continuarmos a utilizar os estimadores de MQO? Novamente, como no caso de heterocedasticidade, distinguimos duas situação. Por questões pedagógicas, continuaremos trabalhando com o modelo de duas variáveis, embora o exame a seguir possa ser estendido à regressão múltipla sem muita complicação.[13]

Estimação por meio de MQO considerando a autocorrelação

Como se observa, $\hat{\beta}_2$ não é MELNT, e mesmo empregando a var $(\hat{\beta}_2)_{\text{AR1}}$, os intervalos de confiança obtidos a partir daí são suscetíveis de serem mais amplos do que os baseados no procedimento dos MQG. Como mostra Kmenta, é provável que este seja o caso, mesmo que o tamanho da amostra aumente indefinidamente.[14] Isto é, *$\hat{\beta}_2$ não é assintoticamente eficiente*. A implicação dessa constatação para o teste de hipótese é clara: estamos propensos a declarar que um coeficiente é estatisticamente insignificante (não diferente de zero), embora na realidade (com base no procedimento correto de MQG) possa não ser. Essa diferença pode ser vista na Figura 12.4. Nela mostramos os intervalos de confiança de 95% calculados segundo os MQO [AR(1)] e os MQG, supondo que o verdadeiro $\beta_2 = 0$. Considere determinada estimativa de β_2, por exemplo, b_2. Como b_2 encontra-se no intervalo de confiança de MQO, poderíamos aceitar a hipótese de que o verdadeiro β_2 seja zero com 95% de confiança. Mas, se tivéssemos de utilizar o intervalo de confiança de MQG (correto), poderíamos rejeitar a hipótese nula de que o verdadeiro β_2 é igual a zero, pois b_2 está na área de rejeição.

A mensagem é: para estabelecermos intervalos de confiança e testar hipóteses, devemos usar os MQG e não os MQO, mesmo que os estimadores obtidos por estes últimos sejam não tendenciosos e consistentes. (No entanto, convém consultar a Seção 12.11 posteriormente.)

Estimação por meio de MQO não considerando a autocorrelação

A situação torna-se potencialmente muito grave se, além de não utlilizarmos $\hat{\beta}_2$, também continuamos a usar var $(\hat{\beta}_2) = \sigma^2 / \sum x_t^2$, que ignora por completo o problema da autocorrelação. Em outras

FIGURA 12.4
Intervalos de confiança de 95% dados pelos MQG e pelos MQO.

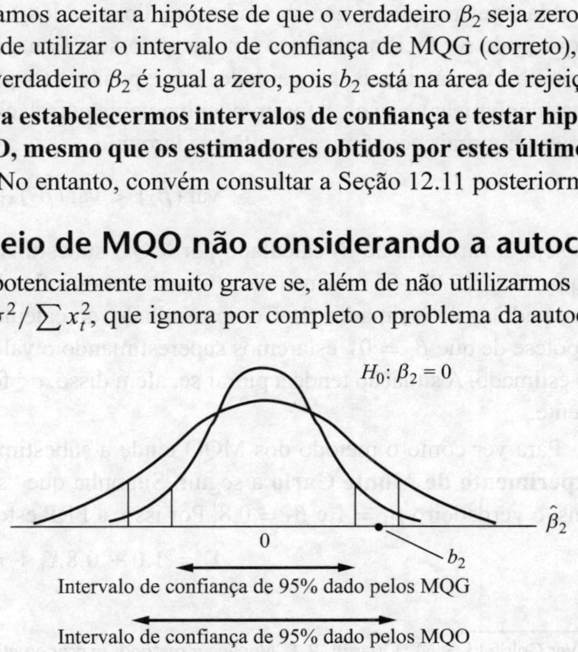

[13] Mas a álgebra matricial torna-se quase uma necessidade para evitar manipulações algébricas tediosas.
[14] Veja KMENTA, op. cit., p. 277-278.

palavras, se acreditarmos erroneamente que as hipóteses habituais do modelo clássico mantêm-se válidas. Os erros surgirão pelas seguintes razões:

1. A variância residual $\hat{\sigma}^2 = \sum \hat{u}_t^2/(n-2)$ provavelmente subestimará o verdadeiro σ^2.
2. Como resultado, seremos levados a superestimar R^2.
3. Mesmo que σ^2 não esteja subestimado, a var $(\hat{\beta}_2)$ pode subestimar a var $(\hat{\beta}_2)_{\text{AR1}}$ (Equação (12.2.8)), sua variância sob a autocorrelação (de primeira ordem), embora esta última seja ineficiente em comparação com a var $(\hat{\beta}_2)^{\text{MQG}}$.
4. Por isso, os testes comuns de significância t e F deixam de ser válidos e, se aplicados, provavelmente nos levarão a conclusões extremamente equivocadas sobre a significância estatística dos coeficientes de regressão estimados.

Para demonstrarmos algumas dessas proposições, voltemos ao modelo de duas variáveis. Já vimos no Capítulo 3 que, sob a hipótese clássica,

$$\hat{\sigma}^2 = \frac{\sum \hat{u}_i^2}{(n-2)}$$

fornece um estimador não tendencioso de σ^2, isto é, $E(\hat{\sigma}^2) = \sigma^2$. Mas, se houver autocorrelação, dada por AR(1), podemos demonstrar que:

$$E(\hat{\sigma}^2) = \frac{\sigma^2\{n - [2/(1-\rho)] - 2\rho r\}}{n-2} \tag{12.4.1}$$

em que $r = \sum_{t=1}^{n-1} x_t x_{t-1} / \sum_{t=1}^{n} x_t^2$, que pode ser interpretado como o coeficiente de correlação (amostral) entre os valores sucessivos dos X.[15] Se ρ e r forem ambos positivos (o que não é improvável para a maioria das séries temporais econômicas), evidencia-se, pela Equação (12.4.1), que $E(\hat{\sigma}^2) < \sigma^2$; a fórmula habitual da variância residual, em média, subestimará o verdadeiro σ^2. Em outras palavras, $\hat{\sigma}^2$ terá um viés descendente. Desnecessário dizer que esse viés do $\hat{\sigma}^2$ será transmitido à var $(\hat{\beta}_2)$, porque, na prática, estimamos esta última por meio da fórmulas $\hat{\sigma}^2/\sum x_t^2$.

Mas mesmo que σ^2 não seja subestimado, a var $(\hat{\beta}_2)$ é um estimador tendencioso da var $(\hat{\beta}_2)_{\text{AR1}}$, o que pode ser facilmente visto comparando-se a Equação (12.2.7) com a (12.2.8),[16] já que as duas fórmulas não são iguais. Na verdade, se ρ é positivo (o que é verdadeiro na maioria das séries temporais econômicas) e se os X forem positivamente correlacionados (também verdadeiro na maioria das séries temporais econômicas), então é claro que,

$$\text{var}(\hat{\beta}_2) < \text{var}(\hat{\beta}_2)_{\text{AR1}} \tag{12.4.2}$$

ou seja, a variância de $\hat{\beta}_2$ calculado por MQO subestima sua variância calculada sob AR (1) (veja a Equação (12.2.9)). Se usarmos var $(\hat{\beta}_2)$, estaremos inflando a precisão ou exatidão (subestimaremos o erro padrão) do estimador $\hat{\beta}_2$. Como resultado, ao calcularmos a razão t como $t = \hat{\beta}_2/\text{ep}(\hat{\beta}_2)$ (sob a hipótese de que $\beta_2 = 0$), estaremos superestimando o valor t e, portanto, a significância estatística do β_2 estimado. A situação tende a piorar se, além disso, σ^2 for subestimado, como mencionado anteriormente.

Para ver como o método dos MQO tende a subestimar σ^2 e a variância de $\hat{\beta}_2$, vamos realizar o **experimento de Monte Carlo** a seguir. Suponha que "saibamos" que, no modelo com duas variáveis, o verdadeiro $\beta_1 = 1$ e $\beta_2 = 0{,}8$. Por isso, a FRP estocástica é:

$$Y_t = 1{,}0 + 0{,}8X_t + u_t \tag{12.4.3}$$

[15] Ver Goldfeld, S. M.; Quandt, R. E. *Nonlinear methods in econometrics.* Amsterdã: North Holland Publishing Company, 1972, p. 183. Note que, se os erros estão positivamente autocorrelacionados, o valor de R^2 tende a apresentar viés ascendente, isto é, tende a ser maior do que o R^2, na ausência de tal correlação.

[16] Uma demonstração formal é encontrada em KMENTA, op.cit., p. 281.

Assim,

$$E(Y_t \mid X_t) = 1{,}0 + 0{,}8X_t \tag{12.4.4}$$

que nos dá a verdadeira linha de regressão populacional. Supondo que os u_t sejam gerados pelo processo autorregressivo de primeira ordem como:

$$u_t = 0{,}7u_{t-1} + \varepsilon_t \tag{12.4.5}$$

em que ε_t satisfaz todas as hipóteses dos MQO. Imagine ainda, por conveniência, que ε_t distribui-se normalmente com média zero e variância unitária (= 1). A Equação (12.4.5) postula que os termos de

TABELA 12.1
Exemplo hipotético de termos de erro correlacionados de modo positivo

	ε_t	$u_t = 0.7u_{t-1} + \varepsilon_t$
0	0	u_0 = 5 (valor inicial assumido)
1	0,464	u_1 = 0,7(5) + 0,464 = 3,964
2	2,026	u_2 = 0,7(3,964) + 2,0262 = 4,8008
3	2,455	u_3 = 0,7(4,8010) + 2,455 = 5,8157
4	−0,323	u_4 = 0,7(5,8157) − 0,323 = 3,7480
5	−0,068	u_5 = 0,7(3,7480) − 0,068 = 2,5556
6	0,296	u_6 = 0,7(2,5556) + 0,296 = 2,0849
7	−0,288	u_7 = 0,7(2,0849) − 0,288 = 1,1714
8	1,298	u_8 = 0,7(1,1714) + 1,298 = 2,1180
9	0,241	u_9 = 0,7(2,1180) + 0,241 = 1,7236
10	−0,957	u_{10} = 0,7(1,7236) − 0,957 = 0,2495

Nota: extraído de *A million ramdom digits and one hundred thousand desviates*. Santa Monica, Calif.: Rand Corporation, 1950.

FIGURA 12.5
Correlação gerada pelo processo $u_t = 0{,}7_{ut-1} + \varepsilon_t$ (Tabela 12.1).

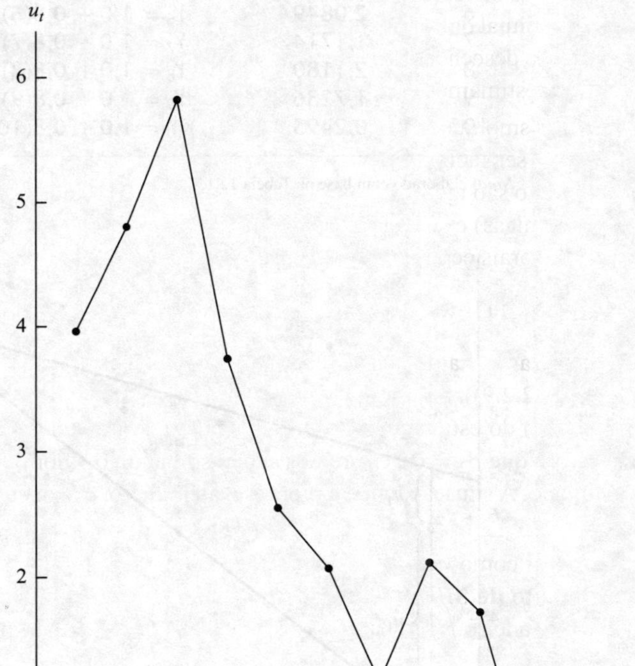

erro sucessivos estão positivamente correlacionados com um coeficiente de autocorrelação de +0,7, um grau de dependência bastante alto.

Agora, usando uma tabela de números aleatórios normais com média zero e variância unitária, geramos os 10 números aleatórios apresentados na Tabela 12.1 e, em seguida, pelo processo (12.4.5) é criado u_t. Para começar, é necessário especificar o valor inicial de u, por exemplo, $u_0 = 5$.

Traçando o u_t gerado na Tabela 12.1, obtemos a Figura 12.5, o que mostra que, inicialmente, cada u_t sucessivo é mais alto que seus valores anteriores e, posteriormente, em geral é menor do que seus valores anteriores, indicando, geralmente, uma autocorrelação positiva.

Agora suponha que os valores dos X sejam fixados em 1, 2, 3,..., 10. De acordo com esses X, podemos gerar uma amostra de 10 valores de Y com base na Equação (12.4.3) e dos valores de u_t apresentados na Tabela 12.1. Os detalhes estão na Tabela 12.2. Usando os dados da Tabela 12.2, se fizermos a regressão de Y contra X, obteremos a seguinte regressão (amostral):

$$\begin{aligned} \hat{Y}_t &= 6{,}5452 + 0{,}3051X_t \\ &\quad (0{,}6153) \quad (0{,}0992) \\ t &= (10{,}6366) \quad (3{,}0763) \\ &\quad r^2 = 0{,}5419 \qquad \hat{\sigma}^2 = 0{,}8114 \end{aligned} \tag{12.4.6}$$

TABELA 12.2
Geração de Y valores amostrais

X_t	u_t	$Y_t = 1{,}0 + 0{,}8X_t + u_t$
1	3,9640	Y_1 = 1,0 + 0,8(1) + 3,9640 = 5,7640
2	4,8010	Y_2 = 1,0 + 0,8(2) + 4,8008 = 7,4008
3	5,8157	Y_3 = 1,0 + 0,8(3) + 5,8157 = 9,2157
4	3,7480	Y_4 = 1,0 + 0,8(4) + 3,7480 = 7,9480
5	2,5556	Y_5 = 1,0 + 0,8(5) + 2,5556 = 7,5556
6	2,0849	Y_6 = 1,0 + 0,8(6) + 2,0849 = 7,8849
7	1,1714	Y_7 = 1,0 + 0,8(7) + 1,1714 = 7,7714
8	2,1180	Y_8 = 1,0 + 0,8(8) + 2,1180 = 9,5180
9	1,7236	Y_9 = 1,0 + 0,8(9) + 1,7236 = 9,9236
10	0,2495	Y_{10} = 1,0 + 0,8(10) + 0,2495 = 9,2495

Nota: elaborado com base na Tabela 12.1.

FIGURA 12.6
A verdadeira FRP e a linha de regressão estimada para os dados da Tabela 12.2.

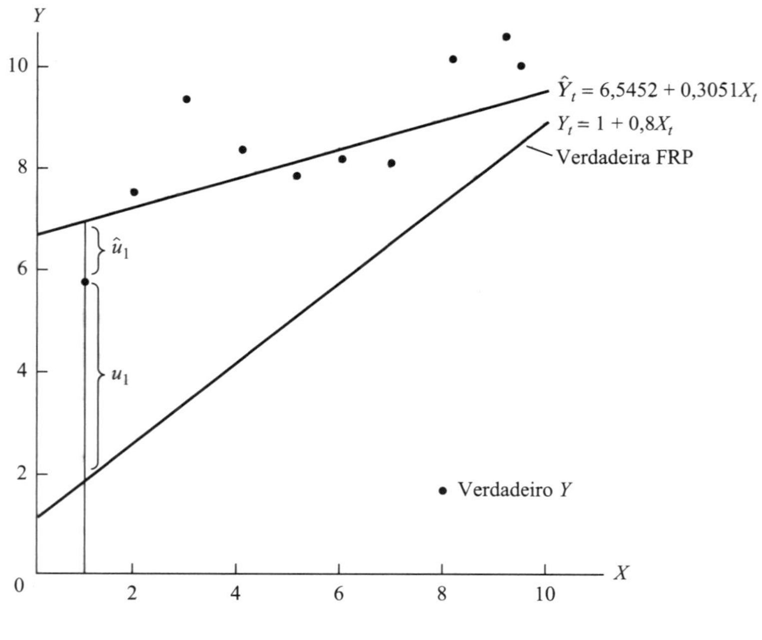

A verdadeira linha de regressão é dada pela Equação (12.4.4). Ambas as linhas de regressão aparecem na Figura 12.6, o que mostra claramente quanto a linha de regressão ajustada distorce a verdadeira linha de regressão; ela subestima significativamente o verdadeiro coeficiente angular, mas superestima o verdadeiro intercepto (Observe que, ainda assim, os estimadores de MQO são não tendenciosos.)

A Figura 12.6 também mostra a razão pela qual a verdadeira variância de u_i tende a ser subestimada pelo estimador $\hat{\sigma}^2$, que é calculada a partir de $\hat{u}_i$. Os $\hat{u}_i$ geralmente estão próximos da linha ajustada (devido ao procedimento dos MQO), mas desviam-se substancialmente da verdadeira FRP. Eles não apresentam uma imagem correta de u_i. Para entender melhor a extensão da subestimação do verdadeiro σ^2, suponha outro experimento de amostragem. Com os X_t e os ε_t apresentados nas Tabelas 12.1 e 12.2, imaginemos que $\rho = 0$, ou seja, nenhuma autocorrelação. A nova amostra de valores de Y está na Tabela 12.3.

A regressão com base na Tabela 12.3 é a seguinte:

$$\begin{aligned} \hat{Y}_t &= 2{,}5345 + 0{,}6145X_t \\ &\quad\ (0{,}6796) \quad (0{,}1087) \\ t &= (3{,}7910) \quad (5{,}6541) \\ &\qquad r^2 = 0{,}7997 \quad \hat{\sigma}^2 = 0{,}9752 \end{aligned} \tag{12.4.7}$$

TABELA 12.3

Amostra de valores de Y com correlação serial igual a zero

X_t	$\varepsilon_t = u_t$	$Y_t = 1{,}0 + 0{,}8X_t + \varepsilon_t$
1	0,464	2,264
2	2,026	4,626
3	2,455	5,855
4	−0,323	3,877
5	−0,068	4,932
6	0,296	6,096
7	−0,288	6,312
8	1,298	8,698
9	0,241	8,441
10	−0,957	8,043

Nota: uma vez que não há autocorrelação, u_t e ε_t são idênticos. Os ε_t são os da Tabela 12.1.

Essa regressão aproxima-se muito mais da "verdadeira", porque agora os Y são essencialmente aleatórios. Observe que $\hat{\sigma}^2$ aumentou de 0,8114 ($\rho = 0{,}7$) para 0,9752 ($\rho = 0$). Também observe que os erros padrão de $\hat{\beta}_1$ e $\hat{\beta}_2$ aumentaram. Esse resultado está de acordo com os resultados teóricos considerados anteriormente.

12.5 Relação entre salários e produtividade no setor empresarial dos Estados Unidos, 1960-2005

Agora que já examinamos as consequências da autocorrelação, a pergunta óbvia é: como podemos detectá-la e corrigi-la? Antes de tratarmos desses tópicos, é útil considerar um exemplo concreto. A Tabela 12.4 apresenta dados relativos a índices de remuneração real por hora (Y) e produção por hora (X) no setor empresarial da economia norte-americana, referentes ao período 1960−2005; a base dos índices é 1992 = 100.

Na Figura 12.7, temos a representação gráfica dos dados em Y e X. Como se espera que a relação entre remuneração real e produtividade da mão de obra seja positiva, não surpreende que as duas variáveis apresentem relação positiva. O que surpreende é que a relação entre as duas é quase linear, embora haja alguns indícios de que, quando os valores da produtividade são mais elevados, a relação entre as variáveis torna-se ligeiramente não linear. Portanto, decidimos estimar um modelo linear e outro log-linear com os seguintes resultados:

$$\begin{aligned}\hat{Y}_t &= 32{,}7419 + 0{,}6704X_t \\ \text{ep} &= (1{,}3940) \quad (0{,}0157) \\ t &= (23{,}4874) \quad (42{,}7813) \\ r^2 &= 0{,}9765 \quad d = 0{,}1739 \quad \hat{\sigma} = 2{,}3845\end{aligned} \tag{12.5.1}$$

em que d é a estatística de Durbin-Watson, que examinaremos adiante.

$$\begin{aligned}\widehat{\ln Y_t} &= 1{,}6067 + 0{,}6522 \ln X_t \\ \text{ep} &= (0{,}0547) \quad (0{,}0124) \\ t &= (29{,}3680) \quad (52{,}7996) \\ r^2 &= 0{,}9845 \quad d = 0{,}2176 \quad \hat{\sigma} = 0{,}0221\end{aligned} \tag{12.5.2}$$

Uma vez que esse modelo é double-log, o coeficiente angular representa a elasticidade. Neste caso, vemos que, se a produtividade do trabalho aumenta 1%, a remuneração média aumenta cerca de 0,65%.

Qualitativamente, ambos os modelos apresentam resultados semelhantes. Nos dois casos, os coeficientes estimados são "altamente" significativos, como indicado pelos valores elevados de t. No modelo linear, se o índice de produtividade aumenta em uma unidade, o índice de remuneração sobe, em média, 0,67 unidades. No modelo logarítmico, como o coeficiente angular é a elasticidade (por quê?), verificamos que, se o índice de produtividade aumenta 1% o índice de remuneração real aumenta, em média, 0,65%.

Até que ponto os resultados apresentados nas Equações (12.5.1) e (12.5.2) são confiáveis se há autocorrelação? Como afirmado anteriormente, se há autocorrelação, os erros padrão estimados são tendenciosos, e, como consequência, as razões t estimadas não são confiáveis. Obviamente, precisamos detectar se nossos dados são autocorrelacionados. Na seção seguinte, examinaremos vários métodos de detecção da autocorrelação e ilustraremos com o modelo log-linear (12.5.2).

TABELA 12.4

Índices de remuneração real e de produtividade, 1960-2005 (Índice de números, 1992 = 100, dados trimestrais sazonais ajustados)

Fonte: *Economic Report of the President*, 2007, Tabela B – 49

Ano	Y	X	Ano	Y	X
1960	60,8	48,9	1983	90,3	83,0
1961	62,5	50,6	1984	90,7	85,2
1962	64,6	52,9	1985	92,0	87,1
1963	66,1	55,0	1986	94,9	89,7
1964	67,7	56,8	1987	95,2	90,1
1965	69,1	58,8	1988	96,5	91,5
1966	71,7	61,2	1989	95,0	92,4
1967	73,5	62,5	1990	96,2	94,4
1968	76,2	64,7	1991	97,4	95,9
1969	77,3	65,0	1992	100,0	100,0
1970	78,8	66,3	1993	99,7	100,4
1971	80,2	69,0	1994	99,0	101,3
1972	82,6	71,2	1995	98,7	101,5
1973	84,3	73,4	1996	99,4	104,5
1974	83,3	72,3	1997	100,5	106,5
1975	84,1	74,8	1998	105,2	109,5
1976	86,4	77,1	1999	108,0	112,8
1977	87,6	78,5	2000	112,0	116,1
1978	89,1	79,3	2001	113,5	119,1
1979	89,3	79,3	2002	115,7	124,0
1980	89,1	79,2	2003	117,7	128,7
1981	89,3	80,8	2004	119,0	132,7
1982	90,4	80,1	2005	120,2	135,7

Notas: Y = índice de remuneração real por hora, setor empresarial (1992 = 100)
X = índice de produção, setor empresarial (1992 = 100).

FIGURA 12.7
Índice de remuneração (*Y*) e índice de produtividade (*X*), Estados Unidos, 1960-2005.

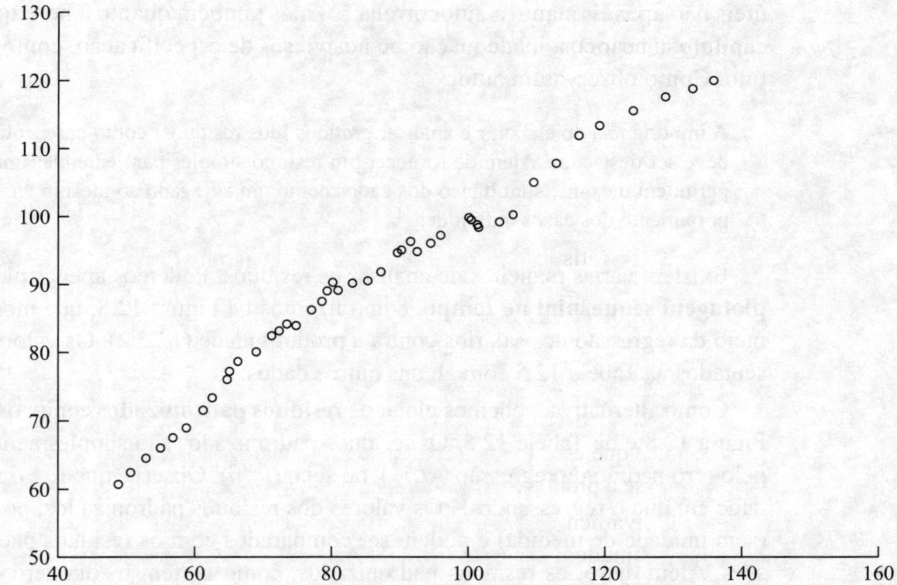

12.6 Detecção de autocorrelação

I. Método gráfico

Lembre-se de que a hipótese da ausência da autocorrelação do modelo clássico refere-se aos termos de erro da população, u_t, que não são observados diretamente. O que temos são suas *proxies*, os resíduos $\hat{u}_t$, que podem ser obtidos pelo procedimento habitual dos MQO. Embora os $\hat{u}_t$ não sejam a mesma coisa que u_t,[17] muitas vezes um exame visual dos $\hat{u}$ dá algumas pistas sobre a provável presença de autocorrelação dos $\hat{u}$. Na verdade, um exame visual de $\hat{u}_t$ ou ($\hat{u}_t^2$) pode fornecer informações

FIGURA 12.8
Resíduos (ampliados 100 vezes) efetivos e padronizados da regressão dos salários contra a produtividade (forma logarítmica: modelo, (12.5.2)).

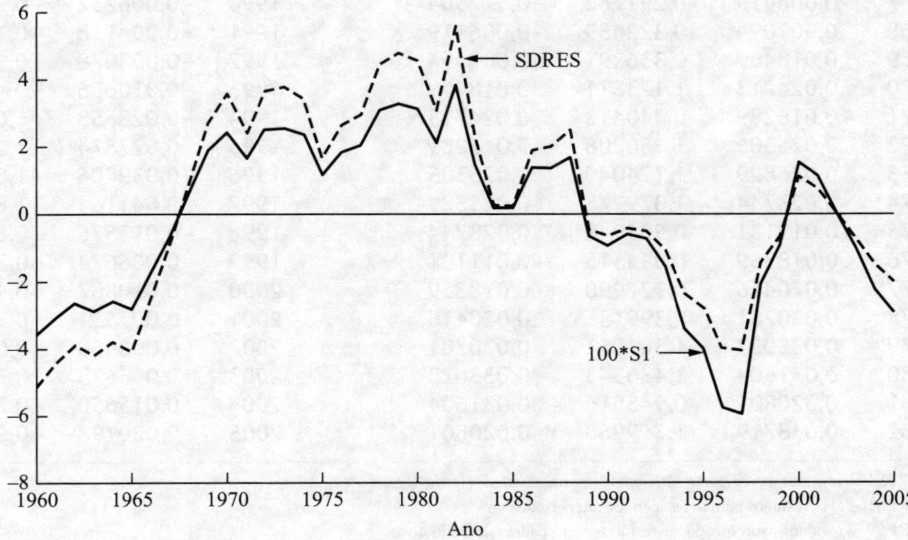

[17] Mesmo que os termos de erro sejam homocedásticos e não correlacionados, seus estimadores, os resíduos, $\hat{u}_t$, são heterocedásticos e autocorrelacionados. Veja MADDALA, G. S. *Introduction to econometrics*. 2. ed. Nova York: Macmillan, 1992. p. 480-481. Contudo, pode-se demonstrar que, à medida que a amostra aumenta indefinidamente, os resíduos tendem a convergir para seus verdadeiros valores, os u_t. Veja MALINVAUD, E. *Statistical methods of econometrics*. 2. ed. Amsterdã: North-Holland Publishers, 1970. p. 88.

úteis não apenas quanto à autocorrelação, mas também quanto à heterocedasticidade (abordada no capítulo anterior), à inadequação ou aos vieses de especificação, como veremos no próximo capítulo. Como observa um autor:

> A importância de elaborar e analisar gráficos [dos resíduos] como parte rotineira da análise estatística deve ser destacada. Além de fornecer um resumo simples para entender um problema complexo, eles permitem o exame simultâneo dos dados como um agregado ao mesmo tempo em que exibem o comportamento dos casos individuais.[18]

Existem várias maneiras de analisar os resíduos. Podemos apenas plotá-los contra o tempo, uma **plotagem sequencial no tempo**, como fizemos na Figura 12.8, que mostra os resíduos obtidos por meio da regressão dos salários contra a produtividade (12.5.2). Os valores desses resíduos são apresentados na Tabela 12.5 com alguns outros dados.

Como alternativa, podemos plotar os **resíduos padronizados** contra o tempo, que também estão na Figura 12.8 e na Tabela 12.5. Os resíduos padronizados são simplesmente os resíduos ($\hat{u}_t$) divididos pelo erro padrão da regressão ($\sqrt{\hat{\sigma}^2}$), ou seja, ($\hat{u}_t/\hat{\sigma}$). Observe que $\hat{u}_t$ e $\hat{\sigma}$ são medidos na mesma unidade em que o regressando Y. Os valores dos resíduos padronizados, portanto, serão números puros (sem unidade de medida) e podem ser comparados com os resíduos padronizados de outras regressões. Além disso, os resíduos padronizados, como $\hat{u}_t$, têm média zero (por quê?) e uma variância aproximadamente unitária.[19] Em grandes amostras ($\hat{u}_t/\hat{\sigma}$) apresenta uma distribuição aproximadamente normal com média zero e variância unitária. Em nosso exemplo, $\hat{\sigma} = 2{,}6755$.

TABELA 12.5 Resíduos: efetivos, padronizados e defasados.

Obs.	RES1	RESP	RES1(−1)	Obs.	RES1	RESP	RES1(−1)
1960	-0,036068	-1,639433	NA	1983	0,014416	0,655291	0,038719
1961	-0,030780	-1,399078	-0,036068	1984	0,001774	0,080626	0,014416
1962	-0,026724	-1,214729	-0,030780	1985	0,001620	0,073640	0,001774
1963	-0,029160	-1,325472	-0,026724	1986	0,013471	0,612317	0,001620
1964	-0,026246	-1,193017	-0,029160	1987	0,013725	0,623875	0,013471
1965	-0,028348	-1,288551	-0,026246	1988	0,017232	0,783269	0,013725
1966	-0,017504	-0,795647	-0,028348	1989	-0,004818	-0,219005	0,017232
1967	-0,006419	-0,291762	-0,017504	1990	-0,006232	-0,283285	-0,004818
1968	0,007094	0,322459	-0,006419	1991	-0,004118	-0,187161	-0,006232
1969	0,018409	0,836791	0,007094	1992	-0,005078	-0,230822	-0,004118
1970	0,024713	1,123311	0,018409	1993	-0,010686	-0,485739	-0,005078
1971	0,016289	0,740413	0,024713	1994	-0,023553	-1,070573	-0,010686
1972	0,025305	1,150208	0,016289	1995	-0,027874	-1,266997	-0,023553
1973	0,025829	1,174049	0,025305	1996	-0,039805	-1,809304	-0,027874
1974	0,023744	1,079278	0,025829	1997	-0,041164	-1,871079	-0,039805
1975	0,011131	0,505948	0,023744	1998	-0,013576	-0,617112	-0,041164
1976	0,018359	0,834515	0,011131	1999	-0,006674	-0,303364	-0,013576
1977	0,020416	0,927990	0,018359	2000	0,010887	0,494846	-0,006674
1978	0,030781	1,399135	0,020416	2001	0,007551	0,343250	0,010887
1979	0,033023	1,501051	0,030781	2002	0,000453	0,020599	0,007551
1980	0,031604	1,436543	0,033023	2003	-0,006673	-0,303298	0,000453
1981	0,020801	0,945516	0,031604	2004	-0,015650	-0,711380	-0,006673
1982	0,038719	1,759960	0,020801	2005	-0,020198	-0,918070	-0,015650

Notas: RES1 = resíduos da regressão salário contra produtividade (forma logarítmica).
RES1(− 1) = resíduos com defasagem de um período.
RESP = resíduos padronizados = resíduos / erro padrão de estimativa.

[18] WEISBERG, Stanford. *Applied linear regression*. Nova York: John Wiley & Sons. p. 120, 1980.

[19] Na verdade, os resíduos chamados de Studentizados são os que têm variância unitária. Mas na prática, os resíduos padronizados darão a mesma imagem e, por isso, podemos confiar neles. Sobre esse assunto, veja DRAPER, Norman; SMITH, Harry. *Applied regression analysis*. 3. ed. Nova York: John Wiley & Sons, 1998. p. 207-208.

Examinando a plotagem sequencial no tempo da Figura 12.8, observamos que tantos $\hat{u}_t$ quanto os $\hat{u}_t$ padronizados exibem o padrão visto na Figura 12.1*d*, sugerindo que os u_t talvez não sejam aleatórios.

De maneira diferente, podemos plotar $\hat{u}_t$ contra $\hat{u}_{t-1}$, isto é, os resíduos no período *t* contra seu valor em $(t-1)$, uma espécie de teste aplicado do processo AR(1). Se os resíduos forem não aleatórios, devemos obter uma imagem semelhante às da Figura 12.3. Essa forma de representar os resíduos está na Figura 12.9 para o caso da regressão salários-produtividade, e os dados que lhe dão origem são os da Tabela 12.5. Como a figura mostra, a maioria dos resíduos agrupa-se no segundo (nordeste) e no quarto (sudoeste) quadrantes, sugerindo forte correlação positiva nos resíduos.

O método gráfico que acabamos de ver, embora poderoso e sugestivo, é de natureza subjetiva ou qualitativa. Mas existem vários testes quantitativos que podem ser usados para complementar a abordagem puramente qualitativa. Veremos alguns deles a seguir.

II. O teste das carreiras

Se examinarmos cuidadosamente a Figura 12.8, notaremos uma característica peculiar: inicialmente, temos vários resíduos negativos, depois uma série de resíduos positivos, e novamente vários resíduos negativos. Se esses resíduos fossem puramente aleatórios, poderíamos observar um padrão desse tipo?

Intuitivamente, parece improvável. E podemos testar tal fato mediante o chamado **teste das carreiras**, também conhecido como **teste de Geary**, um teste não paramétrico.[20]

Para explicarmos o teste de carreiras, simplesmente anotemos os sinais (+ ou −) dos resíduos obtidos por meio da regressão dos salários contra a produtividade, apresentados na primeira coluna da Tabela 12.5.

$$(--------)(+++++++++++++++++++++)(-----------)(+++)(---) \qquad \textbf{(12.6.1)}$$

Dessa forma, há 8 resíduos negativos, seguidos por 21 positivos, e depois há mais 11 resíduos negativos, seguidos por 3 positivos, seguidos por 3 negativos, para um total de 46 observações.

Definiremos uma carreira como uma sequência ininterrupta de um símbolo ou atributo, tais como + ou −. Definiremos, em seguida, a extensão da carreira como o número de elementos que a formam. Na sequência mostrada na Equação (12.6.1), há 5 carreiras: uma carreira de 8 menos (com tamanho 8), uma carreira de 21 mais (com tamanho 21), outra de 11 menos (com tamanho 11), uma carreira de 3 mais (com tamanho 3), e outra de 3 menos (com tamanho 3). Para facilitar a visualização, as várias carreiras estão entre parênteses.

Examinando como as carreiras comportam-se em uma sequência de observações rigorosamente aleatórias, podemos derivar um teste de aleatoriedade das carreiras. A pergunta a ser feita é: as 5 carreiras observadas em nosso exemplo ilustrativo de 46 observações são de mais ou de menos em relação ao número de carreiras esperado em uma sequência rigorosamente aleatória de 46 observações? Se houver carreiras demais, isso significaria que, no nosso exemplo, os resíduos frequentemente alteram o sinal, indicando uma correlação serial negativa (veja a Figura 12.3*b*). Da mesma forma, se houver poucas carreiras, isso sugerirá um autocorrelação positiva, como na Figura 12.3*a*. *A priori*, a Figura 12.8 indicaria correlação positiva dos resíduos.

Agora façamos

$$N = \text{número total de observações} = N_1 + N_2$$
$$N_1 = \text{número de sinais + (resíduos +)}$$
$$N_2 = \text{número de sinais − (resíduos −)}$$
$$R = \text{número de carreiras}$$

[20] Nos testes **não paramétricos**, não fazemos hipóteses sobre a distribuição (de probabilidade) das quais as observações são extraídas. Sobre o teste de GEARY, veja GEARY, R. C. "Relative efficiency of count sign changes for assessing residual autoregression in least squares regression." *Biometrika*, 1970. v. 57, p. 123-127.

FIGURA 12.9
Resíduos atuais contra resíduos defasados.

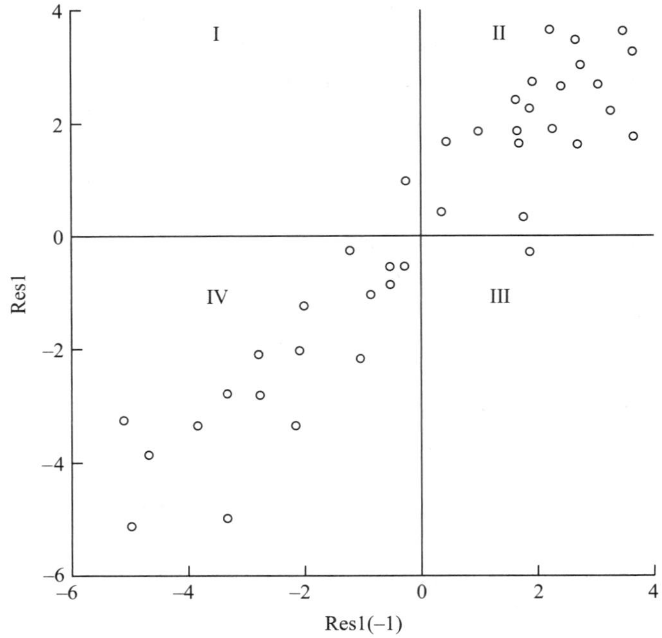

Sob a hipótese nula de que os resultados sucessivos (aqui, resíduos) são independentes e supondo que $N_1 > 10$ e $N_2 > 10$, o número de carreiras apresentadas é (assintoticamente) normalmente distribuído com:

$$\text{Média:} \quad E(R) = \frac{2N_1N_2}{N} + 1$$
$$\text{Variação:} \quad \sigma_R^2 = \frac{2N_1N_2(2N_1N_2 - N)}{(N)^2(N-1)} \tag{12.6.2}$$

Nota: $N = N_1 + N_2$.

Se a hipótese nula de aleatoriedade for sustentável, de acordo com as propriedades da distribuição normal, deveríamos esperar que:

$$\text{Prob}\,[E(R) - 1{,}96\sigma_R \leq R \leq E(R) + 1{,}96\sigma_R] = 0{,}95 \tag{12.6.3}$$

Isto é, 95% de probabilidade de que o intervalo acima inclua R. Portanto, podemos recorrer à seguinte regra:

Regra de decisão Não rejeite a hipótese nula de aleatoriedade com 95% de confiança se R, o número de carreiras, ficar no intervalo de confiança citado; rejeite-a se o R estimado ficar fora desses limites. (*Nota:* o pesquisador deverá escolher o nível de confiança desejado.)

Voltando ao nosso exemplo, sabemos que N_1, o número de sinais positivos, é de 24 e N_2, o número de sinais negativos, é de 22 e que $R = 5$. Utilizando as fórmulas indicadas na Equação (12.6.2), obtemos:

$$E(R) = 24$$
$$\sigma_R^2 = 11 \tag{12.6.4}$$
$$\sigma_R = 3{,}32$$

Logo, o intervalo de confiança de 95% para R em nosso exemplo é:

$$[24 \pm 1{,}96(3{,}32)] = (17{,}5;\ 30{,}5)$$

Obviamente, esse intervalo não inclui o número 5. Podemos rejeitar, com 95% de confiança, a hipótese de que os resíduos da regressão dos salários contra a produtividade sejam aleatórios. Em outras palavras, os resíduos apresentam autocorrelação. Como regra geral, se houver autocorrelação positiva, o número de carreiras será pequeno; se a autocorrelação for negativa, o número de carreiras será grande. Claro que, por meio da Equação (12.6.2), podemos saber se temos muitas ou poucas carreiras.

Swed e Eisenhart elaboraram tabelas especiais que dão valores críticos para as carreiras esperadas em uma sequência aleatória de N observações se N_1 ou N_2 for menor do que 20. Essas tabelas são apresentadas na Tabela D.6 do **Apêndice D**. Desse modo, o leitor poderá verificar que os resíduos da regressão dos salários contra a produtividade são, de fato, não aleatórios; na verdade estão correlacionados positivamente.

III. O teste d de Durbin-Watson[21]

O teste mais famoso para a detecção serial é o desenvolvido pelos estatísticos Durbin e Watson. Popularmente conhecido como **estatística *d* de Durbin-Watson**, ele é definido como:

$$d = \frac{\sum_{t=2}^{t=n}(\hat{u}_t - \hat{u}_{t-1})^2}{\sum_{t=1}^{t=n}\hat{u}_t^2} \tag{12.6.5}$$

que é apenas a razão da soma das diferenças, elevadas ao quadrado, entre resíduos sucessivos e a SQR. Note que, no numerador da estatística d, o número de observações é $n - 1$, porque perde-se uma observação no cálculo das diferenças sucessivas.

Uma grande vantagem da estatística d é que ela se baseia nos resíduos estimados, que costumam ser calculados na análise de regressão. Em razão dessa vantagem, agora se tornou prática comum informar o d de Durbi-Watson com outras medidas, como o R^2, o R^2 ajustado, t e F. Embora atualmente seja empregado como rotina, é **importante estar atento às hipóteses que fundamentam a estatística *d***:

1. O modelo de regressão inclui o termo de intercepto. Se não estiver presente, como no caso da regressão que passa pela origem, é essencial refazer a regressão, incluindo o intercepto para obter a SQR.[22]
2. As variáveis explanatórias, os X, são não estocásticas, ou fixas, em amostras repetidas.
3. Os termos de erro u_t são gerados pelo processo autorregressivo de primeira ordem: $u_t = \rho u_{t-1} + \varepsilon_t$. Portanto, não podem ser usado para detectar processos autorregressivos de ordem mais elevada.
4. Pressupõe-se que o termo de erro u_t seja distribuído normalmente.
5. O modelo de regressão não inclui os valores defasados da variável dependente como uma das variáveis explanatórias. O teste não pode ser aplicado a modelos do seguinte tipo:

$$Y_t = \beta_1 + \beta_2 X_{2t} + \beta_3 X_{3t} + \cdots + \beta_k X_{kt} + \gamma Y_{t-1} + u_t \tag{12.6.6}$$

em que Y_{t-1} é o valor de Y com defasagem de um período. Tais modelos são conhecidos como **modelos autorregressivos**, que estudaremos no Capítulo 17.

[21] DURBIN, J.; WATSON, G. S. "Testing for serial correlation in least-squares regression." *Biometrika*, 1951. v. 38, p. 159–171.

[22] Entretanto, R. W. Farebrother calculou os valores *d* quando o intercepto está ausente do modelo. Veja "The Durbin–Watson test for serial correlation when there is no intercept in the regression." *Econometrica*, 1980. v. 48, p. 1.553–1.563.

6. Não faltam observações nos dados. Em nossa regressão de salários-produtividade para o período de 1960–2005, se por alguma razão estivessem faltanto observações para, por exemplo, 1978 e 1982, a estatística d não faria concessão para essas observações faltantes.[23]

É difícil derivar a amostragem ou probabilidade exata da estatística d dada na Equação (12.6.5), porque, como mostraram Durbin e Watson, isso depende de uma maneira complicada dos valores de X presentes em uma amostra.[24] Essa dificuldade deveria ser compreensível, porque d é calculado dos $\hat{u}_t$, que, evidentemente, dependem de determinados X. Diferentemente dos testes t, F ou χ^2, não há um único valor crítico que leve à rejeição ou à aceitação nos termos de erro u_i. No entanto, Durbin e Watson conseguiram determinar um limite inferior, d_L, e um superior, d_U, tal que, se o d calculado da Equação (12.6.5) estiver fora desses valores críticos, pode-se tomar uma decisão a respeito da presença de correlação serial positiva ou negativa. Além disso, esses limites dependem apenas do número de observações n e do número de variáveis explanatórias, e não dos valores assumidos por essas variáveis. Os limites, para n de 6 a 200 e até 20 variáveis explanatórias, foram tabulados por Durbin e Watson e estão na Tabela D.5 do **Apêndice D**.

O procedimento seguido no teste pode ser explicado melhor com auxílio da Figura 12.10, que mostra que os limites de d são 0 e 4. Estes podem ser estabelecidos como se segue. Expandimos a Equação (12.6.5) para obter:

$$d = \frac{\sum \hat{u}_t^2 + \sum \hat{u}_{t-1}^2 - 2\sum \hat{u}_t\hat{u}_{t-1}}{\sum \hat{u}_t^2} \tag{12.6.7}$$

Uma vez que $\sum \hat{u}_t^2$ e $\sum \hat{u}_{t-1}^2$ diferem apenas em uma observação, são aproximadamente iguais. Assim, sendo $\sum \hat{u}_{t-1}^2 \approx \sum \hat{u}_t^2$, a Equação (12.6.7) pode ser escrita como

$$d \approx 2\left(1 - \frac{\sum \hat{u}_t\hat{u}_{t-1}}{\sum \hat{u}_t^2}\right) \tag{12.6.8}$$

em que $\approx$ significa aproximadamente.

Agora vamos definir

$$\hat{\rho} = \frac{\sum \hat{u}_t\hat{u}_{t-1}}{\sum \hat{u}_t^2} \tag{12.6.9}$$

FIGURA 12.10
Estatística d de Durbin-Watson.

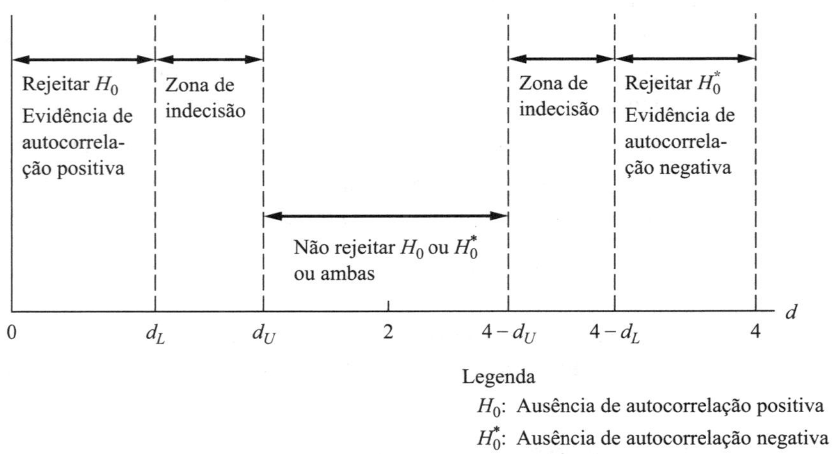

[23] Para mais detalhes, veja KOROSI, Gabor; MATYAS, Laszlo; SZEKEY, Istvan P. *Practical econometrics*. Inglaterra: Avebury Press, 1992. p. 88–89.

[24] Veja a discussão sobre o teste "exato" de Durbin-Watson mais à frente nesta seção.

como o coeficiente de autocorrelação de primeira ordem amostral, um estimador de ρ. (Veja a nota de rodapé 9.) Usando a Equação (12.6.9), podemos expressar a Equação (12.6.8) como

$$d \approx 2(1 - \hat{\rho}) \tag{12.6.10}$$

Mas, como $-1 \leq \rho \leq 1$, a Equação (12.6.10) implica que

$$0 \leq d \leq 4 \tag{12.6.11}$$

Esses são os limites de d; qualquer valor estimado de d deve ficar entre esses limites.

É evidente, da Equação (12.6.10), que, se $\hat{\rho} = 0$, $d = 2$; isto é, se não houver correlação serial (de primeira ordem), espera-se que d seja em torno de 2. *Como regra prática, se constatarmos que d é igual a 2 em uma aplicação, podemos supor que não há correlação de primeira ordem, seja positiva ou negativa.* Se $\hat{\rho} = +1$, indicando correlação positiva perfeita nos resíduos, $d \approx 0$. Quanto mais próximo d for de 0, maior a evidência da correlação serial positiva. Essa relação deveria ser evidente da Equação (12.6.5), porque, se houver autocorrelação positiva, os $\hat{u}_t$ se juntarão e suas diferenças tenderão a ser pequenas. Como resultado, a soma dos quadrados do numerador será menor que a do denominador, que permanece um valor único para qualquer regressão dada.

Se $\hat{\rho} = -1$, isto é, há correlação negativa perfeita entre os resíduos sucessivos, $d \approx 4$. Quanto mais próximo d estiver de 4, maior a evidência de correlação serial negativa. Novamente, examinando a Equação (12.6.5), isso é compreensível. Pois, se há autocorrelação negativa, um $\hat{u}_t$ positivo tenderá a ser seguido de um $\hat{u}_t$ negativo e vice-versa, de modo que $|\hat{u}_t - \hat{u}_{t-1}|$ em geral será maior que $|\hat{u}_t|$. Em consequência, o numerador de d será comparativamente maior que o denominador.

As etapas envolvidas no teste de Durbin-Watson são apresentadas a seguir, supondo-se que as hipóteses que o fundamentam sejam respeitadas:

1. Efetua-se a regressão por meio de MQO, obtendo-se os resíduos.
2. Calcula-se d da Equação (12.6.5). (Atualmente, a maioria dos programas de computador tem esse recurso.)
3. Para um dado tamanho amostral e número de variáveis explanatórias, determine os valores d_L e d_U críticos.
4. Agora siga as regras de decisão apresentadas na Tabela 12.6. Para facilitar sua consulta, essas regras também estão na Figura 12.10.

Para ilustrarmos o mecanismo, retomemos nossa regressão de salários-produtividade. Dos dados apresentados na Tabela 12.5, o valor d estimado pode ser mostrado como 0,2175, sugerindo que há uma correlação serial positiva nos resíduos. Das tabelas de Durbin-Watson, constatamos que, para 46 observações e uma variável explanatória, $d_L = 1{,}475$ e $d_U = 1{,}566$ ao nível de 5%. Uma vez que o d calculado, 0,2175, está abaixo de d_L, não podemos rejeitar a hipótese de que há correlação serial positiva nos resíduos.

Embora seja extremamente usado, o teste d tem uma grande desvantagem: se cair na **zona de indecisão**, não se pode concluir se há ou não autocorrelação de primeira ordem. Para resolver esse problema, vários autores propuseram modificações do teste d, mas são bastante complicadas e estão além do escopo deste livro.[25] Em muitas situações, no entanto, constatou-se que o limite

TABELA 12.6

Teste d de Durbin–Watson: Regras de decisão

Hipótese nula	Decisão	Se
Não há autocorrelação positiva	Rejeitar	$0 < d < d_L$
Não há autocorrelação positiva	Sem decisão	$d_L \leq d \leq d_U$
Não há autocorrelação negativa	Rejeitar	$4 - d_L < d < 4$
Não há autocorrelação negativa	Sem decisão	$4 - d_U \leq d \leq 4 - d_L$
Nenhuma autocorrelação, positiva ou negativa	Não rejeitar	$d_U < d < 4 - d_U$

[25] Para detalhes, veja FOMBY, Thomas B.; HILL, R. Carter; JOHNSON, Stanley R. *Advanced econometric methods*. Nova York: Springer Verlag, 1984. p. 225–228.

superior d_U é aproximadamente o verdadeiro limite de significância e, portanto, no caso em que d fica na zona de indecisão, pode-se usar o seguinte **teste *d* modificado**: dado o nível de significância α,

1. H_0: $\rho = 0$ *versus* H_1: $\rho > 0$. Rejeitar H_0 ao nível α se $d < d_U$. Isto é, há autocorrelação positiva estatisticamente significativa.
2. H_0: $\rho = 0$ *versus* H_1: $\rho < 0$. Rejeitar H_0 ao nível α se o nível estimado $(4 - d) < d_U$. Isto é, há evidência estatisticamente significativa de autocorrelação negativa.
3. H_0: $\rho = 0$ *versus* H_1: $\rho \neq 0$. Rejeitar H_0 ao nível 2α se $d < d_U$ ou $(4 - d) < d_U$. Isto é, há evidência estatisticamente significativa de autocorrelação, positiva ou negativa.

Pode-se salientar que a zona de indecisão estreita-se à medida que o tamanho da amostra aumenta, o que pode ser visto claramente nas tabelas de Durbin-Watson. Por exemplo, com 4 regressores e 20 observações, os valores inferior e superior de d a 5% são 0,894 e 1,828, respectivamente, mas esses valores são 1,515 e 1,739 se o tamanho da amostra for 75.

O programa SHAZAM efetua um teste exato, ou seja, ele dá o *p-valor*, a probabilidade exata do valor d calculado. Com as facilidades de cálculo em computador que temos atualmente, não é mais difícil encontrar o valor p calculado da estatística d. Usando o SHAZAM (versão 9) para nossa regressão de salários contra produtividade, verificamos que o valor-p do d calculado de 0,2176 é praticamente zero, reconfirmando, assim, nossa conclusão anterior baseada nas tabelas de Durbin-Watson.

O teste d de Durbin-Watson tornou-se tão respeitado que os usuários muitas vezes se esquecem das hipóteses que o fundamentam. Em especial, as hipóteses de que (1) as variáveis explanatórias, ou regressores, são não estocásticas; (2) o termo de erro segue a distribuição normal; (3) os modelos de regressão não incluem os valores defasados do regressando; e (4) apenas a correlação serial de primeira ordem é levada em conta. Devemos acrescentar também que uma estatística significativa d pode não indicar necessariamente autocorrelação. Em vez disso, ela pode ser indicação de omissão de variáveis relevantes no modelo.

Se um modelo de regressão contém valores defasados do regressando, o valor d em tais casos é frequentemente em torno de 2, o que sugere que não há autocorrelação (de primeira ordem) em tais modelos. Há um viés embutido contra descobrir autocorrelação (de primeira ordem) em tais modelos. Isso não significa que os modelos autoregressivos não sofram do problema de autocorrelação. De fato, Durbin desenvolveu o chamado **teste *h*** para testar correlação serial em tais modelos. Mas esse teste não é tão poderoso, no sentido estatístico, quanto o **teste de Breusch–Godfrey**, discutido rapidamente, de modo que não há necessidade de usar o **teste *h***. Entretanto, devido à sua importância histórica, ele é abordado no Exercício 12.36.

Além disso, se o termo de erro u_t não for NIID, o teste d usado como rotina pode não ser confiável.[26] Nesse sentido, o teste de carreiras tem a vantagem de não fazer nenhum pressuposto quanto à distribuição (de probabilidade) do termo de erro. Se a amostra for grande (infinita, em termos técnicos), podemos empregar o teste d de Durbin-Watson, já que é possível demosntrar que:[27]

$$\sqrt{n}\left(1 - \frac{1}{2}d\right) \approx N(0, 1) \tag{12.6.12}$$

Em amostras grandes a estatística d transformada na Equação (12.6.12) segue a distribuição padrão normal. A propósito, tendo em vista a relação entre d e $\hat{\rho}$, o coeficiente de autocorrelação de primeira ordem estimado, mostrado na Equação (12.6.10), segue-se que

$$\sqrt{n}\hat{\rho} \approx N(0, 1) \tag{12.6.13}$$

[26] Para uma discussão avançada, veja MITTELHAMMER, Ron C.; JUDGE, George G.; MILLER, Douglas J. *Econometric foundations*. Nova York: Cambridge University Press, 2000. p. 550.

[27] Veja DAVIDSON, James. *Econometric theory*. Nova York: Blackwell Publishers, 2000. p. 161.

isto é, em amostras grandes, a raiz quadrada do tamanho da amostra vezes o coeficiente de autocorrelação de primeira ordem estimado também segue a distribuição normal padrão.

Para ilustrar do teste, para o exemplo de salários contra produtividade, verificamos que $d = 0{,}2176$ com $n = 46$. Portanto, da Equação (12.6.12) verificamos que

$$\sqrt{46}\left(1 - \frac{0{,}2176}{2}\right) \approx 6{,}0447$$

Assintoticamente, se a hipótese nula de correlação (de primeira ordem) igual a zero for verdadeira, a probabilidade de obter um valor Z (uma variável normal padronizada) de 6,0447 ou mais será extremamente pequena. Lembre-se de que, para uma distribuição normal padrão, o valor Z crítico (bicaudal) a 5% é de apenas 1,96 e a 1% é de cerca de 2,58. Embora o tamanho de nossa amostra seja de apenas 40 observações, para fins práticos pode ser suficientemente grande para permitir o uso da aproximação normal. A conclusão é a mesma: os resíduos da regressão dos salários contra a produtividade apresentam autocorrelação.

O problema mais sério com o teste d é o pressuposto de que os regressores são não estocásticos, ou seja, seus valores são fixos em amostragens repetidas. Se esse não for o caso, o teste d não é válido nem em amostras finitas ou pequenas nem nas grandes.[28] E, uma vez que em geral é difícil sustentar esse pressuposto em modelos econômicos envolvendo dados de séries temporais, um autor afirma que a estatística de Durbin-Watson pode não ser útil em econometria que envolve séries temporais.[29] Segundo ele, existem testes mais úteis de autocorrelação, mas todos baseiam-se em amostras grandes. Discutiremos um desses testes a seguir, o **teste de Breusch–Godfrey**.

IV. Um teste geral de autocorrelação: o teste de Breusch–Godfrey (BG)[30]

Para evitar algumas das armadilhas do teste d de Durbin-Watson, os estatísticos Breusch e Godfrey desenvolveram um teste de autocorrelação que é genérico no sentido de que não permite (1) regressores não estocásticos, como os valores defasados do regressando; (2) esquemas autorregressivos de ordem superior, como AR(1), AR(2) etc.; e (3) **médias móveis** simples ou de ordem mais elevada de termos de erro de ruído branco, como ε_t na Equação (12.2.1).[31]

Sem entrar em detalhes matemáticos, que podem ser obtidos nas referências, o **teste BG**, que também é conhecido como **teste LM**,[32] é feito como se segue: usamos o modelo de regressão de duas variáveis para ilustrar o teste, embora muitos regressores possam ser acrescentados a ele. Além disso, valores defasados do regressando podem ser adicionados ao modelo. Seja

$$Y_t = \beta_1 + \beta_2 X_t + u_t \tag{12.6.14}$$

Supomos que o termo de erro u_t siga um esquema autorregressivo de ordem p, AR(p), como se segue:

$$u_t = \rho_1 u_{t-1} + \rho_2 u_{t-2} + \cdots + \rho_p u_{t-p} + \varepsilon_t \tag{12.6.15}$$

em que ε_t é um termo de erro de ruído branco, como examinado anteriormente. Como se vê, é uma simples extensão do processo AR(1).

A hipótese nula H_0 a ser testada é que

$$H_0\colon \rho_1 = \rho_2 = \cdots = \rho_p = 0 \tag{12.6.16}$$

[28] Ibid., p. 161.

[29] HAYASHI, Fumio. *Econometrics*. Princeton, NJ: Princeton University Press, 2000. p. 45.

[30] Veja, GODFREY, L. G. "Testing against general autoregressive and moving average error models when the regressor includes lagged dependent variables." *Econometrica*, v. 46, p. 1.293–1.302 1978; e BREUSCH, T. S. "Testing for autocorrelation in dynamic linear models." *Australian Economic Papers*, 1978. v. 17, p. 334–355.

[31] Por exemplo, na regressão $Y_t = \beta_1 + \beta_2 X_t + u_t$ o termo de erro pode ser representado como $u_t = \varepsilon_t + \lambda_1 \varepsilon_{t-1} + \lambda_2 \varepsilon_{t-2}$, que indica uma média móvel de três períodos do termo de ruído branco ε_t.

[32] O teste se baseia no **princípio do multiplicador de Lagrange**, mencionado no Capítulo 8.

Ou seja, não há correlação serial de qualquer ordem. O teste BG envolve as seguintes etapas:

1. Estime a Equação (12.6.14) pelo MQO e obtenha os resíduos, $\hat{u}_t$.
2. Faça a regressão $\hat{u}_t$ contra o X_t original (se houver mais de uma variável X no modelo original, inclua-as também) e $\hat{u}_{t-1}$, $\hat{u}_{t-2}$,..., $\hat{u}_{t-p}$ em que os últimos são os valores defasados dos resíduos estimados na etapa 1. Assim, se $p = 4$, introduziremos os quatro valores defasados dos resíduos como regressores adicionais no modelo. Note que para fazer essa regressão teremos apenas $(n - p)$ observações (por quê?). Em suma, efetue a seguinte regressão:

$$\hat{u}_t = \alpha_1 + \alpha_2 X_t + \hat{\rho}_1 \hat{u}_{t-1} + \hat{\rho}_2 \hat{u}_{t-2} + \cdots + \hat{\rho}_p \hat{u}_{t-p} + \varepsilon_t \qquad \textbf{(12.6.17)}$$

e obtenha R^2 dessa regressão (auxiliar).[33]

3. Se o tamanho da amostra for grande (tecnicamente infinito), Breusch e Godfrey mostraram que

$$(n - p)R^2 \sim \chi^2_p \qquad \textbf{(12.6.18)}$$

Assintoticamente, $n - p$ vezes o valor R^2 obtido da regressão auxiliar (12.6.17) segue a distribuição do qui-quadrado com p graus de liberdade. Se em uma aplicação $(n - p)$ R^2 excede o valor crítico do qui-quadrado no nível de significância escolhido, rejeitamos a hipótese nula, em que pelo menos ρ na Equação (12.6.15) é estátisco e significamente diferente de zero.

Os seguintes *pontos práticos* do teste BG podem ser observados:

1. Os regressores incluídos no modelo de regressão podem conter valores defasados do regressando Y, ou seja, Y_{t-1}, Y_{t-2}, etc. podem parecer como variáveis explanatórias. Compare esse modelo com a restrição do teste de Durbin-Watson de que pode não haver valores defasados do regressando entre os regressores.
2. Como notado, o teste BG é aplicável mesmo que os termos de erro sigam um processo de **média móvel (MA)** de ordem p, isto é, que os u_t sejam gerados como se segue:

$$u_t = \varepsilon_t + \lambda_1 \varepsilon_{t-1} + \lambda_2 \varepsilon_{t-2} + \cdots + \lambda_p \varepsilon_{t-p} \qquad \textbf{(12.6.19)}$$

em que ε_t é um termo de erro de ruído branco, ou seja, o termo de erro que satisfaz todas as hipóteses clássicas.

Nos capítulos sobre séries temporais econométricas, estudaremos detalhadamente os processos autorregressivos e de médias móveis de ordem p.

3. Se na Equação (12.6.15) $p = 1$, significando autorregressão de primeira ordem, o teste BG é conhecido como **teste *M* de Durbin**.
4. Uma desvantagem do teste BG é que o valor de p, a duração da defasagem, não pode ser especificado de antemão. É inevitável fazer experimentações com o valor p. Às vezes, pode-se usar os chamados critérios de informação de **Akaike** e **Schwarz** para selecionar o número de defasagens. Discutiremos esses critérios no Capítulo 13 e nos capítulos sobre econometria de séries temporais.
5. Dados os valores das variáveis X e os valores defasados de u, o teste supõe que a variância de u na Equação (12.6.15) seja homocedástica.

[33] A razão para o regressor original X ser incluído no modelo é que podemos considerar que X pode não ser estritamente não estocástico. Mas, se for estritamente não estocástico, poderá ser omitido do modelo. Sobre isso, veja WOOLDRIDGE, Jeffrey M. *Introductory econometrics: a modern approach*. South-Western Publishing Co., 2003. p. 386.

Ilustração do teste BG: relação salários contra produtividade

Para ilustrarmos o teste, ele será aplicado ao nosso exemplo. Usando um processo AR(6), obtivemos os resultados do Exercício 12.25. Dos resultados de regressão, podemos ver que $(n - p) = 40$ e $R^2 = 0,7498$. Ao multiplicarmos esses dois, obtemos um valor de qui-quadrado de 29,992. Para 6 graus de liberdade (por quê?), a probabilidade de obter um valor de qui-quadrado de 29,992 ou maior é extremamente pequena; a tabela de qui-quadrado no Apêndice D.4 mostra que a probabilidade de obter um valor de qui-quadrado de 18,5476 ou maior é de apenas 0,005. Para o mesmo grau de liberdade, a probabilidade de obter um valor de qui-quadrado de cerca de 30 deve ser mínima. Na realidade, o verdadeiro valor p é quase zero.

Portanto, concluímos que, para nosso exemplo, pelo menos uma das seis autocorrelações deve ser não zero.

Tentando variar as durações da defasagem de 1 para 6, verificamos que apenas o coeficiente AR(1) é significativo, sugerindo que não há necessidade de considerar mais de uma defasagem. Em síntese, o teste BG nesse caso é o **teste *M* de Durbin**.

Por que tantos testes de autocorrelação?

A resposta a esta pergunta é: "[...] não existe um teste que tenha sido considerado, sem dúvida alguma, o melhor [o mais eficiente no sentido estatístico] e por isso o analista ainda se vê na posição nada invejada de considerar diversos procedimentos de teste para detectar a presença ou estrutura, ou ambas, de autocorrelação".[34] Evidentemente, um argumento semelhante pode ser apresentado sobre os vários testes de heterocedasticidade discutidos no capítulo anterior.

12.7 O que fazer ao deparar-se com a autocorrelação: medidas corretivas

Se, depois de aplicarmos um ou mais testes diagnósticos de autocorrelação discutidos na seção anterior, verificamos a presença dela, o que fazer? Temos quatro opções:

1. Tentar verificar se é um caso de **autocorrelação pura** e não o resultado da especificação equivocada do modelo. Como discutimos na Seção 12.1, às vezes observamos padrões em resíduos, porque o modelo é mal especificado – ou seja, excluiu algumas variáveis importantes – ou porque sua forma funcional é incorreta.
2. Se for autocorrelação pura, podemos usar a transformação adequada do modelo original de modo que, no modelo transformado não tenhamos o problema de autocorrelação (pura). Como no caso de heterocedasticidade, teremos de usar algum tipo de **método de mínimos quadrados generalizados (MQG)**.
3. Em amostras grandes, podemos usar o método de **Newey-West** para obter os erros padrão dos estimadores de MQO que estão corrigidos para a autocorrelação. Esse método na verdade é uma extensão do de erros padrão consistentes para heterocedastividade de White examinado no capítulo anterior.
4. Em algumas situações podemos continuar a usar o método dos MQO.

Devido à importância de cada um desses tópicos, dedicaremos uma seção a cada um deles.

[34] MITTELHAMMER, Ron C. et al., op. cit., p. 547. Lembre-se de que a **eficiência de um teste estatístico** é 1 menos a probabilidade de cometer um erro Tipo II, ou seja, 1 menos a probabilidade de aceitar uma hipótese falsa. A eficiência máxima de um teste é 1 e a mínima é 0. Quanto mais próxima a eficiência de um teste estiver de zero, pior será ele, e quanto mais próxima de 1, mais eficiente será. O que esses autores estão dizendo, essencialmente, é que não há um teste de autocorrelação que seja sempre o mais eficiente.

12.8 Especificação equivocada do modelo *versus* autocorrelação pura

Retomaremos a regressão dos salários contra produtividade da Equação (12.5.2). Nela, vimos que o valor d era de 0,2176 e com base no teste d de Durbin-Watson concluímos que havia correlação positiva no termo de erro. Essa correlação poderia ter surgido, porque o modelo não havia sido especificado corretamente? Uma vez que os dados que fundamentam a regressão (12.5.1) são séries temporais, é bem possível que tanto os salários quanto a produtividade mostrem tendências. Se for esse o caso, precisamos incluir a variável tempo ou tendência, t, no modelo para ver a relação entre salários e produtividade líquida das tendências nas duas variáveis.

Para tanto, incluímos a variável de tendência na Equação (12.5.1) e obtivemos os seguintes resultados:

$$\begin{aligned} \hat{Y}_t &= \quad 0{,}1209 \quad + \quad 1{,}0283X_t \quad - \quad 0{,}0075t \\ \text{ep} &= (0{,}3070) \qquad (0{,}0776) \qquad (0{,}0015) \\ t &= (0{,}3939) \qquad (13{,}2594) \qquad (-4{,}8903) \\ & \qquad\qquad R^2 = 0{,}9900; \qquad d = 0{,}4497 \end{aligned} \tag{12.8.1}$$

É fácil interpretar esse modelo: com o tempo, o índice de salários reais foi diminuindo em 0,75 unidade, ao ano. Depois de considerar isso, se o índice de produtividade subiu em uma unidade, em média, a remuneração geral subiu em cerca de uma unidade. O que é interessante notar é que, ao considerar a variável de tendência, o valor d ainda é muito baixo, sugerindo que a Equação (12.8.1) apresenta autocorrelação pura e não necessariamente erro de especificação.

Como sabemos que a Equação (12.8.1) é a especificação correta? Para tanto, fazemos a regressão de Y contra X e X^2 para testar a possibilidade de que o índice de salário real possa estar relacionado não linearmente com o índice de produtividade. Os resultados dessa regressão são os seguintes:

$$\begin{aligned} \hat{Y}_t &= \; -1{,}7843 \quad + \quad 2{,}1963X_t \quad - \quad 0{,}1752X_t^2 \\ t &= (-2{,}7713) \qquad (7{,}5040) \qquad (-5{,}2785) \\ & \qquad\qquad R^2 = 0{,}9906 \qquad d = 0{,}3561 \end{aligned} \tag{12.8.2}$$

A interpretação dos resultados deverá ser feita pelo leitor. Para nossa finalidade, veja o Durbin-Watson, que ainda está baixo, sugerindo que ainda temos correlação serial positiva nos resíduos.

Podemos concluir da análise anterior que nossa regressão salários contra produtividade provavelmente apresenta autocorrelação pura e não necessariamente do viés de especificação. Conhecendo as consequências da autocorrelação, podemos desejar fazer alguma ação corretiva. Faremos isso em breve.

Por sinal, para todas as regressões de salários contra produtividade que apresentamos, aplicamos o **teste de normalidade de Jarque-Bera** e verificamos que os resíduos tinham distribuição normal, o que nos tranquiliza, pois o teste d pressupõe a normalidade do termo de erro.

12.9 Correção da autocorrelação (pura): o método dos mínimos quadrados generalizados (MQG)

Conhecendo as consequências da autocorrelação, principalmente a falta de eficiência dos estimadores, podemos precisar corrigir o problema. A correção depende do conhecimento que se tem da natureza da interdependência entre os termos de erro, ou seja, do conhecimento da estrutura da autocorrelação.

Para começar, consideraremos o modelo de regressão de duas variáveis:

$$Y_t = \beta_1 + \beta_2 X_t + u_t \tag{12.9.1}$$

e que o termo de erro siga o processo AR(1), a saber,

$$u_t = \rho u_{t-1} + \varepsilon_t \quad -1 < \rho < 1 \tag{12.9.2}$$

Agora, consideraremos dois casos: (1) ρ é conhecido e (2) ρ não é conhecido, mas precisa ser estimado.

Quando ρ é conhecido

Se o coeficiente de autocorrelação de primeira ordem for conhecido, o problema da autocorrelação pode ser resolvido facilmente. Se a Equação (12.9.1) for verdadeira no tempo t, também será no tempo $(t - 1)$. Portanto,

$$Y_{t-1} = \beta_1 + \beta_2 X_{t-1} + u_{t-1} \tag{12.9.3}$$

Multiplicando a Equação (12.9.3) por ρ em ambos os lados, obtemos

$$\rho Y_{t-1} = \rho\beta_1 + \rho\beta_2 X_{t-1} + \rho u_{t-1} \tag{12.9.4}$$

Subtraindo a Equação (12.9.4) da (12.9.1), temos

$$(Y_t - \rho Y_{t-1}) = \beta_1(1 - \rho) + \beta_2(X_t - \rho X_{t-1}) + \varepsilon_t \tag{12.9.5}$$

em que $\varepsilon_t = (u_t - \rho u_{t-1})$.

Podemos expressar a Equação (12.9.5) como

$$Y_t^* = \beta_1^* + \beta_2^* X_t^* + \varepsilon_t \tag{12.9.6}$$

em que $\beta_1^* = \beta_1(1 - \rho)$, $Y_t^* = (Y_t - \rho Y_{t-1})$, $X_t^* = (X_t - \rho X_{t-1})$, e $\beta_2^* = \beta_2$.

Uma vez que o termo de erro na Equação (12.9.6) satisfaz as hipóteses usuais de MQO, podemos aplicar o MQO às variáveis transformadas Y^* e X^* e obter estimadores com todas as propriedades ótimas, a saber, MELNT. De fato, efetuar a Equação (12.9.6) equivale a empregar os mínimos quadrados generalizados (MQG) examinados no capítulo anterior – lembre-se de que os MQG nada mais são do que os MQO aplicados ao modelo transformado que atende às hipóteses clássicas

A regressão (12.9.5) é conhecida como **equação em diferenças generalizadas**, ou **quase equação de diferença.** Ela envolve o cálculo de uma regressão de Y contra X, não na forma original, mas na **forma de diferenças**, obtida subtraindo uma proporção (= ρ) do valor de uma variável no período anterior ao seu valor no período atual. Nesse processo de obtenção de diferenças, perdemos uma observação, porque a primeira não tem antecedente. Para evitar a perda de uma observação, a primeira observação em Y e X é transformada como se segue:[35] $Y_1\sqrt{1-\rho^2}$ e $X_1\sqrt{1-\rho^2}$. Essa transformação é conhecida como **transformação de Prais-Winsten.**

Quando ρ não é conhecido

Embora conceitualmente seja de aplicação direta, o método da diferença generalizada dado na Equação (12.9.5) é de difícil implementação, porque, na prática, ρ raramente é conhecido. Portanto, precisamos encontrar maneiras de estimar ρ. Há várias possibilidades.

O método da primeira diferença

Uma vez que ρ esteja entre 0 e ± 1, podemos começar das duas posições extremas. Em um dos extremos, $\rho = 0$, não há correlação serial (de primeira ordem) e no outro, $\rho = \pm 1$, há correlação

[35] A perda de uma observação pode não ser muito grave em amostras grandes, mas pode fazer diferença substancial nos resultados em pequenas amostras. Sem transformar a primeira observação como indicado, a variância de erro não será homocedástica. Sobre isso, veja WOOLDRIDGE, Jeffrey, op. cit, p. 388. Sobre resultados de Monte Carlo, veja DAVIDSON, Russel; MACKINNON, James G. *Estimation and inference in econometrics*. Nova York: Oxford University Press, 1993. Tabela 10.1, p. 349.

perfeita, positiva ou negativa. Na verdade, quando efetuamos a regressão, em geral pressupomos que não haja autocorrelação e então usamos o teste de Durbin-Watson ou outro teste para mostrar se esse pressuposto justifica-se. Se, no entanto, $\rho = +1$, a Equação (12.9.5) da diferença generalizada reduz-se à **equação de primeira diferença**:

$$Y_t - Y_{t-1} = \beta_2(X_t - X_{t-1}) + (u_t - u_{t-1})$$

ou

$$\Delta Y_t = \beta_2 \Delta X_t + \varepsilon_t \tag{12.9.7}$$

em que Δ é o operador de primeira diferença apresentado na Equação (12.1.10).

Uma vez que o termo de erro na Equação (12.9.7) está livre da correlação serial (de primeira ordem) (por quê?), para efetuarmos a regressão (12.9.7) só precisamos calcular as primeiras diferenças tanto do regressando quanto dos regressores e efetuar a regressão com essas diferenças.

A transformação de primeira diferença pode ser adequada se o coeficiente de autocorrelação for muito alto, por exemplo, superior a 0,8 ou o d de Durbin-Watson for muito baixo. Maddala propôs esta regra prática geral: *use a forma de primeira diferença sempre que* $d < R^2$.[36] Este é o caso de nossa regressão de salários contra produtividade (12.5.2), em que verificamos que $d = 0{,}2176$ e $r^2 = 0{,}9845$. A regressão de primeira diferença para nosso exemplo ilustrativo será apresentada adiante.

Um aspecto interessante do modelo de primeiras diferenças é que ele **não tem intercepto**. Para estimarmos (12.9.7), temos de recorrer à rotina da **regressão que passa pela origem** (suprime o termo de intercepto), que atualmente faz parte da maioria dos programas de computador. Contudo, se esquecermos de excluir o termo de intercepto do modelo e estimarmos o seguinte modelo que o inclui

$$\Delta Y_t = \beta_1 + \beta_2 \Delta X_t + \varepsilon_t \tag{12.9.8}$$

o modelo original deve ter *um termo de tendência incluído* e β_1 representa o coeficiente da variável de tendência.[37] Portanto, um benefício "acidental" de introduzir o modelo de primeiras diferenças é testar quanto à presença de uma variável de tendência no modelo original.

Retornando à regressão de salários contra produtividade (12.5.2), e dado o processo AR(1) e um valor baixo de d em relação a r^2, voltamos a efetuar a Equação (12.5.2) na forma de primeira diferença sem o termo de intercepto; lembre-se de que a Equação (12.5.2) está na *forma de nível*. Os resultados são os seguintes:[38]

$$\begin{aligned} \widehat{\Delta Y}_t &= 0{,}6539 \Delta X_t \\ t &= (11{,}4042) \qquad r^2 = 0{,}4264 \qquad d = 1{,}7442 \end{aligned} \tag{12.9.9}$$

Em comparação com a regressão em forma de nível (12.5.2), vemos que o coeficiente angular não mudou muito, mas o valor de r^2 caiu consideravelmente. Em geral é esse o caso, porque tomando as primeiras diferenças estamos essencialmente estudando o comportamento de variáveis em torno de seus valores de tendência (linear). Evidentemente, não podemos comparar o r^2 da Equação (12.9.9) diretamente com aquele do r^2 da Equação (12.5.2), porque as variáveis dependentes nos dois modelos são diferentes.[39] Além disso, note que, em comparação com a regressão original, o valor d aumentou acentuadamente, talvez indicando que haja pouca autocorrelação na regressão de primeiras diferenças.[40]

---

[36] MADDALA, op. cit., p. 232.

[37] É fácil mostrar isso. Seja $Y_t = \alpha_1 + \beta_1 t + \beta_2 X_t + u_t$. Portanto, $Y_{t-1} = \alpha + \beta_1(t-1) + \beta_2 X_{t-1} + u_{t-1}$. Subtraindo o último do primeiro, obteremos: $\Delta Y_t = \beta_1 + \beta_2 \Delta X_t + \varepsilon_t$, que mostra que o termo de intercepto nessa equação é, de fato, o coeficiente da variável de tendência no modelo original. Lembre-se de que estamos supondo que $\rho = 1$.

[38] No Exercício 12.38 pediu-se que fosse calculado esse modelo, incluindo o termo constante.

[39] A comparação de r^2 na forma de nível e de primeiras diferenças é um pouco complicada. Para uma discussão mais detalhada sobre o assunto, veja MADDALA, op. cit., Capítulo 6.

[40] Não se sabe com certeza se o d calculado na regressão de primeiras diferenças pode ser interpretado da mesma maneira que o foi na forma de nível, original da regressão. Entretanto, aplicando o teste de carreiras, podemos ver que não há evidência de autocorrelação nos resíduos da regressão de primeiras diferenças.

Outro aspecto interessante da transformação em primeiras diferenças relaciona-se às propriedades de estacionariedade da série temporal subjacente. Voltemos à Equação (12.2.1), que descreve o processo AR(1). Agora, se de fato $\rho = 1$, então está claro, das Equações (12.2.3) e (12.2.4), que a série u_t é não estacionária, pois as variâncias e covariâncias tornam-se infinitas. É por isso que, quando discutimos esse tópico, impusemos a restrição de que $|\rho| < 1$. Mas está claro, da Equação (12.2.1), que, se o coeficiente de autocorrelação for, de fato, 1, então a Equação (12.2.1) torna-se

$$u_t = u_{t-1} + \varepsilon_t$$

ou

$$(u_t - u_{t-1}) = \Delta u_t = \varepsilon_t \tag{12.9.10}$$

Ou seja, são os u_t de primeira diferença que se tornam estacionários, pois são iguais a ε_t, que é um termo de erro de ruído branco.

O ponto da discussão anterior é que, se a série temporal original for não estacionária, muito frequentemente suas primeiras diferenças tornam-se estacionárias. E, portanto, a transformação em primeiras diferenças serve a um propósito duplo, pois pode nos livrar da autocorrelação (de primeira ordem) e também tornar a série temporal estacionária. Voltaremos a esse assunto na **Parte 5**, em que discutiremos a econometria da análise de séries temporais com certa profundidade.

Mencionamos que a transformação em primeiras diferenças pode ser adequada se ρ for alto ou d for baixo. Em termos estritos, a transformação em primeiras diferenças é válida apenas se $\rho = 1$. De fato, existe um teste, chamado **teste de Berenblutt-Webb**,[41] para verificar a hipótese de que $\rho = 1$. O teste estatístico que eles usam é denominado **estatística *g*** e pode ser definido como se segue:

$$g = \frac{\sum_2^n \hat{e}_t^2}{\sum_1^n \hat{u}_t^2} \tag{12.9.11}$$

em que $\hat{u}_t$ são os resíduos de MQO da regressão original (na forma de nível e e_t são os resíduos de MQO da regressão de primeiras diferenças. Lembre-se de que na forma de primeiras diferenças não há intercepto.

Para testarmos a significância da estatística g, supondo que a regressão em forma de nível contenha o termo de intercepto, podemos recorrer às tabelas de Durbin-Watson, sendo que agora a hipótese nula será $\rho = 1$ e não a hipótese de Durbin-Watson de que $\rho = 0$.

Voltando à regressão de salários-produtividade, para a regressão original (12.5.2) obtemos $\sum \hat{u}_t^2 = 0{,}0214$ e $\sum \hat{e}_t^2 = 0{,}0046$. Colocando esses valores na estatística g dada na Equação (12.9.11), obtemos

$$g = \frac{0{,}0046}{0{,}0214} = 0{,}2149 \tag{12.9.12}$$

Consultando a tabela de Durbin-Watson para 45 observações (o número mais próximo de 45 observações) e 1 variável explanatória (Apêndice D, Tabela D.5), verificamos que $d_L = 1{,}288$ e $d_U = 1{,}376$ (no nível de 5%). Como o g observado está situado abaixo do limite inferior de d, não rejeitamos a hipótese de que o verdadeiro $\rho = 1$. *Lembre-se de que, embora usemos as mesmas tabelas* de Durbin-*-Watson, agora a hipótese nula é que* $\rho = 1$ *e não que* $\rho = 0$. Tendo em vista esse achado, os resultados na Equação (12.9.9) podem ser aceitáveis.

O ρ com base na estatística d de Durbin-Watson

Se não podemos usar a transformação das primeiras diferenças, porque ρ não está suficientemente próximo da unidade, temos um método fácil de calculá-lo por meio da relação entre d e ρ, estabelecida anteriormente na Equação (12.6.10), da qual podemos estimar ρ como se segue:

$$\hat{\rho} \approx 1 - \frac{d}{2} \tag{12.9.13}$$

[41] BERENBLUTT, I. I.; WEBB, G. I. "A new test for autocorrelated errors in the linear regression model." *Journal of the Royal Statistical Society*, 1973. série B, v. 35, n.1, p. 33–50.

Assim, em amostras razoavelmente grandes, pode-se obter ρ da Equação (12.9.13) e usá-la para transformar os dados como mostrado na equação das diferenças generalizadas (12.9.5). Lembre-se de que a relação entre ρ e d dada na Equação (12.9.13) pode não ser verdadeira em pequenas amostras, para as quais Theil e Nagar propuseram uma modificação, apresentada no Exercício 12.6.

Em nossa regressão de salários e produtividade (12.5.2), obtemos um valor d de 0,2176. Usando esse valor na Equação (12.9.13), obtemos $\hat{\rho} \approx 0{,}8912$. Usando esse valor de ρ estimado, podemos estimar a regressão (12.9.5). Basta subtrairmos 0,8912 vezes o valor anterior de Y de seu valor corrente e, do mesmo modo, subtrair 0,8912 vezes o valor anterior de X de seu valor corrente e efetuar a regressão de MQO contra as variáveis assim transformadas, como na Equação (12.9.6), em que $Y_t^* = (Y_t - 0{,}8912Y_{t-1})$ e $X_t^* = (X_t - 0{,}8912X_{t-1})$.

O ρ estimado dos resíduos

Se o processo AR(1) $u_t = \rho u_{t-1} + \varepsilon_t$ for válido, uma maneira simples de estimar ρ é fazer a regressão dos resíduos $\hat{u}_t$, contra $\hat{u}_{t-1}$, pois os $\hat{u}_t$ são estimadores consistentes do verdadeiro u_t, como visto anteriormente. Ou seja, efetuamos a seguinte regressão:

$$\hat{u}_t = \rho \,.\, \hat{u}_{t-1} + v_t \tag{12.9.14}$$

em que $\hat{u}_t$ são os resíduos obtidos da regressão (forma de nível) original e v_t são o termo de erro dessa regressão. Note que não há necessidade de introduzir o termo de intercepto dessa na Equação (12.9.14), pois sabemos que a soma dos resíduos de MQO é igual a zero.

Os resíduos de nossa regressão de salários contra produtividade dados na Equação (12.5.1) já estão na Tabela 12.5. Usando esses resíduos, obtivemos os seguintes resultados da regressão:

$$\begin{aligned} \widehat{\hat{u}_t} &= 0{,}8678\hat{u}_{t-1} \\ t &= (12{,}7359) \qquad r^2 = 0{,}7863 \end{aligned} \tag{12.9.15}$$

Como mostra essa regressão, $\hat{\rho} = 0{,}8678$. Usando a estimativa, podemos transformar o modelo original como foi feito com a Equação (12.9.6). Uma vez que o ρ estimado por esse procedimento é aproximadamente o mesmo que aquele obtido do d de Durbin-Watson, os resultados da regressão usando o ρ da Equação (12.9.15) não deveriam ser muito diferentes daqueles obtidos do ρ estimado do d de Durbin-Watson. Deixamos essa verificação para o leitor.

Métodos iterativos de calcular ρ

Todos os métodos de calcular ρ discutidos anteriormente fornecem apenas uma única estimativa de ρ. Mas há os chamados **métodos iterativos** que calculam ρ iterativamente, ou seja, por aproximação sucessiva, começando com um valor inicial de ρ. Entre os métodos podemos mencionar os seguintes: o **procedimento iterativo de Cochrane-Orcutt**, o **procedimento em duas etapas de Durbin** e o **procedimento de varredura ou busca de Hildreth-Lu**. Destes, o mais conhecido é o método iterativo de Cochran-Orcutt. Para poupar espaço, os métodos iterativos são discutidos por exercícios. Lembre-se de que o objetivo desses métodos é fornecer uma estimativa de ρ que pode ser usada para obter as estimativas de MQG dos parâmetros. Uma vantagem do método iterativo de Cochrane-Orcutt é que ele pode ser usado para calcular não só um processo AR(1), mas também processos autorregressivos de ordem superior, como $\hat{u}_t = \hat{\rho}_1\hat{u}_{t-1} + \hat{\rho}_2\,\hat{u}_{t-2} + v_t$, que são AR(2). Tendo obtido os dois ρs, podemos estender facilmente a equação de diferenças generalizadas (12.9.6). Evidentemente, o computador agora pode fazer tudo isso.

Voltando à nossa equação de salários contra produtividade e supondo um processo AR(1), usamos o método iterativo de Cochrane-Orcutt, que fornece as seguintes estimativas de ρ: 0,8876, 0,9944 e 0,8827. O último valor de 0,8827 agora pode ser usado para transformar o modelo original como na Equação (12.9.6) e estimá-lo por MQO. É claro que aplicar MQO no modelo transformado é simplesmente o MQG. Os resultados são os seguintes:

O STATA pode estimar os coeficientes do modelo com ρ. Por exemplo, se supomos o AR(1), o STATA produz os seguintes resultados:

$$\begin{aligned} \hat{Y}_t^* &= 43{,}1042 + 0{,}5712X_t \\ \text{ep} &= (4{,}3722) \quad (0{,}0415) \\ t &= (9{,}8586) \quad (13{,}7638) \qquad r^2 = 0{,}8146 \end{aligned} \tag{12.9.16}$$

Desses resultados, podemos ver que o estimado ($\hat{\rho}$) é $\approx$ 0,8827, o que não é muito diferente do $\hat{\rho}$ na Equação (12.9.15).

Como observado anteriormente, na equação de diferenças generalizadas (12.9.6) perdemos uma observação, porque a primeira delas não tem antecedentes. Para evitarmos perder a primeira observação, podemos utilizar a *transformação de Prais-Winsten*. Usando essa transformação e o STATA (versão #10), obtemos os seguintes resultados de nossa regressão de salários e produtividade:

$$\begin{aligned} \text{Rcompb}_t &= 32{,}0434 + 0{,}6628\ \text{Prodb}_t \\ \text{ep} &= (3{,}7182) \quad (0{,}0386) \qquad r^2 = 0{,}8799 \end{aligned} \tag{12.9.17}$$

Nessa transformação, ρ foi de 0,9193, obtido depois de 13 iterações. *Devemos ressaltar que, se não transformarmos a primeira observação à moda de Prais-Winsten e excluirmos aquela observação, os resultados às vezes serão substancialmente diferentes, principalmente em pequenas amostras.* Note que o ρ obtido aqui não é muito diferente daquele da Equação (12.9.15).

Comentários gerais

Há vários pontos sobre correção para a autocorrelação, usando os diversos métodos discutidos.

Em primeiro lugar, uma vez que os estimadores de MQO são consistentes apesar da autocorrelação, em grandes amostras faz pouca diferença se estimamos ρ do d de Durbin-Watson ou da regressão dos resíduos no período corrente contra os resíduos no período anterior ou do procedimento iterativo de Cochrane-Orcutt, porque todos eles fornecem estimativas consistentes do verdadeiro ρ. Em segundo lugar, os vários métodos discutidos são basicamente de duas etapas. Na primeira obtemos uma estimativa do ρ desconhecido e na segunda etapa usamos essa estimativa para transformar as variáveis para a equação de diferenças generalizadas, o que é basicamente MQG. Uma vez que usamos $\hat{\rho}$ em vez do verdadeiro ρ todos esses métodos de estimação são conhecidos na literatura específica como métodos de **mínimos quadrados generalizados factíveis (MQGF)** ou **MQG estimados (MQGE)**.

Em terceiro lugar, é importante observar que sempre que, usamos um método **MQGF** ou um **MQGE** para estimar os parâmetros do modelo transformado, os coeficientes estimados não terão necessariamente as propriedades ótimas do modelo clássico, como BLUE, principalmente em pequenas amostras. Sem entrar em aspectos técnicos complexos, pode-se afirmar que, *como princípio geral, sempre que usamos um estimador em lugar de seu valor verdadeiro, os coeficientes estimados de MQO podem ter as propriedades ótimas usuais assintoticamente, ou seja, em grandes amostras. Também, os procedimentos convencionais de teste de hipóteses são, falando em termos estritos, válidos assintoticamente. Em pequenas amostras, portanto, é preciso ter cuidado para interpretar os resultados estimados.*

Quarto, ao usar um MQGE, se não incluirmos a primeira observação (como originalmente foi o caso com o procedimento de Cochrane-Orcutt), não só os valores numéricos, mas também a eficiência dos estimadores pode ser afetada adversamente, sobretudo se o tamanho da amostra for pequeno e se os regressores não forem não estocásticos.[42] Em pequenas amostras é importante manter a primeira observação *à la* Prais-Winsten. Evidentemente, se o tamanho da amostra for razoavelmente grande, o MQGE, com ou sem a primeira observação, dará resultados similares. Por sinal, na litera-

[42] Isto acontece principalmente se os regressores exibem uma tendência, que é bem comum em dados econômicos.

tura específica os MQGE com a transformação de Prais-Winsten são conhecidos, de forma sintética, como MQGE completos ou MQGEC.

12.10 O método de Newey-West para corrigir os erros padrão do MQO

Em vez de usar os métodos de MQGF discutidos na seção anterior, podemos usar ainda o MQO, mas corrigir os erros-padrão para autocorrelação por um procedimento desenvolvido por Newey e West.[43] Esse é uma extensão dos erros-padrão consistentes para heterocedasticidade que discutimos no capítulo anterior. Os erros padrão corrigidos são conhecidos como **erros padrão consistentes para heterocedasticidade e autocorrelação (CHA)**, ou simplesmente **erros padrão de Newey--West**. Não apresentamos os cálculos matemáticos envolvidos no procedimento de Newey-West, porque são muito complexos.[44] Programas modernos de computador atualmente efetuam esses cálculos. É importante destacar que, em termos estritos, o procedimento de Newey-West é **válido em grandes amostras** e pode não ser adequado em pequenas amostras. Mas em grandes amostras agora temos um método que produz erros padrão corrigidos para autocorrelação de modo que não precisamos ficar preocupados com as transformações de MQGE discutidas na seção anterior. Se uma amostra é razoavelmente grande, deve-se usar o procedimento de Newey-West para corrigir os erros padrão dos MQO não só em situações de autocorrelação, mas em casos de heterocedasticidade, pois o método CHA pode lidar com ambas, ao contrário do método White, designado especificamente para heterocedasticidade.

Mais uma vez voltemos à nossa regressão de salários e produtividade (12.5.1). Sabemos que essa regressão apresenta autocorrelação. Nossa amostra de 46 observações é razoavelmente grande, então podemos usar o procedimento CHA. Com o EViews 4, obtemos os resultados da regressão:

$$\begin{aligned} \hat{Y}_t &= 32{,}7419 + 0{,}6704X_t \\ \text{ep} &= (2{,}9162)^* \quad (0{,}0302)^* \\ & \qquad r^2 = 0{,}9765 \qquad d = 0{,}1719 \end{aligned} \tag{12.10.1}$$

em que * denota erros padrão CHA.

Comparando essa regressão com a Equação (12.5.1), verificamos que em ambas os coeficientes estimados e o valor r^2 são os mesmos. Mas é importante notar que os erros padrão CHA são muito maiores que os obtidos pelos MQO e, assim, as razões t no primeiro caso são muito menores que as razões t dos MQO. Isso mostra que os MQO subestimaram de fato os verdadeiros erros padrão. Curiosamente, as estatísticas d dos dois modelos (12.5.1) e (12.10.1) são as mesmas. Mas não se preocupe, pois o procedimento CHA já levou em conta a correção dos erros padrão dos MQO.

12.11 MQO *versus* MQGF e CHA

O pesquisador depara-se com o seguinte problema: na presença de autocorrelação, os estimadores de MQO, embora não tendenciosos, consistentes e assintoticamente normalmente distribuídos, não são eficientes. Portanto, o procedimento habitual de inferência com base nos testes t, F e χ^2 deixa de ser adequado. Por outro lado, os procedimentos de MQGF e de Newey-West geram estimadores eficientes, mas cujas propriedades em amostras pequenas ou finitas não estão bem documentadas. Isso significa que, em amostras pequenas, eles podem ser, na verdade, piores que os MQO. Em um estudo

[43] NEWEY, W. K.; WEST, K. "A simple positive semi-definite heteroscedasticity and autocorrelation consistent covariance matrix." *Econometrica*, v. 55, p. 703–708, 1987.

[44] Se você tiver conhecimentos de álgebra matricial, o método é discutido em GREENE, op. cit, 4. ed., p. 462–463.

de Monte Carlo, Griliches e Rao[45] verificaram que, se a amostra for relativamente pequena e o coeficiente de autocorrelação, ρ, for menor que 0,3, o MQO será tão bom ou melhor que MQGF. Como questão prática, pode-se usar o MQO em pequenas amostras em que o ρ estimado seja, por exemplo, menor que 0,3. Evidentemente, o que é uma amostra grande ou pequena são questões relativas, e deve-se recorrer a um julgamento baseado na prática. Se você tiver apenas 15 ou 20 observações, a amostra pode ser pequena, mas se tiver 50 ou mais observações, ela poderá ser razoavelmente grande.

12.12 Aspectos adicionais da autocorrelação

Variáveis dummy e autocorrelação

No Capítulo 9 consideramos os modelos de regressão da dummy binária. Em particular, lembre-se do modelo de regressão de poupança contra renda para o período de 1970-1995, nos Estados Unidos, apresentado na Equação (9.5.1), o que, por conveniência, é reproduzido a seguir:

$$Y_t = \alpha_1 + \alpha_2 D_t + \beta_1 X_t + \beta_2 (D_t X_t) + u_t \tag{12.12.1}$$

em que Y = poupança
X = renda
$D = 1$ para observações no período 1982-1995
$D = 0$ para observações no período 1970-1981

Os resultados da regressão baseados nesse modelo estão na Equação (9.5.4). Naturalmente, o modelo foi estimado com os pressupostos usuais de MQO.

Mas agora suponha que u_t siga um processo autorregressivo de primeira ordem, AR(1). Ou seja, $u_t = \rho u_{t-1} + \varepsilon_t$. Normalmente, se ρ for conhecida ou puder ser estimada por um dos métodos discutidos, podemos usar o método das diferenças generalizadas para estimar os parâmetros do modelo que está livre da autocorrelação (de primeira ordem). Entretanto, a presença da variável binária D impõe um problema especial: note que a variável binária apenas classifica uma observação como pertencente ao primeiro ou segundo período. Como fazemos para transformá-la? Podemos ver o seguinte procedimento:[46]

1. Na Equação (12.12.1), os valores de D são zero para todas as observações no primeiro período; no período 2 o valor de D para as **primeiras** observações é $1/(1-\rho)$ em vez de 1, e 1 para todas as outras observações.
2. A variável X_t é transformada como $(X_t - \rho X_{t-1})$. Note que perdemos uma observação nessa transformação, a não ser que recorramos à **transformação de Prais-Winsten** para a primeira observação, como notado anteriormente.
3. O valor de $D_t X_t$ é zero para todas as observações no primeiro período (*Nota:* D_t é zero no primeiro período); no segundo período a primeira observação assume o valor de $D_t X_t = X_t$ e as observações remanescentes no segundo período passam a ser $(D_t X_t - D_t \rho X_{t-1}) = (X_t - \rho X_{t-1})$. (*Nota:* o valor de D_t no segundo período é 1.)

Como aponta a discussão anterior, uma observação fundamental é a primeira observação no segundo período. Se ela for tratada da maneira sugerida, não deverá haver problema para estimar regressões como a Equação (12.12.1) sujeitas à autocorrelação AR(1). No Exercício 12.37, o leitor é solicitado a efetuar essa transformação para os dados na poupança e renda para os Estados Unidos, apresentados no Capítulo 9.

[45] GRILICHES, Z.; RAO, P. "Small sample properties of several two-stage regression methods in the context of autocorrelated errors." *Journal of the American Statistical Association*, 1969. v. 64, p. 253–272.

[46] Veja MADDALA, op. cit., p. 321–322.

Modelos ARCH e GARCH

Assim como o termo de erro u no tempo t pode estar correlacionado com o termo de erro no tempo $(t-1)$ em um processo AR(1) ou com os vários termos de erro defasados em um processo geral AR(p), pode haver autocorrelação na variância σ^2 no tempo t com seus valores defasados em um ou mais períodos? Tal autocorrelação foi observada pelos pesquisadores na previsão de séries temporais, como preços de ações, taxas de inflação e taxas de câmbio. Essa autocorrelação recebe nomes como **heterocedasticidade condicional autorregressiva** (ARCH, do inglês *autoregressive conditional heteroscedasticity*), se a variância do erro estiver relacionada com o termo de erro elevado ao quadrado no período anterior, e **heterocedasticidade condicional autorregressiva generalizada** (GARCH, do inglês *generalized autoregressive conditional heteroscedasticity*), se a variância do erro estiver relacionada com os termos de erro elevados ao quadrado em vários períodos anteriores.

Como esse tópico pertence à grande área de econometria de séries temporais, discutiremos este assunto de forma mais aprofundada na **Parte 4**. O nosso objetivo é mostrar que a autocorrelação não está confinada apenas a relações entre erros de termos antigos e atuais, mas também a relações entre erros de variações antigos e atuais.

Coexistência de autocorrelação e heterocedasticidade

O que acontece se um modelo é afetado não só pela heterocedasticidade, mas pela autocorrelação? Será possível resolver o problema sequencialmente, isto é, cuidar primeiro da heterocedasticidade e depois da autocorrelação? Na verdade, um autor afirma: "A autorregressão só pode ser detectada depois de controlar a heterocedasticidade".[47] Mas será que é possível formular um teste onipotente que resolva esse e outros problemas (como o da especificação do modelo) simultaneamente? Sim, esses testes existem, mas seu exame vai muito além de nossos limites. É melhor deixá-los para as referências.[48] Entretanto, como observado anteriormente, podemos usar os erros padrão ECHA, pois consideram tanto a autocorrelação quanto a heterocedasticidade, contanto que a amostra seja razoavelmente grande.

12.13 Exemplo conclusivo

No Exemplo 10.2, apresentamos dados sobre consumo, renda, riqueza e taxas de juros para os Estados Unidos, tudo em termos reais. Com base nesses dados, estimamos a seguinte função de consumo para os Estados Unidos, para o período de 1947-2000, efetuando a regressão do logaritmo de consumo sobre os logaritmos de renda e riqueza. Não expressamos a taxa de juros na forma logarítmica, porque os dados reais da taxa de juros foram negativos.

Dependent Variable: ln(CONSUMPTION)
Method: Least Squares
Sample: 1947-2000
Included observations: 54

	Coefficient	Std. Error	*t*-Statistic	Prob.
C	-0.467711	0.042778	-10.93343	0.0000
ln(INCOME)	0.804873	0.017498	45.99836	0.0000
ln(WEALTH)	0.201270	0.017593	11.44060	0.0000
INTEREST	-0.002689	0.000762	-3.529265	0.0009

R-squared	0.999560	Mean dependent var.	7.826093
Adjusted R-squared	0.999533	S.D. dependent var.	0.552368
S.E. of regression	0.011934	*F*-statistic	37832.59
Sum squared resid.	0.007121	Prob. (*F*-statistic)	0.000000
Log likelihood	164.5880	Durbin-Watson stat.	1.289219

[47] Sayrs, Lois W. *Pooled time series analysis*. Califórnia: Sage Publications, 1989. p. 19.

[48] Veja WOOLDRIDGE, Jeffrey M. op. cit., p. 402–403; e BERA, A. K.; JARQUE, C. M. "Efficient tests for normality, homoscedasticity and serial independence of regression residuals: Monte Carlo evidence." *Economic Letters*, 1981. v. 7, p. 313-318.

Como esperado, as elasticidades de renda e riqueza são positivas e a semielasticidade da taxa de juros é negativa. Embora os coeficientes estimados pareçam ser estatisticamente significativos, em termos individuais, precisamos verificar a possível autocorrelação no termo de erro. Como sabemos, na presença de autocorrelação, os erros padrão estimados podem ser subestimados. Examinando a estatística *d* de Durbin–Watson, parece que os termos de erro na função de consumo apresentam autocorrelação (de primeiro grau) (verifique isso).

Para tanto, estimamos a função de consumo, permitindo a autocorrelação para AR(1). Os resultados são os seguintes:

Dependent Variable: lnCONSUMPTION
Method: Least Squares
Sample (adjusted): 1948-2000
Included observations: 53 after adjustments
Convergence achieved after 11 iterations

	Coefficient	Std. Error	*t*-Statistic	Prob.
C	-0.399833	0.070954	-5.635112	0.0000
lnINCOME	0.845854	0.029275	28.89313	0.0000
lnWEALTH	0.159131	0.027462	5.794501	0.0000
INTEREST	0.001214	0.000925	1.312986	0.1954
AR(1)	0.612443	0.100591	6.088462	0.0000

R-squared	0.999688	Mean dependent var.	7.843871
Adjusted R-squared	0.999662	S.D. dependent var.	0.541833
S.E. of regression	0.009954	*F*-statistic	38503.91
Sum squared resid.	0.004756	Prob. (*F*-statistic)	0.00000
Log likelihood	171.7381	Durbin-Watson stat.	1.874724

Esses resultados mostram claramente que nossa regressão apresenta autocorrelação. Deixamos ao leitor a remoção da autocorrelação usando algumas das transformações discutidas neste capítulo. Você pode usar o ρ estimado de 0,6124 para as transformações. A seguir, apresentamos os resultados com base nos erros padrão de Newey-West (CHA ou, em inglês, HCA) que levam em conta a autocorrelação.

Dependent Variable: LCONSUMPTION
Method: Least Squares
Sample: 1947-2000
Included observations: 54
Newey-West HAC Standard Errors & Convariance (lag truncation = 3)

	Coefficient	Std. Error	*t*-Statistic	Prob.
C	-0.467714	0.043937	-10.64516	0.0000
LINCOME	0.804871	0.017117	47.02132	0.0000
LWEALTH	0.201272	0.015447	13.02988	0.0000
INTEREST	-0.002689	0.000880	-3.056306	0.0036

R-squared	0.999560	Mean dependent var.	7.826093
Adjusted R-squared	0.999533	S.D. dependent var.	0.552368
S.E. of regression	0.011934	*F*-statistic	37832.71
Sum squared resid.	0.007121	Prob. (*F*-statistic)	0.000000
		Durbin-Watson stat.	1.289237

A principal diferença entre a primeira e a última das regressões é que os erros padrão dos coeficientes estimados mudaram substancialmente. Apesar disso, os coeficientes angulares estimados ainda são altamente significativos do ponto de vista estatístico. Entretanto, não há garantia de que este será sempre o caso.

Resumo e conclusões

1. Se a hipótese do modelo clássico de regressão linear — de que os termos de erro u_t que entram na função de regressão populacional (FRP) são aleatórios ou não correlacionados — for desrespeitada, surge o problema de autocorrelação ou correlação serial.
2. A autocorrelação pode surgir por diversas razões, como inércia ou lentidão das séries temporais econômicas, de viés de especificação resultante da exclusão de importantes variáveis excludentes do modelo ou da utilização incorreta da forma funcional, o fenômeno da teia de aranha, do massageamento dos dados e de sua transformação. Como resultado, convém distinguir entre a autocorrelação pura e a autocorrelação "induzida" devido a um ou mais fatores já discutidos.
3. Embora na presença de autocorrelação os estimadores de MQO permaneçam não tendenciosos, consistentes e com distribuição normal assintótica, eles perdem a eficiência. Como consequência, os testes habituais t, F e χ^2 não podem ser aplicados legitimamente. Desse modo, pode ser necessário recorrer a correções.
4. A ação corretiva depende da natureza da interdependência entre os termos de erro u_t. Uma vez que os termos de erro são inobserváveis, a prática comum é supor que eles sejam gerados por algum mecanismo.
5. O mecanismo pressuposto em geral é o esquema autorregressivo de primeira ordem de Markov, que supõe que o termo de erro no período de tempo corrente seja linearmente relacionado ao termo de erro no período de tempo anterior, o coeficiente de autocorrelação ρ, que dá a extensão da interdependência. Esse mecanismo é conhecido como processo AR(1).
6. Se o processo AR(1) for válido e o coeficiente de autocorrelação conhecido, o problema de correlação serial pode ser combatido facilmente, transformando os dados por meio de um procedimento de diferenças generalizadas. O processo AR(1) pode ser generalizado para um AR(p). Também podemos pressupor um processo de média móvel (MA) ou uma mistura dos dois processos (AR e MA), conhecida como ARMA. Esse tópico será discutido nos capítulos sobre econometria de séries temporais.
7. Mesmo se usarmos um processo AR(1), o coeficiente de autocorrelação não é conhecido *a priori*. Consideramos vários métodos de estimar ρ, como o d de Durbin-Watson, o d modificado de Theil-Nagar, o procedimento iterativo Cochrane-Orcutt (C-O), o método C-O em duas etapas e o procedimento em duas etapas de Durbin. Em amostras grandes, esses métodos em geral criam estimativas similares de ρ, embora em pequenas amostras tenham resultados diferentes. Na prática, o método C-O iterativo tornou-se muito usado.
8. Usando qualquer um dos métodos discutidos, podemos utilizar o método das diferenças generalizadas para calcular os parâmetros do modelo transformado por MQO, que em essência redunda em MQG. Na medida em que estimamos ρ (= $\hat{\rho}$), chamamos o método de estimação de MQG factível ou estimável, ou resumidamente MQGF ou MQGE.
9. Ao usar o MQGE, é preciso ter cautela para excluir a primeira observação; em pequenas mostras a inclusão ou exclusão da primeira observação pode fazer uma diferença marcante nos resultados. Portanto, em pequenas amostras é aconselhável transformar a primeira observação de acordo com o procedimento de Prais-Winsten. Em grandes amostras, faz pouca diferença se a primeira observação é incluída ou não.
10. É muito importante notar que o método de MQGE tem as propriedades estatísticas ótimas apenas em grandes amostras. Em pequenas amostras, os MQO podem ser melhores que os MQGE, principalmente se $\rho < 0{,}3$.
11. Em vez de usar os MQGE, podemos usar os MQO, mas corrigir os erros padrão para autocorrelação pelo procedimento de Newey-West (CHA). Em termos estritos, esse procedimento é válido em grandes amostras. Uma vantagem do procedimento CHA é que não só corrige para autocorrelação, mas também para heterocedasticidade, se houver.
12. Evidentemente, antes da correção vem a detecção da autocorrelação. Há métodos formais e informais de detecção. Entre os informais, podemos simplesmente plotar os resíduos reais ou padroni-

zado, ou plotar os atuais resíduos contra os antigos. Entre os métodos formais, pode-se usar o teste de carreiras, o teste *d* de Durbin-Watson, o teste da normalidade assintótica, o teste de Berenblutt-Webb e o Breusch-Godfrey (BG). Destes, o preferido e mais empregado é o teste *d* de Durbin-Watson. Apesar de seu passado respeitável, ele apresenta sérias limitações. É melhor usar o teste BG, pois é mais geral no sentido de que permite ambas as estruturas de erro AR e MA, bem como a presença do regressando defasado como variável explanatória. Lembre-se de que é um teste de amostra grande.

13. Neste capítulo também discutimos brevemente a detecção de autocorrelação na presença de variáveis binárias como regressores.

EXERCÍCIOS

12.1. Diga se as afirmações seguintes são verdadeiras ou falsas. Justifique brevemente sua resposta.

a. Quando a autocorrelação está presente, os estimadores de MQO são tendenciosos, bem como ineficientes.

b. O teste *d* de Durbin-Watson pressupõe que o termo de erro, u_t, é homocedástico.

c. A transformação de primeira diferença para eliminação da autocorrelação pressupõe que o coeficiente de autocorrelação ρ seja igual a -1.

d. Os valores de R^2 de dois modelos, um deles envolvendo regressão na forma de primeira diferença e o outro na forma de nível, não podem ser comparados diretamente.

e. Um *d* de Durbin-Watson significativo não implica necessariamente a existência de autocorrelação de primeira ordem.

f. Na presença de autocorrelação, a variância e os erros padrão dos valores previstos são ineficientes.

g. A exclusão de uma ou mais variáveis importantes de um modelo de regressão pode propiciar um valor *d* significativo.

h. No processo AR(1), um teste da hipótese de que $\rho = 1$ pode ser feito pela estatística *g* de Berenblutt-Webb ou o *d* de Durbin-Watson.

i. Na regressão da primeira diferença de *Y* contra as primeiras diferenças de *X*, se existir um termo constante e um termo de tendência linear, significa que no modelo original há um termo de tendência linear e outro de tendência quadrática.

12.2. Dada uma amostra de 50 observações e 4 variáveis explanatórias, o que se pode dizer sobre a autocorrelação se (*a*) $d = 1{,}05$? (*b*) $d = 1{,}40$? (*c*) $d = 2{,}50$? (*d*) $d = 3{,}97$?

12.3. Ao estudar as mudanças na participação dos trabalhadores no valor adicionado (lucro participativo), Gujarati considerou os seguintes modelos:*

$$\text{Modelo A:} \quad Y_t = \beta_0 + \beta_1 t + u_t$$

$$\text{Modelo B:} \quad Y_t = \alpha_0 + \alpha_1 t + u_t \alpha_2 t^2 + u_t$$

em que $Y =$ participação dos trabalhadores e $t =$ tempo. Com base em dados anuais relativos ao período 1949-1964, foram obtidos os seguintes resultados para a indústria de mineração:

$$\text{Modelo A:} \quad \hat{Y}_t = 0{,}4529 - \underset{(-3{,}9608)}{0{,}0041t} \qquad R^2 = 0{,}5284 \qquad d = 0{,}8252$$

$$\text{Modelo B:} \quad \hat{Y}_t = 0{,}4786 - \underset{(-3{,}2724)}{0{,}0127t} + \underset{(2{,}7777)}{0{,}0005t^2}$$

$$R^2 = 0{,}6629 \qquad d = 1{,}82$$

* GUJARATI, Damodar. "Labor's share in manufacturing industries". *Industrial and Labor Relations Review*, out. 1969. v. 23, n.1, p. 65-75.

em que os números entre parênteses são as razões t.

a. Existe correlação serial no modelo A? E no modelo B?

b. O que explica a correlação serial?

c. Como poderíamos distinguir uma autocorrelação "pura" do viés de especificação?

12.4. *Detecção da autocorrelação: o teste da razão de Von Neumann.*[*] Supondo que os resíduos de $\hat{u}_t$ sejam extrações aleatórias de uma distribuição normal, von Neumann demonstrou que, para grandes n, a razão

$$\frac{\delta^2}{s^2} = \frac{\sum(\hat{u}_i - \hat{u}_{i-1})^2/(n-1)}{\sum(\hat{u}_i - \bar{\hat{u}})^2/n} \qquad Nota\text{: } \bar{\hat{u}} = 0 \text{ nos MQO}$$

conhecida como **razão de von Neumann**, apresenta uma distribuição aproximadamente normal com média

$$E\frac{\delta^2}{s^2} = \frac{2n}{n-1}$$

$$\text{var}\,\frac{\delta^2}{s^2} = 4n^2\frac{n-2}{(n+1)(n-1)^3}$$

a. Se n for suficientemente grande, como poderíamos empregar a razão de von Neumann para testar a existência de autocorrelação?

b. Qual a relação entre o d de Durbin-Watson e a razão de von Neumann?

c. A estatística d situa-se entre 0 e 4. Quais são os limites correspondentes para a razão de Von Neumann?

d. Uma vez que a relação depende da hipótese de que os $\hat{u}$ são extrações aleatórias de uma distribuição normal, como essa hipótese é válida para os resíduos de MQO?

e Suponhamos que em uma aplicação verifica-se que a razão seja 2,88 com 100 observações. Teste a hipótese de que não há correlação serial nos dados.

Nota: B. I. Hart tabulou os valores críticos da razão de von Neumann para amostras de até 60 observações.[†]

12.5. Em uma sequência de 17 resíduos, 11 positivos e 6 negativos, o número de carreiras foi de 3. Existe evidência de autocorrelação? A resposta seria diferente se houvesse 14 carreiras?

12.6. *Estimativa de Theil-Nagar para ρ com base na estatística d.* Theil e Nagar sugeriram que, em pequenas amostras, em vez de estimar ρ como $(1-d/2)$, ele deve ser estimado como

$$\hat{\rho} = \frac{n^2(1-d/2)+k^2}{n^2-k^2}$$

em que n = número total de observações, $d = d$ de Durbin-Watson e k = número dos coeficientes (incluindo o intercepto) a serem estimados.

Mostre que, em grandes amostras, a estimativa de ρ é igual àquela obtida pela fórmula mais simples $(1 - d/2)$.

12.7. *Estimativa de ρ: o procedimento de varredura ou busca de Hildreth-Lu.*[‡] Como no esquema autorregressivo de primeira ordem

$$u_t = \rho u_{t-1} + \varepsilon_t$$

* NEUMANN, J. von. "Distribution of the ratio of the mean square sucessive difference to the variance." *Annals of Mathematical Statistics*, 1941. v. 12, p. 367-395.

† O quadro pode ser encontrado em JOHNSTON, op. cit., 3. ed., p. 559.

‡ HILDRETH, G.; LU, J. Y. "Demand relations with autocorrelated disturbances." Michigan State University, Agricultural Experiment Station, Tech. Bull. 276, nov. 1960.

espera-se que ρ situe-se entre $-$ 1 e $+$ 1, Hildreth e Lu sugeriram um procedimento sistemático de "varredura" ou busca para localizá-lo. Eles recomendam que se selecione ρ entre $-$ 1 e $+$ 1, utilizando, por exemplo, intervalos de 0,1 unidade e transforme-se os dados por meio da equação de diferenças generalizadas (12.6.5). Assim, é possível escolher ρ entre $-0{,}9$, $-0{,}8$,. . . , 0,8, 0,9. Para cada um dos ρ efetuamos a equação de diferenças generalizadas e obtemos as SQR associada: $\sum \hat{u}_t^2$. Hildreth e Lu sugerem que se escolha o ρ que minimize as SQR (ou seja, maximizando o R^2). Se necessário maior refinamento, eles sugerem que se empreguem intervalos ainda menores, por exemplo, 0,01 unidade, como: -0.99, $-0{,}98$,. . . , 0,90, 0,91 e assim por diante.

a. Quais as vantagens do procedimento Hildreth-Lu?

b. Como sabemos se o valor de ρ selecionado para a transformação dos dados garantirá, de fato, um $\sum \hat{u}_t^2$ mínimo?

12.8. *Estimando de ρ: o procedimento iterativo de Cochrane-Orcutt* (*C-O*).* Para ilustrar este procedimento, considere o seguinte modelo com duas variáveis:

$$Y_t = \beta_1 + \beta_2 X_t + u_t \tag{1}$$

e o processo AR(1)

$$u_t = \rho u_{t-1} + \varepsilon_t, -1 < \rho < 1 \tag{2}$$

Cochrane e Orcutt recomendaram os seguintes passos para estimar ρ:

1. Calcule a Equação (1) recorrendo aos MQO e obtenha os resíduos, $\hat{u}_t$. Aliás, note que você pode ter mais de uma variável X no modelo.
2. Utilizando os resíduos obtidos na etapa 1, calcule a seguinte regressão:

$$\hat{u}_t = \hat{\rho}\hat{u}_{t-1} + v_t \tag{3}$$

   que é a contrapartida aplicada da Equação (2).†
3. Usando o $\hat{\rho}$ obtido na Equação (3), calcule a equação de diferenças generalizadas (12.9.6).
4. Na medida em que *a priori* não se sabe se o $\hat{\rho}$ obtido por meio da Equação (3) é o melhor estimador de ρ, substitua os valores de $\hat{\beta}_1^*$ e $\hat{\beta}_2^*$ calculados no passo (3) da regressão original, Equação (1), e obtenha os novos resíduos, por exemplo, um $\hat{u}_t^*$ como

$$\hat{u}_t^* = Y_t - \hat{\beta}_1^* - \hat{\beta}_2^* X_t \tag{4}$$

   que podem ser facilmente calculados, já que Y_t, X_t, $\hat{\beta}_1^*$, e $\hat{\beta}_2^*$ são todos conhecidos.
5. Agora estime a seguinte regressão:

$$\hat{u}_t^* = \hat{\rho}^* \hat{u}_{t-1}^* + w_t \tag{5}$$

   que é semelhante à Equação (3), e oferece, assim, a segunda estimativa de ρ.

Uma vez que não sabemos se essa segunda estimativa de ρ é a melhor, vamos para a terceira rodada de estimativa e assim por diante. É por isso que o procedimento C-O é chamado de iterativo. Mas até que ponto devemos continuar as rodadas? A recomendação é que se interrompam as iterações quando as estimativas sucessivas de ρ diferirem por menos de 0,01 ou 0,005. No exemplo dos salários da produtividade, foram necessárias cerca de sete iterações antes que parássemos.

---

* COCHRANE, D.; ORCUTT, G.H. "Applications of least-squares regressions to relationships containing autocorrelated error terms." *Journal of American Statistical Association*, 1949. v. 44, p. 32-61.

† Note que $\hat{\rho} = \sum \hat{u}_t\hat{u}_{t-1} / \sum \hat{u}_t^2$. Embora tendencioso, $\hat{\rho}$ é um estimador consistente do verdadeiro ρ.

a. Utilize o procedimento iterativo de Cochrane-Orcutt para estimar ρ para a regressão de salário e produtividade, Equação (12.5.2). Quantas iterações foram necessárias antes de obter a estimativa "final" de ρ?

b. Utilizando a estimativa final de ρ obtida em (*a*), calcule a regressão de salários e produtividade, excluindo a primeira observação, bem como mantendo a primeira observação. Que diferença podemos ver nos resultados?

c. Você acha importante manter a primeira observação para transformar os dados e resolver o problema de autocorrelação?

12.9. *Estimação de ρ: o procedimento de Cochrane-Orcutt em duas etapas*. Esta é uma versão abreviada do procedimento iterativo. Na etapa 1, estimamos ρ por meio da primeira iteração, ou seja, da Equação (3) do exercício anterior, e na etapa 2 usamos essa estimativa de ρ para rodar a equação em diferenças generalizadas, como na Equação (4) do exercício anterior. Às vezes, na prática, esse procedimento em duas etapas gera resultados bastante semelhantes aos obtidos pelo processo iterativo C-O mais elaborado.

Aplique este método em duas etapas à regressão dos salários contra a produtividade (12.5.1) dada neste capítulo e compare seus resultados com os obtidos por meio do método iterativo. Preste atenção em especial à primeira observação quando da transformação.

12.10. *Estimação de ρ: o método em duas etapas de Durbin.** Para explicarmos este método, podemos escrever a equação em diferenças generalizadas (12.9.5) do seguinte modo:

$$Y_t = \beta_1(1-\rho) + \beta_2 X_t - \beta_2 \rho X_{t-1} + \rho Y_{t-1} + \varepsilon_t \quad \textbf{(1)}$$

Durbin sugere o seguinte procedimento em duas etapas para estimar ρ. *Em primeiro lugar*, trate a Equação (1), como um modelo de regressão múltipla, fazendo a regressão Y_t em X_t, X_{t-1}, e Y_{t-1} e trate o valor estimado do coeficiente de regressão Y_{t-1} $(= \hat{\rho})$ como uma estimativa de ρ. *Em segundo lugar*, tendo obtido $\hat{\rho}$, use-o para estimar os parâmetros da equação em diferenças generalizadas (12.9.5) ou sua equivalente, a Equação (12.9.6).

a. Aplique o método de Durbin em duas etapas à regressão dos salários contra a produtividade examinada no texto e compare os resultados obtidos com os dados do procedimento iterativo de Cochrane-Orcutt e os do método em duas etapas de C-O. Comente a "qualidade" de seus resultados.

b. Se examinarmos a Equação (1), observaremos que o coeficiente de X_{t-1} $(= -\rho\beta_2)$ é igual a menos 1 vezes o produto do coeficiente de X_t $(= \beta_2)$ e o coeficiente Y_{t-1} $(= \rho)$. Como poderíamos testar se os coeficientes obedecem à restrição?

12.11. Ao medir os retornos de escala da oferta de eletricidade, Nerlove empregou dados relativos a um corte transversal de 145 fornecedoras privadas dos Estados Unidos em 1955 e calculou a regressão do logaritmo dos custos totais contra os logaritmos dos salários, do preço do capital e do preço do combustível. Ele verificou que os resíduos estimados por essa regressão apresentavam correlação "serial", de acordo com o *d* de Durbin-Watson. Para encontrar uma correção, apresentou graficamente os resíduos estimados do logaritmo da produção e obteve a Figura 12.11.

a. O que mostra a figura?

b. Como podemos ficar livres da correlação "serial" nessa situação?

12.12. Os resíduos de uma regressão plotados contra o tempo aparecem no diagrama de dispersão da Figura 12.12. O resíduo "extremo" assinalado por um círculo é chamado de discrepante (*outliers*). Um dado discrepante é uma observação cujo valor excede de maneira considerável, talvez em três ou quatro desvios padrão, o valor médio de todas as observações.

* DURBIN, J. "Estimation of parameters in time-series regression models." *Journal of a Royal Statistical Society*, 1960. série B, v. 22, p. 139-153.

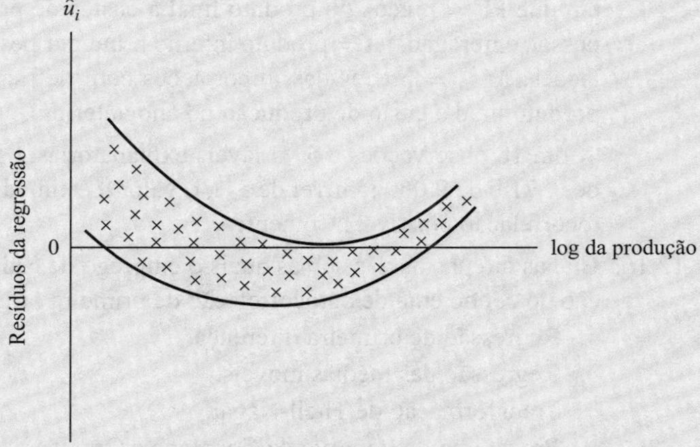

FIGURA 12.11
Resíduos da regressão estudada por Nerlove. (Adaptação de Nerlove, Marc. "Return to scale in electric supply." In: Christ, Carl F. et al. *Measurement in Economics*. Stanford, Calif.: Stanford University Press, 1963.)

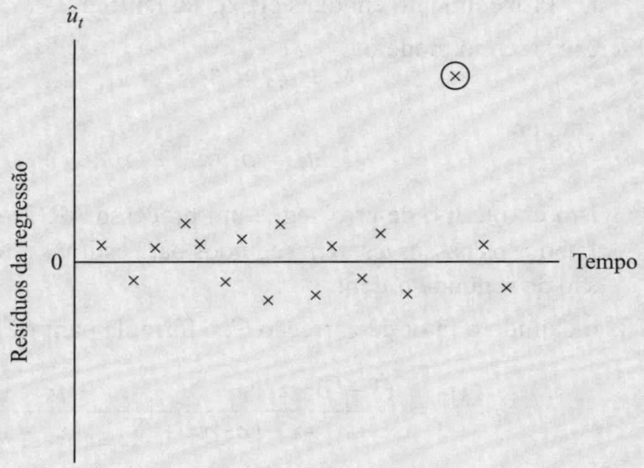

FIGURA 12.12
Resíduos de uma regressão hipotética plotados contra o tempo.

a. Quais as razões da existência do(s) dados(s) discrepante(s)?

b. Se houver dados discrepantes, essas observações deveriam ser descartadas e a regressão calculada com as observações restantes?

c. O *d* de Durbin-Watson aplica-se quando há dados discrepantes?

12.13. Com base na estatística *d* de Durbin-Watson, como podemos distinguir a autocorrelação "pura" do viés de especificação?

12.14. Suponha que no modelo

$$Y_t = \beta_1 + \beta_2 X_t + u_t$$

os *u* sejam, de fato, serialmente independentes. O que aconteceria nessa situação se, supondo que $u_t = \rho u_{t-1} + \varepsilon_1$, empregássemos a regressão de diferenças generalizadas?

$$Y_t - \rho Y_{t-1} = \beta_1(1-\rho) + \beta_2 X_t - \rho\beta_2 X_{t-1} + \varepsilon_t$$

Discuta, em particular, as propriedades do termo de erro ε_t.

12.15. Em um estudo para determinação dos preços do produto final a custos de produção no Reino Unido, foram obtidos os seguintes resultados de uma regressão com base em dados anuais relativos ao período 1951-1969:

$$\begin{aligned}\widehat{\text{PF}}_t = {} & 2{,}033 + 0{,}273W_t - 0{,}521X_t + 0{,}256M_t + 0{,}028M_{t-1} + 0{,}121PF_{t-1}\\ \text{ep} = {} & (0{,}992) \quad (0{,}127) \quad (0{,}099) \quad (0{,}024) \quad (0{,}039) \quad (0{,}119)\\ & R^2 = 0{,}984 \qquad d = 2{,}54\end{aligned}$$

em que PF = preços do produto final a custos de produção; W = salários e ordenados por pessoa empregada; X = produto interno bruto por pessoa empregada; M = preços das importações; M_{t-1} = preços das importações com defasagem de um ano; e PF_{t-1} = preços do produto final a custo de produção no ano anterior.*

"Com 18 observações e 5 variáveis explanatórias, os valores de d inferior e superior foram de 0, 71 e de 2,06, no nível de 5%, o valor d estimado de 2,54 indica que não se registra autocorrelação positiva". Comente.

12.16. Cite as circunstâncias sob as quais o emprego de cada um dos seguintes métodos de estimação do coeficiente de autocorrelação de primeira ordem, ρ, pode ser adequado:

a. Regressão de primeira diferença.
b. Regressão das médias móveis.
c. Transformação de Theil-Nagar.
d. Procedimento iterativo de Cochrane e Orcutt.
e. Procedimento de varredura de Hildreth-Lu.
f. Procedimento em duas etapas de Durbin.

12.17. Considere o modelo:

$$Y_t = \beta_1 + \beta_2 X_t + u_t$$

em que

$$u_t = \rho_1 u_{t-1} + \rho_2 u_{t-2} + \varepsilon_t$$

isto é, o termo de erro segue um processo AR(2) e ε_t é um termo de erro de ruído branco. Esboce os passos a serem seguidos para estimar este modelo levando em conta a autorregressão de segunda ordem.

12.18. Incluindo o fator de correção C, a fórmula para $\hat{\beta}_2^{\text{MQG}}$ apresentada na Equação (12.3.1), é

$$\hat{\beta}_2^{\text{MQG}} = \frac{(1-\rho^2)x_1 y_1 + \sum_{t=2}^{n}(x_t - \rho x_{t-1})(y_t - \rho y_{t-1})}{(1-\rho^2)x_1^2 + \sum_{t=2}^{n}(x_t - \rho x_{t-1})^2}$$

Dada essa fórmula e a Equação (12.3.1), encontre a expressão para o fator de correção C.

12.19. Demonstre que calcular a Equação (12.9.5) equivale a estimar o MQG discutido na Seção 12.3, excluindo a primeira observação de Y e de X.

12.20. Os resíduos estimados da regressão (12.9.9) apresentam os seguintes sinais, que, por facilidade, são separados por parênteses.

(++++)(−)(+++++++)(−)(++++)(−−)(+)(−−)(+)(−−)(++)(−)
(+)(−−−−−−−−−)(+)

Com base no teste das carreiras, você rejeitaria a hipótese nula de que não há autocorrelação nos resíduos?

**12.21. *Teste de correlação serial de ordem mais elevada.*

Suponha que tenhamos séries temporais de dados em uma base trimestral. Nos modelos de regressão que envolvem dados trimestrais, pode ser mais adequado supor um processo AR(4) como o seguinte, em lugar do AR(1) dado na Equação (12.2.1):

$$u_t = \rho_4 u_{t-4} + \varepsilon_t$$

isto é, suponha que o termo de erro atual correlacione-se com o do mesmo trimestre do ano anterior em vez de se correlacionar-se com o do trimestre imediatamente anterior.

* *Fonte*: *Prices and Earnings in 1951-1969:* an econometric assessment, Department of Employment, Her Majesty's Stationery Office, 1971, Tabela C, p. 37, Equação 63.

** Opcional.

Para testar a hipótese de que $\rho_4 = 0$, Wallis* sugere a seguinte modificação do teste d de Durbin-Watson:

$$d_4 = \frac{\sum_{t=5}^{n}(\hat{u}_t - \hat{u}_{t-4})^2}{\sum_{t=1}^{n}\hat{u}_t^2}$$

O procedimento de teste segue a mesma rotina examinada no texto para o teste d. Wallis elaborou as tabelas de d_4 que podem ser encontradas em seu artigo original.

Imagine, agora, que tenhamos dados mensais. O teste de Durbin-Watson poderia ser generalizado para levar em conta esses dados? Em caso positivo, mostre a fórmula adequada para d_{12}.

12.22. Suponha que você precise estimar a seguinte regressão:

$$\Delta \ln Y_t = \beta_1 + \beta_2 \Delta \ln L_t + \beta_3 \Delta \ln K_t + u_t$$

em que Y é produto, L é mão de obra, K é capital e Δ é o operador de primeira diferença. Como interpretaríamos β_1 nesse modelo? Poderíamos considerá-lo uma estimativa de mudança tecnológica? Justifique sua resposta.

12.23. Como observado no texto, Maddala sugeriu que se o d de Durbin-Watson for menor do que R^2, podemos calcular a regressão na forma de primeira diferença. Qual a lógica que embasa essa sugestão?

12.24. Consulte a Equação (12.4.1). Suponha que $r = 0$ mas $\rho \neq 0$. Qual o efeito sobre a $E(\hat{\sigma}^2)$ se (*a*) $0 < \rho < 1$ e (*b*) $-1 < \rho < 0$? Quando o viés de $\hat{\sigma}^2$ será razoavelmente pequeno?

12.25. Os resíduos da regressão dos salários contra a produtividade apresentados na Equação (12.5.2) foram gerados usando uma regressão contra resíduos defasados em seis períodos (AR[6]), obtendo-se os seguintes resultados:

```
Dependent Variable: S1
Method: Least Squares
Sample (adjusted): 1966-2005
Included observations: 40 after adjustments
```

	Coefficient	Std. Error	*t*-Statistic	Prob.
S1(-1)	1.019716	0.170999	5.963275	0.0000
S1(-2)	-0.029679	0.244152	-0.121560	0.9040
S1(-3)	-0.286782	0.241975	-1.185171	0.2442
S1(-4)	0.149212	0.242076	0.616386	0.5417
S1(-5)	-0.071371	0.243386	-0.293240	0.7711
S1(-6)	0.034362	0.167077	0.205663	0.8383

R-squared	0.749857	Mean dependent var.	0.004433
Adjusted R-squared	0.713071	S.D. dependent var.	0.019843
S.E. of regression	0.010629	Durbin-Waston stat.	1.956818
Sum squared resid.	0.003841		

a. Com base no resultado anterior, o que se pode dizer sobre a natureza da autocorrelação nos dados de salários e produtividade?

b. Se considerarmos que um processo AR(1) caracteriza a autocorrelação nos dados, deveríamos usar uma transformação de primeiras diferenças para eliminá-las? Justifique sua resposta.

---

* WALLIS, Kenneth. "Testing for fourth order autocorrelation in quarterly regression equations." *Econometrica*, 1972. v. 40, p. 617-636. As tabelas de d_4 também podem ser encontradas em JOHNSTON, J. op. cit., 3. ed., p. 558.

Exercícios aplicados

12.26. Passemos aos dados sobre a indústria do cobre da Tabela 12.7.

a. Estime com esses dados o seguinte modelo de regressão:

$$\ln C_t = \beta_1 + \beta_2 \ln I_t + \beta_3 \ln L_t + \beta_4 \ln H_t + \beta_5 \ln A_t + u_t$$

Interprete os resultados.

b. Obtenha os resíduos e os resíduos padronizados da regressão e faça um gráfico. O que poderíamos dizer sobre a presença de autocorrelação nesses resíduos?

c. Calcule a estatística d de Durbin-Watson e comente a natureza da autocorrelação presente nos dados.

d. Faça o teste das carreiras e verifique se sua resposta difere daquela dada em *c*.

e. Como poderíamos verificar se um processo AR(p) descreve melhor a autocorrelação do que o processo AR(1)?

Nota: guarde os dados para uso posterior. (Veja o Exercício 12.28).

TABELA 12.7
Determinantes do preço interno do cobre nos Estados Unidos, 1951-1980

Ano	*C*	*PNB*	*I*	*L*	*P*	*A*
1951	21,89	330,2	45,1	220,4	1.491,0	19,00
52	22,29	347,2	50,9	259,5	1.504,0	19,41
53	19,63	366,1	53,3	256,3	1.438,0	20,93
54	22,85	366,3	53,6	249,3	1.551,0	21,78
55	33,77	399,3	54,6	352,3	1.646,0	23,68
56	39,18	420,7	61,1	329,1	1.349,0	26,01
57	30,58	442,0	61,9	219,6	1.224,0	27,52
58	26,30	447,0	57,9	234,8	1.382,0	26,89
59	30,70	483,0	64,8	237,4	1.553,7	26,85
60	32,10	506,0	66,2	245,8	1.296,1	27,23
61	30,00	523,3	66,7	229,2	1.365,0	25,46
62	30,80	563,8	72,2	233,9	1.492,5	23,88
63	30,80	594,7	76,5	234,2	1.634,9	22,62
64	32,60	635,7	81,7	347,0	1.561,0	23,72
65	35,40	688,1	89,8	468,1	1.509,7	24,50
66	36,60	753,0	97,8	555,0	1.195,8	24,50
67	38,60	796,3	100,0	418,0	1.321,9	24,98
68	42,20	868,5	106,3	525,2	1.545,4	25,58
69	47,90	935,5	111,1	620,7	1.499,5	27,18
70	58,20	982,4	107,8	588,6	1.469,0	28,72
71	52,00	1.063,4	109,6	444,4	2.084,5	29,00
72	51,20	1.171,1	119,7	427,8	2.378,5	26,67
73	59,50	1.306,6	129,8	727,1	2.057,5	25,33
74	77,30	1.412,9	129,3	877,6	1.352,5	34,06
75	64,20	1.528,8	117,8	556,6	1.171,4	39,79
76	69,60	1.700,1	129,8	780,6	1.547,6	44,49
77	66,80	1.887,2	137,1	750,7	1.989,8	51,23
78	66,50	2.127,6	145,2	709,8	2.023,3	54,42
79	98,30	2.628,8	152,5	935,7	1.749,2	61,01
80	101,40	2.633,1	147,1	940,9	1.298,5	70,87

Nota: os dados foram coletados por Gary R. Smith com base em fontes, como *American Metal Market*, *Metals Week* e publicações do Departamento do Comércio dos Estados Unidos.

C = média de 12 meses dos preços internos de cobre (centavos de dólar por libra-peso).
PNB = PNB anual (em bilhões de \$).
I = média de 12 meses do índice de produção industrial.
L = média de 12 meses dos preços do cobre na London Metal Exchange (em libras esterlinas).
P = número de prédios construídos por ano (milhões de unidades).
A = média de 12 meses do preço do alumínio (em centavos de dólar por libra-peso).

12.27. Tendo os dados na Tabela 12.8:

a. Verifique se o *d* de Durbin-Watson é igual a 0,4148.

b. Há correlação serial positiva nos termos de erro?

c. Em caso afirmativo, estime ρ por meio de:

i. Método de Theil-Nagar.

ii. Procedimento de Durbin em duas fases.

iii. Método de Cochrane-Orcutt.

d. Use o método de Theil-Nagar para transformar os dados e faça a regressão com os dados transformados.

e. A regressão estimada em (*d*) apresenta autocorrelação? Em caso afirmativo, como você se livra dela?

TABELA 12.8

Y, despesas de consumo pessoal, em bilhões de dólares de 1958	*X*, tempo	$\hat{Y}$, *Y* estimados	$\hat{u}$, resíduos
281,4	1 (= 1956)	261,4208	19,9791
288,1	2	276,6026	11,4973
290,0	3	291,7844	−1,7844
307,3	4	306,9661	0,3338
316,1	5	322,1479	−6,0479
322,5	6	337,3297	−14,8297
338,4	7	352,5115	−14,1115
353,3	8	367,6933	−14,3933
373,7	9	382,8751	−9,1751
397,7	10	398,0569	−0,3569
418,1	11	413,2386	4,8613
430,1	12	428,4206	1,6795
452,7	13	443,6022	9,0977
469,1	14	458,7840	10,3159
476,9	15 (= 1970)	473,9658	2,9341

Nota: dados de $\hat{Y}$ obtidos por meio da regressão $Y_t = \beta_0 + \beta_1 X_t + u_t$.

12.28. Consulte o Exercício 12.26 e os dados apresentados na Tabela 12.7. Se os resultados deste exercício revelarem autocorrelação serial:

a. Recorra ao procedimento em dois estágios de Cochrane-Orcutt e obtenha as estimativas dos MQG factíveis viáveis ou a regressão de diferenças generalizadas e compare seus resultados.

b. Se o ρ estimado por meio do método de Cochrane-Orcutt em (*a*) diferir substancialmente daqueles estimados por meio da estatística *d*, qual método de estimativa ρ você escolheria e por quê?

12.29. Consulte o Exemplo 7.4. Omita as variáveis X^2 e X^3, faça a regressão e examine os resíduos em busca de correlação "serial". Se for encontrada a correlação serial, como você a explicaria? Quais medidas corretivas você sugere?

12.30. Consulte o Exercício 7.21. Nesses dados, a autocorrelação é esperada *a priori*. Portanto, sugere-se que seja feita a regressão do logaritmo da oferta real de moeda contra os logaritmos da renda nacional em termos reais e da taxa de juros de longo prazo na forma de primeiras diferenças. Calcule esta regressão e depois recalcule-a em sua forma original. A hipótese que embasa a transformação em primeiras diferenças foi atendida? Em caso negativo, que tipo de viés poderá resusltar dessa transformação? Ilustre com os dados que tem em mãos.

12.31. *O uso do d de Durbin-Watson para verificar a ausência de linearidade.* Continue com o Exercício 12.29. Organize os resíduos obtidos na regressão segundo os valores crescentes de *X*. Usando a fórmula dada na Equação (12.6.5), estime *d* por meio dos resíduos rearranjados. Se o valor *d* calculado indicar autocorrelação, implica que o modelo linear não é adequado e que o modelo deveria incluir os termos X_i^2 e X_i^3. Você poderia apresentar uma justificativa intuitiva para esse procedimento? Veja se a sua resposta está de acordo com a de Henri Theil.*

12.32. Consulte o Exercício 11.22. Obtenha os resíduos e verifique se apresentam autocorrelação. Caso a correlação serial seja detectada, como poderia ser corrigida? Qual o sentido da correlação serial nesse caso?

12.33. *Experimento de Monte Carlo*. Consulte as Tabelas 12.1 e 12.2. Com os dados relativos a ε_t e X_t encontrados, gere uma amostra com 10 valores de Y com base no modelo

$$Y_t = 3{,}0 + 0{,}5X_t + u_t$$

em que $u_t = 0{,}9u_{t-1} + \varepsilon_t$. Suponha $u_0 = 10$.

a. Calcule a regressão e comente os resultados.

b. Suponha, agora, que $u_0 = 17$. Repita este exercício 10 vezes e comente os resultados.

c. Mantenha as condições anteriores intactas, mas seja agora, $\rho = 0{,}3$ em em vez de $\rho = 0{,}9$. Compare os resultados com os obtidos em (*b*).

12.34. Utilizando os dados da Tabela 12.9, estime o modelo

$$Y_t = \beta_1 + \beta_2 X_t + u_t$$

em que $Y =$ estoques e $X =$ vendas, ambos medidos em bilhões de dólares.

a. Calcule a regressão anterior.

b. Verifique se os resíduos estimados apresentam autocorrelação positiva aplicando (*i*) o teste de Durbin-Watson e (*ii*) o teste de normalidade para grandes amostras da Equação (12.6.13).

c. Se ρ for positivo, aplique o teste Berenblutt-Webb para testar a hipótese de que $\rho = 1$.

TABELA 12.9 Estoque e vendas na indústria de transformação dos Estados Unidos, 1950-1991 (milhões de dólares)

Ano	Vendas*	Estoque†	Razão	Ano	Vendas*	Estoque†	Razão
1950	46.486	84.646	1,82	1971	224.619	369.374	1,57
1951	50.229	90.560	1,80	1972	236.698	391.212	1,63
1952	53.501	98.145	1,83	1973	242.686	405.073	1,65
1953	52.805	101.599	1,92	1974	239.847	390.950	1,65
1954	55.906	102.567	1,83	1975	250.394	382.510	1,54
1955	63.027	108.121	1,72	1976	242.002	378.762	1,57
1956	72.931	124.499	1,71	1977	251.708	379.706	1,50
1957	84.790	157.625	1,86	1978	269.843	399.970	1,44
1958	86.589	159.708	1,84	1979	289.973	424.843	1,44
1959	98.797	174.636	1,77	1980	299.766	430.518	1,43
1960	113.201	188.378	1,66	1981	319.558	443.622	1,37
1961	126.905	211.691	1,67	1982	324.984	449.083	1,38
1962	143.936	242.157	1,68	1983	335.991	463.563	1,35
1963	154.391	265.215	1,72	1984	350.715	481.633	1,35
1964	168.129	283.413	1,69	1985	330.875	428.108	1,38
1965	163.351	311.852	1,95	1986	326.227	423.082	1,29
1966	172.547	312.379	1,78	1987	334.616	408.226	1,24
1967	190.682	339.516	1,73	1988	359.081	439.821	1,18
1968	194.538	334.749	1,73	1989	394.615	479.106	1,17
1969	194.657	322.654	1,68	1990	411.663	509.902	1,21
1970	206.326	338.109	1,59				

* Os dados anuais são médias de dados mensais sem ajustamento sazonal.

† Os dados de fim de período com ajustamento sazonal a partir de 1982 não são comparáveis com os do período anterior.

Fonte: *Economic Report of the President*, 1993, Tabela B - 53, p. 408.

* THEIL, Henri. *Introduction to econometrics*. Englewood Cliffs, NJ.: Prentice Hall, 1978. p. 307-308.

d. Se desconfiar que a estrutura autorregressiva do erro é de ordem p, utilize o teste de Breusch-Godfrey para verificar isso. Como você escolheria a ordem de p?

e. Com base nos resultados desse teste, como transformaria os dados para eliminar autocorrelação? Mostre todos os cálculos.

f. Repita as etapas anteriores usando o seguinte modelo:

$$\ln Y_t = \beta_1 + \beta_2 \ln X_t + u_t$$

g. Como decidir entre as especificações linear e log-linear? Mostre explicitamente o(s) teste(s) aplicado(s).

12.35. A Tabela 12.10 apresenta dados relativos à taxa de retorno real sobre ações (TRRt), e à inflação no período t (Inf_t), bem como a taxa de crescimento da produção no período $(t + 1)$, (CP_{t+1}), todos em %, para a economia dos Estados Unidos no período de 1954-1981.

a. Estime a regressão de TRR_t contra a inflação.

b. Estime a regressão de TRR_t contra CP_{t+1} e Inf_t

c. Comente os resultados das duas regressões, tendo em vista a observação de Eugene Fama segundo quem "a correlação negativa simples entre os retornos reais sobre as ações e a inflação é espúria, porque resulta de duas relações estruturais: uma relação positiva entre os retornos reais atuais sobre a ações e o crescimento esperado da produção [medido por CP_{t+1}], e uma relação negativa entre o crescimento esperado e a inflação atual".

d. Seria de esperar autocorrelação em qualquer uma das regressões estimadas em (*a*) e (*b*)? Por quê? Se for constatada a autocorrelação, tome as medidas adequadas para eliminá-la e apresente os resultados revistos.

TABELA 12.10

Estados Unidos – Taxa de retorno, crescimento da produção e inflação, 1954-1981

Observação	TRR	Crescimento	Inflação
1954	53,0	6,7	−0,4
1955	31,2	2,1	0,4
1956	3,7	1,8	2,9
1957	−13,8	−0,4	3,0
1958	41,7	6,0	1,7
1959	10,5	2,1	1,5
1960	−1,3	2,6	1,8
1961	26,1	5,8	0,8
1962	−10,5	4,0	1,8
1963	21,2	5,3	1,6
1964	15,5	6,0	1,0
1965	10,2	6,0	2,3
1966	−13,3	2,7	3,2
1967	21,3	4,6	2,7
1968	6,8	2,8	4,3
1969	−13,5	−0,2	5,0
1970	−0,4	3,4	4,4
1971	10,5	5,7	3,8
1972	15,4	5,8	3,6
1973	−22,6	−0,6	7,9
1974	−37,3	−1,2	10,8
1975	31,2	5,4	6,0
1976	19,1	5,5	4,7
1977	−13,1	5,0	5,9
1978	−1,3	2,8	7,9
1979	8,6	−0,3	9,8
1980	−22,2	2,6	10,2
1981	−12,2	−1,9	7,3

12.36. *A estatística h de Durbin*. Considere o seguinte modelo de determinação salarial:

$$Y_t = \beta_1 + \beta_2 X_t + \beta_3 Y_{t-1} + u_t$$

em que Y = salários = índice de remuneração real por hora

X = produtividade = índice de produção por hora.

a. Utilizando os dados da Tabela 12.4, estime o modelo e interprete os resultados.

b. Uma vez que o modelo contém o regressando defasado como regressor, o teste d de Durbin-Watson não é adequado para detectar se existe correlação serial nos dados. Para tais modelos, chamados autorregressivos, Durbin formulou a chamada **estatística *h*** que visa detectar a autocorrelação de primeira ordem, definida como:*

$$h = \hat{\rho}\sqrt{\frac{n}{1 - n[\text{var}(\hat{\beta}_3)]}}$$

em que n = tamanho da amostra, var $(\hat{\beta}_3)$ = variância do coeficiente da variedade defasada Y_{t-1} defasado; $\hat{\rho}$ = estimativa da correlação serial de primeira ordem.

No caso de grandes amostras (em termos técnicos, assintóticas), Durbin demonstrou que, sob a hipótese nula de $\rho = 0$,

$$h \sim N(0, 1)$$

isto é, a estatística h segue a distribuição normal padrão. Com base nas propriedades de distribuição normal, sabemos que a probabilidade de $|h| > 1{,}96$ é cerca de 5%. Portanto, se em uma aplicação $|h| > 1{,}96$, podemos rejeitar a hipótese nula de que $\rho = 0$, isto é, existem evidências de autocorrelação de primeira ordem no modelo autorregressivo.

Para aplicar o teste, procedemos da seguinte forma: em *primeiro lugar*, estimamos o modelo referido por MQO (não se preocupe com qualquer problema de estimativa nesta fase). Em *segundo lugar*, note a var($\hat{\beta}_3$) neste modelo, bem como o d estatístico calculado habitualmente. *Terceiro*, usando o valor d, obtenha $\hat{\rho} \approx (1 - d/2)$. É interessante notar que, embora não possamos usar o valor d para testar a correlação serial nesse modelo, podemos utilizá-lo para obter uma estimativa de ρ. Em *quarto lugar*, calculamos a estatística h. Em *quinto lugar*, se o tamanho da amostra for razoavelmente grande e se o $|h|$ calculado for superior a 1,96, podemos concluir que há indícios de autocorrelação de primeira ordem. É claro que podemos usar o nível de significância que desejarmos.

Aplique o teste h ao modelo autorregressivo de determinação de salários dado anteriormente, tire conclusões adequadas e compare esses resultados com os da regressão (12.5.1).

12.37. *Variáveis dummy e autocorrelação*. Consulte a regressão de renda e poupança discutida no Capítulo 9. Usando os dados apresentados na Tabela 9.2 e supondo um processo AR(1), estime novamente a regressão renda-poupança, tendo em conta a autocorrelação. Preste especial atenção à transformação da variável binária. Compare seus resultados com os apresentados no Capítulo 9.

12.38. Usando os dados de salário-produtividade apresentados na Tabela 12.4, calcule o modelo (12.9.8) e compare seus resultados com os que figuram na regressão (12.9.9). Que conclusões podem ser tiradas?

* DURBIN, J. "Testing for serial correlation in least-squares regression when some of the regressors are lagged dependent variables." *Econometrica*, v. 38, p. 410-421.

Apêndice 12A

12A.1 Prova de que o erro no termo v_t na equação (12.1.11) está autocorrelacionado

Desde que $v_t = u_t - u_{t-1}$, é fácil mostrar que $E(v_t) = E(u_t - u_{t-1}) = E(u_t) - E(u_{t-1}) = 0$, desde que $E(u) = 0$, para cada t. Agora, a var $(v_t) =$ var $(u_t - u_{t-1}) =$ var $(u_t) + (u_{t-1}) = 2\sigma^2$, uma vez que a variância de cada u_t é σ^2 e os u são distribuídos independentemente. Daí, v_t é homocedástico. Mas

$$\begin{aligned}\operatorname{cov}(v_t, v_{t-1}) &= E(v_t v_{t-1}) = E[(u_t - u_{t-1})(u_{t-1} - u_{t-2})]\\ &= -\sigma^2\end{aligned}$$

que, obviamente, não é igual a zero. Assim, embora os u não estejam autocorrelacionados, os v estão.

12A.2 Prova das equações (12.2.3), (12.2.4) e (12.2.5)

Sob AR(1),

$$u_t = \rho u_{t-1} + \varepsilon_t \tag{1}$$

Portanto,

$$E(u_t) = \rho E(u_{t-1}) + E(\varepsilon_t) = 0 \tag{2}$$

Assim,

$$\operatorname{var}(u_t) = \rho^2 \operatorname{var}(u_{t-1}) + \operatorname{var}(\varepsilon_t) \tag{3}$$

porque os u e ε's não estão correlacionados.

Desde que a var $(u_t) =$ var $(u_{t-1}) = \sigma^2$ e var $(\varepsilon_t) = \sigma_\varepsilon^2$, obtemos

$$\operatorname{var}(u_t) = \frac{\sigma_\varepsilon^2}{1 - \rho^2} \tag{4}$$

Agora multiplicamos a Equação (1) por u_{t-1} e tomamos as expectativas de ambos os lados para obter:

$$\operatorname{cov}(u_t, u_{t-1}) = E(u_t u_{t-1}) = E\left[\rho u_{t-1}^2 + u_{t-1}\varepsilon_t\right] = \rho E\left(u_{t-1}^2\right)$$

Observando que a covariância entre u_{t-1} e ε_t é igual a zero (por quê?) e que var $(u_t) =$ var $(u_{t-1}) = \sigma_\varepsilon^2/(1 - \rho^2)$, obtemos

$$\operatorname{cov}(u_t, u_{t-1}) = \rho \frac{\sigma_\varepsilon^2}{(1 - \rho^2)} \tag{5}$$

Continuando desta forma,

$$\operatorname{cov}(u_t, u_{t-2}) = \rho^2 \frac{\sigma_\varepsilon^2}{(1 - \rho^2)}$$

$$\operatorname{cov}(u_t, u_{t-3}) = \rho^3 \frac{\sigma_\varepsilon^2}{(1 - \rho^2)}$$

e assim por diante. Agora, o coeficiente de correlação é a razão de covariância em relação à variância. Por isso,

$$\operatorname{cor}(u_t, u_{t-1}) = \rho \qquad \operatorname{cov}(u_t, u_{t-2}) = \rho^2$$

e assim por diante.

Capítulo 13

Modelagem econométrica: especificação de modelo e teste diagnóstico

Não se pode aplicar os conceitos de econometria de um modo mecânico; é preciso compreensão, intuição e habilidade.[1]

> [...] em geral, atravessamos pontes sem nos preocuparmos com a solidez de sua construção, porque temos confiança de que alguém verificou rigorosamente seus princípios de engenharia e prática. Os economistas devem fazer o mesmo com modelos ou fazer a advertência: "não nos responsabilizamos se o uso provocar um acidente".[2]

> Ao longo dos anos, a busca dos economistas pela "verdade" levou à ideia de que são pessoas que procuram um gato preto em uma sala escura (quando não há nenhum); e os econometristas costumam ser acusados de tê-lo encontrado [3]

Uma das hipóteses do modelo clássico de regressão linear (MCRL), a de número 9, é que o modelo de regressão usado na análise esteja especificado "corretamente": se o modelo não for especificado "corretamente", teremos o problema **de erro de especificação de modelo** ou **viés de especificação de modelo**. Neste capítulo examinaremos a fundo essa hipótese, porque procurar o modelo correto é como buscar o Santo Graal. Em particular, examinaremos as seguintes questões:

1. Como se faz para encontrar o modelo "correto"? Em outras palavras, quais os critérios de escolha de um modelo para análise aplicada?
2. Que tipos de erros de especificação provavelmente encontraremos na prática?
3. Quais as consequências dos erros de especificação?
4. Como são detectados os erros de especificação? Em outras palavras, quais as ferramentas de diagnóstico que podemos empregar?
5. Depois de detectar os erros de especificação, que medidas podem ser adotadas e quais os benefícios que elas proporcionam?
6. Como se avalia o desempenho de modelos alternativos?

A especificação e avaliação de modelos é um tópico vasto e têm sido realizados extensos trabalhos empíricos nesta área. Além disso, há diferenças filosóficas a respeito do assunto. Embora não

[1] CUTHBERTSON, Keith; HALL, Stephen G.; TAYLOR, Mark P. *Applied econometrics techniques*. Michigan University Press, 1992. p. 68.

[2] HENDRY, David F. *Dynamic econometrics*. Reino Unido: Oxford University Press, 1995. p. 68.

[3] KENNEDY, Peter. *A guide to econometrics*. 3. ed. Cambridge, Mass.: The MIT Press, 1992. p. 82.

possamos fazer plena justiça a esse tópico em apenas um capítulo, esperamos tratar de algumas questões fundamentais envolvidas na especificação e avaliação do modelo.

13.1 Critérios de seleção de modelos

De acordo com Hendry e Richard, um modelo escolhido para análise aplicada deve satisfazer os seguintes critérios:[4]

1. *Ser confirmado pelos dados*; as previsões feitas com base no modelo devem ser logicamente possíveis.
2. *Ser consistente com a teoria*; ele deve fazer sentido do ponto de vista econômico. Por exemplo, se a hipótese de renda permanente de Milton Friedman for válida, o valor do intercepto na regressão do consumo permanente contra a **renda permanente** deve ser igual a zero.
3. *Ter regressores fracamente exógenos*; as variáveis explanatórias, ou regressores, não devem ser correlacionadas com o termo de erro. Pode-se acrescentar que em algumas situações os regressores exógenos podem ser **estritamente exógenos**. Uma variável estritamente exógena é independente de valores correntes, futuros e passados do termo de erro.
4. *Exibir constância dos parâmetros*; os valores dos parâmetros devem ser estáveis. Caso contrário, será difícil fazer uma previsão. Como observa Friedman: "O único teste relevante da validade de uma hipótese [modelo] é a comparação de suas previsões com a experiência".[5] Na ausência de constância dos parâmetros, as previsões não serão confiáveis.
5. *Mostrar consistência de dados*; os resíduos estimados do modelo devem ser puramente aleatórios (tecnicamente, ruídos brancos). Em outras palavras, se o modelo de regressão for adequado, os resíduos desse modelo devem ser ruídos brancos. Se esse não for o caso, há algum erro de especificação no modelo. Logo iremos explorar a natureza dos erros de especificação.
6. *Ser abrangente*; o modelo deve abanger ou incluir todos os modelos concorrentes no sentido de que seja capaz de explicar seus resultados. Em resumo, os outros modelos não podem ser mais aprimorados que o modelo escolhido.

Uma coisa é relacionar os critérios de "bom" modelo e outra é desenvolvê-lo; na prática, é provável que se cometam vários erros de especificação de modelo, discutidos na próxima seção.

13.2 Tipos de erros de especificação

Suponha que, com base nos critérios relacionados, cheguemos a um modelo que aceitamos como satisfatório. Para darmos um exemplo concreto, seja este modelo

$$Y_i = \beta_1 + \beta_2 X_i + \beta_3 X_i^2 + \beta_4 X_i^3 + u_{1i} \tag{13.2.1}$$

em que Y = custo total de produção e X = produção. A Equação (13.2.1) é o exemplo conhecido de uma função cúbica de custo total.

Mas suponha que, por alguma razão (por exemplo, preguiça de fazer o diagrama de dispersão) um pesquisador decida usar o seguinte modelo:

$$Y_i = \alpha_1 + \alpha_2 X_i + \alpha_3 X_i^2 + u_{2i} \tag{13.2.2}$$

[4] HENDRY, D. F.; Richard, J. F. "The econometric analysis of economic time series." *International Statistical Review*, 1983. v. 51, p. 3–33.

[5] FRIEDMAN, Milton. "The methodology of positive economics." In: *Essays in positive economics*. Chicago: University of Chicago Press, 1953. p. 7.

Observe que mudamos a notação para distinguir esse modelo do verdadeiro.

Já que pressupomos que a Equação (13.2.1) seja verdadeira, adotar a Equação (13.2.2) constituiria um erro de especificação, e o erro consiste na **omissão de uma variável relevante** (X_i^3). Portanto, o termo de erro u_{2i} na Equação (13.2.2) é, de fato,

$$u_{2i} = u_{1i} + \beta_4 X_i^3 \tag{13.2.3}$$

Veremos em breve a importância dessa relação.

Agora suponha que outro pesquisador use o seguinte modelo:

$$Y_i = \lambda_1 + \lambda_2 X_i + \lambda_3 X_i^2 + \lambda_4 X_i^3 + \lambda_5 X_i^4 + u_{3i} \tag{13.2.4}$$

Se a Equação (13.2.1) for a "verdadeira", a Equação (13.2.4) também constituirá um erro de especificação, que consiste em **incluir uma variável desnecessária ou irrelevante**, no sentido de que o verdadeiro modelo pressupõe que λ_5 seja igual a zero. O novo termo de erro é, de fato,

$$\begin{aligned} u_{3i} &= u_{1i} - \lambda_5 X_i^4 \\ &= u_{1i} \quad \text{já que } \lambda_5 = 0 \text{ no modelo verdadeiro} \quad \text{(Por que?)} \end{aligned} \tag{13.2.5}$$

Agora suponha ainda que outro pesquisador postule o seguinte modelo:

$$\ln Y_i = \gamma_1 + \gamma_2 X_i + \gamma_3 X_i^2 + \gamma_4 X_i^3 + u_{4i} \tag{13.2.6}$$

Em relação ao modelo verdadeiro, a Equação (13.2.6) também constituiria viés de especificação, sendo este o uso da **forma funcional errada**: na Equação (13.2.1) Y aparece linearmente, enquanto na Equação (13.2.6) ele aparece de forma log-linear.

Por fim, considere o pesquisador que usa o seguinte modelo:

$$Y_i^* = \beta_1^* + \beta_2^* X_i^* + \beta_3^* X_i^{*2} + \beta_4^* X_i^{*3} + u_i^* \tag{13.2.7}$$

em que $Y_i^* = Y_i + \varepsilon_i$ e $X_i^* = X_i + w_i$, ε_i e w_i representam erros de medida. O que a Equação (13.2.7) diz é que, em vez de usarmos os verdadeiros Y_i e X_i estamos usando suas *proxies*, Y_i^* e X_i^*, que podem conter erros de medida. Portanto, na Equação (13.2.7), cometemos o **viés de erro de medida**. Em trabalhos aplicados, os dados são repletos de erros de aproximação ou erros de cobertura incompleta ou, apenas, de omissão de algumas observações. Nas ciências sociais, dependemos com frequência de dados secundários e em geral não temos como conhecer os tipos de erros, se houver, cometidos pelo órgão encarregado da coleta dos dados primários.

Outro tipo de erro de especificação relaciona-se à forma como o erro estocástico u_i (ou u_t) entra no modelo de regressão. Considere, por exemplo, o seguinte modelo de regressão bivariado sem o termo de intercepto:

$$Y_i = \beta X_i u_i \tag{13.2.8}$$

em que o termo de erro estocástico entra de forma multiplicativa com a propriedade de que u_i satisfaz as hipóteses do modelo clássico de regressão linear em comparação com o seguinte modelo:

$$Y_i = \alpha X_i + u_i \tag{13.2.9}$$

em que o termo de erro entra de forma aditiva. Embora as variáveis sejam as mesmas nos dois modelos, denotamos o coeficiente angular na Equação (13.2.8) por β e o coeficiente angular na Equação (13.2.9) por α. Agora se a equação (13.2.8) for o modelo "correto" ou "verdadeiro", estimar α nos daria uma estimativa não tendenciosa do verdadeiro β? Isto é $E(\hat{\alpha}) = \beta$? Se esse não for o caso, a especificação estocástica imprópria do termo de erro constituirá outra causa de erro de especificação.

Um erro de especificação que às vezes é desprezado é a **interação entre os regressores**, isto é, o **efeito multiplicativo de um ou mais regressores no regressando**. Para ilustrar, considere a seguinte função salário simplificada:

$$\ln W_i = \beta_1 + \beta_2 \text{ Educação}_i + \beta_3 \text{ Gênero}_i + \beta_4 \text{ (Educação}_i\text{) (Gênero}_i\text{)} + u_i \tag{13.2.10}$$

Nesse modelo, a mudança nos salários relativos com respeito à educação depende não só da educação, mas também do gênero ($\frac{\partial \ln W}{\partial \text{Educação}} = \beta_2 + \beta_4 \text{ Gênero}$). Da mesma forma, a mudança nos salários relativos com relação ao gênero depende não só deste, mas também da educação.

Para resumir, ao desenvolver um modelo aplicado, é provável que se cometa um ou mais dos seguintes erros de especificação:

1. Omissão de uma ou mais variáveis relevantes.
2. Inclusão de uma ou mais variáveis desnecessárias.
3. Adoção da forma funcional errada.
4. Erros de medida.
5. Especificação incorreta do termo de erro estocástico.
6. Pressuposição de que o termo de erro tem distribuição normal.

Antes de passar a examinar esses erros de especificação detalhadamente, convém distinguir entre erros de **especificação de modelo** e **erros de especificação equivocada de modelos**. Os quatro primeiros tipos de erro discutidos são de especificação do modelo por natureza, pois temos em mente um modelo "verdadeiro", mas de algum modo não estimamos o modelo correto. Nos erros de estimação equivocada, não sabemos qual é o verdadeiro modelo. Nesse contexto, podemos relembrar a controvérsia entre keynesianos e os monetaristas. Estes dão primazia à moeda para explicar variações no PIB, enquanto os keynesianos ressaltam o papel das despesas do governo para explicar essas variações. Eles poderiam ser considerados modelos concorrentes.

Consideraremos a seguir os modelos com erros de especificação e examinaremos os erros dos modelos mal especificados.

13.3 Consequências dos modelos com erros de especificação

Quaisquer que sejam as origens dos erros de especificação, quais são as consequências? Para não complicarmos a discussão, responderemos a essa pergunta no contexto do modelo de três variáveis e consideraremos nesta seção os dois primeiros tipos de erros de especificação discutidos anteriormente, a saber, (1) modelos sub-especificados, isto é, **omissão de variáveis relevantes** e (2) modelos sobre-específicos, isto é, **inclusão de variáveis irrelevantes**. Nossa discussão aqui pode ser facilmente generalizada para mais de dois regressores, mas com cálculos algébricos cansativos;[6] a álgebra matricial torna-se quase uma necessidade, quando vamos além de casos com três variáveis.

Omissão de uma variável relevante (subespecificação)

Suponha que o verdadeiro modelo seja:

$$Y_i = \beta_1 + \beta_2 X_{2i} + \beta_3 X_{3i} + u_i \tag{13.3.1}$$

mas por alguma razão ajustamos o seguinte modelo:

$$Y_i = \alpha_1 + \alpha_2 X_{2i} + v_i \tag{13.3.2}$$

[6] No entanto, vale consultar o Exercício 13.32.

As consequências de omitir a variável X_3 são as seguintes:

1. Se a variável não incluída ou omitida X_3 estiver correlacionada com a variável incluída X_2, isto é, r_{23}, o coeficiente de correlação entre as duas variáveis não será zero e $\hat{\alpha}_1$ e $\hat{\alpha}_2$ serão *tendenciosos e inconsistentes*. Isto é, $E(\hat{\alpha}_1) \neq \beta_1$ e $E(\hat{\alpha}_2) \neq \beta_2$, e o viés não desaparecerá quando o tamanho da amostra aumentar.
2. Mesmo que X_2 e X_3 não sejam correlacionados, $\hat{\alpha}_1$ é tendencioso, embora $\hat{\alpha}_2$ agora não seja tendencioso.
3. A variância do termo de erro σ^2 está estimada incorretamente.
4. A variância medida de modo convencional de $\hat{\alpha}_2$ ($= \sigma^2/\sum x_{2i}^2$) é um estimador tendencioso $\hat{\beta}_2$ da variância do verdadeiro estimador .
5. Em consequência, os procedimentos habituais para determinar os intervalos de confiança e o teste de hipóteses provavelmente conduzirão a conclusões equivocadas quanto à significância estatística dos parâmetros estimados.
6. Outra consequência é que as previsões baseadas no modelo incorreto e os intervalos de previsão (confiança) não serão confiáveis.

Embora a demonstração de cada um desses pontos vá muito além do escopo deste livro,[7] mostramos no Apêndice 13A, Seção 13A.1, que

$$E(\hat{\alpha}_2) = \beta_2 + \beta_3 b_{32} \tag{13.3.3}$$

em que b_{32} é o coeficiente angular na regressão da variável excluída X_3 contra a variável incluída X_2 ($b_{32} = \sum x_{3i}x_{2i}/\sum x_{2i}^2$). Como mostra a Equação (13.3.3), $\hat{\alpha}_2$ é tendencioso, a menos que β_3 ou b_{32} ou ambos sejam iguais a zero. Descartamos a possibilidade de β_3 ser zero, porque, antes de mais nada, nesse caso não temos erro de especificação. O coeficiente b_{32} será zero se X_2 e X_3 não forem correlacionados, o que é improvável na maioria dos dados econômicos.

Em geral, a extensão do viés dependerá do *termo de viés* $\beta_3 b_{32}$. Se, por exemplo, β_3 for positivo (X_3 tiver efeito positivo em Y) e b_{32} for positivo (X_2 e X_3 forem correlacionados positivamente), $\hat{\alpha}_2$, em média, irá superestimar o verdadeiro β_2 (viés positivo). Mas esse resultado não deveria surpreender, pois X_2 representa não só seu *efeito direto* sobre Y, mas também seu *efeito indireto* (via X_3) sobre Y. Em resumo, X_2 tem crédito pela influência que seria atribuída corretamente a X_3, sendo este impedido de mostrar seus efeitos explicitamente, porque não lhe foi "permitido" entrar no modelo. Como exemplo concreto, considere o discutido no Capítulo 7 (Exemplo 7.1).

EXEMPLO 13.1

Exemplo ilustrativo: retomando a mortalidade infantil

Fazendo a regressão da mortalidade infantil (MI) contra o PNB *per capita* (PNB*pc*) e a taxa de alfabetização feminina (TAF), obtivemos os resultados da Equação (7.6.2), dando os valores dos coeficientes parciais angulares das duas variáveis como −0,0056 e −2,2316, respectivamente. Mas, se agora excluirmos a variável TAF, obtemos os resultados mostrados na Equação (7.7.2). Se consideramos a Equação (7.6.2) como o modelo correto, então a Equação (7.7.2) será um modelo com especifiação equivocada, pois omite a variável relevante TAF. Agora você pode ver que no modelo correto o coeficiente da variável PNB*pc* era – 0,0056, enquanto no modelo "incorreto" (7.7.2) agora é −0,0114.

(Continua)

[7] Para um tratamento algébrico, veja KMENTA, Jan. *Elements of econometrics*. Nova York: Macmillan, 1971, p. 391–399. Aqueles que tiverem formação em álgebra matricial podem consultar JOHNSTON, J. *Econometrics methods*. 4. ed., Nova York: McGraw-Hill, 1997, p. 119–112.

EXEMPLO 13.1
(Continuação)

Em termos absolutos, agora o PNBpc tem um impacto maior na MI comparado ao modelo verdadeiro, mas, se efetuamos a regressão da TAF contra o PIB*pc* (regressão da variável contra a variável incluída), o coeficiente angular nessa regressão (b_{32} em termos da Equação (13.3.3)) será 0,00256.[8] Isso sugere que, quando o PIBpc aumenta em uma unidade, em média, a TAF sobe 0,00256 unidades. Mas, se a TAF subir nesse montante, seu efeito na MI será $(-2{,}2316)\ (0{,}00256) = \hat{\beta}_3 b_{32} = -0{,}00543$.

Portanto, da Equação (13.3.3) temos $(\hat{\beta}_2 + \hat{\beta}_3 b_{32}) = [-0{,}0056 + (-2{,}2316)(0{,}00256)] \approx -0.0111$, que é o valor do coeficiente do PNB*pc* obtido no modelo incorreto (7.7.2).[9] Como ilustra este exemplo, o verdadeiro impacto do PIBpc sobre a MI é muito menor (−0,0056) do que o sugerido pelo modelo incorreto (7.7.2), a saber, (−0,0114).

Agora, vamos examinar as variâncias de $\hat{\alpha}_2$ e $\hat{\beta}_2$

$$\operatorname{var}(\hat{\alpha}_2) = \frac{\sigma^2}{\sum x_{2i}^2} \tag{13.3.4}$$

$$\operatorname{var}(\hat{\beta}_2) = \frac{\sigma^2}{\sum x_{2i}^2\left(1 - r_{23}^2\right)} = \frac{\sigma^2}{\sum x_{2i}^2}\text{FIV} \tag{13.3.5}$$

em que FIV (uma medida da colinearidade) é o fator de inflação da variância $[\ = 1/(1 - r_{23}^2)]$ discutido no Capítulo 10 e r_{23} é o coeficiente de correlação entre as variáveis X_2 e X_3; conhecemos as Equações (13.3.4) e (13.3.5) dos Capítulos 3 e 7.

Como as fórmulas (13.3.4) e (13.3.5) não são idênticas, em geral a var $(\hat{\alpha}_2)$ será diferente da var $(\hat{\beta}_2)$. Mas sabemos que a var $(\hat{\beta}_2)$ é não tendenciosa. (Por quê?) Portanto, a var $(\hat{\alpha}_2)$ é tendenciosa, confirmando, desse modo, a afirmação feita no item 4 anterior. Uma vez que $0 < r_{23}^2 < 1$, poderia parecer que, neste caso, var $(\hat{\alpha}_2) <$ var $(\hat{\beta}_2)$. Agora enfrentamos um dilema: embora $\hat{\alpha}_2$ seja tendencioso, sua variância é menor que aquela do estimador não tendencioso $\hat{\beta}_2$ (é claro que estamos descartando o caso em que $r_{23} = 0$, já que na prática há correlação entre os regressores). Há um *trade-off* envolvido aqui.[10]

Porém, a história não terminou, pois o σ^2 estimado do modelo (13.3.2) e aquele estimado do modelo verdadeiro (13.3.1) não são os mesmos, uma vez que a soma dos quadrados dos resíduos (SQR) dos dois modelos e seus graus de liberdade (gl) são diferentes. Você pode recordar que obtemos uma estimativa de σ^2 como $\hat{\sigma}^2 =$ SQR/gl, que depende do número de regressores incluídos no modelo, bem como dos gl ($= n$, número de parâmetros estimados). Agora, se acrescentamos variáveis ao modelo, o SQR em geral diminui (lembre-se de que, à medida que mais variáveis forem acrescentadas ao modelo, o R^2 aumenta), mas os graus de liberdade diminuem porque são estimados mais parâmetros. A diminuição do SQR poderá ou não ser suficiente para compensar a perda dos graus de liberdade devido à adição dos regressores; o resultado líquido dependerá dessa diminuição. É bem possível que, se um regressor tiver um forte impacto sobre o regressando — por exemplo, ele pode reduzir o SQR mais do que a perda dos graus de liberdade como resultado de sua adição ao modelo —, a inclusão de tais variáveis não só reduzirá o viés, mas também aumentará a precisão (reduzirá os erros padrão) dos estimadores.

[8] Os resultados da regressão são:

$$\widehat{\text{TAF}} = 47{,}5971 + 0{,}00256\text{PNB}pc$$
$$\text{ep} = (3{,}5553) \quad (0{,}0011) \qquad r^2 = 0{,}0721$$

[9] Note que nos verdadeiros modelos de $\hat{\beta}_2$ e $\hat{\beta}_3$ estão as estimativas não tendenciosas de seus verdadeiros valores.

[10] Para contornar o *trade-off* entre viés e eficiência, poderíamos escolher minimizar o quadrado do erro médio (QEM), visto que ele responde tanto pelo viés quanto pela eficiência. Sobre o QEM, veja o apêndice estatístico (**Apêndice A**). Veja também o Exercício 13.6.

Por outro lado, se as variáveis relevantes tiverem um impacto apenas marginal sobre o regressando e se estiverem altamente correlacionadas (se o FIV for maior), poderemos reduzir o viés nos coeficientes das variáveis já incluídas no modelo, mas aumentar seus erros padrão (torná-los menos eficientes). De fato, o *trade-off* nesta situação entre viés e precisão pode ser substancial. Como podemos ver, o *trade-off* dependerá da importância relativa dos vários regressores.

Para concluirmos, vamos considerar o caso especial em que $r_{23} = 0$, isto é X_2 e X_3 não estão correlacionados. Isso resultará em b_{32} igual a zero (por quê?). Portanto, podemos ver, com base em (13.3.3), que agora $\hat{\alpha}_2$ é não tendencioso.[11] Além disso, parece, das Equações (13.3.4) e (13.3.5), que as variâncias de $\hat{\alpha}_2$ e $\hat{\beta}_2$ são iguais. Haverá problema em excluir a variável X_3 do modelo, embora teoricamente ela possa ser relevante? Em geral a resposta é não, pois, neste caso, como observado anteriormente, a var $(\hat{\alpha}_2)$ estimada da Equação (13.3.4) ainda será tendenciosa e, portanto, nossos procedimentos de teste de hipóteses provavelmente permanecerão pouco confiáveis.[12] Além disso, na maioria das pesquisas econômicas, X_2 e X_3 serão correlacionados, criando os problemas discutidos anteriormente. **Está claro que, uma vez que um modelo é formulado com base na teoria relevante, não é aconselhável excluir uma variável desse modelo.**

Inclusão de uma variável irrelevante (sobre-especificação)

Agora vamos supor que

$$Y_i = \beta_1 + \beta_2 X_{2i} + u_i \tag{13.3.6}$$

seja o modelo verdadeiro, mas que ajustamos o seguinte:

$$Y_i = \alpha_1 + \alpha_2 X_{2i} + \alpha_3 X_{3i} + v_i \tag{13.3.7}$$

e assim cometemos o erro de especificação de incluir uma variável desnecessária no modelo.

As consequências desse erro de especificação são:

1. Os estimadores de MQO dos parâmetros do modelo "incorreto" são todos não tendenciosos e consistentes, isto é $E(\alpha_1) = \beta_1$, $E(\hat{\alpha}_2) = \beta_2$ e $E(\hat{\alpha}_3) = \beta_3 = 0$.
2. A variância do erro σ^2 é estimada corretamente.
3. Os intervalos de confiança e os procedimentos de teste de hipóteses habituais permanecem válidos.
4. Entretanto, os α estimados em geral serão ineficientes; suas variâncias em geral serão maiores que aquelas dos $\hat{\beta}$ do modelo verdadeiro. As demonstrações de algumas dessas afirmativas podem ser encontradas no Apêndice 13A, Seção 13A.2. O que nos interessa aqui é a relativa ineficiência dos $\hat{\alpha}$, e isto pode ser mostrado facilmente.

Da fórmula habitual de MQO, sabemos que:

$$\text{var}(\hat{\beta}_2) = \frac{\sigma^2}{\sum x_{2i}^2} \tag{13.3.8}$$

$$\text{var}(\hat{\alpha}_2) = \frac{\sigma^2}{\sum x_{2i}^2\left(1 - r_{23}^2\right)} \tag{13.3.9}$$

Portanto,

---

[11] Note, no entanto, que $\hat{\alpha}_1$ ainda é tendencioso, o que pode ser visto intuitivamente como segue: sabemos que $\hat{\beta}_1 = \bar{Y} - \hat{\beta}_2\bar{X}_2 - \hat{\beta}_3\bar{X}_3$, enquanto $\hat{\alpha}_1 = \bar{Y} - \hat{\alpha}_2\bar{X}_2$, e mesmo que $\hat{\alpha}_1 = \hat{\beta}_2$, os dois estimadores do intercepto serão diferentes.

[12] Para maiores detalhes, veja DARNELL, Adrian C. A *dictionary of econometrics* Edward Elgar Publisher, 1994. p. 371–372.

$$\frac{\text{var}(\hat{\alpha}_2)}{\text{var}(\hat{\beta}_2)} = \frac{1}{1 - r_{23}^2} \quad \textbf{(13.3.10)}$$

Como $0 \leq r_{23}^2 \leq 1$, segue-se que a var $(\hat{\alpha}_2) \geq$ var $(\hat{\beta}_2)$; isto é, a variância de $\hat{\alpha}_2$ em geral é maior do que a variância de $\hat{\beta}_2$ embora, em média, $\hat{\alpha}_2 = \beta_2$ [i.e., $E(\hat{\alpha}_2) = \beta_2$].

Essa constatação implica que a inclusão da variável desnecessária X_3 torna a variância de $\hat{\alpha}_2$ maior do que o necessário, tornando $\hat{\alpha}_2$ menos preciso. Isso também vale para $\hat{\alpha}_1$.

Note a **assimetria** nos dois tipos de viés de especificação considerados. Se excluímos uma variável relevante, os coeficientes das variáveis mantidas no modelo em geral serão tendenciosos e inconsistentes, a variância do erro será estimada incorretamente, e os procedimentos usuais de teste de hipótese se tornarão inválidos. Por outro lado, a inclusão de uma variável irrelevante no modelo ainda nos dá estimativas não tendenciosas e consistentes dos coeficientes no modelo verdadeiro, a variância do erro é estimada corretamente e os métodos convencionais de teste de hipóteses continuam válidos; a única desvantagem que ocorre com a inclusão da variável supérflua é que as variâncias estimadas dos coeficientes aumentam e, como resultado, nossas inferências probabilísticas sobre os parâmetros são menos exatas. Uma conclusão indesejada aqui seria que é melhor incluir variáveis irrelevantes que omitir as relevantes, mas essa filosofia não deve ser adotada, porque a adição de variáveis desnecessárias levará à perda da eficiência dos estimadores e pode acarretar também o problema de multicolinearidade (por quê?), para não mencionar a perda de graus de liberdade. Portanto,

> Em geral, a melhor abordagem é incluir apenas variáveis explanatórias que, em termos teóricos, influenciam *diretamente* a variável dependente e que não são explicadas pelas outras variáveis incluídas.[13]

13.4 Testes dos erros de especificação

Saber as consequências dos erros de especificação é uma coisa, mas descobrir se esses erros foram cometidos é outra bem diferente, pois não nos dispomos deliberadamente a cometer esses erros. Com muita frequência os vieses de especificação surgem inadvertidamente, talvez devido à nossa incapacidade de formular o modelo com a máxima precisão possível, uma vez que a teoria subjacente é inconsistente ou porque não temos os dados adequados para testar o modelo. Como observa Davidson, "devido à natureza não experimental da economia, nunca temos certeza de como os dados observados foram gerados. O teste de qualquer hipótese em economia sempre depende de hipóteses adicionais necessárias para especificar um modelo razoavelmente parcimonioso, que pode ou não pode ser justificado".[14]

A questão prática então não é por que cometemos erros de especificação, pois em geral isso acontece, mas sim como detectá-los. Uma vez constatados erros de especificação, as formas de corrigi-los aparecem. Se, por exemplo, podemos mostrar que uma variável foi omitida inadequadamente de um modelo, a correção óbvia é incluí-la na análise, supondo, evidentemente, que os dados sobre a variável estejam disponíveis.

Nesta seção discutiremos alguns testes que podemos usar para detectar erros de especificação.

Detectando a presença de variáveis desnecessárias

Suponha que tenhamos desenvolvido um modelo com k variáveis para explicar um fenômeno:

$$Y_i = \beta_1 + \beta_2 X_{2i} + \cdots + \beta_k X_{ki} + u_i \quad \textbf{(13.4.1)}$$

[13] INTRILIGATOR, Michael D. *Econometric models, techniques and applications*, Englewood Cliffs, NJ: Prentice Hall, 1978, p. 189. Lembre-se do *Occam's razor principle*.

[14] DAVIDSON, James. *Econometric theory*. Oxford, Reino Unido: Blackwell Publishers,2000, p. 153.

Entretanto, não temos certeza de que a variável X_k realmente pertence ao modelo. Uma maneira simples de descobrir é testar a significância do β_k estimado com o teste t usual: $t = \hat{\beta}_k/\text{ep}\,(\hat{\beta}_k)$. Mas suponhamos que não estejamos certos de que, por exemplo, X_3 e X_4 pertencem legitimamente ao modelo. Podemos verificar facilmente aplicando o teste F discutido no Capítulo 8. Detectar a presença de uma variável (ou variáveis) irrelevante não é uma tarefa difícil.

No entanto, é muito importante lembrar que, ao realizarmos esses testes de significância temos um modelo específico em mente. Aceitamos que esse modelo representa a **hipótese mantida** ou a "verdadeira", por mais precária que possa ser. Dado esse modelo, podemos descobrir se um ou mais regressores são realmente relevantes aplicando os testes t e F habituais. Mas observe cuidadosamente que não deveríamos usar os testes t e F iterativamente para construir um modelo; não deveríamos dizer que inicialmente Y está relacionado com X_2 só porque $\hat{\beta}_2$ é estatisticamente significativo e então expandir o modelo para incluir X_3 e decidir manter essa variável no modelo se $\hat{\beta}_3$ for estatisticamente significativo e assim por diante. Essa estratégia de construção de um modelo é chamada de **abordagem de baixo para cima** (começa com um modelo menor, expandindo-o gradativamente), também referida de maneira pejorativa como *data mining* (garimpagem de dados). Outros nomes que ela recebe são ***regression fishing***, ***data grubbing***, ***data snooping*** e ***number crunching***.

O objetivo básico de *data mining* é desenvolver o "melhor" modelo após os diversos testes diagnósticos, de modo que o modelo escolhido no final seja um "bom" modelo, no sentido de que todos os coeficientes estimados tenham os sinais "corretos", sejam estatisticamente significativos com base nos testes t e F, apresentem um valor R^2 razoavelmente alto e um valor aceitável para o d de Durbin--Watson (em torno de 2) etc. Os puristas desprezam a prática de *data mining*. Nas palavras de William Pool, "[...] é sempre perigoso fazer da regularidade aplicada a base, em vez da implicação da teoria econômica".[15] Segue uma razão para "condenar" o *data mining*.

Nível de significância nominal versus *nível verdadeiro na presença de* data mining

Um dos perigos no *data mining* que o pesquisador desavisado enfrenta é que os níveis convencionais de significância (α) como 1, 5 ou 10% *não são os verdadeiros níveis de significância*. Lovell sugeriu que, se há c regressores candidatos dentre os quais k são finalmente selecionados ($k \leq c$) com base no *data mining*, o verdadeiro nível de significância (α^*) está relacionado ao nível nominal de significância (α) como se segue:[16]

$$\alpha^* = 1 - (1 - \alpha)^{c/k} \tag{13.4.2}$$

ou aproximadamente como

$$\alpha^* \approx (c/k)\alpha \tag{13.4.3}$$

Por exemplo, se $c = 15$, $k = 5$, e $\alpha = 5\%$, de acordo com a Equação (13.4.3) o verdadeiro nível de significância é $(15/5)(5) = 15\%$. Portanto, se um pesquisador usa a prática do *data mining* e seleciona 5 de 15 regressores e relata apenas os resultados do modelo condensado ao nível de significância nominal de 5% e declara que os resultados são estatisticamente significativos, deve-se considerar essa conclusão com certa cautela, pois sabemos que o verdadeiro nível de significância é, de fato, 15%. Deve-se notar que, se $c = k$, não há *data mining*; os níveis de significância verdadeiro e nominal são os mesmos. Evidentemente, na prática a maioria dos pesquisadores relata apenas os resultados de sua regressão "final" sem revelar necessariamente todo o *data mining*, ou o **pré-teste**, que foi feito.[17]

[15] POOL, William. "Is inflation too low?" *The Cato Journal*, v. 18, n. 3, p. 456, 1999.

[16] LOVELL, M. "Data mining." *Review of Economics and Statistics*, v. 65, p. 1-12, 1983.

[17] Para uma discussão detalhada de pré-teste e os viéses que este pode acarretar, veja WALLACE, T. D. "Pretest estimation in regression: a survey." *American Journal of Agricultural Economics*, v. 59, p. 431-443, 1977.

Apesar de suas desvantagens óbvias, há um reconhecimento crescente, principalmente entre os profissionais que trabalham com econometria aplicada, de que a abordagem purista (contrária ao *data mining*) à construção do modelo não é sustentável. Como observa Zaman:

> Infelizmente, a experiência com dados reais mostra que tal abordagem não é viável nem desejável. Não é viável, porque é uma teoria econômica rara, que leva a um modelo único. Não é desejável, porque um aspecto crucial da aprendizagem dos dados é entender que tipos de modelos são e não são apoiados por dados. Mesmo que, por rara sorte, os modelos iniciais mostrem-se adequados, com frequência é importante explorar e identificar que tipos de modelos adaptam-se ou não aos dados.[18]

Kerry Patterson expressa uma visão semelhante, sustentando que:

> Esta abordagem [*data mining*] sugere que a teoria econômica e a especificação aplicada [deveriam interagir] em vez de serem mantidas separadas.[19]

Em vez de examinarmos detidamente na controvérsia sobre a abordagem de *data mining versus* purista na construção do modelo, podemos endossar a visão expressa por Peter Kennedy:

> [Essa especificação de modelo] precisa ser uma combinação bem ponderada de teoria e dados, e esses procedimentos de teste usados na busca de especificação deveriam ser definidos para minimizar os custos de *data mining*. Exemplos de tais procedimentos são a separação de dados para testes de previsão fora da amostra, ajuste de níveis de significância [*a la* Lovell], e evitar critérios questionáveis como maximizar R^2.[20]

Se examinarmos o *data mining* em uma perspectiva mais ampla como um processo de descoberta de regularidades aplicadas que poderiam sugerir erros e/ou omissões em modelos teóricos (existentes), ele tem um papel muito útil a desempenhar. Citando Kennedy novamente, "a arte do econometrista aplicado consiste em levar em conta uma teoria voltada para os dados enquanto evita os perigos consideráveis no *data mining*".[21]

Testes para omissão de variáveis e forma funcional incorreta

Na prática nunca temos certeza de que o modelo adotado para teste aplicado é "a verdade, somente a verdade, nada mais que a verdade". Com base na teoria ou na introspecção e em trabalhos aplicados, desenvolvemos um modelo que acreditamos captar a essência do assunto estudado. Submetemos o modelo ao teste aplicado. Depois de obtermos os resultados, começamos a dissecação, tendo em mente os critérios de um bom modelo discutido anteriormente. É nessa etapa que sabemos se o modelo escolhido é adequado. Ao determinarmos a adequação do modelo, examinamos alguns aspectos amplos dos resultados, como o valor do $\bar{R}^2$, as razões t estimadas, os sinais dos coeficientes estimados em relação às expectativas anteriores, a estatística de Durbin-Watson e outros. Se esses diagnósticos forem razoáveis, afirmamos que o modelo escolhido é uma representação adequada da realidade. Seguindo o mesmo raciocínio, se os resultados não forem animadores, porque o valor de $\bar{R}^2$ é muito baixo ou porque muito poucos coeficientes são estatisticamente significativos ou têm os sinais corretos ou porque o d de Durbin-Watson é muito baixo, começamos a ficar preocupados com a adequação do modelo e procuramos formas de corrigi-lo: talvez tenhamos omitido uma variável importante, ou usamos a forma funcional errada ou ainda não calculamos a primeira diferença da série temporal (para remover a correlação serial) e assim por diante. Para auxiliar a determinar se a inadequação do modelo deve-se a esses problemas, podemos usar os métodos a seguir.

---

[18] ZAMAN, Asad. *Statistical foundations for econometric techniques*. Nova York: Academic Press, 1996. p. 226.

[19] PATTERSON, Kerry. *An introduction to applied econometrics*. Nova York: St. Martin's Press, 2000. p. 10.

[20] KENNEDY, Peter. "Sinning in the basement: what are the rules? The ten commandments of applied econometrics." Manuscrito não publicado.

[21] KENNEDY, op. cit., p. 13.

Exame de resíduos

Como se discutiu no Capítulo 12, o exame dos resíduos é um bom diagnóstico visual para detectar a autocorrelação ou a heterocedasticidade. Mas esses resíduos também podem ser examinados, principalmente, em dados de corte transversal para detectar erros de especificação de modelo, como a omissão de uma variável importante ou de uma forma funcional incorreta. Se de fato esses erros foram cometidos, um gráfico dos resíduos mostrará padrões distintos.

Para ilustrarmos, reconsideraremos a função cúbica de custo total vista no Capítulo 7. Suponha que a verdadeira função de custo total seja descrita como se segue, em que $Y =$ custo total e $X =$ produção:

$$Y_i = \beta_1 + \beta_2 X_i + \beta_3 X_i^2 + \beta_4 X_i^3 + u_i \tag{13.4.4}$$

mas um pesquisador ajuste a seguinte função quadrática:

$$Y_i = \alpha_1 + \alpha_2 X_i + \alpha_3 X_i^2 + u_{2i} \tag{13.4.5}$$

e outro pesquisador ajuste a seguinte função linear:

$$Y_i = \lambda_1 + \lambda_2 X_i + u_{3i} \tag{13.4.6}$$

Embora saibamos que os dois pesquisadores cometeram erros de especificação, para fins pedagógicos vejamos como os resíduos estimados aparecem nos três modelos. (Os dados de custo-produção estão na Tabela 7.4.) A Figura 13.1 mostra claramente que à medida que nos movemos da esquerda para a direita, nos aproximamos da verdade; não só os resíduos são menores (em valores absolutos), mas eles não exibem as oscilações cíclicas pronunciadas, associadas aos modelos mal ajustados.

Portanto, fica claro que vale examinar o gráfico dos resíduos: se houver erros de especificação, os resíduos exibirão padrões marcantes.

A estatística d de Durbin-Watson mais uma vez

Se examinarmos o d de Durbin-Watson calculado na Tabela 13.1, vemos que para a função linear de custo o d estimado é 0,716, sugerindo que há "correlação positiva nos resíduos estimados: para $n = 10$ e $k' = 1$, os valores críticos de d são $d_L = 0{,}879$ e $d_U = 1{,}320$. Da mesma forma, o valor de d calculado na função de custo quadrático é 1,038, enquanto os valores críticos a 5% são $d_L = 0{,}697$ e $d_U = 1{,}641$, indicando indecisão. Mas, se usamos o teste d modificado (veja Capítulo 12), pode-

FIGURA 13.1

Resíduos $\hat{u}_i$ de funções de custo total (*a*) linear, (*b*) quadrática e (*c*) cúbica.

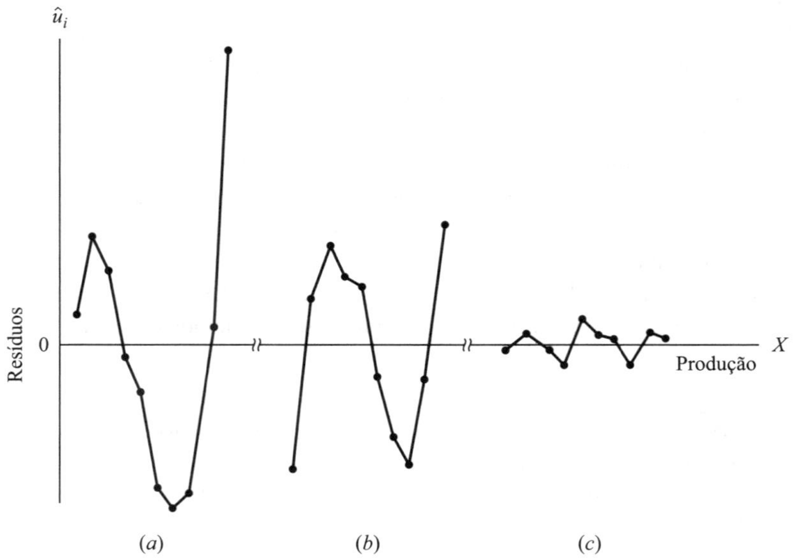

TABELA 13.1 Resíduos estimados das funções linear, quadrática e cúbica de custo total

Número da observação	$\hat{u}_i$, modelo linear*	$\hat{u}_i$, modelo quadrático†	$\hat{u}_i$, modelo cúbico**
1	6,600	−23,900	−0,222
2	19,667	9,500	1,607
3	13,733	18,817	−0,915
4	−2,200	13,050	−4,426
5	−9,133	11,200	4,435
6	−26,067	−5,733	1,032
7	−32,000	−16,750	0,726
8	−28,933	−23,850	−4,119
9	4,133	−6,033	1,859
10	54,200	23,700	0,022

$$\begin{array}{llllll} {}^{*}\hat{Y}_i = 166{,}467 \; + & 19{,}933X_i & & & R^2 = 0{,}8409 \\ \quad (19{,}021) & (3{,}066) & & & \bar{R}^2 = 0{,}8210 \\ \quad (8{,}752) & (6{,}502) & & & d = 0{,}716 \end{array}$$

$$\begin{array}{llllll} {}^{\dagger}\hat{Y}_i = 222{,}383 - & 8{,}0250X_i + & 2{,}542X_i^2 & & R^2 = 0{,}9284 \\ \quad (23{,}488) & (9{,}809) & (0{,}869) & & \bar{R}^2 = 0{,}9079 \\ \quad (9{,}468) & (-0{,}818) & (2{,}925) & & d = 1{,}038 \end{array}$$

$$\begin{array}{llllll} {}^{**}\hat{Y}_i = 141{,}767 \; + & 63{,}478X_i & 12{,}962X_i^2 + & 0{,}939X_i^3 & R^2 = 0{,}9983 \\ \quad (6{,}375) & (4{,}778) & (0{,}9856) & (0{,}0592) & \bar{R}^2 = 0{,}9975 \\ \quad (22{,}238) & (13{,}285) & (-13{,}151) & (15{,}861) & d = 2{,}70 \end{array}$$

mos dizer que há "correlação" positiva nos resíduos, pois o valor calculado de d é menor que d_U. Para a função cúbica de custo, a verdadeira especificação, o valor estimado de d, não indica qualquer "correlação" positiva nos resíduos.[22]

A "correlação" positiva observada nos resíduos quando ajustamos o modelo linear ou quadrático não é uma medida da correlação serial (de primeira ordem), mas de erro(s) de especificação (do modelo). A correlação observada reflete o simples fato de que uma ou mais variáveis que pertencem ao modelo estão incluídas no termo de erro e precisam ser retiradas e introduzidas como variáveis explanatórias: se excluirmos o X_i^3 da função de custo, como mostra a Equação (13.2.3), o termo de erro no modelo mal especificado (13.2.2) será, de fato, $(u_{1i} + \beta_4 X_i^3)$ e exibirá um padrão sistemático (por exemplo, uma correlação positiva) se X_i^3 afetar Y significativamente.

Para usarmos o teste de Durbin-Watson com o objetivo de detectar o(s) erro(s) de especificação de modelo, procederemos da seguinte forma:

1. Do modelo em questão, obtemos os resíduos de mínimos quadrados ordinários (MQO).
2. Se acreditamos que o modelo suposto esteja mal especificado uma vez que exclui uma variável explanatória relevante, por exemplo, Z do modelo, ordenamos os resíduos obtidos no Passo 1 de acordo com valores crescentes de Z. *Nota*: a variável Z poderia ser uma das variáveis X incluídas no modelo assumido, ou poderia ser uma função daquela variável, como X^2 ou X^3.
3. Calculamos a estatística d com base nos resíduos assim ordenados, pela fórmula usual d, a saber:

$$d = \frac{\sum_{t=2}^{n} (\hat{u}_t - \hat{u}_{t-1})^2}{\sum_{t=1}^{n} \hat{u}_t^2}$$

Nota: o subscrito t é o índice da observação e não significa necessariamente que os dados sejam relativos a uma série temporal.

[22] No contexto, um valor de $d = 2$ não significará erro de especificação. (Por quê?)

4. Das tabelas de Durbin-Watson, se o valor estimado de d for significativo, então poderemos aceitar a hipótese de má especificação do modelo. Se esse for o caso, as medidas corretivas ficarão claras.

Em nosso exemplo de custo, a variável $Z\ (=X)$ (produto) já foi ordenada.[23] Portanto, não temos de calcular a estatística d novamente. Como vimos, a estatística d para as funções de custo linear e quadrática sugere erros de especificação. As medidas corretivas estão claras: introduzimos os termos cúbico e quadrático na função de custo linear e o termo cúbico na função de custo quadrática. Em resumo, estimamos o modelo cúbico de custo.

O teste RESET de Ramsey

Ramsey propôs um teste geral para detectar erros de especificação chamado RESET (do inglês, *regression specification error test*).[24] Ilustraremos apenas sua versão mais simples. Para fixarmos as ideias, continuaremos com nosso exemplo de custo-produção e vamos supor que a função de custo seja linear na produção como

$$Y_i = \lambda_1 + \lambda_2 X_i + u_{3i} \tag{13.4.6}$$

em que Y = custo total e X = produção. Agora, se representarmos graficamente os resíduos $\hat{u}_i$ obtidos dessa regressão contra $\hat{Y}_i$, o Y_i estimado pelo modelo, obteremos o gráfico da Figura 13.2. Embora $\sum \hat{u}_i$ e $\sum \hat{u}_i \hat{Y}_i$ sejam necessariamente iguais a zero (por quê? Veja o Capítulo 3), a figura mostra um padrão de mudança da média dos resíduos com $\hat{Y}_i$. Isso sugere que, se introduzirmos $\hat{Y}_i$ na Equação (13.4.6), como regressor, ele deve aumentar o R^2; e, se o aumento de R^2 for estatisticamente significativo (com base no teste F discutido no Capítulo 8), esse sugerirá que a função de custo linear (13.4.6) foi mal especificada. Essa é a essência da ideia do RESET. As etapas na aplicação do RESET são:

1. Do modelo escolhido, isto é, a Equação (13.4.6), obtemos o Y_i estimado, $\hat{Y}_i$.
2. Recalculamos a Equação (13.4.6) introduzindo de algum modo $\hat{Y}_i$ como regressor(es) adicional(is). Da Figura 13.2, observamos que há uma relação curvilínea entre $\hat{u}_i$ e $\hat{Y}_i$, sugerindo que podemos introduzir $\hat{Y}_i^2$ e $\hat{Y}_i^3$ como regressores adicionais. Calculamos:

$$Y_i = \beta_1 + \beta_2 X_i + \beta_3 \hat{Y}_i^2 + \beta_4 \hat{Y}_i^3 + u_i \tag{13.4.7}$$

3. Seja o R^2 obtido da Equação (13.4.7) R^2_{novo} e aquele obtido da Equação (13.4.6) R^2_{velho}. Podemos usar o teste F introduzido na Equação (8.4.18), a saber,

$$F = \frac{\left(R^2_{\text{novo}} - R^2_{\text{velho}}\right)/\text{número de novos regressores}}{\left(1 - R^2_{\text{novo}}\right)/(n - \text{número de parâmetros no novo modelo})} \tag{8.4.18}$$

para verificar se o aumento em R^2 decorrente da utilização da Equação (13.4.7) é estatisticamente significativo.

4. Se o valor calculado de F for significativo, por exemplo, a 5%, podemos aceitar a hipótese de que a especificação do modelo (13.4.6) estava errada.

Voltando ao nosso exemplo, temos os seguintes resultados (erros padrão entre parênteses):

$$\begin{aligned} \hat{Y}_i &= 166{,}467 + 19{,}933 X_i \\ &\quad\ (19{,}021) \quad (3{,}066) \qquad R^2 = 0{,}8409 \end{aligned} \tag{13.4.8}$$

[23] Não importa se ordenamos à $\hat{u}_i$ de acordo com X_i^2 ou X_i^3, uma vez que são funções de x_i, que já é ordenada.

[24] RAMSEY, J. B. "Tests for specification errors in classical linear least squares regression analysis." *Journal of the Royal Statistical Society*, série B, v. 31, p. 350–371,1969.

FIGURA 13.2

Resíduos $\hat{u}_i$ e Y estimado da função linear de custo: $Y_i = \lambda_1 + \lambda_2 X_i + u_i$.

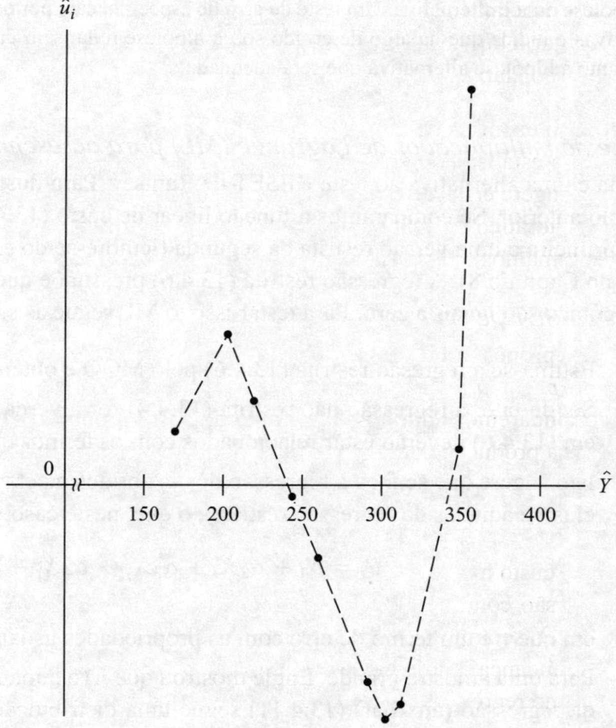

$$\hat{Y}_i = 2140{,}7223 + 476{,}6557X_i - 0{,}09187\hat{Y}_i^2 + 0{,}000119\hat{Y}_i^3$$
$$(132{,}0044) \quad (33{,}3951) \quad (0{,}00620) \quad (0{,}0000074) \qquad \textbf{(13.4.9)}$$
$$R^2 = 0{,}9983$$

Nota: $\hat{Y}_i^2$ e $\hat{Y}_i^3$ na Equação (13.4.9) são obtidos da Equação (13.4.8).

Agora, aplicando o teste F, encontramos

$$F = \frac{(0{,}9983 - 0{,}8409)/2}{(1 - 0{,}9983)/(10 - 4)} = 284{,}4035 \qquad \textbf{(13.4.10)}$$

O leitor pode verificar facilmente que o valor de F é altamente significativo, indicando que o modelo (13.4.8) está mal especificado. Evidentemente, chegamos à mesma conclusão com base no exame visual dos resíduos, bem como no valor d de Durbin-Watson. Deve-se acrescentar que, uma vez estimado $\hat{Y}_i$, esta é uma variável aleatória e, portanto, os testes habituais de significância aplicam-se, se a amostra for razoavelmente grande.

Uma vantagem do RESET é sua facilidade de aplicação, pois não exige que se especifique qual é o modelo alternativo. Mas essa também é uma desvantagem, porque saber que um modelo é mal especificado não nos ajuda necessariamente na escolha de uma alternativa melhor.

Como ressalta um autor:

> Na prática, o teste RESET pode não ser muito eficiente para detectar qualquer alternativa específica a um modelo proposto e sua utilidade reside em servir como indicador geral de que há algo de errado. Por essa razão, um teste como o RESET às vezes é descrito como um recurso para identificar uma falha na especificação, em oposição a um teste de especificação. Essa distinção é bastante sutil, mas a ideia básica é que um teste de especificação examina determinado aspecto de uma equação, tendo em mente a

hipótese nula e alternativa. Um teste de erro de especificação, por outro lado, pode detectar várias alternativas e indica que há algo de errado sob a hipótese nula, sem dar necessariamente clara orientação quanto à hipótese alternativa que será adequada.[25]

O teste do multiplicador de Lagrange (ML) para acréscimo de variáveis

Esta é uma alternativa ao teste RESET de Ramsey. Para ilustrar esse teste, continuaremos com o exemplo anterior. Se comparamos a função linear de custo (13.4.6) com a cúbica (13.4.4), veremos que a primeira é uma versão restrita da segunda (lembre-se do exame dos **mínimos quadrados restritos** no Capítulo 8). A regressão restrita (13.4.6) pressupõe que os coeficientes dos termos quadrático e cúbico são iguais a zero. Para testar isso, o ML segue as seguintes etapas:

1. Estima-se a regresão restrita (13.4.6) pelo MQO e obtêm-se os resíduos, $\hat{u}_i$.
2. Se, de fato, a regressão não restrita (13.4.4) for a verdadeira regressão, os resíduos obtidos em (13.4.6) deverão estar relacionados com os termos quadrático e cúbico, isto é, X_i^2 e X_i^3.
3. Isto sugere que se faça a regressão dos $\hat{u}_i$ obtidos na etapa 1 contra todos os regressores (inclusive aqueles da regressão restrita), o que, neste caso, daria:

$$\hat{u}_i = \alpha_1 + \alpha_2 X_i + \alpha_3 X_i^2 + \alpha_4 X_i^3 + v_i \qquad \textbf{(13.4.11)}$$

   em que v é um termo de erro com as propriedades usuais.

4. Para uma amostra grande, Engle mostrou que n (o tamanho da amostra) vezes o R^2 estimado da regressão (auxiliar) (13.4.11) segue uma distribuição qui-quadrado com um número de graus de liberdade igual às restrições impostas pela regressão restrita, que no exempo são duas, visto que os termos X_i^2 e X_i^3 foram tirados do modelo.[26] Simbolicamente, tem-se

$$nR^2 \underset{\text{ass}}{\sim} \chi^2_{(\text{números de restrições})} \qquad \textbf{(13.4.12)}$$

   em que asy significa assintoticamente, isto é, em grandes amostras.

5. Se o valor do qui-quadrado obtido na Equação (13.4.12) excede o valor crítico ao nível de significância escolhido, rejeita-se a regressão restrita. Caso contrário, ela não é rejeitada.

   Para o nosso exemplo, os resultados foram:

$$\hat{Y}_i = 166{,}467 + 19{,}333X_i \qquad \textbf{(13.4.13)}$$

   em que Y é o custo total e X é a produção. Os erros padrão dessa regressão já foram dados na Tabela 13.1.

   Quando fazemos uma regressão dos resíduos da Equação (13.4.13), como sugerido na Etapa 3, obtemos os seguintes resultados:

$$\begin{aligned}\widehat{\hat{u}_i} &= -\ 24{,}7 \quad + 43{,}5443X_i - 12{,}9615X_i^2 + 0{,}9396X_i^3 \\ \text{ep} &= \quad (6{,}375) \quad (4{,}779) \qquad (0{,}986) \qquad (0{,}059) \\ & \qquad\qquad\qquad\qquad\qquad\qquad R^2 = 0{,}9896\end{aligned} \qquad \textbf{(13.4.14)}$$

Embora o tamanho de nossa amostra de 10 observações não seja grande, só para ilustrar o mecanismo ML, obtemos $nR^2 = (10)(0{,}9896) = 9{,}896$. Da tabela do qui-quadrado observamos que para 2 graus de liberdade o valor crítico do qui-quadrado a 1% é cerca de 9,21. Portanto, o valor observado

[25] STEWART, Jon; GILL, Len. *Econometrics*. 2. ed., Europa: Prentice-Hall, 1998. p. 69.

[26] ENGLE, R. F. "A general approach to Lagrangian multiplier model diagnostics." *Journal of Econometrics*, 1982. v. 20, p. 83–104.

de 9,896 é significativo ao nível de 1% e nossa conclusão seria rejeitar a regressão restrita (a função linear de custo). Chegamos a uma conclusão parecida com base no teste RESET de Ramsey.

13.5 Erros de medida

Supusemos implicitamente que a variável dependente Y e as variáveis explanatórias, os X, são medidas sem erro. Logo, na regressão de despesas de consumo sobre renda e riqueza das famílias, pressupomos que os dados relativos a essas variáveis sejam "exatos"; não são estimativas (conjeturas) extrapoladas, interpoladas ou arredondadas de modo sistemático, como até a casa das centenas de dólares e assim por diante. Infelizmente, esse ideal não é alcançado na prática por diversas razões, como erros por falta de respostas, erros de transcrição e de cálculo. Quaisquer que sejam as razões, o erro de medição pode ser um problema complicado, pois constitui outro exemplo de viés de especificação cujas consequências são mencionadas a seguir.

Erros de medida da variável dependente *Y*

Considere o seguinte modelo:

$$Y_i^* = \alpha + \beta X_i + u_i \tag{13.5.1}$$

em que $Y_i^* =$ despesas permanentes de consumo[27]

$X_i =$ renda corrente

$u_i =$ termo de erro estocástico

Como não podemos medir Y_i^* diretamente, podemos usar uma variável de despesas observável Y_i tal que

$$Y_i = Y_i^* + \varepsilon_i \tag{13.5.2}$$

em que ε_i denota erros de medida em Y_i^*. Portanto, em vez de calcularmos a Equação (13.5.1), estimamos

$$\begin{aligned} Y_i &= (\alpha + \beta X_i + u_i) + \varepsilon_i \\ &= \alpha + \beta X_i + (u_i + \varepsilon_i) \\ &= \alpha + \beta X_i + v_i \end{aligned} \tag{13.5.3}$$

em que $v_i = u_i + \varepsilon_i$ é um termo composto de erro, contendo o termo de erro da população (que pode ser chamado de *termo de erro da equação*) e o termo de erro de medida.

Suponha simplesmente que $E(u_i) = E(\varepsilon_i) = 0$, cov $(X_i, u_i) = 0$ (que é uma hipótese da regressão linear clássica) e cov $(X_i, \varepsilon_i) = 0$; isto é, os erros de medida em Y_i^* não estão correlacionados com X_i, e cov $(X_i, \varepsilon_i) = 0$; isto é, o erro da equação e o erro de medida não estão correlacionados. Com essas hipóteses, podemos ver que o β estimado da Equação (13.5.1) ou da Equação (13.5.3) será um estimador não tendencioso do verdadeiro β (veja o Exercício 13.7); os erros de medida da variável dependente Y não destroem a propriedade de ausência de viés dos estimadores de MQO. No entanto, as variâncias e os erros padrão de β calculados por meio das Equações (13.5.1) e (13.5.3) serão diferentes, porque, ao empregarmos as fórmulas habituais (veja o Capítulo 3), obteremos

$$\text{Modelo (13.5.1):} \quad \text{var}(\hat{\beta}) = \frac{\sigma_u^2}{\sum x_i^2} \tag{13.5.4}$$

[27] Esta frase deve-se a Milton Friedman. Veja também o Exercício 13.8.

$$\text{Modelo (13.5.3):} \quad \text{var}(\hat{\beta}) = \frac{\sigma_v^2}{\sum x_i^2} = \frac{\sigma_u^2 + \sigma_\varepsilon^2}{\sum x_i^2} \tag{13.5.5}$$

Obviamente, a segunda variância é maior que a primeira.[28] Embora **os erros de medida na variável dependente ainda deem estimativas não tendenciosas dos parâmetros e suas variâncias, as variâncias estimadas agora são maiores que no caso em que não há tais erros de medida.**

Erros de medida na variável explanatória *X*

Agora suponha que, no lugar da Equação (13.5.1), tenhamos o seguinte modelo:

$$Y_i = \alpha + \beta X_i^* + u_i \tag{13.5.6}$$

em que Y_i = despesas atuais de consumo
X_i^* = renda permanente
u_i = termo de erro (da equação)

Suponha que, em vez de observarmos X_i^*, observamos

$$X_i = X_i^* + w_i \tag{13.5.7}$$

em que w_i representa erros de medida em X_i^*. Portanto, em vez de calcularmos a Equação (13.5.6), estimamos

$$\begin{aligned} Y_i &= \alpha + \beta(X_i - w_i) + u_i \\ &= \alpha + \beta X_i + (u_i - \beta w_i) \\ &= \alpha + \beta X_i + z_i \end{aligned} \tag{13.5.8}$$

em que $z_i = u_i - \beta w_i$, um composto de erros da equação e de medida.

Agora, mesmo que suponhamos que w_i tenha média zero, seja serialmente independente e não esteja correlacionado a u_i, não podemos mais supor que o termo de erro z_i seja independente da variável explanatória X_i, porque (supondo $E[z_i] = 0$)

$$\begin{aligned} \text{cov}(z_i, X_i) &= E[z_i - E(z_i)][X_i - E(X_i)] \\ &= E(u_i - \beta w_i)(w_i) \qquad \text{usando (13.5.7)} \\ &= E(-\beta w_i^2) \\ &= -\beta\sigma_w^2 \end{aligned} \tag{13.5.9}$$

Assim, a variável explanatória e o termo de erro na Equação (13.5.8) estão correlacionados, o que viola a hipótese crucial do modelo clássico de regressão linear de que a variável explanatória não está correlacionada com o termo de erro estocástico. Se essa hipótese não for respeitada, pode-se mostrar que os estimadores de MQO *não só são tendenciosos, mas também inconsistentes; eles continuam tendenciosos mesmo que o tamanho da amostra n aumente indefinidamente.*[29]

[28] Mas note que essa variância ainda é não tendenciosa, porque sob as condições estabelecidas o termo de erro composto $v_i = u_i + \varepsilon_i$ satisfaz as hipóteses básicas do método de mínimos quadrados.

[29] Como mostra o **Apêndice A**, $\hat{\beta}$ é um estimador consistente de β se, quando n aumenta indefinidamente, a distribuição amostral de $\hat{\beta}$ acaba convergindo para o verdadeiro β. Tecnicamente, isso é representado por $\text{plim}_{n\to\infty}\hat{\beta} = \beta$. Como notado no **Apêndice A**, a consistência é uma propriedade em grande escala e usada com frequência para estudar um estimador quando suas propriedades finitas, ou de amostras pequenas (não tendenciosidade) não puderem ser determinadas.

No caso do modelo (13.5.8), demonstra-se na Seção 13A do Apêndice 13A que

$$\text{plim}\,\hat{\beta} = \beta\left[\frac{1}{1+\sigma_w^2/\sigma_{X^*}^2}\right] \quad \textbf{(13.5.10)}$$

em que σ_w^2 e $\sigma_{X^*}^2$ são as variâncias de w_i e X^*, respectivamente, e *plim* $\hat{\beta}$ indica o limite da probabilidade de $\hat{\beta}$.

Como esperamos que o termo entre parênteses seja menor que 1 (por quê?), a Equação (13.5.10) mostra que, mesmo que o tamanho da amostra aumente indefinidamente, $\hat{\beta}$ não convergirá para β. De fato, se consideramos β positivo, $\hat{\beta}$ subestimará β, isto é, é viesado em torno de zero. Evidentemente, se não houver erros de medida em X (por exemplo, $\sigma_w^2 = 0$), $\hat{\beta}$ fornecerá um estimador consistente de β.

Os erros de medição impõem um sério problema quando estão presentes nas variáveis explanatórias, porque tornam impossível a estimação de parâmetros consistentes. Evidentemente, como vimos, se eles estiverem apenas na variável dependente, os estimadores permanecerão não tendenciosos e, portanto, consistentes. Se houver erros de medida na(s) variável(is) explanatória(s), qual será a solução? Não é fácil responder. No extremo, podemos supor que, se σ_w^2 for pequeno comparado a $\sigma_{X^*}^2$, para todos os fins práticos podemos "ignorar" o problema e proceder à estimação usual com MQO. Obviamente, a questão aqui é que não podemos observar ou medir σ_w^2 e $\sigma_{X^*}^2$ e não há como avaliar suas magnitudes relativas.

Outra correção sugerida é o uso de **variáveis instrumentais** ou ***proxy*** que, embora estejam altamente correlacionadas com as variáveis originais X, não estão correlacionadas com os termos de erro da equação e de medida (u_i e w_i). Se for possível encontrar essas variáveis *proxy*, obteremos uma estimativa consistente de β. Mas é muito mais fácil falar do que fazer isso. Na prática não é fácil encontrar boas *proxies*; com frequência estamos em situação de reclamar do mau tempo sem sermos capazes de fazer muito para mudá-lo. Além disso, não é fácil verificar se a variável instrumental selecionada é, de fato, independente dos termos de erro u_i e w_i.

Na literatura específica há outras sugestões para resolver o problema.[30] Mas a maioria delas é específica a determinada situação e baseia-se em hipóteses restritivas. Não há resposta satisfatória ao problema de erros de medida. É por isso que é tão importante medir os dados com a máxima exatidão possível.

EXEMPLO 13.2

Concluímos esta seção com um exemplo elaborado para destacar os aspectos abordados. A Tabela 13.2 apresenta dados hipotéticos sobre as verdadeiras despesas de consumo Y^*, a verdadeira renda X^*, o consumo medido Y e a renda medida X. A tabela também explica como essas variáveis foram medidas[31].

Erros de medida apenas na variável dependente *Y*. Com base nos dados apresentados, a verdadeira função de consumo é

$$\begin{aligned}\hat{Y}_i^* &= 25{,}00 \quad + \quad 0{,}6000X_i^* \\ &\quad (10{,}477) \quad (0{,}0584) \\ t &= \ (2{,}3861) \quad (10{,}276) \\ &\qquad\qquad R^2 = 0{,}9296\end{aligned} \quad \textbf{(13.5.11)}$$

(Continua)

[30] Veja FOMBY, Thomas B.; HILL, R. Carter; JOHNSON, Stanley R. *Advanced econometric methods*. Nova York: Springer-Verlag, 1984. p. 273–277. Veja também KENNEDY, op. cit., p. 138–140, para uma discussão de regressão ponderada e também de variáveis instrumentais. Veja ainda: MADDALA, G. S. *Introduction to econometrics*. 3. ed. Nova York: John Wiley & Sons, 2001, p. 437–462; e PARIS, Quirino. "Robust estimators of errors-in-ariables models: part I." Working Paper N. 04–007, 200, Department of Agricultural and Resource Economics, University of California at Davis, ago. 2004.

[31] Estou débito com Kenneth J. White pela construção deste exemplo. Veja seu *Computer Handbook Using SHAZAM*, para ser utilizado com Damodar Gujarati, *Basic Econometrics*, September 1985, pp. 11-121.

TABELA 13.2

Dados hipotéticos de Y^* (verdadeiras despesas de consumo), de X^* (verdadeira renda), de Y (consumo medido) e de X (renda medida); todos os dados em dólar

Y^*	X^*	Y	X	ε	w	u
75,4666	80,00	67,6011	80,0940	−7,8655	0,0940	2,4666
74,9801	100,00	75,4438	91,5721	0,4636	−8,4279	−10,0199
102,8242	120,00	109,6956	112,1406	6,8714	2,1406	5,8242
125,7651	140,00	129,4159	145,5969	3,6509	5,5969	16,7651
106,5035	160,00	104,2388	168,5579	−2,2647	8,5579	−14,4965
131,4318	180,00	125,8319	171,4793	−5,5999	−8,5207	−1,5682
149,3693	200,00	153,9926	203,5366	4,6233	3,5366	4,3693
143,8628	220,00	152,9208	222,8533	9,0579	2,8533	−13,1372
177,5218	240,00	176,3344	232,9879	−1,1874	−7,0120	8,5218
182,2748	260,00	174,5252	261,1813	−7,7496	1,1813	1,2748

Nota: pressupomos que os dados relativos X^* sejam apresentados. Ao derivarmos as outras variáveis, foram feitos os seguintes pressupostos: (1) $E(u_i) = E(\varepsilon_i) = E(w_i) = 0$; (2) $\text{cov}(X, u) = \text{cov}(X, \varepsilon) = \text{cov}(u, \varepsilon) = \text{cov}(w, u) = \text{cov}(\varepsilon, w) = 0$; (3) $\sigma_u^2 = 100$, $\sigma_\varepsilon^2 = 36$, e $\sigma_w^2 = 36$; e (4) $Y_i^* = 25 + 0{,}6X_i^* + u_i$, $Y_i = Y_i^* + \varepsilon_i$ e $X_i = X_i^* + w_i$.

enquanto, se usamos Y_i em lugar de Y_i^*, obtemos

$$\begin{aligned} \hat{Y}_i &= 25{,}00 \quad + \; 0{,}6000X_i^* \\ &\quad (12{,}218) \quad (0{,}0681) \\ t &= \; (2{,}0461) \quad (8{,}8118) \\ & R^2 = 0{,}9066 \end{aligned} \tag{13.5.12}$$

Como mostram esses resultados, e de acordo com a teoria, os coeficientes estimados continuam os mesmos. O único efeito dos erros de medida na variável dependente é que os erros padrão estimados dos coeficientes tendem a ser maiores (veja a Equação (13.5.5), o que a Equação (13.5.12) mostra claramente. A propósito, note que os coeficientes de regressão nas Equações (13.5.11) e (13.5.12) são os mesmos, porque a amostra foi gerada para ajustar-se às hipóteses do modelo de erros de medida.

Erros de medida em ***X***. Sabemos que a verdadeira regressão é a Equação (13.5.11). Suponha agora que, em vez de usarmos X_i^*, usamos X_i. (*Nota:* na realidade X_i^* raramente é observável.) Os resultados da regressão são:

$$\begin{aligned} \hat{Y}_i^* &= 25{,}992 \quad + \; 0{,}5942X_i \\ &\quad (11{,}0810) \quad (0{,}0617) \\ t &= \; (2{,}3457) \quad (9{,}6270) \\ & R^2 = 0{,}9205 \end{aligned} \tag{13.5.13}$$

Esses resultados estão de acordo com a teoria — quando há erros de medição na(s) variável(is) explanatória(s), os coeficientes estimados são tendenciosos. Felizmente, neste exemplo o viés é bem pequeno — da Equação (13.5.10) é evidente que o viés depende de $\sigma_w^2/\sigma_{X^*}^2$ e ao gerar os dados considerou-se que $\sigma_w^2 = 36$ e $\sigma_{X^*}^2 = 3667$, o que tornou o fator de viés bastante pequeno, cerca de 0,98% (= 36/3667).

Cabe ao leitor verificar o que acontece quando há erros de medição tanto em Y quanto em X, isto é, se fizermos a regressão de Y_i contra X_i em vez de Y_i^* contra X_i^* (veja o Exercício 13.23).

13.6 Especificação incorreta do termo de erro estocástico

Um problema comum que um pesquisador enfrenta é a especificação do termo de erro u_i que entra no modelo de regressão. Uma vez que o termo de erro não é diretamente observável, não há maneira de determinar com facilidade a forma como ele entra no modelo. Para tanto, vamos retornar aos modelos apresentados nas Equações (13.2.8) e (13.2.9).

Para tornar a exposição mais simples, consideramos que não há intercepto no modelo. Supomos, ainda, que u_i na Equação (13.2.8) é tal que u_i satisfaz as hipóteses usuais dos MQO.

Se considerarmos que a Equação (13.2.8) é o modelo "correto", mas estimarmos a Equação (13.2.9), quais serão as consequências? Na Seção 13A.4 do Apêndice 13.A, demonstramos que, se $\ln u_i \sim N(0, \sigma^2)$, então:

$$u_i \sim \text{log normal}\left[e^{\sigma^2/2},\ e^{\sigma^2}(e^{\sigma^2} - 1)\right] \tag{13.6.1}$$

Como resultado,

$$E(\hat{\alpha}) = \beta e^{\sigma^2/2} \tag{13.6.2}$$

em que e é a base do logaritmo natural.

Como se vê, $\hat{\alpha}$ é um estimador tendencioso, pois seu valor médio não é igual ao verdadeiro β. Teremos mais a dizer sobre a especificação do termo de erro estocástico no capítulo sobre modelos de regressão não lineares nos parâmetros.

13.7 Modelos aninhados (*nested*) *versus* não aninhados (*non-nested*)

Ao efetuarmos os testes de especificação, convém distinguir entre modelos **aninhados** (*nested*) e **não aninhados** (*non-nested*). Para tanto, considere os modelos a seguir:

$$\text{Modelo A:} \quad Y_i = \beta_1 + \beta_2 X_{2i} + \beta_3 X_{3i} + \beta_4 X_{4i} + \beta_5 X_{5i} + u_i$$

$$\text{Modelo B:} \quad Y_i = \beta_1 + \beta_2 X_{2i} + \beta_3 X_{3i} + u_i$$

Dizemos que o Modelo B está aninhado no Modelo A, porque é um caso especial do Modelo A: se estimarmos o Modelo A e testarmos a hipótese de que $\beta_4 = \beta_5 = 0$ e não a rejeitarmos com base, por exemplo, no teste F,[32] o Modelo A se reduzirá ao Modelo B. Se acrescentarmos a variável X_4 ao Modelo B, o Modelo A será reduzido ao Modelo B se β_5 for zero; aqui usaremos o teste t para verificar a hipótese de que o coeficiente de X_5 é zero.

Embora não tivéssemos dado essa denominação, os testes de erro de especificação que discutimos no Capítulo 8 são, essencialmente, testes de hipóteses aninhadas.

Agora considere os modelos a seguir:

$$\text{Modelo C:} \quad Y_i = \alpha_1 + \alpha_2 X_{2i} + \alpha_3 X_{3i} + u_i$$

$$\text{Modelo D:} \quad Y_i = \beta_1 + \beta_2 Z_{2i} + \beta_3 Z_{3i} + v_i$$

em que os X e os Z são variáveis diferentes. Esses modelos são denominados **não aninhados**, porque não podemos definir um deles como um caso especial do outro. Dizemos que os Modelos C e D não são aninhados, porque um não pode derivar como um caso especial do outro. Em economia, como em outras ciências, mais de uma teoria pode concorrer para a explicação de um fenômeno. Os monetaristas

[32] Em termos gerais, pode-se usar o teste de razão probabilística, ou o teste de Wald ou o teste do multiplicador de Lagrange, que discutimos brevemente no Capítulo 8.

dão destaque à moeda como explicação das variações no PNB, enquanto os keynesianos atribuem-nas aos gastos do governo.

Pode-se ressaltar aqui que é possível que os Modelos C e D contenham regressores em comum. Por exemplo, X_3 poderia ser incluído no Modelo D e Z_2 poderia ser incluído no Modelo C. Mesmo assim, esses são modelos não aninhados, porque o C não contém Z_3 e o D não contém X_2.

Ainda que as mesmas variáveis entrem no modelo, a forma funcional pode tornar os dois modelos não aninhados. Por exemplo, considere o modelo:

$$\text{Modelo E:} \quad Y_i = \beta_1 + \beta_2 \ln Z_{2i} + \beta_3 \ln Z_{3i} + w_i$$

Os Modelos D e E não são aninhados, pois um não pode derivar como caso especial do outro.

Como já examinamos os testes para os modelos aninhados (os testes t e F), na seção a seguir discutiremos alguns dos testes de modelos não aninhados, que antes chamamos de erros de especificação do modelo.

13.8 Testes de hipóteses não aninhados (*non-nested*)

De acordo com Harvey,[33] há duas formas de testar as hipóteses não aninhadas: (1) a **abordagem discriminatória**, na qual dados dois ou mais modelos concorrentes, escolhe-se um modelo com base em alguns critérios de qualidade do ajustamento e (2) a **abordagem discernente** (terminologia nossa) em que, ao investigarmos um modelo, levamos em conta informações fornecidas por outros modelos. Consideraremos essas abordagens rapidamente.

A abordagem discriminatória

Vamos considerar os Modelos C e D da Seção 13.7. Uma vez que ambos envolvem a mesma variável dependente, podemos escolher entre dois (ou mais) modelos com base no critério da qualidade do ajustamento, como o R^2 ou o R^2 ajustado, que já discutimos. Mas lembre-se de que, ao compararmos dois ou mais modelos, o regressando deve ser o mesmo. Além desses critérios, há outros que também são usados. Incluem o critério de **informação de Akaike** (**CIA**, do inglês AIC – *Akaike's information criterion*), o de **Schwarz** (**CIS**, do inglês SIC – *Schwarz's information criterion* ou BIC – *Bayesian information criterion*) e o **critério C_p de Mallow**, que serão examinados na Seção 13.9. A maioria dos programas estatísticos modernos já traz embutidos em suas rotinas de regressão um ou mais desses critérios. Na última seção deste capítulo, ilustraremos os critérios usando um exemplo extenso. Com base em um ou mais deles, poderemos selecionar um modelo que apresente o $\bar{R}^2$ mais alto ou o menor valor de CIA ou de CIS etc.

A abordagem discernente

O teste F não aninhado ou o teste F abrangente

Considere os Modelos C e D introduzidos na Seção 13.7. Como escolhemos entre os dois modelos? Com essa finalidade, estimemos o seguinte modelo aninhado ou *híbrido*:

$$\text{Modelo F:} \quad Y_i = \lambda_1 + \lambda_2 X_{2i} + \lambda_3 X_{3i} + \lambda_4 Z_{2i} + \lambda_5 Z_{3i} + u_i$$

Observe que o Modelo F aninha ou abrange os Modelos C e D, mas o Modelo C não está aninhado em D, e D não está aninhado em C, de modo que eles são modelos não aninhados. Agora, se o Modelo C estiver correto, $\lambda_4 = \lambda_5 = 0$, enquanto, se o Modelo D for correto, teremos $\lambda_2 = \lambda_3 = 0$. Esse teste pode ser feito por meio do teste usual F, daí o nome teste F não aninhado.

No entanto, esse procedimento de teste apresenta problemas. Primeiro, se os X e os Z estiverem altamente correlacionados, como observado no capítulo sobre multicolinearidade, é bem provável

---

[33] HARVEY, Andrew. *The econometric analysis of time series*. 2. ed. Cambridge, Mass.: The MIT Press, 1990. cap. 5.

que um ou mais dos λ sejam pouco significativos individualmente, do ponto de vista estatístico, embora, com base no teste F, seja possível rejeitar a hipótese de que todos os coeficientes angulares são simultaneamente iguais a zero. Nesse caso, não temos como decidir se o modelo correto é C ou D. Em *segundo lugar*, há outro problema. Suponha que escolhemos o Modelo C como *a hipótese ou modelo de referência*, e constatamos que todos os seus coeficientes são significativos. Agora acrescentamos Z_2 ou Z_3 ou ambos ao modelo e verificamos, usando o teste F, que sua contribuição marginal à soma dos quadrados explicados pela regressão (SQE) é estatisticamente insignificante. Portanto, decidimos escolher o Modelo C.

Mas imagine que tivéssemos escolhido o Modelo D como referência e descobrimos que todos os seus coeficientes eram estatisticamente significativos. Quando acrescentamos X_2 ou X_3 ou ambos a esse modelo, verificamos, novamente usando o teste F, que sua contribuição incremental à SQE é insignificante. Portanto, teríamos escolhido o Modelo C como o correto. Daí, "a escolha da hipótese de referência poderá determinar o resultado da escolha do modelo",[34] principalmente se houver grande multicolinearidade nos regressores concorrentes. *Por fim*, o Modelo F aninhado artificialmente pode não ter grande significado econômico.

EXEMPLO 13.3

Um exemplo ilustrativo: o modelo de St. Louis

Para determinar se as variações no PNB nominal podem ser explicadas pelas variações na oferta de moeda (monetarismo) ou por alterações nos gastos do governo (keynesianismo), consideraremos os modelos:

$$\begin{aligned}\dot{Y}_t &= \alpha + \beta_0 \dot{M}_t + \beta_1 \dot{M}_{t-1} + \beta_2 \dot{M}_{t-2} + \beta_3 \dot{M}_{t-3} + \beta_4 \dot{M}_{t-4} + u_{1t} \\ &= \alpha + \sum_{i=0}^{4} \beta_i \dot{M}_{t-i} + u_{1t}\end{aligned} \qquad (13.8.1)$$

$$\begin{aligned}\dot{Y}_t &= \gamma + \lambda_0 \dot{E}_t + \lambda_1 \dot{E}_{t-1} + \lambda_2 \dot{E}_{t-2} + \lambda_3 \dot{E}_{t-3} + \lambda_4 \dot{E}_{t-4} + u_{2t} \\ &= \gamma + \sum_{i=0}^{4} \lambda_i \dot{E}_{t-i} + u_{2t}\end{aligned} \qquad (13.8.2)$$

em que $\dot{Y}_t$ = taxa de crescimento do PNB nominal no período t

$\dot{M}_t$ = taxa de crescimento da oferta de moeda (versão M_1) no período t

$\dot{E}_t$ = taxa de crescimento dos gastos do governo em termos de pleno emprego no período t

Note que as Equações (13.8.1) e (13.8.2) são exemplos de modelos com defasagens distribuídas, assunto que será discutido profundamente no Capítulo 17. Por enquanto, observe que o efeito de uma unidade de variação na oferta de moeda ou nos gastos do governo sobre o PNB distribui-se em um período de tempo e não é instantâneo.

Uma vez que pode ser difícil decidir, *a priori*, entre os dois modelos concorrentes, combinaremos os dois modelos como mostrado a seguir:

$$\dot{Y}_t = \text{constante} + \sum_{i=0}^{4} \beta_i \dot{M}_{t-i} + \sum_{i=0}^{4} \lambda_i \dot{E}_{t-i} + u_{3t} \qquad (13.8.3)$$

Esse modelo aninhado é uma das formas como o famoso modelo de St. Louis (Federal Reserv Bank de St. Louis), um banco que segue a escola monetarista, foi estimado. Os resultados desse modelo para o período que vai do primeiro trimestre de 1953 até o quarto trimestre de 1976, para os Estados Unidos, são os seguintes (razões t entre parênteses):[35]

(*Continua*)

[34] FOMBY, Thomas B.; HILL, R. Carter; JOHNSON, Stanley R. *Advanced econometric methods.* Nova York: Springer Verlag, 1984. p. 416.

[35] Veja CARLSON, Keith M. "Does the St. Louis equation now believe in fiscal policy?" *Review, Federal Reserve Bank of St. Louis*, fev. 1978. v. 60, n. 2, p. 17, tabela IV.

EXEMPLO 13.3
(Continuação)

Coeficiente	Estimativa		Coeficiente	Estimativa	
β_0	0,40	(2,96)	λ_0	0,08	(2,26)
β_1	0,41	(5,26)	λ_1	0,06	(2,52)
β_2	0,25	(2,14)	λ_2	0,00	(0,02)
β_3	0,06	(0,71)	λ_3	−0,06	(−2,20)
β_4	−0,05	(−0,37)	λ_4	−0,07	(−1,83)
$\sum_{i=0}^{4}\beta_i$	1,06	(5,59)	$\sum_{i=0}^{4}\lambda_i$	0,03	(0,40)

(13.8.4)

$R^2 = 0{,}40$
$d = 1{,}78$

O que esses resultados sugerem sobre a superioridade de um modelo sobre o outro? Se considerarmos o efeito cumulativo de uma unidade de variação em $\dot{M}$ e $\dot{E}$ sobre $\dot{Y}$, obtemos, respectivamente, $\sum_{i=0}^{4}\beta_i = 1{,}06$ e $\sum_{i=0}^{4}\lambda_i = 0{,}03$, sendo que o primeiro é estatisticamente significativo e o segundo não. Essa comparação tenderia a apoiar a afirmação monetarista de que são as variações na oferta de moeda que determinam as variações no PNB (nominal). O leitor poderá fazer uma avaliação crítica dessa afirmação como exercício.

Teste J de Davidson-MacKinnon[36]

Devido aos problemas citados no procedimento de teste *F* não aninhado, têm sido sugeridas algumas alternativas. Uma delas é o **teste *J* de Davidson-Mackinnon**. Para ilustrar o teste, suponha que desejamos comparar a hipótese ou Modelo C com a hipótese ou Modelo D. O **teste *J*** é feito como segue:

1. Estimamos o Modelo D e dele obtemos os valores *Y* estimados, $\hat{Y}_i^D$
2. Acrescentamos o valor previsto na Etapa 1 como um regressor adicional ao Modelo C e estimamos o seguinte modelo:

$$Y_i = \alpha_1 + \alpha_2 X_{2i} + \alpha_3 X_{3i} + \alpha_4 \hat{Y}_i^D + u_i \tag{13.8.5}$$

   em que os valores de $\hat{Y}_i^D$ são obtidos da Etapa 1. Este modelo é um exemplo do **princípio abrangente**, como no método de Hendry.
3. Usando o teste *t*, teste a hipótese de que $\alpha_4 = 0$.
4. Se a hipótese de que $\alpha_4 = 0$ não for rejeitada, poderemos aceitar (isto é, não rejeitar) o Modelo C como sendo o verdadeiro modelo, porque o $\hat{Y}_i^D$ incluído na Equação (13.8.5), que representa a influência das variáveis não incluídas no Modelo C, não tem poder explanativo além daquele já fornecido pelo Modelo C. Em outras palavras, o Modelo C abrange o Modelo D no sentido de que este último não contém nenhuma informação adicional que possa aprimorar o desempenho do Modelo C. Da mesma forma, se a hipótese nula for rejeitada, o Modelo C não poderá ser o modelo verdadeiro (por quê?)
5. Agora, revertemos os papéis das hipóteses, ou os Modelos C e D. Estimamos C, usamos os valores de *Y* estimados por esse modelo como o regressor na Equação (13.8.5), repetimos a Etapa 4 e decidimos se aceitamos o Modelo D em vez do C. Mais especificamente, estimamos o seguinte modelo:

$$Y_i = \beta_1 + \beta_2 Z_{2i} + \beta_3 Z_{3i} + \beta_4 \hat{Y}_i^C + u_i \tag{13.8.6}$$

[36] DAVIDSON, R.; J. G. MACKINNON, R. "Several tests for model specification in the presence of alternative hypotheses." *Econometrica*, 1981. v. 49, p. 781–793.

em que $\hat{Y}_i^C$ são os valores estimados do Modelo C. Agora testamos a hipótese de que $\beta_4 = 0$. Se essa hipótese não for rejeitada, escolhemos o Modelo D em vez de C. Se a hipótese de que $\beta_4 = 0$ for rejeitada, escolhemos C em vez de D, já que o Modelo D não aprimora o desempenho de C.

Embora intuitivamente isso seja atraente, o teste *J* tem alguns problemas. Uma vez que os testes dados em (13.8.5) e (13.8.6) são realizados de modo independente, temos os seguintes resultados prováveis:

	Hipótese: $\alpha_4 = 0$	
Hipótese: $\beta_4 = 0$	**Não rejeitar**	**Rejeitar**
Não rejeitar	Aceitar tanto C quanto D	Aceitar D, rejeitar C
Rejeitar	Aceitar C, rejeitar D	Rejeitar tanto C quanto D

Como mostra a tabela, não conseguiremos obter uma resposta clara se o procedimento do teste *J* levar à aceitação ou rejeição de ambos os modelos. No caso de ambos os modelos serem rejeitados, nenhum deles nos ajudará a explicar o comportamento de *Y*. Da mesma forma, se ambos os modelos forem aceitos, como observa Kmenta, "os dados aparentemente não são ricos o suficiente para discriminar entre as duas hipóteses [modelos]".[37]

Outro problema com o teste *J* é que, quando usamos a estatística *t* para verificar a significância da variável *Y* estimada pelos modelos (13.8.5) e (13.8.6), a estatística *t* tem a distribuição normal padrão apenas assintoticamente, isto é, em grandes amostras. Portanto, o teste *J* pode não ser muito poderoso (no sentido estatístico) em pequenas amostras, pois tende a rejeitar a hipótese ou o modelo verdadeiro mais frequentemente do que deveria.

EXEMPLO 13.4

Despesas de consumo pessoal e renda pessoal disponível

Para ilustrar o teste *J*, considere os dados na Tabela 13.3, que apresenta dados sobre as despesas de consumo pessoal *per capita* (DCPC) e a renda pessoal disponível *per capita* (RPPC), ambas medidas em dólares (2009); para os Estados Unidos, no período de 1970-2005. Considere os seguintes modelos rivais:

$$\text{Modelo A:} \quad \text{DCPC}_T = \alpha_1 + \alpha_2\text{RPPC}_T + \alpha_3\text{RPPC}_{T-1} + U_T \qquad \textbf{(13.8.7)}$$

$$\text{Modelo B:} \quad \text{DCPC}_T = \beta_1 + \beta_2\text{RPPC}_T + \beta_3\text{DCPC}_{T-1} + U_T \qquad \textbf{(13.8.8)}$$

O Modelo A estabelece que DCPC depende de RPPC nos períodos atual e anterior, sendo um exemplo do que denominamos **modelo de defasagens distribuídas** (veja o Capítulo 17). O Modelo B postula que DCPC depende de RPPC no período atual e de DCPC no período anterior, o que o faz representar o que conhecemos como **modelo autorregressivo** (veja o Capítulo 17). Uma razão para a inclusão do valor defasado de DCPC é que o modelo visa refletir a inércia ou persistência dos hábitos.

Os resultados das estimativas separadas desses modelos foram:

$$\begin{aligned}\text{Modelo A:} \quad \widehat{\text{DCPC}}_t &= -\ 606{,}6347 + 0{,}6170\ \text{RPPC}_t + 0{,}3530\ \text{RPPC}_{t-1} \\ t &= (-3{,}8334) \quad (2{,}5706) \qquad (1{,}4377) \\ &\qquad R^2 = 0{,}9983 \qquad d = 0{,}2161\end{aligned} \qquad \textbf{(13.8.9)}$$

$$\begin{aligned}\text{Modelo B:} \quad \widehat{\text{DCPC}}_t &= 76{,}8947 + 0{,}2074\ \text{RPPC}_t + 0{,}8104\ \text{DCPC}_{t-1} \\ t &= (0{,}7256) \quad (2{,}6734) \qquad (9{,}7343) \\ &\qquad R^2 = 0{,}9996 \qquad d = 0{,}9732\end{aligned} \qquad \textbf{(13.8.10)}$$

(*Continua*)

[37] KMENTA, Jan. op. cit., p. 597.

EXEMPLO 13.4
(*Continuação*)

TABELA 13.3
Despesas de consumo pessoal *per capita* (DCPC) e renda pessoal disponível *per capita* (RPPC), EUA, 1970–2005

Fonte: *Economic Report of the President*, 2007.

Ano	DCPC	RPPC	Ano	DCPC	RPPC
1970	3.162	3.587	1988	13.685	15.297
1971	3.379	3.860	1989	14.546	16.257
1972	3.671	4.140	1990	15.349	17.131
1973	4.022	4.616	1991	15.722	17.609
1974	4.364	5.010	1992	16.485	18.494
1975	4.789	5.498	1993	17.204	18.872
1976	5.282	5.972	1994	18.004	19.555
1977	5.804	6.517	1995	18.665	20.287
1978	6.417	7.224	1996	19.490	21.091
1979	7.073	7.967	1997	20.323	21.940
1980	7.716	8.822	1998	21.291	23.161
1981	8.439	9.765	1999	22.491	23.968
1982	8.945	10.426	2000	23.862	25.472
1983	9.775	11.131	2001	24.722	26.235
1984	10.589	12.319	2002	25.501	27.164
1985	11.406	13.037	2003	26.463	28.039
1986	12.048	13.649	2004	27.937	29.536
1987	12.766	14.241	2005	29.468	30.458

Se tivéssemos de escolher entre esses dois modelos com base na abordagem discriminatória, usando o critério R^2 mais elevado, provavelmente escolheríamos o Modelo B (13.8.10), ambas as variáveis estatisticamente significativas, enquanto no Modelo A (13.8.9) somente a RPPC atual é estatisticamente significativa (mas pode haver problema de colinearidade). Para fins de previsão, não há muita diferença entre os dois valores R^2 estimados.

Para aplicar o teste *J*, suponha que o Modelo A seja a hipótese nula, ou o modelo mantido, e o Modelo B seja a hipótese alternativa. Seguindo as etapas do teste *J* discutidas, usamos os valores DCPC estimados do modelo (13.8.10) como um regressor adicional no Modelo A. O resultado dessa regressão é o seguinte:

$$\widehat{DCPC}_t = -35{,}17 + 0{,}2762\,RPPC_t - 0{,}5141\,RPPC_{t-1} + 1{,}2351\,\widehat{DCPC}_t^B$$
$$t = \quad (-0{,}43) \quad (2{,}60) \quad (-4{,}05) \quad (12{,}06) \qquad \textbf{(13.8.11)}$$
$$R^2 = 1{,}00 \quad d = 1{,}5205$$

em que $\widehat{DCPC}_t^B$ do lado direito da Equação (13.8.11) representa os valores estimados DCPC com base no Modelo B original (13.8.10). Uma vez que o coeficiente dessa variável é estatisticamente significativo com um *t* estatístico de 12,06, após o procedimento do teste *J* temos de rejeitar o Modelo A em favor do Modelo B.

Agora suponhamos que o Modelo B seja a hipótese mantida e o A seja a alternativa. Seguindo exatamente o mesmo procedimento, obtemos os seguintes resultados:

$$\widehat{DCPC}_t = -823{,}7 + 1{,}4309\,RPPC_t + 1{,}0009\,DCPC_{t-1} - 1{,}4563\,\widehat{DCPC}_t^A$$
$$t = \quad (-3{,}45) \quad (4{,}64) \quad (12{,}06) \quad (-4{,}05)$$
$$R^2 = 1{,}00 \quad d = 1{,}5205 \qquad \textbf{(13.8.12)}$$

(*Continua*)

EXEMPLO 13.4
(*Continuação*)

em que $\widehat{DCPC}_t^A$ no lado direito da Equação (13.8.12) representa os valores estimados do Modelo A original (13.8.9). Nessa regressão, o coeficiente de $\widehat{DCPC}_t^A$ também é estatisticamente significativo com um t estatístico de −4,05. Isso sugere que agora deveríamos rejeitar o Modelo B em favor do A.

Tudo isso nos diz que nenhum modelo é extremamente útil para explicar o comportamento da despesa de consumo pessoal *per capita* nos Estados Unidos durante o período 1970-2005. Evidentemente, consideramos apenas dois modelos concorrentes; na realidade, pode haver mais de dois. O procedimento do teste *J* pode ser estendido para múltiplas comparações do modelo, embora a análise possa tornar-se complexa rapidamente.

Este exemplo mostra de maneira clara por que o modelo clássico de regressão linear pressupõe que o modelo de regressão usado na análise seja corretamente especificado. Ao desenvolver um modelo é crucial prestar atenção ao fenômeno que está sendo modelado.

Outros testes para a seleção de modelos

O teste *J* que discutimos é apenas um de um grupo de testes para seleção de modelo. Há o **teste Cox**, o **teste JA** e o **teste P,** o **teste abrangente de Mizon-Richard** e variantes desses. Evidentemente, não podemos discutir esses testes especializados, mas o leitor poderá consultar as referências citadas nas várias notas de rodapé.[38]

13.9 Critérios para seleção de modelos

Nesta seção discutiremos vários critérios para escolher entre modelos concorrentes e/ou comparar modelos para fins de previsão. Aqui vamos dintinguir entre a previsão dentro e fora da amostra. A primeira diz basicamente como o **modelo escolhido** ajusta-se aos dados de determinada **amostra**. A previsão fora da amostra procura determinar como um modelo ajustado prevê os valores futuros do regressando, dados os valores dos regressores.

Vários critérios são usados para esse fim. Discutiremos especialmente estes critérios: (1) R^2, (2) R^2 ajustado ($= \bar{R}^2$), (3) critério de informação de Akaike (CIA), (4) critério de informação de Schwarz (CIS), (5) critério C_p de Mallows e (6) previsão χ^2 (qui-quadrado). Todos visam minimizar a soma dos quadrados dos resíduos (SQR) (ou aumentar o valor de R^2). Entretanto, com exceção do primeiro, os critérios (2), (3), (4) e (5) impõem um ônus por incluir um número cada vez maior de regressores. Assim, há um *trade-off* entre a qualidade do ajuste do modelo e sua complexidade (julgada pelo número de regressores).

O critério R^2

Sabemos que uma das medidas da qualidade do ajustamento de um modelo de regressão é R^2, definido como:

$$R^2 = \frac{\text{SQE}}{\text{SQT}} = 1 - \frac{\text{SQR}}{\text{SQT}} \tag{13.9.1}$$

R^2 situa-se necessariamente entre 0 e 1. Quanto mais próximo de 1, melhor o ajustamento. Mas o R^2 apresenta problemas. *Primeiro*, ele mede a qualidade do ajustamento *dentro da amostra*, no sentido da proximidade entre os valores estimados de *Y* e seu valor observado na amostra dada. Não há garantia de que faça uma boa previsão das observações *fora da amostra*. Um *segundo* problema é que, na comparação de dois ou mais R^2, a variável dependente, ou regressando, deve ser a mesma. *Terceiro*, e o mais importante, um R^2 não pode cair quando mais variáveis são acrescentadas ao modelo. Portanto, sempre existe a tentação de "maximizar o R^2", acrescentando mais variáveis ao modelo. Adicionar mais variáveis ao modelo pode aumentar R^2, mas também pode aumentar a variância do erro de previsão.

[38] Veja também BALTAGI, Badi H. *Econometrics*. Nova York: Springer, 1998. p. 209–222.

R^2 ajustado

Como medida corretiva para compensar o efeito de adição de regressores que aumentam o valor de R^2, Henry Theil desenvolveu o R^2 ajustado, denotado por $\bar{R}^2$, que estudamos no Capítulo 7. Lembre-se de que

$$\bar{R}^2 = 1 - \frac{\text{SQR}/(n-k)}{\text{SQT}/(n-1)} = 1 - (1 - R^2)\frac{n-1}{n-k} \tag{13.9.2}$$

Como podemos ver dessa fórmula, $\bar{R}^2 \leq R^2$ mostra como o R^2 ajustado corrige o acréscimo de regressores. Como notamos no Capítulo 8, ao contrário do R^2, o R^2 ajustado aumentará apenas se o valor *t* absoluto da variável adicionada for maior que 1. Portanto, para fins de comparação, $\bar{R}^2$ é uma medida melhor que R^2. Mas novamente, lembre-se de que o regressando deve ser o mesmo para que a comparação seja válida.

Critério de informação de Akaike (CIA)

A ideia de impor uma medida corretiva pelo acréscimo de regressores ao modelo foi levada adiante no critério CIA, definido como:

$$\text{CIA} = e^{2k/n}\frac{\sum \hat{u}_i^2}{n} = e^{2k/n}\frac{\text{SQR}}{\text{n}} \tag{13.9.3}$$

em que k é o número de regressores (incluindo o intercepto) e n é o número de observações. Por conveniência matemática, a Equação (13.9.3) é escrita como

$$\ln \text{CIA} = \left(\frac{2k}{n}\right) + \ln\left(\frac{\text{SQR}}{n}\right) \tag{13.9.4}$$

em que ln CIA = logaritmo natural de CIA e $2k/n$ = fator de correção. Alguns textos e programas definem CIA apenas em termos de sua transformação logarítmica, de modo que não há necessidade de colocar ln antes de CIA. Como se vê na fórmula, o critério de informação de Akaike impõe uma medida corretiva mais dura que $\bar{R}^2$ pelo acréscimo de regressores. Ao compararmos dois ou mais modelos, o modelo com o valor mais baixo de CIA é preferido. Uma vantagem do CIA é que é útil não só dentro da amostra, mas também fora dela, prevendo o desempenho de um modelo de regressão. Também, é útil tanto para modelos aninhados quanto não aninhados. Ele também tem sido usado para determinar a extensão da defasagem em um modelo AR(*p*).

Critério de informação de Schwarz (CIS)

Semelhante ao CIA, o critério CIS é definido como:

$$\text{CIS} = n^{k/n}\frac{\sum \hat{u}^2}{n} = n^{k/n}\frac{\text{SQR}}{n} \tag{13.9.5}$$

ou na forma logarítmica:

$$\ln \text{CIS} = \frac{k}{n}\ln n + \ln\left(\frac{\text{SQR}}{n}\right) \tag{13.9.6}$$

em que $[(k/n) \ln n]$ é o fator de correção. O CIS impõe medidas corretivas mais duras que o CIA, como fica evidente ao comparar a Equação (13.9.6) com a (13.9.4). Como o CIA, quanto mais baixo o valor do CIS, melhor o modelo. Novamente, como o CIA, o CIS pode ser usado para comparar o desempenho do modelo quando as previsões são feitas dentro e fora da amostra.

O critério C_p de Mallows

Supondo um modelo consistindo em k regressores, inclusive o intercepto. Seja $\hat{\sigma}^2$ como de costume, o estimador do verdadeiro σ^2. Mas suponha que só escolhamos p regressores ($p \leq k$) e obtemos a SQR da regressão usando esses p regressores. Seja SQR_p a soma dos quadrados dos resíduos com os p regressores. Agora C. P. Mallows desenvolveu o seguinte critério para seleção de modelos, conhecido como critério C_p:

$$C_p = \frac{\text{SQR}_p}{\hat{\sigma}^2} - (n - 2p) \tag{13.9.7}$$

em que n é o número de observações.

Sabemos que $E(\hat{\sigma}^2)$ é um estimador não tendencioso do verdadeiro σ^2. Se o modelo com p regressores for adequado na medida em que não sofre da falta de ajustamento, pode-se demonstrar[39] que $E(\text{SQR}_p) = (n - p)\sigma^2$. Em consequência, é *quase certo* que

$$E(C_p) \approx \frac{(n - p)\sigma^2}{\sigma^2} - (n - 2p) \approx p \tag{13.9.8}$$

Ao selecionarmos um modelo de acordo com o critério C_p, procuramos um que tenha um valor baixo de C_p, quase igual a p. Em outras palavras, seguindo o princípio da parcimônia, selecionaremos um modelo com p regressores ($p < k$) que se ajuste bem aos dados.

Na prática, em geral representamos graficamente o C_p calculado da Equação (13.9.7) contra p. Um modelo "adequado" aparecerá como um ponto próximo da linha $C_p = p$, como vemos na Figura 13.3. Essa figura mostra que o Modelo A pode ser preferível ao B, pois está mais próximo da linha $C_p = p$ que o Modelo B.

FIGURA 13.3
Gráfico C_p de Mallows.

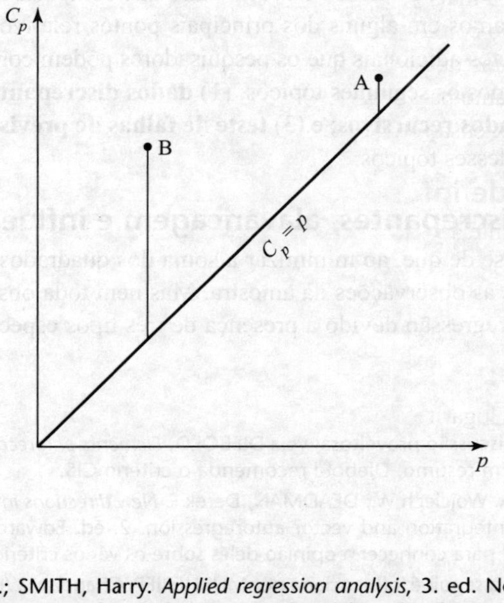

[39] DRAPER, Norman D.; SMITH, Harry. *Applied regression analysis*, 3. ed. Nova York: John Wiley & Sons, 1998, p. 332. Veja este livro para conhecer alguns exemplos elaborados de C_p.

Uma advertência sobre os critérios de seleção de modelos

Discutimos vários critérios de seleção de modelos. Porém, eles devem ser considerados como um complemento aos vários testes de especificação discutidos neste capítulo. Alguns dos critérios discutidos são puramente descritivos e podem não ter propriedades teóricas consistentes. Outros podem até dar abertura ao *data mining*. No entanto, são usados com tanta frequência que o leitor precisa estar atento. Nenhum desses critérios é necessariamente superior aos demais.[40] A maioria dos programas de computador modernos inclui atualmente R^2, R^2 ajustado, CIA e CIS. O critério C_p de Mallows não costuma ser dado, embora possa ser calculado facilmente por meio de sua definição.

Previsão qui-quadrado (χ^2)

Suponha um modelo de regressão embasado em n observações e que desejemos usá-lo para prever os valores (médios) do regressando de t observações adicionais. Como mencionado, convém reservar parte dos dados da amostra para verificar como o modelo estimado prevê as observações não incluídas na amostra, o período pós-amostra.

O teste de previsão do qui-quadrado é definido como:

$$\text{Previsão, } \chi^2 = \frac{\sum_{n+1}^{n+t} \hat{u}_i^2}{\hat{\sigma}^2} \tag{13.9.9}$$

em que $\hat{u}_i$ é o erro de previsão feito para o período i ($= n + 1, n + 2, ..., + n + t$), usando os parâmetros obtidos na regressão ajustada e os valores dos regressores no período pós-amostra; e $\hat{\sigma}^2$ é o estimador de MQO para o σ^2 com base na regressão ajustada.

Se, por hipótese, os valores dos parâmetros não mudaram entre os períodos amostral e pós-amostral, pode-se constatar que a estatística dada na Equação (13.9.9) segue a distribuição de qui-quadrado com t graus de liberdade, em que t é o número de períodos para o qual a previsão é feita. Como observam Charemza e Deadman, o teste de previsão χ^2 tem *fraco poder estatístico*, o que significa que a probabilidade de rejeitar corretamente uma falsa hipótese nula é baixa e, portanto, deve ser usado como um indicador e não como um teste definitivo.[41]

13.10 Tópicos adicionais sobre modelagem econométrica

Como observado na introdução deste capítulo, o tópico da modelagem econométrica e dos testes de diagnósticos é tão extenso e evolui tanto que comporta livros especializados a respeito. Na seção anterior, tocamos em alguns dos principais pontos relativos a essa área. Nesta seção, abordaremos alguns aspectos adicionais que os pesquisadores podem considerar úteis na prática. Particularmente, consideraremos os seguintes tópicos: (1) **dados discrepantes, alavancagem e influência**; (2) **mínimos quadrados recursivos**; e (3) **teste de falhas de previsão de Chow**. Examinaremos rapidamente cada um desses tópicos.

Dados discrepantes, alavancagem e influência[42]

Lembre-se de que, ao minimizar a soma dos quadrados dos resíduos (SQR), os MQO dão igual peso a todas as observações da amostra. Mas nem toda observação pode ter igual influência nos resultados de regressão devido à presença de três tipos especiais de dados pontuais, chamados **dados**

[40] Para uma discussão proveitosa, veja DIEBOLD. *Elements of forecasting*. 2. ed. South Western Publishing, 2001, p. 83–89. Em resumo, Diebold recomenda o critério CIS.

[41] CHAREMZA, Wojciech W.; DEADMAN, Derek F. *New directions in econometric practice:* a general to specific modelling, cointegration and vector autoregression. 2. ed. Edward Elgar Publishers, 1997, p. 30. Veja também p. 250–252 para conhecer a opinião deles sobre os vários critérios de seleção de modelos.

[42] A discussão a seguir é influenciada por MUKHERJEE, Chandan; WHITE, Howard; WYUTS, Marc. *Econometrics and data analysis for developing countries*. Nova York: Routledge, 1998. p. 137–148.

discrepantes, pontos de alavancagem e **pontos de influência**. É importante saber o que são eles e como influenciam a análise de regressão.

No contexto da regressão, um **dado discrepante** pode ser definido como uma observação com um "resíduo grande". Lembre-se de que $\hat{u}_i = (Y_i - \hat{Y}_i)$, isto é, o resíduo representa a diferença (positiva ou negativa) entre o valor real do regressando e seu valor estimado do modelo de regressão. Quando dizemos que um resíduo é grande, estamos fazendo uma comparação com os outros resíduos e com frequência esses resíduos chamam a nossa atenção imediatamente devido a sua grande distância vertical em relação à linha de regressão estimada. Note que nos dados estabelecidos pode haver mais de um dado discrepante. Já encontramos um exemplo disso no Exercício 11.22, em que era pedido que se efetuasse a regressão da variação percentual dos preços das ações (*Y*) contra a variação nos preços ao consumidor (*X*) para uma amostra de 20 países. Uma observação, relativa ao Chile, era um dado discrepante.

Dizemos que um dado pontual exerce (grande) **alavancagem** se estiver desproporcionalmente distante da maioria dos valores de um ou mais regressores. Por que o ponto de alavancagem interessa? Porque ele é capaz de puxar a linha de regressão para si próprio, distorcendo, assim, o coeficiente angular da linha de regressão. Se isso acontecer de fato, chamaremos tal ponto de alavancagem (de dados) de **ponto de influência**. Remover esse ponto dos dados da amostra pode afetar fortemente a linha de regressão. Voltando ao Exercício 11.22, o leitor verá que, se fizer a regressão de *Y* contra *X* incluindo a observação do Chile, o coeficiente angular será positivo e "altamente significativo do ponto de vista estatístico". Mas, se excluirmos a observação relativa ao Chile, o coeficiente angular será praticamente igual a zero. Essa observação tem alavancagem e também é uma observação com influência.

Para esclarecer ainda mais a natureza dos dados discrepantes, pontos de alavancagem e de influência, considere o diagrama na Figura 13.4, que é autoexplicativo.[43]

FIGURA 13.4 Em cada um dos gráficos, a linha cheia representa a linha de MQO para todos os dados e a linha pontilhada representa a linha de MQO excluindo-se um dado discrepante, denotado por um ⊠. Em (*a*), o dado discrepante está próximo do valor médio de *X* e tem baixa alavancagem e pouca influência sobre os coeficientes de regressão. Em (*b*), o dado discrepante está distante do valor médio de *X* e tem alta alavancagem, bem como uma influência substancial sobre os coeficientes de regressão. Em (*c*), o dado discrepante tem alta alavancagem, mas pouca influência sobre os coeficientes de regressão, porque está de acordo com o restante das observações.

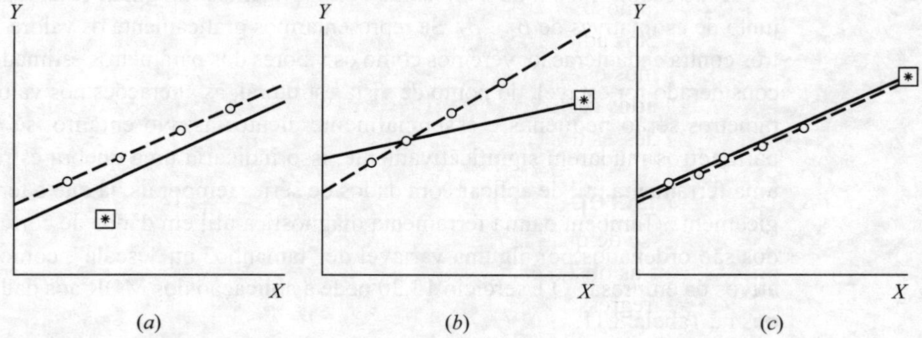

Fonte: adaptado de FOX, john, op. cit., p. 268.

[43] Adaptado de FOX, John. *Applied regression analysis, linear models, and related methods.* Califórnia: Sage Publications, 1997. p. 268.

Como lidamos com esses pontos? Deveríamos excluí-los e concentrar nossa atenção nos dados remanescentes? De acordo com Draper e Smith:

> A rejeição automática de dados discrepantes nem sempre é um procedimento sensato. Às vezes o dado discrepante está fornecendo informações que outros não podem fornecer, devido ao fato de que ele decorre de uma combinação incomum de circunstâncias que podem ser de interesse vital e exigem mais investigação, e não rejeição. Como regra geral, os dados discrepantes só devem ser rejeitados se puderem ser atribuídos a causas como erros de registro das observações ou problemas de precisão de aparelhos [em um experimento físico]. Caso contrário, merecem investigação cuidadosa.[44]

Que testes podem ser usados para detectar dados discrepantes e pontos de alavancagem? Há vários testes discutidos na literatura específica, mas não são abordados aqui, porque estão além do escopo deste livro.[45] Programas como SHAZAM e MICROFIT têm rotinas para detectar dados discrepantes, pontos de alavancagem e de influência.

Mínimos quadrados recursivos

No Capítulo 8 examinamos a questão da estabilidade estrutural de um modelo de regressão envolvendo dados de séries temporais e mostramos como o **teste Chow** pode ser empregado com esta finalidade. Você pode lembrar que naquele capítulo discutimos uma função de poupança simples (poupança como função de renda) para os Estados Unidos durante o período 1970-2005. Vimos que a relação entre poupança e renda provavelmente mudou por volta de 1982. Conhecendo o ponto de quebra estrutural, conseguimos confirmar isso aplicando o teste Chow.

Mas o que acontece se não conhecemos o ponto (ou pontos) de quebra estrutural? É nesse caso que podemos usar os **mínimos quadrados recursivos (MQR)**. A ideia básica dos MQR é muito simples e pode ser explicada com a regressão da poupança contra a renda.

$$Y_t = \beta_1 + \beta_2 X_t + u_t$$

em que Y = poupança e X = renda e a amostra é referente ao período 1970-2005. (Veja os dados na Tabela 8.11.)

Suponha que usando primeiro os dados 1970–1974 estimamos a função poupança e obtemos as estimativas de β_1 e β_2. Então usamos os dados para 1970–1975 e estimamos novamente a função poupança, obtendo as estimativas dos dois parâmetros. Depois, usamos os dados para 1970–1976 e estimamos novamente o modelo da poupança. Dessa forma, continuamos adicionando um dado de Y e X até esgotarmos toda a amostra. Como podemos imaginar, cada regressão dará um novo conjunto de estimativas de β_1 e β_2. Se representarmos graficamente os valores estimados desses parâmetros contra cada iteração, veremos como os valores dos parâmetros estimados alteram-se. Se o modelo considerado for estável, do ponto de vista estrutural, as alterações nos valores estimados dos dois parâmetros serão pequenas e essencialmente aleatórias. No entanto, se os valores estimados dos parâmetros mudarem significativamente, isso indicaria uma quebra estrutural. Por isso, o MQR é uma ferramenta útil de aplicar com dados de séries temporais, já que o tempo é organizado cronologicamente. Também é uma ferramenta diagnóstica útil em dados de corte transversal em que os dados são ordenados por alguma variável de "tamanho" ou "escala", como o emprego ou o total dos ativos da empresa. O Exercício 13.30 pede a aplicação dos MQR aos dados de poupança apresentados na Tabela 8.11.

[44] DRAPER, Norman R.; SMITH, Harry, op. cit., p. 76.

[45] Veja algumas fontes acessíveis: RENCHER, Alvin C. *Linear models in statistics*. Nova York: John Wiley & Sons, 2000, p. 219–224; ATKINSON, A. C. *Plots, transformations and regression*: an introduction to graphical methods of diagnostic regression analysis. Nova York: Oxford University Press, 1985, cap. 3; SEN, Ashis; SRIVASTAVA, Muni. *Regression analysis*: Theory, methods, and applications. Nova York: Springer-Verlag, 1990, cap. 8; e FOX, John op. cit., cap. 11.

Programas como SHAZAM, EViews e MICROFIT agora efetuam estimativas dos mínimos quadrados recursivos como rotina. Os RELS também geram **resíduos recursivos** usados como base para vários testes diagnósticos.[46]

Teste de falhas de previsão de Chow

Já discutimos o teste da estabilidade estrutural de Chow no Capítulo 8. Chow mostrou que esse teste pode ser modificado para verificar o poder preditivo de um modelo de regressão. Novamente, vamos voltar à regressão da poupança contra a renda nos Estados Unidos, para o período de 1970-1995.

Imagine que estimamos a regressão para o período de 1970-1981, obtendo $\hat{\beta}_{1.70-81}$ e $\hat{\beta}_{2.70-81}$, que são os coeficientes de intercepto e angular estimados com base nos dados para o período de referência. Empregando os valores observados da renda no período 1982-1995 e os valores de intercepto e angular para o período 1970-1981, prevemos os valores da poupança para cada um dos anos de 1982 a 1995. A lógica aqui é que, se não houver uma grande mudança estrutural nos valores dos parâmetros, os valores da poupança estimados para o período 1982-1995 com base nas estimativas dos parâmetros feitas no período anterior não deverão ser muito diferentes dos valores observados da poupança no período posterior. Se houver uma grande diferença entre os valores observados e previstos para o período posterior, isso causará dúvidas sobre a estabilidade da relação entre poupança e renda para todo o período.

Para sabermos se a diferença entre o valor observado e o estimado da poupança é grande ou pequena, podemos efetuar o teste F, como se segue:

$$F = \frac{\left(\sum \hat{u}_t^{*2} - \sum \hat{u}_t^2\right)/n_2}{\left(\sum \hat{u}_t^2\right)/(n_1 - k)} \tag{13.10.1}$$

em que n_1 = número de observações no primeiro período (1970–1981) que foi tomado como base na regressão inicial, n_2 = número de observações no segundo período, ou de previsão, $\sum \hat{u}_t^{*2}$ = SQR quando a equação é estimada para todas as observações ($n_1 + n_2$), e $\sum \hat{u}_t^2$ = SQR quando a equação é estimada para as primeiras n_1 observações, e k é o número de parâmetros estimados (dois, no caso). Se os erros tiverem em distribuição normal, de forma independente e idêntica, a estatística F dada na Equação (13.10.1) segue a distribuição F com n_2 e n_1 graus de liberdade, respectivamente. No Exercício 13.31, pede-se a aplicação do teste de falhas de previsão de Chow para verificar se a relação entre a poupança e a renda foi, de fato, alterada. A propósito, note a semelhança entre esse teste e o de previsão χ^2 examinado anteriormente.

Dados faltantes

No trabalho aplicado não é incomum descobrir que às vezes faltam observações nos dados amostrais. Por exemplo, nos dados de séries temporais pode haver lacunas decorrentes das circunstâncias especiais. Durante a Segunda Guerra Mundial, dados sobre variáveis macro não eram disponíveis nem publicados por razões estratégicas. Em dados de corte tranversal, não é raro constatar que faltam informações sobre alguns indivíduos, principalmente em dados coletados de pesquisas feitas com questionários. Também em dados obtidos de painéis, com o tempo alguns entrevistados deixam de responder ou de fornecer informações a todas as perguntas.

Qualquer que seja a razão, a falta de dados é um problema que todo pesquisador enfrenta de vez em quando. A questão é como lidar com isso. Há uma maneira de **imputar valores** às observações que faltam?

Essa não é uma pergunta fácil de responder. Embora haja soluções elaboradas sugeridas na literatura específica, não trataremos delas aqui por serem muito complexas.[47] No entanto, discutiremos

[46] Para detalhes, veja JOHNSTON, Jack; DINARDO, John. *Econometric methods*. 4. ed. Nova York: McGraw-Hill, 1997. p. 117–121.

[47] Para um tratamento completo, mas bastante avançado do assunto, veja CAMERON, A. Colin; TRIVEDI, Pravin K. *Microeconometrics:* methods and applications. Nova York: Cambridge University Press, 2005. cap. 27, p. 923–941.

dois casos.[48] No primeiro, as razões para os dados que faltam são independentes das observações disponíveis, chamadas por Darnell de "caso ignorável". Na segunda situação, além de dados disponíveis incompletos, as observações que faltam podem estar sistematicamente relacionadas com os dados disponíveis. Esse é um caso mais sério, pois pode resultar do *viés de autosseleção*; os dados observados não são, de fato, coletados aleatoriamente.

No caso ignorável, podemos apenas ignorar as observações que faltam e usar aquelas que estão disponíveis. A maioria dos programas estatísticos faz isso automaticamente. Desse modo o tamanho da amostra será reduzido e podemos não ser capazes de obter estimativas exatas dos coeficientes de regressão. Poderíamos usar os dados disponíveis, no entanto, para esclarecer as observações que faltam. Consideraremos três possibilidades:

1. De um número total de observações de N, temos dados completos sobre N_1 ($N_1 < N$) tanto para o regressando quanto para os k regressores denotados por $\boldsymbol{Y_1}$ e $\boldsymbol{X_1}$, respectivamente. ($\boldsymbol{Y_1}$ é vetor de N_1 observações e $\boldsymbol{X_1}$ é um vetor linha com k regressores).
2. Para algumas observações ($N_2 < N$) há dados completos sobre o regressando, denotados por $\boldsymbol{Y_2}$, mas observações incompletas sobre alguns $\boldsymbol{X_2}$ (novamente, estes são vetores).
3. Para algumas observações ($N_3 < N$), não há dados sobre $\boldsymbol{Y}$, mas dados completos sobre X, denotados por $\boldsymbol{X_3}$.

No primeiro caso, a regressão de $\boldsymbol{Y_1}$ sobre $\boldsymbol{X_1}$ produzirá estimativas dos coeficientes de regressão que são não tendenciosos, mas podem não ser eficientes, porque ignoramos as observações N_2 e N_3. As outras duas situações são bastante complicadas e deixamos para o leitor consultar as referências para as soluções.[49]

13.11 Exemplos conclusivos

Concluímos este capítulo com dois exemplos que ilustram um ou mais pontos aqui abordados. O primeiro deles, sobre determinação de salário, usa dados de corte transversal e o segundo, que considera a função consumo real para os EUA, usa dados de série temporal.

1. Um modelo para determinação de salário por hora

Para examinarmos quais os fatores que determinam o salário por hora, vamos considerar um modelo baseado em Mincer, que se tornou conhecido entre os economistas do trabalho. Esse modelo tem a seguinte forma:[50]

$$\ln \text{salário}_i = \beta_1 + \beta_2 \text{Edu}_i + \beta_3 \text{Exp}_i + \beta_4 \text{Fe}_i + \beta_5 \text{NW}_i + \beta_6 \text{UN}_i + \beta_7 \text{WK}_i + u_i \qquad \textbf{(13.11.1)}$$

em que ln salário = logaritmo natural do salário por hora ($); Edu = anos de escolaridade; Exp = experiência no mercado de trabalho; Fe = 1 se for mulher, 0 caso contrário; NW = 1 se não for branco, 0 caso contrário; UN = 1 se for sindicalizado, 0 caso contrário; e WK = 1 trabalhadores que não recebem por hora, 0 caso contrário. Para os trabalhadores que não recebem por hora, o salário por hora é calculado como os ganhos semanais divididos pelo número de horas trabalhadas.

Outras variáveis poderiam ser adicionadas a esse modelo. Algumas delas são origem étnica, estado civil, número de filhos com menos de 6 anos e riqueza ou renda obtida que não do trabalho. Por ora, trabalharemos com o modelo da Equação (13.11.1).

---

[48] A discussão a seguir baseia-se em DARNELL, Adrian C. *A dictionary of econometrics*. Lyne, Reino Unido: Edward Elgar Publishing, 1994. p. 256–258.

[49] Além das referências já citadas, veja AFIFI, A. A.; ELASHOFF, R. M. "Missing observations in multivariate statistics." *Journal of the American Statistical Association*, 1967. v. 61, p. 595–604,1966, e v. 62, p. 10–29.

[50] Veja MINCER, J. *School, experience and earnings*. Nova York: Columbia University Press, 1974.

Os dados consistem em 1.289 pessoas entrevistadas em março de 1985 como parte da *Current Population Survey* (CPS), um levantamento conduzido periodicamente pelo *U.S. Census Bureau*, órgão que realiza o censo demográfico nos Estados Unidos. Esses dados foram coletados originalmente por Paul Rudd.[51]

A priori, poderíamos esperar ter uma influência positiva nos salários. As variáveis binárias Fe e NW devem ter um impacto negativo nos salários, se houver um tipo de discriminação, e espera-se que UN tenha um impacto positivo em virtude da incerteza da renda.

Quando todas as variáveis binárias tiverem um valor de zero, a Equação (13.11.1) reduz-se a

$$\ln \text{salário}_i = \beta_1 + \beta_2 \text{Edu}_i + \beta_3 \text{Exp}_i + u_i \tag{13.11.2}$$

que é a função salário para um trabalhador branco, do gênero masculino, não sindicalizado, que ganha por hora. Essa é a categoria de base, de referência.

Agora vamos apresentar os resultados de regressão e discuti-los.

TABELA 13.4 Resultados da regressão no EViews com base na Equação (13.11.1)

Dependent Variable: LW
Method: Least Squares
Sample: 1-1,289
Included observations: 1,289

	Coefficient	Std. Error	*t* Statistic	Prob.
C	1.037880	0.074370	13.95563	0.0000
EDU	0.084037	0.005110	16.44509	0.0000
EXP	0.011152	0.001163	9.591954	0.0000
FE	-0.234934	0.026071	-9.011170	0.0000
NW	-0.124447	0.036340	-3.424498	0.0006
UN	0.207508	0.036265	5.721963	0.0000
WK	0.228725	0.028939	7.903647	0.0000

R-squared	0.376053	Mean dependent var.	2.342416
Adjusted *R*-squared	0.373133	S.D. dependent var.	0.586356
S.E. of regression	0.464247	Akaike info criterion	1.308614
Sum squared resid.	276.3030	Schwarz criterion	1.336645
Log likelihood	-836.4018	Hannan-Quinn criter.	1.319136
F-statistic	128.7771	Durbin-Watson stat.	1.977004
Prob. (*F*-statistic)	0.000000		

A primeira observação a fazer é que todos os coeficientes estimados são, *individualmente*, altamente significativos, pois os *p*-valores são muito baixos. A estátisca *F* também é muito alto, sugerindo que coletivamente todas as variáveis são importantes do ponto de vista estatístico.

Em comparação ao trabalhador tomado como referência, o salário médio de uma trabalhadora e de um trabalhador não branco é mais baixo. Os trabalhadores sindicalizados e aqueles que recebem por semana ganham, em média, salários mais altos.

Em que medida esse modelo é adequado (13.11.1), tendo em vista as variáveis que consideramos? É possível que mulheres não brancas que trabalham ganhem menos que as mulheres brancas? É possível que mulheres não brancas e não sindicalizadas ganhem menos que as mulheres brancas e não sindicalizadas? Em outras palavras, há qualquer efeito interativo entre os regressores quantitativos e as variáveis binárias?

[51] RUDD, Paul A. *An introduction to classical econometric theory*. Nova York: Oxford University Press, 2000. Não incluímos dados sobre idade, porque são altamente colineares com a experiência de emprego.

Os programas de estatística têm rotinas para responder a essas perguntas. Por exemplo, o EViews tem esse recurso. Depois de estimar um modelo, se você achar que algumas variáveis podem ser adicionadas ao modelo, mas não tem certeza da importância delas, faça o *teste de variáveis omitidas*.

Para tanto, suponha que a Equação (13.11.1) tenha sido estimada e agora queiramos descobrir se os produtos de Fe e NW, FE e UN, e FE e WK deveriam ser adicionados ao modelo para levar em conta a interação entre as variáveis explanatórias. Usando a rotina do EViews 6, obtemos a seguinte resposta: a *hipótese nula* é que essas três variáveis adicionadas não têm efeito no modelo estimado.

Como poderíamos suspeitar, podemos usar o teste *F* (discutido no Capítulo 8) para avaliar a contribuição incremental, ou marginal, das variáveis adicionadas e testar a hipótese nula. Para nosso exemplo, os resultados são os seguintes:

TABELA 13.5
Resultados parciais com o EViews, usando interações

Omitted Variables: FE*NW FE*UN FE*WK			
F-statistic	0.805344	Prob. *F* (3,1279)	0.4909
Log likelihood ratio	2.432625	Prob. chi-square (3)	0.4876

Não rejeitamos a hipótese nula de que a interação entre mulher/não branca, mulher/sindicato e mulher/trabalhadores que ganham salários por semana, coletivamente, não tenha impacto significativo no modelo estimado dado na Tabela 13.4, pois o valor *F* estimado de 0,8053 não é estatisticamente significativo, com *p*-valor cerca de 49%.

Deixamos isso para o leitor tentar outras combinações dos regressores para avaliar sua contribuição ao modelo original.

Antes de prosseguir, o modelo (13.11.1) sugere que a influência da experiência sobre o logaritmo dos salários é linear, isto é, mantendo as demais variáveis constantes, o aumento relativo nos salários (lembre-se de que o regressando está na forma logarítmica) permanece o mesmo para o acréscimo de cada ano na experiência profissional. Essa hipótese pode ser verdadeira, com alguns anos de experiência, mas como a economia do trabalo sugere, à medida que os trabalhadores ficam mais velhos, a proporção de aumento nos salários diminui. Para verificarmos se esse é o caso em nosso exemplo, adicionamos o termo de experiência elevado ao quadrado ao nosso modelo inicial e obtivemos os seguintes resultados:

TABELA 13.6
Resultados do EViews com a experiência elevada ao quadrado

Dependent Variable: LW
Method: Least Squares
Sample: 1-1,289
Included observations: 1,289

	Coefficient	Std. Error	*t* Statistic	Prob.
C	0.912279	0.075151	12.13922	0.0000
EDU	0.079867	0.005051	15.81218	0.0000
EXP	0.036659	0.003800	9.647230	0.0000
FE	-0.228848	0.025606	-8.937218	0.0000
NW	-0.121805	0.035673	-3.414458	0.0007
UN	0.199957	0.035614	5.614579	0.0000
WK	0.222549	0.028420	7.830675	0.0000
EXP*EXP	-0.000611	8.68E-05	-7.037304	0.0000

R-squared	0.399277	Mean dependent var.	2.342416
Adjusted *R*-squared	0.395995	S.D. dependent var.	0.586356
S.E. of regression	0.455703	Akaike info criterion	1.272234
Sum squared resid.	266.0186	Schwarz criterion	1.304269
Log likelihood	-811.9549	Hannan-Quinn criter.	1.284259
F-statistic	121.6331	Durbin-Watson stat.	1.971753
Prob. (*F*-statistic)	0.000000		

O termo de experiência elevado ao quadrado não só é negativo mas também é altamente significativo do ponto de vista estatístico. Ele está de acordo com o comportamento do mercado de trabalho; com o tempo, a taxa de crescimento de salários desacelera $\left(\frac{\partial lw}{\partial \text{EXP}} = 0{,}0366 - 0{,}0012\text{EXP}\right)$.

Aproveitamos esta oportunidade para discutir os critérios de Akaike e Schwarz. Como o R^2, esses são os testes da qualidade do ajustamento do modelo estimado; a diferença é que sob o critério R^2 quanto mais alto for o seu valor, mais o modelo explica o comportamento do regressando. Por outro lado, sob os critérios de Akaike e Schwarz, quanto mais baixo for o valor dessas estatísticas, melhor será o modelo.

Todos esses critérios fazem sentido se queremos comparar dois ou mais modelos. Se você comparar o modelo da Tabela 13.4 com o da Tabela 13.6, que tem a experiência elevada ao quadrado como um regressor adicional, verá que o modelo na Tabela 13.6 é preferível ao da 13.4 com base nos três critérios.

A propósito, note que em ambos os modelos os valores de R^2 parecem "baixos", mas estes valores baixos são observados tipicamente nos dados de corte transversal com um grande número de observações. No entanto, note que esse valor "baixo" de R^2 é significativo estatisticamente; em ambos os modelos a estatística F calculada é altamente significativa (lembre-se da relação entre F e R^2 discutida no Capítulo 8).

Vamos continuar com o modelo estendido da Tabela 13.6. Embora pareça satisfatório, exploraremos alguns pontos. Primeiro, uma vez que estamos lidando com dados de corte transversal, há chances de que o modelo sofra de heterocedasticidade. Logo, precisamos descobrir se esse é o caso. Aplicamos vários dos testes de heterocedasticidade discutidos no capítulo 11 e descobrimos que o modelo, de fato, sofre de heterocedasticidade. O leitor deveria verificar essa afirmação.

Para fazermos a correção para a heterocedasticidade observada, podemos obter os *erros padrão consistentes para heterocedasticidade de White*, discutidos no Capítulo 11. Os resultados estão na tabela a seguir.

TABELA 13.7
Resultados do EViews usando a correção de White dos erros padrão

Dependent Variable: LW
Method: Least Squares
Sample: 1-1,289
Included observations: 1,289
White's Heteroscedasticity-Consistent Standard Errors and Covariance

	Coefficient	Std. Error	*t* Statistic	Prob.
C	0.912279	0.077524	11.76777	0.0000
EDU	0.079867	0.005640	14.15988	0.0000
EXP	0.036659	0.003789	9.675724	0.0000
FE	-0.228848	0.025764	-8.882625	0.0000
NW	-0.121805	0.033698	-3.614573	0.0003
UN	0.199957	0.029985	6.668458	0.0000
WK	0.222549	0.031301	7.110051	0.0000
EXP*EXP	-0.000611	9.44E-05	-6.470218	0.0000

R-squared	0.399277	Mean dependent var.	2.342416
Adjusted *R*-squared	0.395995	S.D. dependent var.	0.586356
S.E. of regression	0.455703	Akaike info criterion	1.272234
Sum squared resid.	266.0186	Schwarz criterion	1.304269
Log likelihood	-811.9549	Hannan-Quinn criter.	1.284259
F-statistic	121.6331	Durbin-Watson stat.	1.971753
Prob. (*F*-statistic)	0.000000		

Como esperávamos, há algumas mudanças nos erros padrão estimados, tomados individual e coletivamente, ao explicarmos o comportamento dos salários relativos.

Agora vamos examinar se os termos de erro são normalmente distribuídos. O histograma dos resíduos obtidos do modelo na Tabela 13.7 é apresentado na Figura 13.5.

A estatística de Jarque-Bera (JB) rejeita a hipótese de distribuição normal dos erros, pois é alta e o p-valor é praticamente zero: observe que, para uma variável normalmente distribuída, os coeficientes de simetria e curtose são, respectivamente, 0 e 3.

E então? Nosso procedimento de teste da hipótese até aqui consistiu no pressuposto de que o termo de erro no modelo de regressão apresenta distribuição normal. Isso significa que não podemos usar legitimamente os testes t e F para verificar as hipóteses na regressão do salário?

A resposta é **não**. Como notado no capítulo, os estimadores MQO são distribuídos assintoticamente com o *caveat* observado no capítulo, a saber, que o termo de erro tem variância finita, é homocedástico e o valor médio do termo de erro, dados os valores das variáveis explanatórias, é zero. Como resultado, podemos continuar a usar os testes usuais t e F, contanto que a amostra seja razoavelmente grande. A propósito, pode-se observar que não precisamos da hipótese de normalidade para obter os estimadores MQO. Mesmo sem a hipótese de normalidade, os estimadores MQO são os melhores estimadores não tendenciosos (MELNT) sob as condiçoes do teorema de Gauss-Markov.

Qual o tamanho da amostra? Não há resposta definitiva para essa pergunta, mas o tamanho da amostra de 1.289 observações na regressão de salários parece ser razoavelmente grande.

Há "dados discrepantes" em nossa regressão de salários? Pode-se ter uma ideia disso por meio do gráfico da Figura 13.6, que apresenta os valores observado e estimado da variável

FIGURA 13.5
Histograma dos resíduos obtidos da regressão na Tabela 13.7.

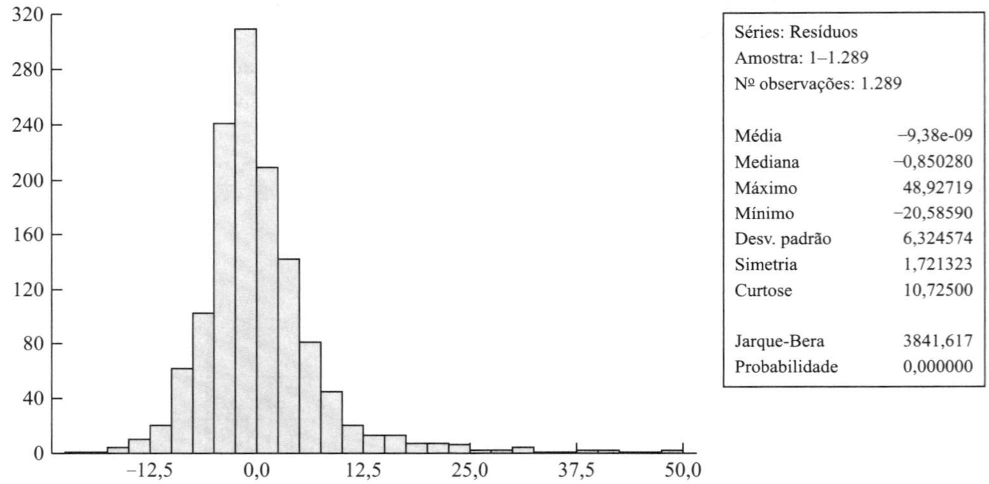

FIGURA 13.6
Resíduos *versus* valores estimados da variável dependente, logaritmo do salário.

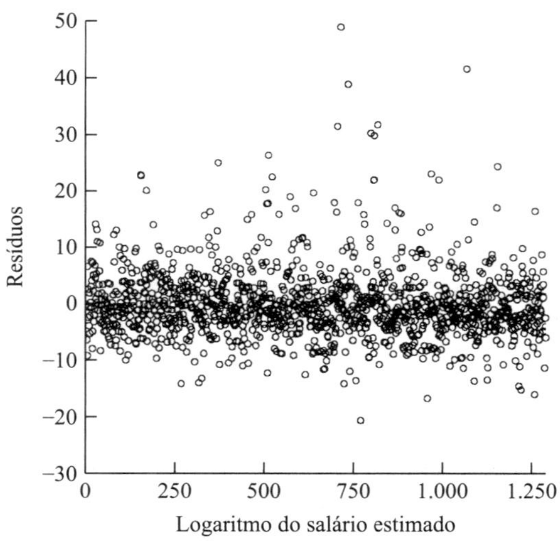

dependente (ln salário) e os resíduos que são diferenças entre os valores observado e estimado do regressando.

Embora o valor médio dos resíduos seja sempre zero (por quê?), o gráfico na Figura 13.6 mostra que há vários resíduos que parecem grandes (em valor absoluto) comparados à maioria dos resíduos. É possível que haja dados discrepantes nos dados. Fornecemos as estatísticas primárias sobre as três variáveis quantitativas na Tabela 13.8 para ajudar o leitor a decidir se de fato há dados discrepantes.

TABELA 13.8

Sample: 1-1,289

	W	EDU	EXP
Mean	12.36585	13.14507	18.78976
Median	10.08000	12.00000	18.00000
Maximum	64.08000	20.00000	56.00000
Minimum	0.840000	0.000000	0.000000
Std. Dev.	7.896350	2.813823	11.66284
Skewness	1.848114	-0.290381	0.375669
Kurtosis	7.836565	5.977464	2.327946
Jarque-Bera	1990.134	494.2552	54.57664
Probability	0.000000	0.000000	0.000000
Sum	15939.58	16944.00	24220.00
Sum Sq. Dev.	80309.82	10197.87	175196.0
Observations	1,289	1,289	1,289

2. Função de consumo real para os Estados Unidos, 1947-2000

No Capítulo 10 consideramos a função de consumo para os Estados Unidos, para o período de 1947-2000. A forma específica da função de consumo que consideramos foi:

$$\ln \text{TC}_t = \beta_1 + \beta_2 \ln \text{YD}_t + \beta_3 \ln \text{W} + \beta_4 \text{ Interest}_t + u_t \tag{13.11.3}$$

em que TC, YD, W e Interest são, respectivamente, cosumo total, a renda disponível pessoal, a riqueza, além da taxa de juros, tudo em termos reais. Os resultados baseados em nossos dados são os seguintes:

TABELA 13.9 Resultados da equação de regressão (13.11.3)

Method: Least Squares
Sample: 1947-2000
Included observations: 54

	Coefficient	Std. Error	*t* Statistic	Prob.
C	-0.467711	0.042778	-10.93343	0.0000
LOG(YD)	0.804873	0.017498	45.99836	0.0000
LOG(WEALTH)	0.201270	0.017593	11.44060	0.0000
INTEREST	-0.002689	0.000762	-3.529265	0.0009

R-squared	0.999560	Mean dependent var.	7.826093
Adjusted *R*-squared	0.999533	S.D. dependent var.	0.552368
S.E. of regression	0.011934	Akaike info criterion	-5.947703
Sum squared resid.	0.007121	Schwarz criterion	-5.800371
Log likelihood	164.5880	Hannan-Quinn criter.	-5.890883
F-statistc	37832.59	Durbin-Watson stat.	1.289219
Prob. (*F*-statistic)	0.000000		

Já que TC, YD e riqueza entram na forma logarítmica, os coeficientes angulares de YD e riqueza são, respectivamente, elasticidades da renda e riqueza. Como era de esperar, essas elasticidades são positivas e altamente significativas, em termos estatísticos. Numericamente, as elasticidades renda e riqueza são cerca de 0,80 e 0,20. O coeficiente da variável taxa de juros representa a semielasticidade (por quê?). Mantendo as demais variáveis constantes, os resultados mostram que, se a taxa de juros subir em 1 ponto percentual, a despesa real de consumo descerá em cerca de 0,27%. Note que a semielasticidade estimada também é altamente significativa, em termos estatísticos.

Veja o resumo de alguns dados estatísticos. O valor de R^2 é muito alto, chegando a quase 100%. O valor de F também é altamente significativo, em termos estatísticos, sugerindo que, não só individualmente, mas também de maneira coletiva, todas as variáveis explanatórias têm um impacto significativo nas despesas de consumo.

Entretanto, a estatística de Durbin-Watson sugere que há uma correlação serial entre os erros no modelo. Se consultarmos as tabelas de Durbin-Watson (Tabela D.5 no Apêndice D), vemos que, para 55 observações (o número mais próximo de 54) e três variáveis explanatórias, os valores críticos d são 1,452 e 1,681. Como o valor d observado em nosso exemplo, 1,2892, está abaixo dos valores críticos de d, podemos concluir que os erros em nossa função de consumo estão correlacionados positivamente. Essa não deveria ser uma constatação surpreendente; na maioria das vezes as regressões em série temporais apresentam autocorrelação.

Antes de aceitarmos essa conclusão, vamos descobrir se há erros de especificação. Como sabemos, às vezes a autocorrelação pode ser evidente, porque omitimos algumas variáveis importantes. Para tanto, consideraremos a regressão obtida na Tabela 13.10.

TABELA 13.10

Dependent Variable: LTC
Method: Least Squares
Sample: 1947-2000
Included observations: 54

	Coefficient	Std. Error	*t* Statistic	Prob.
C	2.689644	0.566034	4.751737	0.0000
LYD	0.512836	0.054056	9.487076	0.0000
LW	-0.205281	0.074068	-2.771510	0.0079
INTEREST	-0.001162	0.000661	-1.759143	0.0848
LYD*LW	0.039901	0.007141	5.587986	0.0000

R-squared	0.999731	Mean dependent var.	7.826093
Adjusted *R*-squared	0.999709	S.D. dependent var.	0.552368
S.E. of regression	0.009421	Akaike info criterion	-6.403689
Sum squared resid.	0.004349	Schwarz criterion	-6.219524
Log likelihood	177.8996	Hannan-Quinn criter.	-6.332663
F-statistic	45534.94	Durbin-Watson Stat.	1.530268
Prob. (*F*-statistic)	0.000000		

A variável adicional nesse modelo é a interação dos logaritmos da renda e riqueza disponíveis. Esse termo de interação é altamente significativo. Agora a variável juros tornou-se menos significativa (p-valor de cerca de 8%), embora tenha o sinal negativo. Mas o valor d de Durbin-Watson aumentou de cerca de 1,28 para cerca de 1,53.

Os valores críticos a 5% de significância agora são 1,378 e 1,721. O valor d observado 1,53 situa-se entre esses valores, sugerindo que, com base na estatística de Durbin-Watson, não podemos determinar se temos ou não autocorrelação. Entretanto, o valor d observado está mais próximo do limite superior. Como visto no capítulo sobre autocorrelação, alguns autores sugerem usar o limite superior da estatística d aproximadamente como o verdadeiro limite de significância; se o valor d calculado estiver abaixo do limite superior, há evidência de autocorrelação positiva. Por esse critério, no exemplo podemos concluir que nosso modelo sofre de autocorrelação positiva.

Também aplicamos o teste de autocorrelação de Breusch-Godfrey discutido no Capítulo 12. Adicionando os dois termos defasados dos resíduos estimados na Equação (12.6.15) ao modelo na Tabela 13.9, obtemos os seguintes resultados:

TABELA 13.11

Breusch-Godfrey Serial Correlation LM Test:

F-statistic	3.254131	Prob. *F*(2,48)	0.0473
Obs**R*-squared	6.447576	Prob. chi-square (2)	0.0398

Dependent Variable: RESID
Method: Least Squares
Sample: 1947-2000
Included observations: 54
Presample missing value lagged residuals set to zero.

	Coefficient	Std. Error	*t* Statistic	Prob.
C	-0.006514	0.041528	-0.156851	0.8760
LYD	-0.004197	0.017158	-0.244619	0.8078
LW	0.004191	0.017271	0.242674	0.8093
INTEREST	0.000116	0.000736	0.156964	0.8759
RESID(-1)	0.385190	0.151581	2.541147	0.0143
RESID(-2)	-0.165609	0.154695	-1.070556	0.2897

R-squared	0.119400	Mean dependent var.	-9.02E-17
Adjusted *R*-squared	0.027670	S.D. dependent var.	0.011591
S.E. of regression	0.011430	Akaike info criterion	-6.000781
Sum squared resid.	0.006271	Schwarz criterion	-5.779782
Log likelihood	168.0211	Hannan-Quinn criter.	-5.915550
F-statistic	1.301653	Durbin-Watson Stat.	1.848014
Prob. (*F*-statistic)	0.279040		

O *F* reportado no topo da tabela testa a hipótese de que os dois resíduos defasados no modelo têm valores iguais a zero. Essa hipótese é rejeitada, porque o *F* é significativo ao nível aproximado de 5%.

Para resumir, parece haver autocorrelação no termo de erro. Podemos aplicar um ou mais procedimentos discutidos no Capítulo 12 para remover a autocorrelação. Para pouparmos espaço, deixamos essa tarefa ao leitor.

Na Tabela 13.12 relatamos os resultados da análise de regressão que apresentam os erros padrão de Newey-West ou CHA que levam em conta a autocorrelação. O tamanho de nossa amostra de 54 observações é grande o suficiente para usar os erros padrão CHA. Se você comparar esses resultados com os da Tabela 13.9, observará que os coeficientes de regressão permanecem os mesmos, mas os erros padrão são um pouco diferentes.

Neste capítulo, discutimos o teste de falha de previsão de Chow. Temos um período amostral que se estende de 1947 a 2000. Nesse período, tivemos vários ciclos de negócio, a maioria de curta duração. Por exemplo, houve uma recessão em 1990 e outra em 2000. O comportamento das despesas de consumo em relação à renda, riqueza e taxa de juros é diferente durante as recessões?

Para elucidarmos a questão, vamos considerar a recessão de 1990 e aplicar o teste de falha de previsão de Chow. Os detalhes desse teste já foram discutidos no capítulo. Usando o teste de falha na previsão de Chow na versão 6 do EViews, obtemos os resultados da Tabela 13.13.

TABELA 13.12

Dependent Variable: LTC
Method: Least Squares
Sample: 1947-2000
Included observations: 54
Newey-West HAC Standard Errors and Covariance (lag truncation = 3)

	Coefficient	Std. Error	*t* Statistic	Prob.
C	-0.467714	0.043937	-10.64516	0.0000
LYD	0.804871	0.017117	47.02132	0.0000
LW	0.201272	0.015447	13.02988	0.0000
INTEREST	-0.002689	0.000880	-3.056306	0.0036

R-squared	0.999560	Mean dependent var.	7.826093
Adjusted *R*-squared	0.999533	S.D. dependent var.	0.552368
S.E. of regression	0.011934	Akaike info criterion	-5.947707
Sum squared resid.	0.007121	Schwarz criterion	-5.800374
Log likelihood	164.5881	Hannan-Quinn criter.	-5.890886
F-statistic	37832.71	Durbin-Watson Stat.	1.289237
Prob. (*F*-statistic)	0.000000		

TABELA 13.13
Teste de falha de previsão de Chow

Chow's Forecast Test: Forecast from 1991 to 2000

F-statistic	1.957745	Prob. *F* (10,40)	0.0652
Log likelihood ratio	21.51348	Prob. chi-square (10)	0.0178

Dependent Variable: LTC
Method: Least Squares
Sample: 1947-1990
Included observations: 44

	Coefficient	Std. Error	*t* Statistic	Prob.
C	-0.287952	0.095089	-3.028236	0.0043
LYD	0.853172	0.028473	29.96474	0.0000
LW	0.141513	0.033085	4.277239	0.0001
INTEREST	-0.002060	0.000804	-2.562790	0.0143

R-squared	0.999496	Mean dependent var.	7.659729
Adjusted *R*-squared	0.999458	S.D. dependent var.	0.469580
S.E. of regression	0.010933	Akaike info criterion	-6.107640
Sum squared resid.	0.004781	Schwarz criterion	-5.945441
Log likelihood	138.3681	Hannan-Quinn criter.	-6.047489
F-statistic	26430.49	Durbin-Watson Stat.	1.262748
Prob. (*F*-statistic)	0.000000		

O F estatístico dado na parte superior da Tabela 13.13 sugere que provavelmente não há diferença substancial na função de consumo pré e pós 1990, pois seu p-valor não é significativo ao nível de 5%. Mas, se escolhermos o nível de significância de 10%, o valor F será estatisticamente significativo.

Podemos examinar esse problema de um modo diferente. No Capítulo 8 discutimos um teste de estabilidade de parâmetro. Para verificarmos se há qualquer alteração estatisticamente significativa nos coeficientes de regressão da função de consumo, usamos o teste Chow discutido na Seção 8.7 do Capítulo 8 e obtivemos os resultados da Tabela 13.14.

TABELA 13.14 Teste da estabilidade de parâmetro de Chow

```
Chow Breakpoint Test: 1990
Null Hypothesis: No breaks at specified breakpoints
Varying regressors: All equation variables
Equation Sample: 1947-2000
```

F-statistic	4.254054	Prob. *F*(4,46)	0.0052
Log likelihood ratio	16.99654	Prob. chi-square (4)	0.0019
Wald statistic	17.01622	Prob. chi-square (4)	0.0019

Parece que a função consumo pré e pós 1990 é estatisticamente diferente, pois o F estatístico calculado, seguindo a Equação (8.7.4), é altamente significativo em termos estatísticos, porque o p-valor é de apenas 0,0052.

O leitor é incentivado a aplicar os testes de previsão de falhas e de estabilidade de Chow, para determinar se a função consumo pré e pós 2000 mudou. Para tanto, você terá de ir além dos dados de 2000. Observe também que, para aplicar esses testes, o número de observações deve ser maior que o número de coeficientes estimados.

Esgotamos todos os testes diagnósticos que podemos aplicar aos nossos dados de consumo, mas a análise fornecida até aqui deve dar uma boa ideia sobre como podemos aplicar os diversos testes.

13.12 Erros não normais e regressores estocásticos

Nesta seção discutiremos dois tópicos de natureza avançada: a distribuição não normal do termo de erro e regressores estocásticos, ou aleatórios, e sua importância prática.

1. O que acontece se o termo de erro não tem distribuição normal?

No *modelo clássico de regressão linear normal* (MCRLN) discutido no Capítulo 4, supusemos que o termo de erro u segue a distribuição normal. Recorremos ao **teorema central do limite (TCL)** para justificar a hipótese de normalidade. Devido a essa hipótese, conseguimos estabelecer que os estimadores MQO também são normalmente distribuídos. Como resultado, conseguimos fazer o teste de hipótese usando os testes t e F independentemente do tamanho da amostra. Também discutimos o emprego dos testes de normalidade **Jarque-Bera** e **Anderson-Darling** para verificar se os erros estimados são distribuídos normalmente em qualquer aplicação prática.

O que acontece se os erros não são normalmente distribuídos? Podemos dizer que os estimadores MQO ainda são MELNT, isto é, eles são não tendenciosos e na categoria de estimadores lineares que mostram variância mínima. Isso não deveria surpreender, pois para estabelecer o teorema de Gauss-Markov (BLUE) não precisamos da hipótese de normalidade.

Então, qual é o problema?

O problema é que precisamos de **distribuições amostrais** ou **de probabilidade dos estimadores** de MQO. Sem isso não podemos abraçar qualquer teste de hipótese relativo aos verdadeiros valores desses estimadores. Como é mostrado nos Capítulos 3 e 7, os estimadores MQO são funções lineares da variável dependente Y, e o próprio Y é uma função linear do termo de erro estocástico u, supondo que as variáveis explanatórias sejam não estocásticas ou fixas na amostragem repetida. Por fim, precisamos da distribuição probabilística de u.

Como foi notado, o *modelo clássico de regressão linear normal* (MCRLN) pressupõe que o termo de erro siga a distribuição normal (com média zero e variância constante). Usando o **teorema central do limite (TCL)** para justificar a normalidade do termo de erro, conseguimos mostrar que os próprios estimadores MQO têm distribuição normal com médias e variância discutidas nos Capítulos 4 e 7. Isso, por sua vez, permitiu usar as estatísticas t e F no teste de hipótese em amostras pequenas, ou finitas, bem como em amostras grandes. O papel da hipótese de normalidade é fundamental, principalmente em amostras pequenas.

Mas e se não pudermos manter a hipótese de normalidade com base nos vários testes de normalidade? Temos duas opções. A primeira é o método de **reamostragem *(bootstrapping)*** e a segunda é recorrer à **teoria de amostras grandes ou propriedades assintóticas**.

Uma discussão do método de reamostragem, que está sendo assimilada gradualmente pela econometria, nos distanciará do assunto deste livro. A ideia básica do método de reamostragem é utilizar (ou regurgitar) determinada amostra várias vezes e obter as distribuições amostrais dos parâmetros de interesse (estimadores MQO para nossa finalidade). O leitor poderá consultar as referências para saber como isso é feito na prática.[52] A propósito, o termo *bootstrapping* (*bootstrap* é a tira atrás da bota, ou lingueta, que se puxa para calçá-la) é usado em expressão popular na língua inglesa e quer dizer "melhorar na vida à custa de seu próprio esforço".

A outra abordagem para lidar com termos de erro não normais consiste em usar a teoria de amostras grandes ou assintótica. O Apêndice 3A.7 do Capítulo 3 deu uma ideia desse assunto, em que mostramos que os estimadores MQO são **consistentes**. Como discutido no **Apêndice A**, um estimador é consistente se aborda o valor verdadeiro do estimador à medida que o tamanho da amostra aumenta (veja a Figura A.11 no Apêndice A).

Mas, como isso nos ajuda a testar a hipótese? Ainda podemos usar os testes t e F? Podemos mostrar que sob as hipóteses de Gauss-Markov os estimadores MQO têm **distribuição assintótica normal** com médias e variâncias discutidas nos Capítulos 4 e 7.[53] Como resultado, os testes t e F desenvolvidos sob a hipótese da normalidade são *aproximadamente* válidos em amostras grandes. A aproximação torna-se boa à medida que o tamanho da amostra cresce.[54]

2. Variáveis explanatórias estocásticas

No Capítulo 3 introduzimos o modelo clássico de regressão linear (em parâmetro) sob alguns pressupostos simplificadores. Um deles foi que as variáveis explanatórias, ou regressores, eram fixas ou não estocásticas ou, se estocásticas, eram independentes do termo de erro. Chamamos o primeiro *caso de regressor fixo* e o segundo de *regressor aleatório*.

No *caso do regressor fixo*, já conhecemos as propriedades dos estimadores de MQO (veja os Capítulos 5 e 8). No *caso do regressor aleatório*, se procedermos com o pressuposto de que nossa análise é *condicional* aos valores dados dos regressores, as propriedades dos estimadores de MQO que estudamos sob o caso do regressor fixo deverão ser válidas.

Se no caso do regressor aleatório supusermos que esses regressores e o termo de erro são distribuídos independentemente, os estimadores de MQO ainda serão não tendenciosos, mas perderão a eficiência.[55]

A situação fica complicada quando o termo de erro não é normalmente distribuído ou os regressores são estocásticos ou ambos. Nesse caso, é difícil fazer qualquer afirmação geral a respeito das propriedades de amostras finitas dos estimadores de MQO. Entretanto, sob certas condições, podemos invocar o teorema do limite central para estabelecer os estimadores de MQO de normalidade assintótica. Embora as demonstrações estejam além do escopo deste livro, podem ser encontradas em outras fontes.[56]

---

[52] Para uma discussão informal, veja MOONEY, Christopher Z.; DUVAL, Robert D. *Bootstrapping:* a nonparametric approach to statistical inference. Sage Califórnia: University Press, 1993. Para uma discussão formal, veja DAVIDSON, Russell; MACKINNON, James G. *Econometric theory and methods*. Nova York: Oxford University Press, 2004, p. 159–166.

[53] Lembre das hipóteses de Gauss-Markov, a saber, o valor esperado do termo de erro é zero, o termo de erro e cada uma das variáveis explanatórias são independentes, a variância do erro é homocedástica e não há autocorrelação no termo de erro. Também se pressupõe que a matriz de variância-covariância das variáveis explanatórias seja finita. Relaxamos a condição de independência entre o termo de erro e os regressores e supomos a condição mais fraca de que elas não são correlacionadas.

[54] A prova da normalidade assintótica dos estimadores MQO está além do escopo deste livro. Veja STOCK, James H.; WATSON, Mark W. *Introduction to econometrics*. 2. ed. Boston: Pearson/Addison Wesley, 2007. p. 710–711.

[55] Para detalhes técnicos, veja GREENE, William H. *Econometric analysis*. 6. ed. Nova Jersey: Pearson/Prentice-Hall, 2008. p. 49–50.

[56] Veja GREENE, op. cit.

13.13 Uma palavra ao pesquisador

Este capítulo tratou de muitas questões. Não há dúvida de que a construção de modelos seja uma arte e também uma ciência. Um pesquisador prático pode ficar perplexo diante das sutilezas teóricas e de tantas ferramentas diagnósticas. Mas vale lembrar da advertência de Martin Feldstein de que: "o profissional que lida com econometria aplicada, como o teórico, logo descobre pela experiência que um modelo útil não é aquele 'verdadeiro' ou 'realista', mas aquele que é parcimonioso, plausível e informativo".[57]

Peter Kennedy, da Simon Fraser University no Canadá, defende os "dez mandamentos da econometria aplicada":[58]

1. Usarás senso comum e a teoria econômica.
2. Deverás fazer as perguntas certas (colocar a relevância à frente da elegância matemática).
3. Conhecerás o contexto (não realizarás análise estatística sem conhecimento).
4. Examinarás os dados.
5. Não adorarás a complexidade. Usarás o **princípio KISS**, isto é, *manterás tudo estocasticamente simples* (do inglês, *keep it stochastically simple*).
6. Examinarás demoradamente e com rigor os resultados.
7. Estarás atento aos custos de *data mining*.
8. Estarás disposto a conciliar (não venerarás as prescrições dos manuais).
9. Não confundirás significância com substância (não confundirás significância estatística com significância prática).
10. Na presença de questões delicadas, farás tua confissão (deverás antecipar-se às críticas).

Se desejar, o leitor poderá ler o artigo de Kennedy para entender a convicção que o leva a defender os dez mandamentos. Alguns deles podem parecer irônicos, mas há certa verdade em cada um.

Resumo e conclusões

1. O pressuposto do modelo clássico de regressão linear de que o modelo econométrico usado na análise está corretamente especificado tem dois sentidos. Um deles é que não há erros de especificação da equação e o segundo é que não há erros de especificação do modelo. Neste capítulo, o foco principal foi nos erros de especificação da equação.
2. Os erros de especificação da equação examinados neste capítulo foram: (1) omissão de uma ou mais variáveis importantes; (2) inclusão de uma variável supérflua; (3) adoção da forma funcional equivocada; (4) especificação incorreta do termo de erro u_i; e (5) erros de medida no regressando e regressores.
3. Quando se omitem do modelo variáveis legítimas, as consequências são muito graves: os estimadores de MQO das variáveis mantidas no modelo não apenas são tendenciosos, mas também inconsistentes. Além disso, as variâncias e os erros padrão dessas variáveis são calculados de forma incorreta, tornando ineficientes os procedimentos habituais de teste de hipóteses.
4. As consequências da inclusão de variáveis irrelevantes no modelo felizmente são menos graves: os estimadores dos coeficientes de variáveis relevantes e também "irrelevantes" continuam sendo não tendenciosos e consistentes, e a variância do erro σ^2 continua sendo estimada corretamente. O único problema é que as variâncias estimadas tendem a ser maiores

[57] FELDSTEIN, Martin S. "Inflation, tax rules and investment: some econometric evidence." *Econometrica*, v. 30, 1982. p. 829.

[58] KENNEDY, Peter. op. cit., p. 17–18.

que o necessário, resultando em estimativa menos exata dos parâmetros. Os intervalos de confiança tendem a ser maiores que o necessário.

5. Para detectarmos os erros de especificação da equação, consideramos vários testes, como (1) o exame dos resíduos; (2) a estatística de Durbin-Watson; (3) o teste RESET de Ramsey; e (4) o teste do multiplicador de Lagrange.
6. Um tipo especial de erro de especificação refere-se à medição dos valores do regressando e dos regressores. Se há erros de medição apenas no regressando, os estimadores de MQO continuam não tendenciosos e consistentes, mas tornam-se menos eficientes. Se há erros de medição nos regressores, os estimadores de MQO passam a ser tendenciosos e inconsistentes.
7. Mesmo que se suspeite ou detecte erros de medição, as soluções não costumam ser fáceis. O uso de variáveis *proxy* ou instrumentais é teoricamente atraente, mas nem sempre é prático. Por isso, é muito importante na prática que o pesquisador seja cuidadoso quanto às fontes dos dados que emprega, como eles foram coletados, que definições foram usadas etc. Dados coletados por agências oficiais com frequência vêm com várias notas de rodapé e o pesquisador deve chamar a atenção do leitor para elas.
8. Os erros de especificação do modelo podem ser tão sérios quanto os de especificação da equação. Em particular, distinguimos entre modelos aninhados e não aninhados. Para decidir quanto ao modelo adequado, discutimos o teste *F* não aninhado, ou abrangente, o teste *F* e o teste *J* de Davidson-MacKinnon e apontamos as limitações de cada teste.
9. A escolha de modelos empíricos em pesquisas práticas resulta em um variedade de critérios. Discutimos alguns deles, como os critérios de informação de Akaike e de Schwarz, o critério C_p de Mallows e o critério de previsão χ^2. Discutimos as vantagens e desvantagens desses critérios e também advertimos o leitor de que esses critérios não são absolutos, mas sim complementares a uma cuidadosa análise de especificação.
10. Também examinamos os seguintes tópicos adicionais: (1) dados discrepantes, alavancagem e influência; (2) mínimos quadrados recursivos; e (3) teste de falhas de previsão de Chow. Abordamos o papel de cada um no trabalho aplicado.
11. Discutimos rapidamente dois casos especiais: a não normalidade do termo de erro estocástico e regressores aleatórios, e o papel da teoria de amostras grandes ou assintóticas em situações em que as propriedades de amostras pequenas ou finitas dos estimadores de MQO não podem ser estabelecidas.
12. Concluímos o capítulo apresentando os "dez mandamentos da econometria aplicada" de Peter Kennedy. Esses mandamentos têm por objetivo levar o pesquisador a ir além dos aspectos puramente técnicos da econometria.

EXERCÍCIOS

13.1. Retome a função de demanda para frangos estimada na Equação (8.6.23). Considerando os atributos de um bom modelo discutido na Seção 13.1, você poderia dizer que essa função de demanda está especificada "corretamente"?

13.2. Suponha que o modelo verdadeiro seja

$$Y_i = \beta_1 X_i + u_i \tag{1}$$

mas, em vez de se ajustar a essa regressão passando pela origem, ajustamos o modelo usual com o intercepto:

$$Y_i = \alpha_0 + \alpha_1 X_i + v_i \tag{2}$$

Avalie as consequências deste erro de especificação.

13.3. Continue com o Exercício 13.2, mas suponha que o modelo (2) seja o verdadeiro. Discuta as consequências de se ajustar o modelo (1) com erro de especificação.

13.4. Suponha que o modelo "verdadeiro" seja

$$Y_i = \beta_1 + \beta_2 X_{2i} + u_t \qquad (1)$$

mas que acrescentamos uma variável "irrelevante" X_3 ao modelo (irrelevante no sentido de que o verdadeiro coeficiente β_3 ligado à variável X_3 seja zero) e estimamos

$$Y_i = \beta_1 + \beta_2 X_{2i} + \beta_3 X_{3i} + v_i \qquad (2)$$

a. R^2 e o R^2 ajustado para o modelo (2) seriam maiores que aqueles para o modelo (1)?

b. As estimativas de β_1 e β_2 obtidas do modelo (2) são não tendenciosas?

c. A inclusão da variável "irrelevante" X_3 afetou as variâncias de $\hat{\beta}_1$ e $\hat{\beta}_2$?

13.5. Considere a seguinte função de produção (Cobb-Douglas) "verdadeira":

$$\ln Y_i = \alpha_0 + \alpha_1 \ln L_{1i} + \alpha_2 \ln L_{2i} + \alpha_3 \ln K_i + u_i$$

em que $Y =$ produção

$L_1 =$ mão de obra na produção

$L_2 =$ mão de obra fora da produção

$K =$ capital

Mas suponha que a regressão usada na pesquisa aplicada seja

$$\ln Y_i = \beta_0 + \beta_1 \ln L_{1i} + \beta_2 \ln K_i + u_i$$

Supondo que tenham sido usados dados de corte transversal relaticos às variáveis relevantes,

a. $E(\hat{\beta}_1) = \alpha_1$ e $E(\hat{\beta}_2) = \alpha_3$?

b. A resposta dada em (a) será válida se soubermos que L_2 é um insumo irrelevante na função de produção? Mostre as derivações necessárias.

13.6. Retorne às Equações (13.3.4) e (13.3.5). Como se pode ver, $\hat{\alpha}_2$, embora tendenciosa, tem uma variância menor que $\hat{\beta}_2$, que é não tendenciosa. Qual seria sua decisão diante do *trade-off* entre tendenciosidade e variância menor?

Dica: o EQM (erro quadrático médio) para os dois estimadores é expresso como

$$\begin{aligned} \text{EQM}(\hat{\alpha}_2) &= \left(\sigma^2 \Big/ \sum x_{2i}^2\right) + \beta_3^2 b_{32}^2 \\ &= \text{variância amostral + quadrado do viés} \\ \text{EQM}(\hat{\beta}_2) &= \sigma^2 \Big/ \sum x_2^2 \left(1 - r_{23}^2\right) \end{aligned}$$

Sobre o EQM, veja o **Apêndice A**.

13.7. Mostre que o β estimado da Equação (13.5.1) ou da (13.5.3) fornece uma estimativa não tendenciosa do verdadeiro β.

13.8. De acordo com a hipótese da renda permanente de Friedman, podemos escrever

$$Y_i^* = \alpha + \beta X_i^* \qquad (1)$$

em que $Y_i^* =$ despesas de consumo "permanentes" e $X_i^* =$ renda "permanente". Em vez de observarmos as variáveis "permanentes", observamos

$$Y_i = Y_i^* + u_i$$
$$X_i = X_i^* + v_i$$

em que Y_i e X_i são as quantidades que podem ser observadas ou medidas e u_i e v_i são erros de medição em Y^* e X^*, respectivamente.

Usando as quantidades observáveis, podemos escrever a função de consumo como

$$Y_i = \alpha + \beta(X_i - v_i) + u_i$$
$$= \alpha + \beta X_i + (u_i - \beta v_i) \quad (2)$$

Supondo que (1) $E(u_i) = E(v_i) = 0$, (2) var $(u_i) = \sigma_u^2$ e var $(v_i) = \sigma_v^2$, (3) cov $(Y_i^*, u_i) = 0$, cov $(X_i^*, v_i) = 0$, e (4) cov $(u_i, X_i^*) =$ cov $(v_i, Y_i^*) =$ cov $(u_i, v_i) = 0$, mostre que em grandes amostras o β estimado da Equação (2) pode ser expresso como

$$plim(\hat{\beta}) = \frac{\beta}{1 + (\sigma_v^2/\sigma_{X^*}^2)}$$

a. O que você pode dizer sobre a natureza do viés em $\hat{\beta}$?

b. Se o tamanho da amostra aumentar indefinidamente, o β estimado tenderá a igualar-se ao verdadeiro β?

13.9. *Modelo de formação de preços de ativos com risco*. O modelo de formação de preços de ativos com risco (CAPM) da moderna teoria do investimento postula a seguinte relação entre a taxa média de retorno de um título (ação), medida em determinado período, e a volatilidade do título, chamada de *coeficiente beta* (a volatilidade como medida de risco):

$$\bar{R}_i = \alpha_1 + \alpha_2(\beta_i) + u_i \quad (1)$$

em que $\bar{R}_i =$ taxa média de retorno do título i

$\beta_i =$ verdadeiro coeficiente beta do título i

$u_i =$ termo de erro estocástico

O verdadeiro β_i não é diretamente observável, mas é medido como se segue:

$$r_{it} = \alpha_1 + \beta^* r_{m_t} + e_t \quad (2)$$

em que $r_{it} =$ taxa de retorno do título i para o período t

$r_{mt} =$ taxa de retorno de mercado para o período t (esta é a taxa de retorno para algum índice de mercado amplo, como o índice S&P para títulos de empresas industriais)

$e_t =$ termo residual

e β^* é uma estimativa do "verdadeiro" coeficiente beta. Na prática, em vez de estimar a Equação (1), estima-se

$$\bar{R}_i = \alpha_1 + \alpha_2(\beta_i^*) + u_i \quad (3)$$

em que β_i^* são obtidos da regressão (2). Mas, uma vez que os β_i^* são estimados, a relação entre o verdadeiro β e β^* pode ser escrita como

$$\beta_i^* = \beta_i + v_i \quad (4)$$

em que v_i pode ser chamado erro de medida.

a. Qual será o efeito desse erro de medida na estimativa de α_2?

b. O α_2 estimado da Equação (3) fornece uma estimativa não tendenciosa do verdadeiro α_2? Se não fornecer, será uma estimativa consistente de α_2? Se não for, que medidas corretivas você sugere?

13.10. Considere o modelo

$$Y_i = \beta_1 + \beta_2 X_{2i} + u_i \tag{1}$$

Para descobrir se o modelo tem erro de especificação por omitir a variável X_3 do modelo, você decide regredir os resíduos obtidos do modelo (1) somente na variável X_3 . (*Nota*: há um intercepto nesta regressão.) O teste do multiplicador de Lagrange (ML), no entanto, exige que se efetue a regressão dos resíduos do modelo (1) contra X_2 e X_3 e uma constante. Por que é provável que este procedimento seja inadequado?*

13.11. Considere o modelo

$$Y_i = \beta_1 + \beta_2 X_i^* + u_i$$

Na prática medimos X_i^* por X_i tal que

a. $X_i = X_i^* + 5$

b. $X_i = 3X_i^*$

c. $X_i = (X_i^* + \varepsilon_i)$, em que ε_i é um termo puramente aleatório com as propriedade usuais

Qual será o efeito desses erros de medida sobre a estimativa dos verdadeiros β_1 e β_2?

13.12. Retorne às Equações (13.3.1) e (13.3.2). De uma maneira semelhante à Equação (13.3.3) mostre que

$$E(\hat{\alpha}_1) = \beta_1 + \beta_3(\bar{X}_3 - b_{32}\bar{X}_2)$$

em que b_{32} é o coeficiente angular na regressão da variável omitida X_3 contra a variável incluída X_2.

13.13. Avalie criticamente a seguinte opinião de Leamer:†

> Meu interesse em metaestatística [a teoria da inferência que decorre realmente dos dados] vem de minhas observações do trabalho dos economistas. A opinião de que a teoria econométrica é irrelevante é mantida pela maioria dos economistas. É esperado que a ampla lacuna entre a teoria e a prática econométrica cause tensão nos profissionais. De fato, um equilíbrio permeia nossos encontros [profissionais] e publicações. Estamos tranquilamente divididos entre um clero celibatário de estatísticos teóricos, de um lado, e uma legião de analistas de dados, pecadores inveterados, de outro. Os padres têm o poder de dizer o que é pecado e são reverenciados por seus dons. Não se espera que os pecadores evitem pecar; eles só precisam confessar francamente seus erros.

13.14. Avalie a seguinte afirmação de Henry Theil:‡

> Dados os conhecimentos atuais, o procedimento mais sensato é fazer uma interpretação não rigorosa dos coeficientes de confiança e dos limites de significância quando se calculam intervalos de confiança e testes estatísticos por meio da regressão final da forma convencional. Isto é, um coeficiente de confiança de 95% pode, na verdade, ser um coeficiente de 80% e um nível de significância de 1% pode ser um nível de 10%.

* Veja MADDALA, op. cit., p. 477.

† LEAMER, Edward E. *Specification searches*: Ad Hoc Inference with Nonexperimental Data. Nova York: John Wiley & Sons, 1978. p. vi.

‡ THEIL, Henry. *Principles of econometrics*. Nova York: John Wiley & Sons, 1971. p. 605–606.

13.15. Comentando os métodos econométricos praticados na década de 1950 e início dos anos 1960, Blaug afirmou:*

> [. . .] grande parte dela [da pesquisa aplicada] é como jogar tênis com a rede abaixada: em lugar de tentar refutar as previsões comprováveis, os economistas modernos ficam, muito frequentemente, satisfeitos em demonstrar que o mundo real conforma-se às suas previsões, substituindo, assim, a falsificação [*a la* Popper], o que é difícil, pela fácil verificação.

Você concorda com essa opinião? Pode ser interessante consultar o livro de Blaug para entender melhor a visão dele.

13.16. De acordo com Blaug, "não existe uma lógica da comprovação, mas sim da refutação".** O que ele quis dizer com isso?

13.17. Consulte o modelo de St. Louis discutido no texto. Lembrando dos problemas associados ao teste *F* aninhado, avalie criticamente os resultados apresentados na regressão (13.8.4).

13.18. Suponha que o verdadeiro modelo seja

$$Y_i = \beta_1 + \beta_2 X_i + \beta_3 X_i^2 + \beta_4 X_i^3 + u_i$$

mas que se tenha estimado

$$Y_i = \alpha_1 + \alpha_2 X_i + v_i$$

Se forem usadas as observações de Y em $X = -3, -2, -1, 0, 1, 2, 3$, e estimado o modelo "incorreto", que viés resultará nessas estimativas?†

13.19. Para ver se a variável X_i^2 pertence ao modelo $Y_i = \beta_1 + \beta_2 X_i + u_i$, o teste RESET de Ramsey estimaria o modelo linear, obtendo os valores estimados de Y_i com base neste modelo $[\hat{Y}_i = \hat{\beta}_1 + \hat{\beta}_2 X_i]$ e então estimaria o modelo $Y_i = \alpha_1 + \alpha_2 X_i + \alpha_3 \hat{Y}_i^2 + v_i$ e testaria a significância de α_3. Demonstre que, se $\hat{\alpha}_3$ for estatisticamente significativo na equação anterior (RESET), isto seria equivalente a estimar o seguinte modelo diretamente: $Y_i = \beta_1 + \beta_2 X_i + \beta_3 X_i^2 + u_i$. (Dica: Substitua por $\hat{Y}_i$ na regressão RESET.)‡

13.20. Indique se estas afirmações são verdadeiras ou falsas.§

a. Uma observação pode ser influente sem constituir um dado discrepante.

b. Uma observação pode ser um dado discrepante sem ser influente.

c. Uma observação pode ser tanto um dado discrepante quanto influente.

d. Se no modelo $Y_i = \beta_1 + \beta_2 X_i + \beta_3 X_i^2 + u_i \hat{\beta}_3$ for estatisticamente significativo, devemos reter o termo linear X_i mesmo que $\hat{\beta}_2$ seja estatisticamente insignificante.

e. Se estimarmos o modelo $Y_i = \beta_1 + \beta_2 X_{2i} + \beta_3 X_{3i} + u_i$ ou $Y_i = \alpha_1 + \beta_2 x_{2i} + \beta_3 x_{3i} + u_i$ por MQO, a linha de regressão estimada será a mesma, em que $x_{2i} = (X_{2i} - \bar{X}_2)$ e $x_{3i} = (X_{3i} - \bar{X}_3)$.

Exercícios aplicados

13.21. Use os dados do Exercício 7.19 relativos à demanda de frangos. Suponha que lhe digam que a verdadeira função de demanda é:

$$\ln Y_t = \beta_1 + \beta_2 \ln X_{2t} + \beta_3 \ln X_{3t} + \beta_6 \ln X_{6t} + u_t \qquad \textbf{(1)}$$

---

* BLAUG, M. *The methodology of economics. Or how economists explain.* Nova York: Cambridge University Press, 1980. p. 256.

** Ibid., p. 14.

† Adaptado de SEBEIR, G. A. F. *Linear regression analysis.* Nova York: John Wiley & Sons, 1977. p. 176.

‡ Adaptado de Peterson, Kerry. op. cit., p. 184–185.

§ Adaptado de DRAPER, Norman R.; SMITH, Harry, op. cit., p. 606–607.

mas você discorda e calcula a seguinte função de demanda:

$$\ln Y_t = \alpha_1 + \alpha_2 \ln X_{2t} + \alpha_3 \ln X_{3t} + v_t \quad (2)$$

em que Y = consumo *per capita* de frango (libras-peso)

X_2 = renda real disponível *per capita*

X_3 = preço do frango no varejo

X_6 = preço real composto de carnes que substituem o frango

a. Efetue os testes RESET e ML de erros de especificação, supondo que a função de demanda (1) dada seja a verdadeira.

b. Suponha que $\hat{\beta}_6$ na Equação (1) seja estatisticamente insignificante. Isso indica que não há erro de especificação se ajustarmos a Equação (2) aos dados?

c. Se $\hat{\beta}_6$ for insignificante, isso indica que não deveríamos introduzir o preço de um ou mais produtos substitutos como argumento na função de demanda?

13.22. Continue o Exercício 13.21. Estritamente para fins pedagógicos, suponha que o modelo (2) seja a verdadeira função de demanda.

a. Se agora estimarmos o modelo (1), que tipo de erro de especificação será cometido neste caso?

b. Quais as consequências teóricas desse erro de especificação? Ilustre com os dados disponíveis.

13.23. O modelo verdadeiro é

$$Y_i^* = \beta_1 + \beta_2 X_i^* + u_i \quad (1)$$

mas, devido aos erros de medida estimados,

$$Y_i = \alpha_1 + \alpha_2 X_i + v_i \quad (2)$$

em que $Y_i = Y_i^* + \varepsilon_i$ e $X_i = X_i^* + w_i$, em que ε_i e w_i são erros de medida.

Usando os dados da Tabela 13.2, documente as consequências de estimar o modelo (2) em vez de o modelo verdadeiro (1).

13.24. *Experimento de Monte Carlo.** Dez indivíduos tinham as seguintes rendas semanais permanentes: \$ 200, 220, 240, 260, 280, 300, 320, 340, 380 e 400. O consumo permanente (Y_i^*) estava relacionado com a renda permanente X_i^* como

$$Y_i^* = 0{,}8X_i^* \quad (1)$$

Cada um desses indivíduos tinha renda transitória igual a 100 vezes um número aleatório u_i tirado de uma população normal com média = 0 e $\sigma_2 = 1$ (isto é, variável normal padrão). Suponha que não haja componente transitório no consumo. O consumo medido e o consumo permanente são iguais.

a. Extraia 10 números aleatórios de uma população normal com média zero e variância unitária e obtenha 10 números para a renda medida X_i $(= X_i^* + 100u_i)$.

b. Estime a regressão do consumo permanente (= observado) contra a renda observada usando os dados obtidos em (*a*) e compare seus resultados com os da Equação (1). *A priori*, o intercepto deveria ser zero (por quê?). É esse o caso? Por quê?

c. Repita (*a*) 100 vezes e obtenha 100 regressões como mostrado em (*b*) e compare seus resultados com a verdadeira regressão (1). Que conclusões gerais você tira?

---

* Adaptado de DOUGHERTY, Christopher. *Introduction to econometrics*. Nova York: Oxford University Press, 1992, p. 253–256.

13.25. Retome o Exercício 8.26. Com as definições das variáveis dadas lá, considere os seguintes modelos para explicar Y:

$$\text{Modelo A: } Y_t = \alpha_1 + \alpha_2 X_{3t} + \alpha_3 X_{4t} + \alpha_4 X_{6t} + u_t$$

$$\text{Modelo B: } Y_t = \beta_1 + \beta_2 X_{2t} + \beta_3 X_{5t} + \beta_4 X_{6t} + u_t$$

Usando o teste F aninhado, como você escolheria entre os dois modelos?

13.26. Continue com o Exercício 13.25. Usando o teste J, como você decidiria entre os dois modelos?

13.27. Retorne ao Exercício 7.19, relacionado à demanda de frango nos Estados Unidos. Nele foram apresentados cinco modelos.

a. Qual a diferença entre o modelo 1 e o modelo 2? Se o modelo 2 estiver correto e você estimar o modelo 1, que tipo de erro cometerá? Que teste aplicaria: a equação de erro de especificação ou o erro de seleção de modelo? Mostre os cálculos necessários.

b. Entre os modelos 1 e 5, qual você escolheria? Que testes usaria e por quê?

13.28. Retorne à Tabela 8.11, que apresenta os dados sobre poupança pessoal (Y) e renda pessoal disponível (X) para o período de 1970-2005. Agora considere os seguintes modelos:

$$\text{Modelo A: } Y_t = \alpha_1 + \alpha_2 X_t + \alpha_3 X_{t-1} + u_t$$

$$\text{Modelo B: } Y_t = \beta_1 + \beta_2 X_t + \beta_3 Y_{t-1} + u_t$$

Como você faria a escolha entre esses dois modelos? Descreva com clareza os procedimentos de teste a serem usados e mostre todos os cálculos. Suponha que alguém afirme que a variável taxa de juros pertença à função de poupança. Como você testaria isso? Faça coleta dos dados de Letras do Tesouro durante três meses como um *proxy* para os juros e apresente a demonstração de sua resposta.

13.29. Use os dados do Exercício 13.28. Para familiarizar-se com os mínimos quadrados recursivos, estime a função de poupança para 1970-1981, 1970-1985, 1970-1990 e 1970-1995. Comente sobre a estabilidade dos coeficientes estimados nas funções de poupança.

13.30. Continue com o Exercício 13.29, mas agora use os dados atualizados na Tabela 8.10.

a. Suponha que você faça uma estimativa da função de poupança para 1970-1981. Usando os parâmetros estimados e os dados da renda pessoal disponível de 1982-2000, calcule a poupança prevista para o último período e use o teste de falha de previsão para descobrir se ele rejeita a hipótese de que a função de poupança entre os dois períodos de tempo não mudou.

b. Agora estime a função de poupança para os dados de 2000-2005. Compare os resultados da função para o período 1982-2000 usando o mesmo método (teste de falhas de previsão de Chow). Há mudança significativa na função de poupança entre os dois períodos?

13.31. *Omissão de uma variável no modelo de regressão com k variáveis*. Consulte a Equação (13.3.3), que mostra o viés na omissão da variável X_3 do modelo $Y_i = \beta_1 + \beta_2 X_{2i} + \beta_3 X_{3i} + u_i$. Isso pode ser generalizado como se segue: no modelo de k variáveis $Y_i = \beta_1 + \beta_2 X_{2i} + ...,$ $+ \beta_k X_{ki} + u_i$, suponha que a variável X_k seja omitida. Então, pode-se demonstrar que o viés decorrente da omissão da variável no coeficiente angular da variável incluída X_j é:

$$E(\hat{\beta}_j) = \beta_j + \beta_k b_{kj} \qquad j = 2, 3, \ldots, (k-1)$$

em que b_{kj} é o coeficiente angular (parcial) de X_j na regressão auxiliar da variável excluída X_k em todas as variáveis explanatórias incluídas no modelo.*

Retome o Exercício 13.21. Descubra o viés dos coeficientes na Equação (1) se excluirmos a variável ln X_6 do modelo. Essa exclusão é grave? Mostre os cálculos necessários.

* Isso pode ser generalizado para o caso em que mais de uma variável relevante X seja excluída do modelo. Sobre isso, veja MUKHERJEE, Chandan et al., op. cit., p. 215.

Apêndice 13A

13A.1 A prova de que $E(b_{12}) = \beta_2 + \beta_3 b_{32}$

Na forma de desvio, o modelo de regressão populacional com três variáveis pode ser escrito como

$$y_i = \beta_2 x_{2i} + \beta_3 x_{3i} + (u_i - \bar{u}) \tag{1}$$

Primeiro multiplicando por x_2 e então por x_3, as equações normais usuais são

$$\sum y_i x_{2i} = \beta_2 \sum x_{2i}^2 + \beta_3 \sum x_{2i} x_{3i} + \sum x_{2i}(u_i - \bar{u}) \tag{2}$$

$$\sum y_i x_{3i} = \beta_2 \sum x_{2i} x_{3i} + \beta_3 \sum x_{3i}^2 + \sum x_{3i}(u_i - \bar{u}) \tag{3}$$

Dividindo a Equação (2) por $\sum x_{2i}^2$ em ambos os lados, obtemos

$$\frac{\sum y_i x_{2i}}{\sum x_{2i}^2} = \beta_2 + \beta_3 \frac{\sum x_{2i} x_{3i}}{\sum x_{2i}^2} + \frac{\sum x_{2i}(u_i - \bar{u})}{\sum x_{2i}^2} \tag{4}$$

Agora, relembrando que

$$b_{12} = \frac{\sum y_i x_{2i}}{\sum x_{2i}^2}$$

$$b_{32} = \frac{\sum x_{2i} x_{3i}}{\sum x_{2i}^2}$$

A Equação (4) pode ser escrita como

$$b_{12} = \beta_2 + \beta_3 b_{32} + \frac{\sum x_{2i}(u_i - \bar{u})}{\sum x_{2i}^2} \tag{5}$$

Tomando o valor esperado da Equação (5) em ambos os lados, obtemos

$$E(b_{12}) = \beta_2 + \beta_3 b_{32} \tag{6}$$

em que usamos os fatos de que (*a*) para uma dada amostra, b_{32} é uma quantidade conhecida, fixa, (*b*) β_2 e β_3 são constantes e (*c*) u_i não está correlacionado com X_{2i} (nem com X_{3i}).

13A.2 Consequências de incluir uma variável irrelevante: a propriedade de não tendenciosidade

Para o verdadeiro modelo (13.3.6), temos

$$\hat{\beta}_2 = \frac{\sum y x_2}{\sum x_2^2} \tag{1}$$

e sabemos que ele não é tendencioso.

Para o modelo (13.3.7), obtemos

$$\hat{\alpha}_2 = \frac{\left(\sum y x_2\right)\left(\sum x_3^2\right) - \left(\sum y x_3\right)\left(\sum x_2 x_3\right)}{\sum x_2^2 \sum x_3^2 - \left(\sum x_2 x_3\right)^2} \tag{2}$$

$$y_i = \beta_2 x_2 + (u_i - \bar{u}) \tag{3}$$

Substituindo y_i do modelo (3) no modelo (2) e simplificando, obtemos

$$E(\hat{\alpha}_2) = \beta_2 \frac{\sum x_2^2 \sum x_3^2 - \left(\sum x_2 x_3\right)^2}{\sum x_2^2 \sum x_3^2 - \left(\sum x_2 x_3\right)^2} = \beta_2 \tag{4}$$

isto é, $\hat{\alpha}_2$ permanece não tendencioso. Também obtemos

$$\hat{\alpha}_3 = \frac{\left(\sum yx_3\right)\left(\sum x_2^2\right) - \left(\sum yx_2\right)\left(\sum x_2 x_3\right)}{\sum x_2^2 \sum x_3^2 - \left(\sum x_2 x_3\right)^2} \tag{5}$$

Substituindo y_i do modelo (3) no modelo (5) e simplificando, obtemos

$$E(\hat{\alpha}_3) = \beta_2 \frac{\left[\left(\sum x_2 x_3\right)\left(\sum x_2^2\right) - \left(\sum x_2 x_3\right)\left(\sum x_2^2\right)\right]}{\sum x_2^2 \sum x_3^2 - \left(\sum x_2 x_3\right)^2} = 0 \tag{6}$$

que é seu valor no modelo verdadeiro já que X_3 está ausente do modelo verdadeiro.

13A.3 A prova da equação (13.5.10)

Temos

$$Y = \alpha + \beta X_i^* + u_i \tag{1}$$

$$X_i = X_i^* + w_i \tag{2}$$

Portanto, na forma de desvio, temos

$$y_i = \beta x_i^* + (u_i - \bar{u}) \tag{3}$$

$$x_i = x_i^* + (w_i - \bar{w}) \tag{4}$$

Agora, quando usamos

$$Y_i = \alpha + \beta X_i + u_i \tag{5}$$

obtemos

$$\hat{\beta} = \frac{\sum yx}{\sum x^2}$$

$$= \frac{\sum[\beta x^* + (u - \bar{u})][x^* + (w - \bar{w})]}{\sum[x^* + (w - \bar{w})]^2} \qquad \text{usando (3) e (4)}$$

$$= \frac{\beta \sum x^{*2} + \beta \sum x^*(w - \bar{w}) + \sum x^*(u - \bar{u}) + \sum(u - \bar{u})(w - \bar{w})}{\sum x^{*2} + 2\sum x^*(w - \bar{w}) + \sum(w - \bar{w})^2}$$

Como não podemos subtrair as expectativas dessa expressão, pois a expectativa da razão entre duas variáveis não é igual à razão de suas expectativas (*Nota:* o operador de expectativas E é linear), primeiro dividimos cada termo do numerador e do denominador por n e tomamos o limite de probabilidade, plim (veja o **Apêndice A** para detalhes do *plim*), de

$$\hat{\beta} = \frac{(1/n)\left[\beta \sum x^{*2} + \beta \sum x^*(w - \bar{w}) + \sum x^*(u - \bar{u}) + \sum(u - \bar{u})(w - \bar{w})\right]}{(1/n)\left[\sum x^{*2} + 2\sum x^*(w - \bar{w}) + \sum(w - \bar{w})^2\right]}$$

Agora, o limite de probabilidade da razão de duas variáveis é a razão de seus limites de probabilidade. Aplicando essa regra e tomando o plim de cada termo, obtemos

$$plim\hat{\beta} = \frac{\beta\sigma_{X^*}^2}{\sigma_{X^*}^2 + \sigma_w^2}$$

em que $\sigma_{X^*}^2$ e σ_w^2 são variâncias de X^* e de w quando o tamanho da amostra aumenta indefinidamente e usamos o fato de que enquanto o tamanho da amostra aumenta indefinidamente não há correlação entre os erros u e w, bem como entre eles e o verdadeiro X^*. Da expressão anterior, obtemos

$$plim\,\hat{\beta} = \beta\left[\frac{1}{1 + \left(\sigma_w^2/\sigma_{X^*}^2\right)}\right]$$

que é o resultado exigido.

13A.4 A prova da equação (13.6.2)

Uma vez que não há intercepto no modelo, a estimativa de α, de acordo com a fórmula da regressão que passa pela origem, é a seguinte:

$$\hat{\alpha} = \frac{\sum X_i Y_i}{\sum X_i^2} \tag{1}$$

Substituindo Y do modelo verdadeiro (13.2.8), obtemos

$$\hat{\alpha} = \frac{\sum X_i(\beta X_i u_i)}{\sum X_i^2} = \beta\frac{\sum X_i^2 u_i}{\sum X_i^2} \tag{2}$$

A teoria estatística mostra que $\ln u_i \sim N(0, \sigma^2)$ então

$$u_i \sim \text{log normal}\left[e^{\sigma^2/2},\; e^{\sigma^2}\left(e^{\sigma^2-1}\right)\right] \tag{3}$$

Portanto,

$$\begin{aligned}
E(\hat{\alpha}) &= \beta E\left(\frac{\sum X_i^2 u_i}{\sum X_i^2}\right) \\
&= \beta\left(E\frac{\left(X_1^2u_1 + X_2^2u_2 + \cdots + X_n^2u_n\right)}{\sum X_i^2}\right) \\
&= \beta e^{\sigma^2/2}\left(\frac{\sum X_i^2}{\sum X_i^2}\right) = \beta e^{\sigma^2/2}
\end{aligned}$$

em que se usa o fato de que os X são não estocásticos e cada u_i tem um valor esperado de $e^{\sigma^2/2}$.

Como $E(\hat{\alpha}) \neq \beta$, $\hat{\alpha}$ é um estimador tendencioso de β.

Parte 3

Tópicos em econometria

Na **Parte 1** introduzimos o modelo clássico de regressão linear com todas as suas hipóteses. Na **Parte 2** examinamos detalhadamente as consequências que se seguem quando uma ou mais dessas hipóteses não são satisfeitas e o que pode ser feito nessa situação. Na **Parte 3**, estudaremos algumas técnicas econométricas selecionadas e bastante aplicadas. Examinaremos principalmente os seguintes tópicos: (1) modelos de regressão não linear nos parâmetros; (2) modelos de regressão de resposta qualitativa; (3) modelos de regressão com dados em painel; e (4) modelos econométricos dinâmicos.

No Capítulo 14, veremos modelos *intrinsecamente* não lineares nos parâmetros. Com a grande disponibilidade de programas especializados, não há mais dificuldade para estimar esses modelos. Embora os cálculos matemáticos possam assustar alguns leitores, as ideias básicas dos modelos de regressão não linear nos parâmetros podem ser explicadas intuitivamente. Este capítulo mostra, com auxílio de exemplos adequados, como esses modelos podem ser estimados e interpretados.

No Capítulo 15, trataremos de modelos de regressão cuja variável dependente é de natureza qualitativa. Esse capítulo complementa, portanto, o Capítulo 9, em que examinamos os modelos em que as variáveis explanatórias eram de natureza qualitativa. O objetivo básico do Capítulo 15 é a formulação de modelos em que o regressando é do tipo sim ou não. Como os MQO impõem vários problemas à estimativa de tais modelos, foram elaboradas diversas alternativas. Aqui trataremos de duas delas: os **modelos logit** e **probit**. Também examinaremos diversas variantes dos modelos de escolha qualitativa como o **modelo Tobit** e o **modelo de regressão de Poisson**. Discutiremos ainda, brevemente, algumas extensões de tais modelos como o **probit ordenado**, o **logit ordenado** e o **logit multinomial**.

No Capítulo 16, discutiremos os **modelos de regressão com dados em painel**. Estes combinam observações de séries temporais e de corte transversal. Embora, ao combinarmos essas observações, aumentemos o tamanho da amostra, os modelos de regressão lançam vários desafios para sua estimação. No Capítulo 16, examinaremos apenas os aspectos essenciais e daremos orientações para os leitores aprofundarem esse estudo.

No Capítulo 17, trataremos dos modelos de regressão que incluem valores atuais e passados, ou defasados, das variáveis explanatórias, bem como os que incluem um ou mais valores defasados da variável dependente como uma das variáveis explanatórias. Estes são denominados, respectivamente, **modelos com defasagens distribuídas** e **modelos autorregressivos**. Embora sejam extremamente úteis na econometria empírica, apresentam alguns problemas de estimação especiais por não seguirem uma ou mais das hipóteses do modelo clássico de regressão. Consideramos esses problemas no contexto dos modelos de Koyck, de expectativas adaptativas (EA) e de ajustamento parcial. Também destacaremos as críticas feitas ao modelo EA pelos defensores da chamada escola das expectativas racionais (ER).

Capítulo **14**

Modelos de regressão não linear

A principal ênfase deste livro é nos modelos de regressão linear, ou seja, modelos com parâmetros lineares e/ou que possam ser transformados de modo que tenham parâmetros lineares. No entanto, em certas ocasiões, as razões teóricas ou empíricas levam-nos a considerar modelos não lineares nos parâmetros.[1] Neste capítulo, veremos esses modelos e suas características especiais.

14.1 Modelos de regressão intrinsecamente linear e não linear

Quando começamos nossa discussão de modelos de regressão linear no Capítulo 2, afirmamos que neste livro nos ocuparíamos basicamente dos modelos de regressão linear nos parâmetros, podendo ter ou não variáveis não lineares. Se voltarmos à Tabela 2.3, veremos que um modelo que é linear nos parâmetros e nas variáveis é de regressão linear, do mesmo modo que um modelo linear nos parâmetros, mas não nas variáveis. Por outro lado, se o modelo é não linear nos parâmetros, ele será de regressão não linear (nos parâmetros), mesmo se as variáveis forem lineares ou não.

Porém, é preciso estar atento, pois alguns modelos podem parecer não lineares nos parâmetros, mas são **inerente** ou **intrinsecamente lineares**, porque, com as devidas transformações, podem tornar-se modelos de regressão linear nos parâmetros. Mas, se eles não puderem ser linearizados nos parâmetros, serão denominados **modelos de regressão intrinsecamente não linear**. *De agora em diante, ao falar de modelos de regressão não linear, estaremos considerando que sejam modelos de regressão intrinsecamente não linear.* Nós os chamaremos de **MRINL**.

Para deixar bem clara a distinção entre os dois, retomaremos os Exercícios 2.6 e 2.7. No primeiro deles, os modelos **a**, **b** e **c** são de regressão linear, porque ele são todos lineares nos parâmetros. O modelo **d** é uma mistura, pois β_2 é linear, mas ln β_1 não é. Mas, se fazemos $\alpha = \text{In}\,\beta_1$, então esse modelo é linear em α *e* β_2.

No Exercício 2.7, os modelos **d** e **e** são de regressão intrinsecamente não linear, pois não há uma maneira simples de torná-los lineares. O modelo **c** é obviamente o de uma regressão linear. Mas e os modelos **a** e **b**? Tirando os logaritmos dos dois lados de **a**, obtemos ln $Y_i = \beta_1 + \beta_2 X_i + u_i$, que é linear nos parâmetros. Portanto, o modelo **a** é um modelo de regressão intrinsecamente linear. O modelo **b** é um exemplo da **função de distribuição (de probabilidade) logística** e será estudado no Capítulo 15. Aparentemente, trata-se de um modelo de regressão não linear, mas um simples artifício matemático consegue transformá-lo em um modelo de regressão linear, a saber:

[1] Observamos, no Capítulo 4, que, sob a premissa de normalidade do termo de erro, os estimadores de MQO não são apenas os melhores estimadores lineares não tendenciosos (MELNT), mas também os melhores estimadores não tendenciosos em toda a classe de estimadores, lineares ou não. Mas, se não seguirmos a premissa da normalidade, é possível, como ressaltam Davidson e McKinnon, obter estimadores não lineares e/ou tendenciosos que podem ter melhor desempenho que os estimadores de MQO. Veja DAVIDSON, Russell; MACKINNON, James G. *Estimation and inference in econometrics*. Nova York: Oxford University Press, 1993. p. 161.

$$\ln\left(\frac{1 - Y_i}{Y_i}\right) = \beta_1 + \beta_2 X_i + u_i \tag{14.1.1}$$

Portanto, o Modelo **b** é intrinsecamente linear. Veremos a utilidade de modelos como a Equação (14.1.1) no próximo capítulo.

Agora, considere a **função de produção Cobb-Douglas (C–D)**. Sendo Y = produção, X_2 = insumo trabalho e X_3 = insumo capital, escreveremos esta função de três maneiras diferentes:

$$Y_i = \beta_1 X_{2i}^{\beta_2} X_{3i}^{\beta_3} e^{u_i} \tag{14.1.2}$$

ou

$$\ln Y_i = \alpha + \beta_2 \ln X_{2i} + \beta_3 \ln X_{3i} + u_i \tag{14.1.2a}$$

em que $\alpha = \ln \beta_1$. Assim, neste formato, a função, C–D é intrinsecamente linear.

Agora, considere esta versão da função C–D:

$$Y_i = \beta_1 X_{2i}^{\beta_2} X_{3i}^{\beta_3} u_i \tag{14.1.3}$$

ou

$$\ln Y_i = \alpha + \beta_2 \ln X_{2i} + \beta_3 \ln X_{3i} + \ln u_i \tag{14.1.3a}$$

em que $\alpha = \ln \beta_1$. Este modelo também é linear nos parâmetros.

Mas agora considere a seguinte versão da função C-D:

$$Y_i = \beta_1 X_{2i}^{\beta_2} X_{3i}^{\beta_3} + u_i \tag{14.1.4}$$

Como notamos, as versões C-D (14.1.2*a*) e (14.1.3*a*) são modelos de regressão intrinsecamente linear (nos parâmetros), mas não há como transformar a Equação (14.1.4) de modo que o modelo transformado possa tornar-se linear nos parâmetros.[2] Portanto, a Equação (14.1.4) é, intrinsecamente, um modelo de regressão não linear.

Outra função conhecida, mas intrinsecamente não linear, é a função de produção com **elasticidade de substituição constante (CES)**, sendo a função Cobb-Douglas um caso especial. A função CES tem a seguinte forma:

$$Y_i = A\left[\delta K_i^{-\beta} + (1 - \delta) L_i^{-\beta}\right]^{-1/\beta} \tag{14.1.5}$$

em que Y = produção, K = insumo capital, L = insumo trabalho, A = parâmetro de escala, δ = parâmetro de distribuição ($0 < \delta < 1$), β = parâmetro de substituição ($\beta \geq -1$).[3] Não importa de que forma o termo de erro estocástico u_i é incluído nesta função de produção, não há como torná-la um modelo de regressão linear (nos parâmetros); é intrinsecamente um modelo de regressão não linear.

14.2 Estimação dos modelos de regressão linear e não linear

Para entender a diferença entre a estimação dos modelos de regressão linear e não linear, considere os seguintes modelos:

$$Y_i = \beta_1 + \beta_2 X_i + u_i \tag{14.2.1}$$

$$Y_i = \beta_1 e^{\beta_2 X_i} + u_i \tag{14.2.2}$$

[2] Se tentarmos transformar o modelo em logaritmo, ele não funcionará, porque $\ln(A + B) \neq \ln A + \ln B$.

[3] Para propriedades da função de produção CES, veja INTRILIGATOR, Michael D.; BODKIN, Ronald; HSIAO, Cheng. *Econometric models, techniques, and applications*. 2. ed. Prentice Hall, 1996. p. 294–295.

A esta altura sabemos que a Equação (14.2.1) é um modelo de regressão linear, enquanto a Equação (14.2.2) é não linear. A regressão (14.2.2) é conhecida como **modelo de regressão exponencial**, sendo muitas vezes empregada para medir o crescimento de uma variável, como a população, o PIB ou a oferta de moeda.

Suponha que desejemos estimar os parâmetros desses dois modelos pelos mínimos quadrados ordinários. Os MQO minimizarão a soma dos quadrados dos resíduos (SQR) que, no caso do modelo (14.2.1), é:

$$\sum \hat{u}_i^2 = \sum (Y_i - \hat{\beta}_1 - \hat{\beta}_2 X_i)^2 \tag{14.2.3}$$

em que, como de costume, $\hat{\beta}_1$ e $\hat{\beta}_2$ são os estimadores de MQO dos verdadeiros β. Diferenciando a expressão anterior em relação às duas incógnitas, obtemos as **equações normais** apresentadas nas Equações (3.1.4) e (3.1.5). Resolvendo as equações simultaneamente, obteremos os estimadores de MQO dados nas Equações (3.1.6) e (3.1.7). Observe atentamente que, nessas equações, as incógnitas (β) estão do lado esquerdo e os valores conhecidos (X e Y), do lado direito. Como resultado, obtemos as soluções explícitas para os dois termos.

Agora vejamos o que acontece se tentarmos minimizar as SQR da Equação (14.2.2). Como é apresentado no Apêndice 14A, Seção 14A.1, as equações normais que correspondem às Equações (3.1.4) e (3.1.5) são as seguintes:

$$\sum Y_i e^{\hat{\beta}_2 X_i} = \beta_1 e^{2\hat{\beta}_2 X_i} \tag{14.2.4}$$

$$\sum Y_i X_i e^{\hat{\beta}_2 X_i} = \hat{\beta}_1 \sum X_i e^{2\hat{\beta}_2 X_i} \tag{14.2.5}$$

Ao contrário das equações normais do modelo de regressão linear, as do modelo não linear apresentam incógnitas (os $\hat{\beta}$) dos dois lados das equações. Em consequência, *não podemos obter soluções explícitas* para as incógnitas com base nos valores conhecidos. Em outras palavras, as incógnitas estão expressas em termos delas mesmas e dos dados. Embora possamos aplicar o método dos mínimos quadrados para estimar os parâmetros dos modelos de regressão não linear, não podemos obter soluções explícitas para as incógnitas. Devemos mencionar que os MQO aplicados aos modelos de regressão não linear são conhecidos como **mínimos quadrados não lineares (MQNL)**. E agora, qual a solução? É o que veremos a seguir.

14.3 Estimação de modelos de regressão não linear: o método da tentativa e erro

Para começarmos, vejamos um exemplo concreto. Os dados da Tabela 14.1 relacionam as taxas de administração que um importante fundo mútuo dos Estados Unidos paga a seus agentes de investimentos pela gestão dos ativos. Essas taxas dependem do valor líquido dos ativos do fundo. Como se vê, quanto mais elevado o valor líquido dos ativos do fundo, menores são as taxas de administração, de acordo com a Figura 14.1.

Para entendermos como o modelo de regressão exponencial na Equação (14.2.2) ajusta os dados da tabela 14.1, podemos prosseguir por meio de tentativa e erro. Imagine que inicialmente façamos $\beta_1 = 0{,}45$ e $\beta_2 = 0{,}01$. Esses valores são puros palpites, às vezes com base em experiência anterior ou em trabalho empírico anterior ou obtidos pelo ajustamento de um modelo de regressão linear, embora ele possa não ser adequado. Neste estágio, não precisamos ficar preocupados com a maneira como os dados foram obtidos.

Como conhecemos os valores de β_1 e β_2, podemos escrever a Equação (14.2.2) como:

$$u_i = Y_i - \beta_1 e^{\beta_2 X_i} = Y_i - 0{,}45e^{0{,}01X_i} \tag{14.3.1}$$

TABELA 14.1

Taxas de assessoria cobradas e montante dos ativos

	Taxa (%)	Ativo*
1	0,520	0,5
2	0,508	5,0
3	0,484	10
4	0,46	15
5	0,4398	20
6	0,4238	25
7	0,4115	30
8	0,402	35
9	0,3944	40
10	0,388	45
11	0,3825	55
12	0,3738	60

*Ativo representa o valor líquido do ativo, em bilhões de dólares.

FIGURA 14.1

Relação de taxas de assessoria e os ativos de fundo.

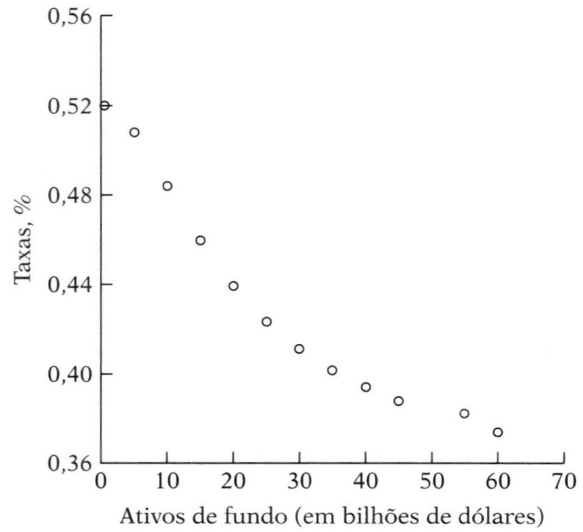

Portanto,

$$\sum u_i^2 = \sum (Y_i - 0{,}45e^{0{,}01X_i})^2 \tag{14.3.2}$$

Como Y, X, β_1 e β_2 são conhecidos, podemos encontrar facilmente a *soma dos quadrados dos erros* na Equação (14.3.2).[4] Lembre-se de que, nos MQO, nosso objetivo é encontrar os valores dos parâmetros desconhecidos que tornam a soma dos quadrados dos resíduos a menor possível. Isso acontecerá se os valores estimados de Y do modelo forem o mais próximos possível dos valores observados de Y. Com os valores dados, obtemos $\sum u_i^2 = 0{,}3044$. Mas como sabemos que obtivemos a menor soma possível dos erros que podemos obter? O que acontece se escolhermos outro valor para β_1 e β_2, por exemplo, 0,50 e –0,01, respectivamente? Repetindo o procedimento que acabamos de expor, verificamos que agora obtemos $\sum u_i^2 = 0{,}0073$. Obviamente, essa soma dos quadrados dos erros é muito menor que a obtida anteriormente, igual a 0,3044. Mas como sabemos que conseguimos a menor soma dos quadrados dos erros possível, se ao escolhermos outro conjunto de valores para os β, obteremos ainda outra soma dos quadrados dos erros?

Como vemos, esse processo de tentativa e erro, ou **iterativo**, pode ser implementado facilmente. E se tivéssemos tempo e paciência infinitos, o processo de tentativa e erro poderia pro-

[4] Note que chamamos $\sum u_i^2$ de a soma dos quadrados dos erros e não, como usualmente, de a soma dos quadrados dos resíduos, porque estamos supondo que os valores dos parâmetros sejam conhecidos.

duzir valores de β_1 e β_2 capazes de garantir a menor soma possível dos quadrados dos erros. Mas, poderíamos perguntar, como passamos de $(\beta_1 = 0{,}45;\ \beta_2 = 0{,}01)$ para $(\beta_1 = 0{,}50;\ \beta_2 = -\ 0{,}01)$?

Precisamos de algum tipo de *algoritmo* que nos indique como passamos de um conjunto de valores das incógnitas para outro, até parar. Felizmente, esses algoritmos estão disponíveis e serão discutidos na próxima seção.

14.4 Abordagens para estimar modelos de regressão não linear (MRNL)

Há vários procedimentos ou algoritmos para estimar os MRNLs: (1) a busca direta ou tentativa e erro, (2) a otimização direta e (3) a linearização iterativa.[5]

Método da busca direta ou da tentativa e erro ou método livre de derivada

Na seção anterior, mostramos o funcionamento deste método. Embora seja intuitivamente atraente por não exigir o recurso a métodos de cálculo, como os outros, em geral ele não é usado. *Primeiro*, se um modelo de regressão intrinsecamente não linear envolve vários parâmetros, o método torna-se muito trabalhoso e dispendioso em termos de recursos computacionais. Por exemplo, se um modelo de regressão intrinsecamente não linear envolve 5 parâmetros e 25 valores alternativos para cada um deles, será necessário calcular a soma dos quadrados dos erros $(25)^5 = 9.765.625$ vezes! *Em segundo lugar,* não há garantia de que o conjunto final de valores dos parâmetros que for selecionado proporcionará a soma dos quadrados dos erros absolutamente mínima. Na linguagem de cálculo, é possível obter um mínimo local, não absoluto. Na verdade, nenhum método garante a obtenção de um mínimo geral.

Otimização direta

Na otimização direta, derivamos a soma dos quadrados dos erros em relação a cada coeficiente ou parâmetro desconhecido, igualamos a zero a equação resultante e resolvemos simultaneamente as equações normais resultantes. Já vimos isso nas Equações (14.2.4) e (14.2.5). Mas, como elas mostram, não podem ser resolvidas explícita ou *analiticamente*. Faz-se necessário algum procedimento iterativo. Um deles é o chamado **método da descida mais íngreme**, que não será examinado em detalhes, pois é muito complexo, mas o leitor interessado encontrará sugestões de leitura nas referências. Como o método da tentativa e erro, o da descida mais íngreme também recorre a valores iniciais provisórios dos parâmetros desconhecidos, mas depois torna-se mais sistemático que o da tentativa e erro. Uma de suas desvantagens é que pode ser extremamente demorado para chegar aos valores finais dos parâmetros.

Método da linearização iterativa

Neste método, linearizamos uma equação não linear em torno de alguns valores iniciais dos parâmetros. A equação linearizada é, então, estimada por MQO e os valores escolhidos inicialmente são ajustados. Esses valores ajustados são usados para *relinearizar* o modelo e novamente o estimamos por MQO e reajustamos os valores estimados. O processo continua até que não haja mais alterações substanciais nos valores estimados a partir das últimas iterações. A principal técnica usada para a linearização de uma equação não linear é a **expansão de séries de Taylor**, do cálculo. Na Seção

[5] A discussão a seguir teve como fontes as seguintes obras: PINDYCK, Robert S.; RUBINFELD, Daniel L. *Econometric models and economic forecasts*. 4. ed. Nova York: McGraw-Hill, 1998. cap. 10; DRAPER, Norman R.; SMITH, Harry. *Applied regression analysis*. 3. ed. John Wiley & Sons, 1998. cap. 24; GOLDBERGER, Arthur S. *A course in econometrics*. Harvard University Press, 1991 cap. 29; DAVIDSON, Russell; MACKINNON, James, op. cit., p. 201–207; FOX, John. *Applied regression analysis, linear models, and related methods*. Sage Publications, 1997. p. 393–400; e GALLANT, Ronald. *Nonlinear statistical models*. John Wiley and Sons, 1987.

14A.2 do Apêndice 14A, mostraremos alguns detalhes básicos do método. A estimação do modelo de regressão intrinsecamente não linear é sistematizada em dois algoritmos, conhecidos como o **método iterativo de Gauss-Newton** e o **método iterativo de Newton-Raphson**. Como um ou ambos os métodos já estão incorporados a vários programas de computador e uma vez que o exame de seus detalhes nos levaria muito além do escopo deste livro, não há necessidade de examiná-los detidamente.[6] Na próxima seção, examinaremos alguns exemplos que empregam esses métodos.

14.5 Exemplos ilustrativos

EXEMPLO 14.1
Taxas de assessoria em fundos mútuos

Consulte os dados da Tabela 14.1 e o MRINL (14.2.2). Por meio da rotina de regressão não linear do EViews 6, que usa o método de linearização,[7] obtemos os seguintes resultados de regressão; os coeficientes, seus erros padrão e seus valores t são apresentado em forma tabular:

Variável	Coeficiente	Erro Padrão	Valor *t*	*p*-Valor
Intercepto	0,5089	0,0074	68,2246	0,0000
Ativo	−0,0059	0,00048	−12,3150	0,0000

$$R^2 = 0{,}9385 \qquad d = 0{,}3493$$

Desses resultados, podemos escrever o modelo estimado como:

$$\widehat{\text{Taxa}}_i = 0{,}5089\,\text{Ativo}^{-0{,}0059} \tag{14.5.1}$$

Antes de discutirmos esses resultados, podemos notar que, se não fornecermos os valores iniciais dos parâmetros para iniciar o processo de linearização, o EViews fará isso. O EViews precisou de cinco iterações para obter os resultados da Equação (14.5.1). No entanto, você pode fornecer seus próprios valores iniciais para começar o processo. Para demonstrarmos, escolhemos o valor inicial de $\beta_1 = 0{,}45$ e $\beta_2 = 0{,}01$. Obtivemos os mesmos resultados da Equação (14.5.1), mas precisamos de oito iterações. É importante observar que menos iterações serão necessárias se os seus valores iniciais não estiverem muito distantes dos valores finais. Em alguns casos, podemos escolher os valores iniciais dos parâmetros efetuando a regressão de MQO do regressando contra os regressores, ignorando a não linearidade. Por exemplo, com os dados da Tabela 14.1, se você tivesse de fazer a regressão da taxa contra os ativos, a estimativa de MQO para β_1 seria de 0,5028 e a de β_2 seria −0,002, que estão muito próximos dos valores finais dos dados na Equação (14.5.1). (Para detalhes técnicos, consulte o Apêndice 14A, Seção 14A.3.)

Vejamos agora as propriedades dos estimadores de mínimos quadrados não lineares (MQNL). Recorde-se de que, no caso de modelos de regressão linear com termos de erro normalmente distribuídos, foi possível formular procedimentos de inferência exatos (testes de hipóteses) para pequenas e grandes amostras, recorrendo aos testes *t*, *F* e χ^2. Infelizmente, não é esse o caso com os MRNLs, mesmo com termos de erros distribuídos normalmente. *Os estimadores de mínimos quadrados não lineares não estão normalmente distribuídos, não são não tendenciosos e não têm variância mínima* em amostras finitas, pequenas. Como resultado, não podemos usar o teste *t* (para verificar a significância de um coeficiente individual) nem o teste *F* (para verificar a significância geral da regressão estimada), porque não é possível obter uma estimativa não tendenciosa da variância de erro σ^2 com base nos

(Continua)

[6] Outro método às vezes usado, chamado de **Método de Marquard**, é um meio-termo entre o da descida mais íngreme e o da linearização (ou série de Tayor). O leitor interessado poderá consultar as referências para saber detalhes sobre ele.

[7] O EViews oferece três opções: a subida quadrática, Newton-Raphson e Berndt-Hall-Hall-Hausman. A opção padrão é a subida quadrática, uma variação do método de Newton-Raphson.

EXEMPLO 14.1
(Continuação)

resíduos estimados. Além disso, a soma dos resíduos (a diferença entre os valores Y reais e os valores Y estimados por meio do MRINL) não resulta necessariamente em zero. A soma de SQE e SQR não é necessariamente igual à SQT e, portanto, $R^2 = \text{SQE/SQT}$ pode não ser uma estatística descritiva para tais modelos. Entretanto, podemos calcular R^2 como:

$$R^2 = 1 - \frac{\sum \hat{u}_i^2}{\sum (Y_i - \bar{Y})^2} \qquad \textbf{(14.5.2)}$$

em que Y = regressando e $\hat{u}_i = Y_i - \hat{Y}_i$ em que $\hat{Y}_i$ são os valores estimados de Y para o modelo de regressão não linear (ajustado).

Em consequência, as inferências sobre os parâmetros de regressão na regressão não linear em geral se baseiam na teoria das amostras grandes. Essa teoria nos diz que, quando as amostras são grandes, os estimadores de mínimos quadrados e de máxima verossimilhança de modelos de regressão não linear com termos de erros normais distribuem-se quase normalmente, são quase não tendenciosos e têm variância muito próxima da mínima. A teoria das grandes amostras também se aplica quando os termos de erro não são normalmente distribuídos.[8]

Em resumo, todos os procedimentos de inferência para MRNL são para amostras grandes ou assintóticas. Voltando ao Exemplo 14.1, a estatística t da Equação (14.5.1) só será significativa se interpretada no contexto de amostras grandes. Nesse sentido, podemos dizer que os coeficientes estimados da Equação (14.5.1) são estatisticamente significativos, considerados de maneira individual.

Voltando à Equação (14.5.1), como podemos encontrar a taxa de variação de Y (= taxa) com relação a X (tamanho do ativo)? Por meio das regras básicas de derivadas, veremos que a taxa de variação de Y com relação a X é:

$$\frac{dY}{dX} = \beta_1\beta_2 e^{\beta_2 X} = (-0{,}0059)(0{,}5089)e^{-0{,}0059X} \qquad \textbf{(14.5.3)}$$

Portanto, a variação da taxa cobrada depende dos valores dos ativos. Por exemplo, se $X = 20$ (milhões), a taxa de variação esperada do valor cobrado será, segundo (14.5.3), cerca de −0,0031%. Naturalmente, a resposta dependerá do valor de X usado nos cálculos. Com base no R^2 calculado por meio de (14.5.2), o R^2 de 0,9385 sugere que o modelo de regressão não linear escolhido ajusta-se bem aos dados da Tabela 14.1. O valor de Durbin-Watson estimado, 0,3493, sugere que há autocorrelação ou um possível erro de especificação do modelo. Embora existam procedimentos para resolver esses problemas, bem como o da heterocedasticidade dos MRNL, não os abordaremos aqui. O leitor interessado pode consultar as referências.

EXEMPLO 14.2
A função de produção Cobb-Douglas para a economia mexicana

Tome os dados apresentados no Exercício 14.9 (Tabela 14.3). Eles se referem à economia mexicana para os anos de 1955–1974. Veremos se o MRNL da Equação (14.1.4) ajusta-se aos dados, observando que Y = produção, X_2 = trabalho e X_3 = capital. Usando o EViews 6, obtivemos os seguintes resultados de regressão, após 32 iterações.

Variável	Coeficiente	Erro padrão	Valor *t*	*p*-Valor
Intercepto	0,5292	0,2712	1,9511	0,0677
Trabalho	0,1810	0,1412	1,2814	0,2173
Capital	0,8827	0,0708	12,4658	0.0000

$$R^2 = 0{,}9942 \qquad d = 0{,}2899$$

Portanto, a estimativa da função de produção de Cobb-Douglas é:

$$\widehat{\text{PIB}}_t = 0{,}5292\,\text{Trabalho}_t^{0{,}1810}\,\text{Capital}_t^{0{,}8827} \qquad \textbf{(14.5.4)}$$

Interpretada assintoticamente, a equação mostra que apenas o coeficiente do capital é significativo neste modelo. No Exercício 14.9 pede-se uma comparação desses resultados com os obtidos na função de produção multiplicativa de Cobb-Douglas da Equação (14.1.2).

[8] NETER, John; KUTNER, Michael H.; NACHTSHEIM, Christopher J.; WASSERMAN, William. Applied regression analysis. 3. ed. Irwin, 1996. p. 548–549.

EXEMPLO 14.3
Crescimento da população dos Estados Unidos, 1970–2007

A tabela do Exercício 14.8 apresenta os dados sobre a população total nos Estados Unidos para o período de 1970–2007. Um **modelo logístico** do seguinte tipo é usado com frequência para medir o crescimento de algumas populações, seres humanos, bactérias etc.:

$$Y_t = \frac{\beta_1}{1 + e^{(\beta_2 + \beta_3^t)}} + u_t \tag{14.5.5}$$

em que Y = população, em milhões; t = tempo, medido cronologicamente; e os β são os parâmetros.

Este modelo é não linear nos parâmetros; não há uma forma simples de convertê-lo em um que seja linear nos parâmetros. Note um aspecto interessante neste modelo: embora haja apenas duas variáveis, população e tempo, há três parâmetros desconhecidos, o que mostra que em um MRNL pode haver mais parâmetros que variáveis.

Uma tentativa de ajustar a Equação (14.5.5) para nossos dados não foi bem-sucedida, já que todos os coeficientes estimados eram estatisticamente insignificantes. É provável que isso não seja surpresa, porque, se representarmos graficamente a população contra o tempo, obteremos a Figura 14.2.

FIGURA 14.2
População *versus* Ano.

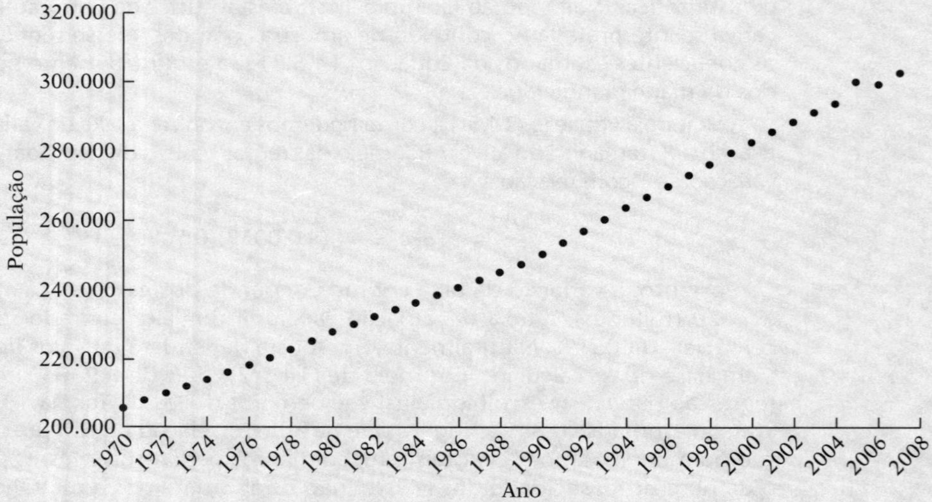

Essa figura mostra que há uma relação quase linear entre as duas variáveis. Se traçarmos o gráfico do *logaritmo* da população contra o tempo, obteremos a seguinte figura:

FIGURA 14.3
Logaritmo da população *versus* ano.

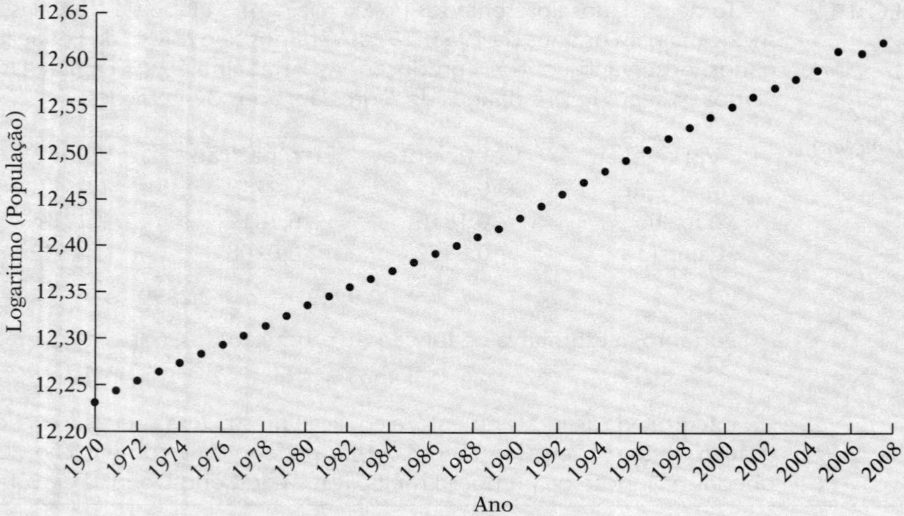

(Continua)

EXEMPLO 14.3
(*Continuação*)

O coeficiente angular dessa figura (multiplicado por 100) dá a taxa de crescimento da população. (Por quê?)

De fato, se fizermos a regressão do logaritmo da população contra o tempo, obteremos os seguintes resultados:

```
Dependent Variable: LPOPULATION
Method: Least Squares
Sample: 1970-2007
Included observations: 38

             Coefficient      Std. Error        t-Statistic        Prob.

   C          -8.710413        0.147737          -58.95892        0.0000
 YEAR          0.010628        7.43E-05          143.0568         0.0000

 R-squared              0.998244    Mean dependent var.     12.42405
 Adjusted R-squared     0.998195    S.D. dependent var.     0.118217
 S.E. of regression     0.005022    Akaike info criterion  -7.698713
 Sum squared resid.     0.000908    Schwarz criterion      -7.612525
 Log likelihood         148.2756    Hannan-Quinn criter.   -7.668048
 F-statistic            20465.26    Durbin-Watson stat.     0.366006
 Prob. (F-statistic)    0.000000
```

Essa tabela mostra que, no período de 1970-2007, a população dos Estados Unidos cresceu na taxa aproximada de 1,06% ao ano. O valor R^2 de 0,998 sugere que há um ajustamento quase perfeito.

Este exemplo ressalta um ponto importante: às vezes um modelo linear (nos parâmetros) pode ser preferível a um modelo não linear (nos parâmetros).

EXEMPLO 14.4
Transformação Box-Cox: população dos EUA 1970–2007

No Apêndice 6A.5 consideramos brevemente a transformação de Box-Cox. Continuemos com o Exemplo 14.3, mas supondo o seguinte modelo:

$$\text{População}^{\lambda} = \beta_1 + \beta_2 \text{ Ano} + u$$

Como notado no Apêndice 6A.5, dependendo do valor de λ, temos as seguintes possibilidades:

Valor de λ	Modelo
−1	$\dfrac{1}{\text{População}} = \beta_1 + \beta_2 \text{ Ano} + u$
0	$\ln \text{População} = \beta_1 + \beta_2 \text{ Ano} + u$
1	$\text{População} = \beta_1 + \beta_2 \text{ Ano} + u$

O primeiro é um modelo inverso, o segundo é um modelo semilogarítmico (que já estimamos no Exemplo 14.3) e o terceiro é um modelo linear (nas variáveis).

Qual deles é adequado para a população? A rotina Box-Cox no STATA (Versão 10) pode ser usada para responder a essa pergunta:

H_0 do teste	Log de verossimilhança restrita	estatística LR qui-quadrado	Probabilidade de valor ρ > qui-quadrado
$\theta = -1$	−444,42475	0,14	0,707
$\theta = 0$	−444,38813	0,07	0,794
$\theta = 1$	−444,75684	0,81	0,369

(*Continua*)

EXEMPLO 14.4 (*Continuação*)

Nota: em nossa notação, teta (θ) é o mesmo que (λ). A tabela mostra que, com base no teste da razão de verossimilhança (RV), não podemos rejeitar nenhum desses valores λ como valores possíveis para o poder da população; isto é, no exemplo, modelos semilogarítmicos, inversos, lineares são candidatos a representar o comportamento da população no período amostral 1970–2007. Portanto, apresentamos os resultados obtidos com os três modelos:

Variável dependente	Intercepto	Coeficiente angular	R^2
1/População	0,000089	−4,28e−08	0,9986
	t (166,14)	(−1568,10)	
ln População	−8,7104	0,0106	0,9982
	t (−58,96)	(143,06)	
População	−5042627	2661,825	0,9928
	t (−66,92)	(70,24)	

Em todos esses modelos os coeficientes estimados são altamente significativos, em termos estatísticos. Mas note que os valores de R^2 não são diretamente comparáveis, porque a variável dependente é diferente nos três modelos.

Este exemplo mostra como as técnicas de estimação não lineares podem ser aplicadas em situações concretas.

Resumo e conclusões

Os principais pontos discutidos neste capítulo podem ser resumidos como:

1. Embora os modelos de regressão linear predominem na teoria e na prática, há ocasiões em que os modelos de regressão não linear nos parâmetros são úteis.
2. A matemática que fundamenta os modelos de regressão linear é comparativamente simples, permitindo a obtenção de soluções explícitas ou analíticas para os coeficientes desses modelos. A teoria da inferência de amostras pequenas e grandes desses modelos tem ampla aceitação.
3. Em contrapartida, para modelos de regressão intrinsecamente não linear (MRINL), os valores dos parâmetros não podem ser obtidos explicitamente. Eles precisam ser estimados numericamente, isto é, por procedimentos iterativos.
4. Há vários métodos para obtermos os MRINLs, como (1) tentativa e erro, (2) mínimos quadrados não lineares (MQNL) e (3) linearização através da expansão da série de Taylor.
5. Programas de computador agora têm rotinas bem estabelecidas, como Gauss–Newton, Newton—Raphson e Marquard. Estas são rotinas iterativas.
6. Os estimadores de mínimos quadrados não lineares não têm propriedades ideais em amostras finitas, mas em amostras grandes apresentam essas propriedades. Portanto, os resultados dos MQNL em amostras pequenas devem ser interpretados com cautela.
7. Autocorrelação, heterocedasticidade e problemas de especificação de modelo podem afetar os modelos de regressão linear, bem como os MRINL.
8. Ilustramos os MQNL com vários exemplos. Com a disponibilidade de pacotes em *softwares* amigáveis a estimação dos MRINL não deve mais ser um mistério. Portanto, o leitor não deveria evitar esses modelos sempre que tiver razões teóricas ou práticas para usá-los. De fato, se voltarmos ao Exercício 12.10, veremos pela Equação (1) que ele é intrinsecamente um modelo de regressão não linear que deveria ser estimado como tal.

EXERCÍCIOS

14.1. O que significam modelos de regressão intrinsecamente linear e intrinsecamente não linear? Dê exemplos.

14.2. Uma vez que o termo de erro da função de produção Cobb-Douglas pode ser incluído de modo multiplicativo ou aditivo, como poderíamos decidir qual deles empregar?

14.3 Qual a diferença entre a estimação por MQO e por mínimos quadrados não lineares (MQNL)?

14.4. A relação entre pressão e temperatura do vapor saturado pode ser expressa como:*

$$Y = \beta_1(10)^{\beta_2 t/(\gamma + t)} + u_t$$

em que Y = pressão e t = temperatura. Usando o método de mínimos quadrados não lineares (MQNL), obtenha as *equações normais* para esse modelo.

14.5. Indique se as seguintes afirmações são verdadeiras ou falsas. Justifique sua resposta.

a. A inferência estatística das regressões de mínimos quadrados não lineares não pode ser feita com base nos testes t, F e χ^2, mesmo que se suponha que o termo de erro seja distribuído normalmente.

b. O coeficiente de determinação (R^2) não é um número particularmente útil para um MRINL.

14.6. Como se faria a linearização da função de produção CES examinada neste capítulo? Mostre as etapas necessárias.

14.7. Os modelos que descrevem o comportamento de uma variável com o tempo são chamados de modelos de crescimento. São usados em diversos campos, como economia, biologia, botânica, ecologia e demografia. Os modelos de crecimento podem assumir várias formas, tanto lineares quanto não lineares. Considere os modelos a seguir, em que Y é a variável cujo crescimento desejamos medir; t é o tempo, medido cronologicamente; e u_t é o termo de erro estocástico.

a. $Y_t = \beta_1 + \beta_2 t + u_t$

b. $\ln Y_t = \beta_1 + \beta_2 t + u_t$

c. Modelo de crescimento logístico: $Y_t = \frac{\beta_1}{1 + \beta_2 e^{-\beta_3 t}} + u_t$

d. Modelo de crescimento de Gompertz: $Y_t = \beta_1 e^{-\beta_2 e^{-\beta_3 t}} + u_t$

Verifique as propriedades desses modelos considerando o crescimento de Y em relação ao tempo.

Exercícios aplicados

14.8. A Tabela 14.2 apresenta a população dos Estados Unidos, em milhões de pessoas, para o período de 1970–2007. Ajuste os modelos de crescimento do Exercício 14.7 e decida qual deles permite um ajustamento melhor. Interprete os parâmetros do modelo.

14.9. A Tabela 14.3 apresenta dados sobre o PIB real, mão de obra e capital para o México, para o período de 1955–1974. Veja se a função de produção multiplicativa de Cobb–Douglas da Equação (14.1.2*a*) ajusta-se a esses dados. Compare seus resultados com os obtidos ao ajustar a função de produção aditiva de Cobb–Douglas da Equação (14.1.4), cujos resultados são apresentados no Exemplo 14.2. Qual delas ajusta-se melhor?

---

* Adaptado de Draper e Smith, op. cit., p. 554.

TABELA 14.2
População norte-americana (milhões)

Ano	População	Ano	População
1970	205.052	1989	247.342
1971	207.661	1990	250.132
1972	209.896	1991	253.493
1973	211.909	1992	256.894
1974	213.854	1993	260.255
1975	215.973	1994	263.436
1976	218.035	1995	266.557
1977	220.239	1996	269.667
1978	222.585	1997	272.912
1979	225.055	1998	276.115
1980	227.726	1999	279.295
1981	229.966	2000	282.407
1982	232.188	2001	285.339
1983	234.307	2002	288.189
1984	236.348	2003	290.941
1985	238.466	2004	293.609
1986	240.651	2005	299.801
1987	242.804	2006	299.157
1988	245.021	2007	302.405

Fonte: *Economic Report of the President,* 2008.

TABELA 14.3 Dados da função de produção para a economia mexicana

Observação	PIB	Mão de obra	Capital	Observação	PIB	Mão de obra	Capital
1955	114.043	8.310	182.113	1965	212.323	11.746	315.715
1956	120.410	8.529	193.749	1966	226.977	11.521	337.642
1957	129.187	8.738	205.192	1967	241.194	11.540	363.599
1958	134.705	8.952	215.130	1968	260.881	12.066	391.847
1959	139.960	9.171	225.021	1969	277.498	12.297	422.382
1960	150.511	9.569	237.026	1970	296.530	12.955	455.049
1961	157.897	9.527	248.897	1971	306.712	13.338	484.677
1962	165.286	9.662	260.661	1972	329.030	13.738	520.553
1963	178.491	10.334	275.466	1973	354.057	15.924	561.531
1964	199.457	10.981	295.378	1974	374.977	14.154	609.825

Notas: PIB em milhões de pesos de 1960. Mão de obra em millhões de pessoas. Capital em milhões de pesos de 1960.

Fonte: ELIAS, Victor J. *Sources of growth: a study of seven Latin American economies.* International Center for Economic Growth, ICS Press, San Francisco, 1992, Tabelas E-5, E-12, E-14.

Apêndice 14A

14A.1 Derivação de equações (14.2.4) e (14.2.5)

Escreva a Equação (14.2.2) como

$$u_i = Y_i - \beta_1 e^{\beta_2 X_i} \tag{1}$$

Portanto,

$$\sum u_i^2 = \sum \left(Y_i - \beta_1 e^{\beta_2 X_i}\right)^2 \tag{2}$$

A soma dos quadrados dos erros é, assim, uma função de β_1 e β_2, já que os valores de Y e X são conhecidos. Para minimizarmos a soma dos quadrados dos erros, temos de obter as derivadas parciais em relação às duas incógnitas, o que dá:

$$\frac{\partial \sum u_i^2}{\partial \beta_1} = 2\sum\left(Y_i - \beta_1 e^{\beta_2 X_i}\right)\left(-1e^{\beta_2 X_i}\right) \tag{3}$$

$$\frac{\partial \sum u_i^2}{\partial \beta_2} = 2\sum\left(Y_i - \beta_1 e^{\beta_2 X_i}\right)\left(-\beta_1 e^{\beta_2 X_i} X_i\right) \tag{4}$$

De acordo com a condição de primeira ordem para otimização, igualando as equações anteriores a zero e resolvendo-as simultaneamente, obtemos as Equações (14.2.4) e (14.2.5). Note que, ao diferenciar a soma dos quadrados dos erros, empregamos a regra de cadeia.

14A.2 O método de linearização

Os estudantes familiarizados com o cálculo se lembrarão do **teorema de Taylor**, que afirma que qualquer função arbitrária $f(X)$ que seja contínua e tenha uma derivada de n-ésima ordem pode ser aproximada em torno de um ponto $X = X_0$ por uma função polinomial e um resto, da seguinte maneira:

$$f(X) = \frac{f(X_0)}{0!} + \frac{f'(X_0)(X - X_0)}{1!} + \frac{f''(X_0)(X - X_0)^2}{2!} + \cdots$$
$$+ \frac{f^n(X_0)(X - X_0)^n}{n!} + R \tag{1}$$

em que $f'(X_0)$ é a primeira derivada de $f(X)$ avaliada em $X = X_0$, $f''(X_0)$ é a segunda derivada de $f(X)$ avaliada em $X = X_0$ e assim por diante, em que $n!$ (leia-se "fatorial de n") representa $n(n - 1)(n - 2)\ldots 1$ com a convenção de que $0! = 1$, e R representa o resto. Se tomamos $n = 1$, obtemos uma aproximação linear; escolhendo $n = 2$, obtemos uma aproximação polinomial de segundo grau. Como podemos esperar, quanto mais alta for a ordem do polinômio, melhor será a aproximação da função original. A série dada na Equação (1) é chamada de **expansão da série de Taylor $f(X)$ em torno do ponto $X = X_0$.** Como exemplo imagine a função:

$$Y = f(X) = \alpha_1 + \alpha_2 X + \alpha_3 X^2 + \alpha_4 X^3$$

Suponha que desejemos aproximá-la no ponto $X = 0$. Agora obtemos:

$$f(0) = \alpha_1 \qquad f'(0) = \alpha_2 \qquad f''(0) = 2\alpha_3 \qquad f'''(0) = 6\alpha_4$$

Daí, podemos obter as seguintes aproximações:

$$\text{Primeira ordem: } Y = \alpha_1 + \frac{f'(0)}{1!} = \alpha_1 + a_2 X + \text{resto}\left(= \alpha_3 X^2 + \alpha_4 X^3\right)$$

$$\text{Segunda ordem: } Y = f(0) + \frac{f'(0)}{1!}X + \frac{f''(0)}{2!}X^2$$
$$= \alpha_1 + \alpha_2 X + \alpha_3 X^2 + \text{resto}\left(= \alpha_4 X^3\right)$$

$$\text{Terceira ordem: } Y = \alpha_1 + \alpha_2 X + \alpha_3 X^2 + \alpha_4 X^3$$

A aproximação de terceira ordem reproduz exatamente a equação original.

O objetivo da aproximação da série de Taylor em geral é escolher um polinômio de ordem inferior esperando que o resto seja desprezível. Costuma-se usá-lo para aproximar uma função não linear por meio de uma função linear, excluindo os termos de ordem mais elevada.

A aproximação das séries de Taylor pode ser facilmente estendida a uma função com mais de um X. Por exemplo, considere a seguinte função:

$$Y = f(X, Z) \tag{2}$$

e suponha que desejemos expandi-la em torno de $X = a$ e $Z = b$. O teorema de Taylor mostra que

$$\begin{aligned} f(x,z) = {} & f(a,b) + f_x(a,b)(x-a) \\ & + f_z(a,b)f(z-b) + \frac{1}{2!}[f_{xx}(a,b)(x-a)^2 \\ & - 2f_{xz}(a,b)(x-a)(z-b) + f_{zz}(a,b)(z-b)^2] + \cdots \end{aligned} \tag{3}$$

em que f_x = derivada parcial da função com relação a X, f_{xx} = segunda derivada parcial da função em relação a X e procedemos de forma análoga para a variável Z. Se quisermos uma aproximação linear à função, usaremos os dois primeiros termos da Equação (3); se quisermos uma aproximação quadrática, de segundo grau, usaremos os três primeiros termos da Equação (3) e assim por diante.

14A.3 Aproximação linear à função exponencial dada em (14.2.2)

A função considerada é:

$$Y = f(\beta_1, \beta_2) = \beta_1 e^{\beta_2 X} \tag{1}$$

Nota: para facilitar a manipulação, eliminamos os subscritos referentes à observação.

Lembre-se de que nesta função as incógnitas são os coeficientes β. Vamos linearizar esta função em $\beta_1 = \beta_1^*$ e $\beta_2 = \beta_2^*$ em que as quantidades destacadas com asterisco são os *valores fixos dados*. Para *linearizarmos*, procedemos da seguinte maneira:

$$Y = f(\beta_1, \beta_2) = f(\beta_1^*, \beta_2^*) + f_{\beta_1}(\beta_1^*, \beta_2^*)(\beta_1 - \beta_1^*) + f_{\beta_2}(\beta_1^*, \beta_2^*)(\beta_2 - \beta_2^*) \tag{2}$$

em que f_{β_1} e f_{β_2} são as derivadas parciais da função (1) com respeito às incógnitas e essas derivadas serão avaliadas segundo os valores (presumidos) marcados por asterisco dos parâmetros desconhecidos. Note que usamos apenas as primeiras derivadas na expressão anterior, uma vez que estamos linearizando a função. Agora, suponha que $\beta_1^* = 0{,}45$ e $\beta_2^* = 0{,}01$, que são palpites sobre o verdadeiro valor dos coeficientes.

Agora

$$\begin{gathered} f(\beta_1^* = 0{,}45, \beta_2^* = 0{,}01) = 0{,}45e^{0{,}01X_i} \\ f_{\beta_1} = e^{\beta_2 X_i} \quad \text{e} \quad f_{\beta_2} = \beta_1 X_i e^{\beta_2 X_i} \end{gathered} \tag{3}$$

pelas regras padrão da derivação. Avaliando essas derivadas aos valores dados e revertendo para a Equação. (2), obtemos:

$$Y_i = 0{,}45e^{0{,}01X_i} + e^{0{,}01X_i}(\beta_1 - 0{,}45) + (0{,}45)X_i e^{0{,}01X_i}(\beta_2 - 0{,}01) \tag{4}$$

que escrevemos como:

$$(Y_i - 0{,}45e^{0{,}01X_i}) = e^{0{,}01X_i}\alpha_1 + 0{,}45X_i e^{0{,}01X_i}\alpha_2 \tag{5}$$

em que

$$\alpha_1 = (\beta_1 - 0{,}45) \quad \text{e} \quad \alpha_2 = (\beta_2 - 0{,}01) \tag{6}$$

Agora seja $Y_i^* = (Y_i - 0{,}45e^{0{,}01X_i})$, $X_1 = e^{0{,}01X_i}$, e $X_{2i} = 0{,}45X_i e^{0{,}01X_i}$. Usando essas definições e adicionando o termo de erro u_i, podemos finalmente escrever a Equação (5) como:

$$Y_i^* = \alpha_1 X_{1i} + \alpha_2 X_{2i} + u_i \tag{7}$$

e encontramos com um modelo de regressão linear. Uma vez que Y_i^*, X_{1i} e X_{2i} podem ser calculados prontamente com base nos dados, podemos estimar facilmente a Equação (7) pelos MQO e obter os valores de α_1 e α_2. Então, da Equação (6), obtemos:

$$\beta_1 = \hat{\alpha}_1 + 0{,}45 \quad \text{e} \quad \beta_2 = \hat{\alpha}_2 + 0{,}01 \tag{8}$$

Vamos chamar esses valores de β_1^{**} e β_2^{**}, respectivamente. Usando os valores (revisados), podemos começar o processo iterativo dado na Equação (2), obtendo outro conjunto de valores dos coeficientes β. Podemos continuar efetuando a iteração (ou linearização) até que não haja alteração substancial nos valores dos coeficientes β. No Exemplo 14.1, foram necessárias cinco iterações, mas para o exemplo da função Cobb–Douglas para economia mexicana (Exemplo 14.2), efetuaram-se 32 iterações. A lógica que fundamenta essas iterações é o procedimento que acabamos de ilustrar.

Para a estrutura de taxas de fundos mútuos em 14.3, Y^*, X_1 e X_2 da Equação (6) são os mostrados na Tabela 14.4; os dados básicos são apresentados na Tabela 14.1. Desses valores, os resultados da regressão correspondentes à Equação (7) são:

Dependent variable: Y*
Method: Least squares

Variable	Coefficient	Std. Error	t-Statistic	Prob.
X_1	0.022739	0.014126	1.609705	0.1385
X_2	-0.010693	0.000790	-13.52990	0.0000

R^2 = 0.968324 Durbin-Watson d statistic = 0.308883

Agora, usando a Equação (8), o leitor pode verificar que

$$\beta_1^* = 0{,}4727 \quad \text{e} \quad \beta_2^* = -\,0{,}00069 \tag{9}$$

TABELA 14.4

Y^*	X_1	X_2
0,067744	1,005013	0,226128
0,034928	1,051271	2,365360
– 0,013327	1,105171	4,973269
– 0,062825	1,161834	7,842381
– 0,109831	1,221403	10,99262
– 0,154011	1,284025	14,44529
– 0,195936	1,349859	18,22309
– 0,236580	1,419068	22,35031
– 0,276921	1,491825	26,85284
– 0,317740	1,568312	31,75832
– 0,397464	1,733253	42,89801
– 0,446153	1,822119	49,19721

Compare esses números com os palpites iniciais de 0,45 e 0,01, respectivamente, para os dois parâmetros. Usando as novas estimativas na Equação (9), podemos dar início ao procedimento iterativo mais uma vez e continuar até que haja "convergência", no sentido de que a rodada final das estimativas não seja muito diferente da rodada anterior. Poderemos precisar de menos iterações se nosso palpite inicial for mais próximo dos valores finais. Além disso, note que usamos apenas o termo linear na expansão das séries de Taylor. Se tivéssemos de usar os termos quadráticos ou de ordem superior na expansão, talvez chegaríamos aos valores finais mais rapidamente; mas em muitas aplicações a aproximação linear provou ser muito boa.

Capítulo 15

Modelos de regressão de resposta qualitativa

Em todos os modelos de regressão que consideramos até agora, consideramos implicitamente que o regressando, a variável dependente, ou variável de *resposta Y*, é quantitativa, enquanto as variáveis explanatórias são quantitativas, qualitativas (ou binárias), ou uma combinação delas. De fato, no Capítulo 9, sobre variáveis binárias, vimos como os regressores binários são introduzidos em um modelo de regressão e que papel desempenham em situações específicas.

Neste capítulo, consideraremos vários modelos em que o regressando em si é de natureza qualitativa. Embora cada vez mais utilizados em várias áreas das ciências sociais e da pesquisa médica, os modelos de regressão de resposta qualitativa impõem desafios interessantes de estimação e interpretação. Neste capítulo apenas tocaremos em alguns dos principais temas desta área, deixando os pormenores para livros mais especializados.[1]

15.1 A natureza dos modelos de resposta qualitativa

Suponha que queiramos estudar a decisão dos homens adultos de participar da força de trabalho, que denominamos PFT. Uma vez que um adulto está ou não na força de trabalho, a PFT é uma decisão do tipo sim ou não. A variável de resposta, ou regressando, pode ter apenas dois valores, 1 quando a pessoa está na força de trabalho e 0 se ela não está. Em outras palavras, o regressando é uma **variável binária**, ou **dicotômica**. Pesquisas sobre economia do trabalho sugerem que a decisão é uma função da taxa de desemprego, do salário médio, da escolaridade, da renda familiar etc.

Como outro exemplo, considere as eleições presidenciais nos Estados Unidos. Suponhamos que existam dois partidos políticos, Democrata e Republicano. A variável dependente aqui é a opção de voto entre os dois partidos políticos. Seja $Y = 1$, se o voto for para um candidato democrata, e $Y = 0$, se o voto for para um candidato republicano. Uma quantidade considerável de pesquisas sobre este tema foi feita pelo economista Ray Fair da Universidade de Yale e por diversos cientistas políticos.[2] Algumas das variáveis utilizadas na escolha do voto são a taxa de crescimento do PIB, taxas de desemprego e inflação, se o candidato está candidatando-se à reeleição etc. Para nossos objetivos, o importante é que o regressando é uma variável qualitativa.

Podemos pensar em vários outros exemplos em que o regressando tem natureza qualitativa. Uma família tem casa própria ou não, ela tem seguro contra invalidez ou não, tanto o marido como a mu-

[1] No nível introdutório, o leitor poderá encontrar as seguintes fontes muito úteis. POWERS, Daniel A.;XIE, Yu. *Statistical methods for categorical data analysis.* Academic Press, 2000; ALDRICH, John H.; NELSON, Forrest. *Linear probability, logit, and probit models.* Sage Publications, 1984; e LIAO, Tim Futing. *Interpreting probability models:* logit, probit and other generalized linear models. Sage Publications, 1994. Para uma revisão geral da literatura específica, veja MADDALA, G. S. *Limited-dependent and qualitative variables in econometrics.* Cambridge University Press, 1983.

[2] Veja, por exemplo, FAIR, Ray. "Econometrics and presidential elections." *Journal of Economic Perspective,* p. 89–102, 1996; e LEWIS-BECK, Michael S. *Economics and elections:* the major western democracies. Ann Arbor: University of Michigan Press, 1980.

lher estão na força de trabalho ou apenas a esposa está. Da mesma forma, uma certa droga é ou não eficaz na cura de uma doença. Uma empresa decide declarar dividendos em ações ou não, um senador decide votar em favor do corte de um imposto ou não, um presidente norte-americano decide vetar ou sancionar uma lei etc.

Não temos de restringir a variável de resposta apenas às categorias dicotômicas sim/não. Voltando ao exemplo de eleições presidenciais, suponha que haja três partidos, Democrata, Republicano e Independente. A variável de resposta, nesse caso, será tricotômica. Em geral, podemos ter uma variável de escolha **policotômica** (ou de **múltiplas categorias**).

O que planejamos fazer é considerar primeiro o regressando dicotômico e então considerar várias extensões do modelo básico. Mas antes, é importante notar uma diferença fundamental entre um modelo de regressão em que o regressando Y é quantitativo e um modelo em que é qualitativo.

Em um modelo no qual Y é quantitativo, nosso objetivo é estimar seu valor esperado, ou médio, dados os valores dos regressores. Conforme o Capítulo 2, o que desejamos é $E(Y_i \mid X_{1i}, X_{2i}, \ldots, X_{ki})$, em que os regressores X são quantitativos e qualitativos. Em modelos nos quais Y é qualitativo, nosso objetivo é encontrar a probabilidade de que algo aconteça, como o voto em um candidato democrata, ou a aquisição da casa própria, ou pertencer a um sindicato, ou participar de um esporte etc. Portanto, os modelos de regressão de escolha qualitativa são muitas vezes conhecidos como *modelos de probabilidade*.

Neste capítulo, procuraremos responder às seguintes perguntas:

1. Como estimar modelos de escolha qualitativa? Podemos apenas estimá-los usando os procedimentos habituais dos MQO?
2. Há problemas especiais de inferência? Em outras palavras, os procedimentos de teste de hipóteses são diferentes dos que aprendemos até agora?
3. Se um regressando for qualitativo, como poderemos medir a qualidade do ajustamento desses modelos? O R^2 calculado da forma convencional tem algum valor no caso desses modelos?
4. De que maneira estimamos e interpretamos os modelos de regressão policotômicos? Como lidar com modelos em que o regressando é **ordinal**, ou seja, uma variável de categorias ordenadas, como escolaridade (menos de 8 anos, de 8 a 11 anos, 12 anos, mais de 13 anos) ou o regressando é **nominal**, ou seja, não há ordenação, como raça (negros, brancos, hispânicos, asiáticos e outros)?
5. De que modo modelamos fenômenos como o número anual de consultas médicas; o número de patentes registradas por uma empresa em certo ano; o número de artigos publicados por um docente em um ano; o número de telefonemas atendidos em um intervalo de cinco minutos; ou o número de automóveis que passam por uma cabine de pedágio em cinco minutos? Esses fenômenos, chamados de **dados contáveis** ou **eventos raros**, são um exemplo do processo de (probabilidade) **Poisson**.

Neste capítulo, daremos respostas elementares a algumas dessas perguntas, pois alguns desses tópicos são bastante avançados e exigem uma base de matemática e estatística acima daquela pressuposta neste livro. As referências nas notas de rodapé podem ser consultadas para maiores detalhes.

Começaremos o estudo dos modelos de escolha qualitativa considerando, primeiro, o modelo de regressão de **escolha binária**. Há quatro abordagens para formular um modelo probabilístico para uma variável de escolha binária:

1. O **modelo de probabilidade linear (MPL)**
2. O **modelo logit**
3. O **modelo probit**
4. O **modelo tobit**

Dada a sua simplicidade comparativa e a possibilidade de estimá-lo por MQO, começaremos com o modelo de probabilidade linear, deixando os outros três para as próximas seções.

15.2 O modelo de probabilidade linear (MPL)

Considere o seguinte modelo de regressão:

$$Y_i = \beta_1 + \beta_2 X_i + u_i \tag{15.2.1}$$

em que X = renda familiar e $Y = 1$ se a família tiver um imóvel e 0 se não tiver.

O (15.2.1) parece ser um modelo típico de regressão linear, mas como o regressando é binário, ou dicotômico, ele é chamado de **modelo de probabilidade linear** (**MPL**). Isso ocorre porque a expectativa condicional de Y_i dado X_i, $E(Y_i \mid X_i)$, pode ser interpretada como *probabilidade condicional* de que o evento ocorra dado X_i, isto é, Pr $(Y_i = 1 \mid X_i)$. Assim, em nosso exemplo, $E(Y_i \mid X_i)$ apresenta a probabilidade de uma família ter um imóvel e cuja renda é dada pelo montante X_i.

A justificativa do nome modelo de probabilidade linear para modelos como a Equação (15.2.1) pode ser vista a seguir. Supondo $E(u_i) = 0$, como de costume (para obter estimadores não tendenciosos), obtemos

$$E(Y_i \mid X_i) = \beta_1 + \beta_2 X_i \tag{15.2.2}$$

Agora, se P_i = probabilidade de que $Y_i = 1$ (de que o evento ocorra) e $(1 - P_i)$ = probabilidade de que $Y_i = 0$ (de que o evento não ocorra), a variável Y_i tem a seguinte distribuição (de probabilidade):

Y_i	**Probabilidade**
0	$1 - P_i$
1	P_i
Total	1

Isto é, Y_i segue a **distribuição de probabilidade de Bernoulli.**

Por definição de esperança matemática, obtemos:

$$E(Y_i) = 0(1 - P_i) + 1(P_i) = P_i \tag{15.2.3}$$

Comparando a Equação (15.2.2) com a (15.2.3), podemos igualar

$$E(Y_i \mid X_i) = \beta_1 + \beta_2 X_i = P_i \tag{15.2.4}$$

ou seja, a esperança condicional do modelo (15.2.1) pode, de fato, ser interpretada como a probabilidade condicional de Y_i. Em geral, a esperança de uma variável de Bernoulli é a probabilidade de que a variável aleatória seja igual a 1. Observe que se houver n experimentos independentes, cada um com uma probabilidade p de sucesso e probabilidade $(1 - p)$ de fracasso, e X desses experimentos representarem o número de sucessos, dizemos que X segue a **distribuição binomial**. A média de uma distribuição binomial é np e sua variância é $np(1 - p)$. O termo *sucesso* é definido no contexto do problema.

Uma vez que a probabilidade P_i deve estar entre 0 e 1, temos a restrição

$$0 \leq E(Y_i \mid X_i) \leq 1 \tag{15.2.5}$$

ou seja, a esperança (ou probabilidade) condicional deve estar entre 0 e 1.

Pela discussão anterior, pode parecer que os MQO são estendidos com facilidade aos modelos de regressão com variáveis dependentes binárias. Talvez não haja nada de novo nisso. Infelizmente, não é esse o caso, pois o modelo de probabilidade linear apresenta vários problemas.

Ausência de normalidade dos termos de erro u_i

Embora os MQO não exijam que os termos de erro (u_i) sejam normalmente distribuídos, consideramos tal distribuição para fins de inferência estatística.[3] No entanto, a hipótese de normalidade de u_i não se sustenta no caso dos modelos de probabilidade linear, porque, como Y_i, os termos de erro u_i também assumem apenas dois valores; eles também seguem a distribuição de Bernoulli. Isso pode ser visto claramente se escrevermos (15.2.1) como

$$u_i = Y_i - \beta_1 - \beta_2 X_i \tag{15.2.6}$$

A distribuição de probabilidade de u_i é

	u_i	Probabilidade
Quando $Y_i = 1$	$1 - \beta_1 - \beta_2 X_i$	P_i
Quando $Y_i = 0$	$-\beta_1 - \beta_2 X_i$	$(1 - P_i)$

(15.2.7)

Obviamente, não podemos pressupor que os u_i sejam normalmente distribuídos; eles seguem a distribuição de Bernoulli.

Mas o fato de não observarmos a validade da hipótese de normalidade pode não ser tão fundamental quanto parece, porque sabemos que as estimativas pontuais de MQO ainda permanecem não tendenciosas (recorde-se de que, se o objetivo for a estimação pontual, a hipótese de normalidade deixa de ser necessária). Além disso, à medida que o tamanho da amostra aumenta indefinidamente, a teoria estatística mostra que os estimadores de MQO tendem, no geral, a distribuir-se normalmente.[4] Em consequência, no caso de grandes amostras, a inferência estatística dos modelos de probabilidade linear seguirá os procedimentos habituais de MQO sob a hipótese de normalidade.

Variâncias heterocedásticas dos termos de erro

Mesmo que $E(u_i) = 0$ e cov $(u_i, u_j) = 0$ para $i \neq j$ (inexistência de correlação serial), não se pode mais afirmar que no MPL os termos de erro são homocedásticos. No entanto, não é de surpreender que sejam. Como mostra a teoria estatística, para uma distribuição de Bernoulli, a média e a variância teóricas são, respectivamente, p e $p(1 - p)$, em que p é a probabilidade de sucesso (de ocorrência de alguma coisa), mostrando que a variância é uma função da média. Portanto, a variância do erro é heterocedástica.

Para a distribuição do termo de erro da Equação (15.2.7), aplicando a definição de variância, o leitor deveria verificar que (veja o Exercício 15.10)

$$\operatorname{var}(u_i) = P_i(1 - P_i) \tag{15.2.8}$$

a variância do termo de erro no MPL é heterocedástica. Como $P_i = E(Y_i \mid X_i) = \beta_1 + \beta_2 X_i$, a variância de u_i depende dos valores de X e por isso não é homocedástica.

Já sabemos que, na presença da heterocedasticidade, os estimadores de MQO, embora não sejam tendenciosos, não são eficientes; isto é, não têm variância mínima. Mas o problema da heterocedasticidade, como o problema da distribuição não normal, não é insuperável. No Capítulo 11, discutimos vários métodos para lidar com o problema da heterocedasticidade. Como a variância de u_i depende de $E(Y_i \mid X_i)$, uma forma de resolver o problema da heterocedasticidade é transformar o modelo (15.2.1) dividindo-o por

---

[3] Lembre-se de que recomendamos que a hipótese de normalidade fosse verificada por meio dos testes de normalidade adequados, como o teste de Jarque-Bera.

[4] A demonstração apoia-se no teorema central do limite e pode ser encontrada em MALINVAUD, E. *Statistical methods of econometrics.* Chicago: Rand McNally, 1966, p. 195–197. Se os regressores forem considerados estocásticos e tiverem, em conjunto, distribuição normal, os testes *F* e *t* ainda podem ser aplicados mesmo que os termos de erro não tenham distribuição normal. Também convém ter em mente que, à medida que o tamanho da amostra cresce indefinidamente, a distribuição binomial converge para a distribuição normal.

$$\sqrt{E(Y_i|X_i)[1 - E(Y_i|X_i)]} = \sqrt{P_i(1 - P_i)} = \text{diz } \sqrt{w_i}$$

isto é,

$$\frac{Y_i}{\sqrt{w_i}} = \frac{\beta_1}{\sqrt{w_i}} + \beta_2\frac{X_i}{\sqrt{w_i}} + \frac{u_i}{\sqrt{w_i}} \tag{15.2.9}$$

Como podemos verificar, o termo de erro transformado na Equação (15.2.9) é homocedástico. Depois de calcularmos a Equação (15.2.1), podemos estimar a Equação (15.2.9) pelos MQO, que não é nada mais do que os *mínimos quadrados ponderados* (MQP) com os w_i servindo como pesos.

Na teoria, o que acabamos de descrever é válido, mas na prática a verdadeira $E(Y_i | X_i)$ é desconhecida; os pesos w_i são desconhecidos. Para estimar w_i, podemos usar o seguinte procedimento, em duas etapas:[5]

Etapa 1. Fazemos a regressão de MQO (15.2.1) apesar do problema da heterocedasticidade e obtemos $\hat{Y}_i$ = estimativa da verdadeira $E(Y_i | X_i)$. Então obtemos $\hat{w}_i = \hat{Y}_i(1 - \hat{Y}_i)$, a estimativa de w_i.

Etapa 2. Usamos o w_i para transformar os dados como mostramos na Equação (15.2.9) e calculamos a equação transformada por MQO (os mínimos quadrados ponderados).

Esse procedimento será ilustrado em breve, porém, podemos usar os erros padrão corrigidos para heterocedasticidade de White para lidar com a heterocedasticidade, contanto que a amostra seja razoavelmente grande.

Mesmo corrigindo para heterocedasticidade, primeiro precisamos tratar outro problema que afeta o MPL.

Impossibilidade de satisfazer $0 \leq E(Y_i | X_i) \leq 1$

Como $E(Y_i | X_i)$, nos modelos de probabilidade linear, mede a probabilidade condicional de que o evento Y ocorra dado X, ele se situa necessariamente entre 0 e 1. Embora isso seja verdade, *a priori* nada garante que os $\hat{Y}_i$, os estimadores de $E(Y_i | X_i)$, satisfaçam necessariamente essa restrição, *e esse é o problema real da estimativa dos modelos de probabilidade linear por MQO.* Tal fato acontece, porque os MQO não levam em conta a restrição de que $0 \leq E(Y_i) \leq 1$ (uma restrição de desigualdade). Há duas maneiras de verificar se o $\hat{Y}_i$ estimado situa-se entre 0 e 1. Uma delas é estimar o MPL pelo método habitual de MQO e constatar se $\hat{Y}_i$ situa-se entre 0 e 1. Se alguns forem menores que 0 (negativos), consideraremos que $\hat{Y}_i$ seja zero nesses casos; se forem maiores que 1, consideraremos que sejam iguais a 1. O segundo procedimento é formular uma técnica de estimação que garanta que as probabilidades condicionais $\hat{Y}_i$ estarão entre 0 e 1. Os modelos logit e probit garantirão que as probabilidades estimadas de fato situam-se entre os limites lógicos 0 e 1.

O valor de R^2 como medida de qualidade do ajustamento é questionável

O R^2 calculado da forma convencional é de valor limitado quando se trata de modelos de escolha dicotômica. Para ver por que, considere a Figura 15.1. Correspondendo a um dado X, Y é 0 ou 1. Portanto, todos os valores de Y ficarão ao longo do eixo X ou da linha correspondente a 1. Em geral não se espera que nenhum MPL ajuste-se bem a um gráfico de dispersão; seja o modelo de probabilidade linear *irrestrito* (Figura 15.1a), seja o *truncado* ou *restrito* (Figura 15.1b), um modelo de probabilidade linear estimado dessa maneira não ficará fora da faixa lógica 0-1. Em

[5] A justificativa deste procedimento pode ser vista em GOLDBERGER, Arthur S. *Econometric theory.* Nova York: John Wiley & Sons, 1964, p. 249–250. Esta justificativa apoia-se praticamente em uma grande amostra como a que discutimos ao tratar dos mínimos quadrados generalizados no capítulo dedicado à heterocedasticidade (veja a Seção 11.6).

FIGURA 15.1
Modelos de probabilidade linear.

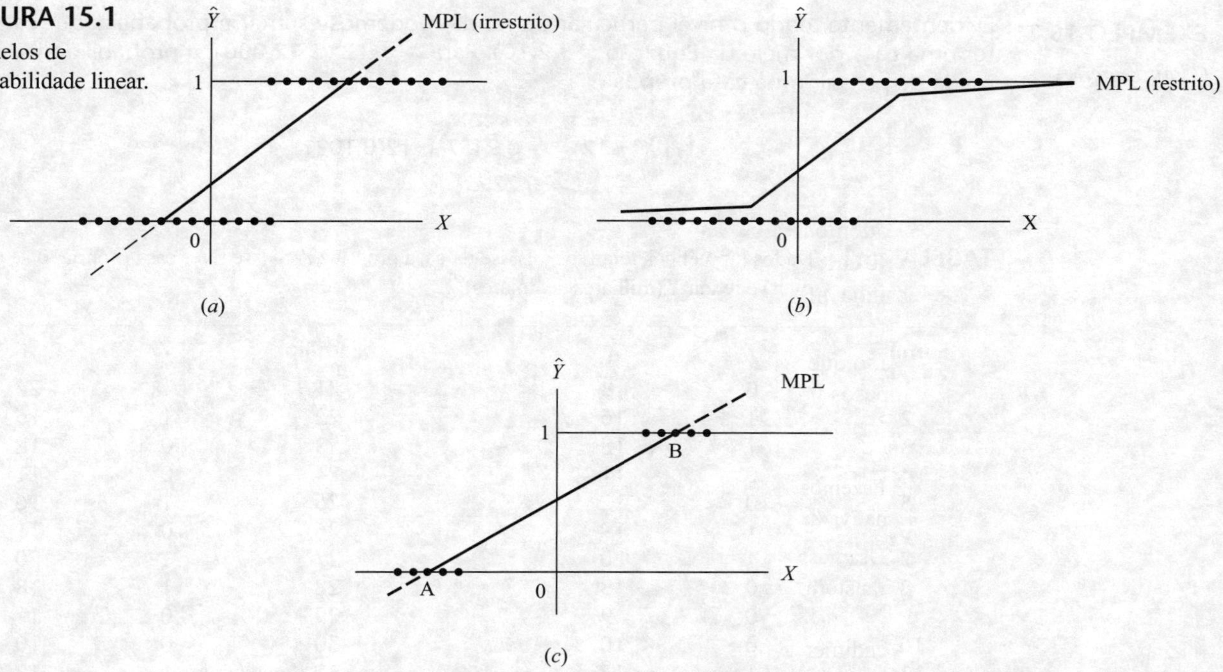

consequência, o R^2 calculado da forma convencional costuma situar-se muito abaixo de 1. Na maioria das aplicações práticas, o R^2 situa-se entre 0,2 e 0,6. Nesses modelos, R^2 será alto, por exemplo, acima de 0,8, apenas quando os dados observados aglomerarem-se em torno dos pontos A e B (Figura 15.1c), pois é fácil determinar a reta ao unir os dois pontos A e B. Nesse caso, o Y_i previsto estará muito próximo ou de 0 ou de 1.

Por essas razões, John Aldrich e Forrest Nelson afirmam que "o uso do coeficiente de determinação como estatística sintética deveria ser evitado em modelos com a variável dependente qualitativa".[6]

EXEMPLO 15.1

MPL: um exemplo numérico

Para ilustrarmos alguns pontos da seção anterior, apresentaremos um exemplo numérico. A Tabela 15.1 fornece dados fictícios relativos à posse da casa própria Y (1 = possui uma casa, 0 = não possui uma casa) e renda familiar X (milhares de dólares) para 40 famílias. Com base nesses dados, o MPL estimado pelo MQO apresentou os seguintes resultados:

$$\begin{aligned} \hat{Y}_i &= -0{,}9457 + 0{,}1021X_i \\ &\quad\;(0{,}1228) \quad\;\; (0{,}0082) \\ t &= (-7{,}6984) \quad (12{,}515) \qquad R^2 = 0{,}8048 \end{aligned} \tag{15.2.10}$$

Primeiro vamos interpretar a regressão. O intercepto de −0,9457 apresenta a "probabilidade" de que uma família com renda zero tenha uma casa. Como esse valor é negativo, e a probabilidade não pode ser negativa, tratamos o valor como zero, o que aqui se justifica.[7] O valor da inclinação de 0,1021 indica que, por uma variação de uma unidade na renda (neste caso, $ 1.000), em média a probabilidade de possuir uma casa própria aumenta em 0,1021 ou cerca de 10%.

(*Continua*)

[6] ALDRICH e NELSON, op. cit., p. 15. Para outras medidas da qualidade do ajuste em modelos que envolvem regressandos binários, veja AMEMIYA, T. "Qualitative response models." *Journal of Economic Literature,* 1981. v. 19, p. 331–354.

[7] Pode-se interpretar por alto o valor extremamente negativo como quase uma improbabilidade de se ter uma casa própria quando a renda é zero.

EXEMPLO 15.1 *(Continuação)*

Evidentemente, dado o nível particular de renda, podemos estimar a probabilidade real de ter uma casa por meio da Equação (15.2.10). Para $X = 12$ (\$ 12.000), a probabilidade estimada de possuir uma casa própria é

$$
\begin{aligned}
(\hat{Y}_i \mid X = 12) &= -0{,}9457 + 12(0{,}1021) \\
&= 0{,}2795
\end{aligned}
$$

TABELA 15.1 Dados hipotéticos relativos à posse da casa própria ($Y = 1$ se tiver casa própria, 0 se não tiver) e renda X (milhares de dólares)

Família	Y	X	Família	Y	X
1	0	8	21	1	22
2	1	16	22	1	16
3	1	18	23	0	12
4	0	11	24	0	11
5	0	12	25	1	16
6	1	19	26	0	11
7	1	20	27	1	20
8	0	13	28	1	18
9	0	9	29	0	11
10	0	10	30	0	10
11	1	17	31	1	17
12	1	18	32	0	13
13	0	14	33	1	21
14	1	20	34	1	20
15	0	6	35	0	11
16	1	19	36	0	8
17	1	16	37	1	17
18	0	10	38	1	16
19	0	8	39	0	7
20	1	18	40	1	17

Isto é, a probabilidade de que uma família com renda de \$ 12.000 tenha casa própria é de cerca de 28%. A Tabela 15.2 mostra as probabilidades estimadas, $\hat{Y}_i$, para vários níveis de renda listados. O aspecto mais notável dessa tabela é que seis valores estimados são negativos e seis estão acima de 1, demonstrando claramente o que expusemos anteriormente, que, embora $E(Y_i \mid X_i)$ seja positiva e menor que 1, seus estimadores, $\hat{Y}_i$, não precisam ser necessariamente positivos ou menores que 1. Essa é uma das razões pela qual o MPL não é o modelo recomendado quando a variável dependente for dicotômica.

Mesmo que os Y_i estimados fossem todos positivos e menores que 1, o modelo de probabilidade linear ainda apresentaria o problema de heterocedasticidade, o que pode ser visto facilmente pela Equação (15.2.8). Em consequência, não podemos contar com os erros padrão estimados dados na Equação (15.2.10). (Por quê?) Mas podemos usar o procedimento dos mínimos quadrados ponderados (MQP) discutido anteriormente para obter estimativas mais eficientes dos erros padrão. Os pesos necessários, $\hat{w}_i$, exigidos para a aplicação dos MQP, também aparecem na Tabela 15.2. Mas note que, como os Y_i são negativos e alguns outros são superiores a 1, os $\hat{w}_i$ correspondente a esses valores serão negativos. Não podemos usar essas observações em MQP (por quê?), reduzindo, assim, o número de observações, de 40 para 28 neste exemplo[8]. Omitindo essas observações, a regressão de MQP é:

(Continua)

[8] Para evitar a perda de graus de liberdade, podemos fazer $\hat{Y}_i = 0{,}01$ quando os Y_i estimados forem negativos e $\hat{Y}_i = 0{,}99$ quando forem superiores ou iguais a 1. Veja o Exercício 15.1.

EXEMPLO 15.1
(*Continuação*)

$$\frac{\hat{Y}_i}{\sqrt{\hat{w}_i}} = -1{,}2456\frac{1}{\sqrt{\hat{w}_i}} + 0{,}1196\frac{X_i}{\sqrt{\hat{w}_i}} \qquad (15.2.11)$$
$$(0{,}1206) \qquad (0{,}0069)$$
$$t = (-10{,}332) \qquad (17{,}454) \qquad R^2 = 0{,}9214$$

TABELA 15.2 *Y* real, *Y* estimado e pesos w_i para o exemplo de posse de casa própria

Y_i	$\hat{Y}_i$	$\hat{w}_i$‡	$\sqrt{\hat{w}_i}$	Y_i	$\hat{Y}_i$	$\hat{w}_i$‡	$\sqrt{\hat{w}_i}$
0	−0,129*			1	1,301†		
1	0,688	0,2146	0,4633	1	0,688	0,2147	0,4633
1	0,893	0,0956	0,3091	0	0,280	0,2016	0,4990
0	0,178	0,1463	0,3825	0	0,178	0,1463	0,3825
0	0,280	0,2016	0,4490	1	0,688	0,2147	0,4633
1	0,995	0,00498	0,0705	0	0,178	0,1463	0,3825
1	1,098†			1	1,097†		
0	0,382	0,2361	0,4859	1	0,893	0,0956	0,3091
0	−0,0265*			0	0,178	0,1463	0,3825
0	0,076	0,0702	0,2650	0	0,076	0,0702	0,2650
1	0,791	0,1653	0,4066	1	0,791	0,1653	0,4055
1	0,893	0,0956	0,3091	0	0,382	0,2361	0,4859
0	0,484	0,2497	0,4997	1	1,199†		
1	1,097†			1	1,097†		
0	−0,333*			0	0,178	0,1463	0,3825
1	0,995	0,00498	0,0705	0	−0,129*		
1	0,688	0,2147	0,4633	1	0,791	0,1653	0,4066
0	0,076	0,0702	0,2650	1	0,688	0,2147	0,4633
0	−0,129*			0	−0,231*		
1	0,893	0,0956	0,3091	1	0,791	0,1653	0,4066

* Tratado como zero para evitar probabilidades negativas.

† Tratado como unidade para evitar unidades acima de 1.

‡ $\hat{Y}_i(1 - \hat{Y}_i)$

Esses resultados mostram que, comparados à Equação (15.2.10), os erros padrão estimados são menores e, correspondentemente, as razões *t* estimadas (em valores absolutos) são maiores. Mas tais resultados devem ser considerados com reserva, uma vez que, ao calcularmos a Equação (15.2.11), tivemos de excluir 12 observações. Além disso, uma vez que os w_i são estimados, os procedimentos estatísticos habituais de teste de hipóteses são, em termos estritos, válidos em amostras grandes (veja o Capítulo 11).

15.3 Aplicações do modelo de probabilidade linear (MPL)

Antes que pacotes computacionais para estimar os modelos logit e probit (que serão discutidos em breve) fossem acessíveis, o modelo de probabilidade linear era muito usado, tendo em vista sua simplicidade. Seguem algumas dessas aplicações.

EXEMPLO 15.2

O estudo Cohen–Rea–Lerman[9]

Em um estudo preparado para o U.S. Department of Labour (Departamento do Trabalho dos Estados Unidos), Cohen, Rea e Lerman examinaram a participação na força de trabalho de várias categorias ocupacionais como função de diversas variáveis socioeconômicas e demográficas. Em todas as regressões, a variável dependente era binária, assumindo o valor de 1 se a pessoa estivesse empregada e 0 em caso contrário. Na Tabela 15.3, reproduzimos um dos vários regressores.

Antes de interpretarmos os resultados, vale destacarmos estes aspectos: a regressão anterior foi estimada por MQO. Para levarem em conta a heterocedasticidade, os autores adotaram o procedimento em duas etapas já visto em algumas de suas estimativas, mas verificaram que os erros padrão das estimativas assim obtidas não diferiam significativamente daquelas em que não havia qualquer ajustamento para a heterocedasticidade. Talvez esse resultado tivesse a ver apenas com o tamanho da amostra, que era de 25 mil observações. Com esse, os valores *t* estimados podem ser examinados quanto à significância estatística pelos procedimentos habituais de MQO, mesmo que o termo de erro assuma valores dicotômicos. O R^2 estimado, 0,175, pode parecer baixo, mas, por ser uma amostra grande, ainda é significativo de acordo com o teste *F* apresentado na Seção 8.4. Por fim, observamos como os autores misturaram variáveis quantitativas e qualitativas e como levaram em consideração os efeitos da interação.

Voltando à interpretação dos resultados, vemos que cada coeficiente angular apresenta a taxa de variação da probabilidade condicional de que um evento ocorra, dada uma unidade de alteração no valor da variável explanatória. Por exemplo, o coeficiente de −0,2753 da variável "acima de 65 anos" indica que, mantendo-se todos os demais fatores constantes, a probabilidade de participação na força de trabalho das mulheres desse grupo etário é cerca de 27% menor que na categoria-base das mulheres entre 22 e 54 anos. Do mesmo modo, o coeficiente da variável "mais de 16 anos de estudo", 0,3061, indica que, tudo o mais mantido constante, a probabilidade de que as mulheres com esse nível de escolaridade participem da força de trabalho é cerca de 31% maior (em comparação com as mulheres com menos de 5 anos de estudo, a categoria-base).

Agora considere o **termo de interação** estado civil e idade. A tabela mostra que a probabilidade de participação da força de trabalho é cerca de 29% para aquelas mulheres que nunca se casaram (comparada à categoria-base) e menor em cerca de 28% para aquelas que têm mais de 65 anos (novamente, em relação à categoria-base). Mas a probabilidade de participação de mulheres que nunca se casaran e têm 65 anos ou mais é cerca de 20% menor comparada com a categoria-base. Isso implica que as mulheres com 65 anos ou mais, mas que nunca se casaram, têm mais probabilidade de participar da força de trabalho que aquelas de mesma faixa etária e que são casadas ou enquadradas em "outras" categorias.

Seguindo este procedimento, o leitor pode interpretar facilmente o resto dos coeficientes dados na Tabela 15.3. Das informações, é fácil obter as estimativas das probabilidades condicionais de participação de mão de obra das várias categorias. Se queremos encontrar a probabilidade para mulheres casadas (outras), com 22 a 54 anos, com 12 a 15 anos de estudo, com taxa de desemprego de 2,5% a 3,4%, a mudança de emprego de 3,5% a 6,49%, relativa a oportunidades de emprego de 74% e mais, e com RFMPS de $ 7.500 ou mais, obtemos

$$0{,}4368 + 0{,}1523 + 0{,}2231 - 0{,}0213 + 0{,}0301 + 0{,}0571 - 0{,}2455 = 0{,}6326$$

Em outras palavras, a probabilidade da participação na força de trabalho pelas mulheres com as características anteriores é estimada em cerca de 63%.

(Continua)

[9] COHEN, Malcolm S.; REA, JR., Samuel A.; LERMAN, Robert I. *A micro model of labor supply.* BLS Staff Paper 4, U.S. Department of Labor, 1970.

EXEMPLO 15.2

(*Continuação*)

TABELA 15.3

Regressão da participação na força de trabalho de mulheres com 22 anos ou mais, morando nas 96 maiores áreas estatísticas metropolitanas padrão (AEMP) (variável dependente: dentro ou fora da força de trabalho durante 1966)

Fonte: COHEN, Malcolm S.; REA, JR., Samuel A.; LERMAN, Robert I. *A micro model of labor supply.* BLS Staff Paper 4, U.S. Department of Labor, 1970, Tabela F-6, p. 212–213.

Variável explanatória	Coeficiente	Razão *t*
Constante	0,4368	15,4
Estado civil		
Casada, marido presente	—	—
Casada, outros	0,1523	13,8
Nunca se casou	0,2915	22,0
Idade		
22–54	—	—
55–64	−0,0594	−5,7
65 ou mais	−0,2753	−9,0
Anos de estudo		
0–4	—	—
5–8	0,1255	5,8
9–11	0,1704	7,9
12–15	0,2231	10,6
16 ou mais	0,3061	13,3
Taxa de desemprego (1966), %		
Menos de 2,5	—	—
2,5–3,4	−0,0213	−1,6
3,5–4,0	−0,0269	−2,0
4,1–5,0	−0,0291	−2,2
5,1 ou mais	−0,0311	−2,4
Mudança de emprego (1965–1966), %		
Menos de 3,5	—	—
3,5–6,49	0,0301	3,2
6,5 ou mais	0,0529	5,1
Oportunidades relativas de emprego, %		
Menos de 62	—	—
62–73,9	0,0381	3,2
74 ou mais	0,0571	3,2
RFMPS, $		
Menos de 1.500 e negativa	—	—
1.500–7.499	−0,1451	−15,4
7.500 ou mais	−0,2455	−24,4
Interação (estado civil e idade)		
Estado civil / Idade		
Outros / 55–64	−0,0406	−2,1
Outros / 65 ou mais	−0,1391	−7,4
Nunca se casou / 55–64	−0,1104	−3,3
Nunca se casou / 65 ou mais	−0,2045	−6,4
Interação (idade e anos de estudos completos)		
Idade / Anos		
65 ou mais / 5–8	−0,0885	−2,8
65 ou mais / 9–11	−0,0848	−2,4
65 ou mais / 12–15	−0,1288	−4,0
65 ou mais / 16 ou mais	−0,1628	−3,6
	$R^2 = 0,175$	
Número de observações = 25.153		

Nota: indica a categoria-base ou aquela omitida.

RFMPS: renda familiar menos o próprio salário.

EXEMPLO 15.3

Previsão de classificação de um título

Com base em séries temporais combinadas e dados de corte transversal de 200 títulos Aa (alta qualidade) e Baa (qualidade média) no período de 1961–1966, Joseph Cappelleri estimou o seguinte modelo de previsão da classificação de títulos.[10]

$$Y_i = \beta_1 + \beta_2 X_{2i}^2 + \beta_3 X_{3i} + \beta_4 X_{4i} + \beta_5 X_{5i} + u_i$$

em que Y_i = 1 se a classificação de títulos for Aa (classificação de Moody)
= 0 se a classificação de título for Baa (classificação de Moody)

X_2 = razão de capitalização do endividamento, uma medida de alavancagem

$$= \frac{\text{valor em dólar da dívida de longo prazo}}{\text{valor em dólar da capitalização total}} \cdot 100$$

X_3 = taxa de lucro

$$= \frac{\text{valor do dólar após o imposto de renda}}{\text{valor em dólar das disponibilidades total líquida}} \cdot 100$$

X_4 = desvio padrão da taxa de lucro, uma medida da variabilidade da taxa de lucro

X_5 = ativos líquidos totais (milhares de dólares), uma medida de tamanho

A priori, espera-se que β_2 e β_4 sejam negativos (por quê?) e espera-se que β_3 e β_5 sejam positivos.

Após a correção da heterocedasticidade e a autocorrelação de primeira ordem, Cappelleri obteve os seguintes resultados:[11]

$$\begin{aligned}\hat{Y}_i = \ & 0{,}6860 - 0{,}0179X_{2i}^2 + 0{,}0486X_{3i} + 0{,}0572X_{4i} + 0{,}378(E\text{-}7)X_5 \\ & (0{,}1775) \quad (0{,}0024) \quad (0{,}0486) \quad (0{,}0178) \quad (0{,}039)(E\text{-}8) \\ & R^2 = 0{,}6933\end{aligned} \tag{15.3.1}$$

Nota: 0,378(*E*-7) indica 0,0000000378 etc.

Todos os coeficientes, exceto de X_4, têm os sinais corretos. Deixamos aos estudantes de finanças explicar o sinal positivo do coeficiente da variabilidade da taxa de lucro, pois seria de esperar que, quanto maior a variabilidade nos lucros, menor a probabilidade de o título obter uma classificação Aa da Moody's, tudo o mais mantido constante.

A interpretação da regressão é direta. Por exemplo, 0,0486 ligada a X_3 indica que, mantendo os demais fatores iguais, um aumento de um ponto percentual na taxa de lucro levará em média a um aumento aproximado de 0,05 na probabilidade de um título obter classificação Aa. Do mesmo modo, se o quadrado do coeficiente alavancado aumenta em 1 unidade, a probabilidade de um título ser classificado como um título Aa diminui em 0,02.

[10] CAPPELLERI, Joseph. "Predicting a bond rating." Trabalho final não publicado, C.U.N.Y. O modelo usado no artigo é uma modificação do modelo empregado por POGUE, Thomas F.; SOLDOFSKY, Robert M. "What is in a bond rating?" *Journal of Financial and Quantitative Analysis*, jun 1969. p. 201–228.

[11] Algumas das probabilidades estimadas antes de corrigir para heterocedasticidade foram negativas e algumas estavam acima de 1; nesses casos considerou-se que fossem iguais a 0,01 e 0,99, respectivamente, para facilitar o cálculo dos pesos w_i.

EXEMPLO 15.4
Quem tem cartão de débito?

Como os cartões de crédito, os cartões de débito agora são bastante usados pelos consumidores. São preferidos pelos fornecedores, porque, quando usamos um cartão de débito, o valor da compra é deduzido automaticamente de nossa conta corrente ou outra conta designada. Para verificar quais os fatores que determinam o uso do cartão de débito, obtivemos dados de 60 clientes e consideramos o modelo a seguir:[12]

$$Y_i = \beta_1 + \beta_2 X_{2i} + \beta_3 X_{3i} + \beta_4 X_{4i} + u_i$$

em que $Y = 1$ para o portador do cartão de débito, 0 em caso contrário; X_2 = saldo bancário em dólares; X_3 = número de transações no caixa eletrônico (CE); $X_4 = 1$ se os juros forem depositados em conta, 0 se não forem depositados em conta.

Uma vez que o modelo de probabilidade linear (MPL) mostra heterocedasticidade, apresentamos os resultados usuais de MQO corrigidos para heterocedasticidade em forma tabular.

Variável	Coeficiente	Coeficiente*
Constante	0,3631	0,3631
	(0,1796)**	(0,1604)**
Saldo	0,00028**	0,00028**
	(0,00015)	(0,00014)
CE	−0,0269	−0,0269
	(0,208)	(0,0202)
Juros	−0,3019**	−0,3019**
	(0,1448)	(0,1353)
R^2	0,1056	0,1056

Nota: * denota erros padrão corrigidos para heterocedasticidade.
** significativo ao nível de 5%.

Quanto mais altos forem os juros pagos sobre os saldos em conta, menor a tendência de ter um cartão de débito. Embora a variável caixa eletrônico não seja significativa, note que ela tem sinal negativo. Talvez isso se deva às taxas cobradas de transações em caixas eletrônicos.

Não há uma grande diferença entre os erros padrão estimados com e sem correção para heterocedasticidade. Para pouparmos espaço, não apresentamos os valores ajustados (as probabilidades estimadas), mas todos estavam dentro dos limites de 0 e 1. Entretanto, não há garantia de que isso acontecerá em todos os casos.

15.4 Alternativas ao MPL

Como vimos, o MPL é afetado por vários problemas, como (1) a não normalidade de u_i, (2) a heterocedasticidade de u_i, (3) a possibilidade de $\hat{Y}_i$ fora da faixa 0−1, e (4) os valores em geral mais baixos de R^2. Mas esses problemas são superáveis. Por exemplo, podemos usar os MQP para resolver o problema da heterocedasticidade ou aumentar o tamanho da amostra para minimizar o problema da não normalidade. Ao apelarmos para os mínimos quadrados restritos (MQR) ou para técnicas de programação matemáticas, podemos até fazer as probabilidades estimadas ficarem no intervalo 0−1.

Contudo, o problema fundamental do modelo de probabilidade linear é que ele não é, logicamente, um modelo muito atraente, porque presupõe que $P_i = E(Y = 1 \mid X)$ aumenta linearmente com X, isto é, o efeito marginal ou incremental de X permanece constante o tempo todo. Em nosso exemplo da casa própria verificamos que quando X aumenta em uma unidade ($ 1.000), a probabilidade de possuir uma casa própria aumenta sempre na mesma quantia de 0,10. E isso acontece quer o nível de renda seja $ 8 mil, $ 10 mil, $ 18 mil ou $ 22 mil. Isso parece irrealista; na realidade se esperaria que P_i estivesse relacionado não linearmente a X_i: com uma renda muito baixa uma família não terá

[12] Os dados usados na análise são obtidos de LIND, Douglas A.; MARCHAL, William G.; MASON, Robert D. *Statistical techniques in business and economics.* 11. ed. McGraw-Hill, 2002, Apêndice *N*, p. 775–776. Não utilizamos todas as variáveis empregadas pelos autores.

uma casa própria, mas com um nível suficientemente alto de renda, por exemplo, X^*, é muito provável que tenha. Qualquer aumento de renda além de X^* teria pouco efeito sobre a probabilidade de possuir uma casa própria. Nos dois extremos da distribuição de renda, a probabilidade de possuir uma moradia praticamente não seria afetada por um pequeno aumento de renda.

Portanto, o que precisamos é um modelo (probabilidade) que tenha esses dois aspectos: (1) quando X_i aumenta, $P_i = E(Y = 1 \mid X)$ aumenta, mas nunca fica fora do intervalo 0–1; e (2) a relação entre P_i e X_i é não linear, ou seja, "aproxima-se de zero a taxas cada vez menores quando X_i fica menor e aproxima-se de 1 a taxas cada vez menores à medida que X_i aumenta bastante".[13]

Geometricamente, o modelo que queremos se pareceria com a Figura 15.2. Note nesse modelo que a probabilidade fica entre 0 e 1 e que ela varia não linearmente com X.

O leitor perceberá que a curva sigmóide, ou em forma de S, da figura assemelha-se muito à **função de distribuição acumulada** (FDA) de uma variável aleatória.[14] Portanto, pode-se usar a FDA para modelar regressões em que a variável de escolha é dicotômica, assumindo valores entre 0 e 1. A questão prática agora é: que FDA? Embora todas as FDAs tenham forma de S, para cada variável aleatória há uma única FDA. Por razões históricas e práticas, as FDAs escolhidas para representar esses modelos são (1) logística e (2) normal, a primeira dando origem ao modelo **logit** e a segunda ao modelo **probit** (ou **normit**).

Embora um exame detalhado desses modelos esteja além do escopo deste livro, indicaremos de modo informal como se calculam tais modelos e como podem ser interpretados.

FIGURA 15.2
Uma função de distribuição acumulada (FDA).

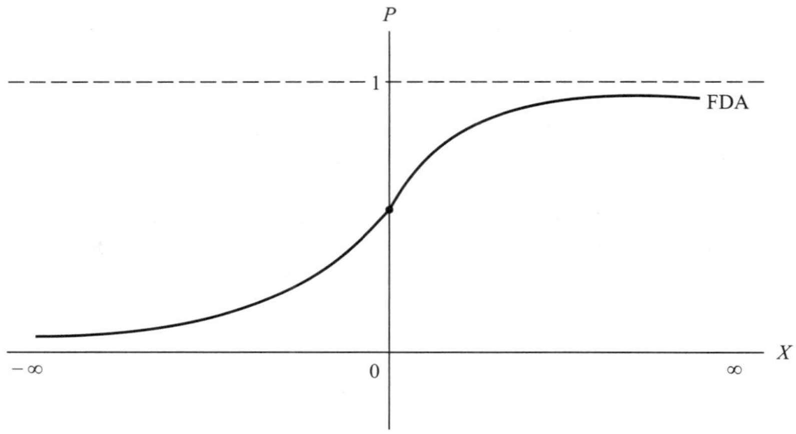

15.5 O modelo logit

Continuaremos com nosso exemplo de casa própria para explicar as ideias básicas que fundamentam o modelo logit. Lembre-se de que, ao explicar a propriedade em relação à renda, o MPL foi:

$$P_i = \beta_1 + \beta_2 X_i \tag{15.5.1}$$

[13] ALDRICH, John; NELSON, Forrest, op. cit., p. 26.

[14] Como discutido no **Apêndice A**, a FDA de uma variável aleatória X é apenas a probabilidade de que esta assuma um valor menor ou igual a x_0, em que x_0 é um valor numérico especificado de X. Em suma, $F(X)$, a FDA de X é $F(X = x_0) = P(X \leq x_0)$.

em que X é a renda e $P_i = E(Y_i = 1|\ X_i)$ indica que a família tem casa própria. Mas agora considere a seguinte representação de casa própria:

$$P_i = \frac{1}{1 + e^{-(\beta_1 + \beta_2 X_i)}} \tag{15.5.2}$$

Para facilitarmos a exposição, escrevemos a Equação (15.5.2) como

$$P_i = \frac{1}{1 + e^{-Z_i}} = \frac{e^Z}{1 + e^Z} \tag{15.5.3}$$

em que $Z_i = \beta_1 + \beta_2 X_i$.

A Equação (15.5.3) representa o que é conhecido como **função de distribuição logística** (acumulada).[15]

É fácil verificar que, como Z_i varia de $-\infty$ a $+\infty$, P_i varia entre 0 e 1 e que P_i está relacionado não linearmente a Z_i (ou seja, X_i), satisfazendo os dois requisitos considerados anteriormente.[16] Mas parece que, ao satisfazermos esses requisitos, criamos um problema de estimação, porque P_i é não linear não só em X, mas também no β, como pode ser visto claramente na Equação (15.5.2). Isso significa que não podemos usar o procedimento conhecido de MQO para estimar os parâmetros.[17] Mas esse problema é mais aparente do que real, porque a Equação (15.5.2) pode ser linearizada, o que pode ser mostrado a seguir.

Se P_i, a probabilidade de ter casa própria, é dada pela Equação (15.5.3), então $(1 - P_i)$, a probabilidade de não ter casa própria, é:

$$1 - P_i = \frac{1}{1 + e^{Z_i}} \tag{15.5.4}$$

Portanto, podemos escrever

$$\frac{P_i}{1 - P_i} = \frac{1 + e^{Z_i}}{1 + e^{-Z_i}} = e^{Z_i} \tag{15.5.5}$$

Agora, $P_i/(1 - P_i)$ é apenas a **razão de chances** em favor de ter uma casa própria menos a razão da probabilidade de que uma família possua a casa contra a probabilidade de que não a possua. Assim, $P_i = 0{,}8$ significa que as chances são de 4 para 1 a favor de a família ter casa própria. Se tomamos o logaritmo natural da Equação (15.5.5), obtemos um resultado muito interessante, a saber,

$$\begin{aligned} L_i = \ln\left(\frac{P_i}{1 - P_i}\right) &= Z_i \\ &= \beta_1 + \beta_2 X_i \end{aligned} \tag{15.5.6}$$

[15] O modelo logístico tem sido usado extensamente para analisar fenômenos de crescimento como população, PIB, oferta de moeda etc. Para detalhes teóricos e práticos dos modelos logit e probit, veja KRAMER, J. S. *The logit model for economists.* Londres: Edward Arnold Publishers, 1991; e MADDALA, G. S., op. cit.

[16] Note que, quando $Z_i \rightarrow +\infty$, e^{-Z_i} tende a zero e quando $Z_i \rightarrow -\infty$, e^{-Z_i} aumenta indefinidamente. Lembre-se de que $e = 2{,}71828$.

[17] Evidentemente, poderíamos usar técnicas de estimação não lineares discutidas no Capítulo 14. Veja também a Seção 15.8.

ou seja, L, o logaritmo da razão de chances, não é apenas linear em X, mas também (do ponto de vista de estimação), linear nos parâmetros.[18] L é chamado de **logit**, daí o nome **modelo logit** para aqueles como a Equação (15.5.6).

Veja estas características do modelo logit:

1. Quando P vai de 0 a 1 (quando Z varia de $-\infty$ a $+\infty$), o logit L vai de $-\infty$ a $+\infty$. Embora as probabilidades fiquem (por necessidade) entre 0 e 1, os logits não são limitados.
2. Embora L seja linear em X, as probabilidades em si não são. Esta propriedade contrasta com o modelo MPL (15.5.1), em que as probabilidades aumentam linearmente com X.[19]
3. Embora tenhamos incluído apenas uma variável X ou regressor no modelo anterior, podemos acrescentar tantos regressores quantos forem permitidos de acordo com a teoria que fundamenta esse procedimento.
4. Se L, o logit, for positivo, significa que, quando o valor do(s) regressor(es) aumenta, as chances de o regressando ser igual a 1 (indicando que algum evento de interesse acontece) aumentam. Se L for negativo, as chances de o regressando ser igual a 1 diminuem à medida que o valor de X aumenta. Em outras palavras, o logit torna-se negativo e cada vez maior à medida que a razão de chances diminui de 1 para 0 e torna-se cada vez maior e positivo quando as chances aumentam infinitamente, a partir de 1.[20]
5. Em termos mais formais, a interpretação do modelo logit dada na Equação (15.5.6) é a seguinte: β_2, o coeficiente angular, mede a variação em L para uma unidade de variação em X, ou seja, indica quanto o logaritmo das chances favoráveis à posse da casa própria varia em resposta a mudanças de uma unidades, por exemplo, \$ 1.000, na renda. O intercepto β_1 é o valor do logaritmo das chances favoráveis à posse da casa própria quando a renda é igual a zero. Como a maioria das interpretações de interceptos, esta pode não ter qualquer sentido físico.
6. De acordo com o nível de renda, por exemplo, X^*, se de fato quisermos calcular não as chances favoráveis à posse da casa própria, mas a própria probabilidade de ser dono da casa, isso pode ser feito diretamente por meio da Equação (15.5.3), uma vez que as estimativas de β_1 e β_2 estão disponíveis. Isso, no entanto, levanta a questão mais importante: como estimamos β_1 e β_2? A resposta é apresentada na próxima seção.
7. Enquanto o MPL supõe que P_i está linearmente relacionado a X_i, o modelo logit supõe que o log da razão de chances esteja linearmente relacionado a X_i.

15.6 Estimação do modelo logit

Para fins de estimação, escrevemos a Equação (15.5.6) da seguinte maneira:

$$L_i = \ln\left(\frac{P_i}{1 - P_i}\right) = \beta_1 + \beta_2 X_i + u_i \tag{15.6.1}$$

Discutiremos rapidamente as propriedades do termo de erro estocástico u_i.

---

[18] Lembre que a hipótese de linearidade dos MQO não exige que a variável X seja necessariamente linear. Sendo assim, podemos incluir X^2, X^3 etc. como regressores no modelo. Para nossos objetivos, o fundamental é a linearidade nos parâmetros.

[19] Usando cálculo, podemos mostrar que $dP/dX = \beta_2 P(1 - P)$, que indica que a taxa de variação da probabilidade com relação a X envolve não só β_2, mas também o nível de probabilidade do qual a variação é medida (veremos mais sobre o assunto na Seção 15.7). Observe que o efeito de uma unidade de variação em X_i sobre P é máximo quando $P = 0{,}5$ e mínimo quando P está próximo de 0 ou 1.

[20] Esta observação deve-se a David Garson.

Para calcularmos a Equação (15.6.1), precisamos, além de X_i, dos valores do regressando ou logit, L_i. Isso depende do tipo de dados que temos para análise. Distinguimos dois tipos de dados: (1) *dados em nível individual ou micro e* (2) *dados agrupados ou replicados.*

Dados individuais

Se temos dados sobre cada família, como no caso da Tabela 15.1, a estimativa por meio dos MQO da Equação (15.6.1) é inviável. É fácil de verificar isso. Em termos dos dados apresentados na Tabela 15.1, $P_i = 1$ se uma família tem casa própria e $P_i = 0$ se não tem casa própria. Mas, se colocamos esses valores diretamente em logit L_i, obtemos:

$$L_i = \ln\left(\frac{1}{0}\right) \quad \text{se a família tiver casa própria}$$

$$L_i = \ln\left(\frac{0}{1}\right) \quad \text{se a família não tiver casa própria}$$

Obviamente, essas expressões não fazem sentido. Se os dados estão no nível individual ou micro, não podemos estimar (15.6.1) pelo procedimento normal dos MQO. Nessa situação podemos recorrer ao método da **máxima verossimilhança (MV)** para estimar os parâmetros. Embora já tenhamos visto superficialmente esse método no apêndice do Capítulo 4, sua aplicação neste contexto será examinada na Seção 15A.1 do Apêndice 15A, que poderá ser consultado por aqueles que desejam se aprofundar mais.[21] Programas especializados como MICROFIT, EViews, LIMDEP, SHAZAM, PC-GIVE, STATA e MINITAB possuem rotinas para estimar o modelo logit no nível individual. Iremos ilustrar o uso do método da MV mais à frente neste capítulo.

Dados agrupados ou replicados

Agora considere os dados apresentados na Tabela 15.4. Ela apresenta dados sobre várias famílias *agrupadas* ou *replicadas* (observações repetidas) de acordo com o nível de renda e o número de famílias que têm casa própria em cada nível de renda. Correspondendo a cada nível de renda X_i, há N_i famílias, n_i entre as quais são proprietários de imóveis ($n_i \leq N_i$). Portanto, se calculamos

$$\hat{P}_i = \frac{n_i}{N_i} \tag{15.6.2}$$

TABELA 15.4
Dados hipotéticos sobre X_i (renda), N_i (número de famílias com renda X_i), e n_i (número de famílias que possuem casa própria)

X (em $ mil)	N_i	n_i
6	40	8
8	50	12
10	60	18
13	80	28
15	100	45
20	70	36
25	65	39
30	50	33
35	40	30
40	25	20

[21] Para uma discussão comparativamente simples da máxima verossimilhança no contexto do modelo logit, veja ALDRICH, John; NELSON, Forrest, op. cit., p. 49–54. Veja também, DEMARSI, Alfred. *Logit modeling:* practical applications. Newbury Park, Califórnia: Sage Publications, 1992.

a *frequencia relativa,* podemos usá-la como uma estimativa do verdadeiro P_i correspondendo a cada X_i. Se N_i for bem grande, $\hat{P}_i$ será uma boa estimativa de P_i.[22] Usando o P_i estimado, podemos obter o logit estimado como

$$\hat{L}_i = \ln\left(\frac{\hat{P}_i}{1-\hat{P}_i}\right) = \hat{\beta}_1 + \hat{\beta}_2 X_i \tag{15.6.3}$$

que será uma estimativa boa do verdadeiro logit L_i se o número de observações N_i em cada X_i for razoavelmente grande.

Em resumo, tendo os dados *agrupados* ou *replicados*, como na Tabela 15.4, podemos obter os dados relativos à variável dependente, os logits, para calcular o modelo (15.6.1). Será possível aplicar os MQO a (15.6.3) e estimar os parâmetros da maneira habitual? Nem sempre, pois ainda não falamos nada a respeito das propriedades do termo de erro estocástico. É possível demonstrar que, se N_i for bem grande e se cada observação em uma classe de renda X_i distribui-se independentemente como variável binomial, então

$$u_i \sim N\left[0, \frac{1}{N_i P_i(1-P_i)}\right] \tag{15.6.4}$$

u_i segue a distribuição normal com média zero e variância igual a $1/[N_i P_i(1-P_i)]$.[23]

Portanto, como no caso do MPL, o termo de erro no modelo logit é heterocedástico. Em vez de usarmos o MQO, teremos de usar os mínimos quadrados ponderados (MQP). Para fins empíricos no entanto, substituiremos a incógnita P_i por $\hat{P}_i$ e usaremos

$$\hat{\sigma}^2 = \frac{1}{N_i \hat{P}_i(1-\hat{P}_i)} \tag{15.6.5}$$

como estimador de σ^2.

Agora descreveremos as várias etapas para estimar a regressão logit (15.6.1):

1. Para cada nível de renda X, calcule a probabilidade de ter casa própria como $\hat{P}_i = n_i/N_i$.
2. Para cada X_i, obtenha o logit como:[24]

$$\hat{L}_i = \ln[\hat{P}_i/(1-\hat{P}_i)]$$

3. Para resolver o problema da heterocedasticidade, transforme a Equação (15.6.1) da seguinte maneira:[25]

$$\sqrt{w_i}L_i = \beta_1\sqrt{w_i} + \beta_2\sqrt{w_i}X_i + \sqrt{w_i}u_i \tag{15.6.6}$$

[22] Recorde-se, da estatística elementar, que a probabilidade de um evento é o limite da frequência relativa quando o tamanho da amostra torna-se infinitamente grande.

[23] Como mostra a teoria elementar da probabilidade, $\hat{P}_i$, a proporção de sucessos (neste caso, a posse da casa própria) segue a distribuição binomial com média igual ao verdadeiro P_i e variância igual a $P_i(1-P_i)/N_i$; e quando N_i aumenta indefinidamente, a distribuição binomial aproxima-se da distribuição normal. As propriedades distributivas de u_i dadas na Equação (15.6.4) decorrem dessa teoria básica. Para detalhes, veja THEIL, Henry. "On the relationships involving qualitative variables." *American Journal of Sociology,* jul. 1970. v. 76, p. 103–154.

[24] Como $\hat{P}_i = n_i/N_i$, L_i pode ser expresso como $\hat{L}_i = \ln n_i/(N_i - n_i)$. Vale mencionar que, para evitar que $\hat{P}_i$ assuma o valor de 0 ou 1, na prática $\hat{L}_i$ é medido como $\hat{L}_i = \ln(n_i + \frac{1}{2})/(N_i - n_i + \frac{1}{2}) = \ln(\hat{P}_i + 1/2N_i)$. Recomenda-se como regra prática que N_i seja no mínimo 5 em cada valor de X_i. Para maiores detalhes, veja COX, D. R. *Analysis of binary data.* Londres: Methuen, 1970, p. 33.

[25] Se estimamos a Equação (15.6.1) desconsiderando a heterocedasticidade, os estimadores, embora não tendenciosos, não serão eficientes, como vimos no Capítulo 11.

que escrevemos como

$$L_i^* = \beta_1\sqrt{w_i} + \beta_2 X_i^* + v_i \tag{15.6.7}$$

em que os pesos $w_i = N_i\hat{P}_i(1 - \hat{P}_i)$; $L_i^* = L_i$ transformado ou ponderado; $X_i^* = X_i$ transformado ou ponderado; e v_i = termo de erro transformado. É fácil verificar que o termo de erro transformado v_i é homocedástico, tendo em mente que a variância do erro original é $\sigma_u^2 = 1/[N_iP_i(1 - P_i)]$.

4. Estimamos a Equação (15.6.6) por MQO – lembre-se de que os MQP são os MQO sobre os dados transformados. Observe que na Equação (15.6.6) não há termo de intercepto introduzido explicitamente (por quê?). Teremos de usar a regressão que passa pela origem para calcular a Equação (15.6.6).
5. Estabelecemos intervalos de confiança e/ou testamos hipóteses dentro do habitual marco de referência dos MQO, *mas tendo em mente que todas as conclusões só serão rigorosamente válidas se a amostra for suficientemente grande* (por quê?). No caso de pequenas amostras, os resultados estimados terão de ser interpretados com extremo cuidado.

15.7 O modelo logit agrupado (Glogit): um exemplo numérico

Para ilustrarmos a teoria que acabamos de discutir, empregaremos os dados da Tabela 15.4. Como eles são agrupados, o modelo logit baseado nesses dados será chamado de modelo logit agrupado, glogit, para resumir. Os dados brutos necessários e outros cálculos relevantes para a implementação do glogit estão na Tabela 15.5. Os resultados da regressão de mínimos quadrados ponderados (15.6.7) baseados nos dados da Tabela 15.5 são os seguintes: observe que não há intercepto na Equação (15.6.7); daí o procedimento de regressão que passa pela origem é adequado neste caso.

$$\begin{aligned} \hat{L}_i^* &= \quad -1{,}59474\sqrt{w_i} \quad + \quad 0{,}07862X_i^* \\ \text{ep} &= \quad (0{,}11046) \qquad\qquad (0{,}00539) \\ t &= \quad (-14{,}43619) \qquad\quad (14{,}56675) \qquad R^2 = 0{,}9642 \end{aligned} \tag{15.7.1}$$

O R^2 é o coeficiente de correlação elevado ao quadrado entre o L_i^* observado e o estimado. L_i^* e X_i^* são os L_i e X_i ponderados, como mostra a Equação (15.6.6). Embora tenhamos apresentado os cálculos do logit agrupado na Tabela 15.5 por razões pedagógicas, isso pode ser feito facilmente utilizando o comando **glogit** (logit agrupado) no programa STATA.

Interpretação do modelo logit estimado

Como interpretamos a Equação (15.7.1)? Há várias m5aneiras, algumas intuitivas e outras não:

Interpretação do logit

Como a Equação (15.7.1) mostra, o coeficiente angular estimado sugere que, para o aumento de uma unidade ($ 1.000) na renda ponderada, o log ponderado das chances de ter casa própria aumenta em 0,08 unidade. Esta interpretação mecânica, no entanto, não é muito convincente.

Interpretação das chances

Lembre-se de que $L_i = \ln\,[P_i/(1 - P_i)]$. Portanto, tomando o antilogaritmo do logit estimado, obtemos $P_i/(1 - P_i)$, a razão de chances. Logo, tomando o antilogaritmo da Equação (15.7.1), obtemos:

TABELA 15.5 Dados para calcular o modelo logit para a posse da casa prória

X (milhares de dólares)	N_i	n_i	$\hat{P}_i$	$1-\hat{P}_i$	$\frac{\hat{P}_i}{1-\hat{P}_i}$	$\hat{L}_i = \ln\left(\frac{\hat{P}_i}{1-\hat{P}_i}\right)$	$N_i\hat{P}_i(1-\hat{P}_i) = w_i$	$\sqrt{w_i} = \sqrt{N_i\hat{P}_i(1-\hat{P}_i)}$	$\hat{L}_i^* = \hat{L}_i\sqrt{w_i}$	$\hat{X}_i^* = \hat{X}_i\sqrt{w_i}$
(1)	(2)	(3)	(4) = (3) ÷ (2)	(5)	(6)	(7)	(8)	(9) = $\sqrt{(8)}$	(10) = (7)(9)	(11) = (1)(9)
6	40	8	0,20	0,80	0,25	−1,3863	6,40	2,5298	−3,5071	15,1788
8	50	12	0,24	0,76	0,32	−1,1526	9,12	3,0199	−3,4807	24,1592
10	60	18	0,30	0,70	0,43	−0,8472	12,60	3,5496	−3,0072	35,4960
13	80	28	0,35	0,65	0,54	−0,6190	18,20	4,2661	−2,6407	55,4593
15	100	45	0,45	0,55	0,82	−0,2007	24,75	4,9749	−0,9985	74,6235
20	70	36	0,51	0,49	1,04	0,0570	17,49	4,1816	0,1673	83,6506
25	65	39	0,60	0,40	1,50	0,4054	15,60	3,9497	1,6012	98,7425
30	50	33	0,66	0,34	1,94	0,6633	11,20	3,3496	2,2218	100,4880
35	40	30	0,75	0,25	3,0	1,0986	7,50	2,7386	3,0086	95,8405
40	25	20	0,80	0,20	4,0	1,3863	4,00	2,000	2,7726	80,0000

$$\begin{aligned}\frac{\hat{P}_i}{1-\hat{P}_i} &= e^{-1,59474\sqrt{w_i}+0,07862X_i^*} \\ &= e^{-1,59474\sqrt{w_i}} \cdot e^{0,07862X_i^*}\end{aligned} \quad \textbf{(15.7.2)}$$

Usando uma calculadora, podemos verificar facilmente que $e^{0,07862} = 1,0817$. Isso significa que, para uma unidade de aumento da renda ponderada, as chances (ponderadas) favoráveis à posse da casa própria aumentam em 1,0817 ou cerca de 8,17%. *Em geral, se tomamos o antilogaritmo do j-ésimo coeficiente angular (no caso em que haja mais de um regressor no modelo), subtraímos 1 dele e multiplicamos o resultado por 100, obtemos a variação percentual das chances em favor de um aumento de uma unidade no j-ésimo regressor.*

Se você quer efetuar a análise em termos do logit não ponderado, basta dividir o $\hat{L}_i^*$ estimado por $\sqrt{w_i}$. A Tabela 15.6 apresenta os logits estimados ponderados e não ponderados para cada observação e alguns outros dados, que discutiremos em breve.

Cálculo de probabilidades

Uma vez que a linguagem de logit e a razão de chances podem ser desconhecidas para alguns leitores, podemos calcular a probabilidade de ter casa própria em certo nível de renda. Suponha que desejemos calcular essa probabilidade em $X = 20$ ($ 20.000). Inserindo esse valor na Equação (15.7.1), obtemos $\hat{L}_i^* = -0,09311$ e, dividindo por $\sqrt{w_i} = 4,1816$ (veja a Tabela 15.5), obtemos $\hat{L}_i = -0,02226$. Portanto, ao nível de renda de $ 20.000, temos

$$-0,02199 = \ln\left(\frac{\hat{P}_i}{1-\hat{P}_i}\right)$$

Portanto,

$$\frac{\hat{P}}{1-\hat{P}_i} = e^{-0,02199} = 0,97825$$

Resolvendo isso para

$$\hat{P}_i = \frac{e^{-0,02199}}{1+e^{-0,02199}}$$

TABELA 15.6
L*, X*, $\hat{L}$* estimado, probabilidade e variação da probabilidade*

L*	X*	$\hat{L}$* Estimado	Logit	Probabilidade, $\hat{P}$	Variação da probabilidade†
−3,50710	15,1788	−2,84096	−1,12299	0,24545	0,01456
−3,48070	24,15920	−2,91648	−0,96575	0,27572	0,01570
−3,48070	35,49600	−2,86988	−0,80850	0,30821	0,01676
−2,64070	55,45930	−2,44293	−0,57263	0,36063	0,01813
−0,99850	74,62350	−2,06652	−0,41538	0,39762	0,01883
0,16730	83,65060	−0,09311	−0,02226	0,49443	0,01965
1,60120	98,74250	1,46472	0,37984	0,59166	0,01899
2,22118	100,48800	2,55896	0,76396	0,68221	0,01704
3,00860	95.84050	3,16794	1,15677	0,76074	0,01431
2,77260	80,00000	3,10038	1,55019	0,82494	0,01135

*Lstar e Xstar são da Tabela 15.5. Logit é o logit não ponderado. Probabilidade é a probabilidade estimada de ter casa própria. Variação da probabilidade por unidade de alteração na renda.
†Calculado a partir de $\hat{\beta}_2\hat{P}(1-\hat{P}) = 0,07862\hat{P}(1-\hat{P})$.

o leitor pode ver que a probabilidade estimada é 0,4945. Ou seja, dada a renda de $ 20 mil, a probabilidade de uma família ter casa própria é de aproximadamente 49%. A Tabela 15.6 apresenta as probabilidades calculadas nos vários níveis de renda. Como mostra a tabela, a probabilidade de ter casa própria aumenta com a renda, mas não linearlmente com o modelo de probabilidade linear.

Cálculo da variação da probabilidade

De acordo com a Tabela 15.6, a probabilidade de ter casa própria depende do nível de renda. Como calculamos a taxa de variação das probabilidades à medida que a renda muda? Segundo a nota de rodapé 19, isso não depende apenas do coeficiente angular estimado β_2, mas também do nível de probabilidade do qual a variação é medida; esta última depende, obviamente, do nível de renda em que a probabilidade é calculada.

Para ilustrarmos, suponha que desejemos medir a variação na probabilidade de termos uma casa com renda no nível de $ 20 mil. Da nota de rodapé 19, a variação na probabilidade para uma unidade aumentar do nível 20 (mil) é: $\hat{\beta}(1 - \hat{P})\hat{P} = 0{,}07862(0{,}05056)(0{,}4944) = 0{,}01965$.

Fica como exercício para o leitor mostrar que, ao nível de renda de $ 40 mil, a variação na probabilidade é de 0,01135. A Tabela 15.6 apresenta a variação na probabilidade de ter casa própria em vários níveis de renda; essas probabilidades também estão na Figura 15.3.

Para concluirmos nossa discussão do modelo glogit, apresentamos os resultados com base nos MQO, ou regressão não ponderada, para o exemplo relativo à casa própria:

$$\begin{aligned} \hat{L}_i &= -1{,}6587 + 0{,}0792X_i \\ \text{ep} &= (0{,}0958) \quad (0{,}0041) \\ t &= (-17{,}32) \quad (19{,}11) \qquad r^2 = 0{,}9786 \end{aligned} \tag{15.7.3}$$

A comparação dessa regressão com a regressão de mínimos quadrados ponderados da Equação (15.7.1) é deixada para o leitor.

15.8 O modelo logit para dados não agrupados ou individuais

Para iniciar, considere os dados da Tabela 15.7. Sendo $Y = 1$ se a nota final de um aluno na prova do curso de microeconomia fosse A e $Y = 0$ se o conceito final fosse B ou C, Spector e Mazzeo usaram a pontuação média (GPA), o TUCE e o Sistema de Instrução Personalizado (PSI) como previsores do conceito dado para classificar o aproveitamento do aluno. O modelo logit pode ser escrito como:

FIGURA 15.3

Variação na probabilidade em relação à renda.

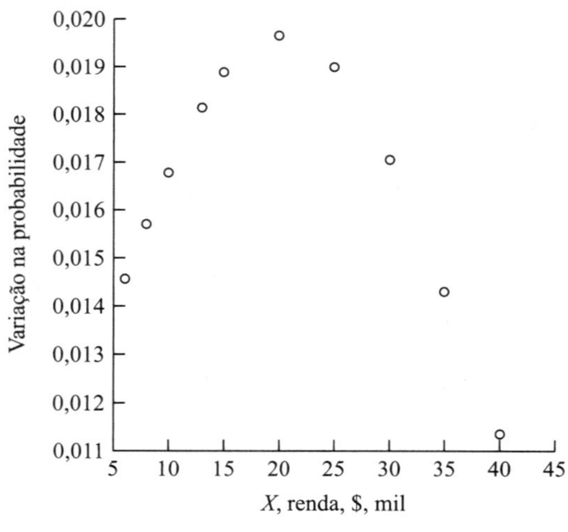

TABELA 15.7 Dados sobre o efeito do Sistema de Instrução Personalizado (PSI) em pontos (que indicam o aproveitamento do aluno)

Observação	GPA Pontos	TUCE Pontos	PSI	Pontos	Conceito	Observação	GPA Pontos	TUCE Pontos	PSI	Pontos	Conceito
1	2,66	20	0	0	C	17	2,75	25	0	0	C
2	2,89	22	0	0	B	18	2,83	19	0	0	C
3	3,28	24	0	0	B	19	3,12	23	1	0	B
4	2,92	12	0	0	B	20	3,16	25	1	1	A
5	4,00	21	0	1	A	21	2,06	22	1	0	C
6	2,86	17	0	0	B	22	3,62	28	1	1	A
7	2,76	17	0	0	B	23	2,89	14	1	0	C
8	2,87	21	0	0	B	24	3,51	26	1	0	B
9	3,03	25	0	0	C	25	3,54	24	1	1	A
10	3,92	29	0	1	A	26	2,83	27	1	1	A
11	2,63	20	0	0	C	27	3,39	17	1	1	A
12	3,32	23	0	0	B	28	2,67	24	1	0	B
13	3,57	23	0	0	B	29	3,65	21	1	1	A
14	3,26	25	0	1	A	30	4,00	23	1	1	A
15	3,53	26	0	0	B	31	3,10	21	1	0	C
16	2,74	19	0	0	B	32	2,39	19	1	1	A

Notas: $Y = 1$ se o conceito final for A
$= 0$ se for B ou C
TUCE = pontuação em prova dada no início do semestre para testar o conhecimento inicial de macroeconomia
PSI = 1 se um novo método de ensino for usado
= 0 em caso contrário
GPA = média de pontos no início do curso

Fonte: SPECTOR, L.; MAZZEO, M. "Probit analysis and economic education." *Journal of Economic Education,* v. 11, p. 37–44, 1980.

$$L_i = \ln\left(\frac{P_i}{1 - P_i}\right) = \beta_1 + \beta_2 \text{GPA}_i + \beta_3 \text{TUCE}_i + \beta_4 \text{PSI}_i + u_i \tag{15.8.1}$$

Como observado na Seção 15.6, não podemos apenas colocar $P_i = 1$ se uma família possui casa própria e zero se não possui. No caso, nem os MQO nem os mínimos quadrados ponderados (MQP) são úteis. Precisamos recorrer a procedimentos de estimação não lineares usando o método da máxima verossimilhança. Os detalhes desse método são apresentados na Seção 15A.1 do Apêndice 15A. Como a maioria dos programas estatísticos modernos inclui rotinas para estimar modelos logit com base em dados não agrupados, apresentaremos os resultados do modelo (15.8.1) empregando os dados da Tabela 15.7 e mostraremos como interpretar os resultados, apresentados de forma tabular na Tabela 15.8 e obtidos com auxílio do Eviews 6. Antes de interpretarmos os resultados, façamos algumas observações gerais.

1. Por estarmos usando o método de máxima verossimilhança, que em geral é um método de amostras grandes, os erros padrão estimados são *assintóticos.*
2. Como resultado, em vez de utilizarmos a estatística *t* para avaliar a significância estatística de um coeficiente, usamos a estatística *Z* (normal). Portanto, as inferências baseiam-se na tabela normal. Lembre-se de que, se o tamanho da amostra for razoavelmente grande, a disribuição *t* convergirá para a distribuição normal.
3. Como observado anteriormente, a medida convencional da qualidade do ajustamento, R^2, não é particularmente significativa nos modelos com regressando binário. Medidas semelhantes a R^2, chamadas **pseudo R^2**, são disponíveis, e há uma variedade delas.[26] O EViews apresenta uma dessas medidas, o $\mathbf{R}^2$ de McFadden, denotado por R^2_{McF}, cujo valor em nossos

[26] Para uma discussão acessível, veja LONG, J. Scott. *Regression models for categorical and limited dependent variables.* Newbury Park, Califórnia: Sage Publications, 1997, p. 102–113.

TABELA 15.8
Regressão de dados da Equação (15.8.1)

Dependent Variable: Grade
Method: ML-Binary Logit
Convergence achieved after 5 iterations

Variable	Coefficient	Std. Error	Z Statistic	Probability
C	-13.0213	4.931	-2.6405	0.0082
GPA	2.8261	1.2629	2.2377	0.0252
TUCE	0.0951	0.1415	0.67223	0.5014
PSI	2.3786	1.0645	2.2345	0.0255

McFadden $R^2 = 0.3740$ LR statistic (3 df) = 15.40419

exemplos é 0,3740.[27] Como R^2, R^2_{McF} também varia entre 0 e 1. Outra medida comparativamente simples da qualidade do ajustamento é o **count R^2**, definido como:

$$\textbf{Count } R^2 = \frac{\text{número de previsões corretas}}{\text{número total de observação}} \tag{15.8.2}$$

Uma vez que o regressando no modelo logit assume valor 1 ou zero, se a probabilidade prevista for maior que 0,5, classificamos como 1, mas, se for menor que 0,5, classificamos como 0. Então, contamos o número de previsões corretas e calculamos o R^2 como dado na Equação (15.8.2). Apresentaremos um rápido exemplo disso.

Deve-se notar, no entanto, que, em modelos de regressando binário, a qualidade do ajustamento é de importância secundária. O que importa são os sinais esperados dos coeficientes de regressão e sua significância estatística e/ou prática.

4. Para testar a hipótese nula de que todos os coeficientes angulares são simultaneamente iguais a zero, o equivalente do teste F para o modelo de regressão linear é **a estatística da razão de verossimilhança**. Dada a hipótese nula, a estatística da razão de verossimilhança (RV) segue a distribuição de χ^2 com o número de graus de liberdade igual ao número de variáveis explanatórias, três nesse exemplo. (*Nota*: o termo de intercepto é excluído para calcular os graus de liberdade.)

Agora vamos interpretar os resultados de regressão dados na Equação (15.8.1). Cada coeficiente angular nessa equação é um coeficiente *angular parcial* e mede a variação no logit estimado para uma variação unitária do valor do regressor dado (mantendo-se tudo o mais constante). O coeficiente GPA de 2,8261 indica que, mantidas as demais variáveis constantes, se o GPA aumenta em uma unidade, o logit estimado aumenta, em média, cerca de 2,83 unidades, sugerindo uma relação positiva entre os dois. Como se vê, todos os demais regressores têm um efeito positivo sobre o logit, embora, estatisticamente, o efeito de TUCE não seja significativo. Contudo, todos os regressores em conjunto têm um impacto significativo na nota final, já que a estatística RV é 15,40 cujo valor p é cerca de 0,0015, que é muito pequeno.

Como observado, uma interpretação mais significativa está em termos de chances, que são obtidas tomando-se o antilogaritmo dos vários coeficientes angulares. Se tomarmos o antilogaritmo do coeficiente PSI de 2,3786 obteremos 10,7897 ($\approx e^{2,3786}$). Isso sugere que os estudantes submetidos ao novo método de ensino têm dez vezes mais chances de obterem A do que aqueles que não são submetidos a ele, tudo o mais mantido constante.

[27] Tecnicamente, isto é definido como: $1 - (\text{LLF}_{ur}/\text{LLF}_r)$, em que LLF_{ur} é a função logarítmica não restrita de verossimilhança na qual estão incluídos todos os regressores do modelo, e LLF_r é a função logarítmica restrita de verossimilhança na qual está incluído apenas o intercepto. Conceitualmente, LLF_{ur} é equivalente à SQR e LLF_r é o equivalente de SQT no modelo de regresão linear.

Imagine que desejemos calcular a probabilidade efetiva de um estudante obter conceito A. Considere o caso do estudante número 10 na Tabela 15.7. Colocando os dados observados desse estudante no modelo estimado logit da Tabela 15.8, o leitor pode verificar que o valor estimado do logit para esse estudante é 0,8178. Com auxílio da Equação (15.5.2), o leitor constatará facilmente que a probabilidade estimada é de 0,69351. Como a nota final efetiva desse estudante foi um A e como nosso modelo logit atribui uma probabilidade igual a 1 para um estudante que receba A, a probabilidade estimada de 0,69351 não é exatamente igual a 1, mas está próxima.

Lembre-se do *count* R^2 definido anteriormente. A Tabela 15.9 dá os valores efetivo e previsto do regressando para nosso exemplo ilustrativo. Dela podemos observar que, de 32 observações, havia seis previsões incorretas (os estudantes 14, 19, 24, 26, 31 e 32). Desse modo, o valor do *count* R^2 é $26/32 = 0{,}8125$, enquanto o valor R^2 de McFadden é 0,3740. Embora esses dois valores não sejam diretamente comparáveis, eles dão ideia das ordens de grandeza. Além disso, não devemos exagerar a importância da qualidade do ajustamento em modelos em que o regressando é dicotômico.

TABELA 15.9

Valores efetivo e observado baseados na regressão da Tabela 15.8

Observação	Real	Estimado	Resíduo	Representação gráfica
1	0	0,02658	−0,02658	
2	0	0,05950	−0,05950	
3	0	0,18726	−0,18726	
4	0	0,02590	−0,02590	
5	1	0,56989	0,43011	
6	0	0,03486	−0,03486	
7	0	0,02650	−0,02650	
8	0	0,05156	−0,05156	
9	0	0,11113	−0,11113	
10	1	0,69351	0,30649	
11	0	0,02447	−0,02447	
12	0	0,19000	−0,19000	
13	0	0,32224	−0,32224	
*14	1	0,19321	0,80679	
15	0	0,36099	−0,36099	
16	0	0,03018	−0,03018	
17	0	0,05363	−0,05363	
18	0	0,03859	−0,03859	
*19	0	0,58987	−0,58987	
20	1	0,66079	0,33921	
21	0	0,06138	−0,06138	
22	1	0,90485	0,09515	
23	0	0,24177	−0,24177	
*24	0	0,85209	−0,85209	
25	1	0,83829	0,16171	
*26	1	0,48113	0,51887	
27	1	0,63542	0,36458	
28	0	0,30722	−0,30722	
29	1	0,84170	0,15830	
30	1	0,94534	0,05466	
*31	0	0,52912	−0,52912	
*32	1	0,11103	0,88897	

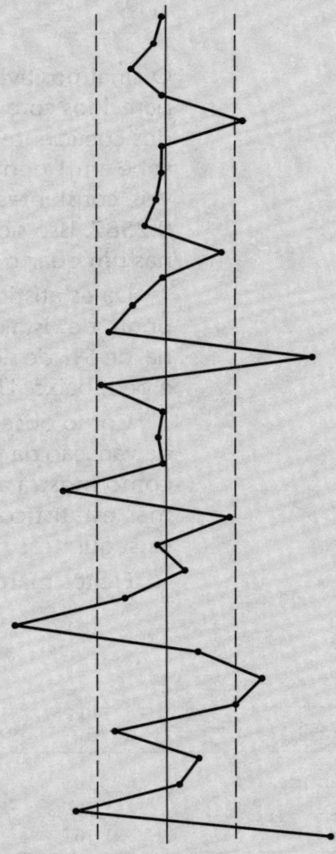

*Previsões incorretas.

EXEMPLO 15.5
Quem tem cartão de débito? Análise logit

Já vimos os resultados do modelo de probabilidade linear aplicados aos dados de cartão de débito, então vamos ver como o modelo logit funciona. Os resultados são os seguintes:

```
Dependent Variable: DEBIT
Method: ML-Binary Logit (Quadratic hill climbing)
Sample: 1-60
Included observations: 60
Convergence achieved after 4 iterations
Covariance matrix computed using second derivatives
```

Variable	Coefficient	Std. Error	z-Statistic	Prob.
C	-0.574900	0.785787	-0.731624	0.4644
Balance	0.001248	0.000697	1.789897	0.0735
ATM	-0.120225	0.093984	-1.279205	0.2008
Interest	-1.352086	0.680988	-1.985478	0.0471

McFadden *R*-squared	0.080471	Mean dependent var.	0.433333
S.D. dependent var.	0.499717	S.E. of regression	0.486274
Akaike info criterion	1.391675	Sum squared resid.	13.24192
Schwarz criterion	1.531298	Log likelihood	-37.75024
Hannan-Quinn criter.	1.446289	Restr. log likelihood	-41.05391
LR statistic	6.607325	Avg. log likelihood	-0.629171
Prob. (LR statistic)	0.085525		
Obs. with Dep = 0	34	Total obs.	60
Obs. with Dep = 1	26		

O sinal positivo do Saldo e os sinais negativos do Caixa Eletrônico e da Taxa de Juros são parecidos com o MPL, embora não possamos comparar diretamente os dois. A interpretação dos coeficientes no modelo logit é diferente daquela do MPL. Por exemplo, se a taxa de juros sobe em 1 ponto percentual, o logit diminui em cerca de 1,35, mantendo-se as demais variáveis constantes. Se tomamos o antilogaritmo de –1,352086, obtemos aproximadamente 0,2587. Isso significa que, se a taxa de juros for paga sobre o saldo bancário, em média apenas um quarto dos clientes provavelmente tem cartões de crédito.

Da estatística RV estimada vemos que coletivamente as três variáveis são significativas do ponto de vista estatístico, aproximadamente ao nível de 8,5%. Se usarmos o nível convencional de 5% de significância, essas variáveis terão significância marginal. O valor R^2 de McFadden é bem baixo. Usando os dados, o leitor pode descobrir o valor do *count* R^2.

Como observado, diferentemente do MPL, os coeficientes angulares não nos dão a taxa de variação da probabilidade para uma unidade de variação no regressor. Temos de calculá-los como mostra a Tabela 15.6. Felizmente, essa tarefa manual não é necessária, pois programas estatísticos como o STATA podem fazer isso. Para nosso exemplo, os resultados são os seguintes:

Efeitos marginais após o logit

Y = Pr(débito) (previsto)
= 0,42512423

Variable	dy/dx	Std. Error	*z*	*p* > |*z*|	[95% C.I.	]	*x*
Balance	.000305	.00017	1.79	0.073	-.000029	.000639	1499.87
Interest*	-.2993972	.12919	-2.32	0.020	-.552595	-.046199	.266667
ATM	-.0293822	.02297	-1.28	0.201	-.074396	.015631	10.3

*dy/dx representa a variação discreta da variável dummy de 0 para 1.

(*Continua*)

EXEMPLO 15.5 (*Continuação*)

O coeficiente de 0,000305 sugere que os clientes com saldos mais altos têm uma probabilidade 0,03% maior de possuir cartão de débito, mas, se a taxa de juros subir em 1 ponto percentual, a probabilidade de terem cartão de débito cai 30%. O coeficiente do caixa eletrônico, embora estatisticamente insignificante, sugere que, se as transações em caixa eletônico subirem em uma unidade, a probabilidade de ter cartão de débito abaixa cerca de 2,9%.

15.9 O modelo probit

Como observamos, para explicar o comportamento de uma variável dependente dicotômica teremos de usar uma função de distribuição acumulada (FDA) escolhida adequadamente. O modelo logit usa a função logística acumulada, como mostra a Equação (15.5.2). Mas esta não é a única FDA que podemos utilizar. Em algumas aplicações, a FDA normal tem sido útil. O modelo de estimação que emerge da FDA normal[28] é conhecido como **modelo probit**, embora às vezes também seja conhecido como **modelo normit**. Em princípio se poderia substituir a FDA normal em lugar da FDA logística na Equação (15.5.2) e continuar como na Seção 16.5. Em vez de seguirmos essa rotina, apresentaremos o modelo probit com base na teoria da utilidade ou na perspectiva da escolha racional sobre o comportamento, desenvolvida por McFadden.[29]

Para motivarmos o modelo probit, consideremos que, em nosso exemplo da casa própria, a decisão da i-ésima família de ter uma casa própria ou não depende de um **índice de utilidade** *não observável* I_i (também conhecido como **variável latente**), que é determinado por uma ou mais variáveis explanatórias, por exemplo, a renda X_i, de tal modo que, quanto maior for o valor do índice I_i, maior a probabilidade de uma família ter uma casa. Expressamos o índice I_i como

$$I_i = \beta_1 + \beta_2 X_i \tag{15.9.1}$$

em que X_i é a renda da i-ésima família.

Como o índice (não observável) relaciona-se com a decisão real de ter uma casa? Como antes, seja $Y = 1$ se a família tiver uma casa e $Y = 0$ se não tiver. Agora, é razoável supor que há um **nível crítico** ou **limiar** do índice, que chamamos de I_i^*, tal que, se I_i exceder I_i^*, a família terá uma casa, caso contrário, não terá. O limiar I_i^*, como I_i, não é observável, mas, se supusermos que ele se distribui normalmente com a mesma média e variância, é possível não apenas estimar os parâmetros do índice dado em (15.9.1), mas obter algumas informações sobre o próprio índice não observável. O cálculo é apresentado a seguir.

Dada a hipótese da normalidade, a probabilidade de que I_i^* seja menor ou igual a I_i pode ser calculada por meio da FDA normal padronizada como:[30]

$$P_i = P(Y = 1 \mid X) = P(I_i^* \leq I_i) = P(Z_i \leq \beta_1 + \beta_2 X_i) = F(\beta_1 + \beta_2 X_i) \tag{15.9.2}$$

[28] Veja o **Apêndice A** para uma discussão da FDA normal. Para uma breve explicação, se uma variável X segue a distribuição normal com média μ e variância σ^2, sua FDA é

$$f(X) = \frac{1}{\sqrt{2\sigma^2\pi}} e^{-(X-\mu)^2/2\sigma^2}$$

e sua FDA é,

$$F(X) = \int_{-\infty}^{X_0} \frac{1}{\sqrt{2\sigma^2\pi}} e^{-(X-\mu)^2/2\sigma^2}$$

em que X_0 é um valor específico de X.

[29] McFADDEN, D. "Conditional logit analysis of qualitative choice behavior." In: ZAREMBKA, P. (Ed.). *Frontiers in econometrics*. Nova York: Academic Press, 1973.

[30] Uma distribuição normal com média zero e variância unitária (= 1) é conhecida como uma variável padrão ou padronizada ou normal padrão (veja o **Apêndice A**).

FIGURA 15.4

Modelo probit: (*a*) dado I_i, lê-se P_i a partir da ordenada; (*b*) dado P_i, lê-se I_i a partir da abscissa.

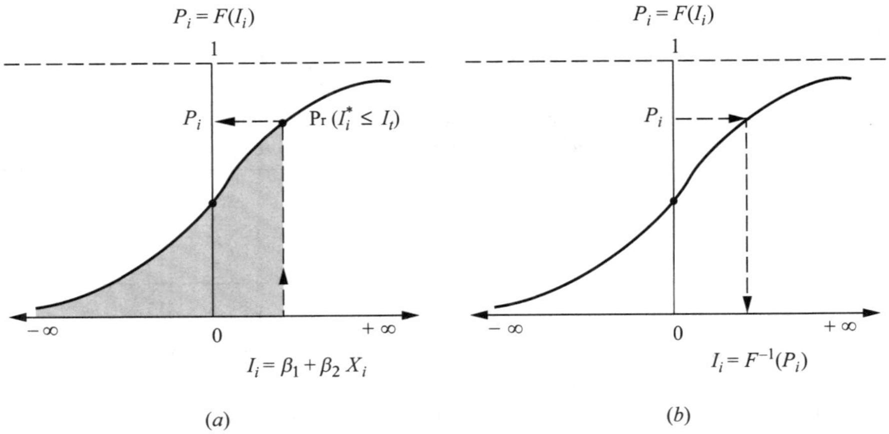

em que $P(Y = 1 \mid X)$ indica a probabilidade de um evento ocorrer dados o(s) valor(es) da(s) variável(is) explanatória(s) X, e em que Z_i é a variável normal padrão, isto é, $Z \sim N(0, \sigma^2)$. F é a FDA normal padrão, neste contexto escrita explicitamente da seguinte forma:

$$\begin{aligned} F(I_i) &= \frac{1}{\sqrt{2\pi}} \int_{-\infty}^{I_i} e^{-z^2/2}\, dz \\ &= \frac{1}{\sqrt{2\pi}} \int_{-\infty}^{\beta_1 + \beta_2 X_i} e^{-z^2/2}\, dz \end{aligned} \tag{15.9.3}$$

Como P representa a probabilidade de um evento ocorrer, no caso a probabilidade de ter uma casa própria, ele é medido pela área da curva normal padrão de $-\infty$ a I_i como mostra a Figura 15.4*a*.

Agora, para obtermos informações sobre I_i, o índice de utilidade, bem como sobre β_1 e β_2, tomamos o inverso da Equação (15.9.2) para obter:

$$\begin{aligned} I_i &= F^{-1}(I_i) = F^{-1}(P_i) \\ &= \beta_1 + \beta_2 X_i \end{aligned} \tag{15.9.4}$$

em que F^{-1} é o inverso da FDA normal. O significado de tudo isso fica claro na Figura 15.4. No painel (*a*) da figura obtemos da ordenada a probabilidade (acumulada) de ter casa própria dado $I_i^* \leq I_i$, enquanto no painel (*b*) obtemos da abscissa o valor de I_i dado o valor de P_i, que é apenas o inverso da primeira.

Mas como obtemos concretamente o índice I_i e estimamos β_1 e β_2? Como no caso do modelo logit, a resposta depende de termos dados agrupados ou não agrupados. Consideraremos os dois casos individualmente.

Estimação do probit com dados agrupados: gprobit

Usaremos os mesmos dados que os utilizados para o glogit, da Tabela 15.4. Como já temos $\hat{P}_i$, a frequência relativa (a medida aplicada da probabilidade) de ter uma casa própria com vários níveis de renda como mostra a Tabela 15.5, podemos usá-la para obter I_i da FDA normal, como mostra a Tabela 15.10, ou da Figura 15.5.

TABELA 15.10

Estimando o índice I_i da FDA normal padrão

$\hat{P}_i$	$I_i = F^{-1}(\hat{P}_i)$
0,20	−0,8416
0,24	−0,7063
0,30	−0,5244
0,35	−0,3853
0,45	−0,1257
0,51	0,0251
0,60	0,2533
0,66	0,4125
0,75	0,6745
0,80	0,8416

Notas: (1) $\hat{P}_i$ são extraídos da Tabela 15.5; (2) I_i são estimativas da FDA normal padrão.

Uma vez que estimamos I_i, estimar β_1 e β_2 é relativamente simples, como mostramos rapidamente. Observe que na linguagem da análise probit o índice de utilidade não observável I_i é conhecido como **desvio normal equivalente (dne)** ou simplesmente **normit**. Uma vez que o desvio normal equivalente ou I_i será negativo sempre que $P_i < 0,5$, na prática o número 5 é adicionado ao desvio e o resultado é chamado de probit.

FIGURA 15.5

FDA normal.

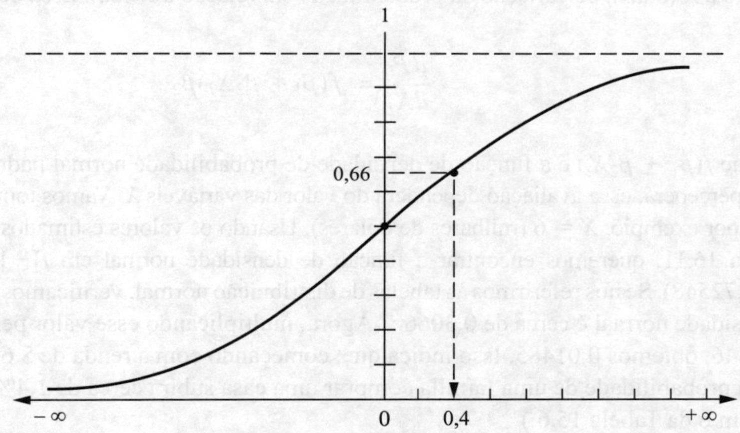

EXEMPLO 15.6

Ilustração do gprobit utilizando o exemplo da casa própria

Continuaremos com o exemplo da casa própria. Já apresentamos os resultados do modelo glogit referente a este exemplo. O resultado do probit agrupado (gprobit) com os mesmos dados é o seguinte:

Com os desvios normais equivalentes (= *I*) dados na Tabela 15.10, os resultados da regressão são os mostrados na Tabela 15.11.[31] Os resultados da regressão baseados nos probits (= desvios normais equivalentes + 5) são apresentados na Tabela 15.12.

Com exceção do termo de intercepto, esses resultados são idênticos aos da tabela anterior, mas isso não deveria ser uma surpresa. (Por quê?)

TABELA 15.11

Dependent Variable: *I*

Variable	Coefficient	Std. Error	*t*-Statistic	Probability
C	-1.0166	0.0572	-17.7473	1.0397E-07
Income	0.04846	0.00247	19.5585	4.8547E-08

$R^2 = 0.97951$ Durbin-Watson statistic = 0.91384

(*Continua*)

[31] Os resultados a seguir não são correlacionados para heterocedasticidade. Veja o Exercício 15.12 para o procedimento adequado usado na correção da heterocedasticidade.

EXEMPLO 15.6
(Continuação)

TABELA 15.12

Dependent Variable: Probit

Variable	Coefficient	Std. Error	*t*-Statistic	Probability
C	3.9833	0.05728	69.5336	2.03737E-12
Income	0.04846	0.00247	19.5585	4.8547E-08

R^2 = 0.9795 Durbin-Watson statistic = 0.9138

Nota: estes resultados não estão corrigidos para heterocedasticidade (veja o Exercício 15.12).

Interpretação das estimativas do probit na Tabela 15.11

Como interpretamos os resultados anteriores? Suponha que desejemos encontrar o efeito de uma variação unitária em X (renda medida em milhares de dólares) sobre a probabilidade de $Y = 1$, ou seja, uma família comprar uma casa. Para tanto, veja a Equação (15.9.2). Queremos derivar essa função com relação a X (a taxa de variação da probabilidade em relação à renda). Essa derivada é:

$$\frac{dP_i}{dX_i} = f(\beta_1 + \beta_2 X_i)\beta_2 \qquad \textbf{(15.9.5)}^{32}$$

em que $f(\beta_1 + \beta_2 X_i)$ é a função de densidade de probabilidade normal padrão em $\beta_1 + \beta_2 X_i$. Como você perceberá, essa avaliação dependerá do valor das variáveis X. Vamos tomar o valor de X da Tabela 15.5, por exemplo, $X = 6$ (milhares de dólares). Usando os valores estimados dos parâmetros dados na Tabela 15.11, queremos encontrar a função de densidade normal em $f[-1{,}0166 + 0{,}04846(6)] = f(-0{,}72548)$. Se nos referirmos às tabelas de distribuição normal, verificamos que, para $Z = -0{,}72548$, a densidade normal é cerca de 0,3066.[33] Agora, multiplicando esse valor pelo coeficiente angular de 0,04846, obtemos 0,01485. Isso indica que, começando com a renda de \$ 6 mil, se a renda subir \$ 1 mil, a probabilidade de uma família comprar uma casa subirá cerca de 1,4%. (Compare este resultado com o da Tabela 15.6.)

Como podemos ver, comparado com os modelos logit e MPL, o cálculo de variações na probabilidade usando o modelo probit é um pouco trabalhoso.

Em vez de calcular as variações na probabilidade, suponha que você queira encontrar as probabilidades estimadas do modelo gprobit. Isso pode ser feito facilmente. Usando-se os dados da Tabela 15.11 e inserindo os valores de X da Tabela 15.5, o leitor pode verificar que os valores dne (até dois dígitos) são os seguintes:

X	6	8	10	13	15	20	25	30	35	40
dne estimado	−0,72	−0,63	−0,53	−0,39	−0,29	−0,05	0,19	0,43	0,68	0,92

Agora, programas como MINITAB podem calcular facilmente as probabilidades (acumuladas) associadas aos vários dne. Por exemplo, correspondendo a um valor dne −0,63, a probabilidade estimada é de 0,2647 e, correspondendo a um valor dne de 0,43, a probabilidade estimada é de 0,6691. Se compararmos essas estimativas com os valores reais dados na Tabela 15.5, verificaremos que as

[32] Usamos a regra das derivadas em cadeia:

$$\frac{dP_i}{dX_i} = \frac{dF(t)}{dt} \cdot \frac{dt}{dX}$$

em que $t = \beta_1 + \beta_2 X_i$.

[33] Note que o padrão normal Z pode variar de $-\infty$ a $+\infty$, mas a função de densidade $f(Z)$ é sempre positiva.

duas estão bem próximas, sugerindo que o modelo ajustado é bom. Graficamente, o que fizemos já foi apresentado na Figura 15.4.

O modelo probit para dados não agrupados ou individuais

Retomaremos a Tabela 15.7, em que se apresentam as notas finais de 32 alunos para as variâncias GPA, TUCE e PSI. Os resultados da regressão logit estão na Tabela 15.8. Vejamos, agora, os resultados probit para os mesmos dados. Observe que, como no caso do modelo logit para dados não agrupados, teremos de recorrer a um procedimento de estimação não linear embasado no método da máxima verossimilhança. Os resultados dessa regressão calculada pelo EViews 6 estão na Tabela 15.13.

"Qualitativamente", os resultados do modelo probit são comparáveis aos obtidos do modelo logit no que se refere à significância estatística individual dos coeficientes das variáveis GPA e PSI. Coletivamente, todos os coeficientes são estatisticamente significativos, já que o valor de estatística da razão de verossimilhança é de 15,5458, com um valor p de 0,0014. Por motivos examinados nas próximas seções, não podemos comparar os coeficientes de regressão logit e probit.

Para fins de comparação, apresentamos os resultados com base no modelo de probabilidade linear (MPL) para os conceitos da Tabela 15.14. Novamente, em termos qualitativos, os resultados MPL são semelhantes aos modelos logit e probit no sentido de que o GPA e o PSI são estatisticamente significativos mas o TUCE não. Além disso, as variáveis explanatórias juntas têm um impacto significativo no conceito, pois o valor F de 6,6456 é estatisticamente significativo, porque seu p-valor é de apenas 0,0015.

TABELA 15.13

Dependent Variable: grade
Method: ML–Binary probit
Convergence achieved after 5 iterations

Variable	Coefficient	Std. Error	*Z*-Statistic	Probability
C	-7.4523	2.5424	-2.9311	0.0033
GPA	1.6258	0.6938	2.3430	0.0191
TUCE	0.0517	0.0838	0.6166	0.5374
PSI	1.4263	0.5950	2.3970	0.0165

LR statistic (3 df) = 15.5458 McFadden R^2 = 0.3774
Probability (LR stat) = 0.0014

TABELA 15.14

Dependent Variable: grade

Variable	Coefficient	Std. Error	*t*-Statistic	Probability
C	-1.4980	0.5238	-2.8594	0.0079
GPA	0.4638	0.1619	2.8640	0.0078
TUCE	0.0104	0.0194	0.5386	0.5943
PSI	0.3785	0.1391	2.7200	0.0110

R^2 = 0.4159 Durbin–Watson d = 2.3464 F-statistic = 6.6456

O efeito marginal de uma variação unitária no valor de um regressor nos vários modelos de regressão

No *modelo de regressão linear*, o coeficiente angular mede a variação do valor médio do regressando para uma variação unitária no valor de um regressor, mantidas constantes as demais variáveis.

No *modelo de probabilidade linear*, o coeficiente angular mede diretamente a variação na probabilidade de um evento ocorrer como o resultado de uma variação unitária no valor de um regressor, com o efeito de todas as outras variáveis mantidas constantes.

No *modelo logit* o coeficiente angular de uma variável dá a variação no logaritmo das chances associadas a uma variação unitária naquela variável, novamente mantendo as demais variáveis constantes. Mas, como observado, para o modelo logit a taxa de variação na probabilidade de um evento acontecer é dada por $\beta_j P_i(1 - P_i)$, em que β_j é o coeficiente (regressão parcial) do j-ésimo regressor. Mas, ao avaliar P_i, todas as variáveis incluídas na análise são envolvidas.

No *modelo probit,* como vimos anteriormente, a taxa de variação na probabilidade é complicada e é dada por $\beta_j f(Z_i)$, em que $f(Z_i)$ é a função de densidade da variável normal padrão e $Z_i = \beta_1 + \beta_2 X_{2i} + \cdots + \beta_k X_{ki}$, isto é, o modelo de regressão usado na análise.

Tanto no modelo logit quanto no modelo probit todos os regressores estão envolvidos no cálculo das variações na probabilidade, enquanto no MPL apenas o j-ésimo regressor está envolvido. Essa diferença pode ser uma razão para a preferência do modelo MPL. Programas de estatística, como o STATA, calculam a taxa de variação da probabilidade para os modelos logit e probit com mais facilidade. Não há mais necessidade de escolher o MPL só pela simplicidade dos cálculos.

15.10 Modelos logit e probit

Embora no caso do exemplo das notas finais os modelos de probabilidade linear, logit e probit oferecessem, do ponto de vista qualitativo, resultados semelhantes, restringiremos nossa atenção aos modelos logit e probit devido aos problemas do modelo de probabilidade linear já mencionados. Entre logit e probit, qual o preferível? Na maioria das aplicações, os modelos são bastante parecidos; a principal diferença está na distribuição logística que tem caudas ligeiramente mais pesadas, como podemos ver na Figura 15.6. Ou seja, a probabilidade condicional P_i aproxima-se de 0 ou 1 com um ritmo mais lento no logit que no probit. Podemos ver isso mais claramente na Tabela 15.15. Não há razões convincentes para preferir um dos modelos ao outro. Na prática, muitos pesquisadores escolhem o modelo logit por sua relativa simplicidade matemática.

Embora os modelos sejam semelhantes, deve-se ficar atento ao interpretar os coeficientes estimados pelos dois modelos. Por exemplo, para nosso exemplo de conceitos na escola, o coeficiente de GPA de 1,6258 do modelo probit (veja a Tabela 15.13) e 2,8261 do modelo logit (veja a Tabela 15,8) não são diretamente comparáveis. Isso porque, embora a distribuição logística padrão (a base do logit) e a normal padrão (a base do probit) tenham ambas média zero, suas variâncias são diferentes; 1 para a normal padrão (como já sabemos) e $\pi^2/3$ para a logística, em que $\pi \approx 22/7$. Portanto, se multiplicarmos o coeficiente probit por 1,81 (que é aproximadamente $= \pi/\sqrt{3}$), obteremos aproximadamente o coeficiente logit. Para nosso exemplo, o coeficiente probit de GPA é 1,6258. Multiplicando isso por 1,81, obtemos 2,94, que está próximo do coeficiente logit. Por outro lado, se multiplicarmos o coeficiente logit por 0,55 ($= 1/1{,}81$), obteremos o coeficiente probit .

FIGURA 15.6
Distribuições acumuladas logit e probit.

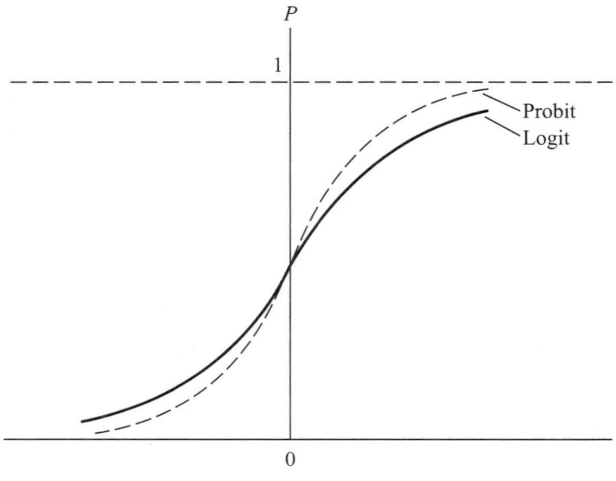

Amemiya sugere, no entanto, a multiplicação de uma estimativa logit por 0,625 para ter uma estimativa melhor da estimativa probit correspondente.[34] Por outro lado, multiplicando um coeficiente probit por 1,6 (= 1/0,625), temos o coeficiente logit correspondente. A propósito, Amemiya também mostrou que os coeficiente de MPL são relacionados, como se segue:

$$\beta_{\text{MPL}} = 0{,}25\beta_{\text{logit}} \quad \text{exceto para o intercepto}$$

e

$$\beta_{\text{MPL}} = 0{,}25\beta_{\text{logit}} + 0{,}5 \quad \text{para o intercepto}$$

Deixamos para o leitor verificar se essas aproximações são válidas para o exemplo da pontuação final de curso.

Para concluirmos nossa discussão sobre o MPL e os modelos logit e probit, vamos considerar um exemplo extenso.

TABELA 15.15
Valores das funções de probabilidade acumulada

Z	Normal acumulada $P_1(Z) = \frac{1}{\sqrt{2\pi}}\int_{-\infty}^{z} e^{-s^2/2}ds$	Logística acumulada $P_2(Z) = \frac{1}{1+e^{-z}}$
−3,0	0,0013	0,0474
−2,0	0,0228	0,1192
−1,5	0,0668	0,1824
−1,0	0,1587	0,2689
−0,5	0,3085	0,3775
0	0,5000	0,5000
0,5	0,6915	0,6225
1,0	0,8413	0,7311
1,5	0,9332	0,8176
2,0	0,9772	0,8808
3,0	0,9987	0,9526

EXEMPLO 15.7
Fumar ou não fumar

Para descobrirmos quais fatores determinam se uma pessoa será ou não fumante, obtivemos dados de 1.196 indivíduos.[35] Para cada indivíduo, há informações sobre educação, idade, renda e o preço de cigarros em 1979. A variável dependente é o fumante, sendo 1-fumantes e 0-não fumantes. Mais análises serão realizadas no Exercício 15.20 e os dados podem ser encontrados na Tabela 15.28, no site deste livro. Para fins de comparação, apresentamos os resultados com base nos modelos MPL, logit e probit em forma tabular (veja a Tabela 15.16). Esses resultados foram obtidos da versão 10 do STATA.

(*Continua*)

[34] AMEMIYA, T. "Qualitative response model: a survey." Journal of Economic Literature, 1981. v. 19, p. 481–536.

[35] Estes dados são de Murray, Michael P. *Econometrics*: a modern introduction. Boston: Pearson/Addison-Wesley, 2006 e estão disponíveis em: www.aw-bc.com/murray.

EXEMPLO 15.7
(Continuação)

TABELA 15.16

Variáveis	MPL	Logit	Probit
Constante	1,1230	2,7450	1,7019
	(5,96)	(3,31)	(3,33)
Idade	−0,0047	−0,0208	−0,0129
	(−5,70)	(−5,58)	(−5,66)
Educação	−0,0206	−0,0909	−0,0562
	(−4,47)	(−4,40)	(−4,45)
Renda	1,03e–06	4,72e–06	2,72e–06
	(0,63)	(0,66)	(0,62)
Pcigs79	−0,0051	−0,0223	−0,0137
	(−1,80)	(−1,79)	(−1,79)
R^2	0,0388	0,0297	0,0301

Notas: Os dados entre parênteses são razões t para o MPL e razões Z para o logit e probit. Para o logit e o probit, os valores de R^2 são pseudorazões R^2.

Embora os coeficientes dos três modelos não sejam diretamente comparáveis, qualitativamente são semelhantes. Assim, idade, educação e preço dos cigarros têm impacto negativo em fumar e a renda tem impacto positivo. Estatisticamente, o efeito renda é zero e o efeito preço é significativo ao nível aproximado de 8%. No Exercício 15.20, pede-se que seja aplicado o fator de conversão para se obter vários coeficientes comparáveis.

Na Tabela 15.17 apresentamos o efeito marginal de cada variável sobre a probabilidade de fumar para cada tipo de modelo.

TABELA 15.17

Variáveis	MPL	Logit	Probit
Idade	−0,0047	−0,0048	−0,0049
Educação	−0,0206	−0,0213	−0,0213
Renda	1,03e–06	1,11e–06	1,03e–06
Pcigs79	−0,0051	−0,0052	−0,0052

Nota: exceto a renda, os coeficientes estimados apresentam alta significância estatística para idade e escolaridade, e apresentam significância ao nível aproximado de 8% para o preço de cigarros.

Como reconheceremos, o efeito marginal de uma variável sobre a probabilidade de fumar para o MPL é obtido dos coeficientes de regressão estimados, mas para os modelos logit e probit eles precisam ser calculados como apresentado no capítulo.

É interessante que os efeitos marginais sejam bastante parecidos para os três modelos. Por exemplo, se o nível de escolaridade aumenta, em média, a probabilidade de alguém se tornar um fumante diminui em cerca de 2%.

15.11 O modelo tobit

Uma extensão do modelo probit é o **tobit** originalmente desenvolvido por James Tobin, Prêmio Nobel de economia. Para explicarmos esse modelo, continuaremos com o exemplo da casa própria. No modelo probit nossa preocupação era estimar a probabilidade de ter casa própria como função de algumas variáveis socioeconômicas. No modelo tobit nosso interesse é verificar o montante em dinheiro que uma pessoa ou família gasta em uma casa em relação a variáveis socioeconômicas. Agora enfrentamos um dilema: se um consumidor não compra uma casa, obviamente não temos dados sobre despesas com habitação para esses consumidores; temos dados apenas para os consumidores que realmente compram uma casa.

Os consumidores são divididos em dois grupos, um consistindo em, por exemplo, n_1 consumidores sobre os quais temos informação a respeito dos regressores (por exemplo, renda, taxa de juros de hipotecas, número de pessoas na família etc.), bem como do regressando (montante de despesas com habitação) e outro consistindo em n_2 consumidores sobre quem temos informação apenas dos regressores, mas não do regressando. Uma amostra em que as informações do regressando são disponíveis apenas para algumas observações é conhecida como **amostra censurada**.[36]

Portanto, o modelo tobit é conhecido também como um modelo de regressão censurado. Alguns autores chamam esses modelos de **modelos de regressão com variável dependente limitada** devido à restrição imposta aos valores assumidos pelos regressando.

Estatisticamente, podemos expressar o modelo tobit como:

$$\begin{aligned} Y_i &= \beta_1 + \beta_2 X_i + u_i \qquad \text{se LD} > 0 \\ &= 0 \qquad\qquad\qquad\quad \text{caso contrário} \end{aligned} \tag{15.11.1}$$

em que LD = lado direito. *Nota:* variáveis adicionais *X* podem ser incluídas facilmente ao modelo.

Podemos calcular a regressão (15.11.1) usando apenas n_1 observações e não nos preocupando com as n_2 observações remanescentes? A resposta é não, pois as estimativas MQO dos parâmetros obtidas do subconjunto de n_1 observações serão *tendenciosas e inconsistentes*; são tendenciosas mesmo assintoticamente.[37]

Para tanto, considere a Figura 15.7. Se *Y não for observado* (em virtude da censura), todas essas observações ($= n_2$), denotadas por cruzes, ficarão no eixo horizontal. Se *Y for observado*, as observações ($= n_1$), denotadas por pontos, ficarão no plano $X-Y$. Torna-se claro, intuitivamente, que, se estimarmos uma linha de regressão com base apenas em n_1 observações, o intercepto e os coeficientes angulares resultantes tenderão a ser diferentes do que se todas as $(n_1 + n_2)$ forem levadas em consideração.

Como podemos estimar os modelos tobit, ou de regressão censurada, como a Equação (15.11.1)? O mecanismo real envolve o método de máxima verossimilhança, que é bastante complexo e está além do escopo deste livro, mas o leitor poderá obter mais informações sobre o método consultando as referências.[38]

FIGURA 15.7
Diagrama de dispersão do montante gasto na compra de casa própria *versus* renda.

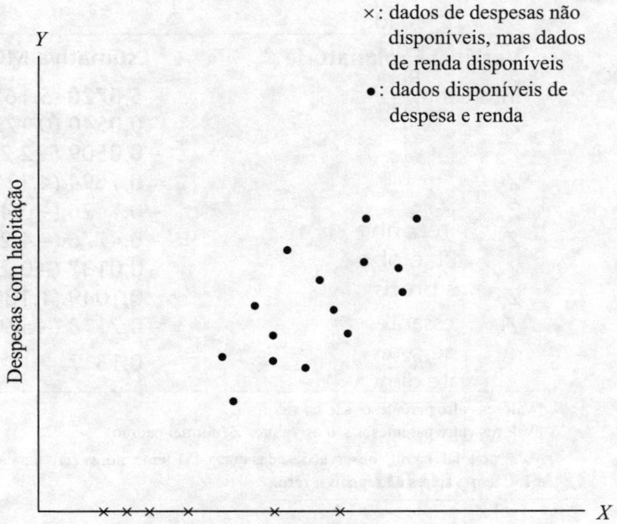

[36] Uma amostra censurada deve ser distinguida de uma **amostra truncada**, em que as informações dos regressores estão disponíveis apenas se o regressando for observado. Não trataremos desse assunto aqui, mas o leitor interessado pode consultar GREENE, William H. *Econometric analysis.* 4. ed. Englewood Cliffs, NJ.: Prentice Hall, cap. 19. Para uma discussão menos complexa, veja KENNEDY, Peter. *A guide to econometrics.* 4. ed. Cambridge, Mass.: The MIT Press, 1998, cap. 16.

[37] O viés surge do fato de que, se consideramos apenas as n_1 observações e omitimos as outras, não há garantia de que $E(u_i)$ será necessariamente zero. E sem $E(u_i) = 0$ não podemos garantir que as estimativas do MQO serão não tendenciosas. Esse viés é abordado no Apêndice 3A, Equações (4) e (5).

[38] Veja GREENE, op. cit. Uma discussão um pouco menos técnica pode ser encontrada em BREEN, Richard. *Regression models:* censored, sample selected or truncated data. Newbury Park, Califórnia: Sage Publications,1996.

James Heckman propôs um método alternativo ao da máxima verossimilhança (MV), que é comparativamente simples.[39] Consiste em um procedimento de estimação em duas etapas. Na primeira, calculamos a probabilidade de um consumidor ter casa própria, o que é feito com base no modelo probit. Na segunda, calculamos o modelo (15.11.1) acrescentando uma variável (chamada **razão inversa de Mills** ou **taxa de risco**) que é derivada da estimativa probit. Para o mecanismo real, veja o artigo de Heckman. O procedimento de Heckman resulta em estimativas consistentes dos parâmetros da Equação (15.11.1), mas não são tão eficientes quanto as estimativas de MV. Uma vez que os programas de estatística mais modernos seguem a rotina da MV, pode ser preferível usá-los em vez do procedimento Heckman de duas etapas.

Ilustração do modelo tobit: o modelo de Ray Fair de casos extraconjugais[40]

Em um artigo interessante e inovador do ponto de vista teórico, Ray Fair coletou uma amostra de 601 homens e mulheres casados pela primeira vez e analisou suas respostas a uma pergunta sobre casos extraconjugais.[41] As variáveis usadas neste estudo são definidas como se segue:

Y = número de casos no ano anterior, 0, 1, 2, 3, 4–10 (codificados como 7)
Z_1 = 0 para mulheres e 1 para homens
Z_2 = idade
Z_3 = número de anos casado
Z_4 = filhos: 0 se não tiver filhos e 1 se tiver
Z_5 = religiosidade em uma escala de 1 a 5, 1 sendo ateu
Z_6 = escolaridade: primário = 9; segundo grau = 12; doutorado ou outro = 20
Z_7 = ocupação, segundo a escala "Hollingshead", 1–7
Z_8 = autoavaliação no casamento, 1 = muito infeliz, 5 = muito feliz

TABELA 15.18
Estimativas de MQO e tobit de casos extraconjugais

Variável Explanatória	Estimativa MQO*	Estimativa tobit†
Intercepto	5,8720 (5,1622)	7,6084 (1,9479)
Z_1	0,0540 (0,1799)	0,9457 (0,8898)
Z_2	−0,0509 (−2,2536)	−0,1926 (−2,3799)
Z_3	0,1694 (4,1109)	0,5331 (3,6368)
Z_4	−0,1426 (−0,4072)	1,0191 (0,7965)
Z_5	−0,4776 (−4,2747)	−1,6990 (−4,1906)
Z_6	−0,0137 (−0,2143)	0,0253 (0,1113)
Z_7	0,1049 (1,1803)	0,2129 (0,6631)
Z_8	−0,7118 (−5,9319)	−2,2732 (−5,4724)
R^2	0,1317	0,1515

*Valores entre parênteses são os valores *t*.
†Valores entre parênteses são os valores *Z* (normal padrão).
Nota: no total, há 601 observações, das quais 451 têm valores zero para a variável dependente (número de casos extraconjugais) e 150 têm valores não iguais a zero..

Das 601 respostas, 451 indivíduos não tiveram casos extraconjugais, e 150 indivíduos tiveram um ou mais casos. Nos termos da Figura 15.7, se traçarmos o gráfico do número de casos no eixo vertical e, por exemplo, escolaridade no eixo horizontal, haverá 451 observações ao longo do eixo horizontal. Temos uma amostra censurada, e um modelo tobit pode ser adequado.

[39] HECKMAN, J. J. "Sample selection bias as a specification error." *Econometrica*, v. 47, p. 153–161.

[40] FAIR, Ray. "A theory of extramarital affairs." *Journal of Political Economy*, v. 86, 1978, p. 45–61. Leia http://fairmodel.econ.yale.edu/rayfair/pdf/1978DAT.ZIP sobre os dados.

[41] Em 1969 *Psychology Today* publicou um questionário com 101 perguntas sobre gênero e pediu aos leitores para enviarem suas respostas. Na edição de julho de 1970, os resultados da pesquisa foram discutidos com base em 2 mil respostas coletadas na forma eletrônica. Ray Fair extraiu a amostra de 601 dessas respostas.

A Tabela 15.18 dá estimativas do modelo anterior usando tanto os procedimentos MQO (inadequado) quanto os de máxima verossimilhança (adequado). Como podemos ver, o MQO inclui 451 indivíduos que não tiveram casos extraconjugais e 150 que tiveram um ou mais casos. O método da MV leva isso em conta explicitamente, mas o método MQO não leva; daí a diferença entre as duas estimativas. Por razões já discutidas, deve-se contar com a MV e não com os MQO. Os coeficientes nos dois modelos podem ser interpretados como qualquer outro coeficiente de regressão. O coeficiente negativo de Z_8 (felicidade conjugal) significa que, quanto maior a felicidade conjugal, menor a incidência de casos extraconjugais, talvez um achado não surpreendente.

Veja que, se estivermos interessados na probabilidade de casos extraconjugais e não no número de tais casos, podemos usar o modelo probit atribuindo $Y = 0$ para aqueles que não tiveram casos extraconjugais e $Y = 1$ para aqueles que tiveram tais casos, dando os resultados da Tabela 15.19. Com o conhecimento da modelagem probit, os leitores são capazes de interpretar os resultados probit dessa tabela.

15.12 Modelagem de dados contáveis: o modelo de regressão de Poisson

Há muitos fenômenos cujo regressando é do **tipo contável**, como o número anual de viagens feitas por uma família, o número de patentes registradas anualmente por uma empresa, o número de visitas anuais ao dentista ou ao médico, o número de idas semanais ao armazém, o número de multas recebidas ao ano por estacionamento em local proibido ou por excesso de velocidade, o número de dias passados no hospital em certo período, o número de carros que passam pela cabine de pedágio em um intervalo de cinco minutos e assim por diante. Em cada um desses casos, a variável subjacente é discreta, assumindo apenas um número finito de valores. Às vezes os dados contáveis também se referem a ocorrências *raras*, ou *infrequentes*, como ser atingido por um raio mais de uma vez na mesma semana, ganhar na loteria mais de uma vez em um espaço de duas semanas ou ter mais de um enfarte em um mês. Como modelamos esses fenômenos?

TABELA 15.19

Dependent Variable: YSTAR
Method: ML–Binary probit
Sample: 1-601
Included observations: 601
Convergence achieved after 5 iterations

Variable	Coefficient	Std. Error	Z Statistic	Probability
C	0.779402	0.512549	1.520638	0.1284
Z_1	0.173457	0.137991	1.257015	0.2087
Z_2	-0.024584	0.010418	-2.359844	0.0183
Z_3	0.054343	0.018809	2.889278	0.0039
Z_4	0.216644	0.165168	1.311657	0.1896
Z_5	-0.185468	0.051626	-3.592551	0.0003
Z_6	0.011262	0.029517	0.381556	0.7028
Z_7	0.013669	0.041404	0.330129	0.7413
Z_8	-0.271791	0.053475	-5.082608	0.0000

Mean dependent var.	0.249584	S.D. dependent var.	0.433133
S.E. of regression	0.410279	Akaike info criterion	1.045584
Sum squared resid.	99.65088	Schwarz criterion	1.111453
Log likelihood	-305.1980	Hannan-Quinn criter.	1.071224
Restr. log likelihood	-337.6885	Avg. log likelihood	-0.507817
LR statistic (8 df)	64.98107	McFadden R-squared	0.096215
Probability (LR stat)	4.87E-11		
Obs. with Dep = 0	451	Total obs.	601
Obs. with Dep = 1	150		

Assim como a distribuição de Bernoulli foi escolhida para o modelo de decisão sim/não no modelo de probabilidade linear, a distribuição probabilística, adequada especificamente para dados contáveis, é a de **Poisson**. A distribuição de Poisson é dada por: [42]

$$f(Y_i) = \frac{\mu^Y e^{-\mu}}{Y!} \qquad Y = 0, 1, 2, \ldots \tag{15.12.1}$$

em que $f(Y)$ denota a probabilidade de que a variável Y assuma valores inteiros não negativos e $Y!$ (leia-se fatorial de Y) é representado por $Y! = Y \times (Y-1) \times (Y-2) \times \ldots \times 2 \times 1$. Pode ser demonstrado que

$$E(Y) = \mu \tag{15.12.2}$$

$$\text{var}(Y) = \mu \tag{15.12.3}$$

Note um aspecto interessante da distribuição de Poisson: *sua variância é a mesma que o valor médio.*

O modelo de regressão de Poisson pode ser escrito como:

$$Y_i = E(Y_i) + u_i = \mu_i + u_i \tag{15.12.4}$$

em que os Y são distribuídos independentemente como variáveis aleatórias de Poisson com média μ_i para cada indivíduo expresso como

$$\mu_i = E(Y_i) = \beta_1 + \beta_2 X_{2i} + \beta_3 X_{3_i} + \cdots + \beta_k X_{ki} \tag{15.12.5}$$

em que os X são algumas da variáveis que poderiam afetar o valor médio. Por exemplo, se nossa variável discreta for o número de visitas do Metropolitan Museum of Art em Nova York em determinado ano, esse número dependerá de variáveis como renda do consumidor, preço da entrada, distância do museu e taxas de estacionamento.

Para fins de estimação, escrevemos o modelo como:

$$Y_i = \frac{\mu^Y e^{-\mu}}{Y!} + u_i \tag{15.12.6}$$

sendo μ substituído pela Equação (5.12.5). Como podemos ver, o modelo de regressão resultante terá parâmetros não lineares, necessitando da estimação de uma regressão não linear discutida no capítulo anterior. Vamos considerar um exemplo concreto para entender como tudo isso funciona.

EXEMPLO 15.8
Estudo geriátrico da frequência de quedas

Os dados usados aqui foram coletados por Neter et al[43] e relacionam-se a 100 indivíduos com 65 anos ou mais. O objetivo do estudo foi registrar o número de quedas (= Y) sofridas por esses indivíduos em relação ao gênero (X_2 = 1 mulher e 0 para homens), um índice de equilíbrio (X_3) e um índice de força (X_4). Quanto mais alto for o índice de equilíbrio, mais estável será o sujeito, e quanto mais alto o índice de força, mais forte será o sujeito. Para descobrir se a educação ou a educação mais exercícios aeróbicos têm efeito no número de quedas, os autores introduziram uma variável adicional (X_1), chamada de variável de intervenção, tal que X_1 = 0 se apenas educação e X_1 = 1 se educação mais treinamento em exercício aeróbico. Os sujeitos foram distribuídos aleatoriamente entre os dois métodos de intervenção.

Usando o EViews, obtivemos o resultado da Tabela 15.20.

(Continua)

[42] Consulte qualquer livro padrão sobre estatística para detalhes dessa distribuição.

[43] NETER, John; KUTNER, Michael H.; NACHTSHEIM, Christopher J.; WASSERMAN, William. *Applied regression models.* 3. ed. Chicago: Irwin, 1996. Os dados foram obtidos do disco de dados incluído no livro e referem-se ao Exercício 14.28.

EXEMPLO 15.8
(*Continuação*)

TABELA 15.20

Dependent Variable: *Y*
Sample: 1-100
Convergence achieved after 7 iterations
Y=EXP(*C*(0)+*C*(1)**X*1+*C*(2)**X*2+*C*(3)**X*3+*C*(4)**X*4)

	Coefficient	Std. Error	*t*-Statistic	Probability
C(0)	0.37020	0.3459	1.0701	0.2873
C(1)	-1.10036	0.1705	-6.4525	0.0000
C(2)	-0.02194	0.1105	-0.1985	0.8430
C(3)	0.01066	0.0027	3.9483	0.0001
C(4)	0.00927	0.00414	2.2380	0.0275

R^2 = 0.4857 Adjusted R^2 = 0.4640
Log likelihood = -197.2096 Durbin-Watson statistic = 1.7358

Nota: EXP( ) significa *e* (a base do logaritmo natural) elevado à potência indicada em ( ).

Interpretação dos resultados. Lembre-se de que o que obtivemos na Tabela 15.20 é o valor médio estimado para o *i*-ésimo indivíduo, $\hat{\mu}_i$; isto é, o que estimamos é:,

$$\hat{\mu}_i = e^{0,3702-1,100366X_{1i}-0,02194X_{2i}+0,0106X_{3i}+0,00927X_{4i}} \tag{15.12.7}$$

Para descobrirmos o valor efetivo médio para a *i*-ésima pessoa, precisamos introduzir os valores das diversas variáveis *X* correspondentes àquela pessoa. Por exemplo, o indivíduo 99 tinha os seguintes valores: $Y = 4$, $X_1 = 0$, $X_2 = 1$, $X_3 = 50$ e $X_4 = 56$. Colocando esses valores na Equação (15.12.7), obtemos 3,3538 como o valor médio estimado para o 99º indivíduo. O valor efetivo de *Y* para esse indivíduo foi 4.

Agora, se queremos determinar a probabilidade de um indivíduo similar ao de número 99 ter menos de 5 quedas por ano, podemos ter esse resultado como se segue:

$$\begin{aligned} P(Y<5) &= P(Y=0)+P(Y=1)+P(Y=2)+P(Y=3)+P(Y=4) \\ &= \frac{(3,3538)^0 e^{-3,3538}}{0!} + \frac{(3,3538)^1 e^{-3,3538}}{1!} + \frac{(3,3538)^2 e^{-3,3538}}{2!} \\ &\quad + \frac{(3,3538)^3 e^{-3,3538}}{3!} + \frac{(3,3538)^4 e^{-3,3538}}{4!} \\ &= 0,7491 \end{aligned}$$

Também podemos descobrir o efeito marginal, ou parcial, de um regressor sobre o valor médio de *Y* do seguinte modo. Em termos de nosso exemplo ilustrativo, suponha que desejamos conhecer o efeito de um a-umento unitário no índice de força (X_4) sobre o *Y* médio. Uma vez que

$$\mu = e^{C_0+C_1X_{1i}+C_2X_{2i}+C_3X_{3i}+C_4X_{4i}} \tag{15.12.8}$$

queremos encontrar $\partial\mu/\partial X_4$. Usando a regra da cadeia do cálculo, podemos demonstrar facilmente que este é igual a

$$\frac{\partial\mu}{\partial X_4} = C_4 e^{C_0+C_1X_{1i}+C_2X_{2i}+C_3X_{3i}+C_4X_{4i}} = C_4\mu \tag{15.12.9}$$

(*Continua*)

EXEMPLO 15.8 (*Continuação*)

Isto é, a taxa de variação do valor médio com relação a um regressor é igual ao coeficiente desse regressor multiplicado pelo valor médio. Naturalmente, o valor médio μ dependerá dos valores assumidos por todos os regressores no modelo. Isso é parecido com os modelos logit e probit que discutimos anteriormente, em que a contribuição marginal de uma variável também dependia dos valores assumidos por todas as variáveis no modelo.

Retornando à significância estatística dos coeficientes individuais, vemos que o intercepto e a variável X_2 são estatisticamente insignificantes tomados individualmente. Mas note que os erros padrão da tabela são assintóticos e, por isso, os valores *t* devem ser interpretados assintoticamente. Como visto anteriormente, em geral os resultados de todos os procedimentos de estimação iterativa, não linear, são válidos apenas para amostras grandes.

Para concluirmos nossa discussão do modelo de regressão de Poisson, podemos notar que o modelo impõe pressupostos restritivos, visto que a média e a variância do modelo de Poisson são constantes e que a probabilidade de uma ocorrência é constante em qualquer ponto do tempo.

15.13 Outros tópicos sobre modelos de escolha qualitativa

Como observado no início, os modelos de escolha qualitativa são um assunto muito vasto. O que apresentamos neste capítulo são alguns dos modelos básicos. Para aqueles que desejarem saber mais sobre o assunto, apresentaremos brevemente alguns outros modelos. Não nos deteremos neles, pois isso nos levaria para muito além do escopo deste livro.

Modelos logit e probit ordinais

Nos modelos logit e probit bivariados estávamos interessados em modelar uma variável de resposta do tipo sim ou não. Mas muitas vezes a variável resposta ou regressando pode ter mais de dois resultados e estes são de natureza **ordinal**; ou seja, não podem ser expressos em uma escala de intervalo. Com frequência em uma pesquisa do tipo questionário as respostas são postas em termos de uma escala Likert, como "concordo totalmente", "concordo parcialmente" ou "discordo totalmente". Ou as respostas a uma pesquisa sobre instrução são "segundo grau incompleto", "segundo grau completo", "curso superior" ou "curso profissionalizante". Muitas vezes essas respostas são codificadas como 0 (segunto grau incompleto), 1 (segundo grau completo), 2 (curso superior) ou 3 (pós-graduação). Tratam-se de escalas ordinais, porque está clara a hierarquia entre as categorias, mas não podemos dizer que 2 (curso superior) equivale a duas vezes 1 (segundo grau completo) ou que 3 (pós-graduação) seja 3 vezes 1 (segundo grau completo).

Para estudar fenômenos como esses, é preciso estender os modelos logit e probit bivariados para levar em conta as várias categorias hierárquicas. A aritmética torna-se muito complexa, pois temos de recorrer a distribuições de probabilidade normais e logísticas em múltiplos estágios para levar em conta as várias categorias hierarquizadas. O leitor interessado na matemática subjacente e em algumas das aplicações pode consultar os textos de Greene e Maddala já mencionados. Em um nível mais superficial, o leitor pode recorrer ao artigo de Liao.[44] Pacotes estatísticos como LIMDEP, EViews, STATA e SHAZAM incluem rotinas para estimar modelos logit e probit ordenados.

Modelos logit e probit multinomiais

Nos modelos probit e logit ordenados a variável de resposta tem mais de duas categorias ordenadas ou classificadas, mas há situações em que o regressando não é ordenado. Veja, por exemplo, a escolha de meio de transporte para ir ao trabalho. As opções podem ser bicicleta, motocicleta, automóvel, ônibus ou trem. Embora essas sejam respostas categóricas, não há classificação ou ordem; são de caráter essencialmente nominal. Para outro exemplo, considere as classificações ocupacionais, como não qualificado, semiqualificado e altamente qualificado. Novamente, não há ordenamento. De modo

[44] LIAO, Tim Futing, op. cit.

semelhante, as opções ocupacionais como autônomo, contratado em empresa, trabalhar para o governo local e para o governo federal têm um caráter essencialmente nominal.

As técnicas dos modelos logit e probit multinomiais podem ser empregadas para estudar essas categorias nominais. Novamente, a matemática é um tanto complicada. As referências citadas anteriormente darão os fundamentos dessas técnicas e programas de estatística citados anteriormente podem ser usados para implementar esses modelos, se o uso deles for necessário em casos específicos.

Modelos de duração

Considere perguntas como estas: (1) o que determina a duração dos períodos de desemprego? (2) O que determina a vida útil de uma lâmpada? (3) Quais os fatores que determinam a duração de uma greve? (4) O que determina o tempo de sobrevivência de um paciente soropositivo?

Essas são indagações relacionadas aos modelos de duração, conhecidos como **análise de sobrevivência** ou análise **time-to-event**. Em cada um dos exemplos citados, a variável-chave é a extensão ou o período de tempo, modelado como variável aleatória. Novamente, a matemática envolve as funções de distribuição acumulada (FDA) e as funções de distribuição de probabilidade (FDP) das distribuições de probabilidade adequadas. Embora os detalhes técnicos possam ser tediosos, há livros acessíveis sobre o assunto.[45]

Programas estatísticos como STATA e LIMDEP podem estimar prontamente tais modelos de duração. Eles têm exemplos para ajudar o pesquisador no uso de tais modelos.

Resumo e conclusões

1. Os modelos de escolha qualitativa referem-se aos modelos em que a variável resposta, ou regressando, não é quantitativa ou uma escala de intervalo.
2. O modelo de escolha qualitativa mais simples é o modelo de probabilidade linear, em que o regressando é do tipo sim/não ou presente/ausente.
3. O modelo de regressão binária mais simples possível é o de probabilidade linear, em que a regressão de escolha qualitativa é feita contra as variáveis explanatórias por meio do método de padrão MQO. Nesse caso, a simplicidade pode não ser uma virtude, pois o modelo de probabilidade linear sofre de vários problemas de estimação. Mesmo que alguns dos problemas de estimação possam ser superados, a debilidade fundamental desse modelo é que ele pressupõe que a probabilidade de ocorrência de alguma coisa aumente linearmente com o nível do regressor. Essa é uma hipótese muito restritiva, que pode ser evitada se empregarmos os modelos logit e probit.
4. No modelo logit, a variável dependente é o logaritmo da razão de chances, que é uma função linear dos regressores. A função de probabilidade subjacente ao modelo logit é a distribuição logística. Se os dados disponíveis forem agrupados, podemos recorrer aos MQO para calcular os parâmetros do modelo logit, desde que levemos em conta explicitamente a natureza heterocedástica do termo de erro. Se os dados forem disponíveis no nível individual ou micro, é necessário seguir os procedimentos de estimação não lineares nos parâmetros.
5. Se escolhermos a distribuição normal como a distribuição de probabilidade adequada, podemos usar o modelo probit. Esse é um pouco difícil, em termos de cálculo matemático, pois envolve integrais. Mas para todos os fins, tanto o modelo logit quanto o probit dão resultados semelhantes. Na prática, a opção depende, portanto, da facilidade de cálculo, o que não é um problema sério com os programas de estatística sofisticados que atualmente estão disponíveis.
6. Se a variável de escolha for do tipo contável, o modelo usado com mais frequência no trabalho aplicado é o da regressão de Poisson, que se baseia na distribuição de probabilidade de Poisson.
7. Um modelo que está intimamente relacionado ao modelo probit é o tobit, também conhecido como modelo de regressão censurada. Neste, a variável de escolha é observada apenas se forem atendidas certas condições. Assim, a questão de quanto se gasta em um carro só será

[45] Veja, por exemplo, HOSMER, Jr., DAVID W.; LEMESHOW, Stanley. *Applied survival analysis*. Nova York: John Wiley & Sons, 1999.

significativa diante da decisão de comprar um automóvel. Entretanto, Maddala observa que o modelo tobit é "aplicável somente onde a variável latente [a variável básica subjacente a um fenômeno] pode, em princípio, assumir valores negativos e os valores zero observados são consequência da censura e da impossibilidade de observação".[46]

8. Há várias extensões dos modelos de regressão com escolha qualitativa. Estes incluem o logit e o probit ordenados e nominais. O raciocínio que fundamenta esses modelos é o mesmo que o dos modelos logit e probit mais simples, embora os cálculos matemáticos fiquem bem complicados.
9. Por fim, consideramos brevemente os chamados modelos de duração, em que a duração de um fenômeno, como desemprego ou doença, depende de vários fatores. Em tais modelos, a duração, ou o período, torna-se a variável de interesse de pesquisa.

EXERCÍCIOS

15.1. Consulte os dados da Tabela 15.2. Se $\hat{Y}_i$ for negativo, suponha que ele seja igual a 0,01 e, se for maior que 1, suponha que seja igual a 0,99. Calcule novamente os pesos w_i e estime o MPL usando os MQP. Compare os resultados obtidos com aqueles dados na Equação (15.2.11) e comente-os.

15.2. Para os dados relativos à casa própria apresentados na Tabela 15.1, as estimativas de máxima verossimilhança do modelo logit são:

$$\hat{L}_i = \ln\left(\frac{\hat{P}_i}{1-\hat{P}_i}\right) = -\,493{,}54 + \quad 32{,}96 \text{ renda}$$
$$t = \quad (-\,0{,}000008)(0{,}000008)$$

Comente esses resultados, tendo em mente que todos os valores da renda acima de 16 (mil dólares) correspondem a $Y = 1$ e todos os valores de renda inferiores a 16 correspondem a 0. *A priori*, o que você poderia esperar em tal situação?

15.3. Ao estudar a compra de bens duráveis Y ($Y = 1$ em caso de compra, $Y = 0$ se não houver compra) como uma função de diversas variáveis para um total de 762 famílias, Janet A. Fisher* obteve os seguintes resultados de MPL:

Variável explanatória	Coeficiente	Erro padrão
Constante	0,1411	—
Renda disponível, 1957, X_1	0,0251	0,0118
(Renda disponível = $X_1)^2$, X_2	− 0,0004	0,0004
Conta corrente, X_3	− 0,0051	0,0108
Conta poupança, X_4	0,0013	0,0047
Títulos do governo, X_5	− 0,0079	0,0067
Condição de moradia: aluguel, X_6	− 0,0469	0,0937
Condição de moradia: casa própria, X_7	0,0136	0,0712
Aluguel mensal, X_8	− 0,7540	1,0983
Pagamento mensal de hipoteca, X_9	− 0,9809	0,5162
Dívida pessoal exceto prestações, X_{10}	− 0,0367	0,0326
Idade, X_{11}	0,0046	0,0084
Idade ao quadrado, X_{12}	− 0,0001	0,0001
Estado civil, X_{13} (1 = casado)	0,1760	0,0501
Número de filhos, X_{14}	0,0398	0,0358
(Número de filhos = $X_{14})^2$, X_{15}	− 0,0036	0,0072
Planos de compra, X_{16} (1 = planejado; 0 não planejado)	0,1760	0,0384
	R^2 = 0,1336	

Notas: todas as variáveis financeiras estão em milhares de dólares.
Condição de moradia: imóvel alugado (1 se alugado; 0 em caso contrário). Condição de moradia: casa própria (1 se tem casa; 0 caso contrário).
Fonte: FISHER, Janet A. "An analysis of consumer goods expenditure." *The Review of Economics and Statistics*, v. 64, n. 1, p. 67, tabela 1, 1962.

[46] MADDALA, G. S. *Introduction to econometrics*. 2. ed. Nova York: Macmillan, 1992. p. 342.

* "An analysis of consumer goods expenditure." *The Review of Economics and Statistics*, 1962. v. 64, n. 1, p. 64–71.

a. Faça um comentário geral a respeito da equação estimada.

b. Como o coeficiente de –0,0051 associado à variável da conta corrente poderia ser interpretado? Como se justificaria o sinal negativo desta variável?

c. Qual a razão para introduzirem as variáveis idade elevada ao quadrado e o número de filhos? Por que em ambos os casos o sinal é negativo?

d. Supondo valores zero para todas as variáveis, exceto a renda, determine a probabilidade condicional de uma família cuja renda é de $ 20.000 para comprar um bem durável.

e. Estime a probabilidade condicional de ter bens duráveis, dado: $X_1 = \$\ 15.000, X_3 = \$\ 3.000, X_4 = \$\ 5.000, X_6 = 0, X_7 = 1, X_8 = \$\ 500, X_9 = \$\ 300, X_{10} = 0, X_{11} = 35, X_{13} = 1, X_{14} = 2, X_{16} = 0$.

15.4. O valor de R^2 na regressão de participação na força de trabalho dada na Tabela 15.3 é 0,175, que é bem baixo. É possível testar esse valor para significância estatística? Que teste podemos usar e por quê? Comente de modo geral sobre o valor de R^2 nesses modelos.

15.5. Calcule as probabilidades de ter casa própria em vários níveis de renda da regressão (15.7.1). Represente-os graficamente contra a renda e comente a relação resultante.

*15.6 Na regressão probit dada na Tabela 15.11, mostre que o intercepto é igual a $-\mu_x/\sigma_x$ e a inclinação é igual a $1/\sigma_x$, em que μ_x e σ_x são a média e o desvio padrão de X.

15.7. Dos dados para 54 áreas estatísticas metropolitanas padrão (SMSA), Demaris estimou o seguinte modelo logit para explicar o alto índice de homicídios *versus* índices baixos:[†]

$$\begin{aligned} \ln \hat{O}_i &= 1{,}1387 + 0{,}0014P_i + 0{,}0561C_i - 0{,}4050R_i \\ \text{ep} &= \qquad\qquad (0{,}0009) \quad (0{,}0227) \quad (0{,}1568) \end{aligned}$$

em que O = a chance de alto índice de homicídio, P = população em milhares de habitantes de 1980, C = taxa de crescimento populacional de 1970 a 1980, R = quociente de alfabetização e os ep são os erros padrão assintóticos.

a. Como poderíamos interpretar os diversos coeficientes?

b. Quais dos coeficientes são estatisticamente significativos, em termos individuais?

c. Qual o efeito de um aumento de um ponto percentual no quociente de alfabetização sobre as chances de ter um índice mais alto de homicídios?

d. Qual o efeito de um aumento de um ponto percentual na taxa de crescimento populacional sobre as chances de uma taxa de homicídios mais alta?

15.8. Compare e comente as regressões MQO e MQP nas Equações (15.7.3) e (15.7.1).

Exercícios aplicados

15.9. Da pesquisa de orçamentos familiares feita pelo Dutch Central Bureau of Statistics em 1980, J. S. Cramer obteve o seguinte modelo logit baseado em uma amostra de 2.820 famílias. (Os resultados apresentados aqui se baseiam no método de máxima verossimilhança e referem-se à terceira iteração.)‡ O objetivo do modelo logit era determinar a posse de um carro como função (logarítmica) da renda. A posse de carro era uma variável binária: $Y = 1$ se uma família tivesse carro, zero se não tivesse.

*Opcional.

†DEMARIS, op. cit., p. 46.

‡CRAMER, J. S. *An introduction to the logit model for economist.* 2. ed., publicado e distribuído por Timberlake Consultants Ltd., 2001, p. 33. Estes resultados são reproduzidos do programa de estatística PC-GIVE 10 publicado por Timberlake Consultants, p. 51.

$$\hat{L}_i = -2{,}77231 + 0{,}347582 \ln \text{Renda}$$
$$t = (-3{,}35) \qquad (4{,}05)$$
$$\chi^2(1 \text{ gl}) = 16{,}681 \text{ (valor } p = 0{,}0000)$$

em que $\hat{L}_i$ = logit estimado e ln Renda é o logaritmo da renda. O χ^2 mede a qualidade do ajustamento do modelo.

a. Interprete o modelo logit estimado.

b. Do modelo logit estimado, como você obteria a expressão para a probabilidade de ter um carro?

c. Qual a probabilidade de uma família com renda de $ 20 mil ter um carro? E com um nível de renda de $ 25 mil? Qual a taxa de variação da probabilidade com o nível de renda de $ 20 mil?

d. Comente a significância estatística do modelo logit estimado.

15.10. Estabeleça a Equação (15.2.8).

15.11. Em um estudo importante das taxas de graduação de todos os alunos da faculdade e apenas dos matriculados negros, Bowen e Bok obtiveram os resultados apresentados na Tabela 15.21, baseados no modelo logit.*

a. Qual a conclusão geral que podemos tirar sobre as notas de graduação de todos os matriculados e dos negros matriculados?

b. A *razão de chances* é a razão entre duas possibilidades. Compare dois grupos de todos os matriculados, um com um SAT maior que 1.299 e o outro com SAT inferior a 1.000 (a categoria-base). A razão de chances de 1.393 indica que as chances de os matriculados na primeira categoria são 39 mais altas que aqueles na segunda. As várias razões de chances mostradas na tabela estão de acordo com uma expectativa *a priori*?

c. O que podemos dizer sobre a significância estatística dos parâmetros estimados? O que dizer da significância geral do modelo estimado?

15.12. No modelo probit da Tabela 15.11, o termo de erro u_i tem esta variância:

$$\sigma_u^2 = \frac{P_i(1 - P_i)}{N_i f_i^2}$$

em que f_i é a função de densidade normal padrão avaliada em $F^{-1}(P_i)$.

a Dada a variância de u_i, como você transformaria o modelo na Tabela 15.10 para que o termo de erro resultante fosse eliminado?

b. Use os dados da Tabela 15.10 para mostrar os dados transformados.

c. Estime o modelo probit com base nos dados transformados e compare os resultados com aqueles baseados nos dados originais.

15.13. Uma vez que R^2 como medida da qualidade do ajustamento não é particularmente adequado para os modelos de variáveis dependentes dicotômicas, uma alternativa sugerida é o teste χ^2 descrito a seguir:

$$\chi^2 = \sum_{i=1}^{G} \frac{N_i(\hat{P}_i - P_i^*)^2}{P_i^*(1 - P_i^*)}$$

em que N_i = número de observações na *i*-ésima célula

* BOWEN, William G.; BOK, Derek. *The shape of the river:* long term consequences of considering race in college and university admissions. Princeton, NJ.: Princeton University Press, 1998. p. 381.

TABELA 15.21 Modelo de regressão logística para prever a taxa de graduação dos alunos da turma que entrou em 1989

	Todos os matriculados			Somente negros		
Variáveis	**Estimativa dos parâmetros**	**Erro padrão**	**Razão de chances**	**Estimativa dos parâmetros**	**Erro padrão**	**Razão de chances**
Intercepto	0,957	0,052	—	0,455	0,112	—
Mulher	**0,280**	0,031	1,323	**0,265**	0,101	1,303
Negro	**−0,513**	0,056	0,599			
Hispânico	**−0,350**	0,080	0,705			
Asiático	**0,122**	0,055	1,130			
Outras raças	**−0,330**	0,104	0,719			
SAT > 1,299	**0,331**	0,059	1,393	0,128	0,248	1,137
SAT 1.200–1.299	**0,253**	0,055	1,288	0,232	0,179	1,261
SAT 1.100–1.199	**0,350**	0,053	1,420	0,308	0,149	1,361
SAT 1.000–1.099	**0,192**	0,054	1,211	0,141	0,136	1,151
SAT não disponível	**−0,330**	0,127	0,719	0,048	0,349	1,050
Os 10% melhores da turma	**0,342**	0,036	1,407	**0,315**	0,117	1,370
Classificação no segundo grau não disponível	−0,065	0,046	0,937	−0,065	0,148	0,937
Altos status socioeconômico	**0,283**	0,036	1,327	**0,557**	0,175	1,746
Baixo status socioeconômico	**−0,385**	0,079	0,680	**−0,305**	0,143	0,737
Status socioeconômico desconhecido	**0,110**	0,050	1,116	0,031	0,172	1,031
SEL-1	**1,092**	0,058	2,979	**0,712**	0,161	2,038
SEL-2	**0,193**	0,036	1,212	**0,280**	0,119	1,323
Falculdade frequentadas por mulheres	**−0,299**	0,069	0,742	0,158	0,269	1,171
Número de observações	32.524			2.354		
− 2 log verossimilhança						
Restrita	31.553			2.667		
Irrestrita	30.160			2.569		
Qui-quadrado	1.393 com 18 graus de liberdade			98 com 14 graus de liberdade		

Notas: os coeficientes em negrito são significativos no nível de 0,05; outros coeficientes não são. As categorias omitidas no modelo são brancos, homens, SAT < 1.000, os demais 90% do segundo grau, SES médio, SEL-3, instituição mista. As notas de graduação referem-se aos 6 primeiros anos de estudo, como definido nas notas da Tabela D.3.1 do Apêndice D. As categorias de seletividade institucional são definidas nas notas da Tabela D.3.1 do Apêndice D. Veja o Apêndice B para definição do status socioeconômico (SES).

SEL-1 = instituições com notas médias combinadas do SAT de 1.300 e mais.

SEL-2 = instituições com notas médias combinadas do SAT entre 1.150 e 1.299.

SEL-3 = instituições com notas médias combinadas do SAT abaixo de 1.150.

Fonte: BOWEN e BOK, op. cit., p. 381.

$\hat{P}_i$ = probabilidade efetiva da ocorrência de um evento ($= n_i/N_i$)

P_I^* = probabilidade estimada

G = número de células (o número de níveis em que X_i é medido, por exemplo, 10 na Tabela 15.4)

Podemos mostrar que, para amostras grandes, χ^2 é distribuído de acordo com uma distribuição χ^2 com $(G - k)$ graus de liberdade, em que k é o número de parâmetros no modelo estimado $(k < G)$.

Aplique o teste χ^2 anterior à regressão (15.7.1) e comente sobre a qualidade resultante do ajustamento e compare-com o valor de R^2 reportado.

15.14. A Tabela 15.22 apresenta dados sobre os resultados de aspersão de rotenone em diversas concentrações sobre maços de crisântemos de cerca de 50 flores. Desenvolva um modelo adequado para expressar a probabilidade de as flores morrerem como função do log de *X*, o log de dosagem, e comente os resultados. Calcule também o teste χ^2 do ajustamento discutido no Exercício 15.13.

15.15. Treze candidados a um programa de pós-graduação tiveram pontuações quantitativas em provas escritas e orais no GRE conforme a Tabela 15.23. Seis estudantes foram admitidos no programa.

a. Use o MPL para prever a probabilidade de admissão ao programa com base em pontuações quantitativas em provas escritas e orais no GRE.

b. Este é um modelo satisfatório? Em caso negativo, quais alternativas você sugere?

TABELA 15.22

Estudo de toxicidade do Rotenone em Crisântemos

Fonte: FENNET, D. J. Probit analysis. Londres: Cambridge University Press, 1964.

Concentração, Miligramas por litro		Total,	Morte,	
X	log (X)	N_i	n_i	$\hat{P}_i = n_i/N_i$
2,6	0,4150	50	6	0,120
3,8	0,5797	48	16	0,333
5,1	0,7076	46	24	0,522
7,7	0,8865	49	42	0,857
10,2	1,0086	50	44	0,880

TABELA 15.23

Pontuação do GRE

Fonte: MORRISON, Donald F. *Applied linear statistical methods.* Englewood Cliffs, NJ.: Prentice-Hall, Inc., 1983, p. 279 (adaptado).

	Pontuação no teste de aptidão		Admissão no curso
Número do aluno	Quantitativa, Q	Verbal, V	(Sim = 1, Não = 0)
1	760	550	1
2	600	350	0
3	720	320	0
4	710	630	1
5	530	430	0
6	650	570	0
7	800	500	1
8	650	680	1
9	520	660	0
10	800	250	0
11	670	480	0
12	670	520	1
13	780	710	1

15.16. Para estudarem a eficácia de um cupom de desconto no preço de uma embalagem de 6 garrafas de dois litros de regrigerante, Douglas Montgomery e Elizabeth Peck coletaram os dados que aparecem na Tabela 15.24. Uma amostra de 5.500 foi elaborada selecionando aleatoriamente 11 categorias de desconto e distribuindo entre elas grupos de 500 consumidores. A variável de resposta era verificar se os consumidores resgatavam os cupons no prazo de um mês.

a. Veja se o modelo logit encaixa-se nos dados, tratando a taxa de resgate como variável dependente e o desconto como variável explanatória

b. Veja se o modelo probit funciona tão bem quanto o logit.

TABELA 15.24

Preço de refrigerantes com cupom de desconto

Fonte: MONTGOMERY, Douglas C.; PECK, Elizabeth A. *Introduction to linear regression analysis.* Nova York: John Wiley & Sons, 1982, p. 243 (notação alterada).

Desconto no preço X, ¢	Tamanho da amostra N_i	Número de cupons resgastados n_i
5	500	100
7	500	122
9	500	147
11	500	176
13	500	211
15	500	244
17	500	277
19	500	310
21	500	343
23	500	372
25	500	391

c. Qual a taxa de resgate prevista se o desconto no preço for de 17 centavos?

d. Calcule o desconto no preço para o qual 70% dos cupons serão resgatados.

15.17. Para descobrirem quem tem conta bancária (conta corrente, poupança etc.) e quem não tem, John Caskey e Andrew Peterson estimaram um modelo probit para os anos de 1977 e 1989, usando os dados sobre famílias norte-americanas. Os resultados são dados na Tabela 15.25. Os valores dos coeficientes angulares da tabela medem o efeito implícito de uma variação unitária em um regressor sobre a probabilidade de uma família ter conta em banco, sendo esses efeitos marginais calculados como os valores médios dos regressores incluídos no modelo.

a. Para 1977, qual o efeito do estado civil em ter uma conta bancária? E para 1989? Esses resultados fazem sentido, do ponto de vista econômico?

b. Por que o coeficiente para a variável *minoria* é negativo nos anos de 1977 e 1989?

c. Como podemos explicar o sinal negativo para a variável número de filhos?

d. O que sugere o qui-quadrado dado na tabela? (*Dica:* veja o Exercício 15.13.)

15.18. *Estudo de Monte Carlo.* Para ajudar a entender o modelo probit, William Becker e Donald Waldman consideraram o seguinte:*

$$E(Y \mid X) = -\ 1 + 3X$$

Então, seja $Y_i = -1 + 3X + \varepsilon_i$, em que ε_i é normal padrão (com média zero e variância unitária), eles geraram uma amostra de 35 observações, segundo a Tabela 15.26.

a. Dos dados em Y e X desta tabela, é possível calcular um MPL? Lembre-se de que o verdadeiro $E(Y \mid X) = -1 + 3X$.

b. Dado $X = 0{,}48$, estime $E(Y \mid X = 0{,}48)$ e compare-o com o verdadeiro $E(Y \mid X = 0{,}48)$. Note que $\bar{X} = 0{,}48$.

c Usando os dados em Y^* e X da Tabela 15.26, calcule um modelo probit. Você pode usar o programa estatístico que preferir. O modelo probit estimado dos autores é o seguinte:

$$\hat{Y}_i^* = -\ 0{,}969 + 2{,}764X_i$$

Descubra o $P(Y^* = 1 \mid X = 0{,}48)$, isto é, $P(Y_1 > 0 \mid X = 0{,}48)$. Veja se a sua resposta está de acordo com a resposta dos autores de 0,64.

* BECKER, William E.; WALDMAN, Donald M. "A graphical interpretation of probit coefficients." *Journal of Economic Education,* 1989. v. 20, n. 4, p. 371–378.

TABELA 15.25 Regressões probit em que a variável dependente é ter depósito em conta corrente

	Dados de 1977		Dados de 1989	
	Coeficiente	Inclinação implícita	Coeficiente	Inclinação implícita
Constante	−1,06		−2,20	
	(3,3)*		(6,8)*	
Renda (milhares de dólares de 1991)	0,030	0,002	0,025	0,002
	(6,9)		(6,8)	
Casado	0,127	0,008	0,235	0,023
	(0,8)		(1,7)	
Número de filhos	−0,131	−0,009	−0,084	−0,008
	(3,6)		(2,0)	
Idade do chefe de família (HH)	0,006	0,0004	0,021	0,002
	(1,7)		(6,3)	
Grau de escolaridade (HH)	0,121	0,008	0,128	0,012
	(7,4)		(7,7)	
Homem (HH)	−0,078	−0,005	−0,144	−0,011
	(0,5)		(0,9)	
Minoria	−0,750	−0,050	−0,600	−0,058
	(6,8)		(6,5)	
Empregado	0,186	0,012	0,402	0,039
	(1,6)		(3,6)	
Tem casa própria	0,520	0,035	0,522	0,051
	(4,7)		(5,3)	
Log da verossimilhança	−430,7		−526,0	
Estatística qui-quadrado (H_0: Todos os coeficientes, exceto a constante, iguais a zero)	408		602	
Número de observações	2.025		2.091	
Porcentagem na amostra com previsões corretas	91		90	

*Números entre parênteses são estatísticas *t*.

Fonte: CASKEY, John P.; PETERSON, Andrew. "Who has a bank account and who doesn't: 1977 and 1989." Trabalho de pesquisa 93-10, Federal Reserve Bank of Kansas City, out. 1993.

TABELA 15.26

Dados hipotéticos gerados pelo modelo $Y = -1 + 3X + \varepsilon$ e $Y^* = 1$ se $Y > 0$

Fonte: BECKER, William E.; WALDMAN, Donald M. "A graphical interpretation of probit coefficients." *Journal of Economic Education*, 1989, Tabela 1, p. 373.

Y	*Y**	*X*	*Y*	*Y**	*X*
−0,3786	0	0,29	−0,3753	0	0,56
1,1974	1	0,59	1,9701	1	0,61
−0,4648	0	0,14	−0,4054	0	0,17
1,1400	1	0,81	2,4416	1	0,89
0,3188	1	0,35	0,8150	1	0,65
2,2013	1	1,00	−0,1223	0	0,23
2,4473	1	0,80	0,1428	1	0,26
0,1153	1	0,40	−0,6681	0	0,64
0,4110	1	0,07	1,8286	1	0,67
2,6950	1	0,87	−0,6459	0	0,26
2,2009	1	0,98	2,9784	1	0,63
0,6389	1	0,28	−2,3326	0	0,09
4,3192	1	0,99	0,8056	1	0,54
−1,9906	0	0,04	−0,8983	0	0,74
−0,9021	0	0,37	−0,2355	0	0,17
0,9433	1	0,94	1,1429	1	0,57
−3,2235	0	0,04	−0,2965	0	0,18
0,1690	1	0,07			

d. O desvio padrão da amostra dos valores X da Tabela 15.26 é 0,31. Qual a variação prevista na probabilidade se X é um desvio padrão acima do valor médio, isto é, o que é $P(Y^* = 1 \mid X = 0{,}79)$? A resposta dos autores é 0,25.

15.19. A Tabela 15.27 do site do livro apresenta dados para 2 mil mulheres a respeito do trabalho (1 = se a mulher trabalhar, 0 = se não trabalhar), idade, estado civil (1 = casada, 0 = não casada), número de filhos e escolaridade (número de anos de estudo). De um total de 2 mil mulheres, 657 foram registradas ganhando salário.

a. Com esses dados, estime o modelo de probabilidade linear (MPL).

b. Com os mesmos dados, estime um modelo logit e obtenha os efeitos marginais das diversas variáveis.

c. Repita (*b*) para o modelo probit.

d. Qual modelo você escolheria? Por quê?

15.20. Para o exemplo de fumantes discutido no texto (veja a Secção 15.10), baixe os dados do site do livro na Tabela 15.28. Veja se o produto da escolaridade pela renda (o efeito interação) tem alguma influência na probabilidade de tornar-se fumante.

15.21. Baixe os dados Benign, que se referem à Tabela 15.29 do site do livro. A variável câncer é uma variável dummy, em que 1 = tinha câncer de mama e 0 = não tinha câncer de mama.* Usando as variáveis idade (= idade da pessoa), HIGD (= grau de escolaridade), CHK (= 0 se a pessoa não fazia exames regulares e = 1 se a pessoa fazia exames regulares), AGPI (= idade da primeira gravidez), abortos (= número de abortos) e peso (= peso da pessoa), efetue uma regressão logística para concluir se essas variáveis são úteis, do ponto de vista estatístico, para prever se uma mulher contrairá câncer de mama ou não.

Apêndice **15A**

15A.1 Estimativa da máxima verossimilhança dos modelos logit e probit para dados individuais (não agrupados)†

Como no texto, suponha que estejamos interessados em calcular a probabilidade de um indivíduo ter uma casa, dada sua renda X. Consideramos que essa probabilidade possa ser expressa pela função logística (15.5.2), reproduzida abaixo por conveniência.

$$P_i = \frac{1}{1 + e^{-(\beta_1 + \beta_2 X_i)}} \tag{1}$$

Não observamos diretamente P_i, mas apenas o resultado $Y = 1$, se um indivíduo tiver casa, 0, se não tiver. Uma vez que cada Y_i é uma variável aleatória de Bernoulli, podemos escrever

$$\Pr(Y_i = 1) = P_i \tag{2}$$

$$\Pr(Y_i = 0) = (1 - P_i) \tag{3}$$

Suponha que tenhamos uma amostra aleatória de n observações. Se $f_i(Y_i)$ denotar a probabilidade de que Y_i = 1 ou 0, a probabilidade conjunta de observar os n valores Y, isto é, $f(Y_1, Y_2, \ldots, Y_n)$ é dada como:

*Dados fornecidos sobre 50 mulheres que receberam o diagnóstico de câncer de mama e 150 com recomendação de controles para idade, com três controles por caso. Entrevistadores treinados administraram um questionário estruturado, padronizado, para coletarem informações de cada pessoa (veja PASTIDES, et al. [1983] e PASTIDES, et al. [1985]).

† A discussão a seguir baseia-se em NETER, John; KUTNER, Michael H.; NACHSTEIM, Christopher J.; WASSERMAN, William. *Applied linear statistical models.* 4. ed. Irwin, 1996. p. 573–574.

$$f(Y_1, Y_2, \ldots, Y_n) = \prod_{1}^{n} f_i(Y_i) = \prod_{1}^{n} P_i^{Y_i}(1 - P_i)^{1-Y_i} \tag{4}$$

em que $\prod$ é o operador de produtório. Note que podemos escrever a função de densidade da probabilidade conjunta como um produto das funções de densidade individuais, porque cada Y_i tem a mesma função densidade (logística). A probabilidade conjunta da Equação (4) é conhecida como **função de verossimilhança (FV).**

A Equação (4) é um pouco trabalhosa para manipular, mas se tomarmos o seu logaritmo natural, obtemos a **função de verossimilhança logarítmica (FVL):**

$$\begin{aligned} \ln f(Y_1, Y_2, \ldots, Y_n) &= \sum_{1}^{n} [Y_i \ln P_i + (1 - Y_i) \ln (1 - P_i)] \\ &= \sum_{1}^{n} [Y_i \ln P_i - Y_i \ln (1 - P_i) + \ln (1 - P_i)] \\ &= \sum_{1}^{n} \left[Y_i \ln \left(\frac{P_i}{1 - P_i} \right) \right] + \sum_{1}^{n} \ln (1 - P_i) \end{aligned} \tag{5}$$

Da Equação (1) é fácil verificar que

$$(1 - P_i) = \frac{1}{1 + e^{\beta_1 + \beta_2 X_i}} \tag{6}$$

bem como

$$\ln \left(\frac{P_i}{1 - P_i} \right) = \beta_1 + \beta_2 X_i \tag{7}$$

Usando as Equações (6) e (7), podemos escrever a FVL (5) como:

$$\ln f(Y_1, Y_2, \ldots, Y_n) = \sum_{1}^{n} Y_i(\beta_1 + \beta_2 X_i) - \sum_{1}^{n} \ln \left[1 + e^{(\beta_1 + \beta_2 X_i)} \right] \tag{8}$$

Como podemos depreender da Equação (8), a função de verossimilhança logarítmica é uma função dos parâmetros β_1 e β_2, visto que os X_i são conhecidos.

Na MV nosso objetivo é maximizar a FV (ou FVL), ou seja, obter os valores dos parâmetros desconhecidos de modo que a probabilidade de observar os Y dados seja a mais alta possível. Com essa finalidade, diferenciamos a Equação (8) parcialmente com relação a cada incógnita, igualamos as expressões resultantes a zero e resolvemos. Podemos, então, aplicar a condição de maximização de segunda ordem para verificar se os valores dos parâmetros que obtivemos maximizam realmente a FV.

Portanto, temos de diferenciar a Equação (8) com relação a β_1 e β_2 e prosseguir como indicado. Como você perceberá, as expressões resultantes tornam-se altamente não lineares nos parâmetros e não podem ser obtidas soluções explíticas. É por isso que temos de usar um dos métodos de estimação não linear discutidos no capítulo anterior para obter soluções numéricas. Uma vez que os valores numéricos β_1 e β_2 são obtidos, podemos calcular facilmente a Equação (1).

O procedimento de máxima verossimilhança para o modelo probit é semelhante àquele para o modelo logit, exceto que na Equação (1) usamos a função de distribuição acumulada (FDA) em vez da função de distribuição acumulada logística. A expressão resultante torna-se bem complicada, mas a ideia geral é a mesma. Logo, não continuaremos o procedimento.

Capítulo 16

Modelos de regressão com dados em painel

No Capítulo 1 discutimos brevemente os tipos de dados que em geral estão disponíveis para a análise aplicada: as **séries temporais**, os **cortes transversais** e os **painéis**. Nas séries temporais, observamos os valores de uma ou mais variáveis em um período de tempo (como o PNB ao longo de vários trimestres ou anos). Nos dados de corte transversal, coletam-se dados relativos a uma ou mais variáveis para várias unidades ou entidades amostrais no mesmo período (como as taxas de criminalidade para os 50 estados norte-americanos, em determinado ano). Nos dados em painel, a mesma unidade de corte transversal (uma família, uma empresa, um estado) é acompanhada ao longo do tempo. Em síntese, os dados em painel têm uma dimensão espacial e outra temporal.

Já vimos exemplos disso na Tabela 1.1, em que apresentamos dados da produção e dos preços dos ovos nos 50 Estados norte-americanos no período de 1990 e 1991. Para cada um desses anos, os dados de produção e dos preços dos ovos representam uma amostra de corte transversal. Para cada Estado há duas observações de séries temporais para produção de ovos e seus preços. Assim, temos um total de 100 observações (combinadas) de produção e preços de ovos.

Outro exemplo de dados em painel foi apresentado na Tabela 1.2, que contém dados sobre investimento, valor da empresa e estoque de capital para quatro empresas, referentes ao período de 1935-1954. Os dados para cada empresa no período de 1935-1954 constituem *dados em série temporal*, com 20 observações; os dados para todas as quatro empresas referentes a determinado ano são um exemplo de dados de corte tranversal, com apenas quatro observações; e dados para todas as empresas e todos os anos são exemplos de *dados em painel*, com um total de 80 observações.

Há outros nomes para dados em painel, como dados empilhados (do inglês, ***pooled data***, agrupando observações de séries temporais e de corte transversal), **combinação de séries temporais e dados de corte transversal, painel de microdados, dados longitudinais** (um estudo ao longo do tempo de uma variável ou grupo de sujeitos), **análise histórica de eventos** (estudar o movimento ao longo do tempo de indivíduos através de sucessivos estados ou condições), e **análise de corte** (por exemplo, acompanhar a carreira dos formandos de 1965 de uma escola de administração). Embora haja variações sutis, todos esses nomes conotam essencialmente o movimento no tempo de unidades de corte transversal. Usamos o termo dados em painel em sentido genérico para incluir um ou mais desses termos e chamaremos esses modelos de regressão baseados em tais dados de **modelos de regressão com dados em painel**.

Os dados em painel agora estão sendo usados cada vez mais em pesquisa econômica. Alguns dos conjuntos de dados em painel conhecidos são:

1. **O Panel Study of Income Dynamics (PSID)** conduzido pelo Instituto de Pesquisa Social da Universidade de Michigan. Iniciado em 1968, a cada ano o Instituto coleta dados sobre cerca de 5 mil famílias, relativos a diversas variáveis socioeconômicas e demográficas.
2. O Escritório do Censo do Departamento de Comércio conduz uma pesquisa similar ao PSID, chamada de **Survey of Income and Program Participation (SIPP)**. Quatro vezes por ano os entrevistados respondem sobre sua condição econômica.

3. O **German Socio-Economic Panel (GESOEP)** estudou 1.761 indivíduos no período entre 1984 e 2002. Informações sobre ano de nascimento, gênero, satisfação com a vida, estado civil, ganhos com trabalho e horas de trabalho por ano foram coletadas para cada indivíduo para o período de 1984 a 2002.

Há também muitos outros levantamentos conduzidos por várias agências governamentais, como:

Household, Income and Labor Dynamics in Australia Survey (HILDA)
British Household Panel Survey (BHPS)
Korean Labor and Income Panel Study (KLIPS)

Vale uma advertência: o tópico de regressões de dados em painel é vasto e algumas operações matemáticas e estatísticas são bastante complicadas. Só pretendemos abordar algumas noções essenciais dos modelos de regressão de dados em painel, deixando os detalhes para as referências.[1] Mas saiba que algumas dessas referências são altamente técnicas. Felizmente, programas simples como LIMDEP, PC-GIVE, SAS, STATA, SHAZAM e EViews, entre outros, tornaram a tarefa de implementar regressões de dados em painel bem fácil.

16.1 Por que dados em painel?

Quais as vantagens dos dados em painel sobre dados de corte transversal ou de séries temporais? Baltagi enumera as seguintes vantagens dos dados em painel:[2]

1. Uma vez que os dados em painel se relacionam a indivíduos, empresas, Estados, países etc., com o tempo, tende a haver *heterogeneidade* nessas unidades. As técnicas de estimação dos dados em painel podem levar em consideração a heterogeneidade explicitamente, permitindo variáveis específicas ao sujeito, como mostraremos rapidamente. Usamos o termo **sujeito** em sentido genérico, para incluir microunidades como indivíduos, empresas, Estados e países.
2. Combinando séries temporais com observações de corte transversal, os dados em painel oferecem "dados mais informativos, maior variabilidade, menos colinearidade entre variáveis, mais graus de liberdade e mais eficiência".
3. Estudando repetidas observações em corte transversal, os dados em painel são mais adequados para examinar a dinâmica da mudança. Períodos de desemprego, rotatividade no emprego e mobilidade da mão de obra são analisados de maneira mais apropriada com dados em painel.
4. Os dados em painel podem detectar e medir melhor os efeitos que simplesmente não podem ser observados em um corte transversal puro ou em uma série temporal pura. Por exemplo, os efeitos das leis de salário mínimo sobre o emprego e ganhos poderão ser estudados mais adequadamente se incluirmos ondas sucessivas de aumentos de salários nos salários mínimos estadual e/ou federal.

[1] Algumas das referências são CHAMBERLAIN, G. "Panel data." In: *Handbook of econometrics*, v. II; GRILICHES, Z.; INTRILIGATOR, M. D. (Org.). North-Holland Publishers, 1984, cap. 22; HSIAO, C. *Analysis of panel data.* Cambridge University Press, 1986; JUDGE, G. G.; HILL, R. C.; GRIFFITHS, W. E.; LUTKEPOHL, H.; LEE, T. C. *Introduction to the theory and practice of econometrics*, 2. ed. Nova York: John Wiley & Sons, 1985, cap. 11; GREENE, W. H. *Econometric analysis.* 6. ed. Englewood Cliffs, NJ: Prentice-Hall, 2008, cap. 9; BALTAGI, Badi H. *Econometric analysis of panel data.* Nova York: John Wiley and Sons, 1995; e WOOLDRIDGE, J. M. *Econometric analysis of cross section and panel data.* Cambridge, Mass.: MIT Press, 1999. Para um tratamento detalhado do assunto com aplicações empíricas, veja FREES, Edward W. *Longitudinal and panel data*: analysis and applications in the social sciences. Nova York: Cambridge University Press, 2004.

[2] BALTAGI, op. cit., p. 3–6.

5. Dados em painel permitem estudar modelos de comportamento mais complicados. Por exemplo, fenômenos como economias de escala e mudança tecnológica podem ser mais bem conduzidos pelos dados em painel do que apenas pelo corte transversal ou pelas séries temporais.
6. Ao disponibilizar os dados referentes a milhares de unidades, os dados em painel podem minimizar o viés que poderia resultar se estivéssemos trabalhando com um agregado de indivíduos ou empresas.

Em suma, os dados em painel podem enriquecer a análise aplicada ao ponto de ser impossível usarmos apenas dados de séries temporais ou de corte transversal. Isso não deve sugerir que não haja problemas com a modelagem com dados em painel. Discutiremos esses problemas depois de tratarmos da teoria e apresentarmos alguns exemplos.

16.2 Dados em painel: um exemplo ilustrativo

Para introduzirmos o assunto, consideremos os dados apresentados na Tabela 16.1, no site do livro-texto, coletados originalmente pelo Professor Moshe Kim e reproduzidos de William Greene.[3] Os dados analisam os custos de seis empresas de transporte aéreo para o período de 1970-1984, para um total de 90 observações de dados em painel.

As variáveis são definidas como: I = nome da empresa aérea; T = ano; Q = produção, em receita por milhas/passageiro, um número índice; CT = custo total, em \$ 1.000; PF = preço do combustível; e LF = fator de carga, a utilização média da capacidade do voo.

Suponha que estejamos interessados em descobrir como o custo total (CT) comporta-se em relação ao produto (Q), ao preço do combustível (PF) e ao fator de carga (LF). Em resumo, desejamos estimar uma função de custo da empresa aérea. Como calculamos essa função? Evidentemente, podemos estimar a função de custo para cada empresa aérea usando os dados para 1970-1984 (uma regressão de séries temporais). Isso pode ser feito com o procedimento habitual de mínimos quadrados ordinários (MQO). Teremos ao todo seis funções de custo, uma para cada empresa aérea. Mas então desprezamos as informações sobre as outras empresas aéreas que operam no mesmo ambiente (regulador).

Também podemos estimar uma função de custo de corte tranversal (uma regressão de corte transversal). Teremos ao todo 15 regressões de corte transversal, uma para cada ano. Mas isso não faria muito sentido no atual contexto, pois temos apenas seis observações por ano e há três variáveis explanatórias (mais o termo de intercepto); teremos poucos graus de liberdade para uma análise significativa. Também, não iremos "explorar" a natureza do painel para nossos dados.

Os dados em painel de nosso exemplo são chamados de **painel balanceado**; um painel é dito balanceado se cada unidade de corte transversal (empresas, indivíduos etc.) em o mesmo número de observações. Se cada unidade tiver um número diferente de observações, teremos um **painel desbalanceado**. Na maior parte deste capítulo, lidaremos com painéis balanceados. Na literatura de painel de dados também temos os termos **painel curto** e **painel longo**. Em um painel curto, o número de sujeitos de corte transversal, N, é maior que o número de períodos de tempo, T. Em um painel longo, T é maior que N. À medida que tivermos um painel curto ou longo, escolheremos a técnica de estimação adequada.

Quais são as opções? Há quatro possibilidades:

1. **Modelo MQO para dados empilhados (*pooled data*).** Simplesmente empilhamos todas as 90 observações e estimamos uma regressão "grande", desprezando a natureza de corte transversal e de séries temporais de nossos dados.

[3] GREENE, William H. *Econometric analysis*. 6. ed., 2008. Disponível em: http://pages.stern.nyu.edu/~wgreen/Text/econometricanalysis.htm.

2. O **modelo de mínimos quadrados com variáveis *dummies* para efeitos fixos (MQVD).** Combinamos todas as 90 observações, mas deixamos que cada unidade de corte transversal (empresa aérea em nosso exemplo) tenha sua própria variável dummy (intercepto).
3. O **modelo de efeitos fixos dentro de um grupo (*fixed effects within-grup model*).** Combinamos todas as 90 observações, mas para cada empresa aérea expressamos cada variável como um desvio de seu valor médio e, então, estimamos uma regressão de MQO contra esses valores *corrigidos para a média.*
4. O **modelo de efeitos aleatórios (MEA).** Ao contrário do modelo MQVD, em que permitimos que cada empresa aérea tenha seu próprio valor de intercepto, pressupomos que os valores de intercepto sejam extraídos aleatoriamente de uma população bem maior de empresas aéreas.

Agora discutiremos cada um desses métodos usando os dados da Tabela 16.1. (Veja o site do livro-texto.)

16.3 Modelo de regressão MQO para dados empilhados ou modelo de coeficientes constantes

Considere o modelo a seguir:

$$
\begin{aligned}
CT_{it} &= \beta_1 + \beta_2 Q_{it} + \beta_3 PF_{it} + \beta_4 LF_{it} + u \\
i &= 1, 2, \ldots, 6 \\
t &= 1, 2, \ldots, 15
\end{aligned}
\tag{16.3.1}
$$

em que i é o *i-ésimo* indivíduo e t é o período de tempo para as variáveis que definimos anteriormente. Escolhemos a função de custo linear para fins ilustrativos, mas no Exercício 16.10 caberá ao leitor estimar uma função log-linear ou double-log, e neste último caso os coeficientes angulares darão as estimativas de elasticidade.

Note que combinamos todas as 90 observações, mas estamos pressupondo que os coeficientes de regressão sejam os mesmos para todas as linhas aéreas. Ou seja, não há distinção entre as empresas aéreas — uma linha aérea é tão boa quanto a outra, um pressuposto que pode ser difícil de manter.

Supõe-se que as variáveis explanatórias sejam não estocásticas. Se forem estocásticas, não serão correlacionadas com o termo de erro. Às vezes supõe-se que as variáveis explanatórias sejam **estritamente exógenas**. *Uma variável será estritamente exógena se não depender de valores correntes, passados e futuros do termo de erro* u_{it}.

Supõe-se ainda que o termo de erro seja $u_{it} \sim iid(0, \sigma_u^2)$, isto é, que ele seja distribuído idêntica e independentemente com média zero e variância constante. Com a finalidade de testar a hipótese, podemos considerar que o termo de erro também seja normalmente distribuído. Observe a notação com duplo subscrito na Equação (16.3.1), que deveria ser autoexplicativa.

Primeiro vamos apresentar os resultados da equação estimada (16.3.1) e depois discutiremos alguns dos problemas com esse modelo. Os resultados da regressão baseados no EViews, versão 6, são apresentados na Tabela 16.2.

Se examinarmos os resultados da **regressão para dados empilhados (*pooled regression*)** e aplicarmos os critérios convencionais, veremos que todos os coeficientes de regressão não só são altamente significativos, em termos estatísticos, mas também estão de acordo com as expectativas e notaremos também que o valor R^2 é muito alto. O único "deslize" é que a estatística estimada de Durbin-Watson é bem baixa, sugerindo que talvez não haja autocorrelação e/ou correlação espacial nos dados. Evidentemente, como sabemos, um Durbin-Watson baixo também se deveria a erros de especificação.

TABELA 16.2

Dependent Variable: *C*
Method: Least Squares
Included observations: 90

	Coefficient	Std. Error	*t* Statistic	Prob.
C (intercept)	1158559.	360592.7	3.212930	0.0018
Q	2026114.	61806.95	32.78134	0.0000
PF	1.225348	0.103722	11.81380	0.0000
LF	-3065753.	696327.3	-4.402747	0.0000

R-squared	0.946093	Mean dependent var.	1122524.
Adjusted *R*-squared	0.944213	S.D. dependent var.	1192075.
S.E. of regression	281559.5	*F*-statistic	503.1176
Sum squared resid.	6.82E+12	Prob. (*F*-statistic)	0.000000
		Durbin-Watson	0.434162

O principal problema desse modelo é que ele não distingue entre as diversas empresas aéreas nem diz se a resposta do custo total às variáveis explanatórias ao longo do tempo é a mesma para todas as empresas. Em outras palavras, ao juntarmos diferentes empresas aéreas em períodos diferentes, *camuflamos* a **heterogeneidade** (individualidade ou originalidade) que possa existir entre as empresas aéreas. Outra forma de afirmar isso é que a individualidade de cada sujeito está incluída no termo de erro, u_{it}. Em consequência, é bem possível que o termo de erro possa estar correlacionado com alguns dos regressores incluídos no modelo. Se for esse o caso, os coeficientes estimados na Equação (16.3.1) podem ser tendenciosos e inconsistentes.

Lembre-se de que uma das hipóteses importantes do modelo clássico de regressão linear é que não haja correlação entre os regressores e o termo de erro.

Para entendermos como o termo de erro pode estar correlacionado com os regressores, vamos considerar a seguinte revisão do modelo (16.3.1):

$$CT_{it} = \beta_1 + \beta_2 PF_{it} + \beta_3 LF_{it} + \beta_4 M_{it} + u_{it} \tag{16.3.2}$$

em que a variável adicional M = qualidade gerencial ou filosofia gerencial. Das variáveis incluídas na Equação (16.3.2), apenas a variável M é **invariante no tempo** (ou **constante no tempo**), porque varia entre os indivíduos, mas é constante ao longo do tempo para determinado indivíduo (empresa aérea).

Embora seja invariante em termos de tempo, a variável M não é diretamente observável e, portanto, não podemos medir sua contribuição para a função de custo. Podemos, entretanto, fazer isso indiretamente, se escrevermos a Equação (16.3.2) como

$$CT_{it} = \beta_1 + \beta_2 PF_{it} + \beta_3 LF_{it} + \alpha_i + u_{it} \tag{16.3.3}$$

em que α_i, chamado **efeito não observado**, ou **heterogeneidade**, reflete o impacto de M sobre o custo. Note que por simplicidade mostramos apenas o efeito não observado de M sobre o custo, mas na realidade pode haver mais efeitos não observados, por exemplo, a natureza da propriedade (privada ou pública), se uma empresa é de capital aberto ou fechado, se o CEO é homem ou mulher etc. Embora tais variáveis possam diferir entre os indivíduos (empresas aéreas), provavelmente permanecerão as mesmas para um dado indivíduo sobre todo o período da amostra.

Uma vez que α_i não é diretamente observável, por que não considerá-la aleatória e incluí-la no termo de erro u_{it}, e considerar o termo de erro $v_{it} = \alpha_i + u_{it}$? Agora escrevemos a Equação (16.3.3) como:

$$CT_{it} = \beta_1 + \beta_2 PF_{it} + \beta_3 LF_{it} + v_{it} \tag{16.3.4}$$

Mas se o termo α_i incluído no termo de erro v_{it} está correlacionado com qualquer um dos regressores na Equação (16.3.4), temos uma violação de uma das hipóteses principais do modelo clássico de regressão linear – ou seja, que o termo de erro não está correlacionado com os regressores. Como sabemos, nessa situação, as estimativas de MQO não são apenas tendenciosas, mas também inconsistentes.

Há uma possibilidade real de que o α_i não observável esteja correlacionado com um ou mais regressores. Por exemplo, a direção de uma empresa aérea pode ser perspicaz o suficiente para comprar combustível na bolsa de futuros, a fim de evitar severas flutuações de preço. Isso terá o efeito de reduzir o custo dos serviços de transporte aéreo. Como resultado dessa correlação, pode-se mostrar que cov $(v_{it}, v_{is}) = \sigma_u^2$; $t \neq s$, que é diferente de zero, e, portanto, a heterogeneidade (não observada) induz a *autocorrelação* e teremos de prestar atenção nisso. Mostraremos mais tarde como esse problema pode ser corrigido.

Portanto, a questão é como lidamos com efeitos não observáveis, ou com a heterogeneidade, de modo que possamos obter estimativas consistentes e/ou eficientes dos parâmetros das variáveis de maior interesse, que são produto, preço do combustível e fator de carga em nosso caso. Nosso interesse principal pode não ser a obtenção do impacto das variáveis não observáveis, porque elas permanecem as mesmas para um dado sujeito. É por isso que esses efeitos não observáveis, ou a heterogeneidade, são chamados de **parâmetros de sujeira (*nuisance parameters*)**. Como devemos proceder? Agora nos voltaremos para essa questão.

16.4 O modelo de mínimos quadrados com variáveis *dummy* para efeitos fixos (MQVD)

O modelo de **mínimos quadrados com variáveis *dummy* para efeitos fixos** (MQVD) conta com a heterogeneidade entre indivíduos, permitindo que cada um tenha seu próprio intercepto, como mostra o modelo (16.4.1). Continuaremos com o nosso exemplo de empresas aéreas.

$$\begin{aligned} CT_{it} &= \beta_{1i} + \beta_2 Q_{it} + \beta_3 PF_{it} + \beta_4 LF_{it} + u_{it} \\ i &= 1, 2 \ldots, 6 \\ t &= 1, 2, \ldots, 15 \end{aligned} \tag{16.4.1}$$

Observe que colocamos o subscrito *i* no termo de intercepto para sugerir que os interceptos das seis empresas aéreas podem ser diferentes. A diferença pode ser devida a aspectos especiais de cada uma, como estilo gerencial, filosofia gerencial, ou tipo de mercado que cada organização está servindo.

Na literatura específica, o modelo (16.4.1) é conhecido como **modelo (de regressão) de efeitos fixos (MEF)**. O termo "efeitos fixos" deve-se ao fato de que, embora o intercepto possa diferir entre os indivíduos (no caso, seis empresas aéreas), o intercepto de cada indivíduo não varia com o tempo; ele é **invariante no tempo**. Note que, se tivéssemos de escrever o intercepto como β_{1it}, ele sugeriria que o intercepto de cada indivíduo é **variante no tempo**. Podemos observar que esse modelo dado na Equação (16.4.1) pressupõe que os coeficientes (angulares) dos regressores não variam entre indivíduos nem com o tempo.

Antes de prosseguirmos, pode ser útil visualizarmos a diferença entre o modelo de regressão para dados empilhados (*pooled regression*) e o modelo MQVD. Para simplificarmos, pressupomos que desejamos fazer a regressão do custo total apenas contra o produto. Na Figura 16.1 mostramos essa função de custo estimada para duas empresas aéreas separadamente, bem como a função de custo se agrupamos os dados para as duas empresas; isso equivale a desprezar os efeitos fixos.[4] Podemos ver da Figura 16.1 como a regressão com dados empilhados pode tornar tendenciosa a estimativa do (coeficiente) angular.

[4] Adaptado de notas não publicadas de Alan Duncan.

FIGURA 16.1
Viés decorrente do fato de ignorarem-se os efeitos fixos.

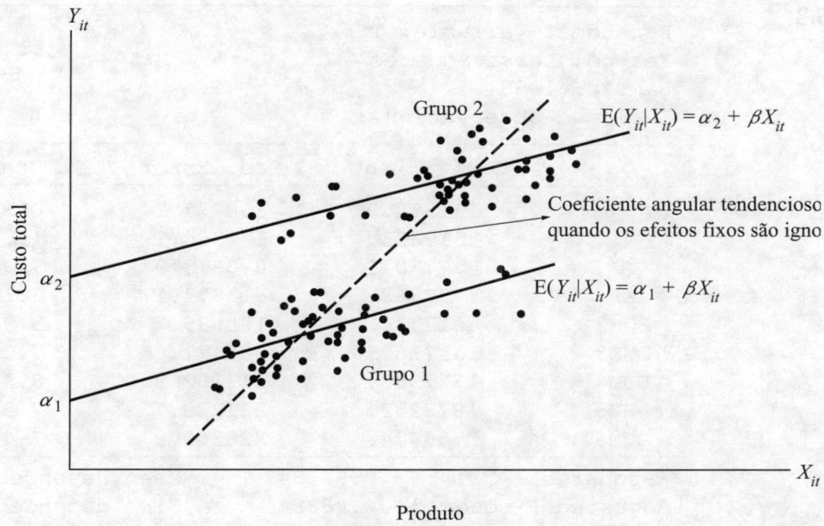

Como permitimos que o intercepto (com efeito fixo) varie entre as empresas? Podemos fazer isso facilmente, usando a técnica da variável *dummy*, principalmente a **técnica das variáveis dummies de intercepto diferencial**, que aprendemos no Capítulo 9. Agora escrevemos a Equação (16.4.1) como:

$$\begin{aligned} CT_{it} = \alpha_1 + \alpha_2 D_{2i} + \alpha_3 D_{3i} + \alpha_4 D_{4i} + \alpha_5 D_{5i} + \alpha_6 D_{6i} \\ + \beta_2 Q_{it} + \beta_3 PF_{it} + \beta_4 LF_{it} + u_{it} \end{aligned} \quad \textbf{(16.4.2)}$$

em que $D_{2i} = 1$ para a empresa aérea 2, 0 caso contrário; $D_{3i} = 1$ para a empresa aérea 3, 0 caso contrário e assim por diante. Note que, uma vez que temos seis empresas aéreas, introduzimos apenas cinco variáveis dummies para evitar cair na **armadilha da variável dummy** (a situação de colinearidade perfeita). Aqui estamos tratando a empresa aérea 1 como categoria de base, ou referência. Evidentemente, podemos escolher qualquer empresa aérea como ponto de referência. Como resultado, o intercepto α_1 é o valor do intercepto da empresa aérea 1 e os outros coeficientes α representam quanto os valores de intercepto das outras empresas aéreas diferem daqueles da primeira. Assim, α_2 indica quanto o valor do intercepto da segunda empresa aérea difere de α_1. A soma $(\alpha_1 + \alpha_2)$ dá o valor real do intercepto para a empresa 2. Os valores de intercepto das outras empresas aéreas podem ser calculados de forma semelhante. *Lembre-se de que, se você quiser introduzir uma variável dummy para cada empresa, terá de excluir o intercepto (comum); caso contrário, cairá na armadilha da variável dummy.*

Os resultados do modelo (16.4.2) para nossos dados são apresentados na Tabela 16.3. A primeira coisa a notar é que todos os coeficientes de intercepto diferencial são altamente significativos estatisticamente, sugerindo que talvez as seis empresas aéreas sejam heterogêneas e, portanto, os resultados da regressão para dados empilhados na Tabela 16.2 podem ser duvidosos. Os valores dos coeficientes angulares das Tabelas 16.2 e 16.3 também são diferentes, novamente lançando dúvidas sobre os resultados apresentados na Tabela 16.2. Parece que o modelo (16.4.1) é melhor que o (16.3.1). A propósito, note que o MQO aplicado a um modelo de efeito fixo produz estimadores que são chamados de **estimadores de efeito fixo**.

Podemos fornecer um teste formal dos dois modelos. Em relação ao (16.4.1), o (16.3.1) é um modelo *restrito,* no sentido de que impõe um intercepto comum para todas as empresas aéreas. Podemos usar o **teste *F* restrito** discutido no Capítulo 8. Usando a Fórmula (8.6.10), o leitor poderá verificar que neste caso o valor de F é:

$$F = \frac{(0{,}971642 - 0{,}946093)/5}{(1 - 0{,}971642)/81} \approx 14{,}99$$

TABELA 16.3

Dependent Variable: TC
Method: Least Squares
Sample: 1-90
Included observations: 90

	Coefficient	Std. Error	*t* Statistic	Prob.
C (=α_1)	-131236.0	350777.1	-0.374129	0.7093
Q	3319023.	171354.1	19.36939	0.0000
PF	0.773071	0.097319	7.943676	0.0000
LF	-3797368.	613773.1	-6.186924	0.0000
DUM2	601733.2	100895.7	5.963913	0.0000
DUM3	1337180.	186171.0	7.182538	0.0000
DUM4	1777592.	213162.9	8.339126	0.0000
DUM5	1828252.	231229.7	7.906651	0.0000
DUM6	1706474.	228300.9	7.474672	0.0000

R-squared	0.971642	Mean dependent var.	1122524.
Adjusted *R*-squared	0.968841	S.D. dependent var.	1192075.
S.E. of regression	210422.8	*F*-statistics	346.9188
Sum squared resid.	3.59E+12	Prob. (*F*-statistic)	0.000000
Log likelihood	-1226.082	Durbin-Watson stat.	0.693288

Nota: os valores restrito e irrestrito de R^2 são obtidos das Tabelas 16.1 e 16.2. Observe ainda que o número de restrições é 5 (por quê?).

A hipótese nula aqui é que todos os interceptos diferenciais são iguais a zero. O valor calculado de F para os 5 graus de liberdade no numerador e 81 no denominador é altamente significativo, em termos estatísticos. Rejeitamos a hipótese nula de que todos os interceptos (diferenciais) são zero. Se o valor F não for estatisticamente significativo, poderíamos concluir que não há diferença nos interceptos das seis empresas. Nesse caso, teríamos agrupado todas as 90 observações, como fizemos na regressão para dados empilhados na Tabela 16.2.

O modelo (16.4.1) é conhecido como efeitos **fixos unidirecionais (*one-way*)**, porque permitimos que os interceptos difiram entre as empresas. Mas também podemos permitir o **efeito do tempo** se acreditarmos que a função de custo muda com o tempo devido a fatores como mudanças tecnológicas, mudanças nas regulamentações do governo e/ou políticas tributárias, e outros efeitos. Tal efeito do tempo pode ser considerado facilmente se introduzirmos as variáveis *dummies* de tempo, uma para cada ano de 1970 até 1984. Como temos dados para 15 anos, podemos introduzir 14 variáveis *dummies* (por quê?) e estender o modelo (16.4.1) adicionando essas variáveis. Se fizermos isso, o modelo resultante será chamado de modelo de **efeitos fixos bidirecionais (*two-way*)**, porque permitimos os efeitos tanto do indivíduo quanto do tempo.

Neste exemplo, se adicionarmos as *dummies* de tempo, teremos ao todo 23 coeficientes para estimar — o intercepto comum, cinco variáveis *dummies* das empresas aéreas, 14 variáveis *dummies* de tempo e três coeficientes angulares. Como podemos ver, consumiremos vários graus de liberdade. Além disso, se decidirmos permitir que os coeficientes angulares difiram entre as empresas, podemos fazer as cinco váriaveis das empresas aéreas interagirem com cada uma das três variáveis explanatórias e introduzir os **coeficientes *dummies* de inclinação diferenciais**. Teremos de estimar 15 coeficientes adicionais (cinco variáveis *dummies* interagiram com três variáveis explanatórias). Como se isso não bastasse, se fizermos as 14 variáveis *dummies* de tempo interagirem com as três variáveis explanatórias, teremos no total 42 coeficientes adicionais para estimar. Como podemos ver, não teremos qualquer grau de liberdade.

Uma advertência quanto ao uso do modelo de efeitos fixos

Como sugere a discussão anterior, o modelo MQVD apresenta vários problemas que precisam ser lembrados. *Primeiro,* se introduzirmos variáveis *dummies* demais, teremos um problema de falta de graus de liberdade. Ou seja, não teremos observações suficientes para fazer uma análise estatística significativa. *Em segundo lugar*, com diversas variáveis *dummies* no modelo, tanto individuais quanto interativas ou multiplicativas, há sempre a possibilidade de multicolinearidade, o que poderia dificultar a estimação exata de um ou mais parâmetros.

Em terceiro lugar, em algumas situações o modelo MQVD pode não ser capaz de identificar o impacto das variáveis que não mudam ao longo do tempo. Suponha que desejemos estimar uma função de salário para um grupo de trabalhadores usando dados em painel. Além do salário, uma função de salário pode incluir idade, experiência e educação como variáveis explanatórias. Suponha que também decidíssemos adicionar gênero, cor e raça como variáveis adicionais no modelo. Uma vez que essas variáveis não mudarão com o tempo para um indivíduo, a abordagem das MQVD pode não identificar o impacto dessas variáveis invariantes no tempo sobre os salários. Em outros termos, os interceptos específicos a um sujeito absorvem toda a heterogeneidade que possa existir nas variáveis dependente e explanatória. A propósito, as variáveis que não variam no tempo às vezes são chamadas de ***nuisance variable*** ou ***lurking variable***.

Quarto, temos de pensar cuidadosamente no termo de erro u_{it}. Os resultados que apresentamos nas Equações (16.3.1) e (16.4.1) baseiam-se no pressuposto de que o termo de erro segue as hipóteses clássicas, a saber, $u_{it} \sim N(0, \sigma^2)$. Uma vez que o índice i refere-se a observações de corte tranversal e t à série temporal, a hipótese clássica para u_{it} pode ter de ser modificada. Há várias possibilidades, que incluem:

1. Pressupomos que a variância de erro é a mesma para todas as unidades de corte tranversal ou podemos considerar que a variância de erro seja heterocedástica.[5]
2. Para cada indivíduo, podemos supor que não haja autocorrelação ao longo do tempo. Assim, em nosso exemplo ilustrativo, consideramos que o termo de erro da função de custo para a empresa 1 seja não autocorrelacionado ou que ele seja autocorrelacionado, por exemplo, do tipo AR(1).
3. Durante algum tempo, é possível que o termo de erro para a empresa 1 esteja correlacionado com o termo de erro, por exemplo, da empresa 2.[6] Ou podemos supor que não haja correlação.

Há ainda outras combinações e permutações do termo de erro. Como você perceberá rapidamente, aceitar uma ou duas dessas possibilidades tornará a análise muito mais complicada. (Exigências de espaço e de cálculos matemáticos impedem-nos de considerar todas as possibilidades. As referências na nota de rodapé 1 discutem alguns desses tópicos.) No entanto, alguns desses problemas podem ser atenuados se considerarmos as alternativas discutidas nas duas seções seguintes.

16.5 O estimador de efeito fixo dentro do grupo (DG)

Uma forma de estimarmos uma regressão para dados empilhados é eliminar o efeito fixo, β_{1i}, expressando os valores das variáveis dependente e explanatória para cada empresa como desvios de seus respectivos valores médios. Para a empresa 1 obteremos os valores médios amostrais de CT, Q, PF e LF ($\overline{CT}$, $\overline{Q}$, $\overline{PF}$, e $\overline{LF}$, respectivamente) e subtraímos dos valores individuais dessas variáveis. Os valores resultantes são chamados *corrigidos para a média*. Fazemos isso para cada empresa e combinamos todos os (90) valores corrigidos para a média e efetuamos uma regressão de MQO.

[5] O STATA fornece erros padrão corrigidos para heterocedasticidade nos modelos de regressão com dados em painel.

[6] Isso leva ao chamado **modelo de regressão aparentemente não relacionada,** originalmente proposto por Arnold Zellner. Veja ZELLNER, A. "An efficient method of estimating seemingly unrelated regressions and tests for aggregation bias." *Journal of the American Statistical Association,* 1962. v. 57, p. 348–368.

Se tc_{it}, q_{it}, pf_{it} e lf_{it} representam os valores corrigidos para a média, agora efetuamos a regressão:

$$ct_{it} = \beta_2 q_{it} + \beta_3 pf_{it} + \beta_4 lf_{it} + u_{it} \tag{16.5.1}$$

em que $i = 1, 2, ..., 6$ e $t = 1, 2, ..., 15$. Veja que a Equação (16.5.1) *não* tem um termo de intercepto. (Por quê?)

Retomando nosso exemplo, obtemos os resultados na Tabela 16.4. *Nota:* o prefixo DM significa que os valores são corrigidos para a média ou expressos como desvios de suas médias de amostra.

Observe a diferença entre a regressão para dados empilhados da Tabela 16.2 e a regressão para dados empilhados da Tabela 16.4. A primeira apenas ignora a heterogeneidade entre as seis empresas, enquanto a última leva isso em conta, não pelo método da variável *dummy*, mas eliminando-o por diferenciações das observações amostrais em torno de suas médias amostrais. A diferença entre os dois é óbvia, como mostra a Figura 16.2.

TABELA 16.4

Dependent Variable: DMTC
Method: Least Squares
Sample: 1-90
Included observations: 90

	Coefficient	Std. Error	*t* Statistic	Prob.
DMQ	3319023.	165339.8	20.07396	0.0000
DMPF	0.773071	0.093903	8.232630	0.0000
DMLF	-3797368.	592230.5	-6.411976	0.0000

R-squared	0.929366	Mean dependent var.	2.59E-11
Adjusted *R*-squared	0.927743	S.D. dependent var.	755325.8
S.E. of regression	203037.2	Durbin-Watson stat.	0.693287
Sum squared resid.	3.59E+12		

FIGURA 16.2
Estimador dentro do grupo.

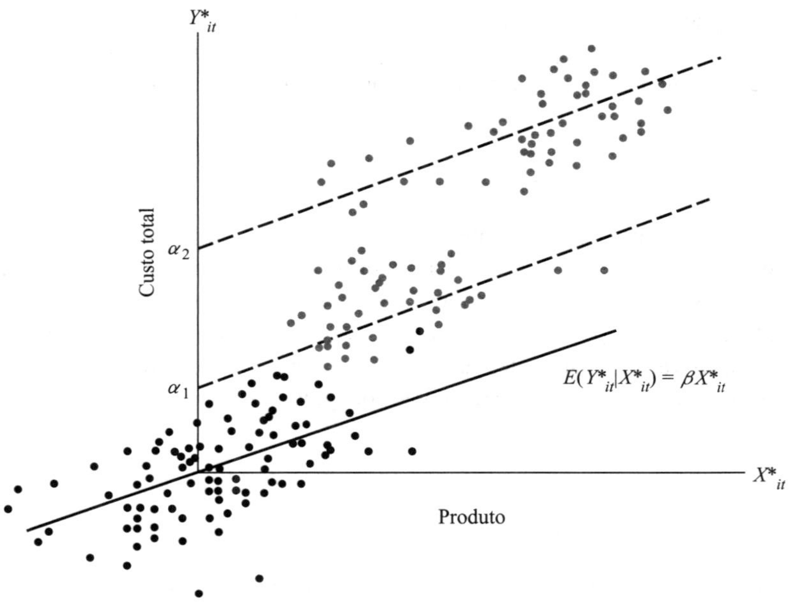

Fonte: Alan Duncan, "Cross-section and panel data econometrics", notas não publicadas de leitura (adaptadas).

Pode-se mostrar que o estimador DG produz *estimativas consistentes* dos coeficientes angulares, enquanto a regressão para dados empilhados ordinária pode não produzir. Deve-se acrescentar, no entanto, que os estimadores DG, embora consistentes, são ineficientes (têm variâncias maiores) comparadas aos resultados de regressão com dados empilhados ordinários.[7] Observe que os coeficientes angulares do Q, PF e LF são idênticos nas Tabelas 16.3 e 16.4. Isso ocorre, porque matematicamente os dois modelos são idênticos. Por sinal, *os coeficientes de regressão estimados pelo método DG são chamados de estimadores DG.*

Uma desvantagem do estimador DG pode ser explicada com o seguinte modelo de regressão de salários:

$$W_{it} = \beta_{1i} + \beta_2\text{Experiência}_{it} + \beta_3\text{Idade}_{it} + \beta_4\text{Gênero}_{it} + \beta_5\text{Escolaridade}_{it} + \beta_6\text{Raça}_{it} \tag{16.5.2}$$

Nesta função de salário, as variáveis como gênero, escolaridade e raça são invariantes no tempo. Se usamos os estimadores DG, essas variáveis no tempo serão eliminadas (por causa da diferenciação). Como resultado, não saberemos como o salário reage a essas variáveis que não mudam ao longo do tempo.[8] Mas esse é o preço que temos de pagar para evitar a correlação entre o termo de erro (α_i incluído em v_{it}) e as variáveis explanatórias.

Outra desvantagem do estimador DG é que: "[. . .] ele pode distorcer os valores de parâmetro e, certamente, eliminar qualquer efeito a longo prazo".[9] *Em geral, quando diferenciamos uma variável, removemos o componente daquela variável a longo prazo.* Ficamos com o valor da variável a curto prazo. Trataremos disso mais à frente, quando discutirmos a econometria das séries temporais.

Ao usarmos MQVD obtivemos as estimativas diretas dos interceptos para cada empresa aérea. Como podemos obter as estimativas dos interceptos usando o método DG? Para o exemplo de empresas aéreas, eles são obtidos como:

$$\hat{\alpha}_i = \overline{C}_i - \hat{\beta}_2\overline{Q}_i - \hat{\beta}_3\overline{PF}_i - \hat{\beta}_4\overline{LF} \tag{16.5.3}$$

em que as barras sobre as variáveis denotam os valores médios amostrais das variáveis da *i*-ésima empresa.

Ou seja, obtemos o valor do intercepto da *i*-ésima empresa aérea subtraindo do valor médio da variável dependente os valores médios das variáveis explanatórias para aquela empresa vezes os coeficientes angulares estimados dos estimadores DG. Note que os coeficientes angulares estimados permanecem os mesmos para todas as empresas, como mostra a Tabela 16.4. Pode ser observado que o intercepto estimado na Equação (16.5.3) é parecido com o intercepto que estimamos no modelo de regressão linear padrão, o que pode ser visto da Equação (7.4.21). Deixamos para o leitor encontrar os interceptos das seis empresas da maneira apresenta e verificar que são os mesmos que os valores de interceptos derivados na Tabela 16.3, salvo por erros de arredondamento.

Podemos notar que o intercepto estimado para cada empresa representa as características *indivíduo-específicas* de cada empresa, mas não seremos capazes de identificar essas características individualmente. Assim, o intercepto α_1 para a empresa 1 representa a filosofia gerencial daquela empresa, a composição de sua diretoria, a personalidade do CEO, o gênero do CEO etc. Todas essas características de heterogeneidade são incluídas no valor do intercepto. Como veremos, tais características podem ser incluídas no *modelo de efeitos aleatórios*.

[7] A razão para isso é que, quando expressamos variáveis como desvios de seus valores médios, a variação nesses valores corrigidos para a média será muito menor que a variação nos valores originais das variáveis. Nesse caso, a variação no termo de erro u_{it} pode ser relativamente grande, levando, assim, a erros padrão maiores dos coeficientes estimados.

[8] Isto também é válido para o modelo MQVD.

[9] ASTERIOU, Dimitrius; HALL, Stephen G. *Applied econometrics*: a modern approach. Nova York: Palgrave Macmillan, 2007. p. 347.

A propósito, notamos que uma alternativa ao estimador DG é o **método de primeiras diferenças**. No método DG, expressamos cada variável como um desvio do valor médio daquela variável. No método de primeiras diferenças, para cada sujeito, tomamos diferenças sucessivas das variáveis. Assim, para a empresa 1, subtraímos a primeira observação de *CT* da segunda observação de *CT*, a segunda observação de *CT* da terceira observação de *CT* e assim por diante. Fazemos isso para cada uma das variáveis remanescentes e repetimos o processo para as cinco empresas aéreas remanescentes. Depois temos apenas 14 observações para cada empresa, uma vez que a primeira não tem valor anterior. Como resultado, agora temos 84 observações em vez das 90 originais. Fazemos a regressão dos valores de primeira diferença da variável *CT* contra os valores de primeira diferença das variáveis explanatórias, como se segue:

$$\begin{aligned} \Delta CT_{it} &= \beta_2 \Delta Q_{it} + \beta_3 \Delta PF_{it} + \beta_4 \Delta LF_{it} + (u_{it} - u_{i,t-1}) \\ i &= 1, 2, \ldots, 6 \\ t &= 1, 2, \ldots, 84 \end{aligned} \qquad (16.5.4)$$

em que $\Delta CT_{it} = CT_{it} - CT_{i,\,t-1}$. Como notado no Capítulo 11, Δ é chamado de operador de primeira diferença.[10]

Por sinal, observe que o termo de erro original agora é substituído pela diferença entre os valores atuais e, anteriores do termo de erro. Se não houver autocorrelação do termo de erro original, o termo de erro transformado será *is*, e, portanto, ele impõe os tipos de problemas de estimação que discutimos no Capítulo 11. Contudo, se as variáveis explanatórias forem **estritamente exógenas**, o estimador de primeira diferença será não tendencioso, dados os valores das variáveis explanatórias. Note também que o método de primeira diferença tem as mesmas desvantagens que o método DG, no sentido de que as variáveis explanatórias que permanecem fixas ao longo do tempo para um indivíduo são eliminadas na transformação das primeiras diferenças.

Pode ser destacado que os estimadores de primeiras diferenças e de efeitos fixos são os mesmos quando temos apenas dois períodos de tempo, mas, se houver mais que dois períodos, eles diferirão. As razões são bastante complexas e o leitor interessado poderá consultar as referências.[11] Deixamos para o leitor um exercício de aplicação do método das primeiras diferenças a nosso exemplo de empresas aéreas e a comparação dos resultados com os outros estimadores de efeitos fixos.

16.6 O modelo de efeitos aleatórios (MEA)

Falando sobre a modelagem de efeitos fixos, Kmenta escreve:[12]

> Uma questão óbvia relacionada ao modelo de covariância [isto é, MQVD] é determinar se a inclusão de *variáveis dummies* – e a consequente perda de graus de liberdade – é realmente necessária. O raciocínio subjacente ao modelo de covariância é que, ao especificarmos o modelo de regressão, deixamos de incluir variáveis explanatórias relevantes que não se alteram ao longo do tempo (e possivelmente outras que mudam ao longo do tempo, mas que têm o mesmo valor para todas as unidades de corte transversal) e que a inclusão das variáveis *dummies* seja uma *cobertura de nossa ignorância*.

Se as variáveis *dummies* representam de fato a falta de conhecimento sobre o (verdadeiro) modelo, por que não expressar isso por meio do termo de erro? É exatamente essa a abordagem sugerida pelos proponentes do chamado **modelo de componentes dos erros (MCE)** ou **modelo de efeitos aleatórios (MEA)**, que agora ilustraremos com a função de custo para nossas empresas.

A ideia básica é começar com a Equação (16.4.1):

---

[10] Note que a Equação (16.5.3) não tem termo de intercepto (por quê?), mas podemos incluí-lo se houver uma variável de tendência no modelo original.

[11] Veja particularmente WOOLDRIDGE, Jeffrey M. *Econometric analysis of cross section and panel data.* Cambridge, Mass.: MIT Press, 2002. p. 279–283.

[12] KMENTA, Jan. *Elements of econometrics.* 2. ed. Nova York: Macmillan, 1986. p. 633.

$$CT_{it} = \beta_{1i} + \beta_2 Q_{it} + \beta_3 PF_{it} + \beta_4 LF_{it} + u_{it} \tag{16.6.1}$$

Em vez de tratarmos β_{1i} como fixo, pressupomos que ele seja uma variável aleatória com valor médio de β_1 (nenhum subscrito i aqui). O valor de intercepto para uma empresa pode ser expresso como

$$\beta_{1i} = \beta_1 + \varepsilon_i \tag{16.6.2}$$

em que ε_i é um termo de erro com um valor médio nulo e variância σ_ε^2.

O que estamos dizendo em essência é que as seis empresas incluídas em nossa amostra foram tiradas de um universo muito maior de empresas e que elas têm um valor médio comum para o intercepto ($= \beta_1$). As diferenças individuais de cada empresa se refletem no termo de erro ε_i.

Substituindo a Equação (16.6.2) na Equação (16.6.1), obtemos:

$$\begin{aligned} CT_{it} &= \beta_1 + \beta_2 Q_{it} + \beta_3 PF_{it} + \beta_4 LF_{it} + \varepsilon_i + u_{it} \\ &= \beta_1 + \beta_2 Q_{it} + \beta_3 PF_{it} + \beta_4 LF_{it} + w_{it} \end{aligned} \tag{16.6.3}$$

em que

$$w_{it} = \varepsilon_i + u_{it} \tag{16.6.4}$$

O termo de erro composto w_{it} consiste em dois componentes: ε_i, que é o componente de corte transversal ou específico dos indivíduos, e u_{it}, que é o elemento de erro combinado da série temporal e corte transversal e às vezes chamado de **termo idiossincrático**, porque varia com o corte transversal (isto é, o indivíduo) e também com o tempo. O *modelo de componentes dos erros* (MCE) recebe esse nome, porque o termo de erro composto consiste em dois (ou mais) erros.

As hipóteses habituais feitas pelo MCE são que

$$\begin{aligned} &\varepsilon_i \sim N(0, \sigma_\varepsilon^2) \\ &u_{it} \sim N(0, \sigma_u^2) \\ &E(\varepsilon_i u_{it}) = 0; \quad E(\varepsilon_i \varepsilon_j) = 0 \quad (i \neq j) \\ &E(u_{it} u_{is}) = E(u_{ij} u_{ij}) = E(u_{it} u_{js}) = 0 \quad (i \neq j;\ t \neq s) \end{aligned} \tag{16.6.5}$$

isto é, os componentes de erro individual não estão correlacionados entre si, nem com as unidades de corte transversal e de série temporal. *Também é muito importante observar que w_{it} não está correlacionado com qualquer uma das variáveis explanatórias incluídas no modelo.* Uma vez que ε_i é um componente de w_{it}, é impossível que este esteja correlacionado com as variáveis explanatórias. Se for esse o caso, o MCE resultará em estimativa inconsistente dos coeficientes de regressão. Logo discutiremos o **teste de Hausman**, que nos informará em dada aplicação se w_{it} está correlacionado com as variáveis explanatórias, isto é, se MCE é o modelo adequado.

Observe a diferença entre o modelo de efeitos fixos e o de componente dos erros. No primeiro, a unidade de corte transversal tem seu próprio valor (fixo) de intercepto em todos esses N valores para N unidades de corte transversal. Já no modelo de componente dos erros, por outro lado, o intercepto (comum) representa o *valor médio* de todos os interceptos (de corte tranversal) e o componente de erro ε_i representa o desvio (aleatório) do intercepto individual desse valor médio. Lembre-se, no entanto, de que ε_i não é diretamente observável; ele é o que se conhece como uma **variável não observável** ou **latente**.

Como resultado dos pressupostos estabelecidos na Equação (16.6.5), segue-se que

$$E(w_{it}) = 0 \tag{16.6.6}$$

$$\mathrm{var}(w_{it}) = \sigma_\varepsilon^2 + \sigma_u^2 \tag{16.6.7}$$

Agora, se $\sigma_\varepsilon^2 = 0$, não há diferença entre os modelos (16.3.1) e (16.6.3) e podemos apenas combinar todas as observações (de corte tranversal e de série temporal) e efetuar a regressão para dados empilhados, como fizemos na Equação (16.3.1). Isso acontece, porque nessa situação ou não há efeitos específicos a um sujeito ou todos eles foram considerados nas variáveis explanatórias.

Como mostra a Equação (16.6.7), o termo de erro é homocedástico. Contudo, podemos demonstrar que w_{it} e w_{is} $(t \neq s)$ são correlacionados; os termos de erro de uma unidade de corte transversal em dois pontos diferentes no tempo estão correlacionados. O coeficiente de correlação, (w_{it}, w_{is}), é dado por:

$$\rho = \text{correlação}(w_{it}, w_{is}) = \frac{\sigma_\varepsilon^2}{\sigma_\varepsilon^2 + \sigma_u^2}; \quad t \neq s \tag{16.6.8}$$

Atenção a dois aspectos especiais do coeficiente de correlação anterior. *Primeiro,* para qualquer unidade de corte transversal, o valor da correlação entre os termos de erro em dois períodos diferentes de tempo permanece o mesmo, não importa quanto os dois períodos de tempo estão distantes, como está claro da Equação (16.6.8). Isso contrasta acentuadamente com o processo [AR(1)] discutido no Capítulo 12, em que constatamos que a correlação entre períodos diminui ao longo do tempo. *Segundo,* a estrutura de correlação da Equação (16.6.8) permanece a mesma para todas as unidades de corte transversal; ela é idêntica para todos os indivíduos.

Se não levarmos essa estrutura de correlação em conta e estimarmos a Equação (16.6.3) por MQO, os estimadores resultantes serão ineficientes. O método mais adequado aqui é o dos **mínimos quadrados generalizados (MQG).**

Não discutiremos a matemática dos MQG neste contexto devido a sua complexidade.[13] Uma vez que a maioria dos programas estatísticos modernos agora tem rotinas para estimar o modelo de componente dos erros (bem como o modelo de efeitos fixos), apresentaremos os resultados apenas para nosso exemplo ilustrativo. Mas antes, podemos estender facilmente a Equação (16.4.2) para permitir que um componente de erro aleatório leve em conta variações ao longo do tempo (veja o Exercício 16.6).

Os resultados da estimação da função de custo de empresas aéreas pelo modelo de componentes dos erros são apresentados na Tabela 16.5. Note esses aspectos do MEA. O valor (médio) do intercepto é 107429,3. Os valores (diferenciais) do intercepto das seis entidades são dados no final da regressão. A empresa número 1, por exemplo, tem um valor de intercepto que é 270615 unidades mais baixo que aquele valor do intercepto comum de 107429,3; o valor real do intercepto para essa empresa é, então –163185,7. Por outro lado, o valor do intercepto da empresa número 6 é 57383 unidades mais alto que o valor comum do intercepto; o valor real do intercepto para essa empresa aérea é (107429,3 + 57383), ou 164812,3. Os valores do intercepto para as outras empresas aéreas podem ser derivados de modo semelhante. Entretanto, veja que, se você acrescentar os valores (diferenciais) do intercepto de todas as seis empresas, a soma será 0, como deveria ser (por quê?).

Se você comparar os resultados do efeito fixo e as regressões de efeito aleatório, perceberá que há diferenças substanciais entre os dois. A questão importante agora é: que resultados são confiáveis? Em outras palavras, qual deveria ser a escolha entre os dois modelos? Podemos aplicar o *teste de Hausman* para elucidar a questão.

A hipótese nula subjacente ao teste de Hausman é que os estimadores do modelo de efeito fixo e do modelo de componentes dos erros não diferem substancialmente. O teste estatístico desenvolvido por Hausman tem uma distribuição assintótica χ^2. Se a hipótese nula for rejeitada, a conclusão é que o MCE não é adequado, porque os efeitos aleatórios provavelmente estão correlacionados com um ou mais regressores. Nesse caso, o modelo de efeitos fixos é preferível aos de efeitos aleatórios/componentes dos erros. Para nosso exemplo, os resultados do teste de Hausman são semelhantes aos mostrados na Tabela 16.6.

[13] Veja KMENTA, op. cit., p. 625–630.

TABELA 16.5

Dependent Variable: CT
Method: Panel EGLS (Cross-section random effects)
Sample: 1-15
Periods included: 15
Cross-sections included: 6
Total panel (balanced) observations: 90
Swamy and Arora estimator of component variances

	Coefficient	Std. Error	*t* Statistic	Prob.
C	107429.3	303966.2	3.534251	0.0007
Q	2288588.	88172.77	25.95572	0.0000
PF	1.123591	0.083298	13.48877	0.0000
LF	-3084994.	584373.2	-5.279151	0.0000

Effects Specification

	S.D.	Rho
Cross-section random	107411.2	0.2067
Idiosyncratic random	210422.8	0.7933

	Firm	Effect
1	1.000000	-270615.0
2	2.000000	-87061.32
3	3.000000	-21338.40
4	4.000000	187142.9
5	5.000000	134488.9
6	6.000000	57383.00

TABELA 16.6

Correlated Random Effects—Hausman Test
Equation: Untitled
Test cross-section random effects

Test Summary	Chi-Sq. Statistic	Chi-Sq. d.f.	Prob.
Cross-section random	49.619687	3	0.0000

Cross-section random effects test comparisons:

Variable	Fixed	Random	Var(Diff.)	Prob.
Q	3319023.28	2288587.95	21587779733.	0.0000
PF	0.773071	1.123591	0.002532	0.0000
LF	-3797367.59	-3084994.0	35225469544.	0.0001

O teste de Hausman rejeita claramente a hipótese nula, pois o valor χ^2 estimado para 3 graus de liberdade é altamente significativo; se a hipótese nula for verdadeira, a probabilidade de obter um valor de qui-quadrado de até 49,62 ou maior seria praticamente zero. Como resultado, podemos rejeitar o MCE e preferir o modelo de efeitos fixos. Por sinal, a última parte da tabela compara os coeficientes de efeito fixo e de efeito aleatório de cada variável e, como a última coluna mostra, no nosso exemplo as diferenças são estatisticamente significativas.

Teste do multiplicador de Lagrange de Breusch e Pagan[14]

Além do teste de Hausman, também podemos usar o teste de Breusch-Pagan (BP) para verificar a hipótese de que não há efeitos aleatórios, isto é, σ_u^2 na Equação (16.6.7) é zero. Esse teste está

[14] BREUSCH, T.; PAGAN, A. R. "The Lagrange multiplier test and its application to model specification in econometrics." *Review of Economic Studies*, 1980. v. 47, p. 239-253.

incluído em programas de computador como o STATA. Sob a hipótese nula, o BP segue uma distribuição de qui-quadrado com 1 grau de liberdade; há apenas 1 grau de liberdade, porque estamos testando a hipótese única de que $\sigma_u^2 = 0$. Não apresentaremos a fórmula que fundamenta o teste, pois é bastante complicada.

Retomando nosso exemplo das empresas aéreas, uma aplicação do teste BP produz um qui-quadrado de 0,61. Com 1 grau de liberdade, o p valor de obter um valor de qui-quadrado de 0,61 ou maior é cerca de 43%. Portanto, não rejeitamos a hipótese nula. Em outras palavras, o modelo de efeitos aleatórios não é adequado neste exemplo. O teste BP reforça o teste de Hausman, que também constatou que o modelo de efeitos aleatórios não é adequado para nosso exemplo de empresas aéreas.

16.7 Propriedades de vários estimadores[15]

Discutimos vários métodos de estimação de modelos de regressão em painel (linear), como estimadores para dados agrupados, estimadores de efeitos fixos que incluem estimadores de mínimos quadrados com variável dummy de mínimos quadrados (linear), estimadores dentro de grupos, estimadores de primeiras diferenças e estimadores de efeitos aleatórios. Quais suas propriedades estatísticas? Uma vez que os dados em painel em geral envolvem um grande número de observações, nos concentraremos na propriedade da consistência desses estimadores.

Estimadores para dados empilhados

Supondo que os coeficientes angulares sejam constantes entre os indivíduos, se o termo de erro na Equação (16.3.1) não estiver correlacionado com os regressores, os estimadores para dados empilhados serão consistentes. Entretanto, como observado, os termos de erro provavelmente estão correlacionados ao longo do tempo para um dado indivíduo. Portanto, os **erros padrão corrigidos para painel** devem ser usados para testar a hipótese. Verifique se o programa estatístico que você usa tem esse recurso; caso contrário os erros padrão calculados podem estar subestimados. Deve-se notar que, se o modelo de efeitos fixos for adequado, mas usarmos o estimador para dados empilhados, os coeficientes estimados serão inconsistentes.

Estimadores de efeitos fixos

Mesmo que se pressuponha que o modelo subjacente seja com dados empilhados ou de efeito aleatório, os estimadores de efeitos fixos são sempre consistentes.

Estimadores de efeito aleatório

O modelo de efeitos aleatórios é consistente mesmo que o verdadeiro modelo seja o estimador para dados empilhados. No entanto, se o verdadeiro modelo for de efeitos fixos, o estimador de efeitos aleatórios será inconsistente.

Para demonstrações e maiores detalhes sobre essas propriedades, consulte os livros-textos de Cameron e Trivedi, Greene e Wooldridge citados nas notas de rodapé.

16.8 Modelo de efeitos fixos *versus* modelo de efeitos aleatórios: algumas orientações

O desafio que um pesquisador enfrenta é: qual modelo é melhor, o de efeitos fixos (MEF) ou o modelo de componente dos erros (MCE)? A resposta a essa pergunta depende do pressuposto que fazemos sobre a correlação provável entre o componente de erro ε_i específico ao corte transversal ou individual e os regressores X.

[15] A discussão a seguir é extraída de CAMERON A. Colin; TRIVEDI, Pravin K. *Microeconometrics:* methods and applications. Nova York: Cambridge University Press, Cambridge, 2005. cap. 21.

Se considerarmos que ε_i e os X não estão correlacionados, o modelo de componente dos erros pode ser adequado; mas, se ε_i e os X estiverem correlacionados, o modelo de efeitos fixos pode ser adequado.

A hipótese subjacente ao modelo de componente dos erros é que os ε_i são extrações aleatórias de uma população muito maior, mas às vezes este pode não ser o caso. Por exemplo, suponha que desejemos estudar a taxa de criminalidade em 50 Estados dos Estados Unidos. Naturalmente, nesse caso, a hipótese de que os 50 Estados são uma amostra aleatória não se sustenta.

Tendo em mente essas duas abordagens, o que mais podemos verificar na escolha entre o modelo de efeitos fixos e o de componente dos erros? As observações de Judge *et al.* feitas a esse respeito podem ser úteis:[16]

1. Se T (o número de dados da séries temporais) for grande e N (o número de unidades de corte transversal) for pequeno, provavelmente haverá uma diferença pequena nos valores dos parâmetros estimados pelo modelo de efeitos fixos e o de componente de erros. Logo, a escolha aqui se baseia na conveniência computacional. Nesse aspecto, o modelo de efeitos fixos pode ser preferível.
2. Quando N é grande e T é pequeno (um painel curto), as estimativas obtidas pelos dois métodos podem diferir significativamente. Lembre-se de que, no MCE, $\beta_{1i} = \beta_1 + \varepsilon_i$, em que ε_i é o componente aleatório de corte transversal, enquanto no modelo de efeitos fixos tratamos β_{1i} como fixo e não aleatório. Nesse último caso, a inferência estatística é condicional às unidades de corte transversal observadas na amostra. Isso é adequado se acreditarmos realmente que as unidades individuais ou de corte transversal da amostra não são extrações aleatórias de uma amostra maior. Nesse caso, o modelo de efeitos fixos é adequado. Porém, se as unidades de corte transversal na amostra forem consideradas extrações aleatórias, o modelo de componente dos erros será adequado, pois nesse caso a inferência estatística é incondicional.
3. Se o componente dos erros individual ε_i e um ou mais regressores são correlacionados, os estimadores de componente dos erros são tendenciosos, enquanto aqueles obtidos do modelo de efeitos fixos são não tendenciosos.
4. Se N for grande e T pequeno, e se as premissas subjacentes ao modelo de componente dos erros, os estimadores do modelo de componente dos erros são mais eficientes que o modelo de efeitos fixos.
5. Ao contrário do modelo de efeitos fixos, o modelo de componente dos erros pode estimar coeficientes das variáveis que não mudam ao longo do tempo, como gênero e raça. O modelo de efeitos fixos controla variáveis que não mudam ao longo do tempo, mas não pode estimá-las diretamente, como está claro dos modelos MQVD ou modelos de estimador dentro do grupo. Por outro lado, o modelo de efeitos fixos controla *todas* as variáveis que não mudam ao longo do tempo (por quê?), enquanto o modelo de componente dos erros pode estimar apenas essas variáveis que não mudam ao longo do tempo da forma como são introduzidas explicitamente no modelo.

Apesar do teste de Hausman, é importante ter em mente a advertência feita por Johnston e DiNardo. Ao decidirem entre os modelos de efeitos fixos e de efeitos aleatórios, eles alegam que " [...] não existe uma regra simples para ajudar o pesquisador a ir além da Scylla de efeitos fixos e o Charybdis de erro de medição e seleção dinâmica. Embora sejam um aprimoramento em relação aos dados de corte transversal, os dados em painel não oferecem a cura para os problemas do econometrista".[17]

[16] JUDGE et al., op. cit., p. 489–491.

[17] JOHNSTON, Jack; DINARDO, John. *Econometric methods.* 4. ed. Nova York: McGraw-Hill, 1997. p. 403.

16.9 Regressão de dados em painel: alguns comentários conclusivos

Como observado no início, a modelagem de dados em painel é um assunto vasto e complexo; mal arranhamos a superfície. Entre os vários tópicos que não discutimos, estão:

1. O teste de hipóteses com dados em painel.
2. A heterocedasticidade e a autocorrelação no modelo de componente dos erros.
3. Dados em painel desbalanceados.
4. Modelos dinâmicos de dados em painel em que os valores defasados do regressando aparecem como uma variável explanatória.
5. Equações simultâneas envolvendo dados em painel.
6. Variáveis dependentes qualitativas e dados em painel.
7. Raízes unitárias em dados em painel (sobre raízes unitárias, veja o Capítulo 21).

Um ou mais desses tópicos podem ser encontrados nas referências citadas neste capítulo, e o leitor é convidado a consultá-los para aprender mais sobre o assunto. Essas referências também citam vários estudos aplicados em diversas áreas econômicas e de negócio que têm usado modelos de regressão com dados em painel. O iniciante é aconselhado a ler algumas dessas aplicações para ter uma ideia de como os pesquisadores têm implementado tais modelos.[18]

16.10 Alguns exemplos ilustrativos

EXEMPLO 16.1
Produtividade e investimento público

Para descobrir por que a produtividade caiu e qual é o papel do investimento público, Alicia Munnell estudou dados sobre produtividade em 48 Estados continentais norte-americanos durante 17 anos, de 1970 a 1986, para um total de 816 observações.[19] Usando esses dados, estimamos a regressão para dados empilhados na Tabela 16.7. Note que essa regressão não leva em conta a natureza dos dados em painel.

TABELA 16.7

Dependent Variable: LGSP
Method: Panel Least Squares

Sample: 1970-1986
Periods included: 17
Cross-sections included: 48
Total panel (balanced) observations: 816

	Coefficient	Std. Error	*t* Statistic	Prob.
C	0.907604	0.091328	9.937854	0.0000
LPRIVCAP	0.376011	0.027753	13.54847	0.0000
LPUBCAP	0.351478	0.016162	21.74758	0.0000
LWATER	0.312959	0.018739	16.70062	0.0000
LUNEMP	-0.069886	0.015092	-4.630528	0.0000

R-squared	0.981624	Mean dependent var.	10.50885
Adjusted *R*-squared	0.981533	S.D. dependent var.	1.021132
S.E. of regression	0.138765	*F*-statistic.	10830.51
Sum squared resid.	15.61630	Prob. (*F*-statistic)	0.000000
Log likelihood	456.2346	Durbin-Watson stat.	0.063016

(*Continua*)

[18] Para maiores detalhes e aplicações concretas, veja ALLISON, Paul D. *Fixed effects regression methods for longitudinal data, using SAS.* Carolina do Norte: SAS Institute, Cary, 2005.

[19] Os dados de Munnell estão disponíveis em: www.aw-bc.com/murray.

EXEMPLO 16.1 (*Continuação*)

A variável dependente nesse modelo é o GSP (produto bruto estadual), e as variáveis explanatórias são: PRIVCAP (capital privado), PUBCAP (capital público), WATER (fornecimento de água), e UNEMP (taxa de desemprego). Nota: *L* representa logaritmo natural.

Todas as variáveis têm o sinal esperado e todas são individual e coletivamente significativas, do ponto de vista estatístico, supondo-se que todas as hipóteses do modelo clássico de regressão linear sejam mantidas.

Para levarmos em conta a dimensão do painel, na Tabela 16.8 estimamos um modelo de efeitos fixos usando 47 variáveis *dummies* para os 48 Estados, para evitar cair na armadilha da variável dummy.

TABELA 16.8

Dependent Variable: LGSP
Method: Panel Least Squares

Sample: 1970-1986
Periods included: 17
Cross-sections included: 48
Total panel (balanced) observations: 816

	Coefficient	Std. Error	*t* Statistic	Prob.
C	-0.033235	0.208648	-0.159286	0.8735
*L*PRIVCAP	0.267096	0.037015	7.215864	0.0000
*L*PUBCAP	0.714094	0.026520	26.92636	0.0000
*L*WATER	0.088272	0.021581	4.090291	0.0000
*L*UNEMP	-0.138854	0.007851	-17.68611	0.0000

Effects Specification

Cross-section fixed (dummy variables)

R-squared	0.997634	Mean dependent var.	10.50885
Adjusted *R*-squared	0.997476	S.D. dependent var.	1.021132
S.E. of regression	0.051303	*F*-statistic	6315.897
Sum squared resid.	2.010854	Prob. (*F*-statistic)	0.000000
Log likelihood	1292.535	Durbin-Watson stat.	0.520682

TABELA 16.9

Dependent Variable: LGSP
Method: Panel EGLS (Cross-section random effects)

Sample: 1970-1986
Periods included: 17
Cross-sections included: 48
Total panel (balanced) observations: 816
Swamy and Arora estimator of component variances

	Coefficient	Std. Error	*t* Statistic	Prob.
C	-0.046176	0.161637	-0.285680	0.7752
*L*PRIVCAP	0.313980	0.029740	10.55760	0.0000
*L*PUBCAP	0.641926	0.023330	27.51514	0.0000
*L*WATER	0.130768	0.020281	6.447875	0.0000
LUNEMP	-0.139820	0.007442	-18.78669	0.0000

Effects Specification

	S.D.	Rho
Cross-section random	0.130128	0.8655
Idiosyncratic random	0.051303	0.1345

Para pouparmos espaço, apresentaremos apenas os coeficientes de regressão estimados e não os coeficientes de cada variável *dummy*. Mas deve-se acrescentar que as variáveis *dummies* dos 47 Estados eram significativas do ponto de vista estatístico.

(*Continua*)

EXEMPLO 16.1
(Continuação)

Podemos ver que há diferenças substanciais entre a regressão para dados empilhados e a de efeitos fixos, que questionam os resultados da regressão para dados empilhados. Para verificarmos se o modelo de efeitos aleatórios é mais adequado nesse caso, apresentamos os resultados do modelo de regressão de efeitos aleatórios na Tabela 16.9. Para escolhermos entre os dois modelos, usamos o teste de Hausman, que apresenta os resultados da Tabela 16.10.

Uma vez que o valor estimado do qui-quadrado é altamente significativo do ponto de vista estatístico, rejeitamos a hipótese de que não há diferença significativa nos coeficientes estimados dos dois modelos. Parece haver correlação entre o termo de erro e um ou mais regressores. Logo, podemos rejeitar o modelo de efeitos aleatórios em favor do modelo de efeitos fixos. No entanto, como a última parte da Tabela 16.10 mostra, nem todos os coeficientes diferem nos dois modelos. Por exemplo, não há uma diferença estatisticamente significativa nos valores do coeficiente de *L*UNEMP nos dois modelos.

TABELA 16.10

Test Summary	Chi-Sq. Statistic	Chi-Sq. d.f.	Prob.
Cross-section random	42.458353	4	0.0000

Cross-section random effects test comparisons:

Variable	Fixed	Random	Var (Diff.)	Prob.
*L*PRIVCAP	0.267096	0.313980	0.000486	0.0334
*L*PUBCAP	0.714094	0.641926	0.000159	0.0000
*L*WATER	0.088272	0.130768	0.000054	0.0000
*L*UNEMP	-0.138854	-0.139820	0.000006	0.6993

EXEMPLO 16.2
Demanda por energia elétrica nos EUA

Em seu artigo, Maddala et al. consideraram a demanda de energia elétrica e gás natural em residências em 49 Estados norte-americanos para o período de 1970–1990; o Havaí não foi incluído na análise.[20] Neste exemplo, só iremos considerar a demanda por eletricidade residencial. Primeiro apresentamos os resultados com base na estimação de efeitos fixos (Tabela 16.11) e então na estimação de efeitos aleatórios (Tabela 16.12), seguida por uma comparação dos dois modelos.

TABELA 16.11

Dependent Variable: Log(ESRCBPC)
Method: Panel Least Squares
Sample: 1971-1990
Periods included: 20
Cross-sections included: 49
Total panel (balanced) observations: 980

	Coefficient	Std. Error	*t* Statistic	Prob.
C	-12.55760	0.363436	-34.55249	0.0000
Log(RESRCD)	-0.628967	0.029089	-21.62236	0.0000
Log(YDPC)	1.062439	0.040280	26.37663	0.0000

Effects Specification

Cross-section fixed (dummy variables)

R-squared	0.757600	Mean dependent var.	-4.536187
Adjusted *R*-squared	0.744553	S.D. dependent var.	0.316205
S.E. of regression	0.159816	Akaike info criterion	-0.778954
Sum squared resid.	23.72762	Schwarz criterion	-0.524602
Log likelihood	432.6876	Hannan-Quinn criter.	-0.682188
F-statistic	58.07007	Durbin-Watson stat.	0.404314
Prob. (*F*-statistic)	0.000000		

(Continua)

[20] MADDALA, G. S.; TROST, Robert P.; LI, Hongyi; JOUTZ, Frederick. "Estimation of short-run and long-run elasticities of demand from panel data using shrikdage estimators." *Journal of Business and Economic Statistics*, jan. 1997. v. 15, n. 1, p. 90-100.

EXEMPLO 16.2 (*Continuação*)

em que Log (ESRCBPC) = logaritmo natural do consumo de eletricidade residencial *per capita* (em bilhões), Log(RESRCD) = logaritmo natural do preço real de eletricidade de 1987 e Log(YDPC) = logaritmo natural da renda real *per capita* disponível para 1987.

Uma vez que este é um modelo de log duplo, os coeficientes angulares estimados representam elasticidades. Mantendo-se os demais fatores constantes, se a renda real *per capita* subir 1%, o consumo médio de eletricidade subirá cerca de 1%. Da mesma forma, mantendo-se os demais fatores constantes, se o preço real da energia elétrica subir 1%, o consumo médio de eletricidade cairá cerca de 0,6%. Todas as elasticidades estimadas são estatisticamente significativas.

Os resultados do modelo de erro aleatório estão na Tabela 16.12. Parece que não há muita diferença nos dois modelos. Mas podemos usar o teste de Hausman para descobrir se é este o caso. Os resultados desse teste são semelhantes aos da Tabela 16.13.

Embora os coeficientes dos dois modelos nas Tabelas 16.11 e 16.12 sejam bem parecidos, o teste de Hausman mostra que este não é o caso. O valor do qui-quadrado é altamente significativo estatisticamente. Portanto, podemos escolher o modelo de efeitos fixos ao modelo de efeitos aleatórios.

TABELA 16.12

```
Dependent Variable: Log(ESRCBPC)
Method: Panel EGLS (Cross-section random effects)

Sample: 1971-1990
Periods included: 20
Cross-sections included: 49
Total panel (balanced) observations: 980
Swamy and Arora estimator of component variances
```

	Coefficient	Std. Error	*t* Statistic	Prob.
C	-11.68536	0.353285	-33.07631	0.0000
Log(RESRCD)	-0.665570	0.028088	-23.69612	0.0000
Log(YDPC)	0.980877	0.039257	24.98617	0.0000

Effects Specification

	S.D.	Rho
Cross-section random	0.123560	0.3741
Idiosyncratic random	0.159816	0.6259

Weighted Statistics

R-squared	0.462591	Mean dependent var.	-1.260296
Adjusted *R*-squared	0.461491	S.D. dependent var.	0.229066
S.E. of regression	0.168096	Sum squared resid.	27.60641
F-statistic	420.4906	Durbin-Watson stat.	0.345453
Prob. (*F*-statistic)	0.000000		

Unweighted Statistics

R-squared	0.267681	Mean dependent var.	-4.536187
Sum squared resid.	71.68384	Durbin-Watson stat.	0.133039

(*Continua*)

EXEMPLO 16.2 *(Continuação)*

TABELA 16.13

Correlated Random Effects—Hausman Test
Equation: Untitled
Test cross-section random effects

Test Summary	Chi-Sq. Statistic	Chi-Sq. d.f.	Prob.
Cross-section random	105.865216	2	0.0000

Cross-section random effects test comparisons:

Variable	Fixed	Random	Var (Diff.)	Prob.
Log(RESRCD)	-0.628967	-0.665570	0.000057	0.0000
Log(YDPC)	1.062439	0.980877	0.000081	0.0000

Este exemplo ressalta o ponto importante de que, quando o tamanho da amostra é grande, em nosso caso 980 observações, mesmo pequenas diferenças nos coeficientes estimados dos dois modelos podem ser estatisticamente significativas. Os coeficientes da variável Log(RESRCD) nos dois modelos parecem razoavelmente próximos, mas estatisticamente não são.

EXEMPLO 16.3 *Consumo de cerveja, renda e imposto sobre a cerveja*

Para avaliar o impacto do imposto sobre a cerveja no consumo de cerveja, Philip Cook investigou a relação entre os dois, depois de admitir o efeito-renda.[21] seus dados são relativos a 50 estados e a Washington, D.C, para o período de 1975-2000. neste exemplo, estudaremos a relação de vendas de cerveja *per capita* e renda, tudo no nível estadual. Apresentaremos os resultados dos modelos de MQO para dados empilhados, de efeitos fixos e de efeitos aleatórios em forma tabular na tabela 16.14. A variável dependente são as vendas de cerveja *per capita.*

Esses resultados são interessantes. em se tratando de uma teoria econômica, esperaríamos uma relação negativa entre o consumo de cerveja e os impostos sobre a bebida, que é o caso para os três modelos. o efeito-renda negativo sobre o consumo de cerveja sugeriria que a cerveja é um **bem inferior**, ou seja, aquele em que a demanda diminui quando a renda dos consumidores aumenta.

Para nossos propósitos, é interessante notar a diferença nos coeficientes estimados. Aparentemente não há muita diferença nos coeficientes estimados entre o modelo de efeitos fixos e o modelo de componentes dos erros. De fato, o teste de hausman produz um valor de qui-quadrado de 3,4, que não é significativo para 2 graus de liberdade a um nível de 5%; o *p* valor é 0,1783.

Os resultados baseados no MQO, no entanto, são completamente diferentes. o coeficiente da variável imposto sobre cerveja, em valor absoluto, é muito menor que o obtido do modelo de efeitos fixos ou do modelo de componentes dos erros. A variável renda, embora tenha sinal negativo, não é estatisticamente significativa, enquanto os outros dois modelos mostram que ela é altamente significativa.

Este exemplo mostra claramente o que poderia acontecer se negligenciássemos a estrutura em painel dos dados e estimássemos uma regressão para dados empilhados.

(Continua)

[21] Os dados usados aqui são obtidos do site de MURPHY, Michael P. *Econometrics*: a modern introduction. Boston: Pearson/Addison Wesley, 2006. Os dados originais foram coletados por Philip Cook para seu livro, *Paying the tab:* the costs and benefits of alcohol control. Princeton, Nova Jersey: Princeton University Press, 2007.

EXEMPLO 16.3 TABELA 16.14
(*Continuação*)

Variável	MQO	MEF	MEA
Constante	1,4192	1,7617	1,7542
	(24,37)	(52,23)	(39,22)
Imposto sobre a cerveja	−0,0067	−0,0183	−0,0181
	(−2,13)	(−9,67)	(−9,69)
Renda	−3,54(e−6)	−0,000020	−0,000019
	(−1,12)	(−9,17)	(−9,10)
R^2	0,0062	0,0052	0,0052

Notas: Os dados entre parênteses são razões t estimadas. −3,54(e−6) = −0,00000354.

Resumo e conclusões

1. Os modelos de regressão em painel baseiam-se em dados em painel. Estes consistem em observações sobre as mesmas unidades de corte transversal, ou individuais, em vários períodos de tempo.
2. Várias são as vantagens de usar dados em painel. Primeiro, eles aumentam consideravelmente o tamanho da amostra. Em segundo lugar, ao estudarmos observações repetidas de corte transversal, os dados em painel são mais adequados para estudar a dinâmica da mudança. Terceiro, os dados em painel permitem estudar modelos comportamentais mais complicados.
3. Apesar de suas vantagens substanciais, os dados em painel impõem vários problemas de estimação e inferência. Uma vez que esses dados envolvem tanto dimensões temporais quanto de corte transversal, os problemas inerentes aos dados de corte transversal (por exemplo, heterocedasticidade) e de séries temporais (por exemplo, autocorrelação) precisam ser tratados. Há também alguns problemas adicionais, como de correlação cruzada de unidades individuais no mesmo ponto no tempo.
4. Há várias técnicas de estimação para tratar de um ou mais desses problemas. As duas mais destacadas são (1) o modelo de efeitos fixos (MEF) e (2) o modelo de efeitos aleatórios (MEA), ou modelo de componentes dos erros (MCE).
5. No MEF, o intercepto do modelo de regressão pode diferir entre indivíduos, em reconhecimento ao fato de que cada indivíduo, ou unidade de corte transversal, pode ter características especiais próprias. Para levarmos em conta os diferentes interceptos, podemos usar variáveis *dummies*. O modelo de efeitos fixos que usa variáveis *dummies* é conhecido como *modelo de mínimos quadrados com variáveis dummies* para efeitos fixos (MQVD). O FEM é adequado em situações em que o intercepto específico ao indivíduo pode estar correlacionado com um ou mais regressores. Uma desvantagem do MQVD é que ele consome muitos graus de liberdade quando o número de unidades de corte transversal, *N*, é muito grande, e nesse caso temos de introduzir *N* variáveis *dummies* (mas suprimir o termo de intercepto comum).
6. Uma alternativa ao MEF é o modelo de componentes dos erros (MCE). Nele supõe-se que o intercepto de uma unidade individual seja extraído aleatoriamente de uma população muito maior com um valor médio constante. O intercepto individual é, então, expresso como um desvio desse valor médio constante. Uma vantagem do MCE sobre o MEF é que ele é econômico nos graus de liberdade, e não temos de estimar *N* interceptos de corte transversal. Só precisamos estimar o valor médio do intercepto e sua variância. O MCE é adequado em situações em que cada unidade do intercepto (aleatório) do corte transversal não está correlacionada com os regressores. Outra vantagem do MCE é que podemos introduzir variáveis

como gênero, religião e raça, que permanecem constantes para um dado indivíduo. No MEF não podemos fazer isso, porque todas essas variáveis são colineares com o intercepto específico ao indivíduo. Além disso, se usamos o estimador dentro do grupo ou o estimador de primeiras diferenças, toda a invariância no tempo desaparecerá.

7. O teste de Hausman pode ser usado para decidir entre o MEF e o MCE. Também podemos usar o teste de Breusch–Pagan para verificar se o MCE é adequado.
8. Apesar de sua crescente utilização em pesquisa aplicada, e apesar da crescente disponibilidade de tais dados, as regressões de dados em painel podem não ser adequadas em todas as situações. É preciso usar o julgamneto prático em cada caso.
9. Há problemas específicos com os dados em painel que precisam ser considerados. O mais sério é o do atrito, pelo qual, por uma razão ou por outra, os indivíduos do painel desaparecem ao longo do tempo e nos levantamentos subsequentes (ou cortes transversais) permanecem menos indivíduos no painel. Mesmo que não haja atrito, ao longo do tempo os indivíduos podem não querer, ou mesmo se recusarem, a responder a algumas perguntas.

EXERCÍCIOS

16.1. Quais os aspectos especiais de (*a*) dados de corte transversal, (*b*) dados de séries temporais e (*c*) dados em painel?

16.2. O que se entende por modelo de efeitos fixos (MEF)? Uma vez que os dados em painel têm dimensões temporais e espaciais, como o modelo de efeitos fixos permite ambas as dimensões?

16.3. O que se entende por modelo de componentes dos erros (MCE)? Como ele difere do modelo dos efeitos fixos? Quando o modelo de componentes dos erros é adequado? E quando o modelo de efeitos fixos é adequado?

16.4. Há diferença entre o modelo de mínimos quadrados com variáveis dummies, o estimador de dentro de um grupo e modelos de primeiras diferenças?

16.5. Quando os modelos de regressão de dados em painel são inadequados? Dê exemplos.

16.6. Como você estenderia o modelo (16.4.2) para ter um componente de erro temporal? Anote o modelo.

16.7. Consulte os dados sobre produção de ovos e seus preços, apresentados na Tabela 1.1. Qual modelo pode ser adequado aqui, o de efeitos fixos (MEF) ou o de componentes dos erros (MCE) ? Por quê?

16.8. Para os investimentos apresentados na Tabela 1.2, qual modelo você escolheria – o de efeitos fixos ou o de efeitos aleatórios? Por quê?

16.9. Com base no Michigan Income Dynamics Study, Hausman tentou estimar um modelo de salários, ou ganhos, usando uma amostra de 629 formandos no segundo grau, que foi seguida por um período de seis anos, dando assim, no total, 3.774 observações. A variável dependente nesse estudo foi o logaritmo do salário, e as variáveis explanatórias foram: idade (dividida em várias faixas etárias); desemprego no ano anterior; problemas de saúde no ano anterior; trabalho como autônomo; região de residência (para formandos no Sul, Sul = 1 e 0 em caso contrário) e área de residência (para um formando da área rural, Rural = 1 e 0 nos demais casos). Hausman usou tanto o modelo de efeitos fixos quanto o de componentes dos erros. Os resultados estão na Tabela 16.15 (erros padrão entre parênteses).

TABELA 16.15

Equações de salários (variável dependente: logaritmo de salários)

Fonte: reproduzido de HSIAO, Cheng. *Analysis of panel data*. Cambridge University Press, 1986, p. 42. Fonte original: HAUSMAN, J. A. "Specification tests in econometrics.". *Econometrica*, vl. 46, p. 1.251–1.271, 1978.

Variável	Efeitos fixos	Efeitos aleatórios
1. Idade 1 (20–35)	0,0557 (0,0042)	0,0393 (0,0033)
2. Idade 2 (35–45)	0,0351 (0,0051)	0,0092 (0,0036)
3. Idade 3 (45–55)	0,0209 (0,0055)	– 0,0007 (0,0042)
4. Idade 4 (55–65)	0,0209 (0,0078)	– 0,0097 (0,0060)
5. Idade 5 (65–)	– 0,0171 (0,0155)	– 0,0423 (0,0121)
6. Desempregado no ano anterior	– 0,0042 (0,0153)	– 0,0277 (0,0151)
7. Problemas de saúde no ano anterior	– 0,0204 (0,0221)	– 0,0250 (0,0215)
8. Trabalho como autônomo	– 0,2190 (0,0297)	– 0,2670 (0,0263)
9. Sul	– 0,1569 (0,0656)	– 0,0324 (0,0333)
10. Rural	– 0,0101 (0,0317)	– 0,1215 (0,0237)
11. Constante	——	0,8499 (0,0433)
S^2	0,0567	0,0694
Graus de liberdade	3,135	3,763

a. Esses resultados econômicos fazem sentido?

b. Existe uma grande diferença nos resultados produzidos pelos dois modelos? Em caso afirmativo, o que poderia responder pelas diferenças?

c. Com base nos dados apresentados na tabela, que modelo, se houver, você escolheria?

Exercícios aplicados

16.10. Consulte o exemplo da empresa aérea discutido no texto. Em vez do modelo linear da Equação (16.4.2), estime um modelo de regressão log-linear e compare seus resultados com os da Tabela 16.2.

16.11. Consulte os dados da Tabela 1.1.

a. Seja Y = ovos produzidos (em milhões) e X = preço dos ovos (centavos por dúzia). Estime o modelo para os anos de 1990 e 1991 separadamente.

b. Agrupe as observações para os dois anos e estime a regressão para dados empilhados. Que pressupostos você está fazendo ao agrupar os dados?

c. Use o modelo de efeitos fixos, distinguindo os dois anos e apresente resultados de regressão.

d. Você pode usar o modelo de efeitos fixos, distinguindo os 50 Estados? Por quê?

e. Faria sentido distinguir tanto o efeito Estado quanto o efeito ano? Nesse caso, quantas variáveis *dummies* você teria de introduzir?

f. O modelo de componentes de erro seria adequado para modelar a produção de ovos? Por quê? Veja se você consegue estimar esse modelo usando, por exemplo, o EViews.

16.12. Continue com o Exercício 16.11. Antes de efetuar a regressão para dados empilhados, você quer descobrir se os dados podem ser empilhados. Para tanto, use o teste de Chow discutido no Capítulo 8. Mostre os cálculos necessários envolvidos e determine se a regressão para dados empilhados faz sentido.

16.13. Use os dados de investimento apresentados na Tabela 1.6.

a. Estime a função de investimento de Grunfeld para cada empresa.

b. Agora agrupe os dados para todas as empresas e estime a função de investimento de Grunfeld pelos MQO.

c. Use o MQVD para estimar a função investimento e compare seus resultados com a regressão para dados empilhados estimada em (*b*).

d. Como você decidiria entre a regressão para dados empilhados e o MQVD? Mostre os cálculos necessários.

16.14. A Tabela 16.16 apresenta dados sobre a taxa de remuneração por hora no setor de manufatura em dólares americanos Y (%), e a taxa de desemprego civil, X (índice, 1992 = 100), para o Canadá, o Reino Unido e os Estados Unidos para o período de 1980–2006. Considere o modelo:

$$Y_{it} = \beta_1 + \beta_2 X_{it} + u_{it} \quad (1)$$

TABELA16.16
Taxa de desemprego e remuneração por hora em manufatura, nos Estados Unidos, Canadá e Reino Unido, 1980–2006

Fonte: *Economic Report of the President*, janeiro 2008, Tabela B-109.

Ano	REM_EUA	DES_EUA	REM_CAN	DES_CAN	REM_RU	RU_RU
1980	55,9	7,1	49,0	7,3	47,1	6,9
1981	61,6	7,6	53,8	7,3	47,5	9,7
1982	67,2	9,7	60,1	10,7	45,1	10,8
1983	69,3	9,6	64,3	11,6	41,9	11,5
1984	71,6	7,5	65,0	10,9	39,8	11,8
1985	75,3	7,2	65,0	10,2	42,3	11,4
1986	78,8	7,0	64,9	9,3	52,0	11,4
1987	81,3	6,2	69,6	8,4	64,5	10,5
1988	84,1	5,5	78,5	7,4	74,8	8,6
1989	86,6	5,3	85,5	7,1	73,5	7,3
		5,6				
1990	90,5		92,4	7,7	89,6	7,1
1991	95,6	6,8	100,7	9,8	99,9	8,9
1992	100,0	7,5	100,0	10,6	100,0	10,0
1993	102,0	6,9	94,8	10,8	88,8	10,4
		6,1				
1994	105,3		92,1	9,6	92,8	8,7
1995	107,3	5,6	93,9	8,6	97,3	8,7
1996	109,3	5,4	95,9	8,8	96,0	8,1
1997	112,2	4,9	96,7	8,4	104,1	7,0
1998	118,7	4,5	94,9	7,7	113,8	6,3
1999	123,4	4,2	96,8	7,0	117,5	6,0
2000	134,7	4,0	100,0	6,1	114,8	5,5
2001	137,8	4,7	98,9	6,5	114,7	5,1
2002	147,8	5,8	101,0	7,0	126,8	5,2
2003	158,2	6,0	116,7	6,9	145,2	5,0
2004	161,5	5,5	127,1	6,4	171,4	4,8
2005	168,3	5,1	141,8	6,0	177,4	4,8
2006	172,4	4,6	155,5	5,5	192,3	5,5

Notas: DES = Taxa de desemprego %. REM = Índice de remuneração por hora em dólares americanos, 1992–100.
CAN = Canadá, RU = Reino Unido

a. *A priori*, qual a relação esperada entre Y e X? Por quê?

b. Estime o modelo da Equação (1) para cada país.

c. Estime o modelo, agrupando todas as 81 observações.

d. Estime o modelo de efeitos fixos.

e. Estime o modelo de componentes dos erros.

f. Qual o melhor modelo, o MEF ou o MCE? Justifique sua resposta (*Dica:* aplique o teste de Hausman).

16.15. Baltagi e Griffin consideraram a seguinte função de demanda por gasolina:

$$\ln Y_{it} = \beta_1 + \beta_2 \ln X_{2it} + \beta_3 \ln X_{3it} + \beta_4 \ln X_{4it} + u_{it}$$

[*] BALTAGI, B. H.; GRIFFIN, J. M. "Gasoline demand in the OECD: an application of pooling and testing procedures." *European Economic Review,* v. 22, p. 117–137, 1983. Os dados para 18 países da OECD para os anos 1960–1978 estão disponíveis em: http://www.wiley.com/legacy/wileychi/baltagi/supp/Gasoline.dat ou no site do livro, Tabela 16.17.

em que Y = consumo de gasolina por carro; X_2 = renda real *per capita*; X_3 = preço real da gasolina; X_4 = número de carros *per capita*; i = código do país, em todos os 18 países integrantes da OECD (Organização para a Cooperação e Desenvolvimento Econômico); e t = (observações anuais de 1960-1978). *Nota:* os valores na tabela já estão em logaritmo.

a. Estime a função de demanda agrupando os dados para todos os 18 países (um total de 342 observações).

b. Estime um modelo de efeitos fixos usando os mesmos dados.

c. Estime um modelo de componentes aleatórios usando os mesmos dados.

d. De sua análise, qual modelo descreve melhor a demanda de gasolina nos 18 países da OECD? Justifique sua resposta.

16.16. O artigo de Subhayu Bandyopadhyay e Howard J. Wall, ("The determinants of aid in the post-cold war era", *Review,* Federal Reserve Bank of St. Louis, v. 89, n. 6, p. 533–547, nov./dez. 2007) usa dados em painel para estimar a resposta da ajuda recipiente a necessidades econômicas e físicas dos países, direitos civis/políticos e efetividade do governo. Os dados referem-se a 135 países, para um período de três anos. O artigo e os dados estão disponíveis em: <http://research.stlouisfed.org/publications/review/past/2007>, v. 89, n. 10, nov./dez. Os dados podem ser encontrados ainda na Tabela 16.18 do site do livro. Estime o modelo dos autores (dado na página 534 para o artigo deles) usando um estimador de efeitos aleatórios. Compare seus resultados com aqueles dos estimadores de efeitos fixos e para dados empilhados pelos autores na Tabela 2 do artigo deles. Qual modelo é adequado aqui, o de efeitos fixos ou o de efeitos aleatórios? Por quê?

16.17. Consulte o exemplo de empresas aéreas discutido no texto. Para cada empresa aérea, estime uma função de custo com série logarítmica. Como essas regressões comparam-se com os modelos de efeitos fixos e aleatórios discutidos no capítulo? Você estimaria também as 15 funções logarítmicas de custo de corte transversal? Por quê?

Capítulo 17

Modelos econométricos dinâmicos: modelos autorregressivos e com defasagens distribuídas

Na análise de regressão envolvendo dados de séries temporais, se o modelo de regressão incluir não só os valores correntes mas também os defasados (passados) das variáveis explanatórias (os X), será chamado de **modelo de defasagens distribuídas**. Se o modelo incluir um ou mais valores defasados da variável dependente entre suas variáveis explanatórias, será denominado **modelo autorregressivo**. Assim,

$$Y_t = \alpha + \beta_0 X_t + \beta_1 X_{t-1} + \beta_2 X_{t-2} + u_t$$

representa um modelo de defasagens distribuídas, enquanto

$$Y_t = \alpha + \beta X_t + \gamma Y_{t-1} + u_t$$

é exemplo de um modelo autorregressivo. Este também é chamado de **modelo dinâmico**, por retratar a trajetória da variável dependente no tempo, em relação a seus valores passados.

Os modelos autorregressivo e de defasagens distribuídas são usados extensamente na análise econométrica e serão examinados neste capítulo com a finalidade de esclarecer o seguinte:

1. Qual é o papel das defasagens na economia?
2. Quais as razões para defasagens?
3. Existe justificativa teórica para os modelos defasados usados comumente em econometria empírica?
4. Qual é a relação, se houver, entre o modelo de defasagem autorregressivo e o de defasagens distribuídas? Um pode derivar do outro?
5. Cite alguns problemas estatísticos envolvidos na estimação desses modelos.
6. A relação *lead-lag* entre variáveis implica causalidade? Nesse caso, como a medimos?

17.1 O papel do "tempo" ou "defasagem", em economia

Em economia, a dependência de uma variável Y (a variável dependente) sobre outras variáveis X (a variável explanatória) raramente é imediata. Com muita frequência, Y responde a X com lapsos de tempo. Esse lapso é chamado de *defasagem*. Para ilustrar a natureza das defasagens, consideremos vários exemplos.

EXEMPLO 17.1
A função consumo

Suponhamos que uma pessoa receba um aumento de salário de $ 2 mil no pagamento anual e que este seja um aumento "permanente", ou seja, será mantido. Qual o efeito desse aumento na renda sobre as despesas de consumo anual da pessoa?

Depois de um aumento na renda, as pessoas em geral não se apressam em gastá-lo imediatamente. Assim, aquele que recebeu pode decidir aumentar as despesas de consumo em $ 800 no primeiro ano após o aumento de salário na renda e mais $ 600 no próximo ano e outros $ 400 no ano seguinte, economizando o restante. No final do terceiro ano, as despesas de consumo anual terão aumentado $ 1.800. Podemos, assim, escrever a função consumo como

$$Y_t = \text{constante} + 0{,}4X_t + 0{,}3X_{t-1} + 0{,}2X_{t-2} + u_t \tag{17.1.1}$$

em que Y é a despesa de consumo e X, a renda.

A Equação (17.1.1) mostra que o efeito de um aumento na renda de $ 2 mil é distribuído por um período de 3 anos. Modelos como a Equação (17.1.1) são, portanto, chamados de modelos de defasagens distribuídas, porque o efeito de uma dada causa (renda) espalha-se por vários períodos. Geometricamente, o modelo de defasagens distribuídas (17.1.1) está na Figura 17.1 ou, alternativamente na Figura 17.2.

FIGURA 17.1
Exemplo de defasagens distribuídas.

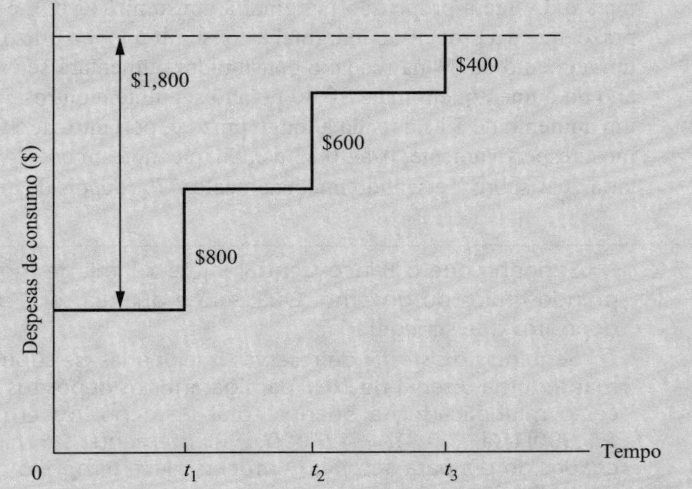

FIGURA 17.2
Efeito de uma alteração unitária em X no período t sobre Y no período t e subsequentes.

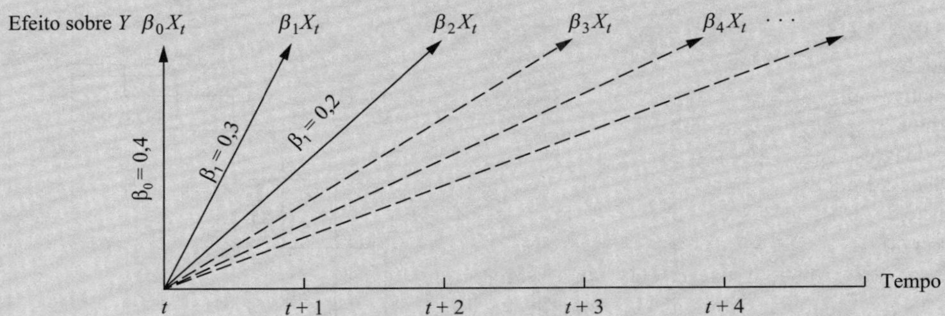

Em termos gerais, podemos escrever

$$Y_t = \alpha + \beta_0 X_t + \beta_1 X_{t-1} + \beta_2 X_{t-2} + \cdots + \beta_k X_{t-k} + u_t \tag{17.1.2}$$

que é um modelo de defasagens distribuídas com um número de defasagens k finito no tempo. O coeficiente β_0 é conhecido como **multiplicador de curto prazo** ou **de impacto**, porque dá a variação do valor médio de Y em decorrência da variação unitária de X no mesmo período.[1] Se a variação em X for

[1] Tecnicamente, β_0 é a derivada parcial de Y com relação a X_t, β_1 é a derivada parcial com relação a X_{t-1}, β_2 com relação a X_{t-2} e assim por diante. Simbolicamente, $\partial Y_t/\partial X_{t-k} = \beta_k$.

mantida no mesmo nível a partir daí, $(\beta_0 + \beta_1)$ dá a variação no (valor médio) Y no período seguinte, $(\beta_0 + \beta_1 + \beta_2)$ no período subsequente e assim por diante. Essas somas parciais são chamadas de **multiplicadores interinos** ou **intermediários**. Depois de k períodos, obtemos

$$\sum_{i=0}^{k} \beta_i = \beta_0 + \beta_1 + \beta_2 + \cdots + \beta_k = \beta \tag{17.1.3}$$

conhecido como **multiplicador de defasagens de longo prazo** ou **total**, desde que exista a soma β (a ser discutida adiante).

Se definimos

$$\beta_i^* = \frac{\beta_i}{\sum \beta_i} = \frac{\beta_i}{\beta} \tag{17.1.4}$$

obtemos o β_i padronizado. Somas parciais do β_i padronizado dão a proporção do impacto a longo prazo, ou total, sentido por um certo período de tempo.

Voltando à regressão do consumo (17.1.1), vemos que o multiplicador de curto prazo, que nada mais é do que a propensão marginal a consumir (PMC), é 0,4, enquanto o multiplicador de longo prazo, que é a propensão marginal a consumir a longo prazo, é 0,4 + 0,3 + 0,2 = 0,9. Ou seja, após um aumento de \$ 1 na renda, o consumidor aumentará seu nível de consumo em cerca de \$ 0,40 no ano do aumento, em mais \$ 0,30 no ano seguinte e outros \$ 0,20 no ano subsequente. O impacto de um aumento de \$ 1 na renda a longo prazo é, portanto, de \$ 0,90. Se dividimos cada β_i por 0,9, obtemos, respectivamente, 0,44, 0,33 e 0,23, que indicam que 44% do impacto total de uma variação unitária de X sobre Y é sentido imediatamente, 77% depois de um ano e 100% no final do segundo ano.

EXEMPLO 17.2

Criação de moeda pelos bancos (demanda por depósitos)

Suponha que o Banco Central injete \$ 1 mil de moeda nova no sistema bancário comprando títulos do governo. Qual será a quantia total de moeda bancária ou demanda por depósitos que será gerada?

Seguindo o sistema de reservas fracionárias, se supusermos que por lei os bancos devem manter uma reserva de 20% para garantir os depósitos gerados, então, pelo conhecido processo multiplicador, a quantia total de depósitos em dinheiro a ser gerada será igual a \$ 1.000[1/(1 − 0,8)] = \$ 5.000. Evidentemente, \$ 5 mil em depósitos em dinheiro não serão criados do dia para a noite. O processo leva tempo, o que pode ser mostrado esquematicamente na Figura 17.3.

FIGURA 17.3

Expansão cumulativa em depósitos bancários (reserva inicial de \$ 1 mil e requisito de 20% de reserva).

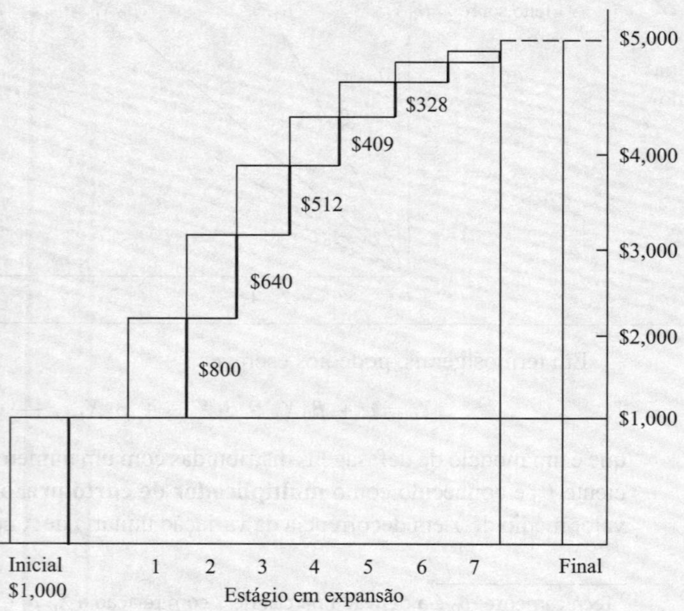

EXEMPLO 17.3
Relação entre moeda e preços

De acordo com os monetaristas, a inflação é essencialmente um fenômeno monetário no sentido que um aumento contínuo no nível geral de preços deve-se à taxa de expansão da oferta de moeda em excesso em relação à quantidade de moeda realmente demandada pelas unidades econômicas. Evidentemente, essa ligação entre inflação e mudanças na oferta de moeda não é imediata. Estudos mostraram que a defasagem entre as duas é em torno de 3 a aproximadamente 20 trimestres. Os resultados em determinado estudo estão na Tabela 17.1,[2] na qual vemos que o efeito de uma variação de 1% na oferta de moeda no conceito de M1B (D moeda manual, C demanda por depósitos em instituições financeiras) é sentido no período de 20 trimestres. O impacto a longo prazo de uma variação de 1% na oferta de moeda sobre a inflação é de aproximadamente $1 (= \sum m_i)$, que é estatisticamente significativo, enquanto o impacto a curto prazo é de aproximadamente 0,04, que não é significativo, embora os multiplicadores intermediários pareçam significativo de modo geral. Vale mencionar que, uma vez que P e M são dados em forma percentual, o m_i (β_i em nossa notação usual) dá a elasticidade de P com relação a M, isto é, a resposta percentual de preços a um aumento de 1% na oferta de moeda. Assim, $m_0 = 0{,}041$ significa que, para um aumento de 1% na oferta de moeda, a elasticidade-preço a curto prazo é de cerca de 0,04%. A elasticidade em longo prazo é de 1,03%, implicando que em longo prazo um aumento de 1% na oferta de moeda reflete-se aproximadamente no mesmo aumento percentual nos preços. A curto prazo, um aumento de 1% na oferta de moeda é acompanhado a longo prazo por um aumento de 1% na taxa de inflação.

TABELA 17.1
Estimativa da equação moeda-preços: especificação original

Fonte: Carlson, Keith M. "The lag from money to prices." *Review*, Federal Reserve Bank of St. Louis, out. 1980, Tabela 1, p. 4.

Período da amostra: 1955–I to 1969–IV: $m_{21} = 0$

$$\dot{P} = -0{,}146 + \sum_{i=0}^{20} m_i \dot{M}_{-i}$$
$$(0{,}395)$$

	Coef.	|t|		Coef.	|t|		Coef.	|t|
m_0	0,041	1,276	m_8	0,048	3,249	m_{16}	0,069	3,943
m_1	0,034	1,538	m_9	0,054	3,783	m_{17}	0,062	3,712
m_2	0,030	1,903	m_{10}	0,059	4,305	m_{18}	0,053	3,511
m_3	0,029	2,171	m_{11}	0,065	4,673	m_{19}	0,039	3,338
m_4	0,030	2,235	m_{12}	0,069	4,795	m_{20}	0,022	3,191
m_5	0,033	2,294	m_{13}	0,072	4,694	$\sum m_i$	1,031	7,870
m_6	0,037	2,475	m_{14}	0,073	4,468	**Defasagem média**	10,959	5,634
m_7	0,042	2,798	m_{15}	0,072	4,202			

$\bar{R}^2$ 0,525 ep 1,066 D.W. 2,00

Notas: $\dot{P}$ = taxa de crescimento geométrico anual do deflator do PNB
$\dot{M}$ = taxa de crescimento geométrico anual do M1B

EXEMPLO 17.4
Defasagem entre despesas com P & D e produtividade

A decisão de investir em pesquisa e desenvolvimento (P&D) e seu retorno em termos do aumento da produtividade envolve uma defasagem considerável, na verdade várias defasagens, como, ". . . a defasagem entre o investimento de recursos e o tempo em que as invenções começam a aparecer, a defasagem entre o nascimento de uma ideia e seu desenvolvimento até a etapa de aplicação comercial e a defasagem, introduzida pelo processo de difusão: leva tempo até que todas as máquinas antigas sejam substituídas por máquinas melhores".[3]

[2] CARLSON, Keith M. "The lag from money to prices". *Review*, Federal Reserve Bank of St. Louis, out. 1980, Tabela 1, p. 4.

[3] GRILICHES, Zvi. "Distributed lags: a survey". *Econometrica*, jan.1967. v. 36, n. 1, p. 16–49.

EXEMPLO 17.5
A curva J da economia internacional

Os estudantes de economia internacional conhecem o que é chamado de curva *J*, que mostra a relação entre a balança comercial e a depreciação do câmbio. Depois da depreciação da moeda de um país (por exemplo, devido à desvalorização), inicialmente a balança comercial deteriora-se, para mais adiante melhorar, mantido tudo o mais constante. A curva é apresentada na Figura 17.4.

FIGURA 17.4
A curva J.

Fonte: Krugman, Paul R.; Obstfeld, Maurice. *International economics: theory and practice*. 3. ed. Harper Collins, Nova York: Harper Collins, 1994. p. 465.

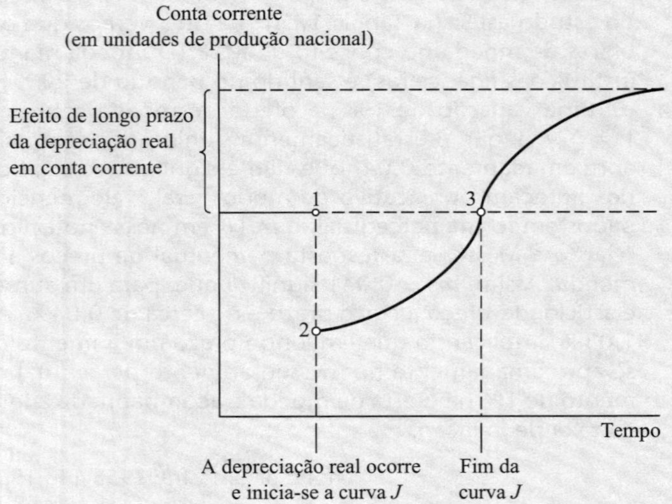

EXEMPLO 17.6
O modelo do acelerador do investimento

Em sua forma mais simples, o princípio de aceleração da teoria de investimento diz que o investimento é proporcional a mudanças no produto. Simbolicamente,

$$I_t = \beta(X_t - X_{t-1}) \qquad \beta > 0 \tag{17.1.5}$$

em que I_t é o investimento no período t, X_t é a produção no período t, e X_{t-1} é o produto no período $(t - 1)$.

Os exemplos anteriores são apenas uma amostra do uso de defasagens em economia. Sem dúvida, o leitor poderá extrair vários exemplos de sua própria experiência.

17.2 A razão das defasagens[4]

Embora os exemplos citados na Seção 17.1 apontem para a natureza de fenômenos defasados, eles não explicam plenamente por que as defasagens ocorrem. Há três razões principais:

1. **Razões psicológicas.** Como resultado da força do hábito (inércia), as pessoas não mudam seus hábitos de consumo imediatamente após uma redução no preço ou um aumento na renda, talvez porque de imediato o processo de mudança possa envolver uma desutilidade imediata. Por isso, aqueles que ficam milionários de repente ao ganhar na loteria podem não mudar os estilos de vida aos quais estão acostumados há muito tempo, porque não sabem como reagir imediatamente a um ganho inesperado. Evidentemente, depois de um tempo razoável, podem aprender a viver com sua fortuna recém-adquirida. Além disso, muitas vezes as pessoas não sabem se a mudança é "permanente" ou "transitória". Assim, a reação a um aumento em minha renda dependerá de ele ser ou não permanente. Se for apenas um ganho adicional e nos períodos subsequentes minha renda voltar ao nível anterior, poderei economizar todo o aumento, enquanto outra pessoa em minha posição poderá decidir "torrá-lo".

[4] Esta seção baseia-se em NERLOVE, Marc. *Distributed lags and demand analysis for agricultural and other commodities*. Agricultural Handbook, n. 141, U.S. Department of Agriculture, jun. 1958.

2. **Razões tecnológicas.** Suponha que o preço de capital relativo à mão de obra tenha uma queda, tornando economicamente viável a substituição do capital por trabalho. Evidentemente, aumentar o capital leva tempo (o período de gestação). Além disso, se esperamos que a queda no preço seja temporária, as empresas podem não se apressar para substituir capital por mão de obra, principalmente se esperam que depois de uma queda temporária nos preços de capital este possa ter um aumento que vá além de seu nível anterior. Às vezes, o conhecimento imperfeito também responde pelas defasagens. Atualmente o mercado de computadores pessoais está ligado a todos os tipos de computadores com preços e especificações variados. Além disso, desde a sua introdução no final da década de 1970, os preços da maioria deles têm caído acentuadamente. Como resultado, os consumidores potenciais podem hesitar em comprar até que tenham tido tempo para examinar as especificações e preços de todas as marcas concorrentes. Eles podem hesitar em comprar, esperando que haja queda dos preços ou inovações.
3. **Razões institucionais.** Estas razões também contribuem para defasagens. Por exemplo, as obrigações contratuais podem impedir as empresas de mudar de uma fonte de mão de obra ou matéria-prima para outra. Outro exemplo são aqueles que substituíram fundos em contas-poupança de longo prazo por fundos com prazo fixo com durações de um, dois, três ou sete anos e estão essencialmente "presos", embora as condições do mercado financeiro possam ser tais que rendimentos mais altos estejam disponíveis em outra parte. Da mesma forma, os empregadores dão frequentemente a seus funcionários opção entre vários planos de saúde, mas, uma vez feita a escolha, o funcionário não pode mais mudar para outro plano durante o prazo mínimo de um ano. Embora isso possa ser feito por conveniência administrativa, o funcionário estará impedido de mudar durante um ano.

Pelas razões que acabamos de discutir, a defasagem ocupa um papel central na economia. Isso se reflete claramente na metodologia de curto prazo/longo prazo da economia. É por essa razão que dizemos que a elasticidade-renda ou a elasticidade-preço a curto prazo em geral são menores (em valores absolutos) que as elasticidades correspondentes a longo prazo ou que a propensão marginal ao consumo a curto prazo é menor que aquela a longo prazo.

17.3 Estimação de modelos com defasagens distribuídas

Considerando que os modelos com defasagens distribuídas possuam um importante papel em economia, como estimá-los? Especificamente, suponha que tenhamos o seguinte modelo de defasagens distribuídas em uma variável explanatória:[5]

$$Y_t = \alpha + \beta_0 X_t + \beta_1 X_{t-1} + \beta_2 X_{t-2} + \cdots + u_t \tag{17.3.1}$$

em que não definimos a duração da defasagem, ou seja, quanto recuamos no passado. Este é o chamado **modelo de defasagens infinito,** enquanto na Equação (17.1.2) temos o **modelo finito de defasagens distribuídas** pelo fato de o número de defasagens, k, ser especificado. Continuaremos a usar a Equação (17.3.1), porque é fácil de calcular matematicamente, como veremos.[6]

Como estimamos α e o β da Equação (17.3.1)? Podemos adotar duas abordagens: (1) a estimativa *ad hoc* e (2) restrições *a priori* do β supondo que os β sigam um padrão sistemático. Consideraremos a estimação *ad hoc* nesta seção e a outra abordagem na Seção 17.4.

Estimação *ad hoc* dos modelos de defasagens distribuídas

Já que se supõe que a variável explanatória X_t seja não estocástica (ou pelo menos não correlacionada com o termo de erro u_t), X_{t-1}, X_{t-2} e assim por diante também são não estocásticas. Em princípio, os mínimos quadrados ordinários podem ser aplicados à Equação (17.3.1). Esta é a abordagem

[5] Se houver mais de uma variável explanatória no modelo, cada variável pode ter um efeito defasado sobre Y. Apenas por simplicidade, supomos apenas uma variável explanatória.

[6] Na prática, entretanto, os coeficientes dos valores de X mais distantes têm um efeito desprezível sobre Y.

seguida por Alt[7] e Tinbergen[8]. Eles sugerem que para estimar a Equação (17.3.1) podemos proceder sequencialmente; ou seja, primeiro fazendo a regressão de Y_t contra X_t, depois a regressão de Y_t contra X_t e X_{t-1}, em seguida a regressão de Y_t contra X_t, X_{t-1} e X_{t-2} e assim sucessivamente. O procedimento sequencial é descontinuado quando os coeficientes de regressão das variáveis defasadas começam a tornar-se estatisticamente insignificantes e/ou o coeficiente de pelo menos uma das variáveis muda o sinal de positivo para negativo ou vice-versa. De acordo com esse preceito, Alt fez a regressão de consumo de combustível de Y sobre novos pedidos, X. Com base nos dados trimestrais para o período de 1930–1939, os resultados foram os seguintes:

$$\hat{Y}_t = 8{,}37 + 0{,}171X_t$$

$$\hat{Y}_t = 8{,}27 + 0{,}111X_t + 0{,}064X_{t-1}$$

$$\hat{Y}_t = 8{,}27 + 0{,}109X_t + 0{,}071X_{t-1} - 0{,}055X_{t-2}$$

$$\hat{Y}_t = 8{,}32 + 0{,}108X_t + 0{,}063X_{t-1} + 0{,}022X_{t-2} - 0{,}020X_{t-3}$$

Alt escolheu a segunda regressão como a "melhor", pois nas duas últimas equações o sinal do X_{t-2} não estava estável e na última o sinal de X_{t-3} foi negativo, o que pode ser difícil de interpretar em termos econômicos.

Embora aparentemente simples, a estimação *ad hoc* apresenta várias desvantagens, como as seguintes:

1. Não existe, *a priori*, uma orientação sobre a qual será a duração máxima da defasagem.[9]
2. Ao estimarem-se defasagens sucessivas, restam menos graus de liberdade, tornando a inferência estatística mais incerta. Economistas em geral não contam com longas séries de dados que lhes permitam estimar inúmeras defasagens.
3. Mais importante, nas séries temporais econômicas, os valores sucessivos (defasagens) tendem a estar altamente correlacionados, com o que o fantasma da multicolinearidade faz sua aparição. Como mencionado no Capítulo 10, a multicolinearidade conduz a estimativas pouco precisas, isto é, os erros-padrão tendem a ser grandes em relação aos coeficientes estimados. Em consequência, com base nas razões t estimadas, podem indicar (equivocadamente) que um coeficiente defasado é estatisticamente insignificante.
4. A busca sequencial pela duração da defasagem leva o pesquisador a recorrer ao processo de ***data mining***. Também, como notamos na Seção 13.4, o verdadeiro nível de significância para testar hipóteses estatísticas torna-se uma questão importante em buscas sequenciais (veja a Equação (13.4.2)).

Em vista dos problemas apresentados, o procedimento de estimação *ad hoc* seria pouco recomendável. Claramente, algumas considerações *a priori* ou teóricas devem ser tratadas para conhecermos melhor os vários β e sermos capazes de abordar o problema de estimação de um modo mais eficiente.

17.4 A abordagem de Koyck dos modelos de defasagens distribuídas

Koyck propôs um método engenhoso de estimar os modelos com defasagens distribuídas. Suponha que começamos com um modelo de defasagens distribuídas no infinito (17.3.1). *Atribuindo o mesmo sinal aos* β, Koyck supõe que eles declinam geometricamente, como segue:[10]

$$\beta_k = \beta_0 \lambda^k \qquad k = 0, 1, \ldots \tag{17.4.1}$$ [11]

---

[7] ALT, F. F. "Distributed lags". *Econometrica*, v. 10, p. 113–128, 1942.

[8] TINBERGEN, J. "Long-term foreign trade elasticities". *Metroeconomica*, v. 1, p. 174–185, 1949.

[9] Se a duração da defasagem k estiver especificada incorretamente, nos depararemos com o problema de erros de especificação discutido no Capítulo 13. Lembre-se também da advertência sobre o data mining.

[10] KOYCK, L. M. *Distributed lags and investment analysis*. Amsterdã: North Holland Publishing Company, 1954.

[11] Às vezes também escrito como

$$\beta_k = \beta_0(1 - \lambda)\lambda^k \qquad k = 0, 1, \ldots$$

em que λ, tal que $0 < \lambda < 1$, é conhecido como a *taxa de declínio,* ou *queda,* das defasagens distribuídas e em que $1 - \lambda$ é a *velocidade de ajustamento*.

O que a Equação (17.4.1) postula é que cada coeficiente sucessivo de β é numericamente menor que o β anterior (esta afirmação se segue de $\lambda < 1$), o que implica que, quando se volta ao passado distante, o efeito dessa defasagem sobre Y_t torna-se cada vez menor, um pressuposto bem plausível. Afinal, as rendas atuais e do passado recente afetam a atual despesa com consumo mais fortemente que a renda no passado distante. Geometricamente, o esquema de Koyck é apresentado na Figura 17.5.

Como mostra a figura, o valor do coeficiente de defasagem β_k depende, além do β_0 comum, do valor de λ. Quanto mais próximo λ estiver de 1, mais lenta será a taxa de declínio no β_k, enquanto que, quanto mais próximo estiver de zero, mais rápido será o declínio em β_k. No primeiro caso, os valores de X exercerão impacto considerável em Y_t, enquanto no último caso sua influência sobre Y_t desaparecerá rapidamente. Esse padrão pode ser visto claramente por meio da seguinte tabela:

λ	β_0	β_1	β_2	β_3	β_4	β_5	$\cdots$	β_{10}
0,75	β_0	$0{,}75\beta_0$	$0{,}56\beta_0$	$0{,}42\beta_0$	$0{,}32\beta_0$	$0{,}24\beta_0$	$\cdots$	$0{,}06\beta_0$
0,25	β_0	$0{,}25\beta_0$	$0{,}06\beta_0$	$0{,}02\beta_0$	$0{,}004\beta_0$	$0{,}001\beta_0$	$\cdots$	0,0

Observe os seguintes aspectos do esquema de Koyck: (1) ao pressupor valores não negativos para λ, Koyck descarta a mudança de sinal dos β; (2) ao pressupor $\lambda < 1$, pressupõe que ele atribui menos peso para os β distantes que aos atuais; e (3) assegura que a soma dos β, que dá o multiplicador de longo prazo, seja finita, ou seja,

$$\sum_{k=0}^{\infty} \beta_k = \beta_0 \left(\frac{1}{1-\lambda} \right) \qquad (17.4.2)^{12}$$

FIGURA 17.5

O esquema de Koyck (distribuição geométrica declinante).

Por razões dadas na nota de rodapé 12.

[12] Isto acontece porque

$$\sum \beta_k = \beta_0(1 + \lambda + \lambda^2 + \lambda^3 + \cdots) = \beta_0 \left(\frac{1}{1-\lambda} \right)$$

Já que a expressão entre parênteses do lado direito é uma série geométrica infinita cujo somatório é $1/(1 - \lambda)$, desde que $0 < \lambda < 1$. Vale notar que, se β_k for definido como na nota 11, $\sum \beta_k = \beta_0(1 - \lambda)/(1 - \lambda) = \beta_0$, assegurando, assim, que a soma dos pesos $(1 - \lambda)\lambda^k$ seja 1.

Como resultado da Equação (17.4.1), o modelo defasado infinito (17.3.1) pode ser escrito como

$$Y_t = \alpha + \beta_0 X_t + \beta_0 \lambda X_{t-1} + \beta_0 \lambda^2 X_{t-2} + \cdots + u_t \tag{17.4.3}$$

Como está, o modelo ainda não se presta a uma estimação fácil, já que resta estimar ainda um grande número (literalmente infinito) de parâmetros e o parâmetro λ entra de forma altamente não linear: em termos estritos, o método de análise de regressão linear (nos parâmetros) não pode ser aplicado a tal modelo. Mas Koyck sugere uma saída engenhosa. Ele defasa a Equação (17.4.3) em um período para obter

$$Y_{t-1} = \alpha + \beta_0 X_{t-1} + \beta_0 \lambda X_{t-2} + \beta_0 \lambda^2 X_{t-3} + \cdots + u_{t-1} \tag{17.4.4}$$

Então multiplica a Equação (17.4.4) por λ para obter

$$\lambda Y_{t-1} = \lambda\alpha + \lambda\beta_0 X_{t-1} + \beta_0 \lambda^2 X_{t-2} + \beta_0 \lambda^3 X_{t-3} + \cdots + \lambda u_{t-1} \tag{17.4.5}$$

Subtraindo a Equação (17.4.5) da Equação (17.4.3), obtém-se

$$Y_t - \lambda Y_{t-1} = \alpha(1-\lambda) + \beta_0 X_t + (u_t - \lambda u_{t-1}) \tag{17.4.6}$$

ou, rearranjando,

$$Y_t = \alpha(1-\lambda) + \beta_0 X_t + \lambda Y_{t-1} + v_t \tag{17.4.7}$$

em que $v_t = (u_t - \lambda u_t - 1)$, é **uma média móvel de u_t e u_{t-1}**.

O procedimento que acabamos de descrever é conhecido como **transformação de Koyck**. Comparando a Equação (17.4.7) com a Equação (17.3.1), vemos a enorme simplificação efetuada por Koyck. Enquanto antes tínhamos de estimar α e um número infinito de β, agora temos de estimar apenas três incógnitas: α, β_0 e λ. Agora não há razão para esperar que ocorra multicolinearidade. Em certo sentido, a multicolinearidade é resolvida substituindo-se X_{t-1}, X_{t-2}, ..., por uma única variárel, a saber, Y_{t-1}. Mas note os seguintes aspectos da transformação de Koyck:

1. Começamos com um modelo de defasagens distribuídas, mas acabamos com um modelo autorregressivo, porque Y_{t-1} aparece como uma das variáveis explanatórias. Essa transformação mostra como se pode "converter" um modelo de defasagens distribuídas em um autorregressivo.
2. O aparecimento de Y_{t-1} provavelmente cria alguns problemas estatísticos. Y_{t-1}, como Y_t, é estocástico, o que significa que temos uma variável explanatória estocástica no modelo. Lembre-se de que a teoria clássica de mínimos quadrados fundamenta-se na premissa de que as variáveis explanatórias são não estocásticas ou, se forem, são distribuídas independentemente do termo de erro estocástico. Daí, devemos descobrir se Y_{t-1} satisfaz esse pressuposto. (Retornaremos a esse ponto na Seção 17.8.)
3. No modelo original (17.3.1), o termo de erro era u_t, enquanto no modelo transformado ele é $v_t = (u_t - \lambda u_{t-1})$. As propriedades estatísticas de v_t dependem do que se pressupõe sobre as propriedades estatísticas de u_t, pois, como será mostrado depois, se os u_t originais estiverem correlacionados serialmente, os v_t o serão. Portanto, podemos ter de enfrentar o problema da correlação serial além da variável explanatória estocástica Y_{t-1}. Faremos isso na Seção 17.8.
4. A presença de Y defasado viola um dos pressupostos subjacentes ao teste d de Durbin–Watson. Teremos de desenvolver uma alternativa para testar a correlação serial na presença do Y defasado. Uma alternativa é o **teste *h* de Durbin,** discutido na Seção 17.10.

Como vimos na Equação (17.1.4), ao efetuarmos as somas parciais dos β_i padronizados, temos a proporção do impacto a longo prazo, ou total, sentido por um determinado período de tempo. Na prática, a **defasagem média** ou **mediana** é usada com frequência para caracterizar a natureza da estrutura defasada de um modelo de defasagens distribuídas.

A defasagem mediana

A defasagem mediana é o tempo exigido para completar a primeira metade, ou 50%, da mudança total em Y que segue a uma alteração unitária em X. Para o modelo de Koyck, a defasagem mediana é a seguinte (veja o Exercício 17.6):

$$\text{Modelo de Koyck: defasagem mediana} = -\frac{\log 2}{\log \lambda} \tag{17.4.8}$$

Assim, se $\lambda = 0{,}2$, a defasagem mediana será 0,4306, mas, se $\lambda = 0{,}8$, a defasagem mediana será 3,1067. Em palavras, no primeiro caso, 50% da mudança total em Y é realizada em menos da metade do período, enquanto no último leva mais de 3 períodos para completar 50% da variação. Mas esse contraste não deveria surpreender, pois, como sabemos, quanto mais alto o valor de λ, menor a velocidade do ajustamento, e quanto menor o valor de λ, maior a velocidade do ajustamento.

A defasagem média

Contanto que todos os β_k sejam positivos, a defasagem média é definida como

$$\text{Defasagem média} = \frac{\sum_0^\infty k\beta_k}{\sum_0^\infty \beta_k} \tag{17.4.9}$$

que é simplesmente a média ponderada de todas as defasagens envolvidas, com os respectivos coeficientes β servindo como pesos. Em suma, é a **média ponderada das defasagens no tempo**. Para o modelo de Koyck, a defasagem média é (ver Exercício 17.7)

$$\text{Modelo de Koyck: defasagem média} = \frac{\lambda}{1-\lambda} \tag{17.4.10}$$

Assim, se $\lambda = \frac{1}{2}$, a defasagem média é 1.

Da discussão anterior, fica claro que as defasagens média e mediana servem como uma medida síntese da velocidade com a qual Y responde a X. No exemplo da Tabela 17.1, a defasagem média é de aproximadamente 11 trimestres, mostrando que leva algum tempo, em média, para que o efeito das mudanças na oferta de moeda seja percebido na variação de preços.

EXEMPLO 17.7

Despesas de consumo pessoal per capita *(DCPC) e renda pessoal disponível* per capita *(RPDPC)*

Este exemplo examina as despesas de consumo pessoal *per capita* em relação à renda pessoal disponível *per capita*, ambas expressas em dólares de 2000, para os Estados Unidos, para o período de 1959–2006. Como ilustração do modelo de Koyck, considere os dados apresentados na Tabela 17.2. A regressão de DCPC contra RPDPC e DCPC defasado deu os resultados da Tabela 17.3.

A função consumo nessa tabela pode ser chamada de função consumo a curto prazo. Faremos a derivação da função consumo de longo prazo rapidamente.

Usando o valor estimado de λ, podemos calcular os coeficientes da defasagens distribuídas. Se $\beta_0 \approx 0{,}2139$, $\beta_1 = (0{,}2139)(0{,}7971) \approx 0{,}1704$, $\beta_2 = (0{,}2139)(0{,}7971)^2 \approx 0{,}0231$ e assim por diante, que são os multiplicadores de curto e médio prazo. Por fim, usando a Equação (17.4.2), podemos obter o multiplicador de longo prazo, ou seja, o impacto total de variação na renda sobre o consumo depois que todos os efeitos defasados forem levados em conta, o que no exemplo torna-se

$$\sum_0^\infty \beta_k = \beta_0\left(\frac{1}{1-\lambda}\right) = (0{,}2139)\left(\frac{1}{1-0{,}7971}\right) \approx 1{,}0537$$

(*Continua*)

EXEMPLO 17.7
(*Continuação*)

TABELA 17.2
DCPC e RPDPC
1959–2006

Fonte: *Economic Report of the President*, 2007, Tabela B-31.

Ano	DCPC	RPDPC	Ano	DCPC	RPDPC
1959	8.776	9.685	1983	15.656	17.828
1960	8.873	9.735	1984	16.343	19.011
1961	8.873	9.901	1985	17.040	19.476
1962	9.170	10.227	1986	17.570	19.906
1963	9.412	10.455	1987	17.994	20.072
1964	9.839	11.061	1988	18.554	20.740
1965	10.331	11.594	1989	18.898	21.120
1966	10.793	12.065	1990	19.067	21.281
1967	10.994	12.457	1991	18.848	21.109
1968	11.510	12.892	1992	19.208	21.548
1969	11.820	13.163	1993	19.593	21.493
1970	11.955	13.563	1994	20.082	21.812
1971	12.256	14.001	1995	20.382	22.153
1972	12.868	14.512	1996	20.835	22.546
1973	13.371	15.345	1997	21.365	23.065
1974	13.148	15.094	1998	22.183	24.131
1975	13.320	15.291	1999	23.050	24.564
1976	13.919	15.738	2000	23.860	25.469
1977	14.364	16.128	2001	24.205	25.687
1978	14.837	16.704	2002	24.612	26.217
1979	15.030	16.931	2003	25.043	26.535
1980	14.816	16.940	2004	25.711	27.232
1981	14.879	17.217	2005	26.277	27.436
1982	14.944	17.418	2006	26.828	28.005

Notas: DCPC = Despesas de consumo pessoal *per capita* em dólares de 2000.
RPDP = Renda pessoal disponível *per capita* em dólares de 2000.

TABELA 17.3

Dependent Variable: PPCE
Method: Least Squares
Sample (adjusted): 1960-2006
Included observations: 47 after adjustments

	Coefficient	Std. Error	*t* Statistic	Prob.
C	-252.9190	157.3517	-1.607348	0.1151
PPDI	0.213890	0.070617	3.028892	0.0041
PPCE(-1)	0.797146	0.073308	10.87389	0.0000

R-squared	0.998216	Mean dependent var.	16691.28
Adjusted *R*-squared	0.998134	S.D. dependent var.	5205.873
S.E. of regression	224.8504	Akaike info criterion	13.73045
Sum squared resid.	2224539.	Schwarz criterion	13.84854
Log likelihood	-319.6656	Hannan-Quinn criter.	13.77489
F-statistic	12306.99	Durbin-Watson stat.	0.961921
Prob. (*F*-statistic)	0.000000	Durbin *h* = 3.8269*	

Em palavras, um aumento sustentado de um dólar na renda pessoal disponível *per capita* eventualmente levará a um aumento de cerca de 1,05 dólar nas despesas de consumo pessoal *per capita*, sendo o impacto imediato, ou de curto prazo, de apenas 21 centavos.

A função consumo a longo prazo agora pode ser escrita como:

$$\text{DCPC}_t = -\ 1247{,}1351 + 1{,}0537\text{RPDPC}_t$$

(*Continua*)

EXEMPLO 17.7 (*Continuação*) Esta pode ser obtida dividindo-se a função consumo de curto prazo dada na Tabela 17.3 por 0,2029 em ambos os lados e excluindo-se o termo defasado da renda pessoal disponível *per capita*.[13]

A longo prazo, a propensão marginal a consumir (PMC) é de aproximadamente 1. Isso significa que, quando os consumidores tiverem tempo para habituarem-se ao aumento de um dólar na renda pessoal disponível *per capita*, aumentarão suas despesas de consumo pessoal em quase um dólar. A curto prazo, no entanto, como mostra a Tabela 17.3, a PMC é de apenas 21 centavos. Qual é a razão para tamanha diferença entre a PMC a curto e a longo prazo?

A resposta pode ser encontrada nas defasagens mediana e média. Dado $\lambda = 0{,}7971$, a defasagem mediana é

$$-\frac{\log(2)}{\log\lambda} = -\frac{\log(2)}{\log(0{,}7971)} = 3{,}0589$$

e a defasagem média é

$$\frac{\lambda}{1-\lambda} = 3{,}9285$$

Parece que as despesas de consumo pessoal reais ajustam-se à renda pessoal disponível com uma defasagem substancial: lembre-se de que, quanto maior for o valor de λ (entre 0 e 1), mais tempo levará para que o impacto total de uma variação no valor da variável explanatória seja sentido sobre a variável dependente.

17.5 Racionalização do modelo de Koyck: o modelo de expectativas adaptativas

Embora seja muito claro, o modelo de Koyck (17.4.7) é *ad hoc*, já que foi obtido por um processo puramente algébrico; ele não dispõe de base teórica. Mas essa desvantagem pode ser suplantada se adotarmos uma perspectiva diferente. Suponha o seguinte modelo:

$$Y_t = \beta_0 + \beta_1 X_t^* + u_t \tag{17.5.1}$$

em que $Y =$ demanda por moeda (saldos reais em dinheiro)

$X^* =$ taxa de juros de equilíbrio, ótima, esperada a longo prazo ou normal

$u =$ termo de erro

A Equação (17.5.1) postula que a demanda por moeda é uma função da taxa de juros *esperada* (isto é, antecipada).

Como a variável de expectativa X^* não é diretamente observável, propomos a seguinte hipótese sobre como as expectativas são formadas:

$$X_t^* - X_{t-1}^* = \gamma(X_t - X_{t-1}^*) \qquad (17.5.2)^{14}$$

[13] Em equilíbrio, todos os valores das despesas de consumo pessoal serão os mesmos. Portanto, $DCPC_t = DCPC_{t-1}$. Ao fazermos essa substituição, deveríamos obter a função consumo a longo prazo.

[14] Às vezes o modelo é expresso como

$$X_t^* - X_{t-1}^* = \gamma(X_{t-1} - X_{t-1}^*)$$

em que γ, tal que $0 < \gamma \leq 1$, é conhecido como o **coeficiente de expectativa**. A hipótese (17.5.2) é conhecida como a **expectativa adaptativa**, a **expectativa progressiva** ou a hipótese do **aprendizado pelo erro**, que Cagan[15] e Friedman[16] tornaram conhecida.

A Equação (17.5.2) implica que "os agentes econômicos adaptarão suas expectativas de acordo com a experiência passada e que, em particular, aprenderão com seus erros".[17] Mais especificamente, a Equação (17.5.2) estabelece que as expectativas são revistas a cada período por uma fração γ da diferença entre o valor corrente da variável e seu valor esperado anterior. Assim, para nosso modelo isso significaria que as expectativas sobre taxas de juro são revistas a cada período por uma fração γ da discrepância entre a taxa de juros observada no período corrente e o que foi seu valor previsto no período anterior. Outra forma de dizer isso seria escrever a Equação (17.5.2) como

$$X_t^* = \gamma X_t + (1 - \gamma)X_{t-1}^* \tag{17.5.3}$$

que mostra que o valor esperado da taxa de juros no tempo t é uma média ponderada do valor observado da taxa de juros no tempo t e seu valor esperado no período anterior, com pesos de γ e $1 - \gamma$, respectivamente. Se $\gamma = 1$, $X_t^* = X_t$, significando que as expectativas são estáticas, ou seja, "condições prevalentes hoje serão mantidas em todos os períodos subsequentes. Os valores futuros esperados então se tornam idênticos aos valores atuais".[18]

Substituindo a Equação (17.5.3) na Equação (17.5.1), obtemos

$$\begin{aligned} Y_t &= \beta_0 + \beta_1[\gamma X_t + (1 - \gamma)X_{t-1}^*] + u_t \\ &= \beta_0 + \beta_1\gamma X_t + \beta_1(1 - \gamma)X_{t-1}^* + u_t \end{aligned} \tag{17.5.4}$$

Agora defasamos a Equação (17.5.1) de um período, multiplicamos por $1 - \gamma$ e subtraímos o produto da Equação (17.5.4). Depois de manipulações algébricas simples, obtemos

$$\begin{aligned} Y_t &= \gamma\beta_0 + \gamma\beta_1 X_t + (1 - \gamma)Y_{t-1} + u_t - (1 - \gamma)u_{t-1} \\ &= \gamma\beta_0 + \gamma\beta_1 X_t + (1 - \gamma)Y_{t-1} + v_t \end{aligned} \tag{17.5.5}$$

em que $v_t = u_t - (1 - \gamma)\, u_{t-1}$.

Antes de prosseguirmos, observemos a diferença entre a Equação (17.5.1) e a Equação (17.5.5). Na primeira, β_1 mede a resposta média de Y a uma variação unitária em X^*, o valor de equilíbrio ou de longo prazo de X. Na Equação (17.5.5), por outro lado, $\gamma\beta_1$ mede a resposta média de Y a uma variação unitária no valor real ou observado de X. Essas respostas não serão as mesmas, naturalmente, a menos que $\gamma = 1$, isto é, os valores atual e de longo prazo de X sejam os mesmos. Na prática, primeiro estimamos a Equação (17.5.5). Uma vez obtida uma estimativa de γ do coeficiente do Y defasado, podemos calcular facilmente β_1 simplesmente dividindo o coeficiente de X_t ($= \gamma\beta_1$) por γ.

A semelhança entre o modelo de expectativas adaptativas (17.5.5) e o modelo de Koyck (17.4.7) deve ser evidente, embora a interpretação dos coeficientes nos dois modelos seja diferente. Observe que, como o modelo de Koyck, o de expectativas adaptativas é autorregressivo e seu termo de erro é similar ao de Koyck. Voltaremos à estimação do modelo das expectativas adaptativas na Seção 17.8 e a alguns exemplos na Seção 17.12. Agora que já esboçamos o modelo (EA), cabe perguntar: até que ponto é realista? É verdade que ele é mais convincente que a abordagem

[15] CAGAN, P. "The monetary dynamics of hyperinflations". In: FRIEDMAN, M. (Ed.). *Studies in the quantity theory of money*. Chicago: University of Chicago Press, 1956.

[16] FRIEDMAN, M. *A theory of the consumption function*. National Bureau of Economic Research, Princeton, NJ: Princeton University Press, 1957.

[17] SHAW, G. K. *Rational expectations: an elementary exposition*. Nova York: St. Martin's Press, 1984. p. 25.

[18] Ibid., p. 19–20.

puramente algébrica de Koyck, mas a hipótese das expectativas adaptativas é razoável? A seu favor, podemos dizer o seguinte:

> Ele nos oferece um meio bem simples de modelar expectativas dentro da teoria econômica enquanto postulamos um comportamento de parte dos agentes econômicos que parece muito sensato. A crença de que as pessoas aprendem com a experiência é, obviamente, um ponto de partida mais sensato que o pressuposto implícito de que elas sejam totalmente desprovidas de memória, característica da tese das expectativas estáticas. Além disso, a afirmação de que as experiências mais antigas influenciam menos que as mais recentes também está de acordo com o senso comum e parece confirmar-se pela simples observação.[19]

Até aparecer a **hipótese das expectativas racionais (ER)**, proposta inicialmente por J. Muth e mais tarde divulgada por Robert Lucas e Thomas Sargent, a hipótese das expectativas foi bastante popular na economia empírica. Os proponentes da hipótese das expectativas racionais (ER) afirmam que a hipótese das expectativas adaptativas é inadequada, porque depende apenas dos valores passados de uma variável para formular expectativas,[20] enquanto a hipótese das ER pressupõe "que os agentes econômicos individuais recorrem a informações *atuais e relevantes*, que estão *disponíveis* para formar suas expectativas, e não contam apenas com a experiência passada".[21] Em suma, a hipótese das ER sustenta que as "expectativas são 'racionais', no sentido de que incorporam eficientemente *todas* as informações disponíveis no momento em que a expectativa é formulada",[22] e não apenas as informações passadas.

As críticas feitas pelos proponentes da hipótese das expectativas racionais contra a hipótese das expectativas adaptativas são bem fundamentadas, embora a hipótese das expectativas racionais também tenha muitos críticos.[23] Não há espaço aqui para ficarmos incomodados em abordar esse material bastante complicado. Talvez possamos concordar com a afirmação de Stephen McNees: "No melhor dos casos, a premissa das expectativas adaptativas pode ser defendida apenas como uma 'hipótese de trabalho', em lugar de um mecanismo mais complexo, talvez uma formulação de um mecanismo de expectativas cambiantes".[24]

EXEMPLO 17.8
Exemplo 17.7 Revisto

Como a transformação de Koyck constitui a base do modelo de expectativas adaptativas, os resultados apresentados na Tabela 17.3 também podem ser interpretados em termos da Equação (17.5.5). Assim $\hat{\gamma}\,\hat{\beta}_0 = -252{,}9190$; $\hat{\gamma}\,\hat{\beta}_1 = 0{,}21389$ e $(1-\hat{\gamma}) = 0{,}797146$. Logo, o coeficiente de expectativa $\hat{\gamma} \approx 0{,}2028$, e, seguindo a discussão anterior sobre o modelo das EA, podemos dizer que cerca de 20% da discrepância entre o DCPC efetivo e o esperado são eliminados em um ano.

17.6 Outra justificativa do modelo de Koyck: o modelo de ajuste de estoques ou de ajustamento parcial

O modelo de expectativas adaptativas é uma maneira de justificar o modelo de Koyck. Outra forma é fornecida por Marc Nerlove no chamado **modelo de ajuste parcial (MAP)** ou de **ajuste de**

19 Ibid., p. 27.

20 Como o modelo de Koyck, podemos mostrar que, sob o modelo EA, as expectativas de uma variável são uma média ponderada exponencialmente dos valores passados dessa variável.

21 SHAW, G. K. op. cit., p. 47. Para mais detalhes da hipótese ER, veja SHEFFRIN, S. M. *Rational expectations.* Nova York: Cambridge University Press, 1983.

22 McNEES, S. K. "The Phillips curve: forward- or backward-looking?". *New England Economic Review,* jul./ago. 1979. p. 50.

23 Para uma avaliação crítica recente da hipótese ER, veja LOVELL, M. C. "Test of the rational expectations hypothesis". *American Economic Review,* p. 110-124, mar. 1966.

24 McNEES, S. K. op. cit., p. 50.

estoque.[25] Para ilustrar esse modelo, considere o **modelo do acelerador flexível** da teoria econômica, que supõe que exista uma quantidade de *equilíbrio, ótima, desejada* ou a *longo prazo*, de estoque de capital necessário para produzir uma dada produção de acordo com determinado estado de tecnologia, taxa de juros etc. Para simplificarmos, suponhamos que esse nível desejado de capital Y_t^* seja uma função linear da produção X como se segue:

$$Y_t^* = \beta_0 + \beta_1 X_t + u_t \tag{17.6.1}$$

Uma vez que o nível desejado de capital não é diretamente observável, Nerlove postula a seguinte hipótese, conhecida como **hipótese de ajuste parcial**, ou de **ajuste de estoques**:

$$Y_t - Y_{t-1} = \delta(Y_t^* - Y_{t-1}) \qquad (17.6.2)^{26}$$

em que δ, tal que $0 < \delta < 1$, é conhecido como o **coeficiente de ajuste** e em que $Y_t - Y_{t-1}$ = mudança efetiva; e $(Y_t^* - Y_{t-1})$ mudança desejada.

Já que $Y_t - Y_{t-1}$, a variação no estoque de capital entre dois períodos, não é nada além do investimento, a Equação (17.6.2) pode, alternativamente, ser escrita como

$$I_t = \delta(Y_t^* - Y_{t-1}) \tag{17.6.3}$$

em que I_t = investmento no período t.

A Equação (17.6.2) postula que a variação efetiva do estoque de capital (investimento) em qualquer período dado, t, é uma fração δ da variação desejada para aquele período. Se $\delta = 1$, isso significa que o estoque real de capital é igual ao estoque desejado; ou seja, o estoque real ajusta-se ao estoque desejado imediatamente (no mesmo período de tempo). Entretanto, se $\delta = 0$, isso significa que nada muda, uma vez que o estoque real no tempo t é o mesmo que aquele observado no período anterior. Costuma-se esperar que δ situe-se entre esses dois extremos, já que o ajustamento ao estoque de capital desejado tende a ser incompleto devido à rigidez, inércia e obrigações contratuais etc. — daí o nome de **modelo de ajuste parcial**. Note que o mecanismo de ajustamento (17.6.2) também pode ser escrito como:

$$Y_t = \delta Y_t^* + (1 - \delta)Y_{t-1} \tag{17.6.4}$$

mostrando que o estoque de capital observado no tempo t é uma média ponderada do estoque de capital desejado naquele período e do estoque de capital existente no período de tempo anterior, δ e $(1 - \delta)$ sendo os pesos. Agora, a substituição da Equação (17.6.1) pela Equação (17.6.4) resulta em:

$$\begin{aligned} Y_t &= \delta(\beta_0 + \beta_1 X_t + u_t) + (1 - \delta)Y_{t-1} \\ &= \delta\beta_0 + \delta\beta_1 X_t + (1 - \delta)Y_{t-1} + \delta u_t \end{aligned} \tag{17.6.5}$$

Esse modelo é chamado de **modelo de ajuste parcial (MAP)**.

Uma vez que a Equação (17.6.1) representa a demanda por estoque de capital de longo prazo ou de equilíbrio, a Equação (17.6.5) pode ser chamada de função de demanda de *curto prazo* por estoque de capital, pois a curto prazo o estoque de capital existente pode não ser necessariamente igual ao seu nível a longo prazo. Uma vez estimada a função de curto prazo (17.6.5) e obtida a estimativa do coeficiente de ajuste δ (do coeficiente de Y_{t-1}), podemos derivar facilmente a função de longo prazo, dividindo $\delta\beta_0$ e $\delta\beta_1$ por δ e omitindo o termo Y defasado, que então dará a Equação (17.6.1).

---

[25] NERLOVE, Marc. *Distributed lags and demand analysis for agricultural and other commodities.* Op. cit.

[26] Alguns autores não acrescentam o termo de erro u_t à relação (17.6.1), mas o acrescentam a esta relação, acreditando que, se a primeira for realmente uma relação de equilíbrio, não há escopo para o termo de erro, enquanto o mecanismo de ajuste pode ser imperfeito e exigir o termo de erro. Vale mencionar que a Equação (17.6.2) às vezes também é escrita como

$$Y_t - Y_{t-1} = \delta(Y_{t-1}^* - Y_{t-1})$$

FIGURA 17.6
O ajuste gradual do estoque de capital.

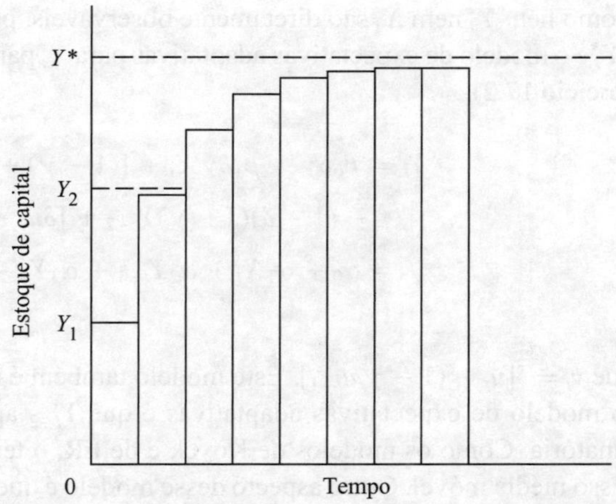

Em termos geométricos, o modelo de ajuste parcial pode ser mostrado como na Figura 17.6.[27] Nela, Y^* é o estoque de capital desejado e Y_1, o estoque de capital real e efetivo. Para fins de ilustração, suponha que $\delta = 0.5$. Isso implica que a empresa planeja trabalhar com metade da defasagem da diferença entre o estoque desejado e efetivado a cada período. Assim, no primeiro período, ela se move para Y_2, com o investimento igual a $(Y_2 - Y_1)$, o que, por sua vez, é igual a $(Y^* - Y_1)$. Em cada período subsequente, ele reduz pela metade a diferença entre o estoque de capital no início do período e o estoque de capital desejado Y^*.

O modelo de ajuste parcial assemelha-se ao modelo de Koyck e ao das expectativas adaptativas sob o ponto de vista de que também é autorregressivo. Mas seu termo de erro é muito mais simples: o termo de erro original, u_t, multiplicado por uma constante δ. Mas é preciso lembrar que, embora tenham uma aparência semelhante, as expectativas adaptativas e os modelos de ajuste parcial são conceitualmente muito diferentes. O primeiro baseia-se na incerteza (sobre o futuro comportamento de preços, das taxas de juros etc), já em relação ao último, a incerteza deve-se à rigidez técnica ou institucional, à inércia, ao custo da mudança etc. No entanto, teoricamente, ambos os modelos são muito mais confiáveis que o de Koyck.

Uma vez que as expectativas adaptativas e os modelos de ajuste parcial têm uma aparência indistinguível, o γ de 0,2028 do modelo das expectativas adaptativas também pode ser interpretado como o coeficiente δ do modelo de ajuste do estoque se supusermos que este último funciona no presente caso (isto é, é o DCPC desejado ou especado que está relacionado linearmente ao RPDP corrente).

É importante lembrar que, como os modelos de Koyck, das expectativas adaptativas e do ajuste de estoques — deixando de lado a diferença na aparência do termo de erro —, resultam no mesmo modelo final de estimação, devemos estar extremamente atentos ao dizer ao leitor qual modelo o pesquisador está usando e por quê. Assim, os pesquisadores devem especificar as bases do modelo que empregam.

*17.7 Combinação dos modelos de expectativas adaptativas e de ajustamento parcial

Considere o seguinte modelo:

$$Y_t^* = \beta_0 + \beta_1 X_t^* + u_t \tag{17.7.1}$$

em que Y_t^* = estoque de capital desejado e X_t^* = nível esperado de produção.

* Opcional.

[27] Esta é adaptada da Figura 7.4 de DORNBUSCH, Rudiger; FISCHER, Stanley. *Macroeconomics*. 3 ed. Nova York: McGraw-Hill, 1984. p. 216.

Como nem Y_t^* nem X_t^* são diretamente observáveis, podemos usar o mecanismo de ajuste parcial para Y_t^* e o modelo de expectativas adaptativas para X_t^* para chegar à seguinte equação estimável (veja o Exercício 17.2):

$$\begin{aligned} Y_t &= \beta_0\delta\gamma + \beta_1\delta\gamma X_t + [(1-\gamma) + (1-\delta)]Y_{t-1} \\ &\quad - (1-\delta)(1-\gamma)Y_{t-2} + [\delta u_t - \delta(1-\gamma)u_{t-1}] \\ &= \alpha_0 + \alpha_1 X_t + \alpha_2 Y_{t-1} + \alpha_3 Y_{t-2} + v_t \end{aligned} \tag{17.7.2}$$

em que $v_t = \delta[u_t - (1-\gamma)u_{t-1}]$. Este modelo também é autorregressivo, sendo que a única diferença do modelo de expectativas adaptativas é que Y_{t-2} aparece junto com Y_{t-1} como uma variável explanatória. Como os modelos de Koyck e de ER, o termo de erro na Equação (17.7.2) segue um processo média móvel. Outro aspecto desse modelo é que embora o modelo seja linear nos α, ele não é linear nos parâmetros originais.

Uma aplicação reconhecida da Equação (17.7.1) tem sido a hipótese de renda permanente de Friedman, que estabelece que o consumo de longo prazo ou "permanente" é uma função da renda de longo prazo ou "permanente".[28]

A estimação da Equação (17.7.2) apresenta os mesmos problemas de estimação que os do modelo de Koyck ou de ER, no sentido de que todos são autorregressivos com estruturas semelhantes de erros. Além disso, a Equação (17.7.2) envolve alguns problemas de estimação não linear que iremos considerar rapidamente no Exercício 17.10, mas não nos aprofundaremos neste livro.

17.8 Estimação dos modelos autorregressivos

De nossa discussão até aqui, temos três modelos:

Koyck

$$Y_t = \alpha(1-\lambda) + \beta_0 X_t + \lambda Y_{t-1} + v_t \tag{17.4.7}$$

Expectativas adaptativas

$$Y_t = \gamma\beta_0 + \gamma\beta_1 X_t + (1-\gamma)Y_{t-1} + [u_t - (1-\gamma)u_{t-1}] \tag{17.5.5}$$

Ajustamento parcial

$$Y_t = \delta\beta_0 + \delta\beta_1 X_t + (1-\delta)Y_{t-1} + \delta u_t \tag{17.6.5}$$

Todos esses modelos têm a seguinte forma em comum:

$$Y_t = \alpha_0 + \alpha_1 X_t + \alpha_2 Y_{t-1} + v_t \tag{17.8.1}$$

ou seja, todos têm natureza autorregressiva. Portanto, agora devemos examinar o problema de estimação de tais modelos, porque a teoria clássica dos mínimos quadrados pode não ser diretamente aplicável a eles. **Duas são as razões: a presença de variáveis explanatórias estocásticas e a possibilidade de correlação serial.**

Agora, como foi observado, para a aplicação da teoria clássica dos mínimos quadrados, deve-se mostrar que a variável explanatória estocástica Y_{t-1} é distribuída de modo independente do termo de erro v_t. Para determinarmos se isso acontece, é essencial conhecermos as propriedades de v_t. Se supusermos que o termo de erro original u_t satisfaz todos os pressupostos clássicos, tal que $E(u_t) = 0$, var $(u_t) = \sigma^2$ (o pressuposto da homocedasticidade), e cov $(u_t, u_{t+s}) = 0$ para $s \neq 0$ (o pressuposto da

[28] FRIEDMAN, Milton. *A theory of consumption function.* Princeton, NJ: Princeton University Press, 1957.

ausência de autocorrelação), v_t pode não herdar todas essas propriedades. Considere, por exemplo, o termo de erro no modelo de Koyck, que é $v_t = (u_t - \lambda u_{t-1})$. Dados os pressupostos acerca de u_t, podemos mostrar facilmente que v_t está correlacionado serialmente, porque

$$E(v_t v_{t-1}) = -\lambda\sigma^2 \qquad (17.8.2)^{29}$$

que é diferente de zero (a não ser que λ seja zero). E, uma vez que Y_{t-1} aparece no modelo de Koyck como variável explanatória, ela tenderá a ser correlacionada com v_t (através da presença de u_{t-1} nela). É possível demonstrar que

$$\text{cov}\,[Y_{t-1}, (u_t - \lambda u_{t-1})] = -\lambda\sigma^2 \qquad \textbf{(17.8.3)}$$

que é igual à Equação (17.8.2). O leitor pode verificar que isso ocorre com o modelo de expectativas adaptativas.

Qual a implicação de constatar que no modelo de Koyck e também no modelo de expectativas adaptativas a variável explanatória estocástica Y_{t-1} está correlacionada com o termo de erro v_t? Como observado, **se uma variável explanatória em um modelo de regressão está correlacionada com o termo de erro estocástico, os estimadores de MQO não são apenas tendenciosos, mas também não são consistentes; ou seja, mesmo que o tamanho da amostra aumente indefinidamente, os estimadores não se aproximam de seu verdadeiro valor populacional.**[30] **Portanto, a estimação dos modelos de Koyck e adaptativo pelo procedimento usual de MQO pode levar a resultados seriamente equivocados.**

Contudo, o modelo de ajuste parcial é diferente. Nele $v_t = \delta u_t$, em que $0 < \delta \leq 1$. Logo, se u_t satisfaz os pressupostos do modelo clássico de regressão linear dado anteriormente, o mesmo ocorre com δu_t. Assim, a estimação de MQO do modelo de ajuste parcial renderá estimativas consistentes, embora tendam a ser tendenciosas (em amostras finitas ou pequenas).[31] Intuitivamente, a razão para a consistência é: embora Y_{t-1} dependa de u_{t-1} e de todos os termos de erro anteriores, ele não está relacionado ao termo de erro u_t. Contanto que u_t seja independente serialmente, Y_{t-1} também será independente ou pelo menos não estará correlacionado com u_t, satisfazendo assim um pressuposto importante do MQO, a saber, o da não correlação entre as variáveis explanatórias e o termo de erro estocástico.

Embora a estimação por MQO do modelo de ajuste parcial ou do de estoque nos proporcione uma estimação consistente devido à estrutura simples do termo de erro, não deveríamos imaginar que ele se aplique melhor que o modelo de Koyck ou das expectativas adaptativas.[32] O leitor é aconselhado a não fazer isso, um modelo deveria ser escolhido com base em considerações teóricas rigorosas, e não simplesmente porque possibilita uma estimação estatística fácil. Todo modelo deveria ser considerado por seu próprio mérito, prestando-se atenção ao aparecimento de termos de erro estocásticos. Se, em modelos como o de Koyck ou o das expectativas adaptativas, os MQO não puderem ser aplicados diretamente, é preciso encontrar formas de resolver o problema de estimação. Existem vários métodos alternativos, embora alguns deles sejam trabalhosos, do ponto de vista do cálculo. Na seção a seguir veremos um deles.

---

29 $E(v_t v_{t-1}) = E(u_t - \lambda u_{t-1})(u_{t-1} - \lambda u_{t-2})$
$= -\lambda E(u_{t-1})^2$ já que as covariâncias entre os u são zero por suposição.
$= -\lambda\sigma^2$

30 A demonstração está além do escopo deste livro e pode ser encontrada em Griliches, op. cit., p. 36–38. Contudo, o Capítulo 18 apresenta um esboço da demonstração em outro contexto. Veja também Maeshiro, Asatoshi. "Teaching regressions with a lagged dependent variable and autocorrelated disturbances". *The Journal of Economic Education*, v. 27, n. 1, p. 72-84, 1996.

31 Para a demonstração, veja JOHNSTON, J. *Econometric methods*. 3. ed. Nova York: McGraw-Hill, 1984. p. 360–362. Veja também DORAN, H. E.; GUISE, J. W. B. *Single equation methods in econometrics:* applied regression analysis. Armidale, NSW, Austrália: University of New England Teaching Monograph Series 3, 1984, p. 236–244.

32 Também, como J. Johnston observa (op. cit., p. 350), "[o] padrão de ajustamento [sugerido pelo modelo de ajustamento] [...] às vezes pode não ser plausível".

17.9 O método de variáveis instrumentais (VI)

Os MQO não podem ser aplicados ao modelo de Koyck ou das expectativas adaptativas, porque a variável explanatória Y_{t-1} tende a estar correlacionada com o termo de erro v_t. Se de algum modo a correlação puder ser removida, pode-se aplicar os MQO para obter estimativas consistentes, como observado anteriormente. (*Observe:* haverá um pequeno viés de amostra.) Como isso pode ser feito? Liviatan propôs a seguinte solução.[33]

Suponhamos que encontremos uma *proxy* para Y_{t-1} que esteja altamente correlacionada com Y_{t-1}, mas não com v_t, em que v_t é o termo de erro que aparece no modelo de expectativas adaptativas ou de Koyck. Tal *proxy* é chamada de **variável instrumental (VI)**.[34] Liviatan sugere X_{t-1} como a variável instrumental para Y_{t-1} e também que os parâmetros da regressão (17.8.1) possam ser obtidos resolvendo as seguintes equações normais:

$$\begin{aligned}\sum Y_t &= n\hat{\alpha}_0 + \hat{\alpha}_1 \sum X_t + \hat{\alpha}_2 \sum Y_{t-1} \\ \sum Y_t X_t &= \hat{\alpha}_0 \sum X_t + \hat{\alpha}_1 \sum X_t^2 + \hat{\alpha}_2 \sum Y_{t-1} X_t \\ \sum Y_t X_{t-1} &= \hat{\alpha}_0 \sum X_{t-1} + \hat{\alpha}_1 \sum X_t X_{t-1} + \hat{\alpha}_2 \sum Y_{t-1} X_{t-1}\end{aligned} \tag{17.9.1}$$

Note que, se tivéssemos de aplicar os MQO diretamente à Equação (17.8.1), as equações MQO normais seriam (veja a Seção 7.4):

$$\begin{aligned}\sum Y_t &= n\hat{\alpha}_0 + \hat{\alpha}_1 \sum X_t + \hat{\alpha}_2 \sum Y_{t-1} \\ \sum Y_t X_t &= \hat{\alpha}_0 \sum X_t + \hat{\alpha}_1 \sum X_t^2 + \hat{\alpha}_2 \sum Y_{t-1} X_t \\ \sum Y_t Y_{t-1} &= \hat{\alpha}_0 \sum Y_{t-1} + \hat{\alpha}_1 \sum X_t Y_{t-1} + \hat{\alpha}_2 \sum Y_{t-1}^2\end{aligned} \tag{17.9.2}$$

A diferença entre os dois conjuntos de equações normais deveria ficar imediatamente evidente. Liviatan mostrou que os α estimados da Equação (17.9.1) são consistentes, enquanto aqueles estimados na Equação (17.9.2) podem não ser consistentes, pois Y_{t-1} e v_t [$= u_t - \lambda u_{t-1}$ ou $u_t - (1 - \gamma)u_{t-1}$] podem estar correlacionados enquanto X_t e X_{t-1} não estão correlacionados com v_t. (Por quê?) Embora seja fácil de aplicar, uma vez encontrada a *proxy* adequada, a técnica de Liviatan tende a ser afetada pelo problema da multicolinearidade, porque X_t e X_{t-1}, que entram nas equações normais de (17.9.1), tendem a estar altamente correlacionadas (como observado no Capítulo 12, a maioria das séries temporais econômicas costuma exibir um alto grau de correlação entre valores sucessivos). A implicação é que, embora o procedimento de Liviatan gere estimativas consistentes, os estimadores tendem a ser ineficientes.[35]

Antes de prosseguirmos, surge uma pergunta óbvia: como se encontra uma "boa" *proxy* para Y_{t-1} de maneira que, embora esteja altamente correlacionada a Y_{t-1}, ela não esteja correlacionada com v_t? Na literatura específica, encontramos algumas sugestões que empregaremos como exercício (veja o Exercício 17.5). Porém, deve-se deixar claro que nem sempre é fácil encontrar boas *proxies*, e nesse caso o método das variáveis instrumentais é de pouca valia e podemos ter de recorrer às técnicas de estimação de máxima verossimilhança, que estão além do escopo deste livro.[36]

[33] LIVIATAN, N. "Consistent estimation of distributed lags". *International Economic Review,* jan. 1963. p. 44-52, v. 4.

[34] Essas variáveis instrumentais são usadas com frequência nos modelos de equação simultâneos (veja o Capítulo 20).

[35] Para ver como a eficiência dos estimadores pode ser aprimorada, consulte KLIEN, Lawrence R. *A textbook of econometrics.* 2. ed. Englewood Cliffs, NJ: Prentice-Hall, 1974. p. 99. Veja também GREENE, William H. *Econometric analysis.* 2. ed. Nova York: Macmillan, 1993 p. 535–538.

[36] Para uma discussão sucinta dos métodos de máxima verossimilhança, veja JOHNSTON, J.op. cit., p. 366–371, bem como o Apêndice 4A e o Apêndice 15A.

Existe algum teste que possa ser usado para verificar se as variáveis instrumentais escolhidas são válidas? Dennis Sargan formulou um teste, chamado de **teste de SARG**, com esse objetivo. Ele será descrito no Apêndice 17A, Seção 17A1.

17.10 Detectando a autocorrelação em modelos autorregressivos: o teste *h* de Durbin

Como vimos, a probabilidade de haver correlação serial nos termos de erros, v_t, torna o problema da estimação de modelos autorregressivos bastante complexo: no modelo de ajuste de estoques, o termo de erro, v_t, não apresentaria correlação serial (de primeira ordem) se o termo de erro do modelo original, u_t, não estivesse serialmente correlacionado, enquanto nos modelos de Koyck e das expectativas adaptativas, v_t estaria correlacionado serialmente, mesmo se u_t fosse serialmente independente. A questão, então, é: como sabemos se há correlação serial no termo de erro que aparece nos modelos autorregressivos?

Como observado no Capítulo 12, a estatística *d* de Durbin-Watson não pode ser usada para detectar correlação serial (de primeira ordem) em modelos autorregressivos, porque nesses modelos o valor calculado de *d* em geral tende para 2, que é o valor esperado de *d* em uma sequência verdadeiramente aleatória. Em outras palavras, se calcularmos rotineiramente a estatística *d* para tais modelos, haverá um viés embutido que impede que se descubra a correlação serial (de primeira ordem). Apesar disso, muitos pesquisadores calculam o valor *d* por falta de melhor alternativa. Contudo, recentemente o próprio Durbin propôs um teste de correlação serial de primeira ordem para modelos autorregressivos em *grandes amostras*.[37] Este é chamado de **estatística *h*.**

Já discutimos o teste *h* de Durbin no Exercício 12.36. Por conveniência, reproduzimos a estatísca *h* (com uma ligeira mudança de notação):

$$h = \hat{\rho}\sqrt{\frac{n}{1 - n[\operatorname{var}(\hat{\alpha}_2)]}} \tag{17.10.1}$$

em que *n* é o tamanho da amostra; var $(\hat{\alpha}_2)$ é a variância do Y_t ($= Y_{t-1}$) defasado na Equação (17.8.1); e $\hat{\rho}$ é a estimativa da correlação serial de primeira ordem ρ, discutida pela primeira vez no Capítulo 12.

Como observado no Exercício 12.36, para uma amostra grande, Durbin demonstrou que, sob a hipótese nula $\rho = 0$, a estatística *h* da Equação (17.10.1) segue a distribuição normal padrão. Ou seja,

$$h_{\text{asy}} \sim N(0, 1) \tag{17.10.2}$$

em que asy significa assintoticamente.

Na prática, como observado no Capítulo 12, pode-se estimar ρ como

$$\hat{\rho} \approx 1 - \frac{d}{2} \tag{17.10.3}$$

É interessante observar que, embora não possamos usar o *d* de Durbin para testar a autocorrelação nos modelos autorregressivos, podemos usá-lo como parte do cálculo da estatística *h*.

Vamos ilustrar o uso da estatística *h* com nosso Exemplo 17.7. Neste exemplo, $n = 47$, $\hat{\rho} \approx (1 - d/2)$ $= 0{,}5190$ (*observe:* $d = 0{,}9619$) e var $(\hat{\alpha}_2) =$ var $(\text{DCPC}_{t-1}) = (0{,}0733)2 = 0{,}0053$. Colocando esses valores na Equação (17.10.1), obtemos:

$$h = 0{,}5190\sqrt{\frac{47}{1 - 47(0{,}0053)}} = 4{,}1061 \tag{17.10.4}$$

[37] DURBIN, J. "Testing for serial correlation in least-squares regression when some of the regressors are lagged dependent variables". *Econometrica,* 1970. p. 410–421, v. 38.

Como esse valor h tem a distribuição normal padrão sob a hipótese nula, a probabilidade de obter um valor elevado de h é muito pequena. Lembre-se de que a probabilidade de uma variável normal padrão superar o valor de $\pm$ 3 é extremamente pequena. No exemplo, nossa conclusão é que há autocorrelação (positiva). Evidentemente, lembre-se de que h segue a distribuição normal padrão assintoticamente. Nossa amostra de 47 observações é razoavelmente grande.

Note esses aspectos da estatística h:

1. Não importa quantas variáveis X ou quantos valores defasados de Y estão incluídos no modelo de regressão. Para calcular h, precisamos considerar apenas a variância do coeficiente do Y_{t-1} defasado.
2. O teste não será aplicável se $[n \text{ var}(\hat{\alpha}_2)]$ for maior que 1. (Por quê?) Na prática, no entanto, em geral isso não acontece.
3. Como o teste é para grandes amostras, sua aplicação em pequenas amostras não se justifica rigorosamente, como mostrado por Inder[38] e Kiviet.[39] Foi sugerido que o teste de Breusch-Godfrey (BG), também conhecido como o teste do multiplicador de Lagrange, discutido no Capítulo 12, é mais eficiente estatisticamente não só nas amostras grandes, mas também nas amostras finitas ou pequenas e, portanto, é preferível ao teste h.[40]

A conclusão baseada no teste h, de que nosso modelo é afetado pela autocorrelação, é confirmada pelo teste de Breusch–Godfrey (BG), apresentado na Equação (12.6.17). Usando os sete valores defasados dos resíduos estimados por meio da regressão mostrada na Tabela 17.3, o teste BG da Equação (12.6.18) obteve um valor χ^2 de 15,3869. Para sete graus de liberdade (o número de resíduos defasados usados no teste BG), a probabilidade de obter um valor de qui-quadrado de 15,38 ou maior é cerca de 3%, o que é bem baixo.

Por essa razão, precisamos corrigir os erros padrão na Tabela 17.3, o que pode ser feito pelo procedimento de Newey–West HAC discutido no Capítulo 12. Os resultados são semelhantes aos da Tabela 17.4.

Parece que os MQO subestimam os erros padrão dos coeficientes de regressão.

TABELA 17.4

Dependent Variable: PCE
Method: Least Squares
Sample (adjusted): 1960-2006
Included observations: 47 after adjustments
Newey-West HAC Standard Errors & Covariance (lag truncation = 3)

	Coefficient	Std. Error	*t* Statistic	Prob.
C	-252.9190	168.4610	-1.501350	0.1404
PPDI	0.213890	0.051245	4.173888	0.0001
PPCE(-1)	0.797146	0.051825	15.38148	0.0000

R-squared	0.998216	Mean dependent var.	16691.28
Adjusted *R*-squared	0.998134	S.D. dependent var.	5205.873
S.E. of regression	224.8504	Akaike info criterion	13.73045
Sum squared resid.	2224539.	Schwarz criterion	13.84854
Log likelihood	-319.6656	Hannan-Quinn criter.	13.77489
F-statistic	12306.99	Durbin-Watson stat.	0.961921
Prob.(*F*-statistic)	0.000000		

[38] INDER, B. "An approximation to the null distribution of the Durbin–Watson statistic in models containing lagged dependent variables". *Econometric Theory*, 1986. v. 2, n. 3, p. 413–428.

[39] KIVIET, J. F. "On the vigour of some misspecification tests for modelling dynamic relationships". *Review of Economic Studies*, 1986. v. 53, n. 173, p. 241–262.

[40] KOROSI, Gabor; MATYAS, Laszlo; SZEKELY, Istvan P. *Practical econometrics*. Brookfield, Vermont: Ashgate Publishing Company, 1992. p. 92.

17.11 Um exemplo numérico: a demanda por moeda no Canadá, primeiro trimestre de 1979 ao quarto trimestre de 1988

Para ilustrar o uso dos modelos discutidos até aqui, considere uma das aplicações empíricas anteriores: a demanda de moeda (ou saldos monetários reais). Em particular, considere o modelo a seguir.[41]

$$M_t^* = \beta_0 R_t^{\beta_1} Y_t^{\beta_2} e^{u_t} \tag{17.11.1}$$

em que M_t^* = demanda por moeda desejada, ou de longo prazo (saldos monetários reais)
R_t = taxa de juros de longo prazo, %
Y_t = trenda nacional agregada real

Para a estimação estatística, a Equação (17.11.1) pode ser expressa convenientemente em forma logarítmica como

$$\ln M_t^* = \ln \beta_0 + \beta_1 \ln R_t + \beta_2 \ln Y_t + u_t \tag{17.11.2}$$

Como a variável de demanda desejada não pode ser diretamente observável, supomos a seguinte hipótese de ajuste de estoque:

$$\frac{M_t}{M_{t-1}} = \left(\frac{M_t^*}{M_{t-1}}\right)^{\delta} \qquad 0 < \delta \leq 1 \tag{17.11.3}$$

A Equação (17.11.3) estabelece que uma porcentagem constante (por quê?) da discrepância entre os saldos monetários real desejado e o efetivo seja eliminada em um único período (ano). Na forma logarítmica, a Equação (17.11.3) pode ser expressa como

$$\ln M_t - \ln M_{t-1} = \delta(\ln M_t^* - \ln M_{t-1}) \tag{17.11.4}$$

Substituindo $\ln M_t^*$ da Equação (17.11.2) na Equação (17.11.4) e rearranjando, obtemos

$$\ln M_t = \delta \ln \beta_0 + \beta_1 \delta \ln R_t + \beta_2 \delta \ln Y_t + (1 - \delta) \ln M_{t-1} + \delta u_t \tag{17.11.5}$$[42]

o que pode ser chamado de *função demanda no curto prazo* por moeda. (Por quê?)

Como ilustração da demanda por saldos monetários reais, de curto e longo prazo, considere os dados apresentados na Tabela 17.5. Os dados trimestrais referem-se ao Canadá, para o período de 1979 a 1988. As variáveis são definidas como se segue: M (como definido pela oferta de moeda M1, dólares canadenses [C$], milhões), P (deflator implícito dos preços, 1981 = 100), PIB a preços constantes de 1981 (C$, milhões) e R (taxa preferencial de juros para 90 dias, %).[43] M1 foi deflacionado por P para obter dados para saldos monetários reais. *A priori*, espera-se que a demanda real por moeda relacione-se positivamente ao PIB (efeito renda positivo) e negativamente com R (quanto mais alta for a taxa de juros, maior será o custo de oportunidade de reter moeda, já que M1 paga muito pouco juro, se pagar).

---

[41] Para um modelo semelhante, veja CHOW, Gregory C. "On the long-run and short-run demand for money". *Journal of Political Economy*, 1966. v. 74, n. 2, p. 111–131. Note que uma vantagem da função multiplicativa é que os expoentes das variáveis dão estimativas diretas de elasticidades (veja o Capítulo 6).

[42] Vale mencionar que este modelo é essencialmente não linear nos parâmetros. Portanto, embora o MQO possa dar uma estimativa não tendenciosa de, por exemplo, $\beta_1\delta$ em conjunto, poderá não nos oferecer estimativas não tendenciosas de β_1 e δ individualmente, principalmente se a amostra for pequena.

[43] Estes dados são obtidos de BHASKAR RAO, B. (Ed.). *Cointegration for the applied economist.* Nova York: St. Martin's Press, 1994. p. 210–213. Os dados originais são do primeiro trimestre de 1956 ao quarto trimestre de 1988, mas para fins de ilustração começamos nossa análise do primeiro trimestre de 1979.

TABELA 17.5
Moeda, taxa de juros, índice de preços e PIB, Canadá

Fonte: RAO, op. cit., p. 210–213.

Observação	M1	*R*	*P*	PIB
1979–1	22.175,00	11,13333	0,77947	334.800
1979–2	22.841,00	11,16667	0,80861	336.708
1979–3	23.461,00	11,80000	0,82649	340.096
1979–4	23.427,00	14,18333	0,84863	341.844
1980–1	23.811,00	14,38333	0,86693	342.776
1980–2	23.612,33	12,98333	0,88950	342.264
1980–3	24.543,00	10,71667	0,91553	340.716
1980–4	25.638,66	14,53333	0,93743	347.780
1981–1	25.316,00	17,13333	0,96523	354.836
1981–2	25.501,33	18,56667	0,98774	359.352
1981–3	25.382,33	21,01666	1,01314	356.152
1981–4	24.753,00	16,61665	1,03410	353.636
1982–1	25.094,33	15,35000	1,05743	349.568
1982–2	25.253,66	16,04999	1,07748	345.284
1982–3	24.936,66	14,31667	1,09666	343.028
1982–4	25.553,00	10,88333	1,11641	340.292
1983–1	26.755,33	9,616670	1,12303	346.072
1983–2	27.412,00	9,316670	1,13395	353.860
1983–3	28.403,33	9,333330	1,14721	359.544
1983–4	28.402,33	9,550000	1,16059	362.304
1984–1	28.715,66	10,08333	1,17117	368.280
1984–2	28.996,33	11,45000	1,17406	376.768
1984–3	28.479,33	12,45000	1,17795	381.016
1984–4	28.669,00	10,76667	1,18438	385.396
1985–1	29.018,66	10,51667	1,18990	390.240
1985–2	29.398,66	9,666670	1,20625	391.580
1985–3	30.203,66	9,033330	1,21492	396.384
1985–4	31.059,33	9,016670	1,21805	405.308
1986–1	30.745,33	11,03333	1,22408	405.680
1986–2	30.477,66	8,733330	1,22856	408.116
1986–3	31.563,66	8,466670	1,23916	409.160
1986–4	32.800,66	8,400000	1,25368	409.616
1987–1	33.958,33	7,250000	1,27117	416.484
1987–2	35.795,66	8,300000	1,28429	422.916
1987–3	35.878,66	9,300000	1,29599	429.980
1987–4	36.336,00	8,700000	1,31001	436.264
1988–1	36.480,33	8,616670	1,32325	440.592
1988–2	37.108,66	9,133330	1,33219	446.680
1988–3	38.423,00	10,05000	1,35065	450.328
1988–4	38.480,66	10,83333	1,36648	453.516

Notas: M1 = C\$, milhões.
P = deflator implícito dos preços (1981 = 100).
R = taxa preferencial de juros para 90 dias, %.
PIB = C\$, milhões (preços de 1981).

Os resultados da regressão são os seguintes:[44]

[44] Note este aspecto dos erros padrão estimados. O erro padrão, por exemplo, o coeficiente de ln R_t refere-se ao erro padrão de $\widehat{\beta_1\delta}$, um estimador de $\beta_1\delta$. Não há uma maneira simples de obter os erros padrão de $\hat{\beta}_1$ e $\hat{\delta}$ individualmente com base no erro padrão de $\widehat{\beta_1\delta}$, principalmente se a amostra for relativamente pequena. Para amostras grandes, no entanto, os erros padrão individuais de $\hat{\beta}_1$ e $\hat{\delta}$ podem ser obtidos aproximadamente, mas os cálculos são complexos. Veja KMENTA, Jan *Elements of econometrics,* Nova York: Macmillan, 1971. p. 444.

$$\begin{aligned} \widehat{\ln M_t} &= \underset{(0{,}5101)}{0{,}8561} - \underset{(0{,}0131)}{0{,}0634} \ln R_t - \underset{(0{,}0366)}{0{,}0237} \ln \text{PIB}_t + \underset{(0{,}0414)}{0{,}9607} \ln M_{t-1} \\ t &= (1{,}6782) \quad (-4{,}8134) \quad (-0{,}6466) \quad (23{,}1972) \\ R^2 &= 0{,}9482 \quad d = 2{,}4582 \quad F = 213{,}7234 \end{aligned} \tag{17.11.6}$$

(linha "ep" = erros padrão: ep = (0,5101) (0,0131) (0,0366) (0,0414))

A função de demanda estimada de curto prazo mostra que a elasticidade dos juros a curto prazo tem o sinal correto e que é estatisticamente significativa, já que seu valor p é quase zero. A elasticidade renda de curto prazo é surpreendentemente negativa, embora estatisticamente não seja diferente de zero. O coeficiente de ajustamento é $\delta = (1 - 0.9607) = 0{,}0393$, e isso implica que apenas cerca de 4% da discrepância entre os saldos monetários efetivo e desejado sejam eliminados em um trimestre, um ajustamento bastante lento.

Para voltar à função demanda de longo prazo (17.11.2), basta dividir a função demanda de curto prazo por δ (por quê?) e excluir o termo $\ln M_{t-1}$. Os resultados são:

$$\widehat{\ln M_t^*} = 21{,}7888 - 1{,}6132 \ln R_t - 0{,}6030 \ln \text{PIB} \tag{17.11.7}$$[45]

Como se pode ver, a elasticidade da demanda por moeda de longo prazo em relação à taxa de juros é substancialmente maior (em termos absolutos) que a correspondente elasticidade de curto prazo, o que também é válido para a elasticidade-renda, embora, no presente caso, seu significado econômico e estatístico seja dúbio.

Observe que o d estimado de Durbin-Watson é 2,4582, que está próximo de 2. Isso fundamenta nossa observação anterior de que nos modelos autorregressivos o d calculado em geral é próximo de 2. Portanto, não deveríamos confiar no d calculado para constatar se houve correlação serial em nossos dados. O tamanho da amostra em nosso caso são 40 observações, o que pode ser razoavelmente grande para aplicar o teste h. No presente caso, o leitor pode verificar que o valor h estimado é $-1{,}5008$, o que não é significativo a 5% de probabilidade, talvez sugerindo que não haja autocorrelação de primeira ordem no termo de erro.

17.12 Exemplos ilustrativos

Nesta seção apresentamos alguns exemplos dos modelos de defasagens distribuídas para mostrar como os pesquisadores os empregam em estudos empíricos.

EXEMPLO 17.9
O Fed e a taxa de juros real

Para avaliar o efeito de M_1 (moeda manual + demanda por depósitos) sobre um indicador de taxa de juros real de títulos de primeira linha, G. J. Santoni e Courtenay C. Stone[46] estimaram, com base em dados mensais, o seguinte modelo de defasagens distribuídas para os Estados Unidos.

$$r_t = \text{constante} + \sum_{i=0}^{11} a_i \dot{M}_{t-i} + u_i \tag{17.12.1}$$

em que $r_t =$ índice de Moody para títulos de primeira linha menos a taxa média (dos 36 meses anteriores) de variação anual no índice dessazonalizado de preços ao consumidor, usado como indicador da evolução da taxa de juros real; e $\dot{M}_t =$ crescimento mensal M_1.

(*Continua*)

[45] Note que não apresentamos os erros padrão dos coeficientes estimados por razões discutidas na nota de rodapé 44.

[46] "The Fed and the real rate of interest". *Review,* Federal Reserve Bank of St. Louis, dez. 1982. p. 8–18.

EXEMPLO 17.9
(Continuação)

De acordo com a "doutrina da neutralidade da moeda", as variáveis econômicas reais — como produção, emprego, crescimento econômico e taxa de juros real — não são influenciadas permanentemente pela expansão da moeda e, portanto, são essencialmente inalteradas pela política monetária. Dado esse argumento, o FED (o Banco Central americano) não influencia permanentemente a taxa real de juros de forma alguma.[47]

Se essa doutrina for válida, deveríamos esperar que os coeficientes a_i, bem como seus somatórios, sejam estatisticamente não diferentes de zero. Para descobrir se é esse o caso, os autores estimaram a Equação (17.12.1) para dois períodos diferentes, fevereiro de 1951 a setembro de 1979 e outubro de 1979 a novembro de 1982, o último considerando a mudança na política monetária do FED, que desde outubro de 1979 tem prestado mais atenção à taxa de crescimento da oferta de moeda do que à taxa de juros, que foi a política no período anterior. Os resultados da regressão são apresentados na Tabela 17.6 e parecem apoiar a "doutrina da neutralidade da moeda", já que, para o período de fevereiro de 1951 a setembro de 1979, a variação da moeda corrente e defasada não teve efeito estatisticamente significativo sobre o indicador de taxa de juros. No mesmo período, a doutrina da neutralidade também parece ter encontrado respaldo, pois, estatisticamente, $\sum a_i$ não é diferente de zero; apenas o coeficiente a_1 é significativo, mas tem o sinal errado. (Por quê?)

TABELA 17.6

Influência da variação mensal de M1 sobre o indicador da taxa de juros real para os títulos de primeira linha: fevereiro de 1951 a novembro de 1982

Fonte: SANTONI, G. J.; STONE, Courtenay C. "The Fed and the real rate of interest". *Review*, Federal Reserve Bank of St. Louis, p. 16, dez. 1982.

$$r = \text{constante} + \sum_{i=0}^{11} a_i \dot{M}1_{t-1}$$

	Fevereiro 1951 a Setembro 1979		Outrubro 1979 a Novembro 1982	
	Coefciente	**|t|***	**Coefciente**	**|t|***
Constante	1,4885†	2,068	1,0360	0,801
a_0	−0,00088	0,388	0,00840	1,014
a_1	0,00171	0,510	0,03960†	3,419
a_2	0,00170	0,423	0,03112	2,003
a_3	0,00233	0,542	0,02719	1,502
a_4	−0,00249	0,553	0,00901	0,423
a_5	−0,00160	0,348	0,01940	0,863
a_6	0,00292	0,631	0,02411	1,056
a_7	0,00253	0,556	0,01446	0,666
a_8	0,00000	0,001	−0,00036	0,019
a_9	0,00074	0,181	−0,00499	0,301
a_{10}	0,00016	0,045	−0,01126	0,888
a_{11}	0,00025	0,107	−0,00178	0,211
$\sum a_i$	0,00737	0,221	0,1549	0,926
$\bar{R}^2$	0,9826		0,8662	
D-W	2,07		2,04	
RH01	1,27†	24,536	1,40†	9,838
RH02	−0,28†	5,410	−0,48†	3,373
NOB	344,		38,	
SER (= RSS)	0,1548		0,3899	

*|*t*| = Valor absoluto *t*.
†Significativamente diferente de zero no nível de 0,05.

[47] Idid. p. 15.

EXEMPLO 17.10

O consumo agregado a curto e a longo prazo para o Sri Lanka, 1967–1993.

Suponha que o consumo C relacione-se linearmente à renda permanente X^*:

$$C_t = \beta_1 + \beta_2 X_t^* + u_t \quad \textbf{(17.12.2)}$$

Uma vez que X_t^* não é diretamente observável, precisamos especificar o mecanismo que gera renda permanente. Suponha a hipótese de expectativas adaptativas especificada na Equação (17.5.2). Usando a Equação (17.5.2) e simplificando, obtemos a seguinte equação para estimar (confira (17.5.5)):

$$C_t = \alpha_1 + \alpha_2 X_t + \alpha_3 C_{t-1} + v_t \quad \textbf{(17.12.3)}$$

em que $\alpha_1 = \gamma\beta_1$

$\alpha_2 = \gamma\beta_2$

$\alpha_3 = (1 - \gamma)$

$v_t = [u_t - (1 - \gamma)u_{t-1}]$

Como sabemos, β_2 dá a resposta média do consumo, por exemplo, um aumento de $1 na renda permanente, enquanto α_2 dá a resposta média de consumo para um aumento de $1 na renda corrente.

Dos dados anuais para o Sri Lanka, para o período de 1967–1993 dado na Tabela 17.7, os seguintes resultados de regressão foram obtidos:[48]

$$\begin{aligned} \hat{C} &= 1038{,}403 \;+\; 0{,}4043X_t + \;0{,}5009C_{t-1} \\ \text{ep} &= (2501{,}455) \quad (0{,}0919) \quad (0{,}1213) \\ t &= \quad (0{,}4151) \quad (4{,}3979) \quad (4{,}1293) \\ R^2 &= 0{,}9912 \quad d = 1{,}4162 \quad F = 1298{,}466 \end{aligned} \quad \textbf{(17.12.4)}$$

em que C = gastos de consumo privado e X = PIB, ambos a preços constantes. Também introduzimos a taxa de juros real no modelo, mas não foi estatisticamente significativa.

Os resultados mostram que a propensão marginal a consumir (PMC) é de 0,4043, sugerindo que o aumento de 1 rúpia na renda real corrente ou observada (medida pelo PIB real) aumentaria o consumo médio em cerca de 0,40 rúpia. Mas, se o aumento da renda for mantido, finalmente a PMC gerada da renda permanente será $\beta_2 = \gamma\beta_2/\gamma = 0{,}4043/0{,}4991 = 0{,}8100$, ou cerca de 0,81 rúpia. Em outras palavras, quando os consumidores tiverem tido tempo para ajustarem-se à variação de uma rúpia na renda, eles aumentarão seu consumo em cerca de 0,81 rúpia.

Agora suponha que nossa função consumo seja:

$$C_t^* = \beta_1 + \beta_2 X_t + u_t \quad \textbf{(17.12.5)}$$

Nessa formulação, o consumo permanente ou de longo prazo C_t é uma função linear da renda corrente ou observada. Uma vez que C_t^* não é diretamente observável, vamos recorrer ao modelo de ajuste parcial (17.6.2). Usando esse modelo e depois de manipulações algébricas, obtemos

$$\begin{aligned} C_t &= \delta\beta_1 + \delta\beta_2 X_t + (1 - \delta)C_{t-1} + \delta u_t \\ &= \alpha_1 + \alpha_2 X_t + \alpha_3 C_{t-1} + v_t \end{aligned} \quad \textbf{(17.12.6)}$$

Aparentemente, esse modelo é indistinguível do modelo de expectativas adaptativas (17.12.3). Portanto, os resultados de regressão dados em (17.12.4) são igualmente aplicáveis aqui. Entretanto, há uma grande diferença na interpretação dos dois modelos, para não mencionar o problema de estimação associado com o caráter autorregressivo e a possível correlação serial do modelo (17.12.3).

(*Continua*)

[48] Os dados são obtidos do disco de dados do livro de CHANDAN Mukherjee; HOWARD, White e MARC, Wuyts. *Econometrics and data analysis for developing countries*. Nova York: Routledge, 1998. Os dados originais são das tabelas do Banco Mundial.

EXEMPLO 17.10
(*Continuação*)

TABELA 17.7
Gastos de consumo privado e PIB, Sri Lanka

Fonte: veja a nota de rodapé 48.

Observação	CONPriv	PIB	Observação	CONPriv	PIB
1967	61.284	78.221	1981	120.477	152.846
1968	68.814	83.326	1982	133.868	164.318
1969	76.766	90.490	1983	148.004	172.414
1970	73.576	92.692	1984	149.735	178.433
1971	73.256	94.814	1985	155.200	185.753
1972	67.502	92.590	1986	154.165	192.059
1973	78.832	101.419	1987	155.445	191.288
1974	80.240	105.267	1988	157.199	196.055
1975	84.477	112.149	1989	158.576	202.477
1976	86.038	116.078	1990	169.238	223.225
1977	96.275	122.040	1991	179.001	233.231
1978	101.292	128.578	1992	183.687	242.762
1979	105.448	136.851	1993	198.273	259.555
1980	114.570	144.734			

Notas: CONPriv = gastos de consumo privado.
PIB = Produto Interno Bruto.

O modelo (17.12.5) é a função consumo de longo prazo, ou equilíbrio, enquanto o modelo (17.12.6) é a função consumo a curto prazo. β_2 mede a PMC de longo prazo, enquanto α_2 $(= \delta\beta_2)$ dá a PMC de curto prazo; a primeira pode ser obtida da segunda dividindo-a por δ, o coeficiente de ajuste.

Voltando a (17.12.4), agora podemos interpretar 0,4043 como a PMC de curto prazo. Uma vez que $\delta = 0{,}4991$, a PMC de longo prazo é 0,81. Note que o coeficiente de ajustamento de aproximadamente 0,50 sugere que em qualquer período de tempo os consumidores só ajustam a metade do consumo que seria necessário para atingir seu nível desejado ou de longo prazo.

Este exemplo toca no ponto crucial de que, aparentemente, os modelos de expectativas adaptativas e de ajustamento parcial, ou o modelo de Koyck são tão semelhantes que não conseguimos distinguir qual é a especificação correta apenas examinando a regressão estimada, como a Equação (17.12.4). É por isso que é tão vital que se especifique o modelo escolhido para análise empírica e, então, proceda-se adequadamente. Se o hábito ou inércia caracteriza o comportamento de consumo, o modelo de ajuste parcial é adequado. Por outro lado, se o comportamento de consumo é projetado, no sentido de que se baseia nas futuras expectativas de renda, o modelo de expectativas adaptativas é adequado. Nesse caso, teremos de prestar atenção ao problema de estimação para obter estimadores consistentes. No primeiro caso, o MQO fornecerá estimadores consistentes, contanto que os pressupostos de MQO sejam respeitados.

17.13 A abordagem de Almon aos modelos de defasagens distribuídas: a distribuição polinomial de defasagens ou de Almon[49]

Embora seja muito usado, o modelo de defasagens distribuídas de Koyck baseia-se no pressuposto de que os coeficientes β diminuem geometricamente à medida que a defasagem aumenta (veja a Figura 17.5). Essa premissa pode ser restritiva demais em algumas situações. Considere, por exemplo, a Figura 17.7.

[49] ALMON, Shirley. "The distributed lag between capital appropriations and expenditures". *Econometrica*, jan. 1965. v. 33, p. 178-196.

Na Figura 17.7*a* supõe-se que os β aumentem e em seguida diminuam, enquanto na Figura 17.7*c* supõe-se que eles sigam um padrão cíclico. Obviamente, os modelos de defasagens distribuídas de Koyck não funcionarão nesses casos. No entanto, depois de examinar as Figuras 17.7*a* e *c*, parece que se pode expressar β_i como função de *i*, a duração da defasagem (de tempo), e ajustar curvas adequadas para refletir a relação funcional entre as duas, como indicado nas Figuras 17.7*b* e *d*. Essa abordagem é exatamente a sugerida por Shirley Almon. Para ilustrar sua técnica, retomemos o modelo de defasagens distribuídas finitas considerado anteriormente:

$$Y_t = \alpha + \beta_0 X_t + \beta_1 X_{t-1} + \beta_2 X_{t-2} + \cdots + \beta_k X_{t-k} + u_t \tag{17.1.2}$$

Que pode ser escrito mais sinteticamente como

$$Y_t = \alpha + \sum_{i=0}^{k} \beta_i X_{t-i} + u_t \tag{17.13.1}$$

Seguindo um teorema em matemática conhecido como **teorema de Weierstrass**, Almon supõe que β_i pode ser aproximado por um polinômio de grau adequado em *i*, a duração da defasagem.[50] Por exemplo, se o esquema de defasagem mostrado na Figura 17.7*a* pode ser aplicado, podemos escrever

FIGURA 17.7
Esquema polinomial de defasagens de Almon.

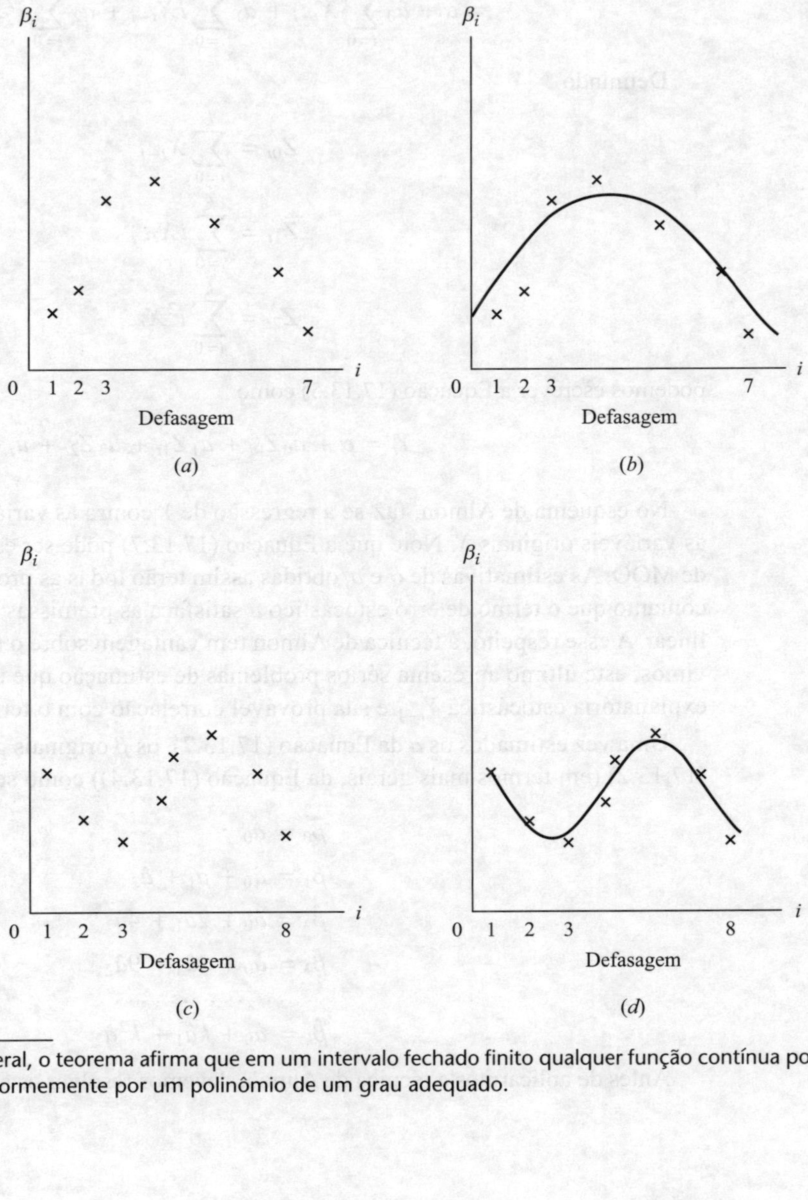

[50] De modo geral, o teorema afirma que em um intervalo fechado finito qualquer função contínua pode ser aproximada uniformemente por um polinômio de um grau adequado.

$$\beta_i = a_0 + a_1 i + a_2 i^2 \tag{17.13.2}$$

que é um polinômio quadrático, ou de segundo grau, em i (veja a Figura 17.7*b*). No entanto, se os β seguirem o padrão da Figura 17.7*c*, podemos escrever

$$\beta_i = a_0 + a_1 i + a_2 i^2 + a_3 i^3 \tag{17.13.3}$$

que é um polinômio de terceiro grau em i (veja a Figura 17.7*d*). Em termos gerais, podemos escrever

$$\beta_i = a_0 + a_1 i + a_2 i^2 + \cdots + a_m i^m \tag{17.13.4}$$

que é um polinômio de m-ésimo grau em i. Supõe-se que m (o grau do polinômio) seja menor que k (a duração máxima da defasagem).

Para explicar como funciona o esquema de Almon, suponhamos que os β sigam o padrão mostrado na Figura 17.7*a* e, portanto, a aproximação polinomial de segundo grau seja adequada. Substituindo a Equação (17.13.2) na Equação (17.13.1), obtemos

$$\begin{aligned} Y_t &= \alpha + \sum_{i=0}^{k}(a_0 + a_1 i + a_2 i^2)X_{t-i} + u_t \\ &= \alpha + a_0 \sum_{i=0}^{k} X_{t-i} + a_1 \sum_{i=0}^{k} i X_{t-i} + a_2 \sum_{i=0}^{k} i^2 X_{t-i} + u_t \end{aligned} \tag{17.13.5}$$

Definindo

$$\begin{aligned} Z_{0t} &= \sum_{i=0}^{k} X_{t-i} \\ Z_{1t} &= \sum_{i=0}^{k} i X_{t-i} \\ Z_{2t} &= \sum_{i=0}^{k} i^2 X_{t-i} \end{aligned} \tag{17.13.6}$$

podemos escrever a Equação (17.13.5) como

$$Y_t = \alpha + a_0 Z_{0t} + a_1 Z_{1t} + a_2 Z_{2t} + u_t \tag{17.13.7}$$

No esquema de Almon, faz-se a regressão de Y contra as variáveis Z construídas, e não contra as variáveis originais X. Note que a Equação (17.13.7) pode ser estimada pelo procedimento usual de MQO. As estimativas de α e a_i obtidas assim terão todas as propriedades estatísticas desejadas, contanto que o termo de erro estocástico u satisfaça as premissas do modelo clássico de regressão linear. A esse respeito, a técnica de Almon tem vantagem sobre o método de Koyck, porque, como vimos, este último apresenta sérios problemas de estimação que resultam da presença da variável explanatória estocástica Y_{t-1} e sua provável correlação com o termo de erro.

Uma vez estimados os a da Equação (17.13.7), os β originais podem ser estimados da Equação (17.13.2) (em termos mais gerais, da Equação (17.13.4)) como se segue:

$$\begin{aligned} \hat{\beta}_0 &= \hat{a}_0 \\ \hat{\beta}_1 &= \hat{a}_0 + \hat{a}_1 + \hat{a}_2 \\ \hat{\beta}_2 &= \hat{a}_0 + 2\hat{a}_1 + 4\hat{a}_2 \\ \hat{\beta}_3 &= \hat{a}_0 + 3\hat{a}_1 + 9\hat{a}_2 \\ &\cdots\cdots\cdots\cdots \\ \hat{\beta}_k &= \hat{a}_0 + k\hat{a}_1 + k^2\hat{a}_2 \end{aligned} \tag{17.13.8}$$

Antes de aplicarmos a técnica de Almon, devemos resolver os seguintes problemas:

1. A duração máxima da defasagem k deve ser especificada antecipadamente. Aqui, talvez se possa seguir a orientação de Davidson e MacKinnon:

> O melhor procedimento provavelmente seja primeiro resolver a questão da duração da defasagem, começando com um valor muito grande de q [a duração da defasagem] e verificando se o ajustamento do modelo deteriora-se significativamente quando o reduzimos sem impor qualquer restrição na forma das defasagens distribuídas.[51]

Lembre-se de que, se há uma duração "verdadeira" da defasagem, escolher uma defasagem pequena leva ao "viés da omissão de uma variável relevante", cujas consequências, como vimos no Capítulo 13, podem ser muito sérias. Por outro lado, escolher uma defasagem maior que o necessário levará ao "viés da inclusão de variáveis irrelevantes" cujas consequências são menos sérias; os coeficientes podem ser estimados consistentemente pelo MQO, embora suas variâncias possam ser menos eficientes.

Pode-se usar o *critério de informação de Akaike* ou *de Schwarz* discutido no Capítulo 13 para escolher a duração adequada da defasagem. Esses critérios também podem ser usados para discutir o grau adequado do polinômio, levando adiante a discussão feita no ponto 2.

2. Tendo especificado k, também devemos especificar o grau do polinômio m. Em geral, o grau do polinômio deveria ser de pelo menos um a mais do que os pontos de inflexão da curva que relaciona β_i a i. Assim, na Figura 17.7*a* há apenas um ponto de inflexão; logo, um polinômio de segundo grau será uma boa aproximação. Na Figura 17.7*c* existem dois pontos de inflexão; logo, um polinômio de terceiro grau fornecerá uma boa aproximação. Contudo, *a priori* podemos desconhecer o número de pontos de inflexão existentes e, dessa forma, a escolha de m é altamente subjetiva. Porém, a teoria pode sugerir um modo específico em alguns casos. Na prática, espera-se que um polinômio de grau mais alto (por exemplo, $m = 2$ ou 3) dê bons resultados. Tendo escolhido determinado valor de m, se desejamos verificar se um polinômio de grau mais alto proporcionará um melhor ajustamento, podemos proceder da forma apresentada a seguir.

Suponha que devemos decidir entre polinômios de segundo e terceiro graus. Para o polinômio de segundo grau, a equação de estimação é aquela dada pela Equação (17.13.7). Para o polinômio de terceiro grau a equação correspondente é

$$Y_t = \alpha + a_0 Z_{0t} + a_1 Z_{1t} + a_2 Z_{2t} + a_3 Z_{3t} + u_t \tag{17.13.9}$$

em que $Z_{3t} = \sum_{i=0}^{k} i^3 X_{t-i}$. Depois de efetuar a regressão (17.13.9), se constatamos que a_2 é estatisticamente significativo mas a_3 não é, podemos pressupor que o polinômio de segundo grau fornece uma aproximação razoavelmente boa.

Por outro lado, como Davidson e MacKinnon sugerem, "depois que q [a duração da defasagem] for determinado, poderemos tentar determinar d [o grau do polinômio] uma vez mais, começando com um valor grande e então reduzindo."[52]

Entretanto, devemos estar atentos ao problema da multicolinearidade, que provavelmente aparece em virtude da forma como os Z são construídos por meio dos X, como mostra a Equação (17.13.6) (veja também a Equação (17.13.10)). Como vimos no Capítulo 10, em casos de séria multicolinearidade, $\hat{a}_3$ pode mostrar-se estatisticamente insignificante, não porque o verdadeiro a_3 é zero, mas simplesmente porque a amostra que temos não nos permite avaliar o impacto separado de Z_3 sobre Y. Portanto, em nosso exemplo, antes de aceitarmos a conclusão de que o polinômio de terceiro grau não é a escolha correta, devemos nos certificar de que o problema da multicolinearidade não é tão grave, o que poderemos fazer se aplicarmos técnicas discutidas no Capítulo 10.

3. Uma vez que m e k são especificados, os Z podem ser construídos imediatamente. Por exemplo, se $m = 2$ e $k = 5$, os Z são

---

[51] DAVIDSON, Russel; MACKINNON, James G. *Estimation and inference in econometrics*. Nova York: Oxford University Press, 1993. p. 675–676.

[52] Ibid., pp. 675-676.

$$Z_{0t} = \sum_{i=0}^{5} X_{t-i} = (X_t + X_{t-1} + X_{t-2} + X_{t-3} + X_{t-4} + X_{t-5})$$

$$Z_{1t} = \sum_{i=0}^{5} iX_{t-i} = (X_{t-1} + 2X_{t-2} + 3X_{t-3} + 4X_{t-4} + 5X_{t-5}) \quad (17.13.10)$$

$$Z_{2t} = \sum_{i=0}^{5} i^2X_{t-i} = (X_{t-1} + 4X_{t-2} + 9X_{t-3} + 16X_{t-4} + 25X_{t-5})$$

Note que os Z são combinações lineares dos X originais. Observe também por que os Z provavelmente mostram multicolinearidade.

Antes de passar para o exemplo numérico, observe as vantagens do método de Almon. Primeiro, ele fornece um método flexível de incorporar uma variedade de estruturas de defasagem (veja o Exercício 17.17). A técnica de Koyck, por outro lado, é bem rígida no sentido de que pressupõe que os β declinem geometricamente. Em segundo lugar, ao contrário da técnica de Koyck, no método de Almon não temos de ficar preocupados com a presença da variável dependente defasada como uma variável explanatória no modelo e nos problemas que ele cria para estimação. Por fim, se um polinômio de grau suficientemente baixo puder ser ajustado, o número de coeficientes a serem estimados (os a) será consideravelmente menor que o número original de coeficientes (os β).

Vamos voltar a ressaltar a técnica de Almon. Primeiro, o grau do polinômio e o valor máximo da defasagem são, em grande parte, uma decisão subjetiva. Em segundo lugar, por razões apresentadas anteriormente, as variáveis Z provavelmente exibem multicolinearidade. Portanto, em modelos como a Equação (17.13.9), os a estimados provavelmente mostram grandes erros padrão (relativos aos valores desses coeficientes), resultando, dessa forma, em um ou mais coeficientes estatisticamente insignificantes com base no teste t convencional. Mas isso não significa necessariamente que um ou mais dos coeficientes originais $\hat{\beta}$ também sejam estatisticamente insignificantes. (A demonstração dessa afirmação é um tanto complexa, mas é sugerida no Exercício 17.18.) Como resultado, o problema de multicolinearidade pode não ser tão sério quanto poderíamos imaginar. Além disso, como sabemos, em casos de multicolinearidade, mesmo que não possamos estimar um coeficiente com exatidão, uma combinação linear desses coeficientes (a **função estimável**) pode ser estimada com mais exatidão.

EXEMPLO 17.11
Ilustração do modelo de defasagens distribuídas de Almon

Para ilustrar a técnica de Almon, a Tabela 17.8 apresenta dados sobre os estoques Y e vendas X para os Estados Unidos, para o período de1954–1999.

Para fins ilustrativos, suponha que os estoques dependam das vendas no ano corrente e nos três anos anteriores, como se segue:

$$Y_t = \alpha + \beta_0 X_t + \beta_1 X_{t-1} + \beta_2 X_{t-2} + \beta_3 X_{t-3} + u_t \quad (17.13.11)$$

Além disso, suponha que β_i possa ser aproximado por um polinômio de segundo grau como o da Equação (17.13.2). Então, seguindo a Equação (17.13.7), podemos escrever

$$Y_t = \alpha + a_0 Z_{0t} + a_1 Z_{1t} + a_2 Z_{2t} + u_t \quad (17.13.12)$$

em que

$$Z_{0t} = \sum_{i=0}^{3} X_{t-i} = (X_t + X_{t-1} + X_{t-2} + X_{t-3})$$

$$Z_{1t} = \sum_{i=0}^{3} iX_{t-i} = (X_{t-1} + 2X_{t-2} + 3X_{t-3}) \quad (17.13.13)$$

$$Z_{2t} = \sum_{i=0}^{3} i^2X_{t-i} = (X_{t-1} + 4X_{t-2} + 9X_{t-3})$$

(*Continua*)

EXEMPLO 17.11
(Continuação)

As variáveis Z assim construídas são apresentadas na Tabela 17.8. Usando os dados em Y e os Z, obtemos a seguinte regressão:

$$\begin{aligned}\hat{Y}_t &= 25{,}845{,}06 + 1{,}1149Z_{0t} - 0{,}3713Z_{1t} - 0{,}0600Z_{2t}\\ \text{ep} &= (6596{,}998) \quad (0{,}5381) \quad (1{,}3743) \quad (0{,}4549)\\ t &= (3{,}9177) \quad (2{,}0718) \quad (-0{,}2702) \quad (-0{,}1319)\\ R^2 &= 0{,}9755 \quad d = 0{,}1643 \quad F = 517{,}7656\end{aligned} \tag{17.13.14}$$

Observe; uma vez que estamos usando uma defasagem de um ano, o número total de observações foi reduzido de 46 para 43.

TABELA 17.8
Indústria de transformação dos Estados Unidos

Fonte: *Economic report of the president*, 2001, Tabela B-57, p. 340. Os Z são como mostrado na Equação (17.13.13).

Observação	Estoques	Vendas	Z_0	Z_1	Z_2
1954	41.612	23.355	NA	NA	NA
1955	45.069	26.480	NA	NA	NA
1956	50.642	27.740	NA	NA	NA
1957	51.871	28.736	106.311	150.765	343.855
1958	50.203	27.248	110.204	163.656	378.016
1959	52.913	30.286	114.010	167.940	391.852
1960	53.786	30.878	117.148	170.990	397.902
1961	54.871	30.922	119.334	173.194	397.254
1962	58.172	33.358	125.444	183.536	427.008
1963	60.029	35.058	130.216	187.836	434.948
1964	63.410	37.331	136.669	194.540	446.788
1965	68.207	40.995	146.742	207.521	477.785
1966	77.986	44.870	158.254	220.831	505.841
1967	84.646	46.486	169.682	238.853	544.829
1968	90.560	50.229	182.580	259.211	594.921
1969	98.145	53.501	195.086	277.811	640.003
1970	101.599	52.805	203.021	293.417	672.791
1971	102.567	55.906	212.441	310.494	718.870
1972	108.121	63.027	225.239	322.019	748.635
1973	124.499	72.931	244.669	333.254	761.896
1974	157.625	84.790	276.654	366.703	828.193
1975	159.708	86.589	307.337	419.733	943.757
1976	174.636	98.797	343.107	474.962	1.082.128
1977	188.378	113.201	383.377	526.345	1.208.263
1978	211.691	126.905	425.492	570.562	1.287.690
1979	242.157	143.936	482.839	649.698	1.468.882
1980	265.215	154.391	538.433	737.349	1.670.365
1981	283.413	168.129	593.361	822.978	1.872.280
1982	311.852	163.351	629.807	908.719	2.081.117
1983	312.379	172.547	658.418	962.782	2.225.386
1984	339.516	190.682	694.709	1.003.636	2.339.112
1985	334.749	194.538	721.118	1.025.829	2.351.029
1986	322.654	194.657	752.424	1.093.543	2.510.189
1987	338.109	206.326	786.203	1.155.779	2.688.947
1988	369.374	224.619	820.140	1.179.254	2.735.796
1989	391.212	236.698	862.300	1.221.242	2.801.836
1990	405.073	242.686	910.329	1.304.914	2.992.108
1991	390.905	239.847	943.850	1.389.939	3.211.049
1992	382.510	250.394	969.625	1.435.313	3.340.873
1993	384.039	260.635	993.562	1.458.146	3.393.956
1994	404.877	279.002	1.029.878	1.480.964	3.420.834
1995	430.985	299.555	1.089.586	1.551.454	3.575.088
1996	436.729	309.622	1.148.814	1.639.464	3.761.278
1997	456.133	327.452	1.215.631	1.745.738	4.018.860
1998	466.798	337.687	1.274.316	1.845.361	4.261.935
1999	470.377	354.961	1.329.722	1.921.457	4.434.093

Nota: *Y* e *X* estão em milhões de dólares, ajustados sazonalmente.

(*Continua*)

EXEMPLO 17.11 *(Continuação)*

Um breve comentário sobre os resultados anteriores é necessário. Das três variáveis Z, apenas Z_0 é estatisticamente significativa, em termos individuais, no nível de 5%; no entanto, o valor de F é tão alto que podemos rejeitar a hipótese nula de que coletivamente os Z não têm efeito sobre Y. Como você pode suspeitar, isso poderia muito bem acontecer devido à multicolinearidade. Observe também que o valor de d calculado é muito baixo. Isso não implica necessariamente que os resíduos sejam afetados pela autocorrelação. É mais provável que o baixo valor de d sugira que o modelo que usamos seja mal especificado. Faremos um breve comentário sobre isso.

Dos a estimados, dados na Equação (17.13.3), podemos estimar facilmente os β originais, como mostrado na Equação (17.13.8). No exemplo em questão, os resultados são os seguintes:

$$\begin{aligned}\hat{\beta}_0 &= \hat{a}_0 = 1{,}1149\\ \hat{\beta}_1 &= (\hat{a}_0 + \hat{a}_1 + \hat{a}_2) = 0{,}6836\\ \hat{\beta}_2 &= (\hat{a}_0 + 2\hat{a}_1 + 4\hat{a}_2) = 0{,}1321\\ \hat{\beta}_3 &= (\hat{a}_0 + 3\hat{a}_1 + 9\hat{a}_2) = -\,0{,}5394\end{aligned} \qquad \textbf{(17.13.15)}$$

Assim, o modelo estimado de defasagens distribuídas correspondente à Equação (17.13.11) é:

$$\begin{aligned}\hat{Y}_t &= 25.845{,}0 \quad + 1{,}1150X_0 + 0{,}6836X_{t-1} + 0{,}1321X_{t-2} - 0{,}5394X_{t-3}\\ \text{ep} &= (6596{,}99) \quad (0{,}5381) \quad (0{,}4672) \quad (0{,}4656) \quad (0{,}5656)\\ t &= \quad (3{,}9177) \quad (2{,}0718) \quad (1{,}4630) \quad (0{,}2837) \quad (-0{,}9537)\end{aligned} \qquad \textbf{(17.13.16)}$$

Geometricamente, os β_i estimados da Figura 17.8.

FIGURA 17.8
Estrutura defasada do exemplo ilustrativo.

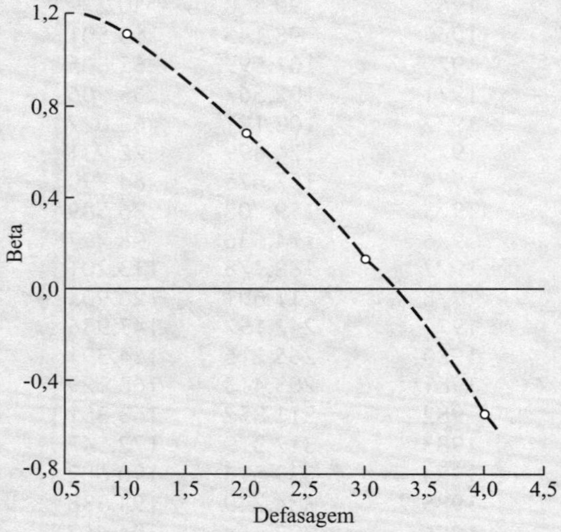

Nosso exemplo pode ser usado para destacar alguns aspectos adicionais do procedimento de defasagem de Almon:

1. Os erros padrão dos coeficientes a são obtidos diretamente da regressão de MQO (17.13.14), mas os erros padrão de alguns dos coeficientes $\hat{\beta}$, nosso objetivo principal, não podem, mas podem ser deduzidos dos erros padrão dos coeficientes a estimados, usando-se uma fórmula conhecida da estatística, dada no Exercício 17.18. Naturalmente, não há necessidade de fazer isso manualmente, pois a maioria dos programas estatísticos faz isso. Os erros padrão dados na Equação (17.13.15) foram obtidos do EViews 6.
2. Os $\hat{\beta}$ obtidos na Equação (17.13.16) são chamados de *estimativas irrestritas* no sentido de que não há restrições *a priori* colocadas sobre eles. Em algumas situações, podemos querer impor as chamadas **restrições de ponto extremo aos β**, supondo que β_0 e β_k (o k-ésimo coeficiente

de defasagem e o corrente) sejam zero. Devido a razões psicológicas, institucionais ou técnicas, o valor da variável explanatória no período corrente pode não ter qualquer impacto sobre o valor corrente do regressando, justificando assim o valor de zero para β_0. Pela mesma lógica, além de um certo tempo, o *k-ésimo* coeficiente defasado pode não ter qualquer impacto sobre o regressando, sustentando assim o pressuposto de que β_k é zero. Em nosso exemplo do estoque (o Exemplo 17.11), o coeficiente de X_{t-3} tinha um sinal negativo, o que pode não fazer sentido econômico. Daí, pode-se desejar restringir tal coeficiente a zero.[53] Evidentemente, você não precisa restringir ambos os extremos; poderia colocar a restrição apenas no primeiro coeficiente, chamado de extremo próximo, ou ao último, chamado de coeficiente distante. Para o exemplo dos estoques, isso é ilustrado no Exercício 17.28. Às vezes os β são estimados com a restrição de que sua soma seja 1. Mas não deveríamos colocar tais restrições despreocupadamente, pois afetam os valores dos demais coeficientes defasados (não restritos).

3. Uma vez que a escolha do número de coeficientes defasados, bem como do grau do polinômio, é feita discricionariamente pelo pesquisador, é inevitável errar e tentar várias especificações e, portanto, tal prática é sujeita a acusação de *data mining*. É aí que os **critérios de informação de Akaike e Schwarz**, discutidos no Capítulo 13 podem ser úteis.
4. Uma vez que estimamos a Equação (17.13.16) usando três defasagens e o polinômio de segundo grau, trata-se de um modelo de *mínimos quadrados restritos*. Suponha que decidamos usar as três defasagens mas não a abordagem polinomial de Almon. Ou seja, estimamos a Equação (17.13.11) pelos MQO. E então? Primeiro vejamos os resultados:

$$
\begin{aligned}
\hat{Y}_t &= 26{,}008{,}60 \quad + 0{,}9771X_t + 1{,}0139X_{t-1} - 0{,}2022\,X_{t-2} - 0{,}3935X_{t-3} \\
\text{ep} &= \quad (6691{,}12) \quad (0{,}6820) \quad (1{,}0920) \quad (1{,}1021) \quad (0{,}7186) \\
t &= \quad (3{,}8870) \quad (1{,}4327) \quad (0{,}9284) \quad (-0{,}1835) \quad (-0{,}5476) \\
& R^2 = 0{,}9755 \quad d = 0{,}1571 \quad F = 379{,}51
\end{aligned}
\qquad (17.13.17)
$$

Se compararmos esses resultados com os da Equação (17.13.16), veremos que no geral R^2 é praticamente o mesmo, embora o padrão defasado em (17.13.17) mostre uma forma curva mais acentuada que a exibida pela Equação (17.13.16). A verificação do valor de R^2 com base na Equação (17.13.16) deverá ser feita pelo leitor.

Como este exemplo ilustra, é preciso ter cuidado para usar a técnica de defasagens distribuídas de Almon, já que os resultados poderiam ser sensíveis à escolha do grau do polinômio e/ou ao número de coeficientes defasados.

17.14 Causalidade em economia: o teste de causalidade de Granger[54]

Voltando à Seção 1.4 observamos que, embora a análise de regressão lide com a dependência de uma variável sobre outras variáveis, ela não implica necessariamente causação. Em outras palavras, a existência de uma relação entre variáveis não prova causalidade ou a direção da influência. Mas, em regressões envolvendo dados de séries temporais, a situação pode ser um pouco diferente, porque, como coloca o autor,

> [. . .] o tempo não volta. Ou seja, se o evento *A* acontece antes do evento *B*, então é possível que *A* esteja causando *B*. No entanto, não é possível que *B* esteja causando A. Em outras palavras, os eventos passados podem levar ao acontecimento de eventos no presente. Os eventos futuros não podem [grifo nosso].[55]

[53] Para uma aplicação concreta, veja BATTEN, D. B.; THORNTON, Daniel. "Polynomial distributed lags and the estimation of the St. Louis equation". *Review*, Federal Reserve Bank of St. Louis, abr. 1983. p. 13-25.

[54] Existe outro teste de causalidade que às vezes é usado, o chamado **teste de causalidade de Sims**. Ele será discutido através de um exercício.

[55] KOOP, Gary. *Analysis of economic data*. Nova York: John Wiley & Sons, 2000. p. 175.

Essa é a ideia aproximada do chamado teste de causalidade de Granger.[56] Mas deve-se observar que a questão da causalidade é profundamente filosófica, com todos os tipos de controvérsias. Em um extremo estão as pessoas que acreditam que "tudo tenha uma causa", e no outro estão aquelas que negam a existência de causação, seja qual for.[57] O econometrista Edward Leamer prefere o termo **precedência** a causalidade. Francis Diebold prefere o termo **causalidade preditiva**. Como ele escreve:

> [. . .] a afirmação "y_i causa y_j" é uma abreviação da afirmação mais exata, porém mais longa: "y_i contém informações úteis para prever y_j (no sentido dos mínimos quadrados lineares), acima e além das histórias passadas das outras variáveis no sistema". Para poupar espaço, dizemos simplesmente que y_i causa y_j.[58]

O teste de Granger

Para explicar o teste de Granger, consideraremos a pergunta feita com frequência em macroeconomia: será o PIB que "causa" a oferta de moeda M (PIB $\rightarrow$ M) ou será a oferta de moeda M que causa o PIB ($M \rightarrow$ PIB)? (em que a seta aponta para a direção da causalidade). O teste da causalidade de Granger pressupõe que as informações relevantes à previsão das respectivas variáveis preditivas, PIB e M, estão contidas unicamente nos dados de série temporal dessas variáveis. O teste envolve a estimação do seguinte par de regressões:

$$\text{PIB}_t = \sum_{i=1}^{n} \alpha_i M_{t-i} + \sum_{j=1}^{n} \beta_j \text{PIB}_{t-j} + u_{1t} \tag{17.14.1}$$

$$M_t = \sum_{i=1}^{n} \lambda_i M_{t-i} + \sum_{j=1}^{n} \delta_j \text{PIB}_{t-j} + u_{2t} \tag{17.14.2}$$

Em que se supõe que os termos de erro u_{1t} e u_{2t} não estejam correlacionados. A propósito, observe que, uma vez que temos duas variáveis, estamos lidando com a **causalidade bilateral**. Nos capítulos sobre séries temporais econométricas, estenderemos isso à causalidade multivariada através da **técnica de vetores autorregressivos (VAR)**.

A Equação (17.14.1) postula que o PIB corrente esteja relacionado a seus próprios valores passados, bem como àqueles de M, e a Equação (17.14.2) postula um comportamento semelhante para M. Note que essas regressões podem ser expressas em forma de crescimento, PIB e $\dot{M}$, em que o ponto sobre a variável indica sua taxa de crescimento. Agora distinguimos quatro casos:

1. *Uma causalidade unidirecional de M para PIB* será indicada se os coeficientes estimados das defasagens de M na Equação (17.14.1) forem estatisticamente diferentes de zero como grupo e o conjunto de coeficientes estimados do PIB na Equação (17.14.2) não for estatisticamente diferente de zero.
2. Por outro lado, a causalidade *unidirecional do* PIB *a M* existe se o conjunto de coeficientes defasados na Equação (17.14.1) não é estatisticamente diferente de zero e o conjunto dos coeficientes do PIB na Equação (17.14.2) é estatisticamente diferente de zero.
3. *Feedback,* ou *causalidade bilateral,* será sugerido quando os conjuntos de coeficientes de M e PIB forem estatisticamente diferentes de zero em ambas as regressões.

[56] GRANGER, C. W. J. "Investigating causal relations by econometric models and cross-spectral methods". *Econometrica*, p. 424-438, jul. 1969. Embora seja popularmente conhecido como teste de causalidade de Granger, é adequado chamá-lo de **teste de causalidade de Wiener–Granger**, pois anteriormente foi sugerido por Wiener. Veja Wiener, N. "The theory of prediction". *In*: BECKENBACK, E. F. (Ed.). *Modern mathematics for engineers*. Nova York: McGraw-Hill, 1956. p. 165–190.

[57] Para uma excelente discussão desse tópico, veja ZELLNER, Arnold. "Causality and econometrics". *Carnegie--Rochester Conference Series*, 10. BRUNNER, K.; MELTZER, A. H. (Eds.). Amsterdã: North Holland Publishing Company, 1979. p. 9–50.

[58] DIEBOLD, Francis X. *Elements of forecasting*. 2. ed. South Western Publishing, 2001. p. 254.

4. Por fim, a *independência* será sugerida quando os conjuntos de coeficientes de M e PIB não forem estatisticamente significativos em nenhuma das regressões.

Em termos mais gerais, uma vez que o futuro não pode prever o passado, se a variável X (Granger) causa a variável Y, variações em X deveriam *preceder* variações em Y. Portanto, em uma regressão de Y sobre outras variáveis (incluindo seus próprios valores passados), se incluirmos os valores passados ou defasados de X e ele aprimorar significativamente a previsão de Y, poderemos dizer que X (Granger) causa Y. Uma definição similar aplica-se se Y (Granger) causa X.

Seguem as etapas envolvidas na implementação do teste de causalidade de Granger, que serão ilustradas com o exemplo de PIB-moeda dado na Equação (17.14.1);

1. Calcule a regressão do PIB corrente contra todos os termos do PIB defasados e outras variáveis, se houver, mas *não* inclua as defasagens de M nessa regressão. Como foi feito no Capítulo 8, esta é a regressão restrita. Dessa regressão obtemos a soma dos quadrados dos resíduos, SQR_R.
2. Agora efetue a regressão incluindo os termos de M defasados. Na terminologia do Capítulo 8, esta é a regressão irrestrita. Dessa regressão, obtemos a soma de quadrados dos resíduos irrestritos, SQR_{UR}.
3. A hipótese nula é H_0: $\alpha_i = 0$, $i = 1, 2, \ldots, n$, ou seja, os termos de M defasados não pertencem à regressão.
4. Para testar essa hipótese, aplicamos o teste F dado pela Equação (8.7.9), a saber,

$$F = \frac{(\text{RSS}_R - \text{RSS}_{\text{UR}})/m}{\text{RSS}_{\text{UR}}/(n - k)} \tag{8.7.9}$$

que segue a distribuição F com m e $(n - \text{k})$ graus de liberdade. No presente caso, m é igual ao número de defasagens de M e k é o número de parâmetros estimados na regressão irrestrita.

5. Se o valor calculado de F for maior que o valor crítico de F ao nível de significância escolhido, rejeitaremos a hipótese nula, e nesse caso os termos de defasagens de M pertencerão à regressão. Essa é outra forma de dizer que M causa o PIB.
6. As etapas de 1 a 5 podem ser repetidas para testar o modelo (17.14.2), ou seja, se a variação do PIB causa a de M.

Antes de ilustrarmos o teste de causalidade de Granger, há várias observações que precisam ser feitas:

1. Supõe-se que as duas variáveis, PIB e M, sejam *estacionárias*. Discutimos o conceito de estacionariedade em termos intuitivos anteriormente e ele será discutido mais formalmente no Capítulo 21. Às vezes, tirar as primeiras diferenças das variáveis torna-as estacionárias, se já não forem estacionárias em nível.
2. O número de defasagens a ser introduzido nos testes de causalidade é uma questão prática importante. Como no caso dos modelos de defasagens distribuídas, pode ser preciso usar o *critério de informação de Akaike ou Schwarz* para fazer a escolha. Mas deve ser acrescentado que a *direção da causalidade pode depender do número de termos defasados incluídos.*
3. Supusemos que os termos de erro que entram no teste de causalidade não estão correlacionados. Se não for esse o caso, podemos fazer a transformação adequada como visto no Capítulo 12.[59]
4. Uma vez que nosso interesse é testar a causalidade, não é preciso apresentar os coeficientes estimados dos modelos (17.14.1) e (17.14.2) explicitamente (para poupar espaço); apenas os resultados do teste F dado na Equação (8.7.9) bastarão.
5. É preciso prevenir-se contra a causalidade "espúria". Em nosso exemplo de PIB-M, suponha que seja considerada a taxa de juros, por exemplo, a taxa de juros de curto prazo. É bem possível que a moeda

[59] Para mais detalhes, veja CHAREMZA, Wojciech W.; DEADMAN, Derek F. *New directions in econometric practice:* general to specific modelling, cointegration and vector autoregression. 3. ed. Edward Elgar Publishing, 1997. capítulo 6.

seja a "causa"da taxa de juros (no sentido de Granger), e esta, por sua vez, "cause" o PIB. Portanto, se não considerarmos a taxa de juros, e constatarmos que é a moeda que causa o PIB, a causalidade observada entre o PIB e a moeda pode ser espúria.[60] Como observado, uma maneira de lidar com isso é considerar um sistema de várias equações, como **vetores autorregressivos (VAR)**, que discutiremos em detalhes no Capítulo 22.

EXEMPLO 17.12
Causalidade entre moeda e renda

R. W. Hafer usou o teste de Granger para descobrir a natureza da causalidade entre o PNB (e não o PIB) e *M* nos Estados Unidos, para o período que vai do primeiro trimestre de 1960 até o quarto trimestre de 1980. Em vez de usar os valores brutos dessas variáveis, utilizou as taxas de crescimento delas, $\dot{\text{PNB}}$ e $\dot{M}$, e usou quatro defasagens de cada uma das variáveis das duas regressões apresentadas anteriormente. Os resultados foram os seguintes:[61] a hipótese nula em cada caso é que a variável considerada não "causa", no sentido de Granger, a outra variável.

Direção da causalidade	Valor de F	Decisão
$\dot{M} \rightarrow \dot{\text{PNB}}$	2,68	Rejeitar
$\dot{\text{PNB}} \rightarrow \dot{M}$	0,56	Não rejeitar

Esses resultados sugerem que a direção da causalidade é da variação da moeda para a variação do PNB, já que o *F* estimado é significativo no nível de 5%, o valor crítico de *F* é 2,50 (para 4 e 71 graus de liberdade). Por outro lado, não há "causação reversa" da variação do PNB para a da moeda, já que o valor de *F* é insignificante.

EXEMPLO 17.13
Causalidade entre moeda e taxa de juros no Canadá

Consulte os dados da Tabela 17.5 sobre o Canadá. Suponha que desejemos verificar se existe causalidade entre a oferta de moeda e a taxa de juros no Canadá para os períodos trimestrais de 1979–1988. Para mostrar que o teste de causalidade de Granger depende fundamentalmente do número de termos defasados introduzidos no modelos, apresentamos a seguir os resultados do teste *F* usando várias defasagens (trimestrais). Em cada caso, a hipótese nula é de que a taxa de juros *não* causa (no sentido de Granger) variação na oferta de moeda e vice-versa.

Direção de causalidade	Número de defasagem	Valor de *F*	Decisão
$R \rightarrow M$	2	12,92	Rejeitar
$M \rightarrow R$	2	3,22	Rejeitar
$R \rightarrow M$	4	5,59	Rejeitar
$M \rightarrow R$	4	2,45	Rejeitar (a 7%)
$R \rightarrow M$	6	3,5163	Rejeitar
$M \rightarrow R$	6	2,71	Rejeitar
$R \rightarrow M$	8	1,40	Não rejeitar
$M \rightarrow R$	8	1,62	Não rejeitar

Note estes aspectos dos resultados anteriores do teste *F*: até seis defasagens, há causalidade bilateral entre a oferta de moeda e a taxa de juros. Entretanto, com oito defasagens, não há relação estatisticamente discernível entre as duas variáveis. Isso reforça o ponto ressaltado anteriormente de que o resultado do teste de Granger é sensível ao número de defasagens introduzidas no modelo

[60] Sobre esse assunto, veja J. H. STOCK, J. H.; WATSON, M. W. "Interpreting the evidence on money-income causality". *Journal of Econometrics,* 1989. v. 40, p. 783-820.

[61] HAFER, R. W. "The role of fiscal policy in the St. Louis equation". *Review,* Federal Reserve Bank of St. Louis, p. 17-22, jan 1982. Veja a nota de rodapé 12 para detalhes do procedimento.

EXEMPLO 17.14
Causalidade entre a taxa de crescimento do PIB e a taxa de poupança bruta em nove países do Leste Asiático

Um estudo da causalidade bilateral entre a taxa de crescimento do PIB (g) e a taxa de poupança bruta (s) mostrou os resultados apresentados na Tabela 17.9.[62] Por comparação, os resultados para os Estados Unidos também são apresentados na tabela. De modo geral, os resultados da Tabela 17.9 mostram que, para a maioria dos países do Leste Asiático, a causalidade vai da taxa de crescimento do PIB à taxa de poupança bruta. Em contrapartida, para os Estados Unidos, para o período de 1950-1988 até a defasagem 3, a causalidade foi em ambas as direções, mas para as defasagens 4 e 5 ela foi da taxa de crescimento do PIB até a taxa de poupança, mas não na direção oposta.

TABELA 17.9
Testes de causalidade bivariada de Granger entre a taxa de crescimento real do PIB *per capita* e a taxa de poupança bruta

Fonte: *World Bank, The East Asian miracle: economic growth and public policy*. Nova York: Oxford University Press, 1993, p. 244, (Tabela A5-2). A fonte original é SUMMERS, Robert; HESTON, Alan. "The Penn world tables (mark 5): an expanded set of international comparisons, 1950–88". *Quarterly Journal of Economics*, v. 105, n. 2, 1991.

Economia, anos	Anos de defasagem	Poupanças variáveis com defasagem do lado direito	Crescimento	Economia, anos	Anos de defasagem	Poupanças variáveis com defasagem do lado direito	Crescimento
Hong Kong,	1	Sig	Sig	Filipinas	1	NS	Sig
1960–88	2	Sig	Sig	1950–88	2	NS	Sig
	3	Sig	Sig		3	NS	Sig
	4	Sig	Sig		4	NS	Sig
	5	Sig	Sig		5	NS	Sig
Indonésia,	1	Sig	Sig	Cingapura	1	NS	NS
1965	2	NS	Sig	1960–88	2	NS	NS
	3	NS	Sig		3	NS	NS
	4	NS	Sig		4	Sig	NS
	5	NS	Sig		5	Sig	NS
Japão,	1	NS	Sig	Taiwan, China,	1	Sig	Sig
1950–88	2	NS	Sig	1950–88	2	NS	Sig
	3	NS	Sig		3	NS	Sig
	4	NS	Sig		4	NS	Sig
	5	NS	Sig		5	NS	Sig
Coreia, Rep. of,	1	Sig	Sig	Tailândia,	1	NS	Sig
1955–88	2	NS	Sig	1950–88	2	NS	Sig
	3	NS	Sig		3	NS	Sig
	4	NS	Sig		4	NS	Sig
	5	NS	Sig		5	NS	Sig
Malásia,	1	Sig	Sig	Estados Unidos,	1	Sig	Sig
1955–88	2	Sig	Sig	1950–88	2	Sig	Sig
	3	NS	NS		3	Sig	Sig
	4	NS	NS		4	NS	Sig
	5	NS	Sig		5	NS	Sig

Sig: significativa; NS: não significativa.
Observe: o crescimento é o crescimento do PIB real *per capita* a preços internacionais de 1985.

Para concluir nossa discussão sobre a causalidade de Granger, lembre-se de que a questão que estamos examinando é se *estatisticamente* podemos detectar a direção da causalidade quando temporalmente há uma relação de *lead-lag* entre duas variáveis. Se a causalidade for estabelecida, ela sugerirá que se pode usar uma variável para prever melhor a outra, em vez de simplesmente considerar a história pregressa dessa outra variável. No caso das economias do Leste Asiático, parece que podemos prever melhor a poupança bruta considerando os valores defasados da taxa de crescimento do PIB em vez de considerar apenas os valores defasados da taxa de poupança bruta.

*Uma observação sobre causalidade e exogeneidade

Como estudaremos nos capítulos sobre modelos de equação simultânea na **Parte 4**, as variáveis econômicas são classificadas com frequência em duas categorias amplas, **endógena** e **exógena**. Em termos gerais, as variáveis endógenas são o equivalente às variáveis X, ou regressores, em tal modelo, contanto que as variáveis X não sejam correlacionadas com o termo de erro naquela equação.[63]

---

[62] Esses resultados são obtidos de *The East Asian miracle: economic growth and public policy*, publicado para o Banco Mundial pela Oxford University Press, 1993, p. 244.

* Opcional.

[63] Naturalmente, se as variáveis explanatórias incluem um ou mais termos defasados da variável endógena, esse requisito pode não ser preenchido.

Agora levantamos uma questão interessante: suponha que em um teste de causalidade de Granger verifiquemos que uma variável X cause (pelo método de Granger) uma variável Y sem ser causada por esta (isto é, não há causalidade bilateral). Podemos então tratar a variável X como exógena? Em outras palavras, podemos usar a causalidade de Granger (ou a não causalidade) para estabelecer a exogeneidade?

Para respondermos a essa questão, precisamos distinguir três tipos de exogeneidade: (1) fraca, (2) forte e (3) super. Para manter a exposição simples, suponha que consideremos apenas duas variáveis, Y_t e X_t, e suponha ainda que efetuemos a regressão de Y_t contra X_t. Diremos que X_t é *fracamente exógeno* se Y_t também não explicar X_t. Nesse caso, a estimação e o teste do modelo de regressão podem ser feitos, condicionais aos valores de X_t. De fato, ao retornar ao Capítulo 2, você perceberá que nossa modelagem de regressão era condicional aos valores das variáveis X. X_t será *fortemente exógeno* se os valores atual e defasado de Y não o explicarem (isto é, não existe relação de feedback). E X_t será *superexógeno* se parâmetros na regressão de Y contra X não mudarem mesmo que os valores de X mudem; isto é, os valores do parâmetro não variam a mudanças no(s) valor(es) de X. Se esse for o caso, a famosa "crítica de Lucas" pode perder sua força.[64]

A razão para distinguir entre os três tipos de exogeneidade é que: "Em geral, a fraca exogeneidade é tudo o que precisamos para estimar e testar; a exogeneidade forte é necessária para prever e a superexogeneidade para análise de políticas".[65]

Retornando à causalidade de Granger, se uma variável, por exemplo, Y, não causa outra variável, por exemplo X, podemos supor que esta última seja exógena? Infelizmente, a resposta é não. Se estamos falando de exogeneidade fraca, podemos mostrar que a *causalidade de Granger não é nem necessária nem suficiente para estabelecer a exogeneidade.* Por outro lado, a causalidade de Granger é necessária (mas não suficiente) para a exogeneidade forte. As demonstrações desses enunciados vão além do escopo deste livro.[66] Para nossos objetivos, é melhor manter os conceitos de causalidade e exogeneidade de Granger separados e tratar o primeiro como uma ferramenta descritiva, útil, para dados de séries temporais. No Capítulo 19 discutiremos um teste que pode ser usado para verificar se uma variável pode ser tratada como exógena.

Resumo e conclusões

1. Por razões psicológicas, tecnológicas e institucionais, um regressando pode responder a um regressor com uma defasagem de tempo. Os modelos de regressão que levam em conta defasagens de tempo são conhecidos como **modelos de regressão dinâmicos com defasagens.**
2. Existem dois tipos de modelo com defasagens: **com defasagens distribuídas** e **autorregressivo**. No primeiro, os valores atual e com defasagens dos regressores são variáveis explanatórias. No segundo, os valores com defasagens do regressando aparecem como variáveis explanatórias.
3. Um modelo de defasagens distribuídas puro pode ser estimado por MQO, mas no caso há o problema de multicolinearidade uma vez que valores defasados sucessivos de um regressor tendem a estar correlacionados.
4. Como resultado, alguns métodos práticos foram elaborados. Estes incluem o modelo de Koyck, o de expectativas adaptativas e o mecanismo de ajustes parciais, sendo o primeiro uma abordagem puramente algébrica e o segundo, baseado em princípios econômicos.

[64] Robert Lucas, Prêmio Nobel, apresenta a proposição de que relações existentes entre variáveis econômicas podem mudar quando a política muda, e nesse caso os parâmetros estimados de um modelo de regressão serão de pouca valia para previsão. Sobre isso, veja BLANCHARD, Oliver. *Macroeconomics.* Prentice Hall, 1997, p. 371–372.

[65] CUTHBERTSON, Keith; HALL, Stephen G.; TAYLOR, Mark P. *Applied econometric techniques.* University of Michigan Press, 1992, p. 100.

[66] Para uma discussão comparativamente simples, veja MADDALA, G. S.*Introduction to econometrics.* 2. ed. Nova York: Macmillan, 1992, p. 394–395 e também HENDRY, David F. *Dynamic econometrics,* Nova York: Oxford University Press, 1995, Capítulo 5.

5. Um aspecto singular dos **modelos de Koyck, de expectativas adaptativas e de ajuste parcial** é que todos têm natureza autorregressiva, no sentido de que os valores defasados do regressando aparecem como uma das variáveis explanatórias.
6. A autorregressividade impõe desafios à estimação; se o regressando defasado está correlacionado com o termo de erro, os estimadores de MQO de tais modelos são não apenas tendenciosos, mas também inconsistentes. Viés e inconsistência são o caso dos modelos de Koyck e de expectativas adaptativas; o modelo de ajuste parcial é diferente no sentido de que pode ser estimado consistentemente pelos MQO, apesar da presença do regressando defasado.
7. Para estimar os modelos de Koyck e de expectativas adaptativas, o método mais popular é o da **variável instrumental**. Esta é uma variável *proxy* para o regressando defasado, mas com a propriedade de que não está correlacionada ao termo do erro.
8. Uma alternativa aos modelos de regressão que acabamos de discutir é o **modelo polinomial com defasagens distribuídas de Almon**, que evita os problemas de estimação associados aos modelos autorregressivos. O principal problema com a abordagem de Almon, no entanto, é que tanto a duração da defasagem quanto o grau do polinômio devem ser especificados previamente. Há métodos formais e informais para resolver a opção da duração da defasagem e o grau do polinômio.
9. Apesar dos problemas de estimação que podem acumular-se, os modelos de distribuição de defasagens e de autorregressão têm mostrado-se extremamente úteis em economia aplicada, porque tornam a teoria econômica dinâmica, ao levarem em conta explicitamente o papel do tempo. Tais modelos ajudam a distinguir, a curto e longo prazo, as reações das variáveis dependentes a uma variação unitária no valor das variáveis explanatórias. Assim, esses modelos têm mostrado-se úteis para estimar a elasticidade-preço, renda, de substituição e outras, a curto e a longo prazo.[67]
10. Devido às defasagens envolvidas, os modelos autorregressivo e/ou de defasagens distribuídas levantam a questão da causalidade em variáveis econômicas. No trabalho aplicado, a modelagem da **causalidade de Granger** tem recebido atenção considerável. Porém, é preciso ter cautela para usar a metodologia de Granger, porque é muito sensível à duração da defasagem usada no modelo.
11. Mesmo que uma variável (X) "cause, pelo método de Granger" outra variável (Y), isso não significa que X seja exógeno. Distinguimos três tipos de exogeneidade — fraca, forte e super — e apontamos a importância da distinção.

EXERCÍCIOS

17.1. Explique de maneira breve se as seguintes afirmações são verdadeiras, falsas ou incertas:

a. Todos os modelos econométricos são essencialmente dinâmicos.

b. O modelo de Koyck não fará tanto sentido se alguns coeficientes das defasagens distribuídas forem positivos e alguns forem negativos.

c. Se os modelos de expectativas adaptativas e o de Koyck forem estimados por MQO, os estimadores serão tendenciosos, mas consistentes.

d. No modelo de ajuste parcial, os estimadores de MQO são tendenciosos em amostras infinitas.

e. Na presença de regressores estocásticos e de um termo de erro autocorrelacionado, o método de variáveis instrumentais produzirá estimativas não tendenciosas, bem como consistentes.

f. Na presença de um regressando defasado como regressor, a estatística d de Durbin-Watson para detectar autocorrelação é praticamente inútil.

g. O teste h de Durbin é válido tanto em amostras grandes quanto pequenas.

h. O teste de Granger é um teste de precedência e não de causalidade.

[67] Para aplicações desses modelos, veja HARBERGER, Arnold C. (Ed.). *The demand for durable goods.* Chicago: University of Chicago Press, 1960.

17.2. Deduza a Equação (17.7.2).

17.3. Demonstre a Equação (17.8.3).

17.4. Suponha que os preços sejam formados de acordo com a seguinte hipótese de expectativas adaptativas:

$$P_t^* = \gamma P_{t-1} + (1-\gamma)P_{t-1}^*$$

em que P^* é o preço esperado e P é o preço real.

Complete a tabela a seguir, supondo que $\gamma = 0{,}5$:*

Período	P*	P
$t-3$	100	110
$t-2$		125
$t-1$		155
t		185
$t+1$		—

17.5. Considere o modelo

$$Y_t = \alpha + \beta_1 X_{1t} + \beta_2 X_{2t} + \beta_3 Y_{t-1} + v_t$$

Suponha que Y_{t-1} e v_t sejam correlacionados. Para eliminar a correlação, suponha que seja usada a seguinte abordagem da variável instrumental: primeiro efetue a regressão de Y_t contra X_{1t} e X_{2t} e obtenha o $\hat{Y}_t$ estimado dessa regressão. Então efetue a regressão de

$$Y_t = \alpha + \beta_1 X_{1t} + \beta_2 X_{2t} + \beta_3 \hat{Y}_{t-1} + v_t$$

em que $\hat{Y}_{t-1}$ são estimados da regressão de primeira ordem.

a. Como esse procedimento remove a correlação entre Y_{t-1} e v_t no modelo original?

b. Quais as vantagens do procedimento recomendado em relação à abordagem de Liviatan?

†17.6. *a.* Escreva (17.4.8).

b. Avalie a defasagem média para $\lambda = 0{,}2,\ 0{,}4,\ 0{,}6,\ 0{,}8$.

c. Há alguma relação sistemática entre o valor de λ e o valor da defasagem média?

17.7. *a.* Prove que para o modelo de Koyck, a defasagem média é a apresentada na Equação (17.4.10).

b. Se λ for relativamente grande, quais suas implicações?

17.8. Usando a fórmula para a defasagem média dada na Equação (17.4.9), verifique a defasagem média de 10,959 trimestres relatados no exemplo da Tabela 17.1.

17.9. Suponha

$$M_t = \alpha + \beta_1 Y_t^* + \beta_2 R_t^* + u_t$$

em que M = demanda por saldos reais, Y^* = renda real esperada e R^* = taxa de juros esperada. Suponha que as expectativas sejam formuladas como se segue:

$$Y_t^* = \gamma_1 Y_t + (1-\gamma_1)Y_{t-1}^*$$
$$R_t^* = \gamma_2 R_t + (1-\gamma_2)R_{t-1}^*$$

em que γ_1 e γ_2 são coeficientes de expectativa, ambos situados entre 0 e 1.

a. Como poderíamos expressar M_t em termos das quantidades observáveis?

b. Que problemas de estimação você prevê?

*Adaptado de SHAW, G. K. op. cit., p. 26.

†Opcional.

17.10. Se você estima a Equação (17.7.2) pelos MQO, pode derivar estimativas dos parâmetros originais? Que problemas você prevê? (Para detalhes, veja Roger N. Waud.)

17.11. *Modelo de correlação serial.* Considere o seguinte modelo:

$$Y_t = \alpha + \beta X_t + u_t$$

Suponha que u_t siga o esquema de autorregressão de primeira ordem de Markov apresentado no Capítulo 12, a saber,

$$u_t = \rho u_{t-1} + \varepsilon_t$$

em que ρ é o coeficiente de autocorrelação (de primeira ordem) e onde ε_t satisfaz todos os pressupostos do MQO clássico. Então, como mostrado no Capítulo 12, o modelo

$$Y_t = \alpha(1-\rho) + \beta(X_t - \rho X_{t-1}) + \rho Y_{t-1} + \varepsilon_t$$

terá um termo de erro serialmente independente, tornando possível a estimação por MQO. Mas esse **modelo de correlação serial**, como é chamado, parece muito com de Koyck e com os modelos de expectativas adaptativas e de ajustamento parcial. Como saberíamos, em qualquer situação, qual dos modelos precedentes é adequado?†

17.12. Considere o modelo de Koyck (ou, no caso, das expectativas adaptativas) dado na Equação (17.4.7), a saber,

$$Y_t = \alpha(1-\lambda) + \beta_0 X_t + \lambda Y_{t-1} + (u_t - \lambda u_{t-1})$$

Suponha no modelo original que u_t siga o esquema de autorregressão de primeira ordem $u_t - \rho u_{1-t} = \varepsilon_t$, em que ρ é o coeficiente de autocorrelação e ε_t satisfaz todos os pressupostos clássicos de MQO.

a. Se $\rho = \lambda$, o modelo de Koyck pode ser estimado por MQO?
b. As estimativas assim obtidas não serão tendenciosas? Consistentes? Por quê?
c. Em que medida é razoável supor que $\rho = \lambda$?

17.13. *Modelo de defasagens distribuídas triangular ou aritmético.*‡ Este modelo supõe que o estímulo (variável explanatória) exerça seu maior impacto no atual período de tempo e então diminua em decréscimos de mesma magnitude, à medida que se entra no passado distante. Geometricamente, ele é apresentado na Figura 17.9. Seguindo essa distribuição, suponha que a seguinte sucessão de regressões seja efetuada:

$$Y_t = \alpha + \beta\left(\frac{2X_t + X_{t-1}}{3}\right)$$

$$Y_t = \alpha + \beta\left(\frac{3X_t + 2X_{t-1} + X_{t-2}}{6}\right)$$

$$Y_t = \alpha + \beta\left(\frac{4X_t + 3X_{t-1} + 2X_{t-2} + X_{t-1}}{10}\right)$$

etc., e escolha a regressão que dá o R^2 mais alto como a "melhor" regressão. Comente essa estratégia.

---

* "Misspecification in the 'partial adjustment' and 'adaptive expectations' models". *International Economic Review,* jun. 1968. v. 9, n. 2, p. 204-217.

†Para uma discussão do modelo de correlação serial, veja GRILICHES, Zvi. "Distributed lags: a survey". *Econometrica,* jan. 1967. v. 35, n. 1º, p. 34.

‡Este modelo foi proposto por FISHER, Irving. "Note on a short-cut method for calculating distributed lags". *International Statistical Bulletin,* 1937, p. 323–328.

FIGURA 17.9
Esquema de defasagem triangular ou aritmético (de Fisher).

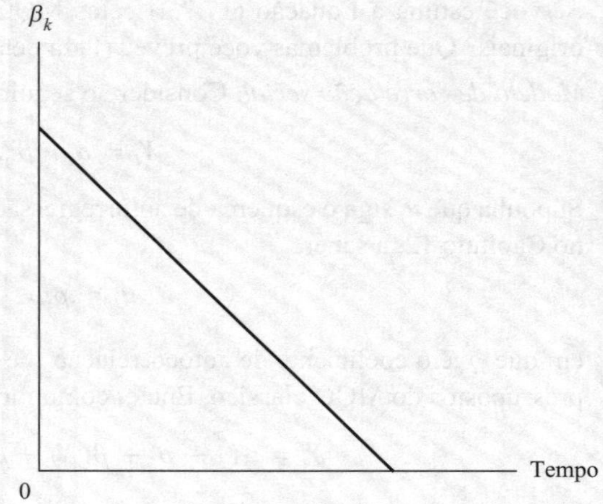

17.14. Dos dados trimestrais para o período de 1950–1960, F. P. R. Brechling obteve a seguinte função de demanda de mão de obra, para a economia inglesa (os dados entre parênteses são os erros padrão):*

$$\widehat{\dot{E}}_t = 14{,}22 + 0{,}172Q_t - 0{,}028t - 0{,}0007t^2 - 0{,}297E_{t-1}$$
$$(2{,}61) \quad (0{,}014) \quad (0{,}015) \quad (0{,}0002) \quad (0{,}033)$$
$$\bar{R}^2 = 0{,}76 \qquad d = 1{,}37$$

em que $\dot{E} = (E_t - E_{t-1})$
$Q =$ produção
$t =$ tempo

A equação anterior baseou-se no pressuposto de que o nível desejado de emprego E_t^* é uma função da produção, do tempo e do tempo elevado ao quadrado, e sob a hipótese de que $E_t - E_{t-1} = \delta(E_t^* - E_{t-1})$ em que δ, o coeficiente de ajustamento, situa-se entre 0 e 1.

a. Interprete a regressão anterior.
b. Qual o valor de δ?
c. Derive a função de demanda a longo prazo para a mão de obra por meio da função de demanda estimada a curto prazo.
d. Como se poderia testar a correlação serial no modelo anterior?

17.15. Ao estudar a demanda de uma fazenda por tratores, Griliches usou o seguinte modelo:†

$$T_t^* = \alpha X_{1,t-1}^{\beta_1} X_{2,t-1}^{\beta_2}$$

em que $T^* =$ estoque desejado de tratores
$X_1 =$ preço relativo de tratores
$X_2 =$ taxa de juros

Usando o modelo de ajuste de estoque, ele obteve os seguintes resultados para o período de 1921–1957:

$$\widehat{\log T_t} = \text{constante} - 0{,}218 \log X_{1,t-1} - 0{,}855 \log X_{2,t-1} + 0{,}864 \log T_{t-1}$$
$$(0{,}051) \qquad (0{,}170) \qquad (0{,}035)$$
$$R^2 = 0{,}987$$

em que os dados entre parênteses são os erros padrão estimados.

* BRECHLING, F. P. R. "The relationship between output and employment in British manufacturing industries". *Review of Economic Studies*, v. 32, jul. 1965.

† GRILICHES, Zvi. "The demand for a durable input: farm tractors in the United States, 1921–1957". In: HARBERGER, Arnold C. (Ed.). *The demand for durable goods.* Chicago: University of Chicago Press, 1960.

a. Qual o coeficiente estimado de ajustamento?
b. Quais as elasticidades-preço de curto e longo prazo?
c. Quais as elasticidades-juros correspondentes?
d. Quais as razões para as taxas alta e baixa de ajustamento neste modelo?

17.16. Sempre que a variável dependente defasada aparece como variável explanatória, o R^2 em geral é muito mais alto que em situações em que ela não é incluída. Quais as razões para essa observação?

17.17. Considere os padrões de defasagem na Figura 17.10. Que graus de polinômio se ajustariam às estruturas de defasagens e por quê?

FIGURA 17.10
Estruturas de defasagens hipotéticas.

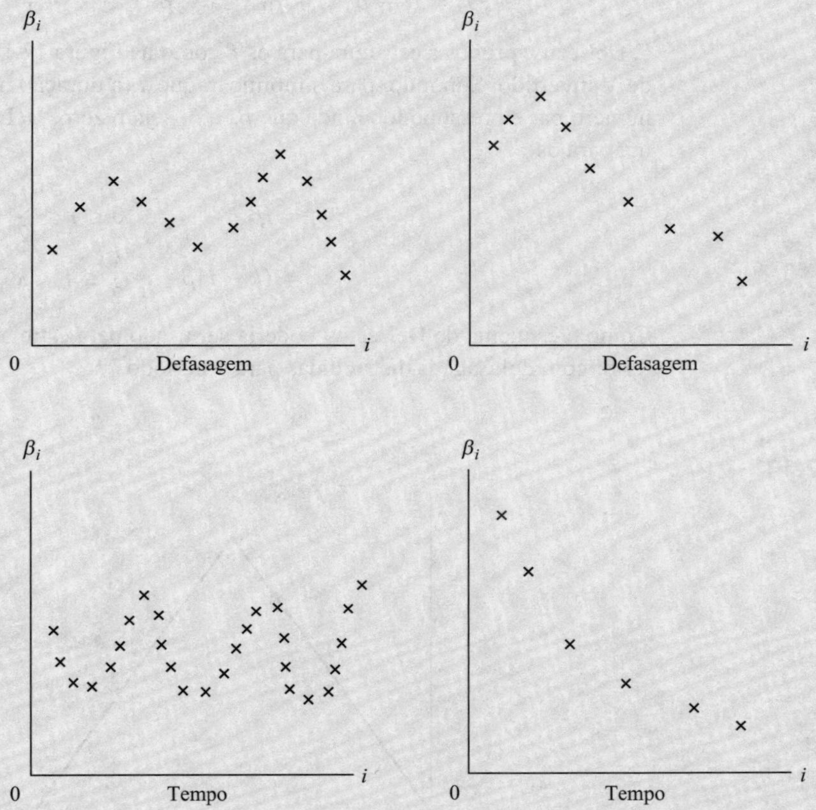

17.18. Considere a Equação (17.13.4):

$$\beta_i = a_0 + a_1 i + a_2 i^2 + \cdots + a_m i^m$$

Para obter a variância de $\hat{\beta}_i$ das variâncias de $\hat{a}_i$, usamos a seguinte fórmula:

$$\begin{aligned}\text{var}(\hat{\beta}_i) &= \text{var}(\hat{a}_0 + \hat{a}_1 i + \hat{a}_2 i^2 + \cdots + \hat{a}_m i^m)\\ &= \sum_{j=0}^{m} i^{2j}\text{var}(\hat{a}_j) + 2\sum_{j<p} i^{(j+p)}\text{cov}(\hat{a}_j \hat{a}_p)\end{aligned}$$

a. Usando a fórmula anterior, encontre a variância de $\hat{\beta}_i$ expressa como

$$\hat{\beta}_i = \hat{a}_0 + \hat{a}_1 i + \hat{a}_2 i^2$$
$$\hat{\beta}_i = \hat{a}_0 + \hat{a}_1 i + \hat{a}_2 i^2 + \hat{a}_3 i^3$$

b. Se as variâncias de $\hat{a}_i$ são grandes, em relação a si mesmas, a variância de $\hat{\beta}_i$ também será grande? Por quê?

17.19. Considere o seguinte modelo de distribuição de defasagens:

$$Y_t = \alpha + \beta_0 X_t + \beta_1 X_{t-1} + \beta_2 X_{t-2} + \beta_3 X_{t-3} + \beta_4 X_{t-4} + u_t$$

Suponha que β_i possa ser expresso adequadamente pelo polinômio de segundo grau, como se segue:

$$\beta_i = a_0 + a_1 i + a_2 i^2$$

Como você estimaria os β se queremos impor a restrição de que $\beta_0 = \beta_4 = 0$

17.20. *Modelo de defasagens distribuídas em forma de V invertido.* Considere o modelo de defasagens distribuídas finito, para o período k

$$Y_t = \alpha + \beta_0 X_t + \beta_1 X_{t-1} + \beta_2 X_{t-2} + \cdots + \beta_k X_{t-k} + u_t$$

F. DeLeeuw propôs a estrutura para os β como na Figura 17.11, em que os β seguem a forma de V invertido. Supondo, para simplificar, que k (a duração máxima da defasagem) seja um número par e pressupondo ainda que β_0 e β_k sejam zero, DeLeeuw sugere o seguinte esquema para os β:*

$$\begin{aligned} \beta_i &= i\beta & 0 \le i \le \frac{k}{2} \\ &= (k-i)\beta & \frac{k}{2} \le i < k \end{aligned}$$

Como o esquema de DeLeeuw poderia ser usado para estimar os parâmetros do modelo anterior com defasagens distribuídas para o período k?

FIGURA 17.11
Modelo V de defasagens distribuídas

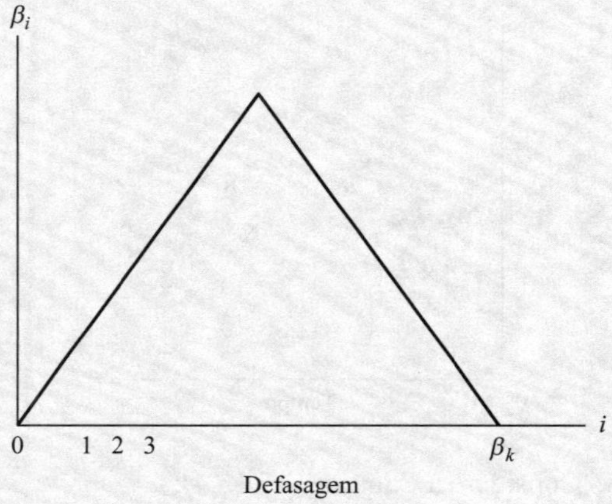

17.21. Retome ao Exercício 12.15. Uma vez que o valor d mostrado lá é de pouca utilidade para detectar a autocorrelação (de primeira ordem) (por quê?), como você testaria a autocorrelação nesse caso?

Exercícios aplicados

17.22. Considere o modelo a seguir:

$$Y_i^* = \alpha + \beta_0 X_t + u_t$$

* Veja o artigo dele, "The demand for capital goods by manufacturers: a study of quarterly time series". *Econometrica,* jul. 1962. vol. 30, n. 3, p. 407-423.

em que $Y^* =$ desejado, ou despesa desejada, ou de longo prazo, para a nova fábrica e equipamento, $X_t =$ vendas e $t =$ tempo. Usando o modelo de ajustamento de estoque, estime os parâmetros da função de demanda de curto e longo prazos para os gastos em nova fábrica e equipamento dados na Tabela 17.10.

Como poderíamos verificar se há correlação serial nos dados?

TABELA 17.10

Investimento na fábrica e nos equipamentos na manufatura Y e vendas de produtos manufaturados X_2 em bilhões de dólares, ajustados sazonalmente para os Estados Unidos, referentes ao período 1970–1991

Fonte: *Economic Report of the President*, 1993. Dados sobre Y da Tabela B-52, p. 407; dados sobre X_2 da Tabela 8-53,

Ano	Despesas com a fábrica	Vendas Y, X_2	Ano	Despesas com a fábrica	Vendas Y, X_2
1970	36,99	52,805	1981	128,68	168,129
1971	33,60	55,906	1982	123,97	163,351
1972	35,42	63,027	1983	117,35	172,547
1973	42,35	72,931	1984	139,61	190,682
1974	52,48	84,790	1985	152,88	194,538
1975	53,66	86,589	1986	137,95	194,657
1976	58,53	98,797	1987	141,06	206,326
1977	67,48	113,201	1988	163,45	223,541
1978	78,13	126,905	1989	183,80	232,724
1979	95,13	143,936	1990	192,61	239,459
1980	112,60	154,391	1991	182,81	235,142

17.23. Use os dados do Exercício 17.22, mas considere o seguinte modelo:

$$Y_i^* = \beta_0 X_t^{\beta_1} e^{u_t}$$

Usando o modelo de ajustamento de estoque (por quê?), estime as elasticidades a curto e longo prazo dos gastos com a nova fábrica e equipamentos com relação às vendas. Compare os resultados obtidos com aqueles do Exercício 17.22. Qual modelo você escolheria e por quê? Existe correlação serial nos dados? Como podemos saber?

17.24. Use os dados do Exercício 17.22, mas suponha que

$$Y_t = \alpha + \beta X_t^* + u_t$$

em que X_t^* são vendas desejadas. Estime os parâmetros deste modelo e compare os resultados com aqueles do Exercício 17.22. Como você decidiria qual o modelo adequado? Com base na estatística h, você concluiria que há correlação serial nos dados?

17.25. Suponha que alguém o convença de que a relação entre as despesas com novas instalações e equipamentos e as vendas sejam as seguintes:

$$Y_t^* = \alpha + \beta X_t^* + u_t$$

em que Y^* é a despesa desejada e X^* as vendas desejadas ou esperadas. Use os dados apresentados no Exercício 17.22 para estimar esse modelo e comente seus resultados.

17.26. Usando os dados do Exercício 17.22, determine se a despesa com a fábrica causa (no sentido de Granger) vendas ou se as vendas causam (no sentido de Granger) as despesas com as novas instalações. Use até seis defasagens e comente seus resultados. Qual a conclusão importante que podemos tirar deste exercício?

17.27. Suponha que as vendas no Exercício 17.22 tenham um efeito de desafagens distribuídas sobre as despesas com as novas instalações e equipamento. Aplique um modelo de defasagens de Almon adequado aos dados.

17.28. Estime novamente a Equação (17.13.16) impondo (1) uma restrição quase finita, (2) uma restrição quase infinita e (3) ambas as restrições finitas e compare seus resultados dados na Equação (17.13.16). Qual a conlcusão geral que se pode tirar?

TABELA 17.11 Investimentos, vendas e taxas de juros, Estados Unidos, 1960–1999

Observação	Investimento	Vendas	Juros	Observação	Investimento	Vendas	Juros
1960	4,9	60.827	4,41	1980	69,6	327.233	11,94
1961	5,2	61.159	4,35	1981	82,4	355.822	14,17
1962	5,7	65.662	4,33	1982	88,9	347.625	13,79
1963	6,5	68.995	4,26	1983	100,8	369.286	12,04
1964	7,3	73.682	4,40	1984	121,7	410.124	12,71
1965	8,5	80.283	4,49	1985	130,8	422.583	11,37
1966	10,6	87.187	5,13	1986	137,6	430.419	9,02
1967	11,2	90.820	5,51	1987	141,9	457.735	9,38
1968	11,9	96.685	6,18	1988	155,9	497.157	9,71
1969	14,6	105.690	7,03	1989	173,0	527.039	9,26
1970	16,7	108.221	8,04	1990	176,1	545.909	9,32
1971	17,3	116.895	7,39	1991	181,4	542.815	8,77
1972	19,3	131.081	7,21	1992	197,5	567.176	8,14
1973	23,0	153.677	7,44	1993	215,0	595.628	7,22
1974	26,8	177.912	8,57	1994	233,7	639.163	7,96
1975	28,2	182.198	8,83	1995	262,0	684.982	7,59
1976	32,4	204.150	8,43	1996	287,3	718.113	7,37
1977	38,6	229.513	8,02	1997	325,2	753.445	7,26
1978	48,3	260.320	8,73	1998	367,4	779.413	6,53
1979	58,6	297.701	9,63	1999	433,0	833.079	7,04

Observações: Investimento D = investimento fixo privado no processamento de informações, equipamento e software, bilhões de dólares, ajustados sazonalmente.
vendas no total de produtos fabricados e comércio, milhões de dólares, ajustados sazonalmente.
Vendas = classificação da Moody de títulos de primeira linha, %.

Fonte: *Economic Report of the President*, 2001, Tabelas B-18, B-57e B-73.

17.29. A Tabela 17.11 apresenta dados sobre o investimento fixo privado em processamento de informações e equipamento (Y, em bilhões de dólares), vendas na fabricação total e comércio (X_2, em milhões de dólares), e taxa de juros (X_3, classificação da Moody de títulos de primeira linha, %); os dados de Y e X_2 são ajustados sazonalmente.

a. Teste a causalidade bilateral entre Y e X_2, atentando ao número de defasagens.

b. Teste a causalidade bilateral entre Y e X_3, novamente atentando ao número de defasagens.

c. Para considerar o efeito das defasagens distribuídas das vendas sobre o investimento, suponha que você decida usar a técnica de desafagem de Almon. Mostre o modelo estimado, depois de atentar ao número de defasagens, bem como ao grau do polinômio.

17.30. A Tabela 17.12 apresenta dados sobre índices de remuneração real por hora (Y) e produção por hora (X_2), sendo ambos os índices de base 1992 = 100, no setor comercial, para a economia norte-americana para o período de 1960–1999, bem como a taxa de desemprego (X_3) para o mesmo período.

a A remuneração salarial determina a produtividade da mão de obra ou o inverso?

b. Desenvolva um modelo adequado para testar sua conjectura em (*a*), fornecendo os dados estatísticos usuais.

c. Você acha que a taxa de desemprego tem algum efeito sobre a remuneração salarial? Em caso afirmativo, como você consideraria esse fator? Mostre a análise estatística necessária.

17.31. Em um teste da causalidade de Granger, Christopher Sims explora o fato de que o futuro não pode causar o presente.* Para decidir se uma variável Y causa uma variável X, Sims sugere que se estime o seguinte par de equações:

* SIMS, C. A. "Money, income, and causality". *American Economic Review*, 1972. v. 62, p. 540–552.

$$Y_t = \alpha_1 + \sum_{i=1}^{i=n} \beta_i X_{t-i} + \sum_{i=1}^{i=m} \gamma_i Y_{t-i} + \sum_{i=1}^{i=p} \lambda_i X_{t+i} + u_{1t} \tag{1}$$

$$X_t = \alpha_2 + \sum_{i=1}^{i=n} \delta_i X_{t-i} + \sum_{i=1}^{i=m} \theta_i Y_{t-i} + \sum_{i=1}^{i=p} \omega_i Y_{t+i} + u_{2t} \tag{2}$$

Estas regressões incluem os valores defasados, correntes e futuros, ou **lead**, dos regressores; termos como X_{t+1}, X_{t+2} etc., são chamados de **lead ou termos futuros.**

Se Y deve causar X, no sentido de Granger, então deve haver uma relação entre Y e os valores futuros de X, ou *lead*. Portanto, em vez de testar se $\Sigma\beta_i = 0$, deveríamos igualar o teste $\Sigma\lambda_i = 0$ na Equação (1) a zero. Se rejeitarmos essa hipótese, a causalidade vai de Y para X, e não de X para Y, porque o futuro não pode causar o presente. Comentários parecidos aplicam-se à Equação (2).

Para efetuarmos o teste de Sims, estimamos a Equação (1) sem os termos futuros (podemos chamá-los de *regressão restrita*) e estimamos a Equação (1) com os termos futuros (chamados de *regressão irrestrita*). Então efetuamos o teste F como indicado na Equação (8.7.9). Se a estatística F for significativa (por exemplo, com 5% de probabilidade), concluímos que é o Y que causa X, no sentido de Granger. Comentários semelhantes aplicam-se à Equação (2).

Qual teste escolhemos — Granger ou Sims? Podemos aplicar ambos os testes.* O único fator favorável ao teste de Granger é que ele usa menos graus de liberdade, porque ele não usa os termos futuros. Se a amostra não for suficientemente grande, teremos que usar o teste de Sims com cautela.

TABELA 17.12 Remuneração, produtividade e taxa de desemprego nos Estados Unidos, 1960–1999

Observação	Rem	PRODUTO	Taxa DES	Observação	Rem	PRODUTO	Taxa DES
1960	60,0	48,8	5,5	1980	89,5	80,4	7,1
1961	61,8	50,6	6,7	1981	89,5	82,0	7,6
1962	63,9	52,9	5,5	1982	90,9	81,7	9,7
1963	65,4	55,0	5,7	1983	91,0	84,6	9,6
1964	67,9	57,5	5,2	1984	91,3	87,0	7,5
1965	69,4	59,6	4,5	1985	92,7	88,7	7,2
1966	71,9	62,0	3,8	1986	95,8	91,4	7,0
1967	73,8	63,4	3,8	1987	96,3	91,9	6,2
1968	76,3	65,4	3,6	1988	97,3	93,0	5,5
1969	77,4	65,7	3,5	1989	95,9	93,9	5,3
1970	78,9	67,0	4,9	1990	96,5	95,2	5,6
1971	80,4	69,9	5,9	1991	97,5	96,3	6,8
1972	82,7	72,2	5,6	1992	100,0	100,0	7,5
1973	84,5	74,5	4,9	1993	99,9	100,5	6,9
1974	83,5	73,2	5,6	1994	99,7	101,9	6,1
1975	84,4	75,8	8,5	1995	99,3	102,6	5,6
1976	86,8	78,5	7,7	1996	99,7	105,4	5,4
1977	87,9	79,8	7,1	1997	100,4	107,6	4,9
1978	89,5	80,7	6,1	1998	104,3	110,5	4,5
1979	89,7	80,7	5,8	1999	107,3	114,0	4,2

Notas: REM D = índice de remuneração real por hora (1992 D 100).
PRODUTO = índice de produção por hora (1992 = 100).
Taxa de desemprego, %.

Fonte: *Economic Report of the President*, 2001, Tabela B-49, p. 332.

* A escolha entre os testes de causalidade de Granger e Sims não está clara. Para mais discussões sobre esses testes, veja CHAMBERLAIN, G. "The general equivalence of Granger and Sims causality". *Econometrica*, 1982. v. 50, p. 569–582.

Consulte os dados apresentados no Exercício 12.34. Para fins pedagógicos, aplique o teste de causalidade de Sims para determinar se são as vendas que causam gastos com instalações ou vice-versa. Use os dados dos quatro últimos anos como termos futuros em sua análise.

17.32. A Tabela 17.13 apresenta alguns dados macroeconômicos para a economia grega, referentes aos anos 1960–1995.

Considere a seguinte função consumo:

$$\ln \text{DCD}_t^* = \beta_1 + \beta_2 \ln \text{RPD}_t + \beta_3 \text{TJR}_t + u_t$$

em que DCD_t = despesa de consumo privado desejada real no tempo t; RPD_t = renda privada real disponível no tempo t; TJR_t = taxa de juros real no tempo t; e ln representa logaritmo natural.

a. Com base nos dados apresentados na Tabela 17.13, estime a função consumo anterior, esclarecendo como você mediu as despesas de consumo privado reais desejadas.

b. Que problemas econométricos são encontrados ao estimar a função consumo anterior? Como eles podem ser resolvidos? Explique detalhadamente.

TABELA 17.13
Dados macroeconômicos para a economia grega 1960–1995

Fonte: SEDDIGHI, H. R.; LAWLER, K. A.; KATOS, A. V. *Econometrics: a practical approach*. Londres: Routledge, 2000, p. 158.

Ano	DCD	RPD	Grossinv	PIB	TJR
1960	107808	117179	29121	145458	8
1961	115147	127599	31476	161802	8
1962	120050	135007	34128	164674	8
1963	126115	142128	35996	181534	8,25
1964	137192	159649	43445	196586	9
1965	147707	172756	49003	214922	9
1966	157687	182366	50567	228040	9
1967	167528	195611	49770	240791	9
1968	179025	204470	60397	257226	8,75
1969	190089	222638	71653	282168	8
1970	206813	246819	70663	304420	8
1971	217212	269249	80558	327723	8
1972	232312	297266	92977	356886	8
1973	250057	335522	100093	383916	9
1974	251650	310231	74500	369325	11,83
1975	266884	327521	74660	390000	11,88
1976	281066	350427	79750	415491	11,5
1977	293928	366730	85950	431164	12
1978	310640	390189	91100	458675	13,46
1979	318817	406857	99121	476048	16,71
1980	319341	401942	92705	485108	21,25
1981	325851	419669	85750	484259	21,33
1982	338507	421716	84100	483879	20,5
1983	339425	417930	83000	481198	20,5
1984	345194	434696	78300	490881	20,5
1985	358671	456576	82360	502258	20,5
1986	361026	439654	77234	507199	20,5
1987	365473	438454	73315	505713	21,82
1988	378488	476345	79831	529460	22,89
1989	394942	492334	87873	546572	23,26
1990	403194	495939	96139	546982	27,62
1991	412458	513173	91726	566586	29,45
1992	420028	502520	93140	568582	28,71
1993	420585	523066	91292	569724	28,56
1994	426893	520728	93073	579846	27,44
1995	433723	518407	98470	588691	23,05

Nota: todos os dados nominais são em preços constantes de mercado do ano de 1970 em milhões de dracmas. A renda disponível privada é deflacionada pelo deflator de preço de consumo.

17.33. Usando os dados na Tabela 17.13, desenvolva um modelo adequado para explicar o comportamento do investimento bruto real na economia grega para o período de 1960–1995. Consulte qualquer livro de macroeconomia para informações sobre o modelo acelerador de investimento.

Apêndice 17A

17A.1 O teste de Sargan para a validade dos instrumentos

Suponha que usemos uma variável instrumental para substituir uma variável explanatória que esteja correlacionada com o termo de erro. Qual a validade da variável instrumental, ou seja, como sabemos que os instrumentos escolhidos são independentes do termo de erro? Sargan desenvolveu um SARG estatístico, chamado de SARG, para testar a validade dos instrumentos usados na variável instrumental (VI).[*] As etapas envolvidas no SARG são as seguintes:[†]

1. Divida as variáveis incluídas em uma equação de regressão em dois grupos, aqueles que são independentes do termo de erro (por exemplo, $X_1, X_2, \ldots, X_p$) e aqueles que não são independentes do termo de erro (por exemplo, $Z_1, Z_2, \ldots, Z_q$).
2. Sejam $W_1, W_2, \ldots, W_s$ os instrumentos escolhidos para as variáveis Z em 1, em que $s > q$.
3. Estime a regressão original, substituindo os Z pelos W, isto é, estime a regressão original pelo IV e obtenha os resíduos, por exemplo, $\hat{u}$.
4. Faça a regressão de $\hat{u}$ sobre uma constante, todas as variáveis X e todas as variáveis W, mas exclua todas as variáveis Z. Obtenha R^2 dessa regressão.
5. Calcule agora a estatística SARG, definida como:

$$\text{SARG} = (n - k)R^2 \sim \chi^2_{s-q} \tag{17A.1.1}$$

   Em que n = o número de observações e k = o número de coeficientes na equação de regressão original. Sob a hipótese nula de que os instrumentos são exógenos, Sargan mostrou que o teste SARG tem, assintoticamente, a distribuição χ^2 com $(s - q)$ graus de liberdade, onde s é o número de instrumentos (isto é, as variáveis em W) e q é o número de regressores na equação original. Se o qui quadrado calculado em uma aplicação é estatisticamente significativo, rejeitamos a validade dos instrumentos. Se não for estatisticamente significativo, poderemos aceitar o instrumento escolhido como válido. Deve ser enfatizado que $s > q$, isto é, o número de instrumentos deve ser maior que q. Se este não for o caso (isto é, $s \leq q$), o teste de SARG não será válido;
6. A hipótese nula é que todos os instrumentos (W) são válidos. Se o qui quadrado calculado exceder o valor crítico de qui quadrado, rejeitaremos a hipótese nula, o que significa que pelo menos um instrumento estará correlacionado com o termo de erro e, portanto, as estimativas IV baseadas nos instrumentos escolhidos não serão válidas.

[*] SARGAN, J. D. "Wages and prices in the United Kingdom: a study in econometric methodology". In: HART, P. E.; MILLS, G; WHITAKER, J. K. (Eds.). *Econometric analysis for national economic planning.* Londres: Butterworths, 1964.

[†] A discussão a seguir apoia-se em SEDDIGHI, H. R.; LAWLER, K. A.; KATOS, A. V. *Econometrics: a practical approach.* Nova York: Routledge, 2000. p. 155–156.

Parte 4

Modelos de equações simultâneas e econometria de séries temporais

Uma rápida pesquisa nos trabalhos empíricos publicados sobre negócios e economia revela que muitas das relações econômicas são do tipo uniequacional (equação única). Por essa razão, dedicamos as três primeiras partes deste livro ao debate sobre os modelos de regressão uniequacional. Neles, uma variável (a variável dependente *Y*) está expressa como uma função linear de uma ou mais variáveis (as variáveis explanatórias, os *X*). Nesses modelos, uma premissa básica é que a relação de causa e efeito, se houver, entre o *Y* e os *X* é unidirecional. As variáveis explanatórias são a *causa* e a variável dependente é o *efeito*.

Entretanto, há situações nas quais existe um fluxo de influência de mão dupla entre as variáveis econômicas; ou seja, uma variável econômica afeta outra(s) variável(eis) econômica(s) e é, por sua vez, afetada por ela(s). Sendo assim, na regressão da moeda *M* sobre a taxa de juros *r*, a metodologia uniequacional supõe implicitamente que a taxa de juros é fixada (por exemplo, pelo Federal Reserve System) e busca descobrir a qualidade da moeda necessária para trocas para cada nível da taxa de juros. Mas o que acontece se a taxa de juros depender da demanda por moeda? Nesse caso, a análise de regressão condicional feita neste livro, até aqui, pode não ser adequada, porque agora *M* depende de *r* e *r* depende de *M*. Precisamos considerar duas equações, uma que relacione *M* a *r* e outra que relacione *r* a *M*. Isso nos leva a considerar os modelos de equações simultâneas, modelos nos quais há mais do que uma equação de regressão, uma para cada variável interdependente.

Na **Parte 4**, apresentaremos uma introdução bastante elementar e heurística ao complexo tema dos **modelos de equações simultâneas**, e deixamos os detalhes para as referências.

No Capítulo 18, apresentaremos vários exemplos de modelos de equações simultâneas e mostraremos por que o método dos mínimos quadrados considerado anteriormente em geral não se aplica à estimativa dos parâmetros de cada uma das equações do modelo.

No Capítulo 19, consideraremos o conhecido **problema da identificação**. Se, em um sistema de equações simultâneas que contenha duas ou mais equações, não for possível obter valores numéricos de cada parâmetro em cada equação, porque as equações são *empiricamente indistinguíveis*, ou muito parecidas, temos o problema da identificação. Sendo assim, na regressão da quantidade *Q* sobre o preço *P*, a equação resultante é uma função de demanda ou uma função de oferta (*Q* e *P* fazem parte de ambas as funções)? Se tivermos apenas dados sobre *Q* e *P* e nenhuma outra informação, será difícil, senão impossível, identificar a regressão como uma função de demanda ou oferta. É fundamental resolvermos o problema da identificação antes de procedermos à estimação, porque, se não sabemos o que estamos estimando, a estimação *per se* não tem sentido. No Capítulo 19, mostraremos vários métodos para a resolução do problema da identificação.

No Capítulo 20, consideraremos vários métodos de estimação que são projetados especificamente para estimar modelos de equações simultâneas e observaremos suas qualidades e limitações.

Capítulo 18

Modelos de equações simultâneas

Neste e nos dois próximos capítulos, abordaremos os modelos de equações simultâneas. Examinaremos, em particular, suas características especiais, sua avaliação e alguns dos problemas estatísticos a elas associados.

18.1 A natureza dos modelos de equações simultâneas

Nas Partes 1 e 3 deste livro, preocupamo-nos exclusivamente com os modelos uniequacionais, ou seja, modelos em que há uma única variável dependente Y e uma ou mais variáveis explanatórias, os X. Nestes, a ênfase está na estimativa e/ou previsão do valor médio de Y condicionado aos valores fixos das variáveis X. A relação de causa e efeito, se houver, passará nesses modelos dos X para os Y.

Em muitas situações, porém, essa relação de causa e efeito de mão única ou unidirecional não é significativa. Isso ocorre se Y estiver determinado pelos X e se alguns dos X, por sua vez, estiverem determinados por Y. Em resumo, existe uma relação de mão dupla ou simultânea entre Y e (alguns dos) X, o que torna a distinção entre variáveis *dependentes* e *explanatórias* de valor duvidoso. É melhor agregar um conjunto de variáveis que possam ser determinadas simultaneamente pelo conjunto restante de variáveis – exatamente o que é feito nos modelos de equações simultâneas. Nesses modelos, há mais de uma equação – uma para cada **variável endógena** ou mútua ou conjuntamente dependente[1]. E diferentemente dos modelos uniequacionais, nos de equações simultâneas, devemos estimar os parâmetros de uma equação única sem levar em consideração as informações oferecidas por outras equações do sistema.

O que ocorre se os parâmetros de cada equação forem estimados por meio da aplicação, por exemplo, do método dos MQO, desconsiderando-se outras equações do sistema? Lembre-se de que uma das hipóteses fundamentais do método dos MQO é que as variáveis explanatórias X são não estocásticas ou, se forem estocásticas (aleatórias), estão distribuídas independentemente do termo de erro estocástico. Se nenhuma dessas condições for atendida, conforme mostramos, os estimadores de mínimos quadrados não apenas estarão viesados, mas também inconsistentes; isso quer dizer que à medida que o tamanho da amostra aumenta indefinidamente, os estimadores não convergem para seus verdadeiros valores (populacionais). Sendo assim, no seguinte sistema de equações hipotético,[2]

$$Y_{1i} = \beta_{10} + \beta_{12}Y_{2i} + \gamma_{11}X_{1i} + u_{1i} \quad \textbf{(18.1.1)}$$

[1] No contexto dos modelos de equações simultâneas, o conjunto de variáveis dependentes é chamado de **variáveis endógenas**, e as variáveis realmente não estocásticas, ou que assim podem ser consideradas, são chamadas de **variáveis exógenas** ou **predeterminadas**. (Veja mais sobre esse tema no Capítulo 19.)

[2] Essa notação econômica, porém autoexplanatória, será generalizada em mais de duas equações no Capítulo 19.

$$Y_{2i} = \beta_{20} + \beta_{21}Y_{1i} + \gamma_{21}X_{1i} + u_{2i} \qquad \textbf{(18.1.2)}$$

em que Y_1 e Y_2 são variáveis mutuamente dependentes ou endógenas, X_1 é uma variável exógena e u_1 e u_2 são os termos de erro estocásticos, as variáveis Y_1 e Y_2 são ambas estocásticas. Desse modo, a menos que se possa demonstrar que a variável explanatória estocástica Y_2 em (18.1.1) esteja distribuída independemente de u_1 e a variável estocástica explanatória Y_1 em (18.1.2) esteja distribuída independentemente de u_2, a aplicação dos MQO clássicos a essas equações individualmente consideradas conduzirá a estimativas inconsistentes.

No restante deste capítulo, daremos alguns exemplos de modelos de equações simultâneas e mostraremos o viés envolvido na aplicação direta do método dos mínimos quadrados a esses modelos. Após examinarmos o chamado problema da identificação no Capítulo 19, discutiremos, no Capítulo 20, alguns dos métodos especiais desenvolvidos para lidar com os modelos de equações simultâneas.

18.2 Exemplos de modelos de equações simultâneas

EXEMPLO 18.1

Modelo de oferta e demanda

Como se sabe, o preço *P* de um produto e a quantidade *Q* vendida são determinados pela intersecção das curvas de oferta e demanda desse mesmo produto. Para simplificarmos, podemos supor que as curvas de oferta e demanda sejam lineares e, se acrescentarmos os termos de erro estocásticos u_1 e u_2, podemos escrever as funções de oferta e demanda empíricas como:

$$\textit{Função de demanda:} \quad Q_t^d = \alpha_0 + \alpha_1 P_t + u_{1t} \qquad \alpha_1 < 0 \qquad \textbf{(18.2.1)}$$

$$\textit{Função de oferta:} \quad Q_t^s = \beta_0 + \beta_1 P_t + u_{2t} \qquad \beta_1 > 0 \qquad \textbf{(18.2.2)}$$

$$\textit{Condição de equilíbrio:} \quad Q_t^d = Q_t^s$$

em que Q^d = quantidade demandada
Q^s = quantidade ofertada
t = tempo

e os α e β são os parâmetros. *A priori*, espera-se que α_1 seja negativo (curva de demanda inclinada para baixo), e espera-se que β_1 seja positivo (curva de oferta inclinada para cima).

Agora não é muito difícil ver que *P* e *Q* são variáveis conjuntamente dependentes. Se, por exemplo, u_{1t} em (18.2.1) muda em decorrência das mudanças sobre as outras variáveis que afetam Q_t^d (como a renda, a saúde e os gostos), a curva da demanda se deslocará para cima se u_{1t} for positivo e para baixo se u_{1t} for negativo. Essas mudanças estão na Figura 18.1.

Conforme apresentado na figura, um deslocamento na curva da demanda altera tanto *P* quanto *Q*. De maneira semelhante, uma mudança em u_{2t} (decorrente de greves, do clima, de restrições às importações ou a exportações etc.) deslocará a curva da oferta, afetando novamente tanto *P* quanto *Q*. Em virtude da dependência simultânea entre *Q* e *P*, u_{1t} e P_t em (18.2.1) e u_{2t} e P_t em (18.2.2) não podem ser independentes. Portanto, uma regressão de *Q* contra *P*, como se observa em (18.2.1), violaria uma importante premissa do modelo clássico de regressão linear, ou seja, a premissa de que não há correlação entre a(s) variável(eis) explanatória(s) e o termo de erro.

(Continua)

EXEMPLO 18.1
(*Continuação*)

FIGURA 18.1
Interdependência entre preço e quantidade.

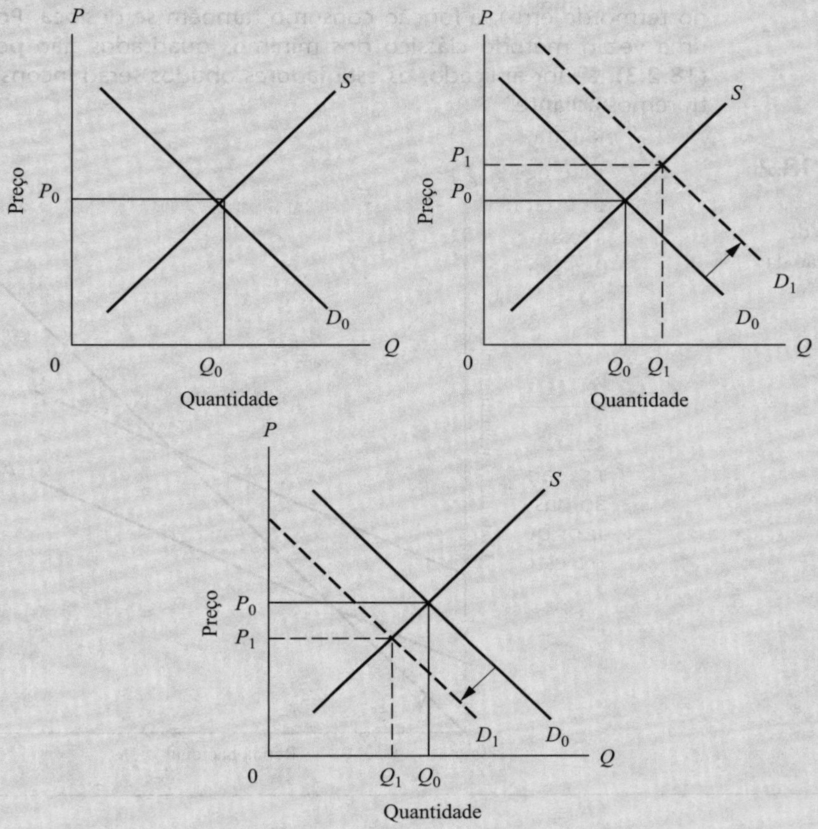

EXEMPLO 18.2
Modelo keynesiano de determinação da renda

Considere o modelo keynesiano simples de determinação da renda:

$$\textit{Função consumo:} \quad C_t = \beta_0 + \beta_1 Y_t + u_t \quad 0 < \beta_1 < 1 \tag{18.2.3}$$

$$\textit{Indentidade de renda:} \quad Y_t = C_t + I_t (= S_t) \tag{18.2.4}$$

em que C = despesa de consumo
Y = renda
I = investimento (considerado exógeno)
S = poupança
t = tempo
u = termo de erro estocástico
β_0 e β_1 = parâmetros

O parâmetro β_1 é conhecido como *propensão marginal a consumir* (PMC) (montante de gastos adicionais com consumo que resulta do aumento de um dólar na renda). De acordo com a teoria econômica, espera-se que β_1 situe-se entre 0 e 1. A Equação (18.2.3) corresponde à função consumo (estocástica); e a Equação (18.2.4) corresponde à identidade da renda nacional, e indica que a renda total é igual à despesa total de consumo mais a despesa total de investimento, sendo que a despesa total de investimento é igual à poupança total. O diagrama da Figura 18.2 ilustra esse dado.

(*Continua*)

EXEMPLO 18.2
(Continuação)

Com base na função consumo postulada e na Figura 18.2, fica claro que C e Y são interdependentes e que não se espera que Y_t na Equação (18.2.3) seja independente do termo de erro, porque, quando u_t se desloca (em decorrência de uma variedade de fatores incluídos no termo de erro), a função consumo também se desloca. Por sua vez, ela afeta Y_t. Mais uma vez o método clássico dos mínimos quadrados não pode ser aplicado à Equação (18.2.3). Se for aplicado, os estimadores obtidos serão inconsistentes, conforme demonstraremos adiante.

FIGURA 18.2
Modelo keynesiano de determinação da renda.

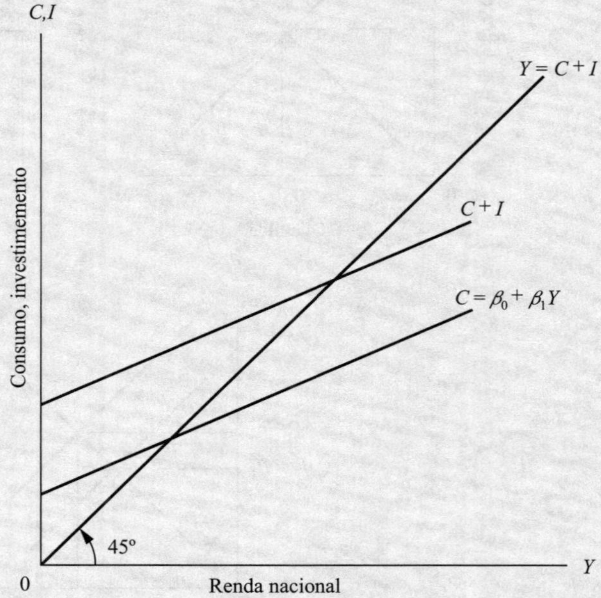

EXEMPLO 18.3
Modelos de salário-preço

Considere o seguinte modelo de determinação de salários nominais e preços do tipo curva de Phillips:

$$\dot{W}_t = \alpha_0 + \alpha_1 \text{UN}_t + \alpha_2 \dot{P}_t + u_{1t} \tag{18.2.5}$$

$$\dot{P}_t = \beta_0 + \beta_1 \dot{W}_t + \beta_2 \dot{R}_t + \beta_3 \dot{M}_t + u_{2t} \tag{18.2.6}$$

em que $\dot{W}$ = taxa de variação dos salários nominais
UN = taxa de desemprego, %
$\dot{P}$ = taxa de variação dos preços
$\dot{R}$ = taxa de variação dos custos do capital
$\dot{M}$ = taxa de variação do preço das matérias-primas importadas
t = tempo
u_1, u_2 = termos de erro estocásticos

Na medida em que a variável preço $\dot{P}$ entra na equação dos salários e a variável salário $\dot{W}$ entra na equação dos preços, as duas estão conjuntamente dependentes. Sendo assim, espera-se que essas variáveis explanatórias estocáticas estejam correlacionadas com os termos de erro estocásticos relevantes, o que novamente torna o método de MQO não aplicável para estimar os parâmetros das duas equações individualmente.

EXEMPLO 18.4
O modelo IS da macroeconomia

Em sua forma não estocástica, o famoso modelo IS, ou do equilíbrio do mercado de bens[3], pode ser expresso como:

Função consumo: $C_t = \beta_0 + \beta_1 Y_{dt} \qquad 0 < \beta_1 < 1$ **(18.2.9)**

Função de arrecadação de impostos: $T_t = \alpha_0 + \alpha_1 Y_t \qquad 0 < \alpha_1 < 1$ **(18.2.8)**

Função investimento: $I_t = \gamma_0 + \gamma_1 r_t$ **(18.2.9)**

Definição: $Y_{dt} = Y_t - T_t$ **(18.2.10)**

Gastos do governo: $G_t = \bar{G}$ **(18.2.11)**

Identidade da renda nacional: $Y_t = C_t + I_t + G_t$ **(18.2.12)**

em que Y = renda nacional
C = despesas de consumo
I = investimento líquido planejado ou desejado
$\bar{G}$ = nível dado de gastos do governo
T = impostos
Y_d = renda disponível
r = taxa de juros

Se você substituir as Equações (18.2.10) e (18.2.8) pela Equação (18.2.7), substituir a equação resultante por C e ainda substituir as Equações (18.2.9) e (18.2.11) pela Equação (18.2.12), poderá obter a equação IS:

$$Y_t = \pi_0 + \pi_1 r_t \tag{18.2.13}$$

em que

$$\pi_0 = \frac{\beta_0 - \alpha_0\beta_1 + \gamma_0 + \bar{G}}{1 - \beta_1(1 - \alpha_1)}$$

$$\pi_1 = \frac{1}{1 - \beta_1(1 - \alpha_1)} \tag{18.2.14}$$

A Equação (18.2.13) é a equação do IS ou do equilíbrio do mercado de bens, ou seja, ela nos dá as combinações da taxa de juros e do nível de renda de maneira que o mercado de bens estabiliza-se ou mantém-se em equilíbrio. Geometricamente, a curva IS está apresentada na Figura 18.3.

FIGURA 18.3
A curva IS.

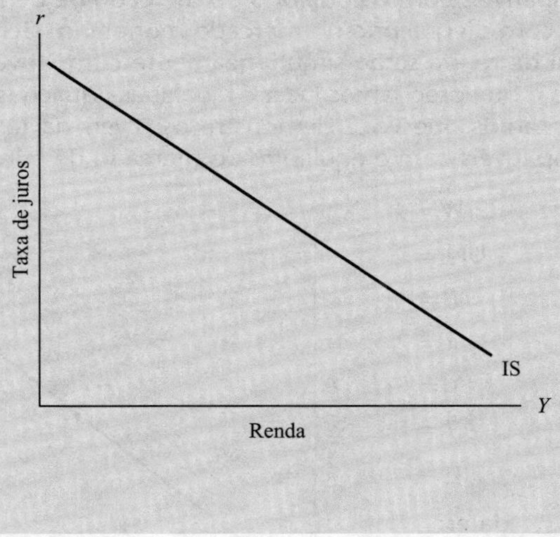

(*Continua*)

[3] Os pontos de equilíbrio de mercado de bens, ou curva IS, mostram combinações de taxas de juros e níveis de produto de modo que as despesas planejadas igualem-se à renda. Ver DORNBUSCH, Rudiger; FISCHER, Stanley. *Macroeconomics*. 3. ed. Nova York: McGraw-Hill, 1984, p. 102. Observe que, para simplificarmos, desconsideramos o setor do comércio internacional.

EXEMPLO 18.4
(Continuação)

O que aconteceria se estimássemos a função consumo (18.2.7) isoladamente? Poderíamos obter estimativas não tendenciosas e/ou consistentes de β_0 e β_1? Esse resultado é improvável, porque o consumo depende da renda disponível, que depende da renda nacional, Y, mas esta última depende de r e $\bar{G}$, bem como de outros parâmetros que entram em π_0. Portanto, a menos que tomemos em consideração todas essas influências, uma simples regressão de C contra Y_d conduzirá obrigatoriamente a estimativas tendenciosas e/ou inconsistentes de β_0 e β_1.

EXEMPLO 18.5
O modelo LM

A outra metade do famoso paradigma IS–LM é a relação LM ou equilíbrio do mercado monetário, o qual apresenta as combinações de taxas de juros e nível de renda, as quais ajustam o mercado monetário, ou seja, igualam a demanda à oferta de dinheiro. Em termos algébricos, o modelo, em sua forma não estocástica, pode ser representado como:

$$\textit{Função de demanda por moeda:}\quad M_t^d = a + bY_t - cr_t \tag{18.2.15}$$

$$\textit{Função de oferta de moeda:}\quad M_t^s = \bar{M} \tag{18.2.16}$$

$$\textit{Condição de equilíbrio:}\quad M_t^d = M_t^s \tag{18.2.17}$$

em que Y = renda, r = taxa de juros e $\bar{M}$ = nível hipotético de moeda determinado pelo FED.

Igualando as funções de demanda e oferta, e simplificando, obtemos a equação LM:

$$Y_t = \lambda_0 + \lambda_1 \bar{M} + \lambda_2 r_t \tag{18.2.18}$$

em que

$$\begin{aligned} \lambda_0 &= -\,a/b \\ \lambda_1 &= 1/b \\ \lambda_2 &= c/b \end{aligned} \tag{18.2.19}$$

Para dado $M = \bar{M}$, a curva LM representa a relação (18.2.18), como vemos na Figura 18.4.

As curvas IS e LM mostram, respectivamente, que há toda uma gama de taxas de juros compatíveis com o equilíbrio do mercado de bens e uma gama de taxas de juros compatíveis com o equilíbrio no mercado monetário. Certamente, apenas uma taxa de juros e um nível de renda serão simultaneamente compatíveis com os dois equilíbrios. Para obtê-los, tudo o que precisamos fazer é igualar as Equações (18.2.13) e (18.2.18). No Exercício 18.4, solicitamos que você demonstre os níveis da taxa de juros e da renda simultaneamente compatíveis com o equilíbrio do mercado de bens e monetário.

FIGURA 18.4
A curva LM.

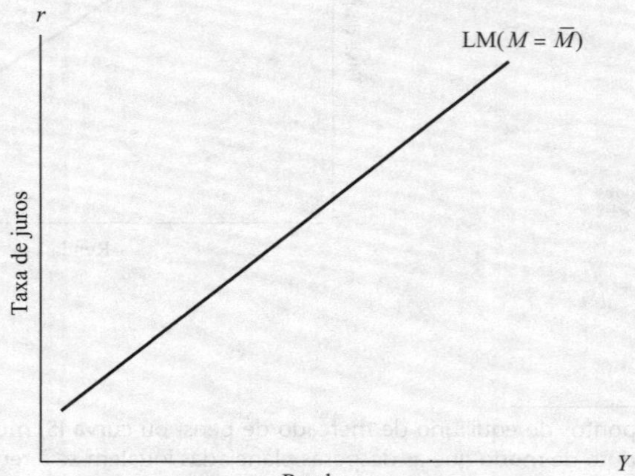

EXEMPLO 18.6
Modelos econométricos

Tem sido feito um amplo uso dos modelos de equações simultâneas nos modelos econométricos construídos por diversos econometristas. Um dos pioneiros nesse campo foi o professor Lawrence Klein, da Wharton School da Universidade da Pensilvânia. Seu modelo inicial, conhecido como **modelo de Klein I**, é o seguinte:

$$
\begin{aligned}
&\textit{Função consumo:} && C_t = \beta_0 + \beta_1 P_t + \beta_2(W + W')_t + \beta_3 P_{t-1} + u_{1t} \\
&\textit{Função investimento:} && I_t = \beta_4 + \beta_5 P_t + \beta_6 P_{t-1} + \beta_7 K_{t-1} + u_{2t} \\
&\textit{Demanda por mão de obra:} && W_t = \beta_8 + \beta_9(Y + T - W')_t \\
& && \quad + \beta_{10}(Y + T - W')_{t-1} + \beta_{11} t + u_{3t} \\
&\textit{Identidade:} && Y_t + T_t = C_t + I_t + G_t \\
&\textit{Identidade:} && Y_t = W'_t + W_t + P_t \\
&\textit{Identidade:} && K_t = K_{t-1} + I_t
\end{aligned}
\tag{18.2.20}
$$

em que
C = despesas de consumo
I = despesas de investimento
G = gastos do governo
P = lucros
W = folha de pagamento do setor privado
W' = folha de pagamento do setor público
K = estoque de capital
T = impostos
Y = renda com o desconto dos impostos
t = tempo
u_1, u_2 e u_3 = termos de erro estocástico[4]

No modelo anterior, as variáveis *C, I, W, Y, P* e *K* são consideradas conjuntamente dependentes ou endógenas, e as variáveis P_{t-1}, K_{t-1} e Y_{t-1} são consideradas predeterminadas.[5] Ao todo, há seis equações (incluindo as três identidades) para estudar a interdependência das seis variáveis endógenas.

No Capítulo 20, veremos como esses modelos econométricos podem ser estimados. No momento, observe que, em decorrência da interdependência que há entre as variáveis endógenas, em geral, elas não são independentes dos termos de erro estocástico, o que, por conseguinte, torna inadequado aplicar o método dos MQO a uma equação individual do sistema. Conforme mostraremos na Seção 18.3, os estimadores assim obtidos são inconsistentes; não convergem aos seus verdadeiros valores populacionais mesmo quando o tamanho da amostra é grande.

18.3 O viés das equações simultâneas: inconsistência dos estimadores de MQO

Como já foi mencionado, o método dos mínimos quadrados não pode ser aplicado para estimar uma única equação inserida em um sistema de equações simultâneas se uma ou mais variáveis explanatórias estiverem correlacionadas com o termo de erro da equação, pois os estimadores assim obtidos serão inconsistentes. Para demonstrar isso, retomemos o modelo keynesiano de determinação da

[4] KLEIN, L. R. *Economic fluctuations in the United States*, 1921–1941. Nova York: John Wiley & Sons, 1950.

[5] O elaborador do modelo deverá especificar quais das variáveis são endógenas e quais são predeterminadas. K_{t-1} e Y_{t-1} são predeterminadas, porque, no período *t*, seus valores são conhecidos. (Esse tema será retomado no Capítulo 19.)

renda apresentado no Exemplo 18.2. Suponha que desejemos estimar os parâmetros da função consumo (18.2.3). Considerando que $E(u_t) = 0$, $E(\hat{u}_t^2)\ \sigma^2$, $E(u_t u_{t+j}) = 0$ (para $j \neq 0$) e cov $(I_t, u_t) = 0$, os quais são premissas do clássico modelo de regressão linear, demonstramos primeiro que Y_t e u_t em (18.2.3) estão correlacionados e, então, provamos que $\hat{\beta}_1$ é um estimador inconsistente de β_1.

Para demonstrarmos que Y_t e u_t estão correlacionados, procedemos da seguinte maneira. Substituímos a Equação (18.2.3) na Equação (18.2.4) para obtermos:

$$Y_t = \beta_0 + \beta_1 Y_t + u_t + I_t$$

ou seja,

$$Y_t = \frac{\beta_0}{1-\beta_1} + \frac{1}{1-\beta_1} I_t + \frac{1}{1-\beta_1} u_t \tag{18.3.1}$$

Agora

$$E(Y_t) = \frac{\beta_0}{1-\beta_1} + \frac{1}{1-\beta_1} I_t \tag{18.3.2}$$

em que nos utilizamos do fato de que $E(u_t) = 0$ e de que I_t, sendo exógeno ou predeterminado (porque foi fixado antecipadamente), tem como valor esperado I_t.

Sendo assim, a subtração da Equação (18.3.2) da Equação (18.3.1) resulta em:

$$Y_t - E(Y_t) = \frac{u_t}{1-\beta_1} \tag{18.3.3}$$

Além disso,

$$u_t - E(u_t) = u_t \qquad \text{(Por quê?)} \tag{18.3.4}$$

de onde

$$\begin{aligned} \operatorname{cov}(Y_t, u_t) &= E[Y_t - E(Y_t)][u_t - E(u_t)] \\ &= \frac{E(u_t^2)}{1-\beta_1} \qquad \text{para Equações (18.3.3) e (18.3.4)} \\ &= \frac{\sigma^2}{1-\beta_1} \end{aligned} \tag{18.3.5}$$

Como σ^2 é positivo por hipótese (por quê?), a covariância entre Y e u dada na Equação (18.3.5) está fadada a ser diferente de zero.[6] Como resultado, espera-se que Y_t e u_t na Equação (18.2.3) estejam correlacionados, o que viola a premissa do modelo da regressão linear clássico de que os termos de erro estão independentes ou, pelo menos, não correlacionados com as variáveis explanatórias. Conforme observamos anteriormente, os estimadores de MQO nessa situação são inconsistentes.

Para demonstrarmos que o estimador de MQO $\hat{\beta}_1$ é um estimador inconsistente de β_1 em decorrência da correlação entre Y_t e u_t, procedemos da seguinte maneira:

$$\begin{aligned} \hat{\beta}_1 &= \frac{\sum (C_t - \bar{C})(Y_t - \bar{Y})}{\sum (Y_t - \bar{Y})^2} \\ &= \frac{\sum c_t y_t}{\sum y_t^2} \\ &= \frac{\sum C_t y_t}{\sum y_t^2} \end{aligned} \tag{18.3.6}$$

[6] Será maior do que zero na medida em que β_1, a PMC, estiver entre 0 e 1, e será negativa se β_1 for maior do que a unidade. Certamente, um valor de PMC maior do que a unidade não faria muito sentido econômico. Desse modo, na verdade, é esperado que a covariância entre Y_t e u_t seja positiva.

em que as minúsculas, como de costume, indicam desvios em relação aos valores médios (da amostra). Substituindo por C_t da Equação (18.2.3), obtemos:

$$\begin{aligned}\hat{\beta}_1 &= \frac{\sum(\beta_0 + \beta_1 Y_t + u_t)y_t}{\sum y_t^2} \\ &= \beta_1 + \frac{\sum y_t u_t}{\sum y_t^2}\end{aligned} \tag{18.3.7}$$

em que, na última etapa, utilizamos o fato de que $\sum y_t = 0$ e $(\sum Y_t y_t / \sum y_t^2) = 1$ (por quê?).

Se considerarmos a expectativa de Equação (18.3.7) de ambos os lados, obteremos:

$$E(\hat{\beta}_1) = \beta_1 + E\left[\frac{\sum y_t u_t}{\sum y_t^2}\right] \tag{18.3.8}$$

Infelizmente, não podemos avaliar $E(\sum y_t u_t / \sum y_t^2)$, pois o operador de expectativas é um operador linear [Observe: $E(A/B) \neq E(A)/E(B)$.]. Porém, intuitivamente, deveria estar claro que, a menos que o termo $(\sum y_t u_t / \sum y_t^2)$ seja zero, $\hat{\beta}_1$ é um estimador viesado de β_1. Mas não demonstramos na Equação (18.3.5) que a covariância entre Y e u é não zero e, por conseguinte, $\hat{\beta}_1$ não deveria ser viesado? A resposta é: não, pois cov (Y_t, u_t), um conceito populacional, não é, na verdade, o mesmo que $\sum y_t u_t$, o qual é uma medida da amostra, embora, pelo fato de o tamanho da amostra aumentar indefinidamente, esta última tenda a tornar-se a primeira. Mas, se o tamanho da amostra aumenta indefinidamente, podemos recorrer ao conceito do estimador consistente e descobrir o que acontece com $\hat{\beta}_1$ quando n, o tamanho da amostra, aumenta indefinidamente. Em resumo, quando não podemos avaliar explicitamente o valor esperado de um estimador, como na Equação (18.3.8), podemos voltar nossa atenção para o seu comportamento em uma grande amostra.

Agora dizemos que um estimador é consistente se o seu **limite em probabilidade**[7] ou **plim** (abreviando do inglês, *probability limit*) for igual a seu verdadeiro valor (populacional). Sendo assim, para demonstrar que $\hat{\beta}_1$ da Equação (18.3.7) é inconsistente, devemos provar que seu *plim* não é igual ao verdadeiro β_1. Aplicando as regras do limite em probabilidade à Equação (18.3.7), obtemos:[8]

$$\begin{aligned}\text{plim}\,(\hat{\beta}_1) &= \text{plim}\,(\beta_1) + \text{plim}\left(\frac{\sum y_t u_t}{\sum y_t^2}\right) \\ &= \text{plim}\,(\beta_1) + \text{plim}\left(\frac{\sum y_t u_t / n}{\sum y_t^2 / n}\right) \\ &= \beta_1 + \frac{\text{plim}\,(\sum y_t u_t / n)}{\text{plim}\,(\sum y_t^2 / n)}\end{aligned} \tag{18.3.9}$$

em que, na segunda etapa, dividimos $\sum y_t u_t$ e $\sum y_t^2$ pelo número total de observações na amostra n, de modo que as quantidades entre parênteses são agora a covariância amostral entre Y e u e a variância amostral de Y, respectivamente.

Em palavras, a Equação (18.3.9) afirma que o limite em probabilidade de $\hat{\beta}_1$ é igual ao verdadeiro β_1 mais o quociente do *plim* da covariância amostral entre Y e u para o *plim* da variância amostral de Y. Agora, na medida em que o tamanho da amostra n aumenta indefinidamente, pode-se esperar que a covariância amostral entre Y e u aproxime-se da verdadeira covariância populacional $E[Yt - E(Y_t)]$ $[u_t - E(u_t)]$, que, por meio da Equação (18.3.5), é igual a $[\sigma^2/(1 - \beta_1)]$. De maneira semelhante, à medida que n tende a ser infinito, a variância da amostra de Y aproximará a sua variância populacional, por exemplo σ_Y^2. Portanto, a Equação (18.3.8) pode ser escrita como:

[7] Ver **Apêndice A** para uma definição do limite em probabilidade.

[8] Como afirmamos no **Apêndice A**, o *plim* de uma constante (por exemplo, β_1) é a mesma constante e o *plim* de (A/B) = plim (A)/plim (B). Observe, entretanto, que $E(A/B) \neq E(A)/E(B)$.

$$\begin{aligned}\text{plim}\,(\hat{\beta}_1) &= \beta_1 + \frac{\sigma^2/(1-\beta_1)}{\sigma_Y^2} \\ &= \beta_1 + \frac{1}{1-\beta_1}\left(\frac{\sigma^2}{\sigma_Y^2}\right)\end{aligned} \tag{18.3.10}$$

Dado que $0 < \beta_1 < 1$ e que σ^2 e σ_Y^2 são positivos, é óbvio que, com base na Equação (18.3.10), plim ($\hat{\beta}_1$) será sempre maior que β_1; ou seja, $\hat{\beta}_1$ superestimará o verdadeiro β_1.[9] Em outras palavras, $\hat{\beta}_1$ é um estimador viesado e o viés não desaparecerá não importando o tamanho da amostra.

18.4 O viés das equações simultâneas: um exemplo numérico

Para demonstrar alguns dos pontos indicados na seção anterior, retomemos o modelo keynesiano simples de determinação da renda do Exemplo 18.2 e vamos prosseguir com o seguinte **experimento de Monte Carlo.**[10] Imaginemos que os valores de investimento sejam os apresentados na coluna 3 da Tabela 18.1. Em seguida, suponhamos que

$$\begin{aligned}E(u_t) &= 0 \\ E(u_t u_{t+j}) &= 0 \qquad (j \neq 0) \\ \text{var}\,(u_t) &= \sigma^2 = 0{,}04 \\ \text{cov}\,(u_t, I_t) &= 0\end{aligned}$$

Os u_t assim gerados são mostrados na coluna (4).

Para a função consumo (18.2.3), imagine que os valores dos parâmetros verdadeiros sejam conhecidos e sejam $\beta_0 = 2$ e $\beta_1 = 0{,}8$.

Com base nos valores considerados de β_0 e β_1 e os gerados de u_t, podemos gerar os valores de renda Y_t da Equação (18.3.1), os quais são apresentados na coluna 1 da Tabela 18.1. Uma vez que Y_t são conhecidos e conhecendo β_0, β_1 e u_t, é possível gerar facilmente os valores de consumo C_t da Equação (18.2.3). Os C assim gerados são apresentados na coluna (2).

Desde que os verdadeiros β_0 e β_1 sejam conhecidos e na medida em que os erros na amostra são exatamente os mesmos que os "verdadeiros" erros (em virtude de como formulamos o **experimento de Monte Carlo**), se utilizássemos os dados da Tabela 18.1 para fazer a regressão de C_t contra Y_t, deveríamos obter $\beta_0 = 2$ e $\beta_1 = 0{,}8$ se os MQO fossem não viesados. Porém, por meio da Equação (18.3.7), sabemos que não será esse o caso se o regressor Y_t e o termo de erro u_t estiverem correlacionados. Agora não é muito difícil verificar, com base em nossos dados, que a covariância (amostral) entre Y_t e u_t é $\sum y_t u_t = 3{,}8$ e que $\sum y_t^2 = 184$. Então, como a Equação (18.3.7) mostra, devemos ter:

$$\begin{aligned}\hat{\beta}_1 &= \beta_1 + \frac{\sum y_t u_t}{\sum y_t^2} \\ &= 0{,}8 + \frac{3{,}8}{184} \\ &= 0{,}82065\end{aligned} \tag{18.4.1}$$

Ou seja, $\hat{\beta}_1$ apresenta um viés superior a 0,02065.

---

[9] Em geral, porém, a direção do viés dependerá da estrutura do modelo específico e dos valores verdadeiros dos coeficientes de regressão.

[10] Este é um empréstimo de WHITE, Kenneth J.; HORSMAN, Nancy G.; WYATT, Justin B. *SHAZAM: computer handbook for econometrics for use with basic econometrics.* Nova York: McGraw-Hill, 1985, p. 131–134.

TABELA 18.1

Fonte: White, Kenneth J.; Horsman, Nancy G.; Wyatt, Justin B. SHAZAM: Computer Handbook for Econometrics for Use with Damodar Gujarati: Basic Econometrics, p. 132, set. 1985.

Y_t (1)	C_t (2)	I_t (3)	u_t (4)
18,15697	16,15697	2,0	−0,3686055
19,59980	17,59980	2,0	−0,8004084E-01
21,93468	19,73468	2,2	0,1869357
21,55145	19,35145	2,2	0,1102906
21,88427	19,48427	2,4	−0,2314535E-01
22,42648	20,02648	2,4	0,8529544E-01
25,40940	22,80940	2,6	0,4818807
22,69523	20,09523	2,6	−0,6095481E-01
24,36465	21,56465	2,8	0,7292983E-01
24,39334	21,59334	2,8	0,7866819E-01
2409215	21,09215	3,0	−0,1815703
24,87450	21,87450	3,0	−0,2509900E-01
25,31580	22,11580	3,2	−0,1368398
26,30465	23,10465	3,2	0,6092946E-01
25,78235	22,38235	3,4	−0,2435298
26,08018	22,68018	3,4	−0,1839638
27,24440	23,64440	3,6	−0,1511200
28,00963	24,40963	3,6	0,1926739E-02
30,89301	27,09301	3,8	0,3786015
28,98706	25,18706	3,8	−0,2588852E-02

Agora, vamos fazer a regressão de C_t contra Y_t, utilizando os dados fornecidos na Tabela 18.1. Os resultados da regressão são:

$$\begin{aligned} \hat{C}_t &= 1{,}4940 \quad + \quad 0{,}82065Y_t \\ \text{ep} &= (0{,}35413) \quad (0{,}01434) \\ t &= (4{,}2188) \quad (57{,}209) \qquad R^2 = 0{,}9945 \end{aligned} \tag{18.4.2}$$

Conforme esperado, o β_1 estimado é precisamente aquele previsto pela Equação (18.4.1). Cabe observar que o β_0 também é viesado.

Em geral, a magnitude do viés de $\hat{\beta}_1$ depende de β_1, σ^2 e var(Y) e, principalmente, do grau de covariância entre Y e u.[11] Como Kenneth White et al. observam, “é disso que trata o viés das equações simultâneas. Diferentemente dos modelos de equação única, não podemos mais afirmar que as variáveis que estão do lado direito da equação não estão correlacionadas com o termo de erro”.[12] Deve-se ter em vista que esse viés permanece mesmo em grandes amostras.

Em decorrência das consequências potencialmente sérias da aplicação dos MQO nos modelos de equações simultâneas, há um teste de simultaneidade que nos possa dizer se, em determinado caso, temos o problema da simultaneidade? Uma versão do **teste de especificação de Hausman** pode ser utilizada com essa finalidade, conforme analisaremos no Capítulo 19.

[11] Ver Equação (18.3.5).

[12] Op. cit., p. 133–134.

Resumo e conclusões

1. Diferentemente dos modelos de equação única, nos modelos de equações simultâneas há mais do que uma variável dependente ou **endógena** envolvida, o que torna necessário que haja tantas equações quanto o número de variáveis endógenas;
2. Uma característica exclusiva dos modelos de equações simultâneas é que a variável endógena (isto é, o regressando) em uma equação pode aparecer como uma variável explanatória (isto é, regressor) em uma outra equação do sistema;
3. Como consequência, essa **variável explanatória endógena** torna-se estocástica e está normalmente correlacionada ao termo de erro da equação em que aparece como variável explanatória;
4. Nessa situação, o método clássico dos MQO não pode ser aplicado, porque os estimadores obtidos não são consistentes, ou seja, não convergem para seus verdadeiros valores populacionais, independentemente de quão grande seja o tamanho da amostra;
5. O experimento de Monte Carlo, apresentado no texto, mostra a natureza do viés envolvido na aplicação dos MQO para estimar os parâmetros de uma equação de regressão em que o regressor está correlacionado com o termo de erro, o que corresponde exatamente ao caso dos modelos de equações simultâneas;
6. Dado que os modelos de equações simultâneas são frequentemente empregados, especialmente nos modelos de econometria, técnicas alternativas para estimação têm sido formuladas por diversos autores. Essas técnicas serão analisadas no Capítulo 20, após abordarmos o tópico **problemas de identificação**, no Capítulo 19, item que logicamente antecede a estimação.

EXERCÍCIOS

18.1. Desenvolva um modelo de equações simultâneas para a oferta e demanda de dentistas nos Estados Unidos. Especifique as variáveis endógenas e exógenas do modelo.

18.2. Desenvolva um modelo simples da demanda e da oferta de dinheiro nos Estados Unidos e compare seu modelo com aqueles desenvolvidos por K. Brunner, A. H. Meltzer[*] e R. Tiegen.[†]

18.3. *a.* Para o modelo de oferta e demanda do Exemplo 18.1, obtenha a expressão para o limite em probabilidade de $\hat{\alpha}_1$.

b. Sob quais condições esse limite em probabilidade será igual ao verdadeiro α_1?

18.4. Para o modelo IS-LM debatido no texto, encontre o nível da taxa de juros e da renda simultaneamente compatível com o equilíbrio do mercado de bens e de moeda.

18.5. Para estudar a relação entre a inflação e o rendimento das ações ordinárias, Bruno Oudet[‡] utilizou-se do seguinte modelo:

$$R_{bt} = \alpha_1 + \alpha_2 R_{st} + \alpha_3 R_{bt-1} + \alpha_4 L_t + \alpha_5 Y_t + \alpha_6 \text{NIS}_t + \alpha_7 I_t + u_{1t}$$

$$R_{st} = \beta_1 + \beta_2 R_{bt} + \beta_3 R_{bt-1} + \beta_4 L_t + \beta_5 Y_t + \beta_6 \text{NIS}_t + \beta_7 E_t + u_{2t}$$

em que L = base monetária real *per capita*

Y = renda real *per capita*

I = taxa de inflação esperada

[*] "Some further evidence on supply and demand functions for money". *Journal of Finance*, v. 19, p. 240-283, maio 1964.

[†] "Demand and supply Functions for money in the United States". *Econometrica*, out. 1964. v. 32, n. 4, p. 476-509.

[‡] OUDET, Bruno A. "The variation of the return on stocks in periods of inflation". *Journal of Financial and Quantitative Analysis*, mar. 1973. v. 8, n 2, p. 247-258.

NIS = variável de novas emissões

E = retornos das ações esperados em fins de períodos, representados pelos quocientes defasados dos preços das ações

R_{bt} = rendimentos dos títulos de dívidas

R_{st} = retornos das ações ordinárias.

a. Apresente uma justificativa teórica para esse modelo e verifique se o seu raciocínio está de acordo com o de Oudet.

b. Quais as variáveis endógenas do modelo? Quais as variáveis exógenas?

c. Você consideraria o R_{bt} endógeno ou exógeno?

18.6. No artigo, "A Model of the Distribution of Branded Personal Products in Jamaica",* John U. Farley e Harold J. Levitt desenvolveram o seguinte modelo (os produtos de cuidados pessoais considerados foram creme de barbear, creme para pele, papel higiênico e creme dental):

$$
\begin{aligned}
Y_{1i} &= \alpha_1 + \beta_1 Y_{2i} + \beta_2 Y_{3i} + \beta_3 Y_{4i} + u_{1i} \\
Y_{2i} &= \alpha_2 + \beta_4 Y_{1i} + \beta_5 Y_{5i} + \gamma_1 X_{1i} + \gamma_2 X_{2i} + u_{2i} \\
Y_{3i} &= \alpha_3 + \beta_6 Y_{2i} + \gamma_3 X_{3i} + u_{3i} \\
Y_{4i} &= \alpha_4 + \beta_7 Y_{2i} + \gamma_4 X_{4i} + u_{4i} \\
Y_{5i} &= \alpha_5 + \beta_8 Y_{2i} + \beta_9 Y_{3i} + \beta_{10} Y_{4i} + u_{5i}
\end{aligned}
$$

em que Y_1 = percentual de lojas que estocam o produto

Y_2 = vendas em unidades/mês

Y_3 = índice de contato direto com o importador e o fabricante do produto

Y_4 = índice da atividade atacadista na área

Y_5 = índice de quantidade do estoque de marcas para o produto (ou seja, o número médio de marcas do produto estocadas pelas lojas que vendem o produto)

X_1 = público-alvo do produto

X_2 = renda per capita da localidade em que a área está situada

X_3 = distância entre o centro de gravidade populacional e Kingston

X_4 = distância entre o centro populacional e o centro atacadista mais próximo.

a. Você conseguiria identificar as variáveis endógenas e exógenas desse modelo?

b. Uma ou mais equações do modelo podem ser estimadas pelo método dos mínimos quadrados? Por quê?

18.7. Para estudar a relação entre o gasto com propaganda e a venda de cigarros, Frank Bass utilizou o seguinte modelo:†

$$
\begin{aligned}
Y_{1t} &= \alpha_1 + \beta_1 Y_{3t} + \beta_2 Y_{4t} + \gamma_1 X_{1t} + \gamma_2 X_{2t} + u_{1t} \\
Y_{2t} &= \alpha_2 + \beta_3 Y_{3t} + \beta_4 Y_{4t} + \gamma_3 X_{1t} + \gamma_4 X_{2t} + u_{2t} \\
Y_{3t} &= \alpha_3 + \beta_5 Y_{1t} + \beta_6 Y_{2t} + u_{3t} \\
Y_{4t} &= \alpha_4 + \beta_7 Y_{1t} + \beta_8 Y_{2t} + u_{4t}
\end{aligned}
$$

em que Y_1 = logaritmo de vendas de cigarros com filtro (número de cigarros) dividido pela população com idade acima de 20 anos.

Y_2 = logaritmo de vendas de cigarros sem filtro (número de cigarros) dividido pela população com idade acima de 20 anos.

---

* *Journal of Marketing Research*, nov. 1968. p. 362-368.

† "A simultaneous equation regression study of advertising and sales of cigarettes". *Journal of Marketing Research*, ago. 1969. v. 6, p. 291-300.

Y_3 = logaritmo dos dólares gastos com a propaganda de cigarros com filtro dividido pela população com idade acima de 20 anos e pelo índice de preços da propaganda

Y_4 = logaritmo dos dólares gastos com a propaganda de cigarros sem filtro dividido pela população com idade acima de 20 anos e pelo índice de preços da propaganda

X_1 = logaritmo da renda pessoal disponível dividido pela população com idade acima de 20 anos e pelo índice de preços ao consumidor

X_2 = logaritmo do preço do maço de cigarros sem filtro dividido pelo índice de preços ao consumidor.

a. Nesse modelo os Y são endógenos e os X são exógenos. Por que o autor considra X_2 exógeno?

b. Se X_2 fosse tratado como uma variável endógena, como você modificaria o modelo?

18.8. G. Menges elaborou o seguinte modelo econométrico para a economia da Alemanha Ocidental:*

$$Y_t = \beta_0 + \beta_1 Y_{t-1} + \beta_2 I_t + u_{1t}$$

$$I_t = \beta_3 + \beta_4 Y_t + \beta_5 Q_t + u_{2t}$$

$$C_t = \beta_6 + \beta_7 Y_t + \beta_8 C_{t-1} + \beta_9 P_t + u_{3t}$$

$$Q_t = \beta_{10} + \beta_{11} Q_{t-1} + \beta_{12} R_t + u_{4t}$$

em que Y = renda nacional

I = formação líquida de capital

C = consumo pessoal

Q = lucros

P = índice do custo de vida

R = produtividade industrial

t = tempo

u = termos de erro estocásticos

a. Quais das variáveis você consideraria endógenas? E exógenas?

b. Há alguma equação no sistema que possa ser estimada pelo método uniequacional dos mínimos quadrados?

c. Qual o motivo que está por trás da inclusão da variável P na função consumo?

18.9. L. E. Gallaway e P. E. Smith elaboraram um modelo simples para a economia dos Estados Unidos, como vemos a seguir:†

$$Y_t = C_t + I_t + G_t$$

$$C_t = \beta_1 + \beta_2 \text{YD}_{t-1} + \beta_3 M_t + u_{1t}$$

$$I_t = \beta_4 + \beta_5 (Y_{t-1} - Y_{t-2}) + \beta_6 Z_{t-1} + u_{2t}$$

$$G_t = \beta_7 + \beta_8 G_{t-1} + u_{3t}$$

em que Y = produto nacional bruto

C = despesa de consumo pessoal

I = investimento privado interno bruto

* MENGES, G. "Ein ökonometriches modell der bundesrepublik deutschland (vier strukturgleichungen)". *I.F.O. Studien*, 1959. v. 5, p. 1-22.

† "A quarterly econometric model of the United States". *Journal of American Statistical Association*, 1961. v. 56, p. 379-383.

G = gasto do governo mais investimento estrangeiro líquido
YD = renda disponível ou com os impostos descontados
M = oferta de moeda no início do trimestre
Z = renda patrimonial antes do desconto dos impostos
t = tempo
u_1, u_2 e u_3 = termos de erro estocásticos

Todas as variáveis são medidas na forma de primeira diferença.

Com base nos dados trimestrais do período entre 1948-1957, os autores aplicaram o método dos mínimos quadrados a cada uma das equações e obtiveram os seguintes resultados:

$$\hat{C}_t = 0{,}09 + 0{,}43\text{YD}_{t-1} + 0{,}23M_t \qquad R^2 = 0{,}23$$

$$\hat{I}_t = 0{,}08 + 0{,}43(Y_{t-1} - Y_{t-2}) + 0{,}48Z_t \qquad R^2 = 0{,}40$$

$$\hat{G}_t = 0{,}13 + 0{,}67G_{t-1} \qquad R^2 = 0{,}42$$

a. Como você justificaria o uso do método dos mínimos quadrados nesse caso?
b. Por que os valores de R^2 estão tão baixos?

Exercícios aplicados

18.10. A Tabela 18.2 fornece dados sobre o Y (produto interno bruto), I (investimento interno privado bruto) e C (despesa de consumo pessoal) nos Estados Unidos durante o período entre 1970-2006. Todos os dados estão em bilhões de dólares de 1996. Suponha que C esteja

TABELA 18.2 Despesa de consumo pessoal, investimento privado interno bruto e PIB, Estados Unidos, 1970–2006 (bilhões de dólares de 1996)

Ano	C	I	Y	Ano	C	I	Y
1970	2.451,9	427,1	3.771,9	1989	4.675,0	926,2	6.981,4
1971	2.545,5	475,7	3.898,6	1990	4.770,3	895,1	7.112,5
1972	2.701,3	532,1	4.105,0	1991	4.778,4	822,2	7.100,5
1973	2.833,8	594,4	4.341,5	1992	4.934,8	889,0	7.336,6
1974	2.812,3	550,6	4.319,6	1993	5.099,8	968,3	7.532,7
1975	2.876,9	453,1	4.311,2	1994	5.290,7	1.099,6	7.835,5
1976	3.035,5	544,7	4.540,9	1995	5.433,5	1.134,0	8.031,7
1977	3.164,1	627,0	4.750,5	1996	5.619,4	1.234,3	8.328,9
1978	3.303,1	702,6	5.015,0	1997	5.831,8	1.387,7	8.703,5
1979	3.383,4	725,0	5.173,4	1998	6.125,8	1.524,1	9.066,9
1980	3.374,1	645,3	5.161,7	1999	6.438,6	1.642,6	9.470,3
1981	3.422,2	704,9	5.291,7	2000	6.739,4	1.735,5	9.817,0
1982	3.470,3	606,0	5.189,3	2001	6.910,4	1.598,4	9.890,7
1983	3.668,6	662,5	5.423,8	2002	7.099,3	1.557,1	10.048,8
1984	3.863,3	857,7	5.813,6	2003	7.295,3	1.613,1	10.301,0
1985	4.064,0	849,7	6.053,7	2004	7.561,4	1.770,2	10.675,8
1986	4.228,9	843,9	6.263,6	2005	7.803,6	1.869,3	11.003,4
1987	4.369,8	870,0	6.475,1	2006	8.044,1	1.919,5	11.319,4
1988	4.546,9	890,5	6.742,7				

Notas: C = despesa de consumo pessoal.
I = Investimento privado interno bruto.
Y = produto interno bruto.

Fonte: *Economic Report of the President*, 2008, Tabela B-2.

linearmente relacionado com Y como no modelo keynesiano simples de determinação da renda do Exemplo 18.2. Obtenha as estimativas de MQO dos parâmetros da função consumo. Guarde os resultados para retomar os mesmos dados utilizando-se dos métodos apresentados no Capítulo 20.

18.11. Por meio dos dados do Exercício 18.10, faça a regressão do investimento interno bruto, I, sobre o PIB e reserve os resultados para examiná-los em um capítulo posterior.

18.12. Considere a identidade macroeconômica:

$$C + I = Y \qquad (= \text{PIB})$$

Como anteriormente, imagine que

$$C_t = \beta_0 + \beta_1 Y_t + u_t$$

e, seguindo o **modelo do acelerador** macroeconômico, faça:

$$I_t = \alpha_0 + \alpha_1 (Y_t - Y_{t-1}) + v_t$$

em que u e v são termos de erro. Com base nos dados do Exercício 18.10, estime o modelo acelerador e reserve os resultados para estudos posteriores.

18.13. *Demanda e oferta de gasolina.* A Tabela 18.3, que se encontra no site do livro, fornece dados sobre algumas das variáveis que determinam a demanda e a oferta de gasolina nos Estados Unidos entre janeiro de 1978 e agosto de 2002.* As variáveis são: preço da gasolina (centavos por galão); quantidade de gasolina (milhares de barris diários, sem chumbo); renda pessoal (bilhões de dólares); vendas de carros (milhões de carros por ano).

a. Elabore um modelo MQO de oferta e demanda para o consumo de gasolina.

b. Quais as variáveis endógenas e exógenas no modelo (*a*)?

c. Se você estimar as funções de demanda e oferta, desenvolvidas por você por meio dos MQO, seus resultados serão confiáveis? Por quê?

d. Guarde as estimativas MQO de suas funções de demanda e oferta para retomá-las após discutirmos o Capítulo 20.

18.14. A Tabela 18.4, encontrada no site do livro, oferece dados macroeconômicos sobre diversas variáveis para a economia americana nos trimestres 1951–I a 2000–IV.† As variáveis são as seguintes: *Ano* = data; *Tri* = trimestre; *PIBR* = PIB real (bilhões de dólares); *GCR* = gastos com consumo real; *IRSP* = investimento real do setor privado; *DRG* = despesa real do governo; *RPDR* = renda pessoal disponível real; *IPC_U* = índice de preços ao consumidor; *M*1 = estoque nominal de moeda; *TLT* = média trimestal da taxa de letras do Tesouro de final do mês dos últimos 90 dias; *Pop* = população, em milhões (interpolar os números do final do ano utilizando a taxa de crescimento constante por trimestre); *Infl* = taxa de inflação (a primeira observação foi perdida); e *TJP* = taxa de juros real posterior = *TLT–Infl* (a primeira observação foi perdida).

Utilizando-se esses dados, elabore um modelo macroeconômico simples da economia norte-americana. Você deverá avaliar esse modelo no Capítulo 20.

---

* Esses dados foram extraídos do site de SCHMIDT, Stephen J. *Econometrics.* Nova York: McGraw-Hill, 2005. Veja: www.mhhe.com/economics.

† Esses dados pertencem originalmente ao *Department of Commerce, Bureau of Economic Analysis*; eles foram extraídos de www.economagic.com e reproduzidos por Greene, William H. *Econometric analysis*. 6. ed. 2008, Tabela F5.1, p.1.083.

Capítulo 19

O problema da identificação

Neste capítulo, consideramos a natureza e o significado do problema da identificação. O ponto central do problema de identificaçao é o seguinte: retomar o modelo de oferta e demanda introduzido na Seção 18.2. Suponha que tenhamos dados apenas da série temporal Q e P e nenhuma informação adicional (como renda do consumidor, preço vigente no período prévio e condições climáticas). O problema da identificação consiste em procurar uma resposta para esta pergunta: oferecidos apenas os dados de P e Q, como saberemos se estamos estimando a função demanda ou a função oferta? Como alternativa, se *pensarmos* que estamos ajustando uma função demanda, como garantiremos que ela é, de fato, a função demanda que estimamos e não outra coisa qualquer?

Um momento de reflexão revelará que uma resposta à pergunta anterior é necessária antes que alguém resolva estimar os parâmetros de nossa função demanda. Neste capítulo, demonstraremos como o problema da identificação é resolvido. Primeiro, introduziremos algumas poucas notações e definições e, então, ilustraremos o problema da identificação com vários exemplos. Isso será seguido de regras que podem ser utilizadas para descobrir se uma equação em um modelo de equação simultânea está identificada, isto é, se corresponde à relação que realmente estamos estimando, seja ela a função demanda ou função oferta ou ainda outra coisa qualquer.

19.1 Notações e definições

Para facilitarmos nossa discussão, introduziremos as seguintes notações e definições.

O modelo geral de M equações com M endógenas, ou conjuntamente dependentes, pode ser escrito como a Equação (19.1.1):

$$
\begin{aligned}
Y_{1t} &= \beta_{12}Y_{2t} + \beta_{13}Y_{3t} + \cdots + \beta_{1M}Y_{Mt} \\
&\qquad + \gamma_{11}X_{1t} + \gamma_{12}X_{2t} + \cdots + \gamma_{1K}X_{Kt} + u_{1t} \\
Y_{2t} &= \beta_{21}Y_{1t} + \beta_{23}Y_{3t} + \cdots + \beta_{2M}Y_{Mt} \\
&\qquad + \gamma_{21}X_{1t} + \gamma_{22}X_{2t} + \cdots + \gamma_{2K}X_{Kt} + u_{2t} \\
Y_{3t} &= \beta_{31}Y_{1t} + \beta_{32}Y_{2t} + \cdots + \beta_{3M}Y_{Mt} \\
&\qquad + \gamma_{31}X_{1t} + \gamma_{32}X_{2t} + \cdots + \gamma_{3K}X_{Kt} + u_{3t} \\
&\cdots\cdots\cdots\cdots\cdots\cdots\cdots\cdots\cdots\cdots\cdots\cdots \\
Y_{MT} &= \beta_{M1}Y_{1t} + \beta_{M2}Y_{2t} + \cdots + \beta_{M,M-1}Y_{M-1,t} \\
&\qquad + \gamma_{M1}X_{1t} + \gamma_{M2}X_{2t} + \cdots + \gamma_{MK}X_{Kt} + u_{Mt}
\end{aligned}
\tag{19.1.1}
$$

em que $Y_1, Y_2, \ldots, Y_M = M$ variáveis endógenas ou conjuntamente dependentes

$X_1, X_2, \ldots, X_K = K$ variáveis predeterminadas (uma dessas variáveis X pode ser igual a 1 para permitir o termo de intercepto em cada equação)

$u_1, u_2, \ldots, u_M = M$ número total de observações de distúrbios estocásticos
$t = 1, 2, \ldots, T =$ número total de observações
$\beta =$ coeficientes das variáveis endógenas
$\gamma =$ coeficientes das variáveis predeterminadas

Observe que nem toda variável precisa aparecer em cada equação. De fato, vemos na Seção 19.2 que isso não deve acontecer se uma equação puder ser identificada.

Como mostra a Equação (19.1.1), as variáveis que introduzem um modelo de equação simultânea são de dois tipos: **endógenas**, isto é, aquelas (cujos valores são) determinadas no modelo; e **predeterminadas**, isto é, aquelas (cujos valores são) determinadas fora do modelo. As variáveis endógenas são tratadas como estocásticas, enquanto as predeterminadas são tratadas como não estocásticas.

As variáveis predeterminadas dividem-se em duas categorias: **exógenas**, as quais podem ser correntes ou defasadas e **endógenas defasadas**. Então, X_{1t} é uma variável exógena (do tempo presente), enquanto $X_{1(t-1)}$ é uma variável exógena defasada, com uma defasagem em um período de tempo. $Y_{(t-1)}$ é uma variável endógena defasada com uma defasagem em um período de tempo, mas, posto que o valor de $Y_{1(t-1)}$ é conhecido no momento atual *t*, ele é observado como não estocástico, sendo, portanto, uma variável predeterminada.[1] Em resumo, variáveis exógenas correntes, exógenas defasadas e endógenas defasadas são consideradas predeterminadas; seus valores não são determinados pelo modelo no período atual.

É tarefa do formulador do modelo especificar quais variáveis são endógenas e quais são predeterminadas. Embora variáveis (não econômicas) como temperatura e chuvas sejam claramente exógenas ou predeterminadas, o formulador do modelo deve ter grande cuidado na classificação de variáveis econômicas como endógenas ou predeterminadas: ele deve defender a classificação com bases teóricas ou apriorísticas. Mais à frente, neste capítulo, forneceremos um teste estatístico de exogeneidade.

As equações que aparecem em (19.1.1) são conhecidas como **estruturais** ou **comportamentais**, porque podem retratar a estrutura (de um modelo econômico) de uma economia ou o comportamento de um agente econômico (por exemplo, consumidor ou produtor). Os β e γ são conhecidos como **parâmetros estruturais** ou **coeficientes**.

Com base nas equações estruturais, pode-se solucionar as variáveis endógenas *M* e derivar as equações de forma **reduzida** e os **coeficientes de forma reduzida** associados. **Uma equação de forma reduzida é aquela que expressa uma variável endógena apenas em termos das variáveis predeterminadas e os distúrbios estocásticos.** Para ilustrar, considere o modelo keynesiano de determinação de renda que apresentamos no Capítulo 18:

$$\textit{Função consumo:} \quad C_t = \beta_0 + \beta_1 Y_t + u_t \qquad 0 < \beta_1 < 1 \tag{18.2.3}$$

$$\textit{Identidade de renda:} \quad Y_t = C_t + I_t \tag{18.2.4}$$

Nesse modelo, *C* (consumo) e *Y* (renda) são as variáveis endógenas e *I* (gasto com investimento) é considerada uma variável exógena. Ambas as equações são estruturais, de modo que a Equação (18.2.4) é uma identidade. Como normalmente ocorre, presumimos que o β_1, o PMC, fique entre 0 e 1.

Se a Equação (18.2.3) for substituída pela Equação (18.2.4), obteremos, após manipulação algébrica simples,

$$Y_t = \Pi_0 + \Pi_1 I_t + w_t \tag{19.1.2}$$

[1] Supomos implicitamente aqui que os distúrbios estocásticos, os *u*, estão serialmente não correlacionados. Se esse não for o caso, Y_{t-1} será correlacionado com o termo de erro do período corrente u_t. Portanto, não podemos tratá-lo como predeterminado.

em que

$$\Pi_0 = \frac{\beta_0}{1 - \beta_1}$$

$$\Pi_1 = \frac{1}{1 - \beta_1} \tag{19.1.3}$$

$$w_t = \frac{u_t}{1 - \beta_1}$$

A Equação (19.1.2) é uma **equação na forma reduzida**; ela expressa a variável endógena Y apenas como uma função da variável exógena I (ou predeterminada) e do termo de distúrbio estocástico u. Π_0 e Π_1 são os **coeficientes associados na forma reduzida**. Observe que esses coeficientes na forma reduzida são combinações não lineares do(s) coeficiente(s) estrutural(is).

Ao substituirmos o valor Y da Equação (19.1.2) por C da Equação (18.2.3), obteremos outra equação na forma reduzida:

$$C_t = \Pi_2 + \Pi_3 I_t + w_t \tag{19.1.4}$$

em que

$$\Pi_2 = \frac{\beta_0}{1 - \beta_1} \qquad \Pi_3 = \frac{\beta_1}{1 - \beta_1} \tag{19.1.5}$$

$$w_t = \frac{u_t}{1 - \beta_1}$$

Os coeficientes na forma reduzida, como Π_1 e Π_3, são também conhecidos como **multiplicadores de impacto** ou **de curto prazo**, porque medem o impacto imediato sobre a variável endógena de uma mudança de unidade no valor da variável exógena.[2] Se, no modelo keynesiano anterior, o gasto com investimento é aumentado por, por exemplo, \$ 1, e se o PMC presume-se ser 0,8, então da Equação (19.1.3) obtemos $\Pi_1 = 5$. Esse resultado significa que aumentar o investimento em \$ 1 imediatamente levará (isto é, no período de tempo atual) a um aumento na renda de \$ 5, isto é, um aumento quintuplicado. De forma semelhante, sob as condições presumidas, a Equação (19.1.5) mostra que $\Pi_3 = 4$, significando que o aumento de \$ 1 no gasto em investimento levará imediatamente a um aumento de \$ 4 no gasto em consumo.

No contexto dos modelos econométricos, equações como a (18.2.4) ou $Q_t^d = Q_t^s$ (quantidade demandada igual à quantidade ofertada) são conhecidas como *condições de equilíbrio*. A identidade (18.2.4) afirma que a renda agregada Y deve ser igual ao consumo agregado (isto é, o gasto em consumo mais o gasto em investimento). Quando o equilíbrio é atingido, as variáveis endógenas assumem seus valores de equilíbrio.[3]

Observe uma característica interessante das equações de forma reduzida. Visto que apenas as variáveis predeterminadas e os distúrbios estocásticos aparecem nos lados direitos dessas equações e posto que as variáveis predeterminadas são presumidas como não correlacionadas com os termos de distúrbio, o método MQO pode ser aplicado para estimar os coeficientes das equações de forma reduzida (as Π). Com base nos coeficientes de forma reduzida estimados pode-se estimar os coeficientes estruturais (os β), como mostrado anteriormente. Esse procedimento é conhecido como **mínimos quadrados indiretos (MQI)**, e os coeficientes estruturais estimados são chamados de estimativas MQI.

---

[2] Nos modelos econométricos, as variáveis exógenas têm um papel crucial. Muito frequentemente, tais variáveis estão sob o controle direto do governo. São exemplos a taxa de impostos pessoais e corporativos, subsídios, seguro-desemprego etc.

[3] Para mais detalhes, veja KMENTA, Jan. *Elements of econometrics*. 2. ed. Nova York: Macmillan, 1986. p. 723–731.

Estudaremos o método dos MQI em detalhes no Capítulo 20. Por enquanto, observe que, uma vez que os coeficientes de forma reduzida podem ser estimados pelo método dos MQO e uma vez que esses coeficientes são combinações de coeficientes estruturais, existe a possibilidade de que os coeficientes estruturais possam ser "recuperados" por meio dos coeficientes de forma reduzida, e é a estimação dos parâmetros estruturais que, em última análise, nos interessa. Como se podem recuperar os coeficientes estruturais por meio dos coeficientes de forma reduzida? A resposta é dada na Seção 19.2, uma resposta que revela o ponto central do problema da identificação.

19.2 O problema da identificação

Por **problema da identificação** entendemos a possibilidade de obter os parâmetros de uma equação estrutural por meio dos coeficientes estimados na forma reduzida. Se isso puder ser feito, dizemos que a equação particular é *identificada*. Do contrário, dizemos que a equação em consideração é *não identificada* ou *subidentificada*.

Uma equação identificada pode tanto ser *exatamente* (ou completamente ou precisamente) identificada ou *sobreidentificada*. Diz-se que é exatamente identificada se valores numéricos exatos dos parâmetros estruturais podem ser obtidos. Diz-se ser sobreidentificada se mais do que um valor numérico pode ser obtido por alguns dos parâmetros das equações estruturais. As circunstâncias sob as quais cada um desses casos ocorre serão expostas em seguida.

O problema da identificação surge, porque diferentes grupos de coeficientes estruturais podem ser compatíveis com o mesmo grupo de dados. Em outras palavras, uma dada equação de forma reduzida pode ser compatível com diferentes equações estruturais ou diferentes hipóteses (modelos), e pode ser difícil afirmar qual hipótese específica (modelo) estamos investigando. No restante desta seção, examinaremos vários exemplos para mostrar a natureza do problema da identificação.

Subidentificação

Considere mais uma vez o modelo de oferta e demanda (18.2.1) e (18.2.2), juntamente com o *market-clearing* (condição de equilíbrio de mercado), em que a demanda é igual à oferta. Pelo *market-clearing*, obtemos

$$\alpha_0 + \alpha_1 P_t + u_{1t} = \beta_0 + \beta_1 P_t + u_{2t} \tag{19.2.1}$$

Solucionando a Equação (19.2.1), obtemos os preços de equilíbrio

$$P_t = \Pi_0 + v_t \tag{19.2.2}$$

em que

$$\Pi_0 = \frac{\beta_0 - \alpha_0}{\alpha_1 - \beta_1} \tag{19.2.3}$$

$$v_t = \frac{u_{2t} - u_{1t}}{\alpha_1 - \beta_1} \tag{19.2.4}$$

Substituindo P_t da Equação (19.2.2) pela Equação (18.2.1) ou (18.2.2), obtemos a seguinte quantidade de equilíbrio:

$$Q_t = \Pi_1 + w_t \tag{19.2.5}$$

em que

$$\Pi_1 = \frac{\alpha_1\beta_0 - \alpha_0\beta_1}{\alpha_1 - \beta_1} \tag{19.2.6}$$

$$w_t = \frac{\alpha_1 u_{2t} - \beta_1 u_{1t}}{\alpha_1 - \beta_1} \tag{19.2.7}$$

Observe que os termos de erro v_t e w_t são combinações lineares dos termos de erro originais u_1 e u_2.

As Equações (19.2.2) e (19.2.5) são equações na forma reduzida. Agora nosso modelo de oferta e demanda contém quatro coeficientes estruturais α_0, α_1, β_0 e β_1, mas não há um caminho único para estimá-los. Por quê? A resposta está nos coeficientes de forma reduzida dados nas Equações (19.2.3) e (19.2.6). Esses coeficientes contêm todos os quatro parâmetros estruturais, mas não há maneira pela qual as quatro incógnitas estruturais possam ser estimadas com base apenas em dois coeficientes de forma reduzida. Lembre-se de que, na álgebra do ensino médio, aprendemos que, para estimar quatro incógnitas, devemos ter quatro equações (independentes) e, em geral, para estimar k incógnitas, devemos ter k equações (independentes). Sendo assim, se executarmos a regressão na forma reduzida (19.2.2) e (19.2.5), veremos que não há variáveis explanatórias, apenas as *constantes*, e essas simplesmente fornecerão os valores médios de P e Q (por quê?).

O que tudo isso significa é que, apresentados os dados da série temporal em P (preço) e Q (quantidade) e nenhuma outra informação, não há outra forma de o pesquisador poder garantir se está estimando a função demanda ou a função oferta. Isto é, um dado P_t e um Q_t representam o ponto de intersecção das curvas de oferta e demanda apropriadas, porque a condição de equilíbrio é que a demanda seja igual à oferta. Isso pode ser observado com clareza no diagrama de dispersão exibido na Figura 19.1.

A Figura 19.1*a* apresenta poucos pontos de dispersão relacionando Q a P. Cada ponto de dispersão representa a intersecção de uma curva de demanda e de oferta, como mostra a Figura 19.1*b*. Agora considere um único ponto, como o da Figura 19.1*c*. Não há como termos certeza sobre qual curva de oferta e demanda de toda uma família de curvas exibidas naquele painel gerou aquele ponto. Certamente alguma informação adicional sobre a natureza das curvas de oferta e demanda faz-se necessária. Por exemplo, se a curva de demanda desloca-se ao longo do tempo devido à mudança na renda, gostos etc., mas a curva de oferta permanece relativamente estável, como na Figura 19.1*d*, os pontos

FIGURA 19.1
Funções hipotéticas de oferta e demanda e o problema da identificação.

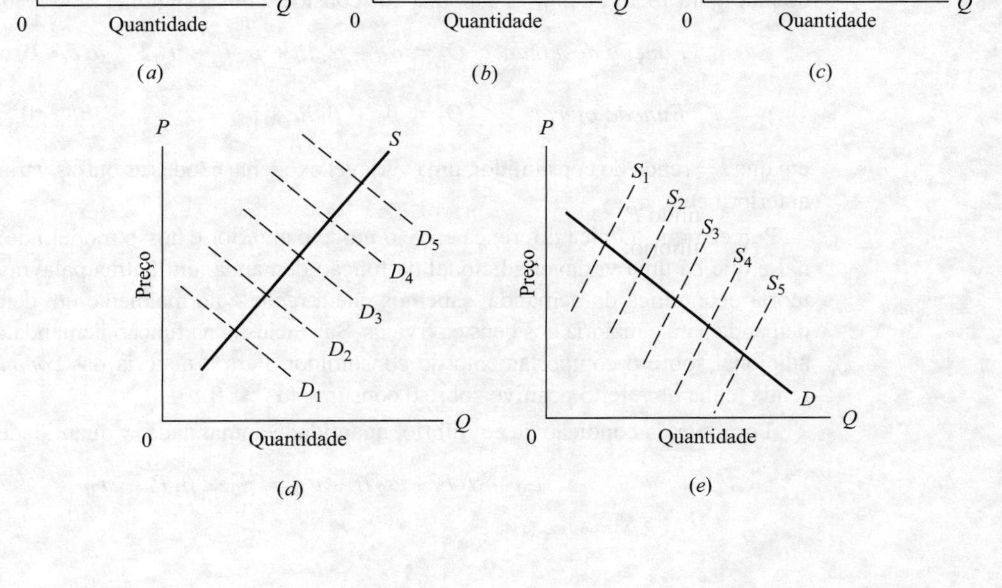

de dispersão traçam uma curva de oferta. Nessa situação, dizemos que a curva de oferta é identificada. Igualmente, se a curva de oferta muda ao longo do tempo devido às mudanças nas condições climáticas (no caso das *commodities* agrícolas) ou outros fatores externos, mas a curva de demanda permanece relativamente estável, como na Figura 19.1*e*, os pontos de dispersão traçam uma curva de demanda. Nesse caso, dizemos que a curva de demanda é identificada.

Há uma alternativa e talvez uma maneira mais esclarecedora de observar o problema da identificação. Suponha que multipliquemos a Equação (18.2.1) por $\lambda(0 \leq \lambda \leq 1)$ e a Equação (18.2.2) por $1 - \lambda$ para obter as seguintes equações (*observe*: eliminamos os sobrescritos de Q):

$$\lambda Q_t = \lambda\alpha_0 + \lambda\alpha_1 P_t + \lambda u_{1t} \tag{19.2.8}$$

$$(1-\lambda)Q_t = (1-\lambda)\beta_0 + (1-\lambda)\beta_1 P_t + (1-\lambda)u_{2t} \tag{19.2.9}$$

A soma dessas duas equações resulta na seguinte *combinação linear* das equações de oferta e demanda originais:

$$Q_t = \gamma_0 + \gamma_1 P_t + w_t \tag{19.2.10}$$

em que

$$\begin{aligned} \gamma_0 &= \lambda\alpha_0 + (1-\lambda)\beta_0 \\ \gamma_1 &= \lambda\alpha_1 + (1-\lambda)\beta_1 \\ w_t &= \lambda u_{1t} + (1-\lambda)u_{2t} \end{aligned} \tag{19.2.11}$$

A equação "falsa" ou "híbrida" (19.2.10) é *empiricamente indistinguível* tanto da Equação (18.2.1) ou da Equação (18.2.2), porque elas envolvem a regressão de Q e P. Se temos os dados da série temporal em P e Q apenas, quaisquer das Equações (18.2.1), (18.2.2) ou (19.2.10) podem ser compatíveis com os mesmos dados. Em outras palavras, os mesmos dados podem ser compatíveis com as "hipóteses" (18.2.1), (18.2.2) ou (19.2.10), e não é possível dizer qual dessas hipóteses estamos testando.

Para que uma equação seja identificada, isto é, para que seus parâmetros sejam estimados, deve-se mostrar que o conjunto de dados apresentado não produzirá uma equação estrutural que pareça similar, na aparência, àquela na qual estamos interessados. Se passamos a estimar a função demanda, devemos mostrar que os dados oferecidos não são consistentes com a função oferta ou com alguma equação híbrida.

Identificação precisa ou exata

Não podemos identificar a função demanda ou a função oferta vista anteriormente, porque as mesmas variáveis P e Q estão presentes em ambas as funções e não há informação adicional, como indicado na Figura 19.1*d* ou *e*. Mas suponha que consideremos o seguinte modelo de oferta e demanda:

$$\textit{Função demanda:}\quad Q_t = \alpha_0 + \alpha_1 P_t + \alpha_2 I_t + u_{1t} \qquad \alpha_1 < 0, \alpha_2 > 0 \tag{19.2.12}$$

$$\textit{Função oferta:}\quad Q_t = \beta_0 + \beta_1 P_t + u_{2t} \qquad \beta_1 > 0 \tag{19.2.13}$$

em que I = renda do consumidor, uma variável exógena, e todas as outras variáveis são definidas como anteriormente.

Perceba que a única diferença entre o modelo anterior e nosso modelo de oferta e demanda original é que há uma variável adicional na função demanda, em outras palavras, a renda. Com base na teoria econômica da demanda, sabemos que a renda é normalmente um determinante importante da demanda para a maioria dos bens e serviços. Sua inclusão na função demanda dará alguma informação adicional sobre o comportamento do consumidor. Para a maioria das *commodities* espera-se que a renda tenha um efeito positivo sobre o consumo ($\alpha_2 > 0$).

Por meio da condição de equilíbrio, quantidade demandada = quantidade ofertada, temos

$$\alpha_0 + \alpha_1 P_t + \alpha_2 I_t + u_{1t} = \beta_0 + \beta_1 P_t + u_{2t} \tag{19.2.14}$$

Solucionar a Equação (19.2.14) fornece o seguinte valor de equilíbrio de P_t:

$$P_t = \Pi_0 + \Pi_1 I_t + v_t \tag{19.2.15}$$

em que o coeficiente de forma reduzida é

$$\Pi_0 = \frac{\beta_0 - \alpha_0}{\alpha_1 - \beta_1}$$
$$\Pi_1 = \frac{\alpha_2}{\alpha_1 - \beta_1} \tag{19.2.16}$$

e

$$v_t = \frac{u_{2t} - u_{1t}}{\alpha_1 - \beta_1}$$

Substituindo o valor de equilíbrio de P_t na função demanda precedente ou na função oferta, obtemos a seguinte quantidade de equilíbrio:

$$Q_t = \Pi_2 + \Pi_3 I_t + w_t \tag{19.2.17}$$

em que

$$\Pi_2 = \frac{\alpha_1\beta_0 - \alpha_0\beta_1}{\alpha_1 - \beta_1}$$
$$\Pi_3 = -\frac{\alpha_2\beta_1}{\alpha_1 - \beta_1} \tag{19.2.18}$$

e

$$w_t = \frac{\alpha_1 u_{2t} - \beta_1 u_{1t}}{\alpha_1 - \beta_1}$$

Uma vez que (19.2.15) e (19.2.17) são, ambas, equações na forma reduzida, o método de mínimos quadrados ordinários (MQO) pode ser aplicado para estimar seus parâmetros. Agora o modelo de oferta e demanda (19.2.12) e (19.2.3) contém cinco coeficientes estruturais — α_0, α_1, α_2, β_0 e β_1. Mas há apenas quatro equações para estimá-los; em outras palavras, os quatro coeficientes de forma reduzida Π_0, Π_1, Π_2, Π_3 dados nas Equações (19.2.16) e (19.2.18). Portanto, uma única solução de todos os coeficientes estruturais não é possível. Contudo, pode-se mostrar que os parâmetros da função oferta podem ser identificados (estimados), porque

$$\beta_0 = \Pi_2 - \beta_1\Pi_0$$
$$\beta_1 = \frac{\Pi_3}{\Pi_1} \tag{19.2.19}$$

Mas não há uma única maneira de estimar os parâmetros da função demanda; ela permanece subidentificada. Observe que o coeficiente estrutural β_1 é uma função não linear dos coeficientes de forma reduzida, que coloca alguns problemas quando é necessário estimar o erro padrão da estimada β_1, como poderemos ver no Capítulo 20.

Para verificarmos que a função demanda (19.2.12) não pode ser identificada (estimada), vamos multiplicá-la por $\lambda(0 \leq \lambda \leq 1)$ e (19.2.13) por $1 - \lambda$ e somá-las para obter a seguinte equação "híbrida":

$$Q_t = \gamma_0 + \gamma_1 P_t + \gamma_2 I_t + w_t \tag{19.2.20}$$

em que

$$\begin{aligned}\gamma_0 &= \lambda\alpha_0 + (1-\lambda)\beta_0\\ \gamma_1 &= \lambda\alpha_1 + (1-\lambda)\beta_1\\ \gamma_2 &= \lambda\alpha_2\end{aligned} \tag{19.2.21}$$

e

$$w_t = \lambda u_{1t} + (1-\lambda)u_{2t}$$

A equação (19.2.20) é observacionalmente indistinguível da função demanda (19.2.12) embora seja distinguível da função oferta (19.2.13), que não contém a variável I como uma variável explanatória. Portanto, a função demanda permanece não identificada.

Observe um fato interessante: é a presença de uma variável adicional na função demanda que nos habilita a identificar a função oferta! Por quê? A inclusão da variável renda na equação da demanda fornece-nos alguma informação adicional sobre a variabilidade da função, como indicado na Figura 19.1*d*. A figura mostra como a intersecção da curva de oferta estável com a mudança da curva de demanda (por conta das mudanças na renda) habilita-nos a traçar (identificar) a curva de oferta. Como será apresentado em breve, com frequência a possibilidade de identificar uma equação depende de ela excluir uma ou mais variáveis que estão incluídas em outras equações no modelo.

Mas consideremos o seguinte modelo de oferta e demanda:

Função demanda: $$Q_t = \alpha_0 + \alpha_1 P_t + \alpha_2 I_t + u_{1t} \qquad \alpha_1 < 0, \alpha_2 > 0 \tag{19.2.12}$$

Função oferta: $$Q_t = \beta_0 + \beta_1 P_t + \beta_2 P_{t-1} + u_{2t} \qquad \beta_1 > 0, \beta_2 > 0 \tag{19.2.22}$$

em que a função demanda permanece como antes, mas a função oferta inclui uma variável explanatória adicional, o preço defasado em um período. A função oferta postula que a quantidade de uma *commodity* ofertada depende do período de preço atual e prévio, um modelo frequentemente utilizado para explicar a oferta de muitas *commodities* agrícolas. Observe que P_{t-1} é uma variável predeterminada, porque seu valor é conhecido no período t.

Pelo mecanismo *market-clearing*, temos

$$\alpha_0 + \alpha_1 P_t + \alpha_2 I_t + u_{1t} = \beta_0 + \beta_1 P_t + \beta_2 P_{t-1} + u_{2t} \tag{19.2.23}$$

Solucionando essa equação, obtemos o seguinte preço de equilíbrio:

$$P_t = \Pi_0 + \Pi_1 I_t + \Pi_2 P_{t-1} + v_t \tag{19.2.24}$$

em que

$$\begin{aligned}\Pi_0 &= \frac{\beta_0 - \alpha_0}{\alpha_1 - \beta_1}\\ \Pi_1 &= -\frac{\alpha_2}{\alpha_1 - \beta_1}\\ \Pi_2 &= \frac{\beta_2}{\alpha_1 - \beta_1}\\ v_t &= \frac{u_{2t} - u_{1t}}{\alpha_1 - \beta_1}\end{aligned} \tag{19.2.25}$$

Substituindo o preço de equilíbrio na equação de demanda ou de oferta, obtemos a correspondente quantidade de equilíbrio:

$$Q_t = \Pi_3 + \Pi_4 I_t + \Pi_5 P_{t-1} + w_t \tag{19.2.26}$$

em que os coeficientes de forma reduzida são

$$\Pi_3 = \frac{\alpha_1\beta_0 - \alpha_0\beta_1}{\alpha_1 - \beta_1}$$

$$\Pi_4 = -\frac{\alpha_2\beta_1}{\alpha_1 - \beta_1} \tag{19.2.27}$$

$$\Pi_5 = \frac{\alpha_1\beta_2}{\alpha_1 - \beta_1}$$

e

$$w_t = \frac{\alpha_1 u_{2t} - \beta_1 u_{1t}}{\alpha_1 - \beta_1}$$

O modelo de oferta e demanda apresentado nas Equações (19.2.12) e (19.2.22) contém seis coeficientes estruturais — α_0, α_1, α_2, β_0, β_1 e β_2 — e há seis coeficientes de forma reduzida — Π_0, Π_1, Π_2, Π_3, Π_4 e Π_5 — para estimá-los. Os parâmetros de ambas as equações de oferta e demanda podem ser identificados e o sistema como um todo pode ser identificado. (No Exercício 19.2, solicita-se que o leitor expresse os seis coeficientes estruturais em termos dos seis coeficientes de forma reduzida dados previamente para mostrar que a estimativa única do modelo é possível.)

Para verificarmos como as funções de oferta e demanda anteriores são identificadas, podemos também recorrer ao artifício de multiplicar a equação de demanda (19.2.12) por λ $(0 \leq \lambda \leq 1)$ e a equação de oferta (19.2.22) por $1 - \lambda$ e somá-las para obter uma equação híbrida. Essa equação conterá as variáveis predeterminadas I_t e P_{t-1}; portanto, ela será observacionalmente diferente tanto da demanda quanto da equação de oferta, porque a anterior não contém P_{t-1} e as últimas não contém I_t.

Superidentificação

Para certos bens e serviços, a renda e a riqueza do consumidor são importantes determinantes da demanda. Vamos modificar a função demanda (19.2.12) como se segue, mantendo a função oferta como antes:

$$\textit{Função demanda:}\quad Q_t = \alpha_0 + \alpha_1 P_t + \alpha_2 I_t + \alpha_3 R_t + u_{1t} \tag{19.2.28}$$

$$\textit{Função oferta:}\quad Q_t = \beta_0 + \beta_1 P_t + \beta_2 P_{t-1} + u_{2t} \tag{19.2.22}$$

em que, além das variáveis já definidas, R representa riqueza; para a maioria dos bens e serviços, espera-se que a riqueza (bem como a renda) tenha um efeito positivo sobre o consumo.

Igualando demanda e oferta, obtemos o preço e a quantidade de equilíbrio seguintes:

$$P_t = \Pi_0 + \Pi_1 I_t + \Pi_2 R_t + \Pi_3 P_{t-1} + v_t \tag{19.2.29}$$

$$Q_t = \Pi_4 + \Pi_5 I_t + \Pi_6 R_t + \Pi_7 P_{t-1} + w_t \tag{19.2.30}$$

em que

$$\begin{aligned}
\Pi_0 &= \frac{\beta_0 - \alpha_0}{\alpha_1 - \beta_1} & \Pi_1 &= -\frac{\alpha_2}{\alpha_1 - \beta_1} \\
\Pi_2 &= -\frac{\alpha_3}{\alpha_1 - \beta_1} & \Pi_3 &= \frac{\beta_2}{\alpha_1 - \beta_1} \\
\Pi_4 &= \frac{\alpha_1\beta_0 - \alpha_0\beta_1}{\alpha_1 - \beta_1} & \Pi_5 &= -\frac{\alpha_2\beta_1}{\alpha_1 - \beta_1} \\
\Pi_6 &= -\frac{\alpha_3\beta_1}{\alpha_1 - \beta_1} & \Pi_7 &= \frac{\alpha_1\beta_2}{\alpha_1 - \beta_1} \\
w_t &= \frac{\alpha_1 u_{2t} - \beta_1 u_{1t}}{\alpha_1 - \beta_1} & v_t &= \frac{u_{2t} - u_{1t}}{\alpha_1 - \beta_1}
\end{aligned} \tag{19.2.31}$$

O modelo de oferta e demanda anterior contém sete coeficientes estruturais, mas há oito equações para estimá-los — os oito coeficientes de forma reduzida dados na Equação (19.2.31); isto é, o número de equações é maior do que o número de incógnitas. Como resultado, uma única estimativa de todos os parâmetros de nosso modelo não é possível, o que pode ser facilmente demonstrado. Por meio dos coeficientes de forma reduzida, podemos obter

$$\beta_1 = \frac{\Pi_6}{\Pi_2} \tag{19.2.32}$$

ou

$$\beta_1 = \frac{\Pi_5}{\Pi_1} \tag{19.2.33}$$

isto é, há duas estimativas de coeficiente de preço na função oferta, e não há garantia de que esse dois valores ou soluções serão idênticos.[4] Além disso, uma vez que β_1 aparece nos denominadores de todos os coeficientes de forma reduzida, a ambiguidade na estimação de β_1 será transmitida para outras estimativas também.

Por que a função oferta foi identificada no sistema (19.2.12) e (19.2.22), mas não no sistema (19.2.28) e (19.2.22), embora em ambos os casos a função oferta permaneça a mesma? A resposta é que temos "muita" informação, ou **excesso de informações**, para identificar a curva de oferta. Essa situação é o oposto do caso da subidentificação, na qual há muito pouca informação. O excesso de informação resulta do fato de que no modelo (19.2.12) e (19.2.22) a exclusão da variável renda por meio da função oferta era o suficiente para identificá-la, mas no modelo (19.2.28) e (19.2.22) a função oferta exclui não apenas a variável renda mas também a variável riqueza. Em outras palavras, no último modelo incluímos "muitas" restrições na função oferta ao requerê-la para excluir mais variáveis do que o necessário para identificá-la. Contudo, essa situação não implica que a superidentificação seja necessariamente má, porque veremos no Capítulo 20 como podemos lidar com o problema do excesso de informação ou do excesso de restrições.

Agora já vimos todos os casos. Como a discussão anterior mostra, uma equação em um modelo de equação simultânea pode ser subidentificada ou identificada (tanto super como exatamente). O modelo como um todo é identificado se cada equação nele é identificada. Para assegurarmos a identificação, lançamos mão das equações de forma reduzida. Mas, na Seção 19.3, consideraremos uma alternativa e talvez um método mais rápido para determinar se uma equação em um modelo de equação simultânea é ou não identificada.

19.3 Regras para a identificação

Como demonstram os exemplos na Seção 19.2, em princípio é possível utilizar-se de equações de forma reduzida para determinar a identificação de uma equação em um sistema de equações simultâneas. Mas esses exemplos também mostram quanto o processo pode ser trabalhoso e demorado. Felizmente, não é essencial utilizar tal procedimento. As chamadas **condições de ordem e de posto de identificação** auxiliam na tarefa ao fornecer uma rotina sistemática.

Para entendermos as condições de ordem e posto, introduzimos as seguintes notações:

M = número de variáveis endógenas no modelo
m = número de variáveis endógenas em uma dada equação
K = número de variáveis predeterminadas no modelo, incluindo o intercepto
k = número de variáveis predeterminadas em uma dada equação

[4] Note a diferença entre sub e superidentificação. No caso anterior, é impossível obter estimativas dos parâmetros estruturais, enquanto no último caso podem haver muitas estimativas de um ou mais coeficientes estruturais.

A condição de ordem de identificação[5]

Uma condição de identificação necessária (mas não suficiente), conhecida como **condição de ordem**, pode ser enunciada de duas formas diferentes, mas equivalentes, como a seguir (a condição de identificação necessária, bem como suficiente, será apresentada mais à frente):

Definição 19.1 Em um modelo de M equações simultâneas, para que uma equação seja identificada, deve-se excluir *ao menos* $M - 1$ das variáveis (endógenas e também predeterminadas) que aparecem no modelo. Se excluirmos exatamente $M - 1$ das variáveis, a equação será identificada. Se excluirmos mais do que $M - 1$ variáveis, ela será superidentificada.

Definição 19.2 Em um modelo de M equações simultâneas, para que uma equação seja identificada, o número de variáveis predeterminadas excluídas da equação não deve ser menor do que o número de variáveis endógenas incluídas naquela equação menos 1, isto é,

$$K - k \geq m - 1 \tag{19.3.1}$$

Se $K - k = m - 1$, a equação é, assim, identificada, mas, se $K - k > m - 1$, ela é superidentificada.

No Exercício 19.1, solicitamos ao leitor que prove que as duas definições anteriores de identificação são equivalentes.

Para ilustrarmos a condição de ordem, voltemos aos nossos exemplos anteriores.

EXEMPLO 19.1

Função demanda: $$Q_t^d = \alpha_0 + \alpha_1 P_t + u_{1t} \tag{18.2.1}$$

Função oferta: $$Q_t^s = \beta_0 + \beta_1 P_t + u_{2t} \tag{18.2.2}$$

Este modelo possui duas variáveis endógenas P e Q e nenhuma variável predeterminada. Para serem identificadas, cada uma das equações deve excluir ao menos a variável $M - 1 = 1$. Uma vez que não é esse o caso, nenhuma equação é identificada.

EXEMPLO 19.2

Função demanda: $$Q_t^d = \alpha_0 + \alpha_1 P_t + \alpha_2 I_t + u_{1t} \tag{19.2.12}$$

Função oferta: $$Q_t^s = \beta_0 + \beta_1 P_t + u_{2t} \tag{19.2.13}$$

Neste modelo Q e P são endógenas e I é exógena. Aplicando a condição de ordem dada na Equação (19.3.1), vemos que a função demanda não é identificada. Por outro lado, a função oferta é identificada, porque exclui exatamente a $M - 1 = 1$ variável, I_t.

EXEMPLO 19.3

Função demanda: $$Q_t^d = \alpha_0 + \alpha_1 P_t + \alpha_2 I_t + u_{1t} \tag{19.2.12}$$

Função oferta: $$Q_t^s = \beta_0 + \beta_1 P_t + \beta_2 P_{t-1} + u_{2t} \tag{19.2.22}$$

Dado que P_t e Q_t são endógenas e I_t e P_{t-1} são predeterminadas, a Equação (19.2.12) exclui exatamente uma variável P_{t-1} e a Equação (19.2.22) também exclui exatamente uma variável I_t. Portanto cada equação é identificada pela condição de posto. O modelo como um todo é identificado.

[5] O termo **ordem** refere-se à ordem de uma matriz, isto é, o número de linhas e colunas presentes em uma matriz. Veja o **Apêndice B**.

EXEMPLO 19.4

Função demanda: $Q_t^d = \alpha_0 + \alpha_1 P_t + \alpha_2 I_t + \alpha_3 R_t + u_{1t}$ **(19.2.28)**

Função oferta: $Q_t^s = \beta_0 + \beta_1 P_t + \beta_2 P_{t-1} + u_{2t}$ **(19.2.22)**

Neste modelo P_t e Q_t são endógenas e I_t, R_t e P_{t-1} são predeterminadas. A função demanda exclui exatamente uma variável P_{t-1} e, portanto, pela condição de ordem ela é exatamente identificada. Mas a função oferta exclui duas variáveis I_t e R_t e, desse modo, ela é sobreidentificada. Como observado anteriormente, neste caso há duas formas de estimar β_1, o coeficiente da variável preço.

Observe aqui uma pequena complicação. Pela condição de ordem, a função demanda é identificada. Mas, se tentarmos estimar os parâmetros dessa equação com base nos coeficientes de forma reduzida dados na Equação (19.2.31), as estimativas não serão únicas, porque β_1, utilizado nos cálculos, engloba dois valores e devemos decidir qual deles é apropriado. Essa dificuldade pode ser eliminada, porque, conforme demonstrado no Capítulo 20, em casos de superidentificação, o método de mínimos quadrados indiretos não é apropriado e deve ser descartado em favor de outros. Um deles é o dos **mínimos quadrados em dois estágios**, que discutiremos amplamente no Capítulo 20.

Como mostram os exemplos anteriores, a identificação de uma equação em um modelo de equações simultâneas é possível se essa equação exclui uma ou mais variáveis presentes em outras equações do modelo. Essa situação é conhecida como *critério de exclusão* (de variáveis) ou *critério de restrições zero* (os coeficientes de variáveis que não aparecem em uma equação são considerados com valores zero). Esse critério é o método mais utilizado para assegurar ou determinar a identificação de uma equação. Entretanto, note que o critério de restrições zero é baseado em uma expectativa *a priori* ou teórica de que certas variáveis não aparecem em determinada equação. Depende do pesquisador explicar claramente porque ele espera que certas variáveis apareçam em algumas equações e não em outras.

A condição de posto de identificação[6]

A condição de ordem discutida anteriormente é *necessária mas não suficiente* para a identificação; mesmo se for satisfeita, pode acontecer de uma equação não ser identificada. No Exemplo 19.2, a equação da oferta foi identificada pela condição de ordem porque excluiu a variável renda I_t, que apareceu na função demanda. Mas a identificação só ocorrerá se apenas α_2, o coeficiente de I_t na função demanda, não for zero, isto é, se a variável renda não só provavelmente, mas de fato introduzir a função demanda.

Em um sentido amplo, mesmo se a condição de ordem $K - k \geq m - 1$ é satisfeita por uma equação, ela não pode ser identificada, pois as variáveis predeterminadas excluídas desta equação, mas presentes no modelo, podem não ser todas independentes para que não possa haver a correspondência uma a uma entre os coeficientes estruturais (os β) e os coeficientes de forma reduzida (o Π). Em outras palavras, não somos capazes de estimar os parâmetros estruturais dos coeficientes de forma reduzida, como demonstraremos em breve. Precisamos de uma condição que seja necessária e suficiente para a identificação. Isso é fornecido pela *condição de posto de identificação*, que podemos estabelecer da seguinte forma:

A condição de posto de identificação

Em um modelo que contenha M equações em M variáveis endógenas, uma equação é identificada se, e apenas se, *ao menos* um determinante diferente de zero de ordem $(M - 1)$ $(M - 1)$ puder ser construído por meio dos coeficientes das variáveis (tanto endógenas quanto predeterminadas) excluídas da equação especificada, mas incluídas em outras equações do modelo.

[6] O termo **posto** refere-se ao *posto* de uma matriz e é dado pela maior matriz de ordem quadrada (contida na matriz apresentada) cujo determinante é não zero. Por outro lado, o posto de uma matriz é o maior número de linhas ou colunas linearmente independentes daquela matriz. Veja o **Apêndice B**.

Como uma ilustração da condição de posto de identificação, considere o seguinte sistema de equações simultâneas no qual as variáveis Y são endógenas e as X, predeterminadas.[7]

$$Y_{1t} - \beta_{10} \qquad - \beta_{12}Y_{2t} - \beta_{13}Y_{3t} - \gamma_{11}X_{1t} \qquad = u_{1t} \tag{19.3.2}$$

$$Y_{2t} - \beta_{20} \qquad - \beta_{23}Y_{3t} - \gamma_{21}X_{1t} - \gamma_{22}X_{2t} \qquad = u_{2t} \tag{19.3.3}$$

$$Y_{3t} - \beta_{30} - \beta_{31}Y_{1t} \qquad - \gamma_{31}X_{1t} - \gamma_{32}X_{2t} \qquad = u_{3t} \tag{19.3.4}$$

$$Y_{4t} - \beta_{40} - \beta_{41}Y_{1t} - \beta_{42}Y_{2t} \qquad - \gamma_{43}X_{3t} \qquad = u_{4t} \tag{19.3.5}$$

Para facilitarmos a identificação, vamos escrever o sistema anterior na Tabela 19.1, o qual é autoexplicativo.

Primeiro, aplicaremos a condição de ordem de identificação, como exibido na Tabela 19.2. Pela condição de ordem, cada equação é identificada. Vamos checar novamente com a condição de posto. Considere a primeira equação, que exclui as variáveis Y_4, X_2 e X_3 (isso é representado pelos zeros na primeira linha da Tabela 19.1). Para essa equação ser identificada, devemos obter ao menos um determinante não zero de ordem 3×3 dos coeficientes das variáveis excluídas dessa equação, mas incluída em outras equações. Para obter o determinante, primeiro obtemos a matriz relevante dos coeficientes das variáveis Y_4, X_2 e X_3 incluídas nas outras equações. Neste caso, há apenas uma matriz desse tipo, chamada **A**, definida assim:

$$\mathbf{A} = \begin{bmatrix} 0 & -\gamma_{22} & 0 \\ 0 & -\gamma_{32} & 0 \\ 1 & 0 & -\gamma_{43} \end{bmatrix} \tag{19.3.6}$$

Pode-se ver que o determinante desta matriz é zero:

$$\det \mathbf{A} = \begin{vmatrix} 0 & -\gamma_{22} & 0 \\ 0 & -\gamma_{32} & 0 \\ 1 & 0 & -\gamma_{43} \end{vmatrix} \tag{19.3.7}$$

Uma vez que o determinante é zero, o posto da matriz (19.3.6), estipulado por $\rho(\mathbf{A})$, é menor do que 3. Então, a Equação (19.3.2) não satisfaz a condição de posto e, portanto, não é identificada.

TABELA 19.1

	Coeficientes das variáveis							
Equação Nº	**1**	Y_1	Y_2	Y_3	Y_4	X_1	X_2	X_3
(19.3.2)	$-\beta_{10}$	1	$-\beta_{12}$	$-\beta_{13}$	0	$-\gamma_{11}$	0	0
(19.3.3)	$-\beta_{20}$	0	1	$-\beta_{23}$	0	$-\gamma_{21}$	$-\gamma_{22}$	0
(19.3.4)	$-\beta_{30}$	$-\beta_{31}$	0	1	0	$-\gamma_{31}$	$-\gamma_{32}$	0
(19.3.5)	$-\beta_{40}$	$-\beta_{41}$	$-\beta_{42}$	0	1	0	0	$-\gamma_{43}$

TABELA 19.2

Equação nº	Nº de variáveis predeterminadas excluídas $(K - k)$	Nº de variáveis endógenas incluídas menos uma, $(m - 1)$	Identificada?
(19.3.2)	2	2	Exatamente
(19.3.3)	1	1	Exatamente
(19.3.4)	1	1	Exatamente
(19.3.5)	2	2	Exatamente

[7] O sistema de equações simultâneas, apresentado na Equação (19.1.1), pode ser demonstrado da seguinte forma alternativa, que pode ser conveniente para as manipulações da matriz.

Como observado, a *condição de posto* é necessária e suficiente para a identificação. Sendo assim, embora a condição de posto mostre que a Equação (19.3.2) é identificada, a condição de posto mostra que ela não é. Aparentemente, as colunas ou linhas da matriz **A** dadas na Equação (19.3.6) não são (linearmente) independentes, significando que há alguma relação entre as variáveis Y_4, X_2 e X_3. Como resultado, não temos informações suficientes para estimar os parâmetros da Equação (19.3.2); as equações de forma reduzida para o modelo anterior mostrarão que não é possível obter os coeficientes estruturais da equação com base nos coeficientes na forma reduzida. O leitor deve verificar que, pela condição de posto, as Equações (19.3.3) e (19.3.4) também não são identificadas, mas a (19.3.5) é.

Como demonstra a discussão anterior, *a condição de posto nos diz se a equação em consideração é identificada ou não, enquanto a condição de ordem nos diz se ela é exatamente identificada ou superidentificada.*

Para aplicarmos a condição de posto, podemos proceder da seguinte forma:

1. Escreva o sistema em uma forma tabular, conforme apresentado na Tabela 19.1
2. Cancele os coeficientes da linha em que a equação em questão aparece.
3. Cancele também as colunas correspondentes aos coeficientes no passo (2) que são diferentes de zero.
4. As entradas deixadas na tabela oferecerão, assim, apenas os coeficientes das variáveis incluídas no sistema, mas não na equação em consideração. Dessas entradas forme todas as matrizes possíveis, como **A**, de ordem $M-1$ e obtenha os determinantes correspondentes. Se pudermos encontrar pelo menos um determinante diferente de zero, a equação em questão será (exata ou super) identificada. O posto da matriz, por exemplo, **A**, neste caso é exatamente igual a $M-1$. Se todas determinantes possíveis $(M-1)(M-1)$ são zero, o posto da matriz **A** é menor que $M-1$ e a equação sob investigação não é identificada.

Nossa análise sobre as condições de ordem e posto de identificação leva aos seguintes princípios gerais de identificação de uma equação estrutural em um sistema de M equações simultâneas:

1. Se $K-k>m-1$ e o posto da matriz **A** é $M-1$, a equação é superidentificada.
2. Se $K-k=m-1$ e o posto da matriz **A** é $M-1$, a equação é exatamente identificada.
3. Se $K-k\geq m-1$ e o posto da matriz **A** é menor do que $M-1$, a equação é subidentificada.
4. Se $K-k<m-1$, a equação estrutural não é identificada. O posto da matriz **A** neste caso tende a ser menor do que $M-1$. (Por quê?)

De agora em diante, quando falarmos sobre identificação queremos significar identificação exata ou superidentificação. Não há razão para considerar não identificadas, ou subidentificadas, as equações, porque não importa quão extensa é a base de dados, os parâmetros estruturais não podem ser estimados. Além disso, a maioria dos sistemas de equações simultâneas em economia e finanças são mais superidentificados do que subidentificados e, portanto, não precisamos ficar muito preocupados com a subidentificação. Contudo, como será mostrado no Capítulo 20, os parâmetros das equações superidentificadas e exatamente identificadas podem ser estimados.

Qual condição deveríamos utilizar na prática: ordem ou posto? Para grandes modelos de equação simultânea, aplicar a condição de posto é um risco formidável. Então, como Harvey observa,

> Felizmente, a condição de ordem é normalmente suficiente para assegurar a identificabilidade, e, embora seja importante estar atento à condição de posto, uma falha na verificação dela raramente resulta em desastre.[8]

[8] HARVEY, Andrew. *The econometric analysis of time series.* 2. ed. Cambridge, Mass.: The MIT Press, 1990. p. 328.

*19.4 Um teste de simultaneidade[9]

Se não há equações simultâneas ou **problema de simultaneidade**, os estimadores MQO produzem estimadores consistentes e eficientes. Por outro lado, se há simultaneidade, os estimadores MQO não são sequer consistentes. Na presença da simultaneidade, como mostraremos no Capítulo 20, os métodos de **mínimos quadrados em dois estágios (MQ2E)** e **variáveis instrumentais (VI)** oferecerão estimadores consistentes e eficientes. Curiosamente, se aplicarmos esses métodos alternativos quando não há de fato simultaneidade, estes nos oferecerão estimadores consistentes, mas não eficientes (isto é, com menor variância). Essa discussão sugere que devemos verificar o problema da simultaneidade antes de descartarmos os MQO em favor das alternativas.

Como mostramos, o problema da simultaneidade surge, porque alguns dos regressores são endógenos e costumam ser correlacionados com o termo de distúrbio ou erro. Para que *um teste de simultaneidade seja essencial, ele precisa definir se um regressor (endógeno) está correlacionado com o termo de erro*. Se assim o for, o problema da simultaneidade existirá, no qual os casos alternativos aos MQO devem ser encontrados; do contrário, podemos utilizar os MQO. Para descobrirmos qual é o caso em uma situação concreta, usemos o teste de especificação de erro de Hausman.

Teste de especificação de Hausman

Uma versão do teste de especificação de erro de Hausman, usada para testar o problema da simultaneidade, é explicada da seguinte maneira:[10]

Para ordenar as ideias, considere o modelo de duas equações

$$\textit{Função demanda:}\quad Q_t^d = \alpha_0 + \alpha_1 P_t + \alpha_2 I_t + \alpha_3 R_t + u_{1t} \tag{19.4.1}$$

$$\textit{Função oferta:}\quad Q_t^s = \beta_0 + \beta_1 P_t + u_{2t} \tag{19.4.2}$$

em que $P =$ preço
$Q =$ quantidade
$I =$ renda
$R =$ riqueza
$u =$ termos de erro

Presuma que I e R sejam exógenos; certamente, P e Q são endógenos.

Agora considere a função oferta (19.4.2). Se não há o problema da simultaneidade (isto é, P e Q são mutuamente independentes), P_t e u_{2t} deveriam ser não correlacionados (por quê?). Por outro lado, se houver simultaneidade, P_t e u_{2t} serão correlacionados. Para descobrir qual é o caso, o teste de Hausman procede da seguinte maneira:

Primeiro, das equações (19.4.1) e (19.4.2), obtemos as seguintes equações na forma reduzida:

$$P_t = \Pi_0 + \Pi_1 I_t + \Pi_2 R_t + v_t \tag{19.4.3}$$

$$Q_t = \Pi_3 + \Pi_4 I_t + \Pi_5 R_t + w_t \tag{19.4.4}$$

em que v e w são os termos de erro na forma reduzida. Estimando a Equação (19.4.3) por MQO, obtemos

$$\hat{P}_t = \hat{\Pi}_0 + \hat{\Pi}_1 I_t + \hat{\Pi}_2 R_t \tag{19.4.5}$$

---

*Opcional.

[9] A seguinte discussão foi extraída de Robert S.; RUBINFELD, Daniel L. *Econometric models and economic forecasts.* 3. ed. Nova York: McGraw-Hill, 1991. p. 303–305.

[10] HAUSMAN, J. A. "Specification tests in econometrics." *Econometrica,* v. 46, p. 1.251-1.271, nov. 1976. Veja também NAKAMURA, A.; NAKAMURA, M. "On the relationship among several specification error tests presented by Durbin, Wu, and Hausman." *Econometrica,* nov. 1981. vol. 49, p. 1.583-1.588.

Portanto,

$$P_t = \hat{P}_t + \hat{v}_t \tag{19.4.6}$$

em que $\hat{P}_t$ são estimadas, P_t e $\hat{v}_t$ são os resíduos estimados. Agora considere a seguinte equação:

$$Q_t = \beta_0 + \beta_1 \hat{P}_t + \beta_1 \hat{v}_t + u_{2t} \tag{19.4.7}$$

Observe: os coeficientes de P_t e v_t são os mesmos. A diferença entre essa equação e a equação de oferta original é que ela inclui a variável adicional $\hat{v}_t$, o resíduo da regressão (19.4.3).

Agora, se a hipótese nula é de que não há simultaneidade, isto é, P_t não é uma variável endógena, a correlação entre $\hat{v}_t$ e u_{2t} deve ser zero, assintoticamente. Então, se procedermos com a regressão (19.4.7) e descobrirmos que o coeficiente de v_t na Equação (19.4.7) é estatisticamente zero, podemos concluir que não há problema de simultaneidade. Essa conclusão será revertida se descobrirmos que esse coeficiente é estatisticamente significante. A propósito, observe que o teste de simultaneidade de Hausman é também conhecido como o *teste de endogeneidade de Hausman*: neste exemplo queremos descobrir se P_t é endógeno. Se for, teremos o problema da simultaneidade.

Essencialmente, então, o teste de Hausman envolve os seguinte passos:

Passo 1. Faça a regressão P_t contra I_t e R_t para obter $\hat{v}_t$.

Passo 2. Faça a regressão de Q_t contra $\hat{P}_t$ e $\hat{v}_t$ e faça um teste t sobre o coeficiente de $\hat{v}_t$. Se for significante, não rejeite a hipótese da simultaneidade; caso contrário, rejeite-a.[11] Para uma estimação eficiente, contudo, Pindyck e Rubinfeld sugerem a regressão de Q_t contra P_t e $\hat{v}_t$.[12]

Há formas alternativas de aplicar o teste de Hausman, que serão apresentadas na forma de um exercício.

EXEMPLO 19.5

Modelo de gasto público de Pindyck-Rubinfeld[13]

Para estudar o comportamento dos gastos dos governos locais e estaduais dos Estados Unidos, os autores desenvolveram o seguinte modelo de equações simultâneas:

$$\text{EXP} = \beta_1 + \beta_2\text{AID} + \beta_3\text{INC} + \beta_4\text{POP} + u_i \tag{19.4.8}$$

$$\text{AID} = \delta_1 + \delta_2\text{EXP} + \delta_3\text{PS} + v_i \tag{19.4.9}$$

em que
EXP = gastos públicos dos governos locais e estaduais
AID = transferências do governo federal
INC = renda dos Estados
POP = população do Estado
PS = população de crianças das escolas primárias e secundárias
u e v = termos de erro

Neste modelo, INC, POP e PS são considerados variáveis exógenas.

Em virtude da possibilidade da simultaneidade entre EXP e AID, os autores primeiramente fazem a regressão de AID contra INC e PS (isto é, a regressão da forma reduzida). Seja o termo de erro nessa regressão w_i. Por meio dessa regressão, o resíduo calculado é $\hat{w}_i$. Os autores, então, fazem a regressão de EXP contra AID, INC, POP e $\hat{w}_i$, para obter os seguintes resultados:

(Continua)

[11] Se mais de um regressor endógeno estiver envolvido, teremos de usar o teste *F*.

[12] PINDYCK e RUBINFELD, op. cit., p. 304. *Nota*: o regressor é P_t e *não* $\hat{P}_t$.

[13] PINDYCK e RUBINFELD, op. cit., p. 176–177. Notações levemente alteradas.

EXEMPLO 19.5
(*Continuação*)

$$\widehat{EXP} = -\ 89{,}41 + 4{,}50AID + 0{,}00013INC - 0{,}518POP - 1{,}39\hat{w}_i$$
$$t = (-1{,}04) \quad (5{,}89) \quad (3{,}06) \quad (-4{,}63) \quad (-1{,}73) \qquad \textbf{(19.4.10)}^{14}$$
$$R^2 = 0{,}99$$

Se o nível de significância estiver em 5%, o coeficiente de $\hat{w}_i$ não será estatisticamente significativo, e, portanto, para esse nível, não haverá problema de simultaneidade. Contudo, se o nível de significância estiver em 10%, será estatisticamente significativo, aumentando a possibilidade de que o problema de simultaneidade esteja presente.

A estimação dos MQO da Equação (19.4.8) é como se segue:

$$\widehat{EXP} = -\ 46{,}81 + 3{,}24AID + 0{,}00019INC - 0{,}597POP$$
$$t = (-0{,}56) \quad (13{,}64) \quad (8{,}12) \quad (-5{,}71) \qquad \textbf{(19.4.11)}$$
$$R^2 = 0{,}993$$

Perceba uma característica interessante dos resultados dados nas Equações (19.4.10) e (19.4.11): quando a simultaneidade é explicitamente levada em conta, a variável AID é menos significante embora numericamente seja maior em grandeza.

*19.5 Testes de exogeneidade

Observamos que é responsabilidade do pesquisador especificar quais variáveis são endógenas e quais são exógenas. Isso dependerá do problema que está à mão e da informação *a priori* que o pesquisador tem. Mas é possível desenvolver um teste estatístico de exogeneidade, à maneira do teste de causalidade de Granger?

O teste de Hausman, discutido na Seção 19.4, pode ser utilizado para responder a essa questão. Suponha que tenhamos um modelo de três equações nas três variáveis endógenas, Y_1, Y_2 e Y_3, e que haja três variáveis endógenas, X_1, X_2 e X_3. Além disso, suponha que a primeira equação do modelo seja

$$Y_{1i} = \beta_0 + \beta_2 Y_{2i} + \beta_3 Y_{3i} + \alpha_1 X_{1i} + u_{1i} \qquad \textbf{(19.5.1)}$$

Se Y_2 e Y_3 são realmente endógenas, não podemos estimar a Equação (19.5.1) por MQO (por quê?). Mas como descobrir isso? Podemos proceder do seguinte modo. Obtemos as equações da forma reduzida para Y_2 e Y_3 (*Observe:* as equações de forma reduzida terão apenas variáveis predeterminadas no lado direito.) Com as equações da forma reduzida, obtemos $\hat{Y}_{2i}$ e $\hat{Y}_{3i}$, os valores previstos de Y_{2i} e Y_{3i}, respectivamente. Então, no espírito do teste de Hausman, podemos estimar a seguinte equação por MQO:

$$Y_{1i} = \beta_0 + \beta_2 Y_{2i} + \beta_3 Y_{3i} + \alpha_1 X_{1i} + \lambda_2 \hat{Y}_{2i} + \lambda_3 \hat{Y}_{3i} + u_{1i} \qquad \textbf{(19.5.2)}$$

Utilizando o teste F, testamos a hipótese que $\lambda_2 = \lambda_3 = 0$. Se a hipótese for rejeitada, Y_2 e Y_3 poderão ser consideradas endógenas, do contrário, poderão ser tratadas como exógenas. Para um exemplo concreto, veja o Exercício 19.16.

[14] Como na nota de rodapé 12, os autores utilizam AID em vez de $\widehat{AID}$ como regressor.

*Opcional.

Resumo e conclusões

1. O problema da identificação precede o problema da estimação.
2. O problema da identificação busca saber se podemos obter estimativas numéricas únicas dos coeficientes estruturais por meio dos coeficientes de forma reduzida estimados.
3. Se isso puder ser feito, uma equação em um sistema de equações simultâneas é identificado. Do contrário, aquela equação não é identificada ou é subidentificada.
4. Uma equação identificada pode ser exatamente identificada ou superidentificada. No caso anterior, valores únicos de coeficientes estruturais podem ser obtidos; no último caso, deve haver mais do que um valor para um ou mais parâmetros estruturais.
5. O problema da identificação surge, porque o mesmo conjunto de dados pode ser compatível com diferentes conjuntos de coeficientes estruturais, isto é, diferentes modelos. Na regressão de preço contra a quantidade apenas, é difícil dizer se alguém está estimando a função oferta ou a função demanda, porque preço e quantidade entram em ambas as equações.
6. Para avaliar a identificação de uma equação estrutural, pode-se aplicar a técnica das **equações de forma reduzida**, que expressa uma variável endógena apenas como uma função de variáveis predeterminadas.
7. Entretanto, esse procedimento demorado pode ser evitado utilizando a **condição de ordem** ou a **condição de posto** de identificação. Embora a condição de ordem seja fácil de aplicar, ela fornece apenas uma condição necessária para a identificação. Por outro lado, a condição de posto é tanto uma condição necessária quanto suficiente para a identificação. Se a condição de posto é satisfeita, a condição de ordem também o é, embora o inverso não seja verdadeiro. Na prática, a condição de ordem é geralmente adequada para assegurar a identificabilidade.
8. Na presença da simultaneidade, os MQO em geral não são aplicáveis, como é apresentado no Capítulo 18. Mas se quisermos utilizá-la, é imperativo testar explicitamente a simultaneidade. O **teste de especificação de Hausman** pode ser usado com esse propósito.
9. Embora, na prática, decidir se uma variável é endógena ou exógena seja uma questão de julgamento, pode-se utilizar o teste de especificação de Hausman para determinar se uma variável, ou grupo de variáveis, é endógena ou exógena.
10. Embora sejam da mesma família, os conceitos de causalidade e exogeneidade são diferentes e um não pode necessariamente implicar o outro. Na prática, é melhor manter esses conceitos separados (veja a Seção 17.14).

EXERCÍCIOS

19.1. Mostre que as duas definições da condição de ordem de identificação (veja a Seção 19.3) são equivalentes.

19.2. Deduza os coeficientes estruturais com base nos coeficientes de forma reduzida apresentados nas Equações (19.2.25) e (19.2.27).

19.3. Obtenha a forma reduzida dos seguintes modelos e determine em qual caso as equações estruturais são não identificadas, exatamente identificadas ou superidentificadas:

a. Capítulo 18, Exemplo 18.2.

b. Capítulo 18, Exemplo 18.3.

c. Capítulo 18, Exemplo 18.6.

19.4. Verifique a identificação dos modelos do Exercício 19.3 ao aplicar tanto a condição de posto quanto a condição de posto de identificação.

19.5. No modelo (19.2.22) do texto, mostrou-se que a equação da oferta foi superidentificada. Quais restrições, se houver alguma, nos parâmetros estruturais tornarão essa equação exatamente identificada? Justifique as restrições impostas por você.

19.6. Por meio do modelo

$$Y_{1t} = \beta_{10} + \beta_{12}Y_{2t} + \gamma_{11}X_{1t} + u_{1t}$$
$$Y_{2t} = \beta_{20} + \beta_{21}Y_{1t} + \gamma_{22}X_{2t} + u_{2t}$$

são obtidas as seguintes equações na forma reduzida:

$$Y_{1t} = \Pi_{10} + \Pi_{11}X_{1t} + \Pi_{12}X_{2t} + w_t$$
$$Y_{2t} = \Pi_{20} + \Pi_{21}X_{1t} + \Pi_{22}X_{2t} + v_t$$

a. As equações estruturais são identificadas?

b. O que acontece com a identificação se sabemos *a priori* que $\gamma_{11} = 10$?

19.7. Retome o Exercício 19.6. As equações de forma reduzida são as seguintes:

$$Y_{1t} = 4 + 3X_{1t} + 8X_{2t}$$
$$Y_{2t} = 2 + 6X_{1t} + 10X_{2t}$$

a. Obtenha os valores dos parâmetros estruturais.

b. Como você testaria a hipótese nula de que $\gamma_{11} = 10$?

19.8. O modelo

$$Y_{1t} = \beta_{10} + \beta_{12}Y_{2t} + \gamma_{11}X_{1t} + u_{1t}$$
$$Y_{2t} = \beta_{20} + \beta_{21}Y_{1t} + u_{2t}$$

produz as seguintes equações de forma reduzida:

$$Y_{1t} = 4 + 8X_{1t}$$
$$Y_{2t} = 2 + 12X_{1t}$$

a. Quais coeficientes estruturais, se houver algum, podem ser estimados com base nos coeficientes de forma reduzida? Demonstre seu ponto de vista.

b. Como a resposta a (*a*) muda se sabemos *a priori* que (1) $\beta_{12} = 0$ e (2) $\beta_{10} = 0$?

19.9. Determine se as equações estruturais do modelo dado no Exercício 18.8 são identificadas.

19.10. Retome ao Exercício 18.7 e descubra quais equações estruturais podem ser identificadas.

19.11. A Tabela 19.3 é um modelo com cinco equações com cinco variáveis endógenas *Y* e quatro variáveis exógenas *X*:

TABELA 19.3

	Coefcientes das variáveis								
Equação nº	Y_1	Y_2	Y_3	Y_4	Y_5	X_1	X_2	X_3	X_4
1	1	β_{12}	0	β_{14}	0	γ_{11}	0	0	γ_{14}
2	0	1	β_{23}	β_{24}	0	0	γ_{22}	γ_{23}	0
3	β_{31}	0	1	β_{34}	β_{35}	0	0	γ_{33}	γ_{34}
4	0	β_{42}	0	1	0	γ_{41}	0	γ_{43}	0
5	β_{51}	0	0	β_{54}	1	0	γ_{52}	γ_{53}	0

Determine a identificação de cada equação com a ajuda das condições de posto.

19.12. Considere o seguinte modelo keynesiano estendido da determinação de renda:

Função consumo: $C_t = \beta_1 + \beta_2 Y_t - \beta_3 T_t + u_{1t}$

Função investimento: $I_t = \alpha_0 + \alpha_1 Y_{t-1} + u_{2t}$

Função tributação: $T_t = \gamma_0 + \gamma_1 Y_t + u_{3t}$

Identidade de renda: $Y_t = C_t + I_t + G_t$

em que C = gastos com consumo
Y = renda
I = investimento
T = impostos
G = gastos governamentais
u = termos de distúrbio

No modelo, as variáveis endógenas são C, I, T e Y e as variáveis predeterminadas são G e Y_{t-1}.

Ao aplicar a condição de posto, verifique a identificação de cada uma das equações do sistema e do sistema como um todo. O que ocorreria se r_t, a taxa de juros, supondo que seja exógena, aparecesse no lado direito da função investimento?

19.13. Retome aos dados indicados na Tabela 18.1 do Capítulo 18. Utilizando-os, estime as regressões de forma reduzida (19.1.2) e (19.1.4). Você pode estimar β_0 e β_1? Mostre seus cálculos. O modelo é identificado? Por quê?

19.14. Suponha que seja proposta uma outra definição de condição de ordem de identificação:

$$K \geq m + k - 1$$

que afirme que o número de variáveis predeterminadas no sistema não possa ser menor que o número de coeficientes desconhecidos na equação a ser identificada. Mostre que essa identificação é equivalente às duas outras definições da condição de posto apresentadas no texto.

19.15. Uma versão simplificada do modelo de mercado de melancias de Suit é a seguinte:*

Equação da demanda: $P_t = \alpha_0 + \alpha_1(Q_t)N_t) + \alpha_2(Y_t)N_t) + \alpha_3 F_t + u_{1t}$

Função oferta da safra: $Q_t = \beta_0 + \beta_1(P_t)W_t) + \beta_2 P_{t-1} + \beta_3 C_{t-1} + \beta_4 T_{t-1} + u_{2t}$

em que P = preço
(Q/N) = quantidade demandada *per capita*
(Y/N) = renda *per capita*
F_t = custos de frete
(P/W) = preço em relação aos salários rurais
C = preço do algodão
T = preço de outras safras
N = população

P e Q são as variáveis endógenas.

a. Obtenha a forma reduzida.

b. Determine se são identificadas a função demanda, a função oferta ou ambas.

Exercícios aplicados

19.16. Considere o seguinte modelo de demanda e oferta de moeda:

Demanda de moeda: $M_t^d = \beta_0 + \beta_1 Y_t + \beta_2 R_t + \beta_3 P_t + u_{1t}$

Oferta de moeda: $M_t^s = \alpha_0 + \alpha_1 Y_t + u_{2t}$

em que M = moeda
Y = renda
R = taxa de juros
P = preço
u = termo de erro

* SUITS, D. B. "An econometric model of the watermelon market." *Journal of Farm Economics,* 1955. v. 37, p. 237-251.

TABELA 19.4

Estados Unidos – Moeda, PIB, Taxa de Juros e Índice de Preços ao Consumidor – 1970–2006

Fonte: *Economic Report of the President*, 2007, Tabelas B-2, B-60, B-69, B-73.

Observação	M_2	PIB	TBRATE	IPC
1970	626,5	3.771,9	6,458	38,8
1971	710,3	3.898,6	4,348	40,5
1972	802,3	4.105,0	4,071	41,8
1973	855,5	4.341,5	7,041	44,4
1974	902,1	4.319,6	7,886	49,3
1975	1.016,2	4.311,2	5,838	53,8
1976	1.152,0	4.540,9	4,989	56,9
1977	1.270,3	4.750,5	5,265	60,6
1978	1.366,0	5.015,0	7,221	65,2
1979	1.473,7	5.173,4	10,041	72,6
1980	1.599,8	5.161,7	11,506	82,4
1981	1.755,5	5.291,7	14,029	90,9
1982	1.910,1	5.189,3	10,686	96,5
1983	2.126,4	5.423,8	8,63	99,6
1984	2.309,8	5.813,6	9,58	103,9
1985	2.495,5	6.053,7	7,48	107,6
1986	2.732,2	6.263,6	5,98	109,6
1987	2.831,3	6.475,1	5,82	113,6
1988	2.994,3	6.742,7	6,69	118,3
1989	3.158,3	6.981,4	8,12	124,0
1990	3.277,7	7.112,5	7,51	130,7
1991	3.378,3	7.100,5	5,42	136,2
1992	3.431,8	7.336,6	3,45	140,3
1993	3.482,5	7.532,7	3,02	144,5
1994	3.498,5	7.835,5	4,29	148,2
1995	3.641,7	8.031,7	5,51	152,4
1996	3.820,5	8.328,9	5,02	156,9
1997	4.035,0	8.703,5	5,07	160,5
1998	4.381,8	9.066,9	4,81	163,0
1999	4.639,2	9.470,3	4,66	166,6
2000	4.921,7	9.817,0	5,85	172,2
2001	5.433,5	9.890,7	3,45	177,1
2002	5.779,2	10.048,8	1,62	179,9
2003	6.071,2	10.301,0	1,02	184,0
2004	6.421,6	10.675,8	1,38	188,9
2005	6.691,7	11.003,4	3,16	195,3
2006	7.035,5	11.319,4	4,73	201,6

Notas: M_2 = M_2 Oferta de moeda (bilhões de dólares).
PIB = produto interno bruto (bilhões de dólares).
TBRATE = Letras do Tesouro de três meses, (%).
IPC = Índice de preços ao consumidor (1982–1984 = 100).

Presuma que R e P sejam exógenas e M e Y sejam endógenas. A Tabela 19.4 fornece dados sobre M (definição de M_2), Y (PIB), R (Letras do Tesouro de três meses) e P (Índice de Preços ao Consumidor), nos Estados Unidos, entre 1970 e 2006.

a. A função demanda é identificada?

b. A função oferta é identificada?

c. Obtenha as expressões para as equações de forma reduzida para M e Y.

d. Aplique o teste de simultaneidade para função oferta.

e. Como você descobriria se Y na função oferta de moeda é de fato endógena?

19.17. O teste de Hausman, discutido no texto, também pode ser conduzido da seguinte maneira. Considere a Equação (19.4.7):

$$Q_t = \beta_0 + \beta_1 P_t + \beta_1 v_t + u_{2t}$$

a. Uma vez que P_t e v_t possuem os mesmos coeficientes, como você poderia testar se, em determinada aplicação, este é realmente o caso? Quais as implicações disso?

b. Uma vez que P_t não é correlacionada com u_{2t} pelo esquema (por quê?), uma forma de descobrir se P_t é exógena é verificar se v_t é correlacionada com u_{2t}. Como você faria para testar isso? Que teste utilizaria? (*Dica:* substitua P_t por meio de (19.4.6) pela Equação (19.4.7)).

Capítulo 20

Métodos de equações simultâneas

Após discutirmos a natureza dos modelos de equações simultâneas nos dois últimos capítulos, neste retomaremos o problema da estimação dos parâmetros de tais modelos. A princípio, podemos observar que o problema da estimação é muito complexo, porque há uma variedade de técnicas com variadas propriedades estatísticas. Em virtude da natureza deste texto, deveremos considerar apenas algumas dessas técnicas de estimação. Nossa discussão será simples e, frequentemente, heurística, e os pontos mais refinados serão deixados para as referências.

20.1 Abordagens da estimação

Se considerarmos modelos de M equações em M variáveis endógenas dadas na Equação (19.1.1), podemos adotar duas abordagens para estimar as equações estruturais: os **métodos de equação única**, também conhecidos como métodos de **informação limitada** e os **métodos de sistema**, também conhecidos como métodos de **informação completa**. Nos métodos de equação única, em resumo, estimamos cada equação no sistema (das equações simultâneas) individualmente, levando em conta quaisquer restrições incluídas naquela equação (como a exclusão de algumas variáveis) sem ficarmos preocupados com as restrições nas outras equações do sistema,[1] daí o nome métodos de *informação limitada*. Nos métodos de sistema, por outro lado, estimamos todas as equações no modelo simultaneamente, levando em conta todas as restrições em tais equações pela omissão ou abstenção de algumas variáveis (lembre-se de que, para a identificação, tais restrições são essenciais), daí o nome métodos de *informação completa*.

Como exemplo, considere o seguinte modelo de quatro equações:

$$\begin{aligned}
Y_{1t} &= \beta_{10} + \qquad\quad + \beta_{12}Y_{2t} + \beta_{13}Y_{3t} + \qquad\quad + \gamma_{11}X_{1t} + \qquad\qquad\quad + u_{1t}\\
Y_{2t} &= \beta_{20} + \qquad\qquad\qquad\quad + \beta_{23}Y_{3t} \qquad\qquad + \gamma_{21}X_{1t} + \gamma_{22}X_{2t} \qquad + u_{2t}\\
Y_{3t} &= \beta_{30} + \beta_{31}Y_{1t} + \qquad\qquad\qquad\quad + \beta_{34}Y_{4t} + \gamma_{31}X_{1t} + \gamma_{32}X_{2t} + \qquad + u_{3t}\\
Y_{4t} &= \beta_{40} + \qquad\quad + \beta_{42}Y_{2t} \qquad\qquad\qquad\qquad\qquad\qquad + \gamma_{43}X_{3t} + u_{4t}
\end{aligned} \tag{20.1.1}$$

em que os Y são as variáveis endógenas e os X, as exógenas. Se estamos interessados em estimar, por exemplo, a terceira equação, os métodos de equação única considerarão apenas essa equação, observando que as variáveis Y_2 e Y_3 são excluídas dela. Nos sistemas de métodos, por outro lado, tentamos estimar todas as quatro equações simultaneamente, levando em conta todas as restrições impostas às várias equações do sistema.

[1] Para o propósito da identificação, contudo, as informações fornecidas por outras equações terão de ser consideradas. Mas, como observado no Capítulo 19, a estimação é possível apenas no caso de equações (exatamente ou super) identificadas. Neste capítulo, consideraremos que o problema da identificação é solucionado por meio das técnicas do Capítulo 19.

Para preservarmos o espírito dos modelos de equação simultânea, deveremos, idealmente, utilizar o método dos sistemas, como o **método de máxima verossimilhança de informação completa** (*full information maximum likelihood* **[FIML]**).[2] Na prática, esses métodos não são em geral utilizados por um conjunto de razões. Primeiro, a quantidade de cálculos é enorme. Por exemplo, o modelo comparativamente pequeno (20 equações) de Klein-Goldberger para a economia americana, em 1955, possuía 151 coeficientes não nulos, dos quais os autores estimavam apenas 51 coeficientes utilizando os dados de séries temporais. O modelo de econometria do Brookings-Social Science Research Council (SSRC) da economia americana, publicado em 1965, possuía incialmente 150 equações.[3] Embora tais modelos elaborados possam fornecer detalhes mais precisos dos vários setores da economia, os cálculos são uma tarefa exaustante mesmo nestes dias de computadores altamente velozes, e sem mencionar o custo envolvido. Em segundo lugar, os sistemas de métodos, como o FIML, levam a soluções altamente não lineares nos parâmetros e são, portanto, frequentemente difíceis de determinar. Terceiro, se há um erro de especificação (por exemplo, uma forma funcional errada ou exclusão de variáveis relevantes) em uma ou mais equações do sistema, esse erro é transmitido para o resto do sistema. Como resultado, os métodos do sistema tornam-se mais sensíveis para a especificação de erros.

Na prática, os métodos de equação única são muito usados. Como Klein observa:

> Os métodos de equação única, no contexto de um sistema simultâneo, podem ser menos sensíveis ao erro de especificação no sentido de que essas partes do sistema que são corretamente especificadas podem não ser afetadas consideravelmente pelos erros de especificação em outra parte.[4]

No resto do capítulo, trataremos apenas os métodos de equação única. Especificamente, discutiremos os seguintes métodos de equação única:

1. Mínimos quadrados ordinários (MQO);
2. Mínimos quadrados indiretos (MQI);
3. Mínimos quadrados em dois estágios (MQ2E).

20.2 Modelos recursivos e mínimos quadrados ordinários

Vimos no Capítulo 18 que, devido à interdependência entre o termo de distúrbio estocástico e a(s) variável(is) explanatória(s) endónega(s), o método MQO não é apropriado para a estimação de uma equação em um sistema de equações simultâneas. Se aplicados de maneira errada, então, como vimos na Seção 18.3, os estimadores não serão apenas viesados (em pequenas amostras), mas também inconsistentes; isto é, o viés não desaparece, não importando qual seja o tamanho da amostra. Há, contudo, uma situação em que os MQO podem ser aplicados apropriadamente mesmo no contexto das equações simultâneas. Esse é o caso dos modelos **recursivos**, **triangulares** ou **causais**.

Para ver a natureza desses modelos, considere o seguinte sistema de três equações:

$$\begin{aligned} Y_{1t} &= \beta_{10} & &+ \gamma_{11}X_{1t} + \gamma_{12}X_{2t} + u_{1t} \\ Y_{2t} &= \beta_{20} + \beta_{21}Y_{1t} & &+ \gamma_{21}X_{1t} + \gamma_{22}X_{2t} + u_{2t} \\ Y_{3t} &= \beta_{30} + \beta_{31}Y_{1t} + \beta_{32}Y_{2t} & &+ \gamma_{31}X_{1t} + \gamma_{32}X_{2t} + u_{3t} \end{aligned} \tag{20.2.1}$$

[2] Para uma discussão simples sobre esse método, veja CHRIST, Carl F. *Econometric models and methods.* Nova York: John Wiley & Sons, 1966. p. 395–401.

[3] DUESENBERRY, James S.; FROMM, Gary; KLEIN, Lawrence R.; KUH, Edwin (Eds.). *A quarterly model of the United States economy.* Chicago: Rand McNally, 1965.

[4] KLEIN, Lawrence R. *A textbook of econometrics.* 2. ed. Englewood Cliffs, NJ: Prentice Hall, 1974. p. 150.

em que, como de costume, Y e X são, respectivamente, as variáveis endógenas e exógenas. Os distúrbios são tais que

$$\text{cov}\,(u_{1t}, u_{2t}) = \text{cov}\,(u_{1t}, u_{3t}) = \text{cov}\,(u_{2t}, u_{3t}) = 0$$

isto é, os distúrbios de mesmo período em equações diferentes não são correlacionados (tecnicamente, essa é a hipótese de **correlação contemporânea zero**).

Agora considere a primeira equação de (20.2.1). Como contém apenas as variáveis exógenas no lado direito e, por hipótese, elas não são correlacionadas com o termo de distúrbio u_{1t}, essa equação satisfaz a premissa crítica dos clássicos MQO, isto é, a não correlação entre as variáveis explanatórias e os distúrbios estocásticos. Portanto, os MQO podem ser aplicados diretamente nessa equação. Em seguida, considere a segunda equação de (20.2.1), que contém a variável endógena Y_1 como uma variável explanatória juntamente com os X não estocásticos. Agora os MQO podem ser também aplicados nessa equação, desde que Y_{1t} e u_{2t} sejam não correlacionados. Isso é verdade? A resposta é sim, porque u_1, que afeta Y_1, é hipoteticamente não correlacionado com u_2. Para propósitos práticos, Y_1 é uma variável predeterminada no que se refere a Y_2. Pode-se proceder com a estimação dos MQO dessa equação. Levando esse argumento adiante, podemos também aplicar os MQO à terceira equação em (20.2.1), pois tanto Y_1 quanto Y_2 são correlacionadas com u_3.

No sistema recursivo, os MQO podem ser aplicados a cada uma das equações separadamente. Na verdade, não temos um problema simultaneidade nessa situação. Com base na estrutura de tal sistema, é claro que não há interdependência entre as variáveis endógenas. Portanto, Y_1 afeta Y_2, mas Y_2 não afeta Y_1. Da mesma forma, Y_1 e Y_2 influenciam Y_3 sem, por seu turno, serem influenciadas por Y_3. Em outras palavras, cada equação exibe uma dependência causal unilateral, daí o nome modelos causais.[5] Esquematicamente, temos a Figura 20.1.

FIGURA 20.1
Modelo recursivo.

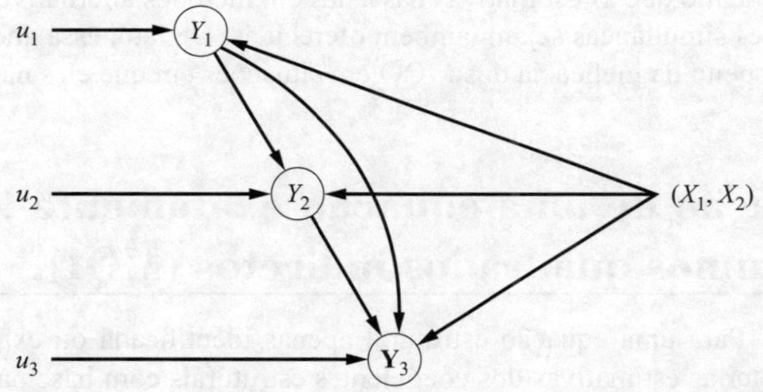

Como exemplo de um sistema recursivo, pode-se postular o seguinte modelo de determinação de salário e preço:

$$\begin{aligned} &\textit{Equação do preço:} && \dot{P}_t = \beta_{10} + \beta_{11}\dot{W}_{t-1} + \beta_{12}\dot{R}_t + \beta_{13}\dot{M}_t + \beta_{14}\dot{L}_t + u_{1t} \\ &\textit{Equação do salário:} && \dot{W}_t = \beta_{20} + \beta_{21}\text{UN}_t + \beta_{32}\dot{P}_t + u_{2t} \end{aligned} \qquad \textbf{(20.2.2)}$$

[5] O nome alternativo *triangular* origina-se do fato de que, se formamos a matriz dos coeficientes das variáveis endógenas dadas na Equação (20.2.1), obtemos a seguinte matriz triangular:

	Y_1	Y_2	Y_3
Equação 1	1	0	0
Equação 2	β_{21}	1	0
Equação 3	β_{31}	β_{32}	1

Observe que as entradas acima da diagonal principal são zeros (por quê?).

em que $\dot{P}$ = taxa de variação de preço por unidade de produção
$\dot{W}$ = taxa de variação de salários por funcionário
$\dot{R}$ = taxa de variação de preço do capital
$\dot{M}$ = taxa de variação de preços de importação
$\dot{L}$ = taxa de variação de produtividade da mão de obra
UN = taxa de desemprego, %[6]

A equação de preço postula que a taxa de mudança de preço no período corrente é uma função das taxas de mudança nos preços do capital e da matéria-prima, da taxa de mudança na produtividade do trabalho e da taxa de mudança nos salários no período anterior. A equação de salário mostra que a taxa de mudança nos salários no período corrente é determinada pela taxa de período corrente da mudança na taxa de preço e de desemprego. É claro que a cadeia causal opera com base em $\dot{W}_{t-1} \longrightarrow \dot{P}_t \longrightarrow \dot{W}_t$, e, portanto, os MQO podem ser aplicados para estimar os parâmetros de duas equações individualmente.

Embora os modelos recursivos tenham provado ser úteis, a maioria dos modelos de equação simultânea não exibe tal relação unilateral de causa e efeito. Os MQO, em geral, não são apropriados para estimar a equação única no contexto de um modelo de equações simultâneas.[7]

Há pessoas que argumentam que, embora os MQO em geral não possam ser aplicados aos modelos de equações simultâneas, pode-se utilizá-los apenas como um padrão ou norma de comparação. Isto é, pode-se estimar uma equação estrutural por MQO, com as propriedades resultantes de viés, inconsistência etc. A mesma equação pode ser estimada por outros métodos especialmente projetados para lidar com o problema da simultaneidade e os resultados dos dois métodos, comparados, ao menos, qualitativamente. Em muitas aplicações, os resultados dos MQO aplicados inapropriadamente podem não diferir muito dos obtidos por meio de métodos mais sofisticados, como veremos mais adiante. Em princípio, pode-se não ter muita objeção à produção de resultados baseados nos MQO, contanto que as estimativas baseadas em métodos alternativos desenvolvidos para modelos de equações simultâneas sejam também oferecidas. De fato, essa abordagem poderia nos dar alguma ideia a respeito da ineficácia dos MQO em situações em que eles não são apropriadamente aplicados.[8]

20.3 Estimação de uma equação exatamente identificada: o método de mínimos quadrados indiretos (MQI)

Para uma equação estrutural apenas identificada ou exatamente identificada o método para se obter as estimativas dos coeficientes estruturais com base nas estimativas de MQO dos coeficientes de forma reduzida é conhecido como **método de mínimos quadrados indiretos (MQI)**, e as estimativas então obtidas são conhecidas como **estimativas de mínimos quadrados indiretos**. Os MQI envolvem os três passos seguintes:

Passo 1. Primeiro, obtemos as equações na forma reduzida. Como observado no Capítulo 19, essas equações são obtidas por meio de equações estruturais de forma que a variável

[6] O símbolo ponto significa "derivada no tempo". Por exemplo, $\dot{P} = dP/dt$. Para a série de tempo discreta, *dP/dt* é por vezes aproximada de $\Delta P/\Delta t$, em que o símbolo Δ é o primeiro operador de diferença, primeiramente introduzido no Capítulo 12.

[7] É importante ter em vista que estamos presumindo que os distúrbios nas equações são contemporaneamente não correlacionados. Se este não for o caso, poderemos ter de recorrer à técnica de estimação de regressões aparentemente não correlacionadas, SURE (*seemingly unrelated regressions*) de Zellner para estimar os parâmetros do sistema recursivo. Veja ZELLNER "An efficient method of estimating seemingly unrelated regressions and tests for aggregation bias." *Journal of the American Statistical Association,* v. 57, p. 348-368, 1962.

[8] Também pode ser observado que, em pequenas amostras, os estimadores alternativos, como os estimadores de MQO, são igualmente viesados. Mas o estimador de MQO possui a "virtude" de ter uma variância mínima entre os estimadores alternativos. Mas isso é verdade apenas em pequenas amostras.

dependente em cada equação seja a única variável endógena e uma função apenas das variáveis predeterminadas (exógenas ou endógenas defasadas) e do(s) termo(s) de erro estocástico.

Passo 2. Aplicamos individualmente os MQO nas equações de forma reduzida. Essa operação é possível na medida em que as variáveis explanatórias nessas equações forem predeterminadas e, portanto, não correlacionadas com os distúrbios estocásticos. As estimativas obtidas são consistentes.[9]

Passo 3. Obtemos as estimativas dos coeficientes estruturais originais com base nos coeficientes da forma reduzida estimados obtidos no Passo 2. Como observado no Capítulo 19, se uma equação é exatamente identificada, há uma correspondência de um para um entre os coeficientes de forma reduzida e os estruturais; isto é, pode-se derivar estimativas únicas do primeiro por meio do último.

Como o procedimento dos três passos indica, o nome MQI vem do fato de que os coeficientes estruturais (o objeto da investigação primária na maioria dos casos) são obtidos indiretamente com base nas estimativas de MQO dos coeficientes de forma reduzida.

Um exemplo

Considere o modelo de oferta e demanda introduzido na Seção 19.2, que, por conveniência, é apresentado a seguir com uma leve mudança na notação:

$$\text{Função de demanda:} \quad Q_t = \alpha_0 + \alpha_1 P_t + \alpha_2 X_t + u_{1t} \tag{20.3.1}$$

$$\text{Função de oferta:} \quad Q_t = \beta_0 + \beta_1 P_t + u_{2t} \tag{20.3.2}$$

em que $Q =$ quantidade

$P =$ preço

$X =$ renda ou gastos

Suponha que X seja exógena. Como observado, a função de oferta é exatamente identificada enquanto a função de demanda não o é.

As equações de forma reduzida que correspondem às equações estruturais anteriores são

$$P_t = \Pi_0 + \Pi_1 X_t + w_t \tag{20.3.3}$$

$$Q_t = \Pi_2 + \Pi_3 X_t + v_t \tag{20.3.4}$$

em que os Π são coeficientes de forma reduzida e combinações (não lineares) dos coeficientes estruturais, como mostrado nas Equações (19.2.16) e (19.2.18), e w e v são combinações lineares dos distúrbios estruturais u_1 e u_2.

Observe que cada equação de forma reduzida contém apenas uma variável endógena, que é a variável dependente e que é uma função apenas da variável exógena X (renda) e dos distúrbios estocásticos. Portanto, os parâmetros das equações de forma reduzida anteriores podem ser estimados pelos MQO. Essas estimativas são

$$\hat{\Pi}_1 = \frac{\sum p_t x_t}{\sum x_t^2} \tag{20.3.5}$$

$$\hat{\Pi}_0 = \bar{P} - \hat{\Pi}_1 \bar{X} \tag{20.3.6}$$

$$\hat{\Pi}_3 = \frac{\sum q_t x_t}{\sum x_t^2} \tag{20.3.7}$$

$$\hat{\Pi}_2 = \bar{Q} - \hat{\Pi}_3 \bar{X} \tag{20.3.8}$$

[9] Além de serem consistentes, as estimativas "podem ser melhores não viesadas e/ou assintomaticamente eficientes, dependendo, respectivamente, se (*i*) os z [= *X*] são exógenos e não meramente predeterminados (isto é, não contém valores defasados de variáveis endógenas) e/ou (*ii*) a distribuição dos distúrbios é normal". Veja HOOD, W. C.; KOOPMANS, Tjalling C. *Studies in econometric method.* Nova York: John Wiley & Sons, 1953. p. 133.

em que as letras minúsculas, como de costume, denotam desvios em relação às médias da amostra e $\bar{Q}$ e $\bar{P}$ são os valores médios da amostra de Q e P. Como observado, os $\hat{\Pi}_i$ são estimadores consistentes e sob hipóteses apropriadas são também não viesados de variância mínima ou assintomaticamente eficiente (veja a nota de rodapé 9).

Posto que nosso objetivo principal é determinar os coeficientes estruturais, veremos se podemos estimá-los por meio dos coeficientes de forma reduzida. Como se viu na Seção 19.2, a função oferta é exatamente identificada. Sendo assim, seus parâmetros podem ser estimados exclusivamente por meio dos coeficientes de forma reduzida como a seguir:

$$\beta_0 = \Pi_2 - \beta_1\Pi_0 \quad \text{e} \quad \beta_1 = \frac{\Pi_3}{\Pi_1}$$

As estimativas desses parâmetros podem ser obtidas com base nas estimativas dos coeficientes de forma reduzida como

$$\hat{\beta}_0 = \hat{\Pi}_2 - \hat{\beta}_1\hat{\Pi}_0 \tag{20.3.9}$$

$$\hat{\beta}_1 = \frac{\hat{\Pi}_3}{\hat{\Pi}_1} \tag{20.3.10}$$

que são os estimadores de MQI. Observe que os parâmetros da função demanda não podem ser estimados (contudo, veja o Exercício 20.13).

Para oferecermos alguns resultados numéricos, obtivemos os dados observados na Tabela 20.1. Primeiro, estimamos as equações de forma reduzida, regredindo separadamente preço e quantidade sobre a despesa real de consumo *per capita*. Os resultados são os seguintes:

$$\begin{aligned} \hat{P}_t &= \;\; 90{,}9601 \; + \; 0{,}0007X_t \\ \text{ep} &= \;\; (4{,}0517) \quad (0{,}0002) \\ t &= (22{,}4499) \quad (3{,}0060) \qquad R^2 = (0{,}2440) \end{aligned} \tag{20.3.11}$$

$$\begin{aligned} \hat{Q}_t &= \;\; 59{,}7618 \; + \; 0{,}0020X_t \\ \text{ep} &= \;\; (1{,}5600) \quad (0{,}00009) \\ t &= (38{,}3080) \quad (20{,}9273) \qquad R^2 = 0{,}9399 \end{aligned} \tag{20.3.12}$$

Utilizando as Equações (20.3.9) e (20.3.10), obtemos estas estimativas de MQI:

$$\hat{\beta}_0 = -\;183{,}7043 \tag{20.3.13}$$

$$\hat{\beta}_1 = \;\; 2{,}6766 \tag{20.3.14}$$

Portanto, a regressão de MQI estimada é[10]

$$\hat{Q}_t = -\;183{,}7043 + 2{,}6766P_t \tag{20.3.15}$$

Para comparação, oferecemos os resultados da regressão MQO de Q sobre P (aplicada inapropriadamente):

$$\begin{aligned} \hat{Q}_t &= \;\; 20{,}89 + \;\; 0{,}673P_t \\ \text{ep} &= (23{,}04) \quad (0{,}2246) \\ t &= \;\; (0{,}91) \quad (2{,}99) \qquad R^2 = 0{,}2430 \end{aligned} \tag{20.3.16}$$

[10] Não apresentamos os erros padrão dos coeficientes estruturais estimados, porque, como observado anteriormente, esses coeficientes são em geral funções não lineares dos coeficientes de forma reduzida e não há nenhum método simples de estimar seus erros padrão com base nos erros padrão de coeficientes de forma reduzida. Para amostras de tamanho grande, contudo, os erros padrão dos coeficientes estruturais podem ser obtidos de maneira aproximada. Para mais detalhes, veja KMENTA, Jan. *Elements of econometrics*. Nova York: Macmillan, 1971. p. 444.

TABELA 20.1

Produção de safra, preços de safra e gastos de consumo pessoal *per capita*, em dólares de 2007, Estados Unidos, 1975-2004

Fonte: *Economic Report of the President,* 2007. Dados sobre Q (Tabela B-99), sobre P (Tabela B-101) e sobre X (Tabela B-31).

Ano	Índice de produção de safra (1996 = 100), Q	Índice de preços de safra recebidos pelos produtores (1990–1992 = 100), P	Gastos reais de consumo pessoal *per capita*, X
1975	66	88	4.789
1976	67	87	5.282
1977	71	83	5.804
1978	73	89	6.417
1979	78	98	7.073
1980	75	107	7.716
1981	81	111	8.439
1982	82	98	8.945
1983	71	108	9.775
1984	81	111	10.589
1985	85	98	11.406
1986	82	87	12.048
1987	84	86	12.766
1988	80	104	13.685
1989	86	109	14.546
1990	90	103	15.349
1991	90	101	15.722
1992	96	101	16.485
1993	91	102	17.204
1994	101	105	18.004
1995	96	112	18.665
1996	100	127	19.490
1997	104	115	20.323
1998	105	107	21.291
1999	108	97	22.491
2000	108	96	23.862
2001	108	99	24.722
2002	107	105	25.501
2003	108	111	26.463
2004	112	117	27.937

Esses resultados mostram como os MQO podem distorcer o quadro "real" quando aplicados em situações inapropriadas.

Propriedades dos estimadores de MQI

Vimos que os estimadores dos coeficientes de forma reduzida são consistentes e, sob hipóteses adequadas, também são os melhores estimadores não viesados ou assintomaticamente eficientes (veja a nota de rodapé 9). Essas propriedades são transferidas para os estimadores de MQI? Pode-se demonstrar que os estimadores de MQI herdam todas as propriedades assintóticas dos estimadores de forma reduzida, como a consistência e a eficiência assintótica. Mas propriedades (em amostras menores) como a não tendenciosidade em geral não permanecem verdadeiras. Mostraremos no Apêndice 20A, Seção 20A.1, que os estimadores de MQI $\hat{\beta}_0$ e $\hat{\beta}_1$ da função oferta apresentados anteriormente são viesados, mas o viés desaparece à medida que o tamanho da amostra aumenta indefinidamente (isto é, os estimadores são consistentes).[11]

[11] Intuitivamene, isso pode ser visto como se segue: $E(\hat{\beta}_1) = \beta_1$ se $E(\hat{\Pi}_3)\hat{\Pi}_1) = (\Pi_3/\Pi_1)$. Agora, mesmo que $E(\hat{\Pi}_3) = \Pi_3$ e $E(\hat{\Pi}_1) = \Pi_1$, pode ser demonstrado que $E(\hat{\Pi}_3/\hat{\Pi}_1) \neq E(\hat{\Pi}_3)/E(\hat{\Pi}_1)$; isto é, a expectativa da razão de duas variáveis não é igual à razão das expectativas de duas variáveis. Entretanto, como demonstrado no Apêndice 20A.1, plim $(\hat{\Pi}_3/\hat{\Pi}_1) = \text{plim}(\hat{\Pi}_3)/\text{plim}(\hat{\Pi}_1) = \Pi_3/\Pi_1$, pode ser demonstrado uma vez que $\hat{\Pi}_3$ e $\hat{\Pi}_1$ são estimadores consistentes.

20.4 Estimação de uma equação superindentificada: o método dos mínimos quadrados em dois estágios (MQ2E)

Considere o seguinte modelo:

Função renda: $$Y_{1t} = \beta_{10} + \quad + \beta_{11}Y_{2t} + \gamma_{11}X_{1t} + \gamma_{12}X_{2t} + u_{1t} \tag{20.4.1}$$

Função oferta de moeda: $$Y_{2t} = \beta_{20} + \beta_{21}Y_{1t} \quad + u_{2t} \tag{20.4.2}$$

em que Y_1 = renda
Y_2 = estoque de moeda
X_1 = gastos com investimento
X_2 = gastos do governo em bens e serviços

As variáveis X_1 e X_2 são exógenas.

A equação de renda, um híbrido das abordagens da teoria da quantidade de Keynes para a determinação da renda, estabelece que a renda é determinada pela oferta de moeda, pelos gastos em investimento e pelos gastos governamentais. A *função oferta de moeda* postula que o estoque de moeda é determinado (pelo Banco Central Americano) com base no nível de renda. Obviamente, temos um problema de equação simultânea, que pode ser averiguado pelo teste de simultaneidade discutido no Capítulo 19.

Aplicando a condição de ordem de identificação, podemos ver que a equação de renda é subidentificada, enquanto a equação de oferta de moeda é superidentificada. Não há muito que possa ser feito a respeito da equação de renda a não ser modificar a especificação do modelo. A função oferta de moeda superidentificada pode não ser estimada pelos MQI, porque há duas estimativas de β_{21} (o leitor deve verificar isso por meio dos coeficientes de forma reduzida).

Por uma questão prática, pode-se aplicar os MQO à equação de oferta de moeda, mas as estimativas então obtidas serão inconsistentes em vista da correlação provável entre a variável explanatória estocástica Y_1 e o termo de distúrbio estocástico u_2. Suponha, contudo, que descubramos uma "*proxy*" para a variável explanatória estocástica Y_1 de modo que, embora "semelhante" a Y_1 (no sentido de que é altamente correlacionada com Y_1), ela não é correlacionada com u_2. Essa *proxy* é também conhecida como uma **variável instrumental** (veja o Capítulo 17). Se foi possível encontrar tal *proxy*, os MQO podem ser utilizados diretamente para estimar a função de oferta de moeda.

Mas como pode obter essa variável instrumental? Uma resposta é fornecida pelos mínimos quadrados em dois estágios (MQ2E), método desenvolvido independentemente por Henri Theil[12] e Robert Basmann[13]. Como o nome indica, o método envolve duas aplicações sucessivas de MQO. O processo é o seguinte:

Estágio 1. Para livrar-se da correlação provável entre Y_1 e u_2, regrida primeiro Y_1 sobre *todas* as variáveis predeterminadas em todo o sistema, não apenas sobre essa equação. Neste caso, isso significa regredir Y_1 sobre X_1 e X_2 como se segue:

$$Y_{1t} = \hat{\Pi}_0 + \hat{\Pi}_1 X_{1t} + \hat{\Pi}_2 X_{2t} + \hat{u}_t \tag{20.4.3}$$

em que $\hat{u}_t$ são os habituais resíduos de MQO. Da Equação (20.4.3), obtemos

$$\hat{Y}_{1t} = \hat{\Pi}_0 + \hat{\Pi}_1 X_{1t} + \hat{\Pi}_2 X_{2t} \tag{20.4.4}$$

[12] 'THEIL, Henri. (*Repeated least-squares applied to complete equation systems.*) The Hague: The Central Planning Bureau, The Netherlands, 1953. Mimeografado.

[13] BASMANN, Robert L. "A generalized classical method of linear estimation of coefficients in a structural equation." *Econometrica,* 1957. v. 25, p. 77-83.

em que $\hat{Y}_{1t}$ é uma estimativa do valor médio de Y condicionado aos X fixados. Observe que a Equação (20.4.3) não é nada além de uma regressão de forma reduzida, porque apenas as varáveis exógenas e predeterminadas aparecem no lado direito.

A Equação (20.4.3) pode agora ser expressa como

$$Y_{1t} = \hat{Y}_{1t} + \hat{u}_t \tag{20.4.5}$$

que mostra que o Y_1 estocástico consiste em duas partes: $\hat{Y}_{1t}$ que é uma combinação linear de X não estocásticos, e o componente aleatório $\hat{u}_t$. De acordo com a teoria dos MQO, $\hat{Y}_{1t}$ e $\hat{u}_t$ são não correlacionados. (Por quê?)

Estágio 2. A equação de oferta de moeda superidentificada pode agora ser escrita como

$$\begin{aligned} Y_{2t} &= \beta_{20} + \beta_{21}(\hat{Y}_{1t} + \hat{u}_t) + u_{2t} \\ &= \beta_{20} + \beta_{21}\hat{Y}_{1t} + (u_{2t} + \beta_{21}\hat{u}_t) \\ &= \beta_{20} + \beta_{21}\hat{Y}_{1t} + u_t^* \end{aligned} \tag{20.4.6}$$

em que $u_t^* = u_{2t} + \beta_{21}\hat{u}_t$.

Comparando a Equação (20.4.6) com a Equação (20.4.2), vemos que são semelhantes na aparência; a única diferença é que Y_1 é substituída por $\hat{Y}_1$. Qual a vantagem da Equação (20.4.6)? Pode-se demonstrar que embora Y_1 na equação original de oferta de moeda é correlacionada ou provavelmente correlacionada com o termo de distúrbio u_2 (portanto, faz com que os MQO sejam inapropriados), $\hat{Y}_{1t}$ na Equação (20.4.6) é não correlacionada com u_t^* *assintoticamente*, isto é, na amostra maior (ou de forma mais precisa, na medida em que o tamanho da amostra cresce indefinidamente). Como resultado, os MQO podem ser aplicados à Equação (20.4.6), que fornecerá estimativas dos parâmetros da função da oferta de moeda.[14]

A conclusão de tudo isso é que, em amostras pequenas, o procedimento de MQ2E pode levar à estimação viesada.

Como o procedimento de dois estágios indica, a ideia básica que fundamenta o MQ2E é "purificar" a variável explanatória estocástica Y_1 da influência do distúrbio estocástico u_2. Esse objetivo é alcançado ao executar a regressão de forma reduzida de Y_1 em todas as variáveis predeterminadas no sistema (Estágio 1), obtendo as estimativas $\hat{Y}_{1t}$ e substituindo Y_{1t} na equação original pela estimada $\hat{Y}_{1t}$, e então aplicando os MQO à equação então transformada (Estágio 2). Os estimadores obtidos são consistentes; isto é, eles convergem aos seus valores reais à medida que o tamanho da amostra aumenta indefinidamente.

Para ilustrarmos mais ainda os MQ2E, vamos modificar o modelo de oferta de renda-moeda como se segue:

$$Y_{1t} = \beta_{10} + \beta_{12}Y_{2t} + \gamma_{11}X_{1t} + \gamma_{12}X_{2t} + u_{1t} \tag{20.4.7}$$

$$Y_{2t} = \beta_{20} + \beta_{21}Y_{1t} + \gamma_{23}X_{3t} + \gamma_{24}X_{4t} + u_{2t} \tag{20.4.8}$$

em que, além das variáveis já definidas, X_3 = renda no período de tempo anterior e X_4 = oferta de moeda no período anterior. Tanto X_3 quanto X_4 são predeterminadas.

[14] Mas observe que, em amostras pequenas, é provável que $\hat{Y}_{1t}$ seja correlacionado com u_i^*. A razão é a seguinte: com base na Equação (20.4.4), vemos que $\hat{Y}_{1t}$ é uma combinação linear ponderada dos X predeterminados, sendo $\hat{\Pi}$ os pesos. Agora, mesmo que as variáveis predeterminadas sejam verdadeiramente não estocásticas, os $\hat{\Pi}$, sendo estimadores, são estocásticos. Então, $\hat{Y}_{1t}$ também é estocástico. Agora, com base em nossa discussão das equações de forma reduzida e da estimação dos mínimos quadrados indiretos, está claro que os coeficientes reduzidos, os $\hat{\Pi}$, são correlacionados com u_2, que é um componente de u_t^*. Como resultado, espera-se que $\hat{Y}_{1t}$ seja correlacionado com u_t^*. Mas, como observado, essa correlação desaparece à medida que o tamanho da amostra tende ao infinito.

Rapidamente, pode-se verificar que tanto as Equações (20.4.7) quanto (20.4.7) são superidentificadas. Para aplicar os MQ2E, procedemos como se segue: no Estágio 1, regredimos as variáveis endógenas em *todas* as variáveis predeterminadas no sistema. Então

$$Y_{1t} = \hat{\Pi}_{10} + \hat{\Pi}_{11}X_{1t} + \hat{\Pi}_{12}X_{2t} + \hat{\Pi}_{13}X_{3t} + \hat{\Pi}_{14}X_{4t} + \hat{u}_{1t} \tag{20.4.9}$$

$$Y_{2t} = \hat{\Pi}_{20} + \hat{\Pi}_{21}X_{1t} + \hat{\Pi}_{22}X_{2t} + \hat{\Pi}_{23}X_{3t} + \hat{\Pi}_{24}X_{4t} + \hat{u}_{2t} \tag{20.4.10}$$

No Estágio 2, substituímos Y_1 e Y_2 nas equações (estruturais) originais pelos seus valores estimados com base nas duas regressões anteriores e operamos as regressões de MQO como se segue:

$$Y_{1t} = \beta_{10} + \beta_{12}\hat{Y}_{2t} + \gamma_{11}X_{1t} + \gamma_{12}X_{2t} + u^*_{1t} \tag{20.4.11}$$

$$Y_{2t} = \beta_{20} + \beta_{21}\hat{Y}_{1t} + \gamma_{23}X_{3t} + \gamma_{24}X_{4t} + u^*_{2t} \tag{20.4.12}$$

em que $u^*_{1t} = u_{1t} + \beta_{12}\hat{u}_{2t}$ e $\hat{u}^*_{2t} = u_{2t} + \beta_{21}\hat{u}_{1t}$. As estimativas obtidas serão consistentes. Observe as seguintes características dos MQ2E:

1. Pode-se aplicá-los a uma equação individual no sistema sem diretamente levar em conta qual(is) quer outra(s) equação(ões) no sistema. Para solucionar modelos econométricos que envolvem grande número de equações, os MQ2E oferecem um método econômico. Por isso, o método tem sido altamente utilizado na prática.
2. Diferentemente dos MQI, que fornecem estimativas múltiplas dos parâmetros nas equações superidentificadas, os MQ2E fornecem apenas uma estimativa por parâmetro.
3. É de fácil aplicação porque tudo o que se precisa saber é o número total das variáveis exógenas ou predeterminadas do sistema sem conhecer outras variáveis do sistema.
4. Embora especialmente planejado para lidar com as equações superidentificadas, o método pode também ser aplicado às equações exatamente identificadas. Desse modo, os MQI e MQ2E fornecerão estimativas idênticas. (Por quê?)
5. Se os valores de R^2 nas regressões de forma reduzida (isto é, as regressões de Estágio 1) são muito altos, por exemplo, maiores que 0,8, as estimativas clássicas de MQO e as estimativas de MQ2E estarão muito próximas. Mas esse resultado não deveria ser surpreendente, porque, se o valor de R^2 no primeiro estágio for muito alto, significa que os valores estimados das variáveis endógenas estarão muito próximos dos seus valores reais, e, portanto, há menos probabilidade de esses valores estarem correlacionados com os distúrbios estocásticos nas equações estruturais originais. (Por quê?)[15] Se, contudo, os valores de R^2 nas regressões de primeiro estágio são muito mais baixas, as estimativas de MQ2E serão praticamente sem sentido, porque deveremos substituir os Y originais nas regressões de segundo estágio pelos $\hat{Y}$ estimados por meio das regressões de primeiro estágio, que representarão essencialmente os distúrbios nas regressões de primeiro estágio. Em outras palavras, neste caso, os $\hat{Y}$ serão *proxies* muito precárias para os Y originais.
6. Perceba que, ao relatarmos a regressão MQI na Equação (20.3.15), não declaramos os erros padrão dos coeficientes estimados (pelas razões explicadas na nota de rodapé 10). Mas podemos fazer isso para as estimativas de MQ2E, porque os coeficientes estruturais são diretamente estimados com base nas regressões de segundo estágio (MQO). Há, contudo, uma precaução que deve ser tomada: os erros padrão estimados nas regressões de segundo estágio precisam ser modificados, porque, como se pode ver pela Equação (20.4.6), o termo de erro u^*_t é, de fato, o termo de erro u_{2t} mais $\beta_{21}\hat{u}_t$. Portanto, a variância de u^*_t não é exatamente igual à variância do original u_{2t}. Entretanto, a modificação requerida pode ser facilmente efetuada pela fórmula apresentada no Apêndice 20A, Seção 20A.2.

[15] No caso extremo de $R^2 = 1$ na regressão de primeiro estágio, a variável explanatória endógena na equação original (superidentificada) será praticamente não estocástica (por quê?).

7. Ao utilizar os MQ2E, tenha em mente as seguintes observações de Henri Theil:

A *justificativa estatística do MQ2E considera que se trabalha com grandes amostras.* Quando não há variáveis endógenas defasadas, [...] os estimadores de coeficiente de MQ2E são consistentes se as variáveis exógenas são constantes em amostras repetidas e se o(s) distúrbio(s) [que aparecem nas várias equações comportamentais e estruturais] [...] são independentemente ou identicamente distribuídos com médias zero e variâncias finitas [...]. Se essas duas condições forem satisfeitas, a distribuição das amostras dos estimadores de coeficientes de MQ2E tornam-se aproximadamente normais para amostras grandes[...].
Quando o sistema de equações contém variáveis endógenas defasadas, a consistência e a normalidade da amostra grande dos estimadores de coeficientes de MQ2E requerem uma condição adicional, [...] que, à medida que a amostra cresce, o quadrado médio dos valores assumidos por uma variável endógena defasada converge, em probabilidade, para um limite positivo [...].
Se [os distúrbios que aparecem nas diversas equações estruturais são] *não* são independentemente distribuídos, variáveis endógenas defasadas não são independentes da operação corrente do sistema da equação[...], o que significa que essas variáveis não são realmente predeterminadas. Se essas variáveis são, no entanto, tratadas como predeterminadas no procedimento MQ2E, os estimadores resultantes não são consistentes.[16]

20.5 MQ2E: um exemplo numérico

Para ilustrar o modelo MQ2E, considere o modelo de oferta de moeda-renda dado previamente nas Equações (20.4.1). Como demonstrado, a equação de oferta de moeda é superidentificada. Para estimarmos os parâmetros dessa equação, utilizamos o método de mínimos quadrados de dois estágios. Os dados requeridos para a análise são dados na Tabela 20.2; ela também oferece alguns dados necessários para responder algumas das questões dos exercícios.

Regressão do Estágio 1

Primeiro, regredimos a variável explanatória estocástica de renda Y_1, representada pelo PIB, sobre as variáveis predeterminadas de investimento privado, X_1, e de gastos governamentais, X_2, obtendo os seguintes resultados:

$$\begin{aligned} \hat{Y}_{1t} &= 2689{,}848 + 1{,}8700X_{1t} + 2{,}0343X_{2t} \\ \text{ep} &= (67{,}9874) \quad (0{,}1717) \quad (0{,}1075) \\ t &= (39{,}5639) \quad (10{,}8938) \quad (18{,}9295) \quad R^2 = 0{,}9964 \end{aligned} \tag{20.5.1}$$

Regressão do Estágio 2

Estimamos agora a função de oferta de moeda (20.4.2), substituindo a variável endógena Y_1 pela Y_1 estimada por meio da Equação (20.5.1) ($= \hat{Y}_1$). Os resultados são os seguintes:

$$\begin{aligned} \hat{Y}_{2t} &= -2440{,}180 + 0{,}7920\hat{Y}_{1t} \\ \text{ep} &= (127{,}3720) \quad (0{,}0178) \\ t &= (-19{,}1579) \quad (44{,}5246) \quad R^2 = 0{,}9831 \end{aligned} \tag{20.5.2}$$

Como ressaltado, os erros padrão estimados na Equação (20.5.2) precisam ser corrigidos da forma como é sugerida no Apêndice 20.A, Seção 20A.2. Efetuando essa correção (a maioria dos pacotes econométricos pode fazê-la hoje em dia), obtemos os seguintes resultados:

$$\begin{aligned} \hat{Y}_{2t} &= -2440{,}180 + 0{,}7920\hat{Y}_{1t} \\ \text{ep} &= (126{,}9598) \quad (0{,}0212) \\ t &= (-17{,}3149) \quad (37{,}3057) \quad R^2 = 0{,}9803 \end{aligned} \tag{20.5.3}$$

[16] THEIL, Henri. *Introduction to econometrics.* Englewood Cliffs, NJ: Prentice Hall, 1978. p. 341–342.

TABELA 20.2

PIB, M2, FEDEXP, TB6, EUA, 1970–2005

Fonte: *Economic Report of the President*, 2007. Tabelas B-2, B-69, B-84 e B-73.

Ano	PIB (Y_1)	M2 (Y_2)	GPDI (X_1)	FEDEXP (X_2)	TB6 (X_3)
1970	3.771,9	626,5	427,1	201,1	6,562
1971	3.898,6	710,3	475,7	220,0	4,511
1972	4.105,0	802,3	532,1	244,4	4,466
1973	4.341,5	855,5	594,4	261,7	7,178
1974	4.319,6	902,1	550,6	293,3	7,926
1975	4.311,2	1.016,2	453,1	346,2	6,122
1976	4.540,9	1.152,0	544,7	374,3	5,266
1977	4.750,5	1.270,3	627,0	407,5	5,510
1978	5.015,0	1.366,0	702,6	450,0	7,572
1979	5.173,4	1.473,7	725,0	497,5	10,017
1980	5.161,7	1.599,8	645,3	585,7	11,374
1981	5.291,7	1.755,4	704,9	672,7	13,776
1982	5.189,3	1.910,3	606,0	748,5	11,084
1983	5.423,8	2.126,5	662,5	815,4	8,75
1984	5.813,6	2.310,0	857,7	877,1	9,80
1985	6.053,7	2.495,7	849,7	948,2	7,66
1986	6.263,6	2.732,4	843,9	1.006,0	6,03
1987	6.475,1	2.831,4	870,0	1.041,6	6,05
1988	6.742,7	2.994,5	890,5	1.092,7	6,92
1989	6.981,4	3.158,5	926,2	1.167,5	8,04
1990	7.112,5	3.278,6	895,1	1.253,5	7,47
1991	7.100,5	3.379,1	822,2	1.315,0	5,49
1992	7.336,6	3.432,5	889,0	1.444,6	3,57
1993	7.532,7	3.484,0	968,3	1.496,0	3,14
1994	7.835,5	3.497,5	1.099,6	1.533,1	4,66
1995	8.031,7	3.640,4	1.134,0	1.603,5	5,59
1996	8.328,9	3.815,1	1.234,3	1.665,8	5,09
1997	8.703,5	4.031,6	1.387,7	1.708,9	5,18
1998	9.066,9	4.379,0	1.524,1	1.734,9	4,85
1999	9.470,3	4.641,1	1.642,6	1.787,6	4,76
2000	9.817,0	4.920,9	1.735,5	1.864,4	5,92
2001	9.890,7	5.430,3	1.598,4	1.969,5	3,39
2002	10.048,8	5.774,1	1.557,1	2.101,1	1,69
2003	10.301,0	6.062,0	1.613,1	2.252,1	1,06
2004	10.703,5	6.411,7	1.770,6	2.383,0	1,58
2005	11.048,6	6.669,4	1.866,3	2.555,9	3,40

Notas: Y_1 = PIB = Produto Interno Bruto ($, bilhões, ajustado de $ 2.000).
Y_2 = M2 = Oferta de moeda M2 (bilhões de dólares).
X_1 = GPDI = Investimento privado nacional bruto ($, bilhões, ajustado de $ 2.000).
X_2 = FEDEXP = Despesas do governo federal (bilhões de dólares).
X_3 = TB6 = Taxa semestral de letras do Tesouro (%).

Como observado no Apêndice 20A, Seção 20A.2, os erros padrão dados na Equação (20.5.3) não diferem muito daqueles da Equação (20.5.2), porque o R^2 na regressão do Estágio 1 é muito alto.

Regressão por MQO

Para comparação, fornecemos a regressão do estoque de moeda sobre a renda como demonstrado na Equação (20.4.2) sem "expurgar" a Y_{1t} estocástica da influência do termo de distúrbio estocástico.

$$\begin{aligned}\hat{Y}_{2t} &= -\ 2195{,}468 \quad + \quad 0{,}7911 Y_{1t} \\ \text{ep} &= \quad (126{,}6460) \qquad (0{,}0211) \\ t &= \quad (-\ 17{,}3354) \qquad (37{,}3812) \qquad R^2 = 0{,}9803\end{aligned} \tag{20.5.4}$$

Comparando os resultados obtidos pelo uso inapropriado dos MQO com a regressão do Estágio 2, verificamos que ambas são praticamnete idênticas. Isso significa que o procedimento de MQ2E é inútil? De forma alguma. Na situação atual, não deve ser surpreendente que os dois resultados sejam praticamente idênticos, pois, como visto, o valor R^2 no primeiro estágio é muito alto, o que torna o $\hat{Y}_{1t}$ praticamente idêntico ao real Y_{1t}. Nesse caso os MQO e as regressões de segundo estágio serão mais ou menos semelhantes. Mas não há garantia de que isso acontecerá em todas as aplicações. Uma implicação é que em equações superidentificadas pode-se não aceitar o clássico procedimento de MQO sem verificar a(s) regressão(ões) de segundo estágio.

Simultaneidade entre PIB e oferta de moeda

Vamos descobrir se o PIB (Y_1) e a oferta de moeda (Y_2) são mutuamente dependentes. Com esse propósito, utilizamos o teste de Hausman de simultaneidade discutido no Capítulo 19.

Primeiro, fazemos a regressão do PIB sobre X_1 (gastos com investimento) e X_2 (gastos do governo), as variáveis exógenas no sistema (isto é, estimamos a regressão de forma reduzida). Por meio dessa regressão, obtemos o PIB estimado e os resíduos $\hat{v}_t$, como sugerido na Equação (19.4.7). Então, fazemos a regressão da oferta de moeda sobre o PIB estimado e v_t para obter os seguintes resultados:

$$
\begin{aligned}
\hat{Y}_{2t} &= -\,2198{,}297 \quad + \quad 0{,}7915\hat{Y}_{1t} \; + \; 0{,}6984\hat{v}_t \\
\text{ep} &= \quad (129{,}0548) \qquad (0{,}0215) \qquad (0{,}2970) \\
t &= \quad (-\,17{,}0338) \qquad (36{,}70016) \qquad (2{,}3511)
\end{aligned}
\tag{20.5.5}
$$

Uma vez que o valor t de $\hat{v}_t$ é estatísticamente significativo (o valor p é 0,0263), não podemos rejeitar a hipótese da simultaneidade entre a oferta de moeda e o PIB, o que não deveria ser surpresa. (*Nota:* essa conclusão é válida apenas para amostras grandes; tecnicamente, é válida apenas à medida que o tamanho da amostra cresce indefinidamente.)

Testando a hipótese

Suponha que queiramos testar a hipótese de que a renda não tem efeito sobre a demanda de moeda. Podemos testar essa hipótese com o teste t habitual por meio da regressão estimada (20.5.2)? Sim, desde que a amostra seja grande e que os erros padrão sejam corrigidos, como demonstrado na Equação (20.5.3), podemos utilizar o teste t para testar o valor de um coeficiente individual e o teste F para testar juntamente o valor de dois ou mais coeficientes, utilizando a fórmula (8.4.7).[17]

O que acontece se o termo de erro em uma equação estrutural estiver autocorrelacionado e/ou correlacionado com o termo de erro em outra equação estrutural no sistema? Uma resposta completa para essa questão vai além do objetivo deste livro e é melhor deixar isso para as referências (veja a referência da nota de rodapé 7). No entanto, as técnicas de estimação (como a técnica SURE de Zellner) existem para lidar com essas complicações.

Para concluir a discussão de nosso exemplo numérico, pode-se acrescentar que os vários passos envolvidos na aplicação dos MQ2E agora são rotineiramente tratados por pacotes de *software* como o STATA e o EViews. Mostramos os detalhes dos MQ2E apenas por razões pedagógicas. Veja o Exercício 20.15.

20.6 Exemplos ilustrativos

Nesta seção, consideraremos algumas aplicações dos métodos de equações simultâneas.

[17] Mas atenção: a SQR restrita e a não restrita no numerador devem ser calculadas utilizando o *Y previsto* (como no Estágio 2 dos MQ2E) e a SQR no denominador é calculada utilizando os valores reais dos regressores em vez dos valores previstos. Para uma discussão acessível desse assunto, veja WALLACE, T. Dudley; SILVER, J. Lew. *Econometrics: an introduction*. Reading, Mass.: Addison–Wesley, 1988. sec. 8.5.

EXEMPLO 20.1

Propaganda, concentração e margens de preço

Para estudar as inter-relações entre a propaganda, a concentração (como mensurada pela razão de concentração) e as margens de custo-preço, Allyn D. Strickland e Leonard W. Weiss formularam o seguinte modelo de três equações.[18]

Função intensidade da propaganda:

$$\text{Ad}/S = a_0 + a_1 M + a_2(\text{CD}/S) + a_3 C + a_4 C^2 + a_5 \text{Gr} + a_6 \text{Dur} \quad \textbf{(20.6.1)}$$

Função concentração:

$$C = b_0 + b_1(\text{Ad}/S) + b_2(\text{MES}/S) \quad \textbf{(20.6.2)}$$

Função margem de custo-preço:

$$M = c_0 + c_1(K/S) + c_2\text{Gr} + c_3 C + c_4 \text{GD} + c_5(\text{Ad}/S) + c_6(\text{MES}/S) \quad \textbf{(20.6.3)}$$

em que Ad = gastos com propaganda
S = valor de transporte
*C = razão de concentração de quatro empresas
CD = demanda do consumidor
MES = escala mínima eficiente
M = margem de preço/custo
Gr = taxa anual de crescimento da produção industrial
Dur = variável binária para a indústria de bens duráveis
K = estoque de capital
GD = medida da dispersão geográfica da produção

Pelas condições de ordem para a identificação, a Equação é superidentificada, enquanto as Equações (20.6.1) e (20.6.3) são exatamente identificadas.

Os dados para a análise originam-se, em sua maior parte, do Censo das Empresas Manufatureiras, de 1963, que engloba 408 das 417 indústrias de quatro dígitos. As três equações foram primeiro estimadas pelos MQO, produzindo os resultados exibidos na Tabela 20.3. Para corrigir o viés das equações simultâneas, os autores reestimaram o modelo utilizando os MQ2E. Os resultados decorrentes estão na Tabela 20.4. Deixamos esses resultados para que o leitor compare os dois resultados.

TABELA 20.3

Estimativas de MQO de três equações (razões *t* entre parênteses)

	Variável dependente		
	Ad/*S* **Equação (20.6.1)**	***C*** **Equação (20.6.2)**	***M*** **Equação (20.6.3)**
Constante	−0,0314 (−7,45)	0,2638 (25,93)	0,1682 (17,15)
C	0,0554 (3,56)	—	0,0629 (2,89)
C^2	−0,0568 (−3,38)	—	—
M	0,1123 (9,84)	—	—
CD/*S*	0,0257 (8,94)	—	—
Gr	0,0387 (1,64)	—	0,2255 (2,61)
Dur	−0,0021 (−1,11)	—	—
Ad/*S*	—	1,1613 (3,3)	1,6536 (11,00)
MES/*S*	—	4,1852 (18,99)	0,0686 (0,54)
K/*S*	—	—	0,1123 (8,03)
GD	—	—	−0,0003 (−2,90)
R^2	0,374	0,485	0,402
df	401	405	401

(*Continua*)

[18] Veja "Advertising, Concentration, and Price-Cost Margins." *Journal of Political Economy,* v. 84, n. 5, p. 1.109-121, 1976.

*N. de R. T.: razão de concentração das quatro maiores empresas (conhecida como R4).

EXEMPLO 20.1
(*Continuação*)

TABELA 20.4
Estimativas de mínimos quadrados de dois estágios das três equações (razões *t* entre parênteses)

	Variável dependente		
	Ad/*S* Equação (20.6.1)	*C* Equação (20.6.2)	*M* Equação (20.6.3)
Constante	− 0,0245 (− 3,86)	0,2591 (21,30)	0,1736 (14,66)
C	0,0737 (2,84)	—	0,0377 (0,93)
C^2	− 0,0643 (− 2,64)	—	—
M	0,0544 (2,01)	—	—
CD/*S*	0,0269 (8,96)	—	—
Gr	0,0539 (2,09)	—	0,2336 (2,61)
Dur	− 0,0018 (− 0,93)	—	—
Ad/*S*	—	1,5347 (2,42)	1,6256 (5,52)
MES/*S*	—	4,169 (18,84)	0,1720 (0,92)
K/*S*	—	—	0,1165 (7,30)
GD	—	—	− 0,0003 (− 2,79)

EXEMPLO 20.2
Modelo I de Klein

No Exemplo 18.6, discutimos rapidamente o modelo pioneiro de Klein. Inicialmente, o modelo foi estimado para o período de 1920-1941. Os dados sublinhados são apresentados na Tabela 20.5; as estimativas de MQO, na forma reduzida, e MQ2E são dadas na Tabela 20.6. Deixamos para o leitor a interpretação desses resultados.

TABELA 20.5
Dados originais do modelo I de Klein

Fonte: estes dados foram extraídos de MADDALA, G. S. *Econometrics*. Nova York: McGraw-Hill, 1977, p. 238.

Ano	*C**	*P*	*W*	*I*	K_{-1}	*X*	*W′*	*G*	*T*
1920	39,8	12,7	28,8	2,7	180,1	44,9	2,2	2,4	3,4
1921	41,9	12,4	25,5	− 0,2	182,8	45,6	2,7	3,9	7,7
1922	45,0	16,9	29,3	1,9	182,6	50,1	2,9	3,2	3,9
1923	49,2	18,4	34,1	5,2	184,5	57,2	2,9	2,8	4,7
1924	50,6	19,4	33,9	3,0	189,7	57,1	3,1	3,5	3,8
1925	52,6	20,1	35,4	5,1	192,7	61,0	3,2	3,3	5,5
1926	55,1	19,6	37,4	5,6	197,8	64,0	3,3	3,3	7,0
1927	56,2	19,8	37,9	4,2	203,4	64,4	3,6	4,0	6,7
1928	57,3	21,1	39,2	3,0	207,6	64,5	3,7	4,2	4,2
1929	57,8	21,7	41,3	5,1	210,6	67,0	4,0	4,1	4,0
1930	55,0	15,6	37,9	1,0	215,7	61,2	4,2	5,2	7,7
1931	50,9	11,4	34,5	− 3,4	216,7	53,4	4,8	5,9	7,5
1932	45,6	7,0	29,0	− 6,2	213,3	44,3	5,3	4,9	8,3
1933	46,5	11,2	28,5	− 5,1	207,1	45,1	5,6	3,7	5,4
1934	48,7	12,3	30,6	− 3,0	202,0	49,7	6,0	4,0	6,8
1935	51,3	14,0	33,2	− 1,3	199,0	54,4	6,1	4,4	7,2
1936	57,7	17,6	36,8	2,1	197,7	62,7	7,4	2,9	8,3
1937	58,7	17,3	41,0	2,0	199,8	65,0	6,7	4,3	6,7
1938	57,5	15,3	38,2	− 1,9	201,8	60,9	7,7	5,3	7,4
1939	61,6	19,0	41,6	1,3	199,9	69,5	7,8	6,6	8,9
1940	65,0	21,1	45,0	3,3	201,2	75,7	8,0	7,4	9,6
1941	69,7	23,5	53,3	4,9	204,5	88,4	8,5	13,8	11,6

*A interpretação das variáveis está no Exemplo 18.6.

(*Continua*)

EXEMPLO 20.2
(Continuação)

TABELA 20.6*
Estimativas MQO, na forma reduzida, e MQ2E do modelo I, de Klein

Fonte: MADDALA, G. S. *Econometrics*. Nova York: McGraw-Hill, 1977. p. 242.

MQO:

$$\hat{C} = \underset{(1{,}203)}{16{,}237} + \underset{(0{,}091)}{0{,}193P} + \underset{(0{,}040)}{0{,}796(W+W')} + \underset{(0{,}090)}{0{,}089P_{-1}} \qquad \bar{R}^2 = 0{,}978 \quad DW = 1{,}367$$

$$\hat{I} = \underset{(5{,}465)}{10{,}125} + \underset{(0{,}097)}{0{,}479P} + \underset{(0{,}100)}{0{,}333P_{-1}} - \underset{(0{,}026)}{0{,}112K_{-1}} \qquad \bar{R}^2 = 0{,}919 \quad DW = 1{,}810$$

$$\hat{W} = \underset{(1{,}151)}{0{,}064} + \underset{(0{,}032)}{0{,}439X} + \underset{(0{,}037)}{0{,}146X_{-1}} + \underset{(0{,}031)}{0{,}130t} \qquad \bar{R}^2 = 0{,}985 \quad DW = 1{,}958$$

Forma reduzida:

$$\hat{P} = \underset{(10{,}870)}{46{,}383} + \underset{(0{,}444)}{0{,}813P_{-1}} - \underset{(0{,}067)}{0{,}213K_{-1}} + \underset{(0{,}252)}{0{,}015X_{-1}} + \underset{(0{,}154)}{0{,}297t} - \underset{(0{,}385)}{0{,}926T} + \underset{(0{,}373)}{0{,}443G}$$
$$\bar{R}^2 = 0{,}753 \quad DW = 1{,}854$$

$$\widehat{W+W'} = \underset{(8{,}787)}{40{,}278} + \underset{(0{,}359)}{0{,}823P_{-1}} - \underset{(0{,}054)}{0{,}144K_{-1}} + \underset{(0{,}204)}{0{,}115X_{-1}} + \underset{(0{,}124)}{0{,}881t} - \underset{(0{,}311)}{0{,}567T} + \underset{(0{,}302)}{0{,}859G}$$
$$\bar{R}^2 = 0{,}949 \quad DW = 2{,}395$$

$$\hat{X} = \underset{(18{,}860)}{78{,}281} + \underset{(0{,}771)}{1{,}724P_{-1}} - \underset{(0{,}110)}{0{,}319K_{-1}} + \underset{(0{,}438)}{0{,}094X_{-1}} + \underset{(0{,}267)}{0{,}878t} - \underset{(0{,}669)}{0{,}565T} + \underset{(0{,}648)}{1{,}317G}$$
$$\bar{R}^2 = 0{,}882 \quad DW = 2{,}049$$

MQ2E:

$$\hat{C} = \underset{(1{,}464)}{16{,}543} + \underset{(0{,}130)}{0{,}019P} + \underset{(0{,}044)}{0{,}810(W+W')} + \underset{(0{,}118)}{0{,}214P_{-1}} \qquad \bar{R}^2 = 0{,}9726$$

$$\hat{I} = \underset{(8{,}361)}{20{,}284} + \underset{(0{,}191)}{0{,}149P} + \underset{(0{,}180)}{0{,}616P_{-1}} - \underset{(0{,}040)}{0{,}157K_{-1}} \qquad \bar{R}^2 = 0{,}8643$$

$$\hat{W} = \underset{(1{,}894)}{0{,}065} + \underset{(0{,}065)}{0{,}438X} + \underset{(0{,}070)}{0{,}146X_{-1}} + \underset{(0{,}053)}{0{,}130t} \qquad \bar{R}^2 = 0{,}9852$$

*A interpretação das variáveis está listada no Exemplo 18.6 (erros-padrão estão entre parênteses)

EXEMPLO 20.3
O modelo CAPM (Capital Asset Pricing Model) *como um sistema recursivo*

Em uma aplicação especialmente incomum de modelagem de equação simultânea recursiva, Cheng F. Lee e W. P. Lloyd[19] estimaram o seguinte modelo para a indústria petrolífera:

$$\begin{aligned}
R_{1t} &= \alpha_1 && + \gamma_1 M_t + u_{1t}\\
R_{2t} &= \alpha_2 + \beta_{21}R_{1t} && + \gamma_2 M_t + u_{2t}\\
R_{3t} &= \alpha_3 + \beta_{31}R_{1t} + \beta_{32}R_{2t} && + \gamma_3 M_t + u_{3t}\\
R_{4t} &= \alpha_4 + \beta_{41}R_{1t} + \beta_{42}R_{2t} + \beta_{43}R_{3t} && + \gamma_4 M_t + u_{4t}\\
R_{5t} &= \alpha_5 + \beta_{51}R_{1t} + \beta_{52}R_{2t} + \beta_{53}R_{3t} + \beta_{54}R_{4t} && + \gamma_5 M_t + u_{5t}\\
R_{6t} &= \alpha_6 + \beta_{61}R_{1t} + \beta_{62}R_{2t} + \beta_{63}R_{3t} + \beta_{64}R_{4t} + \beta_{65}R_{5t} && + \gamma_6 M_t + u_{6t}\\
R_{7t} &= \alpha_7 + \beta_{71}R_{1t} + \beta_{72}R_{2t} + \beta_{73}R_{3t} + \beta_{74}R_{4t} + \beta_{75}R_{5t} + \beta_{76}R_{6t} && + \gamma_7 M_t + u_{7t}
\end{aligned}$$

em que R_1 = taxa de retorno sobre título 1 (= Imperial Oil)
R_2 = taxa de retorno sobre título 2 (= Sun Oil)
.
.
.
R_7 = taxa de retorno sobre título 7 (= Standard of Indiana)
M_t = taxa de retorno sobre o índice de mercado
u_{it} = termos de distúrbios ($i = 1, 2, \ldots, 7$)

(Continua)

[19] "The capital asset pricing model expressed as a recursive system: an empirical investigation." *Journal of Financial and Quantitative Analysis*, jun. 1976. p. 237-249.

EXEMPLO 20.3
(*Continuação*)

Antes de apresentarmos os resultados, a questão óbvia é: como escolhemos qual é o título 1, qual é o título 2 e assim por diante? Lee e Lloyd respondem a essa pergunta de forma puramente empírica. Eles regridem a taxa de retorno do título *i* sobre as taxas de retorno dos seis títulos remanescentes e observam o resultado R^2. Portanto, haverá sete dessas regressões. Eles ordenam os valores R^2 estimados a partir do menor para o maior. O título que tiver o menor R^2 é designado título 1 e o que tem o maior R^2 é designado título 7. A ideia por trás disso é intuitivamente simples. Se o R^2 da taxa de retorno da Imperial Oil for o menor em relação aos outros seis títulos, isso sugere que ele seja o menos afetado pelas variações nos retornos dos outros títulos. Sendo assim, a ordenação causal, se houver, opera a partir desse título para os outros e não há *feedback* a partir de outros títulos.

Embora se possa questionar tal abordagem puramente empírica para a ordenação causal, vamos apresentar, não obstante, os seus resultados empíricos, dados na Tabela 20.7.

No Exercício 5.5, introduzimos a *linha característica* da moderna teoria do investimento, que é simplesmente a regressão da taxa de retorno do título *i* sobre a taxa de retorno de mercado. O coeficiente angular, conhecido como *coeficiente beta*, é uma medida da volatilidade do retorno do título. O que os resultados da regressão Lee-Lloyd sugerem é que há relações intraindústrias significativas entre retornos de títulos, sem considerar a influência do mercado comum representada pela carteira de mercado. Portanto, o retorno da Standard of Indiana depende não apenas das taxas de retorno de mercado, mas também das taxas de retorno da Shell Oil, da Phillips Petroleum e da Union Oil. Em outras palavras, o movimento na taxa de retorno da Standard of Indiana pode ser mais bem explicado, se além da taxa de retorno de mercado, também considerarmos as taxas de retorno experimentadas pela Shell Oil, Phillips Petroleum e Union Oil.

TABELA 20.7

Estimativas do sistema recursivo para a indústria do petróleo

Fonte: LEE, Cheng F.; LLOYD, W. P. op. cit. tabela 3b.

	Forma line — Variáveis dependentes						
	Standard of Indiana	**Shell Oil**	**Phillips Petroleum**	**Union Oil**	**Standard of Ohio**	**Sun Oil**	**Imperial Oil**
Standard of Indiana							
Shell Oil	0,2100*						
	(2,859)						
Phillips Petroleum	0,2293*	0,0791					
	(2,176)	(1,065)					
Union Oil	0,1754*	0,2171*	0,2225*				
	(2,472)	(3,177)	(2,337)				
Standard of Ohio	− 0,0794	0,0147	0,4248*	0,1468*			
	(− 1,294)	(0,235)	(5,501)	(1,735)			
Sun Oil	0,1249	0,1710*	0,0472	0,1339	0,0499		
	(1,343)	(1,843)	(0,355)	(0,908)	(0,271)		
Imperial Oil	− 0,1077	0,0526	0,0354	0,1580	− 0,2541*	0,0828	
	(− 1,412)	(0,6804)	(0,319)	(1,290)	(− 1,691)	(0,971)	
Constate	0,0868	− 0,0384	− 0,0127	− 0,2034	0,3009	0,2013	0,3710*
	(0,681)	(1,296)	(− 0,068)	(0,986)	(1,204)	(1,399)	(2,161)
Market index	0,3681*	0,4997*	0,2884	0,7609*	0,9089*	0,7161*	0,6432*
	(2,165)	(3,039)	(1,232)	(3,069)	(3,094)	(4,783)	(3,774)
R^2	0,5020	0,4658	0,4106	0,2532	0,0985	0,2404	0,1247
Durbin–Watson	2,1083	2,4714	2,2306	2,3468	2,2181	2,3109	1,9592

*Denota significância no nível 0,10 ou melhor para o teste bicaudal.
Note: os valores *t* aparecem em parênteses abaixo dos coeficientes.

EXEMPLO 20.4

Forma revisada do modelo St. Louis[20]

O bastante conhecido, e frequentemente controverso, modelo St. Louis desenvolvido originalmente no fim da década de 1960 foi revisado de tempos em tempos. Essa revisão é dada na Tabela 20.8 e os resultados empíricos baseados nesse modelo revisado estão na Tabela 20.9. (*Nota*: um ponto sobre uma variável significa o crescimento da taxa daquela variável.) O modelo consiste basicamente nas Equações (1), (2), (4) e (5); na Tabela 20.8, as outras equações representam as definições. A Equação (1) foi estimada pelos MQO. As Equações (1), (2) e (4) foram estimadas utilizando o método das defasagens distribuídas de Almon com restrições (ponto extremo) sobre os coeficientes. Quando relevante, as equações foram corrigidas para correlação serial de primeira ordem ($\rho 1$) e/ou de segunda ordem ($\rho 2$).

Examinando os resultados, observamos que é a taxa de crescimento da oferta de moeda que primeiro determina a taxa de crescimento (nominal) do PIB e não a taxa de crescimento nos gastos com a alta taxa de emprego. A soma dos coeficientes M é 1,06, sugerindo que 1% (sustentado) de aumento na oferta de moeda, em média, leva a cerca de 1,06% de aumento no PNB nominal. Por outro lado, a soma dos coeficientes E, cerca de 0,05, sugere que uma mudança nos gastos governamentais com alta taxa de emprego tem menos impacto sobre a taxa de crescimento do PNB nominal. Deixamos para o leitor interpretar os resultados das outras regressões apresentadas na Tabela 20.9.

TABELA 20.8

O modelo St. Louis

Fonte: Federal Reserve Bank of St. Louis, Review, p. 14, maio 1982.

$$\dot{Y}_1 = C1 + \sum_{i=0}^{4} CM_i(\dot{M}_{t-i}) + \sum_{i=0}^{4} CE(\dot{E}_{t-i}) + \varepsilon 1_t \tag{1}$$

$$\dot{P}_t = C2 + \sum_{i=1}^{4} CPE_i(\dot{PE}_{t-i}) + \sum_{i=0}^{5} CD_i(\dot{X}_{t-i} - \dot{XF}^*_{t-i1}) + CPA(\dot{PA}_t) + CDUM1(DUM1) + CDUM2(DUM2) + \varepsilon 2_t \tag{2}$$

$$\dot{PA}_t = \sum_{i=1}^{21} CPRL_i(\dot{P}_{t-i}) \tag{3}$$

$$RL_t = C3 + \sum_{i=0}^{20} CPRL_i(\dot{P}_{t-i}) + \varepsilon 3_t \tag{4}$$

$$U_t - UF_t = CG(GAP_t) + CG1(GAP_{t-1}) + \varepsilon 4_t \tag{5}$$

$$Y_t = (P_t/100)(X_t) \tag{6}$$

$$\dot{Y}_t = [(Y_t/Y_{t-i})^4 - 1]100 \tag{7}$$

$$\dot{X}_t = [(X_t/X_{t-i})^4 - 1]100 \tag{8}$$

$$\dot{P}_t = [(P_t/P_{t-i})^4 - 1]100 \tag{9}$$

$$GAP_t = [(XF_t/X_t)/XF_t]100 \tag{10}$$

$$\dot{XF}^*_t = [(XF_t/X_{t-1})^4 - 1]100 \tag{11}$$

Y = PNP nominal
M = estoque de moeda (M1)
E = gastos altos com emprego
P = deflator do PNB (1972 = 100)
PE = preço relativo da energia
X = produção em dólares de 1972
XF = produto potencial (Rasche/Tatom)
RL = classificação de título corporativo
U = taxa de desemprego
UF = taxa de desemprego no ponto de pleno emprego
DUM1 = variável binária de controle (1971–III a 1973–I = 1; 0 em todos os demais)
DUM2 = variável binária de pós-controle (1973–II a 1975–I = 1; 0 em todos os demais)

(*Continua*)

[20] Federal Reserve Bank of St. Louis, *Review*, maio 1982. p. 14.

EXEMPLO 20.4
(*Continua*)

TABELA 20.9

Estimação dentro da amostra: 1960-I até 1980-IV (valor absoluto da estatística *t* entre parênteses)

Fonte: Federal Reserve Bank of St. Louis, *Review, p. 14,* maio 1982.

(1)

$$\widehat{\dot{Y}}_t = \underset{(2{,}15)}{2{,}44} + \underset{(3{,}38)}{0{,}40}\dot{M}_t + \underset{(5{,}06)}{0{,}39}\dot{M}_{t-1} + \underset{(2{,}18)}{0{,}22}\dot{M}_{t-2} + \underset{(0{,}82)}{0{,}06}\dot{M}_{t-3} - \underset{(0{,}11)}{0{,}01}\dot{M}_{t-4}$$

$$+ \underset{(1{,}46)}{0{,}06}\dot{E}_t + \underset{(0{,}63)}{0{,}02}\dot{E}_{t-1} - \underset{(0{,}57)}{0{,}02}\dot{E}_{t-2} - \underset{(0{,}52)}{0{,}02}\dot{E}_{t-3} + \underset{(0{,}34)}{0{,}01}\dot{E}_{t-4}$$

$$R^2 = 0{,}39 \quad \text{ep} = 3{,}50 \quad \text{DW} = 2{,}02$$

(2)

$$\widehat{\dot{P}}_t = \underset{(2{,}53)}{0{,}96} + \underset{(0{,}75)}{0{,}01}\dot{\text{PE}}_{t-1} + \underset{(1{,}96)}{0{,}04}\dot{\text{PE}}_{t-2} - \underset{(0{,}73)}{0{,}01}\dot{\text{PE}}_{t-3} + \underset{(1{,}38)}{0{,}02}\dot{\text{PE}}_{t-4}$$

$$- \underset{(0{,}18)}{0{,}00}(\dot{X}_t - \dot{\text{XF}}_t^*) + \underset{(1{,}43)}{0{,}01}(\dot{X}_{t-1} - \dot{\text{XF}}_{t-1}^*) + \underset{(4{,}63)}{0{,}02}(\dot{X}_{t-2} - \dot{\text{XF}}_{t-2}^*)$$

$$+ \underset{(3{,}00)}{0{,}02}(\dot{X}_{t-3} - \dot{\text{XF}}_{t-3}^*) + \underset{(2{,}42)}{0{,}02}(\dot{X}_{t-4} - \dot{\text{XF}}_{t-4}^* + \underset{(2{,}16)}{0{,}01}(\dot{X}_{t-5} - \dot{\text{XF}}_{t-5}^*)$$

$$+ \underset{(10{,}49)}{1{,}03}(\dot{\text{PA}}_t) - \underset{(1{,}02)}{0{,}61}(\text{DUM1}_t) + \underset{(2{,}71)}{1{,}65}(\text{DUM2}_t)$$

$$R^2 = 0{,}80 \quad \text{ep} = 1{,}28 \quad \text{DW} = 1{,}97 \quad \hat{\rho} = 0{,}12$$

(4)

$$\widehat{\text{RL}}_t = \underset{(3{,}12)}{2{,}97} + \underset{(5{,}22)}{0{,}96}\sum_{i=0}^{20} \dot{P}_{t-i}$$

$$R^2 = 0{,}32 \quad \text{ep} = 0{,}33 \quad \text{DW} = 1{,}76 \quad \hat{\rho} = 0{,}94$$

(5)

$$\widehat{U_t - \text{UF}_t} = \underset{(11{,}89)}{0{,}28}(\text{GAP}_t) + \underset{(6{,}31)}{0{,}14}(\text{GAP}_{t-1})$$

$$R^2 = 0{,}63 \quad \text{ep} = 0{,}17 \quad \text{DW} = 1{,}95 \quad \hat{\rho}_1 = 1{,}43 \quad \hat{\rho}_2 = 0{,}52$$

Resumo e conclusões

1. Presumindo que uma equação em um modelo de equações simultâneas seja identificada (exatamente ou superidentificada), temos vários métodos para estimá-la.
2. Esses métodos estão em duas amplas categorias: métodos de equação única e métodos de sistemas.
3. Por razões de economia, erros de especificação etc., os métodos de equação única são, de longe, os mais populares. Uma característica exclusiva desses métodos é que podemos estimar uma equação única em um modelo multiequacional sem ficarmos muito preocupados com as outras equações do sistema. (*Nota*: para propósitos de identificação, contudo, as outras equações no sistema contam.)
4. Os três métodos de equação única normalmente utilizados são **MQO**, **MQI** e **MQ2E**.
5. Embora os MQO sejam, em geral, inapropriados no contexto dos modelos de equações simultâneas, eles podem ser aplicados para os chamados **modelos recursivos** nos quais há uma relação de causa e efeito definitiva, mas não unidirecional, entre as variáveis endógenas.
6. O método de MQI é apropriado para as equações apenas identificadas ou exatamente identificadas. Nesse método, os MQO são aplicados à equação na forma reduzida e é com base nos coeficientes na forma reduzida que se estimam os coeficientes estruturais originais.
7. O método de MQ2E é especialmente projetado para equações superidentificadas, embora possa também ser aplicado às equações exatamente identificadas. Desse modo, os resultados de MQ2E e MQI são idênticos. A ideia básica subjacente ao método MQ2E é substituir a variável explanatória endógena (estocástica) por uma combinação linear das variáveis predeterminadas no modelo e utilizar essa combinação como a variável explanatória em vez da variável endógena original. O método MQ2E assemelha-se, portanto, ao **método variável instrumental** de estimação, no qual a combinação linear das variáveis predeterminadas serve como instrumento, ou *proxy*, para o regressor endógeno.

8. Uma característica notável tanto dos MQI como dos MQ2E é que as estimativas obtidas são consistentes, isto é, à medida que o tamanho da amostra aumenta indefinidamente, as estimativas convergem para os valores reais da população. As estimativas não podem satisfazer as propriedades de amostras pequenas, tais como a tendenciosidade e a variância mínima. Entretanto, os resultados obtidos por meio da aplicação desses métodos em amostras pequenas e as inferências extraídas por meio deles deveriam ser interpretados com o devido cuidado.

EXERCÍCIOS

20.1. Determine se as seguintes afirmações são verdadeiras ou falsas:

a. O método de MQO não é aplicável para estimar uma equação estrutural em um modelo de equações simultâneas.

b. No caso de uma equação não ser identificada, o MQ2E não é aplicável.

c. O problema da simultaneidade não aumenta em um modelo recursivo de equações simultâneas.

d. Os problemas de simultaneidade e exogeneidade significam a mesma coisa.

e. O MQ2E e outros métodos para estimar equações estruturais possuem propriedades estatísticas desejáveis apenas para amostras grandes.

f. Não há algo como um R^2 para o modelo de equações simultâneas como um todo.

**g.* O MQ2E e outros métodos para estimar as equações estruturais não são aplicáveis se os erros das equações são autocorrelacionados e/ou correlacionados entre as equações.

h. Se uma equação é exatamente identificada, MQI e MQ2E oferecem resultados idênticos.

20.2. Por que é desnecessário aplicar o método de mínimos quadrados em dois estágios para as equações exatamente identificadas?

20.3. Considere o seguinte modelo keynesiano modificado para a determinação de renda:

$$C_t = \beta_{10} + \beta_{11} Y_t + u_{1t}$$
$$I_t = \beta_{20} + \beta_{21} Y_t + \beta_{22} Y_{t-1} + u_{2t}$$
$$Y_t = C_t + I_t + G_t$$

em que C = gastos com consumo
I = gastos de investimento
Y = renda
G = gastos do governo
G_t e Y_{t-1} são supostamente predeterminadas.

a. Obtenha as equações na forma reduzida e determine quais das equações anteriores são identificadas (apenas identificadas ou superidentificadas).

b. Qual método você utilizará para estimar os parâmetros da equação superidentificada e da equação exatamente identificada? Justifique sua resposta.

20.4. Considere os seguinte resultados:†

$$MQO: \widehat{\dot{W}_t} = 0{,}276 + 0{,}258\dot{P}_t + 0{,}046\dot{P}_{t-1} + 4{,}959V_t \qquad R^2 = 0{,}924$$
$$MQO: \widehat{\dot{P}_t} = 2{,}693 + 0{,}232\dot{W}_t - 0{,}544\dot{X}_t + 0{,}247\dot{M}_t + 0{,}064\dot{M}_{t-1} \qquad R^2 = 0{,}982$$
$$MQ2E: \widehat{\dot{W}_t} = 0{,}272 + 0{,}257\dot{P}_t + 0{,}046\dot{P}_{t-1} + 4{,}966V_t \qquad R^2 = 0{,}920$$
$$MQ2E: \widehat{\dot{P}_t} = 2{,}686 + 0{,}233\dot{W}_t - 0{,}544\dot{X}_t + 0{,}246\dot{M}_t + 0{,}046\dot{M}_{t-1} \qquad R^2 = 0{,}981$$

*Opcional.

† *Fonte: Prices and earnings in 1951–1969: an econometric assessment. Londres:* Department of Employment, United Kingdom, Her Majesty's Stationery Office, 1971. p. 30.

em que $\dot{W}_t$, $\dot{P}_t$, $\dot{M}_t$ e $\dot{X}_t$ são variações percentuais em ganhos, preços, preços de importação e produtividade da mão de obra (todas as mudanças de percentagem dizem respeito ao ano anterior), respectivamente, e V_t representa as vagas de emprego não preenchidas (porcentagem do número total de empregados).

"Uma vez que os resultados de MQO e MQ2E são praticamente idênticos, o MQ2E não tem sentido". Comente.

* 20.5. Suponha que a produção seja caracterizada pela função de produção Cobb-Douglas

$$Q_i = AK_i^{\alpha} L_i^{\beta}$$

em que Q = produção
K = insumo de capital
L = insumo de mão de obra
A, α e β = parâmetros
i = i-ésima empresa

Dado o preço do produto final P, o preço do trabalho W e o preço do capital R, e supondo a maximização do lucro, obtemos o seguinte modelo empírico de produção:

Função produção:

$$\ln Q_i = \ln A + \alpha \ln K_i + \beta \ln L_i + \ln u_{1i} \quad (1)$$

Produto marginal da função mão de obra:

$$\ln Q_i = -\ \ln \beta + \ln L_i + \ln \frac{W}{P} + \ln u_{2i} \quad (2)$$

Produto marginal da função capital:

$$\ln Q_i = -\ \ln \alpha + \ln K_i + \ln \frac{R}{P} + \ln u_{3i} \quad (3)$$

em que u_1, u_2 e u_3 são distúrbios estocásticos.

No modelo anterior, há três equações nas variáveis endógenas Q, L e K. P, R e W são exógenas.

a. Quais problemas você encontra na estimação do modelo se $\alpha + \beta = 1$, isto é, quando há retornos constantes de escala?

b. Mesmo se $\alpha + \beta \neq 1$, você pode estimar as equações? Responda considerando a identificabilidade do sistema.

c. Se o sistema não é identificado, o que pode ser feito para identificá-lo?

Nota: as Equações (2) e (3) são obtidas por meio da diferenciação de Q em relação à mão de obra e ao capital, respectivamente, o que as torna iguais a W/P e R/P, transformando as expressões resultantes em logaritmos e adicionando (o logaritmo dos) termos de distúrbio.

20.6. Considere o seguinte modelo de demanda e oferta de moeda:

$$\textit{Demanda de moeda:} \quad M_t^d = \beta_0 + \beta_1 Y_1 + \beta_2 R_t + \beta_3 P_t + u_{1t}$$
$$\textit{Oferta de moeda:} \quad M_t^s = \alpha_0 + \alpha_1 Y_t + u_{2t}$$

em que M = dinheiro
Y = renda
R = taxa de juros
P = preço

Suponha que R e P sejam predeterminadas.

a. A função demanda é identificada?

b. A função oferta é identificada?

c. Qual método você usaria para estimar os parâmetros da(s) equação(ões) identificada(s)? Por quê?

d. Suponha que modifiquemos a função oferta ao adicionarmos as variáveis explanatórias Y_{t-1} e M_{t-1}. O que acontece com o problema de identificação? Você ainda utilizaria o método usado em (*c*)? Explique sua resposta.

20.7. Retome o Exercício 18.10. Para o sistema de duas equações obtenha as equações na forma reduzida e estime parâmetros delas. Estime a regressão dos mínimos quadrados indiretos de consumo sobre a renda e compare os resultados com a regressão por MQO.

Exercícios aplicados

20.8. Considere o seguinte modelo:

$$R_t = \beta_0 + \beta_1 M_t + \beta_2 Y_t + u_{1t}$$
$$Y_t = \alpha_0 + \alpha_1 R_t + u_{2t}$$

em que M_t (oferta de moeda) é exógena, R_t *é a taxa de juros* e Y_t é o PIB.

a. Como você justificaria o modelo?

b. As equações são identificadas?

c. Utilizando os dados da Tabela 20.2, estime os parâmetros das equações identificadas. Justifique o(s) método(s) usado(s) por você.

20.9. Imagine que mudemos o modelo no Exercício 20.8 como se segue:

$$R_t = \beta_0 + \beta_1 M_t + \beta_2 Y_t + \beta_3 Y_{t-1} + u_{1t}$$
$$Y_t = \alpha_0 + \alpha_1 R_t + u_{2t}$$

a. Descubra se o sistema é identificado.

b. Utilizando os dados da Tabela 20.2, estime os parâmetros da(s) equação(ões) identificadas.

20.10. Considere o seguinte modelo:

$$R_t = \beta_0 + \beta_1 M_t + \beta_2 Y_t + u_{1t}$$
$$Y_t = \alpha_0 + \alpha_1 R_t + \alpha_2 I_t + u_{2t}$$

em que as variáveis são semelhantes às definidas no Exercício 20.8. Tratando I (investimento interno) e M como exógena, determine a identificação do sistema. Utilizando os dados da Tabela 20.2, estime os parâmetros da(s) equação(ões) identificada(s).

20.11. Suponha que modifiquemos o modelo do Exercício 20.10 como se segue:

$$R_t = \beta_0 + \beta_1 M_t + \beta_2 Y_t + u_{1t}$$
$$Y_t = \alpha_0 + \alpha_1 R_t + \alpha_2 I_t + u_{2t}$$
$$I_t = \gamma_0 + \gamma_1 R_t + u_{3t}$$

Suponha que M seja determinada exogenamente.

a. Descubra quais das equações são identificadas.

b. Estime os parâmetros da(s) equação(ões) identificada(s) utilizando os dados da Tabela 20.2. Justifique o(s) seu(s) método(s).

20.12. Verifique os erros padrão apresentados na Equação (20.5.3).

20.13. Retorne ao modelo de demanda e oferta fornecido nas Equações (20.3.1) e (20.3.2). Suponha que a função oferta seja alterada como se segue:

$$Q_t = \beta_0 + \beta_1 P_{t-1} + u_{2t}$$

em que P_{t-1} é o preço que prevalece no período anterior.

a. Se X (gastos) e P_{t-1} são predeterminados, há um problema de simultaneidade?

b. Se houver, as funções demanda e oferta são identificadas? Se forem, obtenha as equações na forma reduzida e estime-as por meio dos dados da Tabela 20.1.

c. Com base nos coeficientes de forma reduzida, você pode derivar os coeficientes estruturais? Mostre os cálculos necessários.

20.14. *Exercício em classe.* Considere o seguinte modelo macroeconômico simples para a economia norte-americana, por exemplo, para o período entre 1960-1999.*

Função consumo privado:

$$C_t = \alpha_0 + \alpha_1 Y_t + \alpha_2 C_{t-1} + u_{1t} \qquad \alpha_1 > 0, 0 < \alpha_2 < 1$$

Função investimento privado bruto:

$$I_t = \beta_0 + \beta_1 Y_t + \beta_2 R_t + \beta_3 I_{t-1} + u_{2t} \qquad \beta_1 > 0, \beta_2 < 0, 0 < \beta_3 < 1$$

Uma função demanda por moeda:

$$R_t = \lambda_0 + \lambda_1 Y_t + \lambda_2 M_{t-1} + \lambda_3 P_t + \lambda_4 R_{t-1} + u_{3t}$$
$$\lambda_1 > 0, \lambda_2 < 0, \lambda_3 > 0, 0 < \lambda_4 < 1$$

Identidade da renda:

$$Y_t = C_t + I_t + G_t$$

em que C = consumo privado real; I = investimento privado bruto real; G = gastos reais do governo; Y = PIB real; M = oferta de moeda M2 a preços correntes; R = taxa de juros de longo prazo (% e P = índice de preços); ao consumidor. As variáveis endógenas são C, I, R e Y. As variáveis predeterminadas são C_{t-1}, I_{t-1}, M_{t-1}, P_t, R_{t-1} e G_t mais o termo de intercepto. Os u são os termos de erro.

a. Utilizando a condição de ordem de identificação, determine qual das quatro equações são identificadas, sejam elas exatamente identificadas ou superidentificadas.

b. Qual(is) método(s) você utiliza para estimar as equações identificadas?

c. Obtenha dados adequados por meio das fontes governamentais ou privadas, estime o modelo e comente seus resultados.

20.15. Neste exercício, examinamos os dados de 534 trabalhadores obtidos com base na *Current Population Survey* (CPS), de 1985. Os dados podem ser encontrados na Tabela 20.10 no site do livro.† As variáveis nesta tabela são definidas como se segue:

S = salários, \$, por hora; ocup = ocupação; setor = 1 para indústria, 2 para construção civil, 0 para outros; sindicato = 1 se membro de sindicato, 0 se não for; educ = anos de escolaridade; exper = experiência profissional, em anos; idade = idade, em anos; gênero = 1 para mulher; estado civil = 1 se casado; raça = 1 para outra, 2 para hispânico, 3 para branco; região = 1 se vive no Sul.

* Adaptado de SEDDIGHI, H. R.; LAWLER, K. A.; KATOS, A. V. *Econometrics: a practical approach.* Nova York: Routledge, 2000. p. 204.

† Os dados podem ser encontrados na internet, em http://lib.stat.cmu.edu/datasets/cps_85_wages.

Considere o modelo simples de determinação de salário:

$$\ln S = \beta_1 + \beta_2 \text{Educ} + \beta_3 \text{Exper} + \beta_4 \text{Exper}^2 + u_i \quad (1)$$

a. Suponha que a educação, como os salários, seja endógena. Como você descobriria se na Equação (1) a educação é de fato endógena? Utilize os dados fornecidos na tabela em sua análise.

b. O teste de Hausman sustenta sua análise em (a)? Explique detalhadamente.

20.16. *Exercício em classe.* Considere o seguinte modelo de demanda e oferta para os empréstimos bancários para o comércio:

$$\textit{Demanda: } Q_t^d = \alpha_1 + \alpha_2 R_t + \alpha_2 \text{RD}_t + \alpha_4 \text{IPI}_t + u_{1t}$$

$$\textit{Oferta: } Q_t^s = \beta_1 + \beta_2 R_t + \beta_3 \text{RS}_t + \beta_4 \text{TBD}_t + u_{2t}$$

em que $Q =$ total de empréstimos comerciais bancários (em bilhões de dólares); $R =$ taxa primária média;

RS = taxa de letras do Tesouro de três meses; RD = taxa de títulos corporativos com classificação AAA;

IPI = Índice de Produção Industrial; e TDB = total de depósitos bancários.

a. Colete dados sobre essas variáveis no período entre 1980 e 2007 com base em várias fontes, como o www.economagic.com, o site do Federal Reserve Bank de St. Louis, ou outra fonte qualquer.

b. As funções demanda e oferta são identificadas? Liste quais variáveis são endógenas e quais são exógenas.

c. Como você estimaria as funções demanda e oferta listadas a seguir? Mostre os cálculos necessários.

d. Por que tanto R quanto RS estão incluídas no modelo? Qual o papel do IPI no modelo?

Apêndice 20A

20A.1 Viés nos estimadores de mínimos quadrados indiretos

Para demonstrarmos que os estimadores de MQI, embora consistentes, são viesados, utilizamos o modelo de demanda e oferta dados nas Equações (20.3.1) e (20.3.2). Com base na Equação (20.3.10), obtemos

$$\hat{\beta}_1 = \frac{\hat{\Pi}_3}{\hat{\Pi}_1}$$

Agora

$$\hat{\Pi}_3 = \frac{\sum q_t x_t}{\sum x_t^2} \qquad \text{com base na Equação (20.3.7)}$$

e

$$\hat{\Pi}_1 = \frac{\sum p_t x_t}{\sum x_t^2} \qquad \text{com base na Equação (20.3.5)}$$

Então, em substituição, obtemos

$$\hat{\beta}_1 = \frac{\sum q_t x_t}{\sum p_t x_t} \quad (1)$$

Utilizando as Equações (20.3.3) e (20.3.4), obtemos

$$p_t = \Pi_1 x_t + (w_t - \bar{w}) \tag{2}$$

$$q_t = \Pi_3 x_t + (v_t - \bar{v}) \tag{3}$$

em que $\bar{w}$ e $\bar{v}$ são os valores médios de w_t e v_t, respectivamente. Substituindo as Equações (2) e (3) pela Equação (1), obtemos

$$\begin{aligned}\hat{\beta}_1 &= \frac{\Pi_3 \sum x_t^2 + \sum(v_t - \bar{v})x_t}{\Pi_1 \sum x_t^2 + \sum(w_t - \bar{w})x_t} \\ &= \frac{\Pi_3 + \sum(v_t - \bar{v})x_t) \sum x_t^2}{\Pi_1 + \sum(w_t - \bar{w})x_t) \sum x_t^2}\end{aligned} \tag{4}$$

Uma vez que o operador de expectativa E é um operador linear, não podemos tomar a expectativa da Equação (4), embora seja claro que, em geral, $\hat{\beta}_1 \neq (\Pi_3/\Pi_1)$. (Por quê?) Mas, na medida em que o tamanho da amostra tende ao infinito, podemos obter

$$\text{plim}\,(\hat{\beta}_1) = \frac{\text{plim}\,\Pi_3 + \text{plim}\,\sum(v_t - \bar{v})x_t) \sum x_t^2}{\text{plim}\,\Pi_1 + \text{plim}\,\sum(w_t - \bar{w})x_t) \sum x_t^2} \tag{5}$$

em que se utilizam as propriedades de *plim*, a saber, que

$$\text{plim}\,(A + B) = \text{plim}\,A + \text{plim}\,B \text{ and plim}\left(\frac{A}{B}\right) = \frac{\text{plim}\,A}{\text{plim}\,B}$$

Agora, à medida que o tamanho da amostra aumenta indefinidamente, o segundo termo tanto no denominador quanto no numerador da Equação (5) tende a zero (por quê?), resultando em:

$$\text{plim}\,(\hat{\beta}_1) = \frac{\Pi_3}{\Pi_1} \tag{6}$$

o que mostra que, embora viesado, $\hat{\beta}_1$ é um estimador consistente de β_1.

20A.2 Estimação de erros padrão dos estimadores de MQ2E

O propósito deste apêndice é demonstrar que os erros padrão das estimativas obtidas por meio da regressão de segundo estágio do procedimento de MQ2E, utilizando a fórmula aplicável na estimação por MQO, não são as estimativas "adequadas" dos "verdadeiros" erros padrão. Para tanto, utilizamos o modelo de oferta de renda-moeda fornecido nas Equações (20.4.1) e (20.4.2). Estimamos os parâmetros da função oferta de moeda superidentificada com base na regressão de segundo estágio como:

$$Y_{2t} = \beta_{20} + \beta_{21}\hat{Y}_{1t} + u_t^* \tag{20.4.6}$$

em que

$$u_t^* = u_{2t} + \beta_{21}\hat{u}_t \tag{7}$$

Agora, quando operamos a regressão (20.4.6), o erro padrão de, por exemplo, $\hat{\beta}_{21}$ é obtido por meio da seguinte expressão:

$$\text{var}\,(\hat{\beta}_{21}) = \frac{\hat{\sigma}_{u^*}^2}{\sum \hat{y}_{1t}^2} \tag{8}$$

em que

$$\hat{\sigma}_{u^*}^2 = \frac{\sum(\hat{u}_t^*)^2}{n-2} = \frac{\sum(Y_{2t} - \hat{\beta}_{20} - \hat{\beta}_{21}\hat{Y}_{1t})^2}{n-2} \tag{9}$$

Mas $\sigma^2_{u^*}$ não é a mesma coisa que $\hat{\sigma}^2_{u_2}$, em que o último é uma estimativa não tendenciosa da variância verdadeira de u_2. Essa diferença pode ser prontamente verificada por meio da Equação (7). Para obter o verdadeiro (como definido previamente) $\hat{\sigma}^2_{u_2}$, procedemos como se segue:

$$\hat{u}_{2t} = Y_{2t} - \hat{\beta}_{20} - \hat{\beta}_{21} Y_{1t}$$

em que $\hat{\beta}_{20}$ e $\hat{\beta}_{21}$ são as estimativas por meio da regressão de segundo estágio. Portanto,

$$\hat{\sigma}^2_{u_2} = \frac{\sum(Y_{2t} - \hat{\beta}_{20} - \hat{\beta}_{21} Y_{1t})^2}{n-2} \tag{10}$$

Perceba a diferença entre as Equações (9) e (10): na Equação (10), utilizamos o Y_1 real em vez do Y_1 estimado por meio da regressão de primeiro estágio.

Tendo estimada a Equação (10), o caminho mais fácil para corrigir os erros padrão dos coeficientes estimados na regressão de segundo estágio é multiplicar cada um deles por $\hat{\sigma}_{u_2} / \hat{\sigma}_{u^*_t}$. Observe que, se Y_{1t} e $\hat{Y}_{1t}$ forem muito próximos, isto é, o R_2 na regressão de primeiro estágio for muito alto, o fator de correção $\hat{\sigma}_{u_2} / \hat{\sigma}_{u^*}$ será próximo de 1, caso em que os erros padrão estimados na regressão de segundo estágio podem ser tomados como estimativas verdadeiras. Mas, em outras situações, deveríamos usar o fator de correção anterior.

Capítulo 21

Econometria de séries temporais: alguns conceitos básicos

Observamos no Capítulo 1 que um dos tipos importantes de dados utilizados em análises empíricas são os de **séries temporais**. Neste e no capítulo seguinte, analisaremos com mais atenção esses dados não apenas devido à frequência com que são usados, mas também porque apresentam vários desafios aos econometristas e aos praticantes de econometria.

Primeiro, o trabalho empírico baseado nos dados de séries temporais supõe que a série temporal subjacente seja **estacionária**. Embora tenhamos discutido o conceito de estacionariedade intuitivamente no Capítulo 1, devemos discuti-lo mais amplamente neste capítulo. Mais especificamente, tentaremos descobrir o que a estacionariedade significa e por que devemos preocupar-nos com ela.

Segundo, no Capítulo 12, sobre autocorrelação, discutimos várias causas da autocorrelação. Algumas vezes, a autocorrelação ocorre, porque a série temporal subjacente é não estacionária.

Terceiro, ao fazer a regressão para uma variável de série temporal em relação a outra(s) variável(is) de série temporal, frequentemente obtém-se um R^2 muito elevado (superior a 0,9), muito embora não haja relação significativa entre as duas variáveis. Algumas vezes, não esperamos relação entre as duas variáveis, ainda que a regressão de uma sobre a outra frequentemente mostre uma relação significativa. Essa situação exemplifica o problema da **regressão espúria**, ou **sem sentido**, cuja natureza será explorada em breve. Portanto, é muito importante descobrir se uma relação entre as variáveis econômicas é espúria ou sem sentido. Veremos neste capítulo como as regressões espúrias podem aumentar se as séries temporais não forem estacionárias.

Quarto, algumas séries temporais financeiras, como os preços das ações, exibem o que é conhecido como **fenômeno do passeio aleatório**. Isso significa que a melhor previsão do preço de uma ação, por exemplo, da IBM, amanhã seja igual ao preço de hoje mais um choque puramente aleatório (ou termo de erro). Se esse for realmente o caso, prognosticar os preços dos ativos seria um exercício inútil.

Quinto, os modelos de regressão envolvendo os dados das séries temporais são com frequência utilizados para previsões. Em virtude da discussão anterior, devemos saber se a previsão é válida caso as séries temporais fundamentadas não sejam estacionárias.

Por fim, os testes de causalidade (lembremos os testes de causalidade Granger e Sims, discutidos no Capítulo 17) pressupõem que as séries temporais envolvidas na análise sejam estacionárias. Entretanto, os testes de estacionariedade deveriam preceder os testes de causalidade.

Comecemos com uma advertência. O tópico da análise de séries temporais é tão vasto e envolvente, e parte da matemática que fundamenta as várias técnicas de análise de séries temporais é tão complexa que o máximo que podemos alcançar em um texto introdutório como este é oferecer ao leitor um vislumbre sobre alguns dos conceitos fundamentais da análise de séries temporais. Para os que querem aprofundar-se no assunto, fornecemos referências.[1]

21.1 Um olhar sobre algumas séries temporais da economia dos Estados Unidos

Para continuarmos o jogo e oferecermos ao leitor uma ideia sobre os conceitos um tanto esotéricos da análise de séries temporais a ser desenvolvida neste capítulo, será útil considerarmos várias séries temporais da economia americana de interesse geral. As séries temporais que consideraremos são:

RPD = renda real pessoal disponível (bilhões de dólares)
PIB = produto interno bruto (bilhões de dólares)
DCP = despesas reais de consumo pessoal (bilhões de dólares)
LC = lucros corporativos (bilhões de dólares)
Dividendo = dividendos (bilhões de dólares)

O período compreendido vai de 1947-I a 2007-IV, totalizando 244 trimestres, e todos os dados são sazonalmente ajustados à taxa anual. Todos os dados foram coletados no FRED, o site econômico do Federal Reserve Bank, de St. Louis. PIB, RPD e DCP estão em dólares constantes, aqui em $ 2.000. O LC e o Dividendo estão em dólares nominais.

Para economizar espaço, os dados brutos estão postados no site do livro. Mas, para ter alguma ideia sobre esses dados, nós os organizamos nas duas figuras que se seguem. A Figura 21.1 apresenta os dados dos logaritmos de PIB, RPD e DCP e a Figura 21.2 apresenta os dados dos logaritmos de outras duas séries temporais (LC e Dividendos). É prática comum representar o logaritmo de uma série temporal para ter uma noção da taxa de crescimento da mesma. Um gráfico dos dados é normalmente o primeiro passo na análise das séries temporais. Nessas figuras, a letra L indica um logaritmo natural.

A primeira impressão que temos das duas figuras é que todas essas séries temporais parecem apresentar uma tendência ascendente, embora tenham flutuações. Suponha que queiramos especular sobre o formato dessas curvas além do período de amostragem, por exemplo, por todos os trimestres de 2008.[2] Poderemos fazer isso se conhecermos o mecanismo estatístico ou o **processo gerador de dados (PGD)** responsável por essas curvas. Mas o que é esse mecanismo? Para respondermos a essa e a outras questões relacionadas, precisamos estudar um "novo" vocabulário desenvolvido pelos analistas de séries temporais, para o qual agora nos voltaremos.

---

[1] No nível introdutório, essas referências podem ser úteis: KOOP, Gary. *Analysis of economic data.* Nova York: John Wiley & Sons, 2000; CROMWELL, Jeff B.; LABYS Walter C.; TERRAZA, Michel. *Univariate tests for time series models.* Califórnia, Ansbury Park: Sage Publications, 1994; CROMWELL, Jeff B.; HANNAN, Michael H.; LABYS Walter C.; TERRAZA, Michel. *Multivariate tests for time series models.* Califórnia, Ansbury Park: Sage Publications, 1994; SEDDIGHI, H. R.; LAWLER K. A.; e KATOS, A. V. *Econometrics:* a practical approach, Nova York: Routledge, 2000. No nível intermediário, veja ENDERS, Walter. *Applied econometric time series.* Nova York: John Wiley & Sons, 1995; PATTERSON, Kerry. *An introduction to applied econometrics:* a time series approach. Nova York: St. Martin's Press, 2000; MILLS, T. C. *The econometric modelling of financial time series.* 2. ed. Nova York: Cambridge University Press, 1999; VERBEEK, Marno. *A guide to modern econometrics.* Nova York: John Wiley & Sons, 2000; e CHAREMZA, Wojciech W.; DEADMAN, Derek F. *New directions in econometric practice:* general to specific modelling and vector autoregression. 2. ed. Nova York: Edward Elgar Publisher, 1997. No nível avançado, veja HAMILTON, J. D. *Time series analysis.* Princeton, NJ: Princeton University Press, 1994; e MADDALA, G. S.; KIM, In-Moo. *Unit roots, cointegration, and structural change.* Cambridge University Press, 1998. No nível aplicado, veja RAO, B. Bhaskara (Ed.). *Cointegration for the applied economist.* Nova York: St. Martin's Press, 1994; e MUKHERJEE, Chandan; WHITE, Howard; WUYTS, Marc. *Econometrics and data analysis for developing countries.* Nova York: Routledge, 1998.

[2] É claro que temos os dados reais para esse período agora e podemos compará-los com os dados "previstos" com base do período anterior.

FIGURA 21.1
Logaritmos de PIB, RPD e DCP reais, Estados Unidos, 1947-2007 (trimestralmente, em bilhões de dólares).

Nota: na figura, a letra L indica o logaritmo natural.

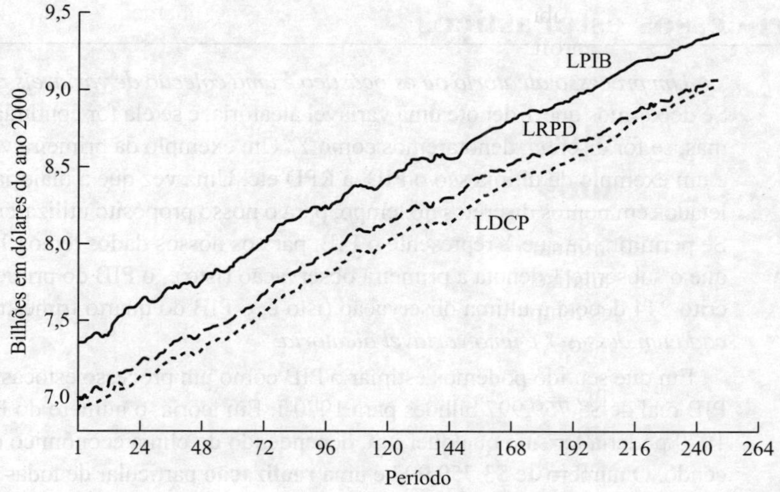

FIGURA 21.2
Logaritmos de lucros corporativos (LC) e dividendos, nos Estados Unidos, 1947-2007 (trimestralmente, em bilhões de dólares)

Nota: L indica logaritmo.

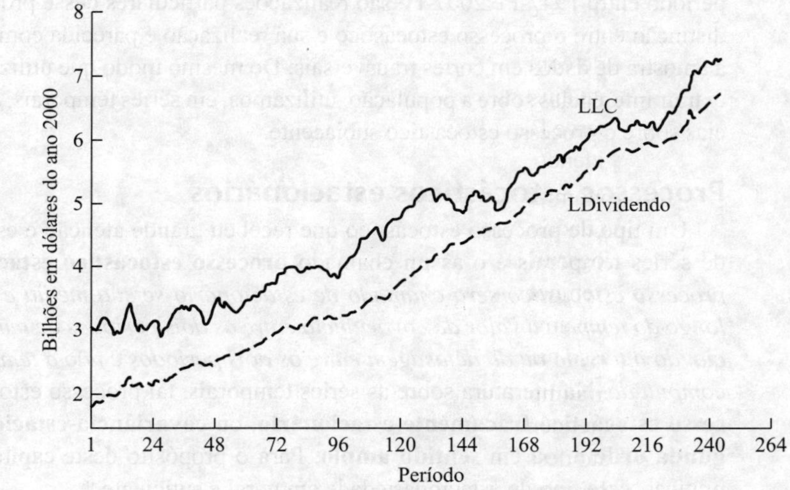

21.2 Conceitos-chave[3]

Qual é esse vocabulário? Ele se constitui em conceitos como os seguintes:

1. Processos estocásticos
2. Processos estacionários
3. Processos puramente aleatórios
4. Processos não estacionários
5. Variáveis integradas
6. Modelos de passeios aleatórios
7. Cointegração
8. Tendências determinísticas e estocásticas
9. Testes de raiz unitária

A seguir, discutiremos cada um desses conceitos. Nossa discussão será na maioria das vezes heurística. Onde for possível e útil, forneceremos exemplos apropriados.

[3] A discussão a seguir é baseada em MADDALA et al., op. cit., CHAREMZA et al., op. cit. e ALEXANDER, Carol. *Market models:* a guide to financial data analysis. Nova York: John Wiley & Sons, 2001.

21.3 Processos estocásticos

Um processo aleatório ou estocástico é uma coleção de variáveis aleatórias ordenadas no tempo.[4] Se deixarmos que Y denote uma variável aleatória, e se ela for contínua, nós a denotaremos como $Y(t)$; mas, se for discreta, denotaremos como Y_t. Um exemplo da primeira variável é um eletrocardiograma, e um exemplo de última são o PIB, a RPD etc. Uma vez que a maioria dos dados econômicos são coletados em pontos discretos no tempo, para o nosso propósito utilizaremos a notação Y_t em vez de $Y(t)$. Se permitirmos que Y represente o PIB, para os nossos dados temos Y_1, Y_2, Y_3,..., Y_{242}, Y_{243}, Y_{244}, em que o subscrito 1 denota a primeira observação (isto é, o PIB do primeiro trimestre de 1947) e o subscrito 244 denota a última observação (isto é, o PIB do quarto trimestre de 2007). *Tenha em vista que cada um desses Y é uma variável aleatória.*

Em que sentido podemos estimar o PIB como um processo estocástico? Considere, por exemplo, o PIB real de $3.759,997 bilhões para 1970-I. Em teoria, o número do PIB para o primeiro trimestre de 1970 poderia ter sido qualquer um, dependendo do clima econômico e político que estivesse prevalecendo. O número de $3.759,997 é uma **realização** particular de todas essas possibilidades.[5] Sendo assim, podemos dizer que o PIB é um processo estocástico e os valores reais que observamos para o período entre 1947-I e 2007-IV são realizações particulares desse processo (ou seja, uma amostra). A distinção entre o processo estocástico e sua realização é parecida com a distinção entre a população e a amostra de dados em cortes transversais. Do mesmo modo que utilizamos as amostras de dados para extrair inferências sobre a população, utilizamos, em séries temporais, a realização para extrair inferências sobre o processo estocástico subjacente.

Processos estocásticos estacionários

Um tipo de processo estocástico que recebeu grande atenção e escrutínio por parte dos analistas de séries temporais é o assim chamado **processo estocástico estacionário**. Em linhas gerais, *um processo estocástico será chamado de estacionário se sua média e variância forem constantes ao longo do tempo e o valor da covariância entre os dois períodos de tempo depender apenas da distância, do intervalo ou da defasagem entre os dois períodos e não o tempo real ao qual a covariância é computada.* Na literatura sobre as séries temporais, tal processo estocástico é conhecido como **processo estocástico fracamente estacionário**, ou **covariância-estacionário**, ou **estacionário de segunda ordem**, ou em **sentido amplo**. Para o propósito deste capítulo, e na maioria das situações práticas, esse tipo de estacionariedade em geral é suficiente.[6]

Para explicar a estacionariedade fraca, considere o Y_t como uma série temporal estocástica com essas propriedades:

$$\textit{Média:} \qquad E(Y_t) = \mu \tag{21.3.1}$$

$$\textit{Variância:} \qquad \text{var}(Y_t) = E(Y_t - \mu)^2 = \sigma^2 \tag{21.3.2}$$

$$\textit{Covarância:} \qquad \gamma_k = E[(Y_t - \mu)(Y_{t+k} - \mu)] \tag{21.3.3}$$

em que γ_k, a covariância (ou autovariância) na defasagem k, é a covariância entre os valores de Y_t e Y_{t+k}, isto é, entre dois valores de Y separados por k. Se $k = 0$, obtemos γ_0, que é simplesmente a

[4] O termo "estocástico" vem da palavra grega *stokhos*, que significa um alvo ou centro do alvo. Se você já lançou dardos em um alvo com o objetivo de atingi-lo, com que frequência acertou esse alvo? Em cada cem dardos, você pode ter a sorte de acertar o alvo apenas umas poucas vezes; outras vezes, os dardos se espalharão aleatoriamente ao redor do alvo.

[5] Você pode pensar sobre o valor de US$3,759.997 bilhões como a média de todos os possíveis valores do PIB para o primeiro trimestre de 1970.

[6] Uma série temporal é estritamente estacionária se *todos* os momentos de sua distribuição de probabilidade, e não apenas os dois primeiros (ou seja, a média e a variância), são invariantes ao longo do tempo. Contudo, se o processo estacionário for normal, o processo estocástico fracamente estacionário será também estritamente estacionário, porque o processo estocástico normal é completamente especificado pelos seus dois momentos, a média e a variância.

variância de $Y\ (= \sigma^2)$; se $k = 1$, γ_1 é a covariância entre os dois valores adjacentes de Y, o tipo de covariância que encontramos no Capítulo 12 (lembre-se do esquema autoregressivo de primeira ordem markoviano).

Suponha que mudemos a origem de Y de Y_t para Y_{t+m} (por exemplo, do primeiro trimestre de 1947 ao primeiro trimestre de 1952 para os nossos dados do PIB). Agora, se Y_t for estacionário, a média, a variância e autocovariâncias de Y_{t+m} deverão ser iguais àquelas de Y_t. *Em resumo, se uma série temporal for estacionária, a média, variância e autocovariâncias (em variadas defasagens) permanecerão as mesmas não importa em que ponto a mensuremos; isto é, elas serão invariantes no tempo.* Tal série temporal tenderá a retornar para a sua média (o que chamamos de **reversão da média**), e flutuações em torno dessa média (mensurada por sua variância) terão, de modo geral, uma amplitude constante.[7] Em outras palavras, um processo estacionário não se desviará muito de seu valor médio em virtude da variância finita. Como veremos em breve, esse não é o caso do processo estocástico não estacionário. Devemos observar que, para o processo estacionário, a velocidade da reversão à média depende das autocovariâncias; isso será rápido, se as autocovariâncias forem pequenas, e lento quando são grandes, como demonstraremos em seguida.

Se uma série temporal não é estacionária no sentido há pouco definido, ela é chamada de série **temporal não estacionária** (tenha em mente que estamos falando apenas sobre a estacionariedade fraca). Em outras palavras, uma série temporal não estacionária terá uma *média que varia com o tempo, ou uma variância que varia com o tempo, ou, ainda, ambas.*

Por que as séries temporais estacionárias são tão importantes? Porque, se uma série temporal é não estacionária, podemos estudar seu comportamento apenas pelo período de tempo em consideração. Cada conjunto de dados de série temporal, portanto, será específico a cada episódio. Como consequência, não é possível generalizá-lo para outros períodos. Sendo assim, para o propósito de previsão, tal série temporal (não estacionária) pode ser de pouco valor prático.

Como sabemos que uma série temporal particular é estacionária? Em particular, as séries temporais apresentadas nas Figuras 21.1 e 21.2 são estacionárias? Abordaremos esse importante tema nas Seções 21.8 e 21.9, quando consideraremos vários testes de estacionariedade. Mas, se dependermos do senso comum, as séries temporais retratadas nas Figuras 21.1 e 21.2 parecerão ser não estacionárias, ao menos nos valores médios. Porém, falaremos sobre isso mais adiante.

Antes de prosseguirmos, mencionaremos um tipo especial de processo estocástico (ou série temporal), ou seja, um processo **puramente aleatório** ou de **ruído branco**. Chamamos um processo estocástico puramente aleatório se ele tem média zero, variância constante σ^2 e é serialmente não correlacionado.[8] Você pode lembrar que o termo de erro u_t, admitido no modelo clássico de regressão linear normal que discutimos na **Parte 1** deste livro, foi considerado um processo de ruído branco, que denotamos como $u_t \sim \text{IIDN}(0, \sigma^2)$; isto é, u_t é distribuído independentemente e identicamente como uma distribuição normal com média zero e variância constante. Tal processso é chamado de **processo de ruído branco gaussiano**.

Processos estocásticos não estacionários

Embora nosso interesse esteja voltado para a série temporal estacionária, encontra-se frequentemente a série temporal não estacionária; o exemplo clássico é o **modelo de passeio aleatório**.[9] Em geral dizemos que os preços dos ativos, como preços das ações ou taxas de câmbio, seguem um passeio aleatório; isto é, eles são não estacionários. Distinguimos dois tipos de passeios aleatórios: (1)

[7] Isso foi apontado por CUTHBERTSON, Keith; HALL, Stephen G.; TAYLOR, Mark P. *Applied econometric techniques.* The University of Michigan Press, 1995. p. 130.

[8] Se é também independente, tal processo é chamado de **estritamente de ruído branco**.

[9] O termo passeio aleatório é muitas vezes comparado com um caminhar de bêbado. Deixando um bar, o bêbado move-se numa distância aleatória u_t no tempo t, e, continuando a caminhar indefinidamente, eventualmente se desviará cada vez mais do bar. O mesmo é dito sobre os preços das ações. O preço da ação de hoje é igual ao de ontem mais um choque aleatório.

passeio aleatório sem deslocamento (sem termo constante ou intercepto) e (2) passeio aleatório com deslocamento (ou seja, um termo constante está presente).

Passeio aleatório sem deslocamento

Suponha que u_t seja um termo de erro de ruído branco sem média 0 e variância σ^2. Diz-se então que a série Y_t é um passeio aleatório se

$$Y_t = Y_{t-1} + u_t \tag{21.3.4}$$

No modelo de passeio aleatório, como demonstra a Equação (21.3.4) o valor de Y no tempo t é igual a seu valor no tempo $(t - 1)$ mais um choque aleatório; sendo assim, trata-se de um modelo AR(1), na linguagem dos Capítulo 12 e 17. Podemos pensar na Equação (21.3.4) como uma regressão de Y no tempo t sobre seu valor defasado em um período. Aqueles que acreditam na **hipótese de eficiência do mercado de capital** argumentam que os preços das ações são essencialmente aleatórios e, por conseguinte, não há margem para especulação lucrativa no mercado de ações: se fosse possível prever o preço de amanhã com base no preço de hoje, todos seríamos milionários.

Agora, com base na Equação (21.3.4), podemos escrever

$$Y_1 = Y_0 + u_1$$

$$Y_2 = Y_1 + u_2 = Y_0 + u_1 + u_2$$

$$Y_3 = Y_2 + u_3 = Y_0 + u_1 + u_2 + u_3$$

Em geral, se o processo iniciou-se em algum tempo 0 com o valor de Y_0, temos

$$Y_t = Y_0 + \sum u_t \tag{21.3.5}$$

Portanto,

$$E(Y_t) = E\left(Y_0 + \sum u_t\right) = Y_0 \quad \text{(por quê?)} \tag{21.3.6}$$

Igualmente, pode ser demonstrado que

$$\text{var}(Y_t) = t\sigma^2 \tag{21.3.7}$$

Como a expressão anterior demonstra, a média de Y é igual ao seu valor inicial, ou de partida, que é constante, mas, como t aumenta, sua variância aumenta indefinidamente, violando assim uma condição de estacionariedade. Em resumo, o modelo de passeio aleatório sem deslocamento é um processo estocástico não estacionário. Na prática, Y_0 é frequentemente colocado em zero, caso em que $E(Y_t) = 0$.

Uma característica interessante do modelo de passeio aleatório é a *persistência de choques aleatórios* (erros aleatórios), que é claro por meio da Equação (21.3.5): Y_t é a soma do Y_0 inicial mais a soma dos choques aleatórios. Como resultado, o impacto de um choque particular não se extingue. Por exemplo, se $u_2 = 2$ em vez de $u_2 = 0$, então, todos os Y_t a partir de Y_2 em diante serão 2 unidades maiores e o efeito desse choque não desaparecerá. É por isso que se diz que o passeio aleatório tem *memória infinita.* Como Kerry Paterson observa, o passeio aleatório lembra-se para sempre do choque;[10] ele tem memória infinita. A soma $\sum u_t$ também é conhecida como **tendência estocástica**, sobre a qual ainda nos deteremos um pouco.

Curiosamente, se escrevermos a Equação (21.3.4) como

$$(Y_t - Y_{t-1}) = \Delta Y_t = u_t \tag{21.3.8}$$

em que Δ é o primeiro operador de diferenças abordado no Capítulo 12, torna-se fácil mostrar que, enquanto Y_t é não estacionária, sua primeira diferença é estacionária. Em outras palavras, as primeiras diferenças de séries temporais de um passeio aleatório são estacionárias. Mas retomaremos esse tema mais adiante.

[10] PATTERSON, Kerry, op cit., cap. 6.

Passeio aleatório com deslocamento

Vamos modificar a Equação (21.3.4) como se segue:

$$Y_t = \delta + Y_{t-1} + u_t \tag{21.3.9}$$

em que δ é conhecido como o **parâmetro de deslocamento.** O termo deslocamento vem do fato de que, se escrevemos a equação anterior como

$$Y_t - Y_{t-1} = \Delta Y_t = \delta + u_t \tag{21.3.10}$$

isso demonstra que Y_t desloca-se para cima ou para baixo, dependendo de δ ser positivo ou negativo. Note que o modelo (21.3.9) é também um modelo AR(1).

Seguindo o procedimento discutido para o passeio aleatório sem deslocamento, pode-se demonstrar que, para o modelo de passeio aleatório com deslocamento (21.3.9),

$$E(Y_t) = Y_0 + t \cdot \delta \tag{21.3.11}$$

$$\text{var}(Y_t) = t\sigma^2 \tag{21.3.12}$$

Como se pode ver, para o modelo de passeio aleatório com deslocamento, a média, bem como a variância, aumenta ao longo do tempo, novamente violando as condições de estacionariedade (fraca). Em resumo, o modelo de passeio aleatório, com ou sem deslocamento, é um processo estocástico não estacionário.

Para darmos uma ideia do passeio aleatório com e sem deslocamento, conduzimos duas simulações como se segue:

$$Y_t = Y_0 + u_t \tag{21.3.13}$$

em que u_t são termos de erro de ruído branco tais como $u_t \sim N(0, 1)$; isto é, cada u_t segue o padrão normal de distribuição. De um gerador de números aleatórios, obtivemos 500 valores de u e geramos Y_t como demonstrado na Equação (21.3.13). Admitamos que $Y_0 = 0$. Então, a Equação (21.3.13) é um modelo de passeio aleatório sem deslocamento.

Agora considere

$$Y_t = \delta + Y_0 + u_t \tag{21.3.14}$$

que é um modelo de passeio aleatório com deslocamento. Admitimos u_t e Y_0 como na Equação (21.3.13) e admitimos que $\delta = 2$.

Os gráficos dos modelos (21.3.13) e (21.3.14), estão, respectivamente, nas Figuras 21.3 e 21.4. O leitor pode comparar esses dois diagramas à luz de nossa discussão sobre o modelo de passeio aleatório com e sem deslocamento.

FIGURA 21.3
Um passeio aleatório sem deslocamento.

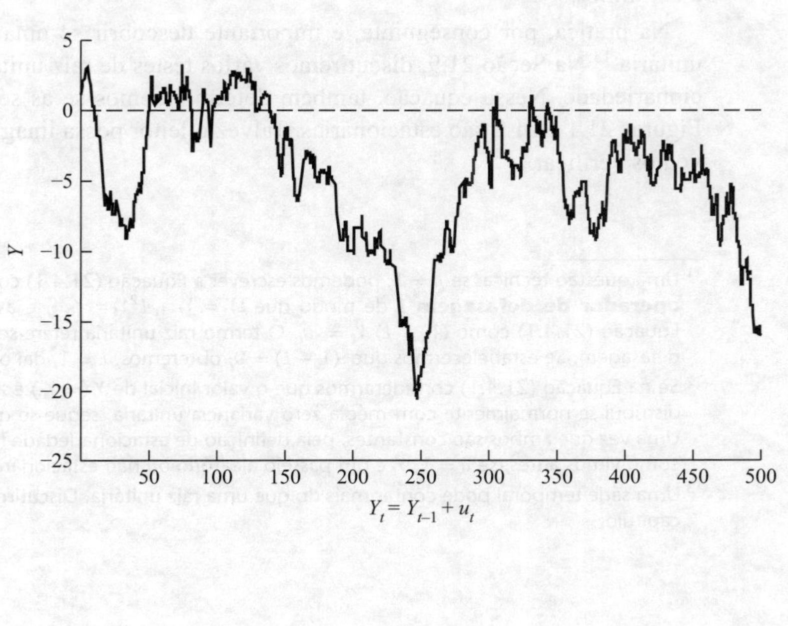

FIGURA 21.4
Um passeio aleatório com deslocamento.

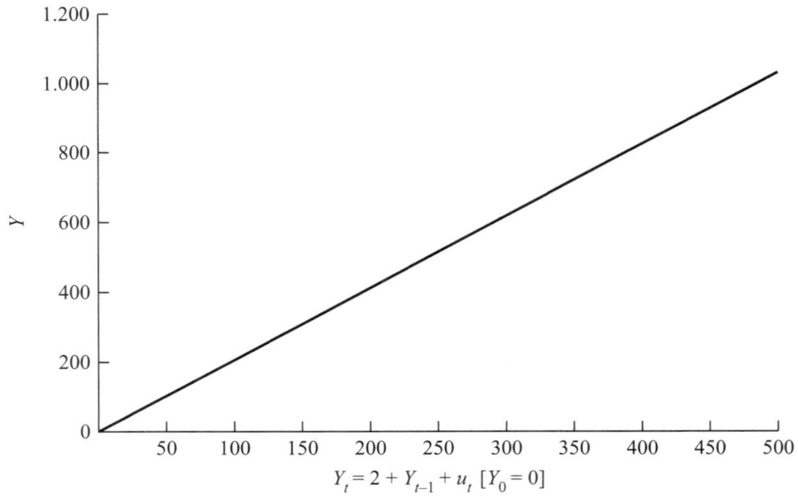

O modelo de passeio aleatório é um exemplo do que é conhecido na literatura específica como **processo de raiz unitária.** Uma vez que esse termo já se tornou corrente na literatura de séries temporais, explicaremos a seguir o que é um processo de raiz unitária.

21.4 Processo estocástico de raiz unitária

Vamos escrever o modelo de passeio aleatório (21.3.4) como:

$$Y_t = \rho Y_{t-1} + u_t \qquad -1 \leq \rho \leq 1 \tag{21.4.1}$$

Esse modelo é semelhante ao modelo autorregressivo de primeira ordem de Markov que discutimos no capítulo sobre autocorrelação. Se $\rho = 1$, a Equação (21.4.1) torna-se um modelo de passeio aleatório (sem deslocamento). Se ρ é de fato 1, encontramos o que é conhecido como **problema de raiz unitária**, isto é, uma situação de não estacionariedade; já sabemos que, nesse caso, a variância de Y_t é não estacionária. O nome raiz unitária deve-se ao fato de que $\rho = 1$.[11] *Portanto, os termos não estacionariedade, passeio aleatório, raiz unitária e tendência estocástica podem ser tratados como sinônimos.* Se, entretanto, $|\rho| < 1$, ou seja, se o valor absoluto de ρ for menor do que um, é possível demonstrar que a série temporal Y_t é estacionária no sentido em que a definimos.[12]

Na prática, por conseguinte, é importante descobrir se uma série temporal possui uma raiz unitária.[13] Na Seção 21.9, discutiremos vários testes de raiz unitária, isto é, vários testes de estacionariedade. Nessa equação, também determinaremos se as séries temporais apresentadas nas Figuras 21.1 e 21.2 são estacionárias. Talvez o leitor possa imaginar que elas não sejam, mas devemos verificar.

---

[11] Uma questão técnica: se $\rho = 1$, podemos escrever a Equação (21.4.1) como $Y_t - Y_{t-1} = u_t$. Agora, utilizando o **operador de defasagem** L de modo que $LY_t = Y_{t-1}$, $L^2Y_t = Y_{t-2}$, e assim por diante, podemos escrever a Equação (21.4.1) como $(1 - L)\, Y_t = u_t$. O termo raiz unitária refere-se à raiz do polinômio no operador de defasagem. Se estabelecermos que $(1 - L) = 0$, obteremos, $L = 1$, daí o nome raiz unitária.

[12] Se na Equação (21.4.1) considerarmos que o valor inicial de Y $(= Y_0)$ é zero, $|\rho| < 1$, e u_t é um ruído branco e distribui-se normalmente com média zero variância unitária, segue-se que $E(Y_t) = 0$ e var $(Y_t) = 1/(1 - \rho^2)$. Uma vez que ambos são constantes, pela definição de estacionariedade fraca, Y_t é estacionária. Por outro lado, como vimos antes, se $\rho = 1$, Y_t é um passeio aleatório ou não estacionário.

[13] Uma série temporal pode conter mais do que uma raiz unitária. Discutiremos essa situação mais à frente neste capítulo.

21.5 Processos estocásticos de tendência estacionária (TE) e diferença estacionária (DE)

A distinção entre processos estocásticos (ou séries temporais) estacionários e não estacionários possui um aspecto essencial relacionado ao fato de a tendência (a lenta evolução de longo prazo da série temporal em consideração), observada nas séries temporais construídas nas Figuras 21.3 e 21.4 ou nas séries temporais da economia real das Figuras 21.1 e 21.2, ser determinística ou estocástica. Em linhas gerais, se a tendência em uma série temporal é uma função determinística de tempo, como o tempo, tempo ao quadrado etc., ela é chamada de tendência determinística; se não é previsível, ela é chamada de tendência estocástica. Para tornar a definição mais formal, considere o seguinte modelo de série temporal Y_t:

$$Y_t = \beta_1 + \beta_2 t + \beta_3 Y_{t-1} + u_t \tag{21.5.1}$$

em que u_t é um termo de erro de ruído branco e t é o tempo mensurado cronologicamente. Agora, temos as seguintes possibilidades:

Passeio aleatório puro: se na Equação (21.5.1) $\beta_1 = 0$, $\beta_2 = 0$, $\beta_3 = 1$, obtemos

$$Y_t = Y_{t-1} + u_t \tag{21.5.2}$$

que não é nada além de um modelo de passeio aleatório sem deslocamento e é, então, não estacionário. Mas observe que se escrevemos a Equação (21.5.2) como

$$\Delta Y_t = (Y_t - Y_{t-1}) = u_t \tag{21.3.8}$$

ele se torna estacionário, como observamos anteriormente. Portanto, um modelo de passeio aleatório sem deslocamento é um **processo estacionário em diferença (PED).**

Passeio aleatório com deslocamento: se na Equação (21.5.1) $\beta_1 \neq 0$, $\beta_2 = 0$, $\beta_3 = 1$,

$$Y_t = \beta_1 + Y_{t-1} + u_t, \tag{21.5.3}$$

que é um passeio aleatório com deslocamento e, portanto, não estacionário. Se a escrevemos como

$$(Y_t - Y_{t-1}) = \Delta Y_t = \beta_1 + u_t \tag{21.5.3a}$$

isso significa que Y_t exibirá uma tendência positiva ($\beta_1 > 0$) ou negativa ($\beta_1 < 0$) (veja a Figura 21.4). Tal tendência é chamada **tendência estocástica**. A equação (21.5.3*a*) é um processo PED, porque a não estacionariedade de Y_t pode ser eliminada ao tomar as primeiras diferenças da série temporal. Lembre que u_t na Equação (21.5.3*a*) é um termo de erro de ruído branco.

FIGURA 21.5
Tendência determinística *versus* tendência estocástica.

Fonte: CHAREMZA et al., op. cit., p. 91.

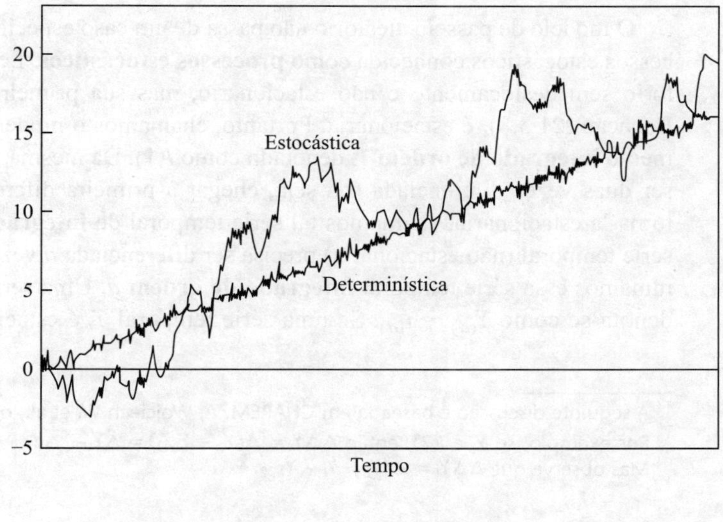

Tendência determinística: se na Equação (21.5.1), $\beta_1 \neq 0, \beta_2 \neq 0, \beta_3 = 0$, obtemos

$$Y_t = \beta_1 + \beta_2 t + u_t \tag{21.5.4}$$

que é chamado de **processo de tendência estacionária (PTE)**. Embora a média de Y_t seja $\beta_1 + \beta_2 t$, não seja constante, sua variância ($= \sigma^2$) é. Uma vez que os valores de β_1 e β_2 são conhecidos, a média pode ser perfeitamente prevista. Então, se subtrairmos de Y_t a média de Y_t, a série resultante será estacionária, daí o nome **tendência estacionária**. Esse procedimento de remover a tendência (determinística) é chamado **remoção de tendência**.

Passeio aleatório com deslocamento e tendência determinística: se, na Equação (21.5.1), $\beta_1 \neq 0$, $\beta_2 \neq 0$, $\beta_3 = 1$, obtemos

$$Y_t = \beta_1 + \beta_2 t + Y_{t-1} + u_t \tag{21.5.5}$$

em tal caso, temos um passeio aleatório com deslocamento e uma tendência determinística, o que pode ser visto se escrevemos essa equação como

$$\Delta Y_t = \beta_1 + \beta_2 t + u_t \tag{21.5.5a}$$

que significa que Y_t é não estacionária.

Tendência determinística com componente autorregressivo AR(1) estacionário: se em uma Equação (21.5.1) $\beta_1 \neq 0, \beta_2 \neq 0, \beta_3 < 1$, então obtemos

$$Y_t = \beta_1 + \beta_2 t + \beta_3 Y_{t-1} + u_t \tag{21.5.6}$$

que é estacionária em torno de uma tendência determinística.

Para verificar a diferença entre as tendências estocásticas e determinísticas, considere a Figura 21.5.[14] A série chamada estocástica nessa figura é gerada por um modelo de passeio aleatório com deslocamento: $Y_t = 0{,}5 + Y_{t-1} + u_t$, em que 500 valores de u_t foram gerados de uma distribuição padrão normal e o valor inicial de Y foi estabelecido como 1. A série chamada determinística é gerada da seguinte maneira: $Y_t = 0{,}5t + u_t$, em que u_t foi gerado como o acima e t refere-se ao tempo medido cronologicamente.

Como se pode ver na Figura 21.5, no caso da tendência determinística, os desvios a partir da linha de tendência (que representa a média não estacionária) são puramente aleatórios e terminam rapidamente; eles não contribuem para o desenvolvimento a longo prazo da série temporal, que é determinada pelo componente tendencial $0{,}5t$. No caso da tendência estocástica, por outro lado, o componente aleatório u_t afeta o curso de longo prazo da série Y_t.

21.6 Processos estocásticos integrados

O modelo de passeio aleatório não passa de um caso específico de mais uma classe geral de processos estocásticos conhecida como **processos estocásticos**. Lembre que o modelo de passeio aleatório sem deslocamento é não estacionário, mas sua primeira diferença, como demonstrado na Equação (21.3.8), é estacionária. Portanto, chamamos o modelo de passeio aleatório sem deslocamento **integrado de ordem 1**, denotado como $I(1)$. Da mesma forma, se uma série temporal tem de ser duas vezes diferenciada (ou seja, chegar à primeira diferença das primeiras diferenças) para torná-la estacionária, chamamos tal série temporal de **integrada de ordem 2**.[15] Em geral, se uma série temporal (não estacionária) precisa ser diferenciada d vezes para tornar-se estacionária, denominamos essa série temporal **integrada de ordem *d***. Uma série temporal Y_t integrada de ordem d denota-se como $Y_{(d)} \sim I_{(d)}$. Se uma série temporal Y_t é estacionária desde o início (ou seja, não

[14] A seguinte discussão é baseada em CHAREMZA, Wojciech W. et al., op. cit., p. 89–91.

[15] Por exemplo, se Y_t é $I(2)$, então $\Delta\Delta Y_t = \Delta(Y_t - Y_{t-1}) = \Delta Y_t - \Delta Y_{t-1} = Y_t - 2Y_{t-1} + Y_{t-2}$ torna-se estacionária. Mas observe que $\Delta\Delta Y_t = \Delta^2 Y_t \neq Y_t - Y_{t-2}$.

requer qualquer diferenciação), dizemos que é integrada de ordem zero, denotada por $Y_t \sim I(0)$. Utilizaremos os termos "série temporal estacionária" e "série temporal integrada de ordem zero" para significar a mesma coisa.

A maioria das séries temporais econômicas são em geral $I(1)$; isto é, elas geralmente tornam-se estacionárias apenas depois de verificarmos suas primeiras diferenças. As séries temporais apresentadas nas Figuras 21.1 e 21.2 são $I(1)$ ou de ordem mais elevada? Vamos examiná-las nas Seções 21.8 e 21.9.

Propriedades das séries integradas

As seguintes propriedades das séries temporais integradas podem ser observadas: vamos considerar X_t, Y_t e Z_t como três séries temporais; então:

1. Se $X_t \sim I(0)$ e $Y_t \sim I(1)$, então $Z_t = (X_t + Y_t) = I(1)$; isto é, uma combinação linear ou soma de série temporal estacionária e não estacionária é não estacionária.
2. Se $X_t \sim I(d)$, então $Z_t = (a + bX_t) = I(d)$, em que a e b são constantes. Ou seja, uma combinação linear de uma série $I(d)$ é também $I(d)$. Assim, se $X_t \sim I(0)$, então $Z_t = (a + bX_t) \sim I(0)$.
3. Se $X_t \sim I(d_1)$ e $Y_t \sim I(d_2)$, então $Z_t = (aX_t + bY_t) \sim I(d_2)$, em que $d_1 < d_2$.
4. Se $X_t \sim I(d)$ e $Y_t \sim I(d)$, então $Z_t = (aX_t + bY_t) \sim I(d_*)$: d^* é geralmente igual a d, mas, em alguns casos, $d^* < d$ (*veja o tópico sobre cointegração na Seção 21.11*).

Como se pode ver, deve-se prestar muita atenção na combinação de duas ou mais séries temporais que sejam integradas de ordem diferente.

Para entender por que isso é importante, considere o modelo de regressão de duas variáveis do Capítulo 3, ou seja, $Y_t = \beta_1 + \beta_2 X_t + u_t$. Sob as premissas clássicas dos MQO, sabemos que

$$\hat{\beta}_2 = \frac{\sum x_t y_t}{\sum x_t^2} \tag{21.6.1}$$

em que as letras pequenas, como de costume, indicam desvio a partir dos valores médios. Suponha que Y_t seja $I(0)$, mas X_t seja $I(1)$; isto é, a primeira é estacionária e a última não é. Uma vez que X_t é não estacionária, sua variância aumentará indefinidamente, dominando, portanto, o termo numerador na Equação (21.6.1), resultando que $\hat{\beta}_2$ convergirá para zero assintoticamente (em amostras grandes) e não terá nem mesmo uma distribuição assintótica.[16]

21.7 O fenômeno da regressão espúria

Para verificar porque as séries temporais estacionárias são tão importantes, considere os próximos dois modelos de passeio aleatório:

$$Y_t = Y_{t-1} + u_t \tag{21.7.1}$$

$$X_t = X_{t-1} + v_t \tag{21.7.2}$$

em que geramos 500 observações de u_t a partir de $u_t \sim N(0, 1)$ e 500 observações de v_t em $v_t \sim N(0, 1)$ e presumimos que os valores iniciais tanto de Y quanto de X eram zero. Também presumimos que u_t e v_t são serialmente não correlacionados, bem como mutuamente não correlacionados. Como agora você já sabe, ambas as séries temporais são não estacionárias; isto é, elas são $I(1)$ ou exibem tendências estocásticas.

[16] Esse ponto deve-se a MADDALA et al., op. cit., p. 26.

Suponha que façamos a regressão de Y_t em relação a X_t. Uma vez que Y_t e X_t são processos não correlacionados $I(1)$, o R^2 a partir da regressão de Y em X deveria tender a zero; isto é, não deveria haver qualquer relação entre as duas variáveis. Mas espere até ver os resultados da regressão:

Variable	Coefficient	Std. Error	*t* Statistic
C	-13.2556	0.6203	-21.36856
X	0.3376	0.0443	7.61223
	R^2 = 0.1044	*d* = 0.0121	

Como se pode ver, o coeficiente de X tem alta significância estatística e, embora o valor R^2 seja baixo, ele é de maneira estatística significativamente diferente de zero. Com base nesses resultados, podemos ser tentados a concluir que há uma relação estatística significativa entre Y e X, apesar de que, *a priori*, não deveria haver nenhuma. Isso é, em resumo, o **fenômeno de regressão espúria ou sem sentido**, inicialmente descoberto por Yule.[17] Yule demonstrou que a correlação (espúria) poderia persistir em uma série temporal não estacionária mesmo se uma amostra fosse muito grande. O fato de haver algo de errado na regressão anterior é sugerido pelo valor d extremamente baixo de Durbin--Watson, que sugere uma autocorrelação de primeira ordem muito forte. De acordo com Granger e Newbold, *uma* $R^2 > d$ *é uma boa regra de bolso para suspeitar que a regressão estimada seja espúria*, como no exemplo citado. Pode-se acrescentar que o R^2 e a estatística t, assim como a regressão espúria, são enganosos, e os t estatísticos não são distribuídos como distribuição t (de Student) e, então, não pode ser utilizado para testar hipóteses sobre os parâmetros.

Que os resultados da regressão apresentados acima sejam insignificantes, isso pode ser facilmente verificado por meio da regressão das primeiras diferenças de Y_t ($= \Delta Y_t$) sobre as primeiras diferenças de X_t ($= \Delta X_t$); lembre que, embora Y_t e X_t sejam não estacionários, suas primeiras diferenças são estacionárias. Nessa regressão, você descobrirá que R^2 é praticamente zero, como deveria ser, e a d Durbin-Watson é cerca de 2. No Exercício 21.24, solicitaremos que você estime essa regressão e verifique a afirmação que acabamos de fazer.

Embora exagerado, esse exemplo nos lembra que se deve ser extremamente cuidadoso ao conduzir a análise da regressão baseada em uma série temporal que exibe tendências estocásticas. E devemos ser extremamente cautelosos ao ler os resultados da regressão baseados nas variáveis $I(1)$. Como exemplo, veja o Exercício 21.26. De certo modo, isso vale para as séries temporais sujeitas a tendências determinísticas; um exemplo disso é dado no Exercício 21.25.

21.8 Testes de estacionariedade

Neste ponto, o leitor provavelmente já tem uma boa ideia acerca da natureza do processo estocástico estacionário e de sua importância. Na prática, enfrentamos duas questões importantes: (1) como descobrir se uma dada série temporal é estacionária? (2) Se descobrimos que uma série temporal é não estacionária, há uma forma de podermos torná-la estacionária? Adotaremos a primeira pergunta nesta seção e discutiremos a segunda pergunta na Seção 21.10.

Antes de prosseguirmos, devemos ter em vista que estamos preocupados principalmente com a estacionariedade fraca ou covariância-estacionariedade. Embora haja vários testes de estacionariedade, analisaremos apenas aqueles que são destacadamente discutidos na literatura específica. Nesta seção, discutiremos dois testes: (1) análise gráfica e (2) o teste de correlograma. Em decorrência da importância atribuída ao *teste de raiz unitária* no passado recente, ele será discutido na próxima seção. Ilustraremos esses testes com exemplos apropriados.

[17] YULE, G. U. "Why do we sometimes get nonsense correlations between time series? A study in sampling and the nature of time series." *Journal of the Royal Statistical Society*, v. 89, p. 1-64, 1926. Para simulações abrangentes de Monte Carlo sobre regressões espúrias veja GRANGER, C. W. J.; NEWBOLD, P. "Spurious regressions in econometrics." *Journal of Econometrics*, v. 2, p. 111-120, 1974.

1. Análise gráfica

Como observado anteriormente, antes que se prossiga com os testes formais, é sempre prudente organizar a série temporal sob estudo, como fizemos nas Figuras 21.1 e 21.2 para os dados da série temporal da economia americana postada no site do livro. Os gráficos dão uma pista inicial sobre a natureza provável da série temporal. Tome, por exemplo, a série temporal do PIB demonstrada na Figura 21.1. Veremos que, ao longo do período estudado, o logaritmo do PIB tem aumentado, isto é, demonstra uma tendência ao aumento, o que sugere, talvez, que a média do PIB foi modificada. Isso talvez sugira que o log da série do PIB seja não estacionário. Isso é também mais ou menos verdadeiro quanto à série temporal da economia americana apresentada na Figura 21.2. Essa intuição é o ponto de partida de mais testes formais de estacionariedade.

2. Função de correlação (FAC) e correlograma

Um teste simples de estacionariedade é baseado na assim chamada **função de correlação (FAC)**. A FAC com defasagem k, denotada por ρ_k, é definida como

$$\begin{aligned}\rho_k &= \frac{\gamma_k}{\gamma_0} \\ &= \frac{\text{covariância com defasagem } k}{\text{variância}}\end{aligned} \tag{21.8.1}$$

em que a covariância com defasagem k e a variância são aquelas anteriormente definidas. Observe que, se $k = 0$, $\rho_0 = 1$ (por quê?).

Desde que tanto a covariância como a variância são mensuradas nas mesmas unidades de medida, ρ_k é um *número sem unidades* ou *puro*. Ele se situa entre -1 e $+1$, como qualquer correlação coeficiente faz. Se colocarmos ρ_k contra k, o gráfico que obteremos é conhecido como **correlograma da população**.

Uma vez que, na prática, apenas temos a realização (amostra) de um processo estocástico, podemos apenas computar a **função de correlação amostral**, $\hat{\rho}_k$. Para isso, precisamos primeiro calcular a **covariância da amostra** com defasagem k, $\hat{\gamma}_k$, e a **variância da amostra**, $\hat{\gamma}_0$, definidas como:[18]

$$\hat{\gamma}_k = \frac{\sum(Y_t - \bar{Y})(Y_{t+k} - \bar{Y})}{n} \tag{21.8.2}$$

$$\hat{\gamma}_0 = \frac{\sum(Y_t - \bar{Y})^2}{n} \tag{21.8.3}$$

em que n é o tamanho da amostra e $\bar{Y}$ é a média da amostra.

Sendo assim, a função de correlação amostral, com defasagem k é:

$$\hat{\rho}_k = \frac{\hat{\gamma}_k}{\hat{\gamma}_0} \tag{21.8.4}$$

que é simplesmente a razão da covariância da amostra (com defasagem k) e a variância da amostra. O gráfico de $\hat{\rho}_k$ contra k é conhecido como **correlograma amostral**.

Como um correlograma amostral permite descobrir se uma série temporal particular é estacionária? Para esse propósito, permita-nos primeiro apresentar os correlogramas amostrais do processo aleatório puramente de ruído branco e de um processo de passeio aleatório. Voltemos ao modelo de passeio aleatório sem deslocamento (21.3.13). Lá, geramos uma amostra de 500 termos de erro, os u, da distribuição normal padrão. O correlograma desses 500 termos de erro puramente aleatório estão na Figura 21.6; apresentamos esse correlograma com até 30 defasagens. Comentaremos brevemente o processo de escolher a extensão da defasagem.

[18] A rigor, deveremos dividir a covariância da amostra com defasagem k por $(n - k)$ e a variância amostral por $(n - 1)$ em vez de por n (por quê?), em que n é o tamanho da amostra.

FIGURA 21.6

Correlograma de termo de erro u ou de ruído branco.

Amostra: 2 500
Observações incluídas: 499

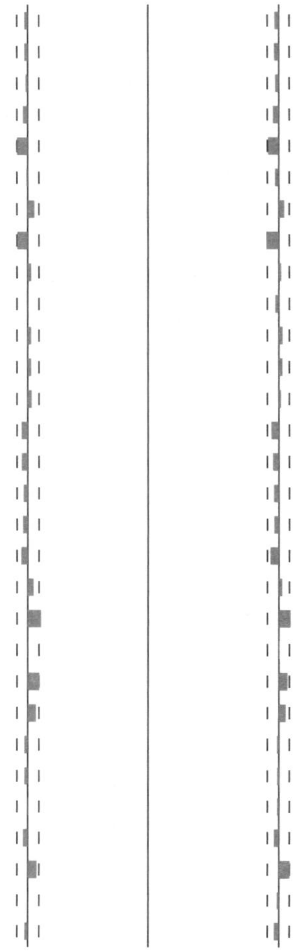

Autocorrelação	Correlação parcial		AC	PAC	Estat Q	Prob
		1	−0,022	−0,022	0,2335	0,629
		2	−0,019	−0,020	0,4247	0,809
		3	−0,009	−0,010	0,4640	0,927
		4	−0,031	−0,031	0,9372	0,919
		5	−0,070	−0,072	3,4186	0,636
		6	−0,008	−0,013	3,4493	0,751
		7	0,048	0,045	4,6411	0,704
		8	−0,069	−0,070	7,0385	0,532
		9	0,022	0,017	7,2956	0,606
		10	−0,004	−0,011	7,3059	0,696
		11	0,024	0,025	7,6102	0,748
		12	0,024	0,027	7,8993	0,793
		13	0,026	0,021	8,2502	0,827
		14	−0,047	−0,046	9,3726	0,806
		15	−0,037	−0,030	10,074	0,815
		16	−0,026	−0,031	10,429	0,843
		17	−0,029	−0,024	10,865	0,863
		18	−0,043	−0,050	11,807	0,857
		19	0,038	0,028	12,575	0,860
		20	0,099	0,093	17,739	0,605
		21	0,001	0,007	17,739	0,665
		22	0,065	0,060	19,923	0,588
		23	0,053	0,055	21,404	0,556
		24	−0,017	−0,004	21,553	0,606
		25	−0,024	−0,005	21,850	0,644
		26	−0,008	−0,008	21,885	0,695
		27	−0,036	−0,027	22,587	0,707
		28	0,053	0,072	24,068	0,678
		29	−0,004	−0,011	24,077	0,725
		30	−0,026	−0,025	24,445	0,752

AC = autocorrelação, PAC = autocorrelação parcial (veja o Capítulo 22), Estat Q = estatística Q, Prob = probabilidade.

Por enquanto, apenas observe a coluna incluída como AC, que é a função de correlação amostral, e o primeiro diagrama à esquerda, classificado como Autocorrelação. A linha vertical sólida nesse diagrama representa o eixo zero; as observações à direita da linha são valores positivos e aquelas à esquerda da linha são valores negativos. Como fica muito claro por meio desse diagrama, para um processo de ruído puramente branco a autocorrelação gira em torno de zero em várias defasagens. *Essa é a imagem de um correlograma de uma série temporal estacionária.* Sendo assim, se o correlograma de uma série temporal (econômica) real assemelha-se ao correlograma de uma série temporal de ruído branco, podemos dizer que a série temporal é provavelmente estacionária.

Agora, observe o correlograma de uma série de passeio aleatório, como gerada, por exemplo, pela Equação (21.3.13). A imagem é semelhante à da Figura 21.7. A característica que mais se destaca nesse correlograma é que os coeficientes de autocorrelação nas diversas defasagens são realmente muito altos, chegando até mesmo a uma defasagem acima de 33 trimestres. Na verdade, se considerarmos defasagens acima de 60 trimestres, os coeficientes de autocorrelação serão muito altos; o coeficiente é cerca de 0,7 na defasagem de 60 trimestres. A Figura 21.7 apresenta o correlograma característico de uma série temporal não estacionária: o coeficiente de autocorrelação começa com um valor alto e diminui muito lentamente em direção a zero à medida que a defasagem aumenta.

FIGURA 21.7

Correlograma de uma série temporal de passeio aleatório. Veja a Figura 21.6 para as definições.

Amostra: 2 500
Observações incluídas: 499

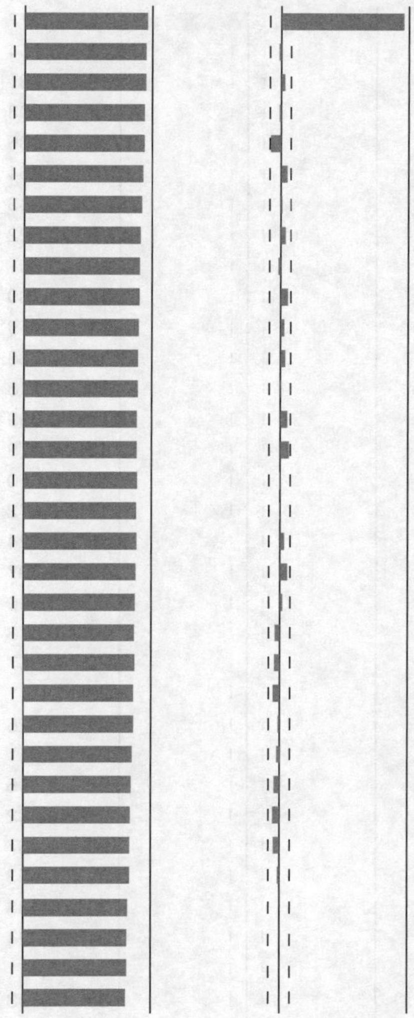

	AC	PAC	Estat *Q*	Prob
1	0,992	0,992	493,86	0,000
2	0,984	0,000	980,68	0,000
3	0,976	0,030	1461,1	0,000
4	0,969	0,005	1935,1	0,000
5	0,961	−0,059	2402,0	0,000
6	0,953	0,050	2862,7	0,000
7	0,946	0,004	3317,3	0,000
8	0,939	0,040	3766,4	0,000
9	0,932	−0,009	4210,1	0,000
10	0,927	0,055	4649,1	0,000
11	0,921	0,018	5083,9	0,000
12	0,916	0,039	5514,9	0,000
13	0,912	0,002	5942,4	0,000
14	0,908	0,056	6367,0	0,000
15	0,905	0,061	6789,8	0,000
16	0,902	0,000	7210,6	0,000
17	0,899	0,006	7629,4	0,000
18	0,896	0,030	8046,7	0,000
19	0,894	0,053	8463,1	0,000
20	0,892	0,013	8878,7	0,000
21	0,890	−0,041	9292,6	0,000
22	0,886	−0,040	9704,1	0,000
23	0,882	−0,044	10113,	0,000
24	0,878	−0,012	10518,	0,000
25	0,873	−0,023	10920,	0,000
26	0,867	−0,041	11317,	0,000
27	0,860	−0,055	11709,	0,000
28	0,853	−0,045	12095,	0,000
29	0,846	−0,010	12476,	0,000
30	0,839	0,008	12851,	0,000
31	0,832	−0,006	13221,	0,000
32	0,825	0,003	13586,	0,000
33	0,819	−0,006	13946,	0,000

Agora, vejamos um exemplo concreto. Examinemos o correlograma da série temporal do LPIB esboçado com os dados da série temporal da economia norte-americana postados no site do livro (veja a Seção 21.1). O correlograma com defasagens acima de 36 é demonstrado na Figura 21.8. O correlograma do LPIB com mais de 36 defasagens também mostra um padrão semelhante ao modelo de correlograma de passeio aleatório da Figura 21.7. O coeficiente de autocorrelação começa com um valor muito alto na defasagem 1 (0,977) e diminui muito lentamente. Desse modo, parece que a série temporal do LPIB é não estacionária. Se você esboçar os correlogramas de outras séries temporais da economia norte-americana apresentadas nas Figuras 21.1 e 21.2, verá também um padrão similar, o que leva à conclusão de que todas as séries temporais são não estacionárias; elas podem ser não estacionárias na média, na variância ou em ambas.

Duas questões práticas podem ser colocadas aqui. Primeiro, como escolhemos o tamanho da defasagem para computar a função de autocorrelação? Segundo, como decidir se um coeficiente de correlação em uma certa defasagem é estatisticamente significativo? A resposta é apresentada a seguir:

FIGURA 21.8

Correlograma do LPIB norte-americano, entre 1947-I e 2007-IV. Veja a Figura 21.6 para as definições.

Amostra: 1947–I 2007–IV
Observações incluídas: 244

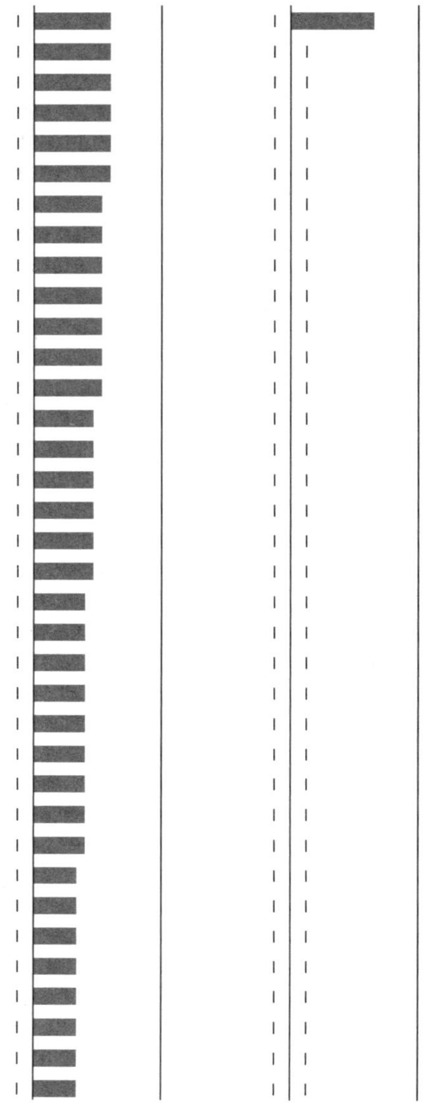

Autocorrelação	Correlação parcial		AC	PAC	Estat Q	Prob
		1	0,977	0,977	235,73	0,000
		2	0,954	–0,009	461,43	0,000
		3	0,931	–0,010	677,31	0,000
		4	0,908	–0,006	883,67	0,000
		5	0,886	–0,003	1080,9	0,000
		6	0,864	–0,001	1269,3	0,000
		7	0,843	–0,006	1449,3	0,000
		8	0,822	–0,006	1621,0	0,000
		9	0,801	–0,010	1784,6	0,000
		10	0,780	–0,004	1940,6	0,000
		11	0,759	–0,007	2089,0	0,000
		12	0,738	–0,013	2230,0	0,000
		13	0,718	0,003	2364,1	0,000
		14	0,699	–0,005	2491,5	0,000
		15	0,679	–0,001	2612,4	0,000
		16	0,660	–0,004	2727,2	0,000
		17	0,642	–0,002	2836,2	0,000
		18	0,624	0,002	2939,6	0,000
		19	0,607	0,003	3037,8	0,000
		20	0,590	–0,003	3130,9	0,000
		21	0,573	–0,003	3219,3	0,000
		22	0,557	–0,003	3303,1	0,000
		23	0,541	–0,001	3382,5	0,000
		24	0,526	0,007	3457,9	0,000
		25	0,511	0,002	3529,4	0,000
		26	0,496	–0,005	3597,2	0,000
		27	0,482	–0,011	3661,4	0,000
		28	0,467	–0,009	3722,0	0,000
		29	0,453	–0,005	3779,2	0,000
		30	0,438	–0,006	3833,1	0,000
		31	0,424	–0,005	3883,9	0,000
		32	0,411	0,004	3931,6	0,000
		33	0,398	0,004	3976,7	0,000
		34	0,385	–0,001	4019,1	0,000
		35	0,373	–0,009	4058,9	0,000
		36	0,360	–0,010	4096,3	0,000

A escolha da extensão da defasagem

Essa é basicamente uma questão empírica. Uma regra de bolso é computar a função de correlação de um terço até um quarto da extensão da série temporal. Uma vez que, para os nossos dados econômicos, temos 244 observações trimestrais, por essa regra as defasagens de 61 a 81 trimestres são suficientes. Para economizar espaço, exibimos apenas 36 defasagens no gráfico da função de autocorrelação na Figura 21.8. A melhor recomendação é começar com defasagens suficientemente grandes e então reduzi-las por algum critério estatístico, como o *Akaike* ou o *critério de informação Schwarz*, discutidos no Capítulo 13. Por outro lado, podem-se utilizar os seguintes testes estatísticos.

Significado estatístico dos coeficientes de correlação

Considere, por exemplo, o correlograma da série temporal do LPIB dada na Figura 21.8. Como decidimos se o coeficiente de correlação de 0,780 na defasagem 10 (trimestres) é estatisticamente significativo? A significância estatística de qualquer $\hat{\rho}_k$ pode ser julgada por seu erro padrão. Bartlett demonstrou que, se uma série temporal é puramente aleatória, isto é, ela exibe ruído branco (veja a Figura 21.6), os coeficientes de correlação amostral, $\hat{\rho}_k$ são *aproximadamente*[19]

$$\hat{\rho}_k \sim N(0, 1/n) \tag{21.8.5}$$

isto é, em amostras grandes, os coeficientes de correlação amostral são normalmente distribuídos com a média zero e a variância igual a 1 sobre o tamanho da amostra. Uma vez que temos 244 observações, a variância é $1/244 \approx 0{,}0041$ e o erro padrão é $\sqrt{0{,}0041} \approx 0{,}0640$. Seguindo as propriedades da distribuição padrão normal, o intervalo de confiança de 95% para qualquer (população) ρ_k é:

$$\hat{\rho}_k \pm 1{,}96(0{,}0640) = \hat{\rho}_k \pm 0{,}1254 \tag{21.8.6}$$

Em outras palavras,

$$\text{Prob}\,(\hat{\rho}_k - 0{,}1254 \leq \rho_k \leq \hat{\rho}_k + 0{,}1254) = 0{,}95 \tag{21.8.7}$$

Se o intervalo anterior inclui o valor zero, não rejeitamos a hipótese de que o verdadeiro ρ_k seja zero, mas, se esse intervalo não inclui 0, rejeitamos a hipótese de que o verdadeiro ρ_k seja zero. Aplicando isso ao valor estimado de $\hat{\rho}_{10} = 0{,}873$, o leitor pode verificar que o intervalo de confiança de 95% para o verdadeiro ρ_{10} é (0,873 ± 0,1254) ou (0,7476, 0,9984).[20] Obviamente, esse intervalo não inclui o valor de zero, sugerindo que somos 95% confiantes de que o verdadeiro ρ_{10} é significantemente diferente de zero.[21] Como se pode verificar, mesmo com a defasagem 20, ρ_{20} estimado é estatisticamente significante no nível de 5%.

Em vez de testar a significância da estatística de qualquer coeficiente de correlação, podemos testar a *hipótese conjunta* de que todos os ρ_k até determinadas defasagens são simultaneamente iguais a zero. Isso pode ser feito por meio da **estatística *Q*** desenvolvida por Box e Pierce, definida como:[22]

$$Q = n \sum_{k=1}^{m} \hat{\rho}_k^2 \tag{21.8.8}$$

em que n = tamanho da amostra e m = tamanho da defasagem. A estatística Q é frequentemente utilizada como um teste para verificar se uma série temporal é um ruído branco. Em amostras grandes, é *aproximadamente* distribuída como a distribuição qui-quadrado com m graus de liberdade. Em uma aplicação, se o Q computado excede o valor crítico Q a partir da distribuição de qui-quadrado no nível escolhido de significância, pode-se rejeitar a hipótese nula de que todos os ρ_k (verdadeiros) são zero; no mínimo alguns deles devem ser não zero.

Uma variante da estatística Q, de Box-Pierce, é a **estatística Ljung-Box (LB)**, definida como:[23]

$$\text{LB} = n(n+2) \sum_{k=1}^{m} \left(\frac{\hat{\rho}_k^2}{n-k} \right) \sim \chi^2 m \tag{21.8.9}$$

---

[19] BARTLETT, M. S. "On the theoretical specification of sampling properties of autocorrelated time series." *Journal of the Royal Statistical Society,* Série B, 1946. v. 27, p. 27-41.

[20] O tamanho de nossa amostra de 244 observações é razoavelmente grande para usar a aproximação normal.

[21] Por outro lado, se você dividir o valor estimado de qualquer ρ_k pelo erro padrão de $(\sqrt{1)\, n})$, para um n suficientemente grande, você obterá o valor padrão o Z, cuja probabilidade pode ser facilmente obtida com base na tabela padrão normal. Então, para o $\rho_{10} = 0{,}780$ estimado, o valor de Z é 0,780/0,1066 = 7,32 (aprox.). Se o verdadeiro ρ_{10} fosse de fato zero, a probabilidade de obter um valor Z igual a 7,32 ou maior seria muito pequena, portanto, rejeita-se a hipótese de que o verdadeiro ρ_{10} seja zero.

[22] BOX, G. E. P.; PIERCE, D. A. "Distribution of residual autocorrelations in autoregressive integrated moving average time series models." *Journal of the American Statistical Association,* 1970. v. 65, p. 1.1509-1526.

[23] LJUNG, G. M.; BOX, G. E. P. "On a measure of lack of fit in time series models." *Biometrika,* 1978. v. 66, p. 66-72.

Embora, nas amostras grandes, tanto a estatística Q quanto a LB seguem a distribuição de qui-quadrado com m graus de liberdade, a estatística LB descobriu ter melhores (mais poderosos, no sentido estatístico) propriedades de amostras pequenas do que a estatística Q.[24]

Voltando ao exemplo LPIB dado na Figura 21.8, o valor da estatística Q até a defasagem 36 é cerca de 4096. A probabilidade de obter tal valor Q sob a hipótese nula de que a soma dos quadrados de 36 coeficientes de correlação estimados é zero é praticamente zero, como mostra a última coluna daquelas figuras. Portanto, a conclusão é de que a série temporal LPIB é provavelmente não estacionária, ou seja, reforça nosso palpite, com base na Figura 21.1, de que a série LPIB pode ser não estacionária. No Exercício 21.16, pedimos que você confirme que as outras quatro séries temporais da economia norte-americana também são não estacionárias.

21.9 O teste da raiz unitária

Um teste de estacionariedade (ou não estacionariedade) que se tornou amplamente popular nos últimos anos é o **teste de raiz unitária**. Primeiro, vamos explicá-lo, ilustrá-lo e, depois, considerar algumas de suas limitações.

O ponto de partida é o processo de raiz unitária (estocástico) que discutimos na Seção 21.4. Começamos com

$$Y_t = \rho Y_{t-1} + u_t \qquad -1 \leq \rho \leq 1 \tag{21.4.1}$$

em que u_t é um termo de erro de ruído branco.

Sabemos que, se $\rho = 1$, isto é, no caso da raiz unitária, a Equação (21.4.1) torna-se um modelo de passeio aleatório sem deslocamento, que sabemos ser um processo estocástico não estacionário. Sendo assim, por que não fazer apenas a regressão de Y_t sobre seu valor defasado (de um período), Y_{t-1}, e verificarmos se o ρ estimado é estatisticamente igual a 1? Se for isso, então Y_t será não estacionário. Essa é a ideia geral que está por trás do teste de estacionariedade de raiz unitária.

Entretanto, não podemos estimar a Equação (21.4.1) pelos MQO e testar a hipótese de que $\rho = 1$ pelo teste habitual, t porque esse teste é rigorosamente viesado no caso de uma raiz unitária. Desse modo, manipulamos a Equação (21.4.1) como se segue: subtraia Y_{t-1} de ambos os lados da Equação (21.4.1) para obter

$$\begin{aligned} Y_t - Y_{t-1} &= \rho Y_{t-1} - Y_{t-1} + u_t \\ &= (\rho - 1)Y_{t-1} + u_t \end{aligned} \tag{21.9.1}$$

que pode também ser escrita como

$$\Delta Y_t = \delta Y_{t-1} + u_t \tag{21.9.2}$$

em que $\delta = (\rho - 1)$ e Δ, como sempre, é o primeiro operador da diferença.

Na prática, por conseguinte, em vez de estimarmos a Equação (21.4.1), estimamos a Equação (21.9.2) e testamos a hipótese (nula) de que $\delta = 0$, sendo a hipótese alternativa $\delta < 0$ (veja a nota de rodapé 25). Se $\delta = 0$, então $\rho = 1$, isto é, temos uma raiz unitária, o que significa que a série temporal sob consideração é não estacionária.

Antes que prossigamos estimando a Equação (21.9.2), podemos observar que, se $\delta = 0$, a Equação (21.9.2) se tornará

$$\Delta Y_t = (Y_t - Y_{t-1}) = u_t \tag{21.9.3}$$

Uma vez que u_t é um termo de erro de ruído branco, ele é estacionário, o que significa que as primeiras diferenças de uma série temporal de passeio aleatório são estacionárias, um ponto que já estabelecemos.

[24] As estatísticas Q e LB podem não ser apropriadas em todos os casos. Para uma posição crítica, veja MADDALA et al., op. cit., p. 19.

Agora, vamos voltar à estimação da Equação (21.9.2). Isso é bastante simples; tudo o que temos a fazer é tomar as primeiras diferenças de Y_t, fazer a regressão dessas em Y_{t-1} e ver se o coeficiente angular estimado ($= \hat{\delta}$) é zero ou não. Se é zero, concluímos que Y_t é não estacionária; mas, se é negativo, concluímos que Y_t é estacionária.[25] A única questão é qual teste utilizar para descobrir se o coeficiente estimado de Y_{t-1} na Equação (21.9.2) é zero ou não. Você pode estar tentado a dizer: por que não utilizar o costumeiro teste t? Infelizmente, sob a hipótese nula de que $\delta = 0$ (ou seja, $\rho = 1$), o valor t do coeficiente estimado de Y_{t-1} não segue a distribuição t, mesmo em grandes amostras; ou seja, não possui uma distribuição assintótica normal.

Qual é a alternativa? Dickey e Fuller demonstraram que, sob a hipótese nula de que $\delta = 0$, o valor estimado t do coeficiente de Y_{t-1} na Equação (21.9.2) segue a **estatística τ (tau).**[26] Esses autores computaram os valores fundamentais da *estatística* τ segundo as simulações de Monte Carlo. Uma amostra desses valores fundamentais é dada no Apêndice D, Tabela D.7. A tabela é limitada, mas MacKinnon preparou tabelas mais extensas, que são agora incorporadas em diversos pacotes econométricos.[27] Na literatura específica, a **estatística ou teste de tau** é conhecida como **teste Dickey-Fuller (DF)**, em homenagem aos seus descobridores. Curiosamente, se a hipótese de que $\delta = 0$ for rejeitada (a série temporal é estacionária), poderemos utilizar o costumeiro teste t (Student). Tenha em vista que o teste Dickey-Fuller é unilateral, porque a hipótese alternativa é que $\delta < 0$ (ou $\rho < 1$).

O procedimento real para a implementação do teste DF envolve várias decisões. Ao discutirmos a natureza do processo de raiz unitária nas Seções 21.4 e 21.5, observamos que um processo de passeio aleatório pode ou não ter deslocamento, ou ele pode ter tanto tendências determinísticas quanto estocásticas. Para permitir as várias possibilidades, o teste DF é estimado de três formas diferentes, isto é, sob três diferentes hipóteses nulas:

Y_t é um passeio aleatório: $\Delta Y_t = \delta Y_{t-1} + u_t$ **(21.9.2)**

Y_t é um passeio aleatório com deslocamento: $\Delta Y_t = \beta_1 + \delta Y_{t-1} + u_t$ **(21.9.4)**

Y_t é um passeio aleatório com deslocamento em torno de uma tendência determinística: $\Delta Y_t = \beta_1 + \beta_2 t + \delta Y_{t-1} + u_t$ **(21.9.5)**

em que t é a variável de tendência ou temporal. Em cada caso, as hipóteses são:

Hipótese nula: H_0: $\delta = 0$ (há uma raiz unitária ou a série temporal é não estacionária, ou ela possui uma tendência estocástica).

Hipótese alternativa: H_1: $\delta < 0$ (a série temporal é estacionária, possivelmente em torno de uma tendência determinística).[28]

Se a hipótese nula for rejeitada, significa que (1) Y_t é estacionária com média zero, no caso da Equação (21.9.2), ou (2) Y_t é estacionária com média não zero, no caso da Equação (21.9.4). No caso da Equação (21.9.5), podemos testar $\delta < 0$ (nenhuma tendência estocástica) e $\alpha \neq 0$ (a existência de uma tendência determinística) simultaneamente, utilizando o teste F, mas utilizando os valores fundamentais tabulados por Dickey e Fuller. Nota-se que uma série temporal pode conter tanto a tendência estocástica quanto a determinística.

É extremamente importante observar que os valores fundamentais do teste tau para verificar a hipótese de que $\delta = 0$ são diferentes para cada uma das três especificações anteriores do teste DF, o que pode

[25] Uma vez que $\delta = (\rho - 1)$, para que se tenha a estacionariedade, ρ deve ser menor do que um. Para isso acontecer δ deve ser negativo.

[26] DICKEY, D. A.; FULLER, W. A. "Distribution of the estimators for autoregressive time series with a unit root." *Journal of the American Statistical Association*, v. 74, p. 427-431, 1979. Veja também FULLER, W. A. *Introduction to statistical time series.* Nova York: John Wiley & Sons, 1976.

[27] MACKINNON, J. G. "Critical values of cointegration tests." In: ENGLE, R. E.; GRANGER, C. W. J. (Eds.). *Long-run economic relationships:* readings in cointegration. Nova York: Oxford University Press, 1991. cap. 13.

[28] Rejeitamos qualquer possibilidade de que $\delta > 0$, porque, nesse caso $\rho > 1$, em que a série temporal será explosiva.

ser visto claramente no **Apêndice D**, Tabela D.7 Além disso, se, por exemplo, a especificação (21.9.4) estiver correta, mas fizermos a estimação da Equação (21.9.2), estaremos cometendo um erro de especificação, cujas consequências já conhecemos no Capítulo 13. O mesmo é verdadeiro se estimarmos a Equação (21.9.4) em vez da verdadeira Equação (21.9.5). De fato, não há forma de saber com qual especificação começar. Algumas tentativas e erros são inevitáveis, não obstante a garimpagem de dados.

O procedimento de estimação real é o seguinte: estime a Equação (21.9.2) ou a Equação (21.9.3) ou a Equação (21.9.4) pelos MQO; divida o coeficiente estimado de Y_{t-1} em cada caso pelo seu erro padrão para computar a estatística tau (τ); e consulte as tabelas Dickey-Fuller (ou qualquer pacote estatístico). Se o valor absoluto computado da estatística *tau* ($|\tau|$) exceder o valor crítico nas estatísticas *tau* Dickey-Fuller e MacKinnon, rejeitaremos a hipótese de que $\delta = 0$, e, nesse caso, a série temporal será não estacionária. Por outro lado, se o valor absoluto calculado $|\tau|$ não exceder o valor crítico de *tau*, não rejeitaremos a hipótese nula, o que quer dizer que a série temporal será não estacionária. Assegure-se de que sejam usados os valores apropriados de τ. Na maioria das aplicações, o valor de *tau* será negativo. Portanto, podemos dizer que, se o valor crítico (negativo) de *tau* computado for menor do que (mais negativo do que) o valor crítico de *tau*, rejeitaremos a hipótese nula (a série temporal será estacionária), caso contrário, não a rejeitaremos (a série temporal será não estacionária).

Vamos voltar à série temporal do PIB americano. Para essa série, os resultados das três regressões (21.9.2), (21.9.4) e (21.9.5) são como se segue: a variável dependente em cada caso é $\Delta Y_t = \Delta \text{ LPIB}_t$, em que LPIB é o logaritmo do PIB real.

$$\begin{aligned}\widehat{\Delta\text{LPIB}}_t &= 0{,}000968\text{LPIB}_{t-1}\\ t &= (12{,}9270) \qquad R^2 = 0{,}0147 \qquad d = 1{,}3194\end{aligned} \tag{21.9.6}$$

$$\begin{aligned}\widehat{\Delta\text{LPIB}}_t &= 0{,}0221 - 0{,}00165\text{LPIB}_{t-1}\\ t &= (2{,}4342) \quad (-1{,}5294) \qquad R^2 = 0{,}0096 \qquad d = 1{,}3484\end{aligned} \tag{21.9.7}$$

$$\begin{aligned}\widehat{\Delta\text{LPIB}}_t &= 0{,}2092 + 0{,}0002t - 0{,}0269\text{LPIB}_{t-1}\\ t &= (1{,}8991) \quad (1{,}7040) \quad (-1{,}8102)\\ & \qquad R^2 = 0{,}0215 \qquad d = 1{,}3308\end{aligned} \tag{21.9.8}$$

Nosso interesse principal em todas essas regressões está no valor $t\ (= \tau)$ do coeficiente LPIB_{t-1}. Se você observar a Tabela D.7, do **Apêndice D**, verá que os valores críticos de τ de 5% para uma amostra do tamanho 250 (o número mais próximo à nossa amostra de 244 observações) são −1,95 (sem intercepto, sem tendência), −2,88 (com intercepto, mas sem tendência) e −3,43 (com intercepto e com tendência). O EViews e outros pacotes estatísticos fornecem valores fundamentais para o tamanho da amostra utilizado na análise.

Antes de examinarmos os resultados, devemos decidir qual dos três modelos podem ser apropriados. Devemos rejeitar o modelo (21.9.6), porque o coeficiente de LPIB_{t-1}, que é igual a δ, é positivo. Mas, uma vez que $\delta = (\rho - 1)$, um *d* positivo implicaria que $\rho > 1$. Embora seja possível na teoria, rejeitamos isso porque, neste caso, a série temporal LPIB seria explosiva.[29] Sendo assim, restam-nos os modelos (21.9.7) e (21.9.8). Em ambos os casos, o coeficiente estimado *d* é negativo, implicando que o ρ estimado é menor do que 1. Para esses dois modelos, os valores estimados ρ são 0,9984 e 0,9731, respectivamente. A única pergunta agora é se há valores estatisticamente significativos abaixo de 1 para que declaremos que a série temporal do PIB é estacionária.

Para o modelo (21.9.7) o valor estimado τ é −1,5294, enquanto o valor crítico de 5% de τ, conforme observamos acima, é 2,88. Sendo que, em termos *absolutos*, o valor anterior é menor do que o último, nossa conclusão é de que a série temporal LPIB não é estacionária.[30]

[29] Mais tecnicamene, uma vez que a Equação (21.9.2) é uma equação de diferenças de primeira ordem, a chamada condição de estabilidade requer que $|\rho| < 1$.

[30] Em outras palavras, o valor computado τ deveria ser mais negativo do que o valor fundamental τ, que não é o caso aqui. Portanto, a conclusão permanece. Uma vez que, em geral, espera-se que δ seja negativo, a estatística estimada τ terá um sinal negativo. Então, um grande valor negativo τ é geralmente uma indicação de estacionariedade.

O caso é o mesmo para o modelo (21.9.8). O valor computado de τ de $-1{,}8102$, em termos absolutos, é menor do que o valor crítico de 5% de $-3{,}43$.

Portanto, com base na análise gráfica, no correlograma e no teste de Dickey-Fuller, a conclusão é de que, para os períodos trimestrais de 1947 e 2007, a série temporal do PIB norte-americano foi não estacionária; ela continha uma raiz unitária, ou possuía uma tendência estocástica.

O teste Dickey–Fuller aumentado (DFA)

Ao conduzir o teste DF como nas Equações (21.9.2), (21.9.4) e (21.9.5), admitimos que o termo de erro u_t era não correlacionado. Mas para os casos em que os u_t são correlacionados, Dickey e Fuller desenvolveram outro teste, conhecido como **teste Dickey-Fuller aumentado (DFA)**. Este é realizado por meio da extensão das três equações anteriores adicionando os valores defasados da variável dependente ΔY_t. De modo mais específico, suponha que utilizemos a Equação (21.9.5). O teste DFA consiste aqui em estimar a seguinte regressão:

$$\Delta Y_t = \beta_1 + \beta_2 t + \delta Y_{t-1} + \sum_{i=1}^{m} \alpha_i \Delta Y_{t-i} + \varepsilon_t \tag{21.9.9}$$

em que ε_t é um termo de erro de ruído branco puro e $\Delta Y_{t-1} = (Y_{t-1} - Y_{t-2})$, $\Delta Y_{t-2} = (Y_{t-2} - Y_{t-3})$ etc. O número de termos de diferenças defasados a serem incluídos é frequentemente determinado empiricamente; a ideia é incluir termos suficientes para que o termo de erro na Equação (21.9.9) seja serialmente não correlacionado, para que possamos obter uma estimativa não viesada de δ, o coeficiente defasado de Y_{t-1}. O EViews 6 possui uma opção que automaticamente seleciona a extensão da defasagem baseada em Akaike, Schwarz e outros critérios de informação. No DFA, ainda testamos se $\delta = 0$, e o teste ADF segue a mesma distribuição assintótica da estatística DF, assim os mesmos valores fundamentais podem ser utilizados.

Para uma ideia sobre esse procedimento, estimamos a Equação (21.9.9) para a série do PIB. Na medida em que temos os dados trimestrais, decidimos utilizar quatro defasagens. Os resultados da regressão DFA são os seguintes:[31]

$$\begin{aligned}\widehat{\Delta \text{LPIB}}_t = {}& 0{,}2677 + 0{,}0003t - 0{,}0352\text{LPIB}_{t-1} + 0{,}2990\Delta\text{LPIB}_{t-1} + 0{,}1451\Delta\text{LPIB}_{t-2} - 0{,}0621\Delta\text{LPIB}_{t-3} - 0{,}0876\Delta\text{LPIB}_t \\ t = {}& (2{,}4130) \quad (2{,}2561) \quad (-2{,}3443) \quad (4{,}6255) \quad (2{,}1575) \quad (-0{,}9205) \quad (-1{,}3438) \\ & R^2 = 0{,}1617 \quad d = 2{,}0075\end{aligned} \tag{21.9.10}$$

O valor t ($= \tau$) do coeficiente do LPIB_{t-1} defasado ($= \delta$) é $-2{,}3443$, o que, em termos absolutos, é muito menor do que o valor crítico de τ no nível de significância de 10% de $-3{,}1378$, novamente sugerindo que mesmo depois de cuidar de possíveis autocorrelações no termo de erro, a série LPIB é não estacionária. (*Nota:* o comando *@trend* no EViews gera automaticamente a variável de tendência temporal determinística.)

Isso poderia ser o resultado de escolhermos apenas quatro valores defasados de ΔLPIB? Utilizamos o critério Schwarz usando 14 valores defasados de ΔLPIB, que dão o valor τ δ de $-1{,}8102$. Mesmo assim, esse valor τ não era significativo no nível de 10% (o valor fundamental *tau* neste nível era de $-3{,}1376$). Parece que o LPIB é não estacionário.

Testando a significância de mais de um coeficiente: o teste *F*

Suponha que estimemos o modelo (21.9.5) e testemos a hipótese de que $\beta_1 = \beta_2 = 0$, isto é, o modelo de passeio aleatório é sem deslocamento e tendência. Para testar essa hipótese conjunta, podemos utilizar o teste *F restrito* discutido no Capítulo 8. Isto é, estimamos a Equação (21.9.5) (a regressão irrestrita) e estimamos a Equação (21.9.5) novamente, sem o intercepto e a tendência. Então, utilizamos o teste *F* restrito como demonstrado na Equação (8.6.9), exceto que não podemos usar a

[31] Diferenças com defasagem de ordem mais alta foram consideradas, mas apresentaram-se como insignificantes.

tabela convencional F para conseguir os valores fundamentais F. Como fizeram com a estatística τ, Dickey e Fuller desenvolveram os valores críticos de F para essa situação, uma amostra disso é dada no Apêndice D, Tabela D.7 Um exemplo é apresentado no Exercício 21.27.

Os testes de raiz unitária Phillips-Perron[32]

Um importante hipótese do teste DF é que os termos de erro u_t são distribuídos de forma idenpendente e idêntica. O teste ADF ajusta o teste DF para tratar de possíveis correlações seriais nos termos de erro ao adicionar os termos de diferença defasados do regressando. Phillips e Perron utilizam os *métodos estatísticos não paramétricos* para tratar da correlação serial nos termos de erro sem adicionar os termos de diferença defasados. Uma vez que a distribuição assintótica do teste Phillips-Perron é a mesma da estatística do teste ADF, não trataremos deste assunto agora.

Testando as mudanças estruturais

Os dados macroeconômicos introduzidos na Seção 21.1 (veja o site do livro para os dados reais) são para o período 1947-2007, um período de 61 anos. Nesse período, a economia norte-americana experimentou muitos ciclos de negócios de durações variadas. Os ciclos de negócios marcam-se por períodos de recessão e de expansão. É muito provável que um ciclo de negócios seja diferente de outro, o que pode refletir as **quebras estruturais** ou **mudanças estruturais** na economia.

Por exemplo, considere o primeiro embargo do petróleo em 1973. Ele quadruplicou os preços do petróleo. Novamente, os preços crescem substancialmente depois do segundo embargo do petróleo, em 1979. Naturalmente esses choques afetarão o comportamento da economia. Se formos regredir os gastos de consumo pessoal sobre a renda pessoal disponível, o intercepto, a inclinação ou ambos devem modificar-se de um ciclo de negócios para outro (lembre-se do teste Chow de quebras estruturais). Isso é o que significam as mudanças estruturais.

Perron, por exemplo, argumentou que os testes padrão da hipótese de raiz unitária podem não ser confiáveis na presença de mudanças estruturais.[33] Há várias formas de testar as mudanças estruturais e de explicá-las; a mais simples envolve o uso de variáveis *dummy*. Mas uma discussão dos vários testes de quebras estruturais nos levarão além dos objetivos deste capítulo e é melhor deixar isso para as referências.[34] Entretanto, veja o Exercício 21.28.

Uma crítica aos testes de raiz unitária[35]

Já discutimos vários testes de raiz unitária e há muitos mais. A questão é: por que há tantos testes de raiz unitária? A resposta está no **tamanho** e na **potência** desses testes. Por tamanho de teste, queremos dizer o nível de significância (a probabilidade de cometer um erro Tipo I) e por potência de um teste, queremos indicar a probabilidade de rejeitar a hipótese nula quando ela é falsa. A potência de um teste é calculada pela subtração da probabilidade de um erro Tipo II por ½ de 1; o erro Tipo II é a probabilidade de aceitar uma falsa hipótese nula. A potência máxima é 1. A maioria dos testes de raiz unitária é baseada na hipótese nula de que a série temporal em consideração possui uma raiz unitária; ela é não estacionária. A hipótese alternativa é que a série temporal seja estacionária.

Tamanho do teste

No Capítulo 13 fizemos a distinção entre os níveis nominais e verdadeiros de significância. O teste Dickey-Fuller é sensível à maneira como ele é conduzido. Lembre que discutimos três variedades

[32] PHILLIPS, P. C. B.; PERRON, P. "Testing for a unit root in time series regression." *Biometrika,* vl. 75, p. 335-346, 1988. O teste Phillips-Perron agora é incluído em vários pacotes de software.

[33] PERRON, P. "The great crash, the oil price shock and the unit root hypothesis." *Econometrica,* v. 57, p. 1.361--1401, 1989.

[34] Para uma discussão acessível, veja STOCK, James H.; Mark W. WATSON, James H. *Introduction to econometrics.* 2. ed. Boston: Pearson/Addison-Wesley, 2007, p. 565–571. Para uma discussão mais aprofundada, veja MADDALA, G. S.; KIM, In-Moo. *Unit roots, cointegration, and structural change.* Nova York: Cambridge University Press, 1998.

[35] Para uma discussão detalhada, veja MILLS, Terrence C. op. cit., p. 87–88.

de teste Dickey-Fuller: (1) um passeio aleatório puro, (2) um passeio aleatório com deslocamento e (3) um passeio aleatório com deslocamento e tendência. Se, por exemplo, o modelo verdadeiro for (1), mas o estimamos (2) e concluímos que, por exemplo, no nível de 5% a série temporal é estacionária, essa conclusão pode estar errada, porque o nível verdadeiro de significância nesse caso é muito maior do que 5%.[36] O tamanho da distorção poderia também resultar da exclusão dos componentes das médias móveis do modelo (sobre médias móveis, veja o Capítulo 22).

Potência do teste

A maioria dos testes do tipo Dickey-Fuller tem baixa potência; eles tendem a aceitar a hipótese nula da raiz unitária mais frequentemente do que seria seguro. Esses testes podem encontrar uma raiz unitária mesmo quando não existe nenhuma. Há várias razões para isso. *Primeiro*, a potência depende da *amplitude* (de tempo) dos dados mais do que do mero tamanho da amostra. Para um exemplo de amostra de tamanho n, a potência é maior quando a amplitude é maior. Portanto, um teste (ou testes) de raiz unitária baseado em 30 observações em uma extensão de tempo de 30 anos pode ter mais potência do que um baseado em, por exemplo, 100 observações ao longo de uma extensão de tempo de 100 dias. *Segundo*, se $\rho \approx 1$, mas não exatamente 1, o teste de raiz unitária pode declarar que tal série temporal é não estacionária. *Terceiro*, esses tipos de testes admitem uma única raiz unitária; eles admitem que a série temporal dada é $I(1)$. Mas, se uma série temporal for integrada de ordem mais alta do que 1, por exemplo, $I(2)$, haverá mais do que uma raiz unitária. No último caso, pode-se utilizar o **teste Dickey-Pantula**.[37] *Quarto*, se há quebras estruturais na série temporal (veja o capítulo sobre as variáveis *dummy*) em virtude, por exemplo, dos embargos do petróleo da Opep, os testes de raiz unitária podem não dar conta delas.

Ao aplicar os testes de raiz unitária, deve-se, portanto, ter em mente suas limitações. É claro, ocorreram modificações nesses testes feitas por Perron e Ng, Elliot, Rothenberg e Stock, Fuller e Leybourne.[38] Por causa disso, Maddala e Kim defendem que os testes tradicionais DF, ADDF e PP deveriam ser descartados. Na medida em que os pacotes econométricos incorporam os novos testes, isso pode muito bem acontecer. Mas devemos acrescentar que ainda não há nenhum teste sistematicamente poderoso da hipótese de raiz unitária.

21.10 Transformando a série temporal não estacionária

Agora que conhecemos os problemas associados à série temporal não estacionária, a questão prática é o que fazer. Para evitarmos o problema da regressão espúria que pode surgir da regressão de uma série temporal não estacionária em uma ou mais séries temporais não estacionárias, temos de transformar as séries temporais não estacionárias para torná-las estacionárias. O método de transformação depende de as séries temporais serem *diferença estacionária* (DE) ou a *tendência estacionária* (TE). Consideraremos cada um desses métodos na sequência.

Processos de diferença estacionária

Se uma série temporal tem uma raiz unitária, as primeiras diferenças dessas séries temporais são estacionárias.[39] A solução aqui é tomar as primeiras diferenças das séries temporais.

Voltando para a nossa série temporal do LPIB dos Estados Unidos, já vimos que ela possui uma raiz unitária. Agora, vamos ver o que acontece se considerarmos as primeiras diferenças da série LPIB.

[36] Para um experimento de Monte Carlo quanto a isso, veja CHAREMZA et al., op. cit., p. 114.

[37] DICKEY, D. A.; PANTULA, S. "Determining the order of differencing in autoregressive processes." *Journal of Business and Economic Statistics*, v. 5, p. 455-461, 1987.

[38] Uma discussão sobre esses testes pode ser encontrada em MADDALA et al., op. cit., cap. 4.

[39] Se uma série temporal é $I(2)$, ela conterá duas raízes unitárias, e neste caso teremos que diferenciar duas vezes. Se ela for $I(d)$, deverá ser diferenciada d vezes, em que d é qualquer número inteiro.

FIGURA 21.9
Primeira diferenças do LPIB norte-americano, de 1947 a 2007 (trimestralmente).

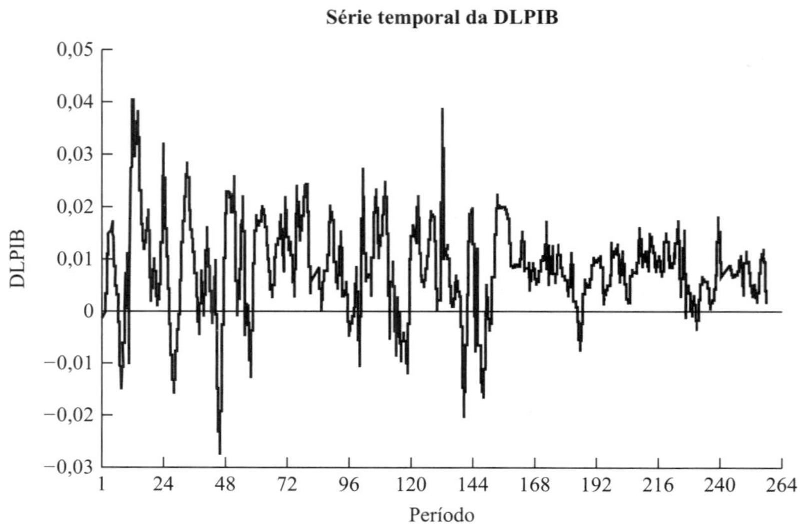

Seja $\Delta\text{LPIB}_t = (\text{LPIB}_t - \text{LPIB}_{t-1})$. Por conveniência, seja $D_t = \Delta\text{LPIB}_t$. Agora considere a seguinte regressão:

$$\begin{aligned}\widehat{\Delta D}_t &= 0{,}00557 - 0{,}6711 D_{t-1}\\ t &= (7{,}1407) \quad (-11{,}0204)\\ R^2 &= 0{,}3360 \quad d = 2{,}0542\end{aligned} \tag{21.10.1}$$

O valor crítico do τ de Dickey-Fuller ao nível de significância de 1% é $-3{,}4574$. Uma vez que $\tau\ (=t)$ calculado de $-11{,}0204$ é mais negativo do que o valor crítico, concluímos que a série das primeiras diferenças do LPIB é estacionária; ela é $I(0)$. Isso é demonstrado na Figura 21.9. Se compararmos a Figura 21.9 com a Figura 21.1, veremos a diferença óbvia entre os dois PIBs.

Processo estacionário em tendência

Como vimos na Figura 21.5, o processo de tendência estacionária é estacionário em torno da linha de tendência. Portanto, a maneira mais simples de fazer tal série temporal estacionária é regredi-la no tempo e os resíduos dessa regressão então serão estacionários. Em outras palavras, realize a seguinte regressão:

$$Y_t = \beta_1 + \beta_2 t + u_t \tag{21.10.2}$$

em que Y_t é a série temporal em estudo e t é variável tendencial medida cronologicamente.

Agora,

$$\hat{u}_t = (Y_t - \hat{\beta}_1 - \hat{\beta}_2 t) \tag{21.10.3}$$

será estacionária. $\hat{u}_t$ é conhecida como **série temporal (linearmente) sem tendência**.

É importante observar que a tendência pode ser não linear. Por exemplo, ela pode ser

$$Y_t = \beta_1 + \beta_2 t + \beta_3 t^2 + u_t \tag{21.10.4}$$

que é uma série tendencial quadrática. Se for esse o caso, os resíduos a partir da Equação (21.10.4) serão agora séries temporais (quadraticamente) sem tendência.

Deve ser assinalado que, se uma série temporal for estacionária nas diferenças, mas a tratarmos como tendência estacionária, isso será chamado de **subdiferenciação.** Por outro lado, se uma série temporal for de tendência estacionária, mas a tratarmos como estacionária nas diferenças, isso será chamado de **superdiferenciação.** As consequências desses tipos de erros de especificação podem ser

FIGURA 21.10 As primeiras diferenças (ΔLPIB) e desvios a partir da tendência (RESI1) para o LPIB, 1947–2007 (trimestralmente).

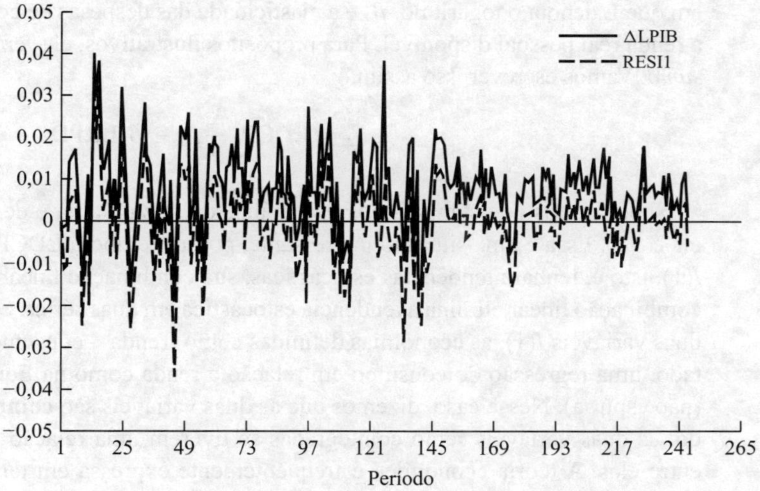

sérias, dependendo de como se lida com as propriedades da correlação serial dos termos de erro resultantes.[40]

Para ver o que acontece se confundirmos uma série com tendência estacionária com uma série diferença estacionária, ou vice-versa, a Figura 21.10 mostra as primeiras diferenças do LPIB e os resíduos do LPIB estimados por meio da regressão do processo de tendência estacionária (21.10.2):

A observação dessa figura diz que as primeiras diferenças do LPIB real são estacionárias (como confirmado pela regressão (21.10.1)), mas os resíduos da linha de tendência (RESI1) não o são.

Resumindo: "[...] é muito importante aplicar o tipo certo de estacionarização para os dados, se elas não são ainda estacionárias. A maioria dos mercados financeiros gera preço, taxa ou dados dos rendimentos que são não estacionários devido à tendência estocástica mais do que à tendência determinística. Raramente é apropriado a remoção de tendência dos dados ao ajustar a linha de tendência e tomar desvios. Em vez disso, os dados devem sofrer remoção de tendência por meio das primeiras diferenças, normalmente dos logaritmos das taxas e preços, porque, então, os dados estacionários transformados corresponderão aos retornos do mercado".[41]

21.11 Cointegração: regressão de uma série temporal com raiz unitária contra outra série temporal com raiz unitária

Afirmamos que a regressão de uma série temporal não estacionária em outra série temporal não estacionária pode produzir uma regressão espúria. Consideremos os dados da série temporal de despesas de consumo pessoal reais e renda real disponível introduzidos na Seção 21.1 (veja o site do livro para obter dados reais). Submetendo essas séries temporais individualmente para a análise da raiz unitária, descobriremos que as duas são $I(1)$; elas contêm uma tendência estocástica. É bem possível que as duas séries *compartilhem a mesma tendência* para que a regressão de uma ou de outra não seja necessariamente espúria.

Para sermos específicos, utilizaremos os dados da série temporal da economia norte-americana (veja a Seção 21.1 e o site do livro) e efetuaremos a seguinte regressão de LDCP em LRPD:

$$\text{LDCP}_t = \beta_1 + \beta_2 \text{LRPD}_t + u_t \qquad \textbf{(21.11.1)}$$

[40] Para uma discussão detalhada sobre isso, veja MADDALA et al., op. cit., Seção 2.7.

[41] ALEXANDER, Carol, op. cit., p. 324.

em que L denota o logaritmo. β_2 é a elasticidade das despesas de consumo pessoal reais com respeito à renda real pessoal disponível. Para propósitos ilustrativos, ela será chamada de *elasticidade de consumo*. Vamos escrever isso assim:

$$u_t = \text{LDCP}_t - \beta_1 - \beta_2\text{LRPD}_t \tag{21.11.2}$$

Suponhamos que submetamos u_t à análise da raiz unitária e descubramos que ela é estacionária; ela é $I(0)$. Essa é uma situação interessante, porque, embora LDCP_t e LRPD_t sejam individualmente $I(1)$, isto é, tenham tendências estocásticas, sua combinação linear (21.11.2) é $I(0)$. Supostamente, a combinação linear elimina a tendência estocástica em duas séries. Se considerarmos consumo e renda duas variáveis $I(1)$, as economias definidas como (renda – consumo) poderiam ser $I(0)$. Como resultado, uma regressão do consumo em relação à renda como na Equação (21.11.1) seria significativa (não espúria). Nesse caso, dizemos que as duas variáveis são **cointegradas**. Economicamente falando, as duas variáveis serão cointegradas se tiverem uma relação de longo prazo, ou de equilíbrio, entre elas. A teoria econômica é frequentemente expressa em termos de equilíbrio, como a teoria quantitativa da moeda, de Fischer, ou a teoria da paridade do poder de compra (PPP), apenas para citar algumas.

Em resumo, desde que verifiquemos que os resíduos das regressões como (21.11.1) são $I(0)$ ou estacionários, a metodologia de regressão tradicional (incluindo os testes t e F) que consideramos exaustivamente é aplicável aos dados que envolvem a série temporal (não estacionária). A valiosa contribuição dos conceitos de raiz unitária, cointegração etc. serve para forçar-nos a descobrir se os resíduos da regressão são estacionários. Como Granger observa: "Um teste para a cointegração pode ser pensado como um pré-teste para evitar as situações de 'regressão espúria'".[42]

Na linguagem da teoria da cointegração, uma regressão como a Equação (21.11.1) é conhecida como **regressão de cointegração** e o parâmetro de inclinação β_2 é conhecido como **parâmetro de cointegração**. O conceito de cointegração pode ser estendido para o modelo de regressão contendo os regressores k. Nesse caso, teremos parâmetros de cointegração k.

Teste de cointegração

Vários métodos para testar a cointegração foram propostos na literatura especializada. Consideremos aqui um método comparativamente simples, chamado de teste de raiz unitária de Dickey-Fuller ou teste Dickey-Fuller aumentado sobre os resíduos estimados da regressão de cointegração.[43]

Teste Engle-Granger ou teste Engle-Granger aumentado

Já sabemos como aplicar os testes de raiz unitária de Dickey-Fuller ou Dickey-Fuller aumentado. Tudo o que temos a fazer é estimar uma regressão como a Equação (21.11.1), obter os resíduos e usar os testes Dickey-Fuller ou Dickey-Fuller aumentado.[44] Entretanto, há uma precaução a tomar. Uma vez que o u_t estimado é baseado no parâmetro de cointegração *estimado* β_2, os valores críticos de Dickey-Fuller ou Dickey-Fuller aumentado não são muito apropriados. Engle e Granger calcularam esses valores, que podem ser encontrados nas referências.[45] Então, os testes Dickey-Fuller ou

---

[42] GRANGER, C. W. J. "Developments in the study of co-integrated economic variables." *Oxford Bulletin of Economics and Statistics,* 1986. v. 48, p. 226.

[43] Há essa diferença entre os testes para a raiz unitária e os testes para a cointegração. Como David A. Dickey, Dennis W. Jansen e Daniel I. Thornton observam: "Os testes para as raízes unitárias são realizados em séries temporais univariadas [isto é, únicas]. Por sua vez, a cointegração lida com a relação entre um grupo de variáveis, em que (incondicionalmente) cada uma delas possui uma raiz unitária". Veja os artigos dos autores citados: "A primer on cointegration with an application to money and income." *Economic Review,* p. 59, mar.-abr. 1991, Federal Reserve Bank of St. Louis. Como o nome sugere, esse artigo é uma excelente introdução ao teste de cointegração.

[44] Se o DCP e o RPD não são cointegrados, qualquer combinação linear deles será não estacionária e o u_t será também não estacionário.

[45] ENGLE, R. F.; GRANGER, C. W. "Co-integration and error correction: representation, estimation and testing." *Econometrica,* 1987. v. 55, p. 251-276.

Dickey-Fuller aumentado neste contexto são conhecidos como testes **Engle-Granger (EG)** e **Engle-Granger aumentado**. Contudo, vários pacotes de *software* apresentam agora esses valores críticos juntamente com outros resultados.

Vamos ilustrar esses testes. Utilizando os dados introduzidos na Seção 21.1 e encontrados no site do livro, primeiro regredimos os LDCPC contra os LRPDC e obtemos a seguinte regressão:

$$\widehat{\text{LDCP}}_t = -0{,}1942 + 1{,}0114\text{LRPD}_t$$
$$t = (-8{,}2328) \quad (348{,}5429) \tag{21.11.3}$$
$$R^2 = 0{,}9980 \quad d = 0{,}1558$$

Uma vez que o LDCP e o LRPD são individualmente não estacionários, há a possibilidade de que essa regressão seja espúria. Mas, quando realizamos um teste de raiz unitária sobre os resíduos obtidos da Equação (21.11.3), obtemos os seguintes resultados:

$$\widehat{\Delta \hat{u}_t} = -0{,}0764\hat{u}_{t-1}$$
$$t = (-3{,}0458) \tag{21.11.4}$$
$$R^2 = 0{,}0369 \quad d = 2{,}5389$$

Os valores críticos assintóticos de 5% e 10% de Engle-Granger são cerca de −3,34 e −3,04, respectivamente. Portanto, os resíduos da regressão não são estacionários no nível de 5%. Seria difícil aceitar essa razão, já que a teoria econômica sugere que deveria haver uma relação estável entre DCP e RPD.

Vamos reestimar a Equação (21.11.3) incluindo a variável de tendência e, então, verificar se os resíduos dessa equação são estacionários. Primeiro, apresentamos os resultados e depois discutimos o que pode acontecer.

$$\widehat{\text{LDCP}}_t = 2{,}8130 + 0{,}0037_t + 0{,}5844\text{LRPD}_t$$
$$t = (21{,}3491) \quad (22{,}9394) \quad (31{,}2754) \tag{21.11.3a}$$
$$R^2 = 0{,}9994 \quad d = 0{,}2956$$

Para verificar se os resíduos dessa regressão são estacionários, obtemos os seguintes resultados (compare com a Equação (21.11.4)):

$$\widehat{\Delta u_t} = -0{,}1498\hat{u}_{t-1}$$
$$t = (-4{,}4545) \tag{21.11.4a}$$
$$R^2 = 0{,}0758 \quad d = 2{,}3931$$

Nota: $\hat{u}_t$ é o resíduo da Equação (21.11. 3*a*).

O teste Dickey-Fuller agora mostra que esses resíduos são estacionários. Mesmo se utilizarmos o Dickey-Fuller aumentado com várias defasagens, os resíduos ainda serão estacionários.

O que ocorre aqui? Embora os resíduos da regressão (21.11.4*a*) sejam estacionários, isto é, sejam $I(0)$, eles são estacionários em torno de uma tendência temporal determinística, a tendência, aqui, sendo linear. Ou seja, os resíduos são $I(0)$ mais a tendência linear. Como anteriormente observado, uma série temporal pode apresentar tanto tendência determinística quanto estocástica.

Antes de prosseguirmos, deveria ser observado que nossos dados de série temporal cobrem um longo período de tempo (61 anos). É bem possível que, devido às mudanças estruturais na economia norte-americana ao longo desse período, nossos resultados e conclusões tendam a serem diferentes. No Exercício 21.28, será solicitado que você verifique essa possibilidade.

Cointegração e mecanismo de correção de erro (MCE)

Acabamos de demonstrar que, assumindo a existência de uma turbulência linear, LDCP e LRPD parecem ser cointegrados, isto é, há uma relação de longo prazo, ou de equilíbrio, entre os dois. É claro, a curto prazo pode haver desequilíbrio. Portanto, podemos tratar o termo de erro na seguinte equação como o "erro de equilíbrio". E podemos utilizar esse termo de erro para vincular o comportamento de curto prazo do DCP para o valor de longo prazo

$$u_t = \text{LDCP}_t - \beta_1 - \beta_2\text{LRPD} - \beta_3 t \qquad \textbf{(21.11.5)}$$

O **mecanismo de correção de erro (MCE)** primeiramente utilizado por Sargan[46] e posteriormente popularizado por Engle e Granger corrige o desequilíbrio. Um teorema importante, conhecido como **teorema de representação de Granger**, afirma que, se duas variáveis Y e X são cointegradas, a relação entre as duas pode ser expressa como um mecanismo de correção de erro. Para verificar o que isso significa, voltemos ao nosso exemplo DCP-RPD. Agora, considere o seguinte modelo:

$$\Delta\text{LDCP}_t = \alpha_0 + \alpha_1\Delta\text{LRPD}_t + \alpha_2 u_{t-1} + \varepsilon_t \qquad \textbf{(21.11.6)}$$

em que ε_t é um termo de erro de ruído branco e u_{t-1} é o valor defasado do termo de erro na Equação (21.11.5).

A equação do mecanismo de correção de erro (21.11.5) afirma que Δ LDCP depende de Δ LRPD e também do termo de erro de equilíbrio.[47] Se o último é diferente de zero, o modelo está fora de equilíbrio. Suponha que Δ LRPD seja zero e u_{t-1} seja positivo. Isso significa que LDCP_{t-1} é elevado demais para estar em equilíbrio, isto é, LDCP_{t-1} está acima do seu valor de equilíbrio de $(\alpha_0 + \alpha_1\text{LRPD}_{t-1})$. Já que se espera que α_2 seja negativo, o termo $\alpha_2 u_{t-1}$ é negativo e, portanto, LDCP_t será negativo para recuperar o equilíbrio. Se LDCP_t estiver abaixo do seu valor de equilíbrio, ele começará a cair no próximo período para corrigir o erro de equilíbrio; daí o nome mecanismo de correção de erro. Do mesmo modo, se u_{t-1} for negativo (LDCP estiver abaixo do seu valor de equilíbrio), $\alpha_2 u_{t-1}$ será positivo, o que tornará $\Delta\,\text{LDCP}_t$ positivo, levando LDCP_t a aumentar no período t. Assim, o valor absoluto de α_2 decide quão rapidamente o equilíbrio será recuperado. Na prática, estimamos u_{t-1} por $\hat{u}_{t-1} = (\text{LDCP}_t - \hat{\beta}_1 - \hat{\beta}_2\text{LRPD} - \hat{\beta}_3 t)$. Tenha em mente que se espera que o coeficiente de correção de erro, α_2, seja negativo (por quê?).

Voltando ao nosso exemplo ilustrativo, a contraparte empírica da Equação (21.11.6) é:

$$\begin{aligned} \widehat{\Delta\text{LDCP}_t} &= 0{,}0061 + 0{,}2967\Delta\text{LRPD}_t - 0{,}1223\hat{u}_{t-1} \\ t &= (9{,}6753) \quad (6{,}2282) \qquad (-3{,}8461) \\ & \qquad R^2 = 0{,}1658 \qquad d = 2{,}1496 \end{aligned} \qquad \textbf{(21.11.7)}$$

Estatisticamente, o termo MCE é significativo, sugerindo que DCP ajusta-se a RPD com uma defasagem; apenas cerca de 12% da discrepância entre o DCP de longo prazo e o de curto prazo é corrigido dentro de um trimestre.

Por meio da regressão (21.11.7), verificamos que a elasticidade do consumo de curto prazo é de cerca de 0,29. A elasticidade de longo prazo é de cerca de 0,58, que pode ser verificada pela Equação (21.11.3*a*). Antes de concluirmos esta seção, a precaução externada por S. G. Hall merece ser lembrada:

> Embora o conceito de cointegração seja claramente uma importante base teórica do modelo de correção de erro, há ainda vários problemas que envolvem sua aplicação; os valores críticos e o desempenho da amostra pequena de muitos desses testes são desconhecidos para um vasto conjunto de modelos; a inspeção informada do correlograma pode ainda ser uma ferramenta importante.[48]

---

[46] SARGAN, J. D. "Wages and prices in the United Kingdom: a study in econometric methodology." In: WALLIS, K. F.; HENDRY, D. F. (Eds.). *Quantitative economics and econometric analysis.* Oxford, U.K.: Basil Blackwell, 1984.

[47] A seguinte discussão é baseada em KOOP, op. cit., p. 159–160 e PETERSON, Kerry, op. cit., seção 8.5.

[48] HALL, S. G. "An application of the Granger and Engle two-step estimation procedure to the United Kingdom aggregate wage data." *Oxford Bulletin of Economics and Statistics,* v. 48, n. 3, p. 238, ago. 1986. Veja também CAMPBELL, John Y.; PERRON, Pierre. "Pitfalls and opportunities: what macroeconomists should know about unit roots." NBER (National Bureau of Economic Research) *Macroeconomics Annual 1991,* p. 141–219.

21.12 Algumas aplicações econômicas

Concluímos este capítulo analisando alguns exemplos concretos.

EXEMPLO 21.1

M1 Oferta mensal de moeda l nos Estados Unidos, de janeiro de 1959 a 1° de março de 2008

A Figura 21.11 mostra a oferta de moeda M1 para os Estados Unidos, de janeiro de 1959 a 1° de março de 2008. Com base em nosso conhecimento de estacionariedade, parece que a série temporal de oferta de moeda M1 é não estacionária, o que pode ser confirmado pela análise de raiz unitária. (*Nota:* para economizar espaço, não forneceremos os dados reais, que podem ser obtidos com o Federal Reserve Board ou o Federal Reserve Bank de St. Louis.)

$$\begin{aligned} \Delta\hat{M}_t &= -0{,}1347 + 0{,}0293t - 0{,}0102M_{t-1} \\ t &= (-0{,}14) \quad (2{,}62) \quad (-2{,}30) \\ & R^2 = 0{,}0130 \quad d = 2{,}2325 \end{aligned} \tag{21.12.1}$$

FIGURA 21.11

Oferta de moeda norte-americana ao longo de janeiro de 1959 a março 2008.

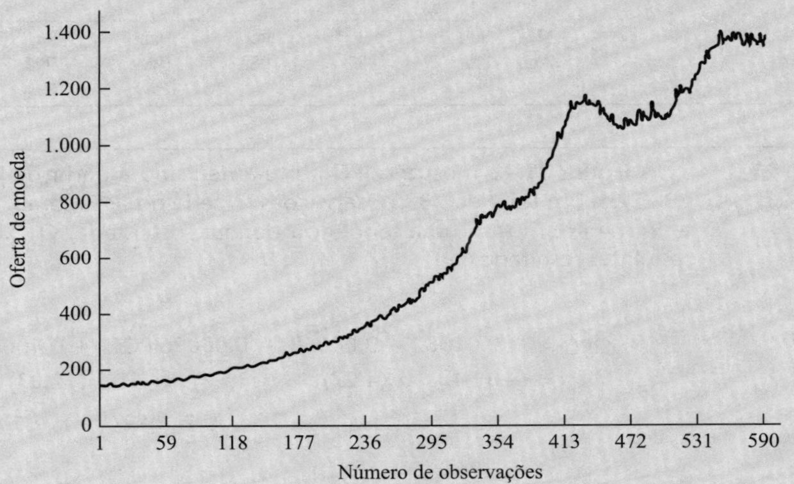

Os valores críticos de τ de 1,5 e 10 % são $-3{,}9811$, $-3{,}4210$ e $-3{,}1329$. Uma vez que o valor t de $-2{,}30$ é menos negativo do que quaisquer desses valores fundamentais, a conclusão é de que a série temporal M1 é não estacionária; ela contém uma raiz unitária ou é $I(1)$. Mesmo quando vários valores defasados de ΔM_t (*à la* Dickey-Fuller aumentado) foram introduzidos, a conclusão não se modifica. Por outro lado, as primeiras diferenças da oferta de moeda M1 mostraram ser estacionárias (verifique isso).

EXEMPLO 21.2

A taxa de juros dos EUA/Reino Unido: janeiro de 1971 a abril de 2008

A Figura 21.12 fornece o gráfico da taxa de juros (\$/£) a partir de janeiro de 1971 até abril de 2008, por um total de 286 observações. Neste momento, você deveria ser capaz de identificar essa série temporal como não estacionária. Levando a cabo os testes de raiz unitária, obtemos as seguintes estatísticas τ: $-0{,}82$ (sem intercepto, sem tendência), $-1{,}96$ (intercepto) e $-1{,}33$ (intercepto e tendência). Cada uma dessas estatísticas, em valores absolutos, era inferior aos seus valores críticos de τ com base nas tabelas apropriadas Dickey-Fuller, então confirma-se a impressão do gráfico de que a série temporal da taxa de juros dos EUA/Reino Unido é não estacionária.

(*Continua*)

EXEMPLO 21.2
(Continuação)

FIGURA 21.12
A taxa de juros dos EUA/Reino Unido: janeiro de 1971 a abril de 2008.

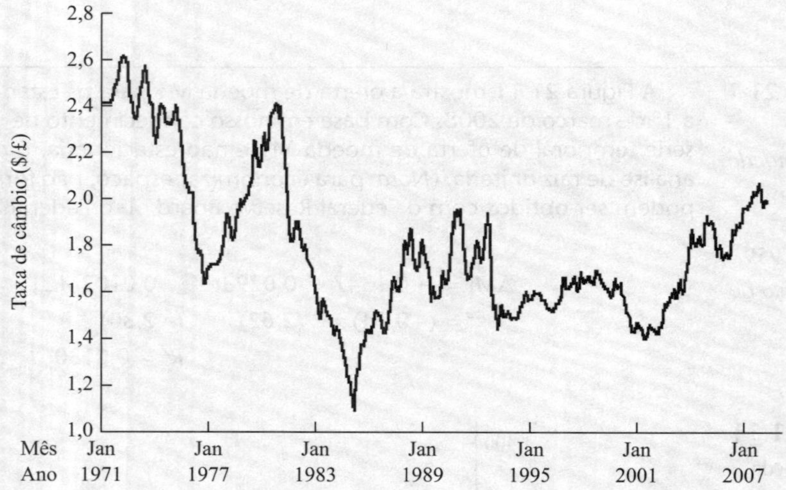

EXEMPLO 21.3
Índice de preços ao consumidor norte-americano (IPC), janeiro de 1947 a março de 2008

A Figura 21.13 mostra o IPC norte-americano a partir de janeiro de 1947 até março de 2008 em um total de 733 observações. A série do IPC, como a série do M1 considerada anteriormente, mostra uma tendência de alta sustentada. O exercício de raiz unitária deu os seguintes resultados:

$$\widehat{\Delta IPC_t} = -0{,}01082 + 0{,}00068t - 0{,}00096IPC_{t-1} + 0{,}40669\Delta IPC_{t-1}$$
$$t = (-0{,}54) \quad (4{,}27) \quad (-1{,}77) \quad (12{,}03) \qquad \textbf{(21.12.2)}$$
$$R^2 = 0{,}3570 \quad d = 1{,}9295$$

FIGURA 21.13
IPC norte-americano, janeiro de 1947 a março de 2008.

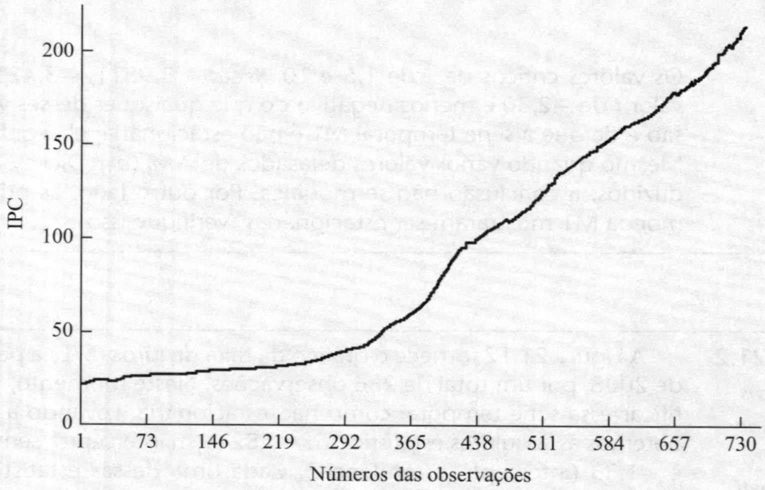

O valor t ($=\tau$) de IPC_{t-1} é $-1{,}77$. O valor crítico a 10% é $-3{,}1317$. Posto que, em termos absolutos, o t computado seja menor do que o τ fundamental, a conclusão é de que o IPC não é uma série temporal estacionária. Podemos caracterizá-la como uma tendência estocástica (por quê?). Entretanto, se tomarmos as primeiras diferenças da série IPC, vamos descobrir que ela é estacionária. Portanto, o IPC é uma série temporal estacionária em diferenças.

EXEMPLO 21.4

As taxas de letras do Tesouro norte-americano de 3 e 6 meses são cointegradas?

A Figura 21.14 apresenta as taxas de letras do Tesouro norte-americano de 3 e 6 meses (maturidade constante) a partir de janeiro de 1982 até março de 2008, por um total de 315 observações. O gráfico mostra que as duas taxas são cointegradas, isto é, há uma relação de equilíbrio entre as duas? Com base na teoria financeira, esperaríamos que esse fosse o caso, senão os arbitradores explorariam qualquer discrepância entre as taxas de curto e longo prazo. Antes de tudo, verificaremos se as duas séries temporais são estacionárias.

Segundo o modelo de passeio aleatório puro (sem intercepto, nem tendência), ambas as taxas eram estacionárias. Incluindo o intercepto, a tendência e a diferença defasada, os resultados sugeriam que as duas taxas deveriam ser de tendência estacionária; o coeficiente da tendência em ambos os casos foi negativo e significativo ao redor do nível de 7%. Dependendo de quais resultados aceitemos, as duas taxas são tanto estacionárias como estacionárias com tendência.

Fazendo a regressão da taxa de Letras do Tesouro de 6 meses contra a taxa de letras do Tesouro de 3 meses, obtivemos a seguinte regressão.

$$\begin{aligned} \widehat{TB6}_t &= 0{,}0842 + 1{,}0078TB3_t \\ t &= (3{,}65) \quad (252{,}39) \\ R^2 &= 0{,}995 \quad d = 0{,}4035 \end{aligned} \tag{21.12.3}$$

FIGURA 21.14
Taxas de letras do Tesouro de 3 e 6 meses (maturidade constante).

Aplicando o teste de raiz unitária aos resíduos da regressão precedente, descobrimos que os resíduos eram estacionários, sugerindo que as taxas de Letras do Tesouro de 3 e 6 meses eram cointegradas. Com base nesse conhecimento, obtivemos o seguinte modelo de correção de erro:

$$\begin{aligned} \Delta\widehat{TB6}_t &= -0{,}0047 + 0{,}8992\Delta TB3_t - 0{,}1855\hat{u}_{t-1} \\ t &= (-0{,}82) \quad (47{,}77) \quad (-5{,}69) \\ R^2 &= 0{,}880 \quad d = 1{,}5376 \end{aligned} \tag{21.12.4}$$

em que $\hat{u}_{t-1}$ é o valor defasado do termo de correção de erro a partir do período anterior. Como esses resultados mostram, 0,19 da discrepância nas duas taxas no mês anterior é eliminada nesse mês.[49] Além disso, as mudanças de curto prazo na taxa de Letras do Tesouro de 3 meses são rapidamente refletidas na taxa de Letras do Tesouro de 6 meses, na medida em que o coeficiente de inclinação entre as duas seja 0,8992. Não deveria ser uma surpresa encontrar isso, em vista da eficiência dos mercados financeiros norte-americanos.

[49] Uma vez que ambas as taxas de Letras do Tesouro estão em porcentagem, isso sugeriria que, se a taxa de Letras do Tesouro de 6 meses fosse maior do que a taxa de Letras do Tesouro de 3 meses, mais do que o esperado *a priori* no último mês, este mês ela seria reduzida a em 0,19 pontos percentuais para restituir a relação de longo prazo entre as duas taxas de juros. Para a teoria sobre a relação entre as taxas de juros de curto e longo prazo, veja qualquer livro sobre moeda e bancos e leia sobre a estrutura de termo das taxas de juros.

Resumo e conclusões

1. A análise da regressão baseada nos dados da série temporal admite implicitamente que as séries temporais subjacentes são estacionárias. Os clássicos testes *t*, *F* etc., baseiam-se nessa premissa.
2. Na prática, a maioria das séries temporais econômicas é não estacionárias.
3. Diz-se que o processo estocástico é **fracamente estacionário** se sua média, variância e autocovariâncias forem constantes ao longo do tempo (ou seja, eles são invariantes no tempo).
4. Em um nível informal, a estacionariedade fraca pode ser testada pelo **correlograma** de uma série temporal, que é um gráfico de autocorrelação em várias defasagens. Para a série temporal estacionária, o correlograma enfraquece rapidamente, enquanto para a série temporal não estacionária, ele enfraquece gradualmente. Para uma série puramente aleatória, as autocorrelações em todas as defasagens, 1 e superiores, são zero.
5. Em um nível formal, a estacionariedade pode ser verificada ao descobrirmos se a série temporal contém uma raiz unitária. Os testes **Dickey-Fuller** e **Dickey-Fuller aumentado** podem ser utilizados para esse propósito.
6. Uma série temporal econômica pode ser **estacionária com tendência** ou **estacionária em diferenças**. Uma série temporal estacionária com tendência tem uma tendência determinística, enquanto uma série temporal estacionária em diferenças possui uma tendência variável ou estocástica. A prática comum de incluir a variável temporal ou de tendência em um modelo de regressão para remover a tendência dos dados é justificável apenas para a série temporal estacionária com tendência. Os testes Dickey-Fuller e Dickey-Fuller aumentado podem ser aplicados para determinar se uma série temporal é estacionária com tendência ou estacionária em diferenças.
7. A regressão de uma variável de série temporal sobre uma ou mais variáveis de séries temporais pode proporcionar resultados sem sentido ou espúrios. Esse fenômeno é conhecido como **regressão espúria**. Uma forma de prevenir-se contra ela é descobrir se as séries temporais são cointegradas.
8. **Cointegração** significa que, a despeito de serem individualmente não estacionárias, uma combinação linear de duas ou mais séries temporais pode ser estacionária. Os testes **Engle-Granger** e **Engle-Granger aumentado** podem ser utilizados para descobrir se duas ou mais séries temporais são cointegradas.
9. A cointegração de duas (ou mais) séries temporais sugere que há relação de longo prazo, ou de equilíbrio, entre elas.
10. O **mecanismo de correção de erro** desenvolvido por Engle e Granger é um meio de reconciliar o comportamento de curto prazo de uma variável econômica com o seu comportamento de longo prazo.
11. O campo da econometria de séries temporais está evoluindo. Os resultados estabelecidos e os testes são, em alguns casos, experimentais e ainda resta muito trabalho. Uma questão importante que precisa de uma resposta é por que algumas séries temporais econômicas são estacionárias e outras, não estacionárias.

EXERCÍCIOS

21.1. O que quer dizer estacionariedade fraca?

21.2. O que quer dizer série temporal integrada?

21.3. Qual o significado de raiz unitária?

21.4. Se uma série temporal é $I(3)$, quantas vezes você teria de diferenciá-la para torná-la estacionária?

21.5. O que são os testes Dickey–Fuller e Dickey–Fuller aumentado?

21.6. O que são os testes Engle–Granger e Engle–Granger aumentado?

21.7. Qual o significado de cointegração?

21.8. Qual a diferença, se há alguma, entre os testes de raiz unitária e os de cointegração?

21.9. O que é uma regressão espúria?

21.10. Qual a ligação entre cointegração e regressão espúria?

21.11. Qual a diferença entre tendência determinística e tendência estocástica?

21.12. O que significa processo estacionário com tendência e processo estacionário em diferenças?

21.13. O que é um (modelo) de passeio aleatório?

21.14. "Para um processo estocástico de passeio aleatório, a variância é infinita." Você concorda? Por quê?

21.15. O que é o mecanismo de correção de erro? Qual sua relação com a cointegração?

Exercícios aplicados

21.16. Utilizando os dados da série temporal da economia dos Estados Unidos apresentados no site do livro, obtenha correlogramas amostrais de até 36 defasagens para a série temporal LDCP, LRPD, LLC (lucros) e LDividendos. Qual padrão geral você verifica? Intuitivamente, qual(is) dessa(s) série(s) temporal(is) parece(m) ser estacionária(s)?

21.17. Para cada série temporal do Exercício 21.16, utilize o teste Dickey-Fuller para descobrir se essas séries contêm uma raiz unitária. Se existir, como você caracterizaria tais séries temporais?

21.18. Continue com o Exercício 21.17. Como você decidiria se um teste Dickey-Fuller aumentado é mais apropriado do que um teste Dickey-Fuller?

21.19. Considere as séries temporais dos dividendos e dos lucros nos dados da série temporal da economia norte-americana apresentados no site do livro. Posto que os dividendos dependem dos lucros, considere o seguinte modelo simples:

$$\text{LDividendos}_t = \beta_1 + \beta_2\text{LLC} + u_t$$

a. Você esperaria que essa regressão sofresse o fenômeno da regressão espúria? Por quê?

b. São cointegradas as séries temporais dos lucros e dos dividendos? Como você testa isso explicitamente? Se, depois de testar, descobrir que elas são cointegradas, a sua resposta à pergunta (*a*) mudaria?

c. Empregue o mecanismo de correção de erro para estudar o comportamento de curto e longo prazos dos dividendos em relação aos lucros.

d. Se você examinar individualmente as séries de dividendos e de lucros, elas exibem tendências estocásticas ou determinísticas? Quais testes utilizaria?

**e.* Admita que dividendos e lucros são cointegrados. Em vez de estimar a regressão dos dividendos contra os lucros, estime a regressão dos lucros contra os dividendos. Essa regressão é válida?

21.20. Considere as primeiras diferenças da série temporal fornecidas pelos dados da série temporal da economia norte-americana, apresentado no site do livro, e crie um gráfico com elas. Obtenha também um correlograma de cada série temporal e de até 36 defasagens. O que o impressiona quanto a esses correlogramas?

21.21. Em vez de estimar uma regressão dos dividendos contra os lucros na forma do nível, suponha que você estime uma regressão das primeiras diferenças dos dividendos contra as primeiras diferenças dos lucros. Você incluiria o intercepto nessa regressão? Por quê? Apresente seus cálculos.

21.22. Prossiga com o exercício anterior. Como faria um teste para verificar se a regressão das primeiras diferenças é estacionária? Neste exemplo, o que você esperaria *a priori* e por quê? Apresente todos os cálculos.

21.23. Com base nos dados sobre as novas construções do setor privado britânico (X) para o período de 1948 a 1984, Terence Mills obteve os seguintes resultados da regressão:[†]

---

*Opcional.

[†] MILLS, Terence C. op. cit., p. 127. Notação levemente alterada.

$$\widehat{\Delta X_t} = 31{,}03 - 0{,}188X_{t-1}$$
$$\text{ep} = (12{,}50) \quad (0{,}080)$$
$$(t =)\tau \qquad (-2{,}35)$$

Nota: o valor crítico de τ no nível de 5% é −2,95 e o valor crítico τ no nível de 10% é −2,60.

a. Com base nesses resultados, a série temporal de novas construções é estacionária ou não estacionária? Por outro lado, há uma raiz unitária nessa série temporal? Como você sabe disso?

b. Se você fosse utilizar o teste t habitual, o valor t observado seria estatisticamente significativo? Com base nisso, você concluiria que essa série temporal é estacionária?

c. Agora considere os seguintes resultados da regressão:

$$\widehat{\Delta^2 X_t} = 4{,}76 - 1{,}39\Delta X_{t-1} + 0{,}313\Delta^2 X_{t-1}$$
$$\text{ep} = (5{,}06) \quad (0{,}236) \quad (0{,}163)$$
$$(t =)\tau \qquad (-5{,}89)$$

em que Δ_2 é o operador das segundas diferenças, isto é, a primeira diferença da primeira diferença. O valor τ estimado é agora estatisticamente significativo. O que você pode dizer sobre a estacionariedade da série temporal em questão?

Nota: o propósito da regressão anterior é descobrir se há uma **segunda raiz unitária** na série temporal.

21.24. Gere duas séries de passeio aleatório como indicado nas Equações (21.7.1) e (21.7.2) e estime a regressão de uma contra a outra. Repita o exercício, mas utilize as suas primeiras diferenças e verifique que nessa regressão o valor R^2 é cerca de zero e o d Durbin-Watson é próximo de 2.

21.25. Para mostrar que duas variáveis, cada qual com uma tendência determinística, podem levar à regressão espúria, Charemza et al. obtiveram a seguinte regressão baseada em 30 observações:*

$$\hat{Y}_t = 5{,}92 + 0{,}030X_t$$
$$t = (9{,}9) \quad (21{,}2)$$
$$R^2 = 0{,}92 \qquad d = 0{,}06$$

em que $Y_1 = 1, Y_2 = 2, \ldots, Y_n = n$ e $X_1 = 1, X_2 = 4, \ldots, X_n = n^2$.

a. Que tipo de tendência Y exibe? E X?

b. Crie um gráfico das duas variáveis e um da linha de regressão. Que conclusão geral você extrai desses gráficos?

21.26. Com base nos dados para o período de 1971-I a 1988-IV no Canadá, os seguintes resultados da regressão foram obtidos:

1. $$\widehat{\ln \text{M1}_t} = -10{,}2571 + 1{,}5975 \ln \text{PIB}_t$$
$$t = (-12{,}9422) \quad (25{,}8865)$$
$$R^2 = 0{,}9463 \qquad d = 0{,}3254$$

2. $$\widehat{\Delta \ln \text{M1}_t} = 0{,}0095 + 0{,}5833\Delta \ln \text{PIB}_t$$
$$t = (2{,}4957) \quad (1{,}8958)$$
$$R^2 = 0{,}0885 \qquad d = 1{,}7399$$

*CHAREMZA et al., op. cit., p. 93.

3. $$\Delta\hat{u}_t = -0{,}1958\hat{u}_{t-1}$$
$$(t = \tau)\ (-2{,}2521)$$
$$R^2 = 0{,}1118 \qquad d = 1{,}4767$$

em que M1 é a oferta de moeda, PIB é o produto interno bruto, ambos medidos em bilhões de dólares canadenses, ln é o logaritmo natural e $\hat{u}_t$ representa os resíduos estimados da primeira regressão.

a. Interprete as regressões (1) e (2).

b. Você suspeita que a regressão (1) seja espúria? Por quê?

c. A regressão (2) é espúria? Como você sabe disso?

d. Com base nos resultados da regressão (3), você modificaria sua conclusão de (*b*)? Por quê?

e. Agora considere a seguinte regressão:

$$\widehat{\Delta \ln \text{M1}_t} = 0{,}0084 + 0{,}7340\Delta \ln \text{PIB}_t - 0{,}0811\hat{u}_{t-1}$$
$$t = (2{,}0496) \quad (2{,}0636) \quad (-0{,}8537)$$
$$R^2 = 0{,}1066 \qquad d = 1{,}6697$$

O que essa regressão informa? Ajuda a decidir se a regressão (1) é espúria ou não?

21.27. As seguintes regressões são baseadas nos dados do IPC dos Estados Unidos para o período 1960-2007, para um total de 48 observações anuais:

1. $$\widehat{\Delta \text{IPC}_t} = 0{,}0334\text{IPC}_{t-1}$$
$$t = (12{,}37)$$
$$R^2 = 0{,}0703 \qquad d = 0{,}3663 \qquad \text{SQR} = 206{,}65$$

2. $$\widehat{\Delta \text{IPC}_t} = 1{,}8662 + 0{,}0192\text{IPC}_{t-1}$$
$$t = (3{,}27) \quad (3{,}86)$$
$$R^2 = 0{,}249 \qquad d = 0{,}4462 \qquad \text{SQR} = 166{,}921$$

3. $$\widehat{\Delta \text{IPC}_t} = 1{,}1611 + 0{,}5344t - 0{,}1077\text{IPC}_{t-1}$$
$$t = (2{,}37) \quad (4{,}80) \quad (-4{,}02)$$
$$R^2 = 0{,}507 \qquad d = 0{,}6071 \qquad \text{SQR} = 109{,}608$$

em que SQR = soma dos quadrados dos resíduos.

a. Ao examinar as regressões anteriores, o que você pode dizer acerca da estacionariedade da série temporal IPC?

b. Como você escolheria entre os três modelos?

c. A Equação (1) é a Equação (3) menos o intercepto e a tendência. Qual você utilizaria para decidir se as restrições envolvidas no modelo (1) são válidas? (*Dica:* utilize os testes Dickey-Fuller *t* e *F*. Utilize os valores aproximados fornecidos no **Apêndice D**, Tabela D.7.)

21.28. Como observado no texto, pode haver várias quebras estruturais no conjunto de dados da série temporal da economia norte-americana introduzido na Seção 21.1. Variáveis *dummy* são um bom modo de incorporar essas variações nos dados.

a. Utilizando as variáveis *dummy* para designar três períodos diferentes relacionados aos embargos ao petróleo em 1973 e 1979, regrida o logaritmo dos gastos com consumo pessoal no logaritmo da renda pessoal disponível. Houve modificações nos resultados? Qual sua decisão sobre a premissa da raiz unitária agora?

b. Vários sites listam os ciclos econômicos oficiais que podem ter afetado os dados da série temporal da economia americana discutida na Seção 21.1. Veja, por exemplo, http://www.nber.org/cycles/cyclesmain.html. Utilizando a informação aqui, crie variáveis *dummy* indicando alguns dos ciclos e verifique os resultados da regressão de LDCP em LRPD. Houve modificação?

Capítulo 22

Econometria de séries temporais: previsão

Observamos, na **Introdução**, que a previsão é uma parte importante da análise econométrica; para algumas pessoas, é provavelmente a mais importante. Como prever as variáveis econômicas, como o PIB, a inflação, as taxas de juros, os preços das ações, as taxas de desemprego e as outras inúmeras variáveis econômicas? Neste capítulo, discutiremos dois métodos de previsão que se tornaram muito populares: (1) **processo autorregressivo integrado de média móvel (ARIMA)**, popularmente conhecido como metodologia Box-Jenkins[1] e (2) **vetores autorregressivos (VAR).**

Neste capítulo, também discutiremos os problemas especiais envolvidos na previsão dos preços dos ativos financeiros, como os preços das ações e as taxas de juros. Os preços dos ativos são caracterizados pelo fenômeno conhecido como **aglomeração de volatilidade**, isto é, períodos nos quais eles exibem grandes oscilações para um período prolongado de tempo seguido por um período de tranquilidade comparativa. Deve-se observar o índice Dow Jones no passado recente. Os assim chamados modelos **heterocedasticidade condicional autorregressiva (ARCH)** ou **heterocedasticidade condicional autorregressiva generalizada (GARCH)** podem capturar tal aglomeração de volatilidade.

O tópico da previsão econômica é vasto e livros especializados foram escritos sobre o assunto. Nosso objetivo, neste capítulo, é fornecer ao leitor apenas uma ideia sobre o tema. O leitor interessado pode consultar as referências para estudos posteriores. Felizmente, os mais modernos pacotes econométricos possuem introduções de fácil utilização para várias das técnicas discutidas neste capítulo.

A ligação entre este capítulo e o anterior são os métodos de previsão discutidos a seguir, que admitem que as séries temporais subjacentes são estacionárias ou que podem tornar-se estacionárias com as transformações apropriadas. À medida que avançarmos, veremos o uso de vários conceitos introduzidos no capítulo anterior.

22.1 Abordagens sobre a previsão econômica

Em linhas gerais, há cinco abordagens para a previsão econômica baseadas nos dados de séries temporais: (1) métodos de suavização exponencial, (2) modelos de regressão uniequacionais, (3) modelos de regressão de equação simultânea, (4) processo autorregressivo integrado de média móvel (ARIMA) e (5) modelos de vetores autorregressivos (VAR).

Métodos de suavização exponencial[2]

Estes são essencialmente métodos para ajustar uma curva adequada aos dados históricos de uma série temporal dada. Há um grande número desses métodos, como o da *suavização exponencial*

[1] BOX, G. P. E.; JENKINS, G. M. *Time series analysis: forecasting and control. ed. rev.* Holden Day, São Francisco: Holden,1978.

[2] Para uma exposição comparativamente simples desses métodos, veja MAKRIDAKIS, Spyros; WHEELWRIGHT, Steven C.; HYNDMAN, Rob J. *Forecasting methods and applications.* 3. ed. Nova York: John Wiley & Sons, 1998.

simples, *método linear de Holt*, *método Holt-Winter* e suas variações. Embora ainda utilizados em muitas áreas da previsão dos negócios e da economia, eles agora são suplantados por outros quatro métodos que mostraremos. Não discutiremos os métodos de suavização exponencial neste capítulo, visto que isso nos afastaria muito de nossos objetivos.

Modelos de regressão uniequacional

A parte principal deste livro dedica-se aos modelos de regressão uniequacional. Como exemplo, considere a função demanda por automóveis. Com base na teoria econômica, postulamos que a demanda por automóveis é uma função dos preços dos automóveis, dos gastos com publicidade, da renda do consumidor, das taxas de juros (como medida do custo do empréstimo) e outras variáveis relevantes (por exemplo, tamanho da família, distância da viagem para o trabalho). Por meio dos dados da série temporal, estimamos um modelo importante para a demanda de automóveis (linear, log–linear ou não linear), que pode ser utilizado para prever a demanda por automóveis no futuro. É claro que, como observado no Capítulo 5, os erros de previsão aumentam rapidamente se avançamos muito no futuro.

Modelos de regressão de equações simultâneas[3]

Nos Capítulos 18, 19 e 20, consideramos os modelos de equações simultâneas. Em seu auge, durante os anos 1960 e 1970, modelos elaborados da economia norte-americana baseados em equações simultâneas dominaram a previsão econômica. Desde então, o *glamour* de tais modelos declinou devido ao seu pobre desempenho, especialmente desde que os choques nos preços do petróleo entre 1973 e 1979 (causados pelos embargos ao petróleo pela Opep) e também devido à chamada **crítica de Lucas**.[4] O ponto central dessa crítica, como podemos relembrar, é que os parâmetros estimados em um modelo econométrico são dependentes da política dominante no período em que o modelo foi estimado e se modificarão, se houver uma mudança na política. Em resumo, os parâmetros estimados não são invariantes na presença de mudanças políticas.

Por exemplo, em outubro de 1979, o FED (Banco Central americano) modificou dramaticamente sua política monetária. Em vez de estabelecer metas para as taxas de juros, anunciou que, a partir de então, monitoraria as taxas de crescimento da oferta de moeda. Com tal mudança proferida, um modelo econométrico estimado em dados passados teria pouco valor de previsão no novo regime. Nos dias atuais, a ênfase do FED modificou-se do controle da oferta de moeda para o controle da taxa de juros de curto prazo (a *federal funds rate*).

Modelos ARIMA

A publicação por Box e Jenkins de *Time series analysis: forecasting and control* (op. cit.) conduziu a uma nova geração de ferramentas de previsão. Popularmente conhecida como metodologia Box-Jenkins (BJ), mas tecnicamente como metodologia ARIMA, a ênfase desses métodos não está na construção dos modelos uniequacionais ou de equações simultâneas, mas na análise probabilística, ou estocástica, das propriedades da própria série temporal econômica sob a filosofia *deixe os dados falarem por si mesmos*. Ao contrário dos modelos de regressão, no qual Y_t é explicado pelos regressores k $X_1, X_2, X_3, ..., X_k$, os modelos de séries temporais do tipo BJ permitem que Y_t seja explicado pelos valores passados, ou defasados, do próprio Y e dos termos de erro estocástico. Por essa razão, os modelos ARIMA são, por vezes, chamados modelos *ateoréticos*, porque não são derivados de nenhuma teoria econômica — e as teorias econômicas são frequentemente a base dos modelos de equações simultâneas.

Observe que a nossa ênfase, neste capítulo, está nos modelos ARIMA *univariados*, isto é, os modelos ARIMA pertencentes a uma série temporal simples, mas a análise pode ser estendida aos modelos ARIMA multivariados.

---

[3] Para um tratamento didático do uso de modelos de equação simultânea na previsão, veja PINDYCK, Robert S.; RUBINFELD, Daniel L. *Econometric models & economic forecasts*. 4. ed. Nova York: McGraw-Hill, 1998. parte III.

[4] LUCAS, Robert E. "Econometric policy evaluation: a critique." In: CARNEGIE–ROCHESTER CONFERENCE SERIES. *The Phillips curve*. Amsterdã: North-Holland, 1976. p. 19–46. Este artigo, entre outros, valeu a Lucas um Prêmio Nobel em economia.

Modelos VAR

A metodologia **VAR** lembra superficialmente a modelagem das equações simultâneas no sentido de que devemos considerar muitas variáveis endógenas em conjunto. Contudo, cada variável endógena é explicada por seus valores defasados, ou passados, e pelos valores defasados de todas as outras variáveis endógenas no modelo; normalmente, não há variáveis exógenas no modelo.

No restante deste capítulo, discutiremos as abordagens fundamentais de Box-Jenkins e VAR sobre a previsão econômica. Nossa discussão é elementar e heurística. O leitor que desejar aprofundar-se mais no assunto deve consultar as referências.[5]

22.2 Modelagem de séries temporais de acordo com os métodos autorregressivo, das médias móveis e ARIMA.

Para introduzir várias ideias, algumas antigas e outras novas, vamos trabalhar com os dados da série temporal do PIB dos Estados Unidos, introduzido na Seção 21.1 (veja o site do livro para os dados atuais). Um desenho dessa série temporal já foi visto nas Figuras 21.1 (LPIB não diferenciado) e 21.9 (LPIB com primeiras diferenças); lembre que o LPIB na forma nivelada é não estacionário, mas, na forma de (primeira) diferença, é estacionário.

Se uma série temporal é estacionária, podemos modelá-la com uma variedade de formas.

Um processo autorregressivo (AR)

Vamos representar por Y_t o LPIB no período t. Se modelarmos Y_t como

$$(Y_t - \delta) = \alpha_1(Y_{t-1} - \delta) + u_t \tag{22.2.1}$$

em que δ é a média de Y e u_t é um erro aleatório não correlacionado com média zero e variância constante σ^2 (trata-se de um *ruído branco*), então diremos que Y_t segue um processo **autorregressivo estocástico de primeira ordem** ou **AR(1)**, já encontrado no Capítulo 12. Aqui o valor de Y no período t depende do seu valor no período anterior e de um termo aleatório; os valores de Y são expressos como desvios com base em um valor médio. Em outras palavras, esse modelo informa que o valor previsto de Y no período t é simplesmente alguma proporção ($= \alpha_1$) mais um choque aleatório ou perturbação no período t; novamente os valores Y são expressos em torno dos seus valores médios.

Mas, se considerarmos esse modelo,

$$(Y_t - \delta) = \alpha_1(Y_{t-1} - \delta) + \alpha_3(Y_{t-2} - \delta) + u_t \tag{22.2.2}$$

então diremos que Y_t segue um processo **autorregressivo de segunda ordem**, ou **AR(2)**. O valor de Y no período t depende do seu valor nos dois períodos prévios, os valores de Y sendo expressos em torno dos seus valores médios δ.

Em geral, pode-se ter

$$(Y_t - \delta) = \alpha_1(Y_{t-1} - \delta) + \alpha_2(Y_{t-2} - \delta) + \cdots + \alpha_p(Y_{t-p} - \delta) + u_t \tag{22.2.3}$$

no caso Y_t é um processo **autorregressivo de ordem *p*-ésima**, ou **AR(*p*)**.

Perceba que, em todos os modelos anteriores, apenas os valores de Y atuais e anteriores estão envolvidos: não há outros regressores. Nesse sentido, dizemos que os "dados falam por si mesmos". Eles são um tipo de *modelo de forma reduzida* que encontramos em nossa discussão sobre os modelos de equação simultânea.

[5] Veja PINDYCK e RUBINFELD, op. cit., Parte 3; PANKRATZ, Alan. *Forecasting with dynamic regression models.* Nova York: John Wiley & Sons, 1991 (este é um livro prático); e HARVEY, Andrew. *The econometric analysis of time series. 2. ed.* Cambridge, Mass.: The MIT Press, 1990 (este é um livro muito avançado). Uma discussão profunda, mas acessível, pode também ser encontrada em MILLS, Terence C. *Time series techniques for economists.* Nova York: Cambridge University Press, 1990.

Processo de média móvel (MA)

O processo AR que acabamos de discutir não é apenas um mecanismo que pode ter gerado Y. Suponha que modelemos Y como se segue:

$$Y_t = \mu + \beta_0 u_t + \beta_1 u_{t-1} \tag{22.2.4}$$

em que μ é uma constante e u, como antes, é um termo de erro estocástico de ruído branco. Aqui Y no período t é igual a uma constante mais uma média móvel dos termos de erro atuais e passados. Neste caso, dizemos que Y segue um processo de **média móvel de primeira ordem**, ou um **MA(1)**.

Mas, se Y segue a expressão

$$Y_t = \mu + \beta_0 u_t + \beta_1 u_{t-1} + \beta_2 u_{t-2} \tag{22.2.5}$$

então é um processo **MA(2)**. De forma mais geral,

$$Y_t = \mu + \beta_0 u_t + \beta_1 u_{t-1} + \beta_2 u_{t-2} + \cdots + \beta_q u_{t-q} \tag{22.2.6}$$

é um processo **MA(*q*)**. Resumindo, um processo de média móvel é apenas uma combinação linear de termos de erro de ruído branco.

Processo autorregressivo de médias móveis (ARMA)

Claro, é muito provável que Y possua características tanto de AR quanto de MA e seja, portanto, *ARMA*. Então, Y_t segue um processo **ARMA(1, 1)** se pode ser escrito como

$$Y_t = \theta + \alpha_1 Y_{t-1} + \beta_0 u_t + \beta_1 u_{t-1} \tag{22.2.7}$$

porque há um termo autorregressivo e um termo de média móvel. Na Equação (22.2.7) θ representa um termo constante.

Em geral, em um processo **ARMA (*p*, *q*)**, haverá termos autorregressivos p e termos de média móvel q.

Processo autorregressivo integrado de médias móveis (ARIMA)

Os modelos de séries temporais que já discutimos são baseados na suposição de que as séries temporais envolvidas são (fracamente) estacionárias no sentido definido no Capítulo 21. Em resumo, a média e a variância para uma série temporal fracamente estacionária são constantes e sua covariância é invariante no tempo. Mas sabemos que muitas séries temporais econômicas são não estacionárias, isto é, são *integradas*; por exemplo, as séries temporais econômicas introduzidas na Seção 21.1 do Capítulo 21 são integradas.

Contudo, também vimos no Capítulo 21 que, se uma série temporal for integrada de ordem 1 (isto é, ela é $I[1]$), suas primeiras diferenças são $I(0)$, isto é, estacionárias. Da mesma forma, se uma série temporal é $I(2)$, sua segunda diferença é $I(0)$. Em geral, se uma série temporal é $I(d)$, depois de diferenciá-la d vezes, obtemos uma série $I(0)$.

Se tivermos de diferenciar uma série temporal d vezes para torná-la estacionária e aplicar-lhe o modelo ARMA (p, q), diremos que a série temporal original é **ARIMA (*p*, *d*, *q*)**, ou seja, ela é uma série temporal **autorregressiva integrada de médias móveis**, em que p denota os números dos termos autorregressivos, d o número de vezes que a série deve ser diferenciada antes de tornar-se estacionária e q o número de termos de média móvel. Uma série temporal ARIMA (2, 1, 2) deve ser diferenciada uma vez ($d = 1$) antes de tornar-se estacionária, e a série temporal estacionária (de primeira diferença) pode ser modelada como um processo ARMA (2, 2), pois possui dois termos AR e dois MA. Claro, se $d = 0$, uma série é estacionária para ARMA (p, q). Observe que um processo

ARIMA (p, 0, 0) significa um processo AR (p) puramente estacionário; um ARIMA (0, 0, q) significa um processo MA (q) puramente estacionário. Dados os valores de p, d e q, é possível dizer qual processo está sendo modelado.

Um ponto importante a ser observado é que, ao utilizarmos a metodologia Box-Jenkins, devemos ter tanto uma série temporal estacionária quanto uma série temporal que seja estacionária depois de uma ou mais diferenciações. A razão para admitir a estacionariedade pode ser explicada como se segue:

> O objetivo do método Box-Jenkins é identificar e estimar um modelo estatístico que possa ser interpretado como tendo sido gerado pelos dados amostrais. Se esse modelo estimado for utilizado para a previsão, deveremos admitir que suas características são constantes ao longo do período, e, particularmente, ao longo de períodos futuros. A simples razão para requerer os dados estacionários é que qualquer modelo que seja inferido com base nesses dados pode ser interpretado como estacionário ou estável e, portanto, fornecer uma base válida para a previsão.[6]

22.3 A metodologia Box-Jenkins (BJ)

A principal pergunta é: observando uma série temporal, como a série do PIB americano na Figura 21.1, como podemos saber se ela segue um processo AR puro (e, se isso acontece, qual o valor de p) ou um processo MA puro (e, se isso acontece, qual o valor de q), um processo ARMA (e, se isso acontece, quais os valores de p e q) ou um processo ARIMA, no caso de precisarmos conhecer os valores de p, d e q? A metodologia BJ é muito útil para se responder a questão anterior. O método consiste em quatro etapas:

Etapa 1. Identificação. Neste estágio descobre-se os valores apropriados de p, d e q. Mostraremos rapidamente como o **correlograma** e o **correlograma parcial** auxiliam nessa tarefa.

Etapa 2. Estimação. Depois de identificados os valores apropriados de p e q, o próximo estágio é estimar os parâmetros dos termos autorregressivos e dos termos de média móvel incluídos no modelo. Às vezes, esse cálculo pode ser feito por mínimos quadrados simples, mas, às vezes, temos de lançar mão de métodos de estimação não linear (nos parâmetros). Como essa tarefa é agora rotineiramente feita por vários pacotes estatísticos, não devemos ficar preocupados quanto à matemática de estimação; o estudante curioso pode consultar as referência sobre isso.

Etapa 3. Verificação do diagnóstico. Após escolhermos um modelo ARIMA específico, e tendo estimado seus parâmetros, veremos a seguir se o modelo selecionado ajusta-se aos dados razoavelmente bem para que seja possível que outro modelo ARIMA possa também fazer o trabalho. Esse é o motivo da modelagem ARIMA/Box-Jenkins ser mais arte do que ciência; uma habilidade considerável é requerida para escolher o modelo ARIMA correto. Um teste simples do modelo selecionado é verificar se os resíduos estimados com base nesse modelo são ruídos brancos; se forem, poderemos aceitar o ajuste específico; do contrário, deveremos recomeçar. **Portanto, a metodologia BJ é um processo iterativo** (veja a Figura 22.1).

Etapa 4. Previsão. Uma das razões da popularidade da modelagem ARIMA é seu sucesso na previsão. Em muitos casos, as previsões obtidas por esse método são mais confiáveis do que as obtidas por meio da modelagem econométrica tradicional, especialmente para as previsões de curto prazo. Naturalmente, cada caso deve ser verificado.

Com essa discussão geral, vamos conferir as quatro etapas com mais detalhes. Daqui em diante, utilizaremos os dados do PIB introduzidos na Seção 21.1 (veja o site do livro para os dados atualizados) para ilustrar os vários pontos.

[6] POKORNY, Michael. *An introduction to econometrics.* Nova York: Basil Blackwell, 1987. p. 343.

FIGURA 22.1
O método Box-Jenkins.

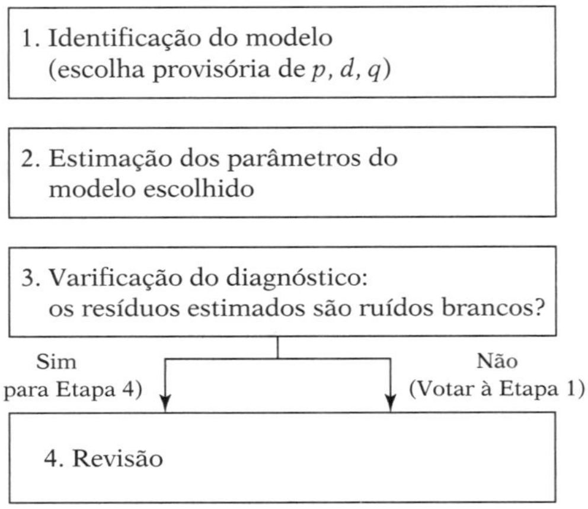

22.4 Identificação

As principais ferramentas na identificação são a **função de correlação amostral (ACF), a função de correlação amostral parcial (PACF)** e os **correlogramas** resultantes, que são simplesmente as representações de ACF e PACF contra a extensão da defasagem.

No capítulo anterior, definimos a ACF (ρ_k) (populacional) e a função de correlação amostral ACF ($\hat{\rho}_k$). O conceito de autocorrelação parcial é análogo ao conceito de coeficiente de regressão parcial. No modelo de regressão múltipla com k variáveis, o *k-ésimo* coeficiente de regressão, β_k, mede a taxa de variação no valor médio do regressando para uma alteração unitária no *k-ésimo* regressor, X_k, mantendo a influência de todos os regressores constantes.

Da mesma forma, a **correlação amostral parcial** ρkk mede a correlação entre as observações (série temporal) que estão separadas por k períodos, depois de verificar as correlações nas defasagens intermediárias (defasagens menores do que k). Em outras palavras, a autocorrelação parcial é a correlação entre Y_t e Y_{t-k} depois de remover o efeito dos Y intermediários.[7] Na Seção 7.11, já introduzimos o conceito de correlação parcial no contexto da regressão e apresentamos sua relação com as correlações simples. Tais correlações parciais são agora costumeiramente computadas pela maioria dos pacotes estatísticos.

Na Figura 22.2, mostramos o correlograma (painel *a*) e o correlograma parcial (painel *b*) da série do LPIB. Ao observarmos essa figura, dois fatos destacam-se: primeiro, a ACF decresce muito lentamente; como mostra a Figura 21.8, até cerca de 22 defasagens, as ACF são individual, estatística e significativamente diferentes de zero, por estarem todas fora dos intervalos de 95% de confiança. Em segundo lugar, depois da segunda defasagem, a função parcial de autocorrelação cai dramaticamente e a maioria das funções parciais, após a defasagem 2, são estatisticamente insignificantes, com exceção, talvez, da defasagem 13.

Uma vez que a série temporal do LPIB norte-americano não é estacionária, temos de torná-la estacionária antes de aplicar a metodologia Box-Jenkins. Na Figura 21.9, traçamos as primeiras diferenças do LPIB. Ao contrário da Figura 21.1, não observamos nenhuma tendência nessa série, talvez sugerindo que a série temporal em primeiras diferenças do LPIB seja estacionária.[8] Uma aplicação formal do **teste de raiz unitária Dickey-Fuller** mostra que isso é, de fato, o que acontece.

---

[7] Nos dados das séries temporais, uma grande proporção da correlação entre Y_t e Y_{t-k} pode ser decorrente das correlações com as defasagens intermediárias $Y_{t-1}, Y_{t-2}, \ldots, Y_{t-k+1}$. A correlação parcial ρ_{kk} retira a influência dessas variáveis intermediárias.

[8] É difícil dizer se a variância dessa série é estacionária, especialmente em torno de 1979-1980. O embargo do petróleo de 1979 e a mudança significativa da política monetária do FED, de 1979, pode ter algo a ver com a nossa dificuldade.

FIGURA 22.2
(*a*) correlograma e (*b*) correlograma parcial, para o LPIB dos Estados Unidos, 1947–I a 2007–IV.

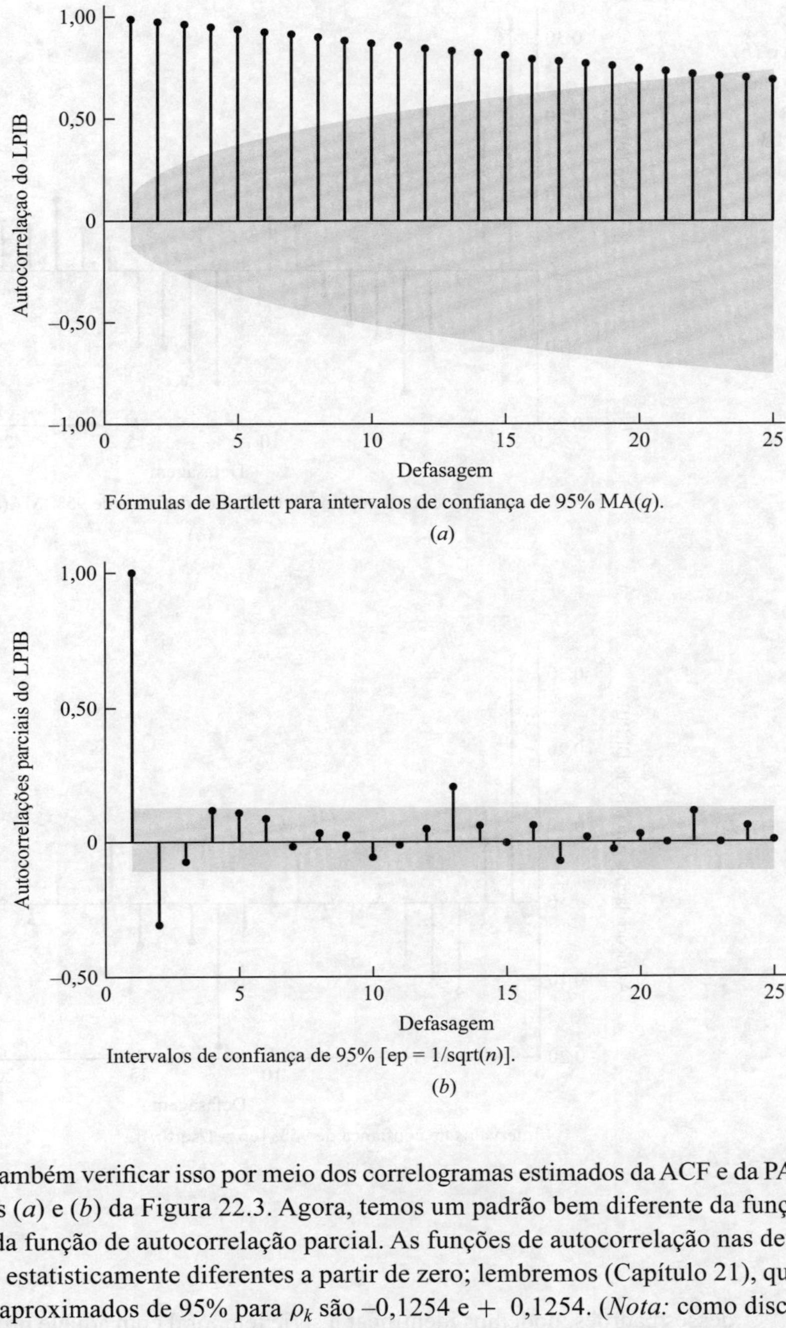

Fórmulas de Bartlett para intervalos de confiança de 95% MA(q).

(*a*)

Intervalos de confiança de 95% [ep = 1/sqrt(n)].

(*b*)

Podemos também verificar isso por meio dos correlogramas estimados da ACF e da PACF fornecidos nos painéis (*a*) e (*b*) da Figura 22.3. Agora, temos um padrão bem diferente da função de autocorrelação e da função de autocorrelação parcial. As funções de autocorrelação nas defasagens 1, 2 e 5 parecem estatisticamente diferentes a partir de zero; lembremos (Capítulo 21), que os limites de confiança aproximados de 95% para ρ_k são –0,1254 e + 0,1254. (*Nota:* como discutido no Capítulo 21, esses limites de confiança são assintóticos e, por isso, podem ser considerados aproximados.) Mas, em todas as outras defasagens, eles não são estatisticamente diferentes de zero. Para as correlações parciais, apenas as defasagens 1 e 12 parecem ser estatisticamente diferentes de zero.

Agora, como os correlogramas fornecidos na Figura 22.3 habilitam-nos a encontrar o padrão ARMA da série temporal do LPIB? (*Nota:* consideraremos apenas a série em primeiras diferenças do LPIB, porque ela é estacionária.) Uma maneira de realizar isso é considerar a função de autocorrelação, a função de autocorrelação parcial e os correlogramas associados de um número selecionado de processos de ARMA como AR(1), AR(2), MA(1), MA(2), ARMA(1, 1), ARIMA(2, 2) etc. Uma vez que cada um desses processos estocásticos exibe padrões típicos da função de autocorrelação e da função de autocorrelação parcial, se a série temporal em estudo ajusta-se a um

FIGURA 22.3
(*a*) correlograma e (*b*) correlograma parcial para as primeiras diferenças de LPIB dos Estados Unidos, 1947–I a 2007–IV.

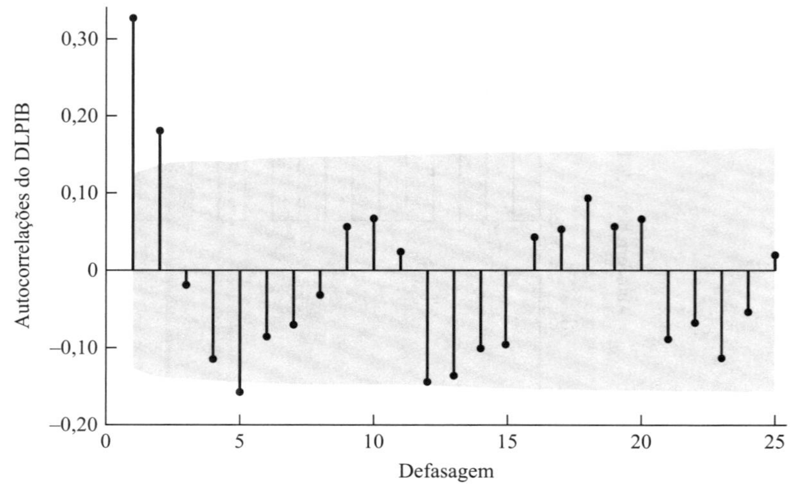

Fórmulas de Bartlett para intervalos de confiança de 95% MA(q).

(*a*)

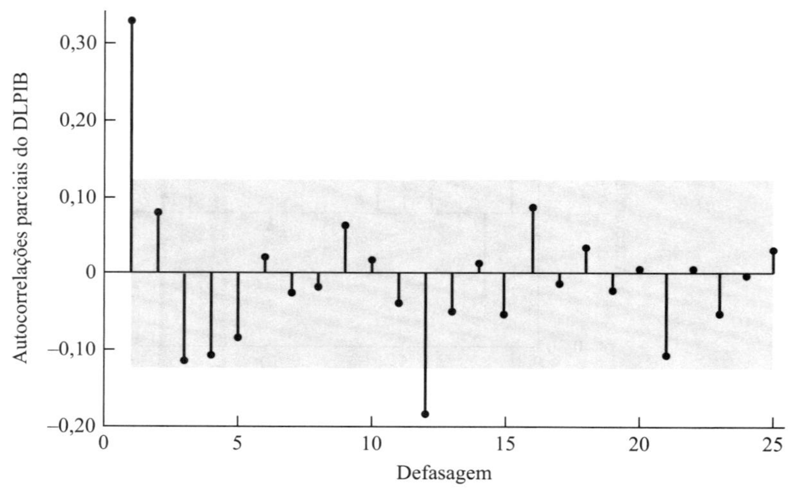

Intervalos de confiança de 95% [ep = 1/sqrt(n)].

(*b*)

desses padrões, podemos identificar a série temporal com aquele processo. Naturalmente, teremos de aplicar os testes de diagnósticos para descobrir se o modelo ARMA selecionado é razoavelmente preciso.

Estudar as propriedades dos diversos processos padrão ARIMA consumiria muito espaço. O que planejamos fazer é oferecer diretrizes gerais (veja a Tabela 22.1); as referências podem fornecer os detalhes dos vários processos estocásticos.

Perceba que as funções de autocorrelação e as funções de autocorrelação parcial dos processos AR(p) e MA(q) possuem padrões opostos; no caso do AR(p), o AC decresce geometricamente ou exponencialmente, mas a função de autocorrelação parcial é interrompida depois de certo número de defasagens, enquanto o contrário acontece com um processo MA(q).

Geometricamente, esses padrões são exibidos na Figura 22.4.

TABELA 22.1
Padrões teoréticos das ACF e das PACF

Tipo de modelo	Padrão típico de ACF	Padrão típico de PACF
AR(p)	Declina exponencialmente ou com padrão de onda senóide amortecida ou ambos	Picos significativos até p defasagens
MA(q)	Picos significativos até q defasagens	Declina exponencialmente
ARMA(p, q)	Queda exponencial	Queda exponencial

Note: os termos *declinio exponencial* e *geométrico* significam a mesma coisa (lembre-se de nossa discussão sobre a defasagem distribuída Koyck.)

FIGURA 22.4
ACF e PACF de processos estocásticos selecionados: (a) AR(2): $\alpha_1 = 0{,}5$, $\alpha_2, = 0{,}3$; (b) MA(2): $\beta_1 = 0{,}5$, $\beta_2 = 0{,}3$; (c) ARMA (1,1): $\alpha_1 = 0{,}5$, $\beta_1 = 0{,}5$.

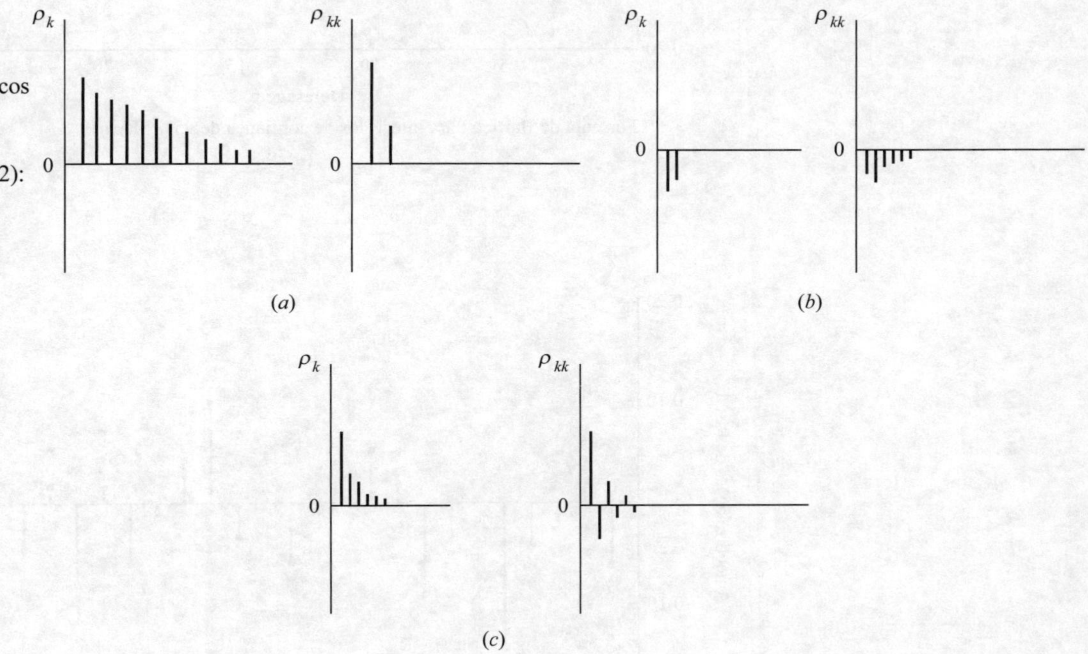

Um aviso

Uma vez que, na prática, não observamos as funções de autocorrelação e as funções de autocorrelação parcial teóricas e dependemos de seus equivalentes amostrais, as funções de autocorrelação e as funções de autocorrelação parcial estimadas não corresponderão exatamente aos seus equivalentes teóricos. O que estamos procurando é uma semelhança entre as funções de autocorrelação e as funções de autocorrelação parcial teóricas e amostrais para que possam levar na direção certa a construção dos modelos ARIMA. E é por isso que a modelagem ARIMA requer muita habilidade, o que, é claro, vem com a prática.

Identificação ARIMA do PIB dos Estados Unidos

Voltando ao correlograma e ao correlograma parcial do LPIB estacionário (após a primeira diferença) dos Estados Unidos entre 1947-I e 2007-IV fornecidos na Figura 22.3, o que podemos verificar?

Lembrando que as funções de autocorrelação e as funções de autocorrelação parcial são quantidades amostrais, não temos bons padrões conforme sugerido na Tabela 22.1. As autocorrelações (painel *a*) decrescem para as primeiras duas defasagens e, então, com exceção da defasagem 5, o resto delas não é estatisticamente diferente de zero (a área cinza exibida nas figuras apresenta os limites de confiança de aproximadamente 95%). As autocorrelações parciais (painel *b*) com picos nas defasagens 1 e 12 parecem estatisticamente significativas, mas o restante delas não o é; se o coeficiente da correlação

FIGURA 22.5
(a) correlograma e (b) correlograma parcial ou resíduos do modelo MA(2) para as primeiras diferenças do LPIB, dos Estados Unidos, 1947–I a 2007–IV.

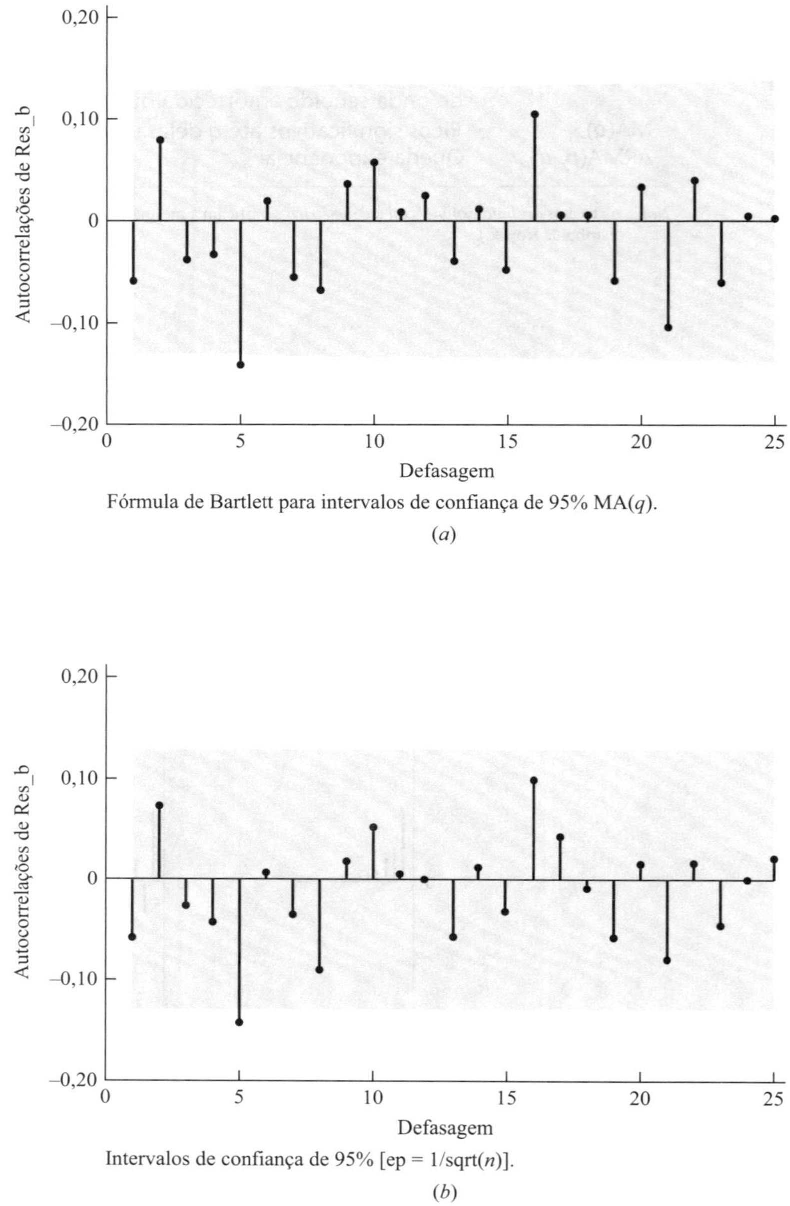

parcial fosse significativo apenas na defasagem 1, poderíamos tê-lo identificado como um modelo AR(1). Vamos, então, admitir que o processo que gerou a série LPIB (a primeira diferença) seja um processo MA(2). Tenha em mente que a menos que, a função de autocorrelação e a função de autocorrelação parcial não sejam bem definidas, é difícil escolher um modelo sem tentativa e erro. O leitor é encorajado a tentar outros modelos ARIMA na série LPIB com primeiras diferenças.

22.5 Estimação do modelo ARIMA

Consideremos que Y_t^* denote as primeiras diferenças do LPIB dos Estados Unidos. Então, nosso modelo temporariamente identificado de AR é:

$$Y_t^* = \mu + \beta_1 u_{t-1} + \beta_2 u_{t-2} \tag{22.5.1}$$

Utilizando o MINITAB, obtivemos as seguintes estimativas:

$$
\begin{aligned}
\hat{Y}_t^* &= 0{,}00822 + 0{,}2918u_{t-1} + 0{,}2024u_{t-2} \\
\text{ep} &= (0{,}00088) \quad (0{,}0633) \quad (0{,}0634) \\
t &= (9{,}32) \quad (4{,}61) \quad (3{,}20) \\
R^2 &= 0{,}1217 \quad d = 1{,}9705
\end{aligned}
\tag{22.5.2}
$$

Deixamos esse modelo como um exercício para que o leitor estime outros modelos ARIMA para a primeira série diferenciada do LPIB.

22.6 Verificação do diagnóstico

Como sabemos que o modelo na Equação (22.5.2) ajusta-se razoavelmente aos dados? Um diagnóstico simples é obter resíduos com base na Equação (22.5.2) e obter a função de autocorrelação e a função de autocorrelação parcial desses resíduos até, por exemplo, a defasagem 25. A função de autocorrelação e a função de autocorrelação parcial estimadas são exibidas na Figura 22.5. Como essa figura mostra, nenhuma das autocorrelações (painel *a*) e autocorrelações parciais (painel *b*) é significativa estatística e individualmente. Tampouco a soma dos quadrados das 25 autocorrelações, como demonstrado pelas estatísticas Box-Pierre *Q* e Ljung-Box (LB) (veja o Capítulo 21), é estatisticamente significativa. Em outras palavras, os correlogramas tanto da autocorrelação quanto da autocorrelação parcial dão a impressão de que os resíduos estimados por meio da Equação (22.5.2) são puramente aleatórios. Portanto, não deve haver qualquer necessidade de procurar por outro modelo ARIMA.

22.7 Previsão

Lembremos que os dados do PIB referem-se ao período entre 1947-I a 2007-IV. Suponha, com base no modelo (22.5.2), que queiramos prever o LPIB para os primeiros quatro trimestres de 2008. Mas, na Equação (22.5.2), a variável dependente é a *variação* no LPIB ao longo do trimestre anterior. Então, se utilizamos a Equação (22.5.2), o que podemos obter são as previsões das *variações* do LPIB entre o primeiro trimestre de 2008 e o quarto trimestre de 2007, o segundo trimestre de 2008 ao longo do primeiro trimestre de 2008 etc.

Para obtermos a previsão do nível do LPIB, em vez de suas variações, podemos "desfazer" a transformação das primeiras diferenças que utilizamos para obter as variações. (Mais tecnicamente, *integramos* a série das primeiras diferenças.) Então, para obtermos o valor da previsão do LPIB (não do ΔLPIB) para 2008-I, reescrevemos o modelo (22.5.1) como:

$$
Y_{2008-\text{I}} - Y_{2007-\text{IV}} = \mu + \beta_1 u_{2007-\text{IV}} + \beta_2 u_{2007-\text{III}} + u_{2008-\text{I}} \tag{22.7.1}
$$

Ou seja,

$$
Y_{2008-\text{I}} = \mu + \beta_1 u_{2007-\text{IV}} + \beta_2 u_{2007-\text{III}} + u_{2008-\text{I}} + Y_{2007-\text{IV}} \tag{22.7.2}
$$

Os valores de μ, β_1 e β_2 já são conhecidos por meio da regressão estimada (22.5.2). Supomos que o valor de $u_{2008-\text{I}}$ seja zero (por quê?). Portanto, podemos facilmente obter o valor previsto para $Y_{2008-\text{I}}$. A estimativa numérica desse valor previsto é: [9]

[9] Embora pacotes convencionais de computador façam esse cálculo habitualmente, mostramos os cálculos detalhados para ilustrar o mecanismo envolvido.

$$
\begin{aligned}
Y_{2008-\mathrm{I}} &= 0{,}00822 + (0{,}2918)u_{2007-\mathrm{IV}} + (0{,}2024)(u_{2007-\mathrm{III}}) + Y_{2007-\mathrm{IV}} \\
&= 0{,}00822 + (0{,}2918)(0{,}00853) + (0{,}2024)(-0{,}00399) + 9{,}3653 \\
&= 9{,}3741(\text{aproximadamente})
\end{aligned}
$$

Assim, o valor de previsão do LPIB para o primeiro semestre de 2008 é cerca de 9,3741, que corresponde a cerca de \$ 11.779 bilhões (em dólares de 2000). Por acaso, o valor atual do PIB real para o primeiro semestre de 2008 foi de \$ 11.693.09 bilhões; o erro da previsão foi uma superestimativa de \$ 86 bilhões.

22.8 Outros aspectos da metodologia BJ

Nos parágrafos anteriores, fornecemos apenas uma introdução superficial sobre a modelagem BJ. Há vários aspectos dessa metodologia que não consideramos por falta de espaço, por exemplo, a **sazonalidade**. Muitas séries temporais exibem comportamento sazonal. Exemplos disso são as vendas de lojas de departamentos no período de festas, o consumo sazonal de sorvete, as viagens durante as férias etc. Se, por exemplo, tivermos dados trimestrais sobre as vendas das lojas de departamentos, as vendas mostrarão picos no quarto trimestre. Em tais situações, pode-se remover a influência sazonal ao deduzir as diferenças das vendas no quarto trimestre e, então, decidir que tipo de modelo ARIMA ajustar.

Analisamos apenas uma única série temporal por vez, mas nada impede que a metodologia BJ seja estendida ao estudo simultâneo de duas ou mais séries. Uma incursão nesse tópico nos levaria muito longe; o leitor interessado pode querer consultar as referências.[10] Na próxima seção, entretanto, discutiremos esse tópico no contexto daquilo que é conhecido como autorregressão vetorial.

22.9 Vetores autorregressivos (VAR)

Nos Capítulos 18 a 20, consideramos os modelos de equações simultâneas ou estruturais. Em tais modelos, algumas variáveis são tratadas como endógenas e algumas como exógenas, ou predeterminadas (exógenas mais endógenas defasadas). Antes de estimarmos esses modelos, devemos ter certeza de que as equações no sistema são identificadas (exatamente ou superidentificadas). Essa identificação é frequentemente alcançada ao admitirmos que algumas das variáveis predeterminadas estão presentes apenas em algumas equações. Essa decisão é normalmente subjetiva e foi criticada severamente por Christopher Sims.[11]

De acordo com Sims, se há uma simultaneidade verdadeira entre um conjunto de variáveis, todas elas devem ser tratadas em pé de igualdade; não deveria haver qualquer distinção *a priori* entre as variáveis endógenas e exógenas. É com esse espírito que Sims desenvolveu o seu modelo **VAR**.

As sementes desse modelo já haviam sido plantadas no teste de causalidade de Granger, discutido no Capítulo 17. Nas Equações (17.14.1) e (17.14.2), que explicam o LPIB atual em termos de oferta de moeda defasada e LPIB defasado, e oferta de moeda atual em termos de oferta de moeda defasada e LPIB defasado, respectivamente, estamos tratando essencialmente de LPIB e de oferta de moeda como um par de variáveis endógenas. Não há variáveis endógenas nesse sistema.

De forma semelhante, no Exemplo 17.13, examinamos a natureza da causalidade entre a moeda e a taxa de juros no Canadá. Na equação da moeda, apenas os valores defasados da moeda e da taxa de juros aparecem e, na equação da taxa de juros, apenas os valores defasados da taxa de juros e da moeda aparecem.

---

[10] Para um tratamento acessível desse assunto, veja MILLS, Terence C. op. cit., parte III.

[11] SIMS, C. A. "Macroeconomics and reality." *Econometrica,* 1980. v. 48, p. 1-48.

Ambos os exemplos são ilustrações de **modelos de vetores autorregressivos**; o termo *autorregressivo* deve-se à aparência do valor defasado da variável dependente no lado direito e o termo *vetor* deve-se ao fato de que estamos lidando com um vetor de duas (ou mais) variáveis.

Estimação do VAR

Voltando ao exemplo da taxa de juros e da moeda canadenses, vimos que, ao introduzirmos seis defasagens de cada variável como regressores, não podíamos rejeitar a hipótese de que havia causalidade bilateral entre a moeda (M_1) e taxa de juros, R (taxa de juros corporativa de 90 dias). Isto é, M_1 afeta R e R afeta M_1. Esses tipos de situações são idealmente ajustadas para a aplicação de VAR.

Para explicar como um VAR é estimado, prosseguiremos com o exemplo anterior. Por ora, admitimos que cada equação contém k valores de defasagem de M (como mensurado por M_1) e R. Neste caso, pode-se estimar cada uma das seguintes equações por MQO:[12]

$$M_{1t} = \alpha + \sum_{j=1}^{k} \beta_j M_{t-j} + \sum_{j=1}^{k} \gamma_j R_{t-j} + u_{1t} \tag{22.9.1}$$

$$R_t = \alpha' + \sum_{j=1}^{k} \theta_j M_{t-j} + \sum_{j=1}^{k} \gamma_j R_{t-j} + u_{2t} \tag{22.9.2}$$

em que os u são os termos de erro estocástico, chamados *impulsos* ou *inovações* ou *choques*, na linguagem do VAR.

Antes de estimarmos as Equações (22.9.1) e (22.9.2), devemos decidir sobre o comprimento máximo de defasagem, k. Essa é uma questão empírica: temos, ao todo, 40 observações; incluir vários termos defasados consumirá graus de liberdade, sem mencionar a introdução da possibilidade de multicolinearidade; incluir muitas defasagens levará a erros de especificação. Uma forma de decidir a questão é utilizar um critério como o Akaike ou o Schwarz e escolher qual modelo oferece os menores valores desses critérios. É indiscutível que alguma tentativa e erro seja inevitável.

Para ilustrarmos a mecânica, inicialmente usamos quatro defasagens ($k = 4$) de cada variável e, utilizando o EViews 6, obtivemos as estimativas dos parâmetros das duas equações anteriores, fornecidas na Tabela 22.2. Observe que, embora nossa amostra situe-se entre 1979-I e 1988-IV, utilizamos a amostra para o período entre 1980-I e 1987-IV e guardamos as últimas quatro observações para verificar a exatidão da previsão do VAR ajustado.

Visto que as equações anteriores são regressões por MQO, o resultado da regressão fornecido na Tabela 22.2 deve ser interpretado da maneira habitual. Com várias defasagens das mesmas variáveis, cada coeficiente estimado não será estatisticamente significativo, possivelmente em virtude da multicolinearidade. Porém, coletivamente, eles podem ser significativos com base no teste padrão F.

Examinemos os resultados apresentados na Tabela 22.2. Primeiro, consideremos a regressão M_1. Individualmente, apenas M_1 na defasagem 1 e R nas defasagens 1 e 2 são estatisticamente significativas. Contudo, o valor F é tão alto que não podemos rejeitar a hipótese de que coletivamente todos os termos defasados sejam estatisticamente significativos. Voltando à regressão da taxa de juros, vemos que todos os quatro termos de moeda defasada são individualmente e estatisticamente significantes (a 10% ou melhor nível), enquanto apenas a variável de taxa de juros defasada de 1 período é significativa.

Para propósitos comparativos, apresentamos na Tabela 22.3 os resultados do VAR baseados apenas em 2 defasagens de cada variável endógena. Aqui veremos que, na regressão da moeda, a variável de moeda defasada de 1 período e ambos os termos defasados de taxa de juros são individualmente

[12] Pode-se utilizar a técnica **SURE** (regressões aparentemente não correlacionadas) para estimar as duas equações conjuntamente. Contudo, uma vez que cada regressão contém o mesmo número de variáveis endógenas defasadas, a estimação por MQO de cada equação produz separadamente estimativas idênticas (e eficientes).

TABELA 22.2
Estimativas dos vetores autorregressivos baseadas em 4 defasagens

Amostra (ajustada): 1980–I a 1987–IV
Observações incluídas: 32 depois de ajustar os pontos extremos
Erros padrão em ( ) e estatísticas *t* em [ ]

	M_1	R
M_1 (−1)	1,076737 (0,20174) [5,33733]	0,001282 (0,00067) [1,90083]
M_1 (−2)	0,173433 (0,31444) [0,55157]	−0,002140 (0,00105) [−2,03584]
M_1 (−3)	−0,366465 (0,34687) [−1,05648]	0,002176 (0,00116) [1,87699]
M_1 (−4)	0,077602 (0,20789) [0,37329]	−0,001479 (0,00069) [−2,12855]
R (−1)	−275,0293 (57,2174) [−4,80675]	1,139310 (0,19127) [5,95670]
R (−2)	227,1750 (95,3947) [2,38142]	−0,309053 (0,31888) [−0,96917]
R (−3)	8,511851 (96,9176) [0,08783]	0,052361 (0,32397) [0,16162]
R (−4)	−50,19926 (64,7554) [−0,77521]	0,001076 (0,21646) [0,00497]
C	2413,827 (1622,65) [1,48759]	4,919000 (5,42416) [0,90687]

R^2	0,988154	0,852890
R^2 ajustado	0,984034	0,801721
Soma dos quadrados dos resíduos	4820241,	53,86233
Equação do EP	457,7944	1,530307
Estatística F	239,8315	16,66815
Log verossimilhança	−236,1676	−53,73716
A/C de Akaike	15,32298	3,921073
SC de Schwarz	15,73521	4,333311
Dependente média	28514,53	11,67292
DP dependente	3623,058	3,436688

Determinante da matriz de covariância dos resíduos	490782,3
Log verossimilhança	−300,4722
Critério de informação de Akaike	19,90451
Critério de Schwarz	20,72899

e estatisticamente significativos. Na regressão da taxa de juros, ambos os termos de moeda defasada (no nível de 5%, aproximadamente) e um termo de juro defasado são individualmente significativos.

Se tivéssemos de escolher entre o modelo da Tabela 22.2 e o da Tabela 23.3, qual deles escolheríamos? Os valores de informação de Akaike e Schwarz para o modelo da Tabela 22.2 são, respectivamente, 15,32 e 15,73, enquanto os valores correspondentes para a Tabela 22.3 são 15,10 e 15,33. Visto que, quanto mais baixos os valores das estatísticas Akaike e Schwarz, melhor o modelo, parece que o modelo mais parcimonioso apresentado na Tabela 22.3 é preferível. Também consideramos 6 defasagens de cada uma das variáveis endógenas e descobrimos que os valores das estatísticas Akaike e Schwarz foram 15,37 e 15,98, respectivamente. Novamente, a escolha parece ser o modelo com dois termos defasados de cada variável endógena, isto é, o modelo da Tabela 22.3.

Previsão com VAR

Suponha que escolhamos o modelo da Tabela 22.3. Podemos utilizá-lo para prever os valores de M_1 e R. Lembremos que nossos dados cobrem os períodos de 1979-I a 1988-IV, mas não utilizamos os valores de 1988 ao estimarmos os modelos VAR. Agora, suponha que queiramos prever o valor de M_1 para 1988-IV, isto é, o primeiro trimestre de 1988. O valor da previsão para 1988-I pode ser obtido como se segue:

TABELA 22.3
Estimativas dos vetores autorregressivos baseadas em 2 defasagens

Amostra (ajustada): 1979–III a 1987–IV		
Observação incluídas: 34 depois de ajudar os pontos extremos		
Erros padrão em ( ) e estatísticas *t* em [ ]		
	M_1	R
M_1 (– 1)	1,037537 (0,16048) [6,46509]	0,001091 (0,00059) [1,85825]
M_1 (– 2)	– 0,044661 (0,15591) [– 0,28646]	– 0,001255 (0,00057) [– 2,19871]
R (– 1)	– 234,8850 (45,5224) [– 5,15977]	1,069081 (0,16660) [6,41708]
R (– 2)	160,1560 (48,5283) [3,30026]	– 0,223364 (0,17760) [– 1,25768]
C	1451,977 (1185,59) [1,22468]	5,796434 (4,33894) [1,33591]
R^2	0,988198	0,806660
R^2 ajustado	0,986571	0,779993
Soma dos quadrados dos resíduos	5373510.	71,97054
Equação do EP	430,4573	1,575355
Estatística *F*	607,0720	30,24878
Log verossimilhança	– 251,7446	– 60,99215
A/C de Akaike	15,10263	3,881891
SC de Schwarz	15,32709	4,106356
Dependente média	28216,26	11,75049
DP dependente	3714,506	3,358613
Determinante da matriz de covariância dos resíduos	458485,4	
Log verossimilhança	– 318,0944	
Critério de informação de Akaike	19,29967	
Critério de Schwarz	19,74860	

$$\hat{M}_{1988-\text{I}} = 1451{,}977 + 1{,}0375M_{1987-\text{IV}} - 0{,}0446M_{1987-\text{III}} - 234{,}8850R_{1987-\text{IV}} + 160{,}1560R_{1987-\text{III}}$$

em que os valores do coeficiente são obtidos com base na Tabela 22.3. Agora, usando os valores adequados de M_1 e R com base na Tabela 17.5, o valor da previsão da moeda para o primeiro trimestre de 1988 pode ser de 36.996 (milhões de dólares canadenses). O valor real de M_1 para 1988-I era de 36.480, que significa que nosso modelo fez uma previsão superestimada do valor real em cerca de 516 (milhões de dólares), que é cerca de 1,4% do M_1 real para 1988-I. Naturalmente, essas estimativas serão modificadas, dependendo de quantos valores defasados considerarmos no modelo VAR. Deixamos como exercício, que o leitor faça a previsão do valor de R para o primeiro trimestre de 1988 e a sua comparação desse valor com o seu valor real para aquele trimestre.

VAR e casualidade

Discutimos o tópico da causalidade no Capítulo 17. Lá, consideramos os testes de causalidade Granger e Sims. Há alguma conexão entre VAR e causalidade? No Capítulo 17 (Seção 17.14), vimos que acima de 2, 4 e 6 defasagens havia causalidade bilateral entre M_1 e R, mas, na defasagem 8, não havia nenhuma causalidade entre as duas variáveis. Os resultados são mistos. Agora, podemos recordar o Capítulo 21 e o teorema da representação de Granger. Uma das implicações desse teorema é que, se duas variáveis, por exemplo, X_t e Y_t, são cointegradas e cada uma é individualmente $I(1)$, isto é, integrada de ordem 1 (cada uma é individualmente não estacionária), X_t *deve* causar Y_t *por* Granger ou Y_t deve causar X_t *por* Granger.

Em nosso exemplo, isso significa que, se M_1 e R forem individualmente $I(1)$, mas forem cointegrados, M_1 deve causar R por Granger ou R deve causar M_1 por Granger. Isso significa que devemos primeiro descobrir se duas variáveis são $I(1)$ individualmente e descobrir se elas são cointegradas. Se esse não for o caso, toda a questão da casualidade pode tornar-se controversa. No Exercício 22.22, pede-se ao leitor que descubra se as duas variáveis são não estacionárias, mas

TABELA 22.4

Resultados da estimação do sistema VAR de segunda ordem* para o Texas: 1974-I a 1988-I

Fonte: *Economic Review*, Federal Reserve Bank of Dallas, p. 21, jan. 1989.

Variável dependente: *x* (porcentagem da variação do preço real do petróleo)

Variável	Defasagem	Coeficiente	Erro padrão	Nível de significância
x	1	0,7054	0,1409	0,8305E−5
x	2	−0,3351	0,1500	0,3027E−1
y	1	−1,3525	2,7013	0,6189
y	2	3,4371	2,4344	0,1645
z	1	3,4566	2,8048	0,2239
z	2	−4,8703	2,7500	0,8304E−1
Constante	0	−0,9983E−2	0,1696E−1	0,5589

$\bar{R}^2 = 0{,}2982$; $Q(21) = 8{,}2618$ ($P = 0{,}9939$)

Testes de significância conjunta, variável dependente = *x*

Variável	Estatística *F*	Nível de significância
x	12,5536	0,4283E−4
y	1,3646	0,2654
z	1,5693	0,2188

Variável dependente: *y* (porcentagem da variação do emprego não agrícola no Texas)

Variável	Defasagem	Coeficiente	Erro padrão	Nível de significância
x	1	0,2228E−1	0,8759E−2	0,1430E−1
x	2	−0,1883E−2	0,9322E−2	0,8407
y	1	0,6462	0,1678	0,3554E−3
y	2	0,4234E−1	0,1512	0,7807
z	1	0,2655	0,1742	0,1342
z	2	−0,1715	0,1708	0,3205
Constante	0	−0,1602E−2	0,1053E−1	0,1351

$\bar{R}^2 = 0{,}6316$; $Q(21) = 21{,}5900$ ($P = 0{,}4234$)

Testes para significância conjunta, variável dependente = *y*

Variável	Estatística *F*	Nível de significância
x	3,6283	0,3424E−4
y	19,1440	0,8287E−6
z	1,1684	0,3197

Variável dependente: z (porcentagem da variação do emprego não agrícola no restante dos Estados Unidos)

Variável	Defasagem	Coeficiente	Erro padrão	Nível de significância
x	1	−0,8330E−2	0,6849E−2	0,2299
x	2	0,3635E−2	0,7289E−2	0,6202
y	1	0,3849	0,1312	0,5170E−2
y	2	−0,4805	0,1182	0,1828E−2
z	1	0,7226	0,1362	0,3004E−5
z	2	−0,1366E−1	0,1336	0,9190
Constante	0	−0,2387E−2	0,8241E−3	0,5701E−2

$\bar{R}^2 = 0{,}6503$; $Q(21) = 15{,}6182$ ($P = 0{,}7907$)

Testes de significância conjunta, variáve dependente = *z*

Variável	Estatística *F*	Nível de significância
x	0,7396	0,4827
y	8,2714	0,8360E−3
z	27,9609	0,1000E−7

*Dois termos defasados para cada variável.

cointegradas. Se você fizer o exercício, descobrirá que há uma *fraca* evidência de cointegração entre M_1 e R, sendo que este é o motivo pelo qual os testes de casualidade discutidos na Seção 17.14 estão equivocados.

Alguns problemas da modelagem VAR

Os defensores da VAR enfatizam as seguinte virtudes do método: (1) o método é simples; ninguém precisa preocupar-se em determinar quais variáveis são endógenas e quais são exógenas; todas as variáveis em VAR são endógenas[13] (2) a estimação é simples; o método habitual dos MQO pode ser aplicado em cada equação separadamente; (3) as previsões obtidas por esse método são, em muitos casos, melhores do que as obtidas com base em modelos mais complexos de equações simultâneas.[14]

Porém, os críticos da modelagem VAR apontam os seguintes problemas:

1. Diferentemente dos modelos de equações simultâneas, um modelo VAR é *ateórico*, porque utiliza menos informação prévia. Lembre-se de que, nos modelos de equações simultâneas, a exclusão ou inclusão de certas variáveis tem um papel fundamental na identificação do modelo.
2. Devido à sua ênfase na previsão, os modelos VAR são menos adaptados para a análise política.
3. O maior desafio prático na modelagem VAR é escolher a extensão apropriada das defasagens. Suponha que tenhamos um modelo VAR de três variáveis e decidamos incluir oito defasagens de cada variável em cada equação. Você terá 24 parâmetros defasados em cada equação mais o termo constante, para um total de 25 parâmetros. A menos que o tamanho da amostra seja grande, estimar tantos parâmetros consumirá vários graus de liberdade, com todos os problemas associados a isso.[15]
4. De modo estrito, em um modelo VAR de *m*-variáveis, todas as variáveis *m* deveriam ser (conjuntamente) estacionárias. Se esse não for o caso, teremos de transformar os dados adequadamente (por exemplo, pela diferença de primeira ordem). Como observa Harvey, os resultados com base nos dados transformados podem não ser satisfatórios. Mais adiante, ele observa que: "A abordagem habitual adotada pelos *aficionados* pela VAR é, portanto, o trabalho em níveis, mesmo se algumas dessas séries sejam não estacionárias. Nesse caso, é importante reconhecer o efeito das raízes unitárias sobre a distribuição dos estimadores".[16] E é ainda pior se o modelo contiver um *mix* das variáveis $I(0)$ e $I(1)$, ou seja, um *mix* de variáveis estacionárias e não estacionárias; neste caso, transformar os dados não será fácil.

   Contudo, Cuthbertson argumenta que: "a análise da cointegração indica que um VAR *apenas* não é especificado nas primeiras diferenças se houver alguns vetores cointegrantes presentes entre as séries $I(1)$. Em outras palavras, um VAR somente nas primeiras diferenças omite variáveis estacionárias potencialmente importantes (os vetores de correção de erro e vetores de cointegração) e, portanto, as estimativas do parâmetro podem sofrer uma tendência de variáveis omitidas".[17]
5. Posto que os coeficientes individuais nos modelos estimados VAR são frequentemente difíceis de interpretar, os adeptos dessa técnica em geral estimam a chamada **função de resposta a impulso** (ou *impulse response function* – IRF). A IRF delineia a resposta da variável

---

[13] Às vezes, variáveis puramente exógenas são incluídas para permitir fatores de tendências e sazonais.

[14] Veja, por exemplo, KINAL, T.; RATNER, J. B. "Regional forecasting models with vector autoregression: the case of New York State." Discussion Paper #155, Department of Economics, State University of New York at Albany, 1982.

[15] Se tivermos um modelo VAR de *m* equações com valores defasados *p* das variáveis *m*, em todos teremos de estimar $(m + pm^2)$ parâmetros.

[16] HARVEY, Andrew. *The econometric analysis of time series. 2. ed.* Cambridge, Mass.: The MIT Press, , 1990. p. 83.

[17] CUTHBERTSON, Keith. *Quantitative financial economics: stocks, bonds and foreign exchange.* Nova York: John Wiley e Sons, 2002. p.436.

dependente no sistema VAR aos choques nos termos de erro, como u_1 e u_2 nas Equações (22.9.1) e (22.9.2). Suponha que u_1 na equação M_1 aumente por um valor de desvio padrão. Tal choque ou variação modificará M_1 no presente, bem como nos períodos futuros. Mas, visto que M_1 aparece na regressão R, a variação em u_1 terá também um impacto sobre R. Da mesma forma, uma variação de um desvio padrão em u_2 da equação R terá um impacto sobre M_1. A IRF delineia o impacto de tais choques por vários períodos no futuro. Embora a utilidade da análise IRF seja questionada por pesquisadores, ela é o ponto central da análise VAR.[18]

Para uma comparação do desempenho do VAR com outras técnicas de previsão, o leitor pode consultar as referências.[19]

Uma aplicação de VAR: um modelo VAR da economia do Texas

Para testar a sabedoria popular: ("Para onde o petróleo for, para lá vai a economia do Texas"), Thomas Fomby e Joseph Hirschberg desenvolveram um modelo VAR de três variáveis da economia texana para o período entre 1974–I e 1988–I.[20] As três variáveis consideradas foram: (1) porcentagem da variação do preço real do petróleo, (2) porcentagem da variação do emprego não agrícola do Texas e (3) porcentagem da variação do emprego não agrícola no restante dos Estados Unidos. Os autores introduziram o termo constante e os dois valores defasados de cada variável em cada equação. Portanto, o número de parâmetros estimados em cada equação foi sete. Os resultados da estimação por meio dos MQO do modelo VAR são fornecidos na Tabela 22.4. Os testes F fornecidos na tabela servem para testar a hipótese de que, coletivamente, os vários coeficientes defasados são zero. Portanto, o teste F para a variável x (porcentagem da variação do preço real do petróleo) demonstra que ambos os termos defasados de x são estatisticamente diferentes de zero; a probabilidade de obter um valor F de 12,5536 sob a hipótese nula de que sejam ambos simultaneamente iguais a zero é muito baixa, cerca de 0,00004. Por outro lado, coletivamente, os dois valores defasados y (porcentagem da variação do emprego não agrícola do Texas) não são significativamente diferentes de zero para explicar x; o valor F é de apenas 1,36. Todas as outras estatísticas F devem ser interpretadas de forma semelhante.

Com base nesses e noutros resultados apresentados no seu artigo, Fomby e Hirschenberg concluem que a sabedoria popular sobre a economia do Texas não é muito precisa, já que depois da instabilidade inicial resultante dos choques do petróleo da Opep, a economia texana é agora menos dependente das flutuações do preço do petróleo.

22.10 Medindo a volatilidade na série temporal financeira: os modelos ARCH e GARCH

Como observamos na introdução deste capítulo, a séries temporais financeiras, bem como os preços das ações, as taxas de câmbio, as taxas de inflação etc., frequentemente apresentam o fenômeno da **aglomeração por volatilidade**, isto é, períodos nos quais os preços apresentam grandes oscilações por um período de tempo extenso seguido por períodos nos quais há relativa calma. Como Philip Franses observa:

[18] RUNKLE, D. E. "Vector autoregression and reality." *Journal of Business and Economic Statistics,* 1987. v. 5, p. 437-454.

[19] MCNEES, S. "Forecasting accuracy of alternative techniques: a Ccmparison of U.S. macroeconomic forecasts." *Journal of Business and Economic Statistics,* v. 4, p. 5-15, 1986; e MAHMOUD, E. "Accuracy in forecasting: a survey." *Journal of Forecasting,* 1984. v. 3, p. 139-159.

[20] FOMBY, Thomas B.; HIRSCHBERG, Joseph G. "Texas in transition: dependence on oil and the national economy." *Economic Review,* Federal Reserve Bank of Dallas, jan. 1989. p. 11-28.

> Uma vez que os dados [da série temporal financeira] refletem o resultado do comércio entre compradores e vendedores em, por exemplo, mercados de ações, muitas fontes de notícias e outros eventos econômicos exógenos podem ter um impacto no padrão da série temporal dos preços dos ativos. Dado que as notícias podem levar a interpretações variadas, e também dado que eventos econômicos específicos como uma crise do petróleo podem durar por algum tempo, frequentemente observamos que grandes observações positivas ou grandes observações negativas em séries temporais financeiras tendem a aparecer em aglomerados.[21]

O conhecimento da volatilidade é de suma importância em muitas áreas. Por exemplo, trabalho macroeconômico considerável foi feito para estudar a variabilidade da inflação ao longo do tempo. Para alguns tomadores de decisão, a inflação em si mesma pode não ser ruim, porém sua variabilidade é ruim, porque torna o planejamento financeiro difícil.

O mesmo é verdadeiro quanto aos importadores, exportadores e comerciantes nos mercados de câmbio, porque a variabilidade nas taxas de câmbio pode significar grandes perdas ou lucros. Os investidores, no mercado de ações, estão obviamente interessados na volatilidade dos preços das ações, pois a alta volatilidade poderia significar grandes perdas ou ganhos e, portanto, maior incerteza. Em mercados voláteis, é difícil para as empresas aumentar o capital nos mercados de capitais.

Como modelar uma série temporal financeira que pode experimentar tal volatilidade? Por exemplo, como modelar a série temporal dos preços das ações, das taxas de câmbio, da inflação etc? Uma característica da maioria dessas séries temporais financeiras é que na sua *forma em nível* elas são passeios aleatórios; isto é, são não estacionárias. Por outro lado, na forma de primeira diferença, são em geral estacionárias, como vimos no caso da série do PIB, no capítulo anterior, a despeito de o PIB não ser estritamente uma série temporal financeira.

Sendo assim, em vez de modelar os níveis da série temporal financeira, por que não modelar as suas primeiras diferenças? Essas primeiras diferenças frequentemente exibem grandes oscilações, ou **volatilidade**, sugerindo que a variância da série temporal financeira muda ao longo do tempo. Como podemos modelar tal "variância variável"? É aqui que o chamado modelo de **heterocedasticidade condicional autorregressiva (ARCH)** originalmente desenvolvido por Engle vem a calhar.[22]

Como o nome sugere, a heterocedasticidade ou variância desigual pode ter uma estrutura autorregressiva na qual a heterocedasticidade observada ao longo de diferentes períodos pode ser autocorrelacionada. Para melhor entendermos, vamos examinar um exemplo.

EXEMPLO 22.1

Taxa de câmbio dos Estados Unidos/Reino Unido: um exemplo

A Figura 22.6 fornece os logs da taxa de câmbio mensal dos Estados Unidos e do Reino Unido (dólares por libra) para o período entre 1971-2007, para um total de 444 observações mensais. Como se pode ver nesta figura, há consideráveis altos e baixos na taxa de câmbio ao longo do período da amostra. Na Figura 22.7, traçamos as variações nos logs da taxa de câmbio; perceba que as variações no log de uma variável denota mudanças relativas, que, se multiplicadas por 100, oferecem variações percentuais. Como se pode observar, as variações relativas nas taxas de câmbio norte-americanas e britânicas mostram grandes oscilações para alguns períodos e oscilações relativamente moderadas em outros períodos, exemplificando, com isso, o fenômeno da aglomeração por volatilidade.

(*Continua*)

[21] FRANSES, Philip Hans. *Time series models for business and economic forecasting.* Nova York: Cambridge University Press, 1998. p. 155.

[22] ENGLE, R. "Autoregressive conditional heteroscedasticity with estimates of the variance of United Kingdom inflation." *Econometrica,* v. 50. n. 1, p. 987-1.007, 1982. Veja também BERA, A.; HIGGINS, M. "ARCH models: properties, estimation and testing." *Journal of Economic Surveys,* 1993. v. 7, p. 305-366.

EXEMPLO 22.1
(Continuação)

FIGURA 22.6
Log da taxa de câmbio dos Estados Unidos/Reino Unido, 1971–2007 (mensal).

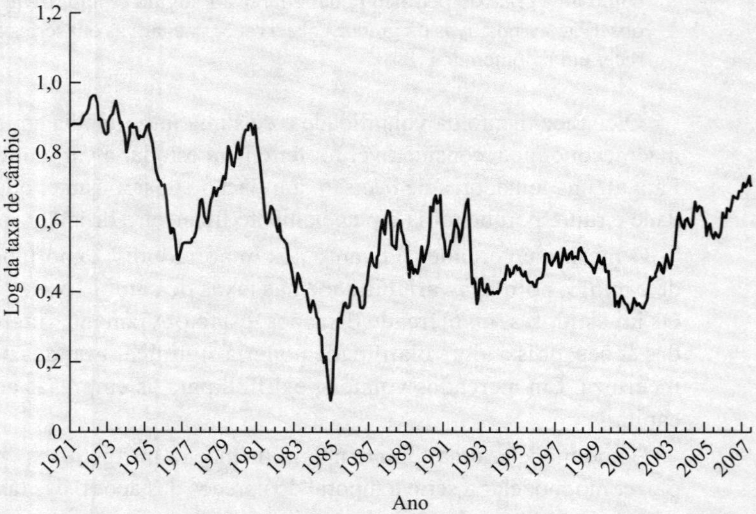

FIGURA 22.7
Variação no log da taxa de câmbio dos Estados Unidos/ Reino Unido.

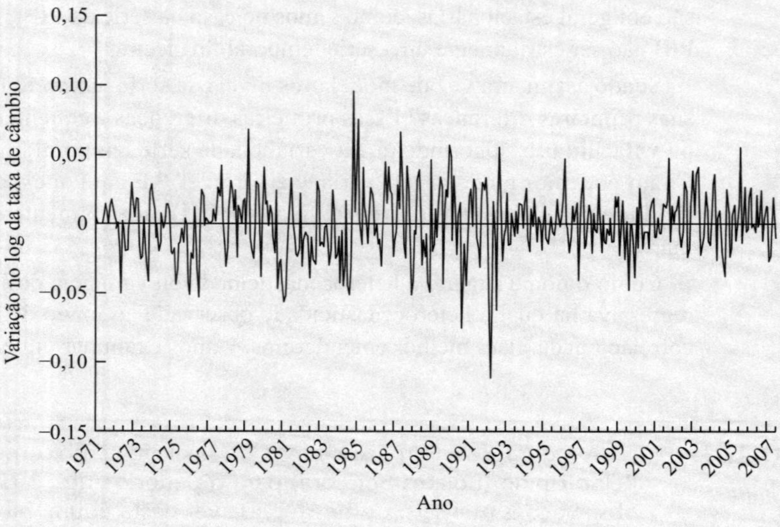

Agora, a questão prática é: como medimos estatisticamente a volatilidade? Vejamos nosso exemplo de taxa de câmbio.

Consideremos Y_t = taxa de câmbio Estados Unidos/Reino Unido

$Y_t^* = \text{log de } Y_t$

$dY_t^* = Y_t^* - Y_{t-1}^* =$ variação relativa na taxa de câmbio

$d\bar{Y}_t^* =$ média de dY_t^*

$X_t = dY_t^* - d\bar{Y}_t^*$

(Continua)

EXEMPLO 22.1
(Continuação)

Então, X_t é a variação relativa média ajustada na taxa de câmbio. Agora podemos utilizar X_t^2 como uma medida de volatilidade. Sendo uma quantidade quadrática, seu valor será alto quando houver grandes variações nos preços dos ativos financeiros e seu valor valor será comparativamente pequeno quando houver variações modestas nos preços dos ativos financeiros.[23]

Aceitando X_t^2 como uma medida de volatilidade, como sabemos se ele varia ao longo do tempo? Suponha que consideremos o seguinte modelo AR(1) ou ARIMA (1, 0, 0):

$$X_t^2 = \beta_0 + \beta_1 X_{t-1}^2 + u_t \tag{22.10.1}$$

Esse modelo postula que a volatilidade no período atual é relacionada com o seu valor no período anterior mais um termo de erro de ruído branco. Se β_1 é positivo, ele sugere que, se a volatilidade era alta no período anterior, ele continuará a ser alta no período atual, indicando aglomeração por volatilidade. Se β_1 for zero, não haverá aglomeração por volatilidade. A estatística significativa do β_2 estimado pode ser julgada pelo teste t habitual.

Não há nada que nos impeça de considerar um modelo de volatilidade AR(p) como

$$X_t^2 = \beta_0 + \beta_1 X_{t-1}^2 + \beta_2 X_{t-2}^2 + \cdots + \beta_p X_{t-p}^2 + u_t \tag{22.10.2}$$

Esse modelo sugere que a volatilidade no período atual está relacionada com a dos períodos passados p, de modo que o valor de p é uma questão empírica. Esta pode ser resolvida por um ou mais critérios de seleção de modelo que discutimos no Capítulo 13 (por exemplo, a medida de informação Akaike). Podemos testar a significância de qualquer coeficiente individual β pelo teste t e a significância coletiva de dois ou mais coeficientes pelo teste F habitual.

O modelo (22.10.1) é um exemplo de modelo **ARCH(1)** e a Equação (22.10.2) é chamada de modelo **ARCH(*p*)**, em que p representa o número de termos autorregressivos no modelo.

Antes de continuarmos, vamos ilustrar o modelo ARCH com os dados da taxa de câmbio dos Estados Unidos/Reino Unido. Os resultados do modelo ARCH(1) estão apresentados a seguir:

$$\begin{aligned} X_t^2 &= 0{,}00043 + 0{,}23036 X_{t-1}^2 \\ t &= (7{,}71) \qquad (4{,}97) \\ & \qquad R^2 = 0{,}0531 \qquad d = 1{,}9933 \end{aligned} \tag{22.10.3}$$

em que X_t^2 é como definimos antes.

Uma vez que o coeficiente do termo defasado é altamente significativo (o valor p é de aproximadamente 0,000), parece que a aglomeração de volatilidade está presente na instância em discussão. Tentamos os modelos ARCH de ordem mais elevada, mas apenas o modelo AR(1) mostrou-se significativo.

Como testaríamos o efeito ARCH em um modelo de regressão geral baseado em dados da série temporal? Para sermos mais específicos, consideremos o modelo de regressão linear de variável k:

$$Y_t = \beta_1 + \beta_2 X_{2t} + \cdots + \beta_k X_{kt} + u_t \tag{22.10.4}$$

(Continua)

[23] Você deve perguntar por que não utilizamos a variância de $X_t = \sum X_t^2/n$ como uma medida de volatilidade. O motivo é que queremos levar em conta a variação da volatilidade dos preços dos ativos ao longo do tempo. Se utilizarmos a variância de X_t, ela apenas será um valor único para determinado conjunto de dados.

EXEMPLO 22.1
(Continuação)

e admitamos que, *dependendo da informação disponível no tempo* $(t - 1)$, o termo de distúrbio é distribuído como

$$u_t \sim N\left[0, \left(\alpha_0 + \alpha_1 u_{t-1}^2\right)\right] \tag{22.10.5}$$

isto é, u_t é normalmente distribuído com média zero e

$$\text{var}(u_t) = \left(\alpha_0 + \alpha_1 u_{t-1}^2\right) \tag{22.10.6}$$

isto é, a variância de u_t segue um processo ARCH(1).

A normalidade de u_t não é novidade para nós. O novo é que a variância de u no período t é dependente do quadrado do distúrbio no tempo $(t - 1)$, o que dá aparência de correlação serial.[24] É claro que a variância do erro pode depender não apenas de um termo defasado do termo de erro quadrático, mas também de vários termos quadráticos defasados como se segue:

$$\text{var}(u_t) = \sigma_t^2 = \alpha_0 + \alpha_1 u_{t-1}^2 + \alpha_2 u_{t-2}^2 + \cdots + \alpha_p u_{t-p}^2 \tag{22.10.7}$$

Se não houver nenhuma autocorrelação na variância de erro, temos

$$H_0\colon \alpha_1 = \alpha_2 = \cdots = \alpha_p = 0 \tag{22.10.8}$$

caso em que var $(u_t) = \alpha_0$, e não temos o efeito ARCH.

Uma vez que não observamos diretamente σ_t^2, Engle mostrou que executar a seguinte regressão pode facilmente testar a hipótese nula precedente:

$$\hat{u}_t^2 = \hat{\alpha}_0 + \hat{\alpha}_1 \hat{u}_{t-1}^2 + \hat{\alpha}_2 \hat{u}_{t-2}^2 + \cdots + \hat{\alpha}_p \hat{u}_{t-p}^2 \tag{22.10.9}$$

em que $\hat{u}_t$, como de costume, denota os resíduos MQO obtidos com base no modelo de regressão original (22.10.4).

Pode-se testar a hipótese nula H_0 pelo teste F habitual ou, como alternativa, computando nR^2, em que R^2 é o coeficiente de determinação a partir da regressão auxiliar (22.10.9). Pode-se demonstrar que

$$nR_{\text{ass}}^2 \sim \chi_p^2 \tag{22.10.10}$$

isto é, em amostras grandes nR^2 segue a distribuição dos qui-quadrados com graus de liberdade igual ao número de termos autorregressivos na regressão auxiliar.

Antes de passarmos à ilustração, vamos nos assegurar de que você não confunda a autocorrelação do termo de erro como discutido no Capítulo 12 com o modelo ARCH. No modelo ARCH, é a variância (condicional) de u_t que depende dos termos de erro (quadráticos) prévios, dando assim a impressão de autocorrelação.

[24] Uma observação técnica: lembre-se de que, para o nosso modelo linear clássico, a variância de u_t foi admitida como σ^2, que, neste contexto, torna-se variância incondicional. Se $\alpha_1 < 1$, a condição de estabilidade, podemos escrever $\alpha^2 = \alpha_0 + \alpha_1\sigma^2$; ou seja, $\sigma^2 - \alpha_0/(1 - \alpha_1)$. Isso demonstra que a variância incondicional de u não depende de t, porém depende do parâmetro ARCH α_1.

EXEMPLO 22.2
Variações nos preços na bolsa de valores de Nova York

Como uma nova ilustração do efeito ARCH, a Figura 22.8 apresenta uma variação percentual mensal do índice da Nyse (*New York Stock Exchange* – Bolsa de Valores de Nova York) para o período entre 1966-2002.[25] É evidente, por meio deste gráfico, que as variações de preços percentuais no índice Nyse exibem considerável volatilidade. Perceba, principalmente, a ampla oscilação ao redor da queda nos preços das ações em 1987.

Para capturarmos a volatilidade no retorno de ações verificada na figura, consideremos um modelo muito simples:

$$Y_t = \beta_1 + u_t \tag{22.10.11}$$

em que $Y_t =$ variação percentual no índice NYSE e $u_t =$ termo de erro aleatório.

FIGURA 22.8
Variação percentual mensal no índice de preços da Nyse, 1966-2002.

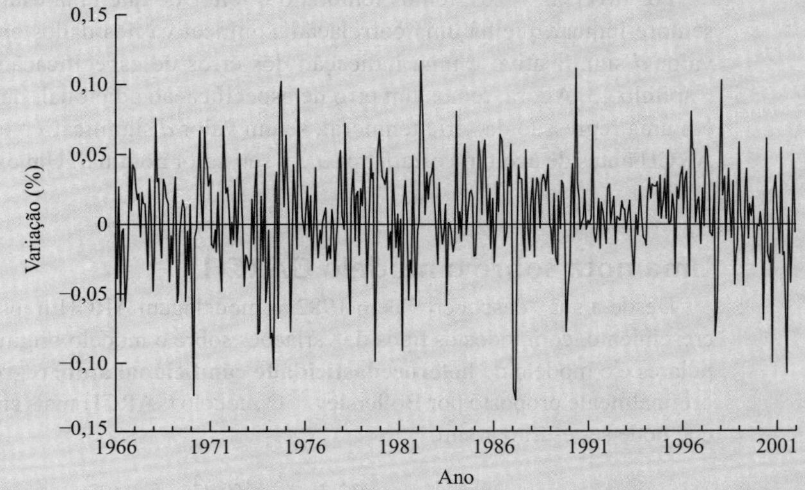

Observe que, além do intercepto, não há outra variável explanatória no modelo. Com base nos dados, obtivemos a seguinte regressão por MQO:

$$\begin{aligned} \hat{Y}_t &= 0{,}00574 \\ t &= (3{,}36) \\ d &= 1{,}4915 \end{aligned} \tag{22.10.12}$$

O que esse intercepto denota? Ele é simplesmente a taxa de retorno percentual média do índice Nyse, ou o valor médio de Y_t (você pode verificar isso?). Ao longo do período da amostra, o retorno mensal médio no índice Nyse foi de aproximadamente 0,00574%.

Agora obtemos os resíduos por meio da regressão anterior e estimamos o modelo ARCH(1), o que nos fornece os seguintes resultados:

$$\begin{aligned} \widehat{\hat{u}_t^2} &= 0{,}000007 + 0{,}25406\hat{u}_{t-1}^2 \\ t &= (0{,}000) \qquad (5{,}52) \\ & \qquad R^2 = 0{,}0645 \qquad d = 1{,}9464 \end{aligned} \tag{22.10.13}$$

em que $\hat{u}_t$ é o resíduo estimado por meio da regressão (22.10.12).

Uma vez que o termo de distúrbio quadrático defasado é estatisticamente significativo (valor p de aproximadamente 0,000), parece que as variâncias de erro são correlacionadas: há um efeito ARCH. Experimentamos modelos ARCH de ordens mais altas, mas apenas o ARCH(1) foi estatisticamente significativo.

[25] Esse gráfico e os resultados da regressão apresentados, no exemplo, são baseados nos dados coletados por KOOP, Gary. *Analysis of economic data.* Nova York: John Wiley e Sons, 2000 (dados do disco de dados). A variação percentual mensal no índice de preços de ações pode ser considerada uma taxa de retorno sobre o índice.

O que fazer se o ARCH estiver presente

Lembre-se de que discutimos vários métodos de correção de heterocedasticidade, que basicamente envolvia a aplicação dos MQO em dados transformados. Lembre-se de que os MQO aplicados a dados transformados são mínimos quadrados generalizados (MQG). Se o efeito ARCH for descoberto, teremos de utilizar os MQG. Não nos deteremos nos detalhes técnicos, já que estão além do objetivo deste livro.[26] Felizmente, os pacotes de *software* como o EViews, SHAZAM, MICROFIT e PC-GIVE agora possuem rotinas simplificadas para estimar tais modelos.

Uma palavra sobre o *d* Durbin–Watson e o efeito ARCH

Por diversas vezes, temos lembrado o leitor de que uma estatística *d* significativa pode nem sempre indicar que há uma correlação significativa nos dados em questão. Com frequência, um valor *d* significativo é uma indicação dos erros de especificação do modelo que discutimos no Capítulo 13. Agora, temos um erro de especificação adicional, devido ao efeito ARCH. Portanto, em uma regressão da série temporal, se um valor *d* significativo é obtido, devemos testar o efeito ARCH antes de aceitar a estatística *d* em seu valor nominal. Um exemplo é oferecido no Exercício 22.23.

Uma nota sobre o modelo GARCH

Desde a sua "descoberta", em 1982, a modelagem ARCH transformou-se em uma indústria em crescimento, com todos os tipos de variações sobre o modelo original. Uma das que se tornaram populares é o modelo de **heterocedasticidade condicional autorregressiva generalizada (GARCH)**, originalmente proposto por Bollerslev.[27] O modelo GARCH mais simples é o modelo GARCH(1, 1), que pode ser escrito assim:

$$\sigma_t^2 = \alpha_0 + \alpha_1 u_{t-1}^2 + \alpha_2 \sigma_{t-1}^2 \tag{22.10.14}$$

que informa que a variância condicional de u no período t depende não apenas do termo de erro quadrático no período de tempo anterior (como em ARCH[1]), mas também de sua variância condicional no período de tempo anterior. Esse modelo pode ser generalizado para um modelo GARCH(p, q) no qual há p termos defasados do termo de erro quadrático e q termos das variâncias condicionais defasadas.

Não prosseguiremos com os detalhes técnicos desses modelos, por serem complexos, mas salientamos apenas que um modelo GARCH(1, 1) é equivalente ao modelo ARCH(2) e um modelo GARCH(p, q) é equivalente a um modelo ARCH($p + q$).[28] Para nossos exemplos de taxa de câmbio dos Estados Unidos/Reino Unido e de retorno das ações da Nyse, já estabelecemos que um modelo ARCH(2) não era significativo, sugerindo que, talvez, um modelo GARCH(1, 1) não seja adequado nesses casos.

22.11 Exemplos finais

Concluímos este capítulo considerando uns poucos exemplos adicionais que ilustram alguns dos pontos abordados aqui.

---

[26] Consulte DAVIDSON, Russell; MACKINNON, James G. *Estimation and inference in econometrics.* Nova York: Oxford University Press, 1993, seção 16.4; e GREENE, William H. *Econometric analysis.* 4. ed. Englewood Cliffs, NJ: Prentice Hall, 2000, seção 18.5.

[27] BOLLERSLEV, T. "Generalized autoregressive conditional heteroscedasticity." *Journal of Econometrics,* 1986. v. 31, p. 307-326.

[28] Para mais detalhes, veja DAVIDSON e MACKINNON, op. cit., p. 558–560.

EXEMPLO 22.3

A relação entre o Índice das Condições do Mercado de Trabalho (HWI) e a Taxa de Desemprego (UN) de janeiro de 1969 a janeiro de 2000

Para estudar a causalidade entre HWI e UN, dois indicadores das condições do mercado de trabalho nos Estados Unidos, Marc A. Giammatteo levou em conta o seguinte modelo de regressão:[29]

$$HWI_t = \alpha_0 + \sum_{i=1}^{25} \alpha_i UN_{t-i} + \sum_{j}^{25} \beta_j HWI_{t-j} \tag{22.11.1}$$

$$UN_t = \alpha_0 + \sum_{i=1}^{25} \lambda_i UN_{t-i} + \sum_{j=1}^{25} \delta_j HWI_{t-j} \tag{22.11.2}$$

Para economizar espaço, não apresentaremos os resultados da regressão real, porém a principal conclusão que surge desse estudo é a causalidade bilateral entre os dois indicadores de mercado de trabalho e essa conclusão não se modificou quando da variação da extensão da defasagem. Os dados HWI e UN são fornecidos no *website* do livro, conforme a Tabela 22.5.

EXEMPLO 22.4

Modelagem ARIMA da taxa de câmbio iene/dólar: de janeiro de 1971 a abril de 2008

A taxa de câmbio iene/dólar (¥/$) é fundamental. Por meio dos logaritmos da taxa ¥/$ mensal, descobriu-se que, em nível, ela mostrava um padrão típico de uma série temporal não estacionária. Contudo, examinando as suas primeiras diferenças, descobriu-se que eram estacionárias: o gráfico aqui apresentado é muito semelhante ao da Figura 22.8.

A análise da raiz unitária confirmou que as primeiras diferenças dos logs de ¥/$ eram estacionárias. Após examinarmos o correlograma do log das primeiras diferenças, estimamos o seguinte modelo AR(1):

$$\begin{aligned} \hat{Y}_t &= -\,0{,}0028 - 0{,}3300u_{t-1} \\ t &= (-1{,}71) \quad (-7{,}32) \\ & \qquad R^2 = 0{,}1012 \qquad d = 1{,}9808 \end{aligned} \tag{22.11.3}$$

em que $Y_t =$ primeiras diferenças dos logs de ¥/$ e $u =$ um termo de erro de ruído branco.

Para pouparmos espaço, fornecemos os dados subjacentes à análise anterior no site do livro, na Tabela 22.6. Utilizando esses dados, o leitor é levado a tentar outros modelos e comparar seus desempenhos de previsão.

EXEMPLO 22.5

Modelo ARCH da taxa de inflação norte-americana: de janeiro de 1947 a março de 2008

Para verificarmos se o efeito ARCH está presente na taxa de inflação norte-americana, como mensurada pelo IPC (Índice de Preços ao Consumidor), obtivemos os dados do IPC do período entre janeiro de 1947 a março de 2008. O gráfico dos logaritmos do IPC demonstrou que a série temporal era não estacionária. Porém, o gráfico das primeiras diferenças dos logs do IPC, como mostra a Figura 22.9, demonstra considerável volatilidade, muito embora as diferenças sejam estacionárias.

Seguindo o procedimento delineado nas regressões (22.10.12) e (22.10.13), primeiramente fizemos a regressão dos logs das primeiras diferenças do IPC sobre uma constante e obtivemos resíduos por meio dessa equação. Elevando os resíduos ao quadrado, obtivemos o seguinte modelo ARCH(2):

$$\begin{aligned} \widehat{\hat{u}_t^2} &= 0{,}000028 + 0{,}12125\hat{u}_{t-1}^2 + 0{,}08718\hat{u}_{t-2}^2 \\ t &= (5{,}42) \qquad (3{,}34) \qquad (2{,}41) \\ & \qquad R^2 = 0{,}026 \qquad d = 2{,}0214 \end{aligned} \tag{22.11.4}$$

(*Continua*)

[29] GIAMMATTEO, Marc A. (West Point, Class of 2000), "The relationship between the help wanted index and the unemployment rate." Artigo de conclusão de curso não publicado. (Notações alteradas para adaptarem-se às nossas.)

EXEMPLO 22.5
(*Continuação*)

FIGURA 22.9
Primeiras diferenças.

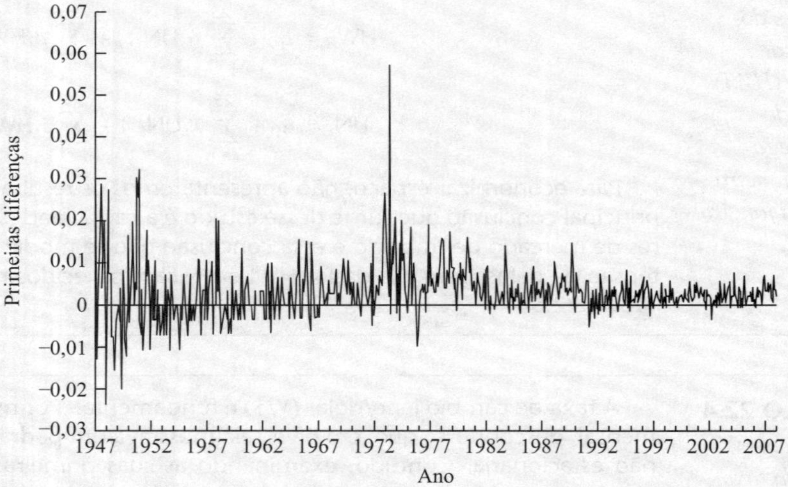

Como se pode ver, há muita persistência na volatilidade, na medida em que a volatilidade no mês corrente depende da volatilidade nos 2 meses anteriores. Aconselhamos o leitor a obter os dados do IPC das fontes governamentais e tentar verificar se outro modelo, preferencialmente um modelo GARCH, funciona melhor.

Resumo e conclusões

1. As abordagens Box-Jenkins e VAR à previsão econômica são alternativas aos modelos de equação simultânea e única.
2. Para prever os valores de uma série temporal, a estratégia Box-Jenkins básica é a seguinte:
   a. Primeiro, examine a série para a estacionariedade. Este passo pode ser feito ao calcular a função de correlação amostral (ACF) e a função de correlação parcial amostral (PACF) ou fazendo uma análise de raiz unitária. Os correlogramas associados com ACF e PACF são frequentemente boas ferramentas de diagnóstico visual.
   b. Se a série temporal for não estacionária, execute a diferenciação uma ou mais vezes até atingir a estacionariedade.
   c. *As* ACF e PACF da série temporal são, então, calculadas para descobrir se a série é puramente autorregressiva ou puramente do tipo de média móvel ou uma mistura das duas. Por meio das diretrizes gerais dadas na Tabela 22.1, pode-se determinar os valores de p e q no processo ARMA a ser ajustado. Nesse estágio, o modelo escolhido ARMA(p, q) é experimental.
   d. O modelo experimental é, então, estimado.
   e. Os resíduos desse modelo experimental são examinados para descobrir se são de ruído branco. Se forem, o modelo experimental será provavelmente uma boa aproximação ao processo estocástico subjacente. Se não forem, o processo será novamente iniciado. Portanto, o método Box-Jenkins é iterativo.
   f. Agora, o modelo selecionado pode ser utilizado para a previsão.
3. A abordagem VAR para a previsão considera várias séries temporais isoladamente. As características distintivas do VAR são as seguintes:
   a. É um sistema verdadeiramente simultâneo no qual todas as variáveis são consideradas endógenas.
   b. Na modelagem VAR, o valor de uma variável é expresso como uma função linear dos valores do passado ou defasados daquela variável e todas as variáveis incluídas no modelo.

c. Se cada equação contém o mesmo número de variáveis defasadas no sistema, ela pode ser estimada pelos MQO sem lançar mão de qualquer método de sistemas, como os mínimos quadrados de dois estágios (MQ2E) ou regressões aparentemente não relacionadas (SURE).

d. A simplicidade da modelagem VAR pode ser sua desvantagem. Em vista do número limitado de observações que, geralmente, estão disponíveis na maioria das análises econômicas, a introdução de várias defasagens pode consumir vários graus de liberdade.[30]

e. Se há várias defasagens em cada equação, nem sempre é fácil interpretar cada coeficiente, principalmente se os sinais dos coeficientes alternam-se. Por isso, examina-se a função de resposta a impulso (IRF) na modelagem VAR para descobrir como a variável dependente responde ao choque administrado a uma ou mais equações no sistema.

f. Há consideráveis debates e controvérsias acerca da superioridade dos vários métodos de previsão. Os métodos de previsão uniequacional, de equações simultâneas, Box-Jenkins e VAR contam com seus defensores, bem como com seus detratores. Tudo o que se pode dizer é que não há um único método que se ajuste a todas as situações. Se esse fosse o caso, não haveria necessidade de discutir as várias alternativas. Uma coisa é certa: as metodologias Box-Jenkins e VAR tornaram-se parte integrante da econometria.

4. Consideramos também, neste capítulo, uma classe especial de modelos, ARCH e GARCH, que são especialmente úteis na análise das séries temporais financeiras, como os preços das ações, as taxas de inflação e as taxas de câmbio. Uma característica distintiva desses modelos é que a variância de erro pode ser correlacionada ao longo do tempo devido ao fenômeno da aglomeração por volatilidade. A esse respeito, apontamos que, em muitos casos, um *d* de Durbin-Waton significativo pode, de fato, dever-se ao efeito ARCH ou GARCH.
5. Há variantes dos modelos ARCH e GARCH, mas não os consideramos neste capítulo em função das limitações de espaço. Alguns desses outros modelos são: **GARCH-M** (GARCH na média), **TGARCH** (limiar do GARCH) e **EGARCH** (GARCH exponencial). Uma discussão sobre esses modelos pode ser encontrada nas referências.[31]

EXERCÍCIOS

22.1. Quais os principais métodos de previsão econômica?

22.2. Quais as principais diferenças entre as abordagens de equações simultâneas e Box-Jenkins para a previsão econômica?

22.3. Estabeleça os principais passos envolvidos na aplicação da abordagem Box-Jenkins para a previsão.

22.4. O que ocorre se as técnicas Box-Jenkins são aplicadas às séries temporais estacionárias?

22.5. Quais as diferenças entre as abordagens Box-Jenkins e VAR para a previsão econômica?

22.6. Em que sentido o VAR é ateórico?

22.7. "Se o objeto primário é a previsão, o VAR fará o trabalho." Avalie criticamente essa afirmação.

22.8. Posto que o número de defasagens a ser introduzido em um modelo VAR pode ser uma questão subjetiva, como se pode decidir quantas defasagens introduzir em uma aplicação concreta?

22.9. Comente esta afirmação: "Box-Jenkins e VAR são exemplos primordiais de mensuração sem teoria".

22.10. Qual a conexão, se houver alguma, entre os testes de causalidade de Granger e a modelagem VAR?

[30] Seguidores da estatística bayesiana creem que esse problema pode ser minimizado. Veja LITTERMAN, R. "A statistical approach to economic forecasting." *Journal of Business and Economic Statistics,* 1986. v. 4, p. 1-4.

[31] Veja ENDERS, Walter. *Applied econometric time series.* 2. ed. Nova York: John Wiley e Sons, 2004. Para uma discussão de aplicação orientada, veja ASTERIOU, Dimitrios; HALL, Stephen. *Applied econometrics: a modern approach.* ed. ver. Nova York: Palgrave/Macmillan, 2007. cap. 14.

Exercícios aplicados

22.11. Considere os dados de RPD (renda real pessoal disponível) introduzidos na Seção 21.1 (veja o site do livro para os dados reais). Suponha que você queira ajustar um modelo ARIMA apropriado a esses dados. Delineie os passos envolvidos para que se realize essa tarefa.

22.12. Repita o Exercício 22.11 para os dados DCP (despesas de consumo pessoal reais) introduzidos na Seção 21.1 (veja o site do livro para os dados reais).

22.13. Repita o Exercício 22.11 para o LLC.

22.14. Repita o Exercício 22.11 para o LDividendo.

22.15. Na Seção 13.9, apresentamos a você o critério de Informação Schwarz (SIC) para determinar o comprimento da defasagem. Como você utilizaria esse critério para determinar o comprimento de defasagem adequado em um modelo VAR?

22.16. Utilizando os dados de RPD e DCP introduzidos na Seção 21.1 (veja o site do livro para os dados reais), desenvolva um modelo VAR bivariado para o período 1970-I a 2006-IV. Use esse modelo para prever os valores dessas variáveis para os quatro trimestres de 2007 e compare os valores da previsão com os valores reais fornecidos no conjunto de dados.

22.17. Repita o Exercício 22.16, utilizando os dados sobre o LDividendo e o LLC.

*22.18. Use qualquer pacote estatístico e estime a função de resposta a impulso para um período de até 8 defasagens para o modelo VAR que você desenvolveu no Exercício 22.16.

22.19. Repita o Exercício 22.18 para o modelo VAR que você desenvolveu no Exercício 22.17.

22.20. Use os resultados da regressão VAR fornecidos na Tabela 22.4. Com base em vários testes *F* relatados nas três regressões fornecidas na tabela citada, o que você pode dizer sobre a natureza da causalidade nas três variáveis?

22.21. Prosseguindo com o Exercício 20.20, você pode adivinhar por que os autores escolheram expressar as três variáveis no modelo no formato de variações, em vez de utilizarem os níveis dessas variáveis? (*Dica:* estacionariedade.)

22.22. Utilizando os dados canadenses fornecidos na Tabela 17.5, descubra se M_1 e R são variáveis aleatórias estacionárias. Se não são, seriam elas cointegradas? Apresente os cálculos necessários.

22.23. Continue com os dados da Tabela 17.5. Agora, considere o seguinte modelo simples de demanda de moeda no Canadá:

$$\ln M_{1t} = \beta_1 + \beta_2 \ln \text{GDP}_t + \beta_3 \ln R_t + u_t$$

a. Como você interpretaria os parâmetros deste modelo?

b. Obtenha os resíduos por meio deste modelo e descubra se há algum efeito ARCH.

22.24. Use o modelo ARCH(2) fornecido na Equação (22.11.4). Utilizando os mesmos dados, estimamos o seguinte modelo ARCH(1):

$$\begin{aligned} \widehat{\hat{u}_t^2} &= 0{,}00000078 + \quad 0{,}3737\hat{u}_{t-1}^2 \\ t &= (7{,}5843) \qquad\quad (10{,}2351) \\ & \qquad\qquad R^2 = 0{,}1397 \qquad d = 1{,}9896 \end{aligned}$$

Como você escolheria entre os dois modelos? Apresente os cálculos necessários.

22.25. A Tabela 22.7 fornece os dados das taxas das Letras do Tesouro de três meses e de seis meses a partir de 1º de janeiro de 1982 a março de 2008, por um total de 315 observações mensais. Os dados podem ser encontrados no site do livro-texto.

a. Represente as duas séries temporais no mesmo diagrama. O que você vê?

---

* Opcional.

b. Faça uma análise formal da raiz unitária para descobrir se essas séries temporais são estacionárias.

c. As duas séries temporais são cointegradas? Como você sabe disso? Apresente os cálculos necessários.

d. Qual o significado econômico de *cointegração* neste contexto? Se as duas séries temporais não são cointegradas, quais as implicações econômicas?

e. Se você quiser estimar um modelo VAR, por exemplo, com quatro defasagens de cada variável, teria de utilizar as primeiras diferenças das duas séries ou poderia fazer a análise em níveis das duas séries? Justifique sua resposta.

22.26. *Exercício em classe*. Escolha um índice de mercado de ações e obtenha dados *diários* do valor do índice escolhido por cinco anos para descobrir se o índice de ações é caracterizado pelos efeitos ARCH.

22.27. *Exercício em classe*. Colete dados sobre a inflação e sobre as taxas de desemprego norte-americanas para os períodos trimestrais em 1980-2007, desenvolva e estime o modelo VAR para as duas variáveis. Para calcular a taxa de inflação, utilize o IPC (índice de preços ao consumidor) e use a taxa de desemprego civil para calcular a taxa de desemprego. Preste muita atenção à estacionariedade dessas variáveis. Além disso, descubra se uma variável Granger causa a outra variável. Apresente todos os seus cálculos.

Apêndice A

Revisão de alguns conceitos estatísticos

Este apêndice fornece uma introdução bem resumida de alguns dos conceitos estatísticos encontrados no texto. A discusão não é rigorosa e nenhuma prova é fornecida, porque um grande número de livros excelentes sobre estatística faz muito bem esse trabalho. Algumas dessas obras estão listadas no final deste apêndice.

A.1 Operadores somatório e de produto

A letra maiúscula grega $\sum$ (sigma) é utilizada para indicar somatório. Assim,

$$\sum_{i=1}^{n} x_i = x_1 + x_2 + \cdots + x_n$$

Algumas das propriedades importantes do operador somatório são:

1. $\sum_{i=1}^{n} k = nk$, em que k é constante. Assim, $\sum_{i=1}^{4} 3 = 4 \cdot 3 = 12$.
2. $\sum_{i=1}^{n} kx_i = k\sum_{i=1}^{n} x_i$, em que k é uma constante.
3. $\sum_{i=1}^{n}(a + bx_i) = na + b\sum_{i=1}^{n} x_i$, em que a e b são constantes e aplicam-se as propriedades 1 e 2 anteriores.
4. $\sum_{i=1}^{n}(x_i + y_i) = \sum_{i=1}^{n} x_i + \sum_{i=1}^{n} y_i$.

O operador somatório também pode ser estendido às somas múltiplas. Assim, $\sum\sum$, o operador duplo somatório, é definido como:

$$\begin{aligned}\sum_{i=1}^{n}\sum_{j=1}^{m} x_{ij} &= \sum_{i=1}^{n}(x_{i1} + x_{i2} + \cdots + x_{im}) \\ &= (x_{11} + x_{21} + \cdots + x_{n1}) + (x_{12} + x_{22} + \cdots + x_{n2}) \\ &\quad + \cdots + (x_{1m} + x_{2m} + \cdots + x_{nm})\end{aligned}$$

Algumas das propriedades de $\sum\sum$ são:

1. $\sum_{i=1}^{n}\sum_{j=1}^{m} x_{ij} = \sum_{j=1}^{m}\sum_{i=1}^{n} x_{ij}$; a ordem, na qual o duplo somatório é executada, é permutável.

2. $\sum_{i=1}^{n}\sum_{j=1}^{m} x_i y_j = \sum_{i=1}^{n} x_i \sum_{j=1}^{m} y_j$.

3. $\sum_{i=1}^{n}\sum_{j=1}^{m}(x_{ij} + y_{ij}) = \sum_{i=1}^{n}\sum_{j=1}^{m}x_{ij} + \sum_{i=1}^{n}\sum_{j=1}^{m}y_{ij}$.

4. $\left[\sum_{i=1}^{n}x_i\right]^2 = \sum_{i=1}^{n}x_i^2 + 2\sum_{i=1}^{n-1}\sum_{j=i+1}^{n}x_ix_j = \sum_{i=1}^{n}x_i^2 + 2\sum_{i<j}x_ix_j$.

O operador produto é definido como

$$\prod_{i=1}^{n} x_i = x_1 \cdot x_2 \cdots x_n$$

Assim,

$$\prod_{i=1}^{3} x_i = x_1 \cdot x_2 \cdot x_3$$

A.2 Espaço amostral, pontos amostrais e eventos

O conjunto de todos os resultados possíveis de um experimento aleatório, ou ao acaso, é chamado **população**, ou **espaço amostral**, e cada membro desse espaço amostral é chamado de **ponto amostral**. No experimento de lançar duas moedas, o espaço amostral consiste nesses possíveis quatro resultados: *HH, HT, TH* e *TT*, em que *HH* significa cara no primeiro lançamento e coroa no segundo e assim por diante. Cada uma das ocorrências anteriores constitui um ponto amostral.

Um **evento** é um subconjunto do espaço amostral. Se denotarmos *A* a ocorrência de uma cara e de uma coroa, então, dos possíveis resultados anteriores, apenas dois pertencem a A, ou seja, *HT* e *TH*. Nesse caso, *A* constitui um evento. Da mesma maneira, a ocorrência de duas caras em um lançamento de duas moedas é um evento. Diz-se que eventos são **mutuamente exclusivos** se a ocorrência de um eliminar a ocorrência do outro. Se, no exemplo anterior, ocorre *HH*, a ocorrência do evento *HT* ao mesmo tempo não é possível. Diz-se que eventos são (coletivamente) **exaustivos** se exaurem todas os possíveis resultados de um experimento. No exemplo, os eventos (a) duas caras, (b) duas coroas e (c) uma coroa, uma cara exaure todos os resultados; daí eles serem eventos (coletivamente) exaustivos.

A.3 Probabilidade e variáveis aleatórias

Probabilidade

Seja *A* um evento em um espaço amostral. Por $P(A)$, a probabilidade do evento *A*, entendemos a proporção de vezes que o evento *A* ocorrerá em repetidas tentativas de um experimento. Como alternativa, em um total de *n* possíveis resultados igualmente prováveis de um experimento, se *m* deles são favoráveis à ocorrência do evento *A*, definimos a razão *m/n* como a **frequência relativa** de *A*. Para valores maiores de *n*, essa frequência relativa fornecerá uma aproximação bastante boa da probabilidade de *A*.

Propriedades da probabilidade

$P(A)$ é uma função de valor real[1] e possui essas propriedades:

1. $0 \leq P(A) \leq 1$ para cada *A*.
2. Se *A*, *B*, *C*, . . . constituem um conjunto exaustivo de eventos, $P(A + B + C + \cdots) = 1$, em que $A + B + C$ significa *A* ou *B* ou *C* e assim por diante.

[1] Uma função cujo domínio e alcance são subconjuntos de números reais é comumente referida como função de valor real. Para mais detalhes, veja CHIANG, Alpha C. *Fundamental methods of mathematical economics.* 3. ed. Nova York: McGraw-Hill, 1984. cap. 2.

3. Se $A, B, C, \ldots$ são eventos mutuamente exclusivos,

$$P(A + B + C + \cdots) = P(A) + P(B) + P(C) + \cdots$$

EXEMPLO 1

Considere o experimento de lançar um dado numerado de 1 a 6. O espaço amostral consiste nos resultados 1, 2, 3, 4, 5 e 6. Os seis eventos, portanto, exaurem totalmente o espaço amostral. A probabilidade de qualquer um desses números aparecer é de 1/6, uma vez que há seis resultados igualmente prováveis e qualquer um deles possui uma chance igual de acontecer. Na medida em que 1, 2, 3, 4, 5 e 6 formam um conjunto exaustivo de eventos, $P(1 + 2 + 3 + 4 + 5 + 6) = 1$ em que 1, 2, 3... indica a probabilidade do número 1 ou do número 2 ou do número 3 etc. E, na medida em que 1, 2, ..., 6 são eventos mutuamente exclusivos no sentido de que dois números não podem ocorrer simultaneamente, $P(1 + 2 + 3 + 4 + 5 + 6) = P(1) + P(2) + \cdots + P(6) = 1$.

Variáveis aleatórias

Uma variável cujo valor é determinado pelo resultado de um experimento aleatório é chamada de **variável aleatória**. As variáveis aleatórias são normalmente denotadas pelas letras maiúsculas X, Y, Z etc., e os valores assumidos por elas são indicados pelas letras minúsculas x, y, z etc.

Uma variável aleatória pode ser tanto **discreta** como **contínua**. Uma variável aleatória discreta pode assumir apenas um número finito (ou infinito enumerável) de valores.[2] Por exemplo, ao lançarmos dois dados, cada um com números de 1 a 6, se definirmos a variável aleatória X como a soma dos números mostrados nos dois dados, X terá um desses valores: 2, 3, 4, 5, 6, 7, 8, 9, 10, 11 ou 12. Portanto, é uma variável aleatória discreta. Uma variável aleatória contínua, por outro lado, é aquela que pode assumir qualquer valor em algum intervalo dos valores. A altura de um indivíduo é uma variável contínua — em uma amplitude de, por exemplo, 60 a 65 polegadas, ele pode ter qualquer valor, dependendo da precisão da medição.

A.4 Função de densidade de probabilidade (FDP)

Função de densidade de probabilidade de uma variável aleatória discreta

Seja X uma variável aleatória discreta que toma valores distintos $x_1, x_2, \ldots, x_n, \ldots$ Então, a função

$$\begin{aligned} f(x) &= P(X = x_i) \quad \text{para } i = 1, 2, \ldots, n, \ldots \\ &= 0 \quad \text{para } x \neq x_i \end{aligned}$$

é chamada **função de densidade de probabilidade discreta** (FDP) de X, em que $P(X = x_i)$ significa a probabilidade de que a variável aleatória discreta X tome o valor de x_i.

EXEMPLO 2

Ao lançarem dois dados, a variável aleatória X, a soma dos números apresentados nos dois dados, pode assumir um dos 11 valores exibidos. A FDP dessa variável pode ser representada como se segue (Veja também a Figura A.1):

$$\begin{array}{lccccccccccc} x = & 2 & 3 & 4 & 5 & 6 & 7 & 8 & 9 & 10 & 11 & 12 \\ f(x) = & \left(\frac{1}{36}\right) & \left(\frac{2}{36}\right) & \left(\frac{3}{36}\right) & \left(\frac{4}{36}\right) & \left(\frac{5}{36}\right) & \left(\frac{6}{36}\right) & \left(\frac{5}{36}\right) & \left(\frac{4}{36}\right) & \left(\frac{3}{36}\right) & \left(\frac{2}{36}\right) & \left(\frac{1}{36}\right) \end{array}$$

(Continua)

[2] Para uma discussão simples da noção de conjuntos infinitos enumeráveis, veja ALLEN, R. G. D. *Basic mathematics*. Londres: Macmillan, 1964. p. 104.

EXEMPLO 2
(*Continuação*)

Essas probabilidades podem ser facilmente verificadas. Em todas, há 36 resultados possíveis, dos quais um é favorável ao número 2, dois são favoráveis ao número 3 (uma vez que a soma 3 pode ocorrer tanto no caso de 1 no primeiro dado, como com 2 no segundo dado ou com 2 no primeiro dado e 1 no segundo dado), e assim por diante.

FIGURA A.1 Função de densidade da variável aleatória discreta do Exemplo 2.

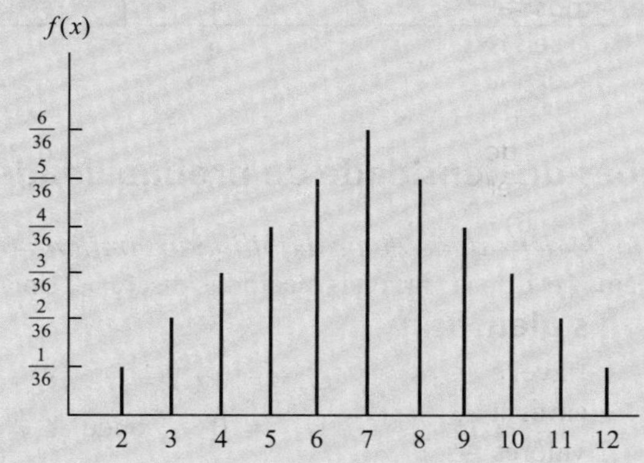

Função de densidade de probabilidade de uma variável aleatória contínua

Seja X uma variável aleatória contínua. Então, $f(x)$ será a função de densidade de probabilidade de X se as seguintes condições forem satisfeitas:

$$f(x) \geq 0$$

$$\int_{-\infty}^{\infty} f(x)\,dx = 1$$

$$\int_{a}^{b} f(x)\,dx = P(a \leq x \leq b)$$

em que $f(x)\,dx$ é conhecido como o *elemento da probabilidade* (a probabilidade associada a um pequeno intervalo de uma variável contínua) e $P(a \leq x \leq b)$ indica a probabilidade de que X situe-se no intervalo entre a e b. Geometricamente, temos a Figura A.2.

Para uma variável aleatória contínua, em contraste com uma variável aleatória discreta, a probabilidade de que X assuma um valor específico é zero;[3] a probabilidade de tal variável é mensurada apenas para uma dada amplitude, ou intervalo, tal como (a, b), representado na Figura A.2.

EXEMPLO 3

Considere a seguinte função de densidade:

$$f(x) = \frac{1}{9}x^2 \qquad 0 \leq x \leq 3$$

Pode ser prontamente verificado que $f(x) \geq 0$ para todos os x no intervalo de 0 a 3 e que $\int_0^3 \frac{1}{9}x^2 dx = 1$. (*Nota:* a integral é $(\frac{1}{27}x^3 |_0^3) = 1$.) Se quisermos avaliar a função de densidade de probabilidade anterior entre, por exemplo, 0 e 1, obtemos $\int_0^1 \frac{1}{9}x^2 dx = (\frac{1}{27}x^3 |_0^1) = \frac{1}{27}$; ou seja, a probabilidade de que x situa-se entre 0 e 1 é 1/27.

[3] $\int_a^a f(x)\,dx = 0$.

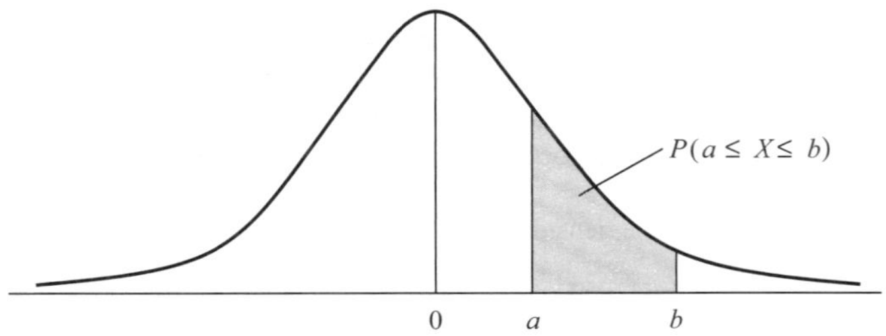

FIGURA A.2
Função de densidade de uma variável aleatória contínua.

Funções de densidade de probabilidade conjunta

Função de densidade de probabilidade conjunta discreta

Sejam X e Y duas variáveis aleatórias discretas. Então, a função

$$\begin{aligned} f(x, y) &= P(X = x \text{ e } Y = y) \\ &= 0 \qquad \text{onde } X \neq x \text{ e } Y \neq y \end{aligned}$$

é conhecida como **função de densidade de probabilidade conjunta discreta** e fornece a probabilidade (conjunta) de que X tome o valor de x e Y tome o valor de y.

EXEMPLO 4 A seguinte tabela oferece a função de densidade de probabilidade conjunta das variáveis discretas X e Y:

		X			
		−2	0	2	3
Y	3	0,27	0,08	0,16	0
	6	0	0,04	0,10	0,35

Essa tabela mostra que a probabilidade de que X tome o valor de −2 enquanto Y simultaneamente assume o valor de 3 é de 0,27 e que a probabilidade de que X toma o valor de 3 enquanto Y toma o valor de 6 é de 0,35 e assim por diante.

Função de densidade de probabilidade marginal

Em relação a $f(x, y)$, $f(x)$ e $f(y)$ são chamadas de funções de densidade **individual** ou **marginal**, as funções de densidade de probabilidade. Essas funções de densidade de probabilidade marginais são derivadas como se segue:

$$f(x) = \sum_y f(x, y) \qquad \text{FDP marginal de } X$$

$$f(y) = \sum_x f(x, y) \qquad \text{FDP marginal de } Y$$

em que, por exemplo, $\sum_y$ significa a soma de todos os valores de Y e $\sum_x$, a soma de todos os valores de X.

EXEMPLO 5 Considere os dados fornecidos no Exemplo 4. A função de densidade de probabilidade marginal é obtida como se segue:

$$f(x = -2) = \sum_y f(x, y) = 0{,}27 + 0 = 0{,}27$$

$$f(x = 0) = \sum_y f(x, y) = 0{,}08 + 0{,}04 = 0{,}12$$

$$f(x = 2) = \sum_y f(x, y) = 0{,}16 + 0{,}10 = 0{,}26$$

$$f(x = 3) = \sum_y f(x, y) = 0 + 0{,}35 = 0{,}35$$

De forma semelhante, a função de densidade de probabilidade marginal de Y é obtida como:

$$f(y = 3) = \sum_x f(x, y) = 0{,}27 + 0{,}08 + 0{,}16 + 0 = 0{,}51$$

$$f(y = 6) = \sum_x f(x, y) = 0 + 0{,}04 + 0{,}10 + 0{,}35 = 0{,}49$$

Como esse exemplo demonstra, para obter uma função de densidade de probabilidade marginal de X, adicionamos os números da coluna, e, para obter a função de densidade de probabilidade marginal de Y, adicionamos os números das linhas. Perceba que $\sum_x f(x)$ que cobre todos os valores de X é 1, assim como $\sum_y f(y)$ que cobre todos os valores de Y (por quê?).

Função de densidade de probabilidade condicional

Como observado no Capítulo 2, na análise de regressão, frequentemente estamos interessados no estudo do comportamento de uma variável condicional com relação ao(s) valor(es) de outra(s) variável(is). Isso pode ser feito considerando a função de densidade de probabilidade condicional. A função

$$f(x \mid y) = P(X = x \mid Y = y)$$

é conhecida como **função de densidade de probabilidade condicional** de X; ela apresenta a probabilidade de que X assuma o valor de x posto que Y assumiu o valor de y. De forma semelhante,

$$f(y \mid x) = P(Y = y \mid X = x)$$

que apresenta a *FDP condicional de Y*.

As funções de densidade de probabilidade condicionais podem ser obtidas como se segue:

$$f(x \mid y) = \frac{f(x, y)}{f(y)} \qquad \text{FDP condicional de } X$$

$$f(y \mid x) = \frac{f(x, y)}{f(x)} \qquad \text{FDP condicional de } Y$$

Como as expressões anteriores demonstram, a função de densidade de probabilidade condicional de uma variável pode ser expressa como a razão da função de densidade de probabilidade conjunta à função de densidade de probabilidade marginal de outra variável (condicionante).

EXEMPLO 6 Continuando com os Exemplos 4 e 5, calculemos as seguintes probabilidades condicionais:

$$f(X = -2 \mid Y = 3) = \frac{f(X = -2, Y = 3)}{f(Y = 3)} = 0{,}27/0{,}51 = 0{,}53$$

Perceba que a probabilidade incondicional $f(X = -2)$ é 0,27, mas se Y assumiu o valor de 3, a probabilidade de que X tome o valor de -2 é de 0,53.

$$f(X = 2 \mid Y = 6) = \frac{f(X = 2, Y = 6)}{f(Y = 6)} = 0{,}10/0{,}49 = 0{,}20$$

Novamente, note que a probabilidade incondicional de que X tome o valor de 2 é de 0,26, o que é diferente de 0,20, que é o seu valor se Y assume o valor de 6.

Independência estatística

As duas variáveis aleatórias X e Y são estatisticamente independentes se, e somente se,

$$f(x, y) = f(x)f(y)$$

ou seja, se a função de densidade de probabilidade conjunta puder ser expressa como o produto das funções de densidade de probabilidade marginais.

EXEMPLO 7 Uma bolsa contém três bolas numeradas 1, 2 e 3. Duas bolas são retiradas aleatoriamente, com reposição, dessa bolsa (a primeira bola retirada é recolocada antes que a segunda seja retirada). Seja X o número da primeira bola retirada e Y o número da segunda bola retirada. A seguinte tabela apresenta a FDP conjunta de X e Y.

		X		
		1	**2**	**3**
	1	$\frac{1}{9}$	$\frac{1}{9}$	$\frac{1}{9}$
Y	**2**	$\frac{1}{9}$	$\frac{1}{9}$	$\frac{1}{9}$
	3	$\frac{1}{9}$	$\frac{1}{9}$	$\frac{1}{9}$

Agora, $f(X = 1, Y = 1) = \frac{1}{9}$, $f(X = 1) = \frac{1}{3}$ (obtido pela soma da primeira coluna) e $f(y = 1) = \frac{1}{3}$ (obtido pela soma da primeira linha). Uma vez que $f(X, Y) = f(X)f(Y)$ neste exemplo, podemos dizer que as duas variáveis são estatisticamente independentes. Pode ser facilmente verificado que, para qualquer outra combinação de valores X e Y dados nessa tabela, a função de densidade de probabilidade conjunta pode ser representada como o produto das funções de densidade de probabilidade individuais.

Pode-se demonstrar que as variáveis X e Y do Exemplo 4 não são estatisticamente independentes, na medida em que o produto das duas funções de densidade de probabilidade marginal não é igual à função de densidade de probabilidade conjunta. (*Nota:* $f(X, Y) = f(X)f(Y)$ deve ser verdadeiro para todas as combinações de X e Y para que as duas variáveis sejam estatisticamente independentes).

Função de densidade de probabilidade conjunta contínua

A função de densidade de probabilidade $f(x, y)$ de duas variáveis contínuas X e Y é tal que

$$f(x, y) \geq 0$$

$$\int_{-\infty}^{\infty}\int_{-\infty}^{\infty} f(x, y)\,dx\,dy = 1$$

$$\int_{c}^{d}\int_{a}^{b} f(x, y)\,dx\,dy = P(a \leq x \leq b, c \leq y \leq d)$$

EXEMPLO 8 Considere a seguinte função de densidade de probabilidade

$$f(x, y) = 2 - x - y \qquad 0 \leq x \leq 1; 0 \leq y \leq 1$$

É óbvio que $f(x, y) \geq 0$. Além do mais[4],

$$\int_0^1\int_0^1 (2 - x - y)\,dx\,dy = 1$$

A função de densidade de probabilidade marginal de X e Y pode ser obtida como

$$f(x) = \int_{-\infty}^{\infty} f(x, y)\,dy \qquad \text{FDP marginal de } X$$

$$f(y) = \int_{-\infty}^{\infty} f(x, y)\,dx \qquad \text{FDP marginal de } Y$$

EXEMPLO 9 As duas funções de densidade de probabilidade marginais da função de densidade de probabilidade conjunta dadas no Exemplo 8 são as seguintes:

$$f(x) = \int_0^1 f(x, y)dy = \int_0^1 (2 - x - y)dy$$

$$\left(2y - xy - \frac{y^2}{2}\right)\Bigg|_0^1 = \frac{3}{2} - x \qquad 0 \leq x \leq 1$$

(*Continua*)

4

$$\int_0^1\left[\int_0^1 (2 - x - y)\,dx\right]dy = \int_0^1\left[\left(2x - \frac{x^2}{2} - xy\right)\Bigg|_0^1\right]dy$$

$$= \int_0^1\left(\frac{3}{2} - y\right)dy$$

$$= \left(\frac{3}{2}y - \frac{y^2}{2}\right)\Bigg|_0^1 = 1$$

A expressão $(\frac{3}{2}y - y^2)2)|_0^1$ significa que a expressão entre parênteses deve ser avaliada com o limite superior de 1 e o limite inferior de 0; o último valor é subtraído pelo primeiro para obter o valor da integral. No exemplo anterior, os limites são $(\frac{3}{2} - \frac{1}{2})$ em $y = 1$ e 0 perfazendo o valor da integral igual a 1.

EXEMPLO 9
(Continuação)

$$f(y) = \int_0^1 (2 - x - y)dx$$

$$\left(2x - xy - \frac{x^2}{2}\right)\Bigg|_0^1 = \frac{3}{2} - y \qquad 0 \le y \le 1$$

Para verificarmos se as duas variáveis do Exemplo 8 são estatisticamente independentes, precisamos descobrir se $f(x, y) = f(x)f(y)$. Uma vez que $(2 - x - y) \neq (\frac{3}{2} - x)(\frac{3}{2} - y)$, podemos dizer que as duas variáveis não são estatisticamente independentes.

A.5 As características das distribuições de probabilidade

Uma distribuição de probabilidade pode, com frequência, ser resumida em termos de algumas poucas características, conhecidas como **momentos** da distribuição. Dois dos momentos mais amplamente utilizados são a **média**, ou **valor esperado**, e a **variância**.

Valor esperado

O valor esperado de uma variável aleatória discreta X, denotado por $E(X)$, é definido como:

$$E(X) = \sum_x xf(x)$$

em que $\sum_x$ significa a soma que inclui todos os valores de X e $f(x)$ é a função de densidade de probabilidade discreta de X.

EXEMPLO 10

Considere a distribuição da probabilidade da soma de dois números no lançamento dos dois dados apresentados no Exemplo 2. (Veja a Figura A.1.) Multiplicando os vários valores X lá apresentados por suas probabilidades e fazendo a soma geral de todas as observações, obtemos:

$$\begin{aligned} E(X) &= 2\left(\tfrac{1}{36}\right) + 3\left(\tfrac{2}{26}\right) + 4\left(\tfrac{3}{36}\right) + \cdots + 12\left(\tfrac{1}{36}\right) \\ &= 7 \end{aligned}$$

que é o valor médio da soma dos números observados no lançamento dos dois dados.

EXEMPLO 11

Estime $E(X)$ e $E(Y)$ para os dados apresentados no Exemplo 4. Vimos que

x	-2	0	2	3
$f(x)$	0,27	0,12	0,26	0,35

Portanto,

$$\begin{aligned} E(X) &= \sum_x xf(x) \\ &= (-2)(0{,}27) + (0)(0{,}12) + (2)(0{,}26) + (3)(0{,}35) \\ &= 1{,}03 \end{aligned}$$

(Continua)

EXEMPLO 11 (*Continuação*)

De forma semelhante,

y	3	6
$f(y)$	0,51	0,49

$$\begin{aligned} E(Y) &= \sum_y y f(y) \\ &= (3)(0{,}51) + (6)(0{,}49) \\ &= 4{,}47 \end{aligned}$$

O valor esperado de uma variável aleatória contínua é definido como:

$$E(X) = \int_{-\infty}^{\infty} x f(x) dx$$

A única diferença entre esse caso e o valor esperado de uma variável aleatória discreta é que substituímos o símbolo do somatório pelo símbolo da integral.

EXEMPLO 12

Vamos descobrir o valor esperado da função de densidade de probabilidade contínua apresentada no Exemplo 3.

$$\begin{aligned} E(X) &= \int_0^3 x \left(\frac{x^2}{9}\right) dx \\ &= \frac{1}{9}\left[\left(\frac{x^4}{4}\right)\right]_0^3 \\ &= \frac{9}{4} \\ &= 2{,}25 \end{aligned}$$

Propriedades dos valores esperados

1. O valor esperado de uma constante é a própria constante. Se b é uma constante, $E(b) = b$;
2. Se a e b são constantes,

$$E(aX + b) = aE(X) + b$$

Isso pode ser generalizado. Se $X_1, X_2, \ldots, X_N$ são N variáveis aleatórias e $a_1, a_2, \ldots, a_N$ e b são constantes, então

$$E(a_1X_1 + a_2X_2 + \cdots + a_NX_N + b) = a_1E(X_1) + a_2E(X_2) + \cdots + a_NE(X_N) + b$$

3. Se X e Y são variáveis aleatórias *independentes*, então

$$E(XY) = E(X)E(Y)$$

Ou seja, a expectativa do produto XY é o produto das expectativas (individuais) de X e Y. Entretanto, observe que

$$E\left(\frac{X}{Y}\right) \neq \frac{E(X)}{E(Y)}$$

mesmo se X e Y forem independentes;

4. Se X é uma variável aleatória com função de densidade de probabilidade $f(x)$ e se $g(x)$ é qualquer função de X, então

$$E[g(X)] = \sum_x g(X)f(x) \qquad \text{se } X \text{ for discreta}$$

$$= \int_{-\infty}^{\infty} g(X)f(x)\,dx \qquad \text{se } X \text{ for contínua}$$

Assim, se $g(X) = X^2$,

$$E(X^2) = \sum_x x^2 f(X) \qquad \text{se } X \text{ for discreta}$$

$$= \int_{-\infty}^{\infty} x^2 f(X)\,dx \qquad \text{se } X \text{ for contínua}$$

EXEMPLO 13 Considere a seguinte função de densidade de probabilidade (FDP):

x	-2	1	2
$f(x)$	$\frac{5}{8}$	$\frac{1}{8}$	$\frac{2}{8}$

Então,

$$E(X) = -2\left(\tfrac{5}{8}\right) + 1\left(\tfrac{1}{8}\right) + 2\left(\tfrac{2}{8}\right)$$
$$= -\tfrac{5}{8}$$

e

$$E(X^2) = 4\left(\tfrac{5}{8}\right) + 1\left(\tfrac{1}{8}\right) + 4\left(\tfrac{2}{8}\right)$$
$$= \tfrac{29}{8}$$

Variância

Seja X uma variável aleatória e seja $E(X) = \mu$. A distribuição, ou dispersão, dos valores de X em torno do valor esperado pode ser mensurada pela variância, definida como

$$\text{var}(X) = \sigma_X^2 = E(X - \mu)^2$$

A raiz quadrada positiva de σ_X^2, σ_X é definida como **desvio padrão** de X. A variância, ou desvio padrão, indica quão próximos ou distantes os valores individuais de X estão distribuídos em torno de seu valor médio.

A variância definida previamente é calculada como se segue:

$$\text{var}(X) = \sum_x (X - \mu)^2 f(x) \qquad \text{se } X \text{ for uma variável aleatória discreta}$$

$$= \int_{-\infty}^{\infty} (X - \mu)^2 f(x)\,dx \qquad \text{se } X \text{ for uma variável aleatória contínua}$$

Para conveniência de cálculo, a fórmula da variância apresentada pode ser expressa como

$$\text{var}(X) = \sigma_x^2 = E(X - \mu)^2$$
$$= E(X^2) - \mu^2$$
$$= E(X^2) - [E(X)]^2$$

Aplicando essa fórmula, podemos verificar que a variância da variável aleatória apresentada no Exemplo 13 é $\frac{29}{8} - (-\frac{5}{8})^2 = \frac{207}{64} = 3{,}23$.

EXEMPLO 14 Vamos descobrir a variância da variável aleatória apresentada no Exemplo 3.

$$\text{var}(X) = E(X^2) - [E(X)]^2$$

Agora

$$\begin{aligned} E(X^2) &= \int_0^3 x^2\left(\frac{x^2}{9}\right)dx \\ &= \int_0^3 \frac{x^4}{9}dx \\ &= \frac{1}{9}\left[\frac{x^5}{5}\right]_0^3 \\ &= 243/45 \\ &= 27/5 \end{aligned}$$

Uma vez que $E(X) = \frac{9}{4}$ (veja o Exemplo 12), finalmente temos

$$\begin{aligned} \text{var}(X) &= 243/45 - \left(\frac{9}{4}\right)^2 \\ &= 243/720 = 0{,}34 \end{aligned}$$

Propriedades da variância

1. $E(X - \mu)^2 = E(X^2) - \mu^2$, como observado anteriormente.
2. A variância de uma constante é zero.
3. Se a e b são constantes, então

$$\text{var}(aX + b) = a^2\,\text{var}(X)$$

4. Se X e Y são variáveis aleatórias *independentes*, então

$$\text{var}(X + Y) = \text{var}(X) + \text{var}(Y)$$
$$\text{var}(X - Y) = \text{var}(X) + \text{var}(Y)$$

Isso pode ser generalizado para mais do que duas variáveis independentes.

5. Se X e Y são variáveis aleatórias *independentes*, e a e b são constantes,

$$\text{var}(aX + bY) = a^2\,\text{var}(X) + b^2\,\text{var}(Y)$$

Covariância

Seja X e Y duas variáveis aleatórias com médias μx e μy, respectivamente. Então, a **covariância** entre as duas variáveis é definida como:

$$\text{cov}(X, Y) = E\{(X - \mu_x)(Y - \mu_y)\} = E(XY) - \mu_x\mu_y$$

É prontamente verificado que a variância de uma variável é a covariância daquela variável com ela mesma.

A covariância é calculada como se segue:

$$\begin{aligned}\operatorname{cov}(X, Y) &= \sum_y \sum_x (X - \mu_x)(Y - \mu_y) f(x, y) \\ &= \sum_y \sum_x XY f(x, y) - \mu_x \mu_y\end{aligned}$$

se X e Y são variáveis aleatórias discretas, e

$$\begin{aligned}\operatorname{cov}(X, Y) &= \int_{-\infty}^{\infty} \int_{-\infty}^{\infty} (X - \mu_x)(Y - \mu_y) f(x, y)\, dx\, dy \\ &= \int_{-\infty}^{\infty} \int_{-\infty}^{\infty} XY f(x, y)\, dx\, dy - \mu_x \mu_y\end{aligned}$$

se X e Y são variáveis aleatórias contínuas.

Propriedades da covariância

1. Se X e Y são independentes, a sua covariância é zero, pois

$$\begin{aligned}\operatorname{cov}(X, Y) &= E(XY) - \mu_x \mu_y \\ &= \mu_x \mu_y - \mu_x \mu_y \qquad \text{uma vez que } E(XY) = E(X)E(Y) = \mu_x \mu_y \text{ quando } X \text{ e } Y \text{ são independentes} \\ &= 0\end{aligned}$$

2. $$\operatorname{cov}(a + bX, c + dY) = bd \operatorname{cov}(X, Y)$$

em que a, b, c e d são constantes.

EXEMPLO 15 Vamos descobrir a covariância entre as variáveis aleatórias discretas X e Y cuja função de densidade de probabilidade conjunta é como demonstrado no Exemplo 4. Com base no Exemplo 11, já sabemos que $\mu_x = E(X) = 1{,}03$ e que $\mu_y = E(Y) = 4{,}47$.

$$\begin{aligned}E(XY) &= \sum_y \sum_x XY f(x, y) \\ &= (-2)(3)(0{,}27) + (0)(3)(0{,}08) + (2)(3)(0{,}16) + (3)(3)(0) \\ &\quad + (-2)(6)(0) + (0)(6)(0{,}04) + (2)(6)(0{,}10) + (3)(6)(0{,}35) \\ &= 6{,}84\end{aligned}$$

Portanto,

$$\begin{aligned}\operatorname{cov}(X, Y) &= E(XY) - \mu_x \mu_y \\ &= 6{,}84 - (1{,}03)(4{,}47) \\ &= 2{,}24\end{aligned}$$

Coeficiente de correlação

O coeficiente de correlação (população) ρ (rho) é definido como:

$$\rho = \frac{\operatorname{cov}(X, Y)}{\sqrt{\{\operatorname{var}(X) \operatorname{var}(Y)\}}} = \frac{\operatorname{cov}(X, Y)}{\sigma_x \sigma_y}$$

Assim definido, ρ é uma medida de associação *linear* entre duas variáveis e situa-se entre -1 e $+1$, -1 indicando associação negativa perfeita e indicando associação positiva perfeita.

Por meio da fórmula anterior, pode-se verificar que

$$\operatorname{cov}(X, Y) = \rho\sigma_x\sigma_y$$

EXEMPLO 16 Vamos estimar o coeficiente da correlação para os dados do Exemplo 4. Com base nas funções de densidade de probabilidade apresentadas no Exemplo 11, pode-se facilmente demonstrar que $\sigma_x = 2{,}05$ e $\sigma_y = 1{,}50$. Já mostramos que cov $(X, Y) = 2{,}24$. Portanto, aplicando a fórmula anterior, estimamos que ρ é $2{,}24/(2{,}05)(1{,}50) = 0{,}73$.

Variâncias de variáveis correlacionadas

Sejam X e Y as duas variáveis aleatórias. Então,

$$\begin{aligned}\operatorname{var}(X+Y) &= \operatorname{var}(X) + \operatorname{var}(Y) + 2\operatorname{cov}(X, Y)\\ &= \operatorname{var}(X) + \operatorname{var}(Y) + 2\rho\sigma_x\sigma_y\\ \operatorname{var}(X-Y) &= \operatorname{var}(X) + \operatorname{var}(Y) - 2\operatorname{cov}(X, Y)\\ &= \operatorname{var}(X) + \operatorname{var}(Y) - 2\rho\sigma_x\sigma_y\end{aligned}$$

Entretanto, se X e Y forem independentes, a cov (X, Y) é zero, neste caso a var $(X+Y)$ e a var $(X-Y)$ são ambas iguais a var (X) + var (Y), como anteriormente observado.

Os resultados anteriores podem ser generalizados como se segue: $\sum_{i=1}^{n} X_i = X_1 + X_2 + \cdots + X_n$, então a variância da combinação linear $\sum X_i$ é

$$\begin{aligned}\operatorname{var}\left(\sum_{i=1}^{n} x_i\right) &= \sum_{i=1}^{n} \operatorname{var} X_i + 2\sum_{i<j}\sum \operatorname{cov}(X_i, X_j)\\ &= \sum_{i=1}^{n} \operatorname{var} X_i + 2\sum_{i<j}\sum \rho_{ij}\sigma_i\sigma_j\end{aligned}$$

em que ρ_{ij} é o coeficiente de correlação entre X_i e X_j e σ_i e σ_j são os desvios padrão de X_i e X_j.

Assim,

$$\begin{aligned}\operatorname{var}(X_1 + X_2 + X_3) &= \operatorname{var} X_1 + \operatorname{var} X_2 + \operatorname{var} X_3 + 2\operatorname{cov}(X_1, X_2)\\ &\quad + 2\operatorname{cov}(X_1, X_3) + 2\operatorname{cov}(X_2, X_3)\\ &= \operatorname{var} X_1 + \operatorname{var} X_2 + \operatorname{var} X_3 + 2\rho_{12}\sigma_1\sigma_2\\ &\quad + 2\rho_{13}\sigma_1\sigma_3 + 2\rho_{23}\sigma_2\sigma_3\end{aligned}$$

em que σ_1, σ_2 e σ_3 são, respectivamente, os desvios padrão de X_1, X_2 e X_3 e ρ_{12} é o coeficiente de correlação entre X_1 e X_2, ρ_{13} que entre X_1 e X_3 e ρ_{23} que entre X_2 e X_3.

Expectativa condicional e variância condicional

Seja $f(x, y)$ a FDP conjunta das variáveis aleatórias X e Y. A expectativa condicional de X, dado $Y = y$, é definida como

$$\begin{aligned}E(X \mid Y = y) &= \sum_{x} x f(x \mid Y = y) \qquad \text{se } X \text{ for discreta}\\ &= \int_{-\infty}^{\infty} x f(x \mid Y = y)\, dx \qquad \text{se } X \text{ for contínua}\end{aligned}$$

em que $E(X = \; Y = y)$ representa a expectativa condicional de X dado $Y = y$ em que $f(x \mid Y = y)$ é a FDP condicional de X. A expectativa condicional de Y, $E(Y \mid X = x)$, é definida de forma semelhante.

Expectativa condicional

Observe que $E(X \mid Y)$ é uma variável aleatória, porque ela é uma função da variável condicionante Y. Contudo, $E(X \mid Y = y)$, em que y é um valor específico de Y, é uma constante.

Variância condicional

A variância condicional de X dado $Y = y$ é definida como:

$$\begin{aligned} \operatorname{var}(X \mid Y = y) &= E\{[X - E(X \mid Y = y)]^2 \mid Y = y\} \\ &= \sum_x [X - E(X \mid Y = y)]^2 f(x \mid Y = y) \qquad \text{se } X \text{ for discreta} \\ &= \int_{-\infty}^{\infty} [X - E(X \mid Y = y)]^2 f(x \mid Y = y)\, dx \qquad \text{se } X \text{ for contínua} \end{aligned}$$

EXEMPLO 17 Calcule $E(Y \mid X = 2)$ e a var $(Y \mid X = 2)$ para os dados do Exemplo 4.

$$\begin{aligned} E(Y \mid X = 2) &= \sum_Y y f(Y = y \mid X = 2) \\ &= 3f(Y = 3 \mid X = 2) + 6f(Y = 6 \mid X = 2) \\ &= 3(0{,}16/0{,}26) + 6(0{,}10/0{,}26) \\ &= 4{,}15 \end{aligned}$$

Nota: $f(Y = 3 \mid X = 2) = f(Y = 3, X = 2)/f(X = 2) = 0{,}16/0{,}26$ e $f(Y = 6 \mid X = 2) = f(Y = 6, X = 2)/f(X = 2) = 0{,}10/0{,}26$, então

$$\begin{aligned} \operatorname{var}(Y \mid X = 2) &= \sum_Y [Y - E(Y \mid X = 2)]^2 f(Y \mid X = 2) \\ &= (3 - 4{,}15)^2(0{,}16/0{,}26) + (6 - 4{,}15)^2(0{,}10/0{,}26) \\ &= 2{,}13 \end{aligned}$$

Propriedades da expectativa condicional e da variância condicional

1. Se $f(X)$ for uma função de X, então $E(f(X) \mid X) = f(X)$, isto é, a função de X comporta-se como uma constante no cálculo de sua expectativa condicional sobre X. Assim, $[E(X^3 \mid X)] = E(X^3)$; se X for conhecido, X^3 também será.
2. Se $f(X)$ e $g(X)$ são funções de X, então

$$E[f(X)Y + g(X) \mid X] = f(X)E(Y \mid X) + g(X)$$

   Por exemplo, $E[XY + cX^2 \mid X] = XE(Y \mid X) + cX^2$, em que c é uma constante.
3. Se X e Y forem independentes, $E(Y \mid X) = E(Y)$. Ou seja, se X e Y são variáveis aleatórias independentes, a expectativa condicional de Y, dado X, é a mesma que a expectativa incondicional de Y.

4. **Lei das expectativas iteradas.** É interessante notar a seguinte relação entre a expectativa incondicional de uma variável aleatória Y, $E(Y)$, e sua expectativa condicional baseada em outra variável aleatória X, $E(Y \mid X)$:

$$E(Y) = E_X[E(Y \mid X)]$$

Essa relação é conhecida como lei das expectativas iteradas, que, neste contexto, estabelece que a expectativa marginal, ou incondicional, de Y é igual à expectativa de sua expectativa condicional, na qual o símbolo E_X denota que a expectativa está cobrindo os valores de X. Simplificando, essa lei estabelece que, se, primeiramente, obtemos $E(Y \mid X)$ como uma função de X e tomamos seu valor esperado para a distribuição de valores X, terminamos obtendo $E(Y)$, a expectativa incondicional de Y. O leitor pode verificar isso, utilizando os dados fornecidos no Exemplo 4.

Uma implicação da lei de expectativas iteradas é que, se a média condicional de Y dado X ($E[Y \mid X]$) for zero, a média (incondicional) de Y também será zero. Isso acontece, porque, neste caso,

$$E[E(Y|X)] = E[0] = 0$$

5. Se X e Y são independentes, var $(Y \mid X) =$ var (Y);
6. var $(Y) = E[\text{var}(Y \mid X)] + \text{var}[E(Y \mid X)]$; isto é, a variância (incondional) de Y é igual à expectativa da variância condicional de Y mais a variância da expectativa condicional de Y.

Momentos de ordem superior das distribuições de probabilidade

Embora a média, a variância e a covariância sejam as medidas-resumo mais frequentemente utilizadas nas FDP univariadas e multivariadas, por vezes precisamos considerar os momentos de ordem superior das FDP, como os momentos de terceira e de quarta ordem. Os momentos de terceira e quarta ordem de uma FDP univariada $f(x)$ em torno de seu valor médio (μ) são definidos como

$$\text{Terceiro momento:} \quad E(X-\mu)^3$$

$$\text{Quarto momento:} \quad E(X-\mu)^4$$

Em geral, o momento de ordem r em torno da média é definido como

$$\text{Momento de ordem } r\text{:} \quad E(X-\mu)^r$$

O terceiro e quarto momentos de uma distribuição são normalmente utilizados no estudo da "forma" de uma probabilidade, em particular, da sua **assimetria**, S (falta de simetria) e **curtose**, K (elevação ou achatamento), como apresentado na Figura A.3.

Uma medida de **assimetria** é definida como:

$$S = \frac{E(X-\mu)^3}{\sigma^3}$$

$$= \frac{\text{terceiro momento em torno da média}}{\text{cubo do desvio padrão}}$$

Uma medida comumente utilizada de curtose é dada por:

$$K = \frac{E(X-\mu)^4}{[E(X-\mu)^2]^2}$$

$$= \frac{\text{quarto momento em torno da média}}{\text{quadrado do segundo momento}}$$

FIGURA A.3
(a) Assimetria;
(b) Curtose.

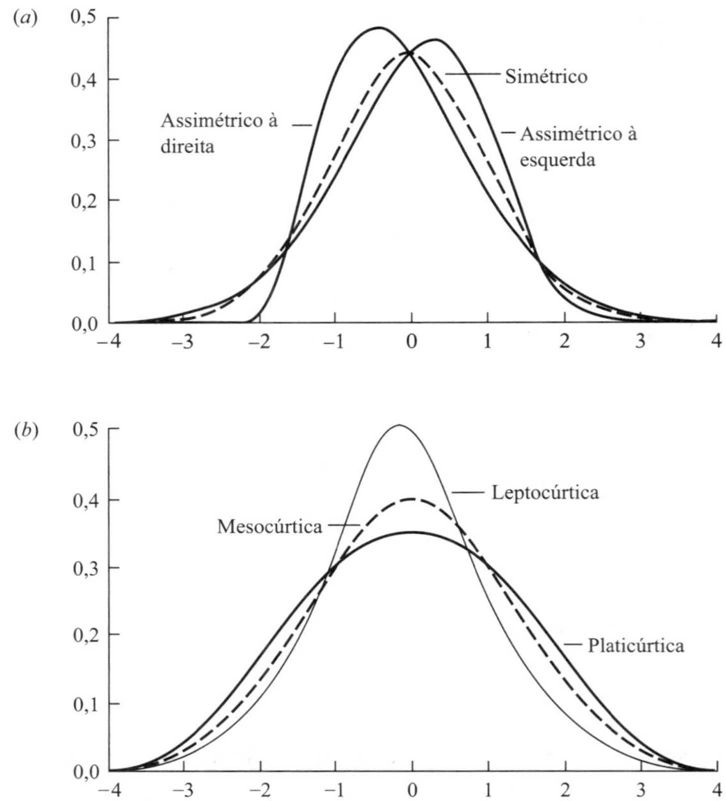

As FDP com valor de K menores de 3 são chamadas **platicúrticas** (gordas ou de caudas curtas) e aquelas com valores maiores de 3 são chamadas **leptocúrticas** (magras ou de caudas longas). Veja a Figura A.3. Uma FDP com um valor curtose de 3 é conhecida como **mesocúrtica**, e desta a distribuição normal é o principal exemplo. (Veja a discussão da distribuição normal na Seção A.6.)

Mostraremos, de forma sucinta, como as medidas de assimetria e curtose podem ser combinadas para determinar se uma variável aleatória segue uma distribuição normal. Lembremos que o procedimento de teste da hipótese, como nos testes t e F, é baseado na hipótese (ao menos para as amostras pequenas e finitas) de que a distribuição subjacente da variável (ou estatística da amostra) é normal. É, portanto, muito importante descobrir nas aplicações concretas se essa hipótese é cumprida.

A.6 Algumas distribuições de probabilidade teóricas importantes

No livro, é feito amplo uso das seguintes distribuições de probabilidade.

Distribuição normal

A mais conhecida de todas as distribuições de probabilidade teóricas é a distribuição normal, cuja figura em forma de sino é familiar a qualquer um com conhecimento estatístico mínimo.

Uma variável aleatória (contínua) X é considerada normalmente distribuída se a sua FDP tem a seguinte forma:

$$f(x) = \frac{1}{\sigma\sqrt{2\pi}} \exp\left(-\frac{1}{2}\frac{(x-\mu)^2}{\sigma^2}\right) \qquad -\infty < x < \infty$$

FIGURA A.4
Áreas sob a curva normal.

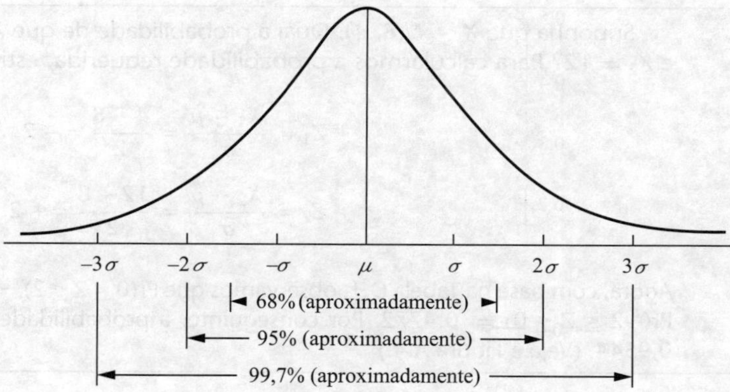

em que μ e σ^2, conhecidas como *parâmetros da distribuição*, são, respectivamente, a média e a variância da distribuição. As propriedades dessa distribuição são as seguintes:

1. Ela é simétrica em torno do seu valor médio.
2. Aproximadamente 68% da área sob a curva normal situa-se entre os valores de $\mu \pm \sigma$, cerca de 95% da área situa-se entre $\mu \pm 2\sigma$, e cerca de 99,7% situa-se entre $\mu \pm 3\sigma$, como mostra a Figura A.4.
3. A distribuição normal depende de dois parâmetros μ e σ^2; como estes são especificados, pode-se encontrar a probabilidade de que X se situará dentro de um certo intervalo ao utilizar a FDP da distribuição normal. Mas essa tarefa pode ser facilitada consideravelmente ao consultarmos Tabela D.1 do **Apêndice D**. Para utilizarmos a tabela, convertemos a conhecida variável X de distribuição normal com a média μ e σ^2 em uma **variável normal padronizada** Z pela seguinte transformação:

$$Z = \frac{x - \mu}{\sigma}$$

Uma importante propriedade de qualquer variável padronizada é que o seu valor médio é zero e sua variância é a unidade. Assim, Z possui média zero e variância 1. Substituindo z na função FDP dada anteriormente, obtemos:

$$f(Z) = \frac{1}{\sqrt{2\pi}} \exp\left(-\frac{1}{2}Z^2\right)$$

que é a FDP da variável normal padronizada. As probabilidades apresentadas no **Apêndice D**, Tabela D.1, são baseadas na variável normal padronizada.

Por convenção, denotamos uma variável distribuída de forma normal como:

$$X \sim N(\mu, \sigma^2)$$

em que $\sim$ significa "distribuído como", N indica distribuição normal e as quantidades entre parênteses são os dois parâmetros da distribuição normal, ou seja, a média e a variância. Seguindo essa convenção,

$$X \sim N(0, 1)$$

significa que X é uma variável de distribuição normal com média zero e variância 1. Em outras palavras, ela é a variável normal padronizada Z.

EXEMPLO 18 Suponha que $X \sim N(8, 4)$. Qual a probabilidade de que X assumirá um valor entre $X_1 = 4$ e $X_2 = 12$? Para calcularmos a probabilidade requerida, estimamos os valores de Z como:

$$Z_1 = \frac{X_1 - \mu}{\sigma} = \frac{4 - 8}{2} = -2$$

$$Z_2 = \frac{X_2 - \mu}{\sigma} = \frac{12 - 8}{2} = +2$$

Agora, com base na Tabela D.1, observamos que $\Pr(0 \leq Z \leq 2) = 0{,}4772$. Então, por simetria, temos $\Pr(-2 \leq Z \leq 0) = 0{,}4772$. Por conseguinte, a probabilidade requerida é $0{,}4772 + 0{,}4772 = 0{,}9544$. (Veja a Figura A.4.)

EXEMPLO 19 Qual a probabilidade de, no exemplo anterior, X exceder 12? A probabilidade de que X exceda 12 é a mesma de que Z exceda 2. com base na Tabela D.1, é óbvio que essa probabilidade é $(0{,}5 - 0{,}4772)$ ou 0,0228.

4. Sejam $X_1 \sim N(\mu_1, \sigma_1^2)$ e $X_2 \sim N(\mu_2, \sigma_2^2)$ e suponha que elas sejam independentes. Considere, agora, a combinação linear

$$Y = aX_1 + bX_2$$

em que a e b são constantes. Então, pode ser demonstrado que:

$$Y \sim N\left[(a\mu_1 + b\mu_2), \left(a^2\sigma_1^2 + b^2\sigma_2^2\right)\right]$$

Esse resultado, que afirma que uma *combinação linear de variáveis de distribuição normal é distribuída normalmente*, pode ser facilmente generalizado para uma combinação linear de mais de duas variáveis de distribuição normal.

5. **Teorema central do limite.** Considere que $X_1, X_2, \ldots, X_n$ denotem n variáveis aleatórias independentes, todas elas possuem a mesma FDP com média $= \mu$ e variância $= \sigma^2$. Seja $\bar{X} = \sum X_i/n$ (a média amostral). À medida que n aumenta indefinidamente (i.e.,$n \to \infty$)

$$\underset{n \to \infty}{\bar{X}} \sim N\left(\mu, \frac{\sigma^2}{n}\right)$$

Isto é, $\bar{X}$ aproxima-se da distribuição normal com média μ e variância σ^2/n. Repare que esse resultado é verdadeiro não importando a forma da FDP. Como resultado, temos:

$$z = \frac{\bar{X} - \mu}{\sigma/\sqrt{n}} = \frac{\sqrt{n}(\bar{X} - u)}{\sigma} \sim N(0, 1)$$

Ou seja, Z é uma variável normal padronizada.

6. O terceiro e quarto momento da distribuição normal em torno do valor médio são como se segue:

Terceiro momento: $E(X - \mu)^3 = 0$

Quarto momento: $E(X - \mu)^4 = 3\sigma^4$

Nota: todos os momentos de ordem ímpar em torno do valor médio de uma variável normalmente distribuída são zero.

7. Como resultado, e seguindo as medidas de assimetria e curtose discutidas anteriormente, para uma FDP normal, a simetria é = 0 e a curtose é = 3; uma distribuição normal é simétrica e mesocúrtica. Portanto, um teste simples de normalidade é descobrir se os valores calculados de assimetria e curtose afastam-se das normas de 0 e 3. Esta é, de fato, a lógica subjacente ao **teste de normalidade Jarque-Bera (JB)** discutido no livro:

$$\text{JB} = n\left[\frac{S^2}{6} + \frac{(K-3)^2}{24}\right] \tag{5.12.1}$$

em que S representa a assimetria e K, a curtose. Sob a hipótese nula da normalidade, JB é distribuído como uma estatística **qui-quadrado** com 2 graus de liberdade.

8. A média e a variância de uma variável aleatória com distribuição normal são independentes no sentido de que uma não é função da outra.
9. Se X e Y são de distribuição conjunta normal, elas são independentes se, e apenas se, a covariância entre elas [cov (X, Y)] é zero. (Veja o Exercício 4.1.)

A distribuição χ^2 (qui-quadrado)

Sejam $Z_1, Z_2, ..., Z_k$ variáveis normais padronizadas independentes (variáveis normais com média zero e variância 1). Então a quantidade

$$Z = \sum_{i=1}^{k} Z_i^2$$

possui a distribuição χ^2 com k graus de de liberdade (gl), em que o termo gl significa o número de quantidades independentes na soma anterior. Uma variável com distribuição qui-quadrado é representada por χ_k^2, em que o subscrito k indica o gl. Geometricamente, a distribuição qui-quadrada aparece na Figura A.5.

As propriedades da distribuição χ^2 são as seguintes:

1. Como demonstra a Figura A.5, a distribuição χ^2 é uma distribuição assimétrica, o grau de assimetria dependendo do gl. Para um gl relativamente pequeno, a distribuição é altamente assimétrica para a direita; mas, à medida que o gl aumenta, a distribuição torna-se progressivamente simétrica. Na verdade, para o gl superior a 100, a variável

$$\sqrt{2\chi^2} - \sqrt{(2k-1)}$$

pode ser tratada como uma variável normal padronizada, em que k é o gl.

FIGURA A.5
Função da densidade da variável χ^2.

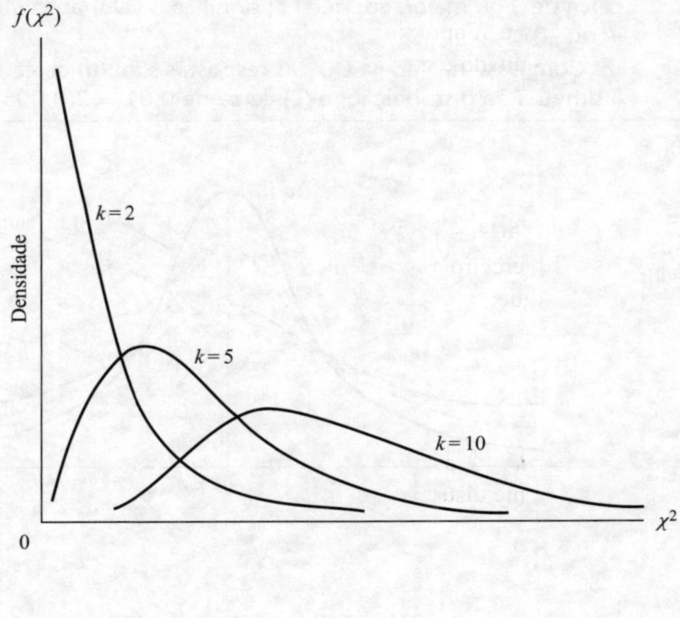

2. A média de distribuição qui-quadrado é k e sua variância é $2k$, em que k é o gl.
3. Se Z_1 e Z_2 são duas variáveis qui-quadrados independentes com gl k_1 e k_2, então a soma $Z_1 + Z_2$ é também uma variável qui-quadrado com gl $= k_1 + k_2$.

EXEMPLO 20 Qual a probabilidade de obter um χ^2 com valor de 40 ou maior, dado o gl de 20? Como mostra a Tabela D.4, a probabilidade de obter um χ^2 com valor de 39,9968 ou maior (20 gl) é de 0,005. Portanto, a probabilidade de obter um χ^2 com valor de 40 ou maior é menor do que 0,005, uma probabilidade bem pequena.

Distribuição *t* de Student

Se Z_1 é uma variável normal padrão [$Z_1 \sim N(0, 1)$] e outra variável Z_2 segue a distribuição qui-quadrada com k graus de liberdade e é distribuída independentemente de Z_1, a variável definida como

$$t = \frac{Z_1}{\sqrt{(Z_2/k)}} = \frac{Z_1\sqrt{k}}{\sqrt{Z_2}}$$

segue a distribuição t de Student com k graus de liberdade. Uma variável com distribuição t é frequentemente designada como t_k, em que o subscrito k denota os graus de liberdade. Geometricamente, a distribuição t é apresentada na Figura A.6.

As propriedades da distribuição t de Student são as seguintes:

1. Como a Figura A.6 demonstra, a distribuição t, assim como a distribuição normal, é simétrica, porém ela é mais achatada do que a distribuição normal. Contudo, à medida que aumentam os graus de liberdade, a distribuição t aproxima-se da distribuição normal.
2. A média da distribuição t é zero e sua variância é $k/(k - 2)$.

A distribuição t está tabulada na Tabela D.2.

EXEMPLO 21 Dado que os graus de liberdade são iguais a 13, qual a probabilidade de obter um valor t (a) de cerca de 3 ou maior, (b) de aproximadamente -3 ou menor, e (c) com valor $|t|$ ou cerca de 3 ou maior, em que $|t|$ significa o valor absoluto de t (não levando em conta o sinal + ou −)?

Com base na Tabela D.2, as respostas são: (a) cerca de 0,005, (b) cerca de 0,005 devido à simetria da distribuição, e (c) cerca de 0,01 = 2(0,005).

FIGURA A.6
Distribuição de t de Student para graus de liberdade selecionados.

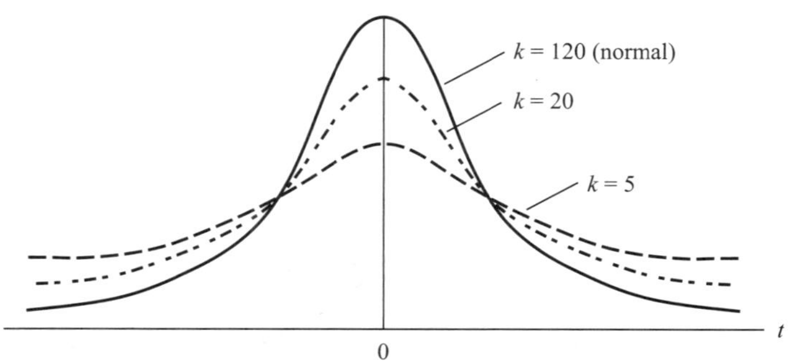

FIGURA A.7

Distribuição F para vários graus de liberdade.

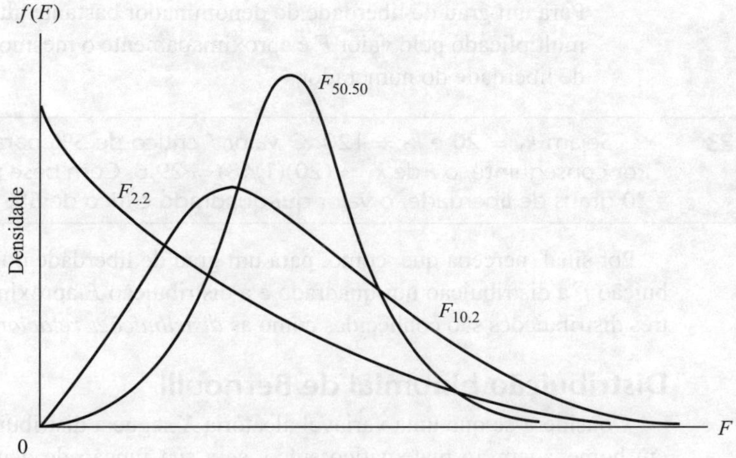

A distribuição *F*

Se Z_1 e Z_2 são variáveis que possuem uma distribuição qui-quadrado independente com graus de liberdade k_1 e k_2, respectivamente, a variável

$$F = \frac{Z_1/k_1}{Z_2/k_2}$$

segue a distribuição F (de Fisher) com graus de liberdade k_1 e k_2. Uma variável com distribuição F é representada por F_{k_1,k_2} em que os subscritos indicam os graus de liberdade associados à duas variáveis Z, k_1 sendo denominado *grau de liberdade do numerador* e k_2, *grau de liberdade do denominador*. Geometricamente, a distribuição F é demonstrada na Figura A.7

A distribuição F conta com as seguintes propriedades:

1. Como a distribuição qui-quadrado, a distribuição F tem viés para a direita. Porém, pode-se demonstrar que, à medida que k_1 e k_2 tornam-se maiores, a distribuição F aproxima-se da distribuição normal.
2. O valor médio de uma variável com distribuição F é $k_2/(k_2 - 2)$, que é definido por $k_2 > 2$, e sua variância é

$$\frac{2k_2^2(k_1 + k_2 - 2)}{k_1(k_2 - 2)^2(k_2 - 4)}$$

que é definida por $k_2 > 4$.

3. O quadrado de uma variável aleatória com distribuição t com k graus de liberdade possui uma distribuição F com 1 e k graus de liberdade. Simbolicamente,

$$t_k^2 = F_{1,k}$$

EXEMPLO 22 Dado $k_1 = 10$ e $k_2 = 8$, qual a probabilidade de obter um valor F (a) de 3,4 ou maior e (b) de 5,8 ou maior? Como demonstra a Tabela D.3, essas probabilidades são (a) aproximadamente 0,05 e (b) aproximadamente 0,01.

4. Se o grau de liberdade do denominador, k_2, é muito elevado, a seguinte relação ocorre entre as distribuições F e qui-quadrado:

$$k_1 F \sim \chi^2_{k1}$$

Para um grau de liberdade do denominador bastante alto, o grau de liberdade do numerador multiplicado pelo valor F é aproximadamente o mesmo de um valor qui-quadrado com grau de liberdade do numerador.

EXEMPLO 23 Sejam $k_1 = 20$ e $k_2 = 120$. O valor F crítico de 5% para esses graus de liberdade é 1,48. Por conseguinte, o F de $k_1 = (20)(1{,}48) = 29{,}6$. Com base na distribuição qui-quadrado para 20 graus de liberdade, o valor qui-quadrado crítico de 5% é cerca de 31,41.

Por sinal, perceba que, como, para um grau de liberdade do denominador mais elevado, a distribuição t, a distribuição qui-quadrado e a distribuição F aproximam-se da distribuição normal, essas três distribuições são conhecidas como as *distribuições relacionadas à distribuição normal.*

Distribuição binomial de Bernoulli

Considera-se que uma variável aleatória X segue a distribuição de Bernoulli, denominada assim em homenagem ao matemático suíço, se a sua função de densidade (ou massa) de probabilidade (FDP) é:

$$P(X = 0) = 1 - p$$
$$P(X = 1) = p$$

em que p, $0 \leq p \leq 1$, é a probabilidade de que algum evento seja um "sucesso", como a probabilidade de obter cara no lançamento de uma moeda. Para tal variável,

$$E(X) = [1 \times p(X = 1) + 0 \times p(X = 0)] = p$$
$$\text{var}(X) = pq$$

ou seja, $q = (1 - p)$, a probabilidade de um "fracasso".

Distribuição binomial

A distribuição binomial é a generalização da distribuição de Bernoulli. Denotemos por n o número de tentativas independentes, cada uma delas resulta em um "sucesso" com probabilidade p e um "fracasso" com uma probabilidade $q = (1 - p)$. Se X representa o número do sucesso em n tentativas, então diz-se que X segue a distribuição binomial cuja FDP é:

$$f(X) = \binom{n}{x} p^x (1 - p)^{n-x}$$

em que x representa o número do sucesso em n tentativas e

$$\binom{n}{x} = \frac{n!}{x!(n - x)!}$$

em que $n!$, lido como n fatorial, significa $n(n - 1)(n - 2) \cdots 1$.

A binomial é uma distribuição de dois parâmetros, n e p. Para essa distribuição:

$$E(X) = np$$
$$\text{var}(X) = np(1 - p) = npq$$

Por exemplo, se lançarmos uma moeda 100 vezes e quisermos descobrir a probabilidade de obter 60 caras, colocamos na fórmula acima $p = 0{,}5$, $n = 100$ e $x = 60$. Existem rotinas de cálculos para avaliação de tais probabilidades.

Podemos verifcar como a distribuição binomial é uma generalização da distribuição de Bernoulli.

A distribuição de Poisson

Considera-se que uma variável aleatória X tem uma distribuição de Poisson se a sua FDP é:

$$f(X) = \frac{e^{-\lambda}\lambda^x}{x!} \qquad \text{é } x = 0, 1, 2, \ldots, \lambda > 0$$

A distribuição de Poisson depende de um parâmetro único, λ. Uma característica distintiva da distribuição de Poisson é que a sua variância é igual a seu valor esperado, que é λ. Isto é,

$$E(X) = \text{var}(X) = \lambda$$

O modelo de Poisson, como vimos no capítulo sobre os modelos de regressão não linear, é utilizado para modelar fenômenos raros ou infrequentes, como o número de chamadas telefônicas recebidas em um intervalo de 5 minutos, ou o número de multas por excesso de velocidade recebidas em um intervalo de uma hora, ou ainda os números de patentes recebidas por uma empresa em um ano.

A.7 Inferência estatística: estimação

Na Seção A.6, consideramos várias distribuições de probabilidade teóricas. Muito frequentemente, sabemos ou estamos propensos a admitir que uma variável aleatória X segue uma distribuição de probabilidade particular, mas não sabemos o(s) valor(es) do(s) parâmetro(s) da distribuição. Por exemplo, se X segue a distribuição normal, podemos querer saber o valor de seus dois parâmetros: a média e a variância. Para estimarmos as incógnitas, o procedimento habitual é supor que temos uma **amostra aleatória** de tamanho n com base na distribuição da probabilidade conhecida e utilizar os dados da amostra para estimar os parâmetros desconhecidos.[5] Isso é chamado de **problema da estimação**. Nesta seção, examinaremos mais de perto esse problema. Ele pode ser dividido em duas categorias: estimação pontual e estimação intervalar.

Estimação pontual

Para melhor entendermos, seja X uma variável aleatória com FDP de $f(x; \theta)$, em que θ é o parâmetro da distribuição (para simplificar a discussão, supomos que há apenas um parâmetro desconhecido; nossa discussão pode ser facilmente generalizada). Suponha que conhecemos a forma funcional — conhecemos a FDP teórica, tal como a distribuição t —, mas não conhecemos o valor de θ. Portanto, sorteamos uma amostra aleatória de tamanho n a partir dessa FDP conhecida e desenvolvemos uma função dos valores da amostra, de modo que

$$\hat{\theta} = f(x_1, x_2, \ldots, x_n)$$

forneça-nos uma estimativa do verdadeiro θ. $\hat{\theta}$ é conhecido como uma **estatística**, ou um **estimador**, e um valor numérico particular tomado pelo estimador é conhecido como **estimativa**. Perceba que $\hat{\theta}$ pode ser tratada como uma variável aleatória poque é uma função dos dados amostrais. $\hat{\theta}$ nos fornece uma regra, ou fórmula, que nos conta como estimamos o verdadeiro θ. Assim, se admitimos que

$$\hat{\theta} = \frac{1}{n}(x_1 + x_2 + \cdots + x_n) = \bar{X}$$

em que $\bar{X}$ é a média da amostra, então $\bar{X}$ é um estimador do verdadeiro valor da média, por exemplo, μ. Se, em um caso específico, $\bar{X} = 50$, isso fornece uma *estimativa de* μ. O estimador $\hat{\theta}$ obtido previamente é conhecido como **estimador pontual**, por fornecer apenas uma estimativa única (pontual) de θ.

---

[5] Sejam $X_1, X_2, \ldots, X_n$ n variáveis aleatórias com FDP conjunta $f(x_1, x_2, \ldots, x_n)$. Se podemos escrever

$$f(x_1, x_2, \ldots, x_n) = f(x_1)\, f(x_2) \cdots f(x_n)$$

em que $f(x)$ é a FDP comum de cada X, então, diz-se que $x_1, x_2, \ldots, x_n$ constituem uma amostra aleatória de tamanho n com base em uma população com FDP $f(x_n)$.

Estimação intervalar

Em vez de obtermos apenas uma estimativa única de θ, suponha que obtenhamos duas estimativas de θ ao construirmos dois estimadores $\hat{\theta}_1(x_1, x_2, \ldots, x_n)$ e $\hat{\theta}_2(x_1, x_2, \ldots, x_n)$, e, com alguma confiança (probabilidade), que o intervalo entre $\hat{\theta}_1$ e $\hat{\theta}_2$ inclui o verdadeiro θ. Na estimação intervalar, em contraste com a estimação pontual, fornecemos uma amplitude de valores possíveis dentro dos quais o verdadeiro θ pode estar.

O conceito principal por trás da estimação intervalar é a noção de **amostra**, ou **probabilidade de distribuição, de um estimador**. Por exemplo, pode-se demonstrar que, se uma variável X possui distribuição normal, a média da amostra $\bar{X}$ também possui distribuição normal com média $= \mu$ (a média verdadeira) e variância $= \sigma^2/n$, em que n é o tamanho da amostra. Em outras palavras, a distribuição amostral, ou probabilidade, do estimador $\bar{X}$ é $\bar{X} \sim N(\mu, \sigma^2/n)$. Como resultado, se construirmos o intervalo

$$\bar{X} \pm 2\frac{\sigma}{\sqrt{n}}$$

e dissermos que a probabilidade é de aproximadamente 0,95, ou 95%, intervalos como esse incluirão o verdadeiro μ, estamos, de fato, construindo um estimador de intervalo para μ. Perceba que o intervalo fornecido anteriormente é aleatório, uma vez que é baseado em $\bar{X}$, que variará de amostra para amostra.

De forma mais geral, na estimação intervalar, construímos dois estimadores $\hat{\theta}_1$ e $\hat{\theta}_2$, ambos funções dos valores amostrais de X, de maneira que:

$$\Pr(\hat{\theta}_1 \leq \theta \leq \hat{\theta}_2) = 1 - \alpha \qquad 0 < \alpha < 1$$

ou seja, podemos afirmar que é de $1 - \alpha$ a probabilidade de que o intervalo de $\hat{\theta}_1$ a $\hat{\theta}_2$ contenha o verdadeiro θ. Este é conhecido como intervalo de confiança de tamanho $1 - \alpha$ para θ, $1 - \alpha$ sendo conhecido como **coeficiente de confiança**. Se $\alpha = 0{,}05$, então $1 - \alpha = 0{,}95$, significando que, se construímos um intervalo de confiança com um coeficiente de confiança de 0,95, então nas construções repetidas resultantes de amostras repetidas deveremos estar certos em 95 de 100 casos, se afirmarmos que o intervalo contém o verdadeiro θ. Quando o coeficiente de confiança é 0,95, frequentemente dizemos que temos um intervalo de confiança de 95%. Em geral, se o coeficiente de confiança é de $1 - \alpha$, dizemos que temos um intervalo de confiança de $100(1 - \alpha)\%$. Perceba que α é conhecido como o **nível de significância** ou a probabilidade de cometer um erro de Tipo I. Esse tópico é discutido na Seção A.8.

EXEMPLO 24 Suponha que a distribuição da altura dos homens de uma população possua distribuição normal com média $= \mu$ polegadas e $\sigma = 2{,}5$ polegadas. Uma amostra de 100 homens tirada de forma aleatória dessa população tem uma média de altura de 67 polegadas. Estabeleça um intervalo de confiança de 95% para a média de altura ($= \mu$) da população como um todo.

Como foi notado, $\bar{X} \sim N(\mu, \sigma^2/n)$, que, nesse caso, torna-se $\bar{X} \sim N(\mu, 2{,}5^2/100)$. Pela Tabela D.1, pode-se verificar que

$$\bar{X} - 1{,}96\left(\frac{\sigma}{\sqrt{n}}\right) \leq \mu \leq \bar{X} + 1{,}96\frac{\sigma}{\sqrt{n}}$$

cobre 95% da área sob a curva normal. Portanto, o intervalo anterior fornece um intervalo de confiança de 95% para μ. Inserindo os valores fornecidos de $\bar{X}$, σ e n, obtemos o intervalo de confiança de 95% como

$$66{,}51 \leq \mu \leq 67{,}49$$

(Continua)

EXEMPLO 24 (*Continuação*)

Em mensurações repetidas como essa, os intervalos assim estabelecidos incluirão o verdadeiro μ com 95% de confiança. Um comentário técnico pode ser feito aqui. Embora possamos dizer que a probabilidade de que o intervalo aleatório $[\bar{X} \pm 1{,}96(\sigma/\sqrt{n})]$ inclui μ seja de 95%, *não podemos* dizer que seja de 95% a probabilidade de que o intervalo particular (66,51, 67,49) inclua μ. Como esse intervalo é fixado, a probabilidade de que ele incluirá μ é 0 ou 1. O que podemos afirmar é que, se construirmos 100 desses intervalos, 95 dos 100 intervalos incluirão μ; não podemos garantir que um intervalo em particular incluirá necessarimante μ.

Métodos de estimação

De maneira geral, há três métodos de estimação de parâmetros: (1) mínimos quadrados (MQ), (2) máxima verossimilhança (MV) e (3) método dos momentos (MM) e sua extensão, o método dos momentos generalizado (MMG). Temos dedicado tempo considerável para ilustrar o método dos mínimos quadrados. No Capítulo 4, introduzimos o método da máxima verossimilhança no contexto da regressão, mas esse método possui uma aplicação muito mais ampla.

A ideia-chave por trás do método da verossimilhança é a **função de verossimilhança**. Para ilustrar, suponha que a variável aleatória X possui FDP $f(X, \theta)$ que depende de um parâmetro único θ. Conhecemos a FDP (por exemplo, de Bernoulli ou binomial), mas não conhecemos o valor do parâmetro. Suponha que obtenhamos uma amostra aleatória de nX valores. A FDP conjunta desses n valores é:

$$g(x_1, x_2, \ldots, x_n; \theta)$$

Por ela ser uma amostra aleatória, podemos escrever a FDP conjunta anterior como um produto das FDPs individuais:

$$g(x_1, x_2, \ldots, x_n; \theta) = f(x_1; \theta) f(x_2; \theta) \cdots f(x_n; \theta)$$

A FDP conjunta possui uma interpretação dual. Se θ é conhecido, interpretamos como uma FDP conjunta de se observar os dados de valores amostrais. Por outro lado, podemos tratá-la como uma função de θ para valores de $x_1, x_2, \ldots, x_n$. Na segunda interpretação, chamamos a FDP conjunta de **função de verossimilhança** e escrevemos como:

$$L(\theta; x_1, x_2, \ldots, x_n) = f(x_1; \theta) f(x_2; \theta) \cdots f(x_n; \theta)$$

Observe a inversão do papel de θ na função de densidade de probabilidade conjunta e na função de verossimilhança.

O estimador de máxima verossimilhança de θ é aquele valor de θ que maximiza a função de verossimilhança (da amostra), L. Por uma conveniência matemática, em geral tomamos o logaritmo da verossimilhança, chamado **função log de verossimilhança (log L)**. Seguindo as regras de cálculo da maximização, diferenciamos a função log de verossimilhança com respeito à incógnita e igualamos a derivada resultante a zero. O valor resultante do estimador é chamado **estimador de máxima verossimilhança**. Pode-se aplicar a condição de maximização de segunda ordem para assegurar que o valor que obtivemos é, de fato, o valor máximo.

No caso de haver mais de um parâmetro desconhecido, diferenciamos a função log de verossimilhança com respeito a cada incógnita, igualamos as expressões resultantes a zero e solucionamos simultaneamente para obter os valores dos parâmetros desconhecidos. Já demonstramos isso com relação ao modelo de regressão múltipla (veja o Capítulo 4, Apêndice 4A1.).

EXEMPLO 25

Suponha que a variável aleatória X siga a distribuição de Poisson com o valor médio de λ. Suponha que $x_1, x_2, \ldots, x_n$ sejam variáveis aleatórias de Poisson independentes, cada uma com média λ. Suponha que queiramos descobrir o estimador de máxima verossimilhança de λ. A função de verossimilhança aqui é:

(*Continua*)

EXEMPLO 25
(Continuação)

$$L(x_1, x_2, \ldots, x_n; \lambda) = \frac{e^{-\lambda}\lambda^{x_1}}{x_1!}\frac{e^{-\lambda}\lambda^{x_2}}{x_2!}\cdots\frac{e^{-\lambda}\lambda^{x_n}}{x_n!}$$

$$= \frac{e^{-n\lambda}\lambda^{\Sigma x_i}}{x_1!x_2!\cdots x_n!}$$

Essa é uma expressão razoavelmente difícil de manejar, mas, se tomarmos o seu log, ela se torna

$$\log(x_1, x_2, \ldots, x_n; \lambda) = -n\lambda + \sum x_i \log\lambda - \log c$$

em que $\log c = \Pi x_i!$. Diferenciando a expressão anterior com respeito a λ, obtemos $(-n + (\sum x_i)/\lambda)$. Igualando essa última expressão a zero, obtemos $\lambda_{ml} = (\sum x_i)/n = \bar{X}$, que é o estimador de máxima verossimilhança da incógnita λ.

Método dos momentos

Apresentamos uma noção do método dos momentos no Exercício 3.4 no chamado **princípio da analogia**, no qual os momentos da amostra tentam duplicar as propriedades de suas contrapartes na população. O método dos momentos generalizado (MMG), que é uma generalização do MM, agora está tornando-se mais popular, porém, não em um nível introdutório. Desse modo, por ora, não trataremos dele.

As propriedades estatísticas desejáveis agrupam-se em duas categorias: propriedades das amostras pequenas, ou amostras finitas, e propriedades das amostras grandes, ou assintóticas. Por trás desses conjuntos de propriedades está a noção de que um estimador possui uma distribuição em amostra, ou de probabilidade.

Propriedades de pequenas amostras

Sem viés

Um estimador $\hat{\theta}$ é chamado de estimado não tendencioso (não viesado) e de θ se o valor esperado de $\hat{\theta}$ for igual ao verdadeiro θ; isto é,

$$E(\hat{\theta}) = \theta$$

ou

$$E(\hat{\theta}) - \theta = 0$$

Se essa igualdade não se sustenta, o estimador é conhecido como viesado, e o viés é calculado como:

$$\text{viés } (\hat{\theta}) = E(\hat{\theta}) - \theta$$

É claro, se $E(\hat{\theta}) = \theta$ — isto é, $\hat{\theta}$ é um estimador não viesado — o viés é zero.

Geometricamente, a situação é representada na Figura A.8. Observe que a não tendenciosidade é uma propriedade das amostras repetidas, não de qualquer amostra: mantendo o tamanho da amostra fixo, extraímos várias amostras, obtendo, cada vez, uma estimativa do parâmetro desconhecido. Espera-se que o valor médio dessas estimativas seja igual ao valor verdadeiro se o estimador não possuir viés.

Variância mínima

Diz-se que $\hat{\theta}$ é um estimador de mínima variância de θ se a variância de $\hat{\theta}_1$ for menor, ou pelo menos igual, à variância de $\hat{\theta}_2$, que é qualquer outro estimador de θ. Geometricamente, temos

FIGURA A.8
Estimadores viesados e não viesados.

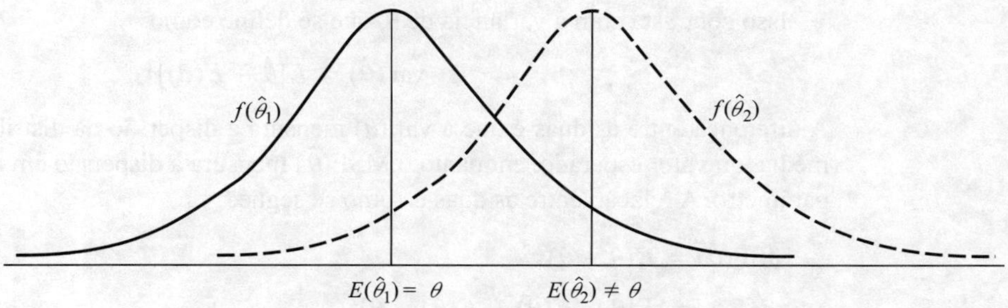

a Figura A.9, que mostra os três estimadores de θ, ou seja, $\hat{\theta}_1$, $\hat{\theta}_2$, e $\hat{\theta}_3$, e suas distribuições de probabilidade. Como demonstrado, a variância de $\hat{\theta}_3$ é menor que as de $\hat{\theta}_1$ e $\hat{\theta}_2$. Então, admitindo apenas os três estimadores possíveis, neste caso, $\hat{\theta}_3$ é um estimador de variância mínima. Porém, perceba que $\hat{\theta}_3$ é um estimador tendencioso (por quê?).

Melhor estimador não viesado ou estimador eficiente

Se $\hat{\theta}_1$ e $\hat{\theta}_2$ são dois estimadores *não viesados* de θ, e a variância de $\hat{\theta}_1$ é menor, ou no máximo, igual à variância de $\hat{\theta}_2$, $\hat{\theta}_1$ é um **estimador não viesado de variância mínima**, ou **melhor não viesado**, ou **eficiente**. Na Figura A.9, dos dois estimadores não viesados, $\hat{\theta}_1$ e $\hat{\theta}_2$, $\hat{\theta}_1$ é o melhor não viesado, ou eficiente.

Linearidade

Um estimador à $\hat{\theta}$. é conhecido como um estimador linear de θ se ele é uma função linear das observações da amostra. A média da amostra definida como

$$\bar{X} = \frac{1}{n} \sum X_i = \frac{1}{n}(x_1 + x_2 + \cdots + x_n)$$

é um estimador linear, porque é uma função linear dos valores de X.

Melhor estimador linear não viesado ou estimador eficiente

Se à $\hat{\theta}$ é linear, é não viesado, e possui uma variância mínima no grupo de todos os estimadores lineares não viesados de θ, ele é chamado de **melhor estimador linear não viesado**, ou, para resumir, **BLUE**.

Estimador com erro quadrado médio mínimo (MSE)

O MSE de um estimador $\hat{\theta}$ é definido como

$$\text{MSE}(\hat{\theta}) = E(\hat{\theta} - \theta)^2$$

FIGURA A.9
Distribuição de três estimadores de θ.

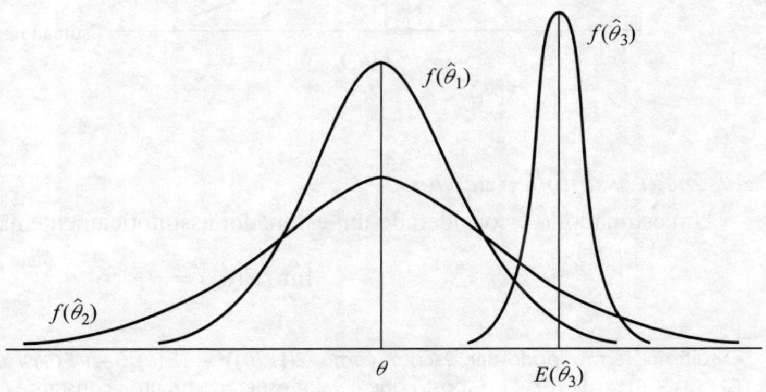

Isso contrasta com a variância de $\hat{\theta}$, que se define como:

$$\text{var}(\hat{\theta}) = E[\hat{\theta} - E(\hat{\theta})]^2$$

A diferença entre as duas é que a var $(\hat{\theta})$ mensura a dispersão da distribuição de $\hat{\theta}$ em torno da sua média, ou valor esperado, enquanto o MSE$(\hat{\theta})$ mensura a dispersão em torno do valor verdadeiro do parâmetro. A relação entre as duas é como se segue:

$$\begin{aligned}
\text{MSE}(\hat{\theta}) &= E(\hat{\theta} - \theta)^2 \\
&= E[\hat{\theta} - E(\hat{\theta}) + E(\hat{\theta}) - \theta]^2 \\
&= E[\hat{\theta} - E(\hat{\theta})]^2 + E[E(\hat{\theta}) - \theta]^2 + 2E[\hat{\theta} - E(\hat{\theta})][E(\hat{\theta}) - \theta] \\
&= E[\hat{\theta} - E(\hat{\theta})]^2 + E[E(\hat{\theta}) - \theta]^2 \quad \text{uma vez que o último termo é zero}^6 \\
&= \text{var}(\hat{\theta}) + \text{viés}(\hat{\theta})^2 \\
&= \text{varância de } \hat{\theta} \textit{ mais } \text{o quadrado do viés}
\end{aligned}$$

Naturalmente, se o viés é zero, MSE $(\hat{\theta}) = \text{var}\ (\hat{\theta})$. O critério MSE mínimo consiste em escolher um estimador cujo MSE seja o menor em um conjunto de estimadores concorrentes. Observe que, mesmo se tal estimador for encontrado, há um *trade-off* envolvido — para obter uma variância mínima, podemos ter de aceitar algum viés. Geometricamente, a situação é apresentada na Figura A.10. Nesta figura, $\hat{\theta}_2$ é levemente viesado, mas sua variância é menor do que a do estimador não viesado $\hat{\theta}_1$. Na prática, contudo, o critério MSE mínimo é utilizado quando o critério do melhor não viesado é incapaz de produzir estimadores com variâncias menores.

Propriedades de grandes amostras

Em geral, acontece de um estimador não satisfazer uma ou mais das propriedades estatísticas desejáveis em amostras pequenas. Contudo, à medida que o tamanho da amostra cresce indefinidamente, o estimador possui várias propriedades estatísticas desejáveis. Essas propriedades são conhecidas como **propriedades de amostras grandes**, ou **assintóticas**.

FIGURA A.10

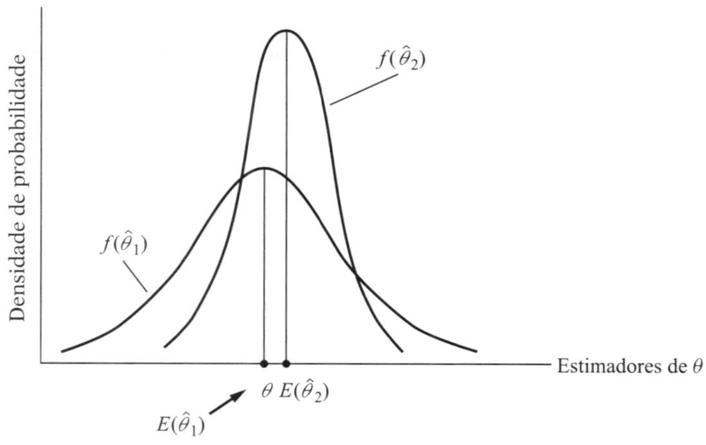

Ausência assintótica de viés.

Um estimador $\hat{\theta}$ é considerado um estimador assintoticamente não viesado de θ se

$$\lim_{n \to \infty} E(\hat{\theta}_n) = \theta$$

[6] O último termo pode ser escrito como $2\{[E(\hat{\theta})]^2 - [E(\hat{\theta})]^2 - \theta E(\hat{\theta}) + \theta E(\hat{\theta})\} = 0$. Observe também que $E[E(\hat{\theta}) - \theta]^2 = [E(\hat{\theta}) - \theta]^2$, posto que o valor esperado de uma constante é simplesmente a própria constante.

em que $\hat{\theta}_n$ significa que o estimador é baseado no tamanho da amostra de n, lim significa limite e $n \to \infty$ indica que n cresce indefinidamente. Em outras palavras, $\hat{\theta}$ é um estimador assintoticamente não viesado de θ se o seu valor esperado, ou média, aproxima-se do valor verdadeiro à medida que o tamanho da amostra torna-se cada vez maior. Como exemplo, considere a seguinte mensuração da variância amostral de uma variável aleatória X:

$$S^2 = \frac{\sum(X_i - \bar{X})^2}{n}$$

Pode-se demonstrar que

$$E(S^2) = \sigma^2\left(1 - \frac{1}{n}\right)$$

em que σ^2 é a verdadeira variância. É óbvio que, em uma amostra pequena, S^2 é viesado, mas à medida que n cresce indefinidamente, $E(S^2)$ aproxima-se do verdadeiro σ^2; portanto, é assintoticamente não viesado.

Consistência

Diz-se que $\hat{\theta}$ é um estimador consistente se ele se aproxima do valor verdadeiro θ à medida que o tamanho da amostra torna-se cada vez maior. A Figura A.11 ilustra a propriedade. Na figura, temos a distribuição de $\hat{\theta}$ baseada no tamanho das amostras de 25, 50, 80 e 100. Como mostra a figura, $\hat{\theta}$ baseado em $n = 25$ é viesado, posto que sua distribuição amostral não é centrada no verdadeiro θ. Porém, à medida que n cresce, a distribuição de $\hat{\theta}$ não apenas tende a ser mais proximamente fechada em θ ($\hat{\theta}$ torna-se menos viesado), mas sua variância também torna-se menor. Se, no limite (quando n cresce indefinidamente), a distribuição de $\hat{\theta}$ convergir para um único ponto θ, isto é, se a distribuição de $\hat{\theta}$ tiver dispersão, ou variância, zero, dizemos que $\hat{\theta}$ é um **estimador consistente** de θ.

FIGURA A.11
A distribuição de θ à medida que a amostra cresce.

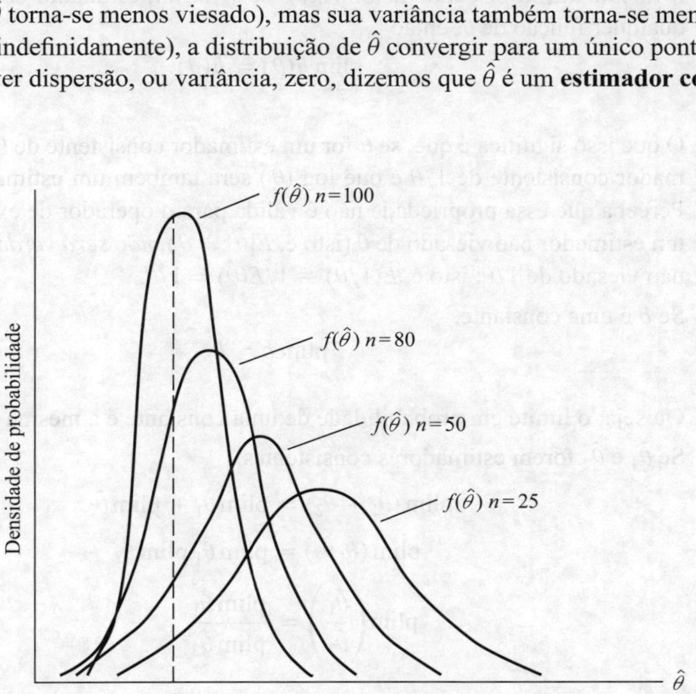

Diz-se, mais formalmente, que $\hat{\theta}$ é um estimador consistente de θ se a probabilidade de que o valor absoluto da diferença entre $\hat{\theta}$ e θ seja menor do que δ (uma quantidade positiva arbitrariamente pequena) aproxima-se de 1 quando n tende ao infinito. Simbolicamente,

$$\lim_{n\to\infty} P\{|\hat{\theta} - \theta| < \delta\} = 1 \qquad \delta > 0$$

em que P significa probabilidade. Isso é frequentemente expresso como

$$\operatorname*{plim}_{n\to\infty} \hat{\theta} = \theta$$

em que *plim* indica o limite em probabilidade.

Perceba que as propriedades de não tendenciosidade de consistência são conceitualmente muito diferentes. A propriedade de não tendenciosidade pode compreender qualquer tamanho de amostra, enquanto a consistência é estritamente uma propriedade das amostras grandes.

Um *condição suficiente* para a consistência é que tanto o viés quanto a variância tendam a zero à medida que o tamanho da amostra cresce indefinidamente.[7] Por outro lado, uma condição suficiente para a consistência é que o quadrado médio mínimo MSE($\hat{\theta}$) tende a zero à medida que n cresce indefinidamente. (Para MSE[$\hat{\theta}$], veja a discussão anteriormente apresentada.)

EXEMPLO 26 Seja $X_1, X_2, ..., X_n$ uma amostra aleatória com base em uma distribuição com média μ e variância σ^2. Demonstre que a média $\bar{X}$ da amostra é um estimador consistente de μ.

Por meio de estatísticas elementares, sabe-se que $E(\bar{X}) = \mu$ e $\text{var}(\bar{X}) = \sigma^2/n$. Uma vez que $E(\bar{X}) = \mu$ independentemente do tamanho da amostra, ele é não viesado. Além disso, à medida que n cresce indefinidamente, a var ($\bar{X}$) tende a zero. Por isso, $\bar{X}$ é um estimador consistente de μ.

As seguintes regras sobre a probabilidade são dignas de nota.

1. *Invariância (propriedade de Slutsky).* Se $\hat{\theta}$ for um estimador consistente de θ, e se $h(\hat{\theta})$ for qualquer função de $\hat{\theta}$, então

$$\operatorname*{plim}_{n\to\infty} h(\hat{\theta}) = h(\theta)$$

O que isso significa é que, se $\hat{\theta}$ for um estimador consistente de θ, $1/\hat{\theta}$ será também um estimador consistente de $1/\theta$ e que log ($\hat{\theta}$) será também um estimador consistente de log (θ). Perceba que essa propriedade não é válida para o operador de expectativa E; isto é, se $\hat{\theta}$ for um estimador não viesado de θ (isto é, $E[\hat{\theta}] = \theta$), *não será verdade* que $1/\hat{\theta}$ é um estimador não viesado de $1/\theta$; isto é, $E(1/\hat{\theta}) \neq 1/E(\hat{\theta}) = 1/\theta$.

2. Se b é uma constante,

$$\operatorname*{plim}_{n\to\infty} b = b$$

Ou seja, o limite em probabilidade de uma constante é a mesma constante.

3. Se $\hat{\theta}_1$ e $\hat{\theta}_2$ forem estimadores consistentes,

$$\text{plim}(\hat{\theta}_1 + \hat{\theta}_2) = \text{plim}\,\hat{\theta}_1 + \text{plim}\,\hat{\theta}_2$$

$$\text{plim}(\hat{\theta}_1\hat{\theta}_2) = \text{plim}\,\hat{\theta}_1\,\text{plim}\,\hat{\theta}_2$$

$$\text{plim}\left(\frac{\hat{\theta}_1}{\hat{\theta}_2}\right) = \frac{\text{plim}\,\hat{\theta}_1}{\text{plim}\,\hat{\theta}_2}$$

As duas últimas propriedades, em geral, não são válidas para o operador de expectativa E. Assim, $E(\hat{\theta}_1/\hat{\theta}_2) \neq E(\hat{\theta}_1)/E(\hat{\theta}_2)$. De maneira semelhante, $E(\hat{\theta}_1\hat{\theta}_2) \neq E(\hat{\theta}_1)\,E(\hat{\theta}_2)$. Se, entretanto, $\hat{\theta}_1$ e $\hat{\theta}_2$ forem distribuídos independentemente, $E(\hat{\theta}_1\hat{\theta}_2) = E(\hat{\theta}_1)\,E(\hat{\theta}_2)$, como observado anteriormente.

[7] Mais tecnicamente, $\lim_{n\to\infty} E(\hat{\theta}_n) = \theta$ e $\lim_{n\to\infty} \text{var}(\hat{\theta}_n) = 0$.

Eficiência assintótica

Seja $\hat{\theta}$ um estimador de θ. A variância da distribuição assintótica de $\hat{\theta}$ é chamada de **variância assintótica** de $\hat{\theta}$. Se $\hat{\theta}$ for consistente e a sua variância assintótica for menor do que a variância assintótica de todos os estimadores consistentes de θ, $\hat{\theta}$ é chamado de **assintoticamente eficiente**.

Normalidade assintótica

Um estimador $\hat{\theta}$ é considerado ter distribuição assintoticamente normal se sua distribuição amostral tende a aproximar-se da distribuição normal à medida que o tamanho da amostra n cresce indefinidamente. Por exemplo, a teoria estatística demonstra que, se $X_1, X_2, \ldots, X_n$ são variáveis independentes com distribuição normal e possuem a mesma média μ e a mesma variância σ^2, a média da amostra $\bar{X}$ também possui distribuição normal com média μ e variância σ_2/n em amostras pequenas e também em amostras grandes. Contudo, se os X_i forem independentes com média μ e variância σ^2, mas não necessariamente pertencerem à distribuição normal, a média da amostra $\bar{X}$ possuirá distribuição assintoticamente normal com média μ e variância σ^2/n; ou seja, à medida que o tamanho da amostra n cresce indefinidamente, a média da amostra tende a ser normalmente distribuída com média μ e variância σ^2/n. Na verdade, esse é o teorema central do limite previamente discutido.

A.8 Inferência estatística: testando as hipóteses

A estimação e o teste da hipótese constituem os ramos gêmeos da inferência estatística clássica. Ao examinarmos o problema da estimação, examinaremos brevemente o problema do teste estatístico de hipóteses.

O problema do teste de hipótese pode ser estabelecido da seguinte forma: admita que tenhamos uma variável aleatória X com uma FDP conhecida $f(x; \theta)$, em que θ é o parâmetro da distribuição. Ao obtermos uma amostra aleatória de tamanho n, obtemos o estimador pontual $\hat{\theta}$. Uma vez que o verdadeiro θ é raramente conhecido, levantamos a questão: o estimador $\hat{\theta}$ é "compatível" com algum valor hipotético de θ, por exemplo, $\theta = \theta^*$, em que θ^* é um valor numérico específico de θ? Em outras palavras, poderia a nossa amostra ser proveniente da FDP $f(x; \theta) = \theta^*$? Na linguagem de teste da hipótese, $\theta = \theta^*$ é chamado **hipótese nula** (ou sustentada) e é geralmente denotada por H_0. A hipótese nula é testada contra uma **hipótese alternativa**, denotada por H_1, que, por exemplo, pode estabelecer que $\theta \neq \theta^*$. (*Nota:* em alguns livros, H_0 e H_1 são designados por H_1 e H_2, respectivamente.)

A hipótese nula e a hipótese alternativa podem ser **simples** ou **compostas**. Uma hipótese é denominada *simples* se especifica o(s) valor(es) do(s) parâmetro(s) de distribuição; do contrário, é chamada de hipótese *composta*. Assim, se $X \sim N(\mu, \sigma^2)$ e afirmamos que

$$H_0\colon \mu = 15 \qquad \text{e} \qquad \sigma = 2$$

é uma hipótese simples, enquanto

$$H_0\colon \mu = 15 \qquad \text{e} \qquad \sigma > 2$$

é uma hipótese composta porque aqui o valor de σ não é especificado.

Para testarmos a hipótese nula (por exemplo, para testar sua validade), utilizamos a informação da amostra para obter o que é conhecido como **estatística de teste**. Muito frequentemente, essa estatística de teste torna-se o estimador pontual do parâmetro desconhecido. Então, tentamos descobrir a *distribuição da amostra ou da probabilidade da estatística de teste e utilizamos a abordagem do* ***intervalo de confiança*** *ou o* ***teste de significância*** *para testar a hipótese nula.* O mecanismo é ilustrado a seguir.

Para melhor entendermos, vamos voltar ao Exemplo 24, que diz respeito à altura (X) dos homens em uma população. Dizemos que

$$X_i \sim N(\theta, \sigma^2) = N(\mu, 2{,}5^2)$$
$$\bar{X} = 67 \qquad n = 100$$

Vamos admitir que

$$H_0: \mu = \mu^* = 69$$
$$H_1: \mu \neq 69$$

A questão é: poderia a amostra com $\bar{X} = 67$, a estatística de teste, ter sido extraída da população com o valor médio de 69? Intuitivamente, não podemos rejeitar a hipótese nula se $\bar{X}$ é "suficientemente próximo" de μ^*; ou então podemos rejeitá-la em favor da hipótese alternativa. Como decidimos que $\bar{X}$ é "suficientemente próximo" de μ^*? Podemos adotar duas abordagens, (1) intervalo de confiança e (2) teste de significância, ambas levando a conclusões idênticas em qualquer aplicação específica.

A abordagem do intervalo de confiança

Posto que $X_i \sim N(\theta, \sigma^2)$, sabemos que a estatística de teste $\bar{X}$ é distribuída como

$$\bar{X} \sim N(\mu, \sigma^2/n)$$

Uma vez que conhecemos a distribuição de probabilidade de $\bar{X}$, por que não estabelecer, por exemplo, um intervalo de confiança de $100(1 - \alpha)$ para μ baseado em $\bar{X}$ e verificar se esse intervalo de confiança inclui $\mu = \mu^*$? Se incluir, não poderemos rejeitar a hipótese nula; se não incluir, poderemos rejeitar a hipótese nula. Assim, se $\alpha = 0{,}05$, teremos um intervalo de confiança de 95%, e, se este intervalo de confiança incluir, μ^*, não poderemos rejeitar a hipótese nula — 95 dentre 100 intervalos assim estabelecidos deverão provavelmente incluir μ^*.

O procedimento é como se segue: uma vez que $\bar{X} \sim N(\mu, \sigma^2/n)$, segue-se que

$$Z_i = \frac{\bar{X} - \mu}{\sigma/\sqrt{n}} \sim N(0, 1)$$

ou seja, uma variável normal padrão. Por meio da tabela de distribuição normal, sabemos que

$$\Pr(-1{,}96 \leq Z_i \leq 1{,}96) = 0{,}95$$

Isto é,

$$\Pr\left(-1{,}96 \leq \frac{\bar{X} - \mu}{\sigma/\sqrt{n}} \leq 1{,}96\right) = 0{,}95$$

que, rearranjada, resulta em

$$\Pr\left[\bar{X} - 1{,}96\frac{\sigma}{\sqrt{n}} \leq \mu \leq \bar{X} + 1{,}96\frac{\sigma}{\sqrt{n}}\right] = 0{,}95$$

Isso é um intervalo de confiança para μ. Uma vez que esse intervalo foi estabelecido, o teste da hipótese nula é simples. Tudo o que temos de fazer é verificar se $\mu = \mu^*$ está nesse intervalo. Se estiver, não poderemos rejeitar a hipótese nula; se não estiver, poderemos rejeitá-la.

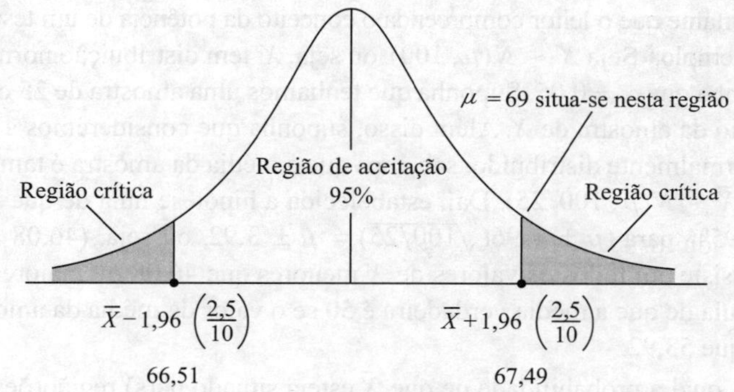

FIGURA A.12
Intervalo de confiança de 95% para μ.

Voltando ao Exemplo 24, já estabelecemos um intervalo de confiança de 95% para μ, que é

$$66{,}51 \leq \mu \leq 67{,}49$$

Obviamente, esse intervalo não inclui $\mu = 69$. Por conseguinte, podemos rejeitar a hipótese nula de que o verdadeiro μ é 69 com um coeficiente de confiança de 95%. Geometricamente, a situação é como apresentada na Figura A.12.

Na linguagem do teste de hipóteses, o intervalo de confiança que estabelecemos é chamado de **região de aceitação** e a(s) área(s) fora da(s) região(ões) é(são) chamada(s) **região(ões) crítica(s)** ou **região(ões) de rejeição** da hipótese nula. Os limites inferior e superior da região de aceitação (que a separam das regiões de rejeição) são chamados **valores críticos**. Nessa linguagem do teste de hipóteses, se o valor hipotético recair na região de aceitação, não se poderá rejeitar a hipótese nula; caso contrário, pode-se rejeitá-la.

É importante observar que, ao decidir rejeitar ou não a H_0, pode vir a ocorrer dois tipos de erros: (1) podemos rejeitar H_0 quando ela for, de fato, verdadeira; este é o chamado **erro tipo I** (no exemplo anterior, $\bar{X} = 67$ poderia ser proveniente da população com um valor médio de 69); ou (2) podemos não rejeitar H_0 quando ela for, de fato, falsa; este é chamado de **erro tipo II**. Portanto, um teste de hipótese não estabelece o valor do verdadeiro μ. Ele apenas fornece meios de decidir se podemos agir como se $\mu = \mu^*$.

Erros do tipo I e do tipo II

Esquematicamente, temos

	Situação	
Decisão	**H_0 é verdadeira**	**H_0 é falsa**
Rejeitar	Erro do tipo I	Não há erro
Não rejeitar	Não há erro	Erro do tipo II

Idealmente, gostaríamos de minimizar tanto os erros do tipo I quanto os do tipo II. Infelizmente, para qualquer tamanho de amostra, não é possível minimizar ambos os erros simultaneamente. A abordagem clássica a esse problema, incorporada ao trabalho de Neyman e Pearson, é supor que um erro do tipo I seja provavelmente mais sério, na prática, do que um erro do tipo II. Deveríamos manter a probabilidade de cometer um erro do tipo I em um nível bem baixo, como 0,01 ou 0,05, e então tentar minimizar a probabilidade de cometer um erro do tipo II quanto for possível.

Na literatura, a probabilidade de um erro do tipo I é designada como α e é chamada de **nível de significância**, e a probabilidade de um erro do tipo II é designada como β. A probabilidade de *não* cometer um erro do tipo II é chamada de **potência do teste**. *Em outras palavras, a potência de um teste é a sua capacidade de rejeitar uma falsa hipótese nula.* A abordagem clássica ao teste de hipótese é fixar α em níveis como 0,01 (ou 1%) ou 0,05 (5%) e tentar maximizar a potência do teste; ou seja, minimizar β.

É importante que o leitor compreenda o conceito da potência de um teste, que é mais bem explicado com um exemplo.[8] Seja $X \sim N(\mu, 100)$, ou seja, X tem distribuição normal com média μ e variância 100. Suponha que $\alpha = 0{,}05$. Suponha que tenhamos uma amostra de 25 observações, que forneça um valor médio da amostra de $\bar{X}$. Além disso, suponha que consideremos a hipótese H_0: $\mu = 50$. Posto que X é normalmente distribuído, sabemos que a média da amostra é também normalmente distribuída como: $\bar{X} \sim N(\mu, 100/25)$. Daí, estabelecida a hipótese nula de que $\mu = 50$, o intervalo de confiança de 95% para $(\mu \pm 1{,}96(\sqrt{100/25}) = \mu \pm 3{,}92$, ou seja, (46,08 a 53,92). Portanto, a região crítica consiste em todos os valores de $\bar{X}$ menores que 46,08 ou maiores que 53,92. Rejeitaremos a hipótese nula de que a média verdadeira é 50 se o valor da média da amostra estiver abaixo de 46,08 ou maior que 53,92.

Porém, qual a probabilidade de que $\bar{X}$ esteja situado na(s) região(ões) crítica(s) anterior(es) se o verdadeiro μ possui um valor diferente de 50? Suponha que haja três hipóteses alternativas: $\mu = 48$, $\mu = 52$ e $\mu = 56$. Se alguma dessas alternativas for verdadeira, ela será a média real da distribuição de $\bar{X}$. O desvio padrão não é modificado para as três alternativas, uma vez que σ^2 ainda se pressupõe como 100.

As áreas sombreadas na Figura A.13 demonstram as possibilidades de que $\bar{X}$ recairá sobre a região crítica se cada uma das hipóteses alternativas for verdadeira. Como se pode verificar, essas possibilidades são 0,17 (para $\mu = 48$), 0,05 (para $\mu = 50$), 0,17 (para $\mu = 52$) e 0,85 (para $\mu = 56$). Como se pode verificar nessa figura, sempre que o verdadeiro valor de μ difere substancialmente da hipótese em consideração (que aqui é $\mu = 50$), a probabilidade de rejeitar a hipótese é alta; porém, quando o verdadeiro valor não é muito diferente do valor dado para a hipótese nula, a probabilidade de rejeição é menor. Intuitivamente, isso deveria fazer sentido se as hipóteses nula e alternativa fossem muito proximamente agrupadas.

FIGURA A.13

Distribuição de X quando $N = 25$, $\sigma = 10$, e $\mu = 48$, 50, 52, ou 56. Na H: $\mu = 50$, a região crítica com $\alpha = 0{,}05$ é $\bar{X} < 46{,}1$ e $\bar{X} > 53{,}9$. A área sombreada indica a probabilidade de que $\bar{X}$ recaia sobre a região crítica. Essa probabilidade é:

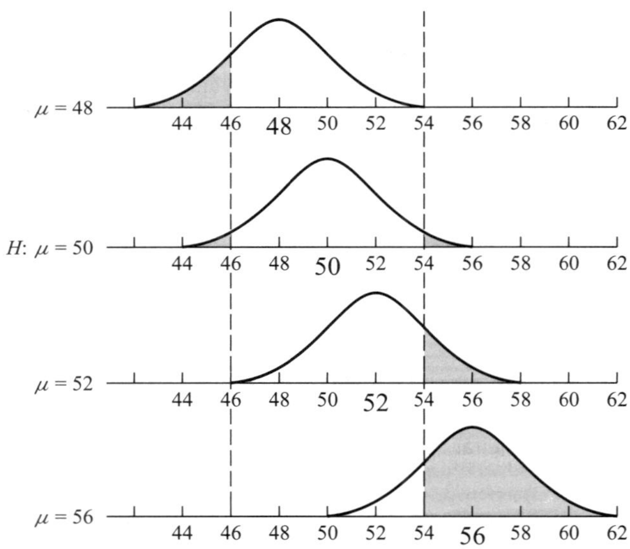

0,17 se $\mu = 48$ 0,17 se $\mu = 52$
0,05 se $\mu = 50$ 0,85 se $\mu = 56$

Isso pode ser visto mais adiante quando consideramos a Figura A.14, chamada **gráfico da função potência**; a curva demonstra que há a chamada **curva de potência**.

[8] A próxima discussão e os gráficos são baseados em Walker, Helen M.; Lev, Joseph. *Statistical inference*. Nova York: Holt, Rinehart e Winston, 1953. p. 161–162.

O leitor perceberá que o coeficiente de confiança $(1 - \alpha)$ discutido anteriormente é apenas 1 menos a probabilidade de que se cometa um erro do tipo I. Assim, um coeficiente de confiança de 95% significa que estamos preparados para aceitar no máximo uma probabilidade de 5% de cometer um erro do tipo I — não queremos rejeitar a hipótese verdadeira mais do que 5 vezes em 100.

O valor p ou nível exato de significância

Em vez de fazer uma pré-seleção de α em níveis arbitrários, como 1, 5 ou 10%, pode-se obter o **valor *p* (probabilidade)** ou **nível exato de significância** de uma estatística de teste. O valor *p* é definido como *o menor nível de significância a que uma hipótese nula pode ser rejeitada.*

Suponhamos que, em uma aplicação envolvendo 20 graus de liberdade, obtenhamos um valor *t* de 3,552. Agora, o valor *p*, ou probabilidade exata, de obter um valor *t* de 3,552 ou superior a isso pode ser verificado na Tabela D.2 como 0,001 (unicaudal) ou 0,002 (bicaudal). Podemos afirmar que o valor *t* observado de 3,552 é estatisticamente significativo no nível 0,001 ou 0,002, dependendo de utilizarmos um teste unicaudal ou bicaudal.

Agora, vários pacotes estatísticos rotineiramente apresentam o valor *p* das estatísticas de teste estimadas. Portanto, aconselha-se ao leitor a observar o valor *p* sempre que possível.

Tamanho da amostra e testes de hipótese

Em dados de pesquisa envolvendo centenas de observações, a hipótese nula parece ser rejeitada com mais frequência do que em amostras pequenas. Vale a pena citar aqui Angus Deaton:

> À medida que o tamanho da amostra cresce, e, desde que utilizemos um procedimento de estimação consistente, nossas estimativas estarão próximas da verdade e menos dispersas ao redor dessa verdade para que as discrepâncias que não são detectáveis com o tamanho da amostra pequena levem-nos à rejeição em amostras grandes. Amostras de tamanhos grandes assemelham-se ao grande poder resolutivo de um telescópio; características que não são visíveis a uma certa distância tornam-se mais e mais definidamente delineadas à medida que acontece a magnificação.[9]

Seguindo Leamer e Schwarz, Deaton sugere ajustar os valores críticos padrão dos testes *F* e χ^2 como se segue: *rejeitar a hipótese nula quando o valor F calculado exceder o logaritmo do tamanho da amostra, ou seja, ln, e quando a estatística χ^2 calculada para a restrição q exceder **qln**, em que l é o logaritmo natural e n é o tamanho da amostra*. Esses valores críticos são conhecidos como valores críticos **Leamer-Schwarz**.

Utilizando o exemplo de Deaton, se $n = 100$, a hipótese nula seria rejeitada apenas se o valor *F* calculado fosse maior do que 4,6, porém, se $n = 10.000$, a hipótese nula seria rejeitada quando o valor *F* calculado excedesse 9,2.

FIGURA A.14

Função da potência do teste de hipótese $\mu = 50$ quando $N = 25$, $\sigma = 10$, e $\alpha = 0{,}05$.

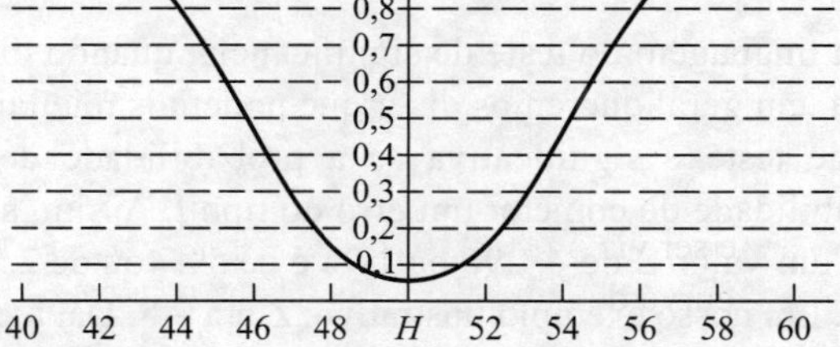

[9] Deaton, Angus. *The analysis of household surveys*: a microeconometric approach to development policy. Baltimore: The Johns Hopkins University Press, 2000. p. 130.

A abordagem do teste de significância

Lembre-se de que

$$Z_i = \frac{\bar{X} - \mu}{\sigma / \sqrt{n}} \sim N(0, 1)$$

Em qualquer aplicação dada, $\bar{X}$ e n são conhecidos (ou podem ser estimados), contudo, os verdadeiros μ e σ não são conhecidos. Porém, se σ for especificado e considerarmos (fazendo uso da H_0) que $\mu = \mu^*$, um valor numérico específico, então Z_i poderá ser diretamente calculado e poderemos facilmente observar a tabela de distribuição normal para encontrar a probabilidade de obter o valor Z calculado. Se essa probabilidade for pequena, por exemplo, menor do que 5% ou 1%, poderemos rejeitar a hipótese nula — se a hipótese fosse verdadeira, as chances de obter o valor particular de Z deveriam ser muito altas. Essa é a ideia geral por atrás da abordagem do teste de significância para o teste de hipótese. A ideia central em questão é a estatística de teste (aqui a estatística Z) e sua distribuição de probabilidade sob o valor presumido de $\mu = \mu^*$. Apropriadamente, neste caso, o teste é conhecido como **teste *Z***, uma vez que utilizamos o valor Z (normal padronizado).

Voltando ao nosso exemplo, se $\mu = \mu^* = 69$, a estatística Z torna-se

$$\begin{aligned} Z &= \frac{\bar{X} - \mu^*}{\sigma / \sqrt{n}} \\ &= \frac{67 - 69}{2{,}5 / \sqrt{100}} \\ &= -2/0{,}25 = -8 \end{aligned}$$

Se observarmos a Tabela D.1, de distribuição normal, podemos verificar que a probabilidade de obter tal valor de Z é extremamente pequena. (*Nota*: a probabilidade de um valor Z exceder 3 ou -3 é de aproximadamente 0,001. A probabilidade de Z exceder 8 é ainda menor.) Podemos rejeitar a hipótese nula de que $\mu = 69$; dado esse valor, a nossa chance de obter um $\bar{X}$ de 67 é extremamente pequena. Portanto, duvidamos que a nossa amostra venha da população com um valor médio de 69. Por meio do diagrama, a situação é apresentada na Figura A.15.

FIGURA A.15
A distribuição da estatística Z.

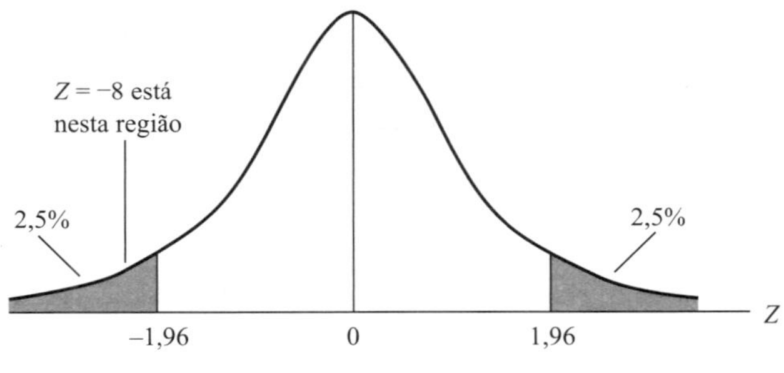

Na linguagem do teste de significância, quando dizemos que uma estatística de teste é significativa, em geral queremos dizer que podemos rejeitar a hipótese nula. Considera-se que a estatística de teste é significativa se a probabilidade de obtê-la for igual ou menor do que α, a probabilidade de cometer um erro do tipo I. Assim, se $\alpha = 0{,}05$, sabemos que a probabilidade de obter um valor Z de $-1{,}96$ ou 1,96 é de 5% (ou de 2,5% em cada cauda da distribuição normal padrão). Em nosso exemplo ilustrativo, Z era -8. Daí a probabilidade de obter tal valor de Z ser muito menor do que 2,5%, bem abaixo de nossa probabilidade pré-especificada de cometer um erro do tipo I. É por isso que o valor calculado de $Z = -8$ é estatisticamente significativo; rejeitamos a hipótese nula de que o verdadeiro μ^* seja 69. É claro, chegamos à mesma conclusão utilizando a abordagem do intervalo de confiança para o teste de hipótese.

Agora, vamos resumir os passos envolvidos no teste da hipótese estatística:

Passo 1. Formule a hipótese nula H_0 e a hipótese alternativa H_1 (por exemplo: H_0: $\mu = 69$ e H_1: $\mu = 69$).

Passo 2. Selecione a estatística de teste (por exemplo: $\bar{X}$).

Passo 3. Determine a distribuição de probabilidade da estatística de teste (por exemplo: $\bar{X} \sim N(\mu, \sigma^2/n)$.

Passo 4. Escolha o nível de significância α (a probabilidade de cometer um erro do tipo I).

Passo 5. Utilizando a distribuição de probabilidade da estatística de teste, estabeleça um valor de confiança $100(1 - \alpha)\%$. Se o valor do parâmetro submetido à hipótese nula (por exemplo: $\mu = \mu^* = 69$) estiver na região de confiança, a região de aceitação, não rejeite a hipótese nula. Porém, se ele estiver fora desse intervalo (ou seja, dentro da região de rejeição), pode-se rejeitar a hipótese nula. Tenha em mente que, ao não rejeitar ou rejeitar uma hipótese nula, corre-se o risco de estar errado em uma porcentagem de α.

Referências

Para mais detalhes do material tratado neste apêndice, o leitor pode consultar as seguintes referências:

HOEL, Paul G. *Introduction to mathematical statistics.* 4. ed. Nova York John Wiley & Sons, 1974. Este livro fornece uma introdução bem simples a vários aspectos da estatística matemática.

FREUND, John E.; e WALPOLE, Ronald E. *Mathematical statistics.* 3. ed. Englewood Cliffs, NJ.: Prentice Hall, 1980. Outro livro introdutório em estatística matemática.

MOOD, Alexander, M.; GRAYBILL, Franklin A.; BOE, Duane C. *Introduction to the theory of statistics.* 3. ed., Nova York: McGraw-Hill, 1974. Esta é uma introdução abrangente da teoria estatística, porém, é, de certa forma, mais difícil do que os dois livros anteriores.

NEWBOLD, Paul. *Statistics for business and economics.* Englewood Cliffs, NJ.: Prentice Hall, 1984. Uma introdução não matemática abrangente à estatística com vários problemas solucionados.

Apêndice **B**

Rudimentos de álgebra matricial

Este apêndice fornece o essencial sobre álgebra matricial para a compreensão do Apêndice C e de parte do conteúdo do Capítulo 18. A discussão não é rigorosa e não são dadas quaisquer demonstrações. Para demonstrações e mais detalhes, o leitor pode consultar as referências.

B.1 Definições

Matriz

Uma matriz é um conjunto retangular de números ou elementos distribuídos em linhas e colunas. Mais precisamente, uma matriz de **ordem** ou **dimensão** M por N (escrita como $M \times N$) é um conjunto de $M \times N$ elementos distribuídos em M linhas e N colunas. Sendo assim, com as letras maiúsculas em negrito indicando matrizes, uma matriz $\mathbf{A}$ ($M \times N$) pode ser expressa como

$$\mathbf{A} = [a_{ij}] = \begin{bmatrix} a_{11} & a_{12} & a_{13} & \cdots & a_{1N} \\ a_{21} & a_{22} & a_{23} & \cdots & a_{2N} \\ \cdots & \cdots & \cdots & \cdots & \cdots \\ a_{M1} & a_{M2} & a_{M3} & \cdots & a_{MN} \end{bmatrix}$$

em que a_{ij} é o elemento que aparece na i-ésima linha e na j-ésima coluna de $\mathbf{A}$ e $[a_{ij}]$ corresponde a uma expressão abreviada da matriz $\mathbf{A}$ cujo elemento essencial é a_{ij}. A ordem ou dimensão de uma matriz – o número de linhas e colunas – é frequentemente escrita embaixo da matriz para facilitar a referência.

$$\underset{2\times 3}{\mathbf{A}} = \begin{bmatrix} 2 & 3 & 5 \\ 6 & 1 & 3 \end{bmatrix} \qquad \underset{3\times 3}{\mathbf{B}} = \begin{bmatrix} 1 & 5 & 7 \\ -1 & 0 & 4 \\ 8 & 9 & 11 \end{bmatrix}$$

Escalar

O escalar é um único número (real). Em outros termos, um escalar é uma matriz 1×1.

Vetor coluna

Uma matriz constituída de M linhas e apenas uma coluna é chamada **vetor coluna.** Empregando letras minúsculas em negrito para denotar vetores, um exemplo de vetor coluna pode ser

$$\underset{4\times 1}{\mathbf{x}} = \begin{bmatrix} 3 \\ 4 \\ 5 \\ 9 \end{bmatrix}$$

Vetor linha

Uma matriz que consiste em uma única linha e N colunas é denominada **vetor linha.**

$$\underset{1\times 4}{\mathbf{x}} = [1 \quad 2 \quad 5 \quad -4] \qquad \underset{1\times 5}{\mathbf{y}} = [0 \quad 5 \quad -9 \quad 6 \quad 10]$$

Transposição

A transposição de uma matriz **A** $M \times N$, indicada por $\mathbf{A}'$ (que se lê como "**A** linha" ou "**A** transposta") é uma matriz $N \times M$ obtida por meio da troca das linhas pelas colunas de **A**; ou seja, a i-ésima linha de **A** torna-se a i-ésima coluna de $\mathbf{A}'$. Por exemplo,

$$\underset{3\times 2}{\mathbf{A}} = \begin{bmatrix} 4 & 5 \\ 3 & 1 \\ 5 & 0 \end{bmatrix} \qquad \underset{2\times 3}{\mathbf{A}'} = \begin{bmatrix} 4 & 3 & 5 \\ 5 & 1 & 0 \end{bmatrix}$$

Na medida em que um vetor é um tipo especial de matriz, a transposição de um vetor linha é a transposição de um vetor coluna e a transposição de um vetor coluna é um vetor linha. Portanto,

$$\mathbf{x} = \begin{bmatrix} 4 \\ 5 \\ 6 \end{bmatrix} \quad \text{e} \quad \mathbf{x}' = [4 \quad 5 \quad 6]$$

Seguiremos a convenção de indicar os vetores linha com "linha" (').

Submatriz

Dada a matriz **A** ($M \times N$), se todas as colunas e linhas de **A** forem eliminadas, com exceção das r linhas e s colunas, a matriz resultante da ordem $r \times s$ será denominada **submatriz** de **A**. Sendo assim, se

$$\underset{3\times 3}{\mathbf{A}} = \begin{bmatrix} 3 & 5 & 7 \\ 8 & 2 & 1 \\ 3 & 2 & 1 \end{bmatrix}$$

e se eliminarmos a terceira linha e a terceira coluna de **A**, obteremos

$$\underset{2\times 2}{\mathbf{B}} = \begin{bmatrix} 3 & 5 \\ 8 & 2 \end{bmatrix}$$

que corresponde a uma submatriz de **A** cuja ordem é 2×2.

B.2 Tipos de matrizes

Matriz quadrada

Uma matriz que possui o mesmo número de linhas e colunas é denominada **matriz quadrada.**

$$\mathbf{A} = \begin{bmatrix} 3 & 4 \\ 5 & 6 \end{bmatrix} \qquad \mathbf{B} = \begin{bmatrix} 3 & 5 & 8 \\ 7 & 3 & 1 \\ 4 & 5 & 0 \end{bmatrix}$$

Matriz diagonal

Uma matriz quadrada que possua pelo menos um elemento diferente de zero na diagonal principal (do canto superior esquerdo ao canto inferior direito) e possua zeros nas demais posições será chamada de **matriz diagonal**.

$$\underset{2\times 2}{\mathbf{A}} = \begin{bmatrix} 2 & 0 \\ 0 & 3 \end{bmatrix} \qquad \underset{3\times 3}{\mathbf{B}} = \begin{bmatrix} -2 & 0 & 0 \\ 0 & 5 & 0 \\ 0 & 0 & 1 \end{bmatrix}$$

Matriz escalar

Uma matriz diagonal cujos elementos diagonais são todos iguais é designada **matriz escalar**. Um exemplo é a matriz de variância-covariância de um termo de erro populacional do modelo clássico de regressão linear dado na Equação (C.2.3), ou seja,

$$\text{var-cov}\,(\mathbf{u}) = \begin{bmatrix} \sigma^2 & 0 & 0 & 0 & 0 \\ 0 & \sigma^2 & 0 & 0 & 0 \\ 0 & 0 & \sigma^2 & 0 & 0 \\ 0 & 0 & 0 & \sigma^2 & 0 \\ 0 & 0 & 0 & 0 & \sigma^2 \end{bmatrix}$$

Matriz identidade ou unidade

Uma matriz diagonal cujos elementos diagonais são todos 1 é chamada **matriz identidade** ou **unidade** e é denotada por **I**. Esse é um tipo especial de matriz escalar.

$$\underset{3\times 3}{\mathbf{I}} = \begin{bmatrix} 1 & 0 & 0 \\ 0 & 1 & 0 \\ 0 & 0 & 1 \end{bmatrix} \qquad \underset{4\times 4}{\mathbf{I}} = \begin{bmatrix} 1 & 0 & 0 & 0 \\ 0 & 1 & 0 & 0 \\ 0 & 0 & 1 & 0 \\ 0 & 0 & 0 & 1 \end{bmatrix}$$

Matriz simétrica

Uma matriz quadrada cujos elementos acima da diagonal principal são imagens espelhadas dos elementos que estão abaixo da diagonal principal é chamada de **matriz simétrica**. Em outros termos, uma matriz simétrica corresponde àquela cuja transposição é igual a si mesma; ou seja, $\mathbf{A} = \mathbf{A}'$. Ou então, o elemento a_{ij} de **A** é igual ao elemento a_{ji} de $\mathbf{A}'$. Um exemplo é a matriz de variância-covariância dado na Equação (C.2.2). Outro é a matriz de correlação apresentada em (C.5.1).

Matriz nula

Uma matriz cujos elementos são todos zero é chamada **matriz nula** e é denotada por **0**.

Vetor nulo

Uma linha ou coluna cujos elementos são todos zero é designada **vetor nulo** e também é denotada por **0**.

Matrizes iguais

Duas matrizes **A** e **B** denominam-se iguais se são da mesma ordem e seus elementos correspondentes são iguais; isto é, $a_{ij} = b_{ij}$ para todos os *i* e *j*. Por exemplo, as matrizes

$$\underset{3\times3}{\mathbf{A}} = \begin{bmatrix} 3 & 4 & 5 \\ 0 & -1 & 2 \\ 5 & 1 & 3 \end{bmatrix} \quad \text{e} \quad \underset{3\times3}{\mathbf{B}} = \begin{bmatrix} 3 & 4 & 5 \\ 0 & -1 & 2 \\ 5 & 1 & 3 \end{bmatrix}$$

são iguais, ou seja $\mathbf{A} = \mathbf{B}$.

B.3 Operações com matrizes

Soma de matrizes

Sendo $\mathbf{A} = [\,a_{ij}\,]$ e $\mathbf{B} = [\,b_{ij}\,]$. Se **A** e **B** forem da mesma ordem, definiremos a soma das matrizes como

$$\mathbf{A} + \mathbf{B} = \mathbf{C}$$

em que **C** é da mesma ordem de **A** e **B** e são obtidas por meio de $c_{ij} = a_{ij} + b_{ij}$ para todos os *i* e *j*; **C** é obtida pela adição dos elementos correspondentes de **A** e **B**. Se essa adição pode ser efetuada, podemos afirmar que **A** e **B** são *conformes* para adição. Por exemplo, se

$$\mathbf{A} = \begin{bmatrix} 2 & 3 & 4 & 5 \\ 6 & 7 & 8 & 9 \end{bmatrix} \quad \text{e} \quad \mathbf{B} = \begin{bmatrix} 1 & 0 & -1 & 3 \\ -2 & 0 & 1 & 5 \end{bmatrix}$$

e $\mathbf{C} = \mathbf{A} + \mathbf{B}$, então

$$\mathbf{C} = \begin{bmatrix} 3 & 3 & 3 & 8 \\ 4 & 7 & 9 & 14 \end{bmatrix}$$

Subtração de matrizes

A subtração de matrizes segue o mesmo princípio da adição, exceto pelo fato de que $\mathbf{C} = \mathbf{A} - \mathbf{B}$; ou seja, subtraímos os elementos de **B** dos elementos correspondentes de **A** para obtermos **C**, desde que **A** e **B** sejam da mesma ordem.

Multiplicação escalar

Para multiplicar uma matriz **A** por um escalar λ (um número real), multiplicamos cada elemento da matriz por λ:

$$\lambda\mathbf{A} = [\lambda a_{ij}]$$

Por exemplo, se $\lambda = 2$ e

$$\mathbf{A} = \begin{bmatrix} -3 & 5 \\ 8 & 7 \end{bmatrix}$$

então,

$$\lambda\mathbf{A} = \begin{bmatrix} -6 & 10 \\ 16 & 14 \end{bmatrix}$$

Multiplicação de matrizes

Consideremos **A** como $M \times N$ e **B** como $N \times P$. O produto **AB** (nesta ordem) é definido como uma nova matriz **C** de ordem $M \times P$ de modo que:

$$c_{ij} = \sum_{k=1}^{N} a_{ik} b_{kj} \qquad \begin{array}{l} i = 1, 2, \ldots, M \\ j = 1, 2, \ldots, P \end{array}$$

Isto é, o elemento na *i-ésima* linha e na *j-ésima* coluna de **C** é obtido por meio da multiplicação dos elementos da *i-ésima* linha de **A** pelos elementos correspondentes da *j-ésima* coluna de **B** e por meio da adição de todos os termos; tal procedimento é conhecido como regra da multiplicação *linha por coluna*. Para obtermos c_{11}, que corresponde ao elemento na primeira linha e a primeira coluna de **C**, multiplicamos os elementos da primeira linha de **A** pelos elementos correspondentes na primeira coluna de **B** e somamos todos os termos. De modo semelhante, para obtermos c_{12}, multiplicamos os elementos que estão na primeira linha de **A** pelos elementos correspondentes que estão na segunda coluna de **B** e somamos todos os termos e assim em diante.

Observe que, para que a multiplicação exista, as matrizes **A** e **B** devem conformar-se em relação à multiplicação; o número de colunas em **A** deve ser igual ao número de linhas em **B**. Se, por exemplo,

$$\underset{2\times 3}{\mathbf{A}} = \begin{bmatrix} 3 & 4 & 7 \\ 5 & 6 & 1 \end{bmatrix} \quad \text{e} \quad \underset{3\times 2}{\mathbf{B}} = \begin{bmatrix} 2 & 1 \\ 3 & 5 \\ 6 & 2 \end{bmatrix}$$

$$\begin{aligned} \mathbf{AB} = \underset{2\times 2}{\mathbf{C}} &= \begin{bmatrix} (3\times 2) + (4\times 3) + (7\times 6) & (3\times 1) + (4\times 5) + (7\times 2) \\ (5\times 2) + (6\times 3) + (1\times 6) & (5\times 1) + (6\times 5) + (1\times 2) \end{bmatrix} \\ &= \begin{bmatrix} 60 & 37 \\ 34 & 37 \end{bmatrix} \end{aligned}$$

Mas se

$$\underset{2\times 3}{\mathbf{A}} = \begin{bmatrix} 3 & 4 & 7 \\ 5 & 6 & 1 \end{bmatrix} \quad \text{e} \quad \underset{2\times 2}{\mathbf{B}} = \begin{bmatrix} 2 & 3 \\ 5 & 6 \end{bmatrix}$$

o produto de **AB** não é definido, na medida em que A e B não são conformes à multiplicação.

Propriedades da multiplicação de matrizes

1. A multiplicação de matrizes não é necessariamente *comutativa;* em geral **AB** ≠ **BA**. Portanto, a ordem em que as matrizes são multiplicadas é muito importante. **AB** significa que **A** é *pós-multiplicada* por **B** ou **B** é *pré-multiplicada* por **A**.
2. Ainda que **AB** e **BA** existam, as matrizes resultantes podem não ser de mesma ordem. Assim, se **A** é $M \times N$ e **B** é $N \times M$, **AB** é $M \times M$ enquanto **BA** é $N \times N$ e, por conseguinte, de ordens diferentes.
3. Ainda que **A** e **B** sejam matrizes quadradas, de modo que **AB** e **BA** sejam ambas definidas, as matrizes resultantes não serão necessariamente iguais. Por exemplo, se

$$\mathbf{A} = \begin{bmatrix} 4 & 7 \\ 3 & 2 \end{bmatrix} \quad \text{e} \quad \mathbf{B} = \begin{bmatrix} 1 & 5 \\ 6 & 8 \end{bmatrix}$$

então,

$$\mathbf{AB} = \begin{bmatrix} 46 & 76 \\ 15 & 31 \end{bmatrix} \quad \text{e} \quad \mathbf{BA} = \begin{bmatrix} 19 & 17 \\ 48 & 58 \end{bmatrix}$$

e **AB** ≠ **BA**. Um exemplo de **AB** = **BA** ocorre quando tanto **A** quanto **B** são matrizes identidade.

4. Um vetor linha pós-multiplicado por um vetor coluna é um escalar. Desse modo, consideremos os resíduos dos mínimos quadrados ordinários $\hat{u}_1, \hat{u}_2, \ldots, \hat{u}_n$. Se $\mathbf{u}'$ for um vetor coluna e $\mathbf{u}'$ for um vetor linha, teremos

$$\hat{\mathbf{u}}'\hat{\mathbf{u}} = [\hat{u}_1 \quad \hat{u}_2 \quad \hat{u}_3 \quad \cdots \quad \hat{u}_n] \begin{bmatrix} \hat{u}_1 \\ \hat{u}_2 \\ \hat{u}_3 \\ \vdots \\ \hat{u}_n \end{bmatrix}$$

$$= \hat{u}_1^2 + \hat{u}_2^2 + \hat{u}_3^2 + \cdots + \hat{u}_n'^2$$

$$= \sum \hat{u}_i^2 \qquad \text{um escalar [veja a Equação (C.3.5)]}$$

5. Um vetor coluna pós-multiplicado por um vetor linha é uma matriz. Como exemplo, considere os termos de erro de população no modelo clássico de regressão linear, ou seja, $u_1, u_2, \ldots, u_n$. Se $\mathbf{u}$ for um vetor coluna e $\mathbf{u}'$ um vetor linha, obteremos

$$\mathbf{uu}' = \begin{bmatrix} u_1 \\ u_2 \\ u_3 \\ \vdots \\ u_n \end{bmatrix} [u_1 \quad u_2 \quad u_3 \quad \cdots \quad u_n]$$

$$= \begin{bmatrix} u_1^2 & u_1u_2 & u_1u_3 & \cdots & u_1u_n \\ u_2u_1 & u_2^2 & u_2u_3 & \cdots & u_2u_n \\ \cdots & \cdots & \cdots & \cdots & \cdots \\ u_nu_1 & u_nu_2 & u_nu_3 & \cdots & u_n^2 \end{bmatrix}$$

que é uma matriz de ordem $n \times n$. Observe que a matriz anterior é simétrica.

6. Uma matriz pós-multiplicada por um vetor coluna é um vetor coluna.
7. Um vetor linha pós-multiplicado por uma matriz é um vetor linha.
8. A multiplicação de matrizes é *associativa*; $(\mathbf{AB})\mathbf{C} = \mathbf{A}(\mathbf{BC})$, em que $\mathbf{A}$ é $M \times N$, $\mathbf{B}$ é $N \times P$ e $\mathbf{C}$ é $P \times K$.
9. A multiplicação de matrizes é distributiva em relação à adição; $\mathbf{A}(\mathbf{B} + \mathbf{C}) = \mathbf{AB} + \mathbf{AC}$ e $(\mathbf{B} + \mathbf{C})\,\mathbf{A} = \mathbf{BA} + \mathbf{CA}$.

Transposição de matrizes

Já definimos o processo de transposição de matrizes como o intercâmbio de linhas e colunas de uma matriz (ou um vetor). Vamos expor agora algumas das propriedades da transposição.

1. A transposição de uma matriz transposta é a própria matriz original. Assim, $(\mathbf{A}')' = \mathbf{A}$.
2. Se $\mathbf{A}$ e $\mathbf{B}$ são conformes para a adição, então $\mathbf{C} = \mathbf{A} + \mathbf{B}$ e $\mathbf{C}' = (\mathbf{A} + \mathbf{B})' = \mathbf{A}' + \mathbf{B}'$. A transposição da soma de duas matrizes é a soma de suas transposições.
3. Se $\mathbf{AB}$ é definida, $(\mathbf{AB})' = \mathbf{B}'\mathbf{A}'$. A transposição do produto de duas matrizes é o produto de suas transposições na ordem inversa. Isso pode ser generalizado: $(\mathbf{ABCD})' = \mathbf{D}'\mathbf{C}'\mathbf{B}'\mathbf{A}'$.
4. A transposição de uma matriz identidade $\mathbf{I}$ corresponde à própria matriz identidade; $\mathbf{I}' = \mathbf{I}$.
5. A transposição de um escalar é o próprio escalar. Assim, se λ é um escalar, $\lambda' = \lambda$.
6. A transposição de $(\lambda\mathbf{A})'$ é $\lambda\mathbf{A}'$ em que λ é um escalar. [*Observe:* $(\lambda\mathbf{A})' = \mathbf{A}'\lambda' = \mathbf{A}'\lambda = \lambda\mathbf{A}'$.]

7. Se $\mathbf{A}$ é uma matriz quadrada de modo que $\mathbf{A} = \mathbf{A}'$, então $\mathbf{A}$ é uma matriz simétrica. (Veja a definição de matriz simétrica na Seção B.2.)

Inversão de matrizes

A inversa de uma matriz quadrada $\mathbf{A}$, denotada por $\mathbf{A}^{-1}$ (lida como "**A** inversa"), se existir, é uma única matriz quadrada, de modo que

$$\mathbf{A}\mathbf{A}^{-1} = \mathbf{A}^{-1}\mathbf{A} = \mathbf{I}$$

em que $\mathbf{I}$ é uma matriz identidade cuja ordem é a mesma de $\mathbf{A}$. Por exemplo,

$$\mathbf{A} = \begin{bmatrix} 2 & 4 \\ 6 & 8 \end{bmatrix} \qquad \mathbf{A}^{-1} = \begin{bmatrix} -1 & \frac{1}{2} \\ \frac{6}{8} & -\frac{1}{4} \end{bmatrix} \qquad \mathbf{A}\mathbf{A}^{-1} = \begin{bmatrix} 1 & 0 \\ 0 & 1 \end{bmatrix} = \mathbf{I}$$

Veremos como A^{-1} é calculado depois de estudarmos o tópico dos determinantes. Enquanto isso, observe as seguintes propriedades da matriz inversa:

1. $(\mathbf{AB})^{-1} = \mathbf{B}^{-1}\mathbf{A}^{-1}$; ou seja, a inversa do produto de duas matrizes é o produto de suas inversas na ordem inversa.
2. $(\mathbf{A}^{-1}) = (\mathbf{A}')^{-1}$; ou seja, a transposição de $\mathbf{A}$ inversa é a inversa de $\mathbf{A}$ transposta.

B.4 Determinantes

Para cada matriz quadrada, $\mathbf{A}$ corresponde um número (escalar) conhecido como o determinantes da matriz, que é denotado por det $\mathbf{A}$ ou pelo símbolo $|\mathbf{A}|$, em que $|\quad|$ significa "o determinante de". Observe que a matriz por si não possui qualquer valor numérico, mas o determinante de uma matriz é um número.

$$\mathbf{A} = \begin{bmatrix} 1 & 3 & -7 \\ 2 & 5 & 0 \\ 3 & 8 & 6 \end{bmatrix} \qquad |\mathbf{A}| = \begin{vmatrix} 1 & 3 & -7 \\ 2 & 5 & 0 \\ 3 & 8 & 6 \end{vmatrix}$$

O $|\mathbf{A}|$ neste exemplo é chamado de determinante de ordem 3 por ser associado a uma matriz de ordem 3×3.

Avaliação de um determinante

O processo de encontrar o valor de um determinante é conhecido como avaliação, expansão ou redução do determinante. Isso é feito ao manipular as entradas da matriz de uma forma bem definida.

Avaliação de um determinante 2 × 2

Se

$$\mathbf{A} = \begin{bmatrix} a_{11} & a_{12} \\ a_{21} & a_{22} \end{bmatrix}$$

seu determinante é avaliado como se segue:

$$|\mathbf{A}| = \begin{vmatrix} a_{11} & a_{12} \\ a_{21} & a_{22} \end{vmatrix} = a_{11}a_{22} - a_{12}a_{21}$$

que é obtido pela multiplicação cruzada dos elementos na diagonal principal e subtraindo desse produto a multiplicação cruzada dos elementos na outra diagonal da matriz $\mathbf{A}$, como indicado pelas setas.

Avaliação de um determinante 3 × 3

Se

$$\mathbf{A} = \begin{bmatrix} a_{11} & a_{12} & a_{13} \\ a_{21} & a_{22} & a_{23} \\ a_{31} & a_{32} & a_{33} \end{bmatrix}$$

então

$$|\mathbf{A}| = a_{11}a_{22}a_{33} - a_{11}a_{23}a_{32} + a_{12}a_{23}a_{31} - a_{12}a_{21}a_{33} + a_{13}a_{21}a_{32} - a_{13}a_{22}a_{31}$$

Um exame cuidadoso da avaliação do determinante 3 × 3 demonstra que:

1. Cada termo na expansão do determinante contém um e apenas um elemento de cada linha e de cada coluna.
2. O número de elementos em cada termo é o mesmo do número de linhas (ou colunas) na matriz. Portanto, um determinante 2 × 2 possui dois elementos em cada termo de sua expansão, um determinante 3 × 3 possui três elementos em cada termo de sua expansão e assim por diante.
3. Os termos na expansão alternam-se em sinal de + para −.
4. Um determinante 2 × 2 possui dois termos em sua expansão e um determinante 3 × 3 possui seis termos. A regra geral é: o determinante de ordem $N \times \mathbf{N}$ possui $N! = N(N-1)(N-2) \cdots 3 \cdot 2 \cdot 1$ termos em sua expansão, em que $N!$ lê-se "fatorial de N". Seguindo essa regra, um determinante de ordem 5 × 5 possuirá $5 \cdot 4 \cdot 3 \cdot 2 \cdot 1 = 120$ termos em sua expansão.[1]

Propriedades dos determinantes

1. Uma matriz cujo valor do deteminante é zero é chamada de **matriz singular**, enquanto uma matriz com um determinante não zero é chamada de matriz **não singular**. O inverso de uma matriz, como anteriormente definido, não existe para uma matriz singular.
2. Se todos os elementos de toda linha de **A** forem zero, seu determinante será zero. Assim,

$$|\mathbf{A}| = \begin{vmatrix} 0 & 0 & 0 \\ 3 & 4 & 5 \\ 6 & 7 & 8 \end{vmatrix} = 0$$

3. $|\mathbf{A}'| = |\mathbf{A}|$; isto é, os determinantes de **A** e da transposta **A** são os mesmos.
4. Intercambiando quaisquer das duas linhas ou das duas colunas de uma matriz **A**, modifica-se o sinal de $|\mathbf{A}|$.

EXEMPLO 1 SE

$$\mathbf{A} = \begin{bmatrix} 6 & 9 \\ -1 & 4 \end{bmatrix} \quad \text{e} \quad \mathbf{B} = \begin{bmatrix} -1 & 4 \\ 6 & 9 \end{bmatrix}$$

em que **B** é obtido intercambiando das linhas de **A**, então

$$|\mathbf{A}| = 24 - (-9) = 33 \quad \text{e} \quad |\mathbf{B}| = -9 - (24) = -33$$

5. Se cada elemento de uma linha ou de uma coluna de **A** for multiplicado por um escalar λ, então $|\mathbf{A}|$ é multiplicado por λ.

[1] Para avaliar o determinante de uma matriz $N \times N$, **A**, veja as referências.

EXEMPLO 2 SE

$$\mathbf{A} = \begin{bmatrix} 6 & 9 \\ -1 & 4 \end{bmatrix} \quad \text{e} \quad \mathbf{B} = \begin{bmatrix} -1 & 4 \\ 6 & 9 \end{bmatrix}$$

e multiplicarmos a primeira linha de **A** por 5 para obter

$$\mathbf{B} = \begin{bmatrix} 25 & -40 \\ 2 & 4 \end{bmatrix}$$

podemos verificar que $|\mathbf{A}| = 36$ e $|\mathbf{B}| = 180$, que é $5\,|\mathbf{A}|$.

6. Se duas linhas ou colunas de uma matriz forem idênticas, seu determinante será zero.
7. Se uma linha ou uma coluna de uma matriz for múltipla de outra linha ou coluna daquela matriz, seu determinante será zero. Assim, se

$$\mathbf{A} = \begin{bmatrix} 4 & 8 \\ 2 & 4 \end{bmatrix}$$

em que a primeira linha de **A** é duas vezes a segunda linha, $|\mathbf{A}| = 0$. De maneira geral, se qualquer linha (coluna) de uma matriz for uma combinação linear de outras linhas (colunas), seu determinante será zero.

8. $|\mathbf{AB}| = |\mathbf{A}||\mathbf{B}|$; o determinante do produto de duas matrizes é o produto dos seus determinantes (individuais).

Posto de uma matriz

O posto de uma matriz é a ordem da maior submatriz quadrada cujo determinante não é zero.

EXEMPLO 3

$$\mathbf{A} = \begin{bmatrix} 3 & 6 & 6 \\ 0 & 4 & 5 \\ 3 & 2 & 1 \end{bmatrix}$$

Pode-se verificar que $|\mathbf{A}| = 0$. Em outras palavras, **A** é uma matriz singular. Embora sua ordem seja 3×3, seu posto é menor do que 3. Na verdade, ele é 2, porque podemos encontrar uma submatriz 2×2 cujo determinante não é zero. Por exemplo, se excluímos a primeira linha e a primeira coluna de **A**, obtemos

$$\mathbf{B} = \begin{bmatrix} 4 & 5 \\ 2 & 1 \end{bmatrix}$$

cujo determinante é -6, que é não zero. Portanto, o posto de **A** é 2. Como anteriormente observado, o inverso de uma matriz singular não existe. Para uma matriz **A** de origem $N \times N$, seu posto tem de ser N para que a sua inversa exista; se seu posto for menor do que N, **A** será singular.

Menor

Se a i-ésima linha e a j-ésima coluna de uma matriz **A** de origem $N \times N$ são excluídas, o determinante da submatriz resultante é chamado de o **menor** do elemento a_{ij} (o elemento na interseção da i-ésima linha e a j-ésima coluna) e é denotado por $|\mathbf{M}_{ij}|$.

EXEMPLO 4

$$\mathbf{A} = \begin{bmatrix} a_{11} & a_{12} & a_{13} \\ a_{21} & a_{22} & a_{23} \\ a_{31} & a_{32} & a_{33} \end{bmatrix}$$

O menor de a_{11} é

$$|\mathbf{M_{11}}| = \begin{vmatrix} a_{22} & a_{23} \\ a_{32} & a_{33} \end{vmatrix} = a_{22}a_{33} - a_{23}a_{32}$$

De forma semelhante, o menor de a_{21} é

$$|\mathbf{M_{21}}| = \begin{vmatrix} a_{12} & a_{13} \\ a_{32} & a_{33} \end{vmatrix} = a_{12}a_{33} - a_{13}a_{32}$$

Os menores de outros elementos de **A** podem ser encontrados de maneira parecida.

Cofator

O cofator do elemento a_{ij} de uma matriz **A** de origem $N \times N$, denotado por c_{ij}, é definido como:

$$c_{ij} = (-1)^{i+j}|\mathbf{M_{ij}}|$$

Em outras palavras, um cofator é um menor *sinalizado*: com sinal positivo se $i + j$ for par e negativo se $i + j$ for ímpar. Assim, o cofator do elemento a_{11} da matriz **A** 3 x 3 anteriormente dada é $a_{22}a_{33} - a_{23}a_{32}$, enquanto o cofator do elemento a_{21} é $-(a_{12}a_{33} - a_{13}a_{32})$, uma vez que a soma dos subscritos 2 e 1 é 3, que é um número ímpar.

Matriz de cofator

Substituindo os elementos a_{ij} de uma matriz **A** pelos seus cofatores, obtemos uma matriz conhecida como **matriz de cofator** de **A**, denotada por (cof **A**).

Matriz adjunta

A matriz adjunta, escrita como (adj **A**), é a transposta da matriz de cofator; (adj **A**) = (cof **A**)′.

B.5 Encontrando a inversa de uma matriz quadrada

Se A é quadrada e não singular ($|\mathbf{A}| \neq 0$), a sua inversa $\mathbf{A}^{-1}$ pode ser encontrada da seguinte forma:

$$\mathbf{A}^{-1} = \frac{1}{|\mathbf{A}|}(\text{adj } \mathbf{A})$$

Os passos envolvidos no cálculo são os seguintes:

1. Descubra o determinante de **A**. Se não for zero, execute o passo 2.
2. Substitua cada elemento a_{ij} de **A** por seu cofator para obter a matriz de cofator.
3. Transponha a matriz de cofator para obter a matriz adjunta.
4. Divida cada elemento da matriz adjunta por |**A**|.

EXEMPLO 5

Descubra a inverzsa da matriz

$$\mathbf{A} = \begin{bmatrix} 1 & 2 & 3 \\ 5 & 7 & 4 \\ 2 & 1 & 3 \end{bmatrix}$$

Passo 1. Primeiro, descobrimos o determinante da matriz. Aplicando as regras de expansão de um determinante 3 × 3 dado previamente, obtemos $|\mathbf{A}| = -24$.

Passo 2. Agora obtemos a matriz de cofator, por exemplo, **C**:

$$\mathbf{C} = \begin{bmatrix} \begin{vmatrix} 7 & 4 \\ 1 & 3 \end{vmatrix} & -\begin{vmatrix} 5 & 4 \\ 2 & 3 \end{vmatrix} & \begin{vmatrix} 5 & 7 \\ 2 & 1 \end{vmatrix} \\ -\begin{vmatrix} 2 & 3 \\ 1 & 3 \end{vmatrix} & \begin{vmatrix} 1 & 3 \\ 2 & 3 \end{vmatrix} & -\begin{vmatrix} 1 & 2 \\ 2 & 1 \end{vmatrix} \\ \begin{vmatrix} 2 & 3 \\ 7 & 4 \end{vmatrix} & -\begin{vmatrix} 1 & 3 \\ 5 & 4 \end{vmatrix} & \begin{vmatrix} 1 & 2 \\ 5 & 7 \end{vmatrix} \end{bmatrix}$$

$$= \begin{bmatrix} 17 & -7 & -9 \\ -3 & -3 & 3 \\ -13 & 11 & -3 \end{bmatrix}$$

Passo 3. Transpondo a matriz de cofator anterior, obtemos a seguinte matriz adjunta:

$$(\text{adj } \mathbf{A}) = \begin{bmatrix} 17 & -3 & -13 \\ -7 & -3 & 11 \\ -9 & 3 & -3 \end{bmatrix}$$

Passo 4. Agora dividimos os elementos de (adj **A**) pelo valor do determinante obtido, −24, para obter

$$\mathbf{A}^{-1} = -\frac{1}{24}\begin{bmatrix} 17 & -3 & -13 \\ -7 & -3 & 11 \\ -9 & 3 & -3 \end{bmatrix}$$

$$= \begin{bmatrix} -\frac{17}{24} & \frac{3}{24} & \frac{13}{24} \\ \frac{7}{24} & \frac{3}{24} & -\frac{11}{24} \\ \frac{9}{24} & -\frac{3}{24} & \frac{3}{24} \end{bmatrix}$$

Podemos facilmente verificar que

$$\mathbf{A}\mathbf{A}^{-1} = \begin{bmatrix} 1 & 0 & 0 \\ 0 & 1 & 0 \\ 0 & 0 & 1 \end{bmatrix}$$

que é uma matriz identidade. O leitor deve verificar que, para o exemplo ilustrativo dado no Apêndice C (veja a Seção C.10), a inversa da matriz **X′X** é semelhante à demonstrada na Equação (C.10.5).

B.6 Diferenciação matricial

Para seguirmos o material no Apêndice CA, Seção CA.2, precisamos considerar algumas regras da diferenciação matricial.

REGRA 1 Se $\mathbf{a}' = [a_1\ a_2\ \cdots\ a_n]$ é um vetor linha de números e

$$\mathbf{x} = \begin{bmatrix} x_1 \\ x_2 \\ \vdots \\ x_n \end{bmatrix}$$

é um vetor coluna das variáveis $x_1, x_2, \ldots, x_n$, então

$$\frac{\partial(\mathbf{a}'\mathbf{x})}{\partial \mathbf{x}} = \mathbf{a} = \begin{bmatrix} a_1 \\ a_2 \\ \vdots \\ a_n \end{bmatrix}$$

REGRA 2 Considere a matriz **x′Ax** tal que

$$\mathbf{x}'\mathbf{A}\mathbf{x} = [x_1\ \ x_2\ \ \cdots\ \ x_n] \begin{bmatrix} a_{11} & a_{12} & \cdots & a_{1n} \\ a_{21} & a_{22} & \cdots & a_{2n} \\ \cdots & \cdots & \cdots & \cdots \\ a_{n1} & a_{n2} & & a_{nn} \end{bmatrix} \begin{bmatrix} x_1 \\ x_2 \\ \vdots \\ x_n \end{bmatrix}$$

Então

$$\frac{\partial(\mathbf{x}'\mathbf{A}\mathbf{x})}{\partial \mathbf{x}} = 2\mathbf{A}\mathbf{x}$$

que é um vetor coluna de n elementos, ou

$$\frac{\partial(\mathbf{x}'\mathbf{A}\mathbf{x})}{\partial \mathbf{x}} = 2\mathbf{x}'\mathbf{A}$$

que é um vetor linha de n elementos.

Referências

CHIANG, Alpha C. *Fundamental methods of mathematical economics.* 3. ed. Nova York: McGraw-Hill, 1984, caps. 4 e 5. A obra apresenta uma discussão avançada sobre álgebra linear.

HADLEY, G. *Linear algebra.* Reading, Mass.: Addison-Wesley, 1961. A obra apresenta uma discussão avançada.

Apêndice **C**

A abordagem matricial para o modelo de regressão linear

Este apêndice apresenta o modelo clássico de regressão linear envolvendo k variáveis (Y e X_2, $X_3, \ldots, X_k$) da notação de álgebra matricial. Conceitualmente, o modelo de k variáveis é uma extensão lógica dos modelos de duas e três variáveis considerados neste livro. Portanto, o apêndice apresenta poucos conceitos novos, com exceção da notação em matrizes.[1]

Uma grande vantagem da álgebra matricial sobre a álgebra escalar (álgebra elementar que lida com escalas ou números reais) é que ela fornece um método compacto para tratar dos modelos de regressão envolvendo qualquer número de variáveis; uma vez que o modelo de k variáveis é formulado e solucionado na notação em matrizes, a solução aplica-se a uma, duas, três ou a qualquer número de variáveis.

C.1 O modelo de regressão linear com *k* variáveis

Se generalizarmos os modelos de regressão linear de duas e três variáveis, o modelo da função de regressão populacional (FRP) de *k variáveis*, envolvendo a variável dependente Y e $k-1$ variáveis explanatórias $X_2, X_3, \ldots, X_k$, poderá ser escrito como

$$\text{FRP:}\quad Y_i = \beta_1 + \beta_2 X_{2i} + \beta_3 X_{3i} + \cdots + \beta_k X_{ki} + u_i \qquad i = 1, 2, 3, \ldots, n \tag{C.1.1}$$

em que β_1 = intercepto, β_2 até β_k = coeficientes angulares parciais, u = observação de i-ésima perturbação estocástica e n é o tamanho da população. O modelo FRP (C.1.1) deve ser interpretado da maneira habitual: ele nos fornece a média ou o valor esperado de Y condicionado aos valores fixos (em amostras repetidas) de $X_2, X_3, \ldots, X_k$, isto é, $E(Y \mid X_{2i}, X_{3i}, \ldots, X_{ki})$.

A Equação (C.1.1) é uma expressão abreviada para o seguinte conjunto de n equações simultâneas:

$$\begin{aligned}
Y_1 &= \beta_1 + \beta_2 X_{21} + \beta_3 X_{31} + \cdots + \beta_k X_{k1} + u_1 \\
Y_2 &= \beta_1 + \beta_2 X_{22} + \beta_3 X_{32} + \cdots + \beta_k X_{k2} + u_2 \\
&\cdots\cdots\cdots\cdots\cdots\cdots\cdots\cdots\cdots \\
Y_n &= \beta_1 + \beta_2 X_{2n} + \beta_3 X_{3n} + \cdots + \beta_k X_{kn} + u_n
\end{aligned} \tag{C.1.2}$$

[1] Leitores não familiarizados com a álgebra matricial devem rever o **Apêndice B** antes de seguirem adiante. O **Apêndice B** fornece o essencial da álgebra matricial necessário para acompanhar este apêndice.

Escrevamos o sistema de equações (C.1.2) de um modo alternativo, porém esclarecedor:[2]

$$\begin{bmatrix} Y_1 \\ Y_2 \\ \vdots \\ Y_n \end{bmatrix} = \begin{bmatrix} 1 & X_{21} & X_{31} & \cdots & X_{k1} \\ 1 & X_{22} & X_{32} & \cdots & X_{k2} \\ \vdots & \vdots & \vdots & \ddots & \vdots \\ 1 & X_{2n} & X_{3n} & \cdots & X_{kn} \end{bmatrix} \begin{bmatrix} \beta_1 \\ \beta_2 \\ \vdots \\ \beta_k \end{bmatrix} + \begin{bmatrix} u_1 \\ u_2 \\ \vdots \\ u_n \end{bmatrix} \tag{C.1.3}$$

$$\underset{n \times 1}{\mathbf{y}} = \underset{n \times k}{\mathbf{X}} \quad \underset{k \times 1}{\boldsymbol{\beta}} + \underset{n \times 1}{\mathbf{u}}$$

em que $\mathbf{y}$ = vetor coluna $n \times 1$ de observações da variável dependente Y

$\mathbf{X}$ = matriz $n \times k$ dando n observações das $k - 1$ variáveis de X_2 a X_k, a primeira coluna toda de 1 representando o termo de intercepto (essa matriz é também conhecida como **matriz dos dados**)

$\boldsymbol{\beta}$ = vetor coluna $k \times 1$ de parâmetros desconhecidos $\beta_1, \beta_2, \ldots, \beta_k$

$\mathbf{u}$ = vetor coluna $n \times 1$ de n termos de erro u_i

Ao utilizar as regras da multiplicação e da soma de matrizes, o leitor deve verificar que os sistemas (C.1.2) e (C.1.3) são equivalentes. O sistema (C.1.3) é conhecido como *representação matricial de modelo geral de regressão linear com k variáveis*. Ele pode ser escrito de modo mais compacto como:

$$\underset{n \times 1}{\mathbf{y}} = \underset{n \times k}{\mathbf{X}} \quad \underset{k \times 1}{\boldsymbol{\beta}} + \underset{n \times 1}{\mathbf{u}} \tag{C.1.4}$$

em que não há confusão acerca das dimensões ou ordens da matriz $\mathbf{X}$ e dos vetores $\mathbf{y}$, $\boldsymbol{\beta}$ e $\mathbf{u}$; a Equação (C.1.4) pode ser escrita como:

$$\mathbf{y} = \mathbf{X}\boldsymbol{\beta} + \mathbf{u} \tag{C.1.5}$$

Para ilustrar a representação matricial, considere o modelo de duas variáveis, renda e consumo, tratado no Capítulo 3, $Y_i = \beta_1 + \beta_2 X_i + u_i$, em que Y é a despesa com consumo e X é a renda.

Utilizando os dados fornecidos na Tabela 3.2, podemos escrever a formulação matricial como:

$$\begin{bmatrix} 70 \\ 65 \\ 90 \\ 95 \\ 110 \\ 115 \\ 120 \\ 140 \\ 155 \\ 150 \end{bmatrix} = \begin{bmatrix} 1 & 80 \\ 1 & 100 \\ 1 & 120 \\ 1 & 140 \\ 1 & 160 \\ 1 & 180 \\ 1 & 200 \\ 1 & 220 \\ 1 & 240 \\ 1 & 260 \end{bmatrix} \begin{bmatrix} \beta_1 \\ \beta_2 \end{bmatrix} + \begin{bmatrix} u_1 \\ u_2 \\ u_3 \\ u_4 \\ u_5 \\ u_6 \\ u_7 \\ u_8 \\ u_9 \\ u_{10} \end{bmatrix} \tag{C.1.6}$$

$$\underset{10 \times 1}{\mathbf{y}} = \underset{10 \times 2}{\mathbf{X}} \quad \underset{2 \times 1}{\boldsymbol{\beta}} + \underset{10 \times 1}{\mathbf{u}}$$

Como nos casos de duas e três variáveis, nosso objetivo é estimar os parâmetros da regressão múltipla (C.1.1) e extrair inferências sobre elas com base nos dados que temos em mãos. Na notação matricial, isso equivale a estimar $\boldsymbol{\beta}$ e extrair inferências sobre esse $\boldsymbol{\beta}$. Para o propósito da estimação,

[2] Seguindo a notação introduzida no **Apêndice B**, representamos os vetores por letras minúsculas em negrito e as matrizes por letras maiúsculas em negrito.

podemos utilizar o método dos mínimos quadrados ordinários (MQO) ou o método da máxima verossimilhança (MV). Mas, como observado anteriormente, esses dois métodos resultam em estimativas idênticas para os coeficientes de regressão.[3] Portanto, deveremos limitar nossa atenção ao método dos MQO.

C.2 Hipóteses do modelo de regressão linear clássico em notação matricial

As hipóteses subjacentes ao modelo clássico de regressão linear estão na Tabela C.1; elas são apresentadas tanto na notação escalar como na notação matricial. A hipótese 1 dada na Equação (C.2.1) indica que o valor esperado do vetor de distúrbio **u**, isto é, de cada um de seus elementos, é zero. Mais explicitamente, $E(\mathbf{u}) = \mathbf{0}$ significa

$$E\begin{bmatrix} u_1 \\ u_2 \\ \vdots \\ u_n \end{bmatrix} = \begin{bmatrix} E(u_1) \\ E(u_2) \\ \vdots \\ E(u_n) \end{bmatrix} = \begin{bmatrix} 0 \\ 0 \\ \vdots \\ 0 \end{bmatrix} \tag{C.2.1}$$

A hipótese 2 (Equação (C.2.2)) é uma maneira compacta de expressar as duas hipóteses apresentadas nas Equações (3.2.5) e (3.2.2) pela notação escalar. Para verificarmos isso, podemos escrever:

$$E(\mathbf{uu}') = E\begin{bmatrix} u_1 \\ u_2 \\ \vdots \\ u_n \end{bmatrix} [u_1 \quad u_2 \quad \cdots \quad u_n]$$

TABELA C.1
Hipótese do modelo clássico de regressão linear.

Notação escalar		Notação matricial
1. $E(u_i) = 0$, para cada i	(3.2.1)	1. $E(\mathbf{u}) = \mathbf{0}$ em que **u** e **0** são $n \times 1$ vetores coluna, sendo **0** um vetor nulo
2. $E(u_i u_j) = 0$ $\quad i \neq j$	(3.2.5)	2. $E(\mathbf{uu}') = \sigma^2\mathbf{I}$ em que **I** é uma matriz identidade $n \times n$
$\quad = \sigma^2$ $\quad i = j$	(3.2.2)	
3. $X_2, X_3, \ldots, X_k$ são não estocásticas ou fixas		3. A matriz **X** $n \times k$ é não estocástica; consiste em um conjunto de números fixos
4. Não há relação linear exata entre as variáveis X; não há multicolinearidade	(7.1.9)	4. O posto de **X** é $\rho(\mathbf{X}) = k$, em que k é o número de colunas em **X** e k é menor do que o número de observações, n
5. Para o teste de hipótese, $u_i \sim N(0, \sigma^2)$	(4.2.4)	5. O vetor **u** possui uma distribuição normal multivariada, ou seja, $\mathbf{u} \sim N(\mathbf{0}, \sigma^2\mathbf{I})$

em que $\mathbf{u}'$ é a transposta do vetor coluna **u**, ou um vetor linha. Por meio da multiplicação, obtemos

$$E(\mathbf{uu}') = E\begin{bmatrix} u_1^2 & u_1u_2 & \cdots & u_1u_n \\ u_2u_1 & u_2^2 & \cdots & u_2u_n \\ \cdots & \cdots & \cdots & \cdots \\ u_nu_1 & u_nu_2 & \cdots & u_n^2 \end{bmatrix}$$

[3] A prova disso, no caso de *k variáveis*, pode ser encontrada na nota de rodapé do Capítulo 4.

Aplicando o operador de expectativas E para cada elemento da matriz anterior, obtemos

$$E(\mathbf{uu}') = \begin{bmatrix} E(u_1^2) & E(u_1u_2) & \cdots & E(u_1u_n) \\ E(u_2u_1) & E(u_2^2) & \cdots & E(u_2u_n) \\ \cdots & \cdots & \cdots & \cdots \\ E(u_nu_1) & E(u_nu_2) & \cdots & E(u_n^2) \end{bmatrix} \tag{C.2.2}$$

Devido às premissas de homocedasticidade e de nenhuma correlação serial, a matriz (C.2.2) reduz-se a

$$E(\mathbf{uu}') = \begin{bmatrix} \sigma^2 & 0 & 0 & \cdots & 0 \\ 0 & \sigma^2 & 0 & \cdots & 0 \\ \cdots & \cdots & \cdots & \cdots & \cdots \\ 0 & 0 & 0 & \cdots & \sigma^2 \end{bmatrix}$$

$$= \sigma^2 \begin{bmatrix} 1 & 0 & 0 & \cdots & 0 \\ 0 & 1 & 0 & \cdots & 0 \\ \cdots & \cdots & \cdots & \cdots & \cdots \\ 0 & 0 & 0 & \cdots & 1 \end{bmatrix} \tag{C.2.3}$$

$$= \sigma^2 \mathbf{I}$$

em que $\mathbf{I}$ é uma matriz identidade $n \times n$.

A matriz (C.2.2) (e sua representação na Equação (C.2.3)) é denominada matriz de variância e covariância dos distúrbios de u_i; os elementos na diagonal principal dessa matriz (do canto superior esquerdo ao canto inferior direito) fornecem as variâncias, e os elementos fora da diagonal principal fornecem as covariâncias.[4] Observe que a matriz de variância e covariância é **simétrica**: os elementos acima e abaixo da diagonal principal são reflexos uns dos outros.

A hipótese 3 na Tabela C.1 estabelece que a matriz $\mathbf{X}$ $n \times k$ é não estocástica; consiste em números fixos. Como anteriormente observado, nossa análise de regressão é condicional aos valores fixos das variáveis X.

A hipótese 4 estabelece que a matriz $\mathbf{X}$ possui posto pleno em colunas igual a k, o número de colunas na matriz. Isso significa que as colunas da matriz $\mathbf{X}$ são linearmente independentes; não há **relação linear exata** entre as variáveis X. Em outras palavras, não há multicolinearidade. Na notação escalar isso equivale a dizer que não existe um conjunto de números λ1, λ2, . . . , λk que não sejam todos zero, de modo que (conforme a Equação (7.1.8))

$$\lambda_1 X_{1i} + \lambda_2 X_{2i} + \cdots + \lambda_k X_{ki} = 0 \tag{C.2.4}$$

em que $X_{1i} = 1$ para todo i (considerando a coluna de 1 na matriz $\mathbf{X}$). Em notação matricial, a Equação (C.2.4) pode ser representado como

$$\lambda' \mathbf{x} = 0 \tag{C.2.5}$$

em que λ' é um vetor linha $1 \times k$ e x é um vetor coluna $k \times 1$.

Se uma relação linear exata tal como a Equação (C.2.4) existe, diz-se que as variáveis são colineares. Se, por outro lado, a Equação (C.2.4) é verdadeira apenas se $\lambda_1 = \lambda_2 = \lambda_3 = \cdots = 0$, diz-se que as variáveis X são linearmente independentes. Uma razão intuitiva para a hipótese da *não multicolinearidade* foi apresentada no Capítulo 7 e desenvolvida também no Capítulo 10.

[4] Por definição, a variância de $u_i = E[u_i - E(u_i)]^2$ e a covariância entre u_i e $u_j = E[u_i - E(u_i)][u_j - E(u_j)]$. Porém, devido à hipótese $E(u_i) = 0$ para cada i, temos a matriz de variância e covariância (C.2.3).

C.3 Estimativa por mínimos quadrados ordinários (MQO)

Para obtermos uma estimativa MQO de $\boldsymbol{\beta}$, vamos primeiro escrever a função de regressão amostral de k variáveis:

$$Y_i = \hat{\beta}_1 + \hat{\beta}_2 X_{2i} + \hat{\beta}_3 X_{3i} + \cdots + \hat{\beta}_k X_{ki} + \hat{u}_i \tag{C.3.1}$$

que pode ser escrita de forma mais compacta em notação matricial como

$$\mathbf{y} = \mathbf{X}\hat{\boldsymbol{\beta}} + \hat{\mathbf{u}} \tag{C.3.2}$$

e em forma de matriz como

$$\begin{bmatrix} Y_1 \\ Y_2 \\ \vdots \\ Y_n \end{bmatrix} = \begin{bmatrix} 1 & X_{21} & X_{31} & \cdots & X_{k1} \\ 1 & X_{22} & X_{32} & \cdots & X_{k2} \\ \cdots & \cdots & \cdots & \cdots & \cdots \\ 1 & X_{2n} & X_{3n} & \cdots & X_{kn} \end{bmatrix} \begin{bmatrix} \hat{\beta}_1 \\ \hat{\beta}_2 \\ \vdots \\ \hat{\beta}_k \end{bmatrix} + \begin{bmatrix} \hat{u}_1 \\ \hat{u}_2 \\ \vdots \\ \hat{u}_n \end{bmatrix} \tag{C.3.3}$$

$$\underset{n \times 1}{\mathbf{y}} = \underset{n \times k}{\mathbf{X}} \quad \underset{k \times 1}{\hat{\boldsymbol{\beta}}} + \underset{n \times 1}{\hat{\mathbf{u}}}$$

em que $\hat{\boldsymbol{\beta}}$ é um vetor coluna de k elementos dos estimadores MQO dos coeficientes de regressão e $\hat{\mathbf{u}}$ é um vetor coluna $n \times 1$ de n resíduos.

Como nos modelos de duas e três variáveis, no caso de k variáveis os estimadores de MQO são obtidos ao minimizar

$$\sum \hat{u}_i^2 = \sum (Y_i - \hat{\beta}_1 - \hat{\beta}_2 X_{2i} - \cdots - \hat{\beta}_k X_{ki})^2 \tag{C.3.4}$$

em que $\sum \hat{u}_i^2$ é a soma dos quadrados dos resíduos (SQR). Na notação matricial, isso corresponde a minimizar $\hat{\mathbf{u}}'\hat{\mathbf{u}}$**, na medida em que:**

$$\hat{\mathbf{u}}'\hat{\mathbf{u}} = [\hat{u}_1 \quad \hat{u}_2 \quad \cdots \quad \hat{u}_n] \begin{bmatrix} \hat{u}_1 \\ \hat{u}_2 \\ \vdots \\ \hat{u}_n \end{bmatrix} = \hat{u}_1^2 + \hat{u}_2^2 + \cdots + \hat{u}_n^2 = \sum \hat{u}_i^2 \tag{C.3.5}$$

Agora, a partir da Equação (C.3.2), obtemos:

$$\hat{\mathbf{u}} = \mathbf{y} - \mathbf{X}\hat{\boldsymbol{\beta}} \tag{C.3.6}$$

Portanto,

$$\begin{aligned} \hat{\mathbf{u}}'\hat{\mathbf{u}} &= (\mathbf{y} - \mathbf{X}\hat{\boldsymbol{\beta}})'(\mathbf{y} - \mathbf{X}\hat{\boldsymbol{\beta}}) \\ &= \mathbf{y}'\mathbf{y} - 2\hat{\boldsymbol{\beta}}'\mathbf{X}'\mathbf{y} + \hat{\boldsymbol{\beta}}'\mathbf{X}'\mathbf{X}\hat{\boldsymbol{\beta}} \end{aligned} \tag{C.3.7}$$

em que é feito uso das propriedades de transposição de uma matriz, ou seja, $(\mathbf{X}\hat{\boldsymbol{\beta}})' = \hat{\boldsymbol{\beta}}'\mathbf{X}'$; e, pelo fato de $\hat{\boldsymbol{\beta}}'\mathbf{X}'\mathbf{y}$ **ser um escalar (um número real), é igual à sua transposta** $\mathbf{y}'\mathbf{X}\hat{\boldsymbol{\beta}}$.

A Equação (C.3.7) é a representação matricial de (C.3.4). Na notação escalar, o método dos MQO consiste em estimar $\beta_1, \beta_2, \ldots, \beta_k$ de maneira que $\sum \hat{u}_i^2$ seja o menor possível. Isso é realizado ao diferenciarmos (C.3.4) parcialmente com relação à $\hat{\beta}_1, \hat{\beta}_2, \cdots, \hat{\beta}_k$ e ao igualarmos a zero as expressões resultantes. Esse processo gera k equações simultâneas com k incógnitas, as equações normais da teoria dos mínimos quadrados. Conforme apresentado no Apêndice CA, Seção CA.1, essas equações são da seguinte maneira:

$$
\begin{aligned}
n\hat{\beta}_1 + \hat{\beta}_2 \sum X_{2i} + \hat{\beta}_3 \sum X_{3i} + \cdots + \hat{\beta}_k \sum X_{ki} &= \sum Y_i \\
\hat{\beta}_1 \sum X_{2i} + \hat{\beta}_2 \sum X_{2i}^2 + \hat{\beta}_3 \sum X_{2i} X_{3i} + \cdots + \hat{\beta}_k \sum X_{2i} X_{ki} &= \sum X_{2i} Y_i \\
\hat{\beta}_1 \sum X_{3i} + \hat{\beta}_2 \sum X_{3i} X_{2i} + \hat{\beta}_3 \sum X_{3i}^2 + \cdots + \hat{\beta}_k \sum X_{3i} X_{ki} &= \sum X_{3i} Y_i \\
\cdots\cdots\cdots\cdots\cdots\cdots\cdots\cdots\cdots\cdots\cdots\cdots\cdots\cdots\cdots\cdots \\
\hat{\beta}_1 \sum X_{ki} + \hat{\beta}_2 \sum X_{ki} X_{2i} + \hat{\beta}_3 \sum X_{ki} X_{3i} + \cdots + \hat{\beta}_k \sum X_{ki}^2 &= \sum X_{ki} Y_i
\end{aligned}
\qquad \text{(C.3.8)}^{5}
$$

Na forma matricial, a Equação (C.3.8) pode ser representada como

$$
\underbrace{\begin{bmatrix}
n & \sum X_{2i} & \sum X_{3i} & \cdots & \sum X_{ki} \\
\sum X_{2i} & \sum X_{2i}^2 & \sum X_{2i} X_{3i} & \cdots & \sum X_{2i} X_{ki} \\
\sum X_{3i} & \sum X_{3i} X_{2i} & \sum X_{3i}^2 & \cdots & \sum X_{3i} X_{ki} \\
\cdots & \cdots & \cdots & \cdots & \cdots \\
\sum X_{ki} & \sum X_{ki} X_{2i} & \sum X_{ki} X_{3i} & \cdots & \sum X_{ki}^2
\end{bmatrix}}_{(\mathbf{X}'\mathbf{X})}
\underbrace{\begin{bmatrix} \hat{\beta}_1 \\ \hat{\beta}_2 \\ \hat{\beta}_3 \\ \vdots \\ \hat{\beta}_k \end{bmatrix}}_{\hat{\boldsymbol{\beta}}}
=
\underbrace{\begin{bmatrix}
1 & 1 & \cdots & 1 \\
X_{21} & X_{22} & \cdots & X_{2n} \\
X_{31} & X_{32} & \cdots & X_{3n} \\
\cdots & \cdots & \cdots & \cdots \\
X_{k1} & X_{k2} & \cdots & X_{kn}
\end{bmatrix}}_{\mathbf{X}'}
\underbrace{\begin{bmatrix} Y_1 \\ Y_2 \\ Y_3 \\ \vdots \\ Y_n \end{bmatrix}}_{\mathbf{y}}
\qquad \text{(C.3.9)}
$$

ou, de modo mais compacto, como

$$
(\mathbf{X}'\mathbf{X})\hat{\boldsymbol{\beta}} = \mathbf{X}'\mathbf{y} \qquad \text{(C.3.10)}
$$

Observe estas características da matriz $(\mathbf{X}'\mathbf{X})$: (1) ela oferece as somas brutas e os produtos cruzados das variáveis *X*, e uma delas é o termo de intercepto que assume o valor 1 para cada observação. Os elementos da diagonal principal fornecem as somas brutas dos quadrados e os elementos que estão fora da diagonal principal oferecem as somas brutas dos produtos cruzados (por *brutas* nos referimos às variáveis que estão nas unidades de medida originiais); (2) ela é simétrica, visto que o produto cruzado entre X_{2i} e X_{3i} é o mesmo que entre X_{3i} e X_{2i}; (3) ela é da ordem $(k \times k)$, ou seja, possui *k* linhas e *k* colunas.

Na Equação (C.3.10) as quantidades conhecidas são $(\mathbf{X}'\mathbf{X})$ e $(\mathbf{X}'\mathbf{y})$ (o produto cruzado entre as variáveis *X* e *y*) e a incógnita é $\hat{\boldsymbol{\beta}}$. Agora, utilizando a álgebra matricial, se a inversa de $(\mathbf{X}'\mathbf{X})$ existe, por exemplo, $(\mathbf{X}'\mathbf{X})^{-1}$, ao multiplicarmos ambos os lados da Equação (C.3.10) por essa inversa, obtemos:

$$
(\mathbf{X}'\mathbf{X})^{-1}(\mathbf{X}'\mathbf{X})\hat{\boldsymbol{\beta}} = (\mathbf{X}'\mathbf{X})^{-1}\mathbf{X}'\mathbf{y}
$$

Entretanto, $(\mathbf{X}'\mathbf{X})^{-1}(\mathbf{X}'\mathbf{X}) = \mathbf{I}$, uma matriz identidade de ordem $k \times k$, temos:

$$
\mathbf{I}\hat{\boldsymbol{\beta}} = (\mathbf{X}'\mathbf{X})^{-1}\mathbf{X}'\mathbf{y}
$$

ou

$$
\underset{k \times 1}{\hat{\boldsymbol{\beta}}} = \underset{k \times k}{(\mathbf{X}'\mathbf{X})^{-1}} \; \underset{(k \times n)}{\mathbf{X}'} \; \underset{(n \times 1)}{\mathbf{y}} \qquad \text{(C.3.11)}
$$

[5] Essas equações podem ser lembradas facilmente. Comece com a equação $Y_i = \hat{\beta}_1 + \hat{\beta}_2 X_{2i} + \hat{\beta}_3 X_{3i} + \cdots + \hat{\beta}_k X_{ki}$. Ao somarmos essa equação sobre os *n* valores, obtemos a primeira equação de (C.3.8); ao multiplicarmos os dois lados por X_2 e ao somarmos sobre *n*, obtemos a segunda equação; ao multiplicarmos por X_3 os dois lados e ao somarmos sobre *n*, obtemos a terceira equação e assim por diante. Observe que a primeira equação de (C.3.8) oferece imediatamente $\hat{\beta}_1 = \bar{Y} - \hat{\beta}_2 \bar{X}_2 - \cdots - \hat{\beta}_k \bar{X}_k$ (cf. (7.4.6)).

A Equação (C.3.11) é um resultado fundamental da teoria dos MQO na notação matricial. Ela mostra como o vetor $\hat{\boldsymbol{\beta}}$ pode ser estimado com base nos dados fornecidos. Embora a Equação (C.3.11) tenha sido obtida por meio da Equação (C.3.9), ela pode ser obtida diretamente pela Equação (C.3.7) por meio da diferenciação do $\hat{\mathbf{u}}'\hat{\mathbf{u}}$ com relação a $\hat{\boldsymbol{\beta}}$. A demonstração é dada no Apêndice CA, Seção CA.2.

Uma ilustração

Para ilustrarmos os métodos matriciais desenvolvidos até aqui, vamos trabalhar com um exemplo que relaciona as variáveis consumo e renda, utilizando-nos dos dados da Equação (C.1.6). Para o caso de duas variáveis, temos:

$$\hat{\boldsymbol{\beta}} = \begin{bmatrix} \hat{\beta}_1 \\ \hat{\beta}_2 \end{bmatrix}$$

$$(\mathbf{X}'\mathbf{X}) = \begin{bmatrix} 1 & 1 & 1 & \cdots & 1 \\ X_1 & X_2 & X_3 & \cdots & X_n \end{bmatrix} \begin{bmatrix} 1 & X_1 \\ 1 & X_2 \\ 1 & X_3 \\ & \cdots \\ 1 & X_N \end{bmatrix} = \begin{bmatrix} n & \sum X_i \\ \sum X_i & \sum X_i^2 \end{bmatrix}$$

e

$$\mathbf{X}'\mathbf{y} = \begin{bmatrix} 1 & 1 & 1 & \cdots & 1 \\ X_1 & X_2 & X_3 & \cdots & X_n \end{bmatrix} \begin{bmatrix} Y_1 \\ Y_2 \\ Y_3 \\ \vdots \\ Y_n \end{bmatrix} = \begin{bmatrix} \sum Y_i \\ \sum X_i Y_i \end{bmatrix}$$

Utilizando os dados da Equação (C.1.6), obtemos

$$\mathbf{X}'\mathbf{X} = \begin{bmatrix} 10 & 1700 \\ 1700 & 322000 \end{bmatrix}$$

e

$$\mathbf{X}'\mathbf{y} = \begin{bmatrix} 1110 \\ 205500 \end{bmatrix}$$

Ao empregarmos as regras da inversão de matrizes apresentada no **Apêndice B**, **Seção B.3**, podemos ver que a inversa da matriz anterior $(\mathbf{X}'\mathbf{X})$ é

$$\mathbf{X}'\mathbf{X}^{-1} = \begin{bmatrix} 0{,}97576 & -0{,}005152 \\ -0{,}005152 & 0{,}0000303 \end{bmatrix}$$

Portanto,

$$\hat{\boldsymbol{\beta}} = \begin{bmatrix} \hat{\beta}_1 \\ \hat{\beta}_2 \end{bmatrix} = \begin{bmatrix} 0{,}97576 & -0{,}005152 \\ -0{,}005152 & 0{,}0000303 \end{bmatrix} \begin{bmatrix} 1110 \\ 205500 \end{bmatrix}$$
$$= \begin{bmatrix} 24{,}4545 \\ 0{,}5079 \end{bmatrix}$$

Utilizando um computador, obtivemos $\hat{\beta}_1 = 24{,}4545$ e $\hat{\beta}_2 = 0{,}5091$. A diferença entre as duas estimativas deve-se a erros de arredondamento. Observe que, ao trabalharmos com uma calculadora, é fundamental, ao obtermos resultados com diversos dígitos significativos, minimizar os erros de arredondamento.

Matriz de variâncias e covariâncias de $\hat{\boldsymbol{\beta}}$

Os métodos matriciais nos permitem desenvolver fórmulas não apenas para a variância de $\hat{\beta}_i$, qualquer elemento dado de $\hat{\boldsymbol{\beta}}$, mas também para a covariância entre qualquer um dos dois elementos de $\hat{\boldsymbol{\beta}}$, por exemplo, $\hat{\beta}_i$ e $\hat{\beta}_j$. Precisamos dessas variâncias e covariâncias para o propósito de realizarmos inferências estatísticas.

Por definição, a matriz de variância-covariância de $\hat{\boldsymbol{\beta}}$ é (compare à Equação (C.2.2))

$$\text{var-cov}(\hat{\boldsymbol{\beta}}) = E\{[\hat{\boldsymbol{\beta}} - E(\hat{\boldsymbol{\beta}})][\hat{\boldsymbol{\beta}} - E(\hat{\boldsymbol{\beta}})]'\}$$

que pode ser escrita explicitamente como:

$$\text{var-cov}(\hat{\boldsymbol{\beta}}) = \begin{bmatrix} \text{var}(\hat{\beta}_1) & \text{cov}(\hat{\beta}_1, \hat{\beta}_2) & \cdots & \text{cov}(\hat{\beta}_1, \hat{\beta}_k) \\ \text{cov}(\hat{\beta}_2, \hat{\beta}_1) & \text{var}(\hat{\beta}_2) & \cdots & \text{cov}(\hat{\beta}_2, \hat{\beta}_k) \\ \cdots & \cdots & \cdots & \cdots \\ \text{cov}(\hat{\beta}_k, \hat{\beta}_1) & \text{cov}(\hat{\beta}_k, \hat{\beta}_2) & \cdots & \text{var}(\hat{\beta}_k) \end{bmatrix} \tag{C.3.12}$$

No Apêndice CA, Seção CA.3, mostraremos que a matriz de variância-covariância anterior pode ser obtida por meio da seguinte fórmula:

$$\text{var-cov}(\hat{\boldsymbol{\beta}}) = \sigma^2(\mathbf{X}'\mathbf{X})^{-1} \tag{C.3.13}$$

em que $\hat{\sigma}^2$ corresponde à variância homocedástica de u_i e $(\mathbf{X}'\mathbf{X})^{-1}$ é a inversa da matriz que aparece na Equação (C.3.11), a qual dá $\hat{\boldsymbol{\beta}}$, que corresponde ao estimador de MQO.

Nos modelos de regressão linear de duas e três variáveis, um estimador não viesado de σ^2 foi dado por $\hat{\sigma}^2 = \sum \hat{u}_i^2/(n-2)$ e $\hat{\sigma}^2 = \sum \hat{u}_i^2/(n-3)$, respectivamente. No caso de k variáveis, a fórmula correspondente é:

$$\begin{aligned} \hat{\sigma}^2 &= \frac{\sum \hat{u}_i^2}{n-k} \\ &= \frac{\hat{\mathbf{u}}'\hat{\mathbf{u}}}{n-k} \end{aligned} \tag{C.3.14}$$

em que há agora $n - k$ graus de liberdade. (Por quê?)

Embora, em princípio, $\hat{\mathbf{u}}'\hat{\mathbf{u}}$ possa ser calculado com base nos resíduos estimados, na prática ele pode ser obtido diretamente como mostramos a seguir. Lembrando que $\sum \hat{u}_i^2$ (= SRQ) = STQ− SQE, , no caso de duas variáveis, podemos escrever:

$$\sum \hat{u}_i^2 = \sum y_i^2 - \hat{\beta}_2^2 \sum x_i^2 \tag{3.3.6}$$

e no caso de três variáveis

$$\sum \hat{u}_i^2 = \sum y_i^2 - \hat{\beta}_2 \sum y_i x_{2i} - \hat{\beta}_3 \sum y_i x_{3i} \tag{7.4.19}$$

Estendendo esse princípio, é possível ver que, para o modelo de k variáveis,

$$\sum \hat{u}_i^2 = \sum y_i^2 - \hat{\beta}_2 \sum y_i x_{2i} - \cdots - \hat{\beta}_k \sum y_i x_{ki} \tag{C.3.15}$$

Em notação matricial,

$$\text{STQ: } \sum y_i^2 = \mathbf{y}'\mathbf{y} - n\bar{Y}^2 \tag{C.3.16}$$

$$\text{SQE: } \hat{\beta}_2 \sum y_i x_{2i} + \cdots + \hat{\beta}_k \sum y_i x_{ki} = \hat{\boldsymbol{\beta}}'\mathbf{X}'\mathbf{y} - n\bar{Y}^2 \tag{C.3.17}$$

em que o termo $n\bar{Y}^2$ é conhecido como a correção para a média.[6] Portanto,

$$\hat{\mathbf{u}}'\hat{\mathbf{u}} = \mathbf{y}'\mathbf{y} - \hat{\boldsymbol{\beta}}'\mathbf{X}'\mathbf{y} \tag{C.3.18}$$

Uma vez que tenhamos obtido $\hat{\mathbf{u}}'\hat{\mathbf{u}}$, $\hat{\sigma}^2$ pode ser facilmente calculado pela Equação (C.3.14), a qual, por sua vez, permite estimar a matriz de variância-covariância (C.3.13).

Para nosso exemplo ilustrativo,

$$\begin{aligned}\hat{\mathbf{u}}'\hat{\mathbf{u}} &= 132100 - [24{,}4545 \quad 0{,}5091]\begin{bmatrix}1110\\205500\end{bmatrix}\\ &= 337{,}373\end{aligned}$$

Portanto, à $\hat{\sigma}^2 = (337{,}273/8) = 42{,}1591$, que é aproximadamente o valor obtido no Capítulo 3.

Propriedades do vetor de MQO $\hat{\boldsymbol{\beta}}$

Nos casos de duas ou três variáveis, sabemos que os estimadores de MQO são lineares e não viesados, e na classe de todos os estimadores lineares não viesados, eles têm variância mínima (a propriedade de Gauss–Markov). Em resumo, os estimadores de MQO são os melhores estimadores lineares não viesados (BLUE, ou seja, melhores estimadores lineares não viesados). Essa propriedade estende-se ao vetor $\hat{\boldsymbol{\beta}}$; ou seja, $\hat{\boldsymbol{\beta}}$ é linear (cada um dos seus elementos é uma função linear de Y, a variável dependente). $E(\hat{\boldsymbol{\beta}}) = \hat{\boldsymbol{\beta}}$, ou seja, o valor esperado de cada elemento de $\hat{\boldsymbol{\beta}}$ é igual ao elemento correspondente do verdadeiro $\boldsymbol{\beta}$, e, na classe de todos os estimadores não viesados de $\boldsymbol{\beta}$, o estimador de MQO $\hat{\boldsymbol{\beta}}$ possui uma variância mínima. A prova disso é apresentada no Apêndice CA, Seção CA.4. Conforme dissemos na Introdução, o caso de k variáveis é, na maioria dos casos, uma extensão direta dos casos de duas e três variáveis.

C.4 O coeficiente de determinação R^2 em notação matricial

O coeficiente de determinação de R^2 foi definido como

$$R^2 = \frac{\text{SQE}}{\text{STQ}}$$

No caso de duas variáveis,

$$R^2 = \frac{\hat{\beta}_2^2 \sum x_i^2}{\sum y_i^2} \tag{3.5.6}$$

e no caso de três variáveis

$$R^2 = \frac{\hat{\beta}_2 \sum y_i x_{2i} + \hat{\beta}_3 \sum y_i x_{3i}}{\sum y_i^2} \tag{7.5.5}$$

Generalizando, obtemos, no caso de k variáveis

$$R^2 = \frac{\hat{\beta}_2 \sum y_i x_{2i} + \hat{\beta}_3 \sum y_i x_{3i} + \cdots + \hat{\beta}_k \sum y_i x_{ki}}{\sum y_i^2} \tag{C.4.1}$$

[6] $\sum y_i^2 = \sum(Y_i - \bar{Y})^2 = \sum Y_i^2 - nY^2 = \mathbf{y}'\mathbf{y} - n\bar{Y}^2$. Sendo assim, sem o termo de correção, **y′y** dará apenas a soma bruta dos quadrados, e não a soma dos quadrados dos desvios.

Utilizando as Equações (C.3.16) e (C.3.17), a Equação (C.4.1) pode ser escrita como:

$$R^2 = \frac{\hat{\boldsymbol{\beta}}'\mathbf{X}'\mathbf{y} - n\bar{Y}^2}{\mathbf{y}'\mathbf{y} - n\bar{Y}^2} \tag{C.4.2}$$

a qual dá a representação matricial de R^2.

Para o nosso exemplo ilustrativo,

$$\begin{aligned}\hat{\boldsymbol{\beta}}'\mathbf{X}'\mathbf{y} &= [24{,}3571 \quad 0{,}5079]\begin{bmatrix}1.110\\205.500\end{bmatrix}\\ &= 131.409{,}831\end{aligned}$$

$$\mathbf{y}'\mathbf{y} = 132.100$$

e

$$n\bar{Y}^2 = 123.210$$

Ao inserirmos esses valores na Equação (C.4.2), vemos que $R^2 = 0{,}9224$, que é quase o mesmo que obtivemos antes, exceto em relação aos erros de arredondamento.

C.5 A matriz de correlações

Nos capítulos anteriores, encontramos coeficientes de correlação de ordem zero, ou simples, r_{12}, r_{13}, r_{23}, e coeficientes de correlação parcial, ou de primeira ordem, $r_{12,3}$, $r_{13,2}$, $r_{23,1}$, e suas interrelações. No caso de k variáveis, temos ao todo $k(k-1)/2$ coeficientes de correlação de ordem zero. (Por quê?) Essas $k(k-1)/2$ correlações podem ser colocadas em uma matriz, designada **matriz de correlações**, como se segue:

$$\begin{aligned}R &= \begin{bmatrix} r_{11} & r_{12} & r_{13} & \cdots & r_{1k}\\ r_{21} & r_{22} & r_{23} & \cdots & r_{2k}\\ \cdots & \cdots & \cdots & \cdots & \cdots\\ r_{k1} & r_{k2} & r_{k3} & \cdots & r_{kk}\end{bmatrix}\\ &= \begin{bmatrix} 1 & r_{12} & r_{13} & \cdots & r_{1k}\\ r_{21} & 1 & r_{23} & \cdots & r_{2k}\\ \cdots & \cdots & \cdots & \cdots & \cdots\\ r_{k1} & r_{k2} & r_{k3} & \cdots & 1\end{bmatrix}\end{aligned} \tag{C.5.1}$$

em que o subscrito 1, como anteriormente, denota a variável dependente Y (r_{12} significa coeficiente de correlação entre Y e X_2 e assim por diante) e utiliza-se do fato de que o coeficiente de correlação de uma variável que diz respeito a ela mesma é sempre 1 ($r_{11} = r_{22} = \cdots = r_{kk} = 1$).

Com base na matriz de correlação $\boldsymbol{R}$, pode-se obter coeficientes de correlação de primeira ordem (veja o Capítulo 7) e de ordem maior como $r_{12,34\ldots k}$. (Veja o Exercício C.4.) Muitos programas de computador usualmente calculam a matriz $\boldsymbol{R}$. Utilizamos a matriz de correlações no Capítulo 10.

C.6 Teste de hipóteses sobre coeficientes de regressão individual em notação matricial

Por motivos apresentados nos capítulos anteriores, se o nosso objetivo é a inferência, bem como a estimação, devemos pressupor que os termos de erro u_i seguem alguma distribuição de probabilidade. Além disso, por razões oferecidas anteriormente, na análise de regressão, pressupomos que, em geral, cada u_i segue uma distribuição normal com média zero e variância σ^2 constante. Em notação matricial, temos:

$$\mathbf{u} \sim N(\mathbf{0}, \sigma^2\mathbf{I}) \tag{C.6.1}$$

em que **u** e **0** são vetores coluna $n \times 1$ e **I** é uma matriz identidade $n \times n$, sendo **0** o **vetor nulo**.

Dada a hipótese de normalidade, sabemos que, em modelos de regressão linear de duas e três variáveis, (1) os estimadores de MQO $\hat{\beta}_i$ e os estimadores de máxima verossimilhança $\tilde{\beta}_i$ são idênticos, mas o estimador de *máxima verossimilhança* $\tilde{\sigma}^2$ é viesado, embora esse viés possa ser removido utilizando o estimador não viesado de MQO $\hat{\sigma}^2$; e (2) os estimadores de MQO $\hat{\beta}_i$ são também normalmente distribuídos. Generalizando, no caso de k variáveis, podemos mostrar que

$$\hat{\boldsymbol{\beta}} \sim N[\boldsymbol{\beta}, \sigma^2(\mathbf{X}'\mathbf{X})^{-1}] \tag{C.6.2}$$

ou seja, cada elemento $\hat{\boldsymbol{\beta}}$ está normalmente distribuído com média igual ao elemento correspondente do verdadeiro $\boldsymbol{\beta}$ e a variância é dada por σ^2 multiplicado pelo elemento diagonal apropriado da matriz inversa $(\mathbf{X}'\mathbf{X})^{-1}$.

Visto que, na prática, σ^2 é desconhecido, ele é estimado por $\hat{\sigma}^2$. Portanto, pela troca usual para a distribuição t, segue-se que cada elemento $\hat{\boldsymbol{\beta}}$ acompanha a distribuição t com $n - k$ gl. Simbolicamente,

$$t = \frac{\hat{\beta}_i - \beta_i}{\text{ep}(\hat{\beta}_i)} \tag{C.6.3}$$

com $n - k$ gl, em que $\hat{\beta}_i$ é qualquer elemento de $\hat{\boldsymbol{\beta}}$.

A distribuição t pode, por conseguinte, ser utilizada para testar hipóteses sobre o verdadeiro β_i, bem como para estabelecer intervalos de confiança sobre isso. A real mecânica já foi ilutrada nos Capítulos 5 e 8. Para um exemplo mais completo, veja a Seção C.10.

C.7 Teste da significância geral da regressão: análise de variância em notação matricial

No capítulo 8, desenvolvemos a técnica ANOVA (1) para testar a significância global da regressão estimada, ou seja, para testar a hipótese nula de que os verdadeiros coeficientes angulares (parciais) são simultaneamente iguais a zero e (2) para estimar a contribuição incremental de uma variável explanatória. A técnica ANOVA pode ser facilmente estendida ao caso de k variáveis. Lembre-se de que a técnica ANOVA consiste em decompor a soma total dos quadrados (STQ) em dois componentes: a SQE e a SQR. As expressões matriciais para essas três somas de quadrados já foram fornecidas nas Equações (C.3.16), (C.3.17) e (C.3.18). Os graus de liberdade associados a essas somas de quadrados são $n - 1$, $k - 1$ e $n - k$, respectivamente. (Por quê?) Segundo a Tabela 8.1 do Capítulo 8, podemos elaborar a Tabela C.2.

TABELA C.2 Formulação matricial da tabela ANOVA para o modelo de regressão linear com k variáveis

Causas da variação	Soma de quadrados	gl.	Soma de quadrados médios
Decorrente da regressão (ou seja, decorrente de $X_2, X_3, \ldots, X_k$)	$\boldsymbol{\beta}'\mathbf{X}'\mathbf{y} - n\bar{Y}^2$	$k - 1$	$\dfrac{\boldsymbol{\beta}\mathbf{X}'\mathbf{y} - n\bar{Y}^2}{k - 1}$
Decorrente de resíduos	$\mathbf{y}'\mathbf{y} - \hat{\boldsymbol{\beta}}'\mathbf{X}'\mathbf{y}$	$n - k$	$\dfrac{\mathbf{y}'\mathbf{y} - \hat{\boldsymbol{\beta}}'\mathbf{X}'\mathbf{y}}{n - k}$
Total	$\mathbf{y}'\mathbf{y} - n\bar{Y}^2$	$n - 1$	

Admitindo que os termos de erro u_i *estejam normalmente distribuídos e que a hipótese nula seja* $\beta_2 = \beta_3 = \cdots = \beta_k = 0$, de acordo com o Capítulo 8, podemos mostrar que

$$F = \frac{(\hat{\boldsymbol{\beta}}'\mathbf{X}'\mathbf{y} - n\bar{Y}^2)/(k-1)}{(\mathbf{y}'\mathbf{y} - \hat{\boldsymbol{\beta}}'\mathbf{X}'\mathbf{y})/(n-k)} \tag{C.7.1}$$

segue a distribuição F com $k-1$ e $n-k$ graus de liberdade.

No Capítulo 8, vimos que, sob as hipóteses declaradas anteriormente, há uma estreita relação entre F e R^2, ou seja,

$$F = \frac{R^2/(k-1)}{(1-R^2)/(n-k)} \tag{8.4.11}$$

Sendo assim, a Tabela C.2 de ANOVA pode ser expressa como a Tabela C.3. Uma vantagem da Tabela C.3 sobre a C.2 é que toda a análise pode ser feita em termos de R^2; não é necessário considerar o termo $(\mathbf{y}'\mathbf{y} - n\bar{Y}^2)$, pois ele é excluído no quociente F.

TABELA C.3
Tabela ANOVA com k variáveis em forma matricial em termos de R^2

Causas da variação	Soma de quadrados	gl.	Soma de quadrados médios
Decorrente da regressão (ou seja, decorrente da $X_2, X_3, \ldots, X_k$)	$R^2(\mathbf{y}'\mathbf{y} - n\bar{Y}^2)$	$k-1$	$\frac{R^2(\mathbf{y}'\mathbf{y} - n\bar{Y}^2)}{k-1}$
Decorrente de resíduos	$(1-R^2)(\mathbf{y}'\mathbf{y} - n\bar{Y}^2)$	$n-k$	$\frac{(1-R^2)(\mathbf{y}'\mathbf{y} - n\bar{Y}^2)}{n-k}$
Total	$\mathbf{y}'\mathbf{y} - n\bar{Y}^2$	$n-1$	

C.8 Teste de restrições lineares: teste *F* geral por meio da notação matricial

Na Seção 8.6 apresentamos o teste F geral para testar a validade das restrições lineares impostas a um ou mais parâmetros do modelo de regressão linear com k variáveis. O teste apropriado foi fornecido em (8.6.9) (ou seu equivalente, a Equação (8.6.10)). A contrapartida da matriz de (8.6.9) pode ser facilmente calculada.

Sejam

$\hat{\mathbf{u}}_R$ = vetor dos resíduos da regressão por mínimos quadrados restrita

$\hat{\mathbf{u}}_{UR}$ = vetor dos resíduos da regressão por mínimos quadrados irrestrita

Então,

$\hat{\mathbf{u}}_R'\hat{\mathbf{u}}_R = \sum \hat{u}_R^2$ = soma dos quadrados dos resíduos para a regressão restrita

$\hat{\mathbf{u}}_{UR}'\hat{\mathbf{u}}_{UR} = \sum \hat{u}_{UR}^2$ = soma dos quadrados dos resíduos para a regressão irrestrita

m = número de restrições lineares

k = número de parâmetros (incluindo o intercepto) na regressão sem restrições

n = número de observações

A contrapartida da matriz da Equação (8.6.9) é, por conseguinte,

$$F = \frac{(\hat{\mathbf{u}}_R'\hat{\mathbf{u}}_R - \hat{\mathbf{u}}_{UR}'\hat{\mathbf{u}}_{UR})/m}{(\hat{\mathbf{u}}_{UR}'\hat{\mathbf{u}}_{UR})/(n-k)} \tag{C.8.1}$$

que segue a distribuição F com $(m, n-k)$ graus de liberdade. Como de costume, se o valor F calculado da Equação (C.8.1) exceder o valor crítico de F, podemos rejeitar a regressão restrita; caso contrário, não a rejeitamos.

C.9 Previsão com o uso da regressão múltipla: formulação matricial

Na Seção 8.8 discutimos, utilizando a notação escalar, de que modo a regressão múltipla estimada pode ser empregada para prever (1) a média e (2) os valores individuais de Y, dados os valores dos regressores X. Nesta seção, mostramos como expressar essas previsões na forma de matriz. Apresentamos também as fórmulas para estimar as variâncias e os erros padrão dos valores previstos; no Capítulo 8, observamos que essas fórmulas são mais bem utilizadas na notação matricial e que, para expressões escalares ou algébricas dessas fórmulas, tornam-se mais complicadas.

Previsão da média

Seja

$$\mathbf{X_0} = \begin{bmatrix} 1 \\ X_{02} \\ X_{03} \\ \vdots \\ X_{0k} \end{bmatrix} \tag{C.9.1}$$

o vetor de valores das variáveis X para as quais desejamos prever $\hat{Y}_0$, a previsão da média de Y.

Agora a regressão múltipla estimada, na forma escalar, é

$$\hat{Y}_i = \hat{\beta}_1 + \hat{\beta}_2 X_{2i} + \hat{\beta}_3 X_{3i} + \cdots + \hat{\beta}_k X_{ki} + u_i \tag{C.9.2}$$

que, em notação matricial, pode ser escrita de modo compacto como

$$\hat{Y}_i = \mathbf{x}_i' \hat{\boldsymbol{\beta}} \tag{C.9.3}$$

em que $\mathbf{x}_i' = [1 \; X_{2i} \; X_{3i} \; \cdots \; X_{ki}]$ e

$$\hat{\boldsymbol{\beta}} = \begin{bmatrix} \hat{\beta}_1 \\ \hat{\beta}_2 \\ \vdots \\ \hat{\beta}_k \end{bmatrix}$$

A Equação (C.9.2) ou (C.9.3) é, certamente, a previsão da média de Y_i que corresponde a um dado $\mathbf{x}_i'$.

Se $\mathbf{x}_i'$ é tal como na Equação (C.9.1), a Equação (C.9.3) torna-se

$$(\hat{Y}_i \mid \mathbf{x}_0') = \mathbf{x}_0' \hat{\boldsymbol{\beta}} \tag{C.9.4}$$

em que, é claro, os valores de $\mathbf{x}_0$ estão especificados. Observe que a Equação (C.9.4) e dá uma previsão não viesada de $E(\hat{Y}_i \mid \mathbf{x}_0')$, desde que $E(x_0'\hat{\boldsymbol{\beta}}) = \mathbf{x}_0'\hat{\boldsymbol{\beta}}$. (Por quê?)

Variância da previsão da média

A fórmula para estimar a variância de $(\hat{Y}_0 \mid \mathbf{x}_0')$ é a seguinte:[7]

$$\text{var}(\hat{Y}_0 \mid \mathbf{x}_0') = \sigma^2 \mathbf{x}_0' (\mathbf{X}'\mathbf{X})^{-1} \mathbf{x}_0 \tag{C.9.5}$$

em que σ^2 é a variância de u_i, $\mathbf{x}_0'$ são os valores dados das variáveis X para as quais desejamos realizar a previsão e $(\mathbf{X}'\mathbf{X})$ corresponde à matriz dada na Equação (C.3.9). Na prática, substituímos σ^2 por seu estimador não viesado σ^2.

[7] Sobre a derivação, veja JOHNSTON, J. *Econometrics methods*. 3. ed. Nova York: McGraw-Hill, 1984. p. 195–196.

Ilustraremos a previsão da média e sua variância na próxima seção.

Previsão individual

Conforme indicamos nos Capítulos 5 e 8, a previsão individual de $Y\,(=\ Y_0)$ é igualmente dada pela Equação (C.9.3) ou mais especificamente pela Equação (C.9.4). A diferença entre as previsões da média e a individual encontra-se em suas variâncias.

Variância da previsão individual

A fórmula para a variância de uma previsão individual é como segue:[8]

$$\text{var}\,(Y_0\,|\,\mathbf{x}_0) = \sigma^2[1 + \mathbf{x}_0'(\mathbf{X}'\mathbf{X})^{-1}\mathbf{x}_0] \qquad \textbf{(C.9.6)}$$

em que var $(Y_0 \mid \mathbf{x}_0)$ representa $E[Y_0 - \hat{Y}_0 \mid X]^2$. Na prática, substituímos σ^2 por seu estimador não viesado $\hat{\sigma}^2$. Ilustraremos essa fórmula na próxima seção.

C.10 Resumo da abordagem matricial: um exemplo ilustrativo

Considere os dados apresentados na Tabela C.4. Esses correspondem a despesas pessoais de consumo (DCPC), de renda pessoal disponível *per capita* (RPDPC) e tempo ou uma variável de tendência. Incluindo uma variável de tendência no modelo, estamos tentando descobrir a relação entre DCPC e a RPDPC descartada da variável de tendência (a qual pode representar uma gama de outros fatores, como a tecnologia, as mudanças nos gostos etc.).

Com propósitos empíricos, o modelo de regressão é, então

$$Y_i = \hat{\beta}_1 + \hat{\beta}_2 X_{2i} + \hat{\beta}_3 X_{3i} + \hat{u}_i \qquad \textbf{(C.10.1)}$$

em que Y = despesas de consumo *per capita*, X_2 = renda disponível *per capita*, X_3 = tempo. Os dados necessários para realizarmos a regressão (C.10.1) estão na Tabela C.4.

Em notação matricial, nosso problema pode ser mostrado como a seguir:

$$\begin{bmatrix} 1673 \\ 1688 \\ 1666 \\ 1735 \\ 1749 \\ 1756 \\ 1815 \\ 1867 \\ 1948 \\ 2048 \\ 2128 \\ 2165 \\ 2257 \\ 2316 \\ 2324 \end{bmatrix} = \begin{bmatrix} 1 & 1839 & 1 \\ 1 & 1844 & 2 \\ 1 & 1831 & 3 \\ 1 & 1881 & 4 \\ 1 & 1883 & 5 \\ 1 & 1910 & 6 \\ 1 & 1969 & 7 \\ 1 & 2016 & 8 \\ 1 & 2126 & 9 \\ 1 & 2239 & 10 \\ 1 & 2336 & 11 \\ 1 & 2404 & 12 \\ 1 & 2487 & 13 \\ 1 & 2535 & 14 \\ 1 & 2595 & 15 \end{bmatrix} \begin{bmatrix} \hat{\beta}_1 \\ \hat{\beta}_2 \\ \hat{\beta}_3 \end{bmatrix} + \begin{bmatrix} \hat{u}_1 \\ \hat{u}_2 \\ \hat{u}_3 \\ \hat{u}_4 \\ \hat{u}_5 \\ \hat{u}_6 \\ \hat{u}_7 \\ \hat{u}_8 \\ \hat{u}_9 \\ \hat{u}_{10} \\ \hat{u}_{11} \\ \hat{u}_{12} \\ \hat{u}_{13} \\ \hat{u}_{14} \\ \hat{u}_{15} \end{bmatrix} \qquad \textbf{(C.10.2)}$$

$$\underset{15\times 1}{\mathbf{y}} = \underset{15\times 3}{\mathbf{X}} \quad \underset{3\times 1}{\hat{\boldsymbol{\beta}}} + \underset{15\times 1}{\hat{\mathbf{u}}}$$

[8] Ibid.

TABELA C.4

Despesas pessoais de consumo *per capita* (DCPC) e renda pessoal disponível *per capita* (RPDPC) nos Estados Unidos, 1956–1970, em dólares de 1958

DCPC, Y	RPDPC, X_2	Tempo X_3	DCPC, Y	RPDPC, X_2	Tempo, X_3
1673	1839	1 (= 1956)	1948	2126	9
1688	1844	2	2048	2239	10
1666	1831	3	2128	2336	11
1735	1881	4	2165	2404	12
1749	1883	5	2257	2487	13
1756	1910	6	2316	2535	14
1815	1969	7	2324	2595	15 (= 1970)
1867	2016	8			

Fonte: *Economic Report of the President*, janeiro de 1972, Tabela B-16.

Com base nos dados anteriores, obtemos as seguintes quantidades:

$$\bar{Y} = 1942{,}333 \qquad \bar{X}_2 = 2126{,}333 \qquad \bar{X}_3 = 8{,}0$$

$$\sum (Y_i - \bar{Y})^2 = 830.121{,}333$$

$$\sum (X_{2i} - \bar{X}_2)^2 = 1.103.111{,}333 \qquad \sum (X_{3i} - \bar{X}_3)^2 = 280{,}0$$

$$\mathbf{X'X} = \begin{bmatrix} 1 & 1 & 1 & \cdots & 1 \\ X_{21} & X_{22} & X_{23} & \cdots & X_{2n} \\ X_{31} & X_{32} & X_{33} & \cdots & X_{3n} \end{bmatrix} \begin{bmatrix} 1 & X_{21} & X_{31} \\ 1 & X_{22} & X_{32} \\ 1 & X_{23} & X_{33} \\ \vdots & \vdots & \vdots \\ 1 & X_{2n} & X_{3n} \end{bmatrix}$$

$$= \begin{bmatrix} n & \sum X_{2i} & \sum X_{3i} \\ \sum X_{2i} & \sum X_{2i}^2 & \sum X_{2i}X_{3i} \\ \sum X_{3i} & \sum X_{2i}X_{3i} & \sum X_{3i}^2 \end{bmatrix}$$

$$= \begin{bmatrix} 15 & 31.895 & 120 \\ 31.895 & 68.922{,}513 & 272.144 \\ 120 & 272.144 & 1240 \end{bmatrix} \tag{C.10.3}$$

$$\mathbf{X'y} = \begin{bmatrix} 29.135 \\ 62.905.821 \\ 247.934 \end{bmatrix} \tag{C.10.4}$$

Utilizando as regras de inversão de matrizes apresentada no **Apêndice B**, é possível ver que

$$(\mathbf{X'X})^{-1} = \begin{bmatrix} 37{,}232491 & -0{,}0225082 & 1{,}336707 \\ -0{,}0225082 & 0{,}0000137 & -0{,}0008319 \\ 1{,}336707 & -0{,}0008319 & 0{,}054034 \end{bmatrix} \tag{C.10.5}$$

Sendo assim,

$$\hat{\boldsymbol{\beta}} = (\mathbf{X'X})^{-1}\mathbf{X'y} = \begin{bmatrix} 300{,}28625 \\ 0{,}74198 \\ 8{,}04356 \end{bmatrix} \tag{C.10.6}$$

A soma dos quadrados dos resíduos pode ser agora calculada como

$$\begin{aligned} \sum \hat{u}_i^2 &= \hat{\mathbf{u}}'\hat{\mathbf{u}} \\ &= \mathbf{y'y} - \hat{\boldsymbol{\beta}}'\mathbf{X'y} \\ &= 57.420.003 - [300{,}28625 \quad 0{,}74198 \quad 8{,}04356] \begin{bmatrix} 29.135 \\ 62.905.821 \\ 247.934 \end{bmatrix} \\ &= 1976{,}85574 \end{aligned} \tag{C.10.7}$$

de onde obtemos

$$\hat{\sigma}^2 = \frac{\hat{\mathbf{u}}'\hat{\mathbf{u}}}{12} = 164{,}73797 \tag{C.10.8}$$

A matriz de variância e covariância para $\hat{\boldsymbol{\beta}}$ pode, então, ser mostrada como

$$\text{var-cov}(\hat{\boldsymbol{\beta}}) = \hat{\sigma}^2(\mathbf{X}'\mathbf{X})^{-1} = \begin{bmatrix} 6133{,}650 & -3{,}70794 & 220{,}20634 \\ -3{,}70794 & 0{,}00226 & -0{,}13705 \\ 220{,}20634 & -0{,}13705 & 8{,}90155 \end{bmatrix} \tag{C.10.9}$$

Os elementos na diagonal dessa matriz fornecem as variâncias de $\hat{\beta}_1$, $\hat{\beta}_2$ e $\hat{\beta}_3$, respectivamente, e suas raízes quadradas fornecem os erros padrão correspondentes.

Com base nos dados anteriores, podemos verificar que

$$\text{SQE: } \hat{\boldsymbol{\beta}}'\mathbf{X}'\mathbf{y} - n\bar{Y}^2 = 828.144{,}47786 \tag{C.10.10}$$

$$\text{STQ: } \mathbf{y}'\mathbf{y} - n\bar{Y}^2 = 830.121{,}333 \tag{C.10.11}$$

Portanto,

$$\begin{aligned} R^2 &= \frac{\hat{\boldsymbol{\beta}}'\mathbf{X}'\mathbf{y} - n\bar{Y}^2}{\mathbf{y}'\mathbf{y} - n\bar{Y}^2} \\ &= \frac{828.144{,}47786}{830.121{,}333} \\ &= 0{,}99761 \end{aligned} \tag{C.10.12}$$

Aplicando a Equação (7.8.4) pode-se ver que o **coeficiente de determinação ajustado** é

$$\bar{R}^2 = 0{,}99722 \tag{C.10.13}$$

Reunindo nossos resultados até aqui, temos

$$\begin{aligned} \hat{Y}_i &= 300{,}28625 + 0{,}74198X_{2i} + 8{,}04356X_{3i} \\ &\quad\;(78{,}31763) \quad (0{,}04753) \qquad (2{,}98354) \\ t &= \;(3{,}83421) \quad (15{,}60956) \qquad (2{,}69598) \\ R^2 &= 0{,}99761 \quad \bar{R}^2 = 0{,}99722 \quad \text{gl} = 12 \end{aligned} \tag{C.10.14}$$

A interpretação da Equação (C.10.14) é esta: se tanto X_2 e X_3 estão fixados com valor zero, o valor médio das despesas de consumo pessoal *per capita* está estimado em torno de \$ 300. Como de costume, essa interpretação mecânica do intercepto deve ser vista com precaução. O coeficiente de regressão parcial de 0,74198 significa que, se forem mantidas constantes todas as outras variáveis, um aumento de renda *per capita* de, por exemplo, um dólar será acompanhado por um aumento na média dos gastos com consumo pessoal *per capita* de aproximadamente 74 centavos. Em resumo, estima-se que a propensão marginal de consumo seja de aproximadamente 0,74 ou 74%. De modo semelhante, ao mantermos constantes todas as outras variáveis, a média do gasto com consumo pessoal *per capita* aumentou na taxa de aproximadamente \$ 8 por ano durante o período do estudo, ou seja, entre 1956 e 1970. O valor R^2 de 0,9976 mostra que as duas variáveis explanatórias são responsáveis por mais de 99% da variação dos gastos de consumo *per capita* nos Estados Unidos durante o período entre 1956 e 1970. Embora $\bar{R}^2$ diminua levemente, ele continua ainda bastante alto.

TABELA C.5
A Tabela ANOVA para os dados da Tabela C.4

Causas da variação	Soma de quadrados	gl.	Soma de quadrados médios
Decorrente de X_2, X_3	828.144,47786	2	414.072,3893
Decorrente de resíduos	1.976,85574	12	164,73797
Total	830.121,33360	14	

Em relação à significância estatística dos coeficientes estimados, observamos, a partir da Equação (C.10.14), que cada um deles é significante em termos estatísticos e *individuais*, por exemplo, no nível 5: as razões entre os coeficientes estimados e seus erros padrão (ou seja, razões *t*) são 3,83421, 15,61077 e 2,69598, respectivamente. Utilizando um teste *t* bicaudal no nível de significância de 5%, vemos que o valor *t* crítico para 12 graus de liberdade é 2,179. Cada um dos valores *t* calculados excede esse valor crítico. Sendo assim, individualmente, podemos rejeitar a hipótese nula de que o verdadeiro valor populacional do coeficiente relevante é zero.

Conforme observamos anteriormente, não podemos aplicar o teste *t* usual para testar simultaneamente a hipótese de que $\beta_2 = \beta_3 = 0$ porque o procedimento do teste *t* pressupõe que extraímos uma amostra cada vez que o teste é aplicado. Se a mesma amostra é utilizada para testar simultaneamente hipóteses sobre β_2 e β_3, provavelmente os estimadores $\hat{\beta}_2$ e $\hat{\beta}_3$ estão correlacionados, violando, assim, a hipótese subjacente ao procedimento do teste *t*.[9] De fato, ao observarmos a matriz de variância e covariância de $\hat{\boldsymbol{\beta}}$ da Equação (C.10.9) vemos que os estimadores $\hat{\beta}_2$ e $\hat{\beta}_3$ apresentam uma correlação negativa (a covariância entre os dois é $-0{,}13705$). Sendo assim, não podemos utilizar o teste *t* para testar a hipótese nula de que $\beta_2 = \beta_3 = 0$.

Lembre-se, porém, de que uma hipótese nula como $\beta_2 = \beta_3 = 0$, simultaneamente, pode ser testada por meio da técnica de análise de variância e o teste *F* concomitante, apresentados no Capítulo 8. Para o nosso problema, a análise de variâncias corresponde àquela da Tabela C.5. Sob as hipóteses usuais, obtemos

$$F = \frac{414.072{,}3893}{164{,}73797} = 2513{,}52 \tag{C.10.15}$$

que é distribuída conforme a distribuição *F* com 2 e 12 graus de liberdade. O valor calculado de *F* é obviamente altamente significativo; podemos rejeitar a hipótese nula de que $\beta_2 = \beta_3 = 0$, ou seja, de que os gastos com consumo pessoal *per capita* não estejam linearmente relacionados com a renda disponível *per capita* e a tendência.

Na Seção C.9, discutimos os mecanismos da previsão, tanto da previsão média quanto da individual. Imagine que, em 1971, o número da renda pessoal disponível (RPD) tenha sido de \$ 2.610 e que desejemos prever o consumo pessoal *per capita* (DCPC) correspondente a esse número. Então, a previsão média, bem como a individual, do DCPC de 1971 é a mesma e é dada como

$$\begin{aligned}(\text{DCPC}_{1971} \mid \text{RPD}_{1971}, X_3 = 16) &= \mathbf{x}'_{1971}\hat{\boldsymbol{\beta}} \\ &= [1 \quad 2610 \quad 16]\begin{bmatrix} 300{,}28625 \\ 0{,}74198 \\ 8{,}04356 \end{bmatrix} \\ &= 2365{,}55 \end{aligned} \tag{C.10.16}$$

em que fazemos uso da Equação (C.9.3).

[9] Veja a Seção 8.4 para mais detalhes.

As variâncias de $\hat{Y}_{1971}$ e Y_{1971}, como sabemos, pela Seção C.9, são diferentes e são as seguintes:

$$\begin{aligned} \text{var}(\hat{Y}_{1971} \mid \mathbf{x}'_{1971}) &= \hat{\sigma}^2[\mathbf{x}'_{1971}(\mathbf{X}'\mathbf{X})^{-1}\mathbf{x}_{1971}] \\ &= 164{,}73797[1 \quad 2610 \quad 16](\mathbf{X}'\mathbf{X})^{-1}\begin{bmatrix} 1 \\ 2610 \\ 16 \end{bmatrix} \end{aligned} \tag{C.10.17}$$

em que $(\mathbf{X}'\mathbf{X})^{-1}$ está apresentado na Equação (C.10.5). Substituindo essa equação na Equação (C.10.17), o leitor verificará que

$$\text{var}(\hat{Y}_{1971} \mid \mathbf{x}'_{1971}) = 48{,}6426 \tag{C.10.18}$$

e, portanto,

$$\text{ep}(\hat{Y}_{1971} \mid \mathbf{x}'_{1971}) = 6{,}9744$$

Deixamos ao leitor a tarefa de verificar, por meio da Equação (C.9.6), que

$$\text{var}(Y_{1971} \mid \mathbf{x}'_{1971}) = 213{,}3806 \tag{C.10.19}$$

e

$$\text{se}(Y_{1971} \mid \mathbf{x}'_{1971}) = 14{,}6076$$

Nota: $\text{var}(Y_{1971} \mid \mathbf{x}'_{1971}) = E[Y_{1971} - \hat{Y}_{1971} \mid \mathbf{x}'_{1971}]^2$.

Na Seção C.5, apresentamos a matriz de correlações $\boldsymbol{R}$. De acordo com nossos dados, a matriz de correlação é a seguinte:

$$R = \begin{array}{c} \\ Y \\ X_2 \\ X_3 \end{array} \begin{array}{c} \begin{array}{ccc} Y & X_2 & X_3 \end{array} \\ \begin{bmatrix} 1 & 0{,}9980 & 0{,}9743 \\ 0{,}9980 & 1 & 0{,}9664 \\ 0{,}9743 & 0{,}9664 & 1 \end{bmatrix} \end{array} \tag{C.10.20}$$

Observe que, na Equação (C.10.20), delimitamos a matriz de correlações com as variáveis do modelo, para que possamos identificar prontamente quais variáveis estão envolvidas no cálculo do coeficiente de correlação. Sendo assim, o coeficiente 0,9980, na primeira linha da matriz (C.10.20) informa que esse é o coeficiente de correlação entre Y e X_2 (ou seja, r_{12}). Das correlações de ordem zero apresentadas na matriz de correlações (C.10.20) pode-se facilmente derivar os coeficientes de correlação de primeira ordem. (Veja o Exercício C.7.)

C.11 Mínimos quadrados generalizados (MQG)

Em diversas ocasiões, mencionamos que os MQO são um caso especial de MQG. Para observar esse dado, retome a Equação (C.2.2). Para considerar as variâncias heterocedásticas (os elementos na diagonal principal da Equação (C.2.2)) e as autocorrelações nos termos de erro (os elementos que estão fora da diagonal principal da Equação (C.2.2)), suponha que

$$\text{E}(\mathbf{uu}') = \sigma^2\mathbf{V} \tag{C.11.1}$$

em que $\mathbf{V}$ é uma matriz conhecida de $n \times n$.

Sendo assim, se nosso modelo é:

$$\mathbf{y} = \mathbf{X}\boldsymbol{\beta} + \mathbf{u}$$

em que $E(\mathbf{u}) = \mathbf{0}$ e var-cov $(\mathbf{u}) = \sigma^2\mathbf{V}$. No caso de σ^2 ser desconhecido, o que normalmente ocorre, $\mathbf{V}$, então, representa a pressuposta estrutura de variâncias e covariâncias entre os os termos de erro aleatórios u_t.

Sob as condições determinadas dos termos de erro da variância-covariância, é possível demonstrar que

$$\boldsymbol{\beta}^{mqg} = (\mathbf{X}'\mathbf{V}^{-1}\mathbf{X})^{-1}\mathbf{X}'\mathbf{V}^{-1}\mathbf{y} \tag{C.11.2}$$

$\boldsymbol{\beta}^{mqg}$ é conhecido como o **estimador de mínimos quadrados generalizados (MQG)** de $\boldsymbol{\beta}$.

Pode-se também mostrar que

$$\text{var-cov}(\boldsymbol{\beta}^{mqg}) = \sigma^2(\mathbf{X}'\mathbf{V}^{-1}\mathbf{X})^{-1} \tag{C.11.3}$$

É possível mostrar que $\boldsymbol{\beta}^{mqg}$ é o melhor estimador não viesado linear de $\boldsymbol{\beta}$.

Se considerarmos que a variância de cada termo de erro é a própria constante σ^2 e os termos de erro não estão mutuamente correlacionados, então a matriz $\mathbf{V}$ reduz-se à matriz identidade, conforme apresentado na Equação (C.2.3). Se os termos de erro não estão mutuamente correlacionados, mas possuem variâncias diferentes (heterocedásticas), a matriz $\mathbf{V}$ será diagonal com variâncias desiguais com a diagonal principal. É claro que, se houver heterocedasticidade bem como autocorrelação, a matriz $\mathbf{V}$ terá entradas na diagonal principal e fora da diagonal.

O verdadeiro problema, na prática, é que não conhecemos σ^2 e nem as verdadeiras variâncias e covariâncias (a estrutura da matriz $\mathbf{V}$). Como solução, podemos utilizar o método dos **mínimos quadrados generalizados estimados (ou factíveis) (MQGE)**. Nesse caso, estimamos primeiro nosso modelo por MQO, desconsiderando os problemas de heterocedasticidade e/ou correlação. Obtemos os resíduos com base nesse modelo e formamos a matriz de variância-covariância (estimada) do termo de erro substituindo as entradas na expressão anterior à Equação (C.2.2) pelo u estimado, ou seja, $\hat{u}$ (é possível mostrar que os estimadores de MQGE são estimadores consistentes de MQG). Simbolicamente,

$$\boldsymbol{\beta}^{mqge} = (\mathbf{X}'\hat{\mathbf{V}}^{-1}\mathbf{X})^{-1}(\mathbf{X}'\hat{\mathbf{V}}^{-1}\mathbf{y}) \tag{C.11.4}$$

$$\text{var-cov}(\boldsymbol{\beta}^{mqge}) = \sigma^2(\mathbf{X}'\hat{\mathbf{V}}^{-1}\mathbf{X})^{-1} \tag{C.11.5}$$

em que $\hat{\mathbf{V}}$ é uma estimativa de $\mathbf{V}$.

C.12 Resumo e conclusões

O principal propósito deste apêndice foi introduzir a abordagem matricial ao modelo clássico de regressão linear. Embora muito poucos conceitos novos de análise de regressão tenham sido introduzidos, a notação matricial oferece um método compacto de lidarmos com os modelos de regressão linear que envolvam qualquer número de variáveis.

Para concluir o apêndice, observe que, se as variáveis Y e X são medidas na forma de desvios, ou seja, como desvios de suas médias amostrais, há poucas mudanças nas fórmulas apresentadas anteriormente. Essas mudanças estão indicadas na Tabela C.6.[10] Conforme mostra essa tabela, na forma de desvio, a correção para a média de $n\bar{Y}^2$ exclui-se da soma total dos quadrados (STQ) e da soma dos quadrados explicados (SQE). (Por quê?) Essa perda resulta em uma mudança na fórmula para R^2. Por outro lado, a maioria das fórmulas desenvolvidas nas unidades originais de mensuração permanece válida para a forma de desvios.

[10] Hoje em dia, com computadores de alta velocidade, talvez a forma de desvio não seja necessária; mas ela simplifica fórmulas e, portanto, os cálculos, se estivermos trabalhando com uma calculadora e com números elevados.

TABELA C.6
Modelo de regressão com *k* variáveis em unidades originais e na forma de desvio*

Unidades originais		Forma de desvios	
$\mathbf{y} = \mathbf{X}\hat{\boldsymbol{\beta}} + \hat{\mathbf{u}}$	(C.3.2)	$\mathbf{y} = \mathbf{X}\hat{\boldsymbol{\beta}} + \hat{\mathbf{u}}$ A coluna dos 1, na matriz **X**, desaparece. (Por quê?)	
$\hat{\boldsymbol{\beta}} = (\mathbf{X}'\mathbf{X})^{-1}\mathbf{X}'\mathbf{y}$	(C.3.11)	Igual	
$\text{var-cov}(\hat{\boldsymbol{\beta}}) = \sigma^2(\mathbf{X}'\mathbf{X})^{-1}$	(C.3.13)	Igual	
$\hat{\mathbf{u}}'\hat{\mathbf{u}} = \mathbf{y}'\mathbf{y} - \hat{\boldsymbol{\beta}}'\mathbf{X}'\mathbf{y}$	(C.3.18)	Igual	
$\sum y_i^2 = \mathbf{y}'\mathbf{y} - n\bar{Y}^2$	(C.3.16)	$\sum y_i^2 = \mathbf{y}'\mathbf{y}$	(C.12.1)
$\text{SQE} = \hat{\boldsymbol{\beta}}'\mathbf{X}'\mathbf{y} - n\bar{Y}^2$	(C.3.17)	$\text{SQE} = \boldsymbol{\beta}'\mathbf{X}'\mathbf{y}$	(C.12.2)
$R^2 = \dfrac{\hat{\boldsymbol{\beta}}'\mathbf{X}'\mathbf{y} - n\bar{Y}^2}{\mathbf{y}'\mathbf{y} - n\bar{Y}^2}$	(C.4.2)	$R^2 = \dfrac{\hat{\boldsymbol{\beta}}'\mathbf{X}'\mathbf{y}}{\mathbf{y}'\mathbf{y}}$	(C.12.3)

*Observe que, embora os símbolos das matrizes e dos vetores sejam os mesmos, em ambos os casos, na forma de desvios que os elementos das matrizes e dos vetores são considerados, estes constituem desvios em vez de dados brutos. Observe também que $\hat{\boldsymbol{\beta}}$ na forma de desvio é da ordem $k - 1$ e que var-cov $(\hat{\boldsymbol{\beta}})$ é da ordem $(k - 1)(k - 1)$.

EXERCÍCIOS

C.1. Para o exemplo ilustrativo discutido na Seção C.10, $\mathbf{X}'\mathbf{X}$ e $\mathbf{X}'\mathbf{y}$, utilizando os dados na forma de desvio, são como segue:

$$\mathbf{X}'\mathbf{X} = \begin{bmatrix} 1.103.111{,}333 & 16.984 \\ 16.984 & 280 \end{bmatrix}$$

$$\mathbf{X}'\mathbf{y} = \begin{bmatrix} 955.099{,}333 \\ 14.854{,}000 \end{bmatrix}$$

a. Estime β_2 e β_3.

b. Como você estimaria β_1?

c. Obtenha a variância de $\hat{\beta}_2$ e $\hat{\beta}_3$ e suas covariâncias.

d. Calcule R^2 e $\bar{R}^2$.

e. Comparando seus resultados com os da Seção C.10, quais, na sua opinião, são as vantagens da forma de desvios?

C.2. Retome o Exercício 22.23. Utilizando os dados nele apresentados, prepare a matriz apropriada $(\mathbf{X}'\mathbf{X})$ e o vetor $\mathbf{X}'\mathbf{y}$ e estime o vetor de parâmetro $\boldsymbol{\beta}$, bem como sua matriz de variância e covariância. Obtenha também R^2. De que modo você testaria a hipótese de que as elasticidades de M1 em relação ao PIB e à taxa de interesse *R* são numericamente iguais?

C.3. *Testando a igualdade de dois coeficientes de regressão.* Suponha que lhe seja apresentado o seguinte modelo de regressão:

$$Y_i = \beta_1 + \beta_2 X_{2i} + \beta_3 X_{3i} + u_i$$

e que você queira testar a hipótese de que $\beta_2 = \beta_3$. Se considerarmos que u_i está normalmente distribuído, é possível mostrar que

$$t = \frac{\hat{\beta}_2 - \hat{\beta}_3}{\sqrt{\text{var}(\hat{\beta}_2) + \text{var}(\hat{\beta}_3) - 2\,\text{cov}(\hat{\beta}_2, \hat{\beta}_3)}}$$

segue a distribuição *t com* $n - 3$ graus de liberdade (veja a Seção 8.5). (Em geral, para os casos de *k* variáveis, os graus de liberdade são $n - k$.) Portanto, o teste *t* anterior pode ser empregado para testar a hipótese nula de que $\beta_2 = \beta_3$.

Aplique o teste t anterior para testar a hipótese de que os valores verdadeiros de β_2 e β_3 na regressão (C.10.14) são idênticos.

Dica: utilize a matriz de variâncias e covariâncias de $\boldsymbol{\beta}$ dada da Equação (C.10.9).

C.4. *Expressando correlações de ordem superior em termos de correlações de ordem inferior.* Coeficientes de correlação de ordem p podem ser expressos em termos de coeficientes de correlação de ordem $p - 1$ por meio da seguinte **fórmula de redução:**

$$r_{12,345\ldots p} = \frac{r_{12,345\ldots(p-1)} - [r_{1p,345\ldots(p-1)}r_{2p,345\ldots(p-1)}]}{\sqrt{[1 - r^2_{1p,345\ldots(p-1)}]}\sqrt{[1 - r^2_{2p,345\ldots(p-1)}]}}$$

Assim,

$$r_{12.3} = \frac{r_{12} - r_{13}r_{23}}{\sqrt{1 - r^2_{13}}\sqrt{1 - r^2_{23}}}$$

conforme se verifica no Capítulo 7.

Se você tiver a seguinte matriz de correlação:

$$\mathbf{R} = \begin{array}{c} \\ Y \\ X_2 \\ X_3 \\ X_4 \\ X_5 \end{array} \begin{array}{c} \begin{array}{ccccc} Y & X_2 & X_3 & X_4 & X_5 \end{array} \\ \begin{bmatrix} 1 & 0{,}44 & -0{,}34 & -0{,}31 & -0{,}14 \\ & 1 & 0{,}25 & -0{,}19 & -0{,}35 \\ & & 1 & 0{,}44 & 0{,}33 \\ & & & 1 & 0{,}85 \\ & & & & 1 \end{bmatrix} \end{array}$$

Calcule o seguinte:

a. $r_{12,345}$ *b.* $r_{12,34}$ *c.* $r_{12,3}$

d. $r_{13,245}$ *e.* $r_{13,24}$ *f.* $r_{13,2}$

C.5. *Expressando coeficientes de regressão de ordem superior em termos de coeficientes de regressão de ordem inferior.* Um coeficiente de regressão de ordem p pode ser expresso em termos de um coeficiente de regressão de ordem $p - 1$ por meio da seguinte fórmula de redução:

$$\hat{\beta}_{12,345\ldots p} = \frac{\hat{\beta}_{12,345\ldots(p-1)} - [\hat{\beta}_{1p,345\ldots(p-1)}\hat{\beta}_{p2,345\ldots(p-1)}]}{1 - \hat{\beta}_{2p,345\ldots(p-1)}\hat{\beta}_{p2,345\ldots(p-1)}}$$

Assim,

$$\hat{\beta}_{12,3} = \frac{\hat{\beta}_{12} - \hat{\beta}_{13}\hat{\beta}_{32}}{1 - \hat{\beta}_{23}\hat{\beta}_{32}}$$

em que $\beta_{12,3}$ é o coeficiente angular na regressão de y sobre X_2, mantendo-se X_3 constante. De modo semelhante, $\beta_{12,34}$ é o coeficiente angular na regressão de Y sobre X_2, mantendo-se X_3 e X_4 constantes, e assim por diante.

Empregando a fórmula anterior, encontre expressões para os seguintes coeficientes de regressão em termos de coeficientes de regressão de ordem inferior: $\hat{\beta}_{12,3456}$, $\hat{\beta}_{12,345}$ e $\hat{\beta}_{12,34}$.

C.6. Estabeleça a seguinte identidade:

$$\hat{\beta}_{12,3}\hat{\beta}_{23,1}\hat{\beta}_{31,2} = r_{12,3}r_{23,1}r_{31,2}$$

C.7. Para a matriz de correlação $\boldsymbol{R}$ da Equação (C.10.20), encontre todos os coeficientes de correlação parcial de primeira ordem.

C.8. Ao estudar a variação na taxa de criminalidade em algumas grandes cidades dos Estados Unidos, Ogburn obteve os seguintes dados:*

$$\begin{array}{ll} \bar{Y} = 19{,}9 & S_1 = 7{,}9 \\ \bar{X}_2 = 49{,}2 & S_2 = 1{,}3 \\ \bar{X}_3 = 10{,}2 & S_3 = 4{,}6 \\ \bar{X}_4 = 481{,}4 & S_4 = 74{,}4 \\ \bar{X}_5 = 41{,}6 & S_5 = 10{,}8 \end{array} \qquad \boldsymbol{R} = \begin{array}{c} \\ Y \\ X_2 \\ X_3 \\ X_4 \\ X_5 \end{array} \begin{array}{c} \begin{array}{ccccc} Y & X_2 & X_3 & X_4 & X_5 \end{array} \\ \begin{bmatrix} 1 & 0{,}44 & -0{,}34 & -0{,}31 & -0{,}14 \\ & 1 & 0{,}25 & -0{,}19 & -0{,}35 \\ & & 1 & 0{,}44 & 0{,}33 \\ & & & 1 & 0{,}85 \\ & & & & 1 \end{bmatrix} \end{array}$$

em que $Y =$ taxa de criminalidade, número reportado de delitos conhecidos por mil habitantes.

$X_2 =$ porcentagem de habitantes do gênero masculino

$X_3 =$ porcentagem de estrangeiros do gênero masculino no total de habitantes

$X_4 =$ número de crianças com menos de 5 anos de idade por mil mulheres casadas com idade entre 15 e 44 anos

$X_5 =$ membros de igrejas, número de membros de igrejas com 13 anos de idade ou mais como percentual da população total com 13 anos de idade ou mais; S_1 a S_5 são os desvios padrão da amostra das variáveis Y até X_5; e $\boldsymbol{R}$ é matriz de correlações;

a. Considerando Y a variável dependente, calcule a regressão de Y sobre as quatro variáveis X e interprete a regressão estimada.

b. Calcule $r_{1\,2,3}$, $r_{1\,4,3\,5}$ e $r_{1\,5,3\,4}$.

c. Calcule R^2 e teste a hipótese de que todos os coeficientes angulares parciais são simultaneamente iguais a zero.

C.9. A tabela a seguir fornece dados sobre a produção e o custo total de produção de uma mercadoria a curto prazo: (Veja o Exemplo 7.4.)

Produção	Custo total ($)
1	193
2	226
3	240
4	244
5	257
6	260
7	274
8	297
9	350
10	420

Para testar se os dados anteriores indicam uma curva de custo médio na forma de U e uma curva de custo marginal semelhante à que encontramos normalmente a curto prazo, é possível utilizar o seguinte modelo:

$$Y_i = \beta_1 + \beta_2 X_i + \beta_3 X_i^2 + \beta_4 X_i^3 + u_i$$

em que $Y =$ custo total e $X =$ produção. As variáveis explanatórias adicionais X_i^2 e X_i^3 derivam de X.

a. Expresse os dados na forma de desvio e calcule $(\mathbf{X}'\mathbf{X})$, $(\mathbf{X}'\mathbf{y})$ e $(\mathbf{X}'\mathbf{X})^{-1}$.

b. Estime β_2, β_3 e β_4.

c. Estime a matriz de variância e covariância de $\hat{\boldsymbol{\beta}}$.

*OGBURN, W. F. "Factors in the variation of crime among cities." *Journal of American Statistical Association*, 1935. v. 30, p. 12.

d. Estime β_1. Interprete $\hat{\beta}_1$ no contexto do problema.

e. Calcule R^2 e $\bar{R}^2$.

f. *A priori*, quais os sinais de β_2, β_3 e β_4? Por quê?

g. Com base na função de custo total dada anteriormente, calcule as expressões para as funções de custo médio e marginal.

h. Adapte as funções de custo médio e marginal aos dados e comente a adaptação realizada.

i. Se $\beta_3 = \beta_4 = 0$, qual a natureza da função de custo marginal? Como você testaria a hipótese de que $\beta_3 = \beta_4 = 0$?

j. Como você poderia derivar as funções de custo variável total e de custo variável médio dos dados fornecidos?

C.10. Com o objetivo de estudar a participação da mão de obra das famílias pobres na zona urbana (famílias com renda abaixo de $ 3.943, em 1969), os dados da Tabela C.7 foram obtidos do Censo Populacional de 1970.

a. Utilizando o modelo de regressão $Y_i = \beta_1 + \beta_2 X_{2i} + \beta_3 X_{3i} + \beta_4 X_{4i} + u_i$, estime os coeficientes da regressão e interprete seus resultados.

b. *A priori*, quais os sinais esperados dos coeficientes da regressão do modelo anterior e por quê?

c. Como você testaria a hipótese de que a taxa global de desemprego não tem nenhum efeito sobre a participação da mão de obra pobre na zona urbana nos distritos censitários fornecidos pela tabela apresentada?

d. Algumas variáveis do modelo anterior deveriam ser desconsideradas? Por quê?

e. Quais outras variáveis você consideraria para incluir no modelo?

TABELA C.7

Participação da mão de obra pobre da zona urbana: distritos censitários, Nova York, 1970

Fonte: Census Tracts: Nova York, Bureau of the Census, U.S. Department of Commerce, 1970.

Distrito Nº	% na mão de obra	Renda média familiar, X_2†	Tamanho médio da família, X_3	Taxa de desemprego, X_4‡
137	64,3	1.998	2,95	4,4
139	45,4	1.114	3,40	3,4
141	26,6	1.942	3,72	1,1
142	87,5	1.998	4,43	3,1
143	71,3	2.026	3,82	7,7
145	82,4	1.853	3,90	5,0
147	26,3	1.666	3,32	6,2
149	61,6	1.434	3,80	5,4
151	52,9	1.513	3,49	12,2
153	64,7	2.008	3,85	4,8
155	64,9	1.704	4,69	2,9
157	70,5	1.525	3,89	4,8
159	87,2	1.842	3,53	3,9
161	81,2	1.735	4,96	7,2
163	67,9	1.639	3,68	3,6

* $Y =$ chefes de família com menos de 65 anos de idade

† $X_2 =$ dólares

‡ $X_4 =$ percentual da mão de obra civil desempregada

C.11. Em uma aplicação da função de produção de Cobb-Douglas, foram obtidos os seguintes resultados:

$$\widehat{\ln Y_i} = 2{,}3542 + 0{,}9576 \ln X_{2i} + 0{,}8242 \ln X_{3i}$$
$$(0{,}3022) \qquad (0{,}3571)$$
$$R^2 = 0{,}8432 \qquad \text{gl} = 12$$

em que $Y =$ produção, $X_2 =$ insumo da mão de obra e $X_3 =$ insumo de capital e os números entre parênteses são os erros padrão estimados.

a. Conforme observamos no Capítulo 7, os coeficientes dos insumos da mão de obra e do capital na equação anterior fornecem as elasticidades da produção com relação à mão de obra e o capital. Teste a hipótese de que essas elasticidades são *individualmente* iguais à unidade.

b. Teste a hipótese de que as elasticidades da mão de obra e do capital são iguais, admitindo (*i*) que a covariância entre os coeficientes estimados da mão de obra e do capital seja zero e (*ii)* que a covariância seja $-0{,}0972$.

c. Como você testaria a significância global da equação de regressão precedente?

*C.12. Expresse a função de verossimilhança para o modelo de regressão com k variáveis na notação matricial e mostre que $\tilde{\beta}$, o vetor dos estimadores de máxima verossimilhança, é idêntico a $\hat{\beta}$, o vetor dos estimadores de MQO do modelo de regressão com k variáveis.

C.13. *Regressão por meio de variáveis padronizadas.* Considere as seguintes funções de regressão amostral (FRA):

$$Y_i = \hat{\beta}_1 + \hat{\beta}_2 X_{2i} + \hat{\beta}_3 X_{3i} + \hat{u}_i \tag{1}$$

$$Y_i^* = b_1 + b_2 X_{2i}^* + b_3 X_{3i}^* + \hat{u}_i^* \tag{2}$$

em que

$$Y_i^* = \frac{Y_i - \bar{Y}}{s_Y}$$
$$X_{2i}^* = \frac{X_{2i} - \bar{X}_2}{s_2}$$
$$X_{3i}^* = \frac{X_{3i} - \bar{X}_3}{s_3}$$

em que os s denotam os desvios padrão. Conforme observamos no Capítulo 6, Seção 6.3, as variáveis assinaladas são conhecidas como *variáveis padronizadas*. Estas possuem média zero e desvio padrão unitário (= 1). Expressando todas as variáveis na forma de desvios, mostre o seguinte para o modelo (2):

a. $\mathbf{X}'\mathbf{X} = \begin{bmatrix} 1 & r_{23} \\ r_{23} & 1 \end{bmatrix} n$

b. $\mathbf{X}'\mathbf{y} = \begin{bmatrix} r_{12} \\ r_{13} \end{bmatrix} n$

c. $\mathbf{X}'\mathbf{X}^{-1} = \dfrac{1}{n(1 - r_{23}^2)} \begin{bmatrix} 1 & -r_{23} \\ -r_{23} & 1 \end{bmatrix}$

d. $\hat{\boldsymbol{\beta}} = \begin{bmatrix} b_2 \\ b_3 \end{bmatrix} = \dfrac{1}{1 - r_{23}^2} \begin{bmatrix} r_{12} - r_{23} r_{13} \\ r_{13} - r_{23} r_{12} \end{bmatrix}$

* Opcional.

e. $b_1 = 0$

Estabeleça também a relação entre os *b e os* $\hat{\beta}$. (Observe que, nas relações anteriores, n denota o tamanho da amostra; r_{12}, r_{13} e r_{23} denotam as correlações entre Y e X_2, entre Y e X_3 e entre X_2 e X_3, respectivamente).

C.14. Verifique as Equações (C.10.18) e (C.10.19).

*C.15. *Mínimos quadrados restritos.* Suponha que

$$\mathbf{y} = \mathbf{X}\boldsymbol{\beta} + \mathbf{u} \tag{1}$$

que desejamos estimar, submetendo as igualdades a uma série de restrições ou limitações:

$$\mathbf{R}\boldsymbol{\beta} = \mathbf{r} \tag{2}$$

em que **R** é uma matriz *conhecida* de ordem qxk ($q \leq k$) e **r** é um vetor *conhecido* de q elementos. Para ilustrar, suponha que nosso modelo seja

$$Y_i = \beta_1 + \beta_2 X_{2i} + \beta_3 X_{3i} + \beta_4 X_{4i} + \beta_5 X_{5i} + u_i$$

e suponha que desejemos estimar esse modelo submetido a estas restrições:

$$\begin{aligned} \beta_2 - \beta_3 &= 0 \\ \beta_4 + \beta_5 &= 1 \end{aligned} \tag{5}$$

Podemos utilizar algumas das técnicas discutidas no Capítulo 8 para incorporar essas restrições (por exemplo, $\beta_2 = \beta_3$ e $\beta_4 = 1 - \beta_5$, removendo, assim, β_2 e β_4 do modelo) e testar a validade dessas restrições empregando o teste F discutido. Mas uma maneira mais direta de estimar a Equação (3) incorporando as restrições (4) diretamente no procedimento de estimação consiste em primeiro expressar as restrições na forma da Equação (2), que, neste caso, torna-se:

$$\mathbf{R} = \begin{bmatrix} 0 & 1 & -1 & 0 & 0 \\ 0 & 0 & 0 & 1 & 1 \end{bmatrix} \qquad \mathbf{r} = \begin{bmatrix} 0 \\ 1 \end{bmatrix} \tag{5}$$

Com $\boldsymbol{\beta}^*$ denotando o estimador de mínimos quadrados restritos ou estimador dos mínimos quadrados sem restrições, é possível mostrar que $\boldsymbol{\beta}^*$ pode ser estimado por meio da seguinte fórmula:

$$\hat{\boldsymbol{\beta}}^* = \hat{\boldsymbol{\beta}} + (\mathbf{X}'\mathbf{X})^{-1}\mathbf{R}'[\mathbf{R}(\mathbf{X}'\mathbf{X})^{-1}\mathbf{R}']^{-1}(\mathbf{r} - \mathbf{R}) \tag{6}$$

em que $\hat{\boldsymbol{\beta}}$ é o estimador usual (sem restrições) estimado por meio da fórmula usual $(\mathbf{X}'\mathbf{X})^{-1}$ $\mathbf{X}'\mathbf{y}$.

a. Qual o vetor β na Equação (3)?

b. Dado o vetor β, verifique se a matriz **R** e o vetor **r** da Equação (5) realmente incorporam as restrições da Equação (4).

c. Especifique o **R** e **r** para os seguintes casos:

---

*Opcional

[†] Veja Johnston, J. op. cit., p. 205.

(*i*) $\beta_2 = \beta_3 = \beta_4 = 2$
(*ii*) $\beta_2 = \beta_3$ e $\beta_4 = \beta_5$
(*iii*) $\beta_2 - 3\beta_3 = 5\beta_4$
(*iv*) $\beta_2 + 3\beta_3 = 0$

d. Quando ocorrerá o caso $\hat{\boldsymbol\beta}^* = \hat{\boldsymbol\beta}$?

Apêndice **CA**

CA.1 Derivação de *k* equações normais ou simultâneas

Ao diferenciarmos

$$\sum \hat{u}_i^2 = \sum (Y_i - \hat{\beta}_1 - \hat{\beta}_2 X_{2i} - \cdots - \hat{\beta}_k X_{ki})^2$$

parcialmente em relação a $\hat{\beta}_1, \hat{\beta}_2, \ldots, \hat{\beta}_k$, obtemos

$$\frac{\partial \sum \hat{u}_i^2}{\partial \hat{\beta}_1} = 2\sum (Y_i - \hat{\beta}_1 - \hat{\beta}_2 X_{2i} - \cdots - \hat{\beta}_k X_{ki})(-1)$$

$$\frac{\partial \sum \hat{u}_i^2}{\partial \hat{\beta}_2} = 2\sum (Y_i - \hat{\beta}_1 - \hat{\beta}_2 X_{2i} - \cdots - \hat{\beta}_k X_{ki})(-X_{2i})$$

$$\cdots\cdots\cdots\cdots\cdots\cdots\cdots\cdots\cdots\cdots\cdots\cdots$$

$$\frac{\partial \sum \hat{u}_i^2}{\partial \hat{\beta}_k} = 2\sum (Y_i - \hat{\beta}_1 - \hat{\beta}_2 X_{ki} - \cdots - \hat{\beta}_k X_{ki})(-X_{ki})$$

Ao mantermos as derivadas parciais anteriores iguais a zero e ao reordenarmos os termos, obtemos as *k* equações normais apresentadas na Equação (C.3.8).

CA.2 Derivação matricial de equações normais

A partir da Equação (C.3.7), obtemos

$$\hat{\mathbf{u}}'\hat{\mathbf{u}} = \mathbf{y}'\mathbf{y} - 2\hat{\boldsymbol\beta}'\mathbf{X}'\mathbf{y} + \hat{\boldsymbol\beta}'\mathbf{X}'\mathbf{X}\hat{\boldsymbol\beta}$$

Usando as regras de diferenciação de matrizes apresentadas no **Apêndice B, Seção B.6**, obtemos

$$\frac{\partial(\hat{\mathbf{u}}'\hat{\mathbf{u}})}{\partial\hat{\boldsymbol\beta}} = -2\mathbf{X}'\mathbf{y} + 2\mathbf{X}'\mathbf{X}\hat{\boldsymbol\beta}$$

Mantendo a equação anterior igual a zero, obtemos

$$(\mathbf{X}'\mathbf{X})\hat{\boldsymbol\beta} = \mathbf{X}'\mathbf{y}$$

em que $\hat{\boldsymbol\beta} = (\mathbf{X}'\mathbf{X})^{-1}\mathbf{X}'\mathbf{y}$, sob a condição de que a matriz inversa exista.

CA.3 Matriz de variâncias e covariâncias de $\hat{\boldsymbol\beta}$

A partir da Equação (C.3.11), obtemos

$$\hat{\boldsymbol\beta} = (\mathbf{X}'\mathbf{X})^{-1}\mathbf{X}'\mathbf{y}$$

Ao substituirmos $\mathbf{y} = \mathbf{X}\beta + \mathbf{u}$ na expressão anterior, temos

$$\begin{aligned}\hat{\beta} &= (\mathbf{X}'\mathbf{X})^{-1}\mathbf{X}'(\mathbf{X}\beta + \mathbf{u}) \\ &= (\mathbf{X}'\mathbf{X})^{-1}\mathbf{X}'\mathbf{X}\beta + (\mathbf{X}'\mathbf{X})^{-1}\mathbf{X}'\mathbf{u} \\ &= \beta + (\mathbf{X}'\mathbf{X})^{-1}\mathbf{X}'\mathbf{u} \qquad (1)\end{aligned}$$

Portanto,

$$\hat{\beta} - \beta = (\mathbf{X}'\mathbf{X})^{-1}\mathbf{X}'\mathbf{u} \qquad (2)$$

Por definição

$$\begin{aligned}\text{var-cov}(\hat{\beta}) &= E[(\hat{\beta} - \beta)(\hat{\beta} - \beta)'] \\ &= E\{[(\mathbf{X}'\mathbf{X})^{-1}\mathbf{X}'\mathbf{u}][(\mathbf{X}'\mathbf{X})^{-1}\mathbf{X}'\mathbf{u}]'\} \qquad (3) \\ &= E[(\mathbf{X}'\mathbf{X})^{-1}\mathbf{X}'\mathbf{u}\mathbf{u}'\mathbf{X}(\mathbf{X}'\mathbf{X})^{-1}]\end{aligned}$$

em que, no último passo, aproveita-se o fato de que $(\mathbf{AB})' = \mathbf{B}'\mathbf{A}'$. Observando que os X são não estocásticos, tendo em perspectiva a Equação (3), obtemos

$$\begin{aligned}\text{var-cov}(\hat{\beta}) &= (\mathbf{X}'\mathbf{X})^{-1}\mathbf{X}'E(\mathbf{u}\mathbf{u}')\mathbf{X}(\mathbf{X}'\mathbf{X})^{-1} \\ &= (\mathbf{X}'\mathbf{X})^{-1}\mathbf{X}'\sigma^2\mathbf{I}\mathbf{X}(\mathbf{X}'\mathbf{X})^{-1} \\ &= \sigma^2(\mathbf{X}'\mathbf{X})^{-1}\end{aligned}$$

que é o resultado fornecido na Equação (C.3.13). Observe que, ao derivarmos o resultado anterior, utilizamo-nos da hipótese de que $E(\mathbf{u}\mathbf{u}') = \sigma^2\mathbf{I}$.

CA.4 Propriedade de melhor estimador linear não viesado (MELNT) dos estimadores de mínimos quadrados ordinários (MQO)

Por meio da Equação (C.3.11), temos

$$\hat{\beta} = (\mathbf{X}'\mathbf{X})^{-1}\mathbf{X}'\mathbf{y}$$

Na medida em que $(\mathbf{X}'\mathbf{X})^{-1}\,\mathbf{X}'$ é uma matriz de números fixos, $\hat{\beta}$ é uma função linear de Y. Sendo assim, constitui um estimador linear por definição.

Lembre-se de que a função de regressão populacional (FRP) é

$$\mathbf{y} = \mathbf{X}\beta + \mathbf{u} \qquad (2)$$

Substituindo-a na Equação (1), obtemos

$$\hat{\beta} = (\mathbf{X}'\mathbf{X})^{-1}\mathbf{X}'(\mathbf{X}\beta + \mathbf{u}) \qquad (3)$$

$$= \beta + (\mathbf{X}'\mathbf{X})^{-1}\mathbf{X}'\mathbf{u} \qquad (4)$$

na medida em que $(\mathbf{X}'\mathbf{X})^{-1}\,\mathbf{X}'\,\mathbf{X} = \mathbf{I}$.

Adotando a expectativa da Equação (4), obtemos

$$\begin{aligned}E(\hat{\beta}) &= E(\beta) + (\mathbf{X}'\mathbf{X})^{-1}\mathbf{X}'E(\mathbf{u}) \\ &= \beta \qquad (5)\end{aligned}$$

na medida em que $E(\beta) = \beta$ (por quê?) e $E(\mathbf{u}) = \mathbf{0}$ por hipótese, o que mostra que $\hat{\beta}$ é um estimador não viesado de β.

Sendo $\hat{\beta}^*$ qualquer outro estimador linear de β, o que pode ser escrito como

$$\beta^* = [(\mathbf{X}'\mathbf{X})^{-1}\mathbf{X}' + \mathbf{C}]\mathbf{y} \tag{6}$$

em que **C** é a matriz de constantes.

Ao substituirmos o **y** da Equação (2) na Equação (6), temos

$$\begin{aligned}\hat{\beta}^* &= [(\mathbf{X}'\mathbf{X})^{-1}\mathbf{X}' + \mathbf{C}](\mathbf{X}\beta + \mathbf{u}) \\ &= \beta + \mathbf{C}\mathbf{X}\beta + (\mathbf{X}'\mathbf{X})^{-1}\mathbf{X}'\mathbf{u} + \mathbf{C}\mathbf{u}\end{aligned} \tag{7}$$

Agora, para que $\hat{\beta}^*$ seja um estimador não viesado de β, precisamos ter

$$\mathbf{CX} = 0 \qquad \text{(Por quê?)} \tag{8}$$

Ao utilizarmos a Equação (8), a Equação (7) pode ser escrita do seguinte modo

$$\hat{\beta}^* - \beta = (\mathbf{X}'\mathbf{X})^{-1}\mathbf{X}'\mathbf{u} + \mathbf{C}\mathbf{u} \tag{9}$$

Por definição, a matriz de variâncias e covariâncias de $(\hat{\beta}^*)$ é

$$E(\hat{\beta}^* - \beta)(\hat{\beta}^* - \beta)' = E[(\mathbf{X}'\mathbf{X})^{-1}\mathbf{X}'\mathbf{u} + \mathbf{C}\mathbf{u}][(\mathbf{X}'\mathbf{X})^{-1}\mathbf{X}'\mathbf{u} + \mathbf{C}\mathbf{u}]' \tag{10}$$

Ao empregarmos as propriedades da inversão e da transposição de matrizes, e após simplificações algébricas, obtemos

$$\begin{aligned}\text{var-cov}\,(\hat{\beta}^*) &= \sigma^2(\mathbf{X}'\mathbf{X})^{-1} + \sigma^2\mathbf{C}\mathbf{C}' \\ &= \text{var-cov}\,(\hat{\beta}) + \sigma^2\mathbf{C}\mathbf{C}'\end{aligned} \tag{11}$$

o que mostra que a matriz de variâncias e covariâncias do estimador linear não viesado $\hat{\beta}^*$ é igual à matriz de variâncias e covariâncias do estimador dos mínimos quadrados ordinários $\hat{\beta}$ mais σ^2 multiplicado por **CC**, o qual é uma matriz positiva semidefinida*. Sendo assim, as variâncias de determinado elemento de $\hat{\beta}^*$ devem necessariamente ser iguais ou maiores do que o elemento correspondente $\hat{\beta}$, que mostra que $\hat{\beta}$ corresponde a um melhor estimador linear não viesado (MELNT). Certamente, se **C** é uma matriz nula, isto é, $\mathbf{C} = \mathbf{0}$, então $\hat{\beta}^* = \hat{\beta}$ o que constitui uma outra forma de dizer que quando encontramos um melhor estimador linear não viesado ele deve ser o estimador de mínimos quadrados $\hat{\beta}$.

*Veja as referências no **Apêndice B.**

Apêndice

D

Tabelas estatísticas

Tabela D.1	Áreas sob a distribuição normal padronizada
Tabela D.2	Pontos percentuais da distribuição t
Tabela D.3	Pontos percentuais superiores da distribuição F
Tabela D.4	Pontos percentuais superiores da distribuição χ^2
Tabela D.5A	Estatística d de Durbin-Watson: pontos de significância de d_L e d_U em níveis de significância de 0,05
Tabela D.5B	Estatística d de Durbin-Watson: pontos de significância de d_L e d_U em níveis de significância de 0,01
Tabela D.6A e D.6B	Valores críticos de runs no teste dos funcionamentos
Tabela D.7	Valores críticos de t $(= \tau)$ de Dickey-Fuller a 1% e 5% e valores de F para testes de raiz unitária

TABELA D.1

Áreas sob a distribuição normal padronizada

Exemplo

$\Pr(0 \leq Z \leq 1{,}96) = 0{,}4750$

$\Pr(Z \geq 1{,}96) = 0{,}5 - 0{,}4750 = 0{,}025$

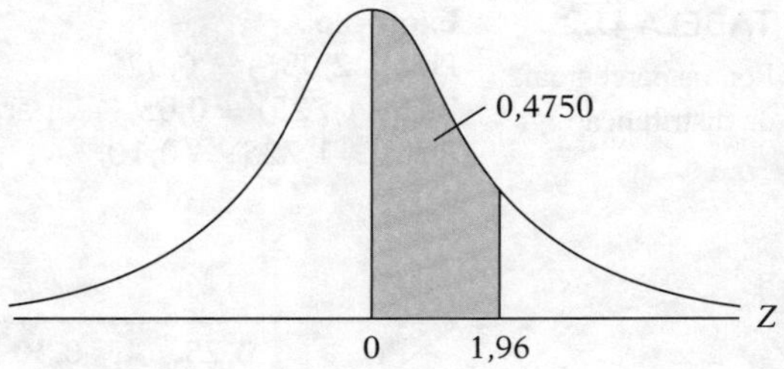

Z	0,00	0,01	0,02	0,03	0,04	0,05	0,06	0,07	0,08	0,09
0,0	0,0000	0,0040	0,0080	0,0120	0,0160	0,0199	0,0239	0,0279	0,0319	0,0359
0,1	0,0398	0,0438	0,0478	0,0517	0,0557	0,0596	0,0636	0,0675	0,0714	0,0753
0,2	0,0793	0,0832	0,0871	0,0910	0,0948	0,0987	0,1026	0,1064	0,1103	0,1141
0,3	0,1179	0,1217	0,1255	0,1293	0,1331	0,1368	0,1406	0,1443	0,1480	0,1517
0,4	0,1554	0,1591	0,1628	0,1664	0,1700	0,1736	0,1772	0,1808	0,1844	0,1879
0,5	0,1915	0,1950	0,1985	0,2019	0,2054	0,2088	0,2123	0,2157	0,2190	0,2224
0,6	0,2257	0,2291	0,2324	0,2357	0,2389	0,2422	0,2454	0,2486	0,2517	0,2549
0,7	0,2580	0,2611	0,2642	0,2673	0,2704	0,2734	0,2764	0,2794	0,2823	0,2852
0,8	0,2881	0,2910	0,2939	0,2967	0,2995	0,3023	0,3051	0,3078	0,3106	0,3133
0,9	0,3159	0,3186	0,3212	0,3238	0,3264	0,3289	0,3315	0,3340	0,3365	0,3389
1,0	0,3413	0,3438	0,3461	0,3485	0,3508	0,3531	0,3554	0,3577	0,3599	0,3621
1,1	0,3643	0,3665	0,3686	0,3708	0,3729	0,3749	0,3770	0,3790	0,3810	0,3830
1,2	0,3849	0,3869	0,3888	0,3907	0,3925	0,3944	0,3962	0,3980	0,3997	0,4015
1,3	0,4032	0,4049	0,4066	0,4082	0,4099	0,4115	0,4131	0,4147	0,4162	0,4177
1,4	0,4192	0,4207	0,4222	0,4236	0,4251	0,4265	0,4279	0,4292	0,4306	0,4319
1,5	0,4332	0,4345	0,4357	0,4370	0,4382	0,4394	0,4406	0,4418	0,4429	0,4441
1,6	0,4452	0,4463	0,4474	0,4484	0,4495	0,4505	0,4515	0,4525	0,4535	0,4545
1,7	0,4454	0,4564	0,4573	0,4582	0,4591	0,4599	0,4608	0,4616	0,4625	0,4633
1,8	0,4641	0,4649	0,4656	0,4664	0,4671	0,4678	0,4686	0,4693	0,4699	0,4706
1,9	0,4713	0,4719	0,4726	0,4732	0,4738	0,4744	0,4750	0,4756	0,4761	0,4767
2,0	0,4772	0,4778	0,4783	0,4788	0,4793	0,4798	0,4803	0,4808	0,4812	0,4817
2,1	0,4821	0,4826	0,4830	0,4834	0,4838	0,4842	0,4846	0,4850	0,4854	0,4857
2,2	0,4861	0,4864	0,4868	0,4871	0,4875	0,4878	0,4881	0,4884	0,4887	0,4890
2,3	0,4893	0,4896	0,4898	0,4901	0,4904	0,4906	0,4909	0,4911	0,4913	0,4916
2,4	0,4918	0,4920	0,4922	0,4925	0,4927	0,4929	0,4931	0,4932	0,4934	0,4936
2,5	0,4938	0,4940	0,4941	0,4943	0,4945	0,4946	0,4948	0,4949	0,4951	0,4952
2,6	0,4953	0,4955	0,4956	0,4957	0,4959	0,4960	0,4961	0,4962	0,4963	0,4964
2,7	0,4965	0,4966	0,4967	0,4968	0,4969	0,4970	0,4971	0,4972	0,4973	0,4974
2,8	0,4974	0,4975	0,4976	0,4977	0,4977	0,4978	0,4979	0,4979	0,4980	0,4981
2,9	0,4981	0,4982	0,4982	0,4983	0,4984	0,4984	0,4985	0,4985	0,4986	0,4986
3,0	0,4987	0,4987	0,4987	0,4988	0,4988	0,4989	0,4989	0,4989	0,4990	0,4990

Nota: esta tabela dá a área na cauda direita da distribuição ($Z \geq 0$). Mas, visto que a distribuição normal é simétrica ao redor de $Z = 0$, a área na cauda esquerda é igual à área na cauda direita correspondente. Por exemplo, $P(-1{,}96 \leq Z \leq 0) = 0{,}4750$. Portanto, $P(-1{,}96 \leq Z \leq 1{,}96) = 2(0{,}4750) = 0{,}95$.

TABELA D.2

Pontos percentuais da distribuição t

Exemplo

$Pr(t > 2{,}086) = 0{,}025$

$Pr(t > 1{,}725) = 0{,}05$ para gl = 20

$Pr(|t| > 1{,}725) = 0{,}10$

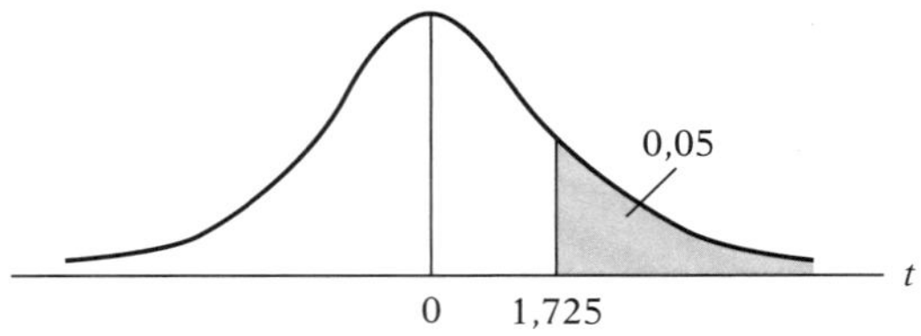

Pr/ gl	0,25 0,50	0,10 0,20	0,05 0,10	0,025 0,05	0,01 0,02	0,005 0,010	0,001 0,002
1	1,000	3,078	6,314	12,706	31,821	63,657	318,31
2	0,816	1,886	2,920	4,303	6,965	9,925	22,327
3	0,765	1,638	2,353	3,182	4,541	5,841	10,214
4	0,741	1,533	2,132	2,776	3,747	4,604	7,173
5	0,727	1,476	2,015	2,571	3,365	4,032	5,893
6	0,718	1,440	1,943	2,447	3,143	3,707	5,208
7	0,711	1,415	1,895	2,365	2,998	3,499	4,785
8	0,706	1,397	1,860	2,306	2,896	3,355	4,501
9	0,703	1,383	1,833	2,262	2,821	3,250	4,297
10	0,700	1,372	1,812	2,228	2,764	3,169	4,144
11	0,697	1,363	1,796	2,201	2,718	3,106	4,025
12	0,695	1,356	1,782	2,179	2,681	3,055	3,930
13	0,694	1,350	1,771	2,160	2,650	3,012	3,852
14	0,692	1,345	1,761	2,145	2,624	2,977	3,787
15	0,691	1,341	1,753	2,131	2,602	2,947	3,733
16	0,690	1,337	1,746	2,120	2,583	2,921	3,686
17	0,689	1,333	1,740	2,110	2,567	2,898	3,646
18	0,688	1,330	1,734	2,101	2,552	2,878	3,610
19	0,688	1,328	1,729	2,093	2,539	2,861	3,579
20	0,687	1,325	1,725	2,086	2,528	2,845	3,552
21	0,686	1,323	1,721	2,080	2,518	2,831	3,527
22	0,686	1,321	1,717	2,074	2,508	2,819	3,505
23	0,685	1,319	1,714	2,069	2,500	2,807	3,485
24	0,685	1,318	1,711	2,064	2,492	2,797	3,467
25	0,684	1,316	1,708	2,060	2,485	2,787	3,450
26	0,684	1,315	1,706	2,056	2,479	2,779	3,435
27	0,684	1,314	1,703	2,052	2,473	2,771	3,421
28	0,683	1,313	1,701	2,048	2,467	2,763	3,408
29	0,683	1,311	1,699	2,045	2,462	2,756	3,396
30	0,683	1,310	1,697	2,042	2,457	2,750	3,385
40	0,681	1,303	1,684	2,021	2,423	2,704	3,307
60	0,679	1,296	1,671	2,000	2,390	2,660	3,232
120	0,677	1,289	1,658	1,980	2,358	2,617	3,160
∞	0,674	1,282	1,645	1,960	2,326	2,576	3,090

Nota: a menor probabilidade mostrada no título de cada coluna é a área em uma cauda; a probabilidade maior é a área em ambas as caudas.

TABELA D.3
Pontos porcentuais superiores da distribuição F

Exemplo

$Pr(F > 1{,}59) = 0{,}25$
$Pr(F > 2{,}42) = 0{,}10$ para gl $N_1 = 10$
$Pr(F > 3{,}14) = 0{,}05$ e $N_2 = 9$
$Pr(F > 5{,}26) = 0{,}01$

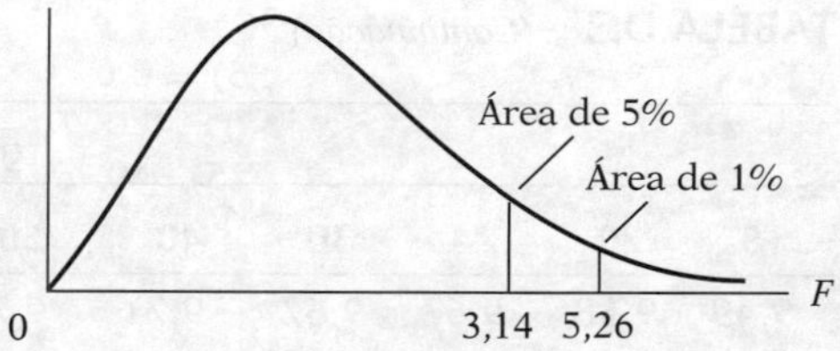

gl para denominador N_2	gl para numerador N_1												
	Pr	1	2	3	4	5	6	7	8	9	10	11	12
1	0,25	5,83	7,50	8,20	8,58	8,82	8,98	9,10	9,19	9,26	9,32	9,36	9,41
	0,10	39,9	49,5	53,6	55,8	57,2	58,2	58,9	59,4	59,9	60,2	60,5	60,7
	0,05	161	200	216	225	230	234	237	239	241	242	243	244
2	0,25	2,57	3,00	3,15	3,23	3,28	3,31	3,34	3,35	3,37	3,38	3,39	3,39
	0,10	8,53	9,00	9,16	9,24	9,29	9,33	9,35	9,37	9,38	9,39	9,40	9,41
	0,05	18,5	19,0	19,2	19,2	19,3	19,3	19,4	19,4	19,4	19,4	19,4	19,4
	0,01	98,5	99,0	99,2	99,2	99,3	99,3	99,4	99,4	99,4	99,4	99,4	99,4
3	0,25	2,02	2,28	2,36	2,39	2,41	2,42	2,43	2,44	2,44	2,44	2,45	2,45
	0,10	5,54	5,46	5,39	5,34	5,31	5,28	5,27	5,25	5,24	5,23	5,22	5,22
	0,05	10,1	9,55	9,28	9,12	9,01	8,94	8,89	8,85	8,81	8,79	8,76	8,74
	0,01	34,1	30,8	29,5	28,7	28,2	27,9	27,7	27,5	27,3	27,2	27,1	27,1
4	0,25	1,81	2,00	2,05	2,06	2,07	2,08	2,08	2,08	2,08	2,08	2,08	2,08
	0,10	4,54	4,32	4,19	4,11	4,05	4,01	3,98	3,95	3,94	3,92	3,91	3,90
	0,05	7,71	6,94	6,59	6,39	6,26	6,16	6,09	6,04	6,00	5,96	5,94	5,91
	0,01	21,2	18,0	16,7	16,0	15,5	15,2	15,0	14,8	14,7	14,5	14,4	14,4
5	0,25	1,69	1,85	1,88	1,89	1,89	1,89	1,89	1,89	1,89	1,89	1,89	1,89
	0,10	4,06	3,78	3,62	3,52	3,45	3,40	3,37	3,34	3,32	3,30	3,28	3,27
	0,05	6,61	5,79	5,41	5,19	5,05	4,95	4,88	4,82	4,77	4,74	4,71	4,68
	0,01	16,3	13,3	12,1	11,4	11,0	10,7	10,5	10,3	10,2	10,1	9,96	9,89
6	0,25	1,62	1,76	1,78	1,79	1,79	1,78	1,78	1,78	1,77	1,77	1,77	1,77
	0,10	3,78	3,46	3,29	3,18	3,11	3,05	3,01	2,98	2,96	2,94	2,92	2,90
	0,05	5,99	5,14	4,76	4,53	4,39	4,28	4,21	4,15	4,10	4,06	4,03	4,00
	0,01	13,7	10,9	9,78	9,15	8,75	8,47	8,26	8,10	7,98	7,87	7,79	7,72
7	0,25	1,57	1,70	1,72	1,72	1,71	1,71	1,70	1,70	1,69	1,69	1,69	1,68
	0,10	3,59	3,26	3,07	2,96	2,88	2,83	2,78	2,75	2,72	2,70	2,68	2,67
	0,05	5,59	4,74	4,35	4,12	3,97	3,87	3,79	3,73	3,68	3,64	3,60	3,57
	0,01	12,2	9,55	8,45	7,85	7,46	7,19	6,99	6,84	6,72	6,62	6,54	6,47
8	0,25	1,54	1,66	1,67	1,66	1,66	1,65	1,64	1,64	1,63	1,63	1,63	1,62
	0,10	3,46	3,11	2,92	2,81	2,73	2,67	2,62	2,59	2,56	2,54	2,52	2,50
	0,05	5,32	4,46	4,07	3,84	3,69	3,58	3,50	3,44	3,39	3,35	3,31	3,28
	0,01	11,3	8,65	7,59	7,01	6,63	6,37	6,18	6,03	5,91	5,81	5,73	5,67
9	0,25	1,51	1,62	1,63	1,63	1,62	1,61	1,60	1,60	1,59	1,59	1,58	1,58
	0,10	3,36	3,01	2,81	2,69	2,61	2,55	2,51	2,47	2,44	2,42	2,40	2,38
	0,05	5,12	4,26	3,86	3,63	3,48	3,37	3,29	3,23	3,18	3,14	3,10	3,07
	0,01	10,6	8,02	6,99	6,42	6,06	5,80	5,61	5,47	5,35	5,26	5,18	5,11

Fonte: PEARSON, E. S.; HARTLEY, H. O. (Eds.). *Biometrika tables for statisticians.* 3. ed. Nova York: Cambridge University Press, 1966. v. 1, tabela 12. Reprodução autorizada pelos editores e curadores da *Biometrika.*

(*Continua*)

TABELA D.3 *(Continuação)*

gl para numerador N_1													gl para denominador N_2
15	**20**	**24**	**30**	**40**	**50**	**60**	**100**	**120**	**200**	**500**	**∞**	**Pr**	
9,49	9,58	9,63	9,67	9,71	9,74	9,76	9,78	9,80	9,82	9,84	9,85	25	
61,2	61,7	62,0	62,3	62,5	62,7	62,8	63,0	63,1	63,2	63,3	63,3	0,10	1
246	248	249	250	251	252	252	253	253	254	254	254	0,05	
3,41	3,43	3,43	3,44	3,45	3,45	3,46	3,47	3,47	3,48	3,48	3,48	0,25	
9,42	9,44	9,45	9,46	9,47	9,47	9,47	9,48	9,48	9,49	9,49	9,49	0,10	2
19,4	19,4	19,5	19,5	19,5	19,5	19,5	19,5	19,5	19,5	19,5	19,5	0,05	
99,4	99,4	99,5	99,5	99,5	99,5	99,5	99,5	99,5	99,5	99,5	99,5	0,01	
2,46	2,46	2,46	2,47	2,47	2,47	2,47	2,47	2,47	2,47	2,47	2,47	0,25	
5,20	5,18	5,18	5,17	5,16	5,15	5,15	5,14	5,14	5,14	5,14	5,13	0,10	3
8,70	8,66	8,64	8,62	8,59	8,58	8,57	8,55	8,55	8,54	8,53	8,53	0,05	
26,9	26,7	26,6	26,5	26,4	26,4	26,3	26,2	26,2	26,2	26,1	26,1	0,01	
2,08	2,08	2,08	2,08	2,08	2,08	2,08	2,08	2,08	2,08	2,08	2,08	0,25	
3,87	3,84	3,83	3,82	3,80	3,80	3,79	3,78	3,78	3,77	3,76	3,76	0,10	4
5,86	5,80	5,77	5,75	5,72	5,70	5,69	5,66	5,66	5,65	5,64	5,63	0,05	
14,2	14,0	13,9	13,8	13,7	13,7	13,7	13,6	13,6	13,5	13,5	13,5	0,01	
1,89	1,88	1,88	1,88	1,88	1,88	1,87	1,87	1,87	1,87	1,87	1,87	0,25	
3,24	3,21	3,19	3,17	3,16	3,15	3,14	3,13	3,12	3,12	3,11	3,10	0,10	5
4,62	4,56	4,53	4,50	4,46	4,44	4,43	4,41	4,40	4,39	4,37	4,36	0,05	
9,72	9,55	9,47	9,38	9,29	9,24	9,20	9,13	9,11	9,08	9,04	9,02	0,01	
1,76	1,76	1,75	1,75	1,75	1,75	1,74	1,74	1,74	1,74	1,74	1,74	0,25	
2,87	2,84	2,82	2,80	2,78	2,77	2,76	2,75	2,74	2,73	2,73	2,72	0,10	6
3,94	3,87	3,84	3,81	3,77	3,75	3,74	3,71	3,70	3,69	3,68	3,67	0,05	
7,56	7,40	7,31	7,23	7,14	7,09	7,06	6,99	6,97	6,93	6,90	6,88	0,01	
1,68	1,67	1,67	1,66	1,66	1,66	1,65	1,65	1,65	1,65	1,65	1,65	0,25	
2,63	2,59	2,58	2,56	2,54	2,52	2,51	2,50	2,49	2,48	2,48	2,47	0,10	7
3,51	3,44	3,41	3,38	3,34	3,32	3,30	3,27	3,27	3,25	3,24	3,23	0,05	
6,31	6,16	6,07	5,99	5,91	5,86	5,82	5,75	5,74	5,70	5,67	5,65	0,01	
1,62	1,61	1,60	1,60	1,59	1,59	1,59	1,58	1,58	1,58	1,58	1,58	0,25	
2,46	2,42	2,40	2,38	2,36	2,35	2,34	2,32	2,32	2,31	2,30	2,29	0,10	8
3,22	3,15	3,12	3,08	3,04	2,02	3,01	2,97	2,97	2,95	2,94	2,93	0,05	
5,52	5,36	5,28	5,20	5,12	5,07	5,03	4,96	4,95	4,91	4,88	4,86	0,01	
1,57	1,56	1,56	1,55	1,55	1,54	1,54	1,53	1,53	1,53	1,53	1,53	0,25	
2,34	2,30	2,28	2,25	2,23	2,22	2,21	2,19	2,18	2,17	2,17	2,16	0,10	9
3,01	2,94	2,90	2,86	2,83	2,80	2,79	2,76	2,75	2,73	2,72	2,71	0,05	
4,96	4,81	4,73	4,65	4,57	4,52	4,48	4,42	4,40	4,36	4,33	4,31	0,01	

(Continua)

TABELA D.3 (*Continuação*)

gl para denominador N_2	gl para numerador N_1												
	Pr	1	2	3	4	5	6	7	8	9	10	11	12
10	0,25	1,49	1,60	1,60	1,59	1,59	1,58	1,57	1,56	1,56	1,55	1,55	1,54
	0,10	3,29	2,92	2,73	2,61	2,52	2,46	2,41	2,38	2,35	2,32	2,30	2,28
	0,05	4,96	4,10	3,71	3,48	3,33	3,22	3,14	3,07	3,02	2,98	2,94	2,91
	0,01	10,0	7,56	6,55	5,99	5,64	5,39	5,20	5,06	4,94	4,85	4,77	4,71
11	0,25	1,47	1,58	1,58	1,57	1,56	1,55	1,54	1,53	1,53	1,52	1,52	1,51
	0,10	3,23	2,86	2,66	2,54	2,45	2,39	2,34	2,30	2,27	2,25	2,23	2,21
	0,05	4,84	3,98	3,59	3,36	3,20	3,09	3,01	2,95	2,90	2,85	2,82	2,79
	0,01	9,65	7,21	6,22	5,67	5,32	5,07	4,89	4,74	4,63	4,54	4,46	4,40
12	0,25	1,46	1,56	1,56	1,55	1,54	1,53	1,52	1,51	1,51	1,50	1,50	1,49
	0,10	3,18	2,81	2,61	2,48	2,39	2,33	2,28	2,24	2,21	2,19	2,17	2,15
	0,05	4,75	3,89	3,49	3,26	3,11	3,00	2,91	2,85	2,80	2,75	2,72	2,69
	0,01	9,33	6,93	5,95	5,41	5,06	4,82	4,64	4,50	4,39	4,30	4,22	4,16
13	0,25	1,45	1,55	1,55	1,53	1,52	1,51	1,50	1,49	1,49	1,48	1,47	1,47
	0,10	3,14	2,76	2,56	2,43	2,35	2,28	2,23	2,20	2,16	2,14	2,12	2,10
	0,05	4,67	3,81	3,41	3,18	3,03	2,92	2,83	2,77	2,71	2,67	2,63	2,60
	0,01	9,07	6,70	5,74	5,21	4,86	4,62	4,44	4,30	4,19	4,10	4,02	3,96
14	0,25	1,44	1,53	1,53	1,52	1,51	1,50	1,49	1,48	1,47	1,46	1,46	1,45
	0,10	3,10	2,73	2,52	2,39	2,31	2,24	2,19	2,15	2,12	2,10	2,08	2,05
	0,05	4,60	3,74	3,34	3,11	2,96	2,85	2,76	2,70	2,65	2,60	2,57	2,53
	0,01	8,86	6,51	5,56	5,04	4,69	4,46	4,28	4,14	4,03	3,94	3,86	3,80
15	0,25	1,43	1,52	1,52	1,51	1,49	1,48	1,47	1,46	1,46	1,45	1,44	1,44
	0,10	3,07	2,70	2,49	2,36	2,27	2,21	2,16	2,12	2,09	2,06	2,04	2,02
	0,05	4,54	3,68	3,29	3,06	2,90	2,79	2,71	2,64	2,59	2,54	2,51	2,48
	0,01	8,68	6,36	5,42	4,89	4,56	4,32	4,14	4,00	3,89	3,80	3,73	3,67
16	0,25	1,42	1,51	1,51	1,50	1,48	1,47	1,46	1,45	1,44	1,44	1,44	1,43
	0,10	3,05	2,67	2,46	2,33	2,24	2,18	2,13	2,09	2,06	2,03	2,01	1,99
	0,05	4,49	3,63	3,24	3,01	2,85	2,74	2,66	2,59	2,54	2,49	2,46	2,42
	0,01	8,53	6,23	5,29	4,77	4,44	4,20	4,03	3,89	3,78	3,69	3,62	3,55
17	0,25	1,42	1,51	1,50	1,49	1,47	1,46	1,45	1,44	1,43	1,43	1,42	1,41
	0,10	3,03	2,64	2,44	2,31	2,22	2,15	2,10	2,06	2,03	2,00	1,98	1,96
	0,05	4,45	3,59	3,20	2,96	2,81	2,70	2,61	2,55	2,49	2,45	2,41	2,38
	0,01	8,40	6,11	5,18	4,67	4,34	4,10	3,93	3,79	3,68	3,59	3,52	3,46
18	0,25	1,41	1,50	1,49	1,48	1,46	1,45	1,44	1,43	1,42	1,42	1,41	1,40
	0,10	3,01	2,62	2,42	2,29	2,20	2,13	2,08	2,04	2,00	1,98	1,96	1,93
	0,05	4,41	3,55	3,16	2,93	2,77	2,66	2,58	2,51	2,46	2,41	2,37	2,34
	0,01	8,29	6,01	5,09	4,58	4,25	4,01	3,84	3,71	3,60	3,51	3,43	3,37
19	0,25	1,41	1,49	1,49	1,47	1,46	1,44	1,43	1,42	1,41	1,41	1,40	1,40
	0,10	2,99	2,61	2,40	2,27	2,18	2,11	2,06	2,02	1,98	1,96	1,94	1,91
	0,05	4,38	3,52	3,13	2,90	2,74	2,63	2,54	2,48	2,42	2,38	2,34	2,31
	0,01	8,18	5,93	5,01	4,50	4,17	3,94	3,77	3,63	3,52	3,43	3,36	3,30
20	0,25	1,40	1,49	1,48	1,46	1,45	1,44	1,43	1,42	1,41	1,40	1,39	1,39
	0,10	2,97	2,59	2,38	2,25	2,16	2,09	2,04	2,00	1,96	1,94	1,92	1,89
	0,05	4,35	3,49	3,10	2,87	2,71	2,60	2,51	2,45	2,39	2,35	2,31	2,28
	0,01	8,10	5,85	4,94	4,43	4,10	3,87	3,70	3,56	3,46	3,37	3,29	3,23

(*Continua*)

TABELA D.3 (*Continuação*)

gl para numerador N_1													gl para denominador N_2
15	**20**	**24**	**30**	**40**	**50**	**60**	**100**	**120**	**200**	**500**	**∞**	**Pr**	
1,53	1,52	1,52	1,51	1,51	1,50	1,50	1,49	1,49	1,49	1,48	1,48	0,25	10
2,24	2,20	2,18	2,16	2,13	2,12	2,11	2,09	2,08	2,07	2,06	2,06	0,10	
2,85	2,77	2,74	2,70	2,66	2,64	2,62	2,59	2,58	2,56	2,55	2,54	0,05	
4,56	4,41	4,33	4,25	4,17	4,12	4,08	4,01	4,00	3,96	3,93	3,91	0,01	
1,50	1,49	1,49	1,48	1,47	1,47	1,47	1,46	1,46	1,46	1,45	1,45	0,25	11
2,17	2,12	2,10	2,08	2,05	2,04	2,03	2,00	2,00	1,99	1,98	1,97	0,10	
2,72	2,65	2,61	2,57	2,53	2,51	2,49	2,46	2,45	2,43	2,42	2,40	0,05	
4,25	4,10	4,02	3,94	3,86	3,81	3,78	3,71	3,69	3,66	3,62	3,60	0,01	
1,48	1,47	1,46	1,45	1,45	1,44	1,44	1,43	1,43	1,43	1,42	1,42	0,25	12
2,10	2,06	2,04	2,01	1,99	1,97	1,96	1,94	1,93	1,92	1,91	1,90	0,10	
2,62	2,54	2,51	2,47	2,43	2,40	2,38	2,35	2,34	2,32	2,31	2,30	0,05	
4,01	3,86	3,78	3,70	3,62	3,57	3,54	3,47	3,45	3,41	3,38	3,36	0,01	
1,46	1,45	1,44	1,43	1,42	1,42	1,42	1,41	1,41	1,40	1,40	1,40	0,25	13
2,05	2,01	1,98	1,96	1,93	1,92	1,90	1,88	1,88	1,86	1,85	1,85	0,10	
2,53	2,46	2,42	2,38	2,34	2,31	2,30	2,26	2,25	2,23	2,22	2,21	0,05	
3,82	3,66	3,59	3,51	3,43	3,38	3,34	3,27	3,25	3,22	3,19	3,17	0,01	
1,44	1,43	1,42	1,41	1,41	1,40	1,40	1,39	1,39	1,39	1,38	1,38	0,25	14
2,01	1,96	1,94	1,91	1,89	1,87	1,86	1,83	1,83	1,82	1,80	1,80	0,10	
2,46	2,39	2,35	2,31	2,27	2,24	2,22	2,19	2,18	2,16	2,14	2,13	0,05	
3,66	3,51	3,43	3,35	3,27	3,22	3,18	3,11	3,09	3,06	3,03	3,00	0,01	
1,43	1,41	1,41	1,40	1,39	1,39	1,38	1,38	1,37	1,37	1,36	1,36	0,25	15
1,97	1,92	1,90	1,87	1,85	1,83	1,82	1,79	1,79	1,77	1,76	1,76	0,10	
2,40	2,33	2,29	2,25	2,20	2,18	2,16	2,12	2,11	2,10	2,08	2,07	0,05	
3,52	3,37	3,29	3,21	3,13	3,08	3,05	2,98	2,96	2,92	2,89	2,87	0,01	
1,41	1,40	1,39	1,38	1,37	1,37	1,36	1,36	1,35	1,35	1,34	1,34	0,25	16
1,94	1,89	1,87	1,84	1,81	1,79	1,78	1,76	1,75	1,74	1,73	1,72	0,10	
2,35	2,28	2,24	2,19	2,15	2,12	2,11	2,07	2,06	2,04	2,02	2,01	0,05	
3,41	3,26	3,18	3,10	3,02	2,97	2,93	2,86	2,84	2,81	2,78	2,75	0,01	
1,40	1,39	1,38	1,37	1,36	1,35	1,35	1,34	1,34	1,34	1,33	1,33	0,25	17
1,91	1,86	1,84	1,81	1,78	1,76	1,75	1,73	1,72	1,71	1,69	1,69	0,10	
2,31	2,23	2,19	2,15	2,10	2,08	2,06	2,02	2,01	1,99	1,97	1,96	0,05	
3,31	3,16	3,08	3,00	2,92	2,87	2,83	2,76	2,75	2,71	2,68	2,65	0,01	
1,39	1,38	1,37	1,36	1,35	1,34	1,34	1,33	1,33	1,32	1,32	1,32	0,25	18
1,89	1,84	1,81	1,78	1,75	1,74	1,72	1,70	1,69	1,68	1,67	1,66	0,10	
2,27	2,19	2,15	2,11	2,06	2,04	2,02	1,98	1,97	1,95	1,93	1,92	0,05	
3,23	3,08	3,00	2,92	2,84	2,78	2,75	2,68	2,66	2,62	2,59	2,57	0,01	
1,38	1,37	1,36	1,35	1,34	1,33	1,33	1,32	1,32	1,31	1,31	1,30	0,25	19
1,86	1,81	1,79	1,76	1,73	1,71	1,70	1,67	1,67	1,65	1,64	1,63	0,10	
2,23	2,16	2,11	2,07	2,03	2,00	1,98	1,94	1,93	1,91	1,89	1,88	0,05	
3,15	3,00	2,92	2,84	2,76	2,71	2,67	2,60	2,58	2,55	2,51	2,49	0,01	
1,37	1,36	1,35	1,34	1,33	1,33	1,32	1,31	1,31	1,30	1,30	1,29	0,25	20
1,84	1,79	1,77	1,74	1,71	1,69	1,68	1,65	1,64	1,63	1,62	1,61	0,10	
2,20	2,12	2,08	2,04	1,99	1,97	1,95	1,91	1,90	1,88	1,86	1,84	0,05	
3,09	2,94	2,86	2,78	2,69	2,64	2,61	2,54	2,52	2,48	2,44	2,42	0,01	

(*Continua*)

TABELA D.3 (*Continuação*)

gl para denominador N_2	gl para numerador N_1												
	Pr	1	2	3	4	5	6	7	8	9	10	11	12
22	0,25	1,40	1,48	1,47	1,45	1,44	1,42	1,41	1,40	1,39	1,39	1,38	1,37
	0,10	2,95	2,56	2,35	2,22	2,13	2,06	2,01	1,97	1,93	1,90	1,88	1,86
	0,05	4,30	3,44	3,05	2,82	2,66	2,55	2,46	2,40	2,34	2,30	2,26	2,23
	0,01	7,95	5,72	4,82	4,31	3,99	3,76	3,59	3,45	3,35	3,26	3,18	3,12
24	0,25	1,39	1,47	1,46	1,44	1,43	1,41	1,40	1,39	1,38	1,38	1,37	1,36
	0,10	2,93	2,54	2,33	2,19	2,10	2,04	1,98	1,94	1,91	1,88	1,85	1,83
	0,05	4,26	3,40	3,01	2,78	2,62	2,51	2,42	2,36	2,30	2,25	2,21	2,18
	0,01	7,82	5,61	4,72	4,22	3,90	3,67	3,50	3,36	3,26	3,17	3,09	3,03
26	0,25	1,38	1,46	1,45	1,44	1,42	1,41	1,39	1,38	1,37	1,37	1,36	1,35
	0,10	2,91	2,52	2,31	2,17	2,08	2,01	1,96	1,92	1,88	1,86	1,84	1,81
	0,05	4,23	3,37	2,98	2,74	2,59	2,47	2,39	2,32	2,27	2,22	2,18	2,15
	0,01	7,72	5,53	4,64	4,14	3,82	3,59	3,42	3,29	3,18	3,09	3,02	2,96
28	0,25	1,38	1,46	1,45	1,43	1,41	1,40	1,39	1,38	1,37	1,36	1,35	1,34
	0,10	2,89	2,50	2,29	2,16	2,06	2,00	1,94	1,90	1,87	1,84	1,81	1,79
	0,05	4,20	3,34	2,95	2,71	2,56	2,45	2,36	2,29	2,24	2,19	2,15	2,12
	0,01	7,64	5,45	4,57	4,07	3,75	3,53	3,36	3,23	3,12	3,03	2,96	2,90
30	0,25	1,38	1,45	1,44	1,42	1,41	1,39	1,38	1,37	1,36	1,35	1,35	1,34
	0,10	2,88	2,49	2,28	2,14	2,05	1,98	1,93	1,88	1,85	1,82	1,79	1,77
	0,05	4,17	3,32	2,92	2,69	2,53	2,42	2,33	2,27	2,21	2,16	2,13	2,09
	0,01	7,56	5,39	4,51	4,02	3,70	3,47	3,30	3,17	3,07	2,98	2,91	2,84
40	0,25	1,36	1,44	1,42	1,40	1,39	1,37	1,36	1,35	1,34	1,33	1,32	1,31
	0,10	2,84	2,44	2,23	2,09	2,00	1,93	1,87	1,83	1,79	1,76	1,73	1,71
	0,05	4,08	3,23	2,84	2,61	2,45	2,34	2,25	2,18	2,12	2,08	2,04	2,00
	0,01	7,31	5,18	4,31	3,83	3,51	3,29	3,12	2,99	2,89	2,80	2,73	2,66
60	0,25	1,35	1,42	1,41	1,38	1,37	1,35	1,33	1,32	1,31	1,30	1,29	1,29
	0,10	2,79	2,39	2,18	2,04	1,95	1,87	1,82	1,77	1,74	1,71	1,68	1,66
	0,05	4,00	3,15	2,76	2,53	2,37	2,25	2,17	2,10	2,04	1,99	1,95	1,92
	0,01	7,08	4,98	4,13	3,65	3,34	3,12	2,95	2,82	2,72	2,63	2,56	2,50
120	0,25	1,34	1,40	1,39	1,37	1,35	1,33	1,31	1,30	1,29	1,28	1,27	1,26
	0,10	2,75	2,35	2,13	1,99	1,90	1,82	1,77	1,72	1,68	1,65	1,62	1,60
	0,05	3,92	3,07	2,68	2,45	2,29	2,17	2,09	2,02	1,96	1,91	1,87	1,83
	0,01	6,85	4,79	3,95	3,48	3,17	2,96	2,79	2,66	2,56	2,47	2,40	2,34
200	0,25	1,33	1,39	1,38	1,36	1,34	1,32	1,31	1,29	1,28	1,27	1,26	1,25
	0,10	2,73	2,33	2,11	1,97	1,88	1,80	1,75	1,70	1,66	1,63	1,60	1,57
	0,05	3,89	3,04	2,65	2,42	2,26	2,14	2,06	1,98	1,93	1,88	1,84	1,80
	0,01	6,76	4,71	3,88	3,41	3,11	2,89	2,73	2,60	2,50	2,41	2,34	2,27
∞	0,25	1,32	1,39	1,37	1,35	1,33	1,31	1,29	1,28	1,27	1,25	1,24	1,24
	0,10	2,71	2,30	2,08	1,94	1,85	1,77	1,72	1,67	1,63	1,60	1,57	1,55
	0,05	3,84	3,00	2,60	2,37	2,21	2,10	2,01	1,94	1,88	1,83	1,79	1,75
	0,01	6,63	4,61	3,78	3,32	3,02	2,80	2,64	2,51	2,41	2,32	2,25	2,18

(*Continua*)

TABELA D.3 (*Continuação*)

gl para numerador N_1													gl para denominador N_2
15	**20**	**24**	**30**	**40**	**50**	**60**	**100**	**120**	**200**	**500**	∞	**Pr**	
1,36	1,34	1,33	1,32	1,31	1,31	1,30	1,30	1,30	1,29	1,29	1,28	0,25	22
1,81	1,76	1,73	1,70	1,67	1,65	1,64	1,61	1,60	1,59	1,58	1,57	0,10	
2,15	2,07	2,03	1,98	1,94	1,91	1,89	1,85	1,84	1,82	1,80	1,78	0,05	
2,98	2,83	2,75	2,67	2,58	2,53	2,50	2,42	2,40	2,36	2,33	2,31	0,01	
1,35	1,33	1,32	1,31	1,30	1,29	1,29	1,28	1,28	1,27	1,27	1,26	0,25	24
1,78	1,73	1,70	1,67	1,64	1,62	1,61	1,58	1,57	1,56	1,54	1,53	0,10	
2,11	2,03	1,98	1,94	1,89	1,86	1,84	1,80	1,79	1,77	1,75	1,73	0,05	
2,89	2,74	2,66	2,58	2,49	2,44	2,40	2,33	2,31	2,27	2,24	2,21	0,01	
1,34	1,32	1,31	1,30	1,29	1,28	1,28	1,26	1,26	1,26	1,25	1,25	0,25	26
1,76	1,71	1,68	1,65	1,61	1,59	1,58	1,55	1,54	1,53	1,51	1,50	0,10	
2,07	1,99	1,95	1,90	1,85	1,82	1,80	1,76	1,75	1,73	1,71	1,69	0,05	
2,81	2,66	2,58	2,50	2,42	2,36	2,33	2,25	2,23	2,19	2,16	2,13	0,01	
1,33	1,31	1,30	1,29	1,28	1,27	1,27	1,26	1,25	1,25	1,24	1,24	0,25	28
1,74	1,69	1,66	1,63	1,59	1,57	1,56	1,53	1,52	1,50	1,49	1,48	0,10	
2,04	1,96	1,91	1,87	1,82	1,79	1,77	1,73	1,71	1,69	1,67	1,65	0,05	
2,75	2,60	2,52	2,44	2,35	2,30	2,26	2,19	2,17	2,13	2,09	2,06	0,01	
1,32	1,30	1,29	1,28	1,27	1,26	1,26	1,25	1,24	1,24	1,23	1,23	0,25	30
1,72	1,67	1,64	1,61	1,57	1,55	1,54	1,51	1,50	1,48	1,47	1,46	0,10	
2,01	1,93	1,89	1,84	1,79	1,76	1,74	1,70	1,68	1,66	1,64	1,62	0,05	
2,70	2,55	2,47	2,39	2,30	2,25	2,21	2,13	2,11	2,07	2,03	2,01	0,01	
1,30	1,28	1,26	1,25	1,24	1,23	1,22	1,21	1,21	1,20	1,19	1,19	0,25	40
1,66	1,61	1,57	1,54	1,51	1,48	1,47	1,43	1,42	1,41	1,39	1,38	0,10	
1,92	1,84	1,79	1,74	1,69	1,66	1,64	1,59	1,58	1,55	1,53	1,51	0,05	
2,52	2,37	2,29	2,20	2,11	2,06	2,02	1,94	1,92	1,87	1,83	1,80	0,01	
1,27	1,25	1,24	1,22	1,21	1,20	1,19	1,17	1,17	1,16	1,15	1,15	0,25	60
1,60	1,54	1,51	1,48	1,44	1,41	1,40	1,36	1,35	1,33	1,31	1,29	0,10	
1,84	1,75	1,70	1,65	1,59	1,56	1,53	1,48	1,47	1,44	1,41	1,39	0,05	
2,35	2,20	2,12	2,03	1,94	1,88	1,84	1,75	1,73	1,68	1,63	1,60	0,01	
1,24	1,22	1,21	1,19	1,18	1,17	1,16	1,14	1,13	1,12	1,11	1,10	0,25	120
1,55	1,48	1,45	1,41	1,37	1,34	1,32	1,27	1,26	1,24	1,21	1,19	0,10	
1,75	1,66	1,61	1,55	1,50	1,46	1,43	1,37	1,35	1,32	1,28	1,25	0,05	
2,19	2,03	1,95	1,86	1,76	1,70	1,66	1,56	1,53	1,48	1,42	1,38	0,01	
1,23	1,21	1,20	1,18	1,16	1,14	1,12	1,11	1,10	1,09	1,08	1,06	0,25	200
1,52	1,46	1,42	1,38	1,34	1,31	1,28	1,24	1,22	1,20	1,17	1,14	0,10	
1,72	1,62	1,57	1,52	1,46	1,41	1,39	1,32	1,29	1,26	1,22	1,19	0,05	
2,13	1,97	1,89	1,79	1,69	1,63	1,58	1,48	1,44	1,39	1,33	1,28	0,01	
1,22	1,19	1,18	1,16	1,14	1,13	1,12	1,09	1,08	1,07	1,04	1,00	0,25	∞
1,49	1,42	1,38	1,34	1,30	1,26	1,24	1,18	1,17	1,13	1,08	1,00	0,10	
1,67	1,57	1,52	1,46	1,39	1,35	1,32	1,24	1,22	1,17	1,11	1,00	0,05	
2,04	1,88	1,79	1,70	1,59	1,52	1,47	1,36	1,32	1,25	1,15	1,00	0,01	

TABELA D.4

Pontos percentuais superiores da distribuição χ^2

Exemplo

$Pr(\chi^2 > 10{,}85) = 0{,}95$

$Prc(\chi^2 > 23{,}83) = 0{,}25$ para gl = 20

$Pr(\chi^2 > 31{,}41) = 0{,}05$

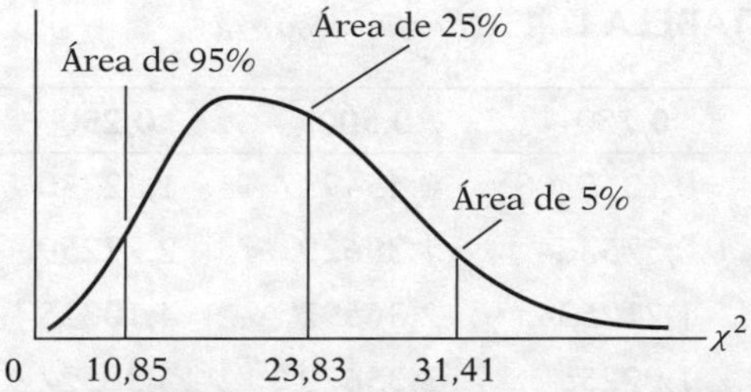

Graus de liberdade \ Pr	0,995	0,990	0,975	0,950	0,900
1	392704×10^{-10}	157088×10^{-9}	982069×10^{-9}	393214×10^{-8}	0,0157908
2	0,0100251	0,0201007	0,0506356	0,102587	0,210720
3	0,0717212	0,114832	0,215795	0,351846	0,584375
4	0,206990	0, 297110	0,484419	0,710721	1,063623
5	0,411740	0,554300	0,831211	1,145476	1,61031
6	0,675727	0,872085	1,237347	1,63539	2,20413
7	0,989265	1,239043	1,68987	2,16735	2,83311
8	1,344419	1,646482	2,17973	2,73264	3,48954
9	1,734926	2,087912	2,70039	3,32511	4,16816
10	2,15585	2,55821	3,24697	3,94030	4,86518
11	2,60321	3,05347	3,81575	4,57481	5,57779
12	3,07382	3,57056	4,40379	5,22603	6,30380
13	3,56503	4,10691	5,00874	5,89186	7,04150
14	4,07468	4,66043	5,62872	6,57063	7,78953
15	4,60094	5,22935	6,26214	7,26094	8,54675
16	5,14224	5,81221	6,90766	7,96164	9,31223
17	5,69724	6,40776	7,56418	8,67176	10,0852
18	6,26481	7,01491	8,23075	9,39046	10,8649
19	6,84398	7,63273	8,90655	10,1170	11,6509
20	7,43386	8,26040	9,59083	10,8508	12,4426
21	8,03366	8,89720	10,28293	11,5913	13,2396
22	8,64272	9,54249	10,9823	12,3380	14,0415
23	9,26042	10,19567	11,6885	13,0905	14,8479
24	9,88623	10,8564	12,4011	13,8484	15,6587
25	10,5197	11,5240	13,1197	14,6114	16,4734
26	11,1603	12,1981	13,8439	15,3791	17,2919
27	11,8076	12,8786	14,5733	16,1513	18,1138
28	12,4613	13,5648	15,3079	16,9279	18,9392
29	13,1211	14,2565	16,0471	17,7083	19,7677
30	13,7867	14,9535	16,7908	18,4926	20,5992
40	20,7065	22,1643	24,4331	26,5093	29,0505
50	27,9907	29,7067	32,3574	34,7642	37,6886
60	35,5346	37,4848	40,4817	43,1879	46,4589
70	43,2752	45,4418	48,7576	51,7393	55,3290
80	51,1720	53,5400	57,1532	60,3915	64,2778
90	59,1963	61,7541	65,6466	69,1260	73,2912
100*	67,3276	70,0648	74,2219	77,9295	82,3581

*Para gl maior que 100, a expressão $\sqrt{2\chi^2} - \sqrt{(2k-1)} = Z$ segue a distribuição normal padronizada, em que *k* representa os graus de liberdade.

(*Continua*)

TABELA D.4 (*Continuação*)

0,750	0,500	0,250	0,100	0,050	0,025	0,010	0,005
0,1015308	0,454937	1,32330	2,70554	3,84146	5,02389	6,63490	7,87944
0,575364	1,38629	2,77259	4,60517	5,99147	7,37776	9,21034	10,5966
1,212534	2,36597	4,10835	6,25139	7,81473	9,34840	11,3449	12,8381
1,92255	3,35670	5,38527	7,77944	9,48773	11,1433	13,2767	14,8602
2,67460	4,35146	6,62568	9,23635	11,0705	12,8325	15,0863	16,7496
3,45460	5,34812	7,84080	10,6446	12,5916	14,4494	16,8119	18,5476
4,25485	6,34581	9,03715	12,0170	14,0671	16,0128	18,4753	20,2777
5,07064	7,34412	10,2188	13,3616	15,5073	17,5346	20,0902	21,9550
5,89883	8,34283	11,3887	14,6837	16,9190	19,0228	21,6660	23,5893
6,73720	9,34182	12,5489	15,9871	18,3070	20,4831	23,2093	25,1882
7,58412	10,3410	13,7007	17,2750	19,6751	21,9200	24,7250	26,7569
8,43842	11,3403	14,8454	18,5494	21,0261	23,3367	26,2170	28,2995
9,29906	12,3398	15,9839	19,8119	22,3621	24,7356	27,6883	29,8194
10,1653	13,3393	17,1170	21,0642	23,6848	26,1190	29,1413	31,3193
11,0365	14,3389	18,2451	22,3072	24,9958	27,4884	30,5779	32,8013
11,9122	15,3385	19,3688	23,5418	26,2962	28,8454	31,9999	34,2672
12,7919	16,3381	20,4887	24,7690	27,5871	30,1910	33,4087	35,7185
13,6753	17,3379	21,6049	25,9894	28,8693	31,5264	34,8053	37,1564
14,5620	18,3376	22,7178	27,2036	30,1435	32,8523	36,1908	38,5822
15,4518	19,3374	23,8277	28,4120	31,4104	34,1696	37,5662	39,9968
16,3444	20,3372	24,9348	29,6151	32,6705	35,4789	38,9321	41,4010
17,2396	21,3370	26,0393	30,8133	33,9244	36,7807	40,2894	42,7956
18,1373	22,3369	27,1413	32,0069	35,1725	38,0757	41,6384	44,1813
19,0372	23,3367	28,2412	33,1963	36,4151	39,3641	42,9798	45,5585
19,9393	24,3366	29,3389	34,3816	37,6525	40,6465	44,3141	46,9278
20,8434	25,3364	30,4345	35,5631	38,8852	41,9232	45,6417	48,2899
21,7494	26,3363	31,5284	36,7412	40,1133	43,1944	46,9630	49,6449
22,6572	27,3363	32,6205	37,9159	41,3372	44,4607	48,2782	50,9933
23,5666	28,3362	33,7109	39,0875	42,5569	45,7222	49,5879	52,3356
24,4776	29,3360	34,7998	40,2560	43,7729	46,9792	50,8922	53,6720
33,6603	39,3354	45,6160	51,8050	55,7585	59,3417	63,6907	66,7659
42,9421	49,3349	56,3336	63,1671	67,5048	71,4202	76,1539	79,4900
52,2938	59,3347	66,9814	74,3970	79,0819	83,2976	88,3794	91,9517
61,6983	69,3344	77,5766	85,5271	90,5312	95,0231	100,425	104,215
71,1445	79,3343	88,1303	96,5782	101,879	106,629	112,329	116,321
80,6247	89,3342	98,6499	107,565	113,145	118,136	124,116	128,299
90,1332	99,3341	109,141	118,498	124,342	129,561	135,807	140,169

Fonte: resumida de PEARSON, E. S.; HARTLEY, H. O. (Eds.). *Biometrika tables for statisticians*. 3. ed. Nova York: Cambridge University Press, 1966. v. 1, tabela 12. Reprodução autorizada pelos editores e curadores da *Biometrika*.

TABELA D.5A Estatística *d* de Durbin-Watson: pontos de significância de d_L e d_U em níveis de significância de 0,05

	$k'=1$		$k'=2$		$k'=3$		$k'=4$		$k'=5$		$k'=6$		$k'=7$		$k'=8$		$k'=9$		$k'=10$	
n	d_L	d_U	d_L	d_U	d_L	d_U	d_L	d_U	d_L	d_U	d_L	d_U	d_L	d_U	d_L	d_U	d_L	d_U	d_L	d_U
6	0,610	1,400	—	—	—	—	—	—	—	—	—	—	—	—	—	—	—	—	—	—
7	0,700	1,356	0,467	1,896	—	—	—	—	—	—	—	—	—	—	—	—	—	—	—	—
8	0,763	1,332	0,559	1,777	0,368	2,287	—	—	—	—	—	—	—	—	—	—	—	—	—	—
9	0,824	1,320	0,629	1,699	0,455	2,128	0,296	2,588	—	—	—	—	—	—	—	—	—	—	—	—
10	0,879	1,320	0,697	1,641	0,525	2,016	0,376	2,414	0,243	2,822	—	—	—	—	—	—	—	—	—	—
11	0,927	1,324	0,658	1,604	0,595	1,928	0,444	2,283	0,316	2,645	0,203	3,005	—	—	—	—	—	—	—	—
12	0,971	1,331	0,812	1,579	0,658	1,864	0,512	2,177	0,379	2,506	0,268	2,832	0,171	3,149	—	—	—	—	—	—
13	1,010	1,340	0,861	1,562	0,715	1,816	0,574	2,094	0,445	2,390	0,328	2,692	0,230	2,985	0,147	3,266	—	—	—	—
14	1,045	1,350	0,905	1,551	0,767	1,779	0,632	2,030	0,505	2,296	0,389	2,572	0,286	2,848	0,200	3,111	0,127	3,360	—	—
15	1,077	1,361	0,946	1,543	0,814	1,750	0,685	1,977	0,562	2,220	0,447	2,472	0,343	2,727	0,251	2,979	0,175	3,216	0,111	3,438
16	1,106	1,371	0,982	1,539	0,857	1,728	0,734	1,935	0,615	2,157	0,502	2,388	0,398	2,624	0,304	2,860	0,222	3,090	0,155	3,304
17	1,133	1,381	1,015	1,536	0,897	1,710	0,779	1,900	0,664	2,104	0,554	2,318	0,451	2,537	0,356	2,757	0,272	2,975	0,198	3,184
18	1,158	1,391	1,046	1,535	0,933	1,696	0,820	1,872	0,710	2,060	0,603	2,257	0,502	2,461	0,407	2,667	0,321	2,873	0,244	3,073
19	1,180	1,401	1,074	1,536	0,967	1,685	0,859	1,848	0,752	2,023	0,649	2,206	0,549	2,396	0,456	2,589	0,369	2,783	0,290	2,974
20	1,201	1,411	1,100	1,537	0,998	1,676	0,894	1,828	0,792	1,991	0,692	2,162	0,595	2,339	0,502	2,521	0,416	2,704	0,336	2,885
21	1,221	1,420	1,125	1,538	1,026	1,669	0,927	1,812	0,829	1,964	0,732	2,124	0,637	2,290	0,547	2,460	0,461	2,633	0,380	2,806
22	1,239	1,429	1,147	1,541	1,053	1,664	0,958	1,797	0,863	1,940	0,769	2,090	0,677	2,246	0,588	2,407	0,504	2,571	0,424	2,734
23	1,257	1,437	1,168	1,543	1,078	1,660	0,986	1,785	0,895	1,920	0,804	2,061	0,715	2,208	0,628	2,360	0,545	2,514	0,465	2,670
24	1,273	1,446	1,188	1,546	1,101	1,656	1,013	1,775	0,925	1,902	0,837	2,035	0,751	2,174	0,666	2,318	0,584	2,464	0,506	2,613
25	1,288	1,454	1,206	1,550	1,123	1,654	1,038	1,767	0,953	1,886	0,868	2,012	0,784	2,144	0,702	2,280	0,621	2,419	0,544	2,560
26	1,302	1,461	1,224	1,553	1,143	1,652	1,062	1,759	0,979	1,873	0,897	1,992	0,816	2,117	0,735	2,246	0,657	2,379	0,581	2,513
27	1,316	1,469	1,240	1,556	1,162	1,651	1,084	1,753	1,004	1,861	0,925	1,974	0,845	2,093	0,767	2,216	0,691	2,342	0,616	2,470
28	1,328	1,476	1,255	1,560	1,181	1,650	1,104	1,747	1,028	1,850	0,951	1,958	0,874	2,071	0,798	2,188	0,723	2,309	0,650	2,431
29	1,341	1,483	1,270	1,563	1,198	1,650	1,124	1,743	1,050	1,841	0,975	1,944	0,900	2,052	0,826	2,164	0,753	2,278	0,682	2,396
30	1,352	1,489	1,284	1,567	1,214	1,650	1,143	1,739	1,071	1,833	0,998	1,931	0,926	2,034	0,854	2,141	0,782	2,251	0,712	2,363
31	1,363	1,496	1,297	1,570	1,229	1,650	1,160	1,735	1,090	1,825	1,020	1,920	0,950	2,018	0,879	2,120	0,810	2,226	0,741	2,333
32	1,373	1,502	1,309	1,574	1,244	1,650	1,177	1,732	1,109	1,819	1,041	1,909	0,972	2,004	0,904	2,102	0,836	2,203	0,769	2,306
33	1,383	1,508	1,321	1,577	1,258	1,651	1,193	1,730	1,127	1,813	1,061	1,900	0,994	1,991	0,927	2,085	0,861	2,181	0,795	2,281
34	1,393	1,514	1,333	1,580	1,271	1,652	1,208	1,728	1,144	1,808	1,080	1,891	1,015	1,979	0,950	2,069	0,885	2,162	0,821	2,257
35	1,402	1,519	1,343	1,584	1,283	1,653	1,222	1,726	1,160	1,803	1,097	1,884	1,034	1,967	0,971	2,054	0,908	2,144	0,845	2,236
36	1,411	1,525	1,354	1,587	1,295	1,654	1,236	1,724	1,175	1,799	1,114	1,877	1,053	1,957	0,991	2,041	0,930	2,127	0,868	2,216
37	1,419	1,530	1,364	1,590	1,307	1,655	1,249	1,723	1,190	1,795	1,131	1,870	1,071	1,948	1,011	2,029	0,951	2,112	0,891	2,198
38	1,427	1,535	1,373	1,594	1,318	1,656	1,261	1,722	1,204	1,792	1,146	1,864	1,088	1,939	1,029	2,017	0,970	2,098	0,912	2,180
39	1,435	1,540	1,382	1,597	1,328	1,658	1,273	1,722	1,218	1,789	1,161	1,859	1,104	1,932	1,047	2,007	0,990	2,085	0,932	2,164
40	1,442	1,544	1,391	1,600	1,338	1,659	1,285	1,721	1,230	1,786	1,175	1,854	1,120	1,924	1,064	1,997	1,008	2,072	0,952	2,149
45	1,475	1,566	1,430	1,615	1,383	1,666	1,336	1,720	1,287	1,776	1,238	1,835	1,189	1,895	1,139	1,958	1,089	2,022	1,038	2,088
50	1,503	1,585	1,462	1,628	1,421	1,674	1,378	1,721	1,335	1,771	1,291	1,822	1,246	1,875	1,201	1,930	1,156	1,986	1,110	2,044
55	1,528	1,601	1,490	1,641	1,452	1,681	1,414	1,724	1,374	1,768	1,334	1,814	1,294	1,861	1,253	1,909	1,212	1,959	1,170	2,010
60	1,549	1,616	1,514	1,652	1,480	1,689	1,444	1,727	1,408	1,767	1,372	1,808	1,335	1,850	1,298	1,894	1,260	1,939	1,222	1,984
65	1,567	1,629	1,536	1,662	1,503	1,696	1,471	1,731	1,438	1,767	1,404	1,805	1,370	1,843	1,336	1,882	1,301	1,923	1,266	1,964
70	1,583	1,641	1,554	1,672	1,525	1,703	1,494	1,735	1,464	1,768	1,433	1,802	1,401	1,837	1,369	1,873	1,337	1,910	1,305	1,948
75	1,598	1,652	1,571	1,680	1,543	1,709	1,515	1,739	1,487	1,770	1,458	1,801	1,428	1,834	1,399	1,867	1,369	1,901	1,339	1,935
80	1,611	1,662	1,586	1,688	1,560	1,715	1,534	1,743	1,507	1,772	1,480	1,801	1,453	1,831	1,425	1,861	1,397	1,893	1,369	1,925
85	1,624	1,671	1,600	1,696	1,575	1,721	1,550	1,747	1,525	1,774	1,500	1,801	1,474	1,829	1,448	1,857	1,422	1,886	1,396	1,916
90	1,635	1,679	1,612	1,703	1,589	1,726	1,566	1,751	1,542	1,776	1,518	1,801	1,494	1,827	1,469	1,854	1,445	1,881	1,420	1,909
95	1,645	1,687	1,623	1,709	1,602	1,732	1,579	1,755	1,557	1,778	1,535	1,802	1,512	1,827	1,489	1,852	1,465	1,877	1,442	1,903
100	1,654	1,694	1,634	1,715	1,613	1,736	1,592	1,758	1,571	1,780	1,550	1,803	1,528	1,826	1,506	1,850	1,484	1,874	1,462	1,898
150	1,720	1,746	1,706	1,760	1,693	1,774	1,679	1,788	1,665	1,802	1,651	1,817	1,637	1,832	1,622	1,847	1,608	1,862	1,594	1,877
200	1,758	1,778	1,748	1,789	1,738	1,799	1,728	1,810	1,718	1,820	1,707	1,831	1,697	1,841	1,686	1,852	1,675	1,863	1,665	1,874

(*Continua*)

TABELA D.5A Estatística *d* de Durbin-Watson: pontos de significância de d_L e d_U em níveis de significância de 0,05 (*Continuação*)

	$k'=11$		$k'=12$		$k'=13$		$k'=14$		$k'=15$		$k'=16$		$k'=17$		$k'=18$		$k'=19$		$k'=20$	
n	d_L	d_U	d_L	d_U	d_L	d_U	d_L	d_U	d_L	d_U	d_L	d_U	d_L	d_U	d_L	d_U	d_L	d_U	d_L	d_U
16	0,098	3,503	—	—	—	—	—	—	—	—	—	—	—	—	—	—	—	—	—	—
17	0,138	3,378	0,087	3,557	—	—	—	—	—	—	—	—	—	—	—	—	—	—	—	—
18	0,177	3,265	0,123	3,441	0,078	3,603	—	—	—	—	—	—	—	—	—	—	—	—	—	—
19	0,220	3,159	0,160	3,335	0,111	3,496	0,070	3,642	—	—	—	—	—	—	—	—	—	—	—	—
20	0,263	3,063	0,200	3,234	0,145	3,395	0,100	3,542	0,063	3,676	—	—	—	—	—	—	—	—	—	—
21	0,307	2,976	0,240	3,141	0,182	3,300	0,132	3,448	0,091	3,583	0,058	3,705	—	—	—	—	—	—	—	—
22	0,349	2,897	0,281	3,057	0,220	3,211	0,166	3,358	0,120	3,495	0,083	3,619	0,052	3,731	—	—	—	—	—	—
23	0,391	2,826	0,322	2,979	0,259	3,128	0,202	3,272	0,153	3,409	0,110	3,535	0,076	3,650	0,048	3,753	—	—	—	—
24	0,431	2,761	0,362	2,908	0,297	3,053	0,239	3,193	0,186	3,327	0,141	3,454	0,101	3,572	0,070	3,678	0,044	3,773	—	—
25	0,470	2,702	0,400	2,844	0,335	2,983	0,275	3,119	0,221	3,251	0,172	3,376	0,130	3,494	0,094	3,604	0,065	3,702	0,041	3,790
26	0,508	2,649	0,438	2,784	0,373	2,919	0,312	3,051	0,256	3,179	0,205	3,303	0,160	3,420	0,120	3,531	0,087	3,632	0,060	3,724
27	0,544	2,600	0,475	2,730	0,409	2,859	0,348	2,987	0,291	3,112	0,238	3,233	0,191	3,349	0,149	3,460	0,112	3,563	0,081	3,658
28	0,578	2,555	0,510	2,680	0,445	2,805	0,383	2,928	0,325	3,050	0,271	3,168	0,222	3,283	0,178	3,392	0,138	3,495	0,104	3,592
29	0,612	2,515	0,544	2,634	0,479	2,755	0,418	2,874	0,359	2,992	0,305	3,107	0,254	3,219	0,208	3,327	0,166	3,431	0,129	3,528
30	0,643	2,477	0,577	2,592	0,512	2,708	0,451	2,823	0,392	2,937	0,337	3,050	0,286	3,160	0,238	3,266	0,195	3,368	0,156	3,465
31	0,674	2,443	0,608	2,553	0,545	2,665	0,484	2,776	0,425	2,887	0,370	2,996	0,317	3,103	0,269	3,208	0,224	3,309	0,183	3,406
32	0,703	2,411	0,638	2,517	0,576	2,625	0,515	2,733	0,457	2,840	0,401	2,946	0,349	3,050	0,299	3,153	0,253	3,252	0,211	3,348
33	0,731	2,382	0,668	2,484	0,606	2,588	0,546	2,692	0,488	2,796	0,432	2,899	0,379	3,000	0,329	3,100	0,283	3,198	0,239	3,293
34	0,758	2,355	0,695	2,454	0,634	2,554	0,575	2,654	0,518	2,754	0,462	2,854	0,409	2,954	0,359	3,051	0,312	3,147	0,267	3,240
35	0,783	2,330	0,722	2,425	0,662	2,521	0,604	2,619	0,547	2,716	0,492	2,813	0,439	2,910	0,388	3,005	0,340	3,099	0,295	3,190
36	0,808	2,306	0,748	2,398	0,689	2,492	0,631	2,586	0,575	2,680	0,520	2,774	0,467	2,868	0,417	2,961	0,369	3,053	0,323	3,142
37	0,831	2,285	0,772	2,374	0,714	2,464	0,657	2,555	0,602	2,646	0,548	2,738	0,495	2,829	0,445	2,920	0,397	3,009	0,351	3,097
38	0,854	2,265	0,796	2,351	0,739	2,438	0,683	2,526	0,628	2,614	0,575	2,703	0,522	2,792	0,472	2,880	0,424	2,968	0,378	3,054
39	0,875	2,246	0,819	2,329	0,763	2,413	0,707	2,499	0,653	2,585	0,600	2,671	0,549	2,757	0,499	2,843	0,451	2,929	0,404	3,013
40	0,896	2,228	0,840	2,309	0,785	2,391	0,731	2,473	0,678	2,557	0,626	2,641	0,575	2,724	0,525	2,808	0,477	2,892	0,430	2,974
45	0,988	2,156	0,938	2,225	0,887	2,296	0,838	2,367	0,788	2,439	0,740	2,512	0,692	2,586	0,644	2,659	0,598	2,733	0,553	2,807
50	1,064	2,103	1,019	2,163	0,973	2,225	0,927	2,287	0,882	2,350	0,836	2,414	0,792	2,479	0,747	2,544	0,703	2,610	0,660	2,675
55	1,129	2,062	1,087	2,116	1,045	2,170	1,003	2,225	0,961	2,281	0,919	2,338	0,877	2,396	0,836	2,454	0,795	2,512	0,754	2,571
60	1,184	2,031	1,145	2,079	1,106	2,127	1,068	2,177	1,029	2,227	0,990	2,278	0,951	2,330	0,913	2,382	0,874	2,434	0,836	2,487
65	1,231	2,006	1,195	2,049	1,160	2,093	1,124	2,138	1,088	2,183	1,052	2,229	1,016	2,276	0,980	2,323	0,944	2,371	0,908	2,419
70	1,272	1,986	1,239	2,026	1,206	2,066	1,172	2,106	1,139	2,148	1,105	2,189	1,072	2,232	1,038	2,275	1,005	2,318	0,971	2,362
75	1,308	1,970	1,277	2,006	1,247	2,043	1,215	2,080	1,184	2,118	1,153	2,156	1,121	2,195	1,090	2,235	1,058	2,275	1,027	2,315
80	1,340	1,957	1,311	1,991	1,283	2,024	1,253	2,059	1,224	2,093	1,195	2,129	1,165	2,165	1,136	2,201	1,106	2,238	1,076	2,275
85	1,369	1,946	1,342	1,977	1,315	2,009	1,287	2,040	1,260	2,073	1,232	2,105	1,205	2,139	1,177	2,172	1,149	2,206	1,121	2,241
90	1,395	1,937	1,369	1,966	1,344	1,995	1,318	2,025	1,292	2,055	1,266	2,085	1,240	2,116	1,213	2,148	1,187	2,179	1,160	2,211
95	1,418	1,929	1,394	1,956	1,370	1,984	1,345	2,012	1,321	2,040	1,296	2,068	1,271	2,097	1,247	2,126	1,222	2,156	1,197	2,186
100	1,439	1,923	1,416	1,948	1,393	1,974	1,371	2,000	1,347	2,026	1,324	2,053	1,301	2,080	1,277	2,108	1,253	2,135	1,229	2,164
150	1,579	1,892	1,564	1,908	1,550	1,924	1,535	1,940	1,519	1,956	1,504	1,972	1,489	1,989	1,474	2,006	1,458	2,023	1,443	2,040
200	1,654	1,885	1,643	1,896	1,632	1,908	1,621	1,919	1,610	1,931	1,599	1,943	1,588	1,955	1,576	1,967	1,565	1,979	1,554	1,991

Nota: n = número de observações, k' = número de variáveis explanatórias, excluindo o termo constante.

Fonte: Esta tabela é uma extensão da tabela original de Durbin-Watson, reproduzida de SAVIN, N. E.; WHITE, K. J. "The Durbin-Watson test for serial correlation with extreme small samples or many regressors." *Econometrica,* v. 45, p. 1.989-1996, nov. 1977. Ela foi corrigida por FAREBROTHER, R. W. *Econometrica,* v. 48, p. 1.554, set. 1980. Reprodução autorizada pela Econometric Society.

EXEMPLO 1 Se n = 40 e $k' = 4$, $d_L = 1{,}285$ e $d_U = 1{,}721$. Se um valor calculado de *d* é menor que 1,285, há evidência de correlação serial positiva de primeira ordem; se é maior que 1,721, não há nenhuma evidência de correlação serial positiva de primeira ordem; mas, se *d* está entre o limite inferior e o limite superior, a evidência é inconclusiva em relação à presença ou ausência de correlação serial positiva de primeira ordem.

TABELA D.5B Estatística d de Durbin-Watson: pontos de significância de d_L e d_U em níveis de significância de 0,01

	$k'=1$		$k'=2$		$k'=3$		$k'=4$		$k'=5$		$k'=6$		$k'=7$		$k'=8$		$k'=9$		$k'=10$	
n	d_L	d_U	d_L	d_U	d_L	d_U	d_L	d_U	d_L	d_U	d_L	d_U	d_L	d_U	d_L	d_U	d_L	d_U	d_L	d_U
6	0,390	1,142	—	—	—	—	—	—	—	—	—	—	—	—	—	—	—	—	—	—
7	0,435	1,036	0,294	1,676	—	—	—	—	—	—	—	—	—	—	—	—	—	—	—	—
8	0,497	1,003	0,345	1,489	0,229	2,102	—	—	—	—	—	—	—	—	—	—	—	—	—	—
9	0,554	0,998	0,408	1,389	0,279	1,875	0,183	2,433	—	—	—	—	—	—	—	—	—	—	—	—
10	0,604	1,001	0,466	1,333	0,340	1,733	0,230	2,193	0,150	2,690	—	—	—	—	—	—	—	—	—	—
11	0,653	1,010	0,519	1,297	0,396	1,640	0,286	2,030	0,193	2,453	0,124	2,892	—	—	—	—	—	—	—	—
12	0,697	1,023	0,569	1,274	0,449	1,575	0,339	1,913	0,244	2,280	0,164	2,665	0,105	3,053	—	—	—	—	—	—
13	0,738	1,038	0,616	1,261	0,499	1,526	0,391	1,826	0,294	2,150	0,211	2,490	0,140	2,838	0,090	3,182	—	—	—	—
14	0,776	1,054	0,660	1,254	0,547	1,490	0,441	1,757	0,343	2,049	0,257	2,354	0,183	2,667	0,122	2,981	0,078	3,287	—	—
15	0,811	1,070	0,700	1,252	0,591	1,464	0,488	1,704	0,391	1,967	0,303	2,244	0,226	2,530	0,161	2,817	0,107	3,101	0,068	3,374
16	0,844	1,086	0,737	1,252	0,633	1,446	0,532	1,663	0,437	1,900	0,349	2,153	0,269	2,416	0,200	2,681	0,142	2,944	0,094	3,201
17	0,874	1,102	0,772	1,255	0,672	1,432	0,574	1,630	0,480	1,847	0,393	2,078	0,313	2,319	0,241	2,566	0,179	2,811	0,127	3,053
18	0,902	1,118	0,805	1,259	0,708	1,422	0,613	1,604	0,522	1,803	0,435	2,015	0,355	2,238	0,282	2,467	0,216	2,697	0,160	2,925
19	0,928	1,132	0,835	1,265	0,742	1,415	0,650	1,584	0,561	1,767	0,476	1,963	0,396	2,169	0,322	2,381	0,255	2,597	0,196	2,813
20	0,952	1,147	0,863	1,271	0,773	1,411	0,685	1,567	0,598	1,737	0,515	1,918	0,436	2,110	0,362	2,308	0,294	2,510	0,232	2,714
21	0,975	1,161	0,890	1,277	0,803	1,408	0,718	1,554	0,633	1,712	0,552	1,881	0,474	2,059	0,400	2,244	0,331	2,434	0,268	2,625
22	0,997	1,174	0,914	1,284	0,831	1,407	0,748	1,543	0,667	1,691	0,587	1,849	0,510	2,015	0,437	2,188	0,368	2,367	0,304	2,548
23	1,018	1,187	0,938	1,291	0,858	1,407	0,777	1,534	0,698	1,673	0,620	1,821	0,545	1,977	0,473	2,140	0,404	2,308	0,340	2,479
24	1,037	1,199	0,960	1,298	0,882	1,407	0,805	1,528	0,728	1,658	0,652	1,797	0,578	1,944	0,507	2,097	0,439	2,255	0,375	2,417
25	1,055	1,211	0,981	1,305	0,906	1,409	0,831	1,523	0,756	1,645	0,682	1,776	0,610	1,915	0,540	2,059	0,473	2,209	0,409	2,362
26	1,072	1,222	1,001	1,312	0,928	1,411	0,855	1,518	0,783	1,635	0,711	1,759	0,640	1,889	0,572	2,026	0,505	2,168	0,441	2,313
27	1,089	1,233	1,019	1,319	0,949	1,413	0,878	1,515	0,808	1,626	0,738	1,743	0,669	1,867	0,602	1,997	0,536	2,131	0,473	2,269
28	1,104	1,244	1,037	1,325	0,969	1,415	0,900	1,513	0,832	1,618	0,764	1,729	0,696	1,847	0,630	1,970	0,566	2,098	0,504	2,229
29	1,119	1,254	1,054	1,332	0,988	1,418	0,921	1,512	0,855	1,611	0,788	1,718	0,723	1,830	0,658	1,947	0,595	2,068	0,533	2,193
30	1,133	1,263	1,070	1,339	1,006	1,421	0,941	1,511	0,877	1,606	0,812	1,707	0,748	1,814	0,684	1,925	0,622	2,041	0,562	2,160
31	1,147	1,273	1,085	1,345	1,023	1,425	0,960	1,510	0,897	1,601	0,834	1,698	0,772	1,800	0,710	1,906	0,649	2,017	0,589	2,131
32	1,160	1,282	1,100	1,352	1,040	1,428	0,979	1,510	0,917	1,597	0,856	1,690	0,794	1,788	0,734	1,889	0,674	1,995	0,615	2,104
33	1,172	1,291	1,114	1,358	1,055	1,432	0,996	1,510	0,936	1,594	0,876	1,683	0,816	1,776	0,757	1,874	0,698	1,975	0,641	2,080
34	1,184	1,299	1,128	1,364	1,070	1,435	1,012	1,511	0,954	1,591	0,896	1,677	0,837	1,766	0,779	1,860	0,722	1,957	0,665	2,057
35	1,195	1,307	1,140	1,370	1,085	1,439	1,028	1,512	0,971	1,589	0,914	1,671	0,857	1,757	0,800	1,847	0,744	1,940	0,689	2,037
36	1,206	1,315	1,153	1,376	1,098	1,442	1,043	1,513	0,988	1,588	0,932	1,666	0,877	1,749	0,821	1,836	0,766	1,925	0,711	2,018
37	1,217	1,323	1,165	1,382	1,112	1,446	1,058	1,514	1,004	1,586	0,950	1,662	0,895	1,742	0,841	1,825	0,787	1,911	0,733	2,001
38	1,227	1,330	1,176	1,388	1,124	1,449	1,072	1,515	1,019	1,585	0,966	1,658	0,913	1,735	0,860	1,816	0,807	1,899	0,754	1,985
39	1,237	1,337	1,187	1,393	1,137	1,453	1,085	1,517	1,034	1,584	0,982	1,655	0,930	1,729	0,878	1,807	0,826	1,887	0,774	1,970
40	1,246	1,344	1,198	1,398	1,148	1,457	1,098	1,518	1,048	1,584	0,997	1,652	0,946	1,724	0,895	1,799	0,844	1,876	0,749	1,956
45	1,288	1,376	1,245	1,423	1,201	1,474	1,156	1,528	1,111	1,584	1,065	1,643	1,019	1,704	0,974	1,768	0,927	1,834	0,881	1,902
50	1,324	1,403	1,285	1,446	1,245	1,491	1,205	1,538	1,164	1,587	1,123	1,639	1,081	1,692	1,039	1,748	0,997	1,805	0,955	1,864
55	1,356	1,427	1,320	1,466	1,284	1,506	1,247	1,548	1,209	1,592	1,172	1,638	1,134	1,685	1,095	1,734	1,057	1,785	1,018	1,837
60	1,383	1,449	1,350	1,484	1,317	1,520	1,283	1,558	1,249	1,598	1,214	1,639	1,179	1,682	1,144	1,726	1,108	1,771	1,072	1,817
65	1,407	1,468	1,377	1,500	1,346	1,534	1,315	1,568	1,283	1,604	1,251	1,642	1,218	1,680	1,186	1,720	1,153	1,761	1,120	1,802
70	1,429	1,485	1,400	1,515	1,372	1,546	1,343	1,578	1,313	1,611	1,283	1,645	1,253	1,680	1,223	1,716	1,192	1,754	1,162	1,792
75	1,448	1,501	1,422	1,529	1,395	1,557	1,368	1,587	1,340	1,617	1,313	1,649	1,284	1,682	1,256	1,714	1,227	1,748	1,199	1,783
80	1,466	1,515	1,441	1,541	1,416	1,568	1,390	1,595	1,364	1,624	1,338	1,653	1,312	1,683	1,285	1,714	1,259	1,745	1,232	1,777
85	1,482	1,528	1,458	1,553	1,435	1,578	1,411	1,603	1,386	1,630	1,362	1,657	1,337	1,685	1,312	1,714	1,287	1,743	1,262	1,773
90	1,496	1,540	1,474	1,563	1,452	1,587	1,429	1,611	1,406	1,636	1,383	1,661	1,360	1,687	1,336	1,714	1,312	1,741	1,288	1,769
95	1,510	1,552	1,489	1,573	1,468	1,596	1,446	1,618	1,425	1,642	1,403	1,666	1,381	1,690	1,358	1,715	1,336	1,741	1,313	1,767
100	1,522	1,562	1,503	1,583	1,482	1,604	1,462	1,625	1,441	1,647	1,421	1,670	1,400	1,693	1,378	1,717	1,357	1,741	1,335	1,765
150	1,611	1,637	1,598	1,651	1,584	1,665	1,571	1,679	1,557	1,693	1,543	1,708	1,530	1,722	1,515	1,737	1,501	1,752	1,486	1,767
200	1,664	1,684	1,653	1,693	1,643	1,704	1,633	1,715	1,623	1,725	1,613	1,735	1,603	1,746	1,592	1,757	1,582	1,768	1,571	1,779

(*Continua*)

TABELA D.5B (*Continuação*)

	k' = 11		k' = 12		k' = 13		k' = 14		k' = 15		k' = 16		k' = 17		k' = 18		k' = 19		k' = 20	
n	d_L	d_U	d_L	d_U	d_L	d_U	d_L	d_U	d_L	d_U	d_L	d_U	d_L	d_U	d_L	d_U	d_L	d_U	d_L	d_U
16	0,060	3,446	—	—	—	—	—	—	—	—	—	—	—	—	—	—	—	—	—	—
17	0,084	3,286	0,053	3,506	—	—	—	—	—	—	—	—	—	—	—	—	—	—	—	—
18	0,113	3,146	0,075	3,358	0,047	3,357	—	—	—	—	—	—	—	—	—	—	—	—	—	—
19	0,145	3,023	0,102	3,227	0,067	3,420	0,043	3,601	—	—	—	—	—	—	—	—	—	—	—	—
20	0,178	2,914	0,131	3,109	0,092	3,297	0,061	3,474	0,038	3,639	—	—	—	—	—	—	—	—	—	—
21	0,212	2,817	0,162	3,004	0,119	3,185	0,084	3,358	0,055	3,521	0,035	3,671	—	—	—	—	—	—	—	—
22	0,246	2,729	0,194	2,909	0,148	3,084	0,109	3,252	0,077	3,412	0,050	3,562	0,032	3,700	—	—	—	—	—	—
23	0,281	2,651	0,227	2,822	0,178	2,991	0,136	3,155	0,100	3,311	0,070	3,459	0,046	3,597	0,029	3,725	—	—	—	—
24	0,315	2,580	0,260	2,744	0,209	2,906	0,165	3,065	0,125	3,218	0,092	3,363	0,065	3,501	0,043	3,629	0,027	3,747	—	—
25	0,348	2,517	0,292	2,674	0,240	2,829	0,194	2,982	0,152	3,131	0,116	3,274	0,085	3,410	0,060	3,538	0,039	3,657	0,025	3,766
26	0,381	2,460	0,324	2,610	0,272	2,758	0,224	2,906	0,180	3,050	0,141	3,191	0,107	3,325	0,079	3,452	0,055	3,572	0,036	3,682
27	0,413	2,409	0,356	2,552	0,303	2,694	0,253	2,836	0,208	2,976	0,167	3,113	0,131	3,245	0,100	3,371	0,073	3,490	0,051	3,602
28	0,444	2,363	0,387	2,499	0,333	2,635	0,283	2,772	0,237	2,907	0,194	3,040	0,156	3,169	0,122	3,294	0,093	3,412	0,068	3,524
29	0,474	2,321	0,417	2,451	0,363	2,582	0,313	2,713	0,266	2,843	0,222	2,972	0,182	3,098	0,146	3,220	0,114	3,338	0,087	3,450
30	0,503	2,283	0,447	2,407	0,393	2,533	0,342	2,659	0,294	2,785	0,249	2,909	0,208	3,032	0,171	3,152	0,137	3,267	0,107	3,379
31	0,531	2,248	0,475	2,367	0,422	2,487	0,371	2,609	0,322	2,730	0,277	2,851	0,234	2,970	0,196	3,087	0,160	3,201	0,128	3,311
32	0,558	2,216	0,503	2,330	0,450	2,446	0,399	2,563	0,350	2,680	0,304	2,797	0,261	2,912	0,221	3,026	0,184	3,137	0,151	3,246
33	0,585	2,187	0,530	2,296	0,477	2,408	0,426	2,520	0,377	2,633	0,331	2,746	0,287	2,858	0,246	2,969	0,209	3,078	0,174	3,184
34	0,610	2,160	0,556	2,266	0,503	2,373	0,452	2,481	0,404	2,590	0,357	2,699	0,313	2,808	0,272	2,915	0,233	3,022	0,197	3,126
35	0,634	2,136	0,581	2,237	0,529	2,340	0,478	2,444	0,430	2,550	0,383	2,655	0,339	2,761	0,297	2,865	0,257	2,969	0,221	3,071
36	0,658	2,113	0,605	2,210	0,554	2,310	0,504	2,410	0,455	2,512	0,409	2,614	0,364	2,717	0,322	2,818	0,282	2,919	0,244	3,019
37	0,680	2,092	0,628	2,186	0,578	2,282	0,528	2,379	0,480	2,477	0,434	2,576	0,389	2,675	0,347	2,774	0,306	2,872	0,268	2,969
38	0,702	2,073	0,651	2,164	0,601	2,256	0,552	2,350	0,504	2,445	0,458	2,540	0,414	2,637	0,371	2,733	0,330	2,828	0,291	2,923
39	0,723	2,055	0,673	2,143	0,623	2,232	0,575	2,323	0,528	2,414	0,482	2,507	0,438	2,600	0,395	2,694	0,354	2,787	0,315	2,879
40	0,744	2,039	0,694	2,123	0,645	2,210	0,597	2,297	0,551	2,386	0,505	2,476	0,461	2,566	0,418	2,657	0,377	2,748	0,338	2,838
45	0,835	1,972	0,790	2,044	0,744	2,118	0,700	2,193	0,655	2,269	0,612	2,346	0,570	2,424	0,528	2,503	0,488	2,582	0,448	2,661
50	0,913	1,925	0,871	1,987	0,829	2,051	0,787	2,116	0,746	2,182	0,705	2,250	0,665	2,318	0,625	2,387	0,586	2,456	0,548	2,526
55	0,979	1,891	0,940	1,945	0,902	2,002	0,863	2,059	0,825	2,117	0,786	2,176	0,748	2,237	0,711	2,298	0,674	2,359	0,637	2,421
60	1,037	1,865	1,001	1,914	0,965	1,964	0,929	2,015	0,893	2,067	0,857	2,120	0,822	2,173	0,786	2,227	0,751	2,283	0,716	2,338
65	1,087	1,845	1,053	1,889	1,020	1,934	0,986	1,980	0,953	2,027	0,919	2,075	0,886	2,123	0,852	2,172	0,819	2,221	0,786	2,272
70	1,131	1,831	1,099	1,870	1,068	1,911	1,037	1,953	1,005	1,995	0,974	2,038	0,943	2,082	0,911	2,127	0,880	2,172	0,849	2,217
75	1,170	1,819	1,141	1,856	1,111	1,893	1,082	1,931	1,052	1,970	1,023	2,009	0,993	2,049	0,964	2,090	0,934	2,131	0,905	2,172
80	1,205	1,810	1,177	1,844	1,150	1,878	1,122	1,913	1,094	1,949	1,066	1,984	1,039	2,022	1,011	2,059	0,983	2,097	0,955	2,135
85	1,236	1,803	1,210	1,834	1,184	1,866	1,158	1,898	1,132	1,931	1,106	1,965	1,080	1,999	1,053	2,033	1,027	2,068	1,000	2,104
90	1,264	1,798	1,240	1,827	1,215	1,856	1,191	1,886	1,166	1,917	1,141	1,948	1,116	1,979	1,091	2,012	1,066	2,044	1,041	2,077
95	1,290	1,793	1,267	1,821	1,244	1,848	1,221	1,876	1,197	1,905	1,174	1,934	1,150	1,963	1,126	1,993	1,102	2,023	1,079	2,054
100	1,314	1,790	1,292	1,816	1,270	1,841	1,248	1,868	1,225	1,895	1,203	1,922	1,181	1,949	1,158	1,977	1,136	2,006	1,113	2,034
150	1,473	1,783	1,458	1,799	1,444	1,814	1,429	1,830	1,414	1,847	1,400	1,863	1,385	1,880	1,370	1,897	1,355	1,913	1,340	1,931
200	1,561	1,791	1,550	1,801	1,539	1,813	1,528	1,824	1,518	1,836	1,507	1,847	1,495	1,860	1,484	1,871	1,474	1,883	1,462	1,896

Nota: *n* = número de observações

k' = número de variáveis explanatórias, excluindo o termo constante.

Fonte: SAVIN e WHITE, op. cit., reprodução autorizada pela Econometric Society.

TABELA D.6A Valores críticos de funcionamento no teste dos funcionamentos

	N_2																		
N_1	2	3	4	5	6	7	8	9	10	11	12	13	14	15	16	17	18	19	20
2											2	2	2	2	2	2	2	2	2
3					2	2	2	2	2	2	2	2	2	3	3	3	3	3	3
4				2	2	2	3	3	3	3	3	3	3	3	4	4	4	4	4
5			2	2	3	3	3	3	3	4	4	4	4	4	4	4	5	5	5
6		2	2	3	3	3	3	4	4	4	4	5	5	5	5	5	5	6	6
7		2	2	3	3	3	4	4	5	5	5	5	5	6	6	6	6	6	6
8		2	3	3	3	4	4	5	5	5	6	6	6	6	6	7	7	7	7
9		2	3	3	4	4	5	5	5	6	6	6	7	7	7	7	8	8	8
10		2	3	3	4	5	5	5	6	6	7	7	7	7	8	8	8	8	9
11		2	3	4	4	5	5	6	6	7	7	7	8	8	8	9	9	9	9
12	2	2	3	4	4	5	6	6	7	7	7	8	8	8	9	9	9	10	10
13	2	2	3	4	5	5	6	6	7	7	8	8	9	9	9	10	10	10	10
14	2	2	3	4	5	5	6	7	7	8	8	9	9	9	10	10	10	11	11
15	2	3	3	4	5	6	6	7	7	8	8	9	9	10	10	11	11	11	12
16	2	3	4	4	5	6	6	7	8	8	9	9	10	10	11	11	11	12	12
17	2	3	4	4	5	6	7	7	8	9	9	10	10	11	11	11	12	12	13
18	2	3	4	5	5	6	7	8	8	9	9	10	10	11	11	12	12	13	13
19	2	3	4	5	6	6	7	8	8	9	10	10	11	11	12	12	13	13	13
20	2	3	4	5	6	6	7	8	9	9	10	10	11	12	12	13	13	13	14

Nota: as Tabelas D.6A e D.6B fornecem os valores críticos de *n* runs para vários valores de N_1 (símbolo +) e N_2 (símbolo -). Para o teste de runs de uma amostra, qualquer valor de *n* que seja igual ou menor que o apresentado na Tabela D.6A ou igual ou maior que o da Tabela D.6B é significativo no nível de 0,05.

Fonte: SIEGEL, Sidney. *Nonparametric statistics for the behavioral sciences.* Nova York: McGraw-Hill Book Company, 1956. tabela F, p. 252-253. As tabelas foram adaptadas por Siegel da fonte original: SWED, Frieda S.; EISENHART, C. "Tables for testing randomness of grouping in a sequence of alternatives." *Annals of Mathematical Statistics,* v. 14, 1943. Usada com permissão da McGraw-Hill Book Company e do *Annals of Mathematical Statistics.*

TABELA D.6B Valores críticos de funcionamento no teste dos funcionamentos

	N_2																		
N_1	2	3	4	5	6	7	8	9	10	11	12	13	14	15	16	17	18	19	20
2																			
3																			
4				9	9														
5			9	10	10	11	11												
6			9	10	11	12	12	13	13	13	13								
7				11	12	13	13	14	14	14	14	15	15	15					
8				11	12	13	14	14	15	15	16	16	16	16	17	17	17	17	17
9					13	14	14	15	16	16	16	17	17	18	18	18	18	18	18
10					13	14	15	16	16	17	17	18	18	18	19	19	19	20	20
11					13	14	15	16	17	17	18	19	19	19	20	20	20	21	21
12					13	14	16	16	17	18	19	19	20	20	21	21	21	22	22
13						15	16	17	18	19	19	20	20	21	21	22	22	23	23
14						15	16	17	18	19	20	20	21	22	22	23	23	23	24
15						15	16	18	18	19	20	21	22	22	23	23	24	24	25
16							17	18	19	20	21	21	22	23	23	24	25	25	25
17							17	18	19	20	21	22	23	23	24	25	25	26	26
18							17	18	19	20	21	22	23	24	25	25	26	26	27
19							17	18	20	21	22	23	23	24	25	26	26	27	27
20							17	18	20	21	22	23	24	25	25	26	27	27	28

EXEMPLO 2 Em uma sequência de 30 observações consistindo em 20 sinais + ($= N_1$) e 10 sinais − ($= N_2$), os valores críticos dos funcionamentos no nível de significância de 0,05 são 9 e 20, como mostram as Tabelas D.6A e D.6B, respectivamente. Portanto, se em uma aplicação for constatado que o número dos funcionamentos é igual ou menor que 9 ou igual ou maior que 20, podemos rejeitar (no nível de significância de 0,05) a hipótese de que a sequência observada é aleatória.

TABELA D.7 Valores críticos de t ($= \tau$) de Dickey-Fuller a 1% e 5% e valores de F para testes de raiz unitária

Tamanho da amostra	t_{nc}*		t_c*		t_{ct}*		F†		F‡	
	1%	5%	1%	5%	1%	5%	1%	5%	1%	5%
25	−2,66	−1,95	−3,75	−3,00	−4,38	−3,60	10,61	7,24	8,21	5,68
50	−2,62	−1,95	−3,58	−2,93	−4,15	−3,50	9,31	6,73	7,02	5,13
100	−2,60	−1,95	−3,51	−2,89	−4,04	−3,45	8,73	6,49	6,50	4,88
250	−2,58	−1,95	−3,46	−2,88	−3,99	−3,43	8,43	6,34	6,22	4,75
500	−2,58	−1,95	−3,44	−2,87	−3,98	−3,42	8,34	6,30	6,15	4,71
∞	−2,58	−1,95	−3,43	−2,86	−3,96	−3,41	8,27	6,25	6,09	4,68

*Os índices nc, c e ct denotam, respectivamente, que não há constante, que há uma constante e que há uma constante e um termo de tendência na Equação (21.9.5).

†Os valores críticos de F são para as hipóteses conjuntas de que os termos constante e δ em (21.9.5) são simultaneamente iguais a zero.

‡Os valores críticos de F são para a hipótese conjunta de que os termos constante, de tendência e δ em (21.9.5) são simultaneamente iguais a zero.

Fonte: adaptado de FULLER, W. A. *Introduction to statistical time series.* Nova York: John Wiley & Sons, 1976, p. 373 (para o teste τ), e DICKEY, D. A.; FULLER, W. A. "Likelihood ratio statistics for autoregressive time series with a unit root." *Econometrica,* v. 49, p. 1.063, 1981.

Apêndice

E

Telas de resultado do *EViews*, MINITAB, Excel e STATA

Neste apêndice mostramos as telas do *EViews*, MINITAB, Excel e do STATA, que são alguns dos pacotes estatísticos de regressão e rotinas estatísticas afins mais amplamente utilizados. Para ilustrarmos o resultado destes pacotes, usamos os dados da Tabela E.1 apresentada no site deste livro. A tabela fornece dados sobre a taxa de participação da força de trabalho civil (CLFPR)*, a taxa de desemprego civil (CUNR)* e os salários-hora médios em dólares de 1982 (AHE82)* na economia norte-americana no período 1980-2002.

Embora, sob muitos aspectos, os resultados da regressão básica sejam semelhantes em todos esses pacotes, há diferenças em como eles os representam. Alguns pacotes apresentam os resultados com vários dígitos, enquanto outros exibem aproximações com quatro dígitos. Há pacotes que apresentam as tabelas de análises de variância (ANOVA) diretamente, enquanto em outros elas precisam ser derivadas. Existem também diferenças em alguns dos resumos estatísticos apresentados pelos diversos pacotes. Está além do escopo deste apêndice enumerar todas as diferenças entre os pacotes. Você pode consultar o site do livro para informações adicionais sobre todos os pacotes.

E.1 EViews

Usando a versão 6 do *EViews*, fizemos a regressão da força de trabalho civil contra a taxa de desemprego civil e salários-hora médios e obtivemos os resultados mostrados na Figura E.1

Este é o formato padrão em que os resultados do *EViews* são apresentados. A primeira parte da figura fornece os coeficientes de regressão, seus erros padrão estimados, os valores *t* sob a hipótese nula de que os valores populacionais correspondentes a esses coeficientes são iguais a zero, e os valores *p* desses *t*, seguidos do R^2 e do R^2 ajustado. O outro resultado resumido na primeira parte diz respeito ao erro padrão da regressão, a soma dos quadrados do resíduo (SQR) e ao valor *F* para testar a hipótese de que os valores (verdadeiros) de todos os coeficientes angulares são simultaneamente iguais a zero. O critério de informação de Akaike e o critério de Schwartz são frequentemente usados para escolher entre modelos concorrentes. Quanto menor o valor desses critérios, melhor é o modelo. O método de máxima verossimilhança (MV) é uma alternativa ao método de mínimos quadrados.

*siglas em inglês utilizadas na tabela.

FIGURA E.1

Tela do *EViews* para a regressão da participação da força de trabalho civil.

Dependente Variável: CLFPR
Método mínimo quadrados
Amostra: 1980–2002
Observações incluídas: 23

Variável	Coeficiente	Erro padrão	Estatística *t*	Probabilidade
C	80,90133	4,756195	17,00967	0,0000
CUNR	20,671348	0,082720	28,115928	0,0000
AHE82	21,404244	0,608615	22,307278	0,0319

R-squared	0,772765	Mean dependent var	65,89565
Adjusted R-squared	0,750042	S,D, dependent var	1,168713
S,E, of regression	0,584308	Akaike info criterion	1,884330
Sum squared resid	6,828312	Critério Schwarz	2,032438
Verossimilhança logarítmica	218,66979	Estatística *F*	34,00731
Estatística Durbin–Watson	0,787625	Probabilidade (estatística *F*)	0,000000

Obs	Atual	Ajuste	Resíduo
1980	63,8000	65,2097	21,40974
1981	63,9000	65,0004	21,10044
1982	64,0000	63,6047	0,39535
1983	64,0000	63,5173	0,48268
1984	64,4000	64,9131	20,51311
1985	64,8000	65,1566	20,35664
1986	65,3000	65,2347	0,06526
1987	65,6000	65,8842	20,28416
1988	65,9000	66,4103	20,51027
1989	66,5000	66,6148	20,11476
1990	66,5000	66,5819	20,08186
1991	66,2000	65,8745	0,32546
1992	66,4000	65,4608	0,93923
1993	66,3000	65,8917	0,40834
1994	66,6000	66,4147	0,18530
1995	66,6000	66,7644	20,16441
1996	66,8000	66,8425	20,04251
1997	67,1000	67,0097	0,09032
1998	67,1000	66,9974	0,10263
1999	67,1000	67,0443	0,05569
2000	67,2000	67,1364	0,06355
2001	56,9000	66,4589	0,44105
2002	66,6000	65,5770	1,02304

Gráfico de resíduo

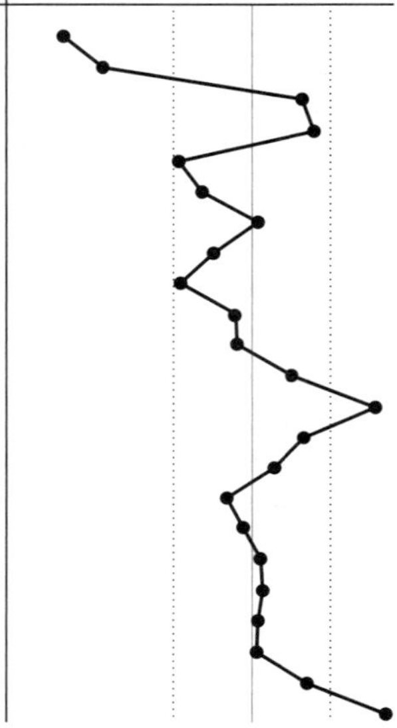

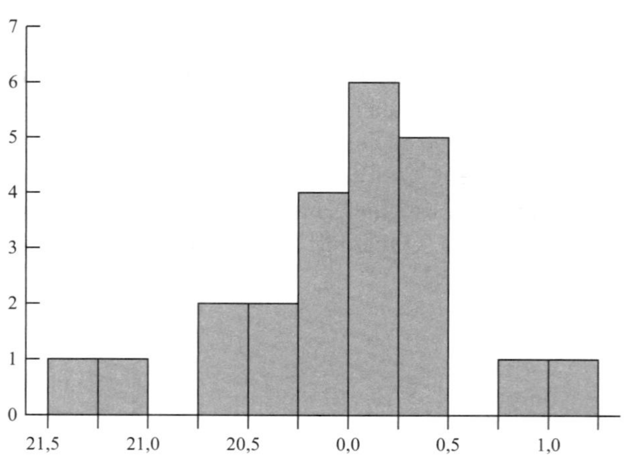

Séries: Amostras residuais 1980–2002
Observações 23

Média	21,39e-14
Mediana	0,063552
Máximo	1,023040
Mínimo	21,409735
Desvio padrão,	0,557116
Assimetria	20,593013
Curtose	3,752631
Jarque–Bera	1,890898
Probabilidade	0,388505

Assim como em MQO encontramos aqueles estimadores que minimizam o erro da soma dos quadrados, em MV tentamos encontrar aqueles estimadores que maximizam a possibilidade de observar a amostra estudada. Sob a hipótese de normalidade do termo de erro, MQO e MV fornecem estimativas idênticas dos coeficientes de regressão. A estatística Durbin-Watson é usada para verificar se existe correlação serial de primeira ordem nos termos de erro.

A segunda parte da tela do *EViews* apresenta os valores real e ajustado da variável dependente e a diferença entre as duas, que representa os resíduos. Ao lado dos valores, há uma representação gráfica dos resíduos em que uma linha vertical denota zero. Os pontos situados à direita da linha vertical são resíduos positivos e aqueles à esquerda são resíduos negativos.

A terceira parte da tela apresenta o histograma dos resíduos com o resumo da estatística. Apresenta a estatística Jarque–Bera (JB) para testar a normalidade dos termos de erro, assim como a probabilidade de obterem as estatísticas especificadas. Quanto maior for a probabilidade de obter a estatística JB observada, maior é a evidencia a favor da hipótese nula de que os termos de erro são normalmente distribuídos.

Note que o *EViews* não fornece diretamente a tabela de análise de variância (ANOVA), mas esta pode ser facilmente construída por meio dos dados da soma dos quadrados dos resíduos, a soma total dos quadrados (que deverá ser derivada do desvio padrão da variável dependente) e os graus de liberdade associados. O valor *F* resultante deste exercício deve ser igual ao valor *F* apresentado na primeira parte da tabela.

E.2 MINITAB

Usando a versão 15 do MINITAB, e os mesmos dados, obtivemos os resultados de regressão apresentados na Figura E.2. O MINITAB apresenta primeiro a regressão múltipla estimada, seguida de uma lista de variáveis previsoras (explanatórias), os coeficientes de regressão estimados e seus erros padrão, os valores T (= t) e os valores p. Nesta tela, S representa o erro padrão da estimativa e os valores de R2 e do R2 ajustado são apresentados na forma percentual.

A isso se segue a tabela ANOVA habitual. Uma característica típica da tabela ANOVA é que ela reparte a soma dos quadrados da regressão entre os previsores. Assim, do total da soma dos quadrados da regressão, 23,226, a parte de CUNR é 21,404 e a de AHE82 é 1,822, sugerindo que a taxa de desemprego civil tem relativamente mais impacto sobre a taxa de participação da força de trabalho civil do que os salários-hora médios.

Uma característica única do resultado da regressão MINITAB é que ele apresenta observações "incomuns" observações que de certa forma são diferentes do resto das observações na amostra. Há uma dica sobre tal fato no gráfico de resíduos apresentado no *EViews*, pois ele mostra que as observações 1 e 23 estão consideravelmente afastadas da linha que representa o valor zero mostrado lá. O MINITAB também produz um gráfico de resíduos semelhante ao do *EViews*. Aqui, *St Resid* representa os resíduos padronizados; os resíduos divididos por S, o erro padrão da estimativa.

Assim como o *EViews*, o MINITAB também apresenta a estatística Durbin-Watson e o histograma de resíduos. O histograma é uma representação visual. Se a forma assemelha-se à distribuição normal, possivelmente os resíduos têm distribuição normal. O gráfico de probabilidade de distribuição normal serve ao mesmo propósito. Se os resíduos estimados situam-se aproximadamente numa linha reta, podemos dizer que estão normalmente distribuídos. A estatística Anderson–Darling (AD), um adjunto do gráfico de probabilidade de distribuição normal, testa a hipótese de que a variável sob consideração (aqui os resíduos) tem distribuição normal. Se o valor *p* da estatística AD calculada for razoavelmente alto, por exemplo, acima de 0,10, podemos concluir que a variável tem distribuição normal. Em nosso exemplo, o valor da estatística AD é 0,481, com um valor *p* de cerca de 0,21 ou 21%. Portanto, podemos deduzir que os resíduos obtidos do modelo de regressão são normalmente distribuídos.

FIGURA E.2

Tela do MINITAB para a taxa de participação da mão de obra civil.

Regression Analysis: CLFPR versus CUNR, AHE82

The regression equation is
CLFPR 5 81.0 2 0.672 CUNR 2 1.41 AHE82

Predictor	Coef	SE Coef	T	P
Constant	80.951	4.770	16.97	0.000
CUNR	20.67163	0.08270	28.12	0.000
AHE82	21.4104	0.6103	22.31	0.032

S 5 0.584117   *R*-Sq 5 77.3%   *R*-Sq(adj) 5 75.0%

Analysis of Variance

Source	DF	SS	MS	F	P
Regression	2	23.226	11.613	34.04	0.000
Residual Error	20	6.824	0.341		
Total	22	30.050			

Source	DF	Seq SS
CUNR	1	21.404
AHE82	1	1.822

Unusual Observations

Obs	CUNR	CLFPR	Fit	SE Fit	Residual	St Resid
1	7.10	63.800	65.209	0.155	21.409	22.50R
23	5.80	66.600	65.575	0.307	1.025	2.06R

R denotes an observation with a large standardized residual.

Durbin–Watson statistic 5 0.787065

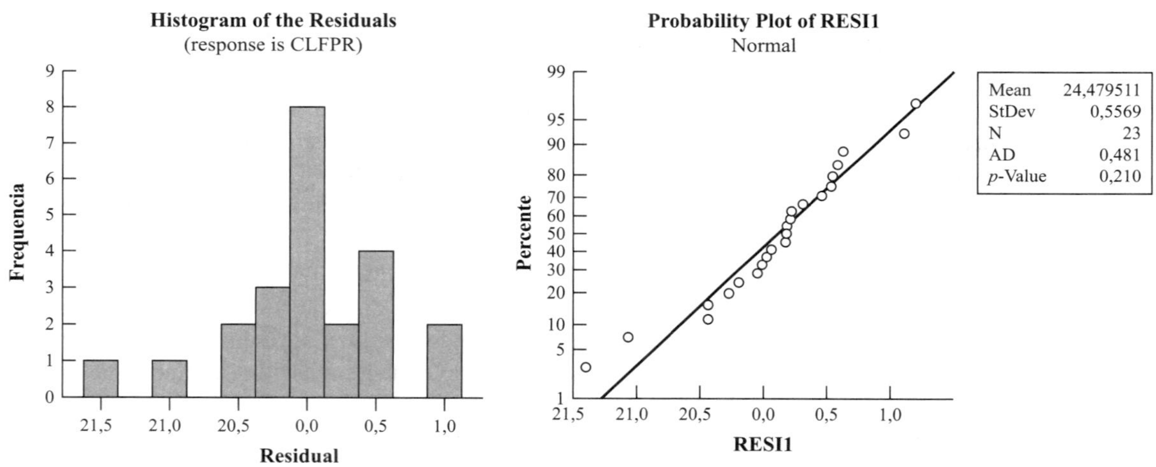

E.3 Excel

Usando o Microsoft Excel obtivemos a tela da Tabela E.2. O Excel apresenta primeiro o resumo da estatística, tal como R^2, múltiplo R – que é a raiz quadrada (positiva) de R –, R^2 ajustado e os erros padrão da estimativa; em seguida apresenta a tabela ANOVA. Depois apresenta os coeficientes estimados, seus erros padrão, os valores t dos coeficientes estimados e seus valores p. Também mostra os valores efetivo e estimado da variável dependente e o gráfico de resíduos, assim como o gráfico de probabilidade de distribuição normal.

TABELA E.2
Tela do Excel para a taxa de participação da mão de obra civil.

Summary Output

Regression Statistics	
Multiple *R*	0.879155
R Square	0.772914
Adjusted *R*	0.750205
Standard E	0.584117
Observation	23

ANOVA

	df	SS	MS	*F*	Significance *F*
Regression	2	23.22572	11.61286	34.03611	3.65E-07
Residual	20	6.823846	0.341192		
Total	22	30.04957			

	Coefficient	Standard Err	*t* Stat	*p*-value	Lower 95%	Upper 95%
Intercept	80.95122	4.770337	16.96971	2.42E-13	71.00047	90.90196
CUNR	−0.671631	0.082705	−8.120845	9.24E-08	−0.84415	−0.499112
AHE82	−1.410432	0.610348	−2.310867	0.031626	−2.683594	−0.13727

Uma característica única do Excel é que ele apresenta o intervalo de confiança de 95% (ou qualquer porcentagem especificada) para os verdadeiros valores dos coeficientes estimados. Assim, o valor estimado do coeficiente de CUNR é −0,671631 e o intervalo de confiança do valor verdadeiro é de −0,84415 a −0,499112. Essa informação é muito valiosa para o teste de hipóteses.

E.4 STATA

Usando o STATA obtivemos os resultados de regressão da Tabela E.3. O STATA apresenta primeiro a tabela de análise de variância com o resumo estatístico tal como R^2, R^2 ajustado e REQM (Raiz do Erro Quadrático Médio), que é apenas o erro padrão da regressão.

Em seguida fornece os valores dos coeficientes estimados, seus erros padrão, seus valores *t*, seus valores *p* da estatística *t* e o intervalo de confiança de 95% para cada um dos coeficientes da regressão, que é semelhante à saída do Excel.

E.5 Comentários finais

Em nosso exemplo, apresentamos apenas os resultados básicos desses pacotes. Mas é importante observar que pacotes como o *EViews* e o STATA são muito abrangentes e contêm muitas das técnicas econométricas discutidas neste livro. Uma vez que você saiba acessar esses pacotes, executar subrotina é uma questão de prática. Se você quiser aprofundar-se na econometria, adquira um ou mais destes pacotes.

TABELA E.3

Tela do STATA para a taxa de participação da mão de obra civil.

Statistics/Data Analysis
Project: Data of Table E.1

Statistics/Data Analysis

8.0 Copyright 1984–2003
Stata Corporation
4905 Lakeway Drive
College Station, Texas 77845 USA
800-STATA-PC http://www.stata.com
979-696-4600 stata@stata.com
979-696-4601 (fax)

gress clfpr cunr ahe82

Source	SS	df	MS
Model	23.2256929	2	11.6128465
Residual	6.82384072	20	.341192036
Total	30.0495337	22	1.36588789

Number of obs	=	23
F(2, 20)	=	34.04
Prob > F	=	0.0000
R-squared	=	0.7729
Adj R-squared	=	0.7502
Root MSE	=	.58412

clfpr	Coef.	Std. Err.	*t*	*p* > |*t*|	[95% Conf.	Interval]
cunr	.6716305	.0827045	8.12	0.000	.8441491	.4991119
ahe82	1.410433	.6103473	2.31	0.032	2.683595	.1372707
_cons	80.95122	4.770334	16.97	0.000	71.00048	90.90197

Referências

www.eviews.com

www.stata.com

www.minitab.com

Microsoft Excel

CARTER, Hill R.; GRIFFITHS, William E.; JUDGE, George G. *Using Excel for undergraduate econometrics.* Nova York: John Wiley & Sons, 2001.

Apêndice **F**

Dados econômicos na Internet*

Economic Statistics Briefing Room: uma excelente fonte de dados sobre produção, renda, emprego, desemprego, ganhos, atividades de produção e empresariais, preços e moeda, mercados de crédito e valores mobiliários e estatísticas internacionais.

http://www.whitehouse.gov/fsbr/esbr.html

Federal Reserve System Beige Book: fornece um resumo da conjuntura econômica atual pelo Federal Reserve District. Há 12 Federal Reserve Districts.

http://www.federalreserve.gov/FOMC/BEIGEBOOK

Homepage do National Bureau of Economic Research (NBER): este renomado instituto privado de pesquisas econômicas reúne dados extensivos sobre preços de ativos, mão de obra, produtividade, oferta de moeda, indicadores de ciclos de negócios etc. O NBER tem muitos links para outros sites.

http://www. nber.org

Panel Study: fornece dados sobre pesquisa longitudinal de amostras representativas de indivíduos e famílias dos Estados Unidos. Esses dados são coletados anualmente desde 1968. **http://www.psidoline.isr.umich.edu/**

Resources for Economists on the Internet: fonte abrangente de informações e dados sobre muitas atividades econômicas com links para grande número de sites. Fonte bastante valiosa para economistas acadêmicos e não acadêmicos.

http://rfe.org/

American Stock Exchange: informações sobre aproximadamente 700 empresas registradas no segundo maior mercado de ações.

http://www.amex.com/

Bureau of Economic Analysis (BEA) Homepage: esta agência do Departamento de Comércio dos Estados Unidos, que publica a *Survey of Current Business,* é uma excelente fonte de dados sobre todos os tipos de atividades econômicas.

http://www.bea.gov/

CIA Publications: esta fonte inclui o *World Fact Book* (anual) e o *Handbook of International Statistics.*

http://www.cia.gov/library/publications

---

*Adaptado de COLE, Don (Ed.). *Annual editions:* microeconomics 98/99. Connecticut: Dushkin/McGraw-Hill, 1998. É preciso notar que essa lista não é, de modo algum, opcional. As fontes relacionadas aqui são atualizadas continuamente.

Energy Information Administration (DOE): informações e dados econômicos sobre cada categoria de combustível.

http://www.eia.doe.gov/

FRED Database: a filial do Federal Reserve Bank em St. Louis publica dados históricos econômicos e dados sociais, que incluem taxas de juro, indicadores monetários e de negócios, taxas de câmbio etc.

http://research.stlouisfed.org/fred2/

International Trade Administration: oferece muitos links para estatísticas comerciais, programas de âmbito nacional etc.

http://trade.gov/index.asp

STAT-USA Databases: o National Trade Data Bank oferece a fonte mais abrangente de dados do comércio internacional e informações sobre promoção de exportações. Há também dados extensivos sobre condições demográficas, políticas e socioeconômicas de diversos países.

http://www.stat-usa.gov/

Statistical Resources on the Web/Economics: excelente fonte de dados estatísticos coletados de vários organismos federais, indicadores econômicos, Federal Reserve Board, dados sobre preços ao consumidor e links para outras fontes.

http://www.lib.umich.edu/govdocs/stats.html

Bureau of Labor Statistics: homepage de dados relacionados a vários aspectos de emprego, desemprego e ganhos, além de links para outros sites de estatística.

http://www.stats.bls.gov/

Homepage do U.S. Census Bureau: fonte primária de dados sociais, demográficos e econômicos sobre renda, emprego, distribuição de renda e pobreza.

http://www.census.gov/

General Social Survey: dados de entrevistas pessoais do levantamento anual de domicílios dos Estados Unidos que começou em 1972. Mais de 35 mil entrevistados responderam a cerca de 2.500 perguntas diferentes abrangendo uma variedade de dados.

http://www.norc.org/GSS+website/

Institute for Research on Poverty: dados coletados por um centro de pesquisa universitária não partidário e sem fins lucrativos sobre uma variedade de questões relacionadas à pobreza e à desigualdade social.

http://www.irp.wisc.edu/

Social Security Administration: site oficial da Social Security Administration (Previdência Social) com uma variedade de dados.

http://www.ssa.gov/

Referências bibliográficas

Introdutória

FRANK JR., C. R. *Statistics and econometrics.* Nova York: Holt, Rinehart and Winston, 1971.

GOLDBERGER, Arthur S. *Introductory econometrics.* Harvard University Press, 1998.

GUJARATI, Damodar N. *Essentials of econometrics.* 3. ed. Nova York: McGraw-Hill, 2006.

HALCOUSSIS, Dennis. *Understanding econometrics.* Thomson, 2005.

CARTER, Hill; GRIFFITHS, William; JUDGE, George. *Undergraduate econometrics.* Nova York: JohnWiley & Sons, 2001.

HU, Teh-Wei. *Econometrics:* an introductory analysis. Baltimore: University Park Press, 1973.

KATZ, David A. *Econometric theory and applications.* Englewood Cliffs, N. J.: Prentice Hall, 1982.

KLEIN, Lawrence R. *An introduction to econometrics.* Englewood Cliffs, N. J.: Prentice Hall, 1962.

KOOP, Gary. *Analysis of economic data.* Nova York: John Wiley & Sons, 2000.

SCHMIDT, Stephen J. *Econometrics.* Nova York: McGraw-Hill, 2005.

WALTERS, A. A. *An introduction to econometrics.* Londres: Macmillan, 1968.

Intermediária

AIGNER, D. J. *Basic econometrics.* Englewood Cliffs, N.J.: Prentice Hall, 1971.

DHRYMES, Phoebus J. *Introductory econometrics.* Nova York: Springer-Verlag, 1978.

DIELMAN, Terry E. *Applied regression analysis for business and economics.* Boston: PWS-Kent, 1991.

DOUGHERTY, Christopher. *Introduction to econometrics*. 3. ed. Oxford: Oxford University Press, 2007.

DRAPER, N. R.; SMITH, H. *Applied regression analysis.* 3. ed. Nova York: John Wiley & Sons, 1998.

DUTTA, M. *Econometric methods.* Cincinnati: South-Western Publishing Company, 1975.

GOLDBERGER, A. S. *Topics in regression Analysis.* Nova York: Macmillan, 1968.

GRIFFITHS, William E.; CARTER, Hill R.; Judge, George G. *Learning and practicing econometrics.* Nova York: John Wiley & Sons, 1993.

HARRIS, Richard; SOLLIS, Robert. *Applied time series modelling and forecasting*. Inglaterra: John Wiley & Sons, 2003.

HEIJ, Christiaan; DEBOER, Paul; HANS FRANSES, Philip; KLOEK, Teun; VAN DJIK, Herman K. *Econometric methods with applications in business and economics*. Nova York: Oxford University Press, 2004.

HUANG, D. S. *Regression and econometric methods.* Nova York: John Wiley & Sons, 1970.

JUDGE, George G.R.; CARTER, Hill; GRIFFITHS, William E.;LÜTKEPOHL, Helmut; LEE, Tsoung-Chao. *Introduction to the theory and practice of econometrics.* Nova York: John Wiley & Sons, 1982.

KELEJIAN, H. A.; OATES, W. E. *Introduction to econometrics:* principles and applications. 2. ed. NovaYork: Harper & Row, 1981.

KOUTSOYIANNIS, A. *Theory of econometrics.* Nova York: Harper & Row, 1973.

MADDALA, G. S. *Introduction to econometrics.* 3. ed. Nova York: John Wiley & Sons, 2001.

STEWART B., Mark; WALLIS, Kenneth F. *Introductory econometrics.* 2. ed. Nova York: John Wiley & Sons, 1981. A Halsted Press Book.

MURPHY, James L. *Introductory econometrics.* Homewood, IL.: Richard D. Irwin, 1973.

NACHANE, Dilip M. *Econometrics:* theoretical foundations and empirical perspectives. Nova Delhi: Oxford University Press, 2006.

NETTER, J.; WASSERMAN, W. *Applied linear statistical models.* Homewood, IL.: Richard D. Irwin, 1974.

PINDYCK, R. S.; RUBINFELD, D. L. *Econometric models and econometric Forecasts.* 4. ed. Nova York: McGraw-Hill, 1990.

SPRENT, Peter. *Models in regression and related topics.* Londres: Methuen, 1969.

TINTNER, Gerhard. *Econometrics.* Nova York: John Wiley &: Sons (science ed.), 1965.

VALAVANIS, Stefan. *Econometrics:* an introduction to maximum-likelihood methods. Nova YorK: McGraw-Hill, 1959.

VERBEEK, Marno. *A guide to modem econometrics.* John Wiley & Sons, Nova York, 2000.

WONNACOTT, R. J.; WONNACOTT, T. H. *Econometrics.* 2. ed. Nova York: John Wiley & Sons, 1979.

WOOLDRIDGE, Jeffrey M. *Introductory econometrics.* South-Western College Publishing, 2000.

Avançada

CAMERON, A. Colin; PRAVIN, K. Trivedi. *Microeconomics:* methods and applications, Nova York: Cambridge University Press, 2005.

CHOW, Gregory C. *Econometric methods.* Nova York: McGraw-Hill, 1983.

CHRIST, C. F. *Econometric models and methods.* Nova York: John Wiley & Sons, 1966.

DAVIDSON, James. *Econometric theory.* Oxford, Reino Unido: Blackwell Publishers, 2000.

DHRYMES, P. J. *Econometrics:* statistical foundations and applications. Nova York: Harper & Row, 1970.

FOMBY, Thomas B.; CARTER R. Hill; JOHNSON, Stanley R. *Advanced econometric methods.* Nova York: Springer-Verlag, 1984.

GOLDBERGER, A. S. *Econometric theory.* Nova York: John Wiley & Sons, 1964.

GOLDBERGER, A. S. *A course in econometrics.* Cambridge, Mass.: Harvard University Press, 1991.

GREENE, William H. *Econometric analysis.* 4. ed. Englewood Cliffs, NJ.: Prentice Hall, 2000.

HARVEY, A. C. *The econometric analysis of time series.* 2. ed. Cambridge, Mass.: MIT Press, 1990.

HAYASHI, Fumio. *Econometrics.* Princeton, N J.: Princeton University Press, 2000.

JOHNSTON, J. *Econometric methods.* 3. ed. Nova York: McGraw-Hill, 1984.

JUDGE, George G.; CARTER, R. Hill; GRIFFITHS, William E.;LÜTKEPOHL, Helmut; LEE, Tsoung-Chao. *Theory and practice of econometrics.* Nova York: John Wiley & Sons, 1980.

KLEIN, Lawrence R. *A textbook of econometrics.* 2. ed. Englewood Cliffs, NJ.: Prentice Hall, 1974.

KMENTA, Jan. *Elements of econometrics.* 2. ed. Nova York: Macmillan, 1986.

MADANSKY, A. *Foundations of econometrics.* Amsterdã: North-Holland, 1976.

MADDALA, G. S. *Econometrics.* Nova York: McGraw-Hill, 1977.

MALINVAUD, E. *Statistical methods of econometrics.* 2. ed. Amsterdã: North-Holland, 1976.

MILLS, Terence C.; PATTERSON, Kerry. *Palgrave handbook of econometrics, vol. 1:* econometric theory. Nova York: Palgrave/ Macmillan, 2006.

MITTELHAMMER, Ron C.; JUDGE, George G.; MILLER, Douglas J. *Econometric foundations.* Nova York: Cambridge University Press, 2000.

Theil, Henry. *Principies of Econometrics.* John Wiley & Sons, Nova York, 1971.

Especializada

BELSLEY, David A.; KUH, Edwin; WELSH, Roy E.. *Regression diagnostics:* identifying influential data and sources of collinearity. Nova York: John Wiley & Sons, 1980.

DHRYMES, P. J. *Distributed lags:* problems of estimation and formulation. São Francisco: Holden-Day, 1971.

Diebold, Francis X. *Elements of Forecasting.* 2. ed. South-Western Publishing, 2001.

GOLDFELD, S. M.; QUANDT, R. E.*Nonlinear methods of econometrics.* Amsterdã: North-Holland, 1972.

GOURIEROUX, Christian. *Econometrics of qualitative dependent variables.* Nova York: Cambridge University Press, 2000.

GRAYBILL, F. A. *An introduction to linear statistical models.* Nova York: McGraw-Hill, 1961. vol. l.

HAMILTON, James D. *Time series analysis.* . Princeton, NJ.: Princeton University Press, 1994.

MADDALA, G. S.; IN-MOO, Kim. *Unit roots, cointegration, and structural change.* Nova York: Cambridge University Press, 1998.

MILLS, T. C. *Time series techniques for economists.* Nova York: Cambridge University Press, 1990.

RAO, C. R. *Linear statistical inference and its applications.* 2. ed. Nova York: John Wiley & Sons, 1975. ZELLNER, A. *An introduction to bayesian inference in econometrics.* Nova York: John Wiley & Sons, 1971.

Aplicada

BERNDT, Ernst R. *The practice of econometrics:* classic and contemporary. Addison-Wesley, 1991.

BRIDGE, J. I. *Applied econometrics.* Amsterdã: North-Holland, 1971.

WOJCIECH, W. Charemza; DEADMAN, Derek F. *New directions in econometric practice:* general to specific modelling, cointegration and vector autoregression. 2. ed. Nova York: Edward Elgar Publisher, 1997.

CRAMER, J. S. *Empirical econometrics.* Amsterdã: North-Holland, 1969.

DESAI, Meghnad. *Applied econometrics.* Nova York: McGraw-Hill, 1976.

KENNEDY, Peter. *A guide to econometrics.* 4. ed. Cambridge, Mass.: MIT Press, 1998.

LESER, C. E. V. *Econometric techniques and problems.* 2. ed. Londres: Hafner, 1974.

MILLS, T. C. *The econometric modelling of financial time series.* Nova York: Cambridge University Press, 1993.

CHANDAN, Mukherjee; WHITE, Howardn; WUYTS, Marc. *Econometrics and data analysis for developing countries.* Nova York: Routledge, 1998.

PATTERSON, Kerry. *An introduction to applied econometrics*: a time series approach. Nova York: St. Martin's Press, 2000.

POTLURI, Rao; LEROY MILLER, Roger. *Applied econometrics.* Belmont, Califórnia: Wadsworth, 1971.

Nota: Para ver uma lista dos artigos importantes referentes aos tópicos discutidos no livro, consulte a extensa bibliografia no final dos capítulos de FOMBY et al, citado anteriormente.

Índice de nomes

Os números de página seguido de n indicam o material encontrado em notas

F

G

H

I

J

K

Índice

Números de página seguidos de n indicam material encontrado em notas.

B

C

D

E

F

L

M

N

O

U

V

W

X

Y